西汉南越国宫署遗址考古发掘报告之一

南越宫苑遗址

1995、1997年考古发掘报告

（上）

南越王宫博物馆筹建处
广州市文物考古研究所 编著

文物出版社

北京·2008

封面设计：周小玮

责任印制：陆 联

责任编辑：黄 曲 蔡 敏

图书在版编目（CIP）数据

南越宫苑遗址/南越王宫博物馆筹建处，广州市文物考古研究所编.—北京：文物出版社，2008.8

ISBN 978-7-5010-2500-8

Ⅰ.南… Ⅱ.①南… ②广… Ⅲ.南越（古族名）-宫殿遗址-发掘报告-广州市 Ⅳ.K878.35

中国版本图书馆 CIP 数据核字（2008）第 124346 号

南越宫苑遗址

1995、1997 年考古发掘报告

南越王宫博物馆筹建处
广州市文物考古研究所 编著

*

文物出版社出版发行

（北京东直门内北小街 2 号楼）

邮政编码：100007

http://www.wenwu.com

E-mail: web@wenwu.com

北京达利天成印刷有限公司印刷

新 华 书 店 经 销

889×1194 1/16 印张：83 插页：6

2008 年 8 月第 1 版 2008 年 8 月第 1 次印刷

ISBN 978-7-5010-2500-8 定价（全两册）：780.00 元

The Archaeological Site of the Garden of Nanyue Kingdom

Report on Archaeological Excavations in 1995 and 1997

(With an English Abstract)

(I)

by

Museum of the Archaeological Site of the Palace of Nanyue Kingdom

(Preparatory office)

Guangzhou Institute of Cultural Relics and Archaeology

Cultural Relics Press

Beijing · 2008

目　录

上　编

第一章　绪　言 3

第一节　地理位置与历史沿革 5

一　地理位置与自然条件 5

二　历史沿革 7

第二节　遗址的发现和发掘经过 8

一　蕃池的发现与发掘经过 8

二　曲流石渠的发掘经过 11

第三节　20 世纪以来广州有关南越国遗迹的其他发现 13

一　南越国都城和王宫遗迹的发现 13

二　南越国时期墓葬的发现 14

第四节　资料整理与报告编写 14

一　资料整理 14

二　报告编写 15

第二章　蕃池遗迹 16

第一节　地层堆积 16

第二节　遗　迹 17

一　蕃池遗迹 17

（一）南壁 19

（二）西壁 21

（三）池底 21

（四）叠石柱 22

（五）池内堆积 22

（六）蕃池的建造方法 22

二　沟渠 22

　　三　木暗槽 ……………………………………………………………………………… 24

　第三节　蓄池周边的勘探 …………………………………………………………………… 25

　　一　勘探范围和经过 ……………………………………………………………………… 25

　　二　各区的勘探概况 ……………………………………………………………………… 25

　　　（一）Ⅰ区 ……………………………………………………………………………… 25

　　　（二）Ⅱ区 ……………………………………………………………………………… 29

　　　（三）Ⅲ区 ……………………………………………………………………………… 30

　　　（四）Ⅳ区 ……………………………………………………………………………… 31

　　三　勘探结果 ……………………………………………………………………………… 34

　第四节　遗　物 ……………………………………………………………………………… 34

　　一　建筑材料 ……………………………………………………………………………… 34

　　　（一）陶质建筑材料 …………………………………………………………………… 35

　　　（二）石质建筑材料和构件 …………………………………………………………… 50

　　　（三）铁质建筑材料 …………………………………………………………………… 53

　　　（四）木构件 …………………………………………………………………………… 54

　　二　生活器具 ……………………………………………………………………………… 55

　　　（一）陶器 ……………………………………………………………………………… 55

　　　（二）漆器 ……………………………………………………………………………… 59

　　三　工具 …………………………………………………………………………………… 59

　　　（一）陶质工具 ………………………………………………………………………… 59

　　　（二）铁工具 …………………………………………………………………………… 60

　　四　兵器 …………………………………………………………………………………… 62

　　　（一）铁质兵器 ………………………………………………………………………… 62

　　　（二）铜质兵器 ………………………………………………………………………… 62

　　五　钱币 …………………………………………………………………………………… 63

　　六　装饰品 ………………………………………………………………………………… 65

　　七　其他 …………………………………………………………………………………… 67

　　　（一）铁器 ……………………………………………………………………………… 67

　　　（二）铜器 ……………………………………………………………………………… 67

　　　（三）玉、石器 ………………………………………………………………………… 68

　　　（四）动物遗存 ………………………………………………………………………… 69

　　　（五）植物遗存 ………………………………………………………………………… 69

第三章　曲流石渠遗迹 ……………………………………………………………………… 70

　第一节　地层堆积 …………………………………………………………………………… 70

第二节　遗　迹 76

　一　曲流石渠 76

　　（一）第一部分（a）：东北部残迹 77

　　（二）第二部分（b~c）：急弯处 77

　　（三）第三部分（c~d）：急弯处南面至弯月形石池 77

　　（四）第四部分（d~e）：弯月形石池 79

　　（五）第五部分（e~f）：弯月形石池至一号渠陂 81

　　（六）第六部分（f~g）：一号渠陂至二号渠陂 81

　　（七）第七部分（g~h）：二号渠陂以北至二号斜口 83

　　（八）第八部分（h~i）：二号斜口至石板平桥 83

　　（九）第九部分（i~j）：石板平桥至石渠尽头 83

　　（一〇）第十部分：出水木暗槽 87

　　（一一）渠内堆积 89

　　（一二）曲流石渠的建造方法 89

　二　房址 89

　三　木水槽 91

　四　地漏 91

　五　水井 91

　六　灰坑 93

第三节　遗　物 93

　一　建筑材料 93

　　（一）陶质建筑材料 94

　　（二）铁质建筑材料 123

　　（三）铜质建筑材料 124

　　（四）石质建筑材料 124

　二　生活器具 127

　　（一）陶器 127

　　（二）木、竹器 136

　　（三）石器 137

　三　工具 137

　　（一）陶质工具 138

　　（二）铁工具 139

　四　兵器和车马器 139

　五　装饰品 139

　六　钱币 139

七 其他 141

　（一）铜质类 141

　（二）石质类 142

　（三）植物遗存 142

　（四）动物遗存 142

第四章　南越国陶文、封泥和石刻文字 144

第一节　陶 文 144

一 砖文 144

　（一）编号数字类 144

　（二）官署及陶工人名类 144

　（三）其他陶工人名类 145

　（四）符号类 146

二 瓦文 146

　（一）官署名类 146

　（二）官署及陶工人名类 146

　（三）其他陶工人名类 164

　　附 图案类 183

三 陶器文字 187

　（一）地名类 187

　（二）官署及陶工人名类 189

　（三）其他陶工人名类 189

　（四）其他陶文类 190

　（五）符号类 190

第二节　封 泥 191

第三节　石 刻 192

一 地名类 192

二 职官类 193

三 陶工人名类 194

四 编号数字类 194

第四节　本章小结 196

一 南越国制陶作坊的官署机构 196

二 南越国官营制陶作坊的劳动力来源 196

第五章　多学科分析研究 198

第一节　南越宫苑遗址碳十四年代测定报告 ………………………………………… 198

第二节　南越宫苑遗址出土木材样本的鉴定报告 ……………………………………… 199

第三节　南越宫苑遗址1997年度浮选结果分析报告 ………………………………… 200

　　一　采样与浮选 …………………………………………………………………… 200

　　二　出土植物遗存的整理和鉴定 ………………………………………………… 201

　　三　分析与讨论 …………………………………………………………………… 206

　　四　结语 …………………………………………………………………………… 210

第四节　南越宫苑遗址出土动物骨骼研究报告 ……………………………………… 211

　　一　整理结果 ……………………………………………………………………… 211

　　　（一）种属鉴定 ………………………………………………………………… 211

　　　（二）出土状况 ………………………………………………………………… 213

　　　（三）骨骼形态的观察和测量 ………………………………………………… 219

　　　（四）数量统计 ………………………………………………………………… 223

　　二　讨论 …………………………………………………………………………… 225

　　　（一）自然环境 ………………………………………………………………… 225

　　　（二）动物的比例变化 ………………………………………………………… 226

　　　（三）古代居民获取肉食资源的方式 ………………………………………… 227

　　　（四）家畜的研究 ……………………………………………………………… 228

　　　（五）亚洲象的研究 …………………………………………………………… 235

　　　（六）南越宫苑遗址南越国地层动物遗骸与南越王墓出土动物遗骸的比较 ……… 236

　　　（七）特殊遗迹现象的讨论 …………………………………………………… 237

　　　（八）人工痕迹的讨论 ………………………………………………………… 238

　　三　结论 …………………………………………………………………………… 238

第五节　南越宫苑遗址出土砖瓦的测试分析报告 …………………………………… 239

　　一　前言 …………………………………………………………………………… 239

　　二　实验 …………………………………………………………………………… 239

　　三　分析和讨论 …………………………………………………………………… 244

　　四　结论 …………………………………………………………………………… 255

第六节　南越宫苑遗址建筑石构件的岩石特征及产地研究 ………………………… 256

　　一　南越宫苑遗址建筑石构件岩石特征 ………………………………………… 256

　　二　南越宫苑遗址建筑石构件岩石风化特征和保护建议 ……………………… 260

　　三　南越宫苑遗址建筑石构件的产地鉴定 ……………………………………… 260

　　四　南越宫苑遗址建筑石构件地球化学 ………………………………………… 266

　　五　结论 …………………………………………………………………………… 271

第七节　南越宫苑曲流石渠火山岩砾石与从化背阴村火山岩

地球化学对比研究 272

一　前言 272

二　南越宫苑曲流石渠火山岩砾石与从化背阴村火山岩地质特征 273

三　南越宫苑曲流石渠砾石及从化背阴村火山岩年代学和地球化学 276

　（一）年代学 276

　（二）岩石化学 276

　（三）微量元素地球化学 282

　（四）Nd、Sr 同位素地球化学 290

四　曲流石渠火山岩砾石及从化背阴村火山岩的成因与大地构造环境 291

五　曲流石渠火山岩砾石产地分析 292

六　结语 293

第六章　结　语 294

第一节　遗址的年代与性质 294

一　遗址的年代 294

二　遗址的性质 295

第二节　南越宫苑遗址的特点与秦汉苑囿 296

一　南越宫苑遗址的特点 296

　（一）南越宫苑遗址与先秦和秦汉苑囿的历史渊源 296

　（二）南越宫苑遗址的特点 298

二　南越宫苑的造园成就 299

　（一）选址 299

　（二）理水 299

　（三）建筑经营 300

　（四）园林生态 300

　（五）借景 301

　（六）园林意境 301

三　南越宫苑的园林水源 302

第三节　南越国都城与宫城 307

一　南越国都城与宫城的位置 307

二　南越国宫城的布局 308

附　表

附表一　1995 年和 1997 年发掘区地层对应表 311

附表二　蕃池遗迹出土南越国瓦统计表 311

附表三　蕃池遗迹出土"半两"铜钱标本实测登记表 ………………………………………… 312

附表四　曲流石渠遗迹出土南越国瓦统计表 ………………………………………………… 313

附表五　曲流石渠遗迹出土"半两"铜钱标本实测登记表 …………………………………… 313

附表六　南越宫苑遗址出土的砖文登记表 …………………………………………………… 315

附表七　南越宫苑遗址出土的瓦文登记表 …………………………………………………… 316

附表八　南越宫苑遗址出土的陶器文字和刻划符号登记表 ………………………………… 322

附表九　南越宫苑遗址石刻文字登记表 ……………………………………………………… 322

附表一〇　南越宫苑遗址各地层出土狗上颌测量数据表 …………………………………… 323

附表一一　南越宫苑遗址各地层出土狗下颌测量数据表 …………………………………… 323

附表一二　南越宫苑遗址各地层出土马下颌测量数据表 …………………………………… 324

附表一三　南越宫苑遗址各地层出土猪上颌测量数据表 …………………………………… 324

附表一四　南越宫苑遗址各地层出土猪下颌测量数据表 …………………………………… 325

附表一五　南越宫苑遗址各地层出土梅花鹿下颌测量数据表 ……………………………… 326

附表一六　南越宫苑遗址各地层出土羊下颌测量数据表 …………………………………… 326

附表一七　南越宫苑遗址各地层出土牛下颌测量数据表 …………………………………… 326

附表一八　南越宫苑遗址出土砖、瓦和陶器检测标本编号对应表 ………………………… 327

插图目录

图一　南越宫苑遗址位置示意图 3

图二　南越国宫署遗址保护区内重要遗迹分布图 4

图三　全新世中期（距今6000~2000年）珠江三角洲古地理图 6

图四　广州老城区地下重要史迹位置示意图 7

图五　蕃池遗迹发掘区探方分布图 10

图六　曲流石渠遗迹发掘区探方分布图 12

图七　蕃池遗迹发掘区95T3、95T4、95T10东壁地层剖面图 18

图八　蕃池遗迹发掘区95T6、95T2、95T4北壁地层剖面图 18

图九　蕃池遗迹发掘区南越国遗迹平面图 19

图一〇　蕃池遗迹平剖面图 20

图一一　95G2平剖面图 23

图一二　95G3平剖面图 23

图一三　木暗槽（95G4）平剖面图 24

图一四　蕃池周边考古勘探区域划分平面图 26

图一五　Ⅰ区钻孔分布图 27

图一六　Ⅱ区钻孔分布图 29

图一七　Ⅲ区钻孔分布图 31

图一八　Ⅳ区钻孔分布图 32

图一九　蕃池遗迹分布范围示意图 33

图二〇　蕃池遗迹出土的B型复线菱形纹方砖（95T2PC：39） 36

图二一　蕃池遗迹出土的B型菱形、四叶、三角形纹方砖（95T5PC：61） 37

图二二　蕃池遗迹出土的B型菱形、三角形、网格、叶脉纹方砖（95T4PC：24） 38

图二三　蕃池遗迹出土的印花砖纹饰拓本 39

图二四　蕃池遗迹出土的B型方格纹长方砖纹饰拓本（95T5PC：60） 41

图二五　蕃池遗迹出土的A型带榫砖（95T2⑥：6） 42

图二六　蕃池遗迹出土的板瓦 43

图二七　蕃池遗迹出土的普通筒瓦纹饰拓本 45

图二八　蕃池遗迹出土的筒瓦 46

图二九　蕃池遗迹出土的云箭纹瓦当拓本 ……………………………………………… 47

图三〇　蕃池遗迹出土的"万岁"文字瓦当拓本 ………………………………………… 49

图三一　蕃池遗迹出土的陶质建筑材料 …………………………………………………… 50

图三二　蕃池遗迹出土的石望柱 …………………………………………………………… 51

图三三　蕃池遗迹出土的石质建筑材料和构件 …………………………………………… 52

图三四　蕃池遗迹出土的铁质建筑材料 …………………………………………………… 53

图三五　蕃池遗迹出土的木构件 …………………………………………………………… 54

图三六　蕃池遗迹出土的陶器纹饰拓本 …………………………………………………… 56

图三七　蕃池遗迹出土的陶器 ……………………………………………………………… 57

图三八　蕃池遗迹出土的陶器 ……………………………………………………………… 58

图三九　蕃池遗迹出土的漆器 ……………………………………………………………… 60

图四〇　蕃池遗迹出土的陶质工具 ………………………………………………………… 61

图四一　蕃池遗迹出土的铁工具 …………………………………………………………… 61

图四二　蕃池遗迹出土的兵器 ……………………………………………………………… 63

图四三　蕃池遗迹出土的"半两"铜钱拓本 ……………………………………………… 64

图四四　蕃池遗迹出土的装饰品 …………………………………………………………… 65

图四五　蕃池遗迹出土的铁器 ……………………………………………………………… 66

图四六　蕃池遗迹出土的其他器物 ………………………………………………………… 68

图四七　曲流石渠遗迹发掘区 97T5、97T6、97T7、97T8 西壁地层剖面图 ………… 71

图四八①　曲流石渠遗迹发掘区 97T3、97T7、97T11、97T15、
　　　　　97T19、97T23 南壁地层剖面图 ……………………………………………… 73

图四八②　曲流石渠遗迹发掘区 97T27、97T31、97T35、97T39、
　　　　　97T41、97T43、97T45 南壁地层剖面图 ………………………………… 74

图四九　曲流石渠发掘区南越国遗迹平面图 ………………………………………… 76/77

图五〇　曲流石渠遗迹平剖面图和渠底测点及分段示意图 ………………………… 76/77

图五一　曲流石渠遗迹第二部分（b～c）平剖面图 ……………………………………… 78

图五二　曲流石渠遗迹第三部分（c～d）平剖面图 ……………………………………… 78

图五三　曲流石渠遗迹第四部分（d～e）平剖面图 ……………………………………… 80

图五四　曲流石渠遗迹第五部分（e～f）平剖面图 ……………………………………… 82

图五五　曲流石渠遗迹第六部分（f～g）平剖面图 …………………………………… 82/83

图五六　曲流石渠遗迹第七部分（g～h）平剖面图 ……………………………………… 84

图五七　曲流石渠遗迹第八部分（h～i）平剖面图 ……………………………………… 85

图五八　曲流石渠遗迹第九部分（i～j）平剖面图 ……………………………………… 87

图五九　曲流石渠遗迹第十部分（出水木暗槽）平剖面图 ……………………………… 88

图六〇　97F17 平剖面图 ……………………………………………………………… 90/91

图六一　97F18 和 97G16 平剖面图 90/91

图六二　97J12 平剖面图 92

图六三　97J56 平剖面图 92

图六四　97H92 平剖面图 92

图六五　97H128 平剖面图 92

图六六　97H193 平剖面图 92

图六七　97H201 平剖面图 92

图六八　曲流石渠遗迹出土的印花方砖 95

图六九　曲流石渠遗迹出土的印花方砖纹饰拓本 96

图七〇　曲流石渠遗迹出土的 B 型菱形、四叶纹方砖纹饰拓本（97F17：1）............ 97

图七一　曲流石渠遗迹出土的 C 型印花方砖纹饰拓本 99

图七二　曲流石渠遗迹出土的 A 型印花长方砖纹饰拓本 100

图七三　曲流石渠遗迹出土的砖 101

图七四　曲流石渠遗迹出土的 A 型印花长方砖纹饰拓本 102

图七五　曲流石渠遗迹出土的印花砖纹饰拓本 103

图七六　曲流石渠遗迹出土的带榫砖 104

图七七　曲流石渠遗迹出土的转角砖（97T8⑩：16）... 106

图七八　曲流石渠遗迹出土的弧形砖（97T20⑩：19）... 107

图七九　曲流石渠遗迹出土的空心砖 108

图八〇　曲流石渠遗迹出土的普通板瓦纹饰拓本 109

图八一　曲流石渠遗迹出土的普通板瓦（97T17⑩：5）... 110

图八二　曲流石渠遗迹出土的带钉板瓦和折腰板瓦 111

图八三　曲流石渠遗迹出土的普通筒瓦 113

图八四　曲流石渠遗迹出土的普通筒瓦纹饰拓本 114

图八五　曲流石渠遗迹出土的普通筒瓦纹饰拓本 115

图八六　曲流石渠遗迹出土的四叶纹瓦当和云箭纹瓦当拓本 116

图八七　曲流石渠遗迹出土的"万岁"文字瓦当拓本 118

图八八　曲流石渠遗迹出土的"万岁"文字瓦当拓本 120

图八九　曲流石渠遗迹出土的"万岁"文字瓦当拓本 121

图九〇　曲流石渠遗迹出土的陶质建筑材料 122

图九一　曲流石渠遗迹出土的铁质、铜质建筑材料 123

图九二　曲流石渠遗迹出土的石质建筑材料 125

图九三　曲流石渠遗迹出土的石质建筑材料 126

图九四　曲流石渠遗迹出土的陶器纹饰拓本 128

图九五　曲流石渠遗迹出土的陶器 129

图九六　曲流石渠遗迹出土的陶罐 ……………………………………… 131
图九七　曲流石渠遗迹出土的陶器 ……………………………………… 133
图九八　曲流石渠遗迹出土的陶器 ……………………………………… 135
图九九　曲流石渠遗迹出土的生活器具 ………………………………… 137
图一〇〇　曲流石渠遗迹出土的工具、兵器和装饰品 ………………… 138
图一〇一　曲流石渠遗迹出土的铜钱拓本 ……………………………… 140
图一〇二　曲流石渠遗迹出土的其他器物 ……………………………… 142
图一〇三　南越宫苑遗址出土的砖文拓本 ……………………………… 145
图一〇四　南越宫苑遗址出土的瓦文拓本 ……………………………… 147
图一〇五　南越宫苑遗址出土的瓦文拓本 ……………………………… 149
图一〇六　南越宫苑遗址出土的瓦文拓本 ……………………………… 151
图一〇七　"左稽"瓦文拓本（97T17⑩∶2） …………………………… 152
图一〇八　南越宫苑遗址出土的瓦文拓本 ……………………………… 153
图一〇九　南越宫苑遗址出土的瓦文拓本 ……………………………… 154
图一一〇　南越宫苑遗址出土的瓦文拓本 ……………………………… 156
图一一一　南越宫苑遗址出土的瓦文拓本 ……………………………… 157
图一一二　南越宫苑遗址出土的瓦文拓本 ……………………………… 159
图一一三　南越宫苑遗址出土的瓦文拓本 ……………………………… 160
图一一四　南越宫苑遗址出土的瓦文拓本 ……………………………… 161
图一一五　南越宫苑遗址出土的瓦文拓本 ……………………………… 162
图一一六　南越宫苑遗址出土的瓦文拓本 ……………………………… 163
图一一七　南越宫苑遗址出土的瓦文拓本 ……………………………… 165
图一一八　南越宫苑遗址出土的瓦文拓本 ……………………………… 166
图一一九　南越宫苑遗址出土的瓦文拓本 ……………………………… 167
图一二〇　南越宫苑遗址出土的瓦文拓本 ……………………………… 168
图一二一　南越宫苑遗址出土的"公"字瓦文拓本 …………………… 169
图一二二　南越宫苑遗址出土的"公"字瓦文拓本 …………………… 170
图一二三　南越宫苑遗址出土的瓦文拓本 ……………………………… 172
图一二四　南越宫苑遗址出土的瓦文拓本 ……………………………… 173
图一二五　南越宫苑遗址出土的瓦文拓本 ……………………………… 174
图一二六　南越宫苑遗址出土的瓦文拓本 ……………………………… 175
图一二七　南越宫苑遗址出土的瓦文拓本 ……………………………… 176
图一二八　南越宫苑遗址出土的瓦文拓本 ……………………………… 178
图一二九　南越宫苑遗址出土的瓦文拓本 ……………………………… 179
图一三〇　南越宫苑遗址出土的瓦文拓本 ……………………………… 180

图一三一　南越宫苑遗址出土的瓦文拓本 181

图一三二　南越宫苑遗址出土的瓦文拓本 182

图一三三　南越宫苑遗址出土的瓦文拓本 184

图一三四　南越宫苑遗址出土的瓦文拓本 185

图一三五　南越宫苑遗址出土的瓦文拓本 186

图一三六　南越宫苑遗址出土的瓦文拓本 187

图一三七　南越宫苑遗址出土的瓦纹图案拓本 188

图一三八　南越宫苑遗址出土的陶文和封泥拓本 189

图一三九　南越宫苑遗址出土的陶器刻划符号拓本 191

图一四○　南越宫苑遗址的石刻文字拓本 193

图一四一　蕃池西壁石板面上的"☐北诸郎"石刻文字拓本 193

图一四二　南越宫苑遗址的石刻文字拓本 194

图一四三　蕃池南壁石板面上的石刻文字拓本 195

图一四四　南越宫苑遗址的石刻文字拓本 195

图一四五　浮选样品炭化木屑含量 207

图一四六　狗头骨及下颌骨测量位置图 220

图一四七　样品 NYB1-1，NYB1-2，NYB2-5，NHT2-1 的 XRD 图 245

图一四八　样品 NYT2-3，NHT1-1，NHP-1 的 XRD 图 245

图一四九　NHB-1 样品的差热——失重曲线 253

图一五○　样品 NYB2-9、NYB3-1、NYB3-4、NYT2-1、NYT1-3、

　　　　　NYT3-2、NHT1-1、NHB-1 重烧胀缩曲线 254

图一五一　N01 号样品（望柱座石）表面 2 个黑色斑点的 X 射线能谱 257

图一五二　N05 号样品（曲流石渠渠壁方石）X 射线衍射图 258

图一五三　从化和增城大尖山、黄蘘章、石灶一带流纹斑岩、安山玢岩分布图 263

图一五四　南越宫苑遗址主要建筑石构件及与周边相关岩石稀土元素配分模式 270

图一五五　南越宫苑遗址主要建筑石构件及与周边相关岩石微量元素蜘蛛图 271

图一五六　从化背阴村一带地质图 274

图一五七　从化背阴村晚中生代中酸性火山岩采样点分布图 275

图一五八　曲流石渠砾石及从化背阴村火山岩 SiO_2-Zr/TiO_2 图解 276

图一五九　曲流石渠砾石与从化背阴村火山岩岩石化学成分之变异图（Ⅰ） 279

图一六○　曲流石渠砾石与从化背阴村火山岩岩石化学成分之变异图（Ⅱ） 280

图一六一　曲流石渠砾石与从化背阴村火山岩岩石化学成分之变异图（Ⅲ） 281

图一六二　曲流石渠砾石与从化背阴村火山岩岩石化学成分之变异图（Ⅳ） 282

图一六三　曲流石渠砾石和从化背阴村火山岩微量元素与其他元素的变异图（Ⅰ） ... 285

图一六四　曲流石渠砾石和从化背阴村火山岩微量元素与其他元素的变异图（Ⅱ） ... 286

图一六五　曲流石渠和从化背阴村火山岩微量元素蛛网图解 ……………………… 287

图一六六　曲流石渠和从化背阴村火山岩稀土元素配分模式 …………………… 289

图一六七　曲流石渠火山岩砾石及从化背阴村火山岩（$^{87}Sr/^{86}Sr$）i–δNd（t）图解 ………… 291

图一六八　曲流石渠火山岩砾石及从化背阴村火山岩 Rb–Yb+Nb 图解 …………………… 291

图一六九　南越国都城与汉唐时期甘溪位置示意图 ………………………………… 303

图一七〇　南越国都城——番禺城位置示意图 …………………………………… 309

彩版目录

彩版一　南越宫苑遗址（航拍）

彩版二　蕃池遗迹

彩版三　蕃池遗迹

彩版四　蕃池遗迹西壁和南壁

彩版五　蕃池遗迹池底和叠石柱

彩版六　蕃池遗迹和木暗槽

彩版七　蕃池遗迹出土的瓦和瓦当

彩版八　蕃池遗迹出土的陶器和漆器

彩版九　蕃池遗迹出土的铁工具

彩版一〇　蕃池遗迹出土的器物

彩版一一　曲流石渠遗迹

彩版一二　曲流石渠遗迹

彩版一三　曲流石渠渠底

彩版一四　曲流石渠遗迹第二、四部分

彩版一五　曲流石渠遗迹第四部分——弯月形石池

彩版一六　弯月形石池

彩版一七　曲流石渠遗迹第六部分

彩版一八　二号斜口和石板平桥

彩版一九　曲流石渠遗迹和97F17台基散水

彩版二〇　97G16

彩版二一　曲流石渠遗迹出土的砖和瓦当

彩版二二　曲流石渠遗迹出土的建筑材料和生活器具

彩版二三　南越宫苑遗址出土的瓦文

彩版二四　南越宫苑遗址出土的瓦文、陶文和封泥

图版目录

图版一　蕃池遗迹发掘现场

图版二　蕃池遗迹发掘现场

图版三　曲流石渠遗迹发掘前的现场

图版四　曲流石渠遗迹发掘现场

图版五　南越宫苑遗址的发掘和保护

图版六　蕃池遗迹南壁

图版七　蕃池遗迹南壁石板上的石刻文字

图版八　蕃池遗迹南壁和西壁

图版九　蕃池遗迹西壁

图版一○　蕃池遗迹池底和叠石柱

图版一一　蕃池遗迹和蕃池遗迹下的沟、木暗槽

图版一二　蕃池遗迹周边的考古勘探

图版一三　蕃池遗迹出土的方砖

图版一四　蕃池遗迹出土的长方砖

图版一五　蕃池遗迹出土的砖和瓦

图版一六　蕃池遗迹出土的筒瓦

图版一七　蕃池遗迹出土的瓦当

图版一八　蕃池遗迹出土的"万岁"文字瓦当

图版一九　蕃池遗迹出土的石质建筑材料

图版二○　蕃池遗迹出土的石质建筑材料

图版二一　蕃池遗迹出土的铁质建筑材料

图版二二　蕃池遗迹出土的木构件

图版二三　蕃池遗迹出土的陶器

图版二四　蕃池遗迹出土的器物

图版二五　蕃池遗迹出土的兵器

图版二六　蕃池遗迹出土的"半两"铜钱

图版二七　蕃池遗迹出土的器物

图版二八　蕃池遗迹出土的其他器物

图版二九　　蓄池遗迹出土的动植物遗存

图版三〇　　曲流石渠遗迹（航拍）

图版三一　　曲流石渠遗迹

图版三二　　曲流石渠遗迹的结构

图版三三　　曲流石渠遗迹第一、二部分

图版三四　　曲流石渠遗迹第三部分

图版三五　　曲流石渠遗迹第四部分——弯月形石池

图版三六　　弯月形石池的石刻文字

图版三七　　弯月形石池

图版三八　　弯月形石池进、出水口

图版三九　　弯月形石池池壁

图版四〇　　弯月形石池西壁顶部的石地梁

图版四一　　曲流石渠遗迹第五部分

图版四二　　曲流石渠遗迹第六部分

图版四三　　曲流石渠遗迹第七部分

图版四四　　曲流石渠遗迹第八部分

图版四五　　曲流石渠遗迹第九部分

图版四六　　曲流石渠遗迹第九部分

图版四七　　曲流石渠遗迹第九部分

图版四八　　曲流石渠遗迹第十部分——出水木暗槽

图版四九　　晚期出水木暗槽

图版五〇　　曲流石渠渠内堆积

图版五一　　曲流石渠渠内堆积

图版五二　　97F17 建筑台基

图版五三　　97F17 南北向台基

图版五四　　97F17 南北向台基散水

图版五五　　97F17 东西向台基

图版五六　　97F17 的倒塌堆积

图版五七　　97F18 建筑台基

图版五八　　其他遗迹

图版五九　　曲流石渠遗迹出土的方砖

图版六〇　　曲流石渠遗迹出土的方砖

图版六一　　曲流石渠遗迹出土的方砖和长方砖

图版六二　　曲流石渠遗迹出土的长方砖和三角形砖

图版六三　　曲流石渠遗迹出土的带榫砖

图版六四　曲流石渠遗迹出土的砖

图版六五　曲流石渠遗迹出土的空心砖

图版六六　曲流石渠遗迹出土的板瓦

图版六七　曲流石渠遗迹出土的板瓦

图版六八　曲流石渠遗迹出土的普通筒瓦

图版六九　曲流石渠遗迹出土的带钉筒瓦

图版七〇　曲流石渠遗迹出土的四叶纹瓦当和云箭纹瓦当

图版七一　曲流石渠遗迹出土的"万岁"文字瓦当

图版七二　曲流石渠遗迹出土的"万岁"文字瓦当

图版七三　曲流石渠遗迹出土的"万岁"文字瓦当

图版七四　曲流石渠遗迹出土的陶质建筑材料

图版七五　曲流石渠遗迹出土的铁质和铜质建筑构件

图版七六　曲流石渠遗迹出土的石质建筑材料

图版七七　曲流石渠遗迹出土的石质建筑材料

图版七八　曲流石渠遗迹出土的陶器

图版七九　曲流石渠遗迹出土的陶罐

图版八〇　曲流石渠遗迹出土的陶器

图版八一　曲流石渠遗迹出土的陶器

图版八二　曲流石渠遗迹出土的木、竹、石器

图版八三　曲流石渠遗迹出土的器物

图版八四　曲流石渠遗迹出土的铜钱

图版八五　曲流石渠遗迹出土的其他器物

图版八六　曲流石渠遗迹出土的植物遗存

图版八七　曲流石渠遗迹出土的动物遗存

图版八八　南越宫苑遗址出土的砖文和瓦文

图版八九　南越宫苑遗址出土的瓦文

图版九〇　南越宫苑遗址出土的瓦文

图版九一　南越宫苑遗址出土的瓦文

图版九二　南越宫苑遗址出土的瓦文

图版九三　南越宫苑遗址出土的瓦文

图版九四　南越宫苑遗址出土的瓦文

图版九五　南越宫苑遗址出土的瓦文

图版九六　南越宫苑遗址出土的瓦文

图版九七　南越宫苑遗址出土的瓦文

图版九八　南越宫苑遗址出土的瓦文

图版九九　　南越宫苑遗址出土的瓦文

图版一〇〇　　南越宫苑遗址出土的"公"字瓦文

图版一〇一　　南越宫苑遗址出土的瓦文

图版一〇二　　南越宫苑遗址出土的瓦文

图版一〇三　　南越宫苑遗址出土的瓦文

图版一〇四　　南越宫苑遗址出土的瓦文

图版一〇五　　南越宫苑遗址出土的瓦文

图版一〇六　　南越宫苑遗址出土的瓦文

图版一〇七　　南越宫苑遗址出土的瓦文

图版一〇八　　南越宫苑遗址出土的瓦文

图版一〇九　　南越宫苑遗址出土的瓦纹图案

图版一一〇　　南越宫苑遗址出土的陶文和封泥

图版一一一　　南越宫苑遗址出土的木材切面照片

图版一一二　　南越宫苑遗址出土的木材切面照片

图版一一三　　南越宫苑遗址出土的木材照片

图版一一四　　南越宫苑遗址出土的植物遗存

图版一一五　　南越宫苑遗址出土的植物果核

图版一一六　　南越宫苑遗址出土的植物种实

图版一一七　　南越宫苑遗址出土的植物种实

图版一一八　　南越宫苑遗址出土的动物遗骸

图版一一九　　南越宫苑遗址出土的动物遗骸

图版一二〇　　蕃池遗迹出土的望柱座石打磨表面扫描电子显微照片

图版一二一　　莲花山石英砂岩偏光显微镜下照片

图版一二二　　南越宫苑遗址主要建筑石构件与周边相关岩石偏光显微镜下照片

图版一二三　　南越宫苑遗址岩石显微照片

图版一二四　　南越宫苑遗址和从化背阴村岩石显微照片

图版一二五　　从化背阴村岩石显微照片

图版一二六　　蕃池遗迹和曲流石渠遗迹的位置关系

上 编

第一章　绪　言

南越宫苑遗址坐落在今广州老城区中心的中山四路与中山五路之间（图一；彩版一），为南越国都城和宫城所在。

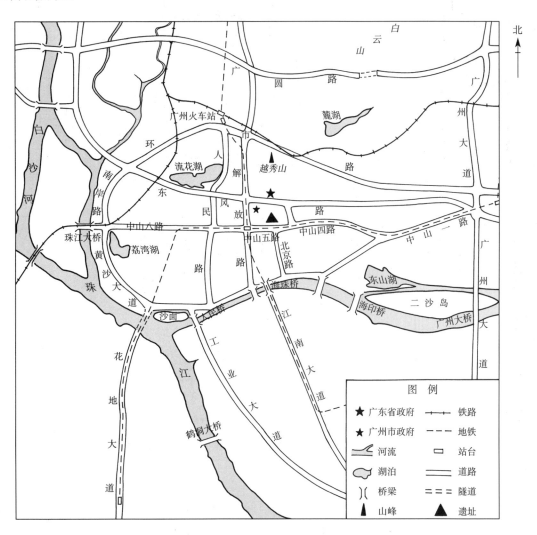

图一　南越宫苑遗址位置示意图

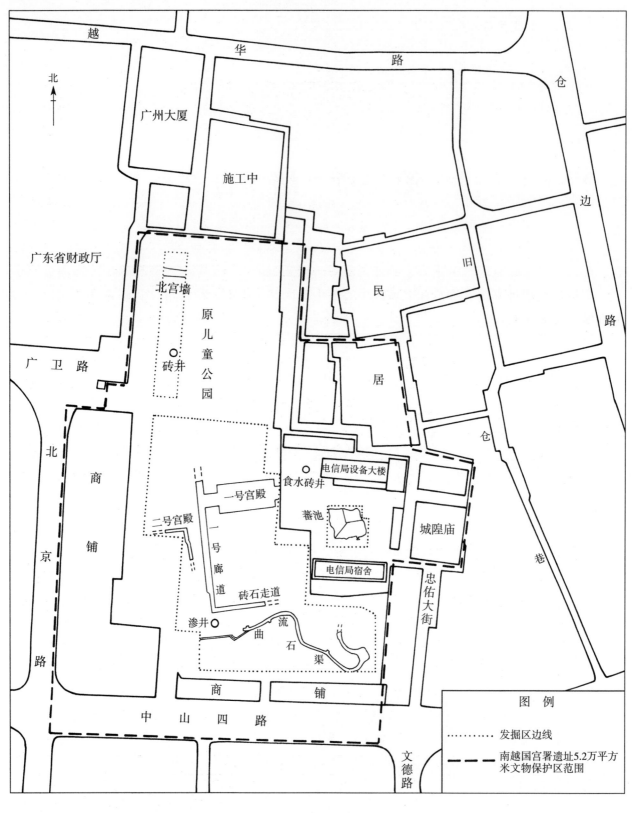

图二　南越国宫署遗址保护区内重要遗迹分布图

秦朝末年，刘邦和项羽两支反秦暴政的农民起义军逐鹿中原，南海郡尉赵佗亦发兵绝秦新道，击并桂林、象郡，在公元前203年，据有岭南建立南越国，自称南越武王，以番禺（今广州）为都城，这是岭南地区第一个封建王国。汉高祖十一年（前196年）改变了不承认南越国的政策，派陆贾出使南越，册封赵佗为南越王，南越成为大汉王朝的外藩。南越国传五主，共93年，岭南地区在赵氏南越国近一个世纪的开发经营，汉越人民和睦相处，生产发展，社会进步。当时，作为南越国都城的番禺，既是岭南地区的政治、经济和文化中心，又是岭南地区一大都会[①]。

南越国末年，丞相吕嘉反汉，汉武帝发兵征讨，于元鼎六年（前111年）灭南越，汉兵"纵火烧城"[②]。这座经营了近百年的王国都城和岭南都会的番禺城被这场大火毁灭了。1975年，在广州市中山四路原市文化局大院建造人防工程时发现秦代造船遗址，在遗址之上叠压有一段南越国时期的砖石走道遗迹，走道之上和四周覆盖一层瓦砾和红烧土堆积，火毁的痕迹十分明显[③]。这是汉灭南越国过了2086年之后，首次在广州老城区找到了南越国都城的遗迹。1995年和1997年，在附近又发掘出南越国宫苑的石构水池（蕃池）和曲流石渠遗迹。2000~2006年，在原儿童公园范围内又发掘出南越国的一号宫殿和二号宫殿[④]、宫城的北宫墙[⑤]和出土有100多枚南越木简的渗井等重要遗迹[⑥]（图二）。至此，西汉南越国都城和宫城所在的位置因有了以上几个坐标点而得到了确认。

第一节　地理位置与历史沿革

一　地理位置与自然条件

广州地处中国大陆南方，南濒临南海，西江、北江和东江在此汇流入海，其范围介于北纬22°26′至23°56′，东经112°57′至114°3′之间。

广州城区位于珠江三角洲北部边缘的平原向丘陵过渡地区，北面有白云山和越秀山，岗峦起伏，其中白云山最高峰摩星岭海拔382米。东面为起伏平缓的山岗台地，西面紧邻流溪河冲积形成的广花平原，河汊纵横。珠江在市区的中部和南面贯穿而过，向东再转南过虎门入海。

广州属于南亚热带典型的季风海洋性气候。由于背山面海，具有夏季时间长，炎热多雨，且多台风，冬季时间短，寒冷干燥等气候特征。

今天所见到的广州城区地形地貌与2000多年前已有很大的区别。据海洋地质学家对珠江三角洲全新世沉积的研究结果，勾画出一幅《全新世中期（距今6000~2000年）珠江三角洲古地理图》，图中显示珠江出海处的岛屿星罗棋布，两千多年前的广州地形，其东南有多个半岛如齿轮状，伸

① 《史记·货殖列传》记载："番禺亦其一都会也"，第3268页，中华书局点校本，1996年。
② 《史记·南越列传》，第2976页，中华书局点校本，1996年。
③ 广州市文物管理处等：《广州秦汉造船工场遗址试掘》，《文物》1977年第4期。
④ 广州市文物考古研究所、中国社会科学院考古研究所、南越王宫博物馆筹建处：《广州市南越国宫署遗址2003年发掘简报》，《考古》2007年第3期。
⑤ 麦英豪：《关于广州考古发现南越国遗迹若干问题刍议》，《广东文物》2006年第2期。
⑥ 广州市文物考古研究所、中国社会科学院考古研究所、南越王宫博物馆筹建处：《广州市南越国宫署遗址西汉木简发掘简报》，《考古》2006年第3期。

向广佛湾（图三）①。有地理学家考查了今天广州城区高低起伏的地形地貌状况，并结合文献资料，认为广州老城的原始地形颇像两个半岛，一为东面的番山半岛（或称番禺半岛），二为西南面的坡山半岛，两个半岛之间有个古西湖②。广州前身的古番禺城，首先诞生在番山半岛之上，后来随着城市的发展和扩大，这两个半岛才逐渐连接起来。

图三　全新世中期（距今 6000~2000 年）珠江三角洲古地理图
（采自《珠江三角洲全新世沉积概述》文中插图）

---

① 中国科学院南海海洋研究所地质室地下水调查组：《珠江三角洲全新世沉积概述》，《南海海岸地貌学论文集》第一集，中国科学院出版社，1975 年。
② 徐俊鸣：《岭南历史地理论集》，第 2 页，中山大学学报编辑部，1990 年。

二　历史沿革

在广州近郊的飞鹅岭、新市葵涌、南沙等地发现有新石器时代晚期的山岗遗址和贝丘遗址，表明早在四五千年前，广州的先民已在此过着聚居的生活。到了春秋战国时期，这里称为百越之地。秦始皇三十三年（前214年）统一岭南，置桂林、象郡、南海三郡，南海郡治番禺，即今广州，为广州信史记载的建城之始。番禺一名在古文献上最早见于《淮南子·人间训》"一军处番禺之都"①。1953年，在广州市西村石头岗1号秦墓出土一件漆奁，盖面烙印有"蕃禺"两字②；2004

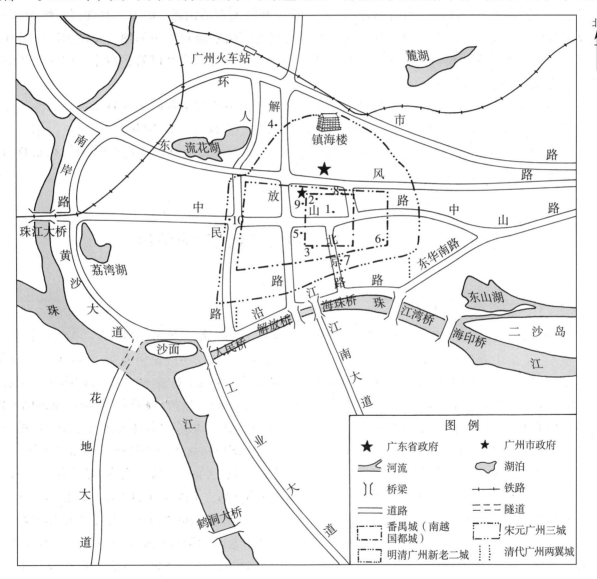

图四　广州老城区地下重要史迹位置示意图

1.（下）秦代造船遗址、（中）南越宫苑遗址、（上）明清广东布政司署遗址（中山四、五路）　2.秦代码头遗址（省保险公司）　3.南越国水关遗址（光明广场）　4.南越文王墓（解放北路）　5.东汉、晋和南朝城墙遗址（中山五路）　6.唐、南汉建筑与水关遗址（德政中路）　7.唐代码头遗址（丽都酒店）　8.宋代城墙遗址（越华路）　9.宋代六脉渠遗址（吉祥路）　10.明代西城楼基址（西门口）

---

① 《淮南子·人间训》，第322页，《诸子集成》，中华书局，1954年。
② 广州市文物管理委员会、广州市博物馆：《广州汉墓》，第175页，文物出版社，1981年。

年出土的南越木简中，第91号简也有"蕃禺人"的简文，这是考古发掘有关番禺的最早物证。

公元前203年，赵佗建立南越国，定都番禺，奠定了广州在岭南中心城市的地位。汉武帝元鼎六年（前111年）灭南越后，分其地为南海、苍梧、郁林、合浦、交趾、九真、日南、珠崖、儋耳等九郡[①]。汉元封五年（前106年）设交趾刺史部，统察九郡，治所在交趾龙编。汉昭、元两代先后罢儋耳、象郡、珠崖三郡[②]。东汉末，将交趾刺史部改称交州刺史部，并迁治广信（今广西梧州）。三国吴黄武五年（226年），孙权"分交州置广州"[③]，以番禺为州治，广州之名始于此。

两晋、南朝时期，广州一直是州（梁、陈两朝为都督府）、南海郡、番禺县的治所。隋时广州为总管府、南海郡治。唐时广州为都督府（总管府）和岭南东道治地。唐末，刘龚据有岭南称帝，建立南汉国，定都广州，改广州为兴王府。宋代广州为广南东路和广州治地。元代为广东道和广州路治地。明清时期广州为广东布政司和广州府治地。1918年，广州以省会设市，成立广州市政公所，这是广州市建制之始。

自秦以来，广州一直是岭南地区的政治、经济、文化中心和重要的对外贸易港口，曾一度成为南越国、南汉国和南明政权的都城所在地，历史文化积淀深厚。自20世纪50年代以来，在广州老城区的城市考古中，陆续发现有秦代造船遗址、南越国都城遗址直到明清时期广东布政司署遗址等各朝代重要史迹（图四）。

第二节　遗址的发现和发掘经过

一　蕃池的发现与发掘经过

1995年，广州市长途电话局在中山四路北面的忠佑大街城隍庙西侧计划兴建一座25层高的综合大楼，由于施工现场周围都是高层楼宇，而且地下水丰富，深挖难以保证安全，容易塌方，因此，施工单位在一个面积约1800平方米的建筑范围内，构筑了一匝宽1.2、深10多米的钢筋混凝土连续墙，并把工地内地表以下4米左右的土层用机械挖去。由于建筑工地西南面距1975年发掘的秦代造船遗址仅有50米左右，当时在造船遗址上层曾经发现一段20多米长的南越国砖石走道，因此，这一地段一直被认为是南越国都城——番禺城的位置。文物部门对该工地的情况一直密切关注，7月初，广州市文物考古研究所在工地西南角开挖一个5×5米探方进行试掘，结果挖下不到1米，已经全是成片红黄色生土，没有发现重要遗迹。考古队撤出之后，工地又开始了正常的挖桩施工，现场纵横排列68个圆形桩孔，如网格状，孔径1.2~1.8米、桩孔中心间距4米，每个桩孔都用人工下挖深至基岩（图版一，1）。7月中下旬开始，在施工现场的东南面陆续挖掘出晋、唐时期的青瓷器，再往下挖掘，又挖出大量南越国时期的绳纹板瓦、筒瓦和砂岩石板，特别令人惊讶的是在其中一个桩孔内就挖出了4件"万岁"文字瓦当（图版一，2）。从这些现象判断，下面一定存在南越国时期

① 关于这个问题，有学者经过考证后认为汉灭南越后分其地为十郡，包括象郡。周振鹤：《秦汉象郡新考》，《历史地理学读本》，第256~257页，北京大学出版社，2006年。
② 《汉书·昭帝纪》："（始元五年）罢儋耳、真番郡，……（元凤五年）秋，罢象郡，分属郁林、牂柯"；《汉书·元帝纪》："（初元三年）乃罢珠崖"。第223、231、283页，中华书局点校本，1996年。
③ 《三国志·吴书·吴主传第二》，第1133页，中华书局点校本，1975年。

的重要遗迹。广州市文化局对此非常重视，召集省、市的文物考古和建筑方面的专家及有关部门到现场鉴研，在听取了专家及有关方面的意见后，决定组织人力对遗址进行大面积抢救性发掘。

从 8 月 1 日开始，在建筑工地中部偏北的位置布 8×8 米的探方 4 个，探方正南北向，编号为 T1、T2、T3、T4，隔梁宽 1 米。后来，T2、T4 向南扩方 6 米，共计布方 352 平方米（图版一，3）。发掘取得了重大收获，清理出一座南越国时期的大型石砌水池。

遗迹发现后，广州市文化局立即向上级有关部门报告发掘情况，并向国家文物局作了专题汇报，国家文物局邀请在京的部分专家听取了汇报，并审议了发掘材料及部分出土文物，初步认定这是南越宫苑的部分遗址，发现十分重要。发掘得到各级领导的关心和支持，在西安出席全国文物工作会议的李铁映同志听取了麦英豪同志的汇报后，十分关心，要求国家文物局派人到广州现场指导下一步发掘工作，并发出专电，指示广东省和广州市领导重视此事。9 月 12 日，国家文物局按照李铁映同志的指示，派出由张柏副局长带队，有谢辰生、俞伟超、王丹华、孟宪民等人组成的专家组来到考古现场进行实地考察（图版二，1）。专家们考察后一致认为必须扩大发掘面积，并在遗址外围进行钻探勘查，力求弄清水池范围和周边遗迹分布情况。广东省和广州市各级领导也先后到现场考察，在听取国家文物局专家组意见后，决定对遗址进行原地原状保护，并要求文物部门按照国家文物局专家组的意见继续做好发掘和勘探工作。9 月 26 日，广州市人民政府发出《关于做好南越国宫署遗址保护、勘探和发掘工作的通知》（穗府函[1995]126 号）。

为了进一步究明水池的结构和它的西界、南界，同年 10 月至 12 月，在上述已发掘探方的西、南、东部又开了 8 个大小不同的探方，编号为 T5~T12，其中 T5、T6 均为 7×8 米，T7 为 7×6 米，T8 为 7×5 米，T9 为 8×5 米，T10 为 12×5 米，T11 为 4×6 米，T12 为 4×7 米，共计布方面积 341 平方米（图版二，2）。两次发掘共计布方 693 平方米（图五）。发掘工作是在建筑桩孔林立的间隙之间进行的，每个水泥桩孔间距仅 4 米，纵横排列如网格状。随着发掘的不断往下，这些桩孔不断显露，由于当时未最后确定遗址的保护方案，而且遗址内大部分桩孔已经穿破遗址打至基岩层，因此，当清理到遗址石板面时，部分桩孔仍保留在遗址现场，桩孔外周围还留有宽约 0.2~1 米的土壁暂不发掘（图版二，3）。此外，遗址的北面、东面、南面紧靠建筑楼房，为安全起见，T1、T3、T5、T12 的北壁，T3、T10、T11、T12 的东壁，T8、T9、T10 的南壁都按适当的比例放坡，这些探方壁都保持一定的斜度，越往下挖掘探方面积越小。因此，这两个阶段的实际发掘面积约 450 平方米。

为了解水池的范围及其周边遗迹分布情况，从 10 月 14 日至 11 月 13 日，在水池周边进行机械勘探。从勘探的材料分析，推断水池平面近呈长方形，面积约为 3600 平方米。

这次发掘由陈伟汉同志担任领队，参加发掘的有全洪、刘晓明、廖明泉、陈春丽、黄兆强、张金国、邝桂荣、关舜甫，其间，中山大学人类学系的部分师生也参加发掘。蕃池周边的考古勘探由黎显衡、李龙章组织实施。

这次发掘被评为 1995 年全国十大考古新发现之一。

2005 年，在石构水池的西南约 50 米处，发现一口南越国时期的渗井，井内出土的木简中有一枚墨书"蕃池"两字[①]，联想到石构水池南壁石板面上刻凿的"蕃"字，推测这一水池很可能就是木简所指的"蕃池"，"蕃"是"蕃池"的省称。

---

① 广州市文物考古研究所、中国社会科学院考古研究所、南越王宫博物馆筹建处：《广州市南越国宫署遗址西汉木简发掘简报》，《考古》2006 年第 3 期。

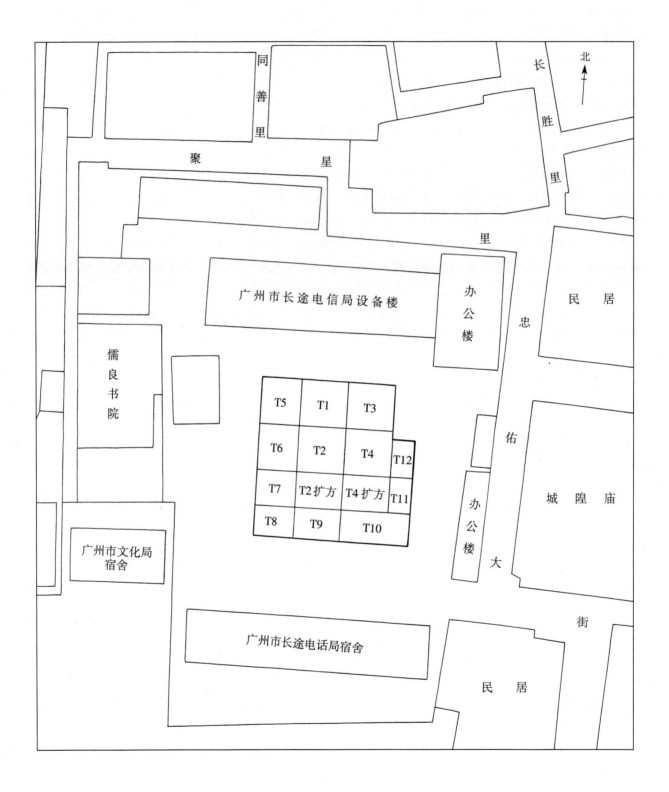

图五　蕃池遗迹发掘区探方分布图

二　曲流石渠的发掘经过

1997 年，中山四路西段原市文化局大院所有房子全部拆除之后，辟出一个有 6000 平方米的地盘，计划用来兴建"信德文化广场"大厦。由于这里已知有秦代造船遗址和南越国的石构水池遗迹，因此在大厦兴建之前需进行考古发掘，以究明地下文物的埋藏情况。发掘时将 6000 多平方米的建筑地盘分成三个区，秦代造船遗址在北面的 A 区，留待日后建成遗址博物馆后再发掘。南面临街商铺地带为 C 区，计划在商铺拆迁完成后再进行发掘。这次只发掘位于场地中部的 B 区，为确保建筑工地如期进行施工，建筑单位要求文物考古部门在 8 个月期限内完成发掘工作。

由于工期紧迫，加之南方多雨，地下水旺盛，为确保发掘期间不发生意外，按时完成发掘工作，在正式发掘之前，我们做了两项主要的准备工作。一是请广东省地质工程公司设计并施工，沿着 4000 多平方米可发掘地块的周沿，构筑一匝喷粉支护桩以护壁，确保发掘期间可防水渗和塌方（图版三，1）。支护桩宽 2.25 米，成方阵式连续排列，钻孔深 9.5~11 米不等。这一匝喷粉支护桩会对地下埋藏的文物造成破坏，但能确保发掘期间不发生塌方等意外。二是在上述护壁工程完成之后，地表以下 3~3.5 米的土层用机械进行开挖，以便把原文化局大院建筑物拆后遗下的墙基、沟渠、地下管道和水泥地面以及柱网基础等清除，这样一来，地表以下到唐宋时期的文化层大都也同时被挖掉（图版三，2），虽带来损失，但也为发掘赢得了时间。

实际发掘工作自 7 月 15 日正式开始，至 1998 年 1 月基本结束，共布探方 46 个，正南北向，探方编号自北而南，由东及西顺排。因受场地影响，除位于发掘区中部的 T2、T3、T6、T7、T10、T11、T14、T15、T18、T19、T20、T22、T23、T24、T26、T27、T28、T30、T31、T32、T34、T35、T36 等 23 个探方为 9 × 9 米的正方形外，其余靠近支护桩壁的探方均非正方形，面积大小不一，其中 T1 面积 81 平方米，T4 面积 64 平方米，T5、T9、T13 面积均为 99 平方米，T8 面积 70 平方米，T12、T16 面积均为 72 平方米，T17 面积 79 平方米，T21、T25、T29、T33 面积均为 63 平方米，T37 面积 56 平方米，T38 面积 68 平方米，T39、T40 面积均为 60 平方米，T41 面积 54 平方米，T42 面积 81 平方米，T43 面积 42 平方米，T44 面积 63 平方米，T45 面积 40 平方米，T46 面积 60 平方米。实际发掘探方 43 个，南面的 T28、T32、T36 三个探方因用做临时存运挖出来土方的堆置场地而未有发掘，实际共计发掘约 3191 平方米（图六；图版四，1，2），发掘清理出一条南越国时期的曲流石渠遗迹等。

这次发掘由麦英豪担任领队，冯永驱为考古发掘现场负责人。为做好这次发掘工作，还专门成立发掘办公室，由黎显衡、陈茹分别担任主任和副主任，办公室的何民本负责拍照和录像，陈立人负责后勤，梁碧玲和王芳负责文物保管等工作。参加发掘的人员主要来自广州市文博单位的业务人员，有梁建楠、廖明泉、程存洁、吴凌云、张卫星、谭文、李亚洲。此外，在 9 月 20 日至 10 月 30 日期间，中山大学人类学系九四级考古专业的部分学生和辅导老师也参加了发掘，辅导老师为韦贵耀、王宏，学生有李灶新、张月明、李景卓、王守伟、邓永彬、易西兵、覃杰、黄海见、马楠、岑国新、邹琼、周燕、杨尚燕和伍秋鹏。

发掘期间，国家文物局专家组的黄景略、谢辰生、傅连兴、万岗、沈庆林、郑广荣、刘顺利等 7 人到发掘工地了解发掘工作的进展情况（图版五，1）。12 月 23 日，广东省文化厅邀请广东省、广州市有关考古、历史、建筑等方面的专家在发掘现场召开遗址鉴研会。1998 年 1 月 9 日，国家文物局派出由张柏副局长率领，有徐苹芳、黄景略、宿白、郑孝燮、傅熹年、罗哲文、张忠

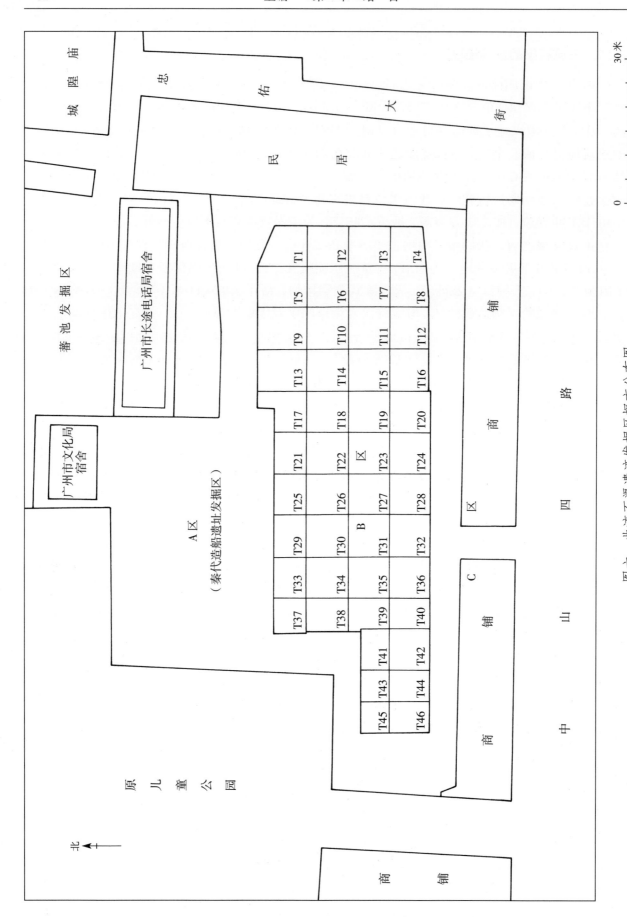

图六　曲流石渠遗迹发掘区探方分布图

培、李伯谦、傅连兴、刘庆柱、李准、王丹华、辛占山等13位考古、文物保护、古建筑、规划等方面专家组成的专家组，到遗址发掘现场进行实地考察。10日，在广州市政府礼堂召开南越国宫署遗址专家论证会（图版五，2），专家组对遗址的发现给予高度评价，认为南越宫苑遗址是迄今为止发现年代最早的中国宫苑实例，对研究中国古代城市（特别是古代广州城）、古代建筑史和古代工艺史有极其重要的价值，是广州历史文化名城的精华所在。

为贯彻落实国家文物局专家组要求保护好宫苑遗址发掘现场，防止遗址受雨淋日晒等自然破坏的指导意见，在遗址现场搭建了一座4000平方米的钢架锌铁皮上盖的大棚，对遗址进行临时保护（图版五，3）。1998年7月28日，广州市人民政府发出《关于保护南越国宫署遗址的通告》（穗府[1998]62号），初步确定遗址文物保护区的范围（图版五，4）。

这次发掘被评为1997年全国十大考古新发现之一。

第三节　20世纪以来广州有关南越国遗迹的其他发现

自20世纪以来，在广州市区除发现南越国宫苑的蕃池和曲流石渠遗迹外，还发现南越国都城水关和王宫遗迹，近郊也发现南越文王墓和多处南越的臣民墓群等。

一　南越国都城和王宫遗迹的发现

广州有关南越国遗迹和遗物的最早发现可追溯到20世纪初，1932年，曾传辂先生在广州东郊的东山寺贝底一带发现大面积的绳纹瓦堆积，认为这里是南越王赵佗朝汉台的所在地。近年，在东山农林下路的一座民宅下发现大量绳纹瓦片堆积，有学者结合近几十年在这一带的考古发现，认定这里是南越国主要烧造砖瓦等建材的窑场点[1]。随着城市的发展，这一带早已楼房林立，窑址难以探查。

1988年，在北京路北段的新大新公司建筑工地，发现两片用南越国印花砖铺砌的池状地面，呈斜坡状，当中因被水泥墙切断而未能接合，但从其结构和走向来看，两片地面原是连接成一个整体的，推测其似是四面向中心倾斜的水池[2]。

1996年，在南越宫苑蕃池遗迹之西约23米处，清理出南越国时期的一口王宫食水砖井，结砌精巧[3]。

1999年，随着广州地铁一号线公园前站的动工，在中山五路与吉祥路交汇处的东侧，即原新华电影院的位置，发现有叠压成层的绳纹板瓦、筒瓦、云纹瓦当和"万岁"文字瓦当等属于南越国时期的建筑材料，表明南越王宫的西界延伸至此[4]。

2001年，在西湖路光明广场建筑工地发现了南越国都城水关遗址[5]，为确定南越国都城南至珠江北岸提供了一个准确的坐标。

---

① 邝桂荣：《广州东山农林下路南越瓦片坑清理记》，《广州考古五十年文选》，第405~412页，广州出版社，2003年。
② 全洪：《广州市中山五路南越国建筑遗迹清理简报》，《广州考古五十年文选》，第366~373页，广州出版社，2003年。
③ 广州市文物考古研究所、南越王宫博物馆筹建办公室：《广州南越国宫署遗址1995~1997年发掘简报》，《文物》2000年第9期。
④ 广州市文化局编：《广州秦汉考古三大发现》，第80页，广州出版社，1999年。
⑤ 国家文物局编：《2001年中国重要考古发现》，第92页，文物出版社，2002年。

2003 年至 2006 年，在原儿童公园内进行大规模考古发掘，先后发现了南越国一号宫殿、二号宫殿、一号廊道和砖石走道以及王宫北宫墙等重要遗迹。

二　南越国时期墓葬的发现

1983 年，在越秀公园西面的象岗山发现第二代南越王赵眜墓，出土"文帝行玺"金印和刻"文帝九年乐府工造"铭文的青铜句鑃等重要文物①。

同年，在广州西村凤凰岗还发现一座大型木椁墓，墓的规模较大，可惜早年被盗，有学者从墓中出土劫余的玉器等，推测可能是南越国第三代王赵婴齐的墓葬②。

2003 年至 2005 年，在农林东路猫儿岗共发掘汉代墓葬 90 座，其中还发现一座南越国时期的大型"人"字顶木椁墓，为广州地区首见③。

此外，自 1953 年至 1960 年，在广州近郊先后发掘了 400 多座汉墓，其中的 182 座为西汉南越国时期的墓葬④。1973 年，在广州市淘金坑发现的 22 座西汉墓中，有 21 座墓属于南越国时期，出土的部分陶器还戳印有"长秋居室"、"常御"等陶文⑤。1983 年，在广州瑶台柳园岗发现南越国时期的墓葬 43 座，出土戳印"居室"陶文的陶器 3 件⑥。

第四节　资料整理与报告编写

一　资料整理

本报告是 1995、1997 年南越宫苑遗址的发掘报告，包括宫苑遗址及其上下文化层的全部发掘资料。

南越宫苑遗址田野发掘工作结束后，就对发掘资料进行初步的整理，1999 年 10 月，我们编写出版《广州秦汉考古三大发现》⑦，2000 年，又在《文物》期刊上发表了这两次发掘的简报⑧，及时向外公布这两次发掘的重要成果。

系统的资料整理和报告编写工作从 2004 年开始，是在国家文物局的关心和广州市文化局的领导下，由南越王宫博物馆筹建处和广州市文物考古研究所共同合作完成，南越王宫博物馆筹建处负责具体组织和实施。整理工作主要由李灶新、陈伟汉负责。报告中的器物底图主要由陈根山、邓来善绘制，朱岁明、朱禄乾后期也参加部分器物图的绘制。遗迹图和器物图的上墨清绘是由陈根山、朱岁明负责完成。遗址照片是由何民本、关舜甫负责拍摄，器物照片由何民本负责完成。蕃池石刻文字拓本由黄兆强完成，陶文、器物纹饰和曲流石渠石刻文字拓本由李晓宇、田凤群负

① 广州市文物管理委员会、中国社会科学院考古研究所、广东省博物馆：《西汉南越王墓》，文物出版社，1991 年。
② 广州市文物考古研究所：《广州西村凤凰岗西汉墓发掘简报》，《广州文物考古集》，第 197~206 页，文物出版社，1998 年。
③ 广州市文物考古研究所：《广州市农林东路南越国"人"字顶木椁墓》，《羊城考古发现与研究（一）》，第 35~47 页，文物出版社，2005 年。
④ 广州市文物管理委员会、广州市博物馆：《广州汉墓》，文物出版社，1981 年。
⑤ 广州市文物管理处：《广州淘金坑的西汉墓》，《广州考古五十年文选》，第 494~535 页，广州出版社，2003 年。
⑥ 黄淼章：《广州瑶台柳园岗西汉墓群发掘纪要》，《广州考古五十年文选》，第 538~552 页，广州出版社，2003 年。
⑦ 广州市文化局编：《广州秦汉考古三大发现》，广州出版社，1999 年。
⑧ 广州市文物考古研究所、南越王宫博物馆筹建办公室：《广州南越国宫署遗址 1995~1997 年发掘简报》，《文物》2000 年第 9 期。

责完成。段玉勤和蒋艳华负责器物的修复。

在开展资料整理的同时，我们还与国内有关高校和科研机构合作开展多学科的综合性研究。出土的砖、瓦和陶瓷器的化学成分与物理性能的分析测试及相关研究是与中国科学院上海硅酸盐研究所合作完成的；出土的动、植物遗存的分析、鉴定和出土木材鉴定以及碳十四样品年代测定均由中国社会科学院考古研究所科技实验研究中心完成；建筑石构件的岩石特征及产地研究是与中山大学地球科学系合作完成的。

二 报告编写

南越宫苑遗址的文化层堆积厚度普遍约5米，自上而下有近现代、清、明、元、宋、南汉、唐、南朝、两晋、汉、南越国和秦代等12个历史朝代（阶段）的遗迹和遗物，这是广州城建2000多年历史的断面。报告分上、下两编，文字、插图和图版各自起始。报告的上编为两次发掘中有关南越宫苑的遗存和多学科综合性研究报告，其中南越国时期的遗迹和部分遗物按两次发掘区域的不同独立成章，分别介绍。鉴于出土的南越国砖、瓦、陶器上大多戳印或拍印有陶文，文字内容丰富，特将两次发掘出土的陶文和封泥以及石刻文字独立成章，作系统介绍。

下编为南越宫苑遗址发掘报告的附录部分，介绍两次发掘中除南越国遗存以外的其他时代文化遗存。因两次发掘的唐宋以后遗存大多已被机械挖土时挖去，特别是房址等居住遗存大都没能保存，仅保存有与其有关的水井，这些水井结构基本完整，时间跨度长，是了解当时人们居住情况的重要资料，因此将各朝代水井作单独介绍，以便读者查考研究。

鉴于1995年和1997年两次发掘的探方、地层和遗迹等均是各自编号，为了以示区别，本报告的探方、遗迹、地层和出土遗物，也按不同发掘区分别编号，在前分别冠以发掘年份，如95、97。为了方便对两个区域的遗存进行综合研究，根据两者地层和出土遗物情况，通过对应表的形式（附表一），将属于同一时代的遗存统合起来进行分期研究。

这处遗址属于历史时期遗存，时代跨度大，出土的遗物，特别是陶、瓷器在不同的历史时期，其质地与造型有着明显的区别，有鉴于此，本报告对出土器物型式的划分是按秦代、南越国、汉（不含南越国）、两晋和南朝、唐、南汉、宋、元、明、清等几个大的历史时代各自排队，不作贯通。

过去有关南越宫苑遗址的考古发掘报导，其中凡与本报告有不同之处，当以本报告为准。

本报告编写体例如下：

1. 遗迹编号：PC 表示蕃池；SQ 表示曲流石渠；GC 表示宫池；SJ 表示沙井；F 表示房址；Q 表示墙基；SD 表示建筑磉墩；ZD 表示柱洞；L 表示道路；J 表示水井；G 表示沟渠；H 表示灰坑（97H19、97H170、97H192 消号）。

2. 器物的型式划分：以英文大写字母 A、B、C，……表示不同的型；以英文大写字母和英文小写字母，如 Aa、Ab、Ac，……表示不同的亚型；以罗马字母 Ⅰ、Ⅱ、Ⅲ，……表示不同的式。下编各朝代遗迹登记表"出土物"栏中的阿拉伯数字表示该型式器物的数量。

3. 陶文、石刻和封泥释文均为简体字。字迹模糊或未能释读隶定的，以每字一"□"表示；字体残断，但根据字形仍可推知其字体的，如可推知为"军"字的用"圉"表示；字体断折之处，未知其前或后有多少个字的，用"⬚"表示。

4. 上编介绍的南越国遗物中，有部分是在晚期地层或遗迹出土的，这部分遗物编号之后均附加 * 号，以示区别。

第二章　蕃池遗迹

第一节　地层堆积

南越宫苑遗址延续时间长，地层堆积厚。蕃池发掘区在正式发掘之前，现地面以下约4米的土层已被施工单位用机械挖去，按工地挖土后的地面计算，保存的文化层最厚处尚存3米多，但发掘区西面和南面探方尚存的文化层堆积已很薄了，部分探方已露出生土。根据遗址现场残存的地层，按土质土色的不同可分六大层。由于遗址发掘前已布满纵横排列的建筑桩孔，发掘结束后，桩孔四周还留有一定宽度的土墩将遗址地层剖面隔断，为了清楚介绍遗址的地层堆积情况，地层剖面所经桩孔壁面的地层以虚线连接，以示区别。现以遗址南北向和东西向地层剖面为例作说明。

1. 95T3、95T4、95T10 东壁地层堆积情况（图七）

第①层：为工地机械挖土后留下的扰动土层，除混入有现代的砖、瓦和混凝土块外，还夹杂有不少历代的陶、瓷残片和砖、瓦等碎片。距地表深3.9~5.2米，厚0.4~1.35米。95J18开口于该层下。

第②层：红褐色土，土质较黏，仅在95T3、95T4有分布，距地表深4.45~5.05米，厚0~0.34米。含青釉罐、碗、碟和酱釉陶罐等生活用器残片。时代属南朝时期。

第③层：灰黑色土，夹杂大量贝壳，距地表深4.8~5.75米，厚0.2~0.58米。内含大量的青釉罐、钵、碗、碟、器盖和酱釉陶罐等生活用器残片以及网坠、纺轮等。时代属东晋至南朝早期。

第④层：灰黑色淤土，含大量炭屑，土质细腻，距地表深4.95~6米，厚0~0.52米。含大量青釉和酱釉陶器残片，器形有罐、盆、钵、碗、碟、纺轮等。时代属西晋至东晋早期。

第⑤层：王莽至三国时期文化层，可分成a、b两小层。

⑤a层：灰黑色土，含大量木屑，土质疏松，距地表深5.2~6.1米，厚0.07~0.4米。含有陶罐、盆、碗和绳纹板瓦、筒瓦、"万岁"文字瓦当等。时代属东汉晚期至三国时期。

⑤b层：黑褐色淤土，土质较纯、较黏，距地表深5.5~6.75米，厚0~0.7米。含有陶瓮、罐、盆、釜等生活用器以及绳纹板瓦、筒瓦、"万岁"文字瓦当。出土有"半两"、"大泉五十"铜钱。属王莽至东汉早期。

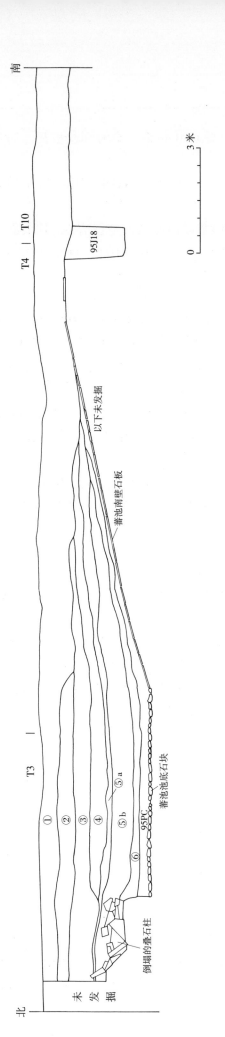

图七 蓄池遗迹发掘区 95T3、95T4、95T10 东壁地层剖面图

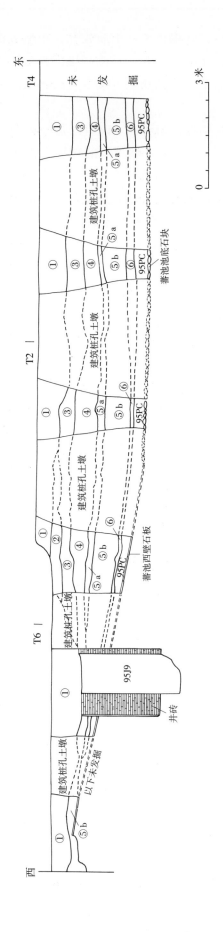

图八 蓄池遗迹发掘区 95T6、95T2、95T4 北壁地层剖面图

第⑥层：红褐色土，土质较黏，距地表深5.35~6.95米，厚0~0.44米。含有绳纹板瓦、筒瓦和"万岁"文字瓦当等。是南越国灭亡后形成的废弃堆积。

第⑥层下为蕃池遗迹（编号为95PC），池壁和池底之上有一层淤沙，是蕃池使用过程中形成的堆积。

因遗址需要原址保护，仅对已被破坏的蕃池南壁以南和西壁以西的地方进行清理，其余部分保存未发掘。从一些打破蕃池的灰坑、水井坑壁可知，池壁石板下有一层厚约0.05~0.06米的沙石垫土，垫土之下即为黄色生土。

2. 95T6、95T2、95T4 北壁地层堆积情况（图八）

第①层：为工地机械挖土后留下的扰动土层，除混入有现代的砖、瓦和混凝土块外，还夹杂有不少历代的陶、瓷残片和砖、瓦等碎片。距地表深4.0~4.46米，厚0.4~1.35米。95J9开口于此层下。

第②层：红褐色土，土质较黏，仅在95T2有残存，距地表深4.45~4.8米，厚0.13~0.34米。含青釉器残片、酱釉陶罐残片和莲花瓦当等。时代为南朝时期。

第③层：灰黑色土，夹杂大量贝壳，距地表深4.68~5.5米，厚0.2~0.58米。含大量的青釉罐、钵、碗、碟、器盖和酱釉陶罐、盆等器残片。此外，还有网坠、纺轮等生产用器。时代属东晋至南朝早期。

第④层：灰黑色淤土，含大量炭屑，土质细腻，距地表深4.95~6.15米，厚0.08~0.8米。有大量的青釉器和酱釉陶器残片，器形有罐、盆、钵、碗、碟、纺轮等，也有网坠和一些木构件等，出土"大泉五千"铜钱一枚。时代属西晋至东晋早期。

第⑤层：王莽至三国时期文化层，可分成a、b两小层。

⑤a层：灰黑色土，含大量木屑，土质疏松，距地表深5.4~7.05米，厚0.1~0.28米。含有陶罐、盆、碗和绳纹板瓦、筒瓦、"万岁"文字瓦当等，出土有"五铢"、"货泉"、"大泉五千"等铜钱。时代属东汉晚期至三国时期。

⑤b层：黑褐色淤土，土质较纯、较黏，距地表深5.4~6.7米，厚0~0.74米。含有陶瓷、罐、盆、釜等生活用器以及绳纹板瓦、筒瓦、"万岁"文字瓦当等。时代属王莽至东汉早期。

第⑥层：红褐色土，土质较黏，距地表深5.4~6.85米，厚0~0.28米。含有绳纹板瓦、筒瓦和"万岁"文字瓦当以及"半两"铜钱等。是南越国灭亡后形成的废弃堆积。

第⑥层下为蕃池遗迹，池壁和池底之上有一层淤沙，是蕃池使用过程中形成的堆积。

因遗址需要原址保护，蕃池以下未发掘。

第二节　遗　迹

这次发掘揭露的南越国时期遗迹主要是蕃池，此外，在已被破坏的蕃池西壁以西和南壁以南还发掘有沟渠和木暗槽等遗迹（图九）。

一　蕃池遗迹

位于发掘区中北部，跨95T1、95T2、95T3、95T4、95T5、95T6、95T7、95T11和95T12等9个探方。开口于95⑥层下，除被现代建筑桩孔直接打破外，水池的西壁和南壁还被95J2、95J9、

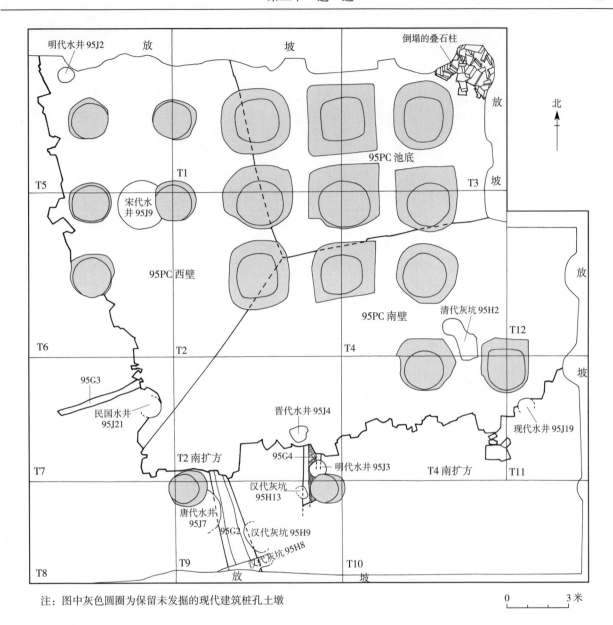

图九　蕃池遗迹发掘区南越国遗迹平面图

95J21、95J1、95J4、95J19、95H2等晚期遗迹打破。蕃池的东部和北部均被现代楼房所压,未能扩方发掘。

　　已揭露的遗迹平面略呈长方形,东西现长24.7、南北现宽20米,是一个池壁向内倾斜,池底平正的斗状水池。以池底西边线为准,水池方向北偏西15°。现仅揭露水池的南壁西段、西壁南段和池底西南一角(图一〇;彩版二,1)。下面分别介绍水池各部分结构的具体情况。

（一）南壁

　　现仅揭露出西端一段,东端仍未到尽头(彩版二,2)。池壁平面呈梯形,由上部往池底逐渐收窄,池壁底部与池底交接处近呈一直线,东西现长9.8米(彩版三,1;图版六,1)。池壁上部大多已被破坏,边线参差不齐,东西现长21米。池壁向北往下倾斜呈斜坡状,坡壁面南北现存最

注：图中灰色圆圈为保留未发掘的现代建筑桩孔土墩

图一〇　蕃池遗迹平剖面图

宽 10.65 米，坡度 12°~14°（图版六，2）。

池壁全用砂岩石板呈密缝冰裂纹铺砌（彩版三，2），其中有 12 块石板面上刻凿有文字，共计 12 个字，字头均朝向南，除"蕃"字为篆书体外，其余文字均为隶书体，具体如下：

"蕃"字，1 个，位于南壁东南部，北距池底南边线约 8.84 米，西距池壁西南角交接线约 15.3 米。字体长 25、宽 20 厘米（参见图一四〇，1；彩版三，3）。

"晥"字，5 个。东起往西第一个东距"蕃"字 5.48 米，北距池底南边线 7.02 米，字体长 16、宽 15 厘米。第二个东距"蕃"字 6.7 米，北距池底南边线 6.45 米，字体长 12.4、宽 18 厘米（参见图一四三，3）。第三个东距"蕃"字 6.8 米，北距池底南边线 7.44 米，字体长 15、宽 16 厘米。第四个东距"蕃"字 7.1 米，北距池底南边线 6.76 米，字体长 16、宽 20 厘米（参见图一四三，2；

图版六，3）。第五个东距"蕃"字8米，北距池底南边线7.07米，字体长23.2、宽20.4厘米（参见图一四三，1；图版六，4）。

"冶"字，3个。东起往西第一个东距"蕃"字5.45米，北距池底南边线6.6米，字体长10.6、宽14.7厘米（参见图一四三，4）。第二个东距"蕃"字5.75米，北距池底南边线6.08米，字体长15.3、宽20.4厘米（参见图一四三，5）。第三个东距"蕃"字8.25米，北距池底南边延长线7.59米，字体长16.4、宽17厘米（参见图一四三，6；图版七，1）。

"阅"字，2个。东起往西第一个东距"蕃"字6.3米，北距池底南边线7.02米，字体长20、宽18.5厘米。第二个东距"蕃"字6.55米，北距池底南边线7.12米，字体长24、宽18.5厘米（参见图一四二，1；图版七，2）。

"馈"字，1个，东距"蕃"字6.25米，北距池底南边线6.24米，字体长24.8、宽22厘米（参见图一四二，2；图版七，3）。

在蕃池南壁东南面，尚存有一片用砂岩石板铺砌的地面，略呈水平状，微向北倾斜，东西残长1.4、南北残宽1.4米，残存石板4块（图版八，1、2）。该石板地面很可能就是蕃池四周边沿的地面，但由于破坏严重，其性质还有待将来进一步发掘明确。

（二）西壁

仅揭露出南端一段，北端仍未到尽头。池壁平面呈梯形，由上部往池底逐渐收窄，池壁底部与池底交接处呈一直线，南北现长9.85米。池壁上部已遭破坏，残存边线呈不规则状，南北现长19.8米（图版八，3）。池壁向东往下倾斜呈斜坡状，坡壁面东西残宽8.22~10.6米，坡度12°~14°（彩版四，1）。

池壁也用砂岩石板呈密缝冰裂纹铺砌（图版九，1），其中在近中部的2块石板面上直行刻凿有"☒北诸郎"文字，篆书体，有较明显的隶书意味，其中"北"字以上的文字湮灭不清。文字东距池底西边线约4米，南距池壁西南角交接线约9.15米，"北诸郎"三字长127、宽41.2厘米（参见图一四一；图版九，2）。

蕃池的南壁和西壁在西南角相交（彩版四，2），交接处砌成一直线，残长12.1米，南壁和西壁夹角162°~168°（彩版四，3；图版九，3）。

池壁石板为砂岩石质，质地较粗松，多呈灰白色或黄白色，少量呈青灰色或紫红色。石板形状多呈不规则形，也有少部分近呈方形、长方形。石板大小不一，一般长32~50、宽23~28、厚5~8厘米；较小的长约15、宽10~15、厚约4厘米；较大的长约80~95、宽40~70、厚12厘米。石板的表面多打磨平整，底面则较为粗糙。经对比研究，池壁石板均采自于广州附近地区。池壁这种冰裂纹密缝砌法，要在现场根据实际需要的尺寸，对每一块石板进行加工，才能使石板之间接合的缝隙吻合，具有非常精致的加工技艺和相当高的操作水平。

（三）池底

现仅揭露池底的西南一角，平面近呈长方形，东西现长11.3、南北现宽9.65米。池底平整，用自然石块和碎石呈不规则平铺而成（彩版五，1；图版一〇，2），石块大小、形状不一，小的直径约3~15厘米，大的直径约15~35厘米。池底西边线与南边线在西南角交接，交角94°（彩版五，2；图版一〇，1），交角处与水池西、南壁交角边线交合。以蕃池南壁东南面保存的石板地面为水池最高点复原，水池最深约 2.5 米。

（四）叠石柱

在已揭露的蓄池东北角，有一向西南倾倒的叠石柱。石柱由长约 35、宽约 23、厚约 6~7 厘米的长方形石块叠砌而成（彩版五，3、4；图版一〇，3）。由于这个位置靠近一幢 5 层的楼房，不具备扩方的条件，为防止塌方，未对这一倾倒的叠石柱作进一步清理和发掘，所以有关该叠石柱的详细情况不明。

（五）池内堆积

蓄池的池底和池壁有一层灰褐色淤沙，沙质较为细腻，有绿色水锈斑，是水池在使用过程中形成的堆积。这层淤沙随水池的地形高低变化沿池壁向池底呈倾斜状堆积，池底的堆积较池壁上的堆积要厚，厚 0.05~0.32 米。其中近池壁处散落有大量的石板、石门楣、八棱石柱、石望柱、板瓦、筒瓦、"万岁"文字瓦当和各式印花砖等石质和陶质建筑材料（彩版六，1；图版一一，1）。此外，还有铁门枢轴、铁斧、铁凿、铜镞、"半两"铜钱和陶瓮、罐等生活器具。

（六）蓄池的建造方法

由于蓄池遗迹需要原址保护，未对遗迹进行解剖发掘，只能借助一些打破水池的水井和灰坑来大致了解其建造方法。其建造方法大体是先从当时的地面下挖一个长方形斗状大坑，口大底小，坑壁向内倾斜，坑底较平整。在挖好的坑底铺垫一层白膏泥取平地面后，再用碎石和卵石铺砌即成池底。池壁是在倾斜的坑壁先铺垫一层厚约 5~6 厘米的沙石，再用砂岩石板铺砌而成的。

二　沟渠

共清理 2 段，因大部分叠压在蓄池遗迹之下，未能全面揭露。

95G2，位于 95T9 西部，开口于蓄池垫土层下，打破生土，分别被 95J7、95H8、95H9 打破。呈西北—东南走向，西北向延伸至蓄池南壁之下未能发掘，东南向延伸出发掘区外。平面呈长条形，北窄南宽，现已揭露南北长 5 米，上口部东西宽 0.65~1.17、底部东西宽 0.30~0.59 米。沟的剖面呈倒"凸"字形，沟壁上部弧形内收，下部呈直壁状，底部平整，沟深 1.1~1.2 米（图一一；图版一一，2）。

沟内堆积可分四层，第①层为红黄色土，夹杂有细小的红土颗粒，土质细腻，较黏，厚 0.36~0.44 米，偶见一两片绳纹瓦片出土；第②层为黄色土，夹有白色膏泥，土质细腻，较黏，厚 0.08~0.10 米，无遗物；第③层为红黄色土，夹有较大的红土颗粒，土质较黏，厚 0.3~0.42 米，偶见一两片绳纹瓦片出土；第④层为灰土，土质较黏，含有较多的木片和炭屑等，厚 0.20~0.24 米。该层遗物丰富，有 A 型陶盒 1 件、A 型陶碗 1 件、Aa 型陶器盖 1 件、陶珠 1 件、砺石 1 件、木梳篦 1 件、Aa 型 I 式铜镞 2 件、A 型 I 式半两 1 枚、B 型和 Ca 型 II 式半两各 1 枚、A 型铁钉 1 枚，杨梅和桃果核各 1 颗，另外还有少量不可复原的罐、盒、釜等陶器残片，被火烧烤过的木头和朽腐严重的铁器残件、漆木片以及用竹片编织而成的盒和簸箕等。

95G3，位于 95T7 的中北部，开口于蓄池垫土层下，打破生土。呈东北—西南走向，东北向延伸入蓄池西壁之下未能发掘，向西已到尽头。平面呈长条形，现已揭露东西长 4.32 米，口部南

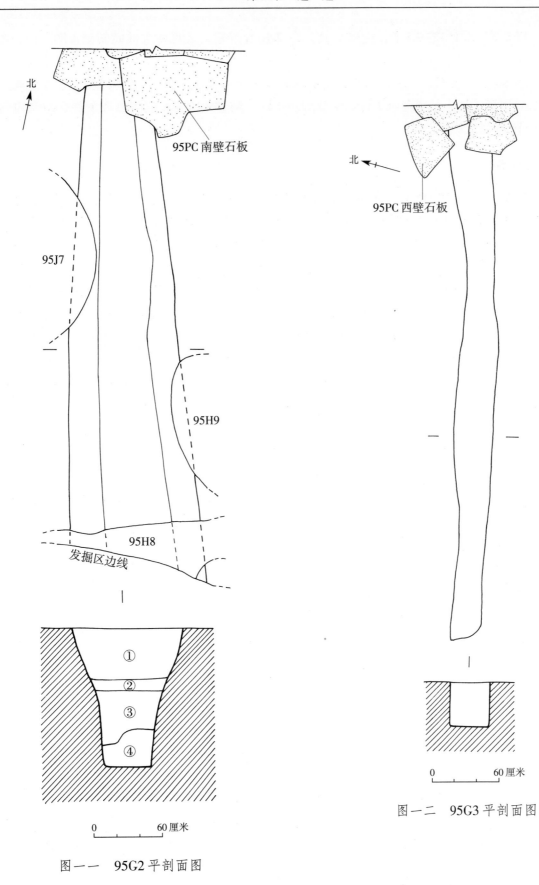

北

95PC 南壁石板

95J7

95H9

95H8

发掘区边线

① ② ③ ④

0   60厘米

图一一 95G2 平剖面图

北

95PC 西壁石板

0   60厘米

图一二 95G3 平剖面图

北宽0.21~0.36米，深0.32~0.5米。沟壁平直，底部较为平整，呈西高东低倾斜状（图一二；图版一一，3）。

沟内为灰黑色土堆积，夹杂有木炭，土质疏松。出土有陶鼎1件、A型陶盆1件、A型陶三足盒1件、A型陶盒1件、A型陶碗1件、B型陶碗1件、陶盏1件、A型陶器盖1件、Ab型铜镞1件，另有少量绳纹瓦片等。

三 木暗槽

编号95G4，位于95T2南扩方东南角，向南延伸入95T9内。开口于蕃池垫土层之下，打破生土，除被一个现代建筑桩孔打破外，还被95J3和95H13打破。呈南北走向，向北延伸入蕃池南壁下未能发掘，南部已被机械挖土时破坏，已揭露南北长2.76米（图一三）。

木暗槽是在挖好沟槽后埋入的，沟槽宽0.85~1米，深0.76米，沟槽壁平直，底部南高北低呈倾斜状。木暗槽随沟槽地势向北倾斜，斜度12°，与蕃池南壁的斜度基本一致。木暗槽截面呈长方形，是由整木刳成"凹"字形木槽后，槽口再用长条形木板封盖而成的，盖板的宽度与木槽的宽度一致。木暗槽外宽0.44、高0.34米；槽内宽0.22、高0.18米，木暗槽内孔横切面面积为0.0396平方米（彩版六，2；图版一一，4）。木暗槽内淤塞满灰黑色淤泥，土质黏，无遗物。木暗槽与沟槽之间的空隙回填红黄色土，夹杂有红土颗粒，土质细腻、较黏，偶见一两片饰方格纹的陶罐残片和绳纹瓦片等。

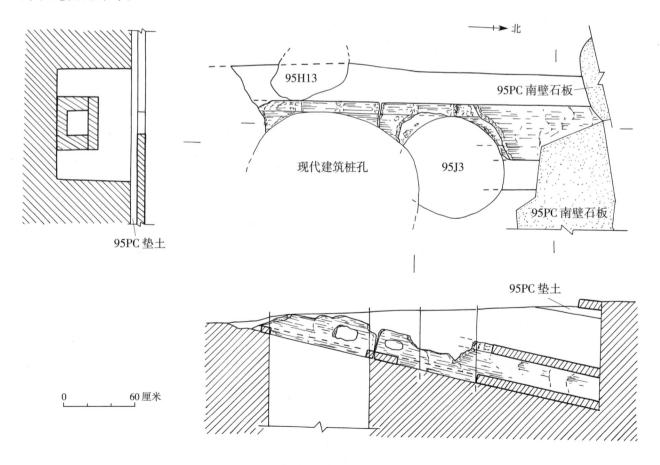

图一三 木暗槽（95G4）平剖面图

第三节　蕃池周边的勘探

为进一步了解蕃池的范围及周边遗迹的分布情况，根据专家论证意见，决定对遗迹周边进行考古勘探。勘探工作由广州市文物考古研究所负责，委托广东工学院土木工程技术开发有限公司钻探队进行机械勘探（图版一二，1）。时间从1995年10月14日至1995年11月13日，实际工作日共27天，勘探面积约46000平方米，共计钻孔164个。

一　勘探范围和经过

勘探工作是在蕃池周边进行，范围是：东起忠佑大街、长胜里，西至原儿童公园内，南到中山四路，北达梯云里。由于勘探区域内都是居民宿舍和楼房，地理环境比较复杂，大部分地方都无法钻探，实际可钻探的位置并不多，主要集中在一些横街窄巷和建筑工地。勘探范围以蕃池南壁和西壁西南交点为基点，将勘探范围依顺时针方向将360°等分为四个区，基点东北方向的聚星里东段、忠佑大街北段为Ⅰ区；基点东南方向的忠佑大街南段为Ⅱ区；基点西南方向的原市文化局大院和原儿童公园南部为Ⅲ区；基点西北方向的聚星里西北段和原儿童公园北部为Ⅳ区（图一四）。勘探采用TQ-50型冲击回转钻机进行，距地表深3米之上用105毫米钻筒取芯，3米以下采用95毫米钻筒取芯。一般采用锤击取土芯，遇坚硬石块、不易提取的木块等则采用水压回转磨钻方法取芯。

由于钻探区域地处民房稠密的老城区中心，街道狭窄，地上的架空电线、通信电缆和地下的煤气管道、自来水管、排污管、高压电缆、通信电缆，以及民居的化粪池等阻碍施工的障碍物甚多，不但增加施工的难度，还给施工带来高度的风险。为此，勘探工作采取先易后难，先在无任何地下设施的地方进行，与此同时，派人到各有关部门了解勘探区域内地下管线的分布情况，请求给予工作上的支持和帮助。难度较大的危险地带，如忠佑大街北段和聚星里东段的勘探，为安全起见，特聘请广东省地质物探工程勘察城市地下管线探测中心进行物理探测，重新测绘精确的地下管线图，使钻探工作得以安全顺利地开展。

勘探工作分两步进行。首先在市长途电话局综合楼工地发现的蕃池四周展开，目的在于弄清遗迹周边的情况，特别是蕃池的东面、北面未发掘到边，水池的范围和形状不明。在完成了市文化局大院信德工地和长途电话局内空地的勘探后，随即在蕃池可能分布的聚星里和忠佑大街北段进行勘探，探得该地段地下存在铺石板遗迹，很可能就是蕃池的池壁。第二步工作是在周围更大的范围内的联珠坊、长胜里、梯云里、红旗剧场工地、儿童公园等地进行普探，力求弄清南越宫苑的范围，取得一定收获。各区钻孔分别各自采用阿拉伯数字进行编号，编号前分别冠以年份、区号和"–"符以示区别，如"95Ⅰ–1"表示Ⅰ区1号钻孔，如此类推。

二　各区的勘探概况

（一）Ⅰ区

这一区域为蕃池勘探的重点区。共布钻孔66个，主要分布在聚星里中部、东部和忠佑大街北段，另在长胜里、梯云里、城隍庙后面等地也分布有钻孔（图一五）。此区地形为西南高，东北

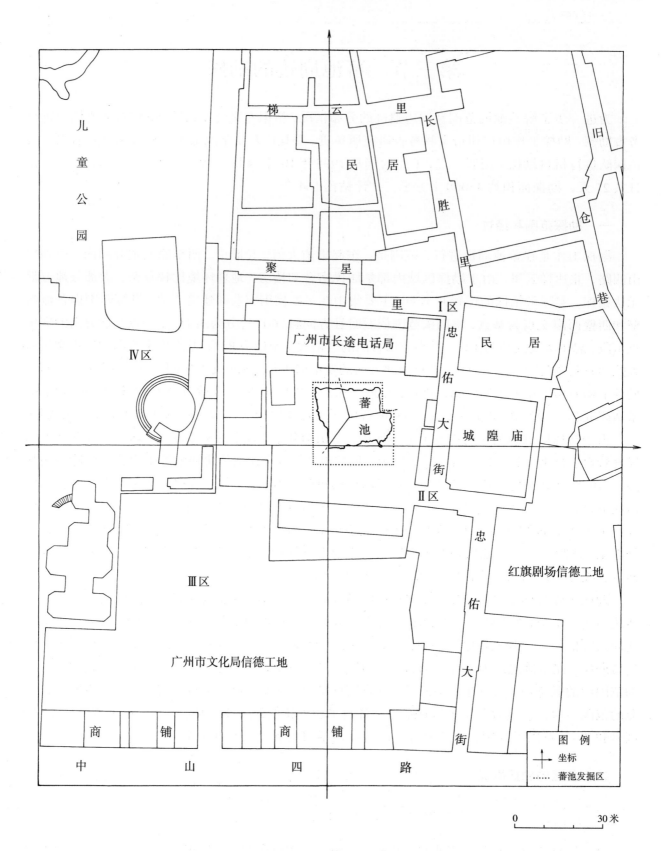

图一四　蕃池周边考古勘探区域划分平面图

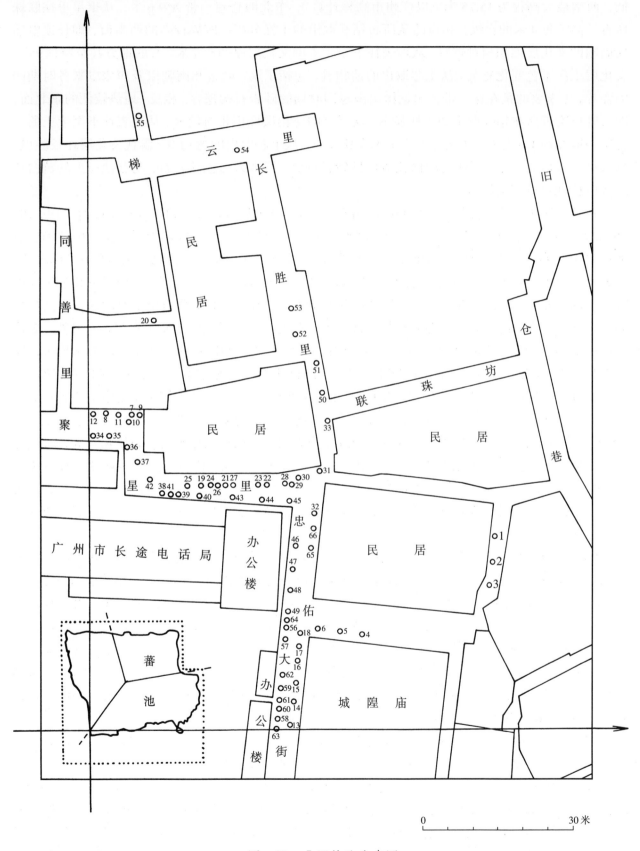

图一五　Ⅰ区钻孔分布图

低，西南最大高程为 15.75 米（以广州市高程计算），东北旧仓巷一带为 9.6 米，从聚星里往联珠坊有一高差近 4 米的台级。相应的从所布钻孔取出的土样分析，地势较高的西南面，即长途电话局周围的文化层堆积相对较厚，从地表往下至生土的文化层厚约 6~7 米，有的地方甚至厚达 9 米，文化层土质土色变化复杂。从土芯取出的遗物看，包括了汉、两晋和南朝以及唐宋以来各时期的陶瓷片，更重要的是在这一带普遍钻探出南越国时期的砂岩石构遗存。相反，地势较低的东北面，即长胜里附近所布钻孔取出的土样显示，这一带的文化层堆积相对较薄，从地表往下至生土的文化层一般厚约 4 米左右，文化层土质土色变化简单。从土芯取出的遗物看，汉代文化层在长胜里、梯云里一带似无分布，联珠坊的探孔虽可见砂岩石块，但多为红色砂岩石，与蕃池所见的黄白色或灰白色砂岩石完全不同。

在这一区里，发现与蕃池相关联的砂岩石的钻孔有 95 Ⅰ -1、8、9、10、13、15、16、19、25、26、27、34、37、38、39、40、41、42、58、59、61，共 21 个，分别集中在聚星里中部和忠佑大街北段。这些砂岩石距地表深度多为 5~6 米，因土质和技术等原因，也见有出自 8~9 米深度的。砂岩石块厚度多在 5~10 厘米，少数厚达 20~30 厘米。砂岩石块下部的土层，在聚星里和忠佑大街有所不同，聚星里的钻孔石块下多为锈红色黏性生土；忠佑大街的钻孔石块下有的为青灰夹褐色黏土，有的则为锈红色黏土，再下有灰白膏泥土。石块上面的文化层土质土色多样。另外，忠佑大街的 95 Ⅰ -15、47 钻孔的黑色淤泥层中分别出土有桩木，其中 95 Ⅰ -15 钻孔的桩木横卧，厚约 0.7 米，桩木之下即为砂岩石块；95 Ⅰ -47 钻孔的桩木斜直。现就这一区的钻孔举例介绍如下：

95 Ⅰ -9 钻孔，位于聚星里中部北边线。终孔深度 8.6 米。从上往下第①层为混凝土地面，厚 0.4 米；第②层为灰土，厚约 1.5 米，出有青花瓷片等，时代为明清时期；第③层为褐色黏土，厚 1.5 米，其中距地表 2.3 米处出一厚 8 厘米的红砂岩石块，另见有灰色碎砖、布纹瓦片等，时代为宋元时期；第④层为红褐色夹沙土，厚 1.3 米，出土灰陶布纹瓦、绳纹瓦、酱釉陶片、红黄砖块等，时代似为南朝时期；第⑤层为青灰色土，夹杂有褐色膏泥，厚 0.90 米，出有青釉瓷片，时代为两晋时期；第⑤层下为黄白色砂岩石块，厚 10 厘米，距地表深度为 5.6 米；5.7 米以下为锈红色生土（图版一二，2）。

95 Ⅰ -59 钻孔，位于忠佑大街北段南部，靠近长途电话局东侧二层办公楼边，处于蕃池南壁向东延伸位置上。终孔深度 11.5 米。从上往下第①层为混凝土路面，厚 0.4 米；第②层为灰土，厚约 2 米，出土青花瓷片等，时代属明清时期；第③层为红褐色夹沙黏土，厚约 0.4 米，出土有灰白色布纹瓦、灰白色砖块等，时代为宋元时期；第④层为暗红色黏土，厚约 0.3 米，无包含物；第⑤层为灰色粉状细黏土，厚约 0.9 米，出土有布纹瓦片、黑陶片等，时代似为唐至南汉时期；第⑥层为灰黑色土，厚约 1.4 米，出土酱釉和青釉陶瓷片等，时代为两晋、南朝时期；第⑦层为黑褐色土，厚约 0.5 米，出土有绳纹瓦片、方格纹陶片等，时代属汉代；第⑦层下为灰白色砂岩石块，厚 12 厘米，距地表深约 5.9 米；6.02 米以下为锈红色生土。

95 Ⅰ -47 钻孔，位于忠佑大街北段偏北，靠近长途电话局东北角五层办公楼边。终孔深度 9.1 米。第①层为混凝土路面，厚 0.4 米；第②层为灰土，厚约 2.1 米，出土有黄白陶素面瓦片、黑釉陶片等，时代为明清时期；第③层为红褐色夹沙黏土，厚约 0.45 米，出土布纹瓦片、青灰砖块等，时代为宋元时期；第④层为褐色夹沙黏土，厚约 0.35 米，出土有酱褐釉陶片；第⑤层为红褐色夹沙土，厚约 0.8 米，出土有青灰色布纹瓦片等，时代为唐宋时期；第⑥层为黑色淤泥，夹炭屑，厚约 0.3 米，无遗物；第⑦层为红黄色黏土，厚 0.4 米，出青灰布纹瓦和砂岩石块等；第⑧层为灰黑色粉状细黏土，厚约 0.7 米，出土有表饰细绳纹里饰布纹的灰黑色瓦片、青灰色残砖等，时代为唐代；第⑨层为灰黑色淤泥，厚约 2.2 米，全层均有断续桩木残段，与下层土交接处有灰白色砖块；第⑩层为红黄色黏土，至终孔处厚约 1.4 米。

（二）Ⅱ区

本区共布钻孔 29 个。大体分为三片，其一为原市文化局信德广场工地东北角和长途电话局东南角；其二为忠佑大街北段南部；其三为城隍庙东侧及红旗剧场信德工地（图一六）。此区地形北

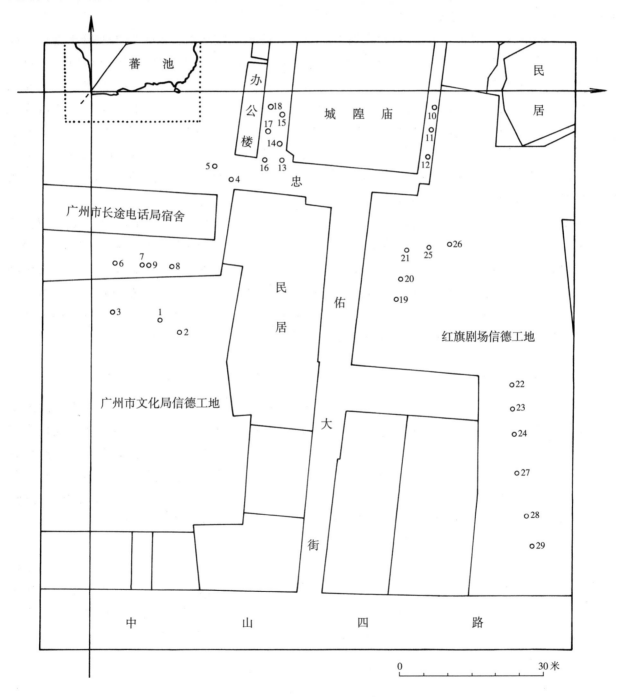

图一六　Ⅱ区钻孔分布图

高南低呈缓坡状，长途电话局大门口内侧高程为15.45米，而中山四路红旗剧场门口的高程只有11.68米。长途电话局东南角一带钻孔取出的土样表明，这附近的文化层厚度有7~8米；忠佑大街北段南部的文化层较薄，厚度一般只有4.5~5.5米；红旗剧场信德工地的文化层厚度多为5米多，但局部也有7米多。从文化层土芯出土遗物看，本区汉代和两晋及以后各朝代的遗存均有发现。与蕃池有关的石构遗存在忠佑大街和长途电话局大门附近没有发现，但在红旗剧场信德工地却发现另一处石构遗存。发现石构遗存的有95Ⅱ-21、22两个钻孔，均是在锈红色生土面上发现砂岩石块。另外，在Ⅰ区发现的木构遗存在本区的95Ⅱ-4、9、20、21、22、24、25钻孔均有发现。现就这一区的钻孔举例介绍如下：

95Ⅱ-4钻孔，位于长途电话局大门内正中位置，终孔深度9米。第①层为混凝土地面，厚约0.2厘米；第②层为扰土层，厚约1.33米；第③层为夹沙花土，厚1.07米，内有红色砂岩石块，厚20厘米，时代为明清时期；第④层为褐色黏土，厚约1.2米，出有布纹灰陶瓦片等，时代属宋元时期；第⑤层为青灰色沙土，厚约0.2米，有青灰色残砖等，属于唐宋时期；第⑥层为红褐色黏土，厚约0.4米，内含酱釉和青釉陶瓷残片、灰陶布纹瓦片等，时代属两晋南朝时期；第⑥层下为一段厚达1.5米的木构件断蕊；第⑦层为黑灰色淤泥层，厚约1.3米，内含灰色绳纹瓦片、铺地砖、木片和木屑等，时代属于汉代；第⑧层为红黄色黏土，厚约1米，无文化遗物；第⑧层下为黄白色黏土，至终孔约0.8米，无文化遗物。

95Ⅱ-22，位于红旗剧场信德工地中部，终孔深度6.8米。因基建施工的原因，其表层已非原来地面。第①层为扰土层，厚约1.8米，时代属明清时期；第②层为红褐色黏土，厚约1.3米，有灰陶布纹瓦片和青瓷片等，时代为宋元时期；第③层为灰褐色黏土，厚约0.8米，出土有黑陶片、布纹瓦片等，时代属唐代；第④层为黑色黏土层，厚约0.7米，有灰陶布纹瓦片、红黄陶残砖、青釉瓷片等，时代属两晋南朝时期；第⑥层为碎木片层，厚0.15米；第⑥层下有灰白色砂岩石块，厚6厘米，距地表深度4.75米；石块之下为锈红生土层，至终孔约2米。

（三）Ⅲ区

本区共布钻孔27个。分布在市文化局信德工地和长途电话局西南角（图一七）。本区地形也为北高南低的缓坡，其中市文化局内原办公楼附近地面高程为15.16米，中山四路市文化局大门口地面高程为12.36米。本区在1975年和1994年曾进行过两次考古试掘，发掘出秦代造船遗址和南越宫苑遗址的砖石走道等。这一带的文化层堆积一般厚5~7米，也有的厚达8~9米，文化层包含的遗物自秦汉至明清时期均有。石构遗存仅在市文化局信德工地南部的95Ⅲ-5钻孔有所发现；木构遗存则在1975年发现的秦代造船台东部的95Ⅲ-11、19两个钻孔有发现；南越国砖石走道则在95Ⅱ-24有发现。现就这一区的钻孔举例介绍如下：

95Ⅲ-11钻孔，位于市文化局信德工地北部正中位置，终孔深度9.6米。因基建原因，钻探时原来地表以下约1米的土层已被挖去。第①层为扰土层，现地表以下至3.4米，该层下为青灰色石块，厚12厘米；第②层为褐色黏土，厚约0.6米；第③层为灰褐色淤泥，厚约1.7米，出有花岗岩石块和木屑等；第④层为黑灰色淤泥，厚约1.8米，内出一段下部削尖的桩木，长0.9米；第④层下为红黄色生土，至终孔约2.1米。

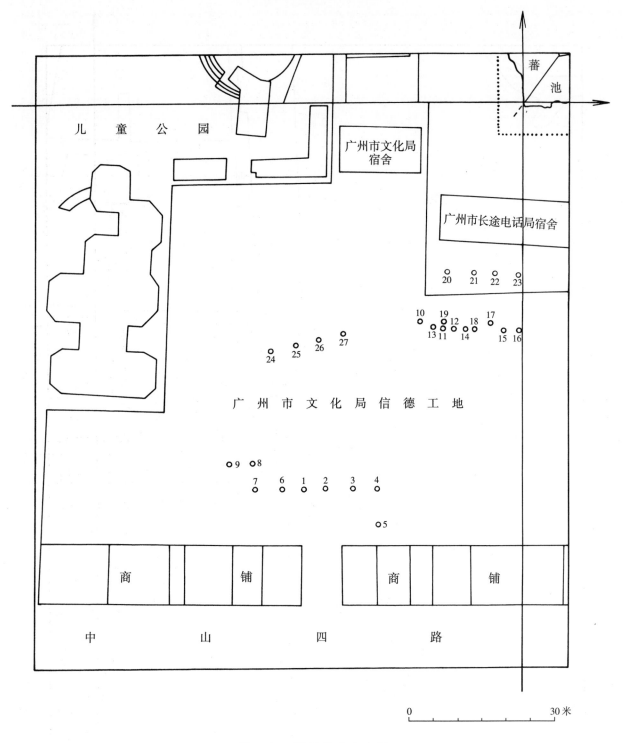

图一七 Ⅲ区钻孔分布图

（四）Ⅳ区

本区共布钻孔42个。主要分布在聚星里西段，其余散布在同善里、梯云里西段、长途电话局工地西部、儿童公园中部等地（图一八）。本区以儿童公园中部的地势最高，高程为15.86米，梯云里西段的地势最低，高程为14.49米，地形大致平缓。聚星里西段钻孔的文化层厚度不一，一

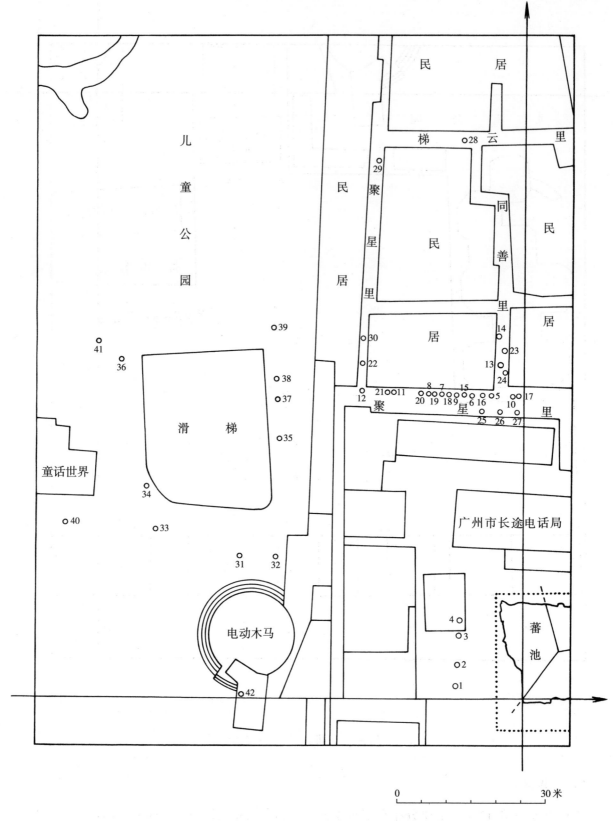

图一八　Ⅳ区钻孔分布图

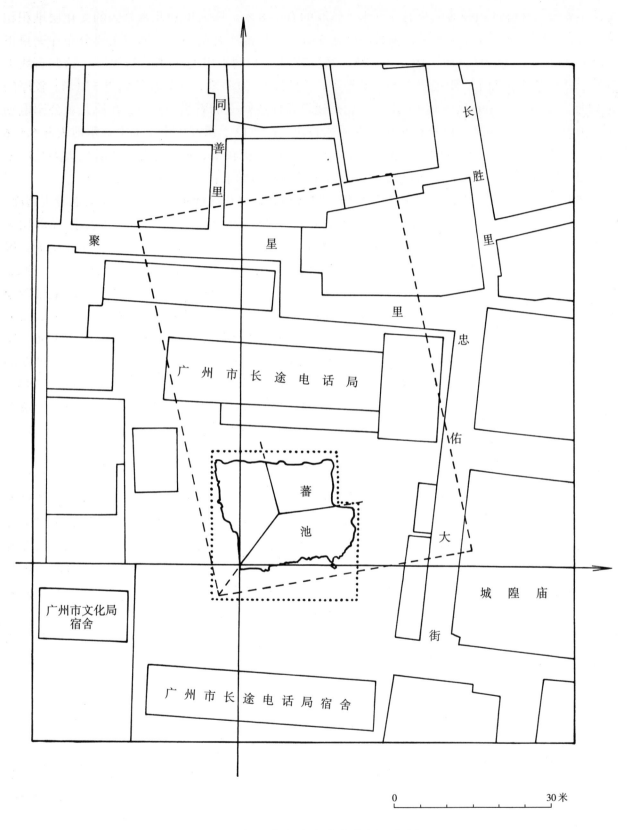

图一九　蕃池遗迹分布范围示意图

般在 5~6 米，地层堆积较薄的只有 3~4 米，较厚的有 7~8 米。梯云里和儿童公园的文化层堆积相对较薄，厚度普遍在 3~4 米左右，少数厚度达 5~6 米。与蕃池有关的石构遗存主要分布在聚星里西段的 95Ⅳ-5、6、15、18、19、20、25、26、27 钻孔和同善里的 95Ⅳ-24 钻孔。这些石块大多位于锈红色生土面上，距地表深 5~8 米不等，一般厚约 10 厘米，部分较薄的仅 5 厘米，较厚的达 30 厘米，其中有一石块厚达 1.5 米，可能是建筑石柱或竖立的石板。此外，在原儿童公园电动木马场附近的 95Ⅳ-31、42 钻孔也出土有砂岩石块，石块位于锈红色生土面上，距地表深 5.5~6 米，厚 7~20 厘米。其余地方的钻孔不理想，不仅文化层堆积较薄，而且包含物的时代大多是唐宋以后的，汉代遗物少有发现。现就这一区的钻孔举例介绍如下：

95Ⅳ-5 钻孔，位于同善里往西与聚星里交界转角处，终孔深度 9.8 米。第①层为混凝土路面，厚约 0.2 米；第②层为灰土，厚约 1.8 米，出有青花瓷片和黑釉陶片等，时代为明清时期；第③层为褐色黏土，厚约 1.8 米，出土青灰砖块、布纹灰陶瓦片和青瓷片等，时代为宋元时期；第④层为红褐夹砂土，厚约 0.8 米，有酱釉和青釉陶瓷残片等，时代为两晋南朝时期；第⑤为青灰色土，厚约 2.2 米，出土有绳纹瓦、方格纹陶罐残片等，时代为汉代；第⑤层下为灰白砂岩石，厚 1.5 米，底部距地表深 8.3 米，可能是石柱或竖立的石板；砂岩石下为锈红色生土，至终孔厚 1.5 米（图版一二，3）。

95Ⅳ-42 钻孔，位于原儿童公园电动木马场的南部，终孔深度 6.9 米。第①层为水泥地面，厚约 0.2 米；第②层为灰土，厚约 2.3 米，有黄白陶素面瓦、黑釉陶片等，时代为明清时期；第③层为红褐色黏土，厚约 2.8 米，出有灰陶布纹瓦、木炭等，时代为唐宋时期；第④层为黄褐色黏土，厚约 0.6 米，出红黄陶砖块、灰黄陶绳纹瓦、灰陶片等，时代为两晋南朝时期；第④层下为灰白色砂岩石块，厚 7 厘米，距地表深度 5.9 米；石块之下为锈红色生土，至终孔厚约 0.9 米。

三　勘探结果

根据 164 个钻孔资料分析，与蕃池相关的石构遗存分布范围，向北到聚星里中部和同善里南部；向东到忠佑大街北段中部，即长途电话局与城隍庙之间；长途电话局东北角，即聚星里东段和忠佑大街北段北部，未发现有砂岩石块，蕃池的范围似未达于此。综合上述勘探材料，结合蕃池已发掘的情况，初步推断整个蕃池大概呈长方形，南北长约 72、东西宽约 50 米，水池面积约 3600 平方米，方向北偏西 15°（图一九）。但由于钻孔与已发掘的蕃池之间被长途电话局的办公大楼阻隔，再加上钻孔操作技术条件的限制，我们勘探的资料只能表明在这个范围内钻孔出土的石块与蕃池池壁的石板基本相同，但并不能就此肯定它们就是蕃池的北壁和东壁，要清楚究明蕃池的范围和结构，还有待今后的进一步发掘。

第四节　遗　物

遗物主要出土于蕃池遗迹和蕃池废弃堆积层（95⑥层）中，少部分出土于沟渠遗迹内。根据遗物使用功能的不同可分为建筑材料、生活器具、工具、兵器、装饰品、钱币和其他等七大类。

一　建筑材料

出土的遗物以建筑材料较多，按其质地的不同又可分为陶质、石质、铁质建筑材料和木构件四类，其中陶质建筑材料数量最多，石质建筑材料次之，铁质建筑材料和木构件较少。

（一）陶质建筑材料

有砖、瓦、瓦当、陶算、地漏等。

1. 砖

这些砖的陶土选择较为随意，陶胎细腻，含有细砂颗粒。从砖的断面可看到因踩练而形成像绞胎状的纹理，部分条纹间呈片状分离。砖均是模制阴干后入窑烧制而成，砖的表面和砖心往往会因烧成温度的不同而形成不同的颜色，大多数砖的表面呈灰白色或黄白色，而砖心多呈黄白色或浅红色，也有部分砖的表面呈青灰色或深灰色，而砖心则呈浅灰色。大部分砖体形宽大、厚重，为了使这些砖在烧制过程中不会因受热不均而产生胎体胀缩不同发生变形甚至爆裂，在砖的底面和侧面大都戳有圆形或圆锥形气孔。砖的表面大都模印有菱形、四叶和方格等几何图案，有的则拍印绳纹，也有些砖素面。

根据砖的平面形状不同，可分为方砖、长方砖、带榫砖、券砖等四类。大部分方砖和长方砖表面与底面的宽度一致，但也有部分砖的侧面略向内斜收，使得砖的表面较底面略宽。

（1）方砖

南越宫苑遗址出土的方砖，根据砖的体形大小、厚重的不同，可分三型。A 型方砖的体形特别宽大、厚重，边长 93~95、厚 15~16 厘米；B 型方砖的体形较为宽大、厚重，边长 67~70、厚 9~13.5 厘米；C 型方砖的体形较小、较薄，边长 34~37、厚 4~6 厘米。蕃池出土的方砖只有 B、C 两型。

B 型 大型方砖。7 件，均残，大多不能复原。

砖的底面或侧面多戳有圆锥形气孔，也有的是在一侧面有直穿对面的圆形气孔，孔口径多在 1.8~2.5 厘米之间，最大的达 4.5 厘米。砖的表面均用印模印有复线菱形纹，菱形、四叶或三角等组合而成的几何图案，是印好中心纹饰后，再印四周边沿纹饰。中心纹饰的印模为长条形，宽 6.5~7.2 厘米不等，而边沿纹饰的印模呈梯形，宽 5~6 厘米。根据砖面纹饰的不同可分 3 种。

复线菱形纹方砖 1 件（95T2PC：39）。砖面中心和四周边沿均模印复线菱形纹。一侧面有直穿对面的圆形气孔。灰白陶，残长 46、残宽 31、厚 13 厘米（图二〇；图版一三，1、2）。

菱形、四叶、三角形纹方砖 5 件，仅 1 件可复原。砖面中心模印菱形纹，内填四叶纹，四周边沿模印三角形纹。标本 95T5PC：61，砖的四周侧面向内斜收，截面略呈倒梯形。底面和侧面均戳有圆锥形气孔。黄白陶，表面边长 68、底面边长 66.6、厚 10.5 厘米（图二一；图版一三，3）。

菱形、三角形、网格、叶脉纹方砖 1 件（95T4PC：24）。砖面中心模印复线菱形纹，边沿模印三角形、网格和叶脉纹组成的几何图案。一侧面有直穿对面的圆形气孔。灰白陶，残长 33、残宽 45、厚 11 厘米（图二二）。

C 型 小型方砖。5 件，均残。

砖的侧面或底面多戳有细小的气孔。部分砖的表面模印有菱形、四叶、三角形等纹饰，纹饰的压印方法与 B 型大方砖相同，另一部分砖素面。根据砖面有无纹饰和纹饰的不同可分 3 种。

菱形、四叶、三角纹方砖 2 件。砖面中心模印菱形纹，内填四叶纹，边沿模印三角形纹。标本 95T1PC：20，底面刻划有纵、横垂直相交的直线，交点处戳有圆形小气孔。灰白陶，残长 21、残宽 16.5、厚 4 厘米（图二三，2）。

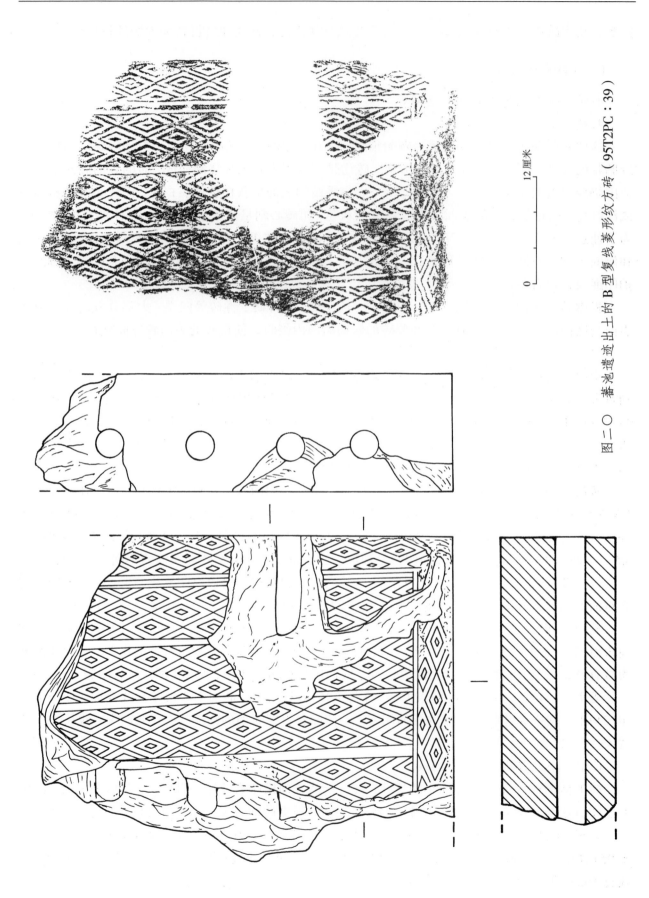

图二〇　蓄池遗迹出土的 B 型复线菱形纹方砖（95T2PC：39）

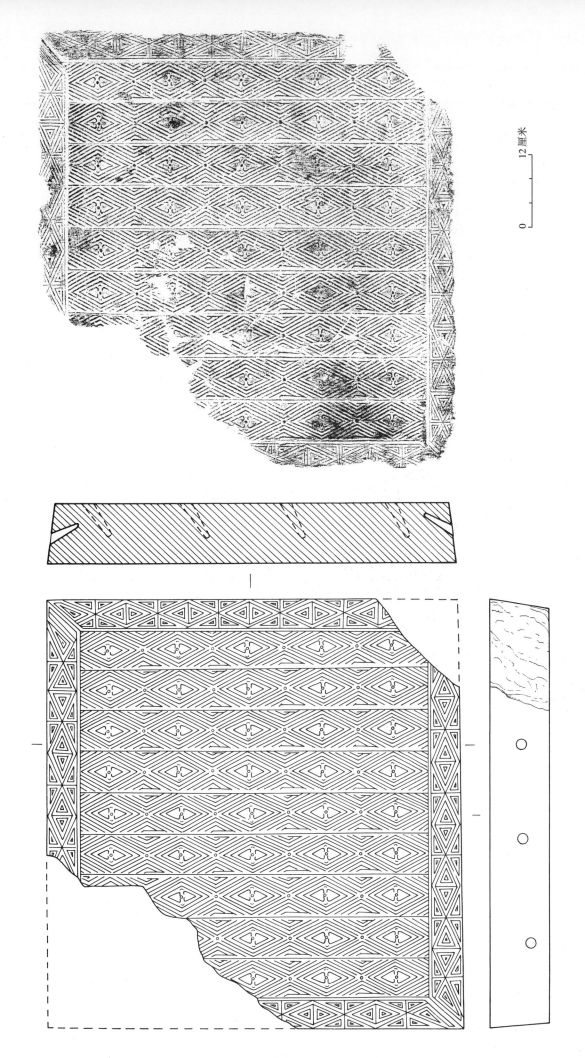

图二一 蓄池遗迹出土的 B 型菱形、四叶、三角形纹方砖（95T5PC：61）

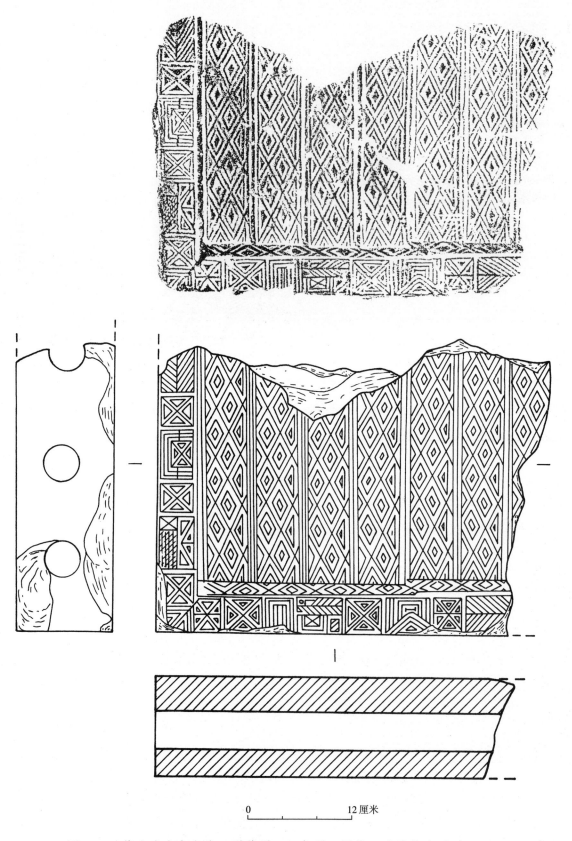

0　　　　　12厘米

图二二　蕃池遗迹出土的 B 型菱形、三角形、网格、叶脉纹方砖（95T4PC：24）

图二三　蓄池遗迹出土的印花砖纹饰拓本

1. A 型回形、网格、菱形、三角形纹长方砖（95T1PC：22）　2. C 型菱形、四叶、三角形纹方砖（95T1PC：20）　3. A 型复线菱形、网格纹长方砖（95T4PC：21）　4. A 型菱形、四叶、三角形纹长方砖（95T11PC：3）　5. C 型曲线菱形、回形纹方砖（95T5PC：57）　6. A 型绳纹长方砖（95T4PC：25）

曲线菱形、回形纹方砖 2件。砖面中心模印曲线菱形纹,边沿模印回形纹。标本95T5PC：57,青灰色陶,残长10.6、残宽13.6、厚4厘米(图二三,5)。

素面方砖 1件(95T12PC：6)。砖面刻划一"四"字。灰色陶,长34、残宽30、厚5厘米(图版一三,4;参见图一〇三,1)。

（2）长方砖

南越宫苑遗址出土的长方砖,根据体形大小、厚重的不同可分二型。A型长方砖体形较大,长度与B型大方砖的边长基本一致,长68~74、宽44~47、厚7~11厘米;B型长方砖体形较A型长方砖要大,但厚度较薄,长89~90、宽66.5~67、厚6.5~7厘米。这两型长方砖在蕃池均有出土。

A型 7件,残,均不能复原。

砖的侧面和底面大都戳有圆锥形气孔,也有的在侧面戳有直穿对面的圆形气孔,孔口径1.2~2.5厘米;有的在底面戳有直穿表面的圆形小气孔,孔径0.7~1厘米。砖的表面多模印或滚压有纹饰,模印的纹饰有菱形纹,菱形、四叶、三角、网格等几何图案,中心纹饰的印模为长条形,宽6.3~7.2厘米,边沿纹饰印模呈梯形,宽4.8~5.3厘米,是在印好中心纹饰后,再印四周边沿纹饰的,其中部分砖的转角处还戳印有"左官奴单"文字;滚压而成的纹饰只有绳纹一种。此外,还有部分砖的表面是素面,底面刻划有纵横直线。根据砖表面纹饰的不同可分5种。

菱形、四叶、三角形纹长方砖 2件。砖面中心模印菱形纹,内填四叶纹,边沿模印三角形纹。标本95T11PC：3,砖转角处戳印有"左官奴单"四字,阳文,无边栏,右起往下读。侧面戳有圆锥形气孔。灰白陶,残长31、残宽27、厚8厘米,印文面长2.6、宽2.4厘米(图二三,4;图版一四,1、2)。

复线菱形、网格纹长方砖 1件(95T4PC：21)。砖面中心模印复线菱形纹,边沿模印网格纹,网格内填菱形。红黄色陶,残长20、残宽19、厚7.8厘米(图二三,3)。

回形、网格、菱形、三角形纹长方砖 2件。砖面中心模印复线回形纹,边沿模印网格、菱形和三角形组合而成的几何图案。标本95T1PC：22,浅黄色陶,残长47、残宽36、厚7厘米(图二三,1)。

绳纹长方砖 1件(95T4PC：25)。砖面滚压满斜直相交的绳纹,侧面和底面均戳有圆锥形气孔。黄白陶,残长53、宽47、厚7.5厘米(图二三,6)。

刻划纵横直线长方砖 1件(95T3PC：11)。砖的表面素面,底面刻划有纵、横相交的直线如棋盘状,交点处戳有直穿表面的圆形小气孔。浅黄陶,残长42、残宽38、厚8.3厘米(图版一四,3、4)。

B型 3件,均残,仅1件可复原。

砖的表面拍印方格纹,底面戳有圆锥形气孔,孔口径1.4~1.6厘米。标本95T5PC：60,砖的四周侧面向内斜收,截面略呈倒梯形。灰白陶,表面长89.5、宽66.5厘米,底面长88.3、宽65.5厘米,厚7厘米(图二四;图版一四,5)。

（3）带榫砖

砖的两侧有相错的凸榫。南越宫苑遗址出土的带榫砖均残,不能复原,根据砖的体形大小不同可分三型。蕃池出土的3件带榫砖全属于A型,砖体较薄,厚3.5~4.5厘米。标本95T2⑥：6,残存一侧面凸榫,砖面残存一个直穿对面的椭圆形斜孔。灰白陶,残长34.2、残宽16、厚3.5厘米,凸榫长2.5、厚1.9厘米,孔径2.2厘米(图二五;图版一五,1)。

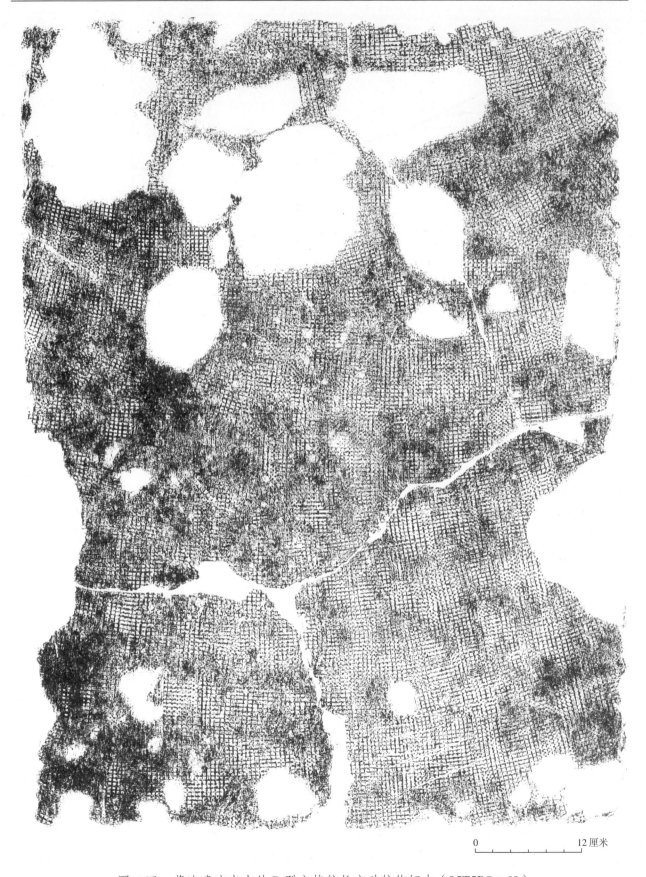

0 ⊢———————┤ 12厘米

图二四　蕃池遗迹出土的 B 型方格纹长方砖纹饰拓本（95T5PC：60）

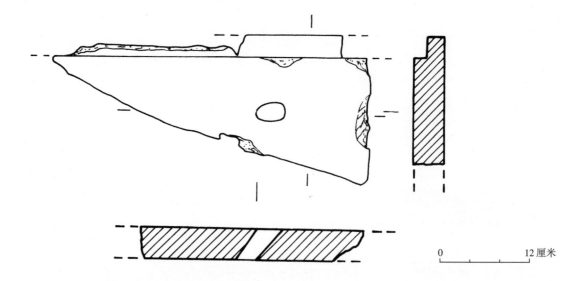

图二五　蕃池遗迹出土的 A 型带榫砖（95T2⑥：6）

（4）券砖

1件（95T5PC：17）。呈弧扇形。灰色陶，内弧长24、外弧长30.8、宽12、厚5.6厘米（图版一五，2）。

2. 瓦

1684片，多为残片，仅少量可复原。泥质陶，夹有细砂颗粒，烧成火候较高，陶质较坚致，以灰陶和灰白陶为主，也有较多的黄白陶，红黄陶的数量极少。此外，有极少量的瓦还施有青釉，釉多施于瓦的表面，只有极少数是内外均施，釉层薄，属于洒釉，釉保存较好，玻璃质感强。这些瓦均是用泥条盘筑法制成，从一些可复原的瓦可知，表面一端饰旋纹和绳纹，另一端饰绳纹，里面均饰突点纹。部分瓦的表面或里面还戳印或拍印有文字，因数量很大，文字内容丰富，将与南越宫苑曲流石渠出土的陶文等合并，在第四章作系统介绍。可分普通板瓦、带钉板瓦、普通筒瓦和带钉筒瓦四种（附表二）。

（1）普通板瓦

1265片，均为残片，未能复原。这里指的普通板瓦是相对于表面或里面粘接有瓦钉的板瓦而言的。瓦的两头有大小之分，其中小头一端稍薄，微向表面翘起，口沿面不甚平整，大头一端稍厚，口沿面向内斜，且有明显的旋痕。其做法是用泥条盘筑成圆形瓦筒，拍印、滚压纹饰待半干后切割成四等分而成，瓦的两侧均有切割痕，切割方法是从内向外切，切割深度不一，有的深度不到瓦厚的1/2，有的深度达瓦厚的4/5左右。瓦的表面近小头一端先饰斜向绳纹，然后再用削尖的竹片等工具旋刮出宽窄不一的旋纹；近大头一端则饰斜直相交的绳纹，绳纹有粗细之分，是用捆扎有麻绳的圆木滚压而成的。瓦的里面饰有突点纹，突点也有大小之分，近小头一端的突点多被抹平，突点不甚明显。

标本95T5PC：47，表面近小头一端饰斜向细绳纹和旋纹，近大头一端饰斜直相交的细绳纹，里面饰大突点。灰白陶，长58、残宽25、厚1.2~1.4厘米（图二六，1；图版一五，3）。标本95T5PC：62，表面近小头一端饰斜向粗绳纹和旋纹，近大头一端饰斜向粗绳纹，里面饰大突点。灰白陶，残长32.4、残宽32.2、厚1.1~1.3厘米（图二六，2）。

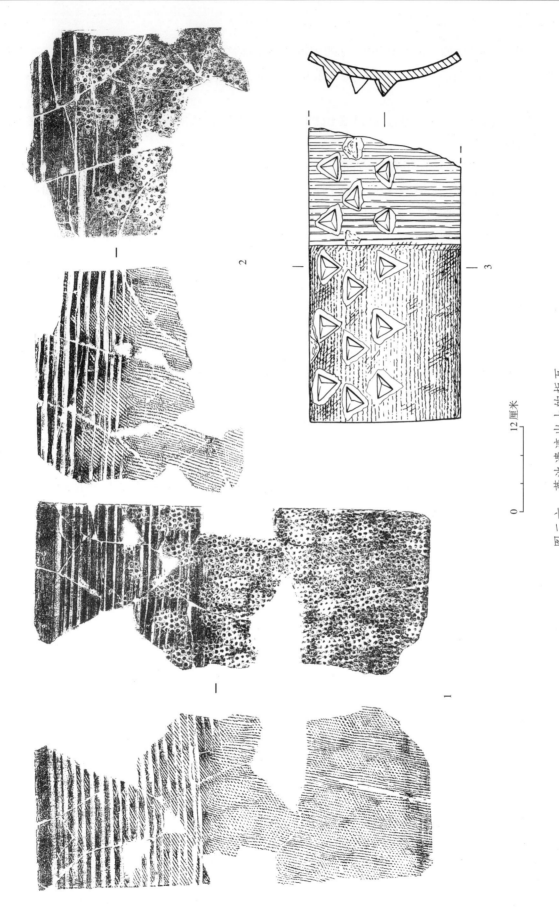

图二六 蓄池遗迹出土的板瓦

1、2. 普通板瓦（95T5PC：47、95T5PC：62） 3. Aa 型带钉板瓦（95T5⑥：23）

12厘米

0

（2）带钉板瓦

16件，均残，未能复原。是在普通板瓦的表面或里面粘接有钉的一种特殊板瓦。从一些钉脱落后可看到绳纹这一现象可知，这些钉均是在装饰好纹饰后再粘接上去的。根据瓦钉形状的不同，可分二型。

A型　15件。瓦钉呈三菱锥形，瓦钉底边长1.5~1.8、高2~2.4厘米。根据瓦钉粘接位置的不同可分a、b两个亚型。

Aa型　13件。瓦钉粘接在板瓦的表面。标本95T5PC：36，表面施有青釉，釉层薄，玻璃质感强。青灰色陶，残长12.3、残宽12.5、厚1厘米（彩版七，1）。标本95T5⑥：23，表面仅一侧粘接有瓦钉。灰白陶，残长41、宽22.5、厚1.1~1.7厘米（图二六，3；图版一五，4）。

Ab型　2件。瓦钉粘接在板瓦的里面。标本95T5PC：56，残长12、残宽13、厚1.6厘米（图版一五，5）。

B型　瓦钉呈圆锥形。根据瓦钉粘接位置的不同可分a、b两个亚型。蓄池仅出土1件（95T6⑥：3），瓦钉粘接在板瓦里面，属于Bb型。黄白陶，残长4、残宽7.5、厚1厘米，瓦钉残高3.7厘米（图版一五，6）。

（3）普通筒瓦

392片，绝大多数为残片，可复原5件。这里指的普通筒瓦也是相对于表面或里面粘接有瓦钉的筒瓦而言的。瓦的两头也有大小之分，其中小头一端有瓦唇，唇口微向上翘起，大头一端瓦体稍厚，口沿面向内斜，且有明显的旋痕。置于屋檐上的筒瓦，大头一端还带有瓦当。其做法是先用泥条盘筑成圆形瓦筒后，再接上瓦唇，拍印好纹饰，待半干后切割为二，瓦的两侧均有切割痕，切割方法均由外向内切，切割深度与板瓦的切割情况相同。瓦的表面近瓦唇一端先饰斜向绳纹，然后再用削尖的竹片等工具旋刮出宽窄不一的旋纹；近大头一端则饰斜直相交的绳纹，绳纹有粗细之分，是用捆扎有麻绳的圆木滚压而成的。瓦的里面饰有突点纹，突点也有大小之分，近瓦唇处的突点多被抹平，突点不甚明显。

标本95T4PC：6，表面近瓦唇一端饰斜向细绳纹和三道旋纹，另一端饰斜直相交的细绳纹，里面饰小突点。灰白陶，长39、径17.9~18.2、厚0.8~0.9、唇长3.5厘米（图二七，1；图版一六，1）。标本95T3PC：10，表面近瓦唇一端饰斜向细绳纹和六道旋纹，里面饰大突点。灰白陶，长47.5、径18.4~18.6、厚1.1~1.3、唇长3厘米（图二七，2；图二八，1；图版一六，2）。标本95T4PC：7，表面近瓦唇一端饰斜直相交细绳纹和七道旋纹，另一端饰斜直相交粗绳纹，里面饰大突点。青灰色陶，陶质坚致，表面满施青釉，釉层薄，较均匀，玻璃质感强。残长34.6、残宽16.5、厚1.2、唇长3.2厘米（彩版七，2）。

（4）带钉筒瓦

11件，均为残片。是在普通筒瓦的表面粘接有钉的一种特殊筒瓦。从一些钉脱落后可看到绳纹这一现象可知，这些钉均是在装饰好纹饰后再粘接上去的。南越宫苑遗址出土的带钉筒瓦，根据瓦钉形状的不同，可分二型，A型瓦钉呈三菱锥形，B型瓦钉呈圆锥形。

蓄池出土的带钉筒瓦均属于A型，瓦钉底边长2.7~3.6、高2.6~3.1厘米。标本95T5PC：66，灰色陶，残长22、径19.8、厚1厘米（图二八，2；图版一六，3）。

3. 瓦当

均是圆形瓦当，未见半圆形瓦当。泥质陶，夹有细砂颗粒，烧成火候较高，质地坚致，以灰

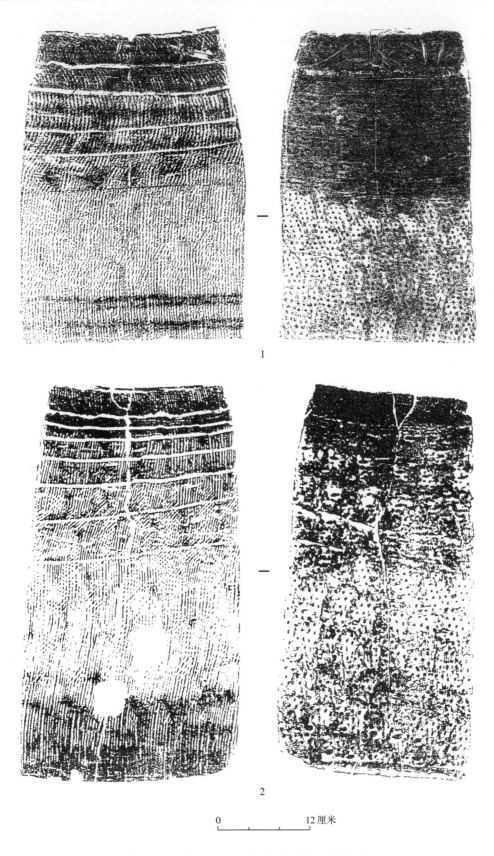

1

2

0　　　　　　　　12厘米

图二七　蕃池遗迹出土的普通筒瓦纹饰拓本
1. 95T4PC：6　2. 95T3PC：10

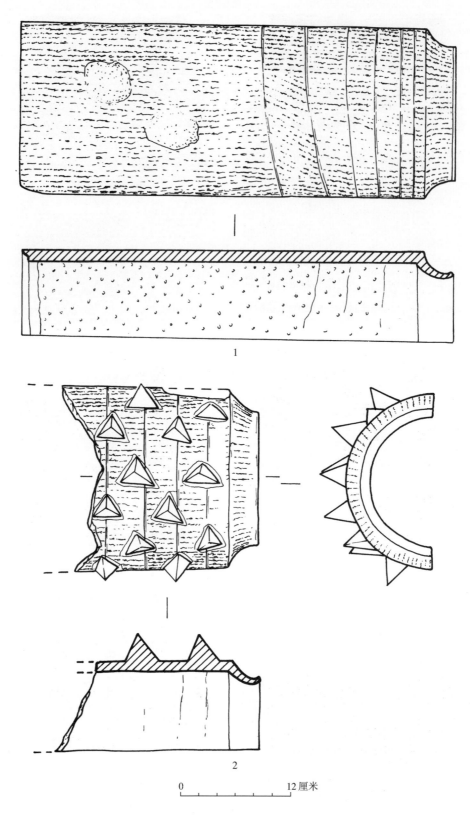

图二八　蓄池遗迹出土的筒瓦

1. 普通筒瓦（95T3PC：10）　2. A型带钉筒瓦（95T5PC：66）

陶和灰白陶为主，少量为黄白陶。从当背残存有筒瓦的瓦当可知其制作工艺：先将模制的当面纳入圆形瓦筒母口内，筒口成瓦当边轮，为使瓦当与瓦筒粘结牢固，当背连接处多附加泥条，泥条上手指压抹痕清晰可见。然后用竹木刀等工具从瓦唇纵切瓦筒一半至近当背处，又在当背瓦筒切口处横穿一孔，再用工具将瓦筒一半与瓦当切割（图版一七，1），最后入窑烧制而成。根据当面纹饰的不同，可分为云箭纹瓦当和"万岁"文字瓦当两类。

（1）云箭纹瓦当

5件，均残，仅1件可复原。当心圆周内饰一乳丁，当面用双竖线分隔成若干区间，区间内饰树箭纹和反云纹、羊角形云纹或卷云纹等，外绕一至两周弦纹，窄边轮，边轮与当面纹饰平。南越宫苑遗址出土的云箭纹瓦当，根据当面双竖线纹分隔区间的多少可分二型。A型当面分隔成三个区间，根据上面半圆形区间内所饰云纹的不同又可分a、b两个亚型；B型当面分隔成四个区间。蕃池仅出土有Aa型和B型云纹瓦当。

Aa型 1件（95T6PC：33）。当心双重圆周内饰一小乳丁，当面用双竖线分隔成三区间，上面半圆形区间内饰反云纹，云纹两侧各饰一树箭纹，下面两区间之间内饰卷云纹（已残缺），外饰两周弦纹，边轮已残。黄白陶，残径6.3、厚0.7厘米（图二九，1；图版一七，2）。

B型 4件。当心圆周内饰一乳丁，当面用双竖线分隔成四个区间，上面两个区间之间饰卷云纹，两侧各饰一树箭纹，下面两区间之间饰卷云纹，边轮内饰一至两周弦纹。根据当心乳丁外绕圆周的多少可分二式。

Ⅰ式 3件。当心乳丁外绕两重圆周。标本95T6PC：22，灰白陶，当径15.3、边轮宽0.6、厚1.2厘米（图二九，2；图版一七，3）。

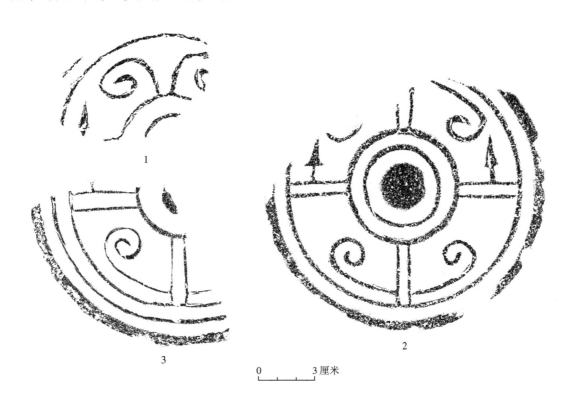

0 3厘米

图二九 蕃池遗迹出土的云箭纹瓦当拓本
1. Aa型（95T6PC：33） 2. B型Ⅰ式（95T6PC：22） 3. B型Ⅱ式（95T5PC：40）

Ⅱ式　1件（95T5PC：40）。当心乳丁外绕一圆周。灰白陶，残径13、边轮宽0.6、厚1.2厘米（图二九，3）。

（2）"万岁"文字瓦当

35件，其中4件完整。当面模印"万岁"两字，篆书，阳文，自右向左读，无界栏，外绕两至三周弦纹，窄边轮。从部分瓦当表面尚残存有朱砂（彩版七，3），可知这些瓦当的表面原都是涂有朱砂的，可惜大多已脱落。南越宫苑遗址出土的所有"万岁"文字瓦当，根据当面"萬"字"草"头结构的不同可分三型。A型"萬"字的"草"头为"山山"结构，"禺"部上下相连，根据"歲"字"止"部与"戊"部之间的笔画和"少"部的不同可分a、b、c三个亚型；B型"萬"字的"草"头写成"山凵"形，"禺"部上下分开，"歲"字"止"部与"戊"部之间的笔画省去，"少"部写成"彐"形，笔画简化、方折，根据"歲"字底部有无树箭符号可分a、b两个亚型；C型"萬"字"草"头写成"艹"形。蕃池出土的"万岁"文字瓦当属Aa、Ab和Ba型。

Aa型　31件。"歲"字"止"部与"戊"部之间的笔画为"μ"形，"少"部写成"止"字向左。根据字体笔画的方折、卷曲和边轮宽窄变化可分成三式。Ⅰ式字体笔画方折；Ⅱ式的体笔画弧折；Ⅲ式字体笔画圆折。蕃池出土的该型"万岁"文字瓦当属Ⅱ式和Ⅲ式。

Ⅱ式　24件，其中2件完整。字体笔画弧折，笔画起笔和收笔有卷曲之意，边轮较宽。标本95T5PC：14，灰色陶，当径17.2~17.6、边轮宽0.4~0.6、厚1.2厘米（图三〇，1；图版一七，4）。标本95T5PC：15，灰白陶，当径16.4~16.8、边轮宽0.6~0.8、厚1.1厘米（图三〇，2；图版一八，1）。

Ⅲ式　7件，其中1件完整。字体笔画圆折，笔画起笔和收笔卷曲更明显，边轮更窄，呈弦纹状。标本95T3PC：3，当背残存筒瓦一段，灰色陶，当径17.3、边轮宽0.3、厚1.5厘米，筒瓦残长30厘米（图三〇，3；图版一八，2）。标本95T6PC：9，灰白陶，当径17.4、边轮宽0.5、厚1.3厘米（图三〇，4；图版一八，3）。

Ab型　2件，其中1件完整。"歲"字"止"部与"戊"部之间笔画为"μ"形，"少"部写成"止"字向右。根据字体笔画的方折、卷曲和边轮宽窄变化可分二式。蕃池出土的该型"万岁"文字瓦当属Ⅱ式。字体笔画弧折，笔画起笔和收笔卷曲明显。标本95T4PC：23，灰色陶，当径17.5、边轮宽0.5~0.7、厚1厘米（图三〇，5；图版一八，4）。

Ba型　2件，其中1件可复原。"歲"字底部无树箭符号。标本95T4PC：19，灰色陶，当径16.1、边轮宽0.5~0.7、厚0.7厘米（图三〇，6；图版一八，5）。

4. 陶算

南越宫苑遗址出土的陶算，根据形状的不同可分二型。A型呈方形，上下两面均平，当中开有多道长条形算孔；B型为弧形，形状与板瓦类似，当中也开有长条形算孔。主要用于排水暗渠和下水道渗水。

蕃池仅出1件陶算（95T1PC：1），属于A型。泥质灰陶，残长23、残宽13、厚3.8厘米，算孔长13.2、宽1.2厘米（图三一，1）。

5. 地漏

1件（95T5PC：37）。残存部分呈"凹"字形，底部开有长条形算孔。外底面刻有竖线，饰方格纹。泥质灰白陶，残长16、残宽10.8、壁厚2厘米，算孔长8、残宽0.7厘米（图三一，2）。

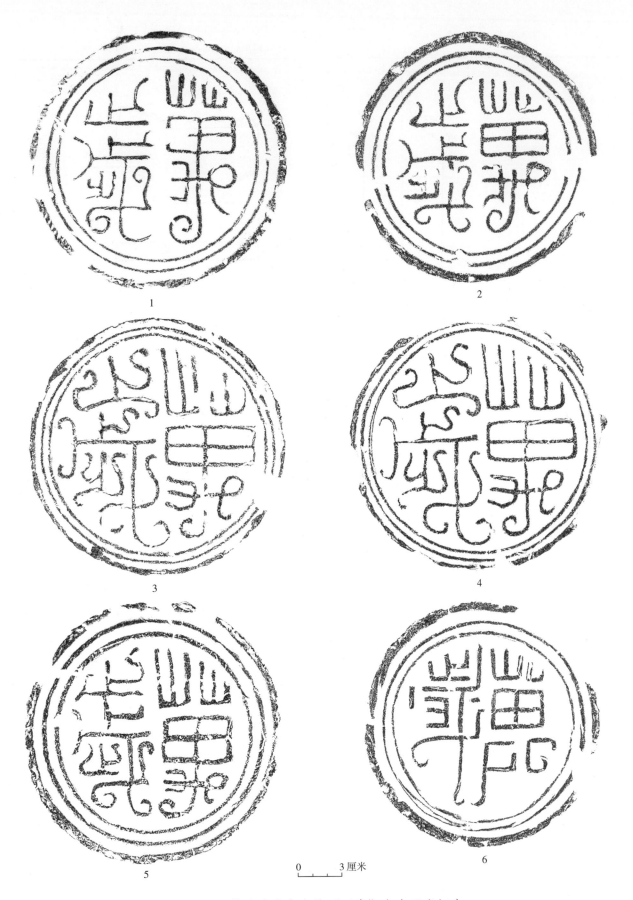

图三〇　蕃池遗迹出土的"万岁"文字瓦当拓本

1. Aa型Ⅱ式（95T5PC：14）　2. Aa型Ⅱ式（95T5PC：15）　3. Aa型Ⅲ式（95T3PC：3）　4. Aa型Ⅲ式（95T6PC：9）　5. Ab型Ⅱ式（95T4PC：23）　6. Ba型（95T4PC：19）

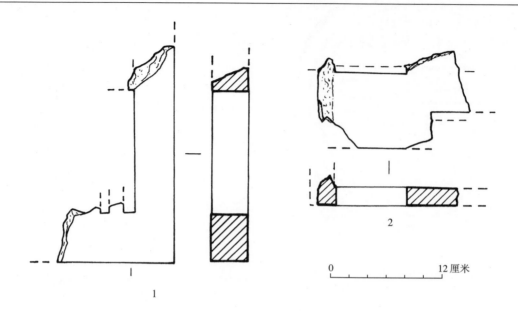

图三一　蕃池遗迹出土的陶质建筑材料

1. A型陶算（95T1PC：1）　2. 地漏（95T5PC：37）

（二）石质建筑材料和构件

出土的石质建筑材料和构件，除卵石是自然砾石外，其余的石材均是用砂岩石打制琢磨而成的，表面大多较为平整，多呈灰白色或黄白色，也有少量呈紫红色或青灰色。有望柱、望柱座石、石算、石板和其他石构件等。

1. 望柱

12件，均残，未能复原。大多柱头已残缺，仅残存柱身和底座。柱身呈八棱形，底座呈方形，底座上端向内折收呈正方形，底座底面有凸榫，根据凸榫的不同可分二型。

A型　8件，底座底面中心有一个长方形或方形凸榫，凸榫端面呈弧形。标本95T2PC：27，凸榫呈方形，偏离底座中心，已残。残高21.6、柱身径9.6厘米，底座宽11.6～14、高9.6厘米，凸榫宽4.4、残高0.4厘米（图三二，3；图版一九，1）。标本95T12PC：27，凸榫呈长方形。残高61、柱身径12.8厘米，底座宽14.2～15、高8厘米，凸榫长8.8、宽5.0、高4厘米（图三二，1；图版一九，2）。标本95T6PC：21，凸榫呈长方形，已残。残高30、柱身径8.8厘米，底座宽11.6～13.2、高9.6厘米，凸榫长7.2、宽4.8、残高0.5厘米（图三二，2；图版一九，6右）。

B型　1件（95T3PC：6）。底座底面对角上有两个方形小凸榫，凸榫已残。残高37.4、柱身径10～10.4厘米，底座宽13.6～15、高8厘米，凸榫宽4～4.5厘米（图三二，4；图版一九，4）。

另有1件（95T5PC：21），仅存望柱头。柱头呈方形锥体，下连一方座，座的下部向内弧收，座下连接八棱形柱身。残高20.9、柱头宽8.2～10.6、高13.2厘米，座宽11.6～14.8、高7厘米，柱身径9.6、残高0.7厘米（图三三，1；图版一九，6左）。

另外2件望柱仅残存八棱形柱身，无法进行分型。

2. 望柱座石

2件。是固定望柱的座石，均残，未能复原。一侧面近直，对应另一侧面下部近直，上部向内弧收形成一弧面。顶面比底面窄，顶面中部凿有纳望柱的凹槽。南越宫苑出土的望柱座石，根

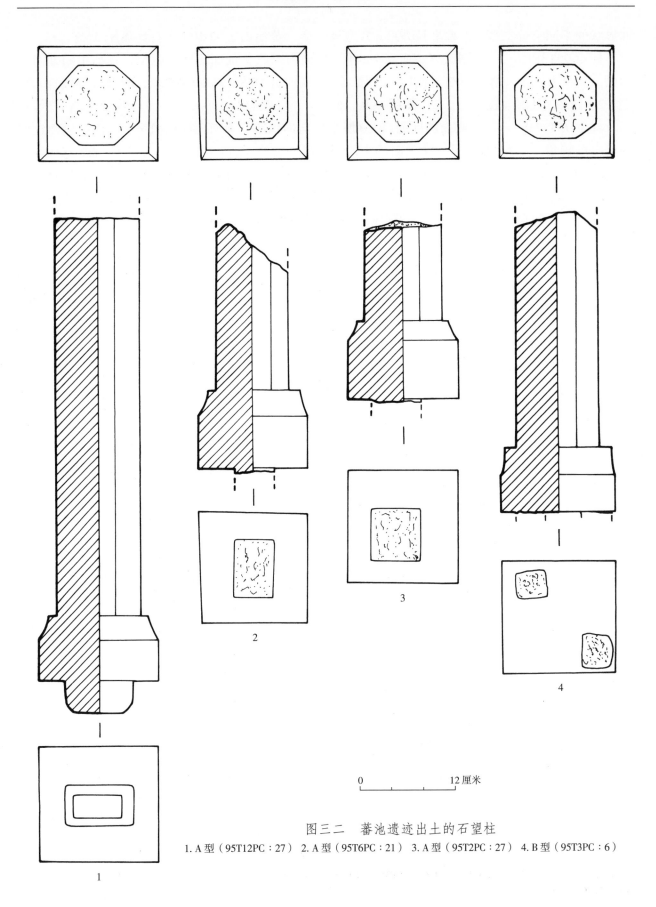

图三二 蕃池遗迹出土的石望柱

1. A型（95T12PC：27） 2. A型（95T6PC：21） 3. A型（95T2PC：27） 4. B型（95T3PC：6）

据形状的不同可分二型，A 型呈长方形；B 型呈弧形。蓄池出土的望柱座石均属于 A 型。

标本 95T3PC：5，一侧面离底面高 7.2 厘米后向内弧收，顶面比底面收窄，顶面中间处凿一凹槽，呈口大底小，槽底面略呈弧形。残长 17.4、底面宽 18.8、高 10.8 厘米，凹槽口部残长 4.5、宽 6.2、深 6.8 厘米（图三三，2；图版一九，5）。

标本 95T11PC：4，一侧面离底面高 5.3 厘米后向内弧收，顶面比底面收窄，对应一侧面近底部呈弧形转角。一端残断，另一端顶面尽头处中间凿一凹槽，略呈口大底小，底部一侧略呈弧形，另一侧斜直，槽口长 7.0、宽 3.4、深 5 厘米。槽内外侧有一半圆形凹槽，径 1 厘米。底面平，与顶面凹槽对应处也凿有一外小内大的"八"字形凹槽，长 4.0、宽 1.6~2.8、深 1.2 厘米，这些槽口应是栏杆座石间相互连接的卯口。座石残长 46.3、顶面宽 14.2、底面宽 19.3、高 11 厘米（图三三，

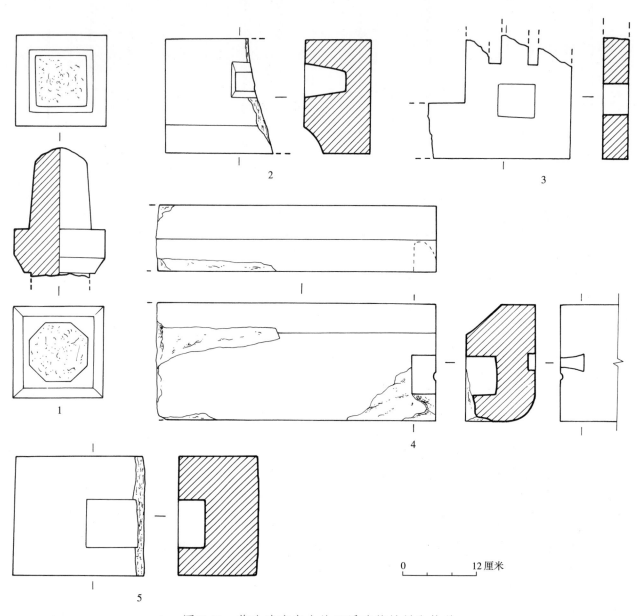

0　　　　　　　　　12厘米

图三三　蓄池遗迹出土的石质建筑材料和构件

1. 望柱头（95T5PC：21）　2. A 型望柱座石（95T3PC：5）　3. 石算（95T3PC：7）　4. A 型望柱座石（95T11PC：4）　5. 石构件（95T12PC：11）

4；图版一九，3）。

3. 石算

3件，均残，未能复原。形制与A型陶算一致，呈方形或长方形，中间打凿有长条形和方形算孔。标本95T3PC：7，残长23、残宽20、厚4.4厘米（图三三，3；图版二〇，4）。

4. 石板

24件。这些石板主要用于铺砌蓄池池壁和蓄池周边地面等。平面形状、大小、厚度不一，表面均打凿平整，底面较表面粗糙。标本95T2PC：47，近呈长方形，一面当中刻一"辨"字，长60.5、宽24、厚7.9厘米（参见图一四二，3；图版二〇，1）。标本95T7PC：2，呈梯形，长31~53、宽41、厚8厘米（图版二〇，2）。标本95T5PC：69，呈不规则形，最长59.5、最宽38、厚7.4厘米（图版二〇，3）。

5. 其他石构件

1件（95T12PC：11）。长方形，一端残断。表面中间凿一长方形凹槽，槽壁近直。残长21.4、宽19.4、厚13.2厘米，凹槽残长8、宽7.8、深4.5厘米（图三三，5；图版二〇，5）。

（三）铁质建筑材料

有门枢轴、铁棒和铁钉。

1. 门枢轴

1件（95T5PC：22），残，可复原。铸铁，侧面呈曲尺形，门斗凹槽平面呈长方形，两侧中上部各有一个方形孔，一大一小，不甚对称。轴斗圆形，中空，外底面平圆。整个轴斗和门斗下部的范合线明显。通高14.4厘米，门斗通长19.2、外宽6.9、槽内宽4.2、深7.2厘米，轴斗外径6.9、高14.2、斗内径4.6、深12.5厘米（图三四，1；图版二一，1）。

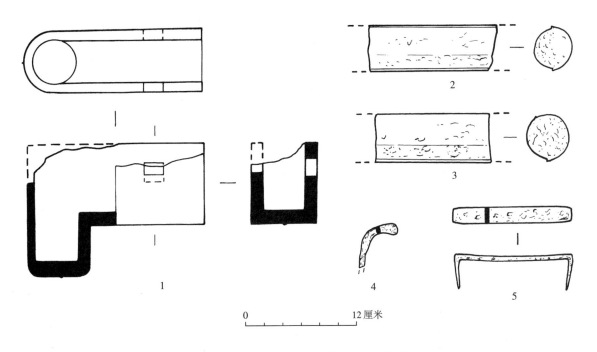

0   12厘米

图三四 蓄池遗迹出土的铁质建筑材料

1. 铁门枢轴（95T5PC：22） 2. 铁棒（95T1PC：3） 3. 铁棒（95T5PC：10） 4. A型铁钉（95G2④：15） 5. B型铁钉（95T6PC：7）

2. 铁棒

2件，残断。铸铁，圆柱形，大小不一，表面有对称的两条范合线。标本95T1PC：3，残长14、径4.8厘米（图三四，2；图版二一，2上）。标本95T5PC：10，残长12.4、径5厘米（图三四，3；图版二一，2下）。

3. 铁钉

2件。根据形状的不同可分二型。

A型　1件（95G2④：15）。四棱锥形钉，横断面呈长方形，顶端无钉帽，细端已残断。残长5厘米（图三四，4）。

B型　1件（95T6PC：7）。码钉，截面呈长方形。长12.8、宽1.8、高4、厚0.5厘米（图三四，5；图版二一，3）。

（四）木构件

5件　形状、大小不一。标本95T6PC：10，中部呈长方形，两端出有长条形凸榫。通长52、厚5厘米，中部长26、宽16厘米，两端凸榫一长一短，长凸榫长14、宽3.8~4.8厘米，短凸榫长12.8、宽3~4厘米（图三五，1；图版二二，1）。标本95T12PC：29，呈楔形扁状，中间厚两端薄，一端砍削成近弧形，另一端砍削成榫状。通长36、厚2.4~6厘米（图三五，2）。标本95T12PC：

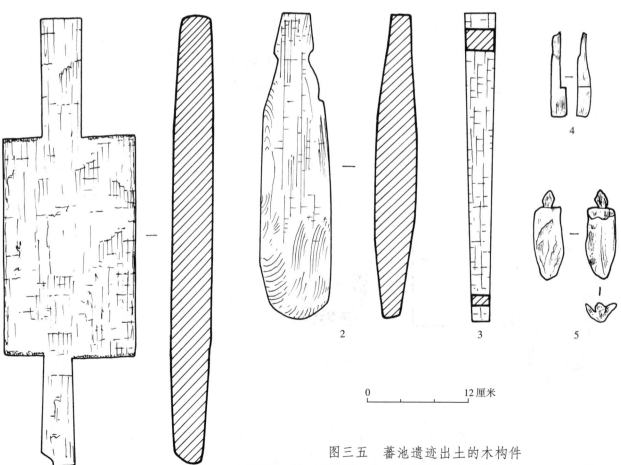

0　　　　　　12厘米

图三五　蓄池遗迹出土的木构件

1. 95T6PC：10　2. 95T12PC：29　3. 95T12PC：28　4. 95T5PC：35　5. 95T5⑥：17

28，长扁条楔形，残长36.5、宽8.5~12.5、厚0.9~2.6厘米（图三五，3；图版二二，2）。标本95T5PC：35，一面砍削成二级阶梯状，面平，其余面不甚规则。残长9.7、宽0.5~1.6厘米（图三五，4；图版二二，3）。标本95T5⑥：17，近呈长方形，一端有一凸榫。长10.4、宽3.6、厚0.8厘米，凸榫长2.0、宽1.0~1.5厘米（图三五，5）。

二 生活器具

出土的生活器具较为丰富，按其质地的不同可分为陶器和漆器两类。

（一）陶器

泥质陶，以灰陶和灰褐陶为主，也有少量黄褐陶或黄白陶。大多陶器的烧成火候较高，陶质坚致，但也有少量烧成火候较低，陶质松软。制法以轮制为主，器底、器足和器耳等多是手制后再粘接上去的。瓮、罐类器物表面多拍印有方格纹为地，其间还有圆形、方形、仙鹤等图案，部分器物在肩部或腹部还饰有弦纹或附加有 索纹等；盒、鼎、碗、器盖等器类多饰有弦纹、蓖点纹等（图三六）；此外，鼎、碗、盒等器物的底部还刻划有符号。器形有瓮、罐、鼎、盆、碗、盒、三足盒、器盖和陶饼等。

1. 瓮

2件，均残，不可复原。南越宫苑遗址出土的陶瓮，根据器口和颈部的不同可分二型。A型侈口，卷沿，尖圆唇，束颈，鼓腹，根据肩部和腹部最大径的变化可分二式；B型平折沿，尖圆唇，短颈，鼓腹，根据肩部和腹部最大径的变化可分二式。蓄池出土的瓮分属于A型Ⅰ式和B型Ⅰ式。

A型Ⅰ式 1件（95T6PC：29）。丰肩，腹部最大径靠上。肩腹部饰方格纹和圆形几何图案，其间还饰三道旋纹，腹底部已残。灰褐陶，口径28.8、腹最大径48、残高27厘米（图三六，1；图三七，1）。

B型Ⅰ式 1件（95T12PC：13）。丰肩，腹部最大径靠上。肩腹部饰方格纹和圆形几何图案，其间还饰两道旋纹，腹底部已残。黄白陶，口径20、腹最大径32、残高19厘米（图三七，2；图版二三，1）。

2. 罐

2件，残，可复原。南越宫苑遗址出土的罐，根据器口和颈部的不同可分三型。A型侈口，卷沿，尖圆唇，束颈，鼓腹，平底，根据肩部和腹部最大径的变化可分二式；B型侈口，平折沿，尖圆唇，短颈，鼓腹，平底，根据腹部不同可分三个亚型。蓄池出土的罐分属于A型Ⅱ式和Ba型Ⅱ式。

A型Ⅱ式 1件（95T12PC：26）。溜肩，腹部最大径居中。肩腹部饰以方格纹为地，间饰两道旋纹。灰褐陶，陶质坚致，腹部有三滴窑汗青釉。口径12.5、最大腹径17.4、底径10.8、高15.4厘米（图三七，4；彩版八，1）。

Ba型Ⅱ式 1件（95T2PC：11）。溜肩，腹部最大径居中。肩腹部饰以方格纹和方形几何图案为地，间饰两道旋纹。灰陶，口径12.8、最大腹径19.2、底径12、高17.8厘米（图三七，3）。

3. 鼎

1件（95G3：3）。子口内敛，窄方唇，口沿下两侧各有一个三角形耳，弧腹，圜底，腹底部

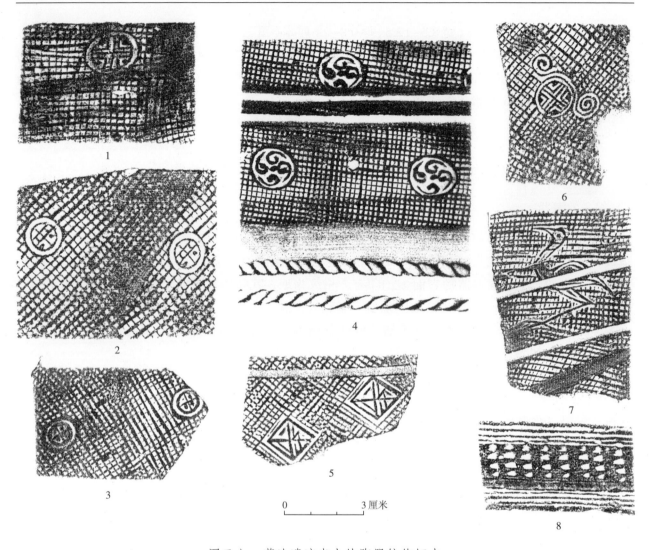

图三六　蕃池遗迹出土的陶器纹饰拓本

1~3.方格纹和圆形几何图案（95T6PC：29，95T12PC：31，95T5PC：73）　4.方格纹、旋纹、涡纹和绚索纹（95T5PC：70）　5.方格纹、旋纹和方形几何图案（95T5PC：72）　6.方格纹、圆形几何图案和云纹（95T2PC：49）　7.方格纹、仙鹤纹和旋纹（95T5PC：71）　8.旋纹和篦点纹（95G3：1）

接三个扁形足。口沿下和腹部饰三道旋纹，腹底部刻划有"N"字符号。黄褐陶，残，口径13.5、最大腹径17.5、通高12厘米（图三七，5；参见图一三九，4；彩版八，2）。

4. 盆

1件（95G3：6），残，不可复原。南越宫苑遗址出土的盆，根据口沿和腹部的不同可分二型。这件盆属于A型，直口微敛，宽平折沿，沿面微隆起，方唇，唇面下部内凹，弧腹，腹部饰旋纹，腹部以下残。灰陶，表面呈灰黑色，复原口径40、残高5.2厘米（图三七，6）。

5. 碗

4件。根据器口和腹部的不同可分二型。

A型　3件。直口，方唇，上腹部近直，下腹部向内折收，平底微内凹。标本95G2④：5，素面，底部刻划有"∧"符号。灰褐陶，完好，口径10.7、底径6.4、高5.2厘米（图三八，1；参见图一三九，6；图版二三，2）。标本95G3：5，上腹下部饰一周旋纹，下腹底部刻划"∧∧"符

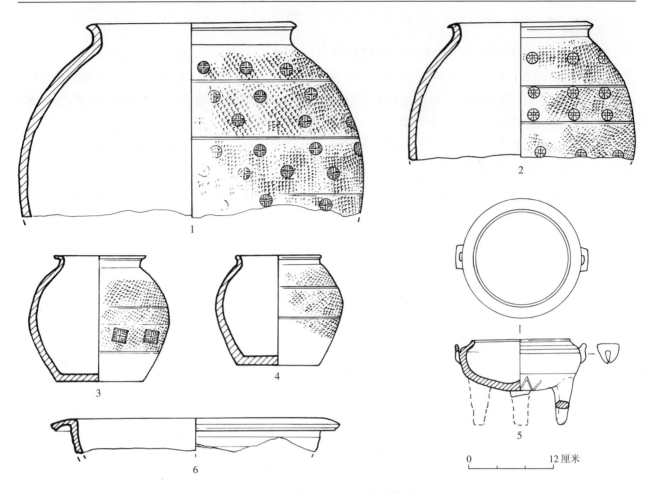

图三七　蕃池遗迹出土的陶器

1. A型Ⅰ式瓮（95T6PC：29）　2. B型Ⅰ式瓮（95T12PC：13）　3. Ba型Ⅱ式罐（95T2PC：11）　4. A型Ⅱ式罐（95T12PC：26）　5. 鼎（95G3：3）　6. A型盆（95G3：6）

号。浅褐色陶，残，口径 12.2、底径 5.3、高 5.6 厘米（图三八，2；参见图一三九，11）。

B型　1件（95G3：7）。敛口，圆唇，斜弧腹，平底。内腹壁有轮旋痕。表面呈红褐色，青灰色陶，陶质坚硬。稍残，口径 10.2、底径 4.8、高 3.4 厘米（图三八，3；图版二三，3）。

6. 盒

2件。南越宫苑遗址出土的盒，根据口部和腹部的不同可分二型。蕃池出土的 2 件盒属于 A型，子口斜直内敛，圆唇，上腹部弧直，下腹部折内收，平底微内凹。标本 95G2④：6，素面，黄褐陶，残，口径 10.4、底径 7.6、高 5 厘米（图三八，4；图版二三，4）。标本 95G3：8，器外上腹部饰若干道细旋纹，下腹近底部刻划"ﾊ"符号。灰白陶，陶质坚致，残，口径 10.8、底径5.7、高 5 厘米（图三八，5；参见图一三九，5）。

7. 三足盒

1件（95G3：1）。南越宫苑遗址出土的三足盒，根据口部和腹部的不同可分三型。蕃池出土这件属于 A型，子口内敛，尖唇，上腹部弧直，下腹部弧内收，平底，腹底部接三扁形足。腹部饰数道旋纹，旋纹间戳刺篦点纹，近底部刻划有"廾"符号。灰褐陶，残，口径 17.9、腹径20.8、通高 9 厘米（图三六，8，图三八，6；参见图一三九，8；彩版八，3）。

8. 器盖

2件。南越宫苑遗址出土的器盖，根据盖纽的不同可分二型。A型盖口沿做成子口，盖面微隆起，根据顶部盖纽的不同又可分三个亚型，其中Aa型为圆形立纽；Ab型为半环形纽；Ac型为"凹"字形立纽。B型盖敞口，盖面呈圆弧形隆起。蕃池出土的2件器盖，1件属于Aa型，另1件也属A型，因纽残缺，无法再分亚型。

Aa型　1件（95G2④：4）。顶面一圆形立纽，纽面微下凹。素面，灰白陶，器表呈褐色，残，盖口径13.0、通高4.2厘米（图三八，7；图版二三，5）。

另1件（95G3：4），顶部盖纽残缺，盖面饰若干道细旋纹。表面呈褐色，灰白陶，质坚致，盖口径14.2、残高3.3厘米（图三八，8）。

9. 陶饼

3件，完好。根据形状的不同可分二型。

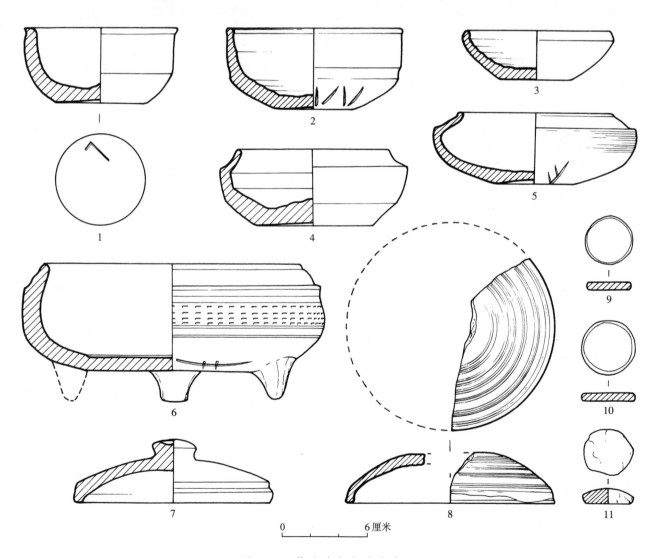

0　　　　　　　　　　6厘米

图三八　蕃池遗迹出土的陶器

1. A型碗（95G2④：5）　2. A型碗（95G3：5）　3. B型碗（95G3：7）　4. A型盒（95G2④：6）　5. A型盒（95G3：8）　6. A型三足盒（95G3：1）　7. Aa型器盖（95G2④：4）　8. 器盖（95G3：4）　9. A型陶饼（95T1PC：13）　10. A型陶饼（95T1PC：14）　11. B型陶饼（95T1PC：15）

A型 2件。均用陶片磨制加工而成，呈扁圆形，上下两面平滑。标本95T1PC：13，泥质灰陶，径3.0、厚0.6厘米（图三八，9；图版二三，6左）。标本95T1PC：14，泥质黄陶，径3.6、厚0.6厘米（图三八，10；图版二三，6中）。

B型 1件（95T1PC：15）。用手捏制而成，近圆饼形，一面隆起，另一面平。泥质红褐陶，径3.4、厚1.1厘米（图三八，11；图版二三，6右）。

（二）漆器

有盘、器把、漆片等，均为木胎。

1.盘

2件，均残，可复原。根据口沿的不同可分二型。

A型 1件（95T2PC：35）。敞口，平折沿，方唇，浅弧腹，平底。内外均髹以黑漆为地，用红漆描绘花纹。内底圆周内绘云鸟纹，外一周绘变形鸟头纹，内腹壁绘一周宽带纹，上部双弦纹间绘四个"B"字形图案，口沿面上绘双点和波浪纹。外腹壁两周弦纹之上绘四个"B"形图案，底部绘一圆周。口径18.8、底径13、高2.3厘米（图三九，1；彩版八，4）。

B型 1件（95T2PC：38）。敞口，圆唇，浅弧腹，平底。内底中心以红漆绘一圆周，向外分别以黑漆和红漆绘一周宽带纹。口径41、底径28.8、高2.4厘米（图三九，2；图版二四，1）。

2.器把

1件（95T5PC：59）。可能是漆勺类器物的把，残成三段，呈细长扁圆形，表面髹红漆。其中最长一段残长15.4、长径3.0、短径2厘米（图三九，3；彩版八，5）。

3.漆片

1件（95T2PC：34）。残，器形不明，长条形薄片，表面髹暗红色漆。残长9.4、宽2.6、厚0.2厘米（图三九，4；图版二四，2）。

三 工具

按其质地的不同可分为陶质工具和铁工具两大类。

（一）陶质工具

均为泥质陶，呈灰白色或青灰色，陶质坚致。器形有网坠和纺轮。

1.网坠

6件，完好。呈扁圆形，根据器身压印凹槽的不同可分二型。

A型 1件（95T5⑥：20）。表面纵、横各压出一周凹槽。灰白陶，长径5.1、短径4.9、厚3.1厘米（图版二四，3）。

B型 5件。长径面压出一周凹槽，短径面压两周凹槽。标本95T12PC：4，灰白陶，长径4.4、短径3.7、厚2.5厘米（图四○，1；图版二四，4）。

2.纺轮

4件，完好。形式相同，大小不一。呈算珠形，中间有一圆形穿孔。标本95T5PC：32，青灰陶，最大径2.2、高1.8、孔径0.3厘米（图四○，2）。标本95T4PC：15，青灰陶，最大径3.3、高2.6、孔径0.6厘米（图四○，3；图版二四，5）。

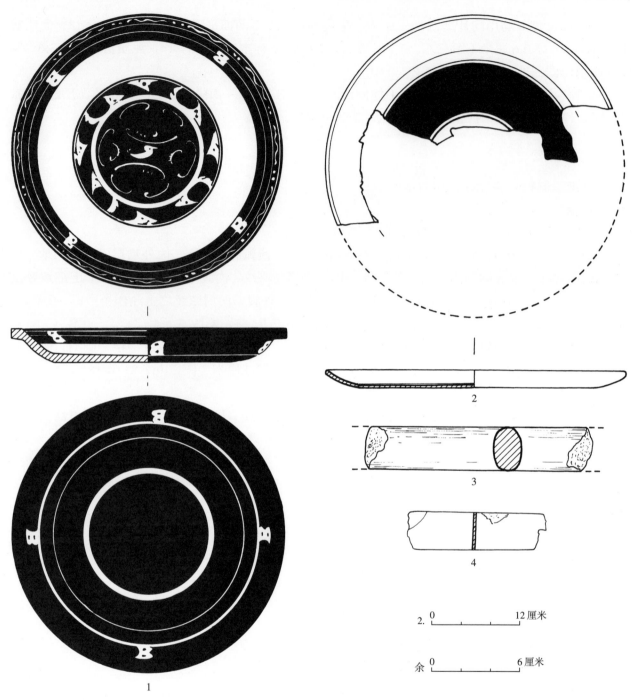

图三九　蓄池遗迹出土的漆器

1. A 型盘（95T2PC：35）　2. B 型盘（95T2PC：38）　3. 器把（95T5PC：59）　4. 漆片（95T2PC：34）

（二）铁工具

器形有斧、凿、钳、削、锥形器、条形器等。

1. 斧

1 件（95T2PC：26），铸铁。銎口呈宽扁六边形，两侧高起，銎口沿下有三道凸棱，刃部两边外撇，两侧面中间有范合线。基本完好，长 13.2 厘米，銎口长 8.4、宽 3.2 厘米，刃宽 8.6 厘米（图四一，1；彩版九，1）。

2. 凿

1件（95T2PC：25），锻制。长方形銎，顶部有锻制接口缝，凿身呈扁方形，前锋刃部残缺。残长15.5厘米，銎口长3.8、宽4.5厘米，厚0.9厘米（图四一，2；彩版九，2）。

3. 钳

1件（95T5PC：19），锻制。把手呈扁方形，末端环合呈环首状，左右把手前端穿孔用铁

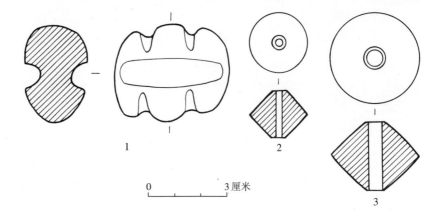

图四〇　蕃池遗迹出土的陶质工具
1. B型网坠（95T12PC：4）　2. 纺轮（95T5PC：32）　3. 纺轮（95T4PC：15）

榫榫合为轴，钳口部平滑无齿。完好，长18.8厘米（图四一，3；彩版九，3）。

4. 削

2件，完好，锻制。形制基本一致，长条形，削身平直，刃、柄分界明显。一面刃，背平直，刃锋斜收，削端向刃背逐渐上收呈尖状。柄末接环首。标本95T1PC：9，环首断面呈长方形，通长24.0、削身长20.8、环首长4.3、宽3.2厘米（图四一，4；图版二四，6）。标本95T5PC：11，环首断面呈圆形，通长30.1、削身长27.4、环首长4.1、宽2.7厘米（图四一，5）。

5. 锥形器

1件（95T5PC：6），锻制。上部残缺，残存部分呈圆锥形，中空，有锻制接口缝，锥尖有明显凿痕。残长7.8、最大径2.2厘米（图四一，6）。

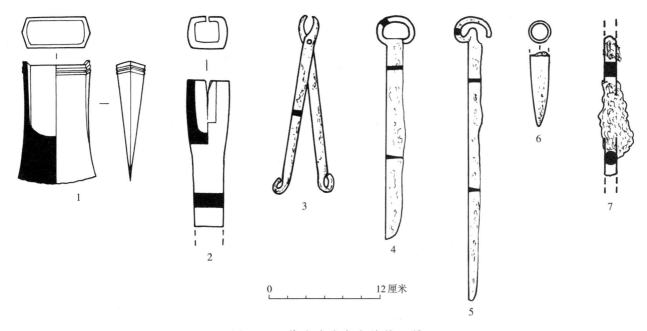

图四一　蕃池遗迹出土的铁工具
1. 斧（95T2PC：26）　2. 凿（95T2PC：25）　3. 钳（95T5PC：19）　4. 削（95T1PC：9）　5. 削（95T5PC：11）　6. 锥形器（95T5PC：6）
7. 条形器（95T8PC：1）

6. 条形器

1件（95T8PC：1）。长条形，两端残断，一端截面呈方形，另一端截面呈圆形，中间锈蚀严重。残长14.6、宽1.3厘米（图四一，7；图版二四，7）。

四　兵器

按其质地的不同可分为铁质和铜质两类。

（一）铁质兵器

有剑、矛和甲片等。

1. 剑

2把，均残，未能复原。标本95T1PC：10，剑身和茎铁制，剑格铜铸。剑身残断，断面呈菱形，中脊微显，刃部残。剑格断面呈扁圆形，分上下两格，上格饰错金三角形纹，下格饰错金卷云纹。茎细长，尚存有木朽痕，断面呈扁方形，近剑格一端有一圆形穿孔。残通长26.8、剑身残长13.2、剑格通长5.1、上格长2.2、下格长2.9、茎长8.5厘米（图四二，1、6；彩版一○，1）。标本95T6PC：19，残存剑身的一段，截面呈菱形，中脊微显。残长23厘米（图四二，2；图版二五，1）。

2. 矛

1件（95T1PC：11），锻制。矛本较长，中脊突起平直，刃部锋利。　为圆筒形，中空，銎内尚有木朽痕，顶部一侧有锻制接合缝，另一侧有一圆形小穿孔。完好，通长24.8、矛本长11.6、銎口径2.6、銎深8.7厘米（图四二，3；图版二五，3）。

3. 甲片

1件（95T2PC：40）。长方形薄片，略呈一端大一端小，上下两端各横列两个对应的圆形穿孔，两侧对应各纵列四个圆形穿孔。残长7.1、宽2.9~3.4、厚0.1厘米（图四二，4；图版二五，2）。

（二）铜质兵器

有剑格和箭镞。

1. 剑格

1件（95T5PC：58）。分上、下两格，截面呈椭圆形，中空。通长6.5厘米，上格长3.1、宽3.4厘米，下格长3.4、宽3.7厘米（图四二，5；图版二五，4）。

2. 镞

5件。南越宫苑遗址出土的镞，根据镞身的不同可分三型。A型镞身呈三棱形；B型镞身呈两翼式；C型镞身呈三翼式。蕃池出土A型和B型镞。

A型　4件。根据镞身尾部的不同又可分两个亚型。Aa型镞身尾部平齐，根据镞身有无血槽以及血槽的变化可分三式；Ab型镞身尾部有倒刺。蕃池出土的A型镞属于Aa型Ⅰ式和Ab型镞。

Aa型Ⅰ式　3件。镞身平整，无血槽。关呈六棱形，圆形铁铤。标本95G2④：11，镞身长2.5、铁铤残长2.6、径0.4厘米（图四二，8；图版二五，6）。标本95T12PC：7，铁铤外尚包有漆皮。镞身长3.2、铁铤残长9.8、径0.4厘米（图四二，9）。

Ab型　1件（95G3：2）。关呈六棱形，圆形铁铤。镞身长2.5、铁铤残长0.75、径0.5厘米（图四二，7）。

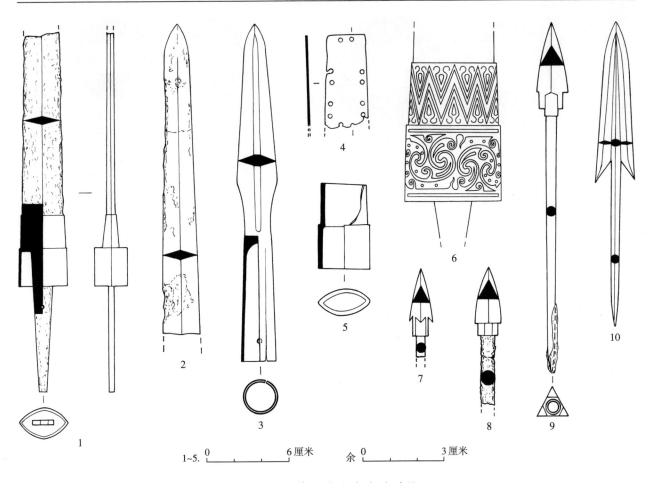

图四二　蕃池遗迹出土的兵器

1.铁剑（95T1PC∶10）　2.铁剑（95T6PC∶19）　3.铁矛（95T1PC∶11）　4.铁甲片（95T2PC∶40）　5.铜剑格（95T5PC∶58）　6.铜剑格上错金纹饰（95T1PC∶10）　7.Ab型铜镞（95G3∶2）　8.Aa型Ⅰ式铜镞（95G2④∶11）　9.Aa型Ⅰ式铜镞（95T12PC∶7）　10.B型铜镞（95T1PC∶12）

　　B型　1件（95T1PC∶12）。镞身呈两翼式，镞本中脊突起如圆柱，前聚成锋，翼后展成倒刺。圆形铜铤，尾部渐收。通长11.2厘米（图四二，10；图版二五，5）。

五　钱币

　　蕃池出土的钱币全为"半两"铜钱，共计26枚，其中有3枚为鎏金"半两"铜钱。通过作实测记录可知，这些铜钱的制作不甚精整，有些还留有流口，但大多钱文字体清晰，只有少量钱文字体模糊。这些铜钱绝大多数无内、外郭，只有少量有内郭或外郭，或内外郭均有，背面均素平，面穿大于背穿（附表三）。根据钱径的大小可分三型。

　　A型　7枚，其中5枚完好。钱径大，均在3.1厘米以上，最大的达3.38厘米，重量大多在5克以上，最重的达7.6克。根据钱文字体的变化可分二式。

　　Ⅰ式　5枚，其中3枚完好。钱文字体瘦长，"半"字下横与"两"字上横较短。标本95G2④∶1，钱径3.14、穿宽1.04、厚0.12厘米，重5.6克（图四三，1）；标本95T6PC∶12，钱径3.17、穿宽1.04、厚0.16厘米，重7.6克（图四三，3；图版二六，1右）。标本95T6PC∶13，钱径3.18、穿宽1.03、厚0.14厘米，重5.8克（图四三，4；图版二六，1中）。

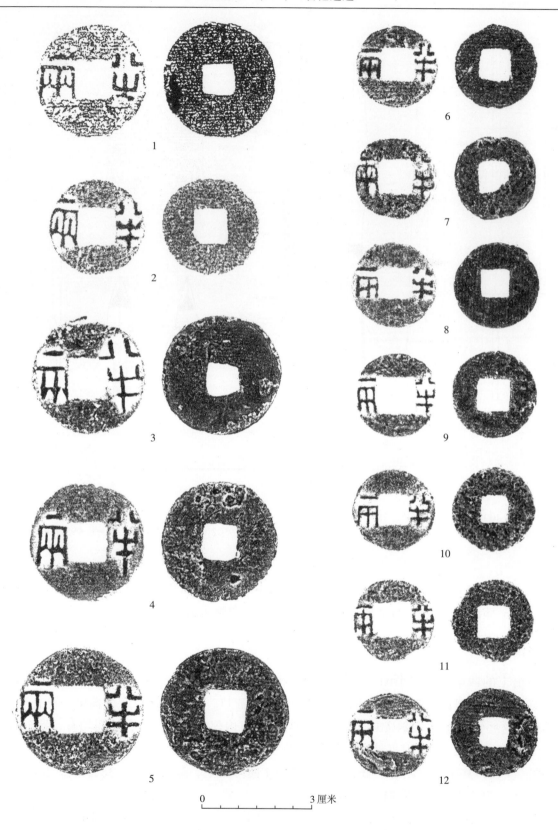

图四三　蓿池遗迹出土的"半两"铜钱拓本

1. A 型 I 式（95G2④：1）　2. B 型（95T2PC：7）　3. A 型 I 式（95T6PC：12）　4. A 型 I 式（95T6PC：13）　5. A 型 II 式（95T6PC：11）
6. Ca 型 I 式（95T6PC：15）　7. Ca 型 I 式（95T12⑥：1）　8. Ca 型 II 式（95T4PC：9）　9. Ca 型 II 式（95T4PC：11）　10. Ca 型 II 式（95T2PC：29）　11. Ca 型 II 式（95G2④：2）　12. Ca 型 II 式（95T12PC：3）

Ⅱ式 2枚，完好。钱文字体方正，"半"字二横等长。标本95T6PC：11，钱径3.4、穿宽1.2、厚0.11厘米，重5.3克（图四三，5；图版二六，1左）。

B型 5枚，其中2枚完好。钱径较大，在2.6~3厘米之间，最小的2.58厘米，最大的2.9厘米，重量在2.0~3.0克左右。钱文字体稍显瘦长，字体不甚规整。标本95T2PC：7，有下流口，宽0.74厘米。钱径2.68、穿宽1.03、厚0.1厘米，重3.2克（图四三，2；图版二六，2右）。

C型 14枚，完好。钱径较小，钱径约2.3~2.6厘米，重约1.2~1.9克。根据表面有无内、外郭可分三个亚型。Ca型无内、外郭；Cb型有内郭；Cc型有内、外郭，蕃池出土的C型半两钱全属于Ca型。根据钱文"两"字"从"部的变化又可分二式。

Ⅰ式 5枚。"两"字为双人字形。标本95T6PC：15，钱文字体方正。钱径2.6、穿宽0.93、厚0.1厘米，重1.5克（图四三，6；图版二六，3右）。标本95T12⑥：1，钱径2.25、穿宽0.91、厚0.1厘米，重1.5克（图四三，7）。

Ⅱ式 9枚。"两"字"从"部写成"一"横。标本95T2PC：8，钱径2.3、穿宽1.06、厚0.08厘米，重1.7克（图版二六，2左）。标本95T4PC：9，钱径2.3、穿宽0.87、厚0.07厘米，重1.5克（图四三，8；图版二六，3左）。标本95T4PC：11，鎏金，钱径2.31、穿宽1.04、厚0.07厘米，重1.6克（图四三，9；彩版一〇，2左）。标本95T2PC：29，鎏金，钱径2.26、穿宽0.87、厚0.08厘米，重1.8克（图四三，10；彩版一〇，2中）。标本95T2PC：28，鎏金，钱径2.32、穿宽1.0、厚0.08厘米，重1.45克（彩版一〇，2右）。标本95G2④：2，钱径2.23、穿宽0.95、厚0.08厘米，重1.4克（图四三，11）。标本95T12PC：3，钱径2.38、穿宽0.8、厚0.08厘米，重1.5克（图四三，12；图版二六，3中）。

六 装饰品

有陶珠、铁簪、铜饰件和木梳篦。

1. 陶珠

1件（95G2④：10）。椭圆形，两端面平，中间有一圆形穿孔。泥质红褐陶，完好，长3、最大径2.7、孔径0.7厘米（图四四，1；图版二七，1）。

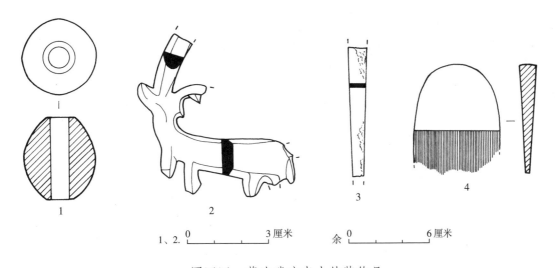

图四四 蕃池遗迹出土的装饰品

1.陶珠（95G2④：10） 2.铜饰件（95T2PC：42） 3.铁簪（95T5PC：63） 4.木梳篦（95G2④：3）

2. 铁簪

1件（95T5PC：63）。长条形，截面呈扁方形，一端宽一端窄。残长9.5、宽0.4~0.8、厚0.2厘米（图四四，3；图版二七，2）。

3. 铜饰件

1件（95T2PC：42）。形体似鹿。残长4.7、残高5.7、厚0.4厘米（图四四，2；图版二七，3）。

4. 木梳篦

1件（95G2④：3）。上部呈圆弧形，下部齿部为方形，已残断，侧面呈楔形。残长7.8、宽6.4、残厚0.4~1.2厘米（图四四，4；图版二七，4）。

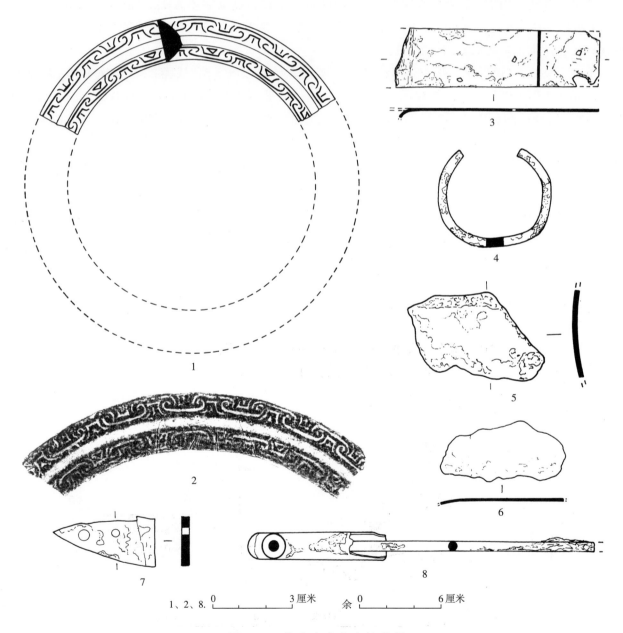

1、2、8. ├─0──────3厘米　　余 ├─0──────6厘米

图四五　蕃池遗迹出土的铁器

1. 铁环（95T5PC：7）　2. 铁环纹饰拓本（95T5PC：7）　3. 穿孔铁片（95T4PC：16）　4. 箍（95T6PC：18）　5. 铁片（95T2PC：41）　6. 铁片（95T5PC：9）　7. 尖状器（95T5PC：64）　8. 条形器（95T2PC：43）

七 其他

按其质地的不同可分铁、铜、玉石、动物和植物遗存五类。

（一）铁器

有环、箍、铁片、穿孔铁片、条形器和尖状器等。

1. 环

1件（95T5PC：7），范铸。残为两段，圆环形，截面略呈半圆形，圆弧面顶部微凹下，两侧饰云雷纹，底面平整光素。复原外径12.4、内径9.2、厚0.7厘米（图四五，1、2；图版二七，6）。

2. 箍

1件（95T6PC：18），锻制。圆　形，截面呈长方形。完好，外径8.4、截面长1.1、宽0.5厘米（图四五，4；图版二七，5）。

3. 铁片

2件，可能是器物的腹部残片。标本95T2PC：41，弧形，胎壁较厚。残长10.9、宽5.7、厚约0.4（图四五，5）。标本95T5PC：9，一端平直，另一端略呈弧形，胎壁较薄。残长9.0、残宽4.4、厚0.2厘米（图四五，6）。

4. 穿孔铁片

2件。长条形薄片，略呈一端大一端小，较大一端向下弧弯，残断，有三个不规则形穿孔。标本95T4PC：16，残长15、宽8.1~8.4、厚0.2、孔径0.3~0.5厘米（图四五，3；图版二八，1上）。标本95T4PC：27，残长9.4、宽3.2、厚0.2、孔径0.2~0.3厘米（图版二八，1下）。

5. 条形器

1件（95T2PC：43）。呈圆条形，残，由外壳和实心杆构成。外壳端面呈圆弧形，中空，内有一实心圆杆。残长12.9、外径1.0、内杆径0.4厘米（图四五，8；图版二八，2）。

6. 尖状器

1件（95T5PC：64），残，器形不明。呈扁锥形，残断一端卷起，另一端弧收呈尖状，靠顶边穿有两个圆形穿孔，其中一孔尚镶有圆形凸钉。展开残长8.7、最宽3.6、厚0.3厘米（图四五，7；图版二八，3）。

（二）铜器

有铜俑和铜构件。

1. 铜俑

1件（95T5PC：20），范铸。男裸俑，中空，面部五官清晰，双臂高举，右前臂原已被斜切断，左臂残断，头顶和下身均残，通体光滑有火烧痕。残高12.5厘米（图四六，1；彩版一〇，3；图版二八，4）。

2. 铜构件

1件（95T4PC：20），范铸。由前、后两部分和栓塞轴组成。前部圆形，中空，一端残断，另一端有凸榫，顶端呈弧形，侧面伸出一弧形尖钩，中间有一圆形穿孔通过栓塞轴与后部连接。后部分前后两段，前段圆形，顶端呈弧形，中间设凹槽，两侧有圆形穿孔与前部连接；后段呈半圆形，上开两个方形孔。前后两部分用栓塞轴连接，栓塞轴呈钉状，栓帽呈半圆形。前后两部分因前部尖钩的控制，转动的最大角度为103°。残通长25.2、前部残长13.6、外径2.8、后部长18.4厘米（图四六，2；彩版一〇，4）。

（三）玉、石器

1. 玉衣片

2件，均残，可复原。根据平面形状的不同可分二型。

A 型　1件（95T6PC：6），平面呈长方形，通体光滑，四角各一圆形穿孔。青白玉石，局部呈青灰色，长4.8、宽3.1、厚0.2、孔径0.2厘米（图四六，3；图版二八，6左）。

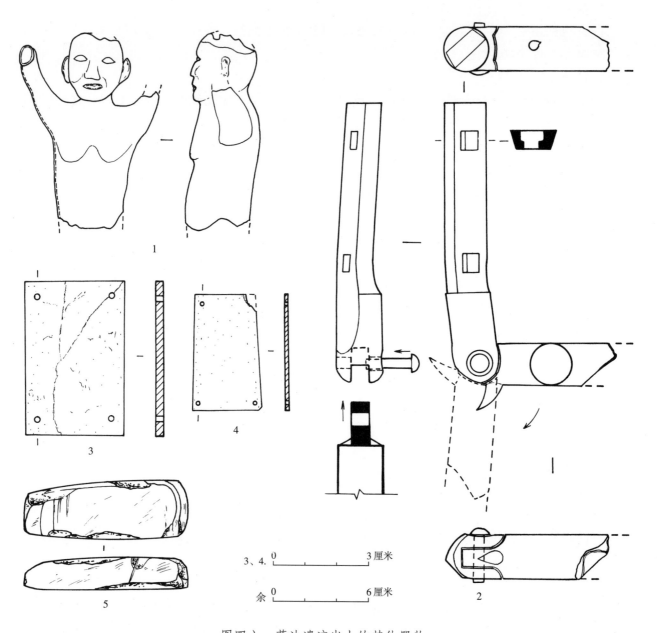

图四六　蕃池遗迹出土的其他器物

1. 铜俑（95T5PC：20）　2. 铜构件（95T4PC：20）　3. A 型玉衣片（95T6PC：6）　4. B 型玉衣片（95T5PC：12）　5. 砺石（95G2④：14）

B型　1件（95T5PC：12）。平面呈梯形，通体光滑，四角各一圆形穿孔。青玉石，长3.6、宽1.8~2.2、厚0.1、孔径0.1厘米（图四六，4；图版二八，6右）。

2. 砺石

1件（95G2④：14）。呈楔形，六面均磨砺光滑，其中四大面皆平直，另外一较大的端面呈弧形，较小一端面呈斜面。面上有磨过细小器留下的细槽痕。青灰色石灰岩石，长10.4、宽2.5~3.8、厚1.8~2.1厘米（图四六，5；图版二八，5）。

（四）动物遗存

有梅花鹿的头盖骨、动物下颌骨和兽齿等。

1. 梅花鹿头盖骨

2件。标本95T3PC：9，残长8.0~11.5、残宽3.3~14.0、厚1.1厘米（图版二九，1）。标本95T3PC：12，残存小块头盖骨和其上角根。残长8.5、残宽3.0~5.3厘米（图版二九，2）。

2. 动物下颌骨

1件（95T5PC：34），残长10厘米（图版二九，3）。

3. 兽齿

3颗（95T5⑥：18），形状一致，大小不一，似是同一类食肉动物的牙齿。长6~7厘米（图版二九，4）。

（五）植物遗存

有橄榄、桃和杨梅等植物的果核。

1. 橄榄核

2颗，大小基本一致。标本95T1PC：16，长2.8、宽1.3厘米（图版二九，5）。

2. 桃核

3颗。标本95T1PC：17，长2.2、宽1.4厘米（图版二九，6）。

3. 杨梅核

1颗（95G2④：16），长1.4、宽1.3厘米（图版二九，7）。

第三章　曲流石渠遗迹

第一节　地层堆积

曲流石渠遗迹发掘区正式发掘之前,现地面以下2.5~4.15米的土层已被施工单位用机械挖去。按工地挖土后的地面计算,保存的文化层堆积最厚处尚存约2.6米,唐宋以后的文化层堆积大多已被挖掉。根据遗址现场残存的地层,按土质土色的不同可分十二大层,现以遗迹发掘区的南北向和东西向地层剖面为例作说明。

1.97T5、97T6、97T7、97T8西壁地层堆积情况（图四七）:

第①层:为工地机械挖土后留下的扰动土层,除混入有现代的砖、瓦和混凝土块外,还夹杂有不少历代的陶、瓷残片和砖块以及瓦片等。距地表深3.3~3.7米,厚0.05~0.32米。97H41和一现代坑开口于此层下。

第②层:明代地层。在该壁上没有挂壁。

第③层:褐色土,土质较致密,有元代龙泉窑青釉碗和枢府窑系卵白釉盘、碗、高足碗等器物。距地表深3.45~4.46米,厚0~1米。该层仅在发掘区东北部的T1、T5和T9三个探方内有保存,自南向北往下呈倾斜分布。时代属于元代。

第④层:宋代地层。仅在97T1、97T5、97T6、97T9、97T10、97T13和97T14等7个探方内有保存,自南向北往下呈倾斜分布。可分成a、b、c、d四小层:

④a层:红褐色土,土质紧密,内含有大量的碎砖块和残瓦片。出土有青釉碗和青黄釉盆、罐等。距地表深3.5~5.15米,厚0~1米。时代为南宋时期。

④b层:灰褐色土,夹有较多的小贝壳,土质较疏松。出土有广州西村窑的青釉碗、褐彩绘青釉盘、绿釉炉等生活器具;有莲花纹瓦当、"大吉"文字瓦当和布纹灰陶瓦片等建筑材料;还有"开元通宝"、"皇宋通宝"、"元丰通宝"铜钱和"乾亨重宝"铅钱等。距地表深3.5~4.78米,厚0~1.1米。时代为北宋晚期至南宋时期。

④c层:青灰色土,含有大量的碎砖块,土质较疏松。出土有青釉和青白釉碗、碟以及黑釉茶盏等生活器具;有陶球、莲花纹瓦当、布纹灰陶瓦片等;还有"开元通宝"、"至道元宝"、"景

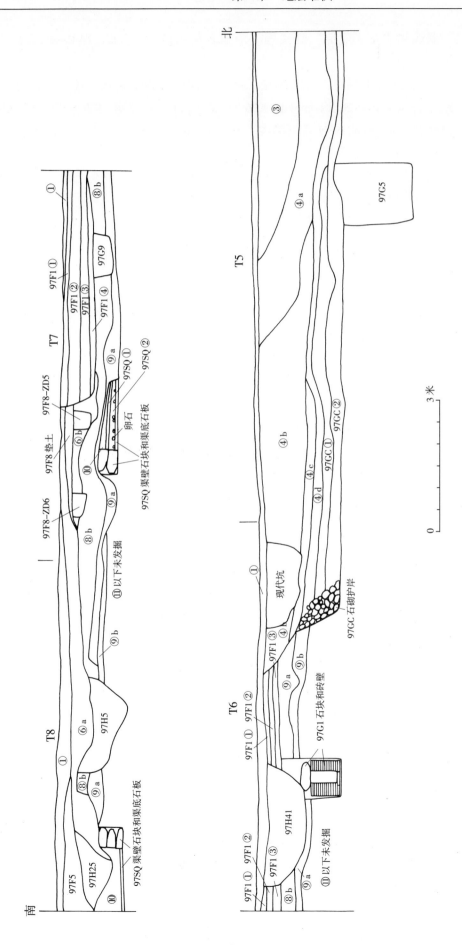

图四七　曲流石渠遗迹发掘区 97T5、97T6、97T7、97T8 西壁地层剖面图

德元宝"、"元祐通宝"铜钱和"乾亨重宝"铅钱等。距地表深4.17~4.75米，厚0~0.15米。时代为北宋时期。

④d层：灰色沙土，夹有红烧土颗粒，土质疏松。出土有青釉和青白釉碗、莲花纹瓦当，还有"乾亨重宝"铅钱等。距地表深4.55~5.3米，厚0.1~0.26米。时代为北宋时期。97GC开口于该层下。

97GC是南汉国宫苑的宫池，宫池内有两层淤泥（编号97GC①、97GC②），是宫池在使用过程形成的堆积。97G5开口于97GC②之下。

第⑤层：唐、南汉文化层，可分a、b两小层，在发掘区东部没有保存，该壁上没有挂壁。97F1和97F5开口于⑤b层下，97H25开口于97F5之下。

第⑥层：两晋、南朝地层。可分a、b两小层：

⑥a层：灰褐色土，土质较黏、紧密。出土有青釉碗、碟和酱釉陶罐等生活器具，还有布纹瓦和莲花纹瓦当等。距地表深3.45~4.65米，厚0.1~0.7米。时代属南朝时期。97H5和97F8开口于该层下。

⑥b层：灰黑色土，夹有较多的贝壳，土质疏松。出土有青釉碗、碟、四耳罐和酱釉四耳罐等生活用陶瓷器。距地表深3.75~4.3米，厚0~0.73米。时代属于东晋晚期至南朝早期。97G9开口于该层下。

第⑦层：晋代地层。在发掘区东部没有分布，在该壁上没有挂壁。

第⑧层：王莽至三国时期地层。可分a、b两小层：

⑧a层：东汉晚期至三国时期地层。在发掘区呈不连续分布，该壁上没有挂壁。

⑧b层：灰褐色土，土质疏松。出土有陶罐、盆、壶和绳纹瓦等，还有"五铢"铜钱。距地表深3.85~4.6米，厚0.14~0.57米。时代为王莽至东汉早期。

第⑨层：西汉地层。可分a、b两小层：

⑨a层：红褐色土，土质较黏。出土有陶罐、盆、支座等生活器具和绳纹瓦、"万岁"文字瓦当，还有"五铢"铜钱等。距地表深3.93~4.75米，厚0~0.5米。时代为西汉晚期。

⑨b层：灰褐色土，土质疏松。出有大量的陶罐、盆和绳纹瓦、"万岁"文字瓦当等，还有"半两"、"五铢"铜钱等。距地表深4.15~4.8米，厚0.07~0.35米。时代属西汉中期。

第⑩层：红烧土，夹有大量的炭屑，无黏性，内含大量的绳纹瓦和印花砖、"万岁"文字瓦当以及曲流石渠渠壁石块等建筑材料。此外，还有少量的瓮、罐、盆、支座等生活器具，"半两"铜钱、铜镞、铁棒等。距地表深4.32~4.87米，厚0~0.63米。是南越国灭亡后形成的建筑倒塌堆积。这层红烧土分布不均，其中有南越国建筑遗迹的地方堆积较厚，没有南越国建筑遗迹的地方则堆积较薄甚至缺失。南越宫苑曲流石渠遗迹（编号97SQ）开口于该层下。渠内有两层淤土（编号97SQ①、97SQ②），是曲流石渠在使用过程中形成的堆积。

第⑪层：红黄色黏土、土质较纯、致密，是南越国早期建筑垫土。该层以下未发掘。

2. 97T3、97T7、97T11、97T15、97T19、97T23、97T27、97T31、97T35、97T39、97T41、97T43、97T45南壁地层堆积情况（图四八）：

第①层：为工地机械挖土后留下的扰动土层，除混入有现代的砖、瓦和混凝土块外，还夹杂有不少历代的陶、瓷残片和碎砖块、瓦片等。距地表深2.5~4.15米，厚0.05~0.52米。97J49、97G10、97H180、97H176、97H162、97H32、97H69、97J86、97J90、97F9、97H195、97SJ1、97G7和一现代坑开口于该层下。

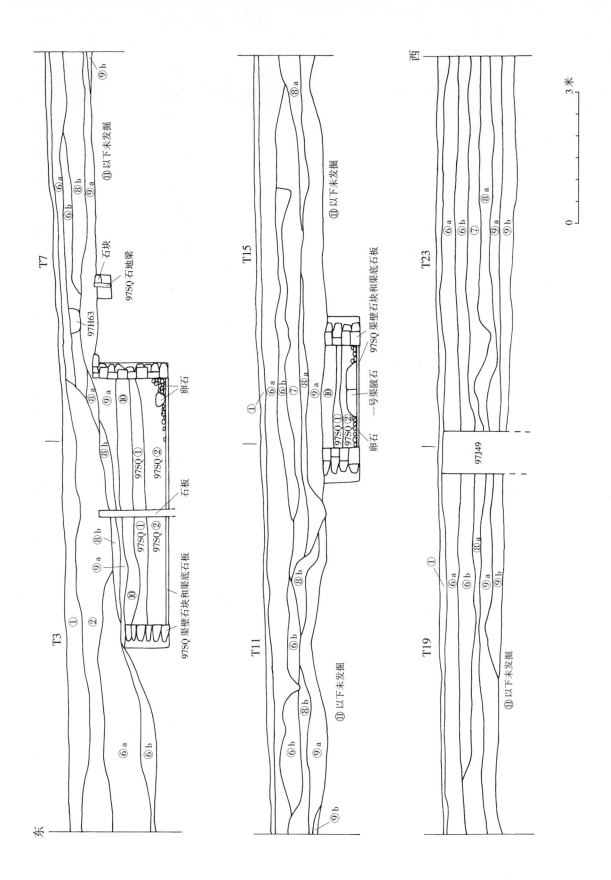

图四八① 曲流石渠遗迹发掘区 97T3、97T7、97T11、97T15、97T19、97T23 南壁地层剖面图

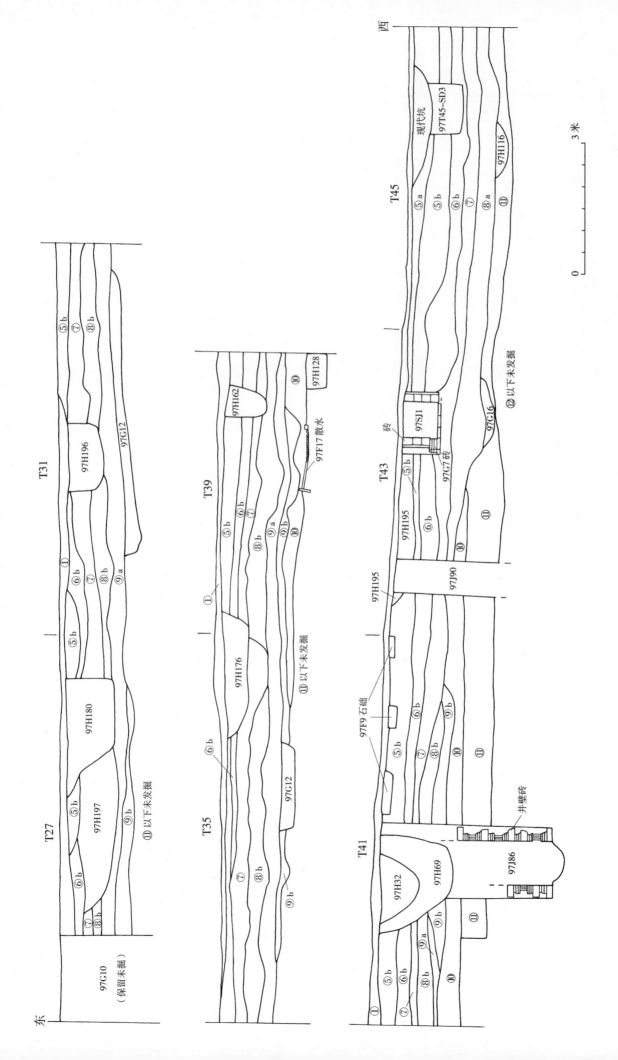

图四八② 曲流石渠遗迹发掘区 97T27、97T31、97T35、97T39、97T41、97T43、97T45 南壁地层剖面图

　　第②层：灰褐色土，土质疏松。出土有大量的青花瓷片，器形以碗、碟、杯为主，其中不少器底部有款识，如"大明年造"、"大明成化年造"、"上品佳器"、"富贵佳器"、"长命富贵"、"万福攸同"、"福"和"寿"字等。此外，还有酱黑釉罐、壶和碎瓦片等。距地表深3.6~4.7米，厚0.3~0.85米。这层仅在发掘区东南部的T3南部、T4、T7和T8东部有保存。时代属明代。

　　第③层：元代地层，分布在发掘区东北部，在该壁上没有挂壁。

　　第④层：宋代地层，分布在发掘区东北部，在该壁上没有挂壁。

　　第⑤层：唐、南汉地层。可分a、b两小层：

　　⑤a层：红褐色土，土质紧密，较黏。出土有黑陶罐、青釉碗、罐等生活器具，还有碎砖、瓦块和莲花纹瓦当等。距地表深3.3~3.92，厚0~0.6米。仅在发掘区的中部和西部的部分探方有分布。时代属唐代晚期、南汉早期。

　　⑤b层：灰黑色土，土质疏松，夹有较多的炭屑和贝壳。出土有黑陶四耳罐、青釉四耳罐、六耳罐、碗、盆等生活器具；有灰陶布纹瓦、莲花纹瓦当等建筑材料；还有"开元通宝"、"乾元重宝"铜钱。距地表深2.6~4.18米，厚0~0.67米。该层在发掘区中部以西的探方内多有保存。时代属唐代。97H196开口于该层下。

　　第⑥层：两晋、南朝地层。分a、b两小层：

　　⑥a层：灰褐色土，土质黏、紧密。出土有青釉四耳罐、碗、碟和酱釉陶四耳罐、碗等生活器具，也有莲花纹瓦当、布纹瓦片等。距地表深2.75~5.5米，厚0~0.88米。时代为南朝时期。97H63开口于该层下。

　　⑥b层：灰黑色土，夹有大量的贝壳，土质疏松。出土有青釉四耳罐、钵、碗、碟和酱釉四耳罐、碗等，还有"五铢"、"大泉五十"、"货泉"铜钱等。距地表深2.85~5.65米，厚0~0.65米。时代为东晋晚期至南朝早期。97H197开口该层下。

　　第⑦层：灰色土，土质黏、紧密。出土有青釉四耳罐、鸡首壶、钵、碗、碟和酱釉陶四耳罐、盆等，还有"五铢"、"大泉五十"、"货泉"、"大泉二千"铜钱等。距地表深2.9~4.87米，厚0.12~0.55米。时代为西晋至东晋早期。

　　第⑧层：王莽至三国时期的地层。可分a、b两小层：

　　⑧a层：灰色土，夹炭屑，土质疏松。出土有陶罐、盆、钵、碗等生活器具；有绳纹瓦和"万岁"文字瓦当等建筑材料。距地表深3.2~5.15米，厚0~0.82米。时代属东汉晚期至三国时期。97G16、97H116开口于该层下。

　　⑧b层：灰褐色土，土质疏松。出土有陶罐、盆、壶和绳纹瓦、绳纹砖以及"五铢"铜钱等。距地表深3.15~4.87米，厚0~0.47米。时代属王莽至东汉早期。

　　第⑨层：西汉地层。可分a、b两小层：

　　⑨a层：红褐色土，土质较黏、致密。出土有陶罐、盆、支座和绳纹瓦、"万岁"文字瓦当以及"五铢"铜钱等。距地表深3.48~5.05米，厚0~0.55米。时代属西汉晚期。97G12开口于该层下。

　　⑨b层：灰褐色土，土质疏松。有陶罐、盆和绳纹瓦、"万岁"文字瓦当以及"半两"、"五铢"铜钱等。距地表深3.83~4.55米，厚0~0.38米。时代属西汉中期。

　　第⑩层：红烧土，夹有大量的炭屑，无黏性。内含大量的绳纹瓦、印花砖和"万岁"文字瓦当等，陶瓮、罐、盆、碗等生活器具较少，还有"半两"铜钱等。距地表深4.25~5.35米，厚0~0.52米。是南越国灭亡后形成的建筑倒塌堆积。97SQ、97F17和97H128开口于该层下。曲流石渠（97SQ）

内有两层淤土，是石渠在使用过程中形成的堆积。

第⑪层: 红黄色土，土质黏、较纯净、致密。因保护的需要，该层大都未进行发掘，仅对97T17、97T22、97T23、97T25、97T26、97T27、97T41、97T43、97T45等探方进行解剖发掘。出土有绳纹瓦、云箭纹瓦当等。距地表深4.05~5.6米，厚0.2~0.83米。是南越国早期建筑垫土。

第⑫层: 木片和木屑堆积，因遗址保护的需要，除T41探方发掘外，其余探方揭露至该层面时暂停往下发掘，出土有少量的陶碗、器盖和绳纹瓦、云箭纹瓦和橄榄核等。距地表深5.25~5.6米，通过一些打破此层的灰坑、水井的剖面可知该层厚约0.1~0.25米。时代为秦代至南越国早期。

第⑫层以下为红黄色生土，部分探方可见灰色河滩淤土。

第二节　遗　迹

这次发掘揭露有南越宫苑的曲流石渠和与之相关的出水木暗槽、石板平桥与步石等重要遗迹。此外，还在发掘区的西部、南部清理出两座房址建筑台基（分别编号97F17、97F18）和一条木水槽以及地漏等遗迹（图四九；图版三〇）。

一　曲流石渠

编号97SQ，横贯整个发掘区，经97T1、97T3、97T4、97T7、97T8、97T10、97T11、97T12、97T15、97T16、97T19、97T21、97T22、97T23、97T25、97T29、97T30、97T33、97T34、97T38、97T39等21个探方。开口于97⑩层之下，打破⑪层，曲流石渠及其相关遗迹被97GC、97G1、97F10、97J5、97H25、97H13、97H21、97J8、97J80、97J91、97H106、97H108、97J18、97J62、97F4-SD1、97J52、97J69、97G9、97J53、97H149、97J28、97J42、97J87等晚期遗迹打破。此外，曲流石渠的北边和东南边局部还被发掘前构筑的喷粉支护桩打破。曲流石渠西端尽头处的出水木暗槽向西北延伸出发掘区外，未能全部揭露（图五〇；图版三一，1）。

曲流石渠由东北而南，曲折向东，再逶迤西去，在西边尽头连接一出水木暗槽，残长约160米，其中保存较好的一段长约130米（彩版一一；图版三一，2）。整条石渠以西段保存最为完好，除一些特殊构造外，渠体是由挡墙、渠壁和渠底三部分构成，剖面呈倒"凸"字形，渠口外宽约2.4~2.6、内宽1.85~1.95米，渠底内宽1.35~1.4米，总深0.84~1.05米（彩版一二，1）。

挡墙位于渠体的最上部，是为防止雨水将泥沙带入渠内，保证渠水清澈而特设的防护墙。挡墙是在渠壁的顶面向外拓宽0.16~0.2米后，用2~3层石块、石板垒砌而成的，高0.35~0.45米（图版三二，1）。挡墙内壁面略向外倾斜呈斗状，与渠壁顶面构成的角度为110°~115°。挡墙顶面往外向下倾斜，呈内高外低状，斜度为15°~30°。

渠壁近直，用3~5层石块和石板垒砌而成，高0.54~0.63米。挡墙和渠壁石块呈楔形，面向渠内一面呈方形或长方形，打凿较平整，其余面不甚规整，并向后渐收小（图版三二，2）。石块和石板多为紫红色、黄白色或灰白色的砂岩，少量是呈褐色或黄白色的次流纹斑岩，石块一般长25~55、宽20~50、厚13~40厘米，砂岩石板宽约15~70、厚约5~10厘米。

渠底较平整，用砂岩石板作密缝冰裂纹铺砌（图版三二，3），石板面之上再铺一层密密的河卵石（彩版一二，2），其间还用大砾石呈"之"字形疏落点布，砾石之间的边距约1.8~2.9米（彩版一三）。渠底石板表面打凿平整，底面较表面稍为粗糙，形状多呈不规则形，部分呈方形、长方形。石板大小不一，一般长 30~70、宽 20~40 厘米，较大的石板长约 110~140、宽约 90~95 厘米，较小的石板长 8~15、宽 5~10 厘米，石板厚约 5~8 厘米。渠底河卵石以灰黑色有白色小斑点的安山玢岩卵石为主，也有少量是灰色的流纹斑岩卵石和石英砂岩卵石，一般长 11~19、宽 10~17 厘米。渠底大砾石多呈黄白色，少量呈灰褐色，长 35~56、宽 26~43、厚 15~33 厘米。

经全站仪实地测量（以原儿童公园发掘区西南为基点），曲流石渠除地势低洼的急弯处和弯月形石池外，渠底呈东高西低，水平落差为 0.66 米，可知渠水是自北而南再向西流的。其中石渠渠底各个测点标高分别为 A 点：-5.23 米，B 点：-4.53 米，C 点：-5.88 米，D 点：-4.81 米，E 点：-4.72 米，F 点：-4.69 米，G 点：-4.96 米，H 点：-4.99 米，I 点：-4.82 米，J 点：-5.19 米，K 点：-5.19 米，木暗槽的底部 L 点：-4.90 米。

石渠蜿蜒曲折，地势高低起伏，自东北处的残迹向南经急弯处后，向东进入弯月形石池再向西，所经之处有不同的特殊构造，为了清楚介绍曲流石渠和相关遗迹的具体情况，将曲流石渠和出水木暗槽自北而南，从东向西划分成十个部分分别作介绍。

（一）第一部分（a）：东北部残迹

位于发掘区东北部，这一段石渠大部分已被南汉宫池 97GC 打破，仅在 97T1 的西北部残存局部遗迹，南北残长 2、东西残宽 3 米。残存渠底砂岩石板 8 块和石板面上的少量灰黑色河卵石，以及散落四周的渠壁石块等（图版三三，1）。

（二）第二部分（b~c）：急弯处

位于发掘区东部偏北的位置，北部被南汉宫池 97GC 打破，南部被南朝暗渠 97G1 打破（图五一）。

这部分渠体呈弧弯形，南北残长约 5.6 米，渠口外宽 2.1~3.2 米，内宽 1.3~2.25 米。渠体东壁破坏严重，仅存 2 层渠壁石块，残存最高 0.45 米。西壁残存 1~6 层渠壁石块，残存最高 1.15 米。渠底的北、东、南三面向中心倾斜呈斜坡状，西面平整（彩版一四，1）。北坡面向西南往下倾斜，坡度 13°，坡面残长 1.08 米，坡面上积满了灰黑色的河卵石。东坡面向西往下倾斜，坡度 32°，坡面东西宽 1.15 米，坡顶与坡底高差 0.65 米。坡面由三块大石板和几块小石板铺就而成，其中最大一块石板面上刻凿一"工"字，字体长 12、宽 9 厘米（参见图一四〇，3；图版三三，2）。南坡面向北往下倾斜，最大坡度 23°，坡面南北长 2.5 米。西面渠底平整，大致呈扇形，南北长 2.6、东西宽 1.18 米，底面比南部渠底面深下约 0.7 米。渠底石板面上点布有大量灰黑色河卵石，当中点缀三块大砾石，北起第一块砾石长 42、宽 30、厚 24 厘米，呈黄白色；第二块砾石长 50、宽 28、厚 26 厘米，呈黄白色；第三块砾石长 51、宽 26、厚 29 厘米，呈灰褐色。第一块与第二块砾石边距为 0.7 米，第二块与第三块砾石边距为 0.37 米（图版三三，3）。

（三）第三部分（c~d）：急弯处南面至弯月形石池

这一部分石渠长约 15.4 米，起伏平缓，但该段石渠被破坏严重，除局部保存较好外，其余大部分仅残存渠底部分石板（图五二；图版三四，1，2）。靠近弯月形石池西北入水口的一段渠体保存较好，尚存有部分渠壁和渠底石板以及河卵石等。渠壁残存石块 1~3 层，残存最高 0.37 米，渠

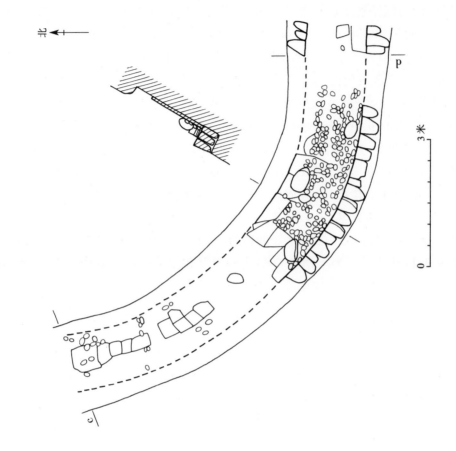

图五二   曲流石渠遗迹第三部分（c~d）平剖面图

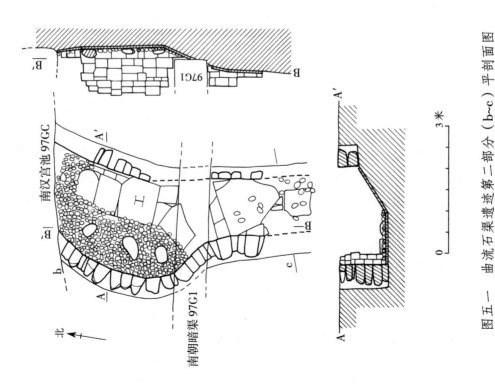

图五一   曲流石渠遗迹第二部分（b~c）平剖面图

底灰黑色河卵石间尚存有三块黄白色大砾石点缀其间，北起往南第一块砾石长 46、宽 38、厚 27 厘米；第二块砾石长 63、宽 41、厚 24 厘米；第三块长 43、宽 39、厚 18 厘米。第一与第二块砾石之间边距为 1.12 米，第二与第三块砾石之间的边距为 1.18 米（图版三四，3）。石渠向东南连接一座弯月形石池。

（四）第四部分（d~e）：弯月形石池

曲流石渠的最东端为一座弯月形石池，南部被一座明代房址 97F10 和一个现代坑打破。石池内部南北残存最长 7.2、东西最宽 5.75、残存深 0.43~1.75 米（图五三；彩版一四，2；彩版一五；图版三五，1）。

池内东部竖立两列东北—西南走向的灰白色砂岩大石板，将石池分隔成 3 间。每间均是东窄西宽，北次间南北最宽 2.6 米，中部的正间南北宽 1.96~2.32 米，南次间南北残存最宽 2.05 米。南北两列大石板的东端与石池东壁相靠紧贴，西端与石池西壁之间则留出宽 1.9~2.15 米的通道与曲流石渠连通（彩版一六，1）。

池内北列石板由四堵竖立的大石板组成，东西总长 3.97 米，高出池底石板面 1.87~1.9 米，厚 0.12~0.24 米（图版三五，2）。东起往西第一堵石板东边顶角残，东西长 1.06~1.1、厚 0.12 米，其北面中部偏东处刻凿一"十"字，字体长 14、宽 13 厘米（参见图一四四，2；图版三六，1）。第二堵石板上窄下宽，东西长 1.28~1.42、厚 0.21 米，其北面近池底处刻凿一"工"字，字体长 20、宽 19.6 厘米（参见图一四○，2；图版三六，3）。第三堵石板上宽下窄，东西长 0.41~0.55、厚 0.12 米。最西端一堵石板是由 2 块石板并立而成的，东西长 1.08、合厚 0.24 米，其北面近顶部刻凿一"工"字，字体长 15.6、宽 9 厘米（参见图一四○，4；图版三六，2）。

南列石板原由四堵竖立的大石板组成，石板面打凿平整，东西总长 3.66 米，现仅存东侧三堵石板，东西残长 3.06 米，石板的顶部均被破坏，残存高出池底石板面 0.26~1.56 米，厚 0.11~0.17 米（图版三五，3）。东起往西第一堵石板东西长 1、厚 0.12 米，残存高出池底石板面 0.56~0.6 米，石板向南倾侧。第二堵石板东西长 0.93、厚 0.11 米，残存高出池底石板面 0.29~0.47 米。第三堵石板东西长 1.13、厚 0.17 米，残存高出池底石板面 1.38~1.55 米。第四堵石板无存，从地面留下的沟槽痕迹可知该堵石板东西长约 0.6、厚约 0.17 米。

通过南列第四堵石板留下的沟槽断面可知石板是埋入池底石板面下，深约 0.2 米，石板下还垫有圆形枕木（图版三七，1），以分散竖立石板的巨大压力，确保石板平稳。由此推测，北列石板的情况与南列石板类似，但由于保护的需要，没有进行解剖发掘，石板之下圆形枕木的具体情况不详。

池内南、北两次间中部各竖立一根八棱石柱，石柱平置于池底石板面上，是用灰白色砂岩石打凿而成，柱面平整，顶部有一圆形凸榫。石柱通高 1.65、柱径 0.24 米，凸榫高 0.02~0.04、径 0.07 米（图版三七，2、3）。北次间的八棱石柱南距北列石板 0.77、北距池壁 1.18、东距石池东壁 2.15 米。南次间的八棱石柱北距南列石板 0.98、东距石池东壁 1.65 米。南次间的八棱石柱北面刻凿一"二"字，字体长 7.6、宽 9.6 厘米（参见图一四四，1；图版三六，4）。南、北两根八棱石柱的中心间距为 4.54 米。

石池底部平整，最低处比曲流石渠第三部分渠底面低下 1.53 米。石池的西部和西南部与曲流石渠相连通，均呈斜坡状，分别为石池的进水口和出水口。西部进水口向东往下倾斜，坡面斜度

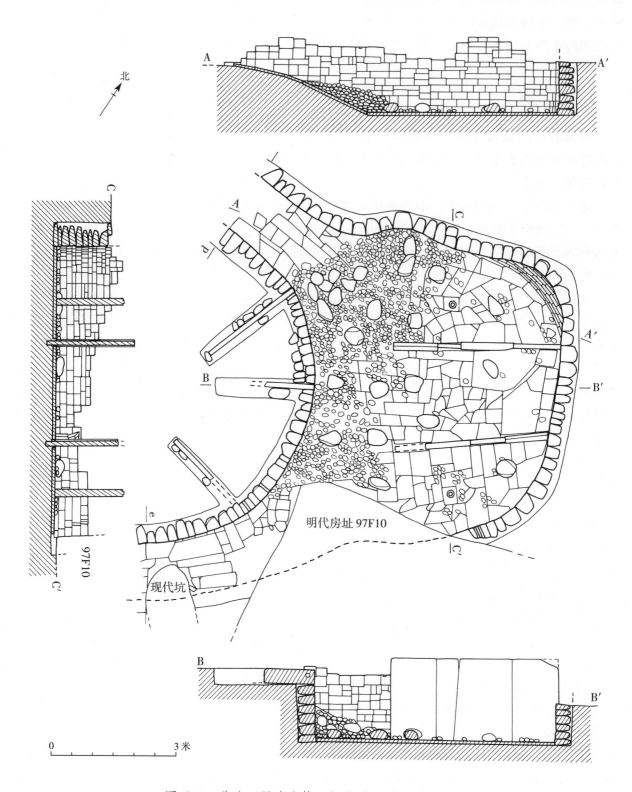

北

现代坑

明代房址 97F10

97F10

0   3米

图五三　曲流石渠遗迹第四部分（d~e）平剖面图

26°，坡面残长3.45米（彩版一六，2；图版三八，1）。西南出水口向东北往下倾斜，坡面破坏严重，坡面斜度约20°（图版三八，2）。池底石板面之上铺有灰黑色小卵石，当中也用黄白色的大砾石点缀，靠近石池进、出水口和石池西壁处的河卵石分布特别密集。

石池东壁呈不规则向外弧弯形，东南部残缺。池壁残存石块3~13层，高出池底石板面0.43~1.62米（图版三九，1）。西北部西段有一块渠壁石块凿有一凹槽，呈长方形，长0.12、宽0.06、深0.06米，凹槽离池底石板面高1.48米，作用未明。西壁向内呈圆弧形，池壁残存石块2~7层，高出池底石板面0.3~1.5米（图版三九，2）。石池西壁顶部地面残存3块长方形石地梁，呈放射状向石池张开。石地梁侧立，朝石池一端嵌入池壁石块中，与池壁面齐平，并凿有方孔，似作系绳之用，另一端埋入地下（图版四〇，1）。北起往南第一根石地梁长2.57、宽（深）0.38、厚0.12米，中部两侧堆置一些石块以稳固石条，东距东端0.15、上距顶端0.14米处凿一边长0.09米的方形穿孔（图版四〇，2）。第二根石地梁后部残断，残长1.20、宽（深）0.37、厚0.13米，中部南侧置一长方形石块以稳固石条，东距东端0.16、上距顶端0.13米处凿有一边长0.1米的方形穿孔（图版四〇，3）。第三根石地梁近渠壁一端残断，残长1.26、宽（深）0.36、厚0.12米，其南侧也置有石块来稳固石条。第一根与第二根石地梁延长线夹角40°，第二根与第三根石地梁延长线夹角46°。

（五）第五部分（e~f）：弯月形石池至一号渠陂

弯月形石池西南出水口以西至一号渠陂东侧这一部分渠体呈弧形，长18.8米，渠底地势自东向西缓缓上升。这一部分石渠被97J5、97H13、97H21、97H25、97J8、97J80打破，部分南壁还被发掘区南边的喷粉支护桩壁破坏（图五四；图版四一，1）。

渠体北壁残存石块1~3层，残高0.21~0.65米。在西距一号渠陂东侧约9.7米的石渠北壁顶部有一石水槽，呈东北—西南向伸入石渠内壁，分上、下两级（图版四一，2、3）。上面一级水槽位于渠体挡墙第一层石板面上，是在一块长方形石板面中部纵向打凿成弧凹状，北端已残断，残长0.71、宽0.23~0.25、厚0.09米。水槽向渠内一端略往下倾斜，槽口宽0.09、深0.015米，水槽底部至渠底深0.69米。下面一级水槽是在渠壁顶部打凿而成的，与上面的水槽正对应，以承接上面的流水，向渠内一端较宽、较深，长0.16、槽口宽0.02~0.07、深0.01~0.04米，槽底至渠底深0.52米。石水槽东侧挡墙尚存石块1层，长0.32、高0.23米。

渠体南壁东段已被破坏无存，西段保存较好，连挡墙残高0.9米。

渠底石板面保存较好，西段渠底石板面之上的河卵石和大砾石也保存较好，而东段的河卵石绝大多数已失散，仅存有个别呈"之"字形点缀的大砾石。

（六）第六部分（f~g）：一号渠陂至二号渠陂

一号渠陂以西至二号渠陂这一部分石渠筑有两个渠陂和一个斜口。石渠蜿蜒曲折，长33.1米，被97J91、97H106、97H108、97J18和97G1等遗迹打破（图五五；彩版一七，1）。

一号渠陂位于这一部分石渠的东南端，由两块弧扇形的石英砂岩石块拼合而成，呈圆拱状横卧于渠底石板之上，两端与渠壁紧贴，用以阻水、限水和激起浪花。两块弧扇形石块基本相同，长1.36、合宽1.1、高0.21米，顶面近平（图版四二，1）。

在一号渠陂西北2.1米的石渠北壁有一斜口，编号一号斜口。是在渠壁中斜置一块灰白色的长方形大石板，向渠内往下倾斜，向渠内端面与石渠北壁面齐，顶部向上伸至渠外的地面，但上

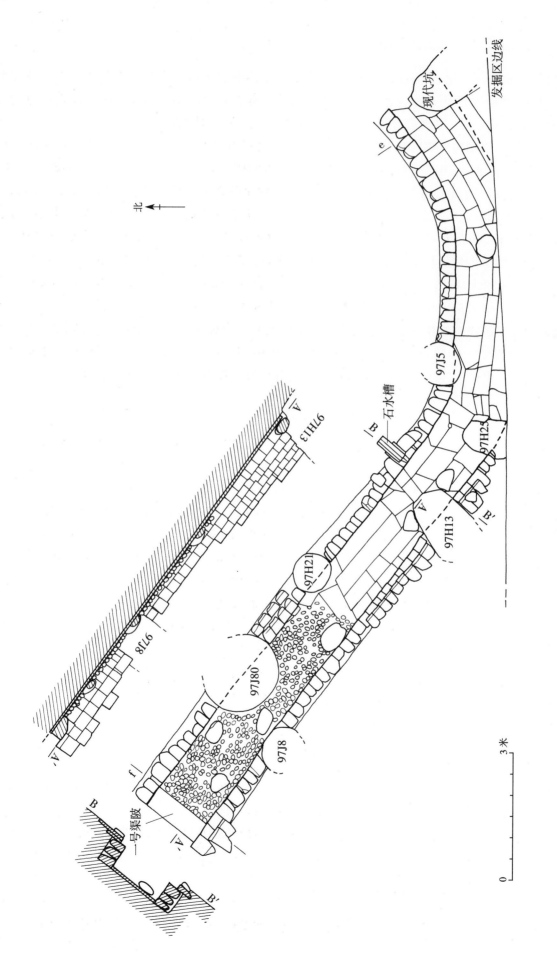

北

现代坑

发掘区边线

石水槽

97J5

97H25

97H13

97H21

97J80

97J8

97H13

97H6

97H8

一号渠陂

图五四　曲流石渠遗迹第五部分（e～f）平剖面图

0　　　　　　　　　　　　3 米

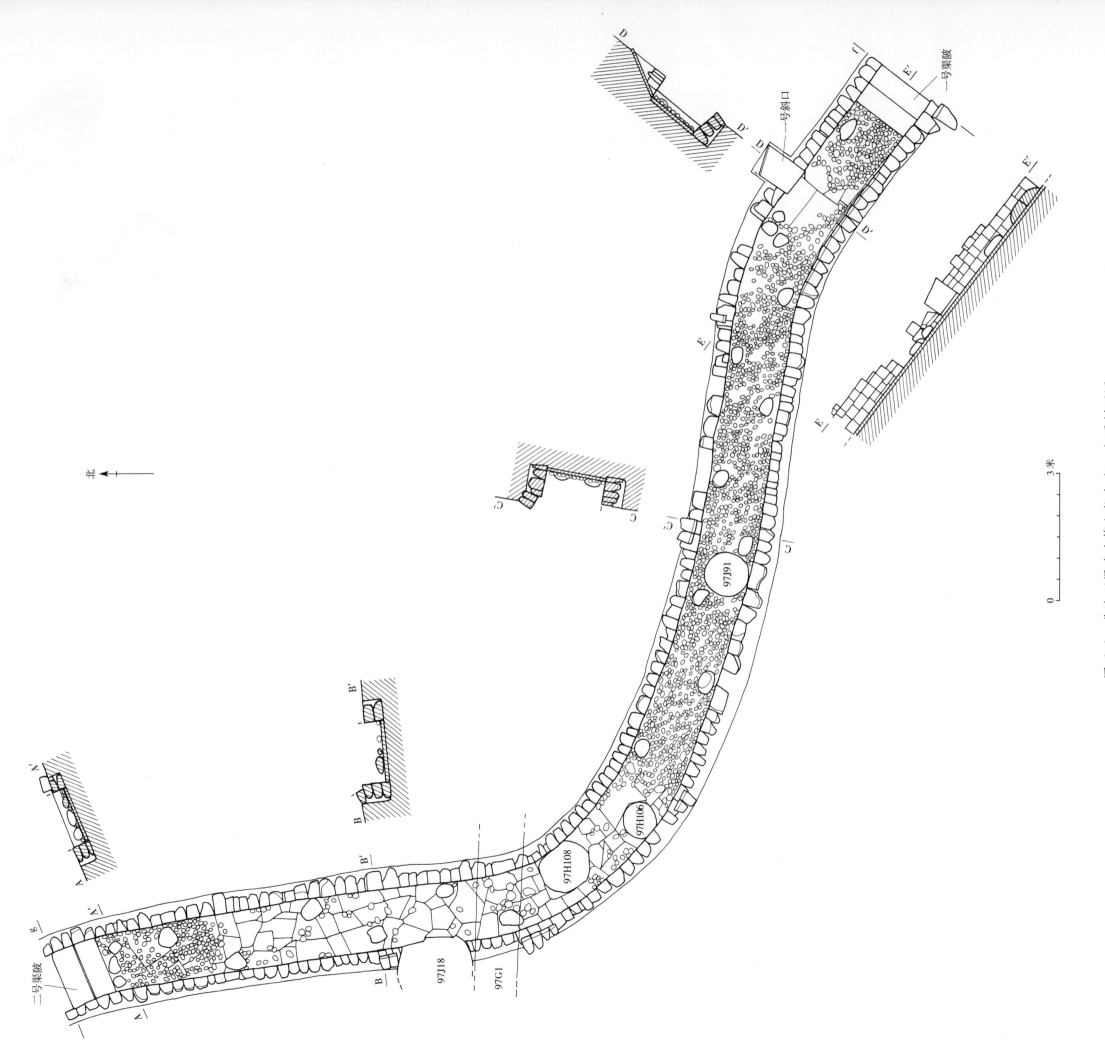

图五五　曲流石渠遗迹第六部分（f~g）平剖面图

端已残断。斜口石板规整，表面平滑，残长1.05~1.24、宽0.69、厚0.08米，坡面残高0.57米，斜度27°（图版四二，3）。

二号渠陂位于这一部分石渠的西北端，即曲流石渠中部，东南距一号渠陂约30.7米，也是由两块弧扇形的石英砂岩石块拼合而成，呈圆拱状横卧于渠底。二号渠陂的设置、造型和大小与一号渠陂基本一致，长1.32、合宽1.15、高0.3米，拱面呈圆弧状（彩版一七，3）。

这部分石渠的北壁有一小段保存完好，连挡墙总高0.84米，其中挡墙高0.34米。其余部分的挡墙已无存，残存渠壁石块2~5层，残高0.25~0.63米。南壁上部的挡墙多已被破坏无存，残存渠壁石块2~5层，残高0.3~0.65米。

这一部分石渠渠底南段的河卵石保存基本完好，当中用大砾石呈"之"字形点缀（彩版一七，2）。北段渠底的河卵石大部分已散失，但当中呈"之"字形点缀的黄白色大砾石保存相对较好（图版四二，2）。

（七）第七部分（g~h）：二号渠陂以北至二号斜口

二号渠陂以北至二号斜口东侧这一部分石渠呈弧形，长约19.5米，被97J62、97F4–SD1、97J52打破，渠体北壁局部被发掘区北边的喷粉支护桩打破（图五六；图版四三，1）。

这一部分石渠的北壁基本保存完好，总高0.84米，其中挡墙高0.34~0.4米。南壁的挡墙保存相对较差，大都只存1层石块，部分挡墙已失。挡墙已失的渠壁顶部石块表面，与挡墙交接处多凿成高低错落状，近渠内一侧略低下0.5~3厘米，为渠壁顶部向外展宽部分，向渠外一侧略高，其上砌筑渠体挡墙（图版四三，4）。

渠壁残存石块2~4层，残高0.22~0.64米，渠底石板面之上的小河卵石已基本失散，仅靠二号渠陂处尚有保存，而呈"之"字形点布的大砾石却保存完好（图版四三，2、3）。在二号渠陂以北约3.4米的石渠北壁有一段曾用长条石板修整过，长约4.05米，石板面略低于渠顶面0.15米，石板内侧面与渠壁面略有错位（图版四三，5）。每块长条石板长0.45~0.82、宽0.3~0.34、厚0.05~0.08米不等。

（八）第八部分（h~i）：二号斜口至石板平桥

这一部分石渠近直，长约12.2米，保存基本完好（图五七；图版四四，1）。

在这一部分石渠东端南壁筑有一斜口，编号二号斜口，东距二号渠陂约19米，呈东南—西北向伸入渠内。斜口保存较好，是在渠壁中斜置一块灰白色的长方形大石板，向渠内往下倾斜，向渠内端面与石渠南壁内侧面平齐，另一端斜向上伸至渠外地面。斜口石板两侧均用渠壁石块叠砌护壁，高与石渠渠壁等齐，在护壁顶部向外展宽0.14米后在其上再加砌一道挡墙，残高0.19米，其高度应与渠体挡墙齐平。斜口石板规整，表面平滑，长1.66、宽0.7、厚0.06、坡高0.7米，坡度24°（彩版一八，1）。

石渠的北壁通高1米，其中渠壁高0.61米，挡墙高0.39米。南壁通高1.08米，其中渠壁高0.65米，挡墙高0.43米，渠底石板面之上的小河卵石已基本失散，仅存"之"字形点缀的黄白色大砾石（图版四四，2）。

（九）第九部分（i~j）：石板平桥至石渠尽头

从石板平桥至石渠的尽头处这一部分石渠，长4.72米，被97J69、97G1、97G9、97J53、97H149

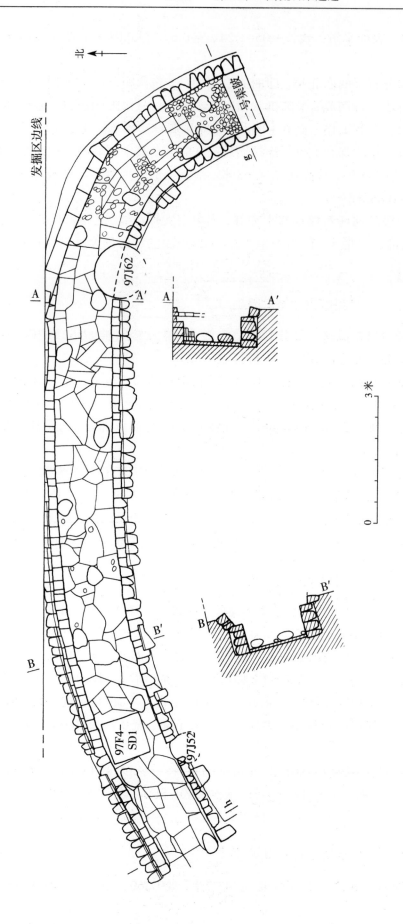

图五六　曲流石渠遗迹第七部分（g～h）平剖面图

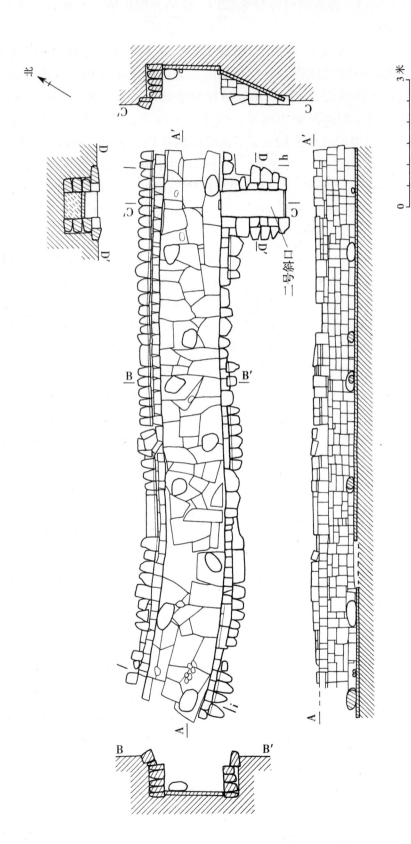

图五七　曲流石渠遗迹第八部分（h~i）平剖面图

打破。有石板平桥、三号斜口、出水闸口等特殊结构，桥的北侧还铺设有步石（图五八；图版四五，1）。下面分别作介绍：

石板平桥　位于曲流石渠的西端，西距石渠西端尽头处2.36米。平桥横跨石渠两侧，呈南北向，桥底渠内未发现类似桥墩的结构，是在石渠南、北渠壁之上垒砌一层高0.26米的石块作石墩后在其上直接架设石板筑成的。石墩面比渠口顶面略低0.16米，高与平桥石板的厚度一致。平桥原是由两块大石板组成，东西合宽2.36米，南北长1.74米，其中西侧一块石板已残断，仅存约2/3，其北端尚架设在石渠的北壁石墩之上，南端侧向渠内倾倒，石板残长1.35、宽1.16、厚0.16米（彩版一八，2；图版四五，2）。发掘时，平桥东侧的石板已残断落入渠内，根据石板复原其宽度为1.2米（图版四六，1）。桥面平，高与渠口挡墙顶面平，桥面距渠底部深1.06米。平桥西侧石板的北部尚存一块石板斜铺与地面连接，石板长0.83、宽0.33~0.5米，厚0.05米。平桥东侧石板的北部地面铺设有步石与平桥相连接。

步石　现存8块，呈弯月形向东北延伸，现仅揭露一段长7.5米（图版四六，2）。步石呈长方形，用砂岩石块打凿而成，表面平整，底面较表面粗糙。南起第一块步石原与石板平桥东侧石板相连，步石长0.56、宽0.35、厚0.07米；第二块步石已被扰动，位于第一块步石的东北侧，长0.56、宽0.33、厚0.07米；第三块步石长0.56、宽0.29、厚0.07米，与第一块步石中心距为1.32米；第四块步石已残断成两半，长0.56、宽0.38、厚0.07米，与第三块步石中心距0.7米；第五块步石长0.56、宽0.28、厚0.07米，与第四块步石中心距为0.6米；第六块步石长0.56、宽0.3、厚0.07米，与第五块步石中心距为0.6米；第七块步石长0.55、宽0.37、厚0.8米，与第六块步石中心距为0.58米；第八块步石长0.55、宽0.3、厚0.07米，与第七块步石中心距为3.5米，第七块与第八块步石之间的步石已散失不存。此外，在第八块步石的北侧还有一块石板已裂成三块，长0.58、宽0.52、厚0.07米，与步石走向不一致。

三号斜口　位于石板平桥西侧的渠体北壁间，东距二号斜口13.4米，西距曲流石渠尽头处1.47米，北向南伸入渠内。斜口保存基本完好，是在渠壁中斜置一块灰白色的长方形大石板，向渠内往下倾斜，石板长1.59、宽0.71、厚0.08、坡高0.7米，坡面斜度22°。斜口向渠内一端伸出石渠北壁0.2~0.25米，斜口表面高出渠底石板面约0.09米。另一端斜向上伸至渠外地面，顶部横立一石板将斜口挡封，封口石板长0.66、厚0.09、高出斜口北端斜面0.15米。斜口东西两侧用楔形石块砌成挡墙，高与地面平（图版四六，3）。

出水闸口　在西距曲流石渠尽头处0.4米的南壁设一出水闸口，上部被97G1打破。闸口正视呈方形，分内外两层。内层（即近渠内一层）是一用石条打凿成"凹"字形的方框。方框外宽0.84、高0.75、厚0.11米，方框内宽0.5、高0.5米。方框两侧的石条内外两侧及底部石条的内侧均凿有凹槽，凹槽呈方形，宽0.045、深0.03米。内侧凹槽是用来安装控制水量的木闸门的，木闸板已朽，发掘时仅存木朽痕。闸门底部高出渠底石板面0.24米（彩版一九，1）。外层放置一个用砂岩石板打凿而成的石算，石算外边宽0.88、高0.57、厚0.06米，中间凿有三个长方形竖孔，孔宽0.09米，其中露出闸门底部高0.22米。三个算孔横截面总面积为0.059平方米。石算外与木暗槽相连，靠近出水闸口的一段暗槽之上放置一块三角形石板，长1.05、最宽0.53、厚0.08米，石板上有一个机钻时留下的钻孔。

石板平桥西侧再去2.3米即为石渠的尽头，用砂岩石块于石渠南、北两壁间砌一道直墙挡于尽头处，残存石块3层，残高0.8米（图版四七，1）。三号斜口以西的石渠北壁是一块横立的大

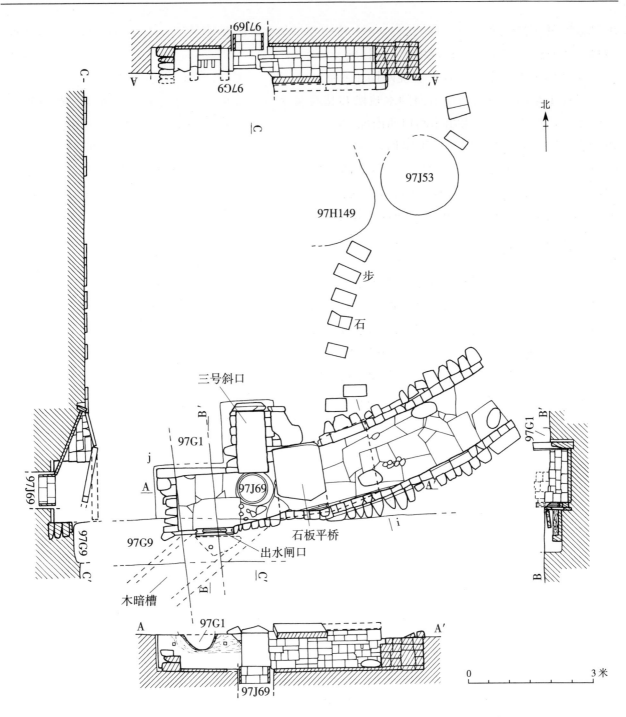

图五八　曲流石渠遗迹第九部分（i~j）平剖面图

石板，石板东西长 1.97、厚 0.17 米，高出渠底石板面 0.84 米。石板上部被 97G1 打破，其东西靠
上两侧各凿一边长为 0.09 米的方形穿孔，两方孔间距为 1.2 米，作用未明，似是利用废旧的建筑
石材（图版四七，2）。

（一〇）第十部分：出水木暗槽

　　曲流石渠尽头出水闸口的南侧连接一条出水木暗槽，木暗槽自东北向西南，再折向西北延伸

出发掘区外（图五九；图版四八，1）。木暗槽开口于97F17垫土之下，打破97⑪层，被97J28、97J42、97J87、97G1、97G9和现代坑打破。

从结构来看，木暗槽分早、晚两期（彩版一九，2）。现分别介绍如下：

早期木暗槽　由朝西南走向的木暗槽和其西端尽头处朝西北走向的木暗槽两段组成。其中第一段木暗槽位于曲流石渠出水闸口西南面，呈东北—西南走向，其东端与曲流石渠出水闸口呈42°角相交，西端尽头处与第二段木暗槽呈94°角相交连接，近呈直角状折向西北（图版四八，2）。第一段木暗槽由两节木槽拼接而成，每节由两块剡凿成"L"字形的木板拼接成"凹"字木槽（图版四八，3），木槽顶部用短木板横向盖封。这一段木暗槽长8.06、外宽0.68~0.7、高0.3米，槽内宽0.4~0.45、高0.22米。发掘时木暗槽顶部的封盖板已朽，仅在中部有少量残存，封盖板的长度与木暗槽宽度相近。第二段木暗槽位于第一段木暗槽的西端尽头处，呈东南—西北走向，其东壁和顶部封盖板已残缺，现发掘长2、残宽0.35、残高0.3米。

晚期木暗槽　是在距早期第一段木暗槽西端约1.1米处另设一条西北走向木暗槽，将早期第二段木暗槽的来水截断改道（图版四九，1）。后设一段木暗槽呈东南—西北走向，是用一根整木剡凿成"凹"字形木槽后，顶部再用一块长木板封盖而成。槽内底面南端与早期第一段木暗槽内底面北端平接，其西壁南端则呈凸榫状扣在早期第一段木暗槽内底面上，端面与早期第一段木暗槽南壁内侧面对接，两段木暗槽呈116°相交连接。后设一段木暗槽现发掘长3、外宽0.62、高0.3米，槽内宽0.45、高0.22米，封盖板宽度与木暗槽的宽度一致，厚0.06米（图版四九，2）。

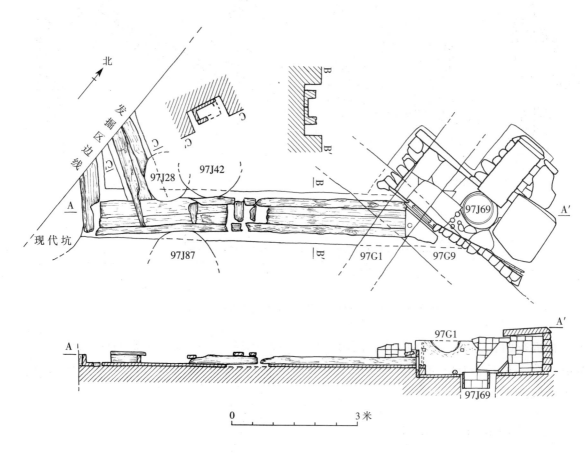

图五九　曲流石渠遗迹第十部分（出水木暗槽）平剖面图

2004 年 10 月，在发掘区的西北面又发掘出长约 22.3 米的一段木暗槽，木暗槽继续向西延伸，由打破木暗槽的遗迹壁面可知，木暗槽之下，每隔 0.7~0.8 米，横置一根方形枕木。

（一一）渠内堆积

曲流石渠内有两层淤土，是石渠在使用过程中形成的堆积。第①层为褐色淤土，土质较黏、细腻，一般厚 0.11~0.35 米。第①层在弯月形石池堆积较厚，厚约 0.16~0.35 米，出土有较多的陶瓷、罐、盆、盒等生活器具（图版五〇，1、2），也有绳纹板瓦、筒瓦和"万岁"文字瓦当以及印花砖等建筑材料，还浮选出土有龟鳖等动物骸骨和植物果核、种子等。第②层为灰褐色淤沙，土质细腻，有绿色锈斑，一般厚 0.13~0.16 米，有蚌、鱼、龟和鳖等动物骸骨和阔叶类树叶、杨梅果核等。这一层在弯月形石池堆积较厚，厚 0.45~0.62 米，内有大量的龟、鳖残骸（图版五一，1），其中有一个大鳖的腹甲残长 0.4、残宽 0.35~0.46 米（图版五一，2），这些龟鳖的骸骨大多已钙化，与淤沙粘结在一起。此外，该层还出土少量的生活用陶器和砖瓦等建筑材料（图版五一，3），浮选出土有梅、杨梅、橄榄、桃等植物果核。

曲流石渠西端尽头处连接的出水木暗槽内有一层灰色淤沙，土质细腻，厚约 0.12~0.15 米，遗物极少。

（一二）曲流石渠的建造方法

由于曲流石渠需要原址保护，只能通过一些打破石渠的水井和灰坑的地层剖面，结合局部解剖发掘来了解其建造方法。先是在当时的地面按预先设计好的石渠走向和大小开挖沟槽，沟槽壁近直，底部较平，除特殊的急弯处和弯月形石池的沟槽较宽较深外，一般宽约 1.35~1.45、深约 0.6~0.75 米（彩版一九，3）。沟槽挖好后，在两侧用楔形石块和石板垒砌渠壁，为使内壁面垂直，楔形石块后部低下的地方一般都用小石片支垫。渠壁与沟槽之间的空隙再用红黄色土回填，在渠壁顶面向外扩宽一定距离后再砌挡墙。渠外地面铺垫两层垫土，高与挡墙外侧面平，其中上层为厚约 5~6 厘米的褐色沙土，下层为厚约 8~10 厘米的纯净红黄色山岗土。渠内底局部不平处用砂土垫平后用砂岩石板呈密缝冰裂纹铺砌，石板面上铺上一层密密的灰黑色河卵石，最后用大砾石呈"之"字形点缀。斜口和渠陂等特殊部分也是在砌筑渠壁时砌筑。

二 房址

2 座，分别编号为 97F17、97F18。

1. 97F17

位于 97T33、97T34、97T37、97T38、97T39、97T40、97T42 等 7 个探方。开口于 97⑩层下，叠压 97⑪层，被 97J25、97T40-SD1、97J50、97F7-SD3、97H201、97H128、97G12、97H193、97J87、97J28、97J42、97G9、97G1 等晚期遗迹打破（图六〇）。

已发掘部分平面呈曲尺形，自南部由西向东折向北，东西残长 11.6 米，南北现揭露长 27.5 米，方向北偏西 10°，房址现存地面高出西侧房外地面 0.23~0.8 米（图版五二，1、2）。

房址南北向部分台基宽约 6 米，其西壁和东壁均用素面砖包边，其中西壁南部的包边砖保存较好，南北残长 19.56 米（图版五二，3），东壁包边砖仅在曲流石渠三号斜口以北 0.57 米处往北尚有保存，残长 3.9 米（图版五三，1）。砖的顶部已残断，砖宽 35、厚 5 厘米，其中埋入地下部分一侧多有一凸榫，凸榫长4、宽9厘米（图版五三，2）。西壁内侧现存柱础7个，其中南部2个为木础，其余5个均为石础。南起往北，第一个与第二个、第二个与第三个、第三个与第四个、第四个与第五个、第五个与第六个、第六个与第七个柱础南北间距依次为3.45、4.3、3.76、3.75、7.86和4.8米。第一个柱础位于台基西南转角处，柱坑呈长方形，南北长1.14、东西宽0.83米，坑内靠中北部位置埋有4根对称分布的木桩，木柱径0.2~0.22米，顶部平置一木垫板，垫板上下两面平，南北长0.97、东西宽0.24、厚0.12米（图版五三，3）。第二个柱础与第一个柱础类似，柱坑南北长0.94、东西宽0.95米，木桩径0.15~0.2米，木垫板南北长0.9、东西宽0.21、厚0.11米（图版五三，4）。第三个柱础近呈长方形，南北长0.42、东西宽0.35米，深0.37米，内无石础。第四个柱础为近呈长方形自然砾石，表面较为平整，南北长0.51、东西宽0.3、厚0.09米。第五个柱础为近呈椭圆形自然砾石，表面较为平整，东西长0.89、南北宽0.52、厚0.1米。第六个柱础由两块黄白色砂岩石板拼接而成，东西长0.58、南北宽0.36~0.52、厚0.11米。第七个柱础为砂岩石板，南北长0.68、东西宽0.43、厚0.09米。这些柱础均低于现存台基面。东壁破坏严重，未发现相关的柱础遗迹。

房址南北向部分台基西壁包边外有散水，残长19.2米，宽1.45米（图版五四，1）。散水由三部分组成，最内侧由素面长方砖紧贴包边砖铺就，自东向西倾斜，坡斜13°，宽0.60~0.63米，用砖规格有三种：62.5×34×3、62×33×5、60×31×4厘米。中间为宽0.75米的卵石带，由径3~8厘米的碎石和小卵石铺砌。最外侧用方木条包边，木条半埋入地下深0.03、木条残长7.1、宽0.08、厚0.07米（彩版一九，4）。散水南端的结构略有不同，在与向西倾斜的散水铺砖面对应位置，铺设一块长条形木板，长1.2、宽0.31、厚0.12米，木板已被大火烧焦。木块西侧则用素面长条砖、方砖和印花方砖平铺，南北长1.43、东西宽0.7米（图版五四，2），其中北侧一块素面长方砖规格为65×32×3、素面方砖的规格为35×35×5、印花方砖规格为70×70×11厘米。台基东壁包边砖外未发现有散水的遗存，但有大量的房址倒塌后形成的瓦砾堆积。

房址东西向部分台基南北现宽1.64~2.46米，仅发掘出北壁立柱和台基包边以及散水（图版五五，1、2），南壁延伸出发掘区外，情况不明。台基北壁东西向有立柱一排共19根，均露出地面，木柱有圆形和方形两种，其中东起往西第1、9、19根木柱为方形，其余的均为圆形。木柱的大小不一，东起往西第1根至第19根木柱的边长或柱径依次为0.2、0.17~0.21、0.15、0.18、0.11、0.14、0.16、0.05、0.15、0.19、0.03、0.1、0.13、0.12、0.09、0.15、0.11、0.14、0.16米。立柱密集，第1根至第18根木柱之间的间距最小为0.22、最宽为0.55米。而第18根与第19根木柱之间的间距则宽达2.85米，两柱间还有一块础石，系自然砾石，平整面向上，长1.15、宽0.95、厚0.09米。台基北壁用方形木条包边，其中东段尚保存一段木条，表面已被火烧成炭状，东西残长4.1、南北宽0.2米，厚0.12米，埋入地下部分深0.11米。西段部分木条已失，仅存木槽痕，东西残长4.26、南北宽0.22、深0.11米。木条包边南距北壁立柱中心约0.35米，其东端与南北向台基西壁包边砖靠接。

房址东西向部分台基北壁散水由素面长方砖和印花方砖横向铺砌而成，东西残长7.05、宽0.35米。其中东段尚存砖5块，东西长2.9米，砖面自南向北倾斜，坡斜9°，印花方砖规格35×35×5厘米，素面长方砖规格为62.5×34×3厘米。西段铺砖已失，仅见砖铺印痕。

台基垫土呈红黄色，土质纯净，致密，夹有少量绳纹瓦片，因保护需要，未发掘，具体厚度不详。

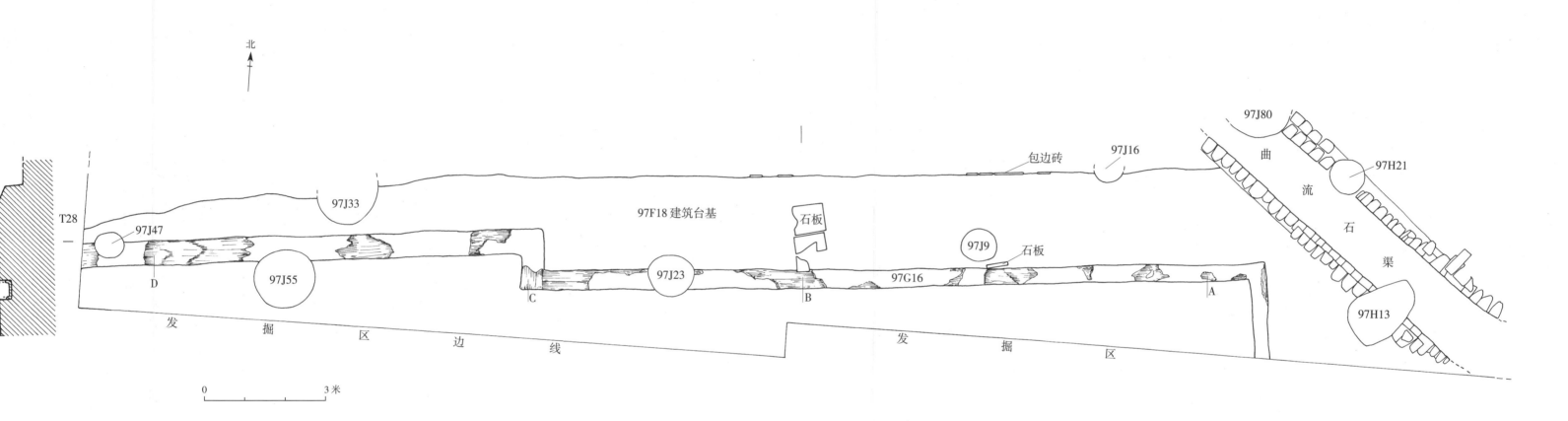

北

97J80

97J16

包边砖

97H21

97J33

97F18 建筑台基

石板

曲

T28

97J47

石板

流

97J9

石

97J55

97J23

97G16

渠

B

A

D

C

97H13

发　掘　区　边　线

发　掘　区

0　　　　　　3米

图六一　97F18 和 97G16 平剖面图

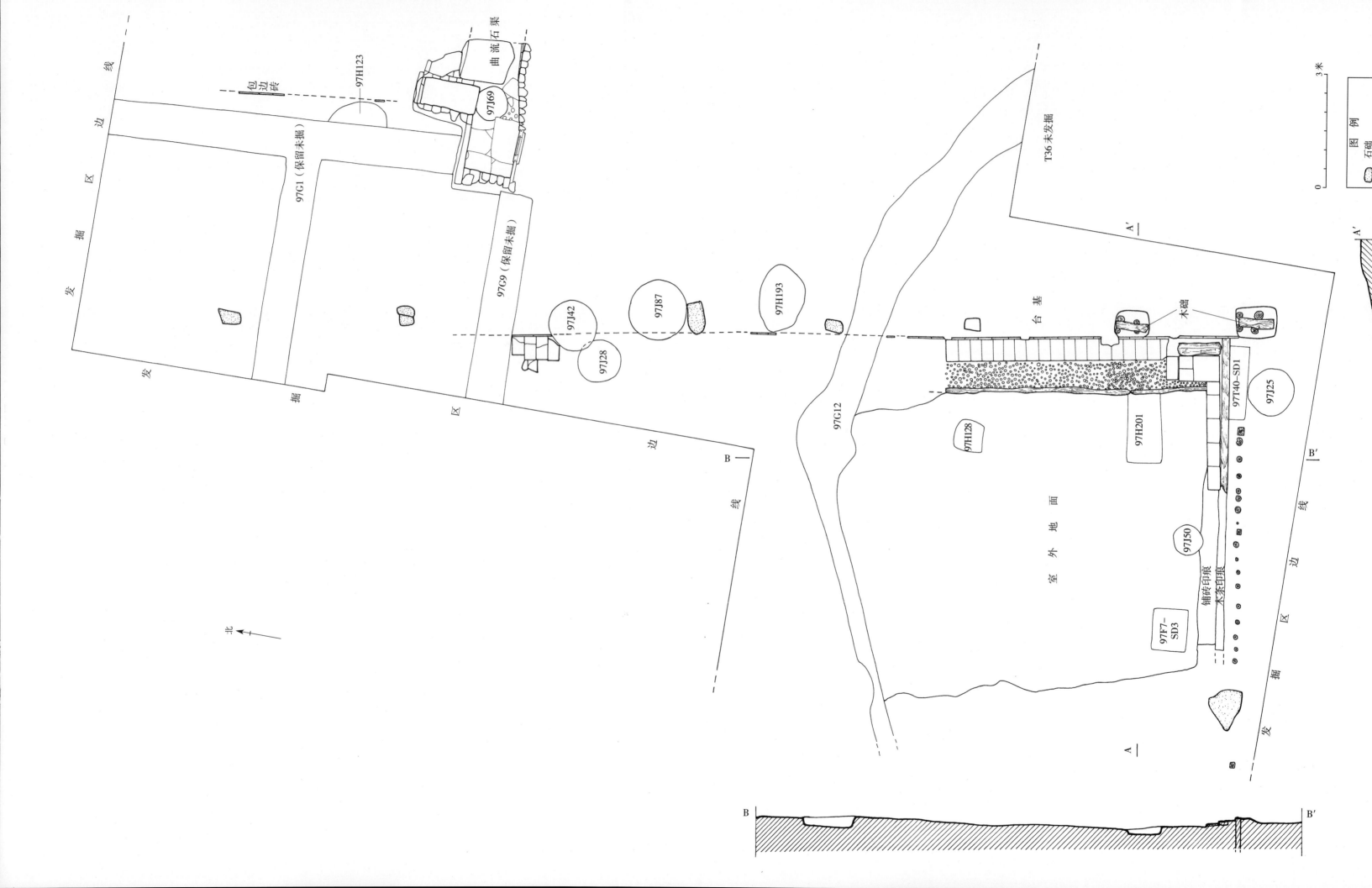

曲流石渠

包边砖

97H123

97G1（保留未掘）

97G9（保留未掘）

97J69

97J42

97J28

97J87

97H193

97T36 未发掘

台基

木础

室外地面

97H128

97H201

97T40-SD1

97J25

97J50

97F7-SD3

铺砖印痕
木条印痕

发掘区边线

发掘区边线

发掘区边线

北

A

A'

A'

B

B'

B

B'

图　例

石渠

0　　　　　　3米

B　　　　　　　　　　　　　　　　　　　　　　　　　　　　　　B'

在南北向部分台基西壁散水以西、东西向台基北壁散水以北为室外活动地面,夯打平整坚硬,表面呈灰黑色。发掘时,在房址散水和室外活动地面之上,有建筑倒塌后形成的瓦砾堆积,其中在南北向台基西壁散水卵石面上,南北向散落有多个表面涂朱的"万岁"文字瓦当(图版五六,1)。此外,在曲流石渠出水木暗槽之上的红烧土中还散落大量的"半两"铜钱(图版五六,2),这些铜钱大多已被大火烧结成块,伴随铜钱出土的还有一枚"中府啬夫"封泥(图版五六,3)。

2. 97F18

位于发掘区南部的97T12、97T16、97T20、97T24探方内,残存一高起的建筑台基,开口于97⑩层下,被97J47、97J55、97J33、97J23、97J9、97J16和97G16等晚期遗迹打破。台基向东与曲流石渠连接,向西延伸入97T28、向南延伸出发掘区外未发掘,现发掘东西长29.8、南北宽2.4~6米,台基现存地面比北面现存地面高出0.27~0.75米,方向西偏南7°。台基北边线有一排侧立竖砌的包边砖,走向与台基北边线方向一致,残长7.47、宽0.05米(图六一;图版五七,1、2)。在台基中部包边砖的南面,南北向铺有一条砖石走道,南北残长4.6、宽0.82米。其中北起往南第一块大石板长0.82、宽0.7、厚0.07米,北距包边砖0.7米,系砂岩石板;第二块大石板长0.8、残宽0.45、厚0.08米,系砂岩石板;第三块砖残长0.4、残宽0.32、厚0.06米。台基垫土呈红黄色,土质纯净,致密,有少量绳纹瓦片,未发掘,具体情况不明。

三 木水槽

编号97G16,位于发掘区南部的97F18建筑台基上,经97T12、97T16、97T20、97T24等探方,向南延伸出发掘区外,向西延伸入97T28内未能全部揭露。开口于⑩层下,打破97F18建筑台基垫土,被97J47、97J55、97J23等晚期遗迹打破(图六一)。

木水槽呈曲尺形,自南向北折向西,现发掘长31、残宽0.3~0.6米,残存最深0.36米。木水槽东南部自南向北一段仅存木槽底板炭灰印痕,南北现长2.25、残宽0.3~0.38米;木水槽北部自东向西17.9米后折向北0.4米,再折向西,南北宽0.35~0.6、存深0.07~0.36米。在东距木水槽东端转折5.93米处北壁,有一侧立的石板,长0.53、厚0.08米(彩版二〇,2)。从木水槽残存的炭灰痕可知,木槽呈"凹"字形,是用两块凿成"L"字形的木板拼接而成的,槽内宽0.33、槽壁厚约0.08米。根据测量数据显示,木水槽底部呈东高西低(A点:-4.13米,B点:-4.15米,C点:-4.45米,D点:-4.71米),水从东向西流。木水槽是埋在挖好的沟槽内,沟槽宽与木水槽的宽度一致,从木水槽顶部未发现盖板,槽内堆积有大量红烧土和板瓦、筒瓦、"万岁"文字瓦当等堆积,以及木槽被火烧成炭状的情况综合判断,该木水槽应是一条明渠(彩版二〇,3)。

四 地漏

位于发掘区97T19西部,东北距曲流石渠内壁0.7米。开口于97⑩层下,打破97⑪层。地漏北壁竖立一素面砖,宽0.48、厚0.04米,竖砖的南侧内平置一陶算,南北残长0.34、东西宽0.51米,陶算中间有长条形算孔以渗水,孔宽0.01米,陶算表面比竖砖顶部低下0.15米(图版五八,1)。因地漏未往下发掘,其下面是否接有排水暗渠等情况不明。

五 水井

共发现水井2口,编号为97J12、97J56。

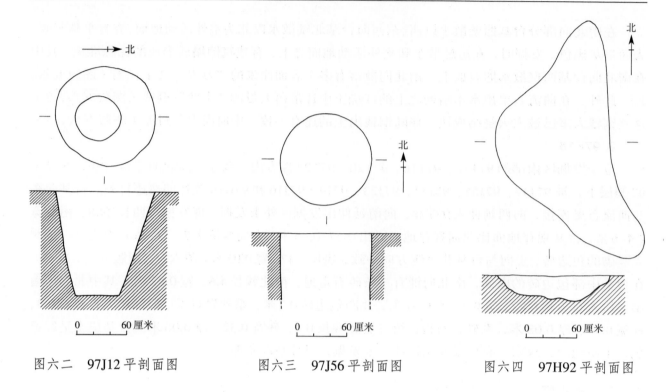

图六二　97J12平剖面图　　　　　图六三　97J56平剖面图　　　　　图六四　97H92平剖面图

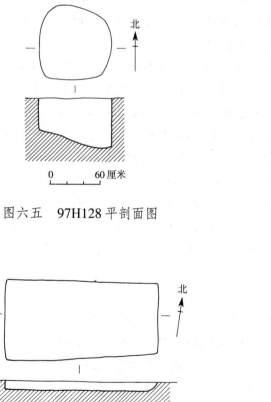

图六五　97H128平剖面图

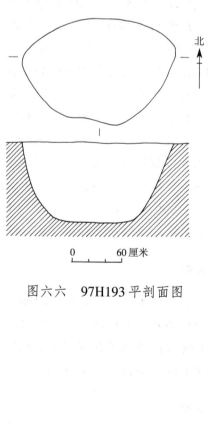

图六六　97H193平剖面图

图六七　97H201平剖面图

97J12 位于97T3中北部，西距曲流石渠弯月形石池2.33米。开口于97⑧b层下，打破生土层。竖穴土坑井，现存井口平面呈圆形，口大底小，底部呈近圆形。井壁斜直内收，井壁面平滑，井口径1.2、底径0.55、残深1.25米（图六二；图版五八，2）。井内为褐色土堆积，土质较疏松，内含遗物极少，出土C型陶罐1件。

97J56 位于97T15中部偏东，西南距曲流石渠约2.4米。开口于97⑨b层下，打破97⑪层。竖穴土坑井，现存井口平面呈圆形，直径1.1米。井壁平直，因井口小，为安全起见，发掘深约0.8米暂停，井内0.8米以下的井壁和井底结构以及井内堆积情况不详（图六三）。已发掘部分井内堆积为灰黑色土，土质较疏松，夹杂有红烧土颗粒和碎石块。内含遗物较少，出土C型陶三足盒1件，此外，还出土有方格纹和"米"字形纹的瓮罐类陶器残片、绳纹瓦片等。

六 灰坑

共有灰坑4个，编号为97H92、97H128、97H193、97H201。

97H92 位于97T17西南部，西距曲流石渠3米。开口于97⑨b层下，打破97⑪层。坑口平面呈不规则形，坑壁呈不规则弧形内收，底部不平，坑口东西1.36、南北2.8、深0.31米（图六四）。坑内为青灰色土堆积，土质较黏。出土大量绳纹板瓦、筒瓦，其中不少瓦上还戳印或拍印有"公"、"居室"等文字，此外，还出土Ab型带钉板瓦4件、A型带钉筒瓦3件、熊饰空心砖1件、陶井栏1件。

97H128 位于97T39西南角，向南延伸入97T40内，东距97F17西壁散水0.35米。开口于97⑩层下，打破97F17室外地面。坑口平面近呈圆形，坑壁直，底部西高东低，坑口东西0.86、南北0.88、深0.4~0.64米（图六五；图版五八，3）。坑内堆积可分两层，第①层为五花土，含较大块的木炭，厚0.27米；第②层为红烧土，含大量炭屑和木片，厚0.13~0.37米。出土有较多的绳纹瓦片。

97H193 位于97T39中北部，开口于97⑩层下，打破97F17。坑口平面呈椭圆形，坑壁内收，圜底，坑口东西1.84、南北1.15、深0.94米（图六六）。坑内为灰黑色土堆积，夹杂有炭屑和红烧土粒，土质松散。出土较多的绳纹瓦片和少量饰方格纹陶罐残片。

H201 位于97T40中西部，开口于97⑩层下，打破97F17室外地面。坑口平面呈长方形，西壁直，其余壁弧形内收，底部平缓。坑口东西长1.85、南北宽0.85~0.97、深0.11米（图六七）。坑内为灰土堆积，夹杂有红烧土粒，土质疏松。出土有绳纹瓦片。

第三节 遗 物

遗物丰富，主要出土于曲流石渠内和废弃堆积层中，少部分则出土于灰坑和水井等遗迹内。根据遗物使用功能的不同可分为建筑材料、生活器具、工具、兵器和车马器、装饰品、钱币、其他等七大类。

一 建筑材料

出土的建筑材料数量多，种类较丰富，按其质地的不同可分为陶质、石质两种。

（一）陶质建筑材料

有砖、瓦、瓦当、筦、鸱尾、井圈、井栏和圆孔形器等。

1. 砖

这些砖的陶胎质地和颜色、制作工艺、花纹装饰等与蕃池出土的砖基本一致，没有明显的区别。经中国科学院上海硅酸盐研究所进行检测分析得知，这些砖是有窑烧制而成的，烧成温度在1000℃以上。通过对其材质和烧成温度的综合分析，这些砖可分成两类，一类是在氧化气氛中烧成的，砖体呈灰白、黄白或红黄色，烧成温度在1000℃~1100℃，其质地较软，吸水率较高，另一类是在还原气氛中烧成的，砖体呈青灰色，烧成温度较高，在1150℃~1200℃，其质地坚硬、致密，吸水率较低。这一类砖大都施有釉，釉呈青灰色，有细碎开片，玻璃质感较强，但大多釉已脱落，釉的类型属于当时我国其他地区少见的钠钾碱釉（详见第五章第五节《南越宫苑遗址出土砖瓦的测试分析报告》）。

根据砖的平面形状的不同，可分为方砖、长方砖、三角形砖、带榫砖、转角砖、券砖、弧形砖和空心砖等8类。大部分方砖和长方砖表面与底面的宽度一致，少部分砖的侧面略向内斜收，表面较底面略宽。

（1）方砖

南越宫苑遗址出土的所有方砖，根据体形大小、厚重的不同，可分三型。A型方砖的体形特别宽大、厚重，边长93~95、厚15~16厘米；B型方砖的体形较为宽大、厚重，边长67~70、厚9~13.5厘米；C型方砖的体形较小、较薄，边长34~37、厚4~6厘米。这三型方砖在曲流石渠遗迹均有出土。

A型　特大型方砖。4件，均残。

砖的侧面和底面均戳有圆锥形气孔，孔径3~4.6厘米。底面的圆锥形气孔均未穿透砖的表面，在素面砖的表面对应底面圆锥形气孔的位置上再戳有小圆孔与底面的圆锥形相连通（图版五九，1b）。而饰有纹饰的砖表面则划上纵、横的直线，然后在相错的交点处戳有小圆孔与底面的圆锥形孔相通，小圆孔径1.1~1.7厘米。根据砖面有无纹饰和纹饰的不同可分2种。

素面方砖　2件。标本97T25⑩：7，灰白陶，底面呈青灰色。残长34.8、残宽29.2、厚16厘米（图版五九，1、2）。

方格、圆周、三角形纹方砖　2件。表面饰以方格纹为地，其间拍印有圆周、三角形几何图案。标本97T37⑩：1，黄白陶，侧面呈青灰色。残长26、残宽25、厚15厘米（图六八，1；图六九，1；图版五九，3）。

B型　大型方砖。26件，其中1件完好，3件可复原。

砖的底面或侧面多戳有圆锥形气孔，也有的是在一侧面有直穿对面的圆形气孔，孔口径多在1.8~2.5厘米（图版五九，6；图版六〇，6）。砖的表面均用印模印有复线菱形，菱形、四叶或三角形等复合几何形图案。砖的纹饰是先印好中心纹饰后，再印四周边沿纹饰。中心纹饰的印模为长条形，宽6.5~7.2厘米不等，而边沿纹饰的印模呈扁梯形，宽5~6厘米。根据砖面纹饰的不同可分8种。

菱形、四叶纹方砖　13件，其中1件完好，3件可复原。砖面中心模印菱形纹，内填四叶纹，四周边沿模印复线菱形纹。标本97F17：1，灰色陶，侧面和底面均戳有圆锥形气孔。长70、宽

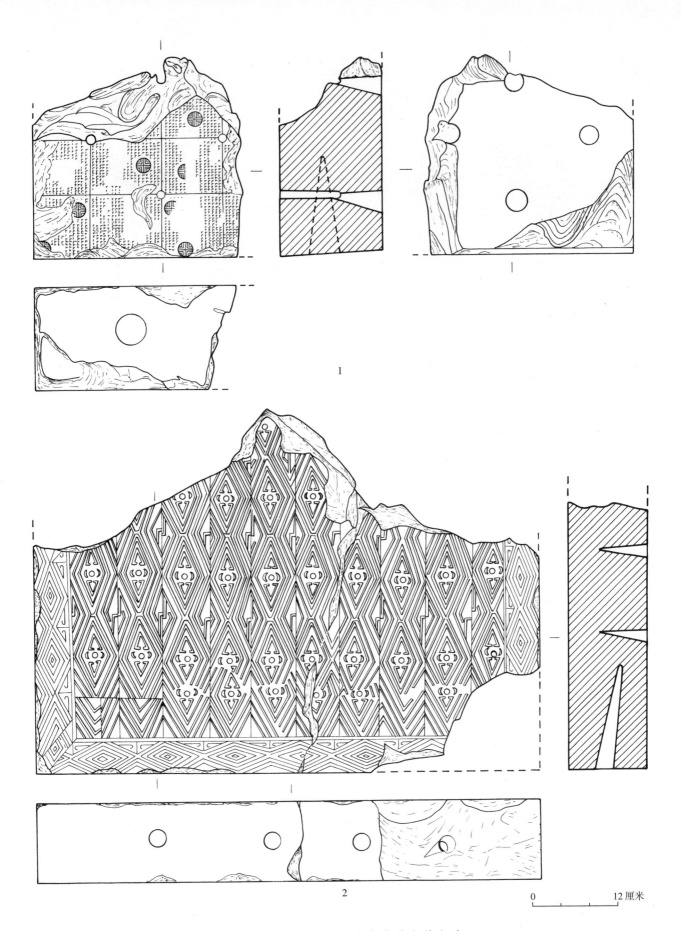

图六八　曲流石渠遗迹出土的印花方砖

1. A 型方格、圆周、三角形纹方砖（97T37⑩：1）　2. B 型菱形、四叶纹方砖（97T18⑩：8）

0　　　　　　　　12厘米

图六九　曲流石渠遗迹出土的印花方砖纹饰拓本

1. A 型方格、圆周、三角形纹方砖（97T37⑩：1）　2. B 型菱形纹方砖（97T6⑩：6）　3. B 型菱形、四叶、三角形纹方砖（97T3⑩：6）
4. B 型菱形、网格、三角形纹方砖（97T33⑩：13）　5. B 型菱形、三角、网格、叶脉纹方砖（97T7⑩：80）　6. B 型菱形、圆周突点、三角、网格纹方砖（97T24⑩：12）

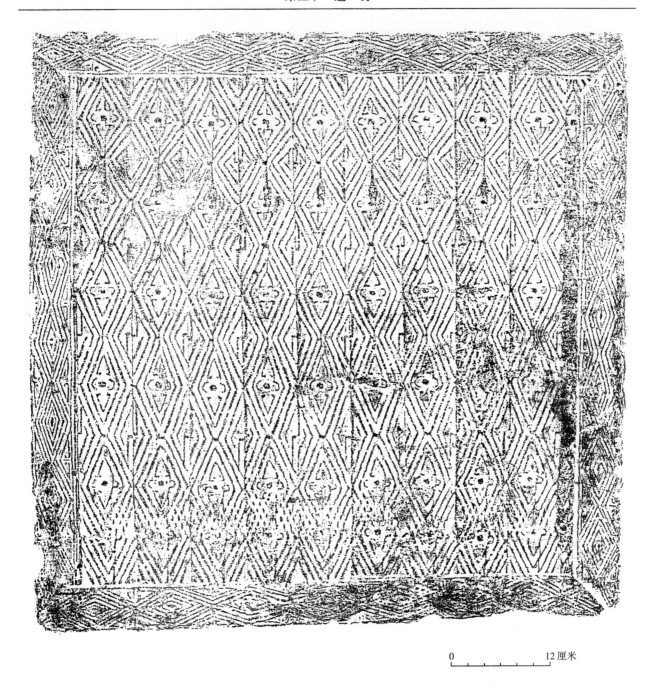

0　　　　　　　　12厘米

图七〇　曲流石渠遗迹出土的 B 型菱形、四叶纹方砖纹饰拓本（97F17：1）

69、厚 12 厘米（图七〇；图版五九，4）。标本 97T18 ⑩：8，灰白陶，表面呈浅红色，侧面和底面均戳有圆锥形气孔。残长 48、宽 68、厚 11 厘米（图六八，2；图版五九，5、6）。

　　菱形纹方砖　2 件。砖面中心和边沿均模印菱形纹。标本 97T6 ⑩：6，黄白陶，一侧面有直穿对面的圆形气孔。残长 28、残宽 25、厚 13 厘米（图六九，2；图版六〇，1）。

　　菱形、四叶、三角形纹方砖　4 件。砖面中心模印菱形纹，内填四叶纹，边沿模印三角形纹。标本 97T3 ⑩：6，黄白陶，表面呈灰褐色，侧面和底面均戳有圆锥形气孔。残长 35、残宽 26、厚 12 厘米（图六九，3；图版六〇，2）。

菱形、网格、三角形纹方砖　3件。砖面中心模印复线菱形纹，四周边沿饰网格、菱形、三角形组合图案。标本97T33⑩：13，浅灰陶，一侧面有直穿对面的圆形气孔。残长27、残宽27、厚11厘米（图六九，4；图版六〇，3）。

菱形、圆周突点、三角、网格纹方砖　1件（97T24⑩：12）。砖面中心模印复线菱形纹，菱形纹间饰圆周突点纹，边沿纹饰为三角、网格纹组合图案。红色陶，一侧面有直穿对面的圆形气孔。残长28、残宽21、厚12.5厘米（图六九，6；图版六〇，4）。

菱形、三角、网格、叶脉纹方砖　3件。砖面中心模印复线菱形纹，四周边沿饰三角、网格、回形和叶脉纹等组合图案。标本97T7⑩：80，灰色陶，侧面有直穿对面的圆形气孔。残长34、残宽24、厚13厘米（图六九，5；图版六〇，5、6）。

C型　小型方砖。15件，其中2件基本完好。

部分砖的表面拍印有菱形、四叶、三角形纹，曲线菱形、回形等纹饰。根据砖面有无纹饰和纹饰的不同可分5种。

素面方砖　4件，其中1件可复原。标本97T43⑩：2，浅灰陶，宽34、厚5厘米（图版六一，1）。

复线菱形纹方砖　1件（97T44⑩：14）。砖面中心和边沿拍印复线菱形纹。灰色陶，残长22、残宽24.5、厚4.8厘米（图七一，1）。

菱形、四叶纹方砖　1件（97T22⑩：15）。砖面中心模印菱形纹，内填四叶纹，边沿模印复线菱形纹。黄白陶，表面呈浅红色。残长20.5、残宽12.5、厚5厘米（图七一，4；图版六一，2）。

菱形、四叶、三角形纹方砖　5件，均残。砖面中心模印菱形纹，内填四叶纹，边沿模印三角形纹。标本97T3SQ①：54，青灰色陶，陶质坚致。残长24.8、残宽16.5、厚3.9厘米（图七一，2）。

曲线菱形、回形、菱形纹方砖　4件，其中2件基本完好。砖面中心模印曲线菱形纹，四周边沿模印回形、菱形组合纹。标本97F17：2，灰陶，表面纹饰磨蚀严重。宽36~37、厚4厘米（图七一，3；图版六一，3）。

（2）长方砖

南越宫苑遗址出土的长方砖，根据体形大小、厚重的不同可分二型。A型长方砖体形较大，长度与B型大方砖的边长基本一致，长68~74、宽44~47、厚7~11厘米；B型长方砖体形较A型长方砖要大，但厚度较薄，长89~90、宽66.5~67、厚6.5~7厘米。曲流石渠遗迹仅出土A型长方砖。

A型　34件，其中1件基本完好，其余均残。

砖的侧面和底面大都戳有圆锥形气孔，也有的是在侧面戳有直穿对面的圆形气孔，孔口径1.2~2.5厘米；有的是在底面戳有直穿表面的圆形小气孔，孔径0.7~1厘米。砖的表面多印有菱形、四叶、三角和回形等几何形图案，中心纹饰印模为长条形，宽6.3~7.2厘米，边沿纹饰印模呈梯形，宽4.8~5.3厘米，是在印好中心纹饰后，再印四周边沿纹饰，部分砖转角处还戳印有"左官奴单"文字。部分砖的表面滚压有绳纹或素面。根据砖表面有无纹饰和纹饰的不同可分5种。

素面长方砖　2件。标本97T16⑩：3，长侧面戳有圆锥形气孔，窄侧面有直穿对面的圆形气孔。灰白陶，砖表面比底面略宽。砖表面残长46.8、宽46、厚10厘米（图版六一，4）。

菱形、四叶纹长方砖　14件，其中1件基本完好。砖面中心模印菱形纹，内填四叶纹，四周

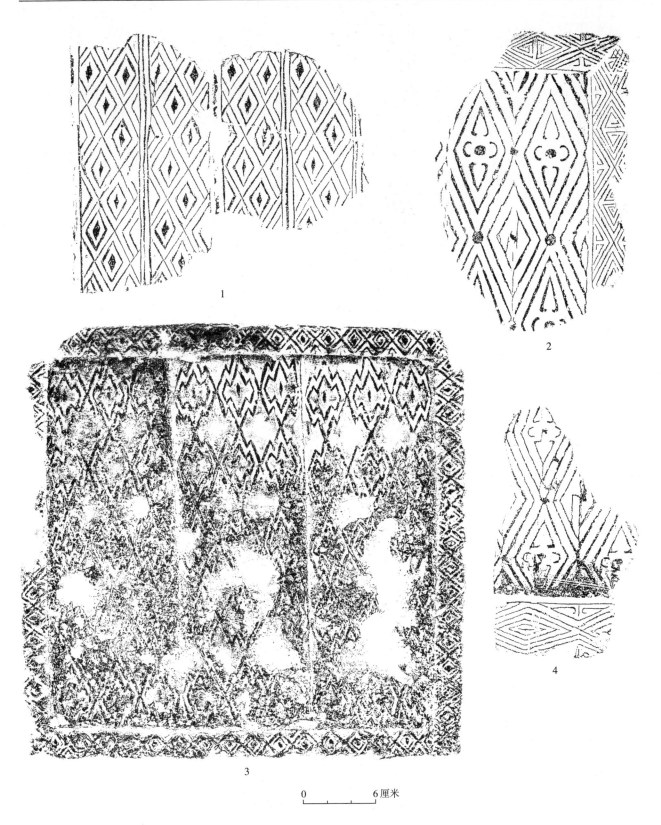

0 ———— 6厘米

图七一　曲流石渠遗迹出土的 C 型印花方砖纹饰拓本

1.复线菱形纹方砖（97T44⑩：14）　2.菱形、四叶、三角形纹方砖（97T3SQ①：54）　3.曲线菱形、回形、菱形纹方砖（97F17：2）
4.菱形、四叶纹方砖（97T22⑩：15）

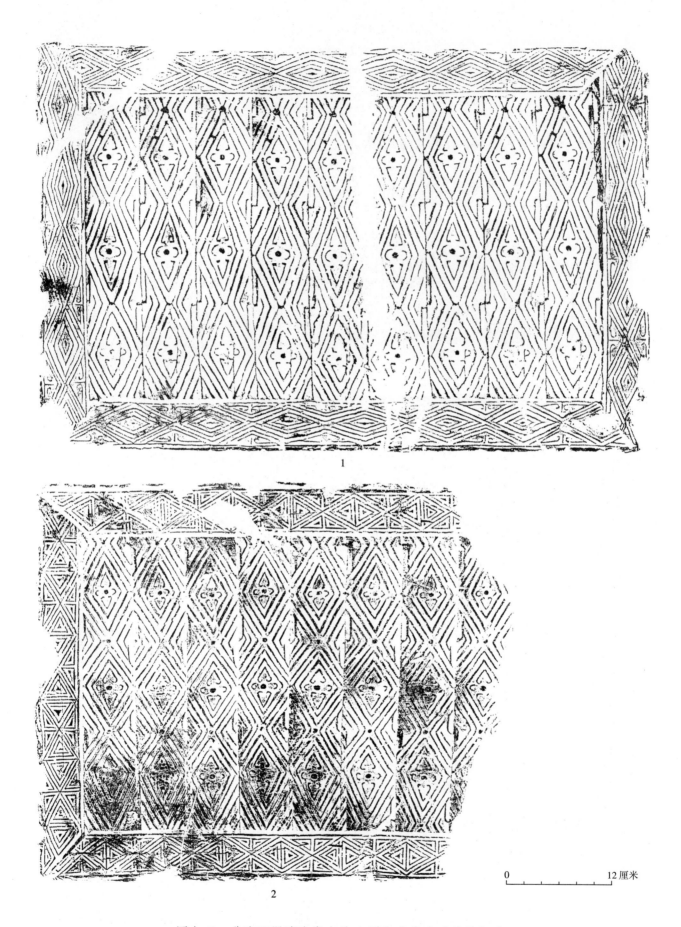

1

2

0   12厘米

图七二　曲流石渠遗迹出土的 A 型印花长方砖纹饰拓本

1. 菱形、四叶纹长方砖（97T21⑩∶7）　6. 菱形、四叶、三角形纹长方砖（97T20⑩∶18）

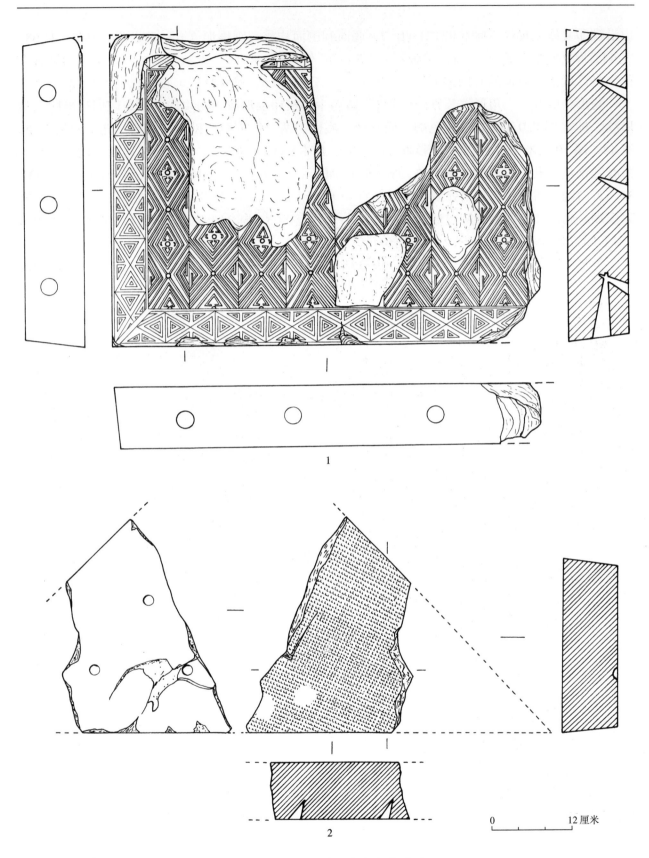

图七三　曲流石渠遗迹出土的砖

1. A型菱形、四叶、三角形纹长方砖（97T40⑩：32）　2.网格纹三角形砖（97T29⑩：10）

边沿模印复线菱形纹。标本97T21⑩：7，底面和侧面均戳有圆锥形气孔。黄白陶，质坚。长68、宽44、厚9厘米（图七二，1；图版六一，5）。标本97T41⑩：7，青灰色陶，砖各个面均施有青釉，多已脱落。侧面戳有圆锥形气孔。残长21、残宽20.5、厚9厘米（彩版二一，1、2）。

菱形、四叶、三角形纹长方砖　9件。砖面中心模印菱形纹，内填四叶纹，四周边沿印三角形纹。标本97T20⑩：18，黄色陶，质坚致。底面和两个长侧面均戳有圆锥形气孔。残长55.5、宽44、厚10厘米（图七二，2；彩版二一，3）。标本97T40⑩：32，灰白陶，底面和侧面均斜向戳有圆锥形气孔。残长64、宽45.7、厚9.5~10厘米（图七三，1；图版六一，6）。标本97T15⑩：37，黄白陶，质坚致。转角处戳印有"左官奴单"印文，篆体、阳文，无界格，右起往下读，字体模糊。底面和侧面戳有圆锥形气孔。残长31、残宽24.3、厚8厘米。印文面长2.6、宽2.4厘米（图七四，1；图版六二，1、2；参见图一〇三，2）。

菱形、三角、网格纹长方砖　1件（97T18⑩：4）。砖面中心模印复线菱形纹，边沿纹饰为网

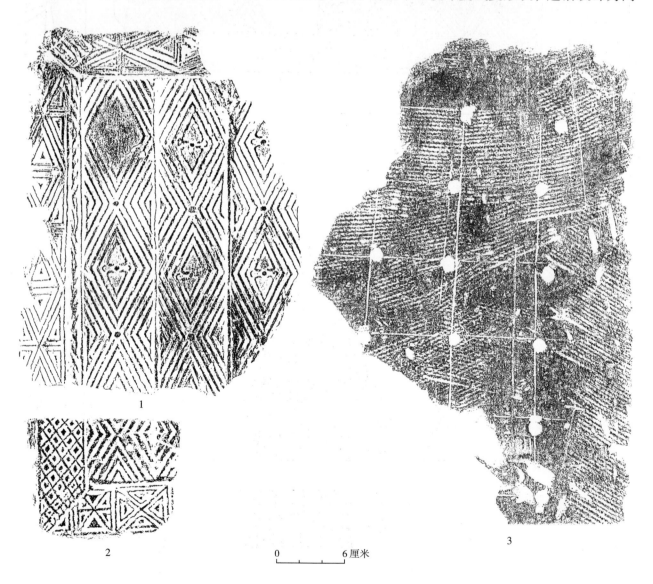

1

2

3

0　　　　　　6厘米

图七四　曲流石渠遗迹出土的A型印花长方砖纹饰拓本

1.菱形、四叶、三角形纹长方砖（97T15⑩：37）　2.菱形、三角、网格纹长方砖（97T18⑩：4）　3.绳纹长方砖（97T39⑩：19）

格、菱形、三角纹。红陶，表面呈灰褐色，质松软。残长11、残宽14、厚8厘米（图七四，2；图版六二，3）。

绳纹长方砖　8件。砖面滚压满斜直绳纹。砖的表面或底面刻划有纵、横直线，相交处打有小圆孔直穿对面，侧面也划有直线，戳有圆锥形气孔，孔径约1厘米。标本97T39⑩：19，砖的表面划有纵、横直线，交点处戳有小圆孔直穿底面。灰陶，质坚致。残长30、宽46、厚9厘米（图七四，3；图版六二，4）。

（3）三角形砖

3件，均残，未能复原。三角形，残存一角呈45°。砖的底面或侧面戳有圆锥形气孔，孔径1.6~1.8厘米。根据砖面纹饰的不同可分2种。

菱形、四叶纹三角形砖　2件。砖面中心模印菱形纹，内填四叶纹，边沿模印复线菱形纹。标本97T12⑩：26，侧面戳有圆锥形气孔，灰白陶，上斜边残长28.5、下斜边残长26、厚11.5厘米（图七五，1；图版六二，5）。

网格纹三角形砖　1块（97T29⑩：10）。砖表面拍印网格纹，底面斜向戳有圆锥形气孔，砖的表面比底面略宽。灰白陶，上斜边残长14、下斜边残长24、厚8厘米（图七三，2；图七五，2；

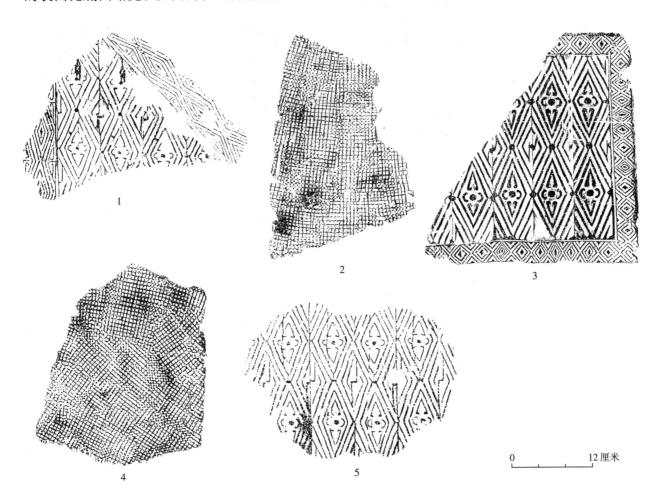

0　　　　　　　　12厘米

图七五　曲流石渠遗迹出土的印花砖纹饰拓本

1. 菱形、四叶纹三角形砖（97T12⑩：26）2. 网格纹三角形砖（97T29⑩：10）3. B型菱形、四叶、回形纹带榫砖（97T19⑩：24）
4. B型网格纹带榫砖（97T21⑩：8）5. C型菱形、四叶纹带榫砖（97T6⑩：7）

图版六二，6）。

（4）带榫砖

6件，均残，未能复原。砖的两侧有相错的凸榫。根据砖的体形大小可分三型。

A型　1件（97T29⑩：2）。长方形，砖体较薄，宽边两侧有相错凸榫，窄边一端为斜面，近斜面处有两个椭圆形斜孔直穿对面。灰白陶，素面，残长25.2、残宽25、厚3.4厘米，榫长3.5、厚2厘米（图七六，1；图版六三，1）。

B型　4件。砖体较厚，厚5.5~6.5厘米。砖表面模印有几何形图案，根据砖面纹饰的不同可分2种。

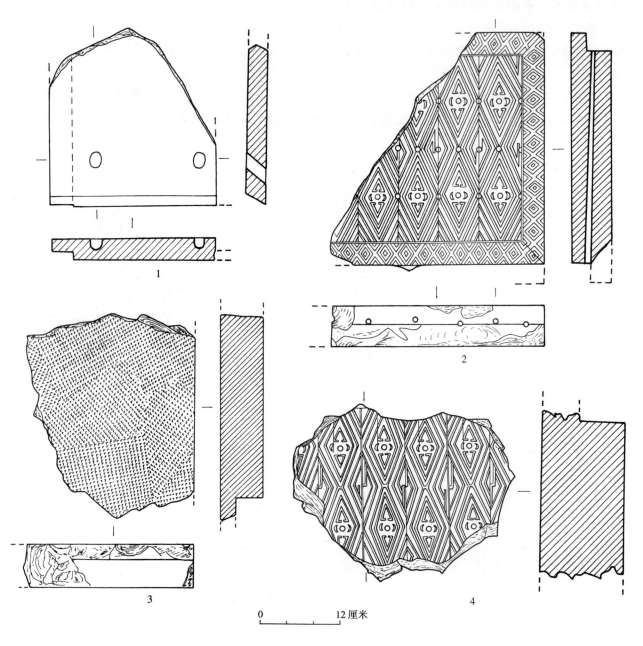

图七六　曲流石渠遗迹出土的带榫砖

1. A型（97T29⑩：2）　2. B型（97T19⑩：24）　3. B型（97T21⑩：8）　4. C型（97T6⑩：7）

菱形、四叶、回形纹带榫砖 2件。砖面中心模印菱形纹，内填四叶纹，边沿模印回形纹，中心印模宽6厘米，边沿印模宽3.5厘米。标本97T19⑩：24，黄白陶，表面呈青灰色，质坚致。残长31.5、残宽34、厚5.5厘米。砖的两侧有相错凸榫，出榫处戳有圆形小气孔贯通对面，一边凸榫长3、厚2.2厘米，另一边凸榫厚2.8厘米（图七五，3；图七六，2；图版六三，3、4）。

网格纹带榫砖 2件。砖的表面拍印网格纹。标本97T21⑩：8，灰白陶。残长30、残宽25、厚6.5厘米，凸榫残长3.5、厚3厘米（图七五，4；图七六，3；图版六三，5、6）。

C型 1件（97T6⑩：7），砖体厚重。砖面模印菱形纹，内填四叶纹。灰白陶，残长33、残宽28、厚13厘米，凸榫残长1.2、厚5.5厘米（图七五，5；图七六，4；图版六三，2）。

（5）转角砖

1件（97T8⑩：16）。形制特别，残存约四分之一，上部残存两坡面向下倾斜，下部平直，两坡面比下部向外挑出4.5厘米，中心为柱孔，呈上小下大，孔壁面圆弧。上部坡面中心模印菱形纹，内填四叶纹，边沿和两坡面相交处均模印三角形纹，檐面拍印方格纹。下部侧面戳有圆锥形气孔，黄白陶。坡面残长61、残宽40、残高37厘米（图七七；彩版二一，4；图版六四，1）。

（6）券砖

2件，完好，呈弧扇形。标本97T44⑩：3，泥质灰陶，内弧长24、外弧长30.5、宽11.5、厚5.7厘米（图版六四，2）。

（7）弧形砖

1件（97T20⑩：19）。砖面中心呈弧凹状，边沿和侧面平直成直角，底部圆弧。素面，黄白陶，表面呈浅红色，残长26、残宽30、厚8厘米（图七八；图版六四，3）。这种砖用作宫殿建筑散水外的排水明渠。

（8）空心砖

16件，均残，未能复原。用泥片粘合而成，每一面的泥片两长边内侧均呈斜面状，并划有斜、直线，以利于每两面之间粘接牢固（图版六四，4）。制好的四个面的泥片用稀泥粘合后，再在接合处加附泥条，并用手抹平。砖的四个长壁面粘接好之后，在其两端用模制有熊饰的泥片封堵。为防止烧制时砖内空气膨胀引起炸裂，在砖的底面多开有圆形或椭圆形的气孔（图版六四，5），内侧面和两端面也打有小圆孔以透气。这类砖均用作建筑的台阶踏跺，所以向上和向外的两个面多模印有几何形纹或绳纹，其余两个面多饰绳纹或素面，纹饰是在接合前已印上或拍好的，这从砖的接合处的纹饰多被抹平可知。根据纹饰的不同可分4种。

菱形、曲线菱形纹空心砖 5件。表面和一侧面中心模印曲线菱形纹，边沿饰复线菱形纹，底面和另一侧面素面。标本97T12⑩：9，灰白陶，表面呈灰色。残长20、残宽24、残高15、壁厚3.3~4.2厘米（图七九，1）。标本97T12⑩：27，黄白陶，残长23、宽19.5、壁厚2.7厘米（图七九，2；图版六四，6）。

曲线菱形、三角形纹空心砖 3件。残存砖面中心模印曲线菱形纹，边沿模印三角形纹。标本97T38⑩：34，夹砂灰陶，局部呈浅红色。残长35、宽34、残高9、壁厚5.2厘米（图七九，3；图版六五，1）。

菱形、四叶纹空心砖 1件（97T12⑩：1）。表面中心模印菱形纹，内填四叶纹，边沿饰复线菱形纹，一侧面饰斜向细绳纹，底面和另一侧面素面。残存一端面模印一熊饰，突出熊首及四爪。黄白陶，表面呈青灰色。残长29、宽29.5、高26.5、壁厚4厘米。底面开有一椭圆形孔，孔残长

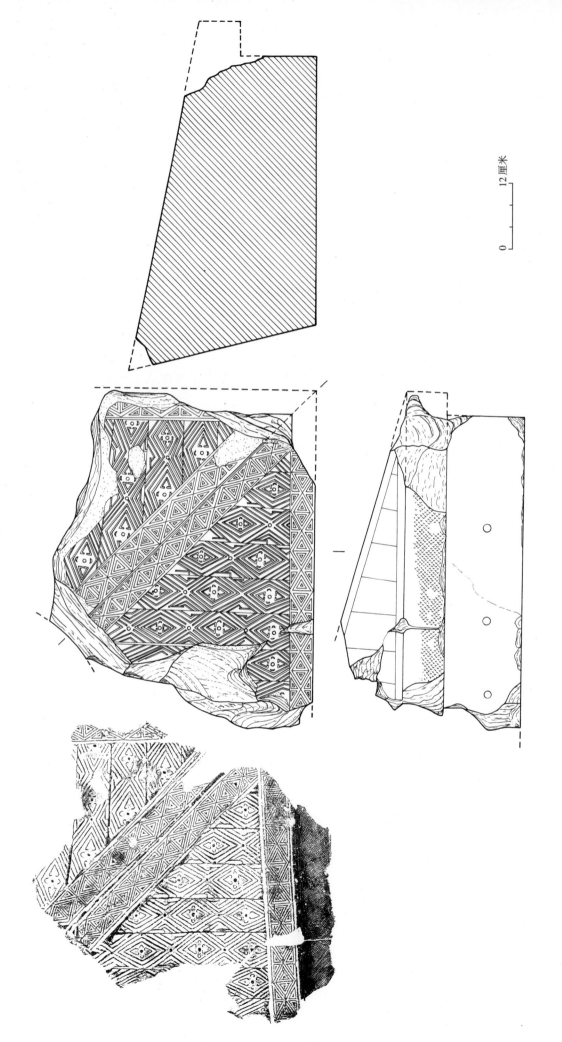

图七七　曲流石渠遗迹出土的转角砖（97T8 ⑩ : 16）

0   12厘米

8.5、残宽4.5厘米（图七九，4；图版六五，2）。

四叶、三角、菱形纹空心砖 3件。砖的一面中心模印由乳丁、四叶组合成的方形图案和由三角形组成的方形图案，边沿饰回形纹。另一面中心纹饰由圆周、网格和圆点组成的圆形图案，边沿饰回形纹。标本97T24⑩：1，深灰色陶，残长17.7、残宽9.8、残高7.5、壁厚2.7厘米（图七九，5；图版六五，3）。

另有4块空心砖仅存端面的熊饰。标本97H92：5，夹砂灰陶，在熊首的双耳和眼下两侧均戳有小圆气孔。残宽20、厚4.8厘米（彩版二一，5）。

2. 瓦

16212片，绝大多数为碎片，仅少量可复原。瓦的质地、颜色、制作工艺和纹饰等与蕃池出土的瓦一致。经检测，这些瓦的陶胎与砖的陶胎一致，烧成温度也在1000℃~1200℃左右，少量瓦还施有青釉，釉多施于瓦的表面，只极少数是内外均施釉的，釉层薄，属于洒釉，但釉保存较好，玻璃质感强，釉的类型与砖一致，属于钠钾碱釉。这些瓦均是用泥条盘筑而成，瓦的里面还可看到明显的泥条叠加痕（参见图版六八，1）。可分普通板瓦、带钉板瓦、折腰板瓦、普通筒瓦和带钉筒瓦五类（附表四）。

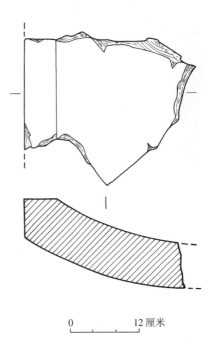

图七八 曲流石渠遗迹出土的弧形砖（97T20⑩：19）

（1）普通板瓦

12007片，仅4件可复原，另有6件可复原宽度。这里指的普通板瓦是相对于表面或里面粘接有瓦钉的板瓦而言的。瓦的两头有大小之分，其中小头一端稍薄，微向表面翘起，大头一端稍厚。瓦的表面近小头一端先饰斜向绳纹，然后再用削尖的竹片等工具旋刮出宽窄不一的旋纹；近大头一端则饰直向和斜向的绳纹，绳纹有粗细之分，是用捆扎有麻绳的圆木滚压而成的。里面拍印有突点纹，突点有大小之分，近小头一端的突点多被抹平，突点不甚明显。长46~51.5、宽37.6~42、厚0.9~1.4厘米。

标本97T39⑪：2，表面近小头一端饰斜向细绳纹和旋纹，里面饰粗突点。灰色陶，残长44.6、宽40.6、厚1.4厘米（图八〇，1；图版六六，1）。

标本97T34⑩：9，表面近小头一端饰斜向细绳纹和旋纹，里面饰小突点，其中还拍印有七排"公"字，阳文，有边框。灰白陶，残长41、宽39~42、厚0.9~1.1厘米，文字印框边长1.8厘米（图八〇，2；图版六六，2）。

标本97T7SQ①：5，表面近小头一端饰斜向粗绳纹和旋纹，近大头一端饰直向粗绳纹，里面饰大突点，中心戳印一"公"字，阳文，有边栏，字体模糊。灰色陶，长46、宽39~40.3、厚1.1厘米，印框边长2.4厘米（图版六六，3）。

标本97T17⑩：5，表面近小头一端饰斜向粗绳纹，近大头一端直向粗绳纹，里面饰大突点，近中心处戳印有"居室"二字，阳文，无边栏。灰色陶，长51.2、宽34.3、厚0.8~1.3厘米，印框长2.8、宽2.6厘米（图八一）。

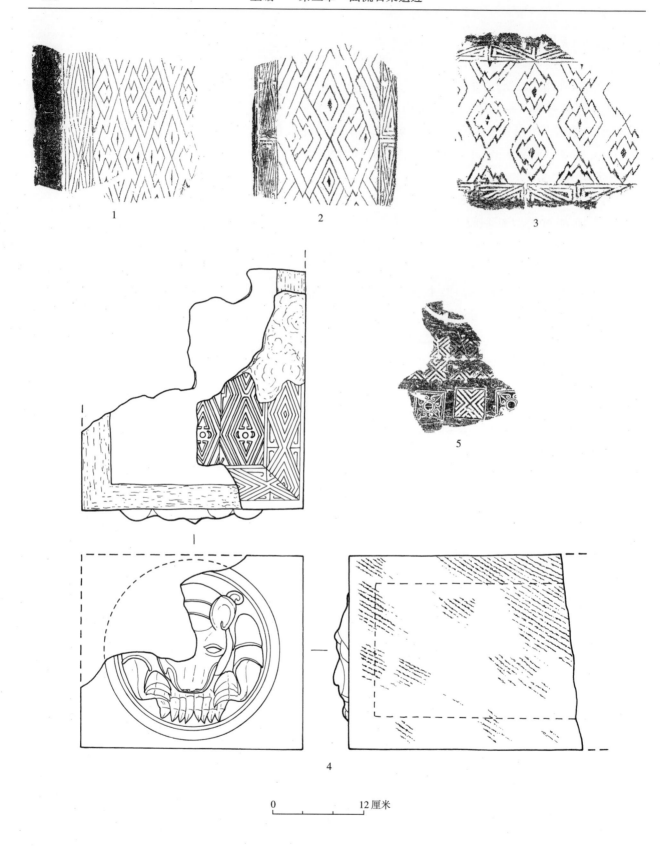

图七九　曲流石渠遗迹出土的空心砖

1.菱形、曲线菱形纹空心砖纹饰拓本（97T12⑩：9）　2.菱形、曲线菱形纹空心砖纹饰拓本（97T12⑩：27）　3.曲线菱形、三角形纹空心砖纹饰拓本（97T38⑩：34）　4.菱形、四叶纹空心砖（97T12⑩：1）　5.四叶、三角、菱形纹空心砖纹饰拓本（97T24⑩：1）

1

2

0   12厘米

图八〇　曲流石渠遗迹出土的普通板瓦纹饰拓本
1. 97T39⑪：2　2. 97T34⑩：9

（2）带钉板瓦

84件，仅1件可复原。是在普通板瓦的表面或里面粘接有钉（刺）的一种特殊板瓦。根据瓦钉形状的不同，可分二型。

A型　72件。瓦钉呈三棱锥形，瓦钉高3.5~3.8厘米。根据瓦钉粘接位置的不同可分两个亚型。

Aa型　8件，其中1件可复原。瓦钉粘接于板瓦的表面。标本97T7⑩：78，表面两侧近边缘处分别粘接有三排三棱锥形瓦钉。灰色陶，长48.4、宽40、壁厚1.2厘米（图八二，1；图版六六，

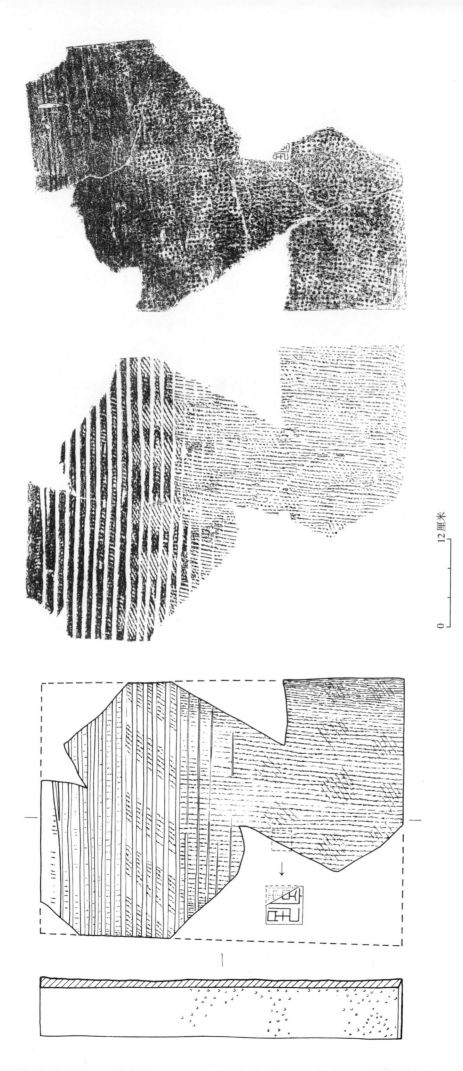

图八一　曲流石渠遗迹出土的普通板瓦（97T17 ⑩：5）

0 _____ 12厘米

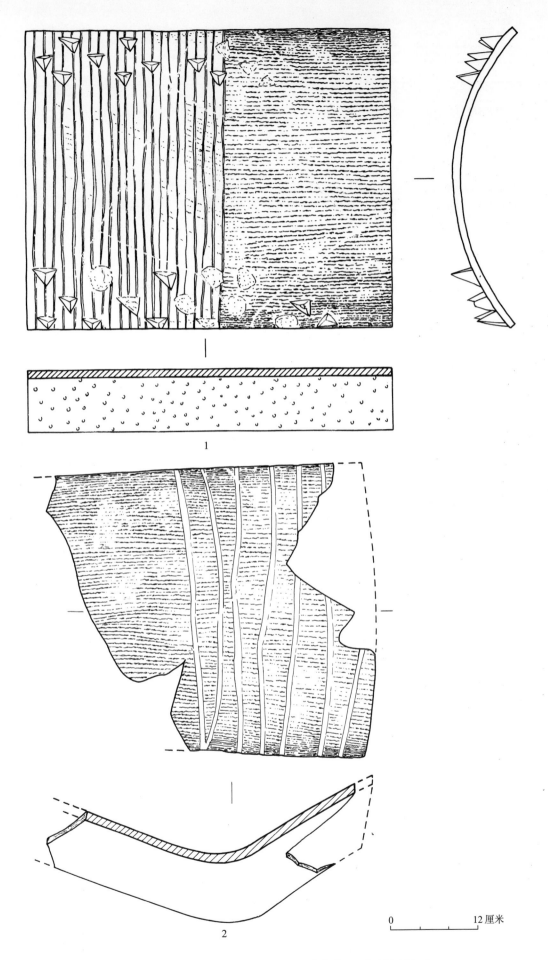

图八二　曲流石渠遗迹出土的带钉板瓦和折腰板瓦
1. Aa 型带钉板瓦（97T7⑩：78）　2. 折腰板瓦（97T18⑩：7）

0　　　　　　　　12厘米

4）。标本 97T3SQ ①：66，灰白陶，残长 14、残宽 18、壁厚 1.3 厘米（图版六六，5）。

Ab 型　64 件。瓦钉粘接于板瓦里面。标本 97H92：4，灰色陶，残长 31、残宽 25、壁厚 1.3 厘米（图版六六，6）。标本 97H92：26，灰白陶，残长 12.4、残宽 19.6、壁厚 1 厘米（图版六七，1 左）。

B 型　12 件。瓦钉呈圆锥形，瓦钉高 3.7~4.3 厘米。根据瓦钉粘接位置不同可分两个亚型。

Ba 型　2 件。瓦钉粘接于板瓦表面。标本 97T43 ⑩：11，灰白陶，残长 14、残宽 10、壁厚 1 厘米（图版六七，2）。

Bb 型　10 件。瓦钉粘接于板瓦里面。标本 97T7 ⑩：28，灰白陶，残长 10.3、残宽 7.5、壁厚 1.1 厘米（图版六七，1 右）。

（3）折腰板瓦

1 件（97T18 ⑩：7）。形制特殊，两端上折呈马鞍状。表面饰直向细绳纹，较宽一端还旋刮有 7 道旋纹，里面素面。黄白陶，长 44、宽 36.4~39.4、厚 1.4 厘米（图八二，2；图版六七，3、4）。

（4）普通筒瓦

4057 片，仅 6 件可复原，7 件可复原宽度。这里指的普通筒瓦也是相对于表面粘接有瓦钉（刺）的筒瓦而言的。瓦的两头有大小之分，其中小头一端有瓦唇，唇口微向上翘。置于屋檐上的筒瓦，大头一端还带有瓦当。表面近瓦唇一端先饰绳纹，再饰旋纹，大头一端则饰斜、直相交的绳纹，绳纹有粗细之分。里面拍印有突点纹，突点有大小之分，近瓦唇处的突点多被抹平，突点不明显。通长 43~48.3、径 16.8~18.6、厚 0.9~1.5 厘米。

标本 97T42 ⑩：17，表面饰细绳纹，近瓦唇一端饰有 7 道旋纹，近尾端压抹有三道旋纹，里面拍印小突点。灰白陶，通长 45.8、径 17.5~18.6、厚 1.0~1.4、唇长 4.8 厘米（图八三，1；图八四，1；图版六八，2）。

标本 97T24 ⑩：5，表面饰斜直细绳纹，当中戳印一"公"字，阳文，有边栏。里面拍印小突点。灰白陶，通长 46、径 17.6、厚 1.0~1.2、舌长 3 厘米，印文面长 1.8、宽 1.9 厘米（图八四，2；图版六八，3）。

标本 97T34 ⑩：12，表面饰斜直细绳纹，近瓦唇一端饰 6 道旋纹，里面拍印小突点。灰色陶，通长 45、径 16.8、厚 1.5、唇长 4 厘米（图八五，1；图版六八，4）。

标本 97T3SQ ②：10，前端连接"万岁"文字瓦当。灰白陶，通长 48.3、径 17、厚 0.6~0.9、唇长 3.3 厘米、当径 17.8 厘米（图八三，2）。

标本 97T24 ⑩：23，表面近瓦唇一端饰斜向细绳纹和 6 道旋纹，另一端饰直向粗绳纹，里面拍印大突点和"左官"文字，反文。灰白陶，残长 43、径 18.5、厚 1.2 厘米（图八五，2）。

（5）带钉筒瓦

63 件，均残，未能复原。是在普通筒瓦的表面粘接有瓦钉（刺）的一种特殊筒瓦。根据瓦钉形状的不同可分二型。

A 型　36 件。表面粘接三棱锥形瓦钉，瓦钉高 2.8~3 厘米。标本 97T12 ⑩：30，黄白陶，残长 23.6、残宽 12.6、壁厚 1.3 厘米（图版六九，1）。

B 型　27 件。表面粘接圆锥形瓦钉，瓦钉高 4.0~4.8 厘米。标本 97T29 ⑩：4，灰色陶，表面呈深灰色。残长 20.6、残宽 14.2、壁厚 1.1 厘米（图版六九，2）。标本 97T19 ⑩：53，灰白陶，前端原接瓦当，已残。残长 6.6、残宽 8.3、厚 0.9 厘米（图版六九，3）。

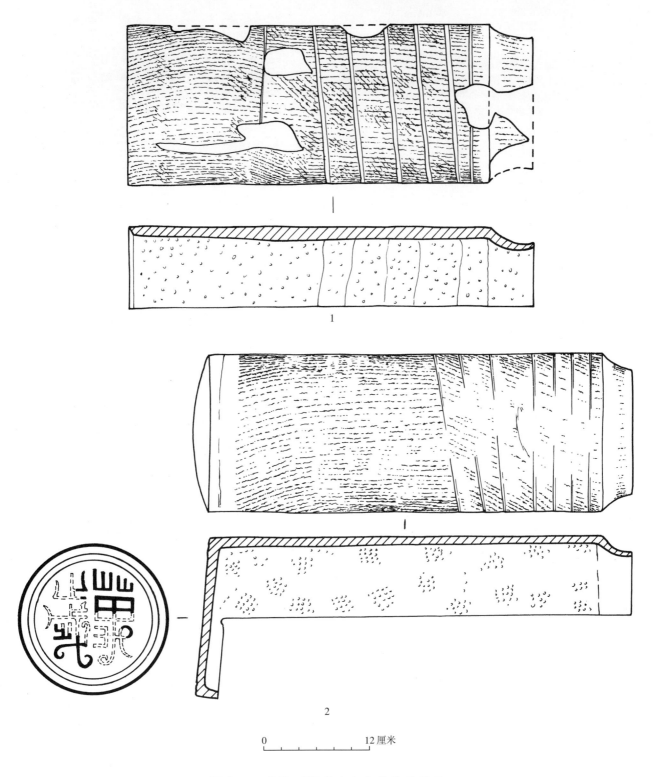

图八三 曲流石渠遗迹出土的普通筒瓦
1.普通筒瓦（97T42⑩：17） 2.连瓦当普通筒瓦（97T3SQ②：10）

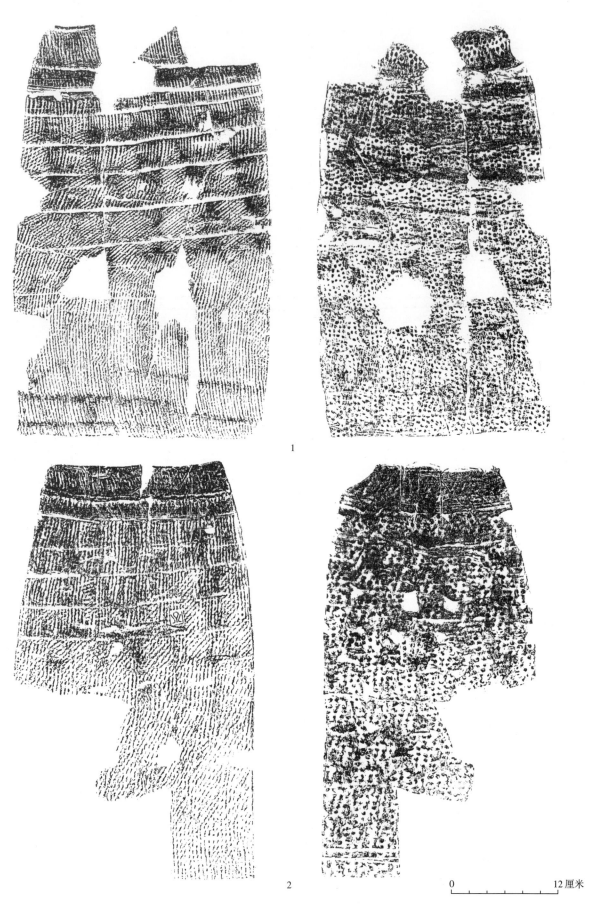

1

2   0 _____ 12厘米

图八四　曲流石渠遗迹出土的普通筒瓦纹饰拓本

1. 97T42⑩：17　2. 97T24⑩：5

1

2

0   12厘米

图八五　曲流石渠遗迹出土的普通筒瓦纹饰拓本
1. 97T34⑩：12　2. 97T24⑩：23

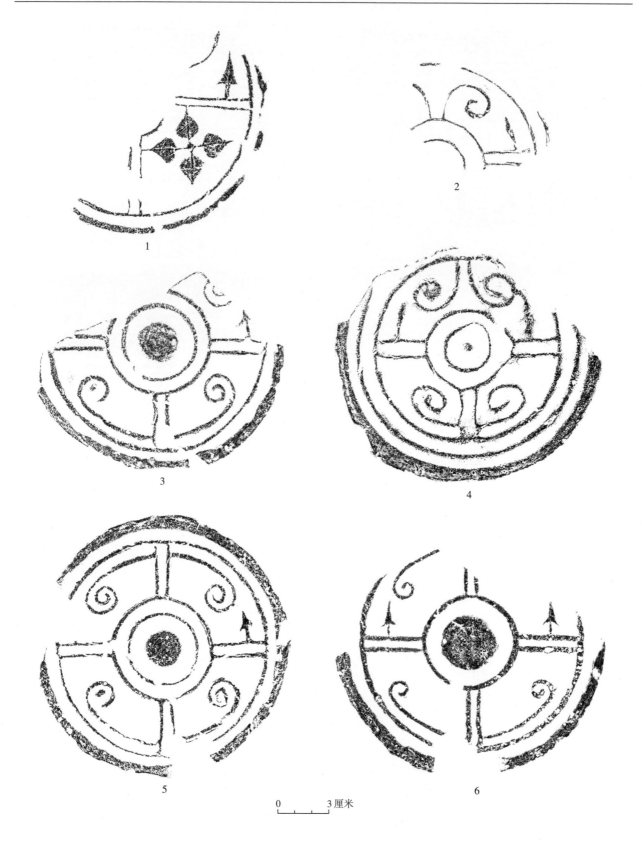

图八六　曲流石渠遗迹出土的四叶纹瓦当和云箭纹瓦当拓本

1. 四叶纹瓦当（97T3⑩：4）　2. Aa型云箭纹瓦当（97T40⑩：34）　3. B型Ⅰ式云箭纹瓦当（97T3SQ②：7）　4. Ab型云箭纹瓦当（97T44⑩：11）　5. B型Ⅰ式云箭纹瓦当（97T8⑩：3）　6. B型Ⅱ式云箭纹瓦当（97T42⑩：7）

3. 瓦当

均是圆形瓦当。泥质陶，夹有细沙，以灰陶、灰白陶为主，也有较多的黄白陶，少量为红陶或黄陶，烧成温度普遍在1000℃以上。有少量瓦当表面施有青釉，釉的类型与砖、瓦上施的青釉一致。当背与瓦筒连接处附有泥条粘接，表面的手指抹痕清晰可见，当背瓦筒切时留下的切割痕和穿孔也十分明显（参见图版七二，1b）。有四叶纹瓦当、云箭纹瓦当和"万岁"文字瓦当三类。

（1）四叶纹瓦当

2件，均残，未能复原。当面以双竖线分隔成若干区间，内饰四叶纹和树箭纹等，外绕一周弦纹，窄边轮，边轮略高于当面纹饰。标本97T3⑩：4，灰色陶，表面呈灰黑色。残径14、厚1.1、边轮宽0.5厘米（图八六，1；图版七○，1）。

（2）云箭纹瓦当

30件，均残。当心圆周内饰一乳丁，当面用双竖线分隔成若干区间，区间内饰树箭纹和反云纹、羊角形云纹或卷云纹等，外绕一至两周弦纹，窄边轮，边轮与当面纹饰平。南越宫苑遗址出土的云箭纹瓦当，根据当面双竖线纹分隔区间的多少可分二型。A型当面分隔成三个区间；B型当面分隔成四个区间。当径15.2~16.6、边轮宽0.5~0.7、厚0.7~1.3厘米。

A型 4件。当心双重圆周内饰一小乳丁，当面用双竖线分隔成三区间，根据上面半圆形区间内所饰云纹的不同又可分两个亚型。

Aa型 2件。上面半圆形区间内饰反云纹，云纹两侧各饰一树箭纹，下面两区间之间饰卷云纹（已残缺），外绕两周弦纹。标本97T40⑩：34，黄白陶，残径6.5、厚0.8厘米（图八六，2）。

Ab型 2件。上面半圆形区间内饰羊角形云纹，云纹两侧各饰一树箭纹，下面两区间之间饰卷云纹，外绕两周弦纹，窄边轮。标本97T44⑩：11，灰色陶，当径16、厚0.7、边轮宽0.7厘米（图八六，4；图版七○，2）。

B型 26件。当心圆周内饰一乳丁，当面用双竖线分隔成四个区间，上面两个区间之间饰卷云纹，两侧各饰一树箭纹，下面两区间之间饰卷云纹，边轮内饰一至两周弦纹。根据当心乳丁外绕圆周的多少可分二式。

Ⅰ式 19件。当心乳丁外绕两重圆周，边轮内饰一至两周弦纹。标本97T3SQ②：7，灰白陶，复原径15.2、厚0.6、边轮宽0.5~0.7厘米（图八六，3；图版七○，3）。标本97T8⑩：3，灰色陶，当径15.5、厚1.2、边轮宽0.7厘米（图八六，5；图版七○，4）。

Ⅱ式 7件。当心乳丁外绕一圆周，边轮内饰一周弦纹。标本97T42⑩：7，浅黄陶，当径16、厚1.2、边轮宽0.8厘米（图八六，6；图版七○，5）。

（3）"万岁"文字瓦当

84件。当面模印"万岁"两字，篆书，阳文，自右向左读，无界栏，外绕两周弦纹，窄边轮。从部分瓦当表面尚残存有朱砂可知，这些瓦当的表面原都是涂有朱砂的，可惜大多已脱落（彩版二一，6）。有少量与瓦筒连接后因切割错误造成文字倒置（图版七一，1），也有的文字模印成反文的。当径15.5~17.6、厚0.6~1.2厘米。南越宫苑遗址出土的"万岁"文字瓦当，根据当面"萬"字"草"头结构的不同可分三型。

A型 67件。"萬"字的"草"头为"山山"结构，"禺"部上下相连。根据"歲"字"止"部与"戊"部之间的笔画和"少"部的不同可分三个亚型。

图八七　曲流石渠遗迹出土的"万岁"文字瓦当拓本

1. Aa 型 I 式（97T17⑧a：13）　2. Aa 型 II 式（97T3SQ②：8）　3. Aa 型 II 式（97T12⑩：3）　4. Aa 型 III 式（97T7⑩：6）　5. Aa 型 III 式
（97T7⑩：7）　6. Ab 型 I 式（97T34SQ①：2）

Aa型　53件。"歲"字"止"部与"戉"部之间的笔画为"μ"形，"少"部写成"止"字向左。根据字体笔画的方折、卷曲和边轮宽窄变化可分成三式。

Ⅰ式　2件，残。字体笔画方折，边轮较宽。97T17⑧a：13*，灰白陶，当径16.5、厚1.5、边轮宽0.6厘米（图八七，1；图版七一，2）。

Ⅱ式　38件，其中1件完好，4件可复原。字体笔画弧折，笔画起笔和收笔有卷曲之意，边轮较宽。标本97T3SQ②：8，灰白陶，残，当径16.6、厚0.8、边轮宽0.6厘米（图八七，2）。标本97T12⑩：3，黄白陶，完好，当径16.6、厚1.2、边轮宽0.6厘米（图八七，3；彩版二二，1）。

Ⅲ式　13件，残，其中3件可复原。字体笔画圆折，笔画起笔和收笔卷曲明显，边轮变得更窄。标本97T7⑩：6，灰白陶，当径16.7、厚1.0、边轮宽0.3厘米（图八七，4；图版七一，3）。标本97T7⑩：7，灰白陶，当径17、厚1.2、边轮宽0.3厘米（图八七，5；图版七一，4）。

Ab型　8件。"歲"字"止"部与"戉"部之间笔画为"μ"形，"少"部写成"止"字向右。根据字体笔画的方折、卷曲和边轮宽窄变化可分二式。

Ⅰ式　4件，残，其中3件可复原。字体笔画方折，边轮较宽。标本97T34①：2，灰白陶，当径16.5、厚0.8、边轮宽0.6厘米（图八七，6；图版七一，5）。标本97T34⑩：7，灰陶，当径17.0、厚0.9、边轮宽0.8厘米（图八八，1）。标本97T40⑩：26，灰陶，当径16.4、厚1.1、边轮宽0.7厘米（图八八，2；图版七一，6）。标本97T34SQ①：2和标本97T40SQ⑩：26的大小、字体结构和笔画粗细基本一致，似为同模所出。

Ⅱ式　4件，残，其中2件可复原。字体笔画弧折，笔画起笔和收笔卷曲明显，边轮较窄。标本97T44⑩：9，浅黄陶，当径17.6、厚1.0、轮宽0.6厘米（图八八，4；图版七二，1、2）。标本97T39⑩：9，灰陶，当径17.2、厚0.9、边轮宽0.3~0.6厘米（图八八，3；图版七二，3）。

Ac型　6件，其中2件基本完好。"歲"字"止"部多一"丿"，"止"部与"戉"部之间笔画为向上双"C"字形。字体笔画卷曲明显，边轮不明显。标本97T25⑩：1，红黄陶，当背尚连接部分筒瓦，筒瓦表面饰粗绳纹，里面拍印粗突点。当径17.6、厚0.9厘米，筒瓦残长34.2、厚1.1厘米（图八八，5；图版七二，4）。标本97T23⑩：7，青灰陶，当径16.8、厚1厘米（图八八，6；图版七二，5）。

B型　15件。"萬"字的"草"头写成"山凵"形，"禹"部上下分开，"歲"字"止"部与"戉"部之间的笔画省去，"少"部写成"ヨ"形，笔画简化、方折，根据"歲"字底部有无树箭符号可分两个亚型。

Ba型　14件，残，其中4件可复原。"歲"字底部无树箭符号。标本97T24⑩：2，黄白陶，当径15.5、厚1.1、边轮宽0.6厘米（图八九，1；图版七三，1）。标本97T24⑩：8，黄白陶，当径15.4、厚1.0、边轮宽0.6厘米（图八九，2）。标本97T16⑩：4，残存"万"字上部，反文。灰陶，质坚硬，表面施有青釉，釉层薄。残径9.5、厚1厘米（彩版二二，2）。

Bb型　1件（97T34⑩：13）。"歲"字底部多加一树箭符号。灰白陶，残，复原径16.8、厚1.2、边轮宽0.6厘米（图八九，3；图版七三，2）。

C型　2件，残。"萬"字"草"头写成"艸"形，字体根据当面而随形就势弯曲。标本97T25⑩：5，黄色陶，当径16.5、厚1厘米（图八九，4；图版七三，3）。

4. 算

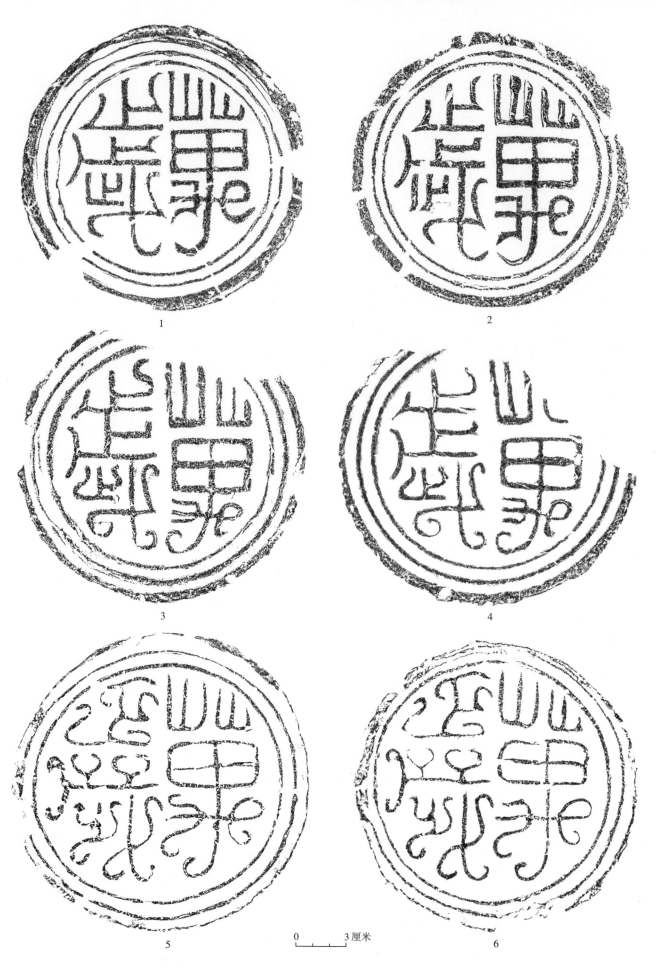

图八八　曲流石渠遗迹出土的"万岁"文字瓦当拓本

1. Ab型Ⅰ式（97T34⑩：7）　2. Ab型Ⅰ式（97T40⑩：26）　3. Ab型Ⅱ式（97T39⑩：9）　4. Ab型Ⅱ式（97T44⑩：9）　5. Ac型（97T25⑩：1）　6. Ac型（97T23⑩：7）

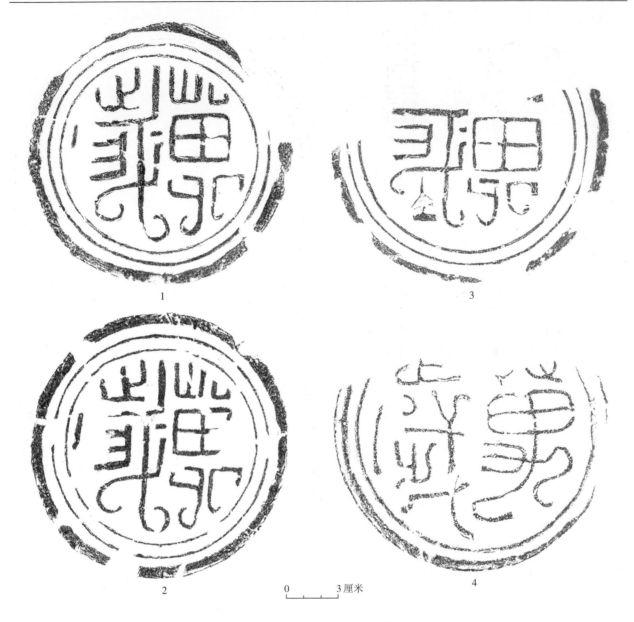

1   3

2   0 3厘米   4

图八九　曲流石渠遗迹出土的"万岁"文字瓦当拓本

1. Ba 型（97T24⑩：2）　2. Ba 型（97T24⑩：8）　3. Bb 型（97T34⑩：13）　4. C 型（97T25⑩：5）

  3 件，均残。根据形状不同可分二型。

  A 型　2 件。方形，上下两面均平，当中开有多道长条形算孔。标本 97T42⑩：4，泥质灰陶，残长 18、残宽 13、厚 3.5 厘米，算孔宽 1 厘米（图九〇，1；图版七四，1）。

  B 型　1 件（97T35⑩：17）。弧形，形状与板瓦类似，当中开有长条形算孔。表面饰以方格纹为地，拍印圆形几何图案。泥质灰白陶，残长 26、残宽 29.5、厚 1.2 厘米，算孔长 6.0~6.4、宽 0.4~0.5 厘米（图九〇，2；图版七四，2）。

  5. 鸱尾

  3 件，均残。残存尾部上卷部分，每绺上均划有梳蓖纹，通体涂有朱砂。标本 97T7⑩：82，泥质灰白陶，残长 12.8、残宽 12、厚 3.2 厘米（图九〇，3；图版七四，3）。

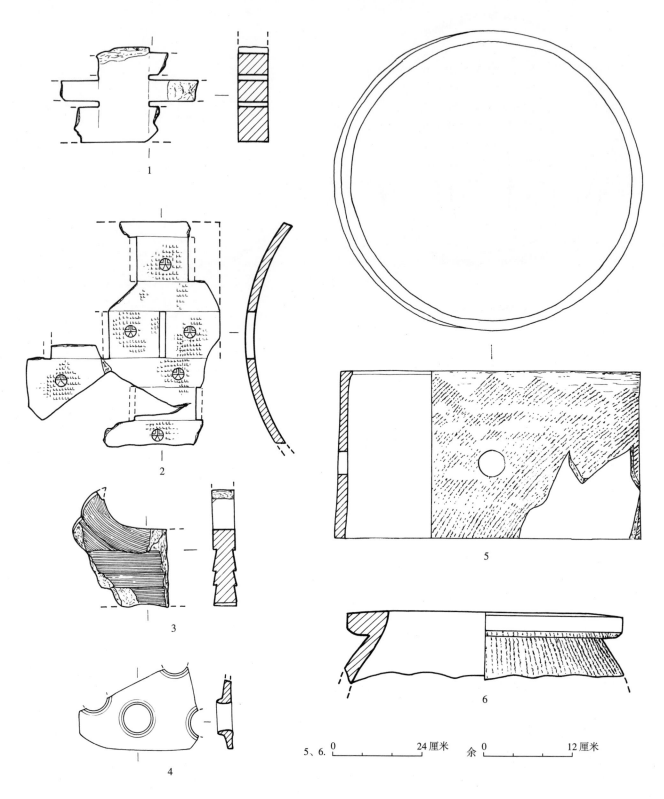

图九〇　曲流石渠遗迹出土的陶质建筑材料

1. A 型算（97T42⑩：4）　2. B 型算（97T35⑩：17）　3. 鸱尾（97T7⑩：82）　4. 圆孔形器（97T8⑩：2）　5. 井圈（97T21⑩：9）　6. 井栏（97H92：1）

6. 井圈

2件，残，可复原。呈圆筒形，平沿，圈壁中部有4个对称分布的圆孔。泥条盘筑而成，外壁面拍印有斜直相交的绳纹，近口沿处的绳纹多被抹平，内壁面略有凹凸，拍印有突点纹或素面。标本97T21⑩：9，泥质灰白陶，外壁面饰细绳纹，内壁面素面。外径80、高45、壁厚2.8~3.1、圆孔径6厘米（图九〇，5；图版七四，4）。

7. 井栏

1件（97H92：1）。敛口，宽平折沿，方唇，束颈，溜肩，下部残。表面饰粗绳纹，内壁面饰大突点。泥质灰白陶，复原口径73.6、残高19.2厘米（图九〇，6；图版七四，5）。

8. 圆孔形器

1件（97T8⑩：2）。残存部分微鼓，内腹壁圆弧，开有突起圆孔。表面划有折线。泥质灰白陶，残长16、残宽10、厚2.0~2.4厘米（图九〇，4；图版七四，6）。

（二）铁质建筑材料

铁棒　1件（97T7⑩：3）。圆柱形，表面两侧有相错的范合线，两端残断。残长14、径4.2厘米（图九一，1；图版七五，1）。

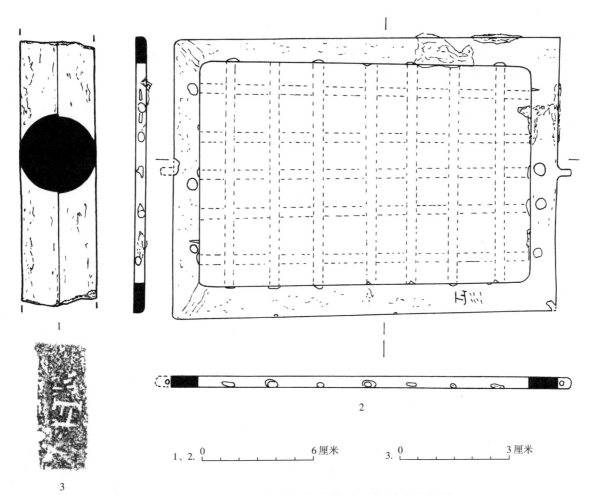

1、2. 0 —————— 6厘米　　3. 0 —————— 3厘米

图九一　曲流石渠遗迹出土的铁质、铜质建筑材料

1. 铁棒（97T7⑩：3）　2. 铜网算（97T3SQ①：52）　3. "溢"字拓本（97T3SQ①：52）

（三）铜质建筑材料

网算　1件（97T3SQ①：52）。为铜框铁网。长方形框架，短边近外侧中间各伸出一横纽，中间有一圆形穿孔，其中一纽残甚；短边近内侧面上各有3个不对称分布的圆形小孔；其中一长边表面阴刻一"溢"字。框架内侧面对应分布有小孔，孔内原用铁线织成经纬状网格，锈蚀严重，仅存朽痕。框架残长21.7、宽14.8~15.1、厚0.5~0.6、纽长0.9厘米（图九一，2、3；图版七五，2、3、4）。

（四）石质建筑材料

出土的石质建筑材料，除卵石是自然砾石外，其余的石材均是用砂岩石和次流纹斑岩石打制琢磨而成的，表面较为平整，多呈灰白色或黄白色，少量呈紫红色或青灰色。有八棱石柱、望柱、望柱座石、门斗石板、石算、石板、石块和卵石等。

1. 八棱石柱

1件（97T11⑨b：8*）。截面呈八棱形，表面琢磨较为平整。黄白色，残长74、径24厘米（图九二，1；图版七六，1）。

2. 望柱

2件，均残，未能复原。柱头已残缺，仅残存柱身和底座。柱身呈八棱形，底座呈方形，底座上端向内折收呈正方形，底座底面有凸榫，根据凸榫的不同可分二型。A型底面有一个方形凸榫；B型底面对角处有两个方形凸榫。

曲流石渠遗迹出土的望柱属于B型。标本97T19⑩：48，底面凸榫已残。灰白色，残长28.9、柱体径9.8~10.4厘米，底座上面宽11.7×13、下面宽12.3×14.2厘米，凸榫宽5.0×5.6厘米（图九二，2；图版七六，2）。

3. 望柱座石

2件，均残。是固定望柱的座石。一侧面近直，对应另一侧面下部近直，上部向内弧收形成一弧面。顶面比底面窄，顶面中部凿有纳望柱的凹槽。根据形状的不同可分二型。

A型　1件（97T19⑩：47）。呈长方形。顶面平整，一侧面离底面高7.6厘米后向内折收，顶面一端中间处凿一凹槽，槽壁略弧，底面平弧。黄白色，残长39.4、高11.5厘米，面宽13.5、底宽18.4厘米，凹槽长6.0、宽4.5、深4.2厘米（图九二，3；彩版二二，3）。

B型　1件（97T19⑩：55）。呈弧形。一侧面离底面高7.9厘米后向内弧收。灰白色，残长39、高12厘米，面宽13.3、底宽18.4厘米（图九二，4；图版七六，3）。

4. 门斗石板

1件（97T15⑩：63）。长方形石板，在偏一侧面上凿有圆形凹槽，槽壁近直，底呈圆弧形。黄白色，残长56、宽34、厚12.4厘米，凹槽口径12、深5.4厘米（图九二，5；图版七七，1）。

5. 石算

5件，均残。形制与A型陶算一致，呈方形或长方形，上下两面平，中部打凿有长条形或方形算孔。标本97T7⑩：8，灰白色，残长27.4、残宽23、厚2.5~3厘米，算孔宽0.6~1.1厘米（图九二，6）。标本97T7⑩：81，黄白色，残长19、残宽16、厚3.6厘米，算孔宽0.7厘米（图版七七，2）。

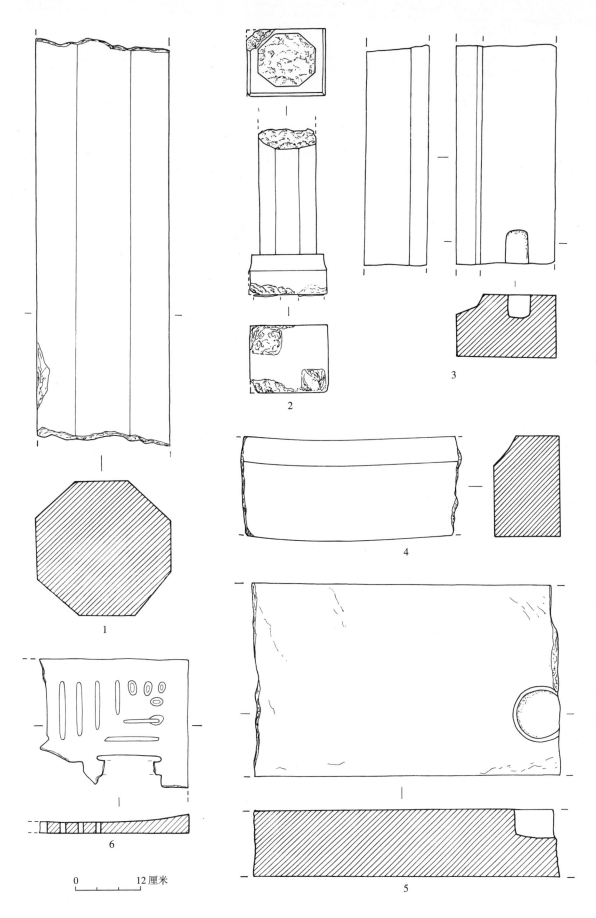

图九二　曲流石渠遗迹出土的石质建筑材料

1. 八棱石柱（97T11⑨b：8）　2. B 型石望柱（97T19⑩：48）　3. A 型望柱座石（97T19⑩：47）　4. B 型望柱座石（97T19⑩：55）　5. 门斗石板（97T15⑩：63）　6. 石算（97T7⑩：8）

0　　　　　　　12厘米

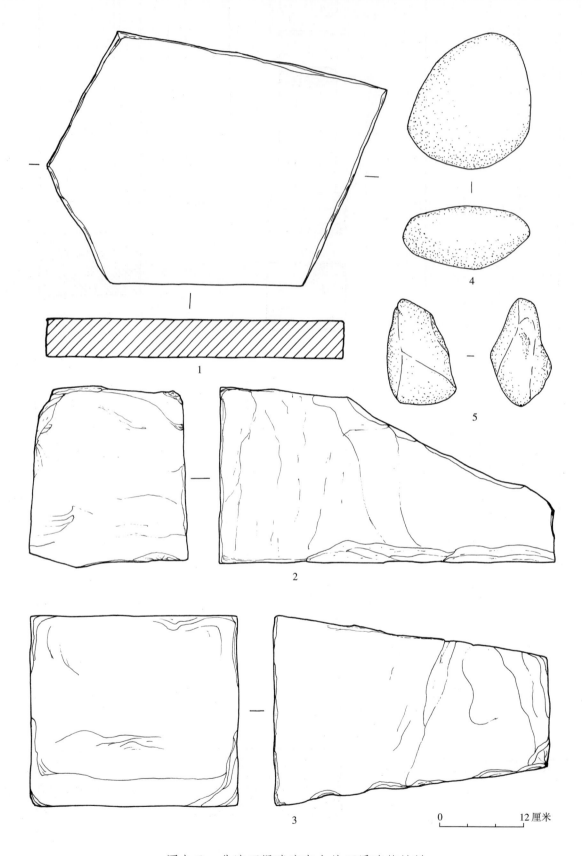

图九三　曲流石渠遗迹出土的石质建筑材料

1. 石板（97T8SQ①：3）　2. 渠壁石块（97T6⑩：9）　3. 渠壁石块（97T7⑩：83）　4. 卵石（97T3SQ②：13）　5. 卵石（97T10SQ①：3）

6. 石板

8件。平面形状、大小、厚薄不一，表面均打凿平整，底面较表面粗糙，主要用于铺砌曲流石渠渠底面。标本97T7⑩：77，呈不规则形，在石板面上刻凿有"井"字符号。灰白色，长43、宽44、厚3.6厘米（参见图一四二，4）。标本97T8SQ①：3，呈不规则形。灰白色，长49.3、宽35.2、厚5.4厘米（图九三，1；图版七七，3）。

7. 石块

19件。呈楔形，一侧面较平整，呈方形或长方形，其余面不甚规整，并向后收。用于砌筑曲流石渠渠壁。标本97T7⑩：84，一侧面呈扁长方形。青褐色，长22、厚11.6~13.4厘米，侧面长27、宽13.4厘米（图版七七，4）。标本97T6⑩：9，一侧面近呈方形。紫红色，长48、厚8~23、面宽22~25.8厘米（图九三，2）。标本97T7⑩：83，一侧面近呈方形。紫红色，长40、厚16~27厘米，侧面长27、宽30.4厘米（图九三，3；图版七七，5）。

8. 卵石

12块。全为自然砾石，多呈椭圆形或扁圆形，也有少量呈不规则形。大多数呈灰黑色，内含有细小白色斑点，少量呈灰色或灰白色，经检测鉴定均属于流纹岩石砾石。用于铺设在曲流石渠渠底石板面之上。标本97T3SQ②：13，呈扁圆形，灰黑色，有白色斑点。长19.2、宽17.6、厚8.7厘米（图九三，4；图版七七，6）。标本97T10SQ①：3，呈不规则形，灰白色。长14.8、宽9、厚9厘米（图九三，5）。

二 生活器具

出土的生活器具较多，按其质地的不同可分为陶器、木竹器、石器等类，其中以陶器最多，这些器具大多出土于曲流石渠的弯月形石池内。

（一）陶器

多为泥质陶，夹砂陶极少。泥质陶以灰陶或灰褐陶为主，少量为黄褐陶或黄白陶等。大多陶质坚硬致密，少量陶质较软，其中部分缸、瓮、罐和碗等器物表面还有釉，釉色呈青灰或青褐色。夹砂陶呈灰色，用于制作陶釜等器。制法以轮制为主，器底、足和耳系等多是手制后再粘接上去的。大多器物的表面都饰有纹饰，瓮、罐类器物表面多拍印以方格纹为地，其间饰有圆形、半圆形、方形等几何形图案，肩、腹部多旋刮出若干道旋纹；瓶、盆、盒、碗、器盖类器物表面多饰旋纹、篦点纹、曲折水波纹或方格纹等，部分素面；釜和支座则饰绳纹（图九四）。此外，还有少量器物的肩、腹部或底部戳印、刻划有文字或符号。器形有缸、瓮、罐、双耳罐、五联罐、提筒、瓶、釜、钵、盆、碗、盒、盏、器盖、支座等。

1. 缸

2件，均残，未能复原。根据器口的不同可分二型。

A型 1件（97T21SQ②：1）。直口微内敛，宽平折沿，方唇，深直腹，腹底部已残。口沿面内侧有一道凹槽，外腹部饰方格纹和圆形几何图案。泥质灰陶，复原口径70.3、残高15.5厘米（图九五，1）。

B型 1件（97T10SQ①：6）。敛口，平沿，深弧腹。上腹部有一道附加堆陶索纹，外壁面饰绳纹，内壁面拍印有大突点。泥质灰白陶，口径98.0、残高58厘米（图九四，23；图九五，2；图版七八，1）。

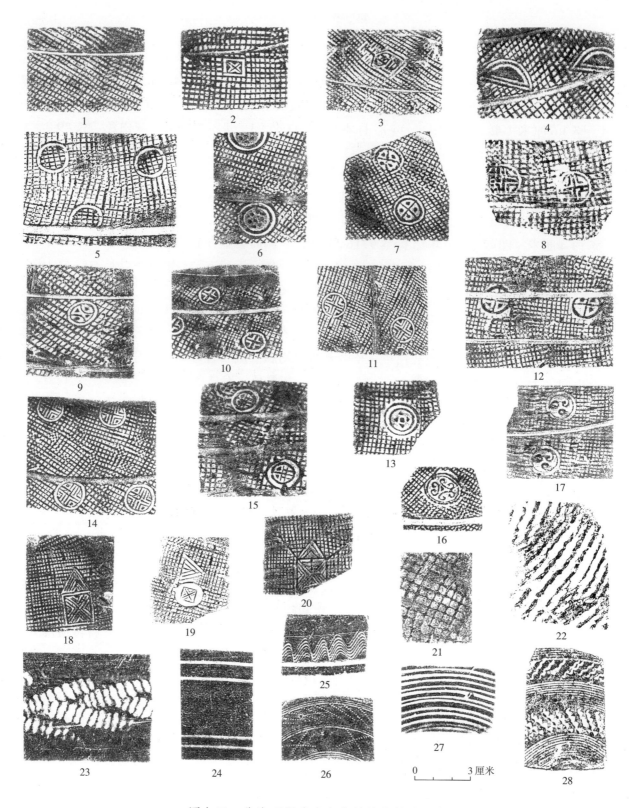

图九四　曲流石渠遗迹出土的陶器纹饰拓本

1. 方格纹、旋纹（97T3SQ①：19）　2. 方格纹、旋纹、方形几何图案（97T3SQ①：25）　3. 方格纹、旋纹、变形方形几何图案（97T3SQ①：34）　4. 方格纹、旋纹、半圆形几何图案（97T3SQ①：22）　5~17. 方格纹、旋纹、圆形几何图案（97T40⑩：35，97T3SQ①：31，97T25SQ②：8，97T3SQ①：6，97T3SQ①：28，97T3SQ①：30，97T3SQ①：7，97T20⑩：29，97T22SQ①：6，97T3SQ①：23，97T3SQ①：24，97T7⑩：95，97T22SQ①：8）　18~20. 方格纹、三角、方形几何图案（97T41⑩：16，97T7⑩：92，97T35⑩：19）　21. 方格纹（97J12：1）　22. 绳纹（97T3SQ①：15）　23. 绳索纹（97T10SQ①：6）　24. 方格纹（97T7⑩：46）　25. 水波纹、旋纹（97T3SQ①：48）　26. 旋纹、蓖点纹（97T3SQ①：56）　27. 旋纹（97T3SQ①：37）　28. 旋纹、水波纹（97J56：2）

2. 瓮

12件，其中1件完好。根据器口和颈部的不同可分二型。

A型 2件。侈口，卷沿，尖圆唇，束颈，鼓腹，底部已残。根据肩部和腹部最大径的变化可分二式。

Ⅰ式 1件（97T3SQ①：41）。丰肩，腹部最大径靠上。肩部以下饰方格纹和圆形几何图案，间饰若干道旋纹。泥质灰陶，口径18、腹最大径45、残高28.4厘米（图九五，3）。

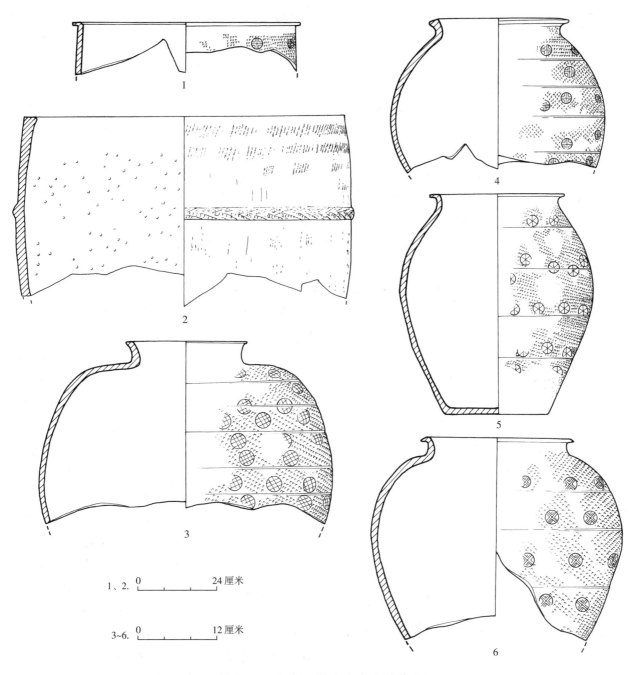

1、2. |0 —————— 24厘米|

3~6. |0 —————— 12厘米|

图九五 曲流石渠遗迹出土的陶器

1. A型缸（97T21SQ②：1） 2. B型缸（97T10SQ①：6） 3. A型Ⅰ式瓮（97T3SQ①：41） 4. A型Ⅱ式瓮（97T19⑩：38） 5. B型Ⅱ式瓮（97T3SQ①：3） 6. B型Ⅰ式瓮（97T3SQ①：13）

Ⅱ式   1件（97T19⑩：38）。溜肩，腹部最大径居中。颈、肩和腹部饰方格纹和圆形几何图案，间饰若干道旋纹。泥质灰褐陶，口径21.6、腹最大径32.4、残高23.3厘米（图九五，4）。

B型   10件，其中1件基本完好，其余均残。侈口，平折沿，尖圆唇，短颈，鼓腹，平底。根据肩部和腹部最大径的变化可分二式。

Ⅰ式   6件。丰肩，腹部最大径靠上。标本97T3SQ①：13，肩部以下饰方格纹和圆形几何图案，间饰多道旋纹。泥质灰褐陶，口径24、腹最大径39、残高31厘米（图九五，6）。

Ⅱ式   4件。溜肩，腹部最大径居中。标本97T3SQ①：3，肩部以下至近底部饰方格纹和圆形几何图案，间饰四道旋纹。泥质灰陶，陶质坚致，表面呈灰褐色。稍残，口径20.6、腹最大径29.4、底径16、高33.6厘米（图九五，5；彩版二二，4）。

3. 罐

28件。根据器口和颈部的不同可分三型。

A型   5件，均残，可复原。侈口，卷沿，尖圆唇，束颈，鼓腹，平底。根据肩部和腹部最大径的变化可分为二式。

Ⅰ式   3件。圆肩，腹部最大径靠上。标本97T3SQ①：23，颈、肩部以下至近底部饰方格纹和圆形几何图案，间饰三道旋纹。泥质黄陶，质较软，口径17.7、最大腹径26.8、底径16.2、高24.6厘米（图九四，14；图九六，1；图版七八，2）。标本97T3SQ①：8，肩部以下至近底部饰方格纹，间饰三道旋纹。泥质黄白陶，质软，口径14、腹最大径20.4、底径12.6、高16.8厘米（图九六，2）。

Ⅱ式   2件。溜肩，腹部最大径居中。标本97T3SQ①：14，肩部以下至近底部饰方格纹和圆形几何图案，间饰三道旋纹，肩部刻划有"∧"符号。泥质红陶，质软，口径12、腹最大径15.6、底径10、高15厘米（图九六，5；参见图一三九，2）。

B型   22件，其中4件基本完好，其余均残，可复原。侈口，折沿，尖圆唇，短颈，鼓腹，平底。根据腹部的不同又可分成三个亚型，其中Ba型腹部圆鼓；Bb型腹部长圆，器形瘦高；Bc型腹部扁圆。

Ba型   20件。根据肩部和腹部最大径的变化可分二式。

Ⅰ式   7件。圆肩，腹部最大径靠上。标本97T3SQ①：28，肩部以下至近底部饰方格纹和椭圆形几何图案，间饰四道旋纹。泥质灰陶，表面呈灰褐色，肩部洒有青釉点，陶质坚硬。稍残，口径20.3、腹最大径27.8、底径16.5、高26.6厘米（图九四，9；图九六，3；图版七八，3）。标本97T3SQ①：12，肩部以下至近底部饰方格纹和圆形几何图案，间饰三道旋纹。泥质灰褐陶，陶质坚硬，肩腹局部有青釉点。口径15.8、腹最大径22.4、底径11.8、高20.8厘米（图九六，4；图版七八，4）。标本97T3SQ①：18，肩部以下至近底部饰方格纹和圆形几何图案，间饰三道旋纹。泥质灰陶，陶质坚硬，腹部以上有青釉。稍残，口径12.4、腹最大径17.6、底径10.4、高15.8厘米（图九六，6；彩版二二，5）。标本97T3SQ①：24，颈部以下饰方格纹和圆形几何图案，间饰三道旋纹。泥质灰陶，质软。口径11.7、腹最大径17.6、底径9.6、高14.2厘米（图九四，15；图九六，7；图版七八，5）。标本97T7SQ①：1，肩部以下至近底部饰方格纹和圆形几何图案，肩部刻划有"∧"符号。泥质红陶，质软，稍残，口径11.8、腹最大径15.2、底径9.8、高13.7厘米（图九六，8；图版七八，6；参见图一三九，3）。

Ⅱ式   13件。溜肩，腹部最大径居中。标本97T3SQ①：7，颈部以下饰方格纹和圆

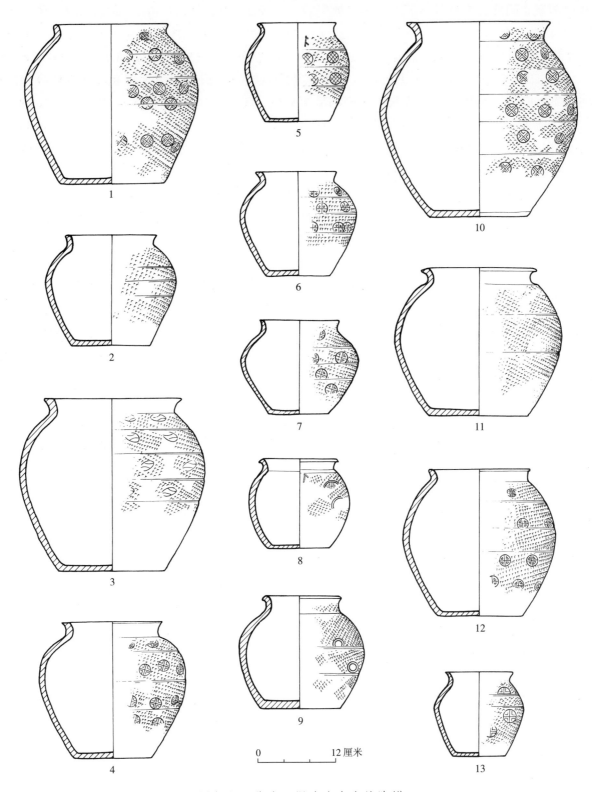

图九六　曲流石渠遗迹出土的陶罐

1. A型Ⅰ式（97T3SQ①：23）　2. A型Ⅰ式（97T3SQ①：8）　3. Ba型Ⅰ式（97T3SQ①：28）　4. Ba型Ⅰ式（97T3SQ①：12）　5. A型Ⅱ式（97T3SQ①：14）　6. Ba型Ⅰ式（97T3SQ①：18）　7. Ba型Ⅰ式（97T3SQ①：24）　8. Ba型Ⅰ式（97T7SQ①：1）　9. Ba型Ⅱ式（97T3SQ①：51）　10. Ba型Ⅱ式（97T3SQ①：7）　11. Ba型Ⅱ式（97T3SQ①：19）　12. Ba型Ⅱ式（97T3SQ①：6）　13. Bb型（97T3SQ①：5）

形几何图案，间饰五道旋纹。泥质灰陶，质坚致，口径22、腹最大径30.4、底径15.4、高29.6厘米（图九四，11；图九六，10；图版七九，1）。标本97T3SQ①：19，肩部以下至近底部饰方格纹，腹部饰两道旋纹。泥质黄褐陶，稍残，口径17.8、腹最大径25.6、底径15.2、高22.6厘米（图九四，1；图九六，11；图版七九，2）。标本97T3SQ①：6，肩部以下至近底部饰方格纹和圆形几何图案，间饰三道旋纹。泥质灰陶，局部呈深灰色，陶质坚硬。口径15.8、腹最大径23.8、底径13.8、高22.3厘米（图九四，8；图九六，12；图版七九，3）。标本97T3SQ①：51，颈部以下至近底部拍印方格纹和圆形几何图案，肩腹部饰二道旋纹。泥质灰陶，残，口径13.2、腹最大径19.2、底径12.0、高16.8厘米（图九六，9）。

Bb型　1件（97T3SQ①：5）。长圆腹，器形瘦高。肩部以下至近底部饰方格纹和圆形几何图案，间饰两道旋纹。泥质灰褐陶，陶质坚硬，肩腹局部有青褐色釉。完好，口径10.6、腹最大径13.8、底径8.5、高12.8厘米（图九六，13；图版七九，4）。

Bc型　1件（97T38⑩：30）。侈口，折沿，沿面向外下斜，短颈，扁圆腹，平底，最大径居中。肩部以下至近底部饰方格纹，间饰一道宽旋纹。泥质灰陶，器表有青褐色釉，质坚致。残，口径12.0、腹最大径16.6、底部12.0、高12.7厘米（图九七，1）。

C型　1件（97J12：1）。敞口，方唇，束颈，鼓腹，最大径靠上，平底。肩部以下至近底部饰方格纹，内外腹壁有轮旋痕。泥质灰陶，表面呈红褐色。残，口径19.4、腹最大径24.6、底径14.0、高27.6厘米（图九四，21；图九七，2；图版七九，5）。

4. 双耳罐

2件，均残，未能复原。根据器口的不同可分二型。

A型　1件（97T3SQ①：22）。侈口，平折沿，尖唇，短颈，圆鼓腹，肩部附有两个对称半环形横耳。肩、腹部饰方格纹和半圆形几何图案，间饰三道旋纹。泥质灰陶，表面施有灰褐色陶衣。口径14.4、腹最大径24、残高13.6厘米（图九四，4；图九七，4）。

B型　1件（97T3SQ①：37）。敛口，圆唇，圆鼓腹，肩部附有两个对称半环形横耳。肩、腹部饰数道旋纹。泥质灰陶，陶质坚硬。口径6、腹径11.2、残高4.4厘米（图九四，27；图九七，5）。

5. 五联罐

1件（97T20⑩：8）。全器由五个小罐连接而成，其中下面四个较大的罐两两相连，其上中间再叠加一个较小的罐。每个罐均为椭圆形子口，内敛，扁折腹，小平底。下面四个罐的肩部外侧各有一个半环形横耳，底部外侧与器耳对应处各有一扁形足。上面的小罐无耳、足。仅下面一罐尚存有盖，其余器盖已失，盖面圆隆，口沿外折，顶面有半环形纽。盖顶面和罐肩部均饰斜行篦点纹，罐腹部饰曲折水波纹。泥质灰褐陶，陶质坚硬。通高8.5、通长19.0、通宽18.3厘米，大罐口径4~4.5、腹径9.0、底径2厘米，小罐口径3.0、腹径6.4、底径1.6厘米（图九七，3；彩版二二，6）。

6. 提筒

2件，均残，其中1件可复原。造型基本一致，子口内敛，圆唇，直筒形腹，上腹部有两个对称半环形横耳，平底。腹部饰若干道旋纹。标本97T3SQ①：40，泥质灰陶，表面呈棕褐色。口径14、腹最大径16.7、底径15.1、高14.2厘米（图九七，7；图版八〇，1）。标本97T7⑩：46，泥质灰白陶，表面呈深灰色。口径14、残高15厘米（图九四，24；图九七，8）。

7. 瓿

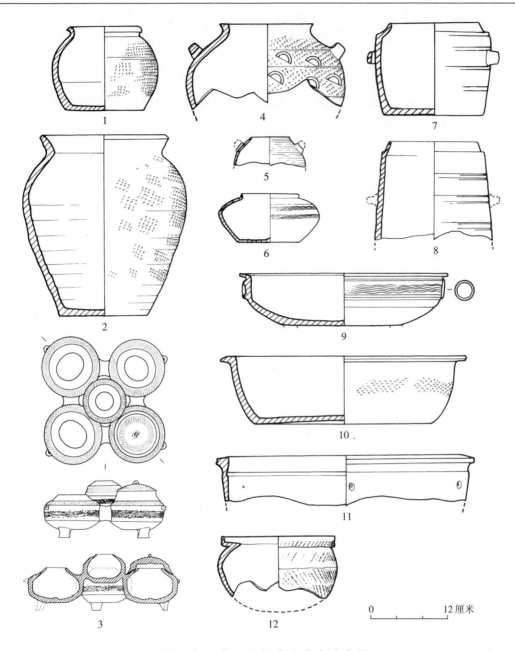

图九七 曲流石渠遗迹出土的陶器

1. Bc 型罐（97T38⑩：30） 2. C 型罐（97J12：1） 3. 五联罐（97T20⑩：8） 4. A 型双耳罐（97T3SQ①：22） 5. B 型双耳罐（97T3SQ①：37） 6. 瓿（97T3SQ①：17） 7. 提筒（97T3SQ①：40） 8. 提筒（97T7⑩：46） 9. 鉴（97T35⑩：18） 10. A 型盆（97T3SQ①：26） 11. B 型盆（97T7⑩：45） 12. 釜（97T3SQ①：15）

1件（97T3SQ①：17）。侈口，方唇，直领，丰肩，扁圆腹，平底。肩、腹部饰一道旋纹和两组曲折水波纹。泥质灰陶，质坚硬。残，口径8.8、腹最大径15、底径8.2、高7.4厘米（图九七，6；图版八〇，2）。

8. 鉴

1件（97T35⑩：18）。直口，平折沿，方唇，上腹壁直，下腹部折内收，平底，圈足已残。口沿下两侧各贴塑一圆环铺首，上腹部饰曲折水波纹和弦纹。泥质灰褐陶，内外施青褐色釉，大部分已脱落。残，口径 32、底径 17.6、残高 8 厘米（图九七，9）。

9. 盆

4 件，均残，其中 3 件可复原。根据口沿和腹部的不同可分二型。

A 型　3 件。侈口，宽平折沿，方唇，深弧腹，平底微内凹。标本 97T3SQ ①：26，器表饰方格纹，纹饰多被手抹平。泥质灰陶，质坚致，口径 38.2、底径 27.2、高 8.4 厘米（图九七，10；图版八〇，3）。

B 型　1 件（97T7 ⑩：45）。口微敛，宽平折沿，方唇，唇面有一周凹槽，束颈，近颈处由外向内钻有小孔，深直腹。泥质灰陶，口径 40、残高 7.6 厘米（图九七，11）。

10. 钵

2 件，残，可复原。形制一致，敛口，尖圆唇，弧腹，平底，素面。标本 97T22SQ ①：3，表面有褐色釉，大多已脱落。灰褐陶，质坚致，口径 13.2、底径 11.0、高 4.6 厘米（图九八，1）。

11. 碗

6 件。根据器口和腹部的不同可分二型。

A 型　5 件，其中 1 件完好。直口，圆唇，上腹直，下腹部向内折收，平底。标本 97T1 ⑩：1，泥质褐陶，素面，底部刻划有 "艹" 符号。完好，口径 8.8、底径 5.4、高 5.2 厘米（图九八，2；参见图一三九，7；图版八〇，4）。标本 97T3SQ ①：9，上腹部饰水波纹。泥质灰陶，表面有棕褐色釉。残，口径 7.8、底径 4.6、高 3.3 厘米（图九八，3；图版八〇，5）。标本 97T3SQ ②：4，泥质灰陶，质软，素面。残，口径 12.5、底径 5.9、高 4.6 厘米（图九八，4；图版八〇，6）。

B 型　1 件（97T22SQ ①：4）。敛口，圆唇，上腹斜直，下腹折内收，小平底，素面。泥质灰褐陶，质坚硬，口径 8.8、底径 5.2、高 4.6 厘米（图九八，5）。

12. 盏

1 件（97T34SQ ②：2）。敞口，尖圆唇，浅弧腹，平底微内凹，素面。泥质灰陶，质软。稍残，口径 10.8、底径 5.8、高 1.9 厘米（图九八，6；图版八一，1）。

13. 釜

1 件（97T3SQ ①：15）。盘口近直，方唇，束颈，折肩，圜底。盘口外壁和肩部绳纹经手抹，隐约可见，腹、底部拍印粗绳纹。夹砂灰陶，表面有烟炱痕，口径 17、腹最大径 17.8、残高 9.6 厘米（图九四，22；图九七，12；图版八一，2）。

14. 盒

2 件，残，可复原。南越宫苑遗址出土的盒根据器口部和腹部的不同可分二型。A 型子口斜直内敛，上腹部弧直，下腹部折内收，平底；B 型子口内敛，弧腹内收，小平底。

曲流石渠遗迹出土的 2 件盒属于 B 型。标本 97T15 ⑩：38，上腹部饰旋纹数道。泥质灰褐陶，口径 13.0、底径 6.6、高 5.4 厘米（图九八，7）。标本 97T6 ⑩：8，口沿下饰锥刺点、弦纹和曲折纹，下腹部刻划有 "∧∧" 符号。灰褐陶，器表有青釉，质坚致。口径 23.0、底径 12.4、高 6.6 厘米（图九八，8；参见图一三九，9；图版八一，3）。

15. 三足盒

5 件，均残。根据器口部和腹底部的不同可分三型。

A 型　1 件（97T3SQ ①：39）。子口斜直内敛，尖圆唇，深弧腹，小平底，底接三扁足。腹部饰数道旋纹，底刻划有 "∧∧" 符号。泥质黄白陶，质软，口径 11.8、腹径 14.5、底径 5.2、高

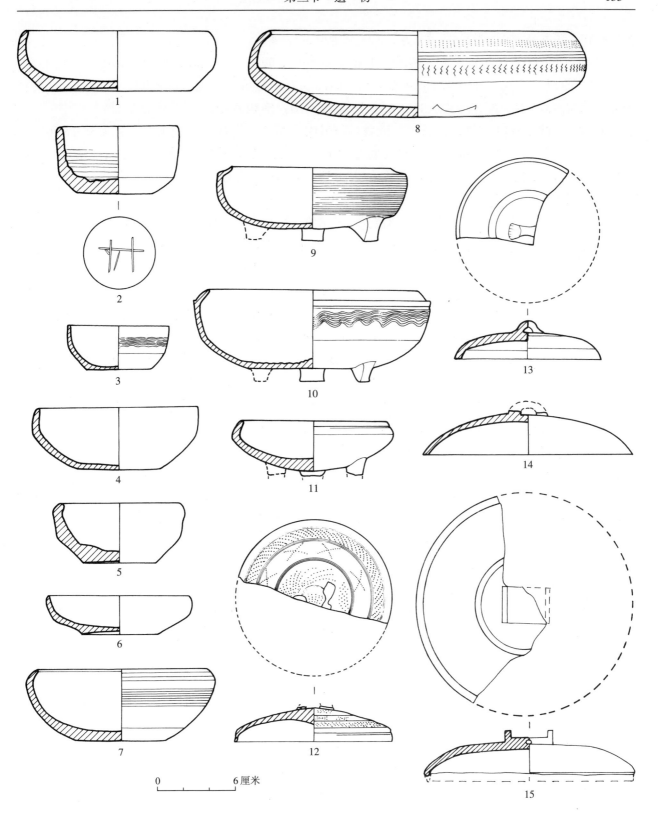

图九八 曲流石渠遗迹出土的陶器

1.钵（97T22SQ①：3） 2.A型碗（97T1⑩：1） 3.A型碗（97T3SQ①：9） 4.A型碗（97T3SQ②：4） 5.B型碗（97T22SQ①：4）
6.盏（97T34SQ②：2） 7.B型盒（97T15⑩：38） 8.B型盒（97T6⑩：8） 9.A型三足盒（97T3SQ①：39） 10.B型三足盒（97T3SQ
①：48） 11.C型三足盒（97T6⑩：5） 12.Ab型器盖（97T3SQ①：56） 13.Ab型器盖（97T34SQ①：6） 14.B型器盖（97T7⑩：14）
15.Ac型器盖（97T7⑩：13）

5.5 厘米（图九八，9；参见图一三九，12；图版八一，4）。

B 型 2 件。子口斜直内敛，圆唇，上腹壁斜直，下腹斜直折内收，平底，底接三个扁形足。上腹部饰曲折水波纹。标本 97T3SQ ① : 48，器内底有明显旋痕。泥质红褐陶，口径 16.1、腹径 18.2、底径 9.6、高 7 厘米（图九四，25；图九八，10；图版八一，5）。

C 型 2 件。子口内敛，尖圆唇，折肩，斜弧腹，圜底，底接三个扁形足。标本 97T6 ⑩ : 5，足已残断。口沿下饰一道旋纹，底部刻划有"丰"符号。泥质灰陶，陶质坚硬，上腹部有青釉。口径 11.0、腹径 12.5、残高 4 厘米（图九八，11；参见图一三九，13）。

16. 器盖

6 件，均残。南越宫苑遗址出土的器盖，根据器盖口沿的不同可分二型。A 型盖口沿做成子口，盖面微隆起，根据顶部盖纽的不同又可分三个亚型，其中 Aa 型为圆形立纽；Ab 型为半环形纽；Ac 型为"凹"字形立纽。B 型盖敞口，盖面呈圆弧形隆起。曲流石渠遗迹出土有 Ab、Ac 和 B 型器盖。

Ab 型 4 件。盖顶有一半环形纽，已残。标本 97T3SQ ① : 56，盖面饰三组弦纹，弦纹间饰斜向和叉形蓖点纹。泥质灰褐陶，表面有青釉，质坚致。口径 12.1、残高 2.8 厘米（图九四，26；图九八，12）。标本 97T34SQ ① : 6，盖面饰弦纹。泥质灰陶，残，口径 11.2、通高 3 厘米（图九八，13）。

Ac 型 1 件（97T7 ⑩ : 13）。盖顶面平，当中有一"凹"字形立纽，纽下有一横向圆形穿孔。子口残缺，表面饰两组旋纹。泥质灰陶，表面呈深灰色，口径 16、残高 3.2 厘米（图九八，15）。

B 型 1 件（97T7 ⑩ : 14）。敞口，盖面呈圆弧形隆起，顶面有一半环形纽。素面。泥质灰褐陶，口径 16.2、残高 3.3 厘米（图九八，14）。

17. 熏炉盖

1 件（97T23 ⑩ : 17）。残存顶部呈圆锥形，通体有圆形镂孔。泥质灰白陶，素面。残宽 4.3、残高 2.9 厘米（图九九，1）。

18. 支座

2 件，其中 1 件完好。形制一致，四面锥体，由底向上往一侧弧弯，底面呈方形，底面中心内掏挖成喇叭状。除底面外均饰绳纹。标本 97T3 ⑩ : 1，一侧面上部刻划有"≠"符号。泥质灰陶，表面呈黄褐色，完好，高 12.1、底宽 7.8 厘米（图九九，2；参见图一三九，14；图版八一，6）。

（二）木、竹器

只有 1 件板形木器和 1 件竹编器盖。

1. 板形木器

1 件（97T3SQ ② : 21），已朽。近长方形板状，一端残，另一端呈圆弧形。长 29、宽 18、厚 0.9 厘米（图九九，5；图版八二，1）。

2. 竹编器盖

1 件（97T3SQ ② : 20），已朽。口微敛，盖面隆起。用较宽的 10 根竹片在底心叠压一起，等距离分开向上作经，用细小的竹条横向作纬相互穿插编织而成。口径 11.7、高 3.8、壁厚 0.2 厘米（图九九，4；图版八二，2）。

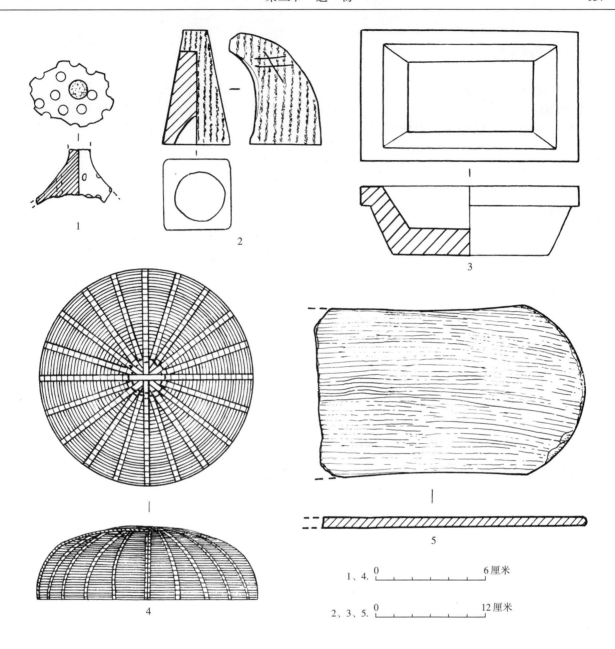

图九九　曲流石渠遗迹出土的生活器具

1.陶熏炉盖（97T23⑩：17）　2.陶支座（97T3⑩：1）　3.石盆（97T3SQ②：3）　4.竹编器盖（97T3SQ②：20）　5.板形木器（97T3SQ②：21）

（三）石器

石盆　1件（97T3SQ②：3）。长方形，呈仰斗状，口大底小。敞口，宽平折沿，方唇，斜直腹，平底。灰白色砂岩石打磨而成，表面平整。完好，口部长23.6、宽14厘米，底长16.8、宽12厘米，通高7.4厘米（图九九，3；图版八二，3）。

三　工具

按其质地的不同可分为陶质和铁质两类。

（一）陶质工具

均为泥质陶，多呈灰白色或灰褐色，部分呈红色等，陶质坚致。器形有网坠和纺轮。

1. 网坠

6件，完好。呈扁圆形，根据器身压印凹槽的不同可分二型。

A 型　2件。表面纵、横各压出一周凹槽。标本97T35⑩：6，泥质棕褐陶，长径5.1、短径3.8、厚2.9厘米（图一〇〇，1；图版八三，1右）。

B 型　4件。长径面压出一周凹槽，短径面压出两周凹槽。标本97T35⑩：2，红陶，长径4.4、短径3.0、厚1.9厘米（图一〇〇，2；图版八三，1左）。

2. 纺轮

1件（97T21⑩：4）。算珠形，中间有一圆形穿孔。灰白陶，表面局部有青釉。最大径3.2、高2.6、孔径0.4厘米（图一〇〇，3；图版八三，2）。

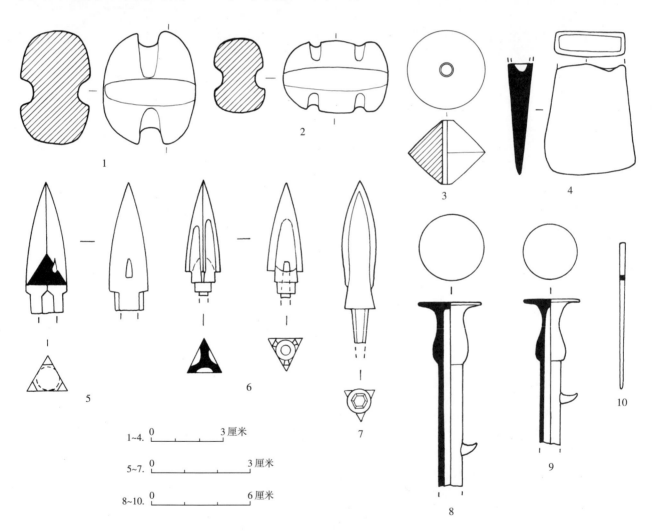

1~4.　0 ⊢——————⊣ 3厘米

5~7.　0 ⊢——————⊣ 3厘米

8~10.　0 ⊢——————⊣ 6厘米

图一〇〇　曲流石渠遗迹出土的工具、兵器和装饰品

1. A型陶网坠（97T35⑩：6）　2. B型陶网坠（97T35⑩：2）　3. 陶纺轮（97T21⑩：4）　4. 铁斧（97T38⑩：29）　5. Aa型Ⅱ式铜镞（97T15⑩：3）　6. Aa型Ⅲ式铜镞（97T7⑩：29）　7. C型铜镞（97T37⑩：6）　8. 铜盖弓帽（97T7⑩：1）　9. 铜盖弓帽（97T7⑩：2）　10. 铜簪（97T7⑩：4）

（二）铁工具

斧 1件（97T38⑩：29）。銎部残断，銎口呈长方形。残长4.6、刃宽3.6厘米，銎口长2.6、宽0.7、残深0.3厘米（图一〇〇，4；图版八三，3）。

四 兵器和车马器

兵器只有镞，车马器有盖弓帽。

1. 镞

3件，其中2件为铁铤铜镞，1件为铜铤铜镞，铤多已残断。

南越宫苑遗址出土的铜镞，根据镞身的不同可分三型。A型镞身呈三棱形，根据镞尾部的不同又可分两个亚型，Aa型尾部平齐，Ab型尾部有倒刺；B型镞身呈两翼式；C型镞身呈三翼式。曲流石渠出土Aa型和C型镞。

Aa型 2件。根据镞身有无血槽和血槽的变化可分三式，曲流石渠出土的Aa型镞属于Ⅱ式和Ⅲ式。

Ⅱ式 1件（97T15⑩：3）。镞身其中一面有一个三角形血槽。关呈六棱形，圆形铁铤，已残断。镞体长3.9、关长0.5、径0.9厘米（图一〇〇，5；图版八三，4）。

Ⅲ式 1件（97T7⑩：29）。镞身三面均有血槽。关呈圆形，圆形铁铤，已残断。镞体长3.3、关长0.3、关径0.7厘米（图一〇〇，6；图版八三，5）。

C型 1件（97T37⑩：6）。镞身呈三翼式，中脊突起呈圆柱形。关呈圆形，六棱形铜铤，残断。镞体长3.6、关长0.4、关径0.9、铤残长1厘米（图一〇〇，7；图版八三，6）。

2. 盖弓帽

2件，铜质，下部已残断。顶端一饼形圆帽，帽下似一宝瓶状，下部为圆形长管，中部伸出一弯钩。标本97T7⑩：1，残长11.2、管径1.4、顶帽径3.9厘米（图一〇〇，8；图版八三，7左）。标本97T7⑩：2，残长8.6、管径1.2、顶帽径3.4厘米（图一〇〇，9；图版八三，7右）。

五 装饰品

铜簪 1件（97T7⑩：4），长条形，一端尖细，横断面为长方形。长8.6厘米（图一〇〇，10；图版八五，1）。

六 钱币

均为铜钱，绝大多数出土于97T38⑩层红烧土堆积中。这批铜钱呈堆状分布，大多数已被大火烧熔结成块，伴出的还有一枚"中府啬夫"封泥，由此推测这是一批封缄好的铜钱。经整理，除大部分的铜钱因粘结在一起无法分离外，共整理出"半两"钱111枚，"赀化"钱1枚。此外，在其他探方也出土有8枚"半两"钱。

1. 赀化

1枚（97T38⑩：122），有内郭，无外郭，面穿大于背穿，钱文字体清晰，背面素平。钱径2.46、穿宽1.05、厚0.11厘米，重2.7克（图一〇一，1；图版八四，1）。

2. 半两

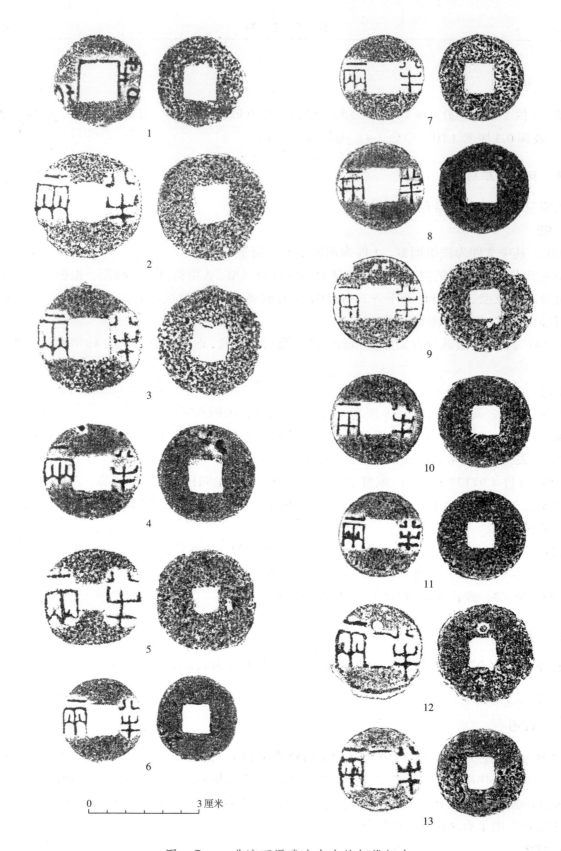

图一〇一　曲流石渠遗迹出土的铜钱拓本

1."賹化"（97T38⑩：122）2.B型"半两"（97T38⑩：28）3.B型"半两"（97T38⑩：40）4.B型"半两"（97T38⑩：91）5.B型"半两"（97T38⑩：60）6.Ca型Ⅰ式"半两"（97T38⑩：83）7.Ca型Ⅰ式"半两"（97T39⑩：5）8.Ca型Ⅱ式"半两"（97T38⑩：95）9.Cb型Ⅱ式"半两"（97T38⑩：46）10.Cb型Ⅱ式"半两"（97T38⑩：48）11.Cb型Ⅰ式"半两"（97T38⑩：120）12.Cc型"半两"（97T38⑩：41）13.Cc型"半两"（97T38⑩：85）

119枚。为了解这批铜钱的大小、重量和工艺等情况，我们选出90枚完好且钱文字体清晰的铜钱进行测量（附表五）。通过测量记录可知，有些铜钱制作工艺不甚规整，有的还残留有流口或铜渍；绝大多数无内、外郭，也有少量是有内郭或内、外郭均有的，面穿均大于背穿，背面素平。南越宫苑遗址出土的"半两"钱，根据钱径的大小可分三型，曲流石渠遗迹仅出土B、C二型。

B型　16枚，其中完好的15枚。钱径较大，重量较重。钱径在2.6~3厘米之间，最小的2.61厘米，最大的3.02厘米，重量在2.0~3.0克左右，最轻的仅1.7克，最重达3.9克。钱文稍显瘦长，字体不甚规整。

标本97T38⑩：28，钱径2.79~3.02、穿宽1.0、厚0.1厘米，重3.9克（图一〇一，2；图版八四，2左）。标本97T38⑩：40，左上有流口，宽0.98厘米。钱径2.9、穿宽1.0、厚0.1厘米，重3.8克（图一〇一，3；图版八四，2右）。标本97T38⑩：91，钱径2.7、穿宽0.95、厚0.08厘米，重2.5克（图一〇一，4；图版八四，4右）。标本97T38⑩：60，钱径2.61~2.71、穿宽0.71、厚0.1厘米，重2.1克（图一〇一，5；图版八四，4左）。

C型　103枚。钱径较小，钱径普遍在2.2~2.6厘米之间，重量普遍在1.3~2.5克之间。根据有无内、外郭可分三个亚型。

Ca型　88枚，其中完好的73枚。两面素平，无内、外郭。根据"两"字的变化可分二式。

Ⅰ式　73枚。"两"字写成双人部。标本97T38⑩：83，钱文字体瘦长，下流口宽0.65厘米。钱径2.25、穿宽0.87、厚0.07厘米，重1.9克（图一〇一，6；图版八四，7右上）。标本97T39⑩：5，钱文字体方正。钱径2.3、穿宽0.8、厚0.1厘米，重1.8克（图一〇一，7；图版八四，7左上）。

Ⅱ式　15枚。"两"字"从"部写成"一"横。标本97T38⑩：95，钱文字体瘦长，上流口宽0.46厘米。钱径2.45、穿宽0.92、厚0.07厘米，重1.7克（图一〇一，8；图版八四，7左下）。

Cb型　9枚，完好。表面有外郭，背面素平。根据"两"字的变化可分二式。

Ⅰ式　2枚。"两"字写成双人部。标本97T38⑩：120，钱文字体方正。钱径2.43、穿宽0.76、厚0.11厘米，重2.5克（图一〇一，11；图版八四，7右下）。

Ⅱ式　7枚。"两"字"从"部写成"一"横。标本97T38⑩：46，钱文字体方正。钱径2.55、穿宽0.9、厚0.1厘米，重2.3克（图一〇一，9；图版八四，3）。标本97T38⑩：48，钱径2.5、穿宽0.78、厚0.1厘米，重2.1克（图一〇一，10；图版八四，5）。

Cc型　6枚，完好。表面有内、外郭，背面素平。标本97T38⑩：41，钱文字体瘦长。钱径2.5、穿宽0.77、厚0.13厘米，重3.5克（图一〇一，12；图版八四，6）。标本97T38⑩：85，钱径2.38、穿宽0.93、厚0.1厘米，重2.2克（图一〇一，13）。

七　其他

按质地的不同可分铜、石、植物和动物遗存四大类。

（一）铜质类

2件，器形不明。标本97T37⑩：7，长条形，一端完好，另一端残断。残长4.2、宽1.3、厚0.55厘米（图版八五，3）。

标本97T15⑩：5，残存三部分组成长条形，末段呈圆柱形。中段呈扁长方形，四棱边均斜削，中间较两端削得多，截面呈八棱形。前段截面呈扁圆形。残长12.4厘米，末段长4.0、径1.1厘米，

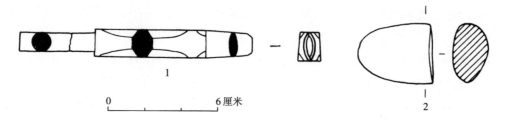

图一〇二　曲流石渠遗迹出土的其他器物
1. 铜器（97T15⑩：5）　2. 研石（97T34⑩：25）

中段长6.0、宽1.6、厚0.8厘米，前段残长2.4厘米（图一〇二，1，图版八五，2）。

（二）石质类

研石　1件（97T34⑩：25），为天然青灰色小卵石，一端断面磨平整。研面径3.1~3.9、高2厘米（图一〇二，2；图版八五，4）。

（三）植物遗存

植物遗存主要出土于曲流石渠内淤土堆积中，有种子、果核和树叶。经中国社会科学院考古研究所考古科技实验研究中心鉴定，鉴定到种的植物有梅、杨梅、桃、橄榄、南酸枣、海南榄仁、山鸡椒、钩树、水稻、粟等，鉴定到属的有省藤属（？）和李属，鉴定到科的有樟科和葫芦科，此外，还有一些植物的种子和树叶因残碎等原因无法鉴定其种属。现仅对部分植物遗存作介绍，具体详见第五章第三节《南越宫苑遗址1997年度浮选结果分析报告》。

1. 桃核

3粒。标本97T34SQ②：4，长1.7~2.1、宽1.3~1.7厘米（图版八六，1左）。

2. 南酸枣核

6粒。标本97T34SQ②：7，长1.5~1.8、宽1.2~1.4厘米（图版八六，2右）。

3. 橄榄核

4粒。标本97T34SQ②：5，长2.3、宽1.4厘米（图版八六，2左）。

4. 树叶

在曲流石渠第②层淤沙中有两处地方发现有树叶，但由于树叶保存状况不好，仅知其为阔叶，具体种属已无法鉴定。标本97T34SQ②：3，其中大的一片树叶长7.3、宽4厘米；小的一片树叶残长4.8、宽3.7厘米（图版八六，3）。

（四）动物遗存

动物遗存也是主要出土于曲流石渠淤土层中，经中国社会科学院考古研究所考古科技实验研究中心鉴定，种类有蚌、鱼、软骨鱼、龟、鳖、鳄鱼、豪猪、狗、熊、马、猪、梅花鹿、牛和其他哺乳动物等，现仅对其中少部分遗存作介绍，具体详见第五章第四节《南越宫苑遗址出土动物骨骼研究报告》。

1. 蚌壳

4件，其中3件为完整的个体，呈灰褐色。标本97T25SQ②：1，长7.5、宽6厘米（图版八七，1）。标本97T25SQ ② : 2，长 10.5、宽 10 厘米。标本97T25SQ ② : 3，长 4.4、宽 5.7 厘米。

2. 龟、鳖

绝大部分出土于曲流石渠的弯月形石池内，其余地方出土较少。标本97T3SQ ② : 23，鳖背甲，残长 40、残宽 35~46 厘米（图版八七，2）。标本97T3SQ ② : 12，龟头骨，残长 7.6、宽 5.5 厘米（图版八七，3）。标本97T3SQ ② : 22，鳖头骨，残长 8.4、宽 5.6 厘米（图版八七，4）。

3. 梅花鹿角

2 件。标本97T39 ⑩ : 28，根部可见切割痕。残长 23、径 2.6~3.5 厘米（图版八七，5）。

第四章　南越国陶文、封泥和石刻文字

南越宫苑遗址出土的部分建筑材料和生活器具上戳印、拍印、刻凿或刻划有文字。这些文字资料非常丰富，所涉及的内容较为广泛，是研究南越国官营制陶作坊、职官和历史地理等方面的重要资料，特另辟一章作系统介绍。这些文字资料根据书写材料的不同，分陶文、封泥文字和石刻文字三大类。

第一节　陶　文

这批陶文主要书写在砖、瓦等陶质建材和生活用陶器之上。文字有戳印、拍印和刻划三种形式，其中以拍印的形式居多，少量是拍印和戳印兼有。戳印和拍印的陶文均为阳文，字体有篆书和隶书两种。戳印的陶文印文面近呈方形或长方形，绝大多数无边栏，无界格，只有少量有边栏。有一字、二字或四字，二字的右起向左读，四字的多右起往下向左读，但也有是左起往下向右读的。拍印文字以一字和二字的居多，少数是三字的，且是同字连续拍印，部分字体有重叠现象。根据书写器物的不同，又可细分为砖文、瓦文和陶器文字。

一　砖文

遗址出土的砖，只有极少部分是戳印或刻划有文字（附表六）。从文字内容看，可分四类，一是编号数字类；二是官署及陶工人名类；三是其他陶工人名类；四是符号类。

（一）编号数字类

1件（95T12PC：6），砖的表面刻划一"四"字（图一〇三，1；图版一三，3）。它应是陶工在制砖过程中的编号数字。

（二）官署及陶工人名类

这类砖文是在陶工人名前冠以陶工身份和所属官署机构的名称。

左官奴单　3件。均戳印在长方形印花砖表面转角处，篆体、阳文，无边栏，无界格，右起往下向左读。标本97T15⑩：37，字迹模糊（图一○三，2；图版六二，2）。

　　《汉书·诸侯王表》："武有衡山、淮南之谋，作左官之律。"应劭曰："人道上右，今舍天子而仕诸侯，故谓之左官也。"师古曰："汉时依上古法，朝廷之列以右为尊，故谓降秩为左迁，仕诸侯为左官也。"[1]可见古代以右为尊，以左为卑，左官在这里是官署机构名。与左官对应的，还有右官，在中国古代官制中，多有左某官或右某官，南越国陶文中的左官和右官均未言明是什么职官。根据秦都咸阳遗址和秦始皇陵园范围内出土有"左右司空"、"左右水"等陶文来看[2]，这里的左官，应是与之类似负责烧造砖瓦的官署机构。"奴"，奴隶或奴婢的省称，是因罪没入官府或被掠卖为奴的人。《周礼·秋官·司厉》曰："其奴，男子入于罪隶，女子入于春、槁"[3]，《说文》也曰："奴、婢皆古之辠人也，从女从又"[4]。"单"是制砖的陶工人名。

　　（三）其他陶工人名类

　　这一类砖文仅有陶工人名一字，砖上仅发现有"公"、"气"两个陶工的人名。

　　公　1件（97T15SQ②：2）。戳印于砖的表面，阳文，有很浓的隶书味，无边栏，字体清晰，印文面长1.7、宽0.9厘米（图一○三，3；图版八八，1）。

　　气　1件（97T40⑦：4*）。戳印于砖面，阳文，无边栏，字迹清晰，印文面长2.1、宽1.8厘

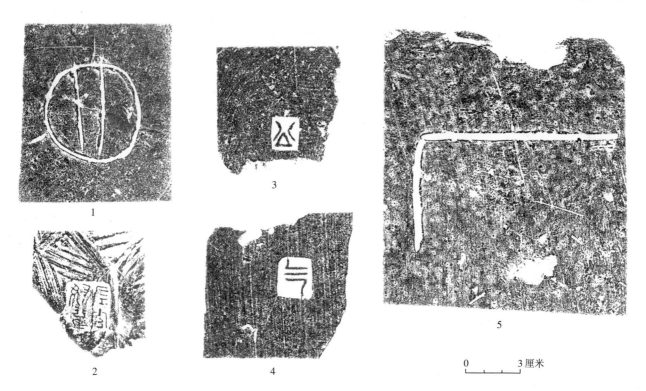

图一○三　南越宫苑遗址出土的砖文拓本

1.四（95T12PC：6）2.左官奴单（97T15⑩：37）3.公（97T15SQ②：2）4.气（97T40⑦：4）5.匚（97T44⑨b：9）

① 《汉书·诸侯王表》，第395~396页，中华书局点校本，1996年。

② 袁仲一、程学华：《秦代中央官署制陶业的陶文》，《考古与文物》1980年第3期。

③ 《周礼·秋官·司厉》，第343页，岳麓书社，2001年。

④ 臧克和、王平校订：《说文解字新订》，第819页，中华书局，2002年。

米（图一〇三，4；图版八八，2）。

公类文字虽在遗址出土的砖上仅发现1件，但在瓦上发现较多，此外，在南越国时期墓葬出土的陶器上也有发现[1]，应是陶工人名。"公"字陶文在山东诸城臧家庄与葛布口村战国墓[2]、秦都咸阳遗址和秦始皇陵遗址也有发现[3]，但均是戳印在豆、罐等陶器之上，砖瓦上未有发现，研究者也认为"公"是陶工人名。

"气"也是陶工人名，福建武夷山城村汉城遗址也出土多件戳印"气"字的瓦[4]。

（四）符号类

1件（97T44⑨b：9*）。砖的表面刻划"┌"符号（图一〇三，5）。

二 瓦文

遗址出土的瓦有不少是戳印或拍印有文字的。戳印的文字位于板瓦里面或筒瓦表面，拍印的文字均在瓦的里面。从文字内容看，可分三大类，一是官署名类；二是官署及陶工人名类；三是其他陶工人名类。此外，还有少量瓦里面拍印的是图案（附表七）。

（一）官署名类

居室。20件。戳印，印文面呈方形或长方形，无边栏，无界格。

戳印于板瓦里面，共有15件。标本97T20⑩：1，印文面边长2.9厘米（图一〇四，1；图版八八，3）。

戳印于筒瓦表面，共有5件。标本97T42⑩：10，印文面长2.7、宽2.5厘米（图一〇四，2；图版八八，4）。

居室、任。2件。板瓦里面拍印满"任"字，当中戳印"居室"二字，印文面呈方形，无边栏，无界格。标本97T21⑩：12，印文面边长2.8厘米（图一〇四，3；彩版二三，1）。

据《汉书·百官公卿表》记载，居室、甘泉居室为少府属官，设令、丞。根据出土有秦代的"居室丞印"封泥[5]，证明秦代时已设有"居室"这一职官。关于居室的职能，《史记·魏其武安侯列传》："（田蚡）劾灌夫骂坐不敬，系居室"[6]，可知其主宫中之狱，是拘禁犯人的处所。《汉书》记载，卫青出身贫贱，"尝从人至甘泉居室，有一钳徒相青"，言其将封侯。张晏曰"居室，甘泉中徒所居也。"[7]从遗址出土大量戳印有居室陶文的板瓦和筒瓦来看，囚禁于居室的犯人也参与宫廷建材的生产。"任"是陶工人名。

（二）官署及陶工人名类

有左官、右官和官三种。

---

① 广州市文物管理委员会、广州市博物馆：《广州汉墓》，第91页，文物出版社，1981年。
② 山东诸城县博物馆：《山东诸城臧家庄与葛布口村战国墓》，《文物》1987年第12期。
③ 袁仲一：《秦代陶文》，第112、123、125页，三秦出版社，1987年。
④ 福建博物院、福建闽越王城博物馆编：《武夷山城村汉城遗址发掘报告（1980~1996）》，第132、147页，福建人民出版社，2004年。
⑤ 中国社会科学院考古研究所汉长安城工作队：《西安相家巷遗址秦封泥的发掘》，《考古学报》2001年第4期。
⑥ 《史记·魏其武安侯列传》，第2850页，中华书局点校本，1996年。
⑦ 《汉书·卫青霍去病传》，第2471~2472页，中华书局点校本，1996年。

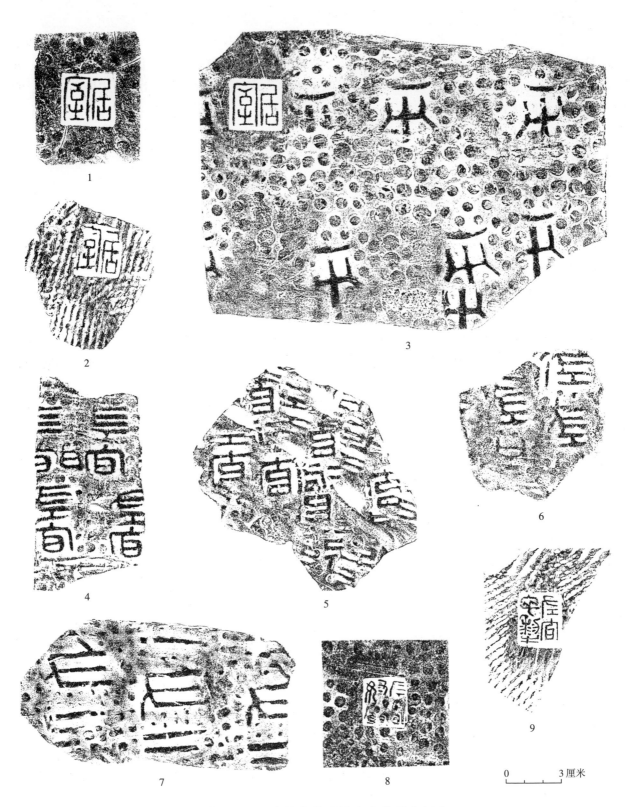

图一〇四　南越宫苑遗址出土的瓦文拓本

1.居室（97T20⑩：1）　2.居室（97T42⑩：10）　3.居室、任（97T21⑩：12）　4.左官（97T19⑩：43）　5.左官（95T2⑥：2）　6.左
（97T19⑩：39）　7.左（97H92：35）　8.左官奴单（97H92：11）　9.左官卒犁（97T20⑩：2）

1. 左官

根据字文内容可分为六式。一式仅有"左官"二字；二式只有"左"字，是"左官"的省文；三式是在陶工人名前冠以陶工身份和"左官"二字；四式是在陶工人名前冠以"左官"二字；五式是在陶工人名前仅冠以"左"字；六式仅有陶工人名一字。上述六式中以第三式最为完整、明确，其余均为简化式。

（1）第一式

仅有"左官"二字，12件。拍印于板瓦或筒瓦里面。

拍印于板瓦里面，6件。标本95T2⑥:2，反文（图一〇四，5）。

拍印于筒瓦里面，6件。标本97T19⑩:43（图一〇四，4；图版八八，5）。

（2）第二式

仅"左"一字，16件。拍印于板瓦或筒瓦里面。

拍印于板瓦里面，7件。标本97H92:35（图一〇四，7）。

拍印于筒瓦里面，9件。标本97T19⑩:39（图一〇四，6）。

（3）第三式

是在陶工人名之前冠以表示陶工身份的"奴"、"卒"或"鬼"字和所属官署"左官"二字。

左官奴单　1件（97H92:11）。戳印于板瓦里面，印文面长2.6、宽2.4厘米（图一〇四，8；图版八八，6）。

左官卒犁　1件（97T20⑩:2）。戳印于筒瓦表面，印文面长3.0、宽2.4厘米（图一〇四，9；彩版二三，2）。

左官卒窑　3件。均戳印于板瓦里面。标本97H150:3*，印文面长2.5、宽2.4厘米（图一〇五，1）。

左官卒窑、左吕　1件（97T19⑩:7）。板瓦里面拍印满"左吕"二字，当中戳印"左官卒窑"四字，印文面长2.5、宽2.3厘米（图一〇五，2；彩版二三，3）。

左官卒最　1件（97T15⑩:23）。戳印于筒瓦表面，其中"卒"字残，印文面边长2.5厘米（图一〇五，3；图版八九，1）。

左官卒史　1件（97T29⑩:12）。戳印于板瓦里面，左起往下向右读，印文面长2.8、宽2.3厘米（图一〇五，7；图版八九，2）。

左官卒藤　1件（97T29SQ①:15）。戳印于筒瓦表面，左起往下向右读。"左"字残，最后一字较为模糊，似是"藤"字。印文面长3.0、宽2.6厘米（图一〇五，8；图版八九，3）。

左官卒安　1件（97T20⑨a:48*）。戳印于筒瓦表面，"卒"字和"安"字残。印文面长2.0、残宽1.7厘米（图一〇五，6）。

左□卒□　1件（97T20⑩:27）。戳印于板瓦里面，左起往下向右读，下面两字残缺，其中"左"字下面一字应是"官"字。印文面长2.5、宽2.4厘米（图一〇五，5）。

左官鬼□　1件（97T33⑩:9）。戳印于筒瓦表面，"鬼"字反文，最后一字模糊难以辨识。印文面长3.0、宽2.4厘米（图一〇五，9；图版八九，4）。

左官侈忌　1件（97T39⑩:1）。戳印于板瓦里面，印文左起往下向右读，其中"官"字反文。印文面长2.3、宽2.2厘米（图一〇五，4；彩版二三，4）。

□官□□　1件（97T7⑩:30）。戳印于板瓦里面，上面两字残缺，"官"字上面一字应是"左"

图一〇五 南越宫苑遗址出土的瓦文拓本

1. 左官卒窑（97H150∶3） 2. 左官卒窑、左吕（97T19⑩∶7） 3. 左官窒最（97T15⑩∶23） 4. 左官佟忌（97T39⑩∶1） 5. 左□卒□（97T20⑩∶27） 6. 左官窒㚒（97T20⑨a∶48） 7. 左官卒史（97T29⑩∶12） 8. 左官卒藤（97T29SQ①∶15） 9. 左官鬼□（97T33⑩∶9） 10. □官□□（97T7⑩∶30） 11. □官□窑（97T24⑨a∶2） 12. 左官蚩（97T35⑩∶4） 13. 左官□（97T19⑩∶21）

字。印文面残长1.2、宽2.5厘米（图一〇五，10；图版八九，5）。

　　□官□窑　1件（97T24⑨a∶2*）。戳印于筒瓦表面，残存下面两字，其中"官"字上面一字应是"左"字。印文面残长1.4、残宽2.3厘米（图一〇五，11）。

左官是负责烧造南越国宫廷用砖瓦的官署机构，奴即奴隶或奴婢。《商君书·境内》："爵自二级已上至不更，命曰卒。"《说文》："卒，隶人给事者。"[1]卒是供驱使服更役的更卒。鬼，即鬼薪的省称，是服劳役的刑徒。《汉官旧仪》："鬼薪者，男当为祠祀鬼神，伐山之薪蒸也。"[2]左官奴和左官卒后面的单、犁、窑、最、史、藤、安等均是陶工人名，他们的身份是奴隶、更卒或服鬼薪刑的刑徒。

（4）第四式

是在陶工人名前冠以"左官"二字。

左官蜚　4件。拍印于板瓦里面。标本97T35⑩：4（图一〇五，12；图版八九，6）。

左官□　3件。拍印于筒瓦里面，反文，其中一字难以辨识。标本97T19⑩：21（图一〇五，13；图版九〇，1）。

（5）第五式

是在陶工人名前冠一"左"字。

左犁　4件。拍印于板瓦里面。标本97T7⑩：55（图一〇六，1；图版九〇，2）。

左最　1件（97T40⑨a：5*）。拍印于板瓦里面，"最"字反文（图一〇六，2；图版九〇，3）。

左赖　1件（95T12PC：8）。拍印于板瓦里面，其中"赖"字模糊不清（图一〇六，7）。

左吕　1件（97T15⑩：49）。拍印于板瓦里面（图一〇六，4）。

左扇　2件。拍印于板瓦里面。标本97T22⑩：18（图一〇六，10）。

左秩　2件。拍印于板瓦里面。标本97T20⑩：4（图一〇六，3；图版九〇，4）。

左员　1件（95T4⑤b：9*）。拍印于板瓦里面，字体模糊不清（图一〇六，8）。

左稽　9件。拍印于板瓦里面。标本97T17⑩：2（图一〇七）。

左匜　1件（97T33⑩：7）。拍印于板瓦里面（图一〇六，9；图版九〇，6）。

左大　3件。拍印于板瓦里面。标本95T5PC：55（图一〇六，5）。

左□　1件（97T26⑩：3）。戳印于板瓦里面，"左"字左侧一字模糊、残缺，未能识读。印文面残长2.3、宽2.4厘米（图一〇六，6；图版九〇，5）。

左某即左官的省文。

（6）第六式

只有陶工人名一字。

蜚　2件。拍印于板瓦里面。标本95T5PC：52（图一〇八，1）。

赖　6件。拍印于板瓦里面。标本97T15⑩：45（图一〇八，2；图版九一，1）。

稽　3件。拍印于板瓦里面。标本97T15⑨b：43*（图一〇八，3）；标本97T20⑨a：33*（图一〇八，4；图版九一，2）。

扇　4件。拍印于板瓦里面。标本97T21⑩：10（图一〇八，5；图版九一，3）。

最　5件。拍印于板瓦里面。标本97T42⑩：3，反文，字体重叠（图一〇八，6；图版九一，4）；标本97H169：1（图一〇八，7）；标本97T39⑩：13，反文（图一〇八，8）。

匜　2件。拍印于板瓦里面。标本97T29⑩：9（图一〇八，9；图版九一，5）。

① 臧克和、王平校订：《说文解字新订》，第553页，中华书局，2002年。
② 《汉官旧仪》，《影印文渊阁四库全书》第646册，第15页，台湾商务印书馆发行。

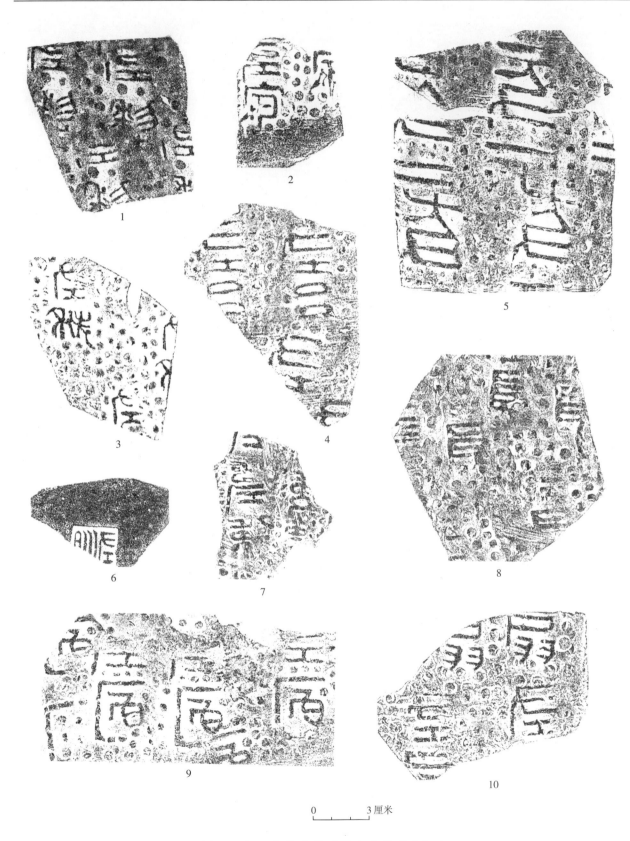

图一〇六 南越宫苑遗址出土的瓦文拓本

1. 左犁（97T7⑩：55） 2. 左最（97T40⑨a：5） 3. 左秩（97T20⑩：4） 4. 左吕（97T15⑩：49） 5. 左大（95T5PC：55） 6. 左□（97T26
⑩：3） 7. 左赖（95T12PC：8） 8. 左员（95T4⑤b：9） 9. 左匜（97T33⑩：7） 10. 左扇（97T22⑩：18）

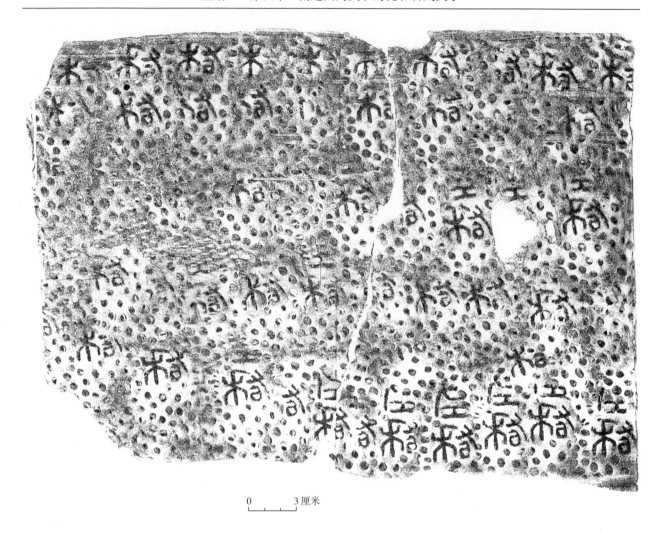

0 ⊢——⊣ 3厘米

图一○七　"左稽"瓦文拓本（97T17 ⑩ : 2）

　　从陶文有左官蜚、左犁、左最、左赖、左稽、左扇、左匜等来看，蜚、犁、最、赖、稽、扇、匜等均是上述瓦文的省文，他们同是左官属下的陶工人名。

　　2. 右官

　　根据文字内容的不同，可分为五式。一式只有"右官"二字；二式仅有一个"右"字；三式是在陶工人名前冠以"右官"二字；四式是在陶工人名前冠以"右"字；五式只有陶工人名一字。

　　（1）第一式

　　右官，21件。戳印于板瓦里面或拍印于板瓦、筒瓦里面。

　　戳印于板瓦里面，无边栏，4件。标本97T20⑩ : 6，印文面边长2.8厘米（图一○九，1）。标本97T30⑦ : 5*，印文面边长3厘米（图一○九，2；彩版二三，5）。

　　拍印于板瓦里面，14件。标本97T3⑩ : 9（图一○九，3）；标本95T12PC : 22（图一○九，4；图版九一，6）。

　　拍印于筒瓦里面，3件。标本95T12PC : 24（图一○九，5）。

　　（2）第二式

　　右，4件。拍印于板瓦里面。标本97T20⑧b : 91*（图一○九，6）；标本97T15⑨a : 11*（图

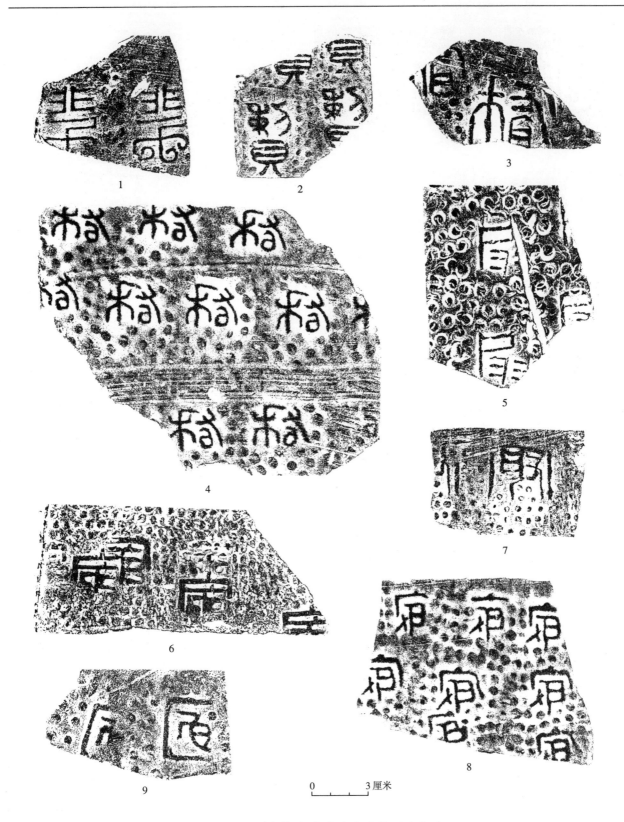

图一〇八　南越宫苑遗址出土的瓦文拓本

1.蜚（95T5PC：52）　2.赖（97T15⑩：45）　3.稽（97T15⑨b：43）　4.稽（97T20⑨a：33）　5.扇（97T21⑩：10）　6.最（97T42⑩：3）　7.最（97H169：1）　8.最（97T39⑩：13）　9.匜（97T29⑩：9）

图一〇九　南越宫苑遗址出土的瓦文拓本

1.右官（97T20⑩：6）　2.右官（97T30⑦：5）　3.右官（97T3⑩：9）　4.右官（95T12PC：22）　5.右官（95T12PC：24）　6.右（97T20⑧b：91）　7.右（97T15⑨a：11）　8.右官钤（97T24⑩：3）　9.右官九（95T12⑤a：15）

一〇九，7）。

（3）第三式

是在陶工人名前冠以"右官"二字，11件。拍印于板瓦、筒瓦里面。

右官钤 9件。拍印于板瓦里面。标本97T24⑩：3（图一〇九，8）。

右官九 2件。拍印于筒瓦里面。标本95T12⑤a：15*，文字相互重叠（图一〇九，9；图版九二，1）。

（4）第四式

是在陶工人名之前冠以"右"字。有戳印和拍印两种形式。

右贫 3件。戳印于筒瓦表面或板瓦里面。

戳印于板瓦里面，1件（97H85：5*）。印文面边长2.5厘米（图一一〇，1）。

戳印于筒瓦表面，2件。标本97T7⑩：17，印文面边长2.5厘米（图一一〇，2；图版九二，2）。

右钤、官钤 2件。板瓦里面拍印满"官钤"文字，当中戳印"右钤"印文。标本97T43⑩：6，印文面边长2.2厘米（图一一〇，6；图版九二，6）。

右衣 1件（97T6⑨b：3*）。戳印于板瓦里面，印文面边长2.2厘米（图一一〇，3；图版九二，3）。

右富 2件。拍印或戳印于板瓦里面。标本97T17⑧a：14*，戳印于板瓦里面，印文面边长2.2厘米（图一一〇，4；图版九二，4）。标本97T41⑩：12，拍印于板瓦里面（图一一〇，5；图版九二，5）。

右梦 18件。拍印于板瓦里面或戳印于筒瓦里面。

戳印于筒瓦表面，1件（97T40⑩：43）。印文面边长2.3厘米（图一一〇，8；图版九三，1）。

拍印于板瓦里面，17件。标本95T1PC：18，文字有重叠现象（图一一〇，7）。

右□ 3件。戳印于板瓦里面或筒瓦表面，其中左侧一字模糊难以辨识。

戳印于板瓦里面，2件。标本97T7⑩：31，印文面边长2.4厘米（图一一〇，9；图版九三，2）。

戳印于筒瓦表面，1件（97T23⑩：8）。印文面边长2.4厘米（图一一〇，10）。

右曹 4件。拍印于筒瓦里面，反文。标本97T23⑩：15（图一一一，1；图版九三，3）。

右东 7件。拍印于筒瓦里面，反文。标本97T41⑩：13（图一一一，2；图版九三，4）。

右□、官 1件（97T19⑨b：9*）。板瓦里面拍印多个"官"字，当中戳印"右□"二字，其中左侧一字模糊难以辨识。印文面长2.7、宽2.8厘米（图一一一，3）。

右莫 3件。拍印于板瓦里面，反文。标本97T20⑩：28（图一一一，4）。

右□ 4件。拍印于板瓦里面，反文，其中一字未能识读。标本97T24⑩：18（图一一一，5）。

从瓦文右官钤和右钤同时出现的情况来看，右是右官的省称。右官和右字后面的钤、贫、衣、梦、富、莫等为陶工人名。

右官，是与左官对应而设的职官，与左官一样也是南越国负责烧造砖瓦的官署机构。在秦汉时期，职官分左、右而设是较为常见的，如秦始皇陵园出土砖瓦上的陶文就有"左司空"、"左司"和"右司空"、"右司"等①。

（5）第五式

---

① 袁仲一、程学华：《秦代中央官署制陶业的陶文》，《考古与文物》1980年第3期。

图一一〇　南越宫苑遗址出土的瓦文拓本

1.右贫（97H85：5）　2.右贫（97T7⑩：17）　3.右衣（97T6⑨b：3）　4.右富（97T17⑧a：14）　5.右富（97T41⑩：12）　6.右釪、官釪（97T43⑩：6）　7.右梦（95T1PC：18）　8.右梦（97T40⑩：43）　9.右囗（97T7⑩：31）　10.右囗（97T23⑩：8）

只有陶工人名一字。

莫　8件。拍印于板瓦或筒瓦里面。

拍印于板瓦里面，7件。标本97T7⑩：48（图一一一，7；图版九三，6）。

拍印于筒瓦里面，1件（97T24⑥a：10*）（图一一一，8）。

九　4件。拍印于筒瓦里面。标本97T19⑩：12（图一一一，6；图版九三，5）。

梦　6件。拍印于板瓦里面。标本97T29SQ①：5（图一一一，9；图版九四，1）。

从瓦文有右莫、右官九、右梦来看，莫、九、梦是上述瓦文的省称，他们均是右官属下的陶工。

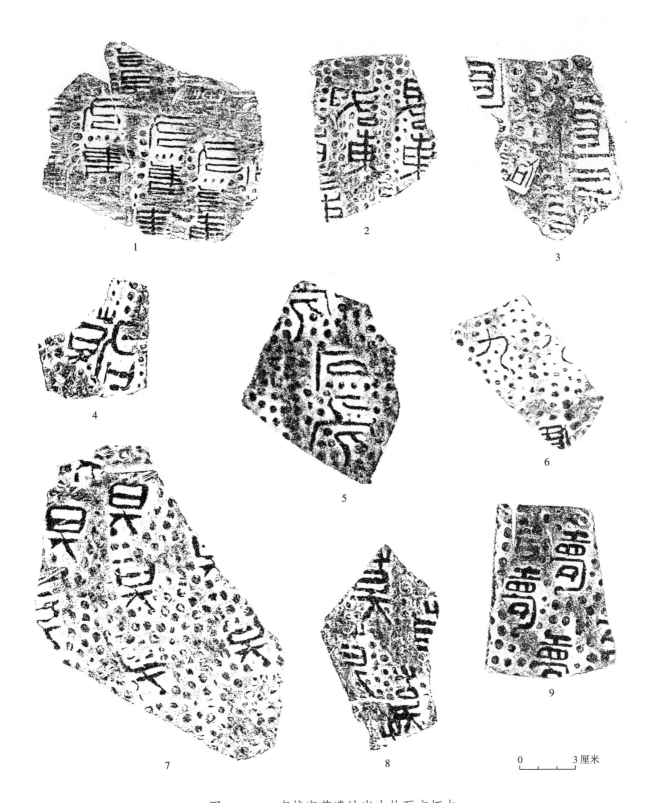

图———　南越宫苑遗址出土的瓦文拓本

1.右曹（97T23⑩：15）　2.右东（97T41⑩：13）　3.右□、官（97T19⑨b：9）　4.右莫（97T20⑩：28）　5.右□（97T24⑩：18）
6.九（97T19⑩：12）　7.莫（97T7⑩：48）　8.莫（97T24⑥a：10）　9.梦（97T29SQ①：5）

3. 官

有两式。一式仅有"官"字；二式是在陶工人名前冠以"官"字。

（1）第一式

官，39件。形式多样，有戳印于板瓦里面或筒瓦表面，也有拍印于板瓦和筒瓦里面。戳印文面多呈方形或近方形，也有的呈长方形，均无边栏。

戳印于板瓦里面，11件。标本97T12⑩：14，印文面边长2.1厘米（图一一二，1）。标本97T43⑩：10，印文面长2.3、宽2.2厘米（图一一二，2；图版九四，2）。标本97T15⑩：28，印文面长2.3、残宽2厘米（图一一二，3）。标本95T4⑥：1，印文面长3.0、宽2.5厘米（图一一二，7；图版九四，3）。

戳印于筒瓦表面，4件。标本95T2PC：18，表面残存两个"官"字，印文面长2.3、宽1.8厘米（图一一二，6；图版九四，4）。

拍印于板瓦里面，19件。标本97T19⑩：18（图一一二，8）。

拍印于筒瓦里面，5件。标本97T33⑩：15，文字重叠、颠倒（图一一二，9；图版九四，5）。

（2）第二式

是在陶工人名之前冠以一个"官"字。有戳印和拍印两种形式。

官钗　18件。拍印于板瓦里面。标本97T15⑩：30（图一一二，5）。

官□、钗　1件（95T3PC：8）。板瓦里面拍印满"钗"字，字体模糊不清，当中戳印"官□"二字，其中下面一字仅存左偏旁"女"部。印文面长2.2、残宽1.7厘米（图一一二，4；图版九五，1）。

官最　3件。拍印于板瓦或筒瓦里面。

拍印于板瓦里面，1件（95T2PC：24）。官字模糊不清，"最"字反文（图一一三，1；图版九五，2）。

拍印于筒瓦里面，反文，2件。标本97T23⑩：2，（图一一三，2；图版九五，3）。

官页　1件（97T20⑨a：42*）。戳印于筒瓦表面，无边栏。印文面长2.3、宽2.2厘米（图一一三，3；图版九五，4）。

官妹　2件。戳印于板瓦里面或筒瓦表面，印文面呈方形，无边栏。标本97T17⑪：3，戳印于板瓦里面，印文面长1.8、残宽1.7厘米（图一一三，5；图版九五，5）；标本97T7⑨b：3*，戳印于筒瓦表面，印文面边长1.9厘米（图一一三，4；图版九五，6）。

官蜚　5件。拍印于板瓦里面。标本97T19⑩：44（图一一三，6；图版九六，1）。

官梦　3件。拍印于板瓦里面。标本97T25SQ②：4（图一一三，7；图版九六，2）。

官富　56件。拍印于板瓦或筒瓦里面，也有戳印的。

拍印于板瓦里面，4件。标本95T2PC：23，文字满布板瓦里面（图一一四，1；图版九六，3）。

戳印和拍印于筒瓦表面和里面，1件（97T23SQ②：5），筒瓦里面拍印满"官富"文字，表面戳印"官富"印文，无边栏。印文面残长2.4、残宽1.8厘米（图一一四，2、3）。

拍印于筒瓦里面，51件。标本97T16⑩：11（图一一四，4；图版九六，4）；标本97T40⑩：29（图一一四，5）。

官驹　1件（97T35⑩：10）。戳印于板瓦里面，印文面呈方形，无边栏。边长2.1厘米（图一一四，7；图版九六，5）。

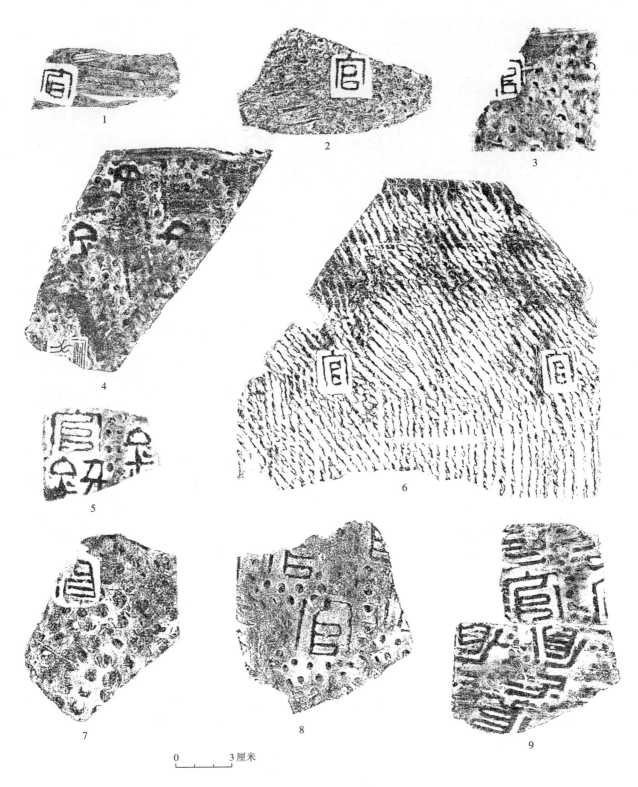

图一一二 南越宫苑遗址出土的瓦文拓本

1.官（97T12⑩：14） 2.官（97T43⑩：10） 3.官（97T15⑩：28） 4.官□、钘（95T3PC：8） 5.官钘（97T15⑩：30） 6.官（95T2PC：18） 7.官（95T4⑥：1） 8.官（97T19⑩：18） 9.官（97T33⑩：15）

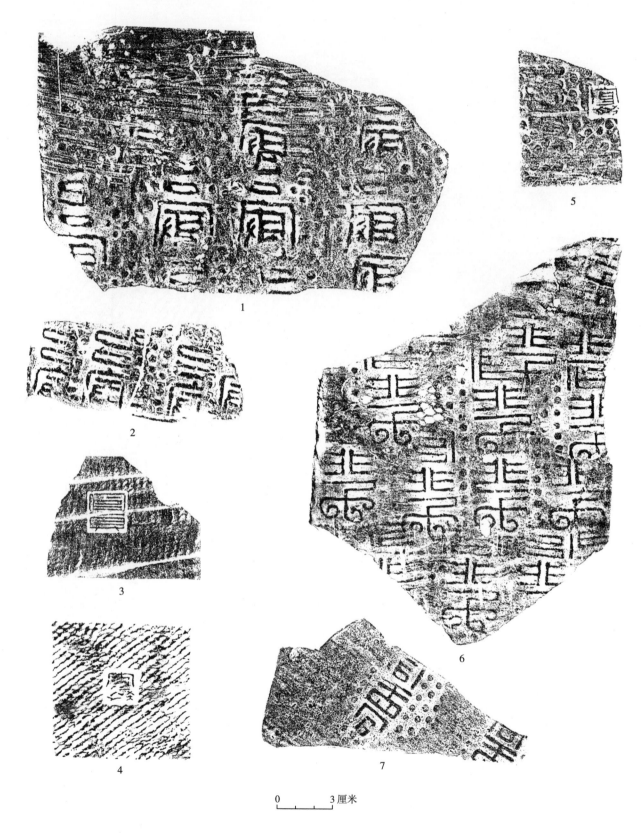

图一一三　南越宫苑遗址出土的瓦文拓本

1.官最（95T2PC：24）　2.官最（97T23⑩：2）　3.官页（97T20⑨a：42）　4.官妹（97T7⑨b：3）　5.官妹（97T17⑪：3）　6.官蚩（97T19⑩：44）　7.官梦（97T25SQ②：4）

图一一四　南越宫苑遗址出土的瓦文拓本

1. 官富（95T2PC：23）　2. 官富（97T23SQ②：5里面）　3. 官富（97T23SQ②：5表面）　4. 官富（97T16⑩：11）　5. 官富（97T40⑩：29）　6. 官伎（97T8⑩：13）　7. 官驹（97T35⑩：10）

　　官伎　4件。均戳印于板瓦里面，印文面呈长方形，无边栏。标本97T8⑩：13，印文面长2.5、宽2.2厘米（图一一四，6；彩版二四，1）。

　　官乐　26件。多拍印于板瓦和筒瓦里面，也有戳印于板瓦里面的。

　　戳印于板瓦里面，无边栏。1件（97T22①：15*）。印文面残长1.8、宽2.0厘米（图一一五，1；彩版二三，6）。

　　拍印于板瓦里面，19件。标本97T29SQ①：4（图一一五，2）。

　　拍印于筒瓦里面，6件。标本97T20⑧b：19*（图一一五，3）。

　　官茅　9件。多拍印于板瓦、筒瓦里面，也有戳印于板瓦里面。

　　戳印于板瓦里面，1件（97T20⑩：3）。印文面呈方形，无边栏。边长2.1厘米（图一一五，4；图版九六，6）。

　　拍印于板瓦里面，2件。标本97T7⑩：62（图一一五，5）。

　　拍印于筒瓦里面，6件。标本97T17⑧a：4*（图一一五，6；图版九七，1）。

　　官官、官军　1件（97T44⑩：19）。板瓦里面拍印满"官军"文字，当中戳印"官官"二字，

0　　　　3厘米

图一一五　南越宫苑遗址出土的瓦文拓本

1.官乐（97T22①：15）　2.官乐（97T29SQ①：4）　3.官乐（97T20⑧b：19）　4.官茅（97T20⑩：3）　5.官茅（97T7⑩：62）　6.官茅（97T17⑧a：4）

无边栏。印文面残长 2.3、宽 2.5 厘米（图一一六，1；图版九七，2）。

官□　1件（97T10⑧a：1*）。戳印于筒瓦表面，"官"字下面一字磨蚀严重，难以辨识。印面长 2.4、宽 2.0 厘米（图一一六，2）。

官军　8件。拍印于板瓦里面。标本 97T15⑩：16（图一一六，4；图版九七，3）。

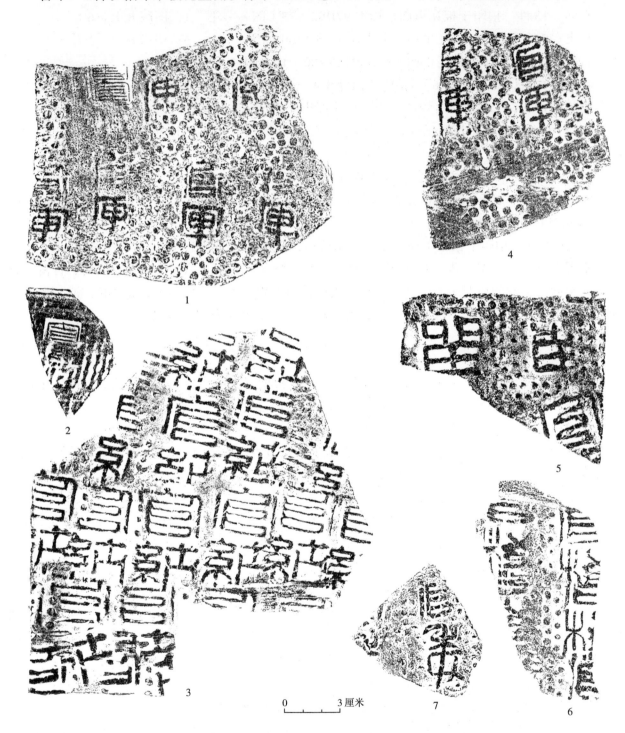

0 ———— 3厘米

图一一六　南越宫苑遗址出土的瓦文拓本

1. 官官、官军（97T44⑩：19）　2. 官□（97T10⑧a：1）　3. 官结（97T23SQ②：3）　4. 官军（97T15⑩：16）　5. 官留（97T7⑩：65）
6. 官桥（97T42⑩：11）　7. 官□（97T23⑩：10）

官结　12件。拍印于板瓦里面。标本97T23SQ ② : 3（图一一六，3；图版九七，4）。

官留　4件。拍印于板瓦里面。标本97T7 ⑩ : 65（图一一六，5）。

官桥　5件。拍印于板瓦里面。标本97T42 ⑩ : 11（图一一六，6）；标本97T25 ⑨ a : 4*（图一一七，2；图版九七，5）。

官渔　13件。拍印于板瓦里面。标本97H92 : 33（图一一七，1；图版九七，6）。

官寅　5件。拍印于板瓦里面。标本97T7 ⑩ : 60（图一一七，3；图版九八，1）。

官鲜　2件。拍印于板瓦里面。标本97T39 ⑩ : 12（图一一七，5）。

官秦　1件（97T44 ⑩ : 6），拍印于筒瓦里面（图一一七，4；图版九八，2）。

官烦　1件（97T20 ⑧ a : 4*），拍印于板瓦里面（图一一七，6）。

官□　4件。拍印于板瓦里面，其中下面一字未能识读。标本97T23 ⑩ : 10（图一一六，7；图版九八，3）。

官□　1件（97T8 ⑩ : 18），拍印于板瓦里面（图一一八，1；图版九八，4）。

官埶　8件。拍印于板瓦里面，"官"字反文。标本97T40 ⑩ : 8（图一一八，2；图版九八，5）。标本95T5 ③ : 25*（图一一八，3）。

官□　8件。拍印于板瓦里面，有一字未能识读。标本97T7 ⑩ : 36（图一一八，4）。

根据左官卒最、左官蜚、右官钌、右富、右梦等陶文和官页、官最、官蜚、官钌、官富、官梦等瓦文同时出现的情况来看，官应是左官或右官的省称。官字后面的页、最、蜚、富、梦、军、渔、乐、寅、留、结、鲜、桥、茅、驹、伎、妹、秦、烦等均为陶工人名。

（三）其他陶工人名类

这一类瓦文大多仅有一字，只有极少数为二字。根据字文的内容，可分三式。一式是在陶工人名前冠以表示身份的"奴"字；二式是在陶工人名前加地名；三式仅是人名。

1. 第一式

奴利　1件（97H149 : 48*）。戳印于筒瓦表面，无边栏，印文面边长1.8厘米（图一一九，1；彩版二四，2）。利是陶工人名，奴即奴隶或奴婢的省称，表示陶工的身份。

2. 第二式

靡师　9件。拍印于板瓦里面。标本97T26 ⑩ : 1（图一二〇，1；图版九九，1）。靡是地名，师是陶工人名。《史记·晋世家》："晋平公元年，伐齐，齐灵公与战靡下。"索隐刘氏云："即靡笄也。"钱穆考证其地在今历城县东北[1]。

柯妕　5件。拍印于板瓦里面。标本95T5 ⑤ b : 32*，板瓦里面拍印满文字，似是"柯妕"二字（图一二〇，2）。柯是地名，妕是人名。《史记·齐太公世家》："（齐桓公）五年，鲁庄公请献遂邑以平，桓公许，与鲁会柯而盟。"集解杜预曰："此柯今济北东阿，齐之阿邑，犹祝柯今为祝阿。"[2]钱穆［案］：东阿，今阳谷县东北五十里阿城镇[3]。

3. 第三式

这一式陶文有一字和二字，但以一字的为主，二字极少。

---

① 钱穆：《史记地名考·靡》，第420页，商务印书馆，2004年。
② 《史记·齐太公世家》，第1487页，中华书局点校本，1996年。
③ 钱穆：《史记地名考·柯》，第415页，商务印书馆，2004年。

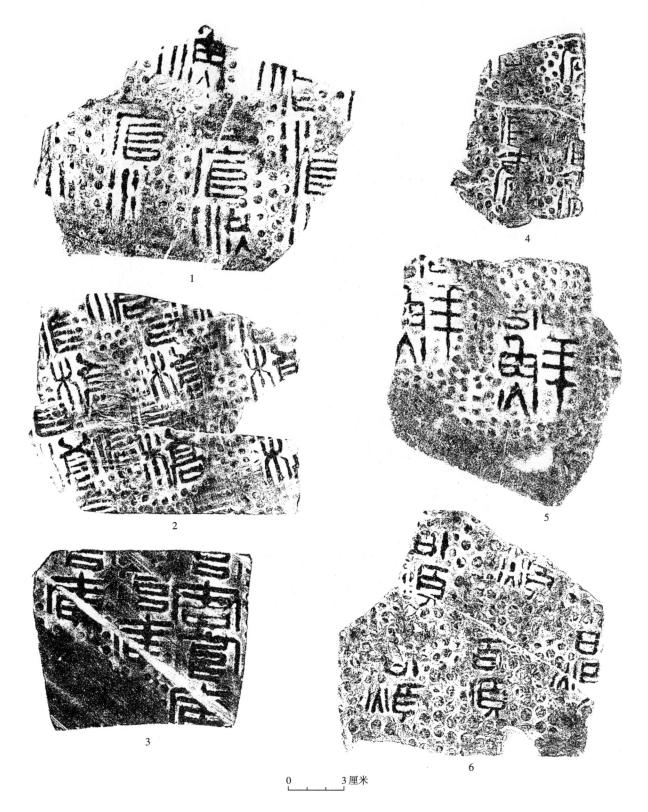

图——七 南越宫苑遗址出土的瓦文拓本

1.官渔（97H92：33） 2.官桥（97T25⑨a：4） 3.官寅（97T7⑩：60） 4.官秦（97T44⑩：6） 5.官鲜（97T39⑩：12） 6.官烦（97T20⑧a：4）

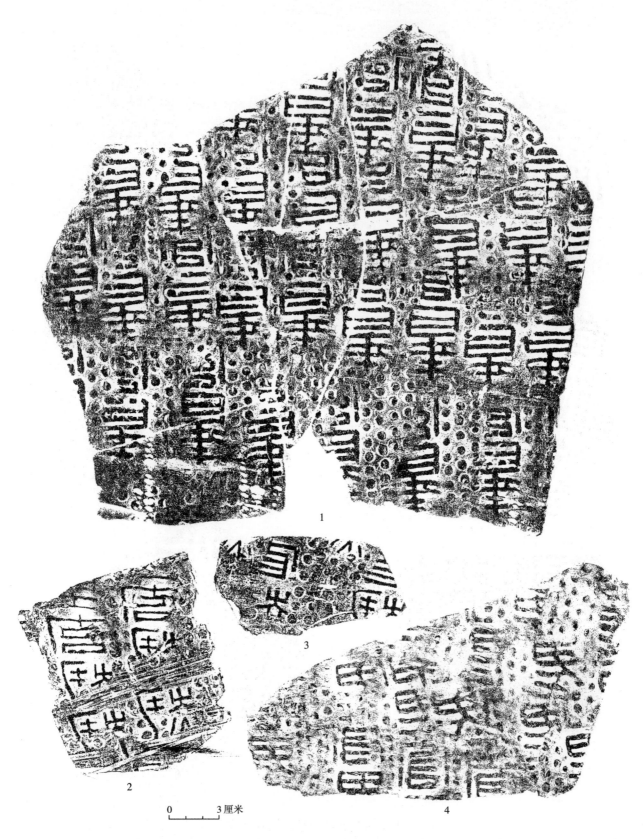

图一一八　南越宫苑遗址出土的瓦文拓本

1.官□（97T8⑩：18）　2.官埶（97T40⑩：8）　3.官埶（95T5③：25）　4.官□（97T7⑩：36）

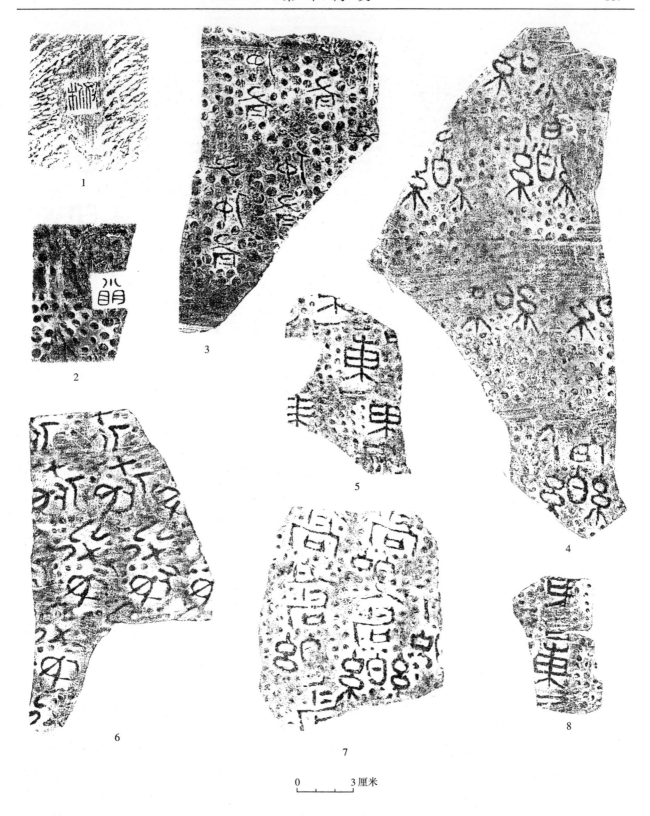

图一一九 南越宫苑遗址出土的瓦文拓本

1. 奴利（97H149：48） 2. 小明（97T43⑩：1） 3. 仲有（97T39⑩：24） 4. 乔乐（97T22⑩：28） 5. □东（97T15⑩：20） 6. □姚（97T33⑥b：18） 7. 乔乐（97T24⑧b：4） 8. □东（95T2⑥：4）

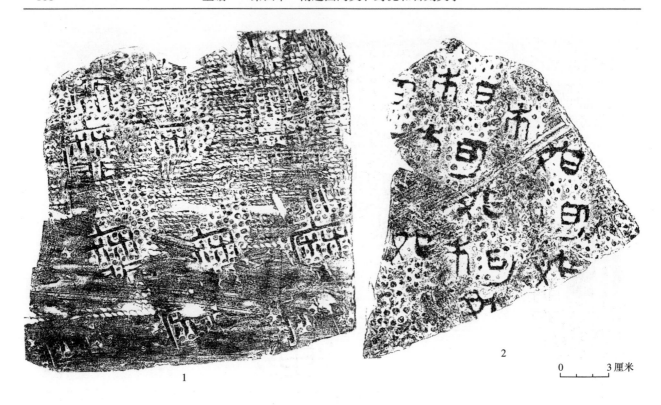

0 ———— 3厘米

图一二〇　南越官苑遗址出土的瓦文拓本
1.靡师（97T26⑩：1）　2.柯姐（95T5⑤b：32）

小明　仅1件（97T43⑩：1）。戳印于板瓦里面，无边栏，印文面长1.8、残宽1.9厘米（图一一九，2；图版九九，2）。以小某为人名的陶文在秦都咸阳遗址也有发现[1]。

仲有　5件。拍印于板瓦里面。标本97T39⑩：24（图一一九，3；图版九九，3）。

乔乐　3件。拍印于板瓦里面。标本97T22⑩：28，其中"乔"字模糊（图一一九，4）；标本97T24⑧b：4（图一一九，7；图版九九，6）。

□东　8件。拍印于筒瓦里面，其中一字模糊难以辨识。标本97T15⑩：20（图一一九，5；图版九九，4）；标本95T2⑥：4（图一一九，8）。

□姚　2件。拍印于筒瓦里面，其中一字未能识读。标本97T33⑥b：18*（图一一九，6；图版九九，5）。

公　254件。有戳印于板瓦里面或筒瓦表面，也有拍印于板瓦里面。戳印的印文面呈方形或近方形，部分有边栏。拍印的瓦文部分有边框，也有的无边框。字体变化多样，有正规、秀丽的小篆，也有方劲古拙的隶书。

戳印于板瓦里面，有边栏，80件。标本97T21SQ①：3，印文面长2.2、宽2.3厘米（图一二一，1；图版一〇〇，1）。标本97T21SQ①：6，印文面长1.7、宽1.8厘米（图一二一，2；图版一〇〇，2）。标本97T18⑩：1，里面残存两个"公"字，印文面边长2.2厘米（图一二一，3）。

戳印于板瓦里面，无边栏，48件。标本97T29SQ①：13，印文面长2.1、宽2.0厘米（图一二一，4）。标本97T40⑩：10，里面残存三个"公"字，印文面长2.3、宽2.2厘米（图一二一，5；

———————————————

[1]　袁仲一：《秦民营制陶作坊的陶文》，《考古与文物》1981年第1期。

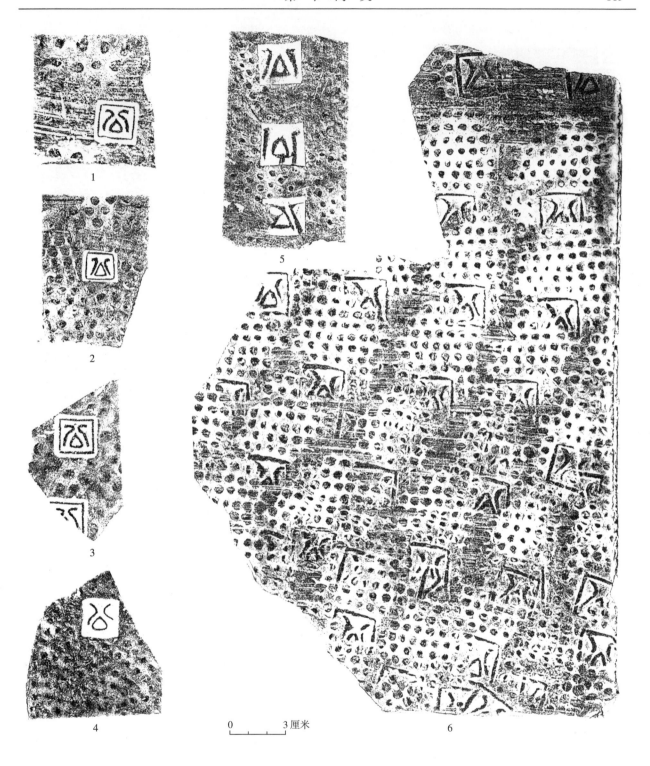

图一二一　南越宫苑遗址出土的"公"字瓦文拓本

1. 97T21SQ①：3　2. 97T21SQ①：6　3. 97T18⑩：1　4. 97T29SQ①：13　5. 97T40⑩：10　6. 95T3PC：1

图版一〇〇，3）。标本 95T5PC：30，里面残存有两个"公"字，印文面长 2.2、宽 2.1 厘米（图一二二，1）。

　　戳印于筒瓦表面，有边栏，33 件。标本 97T16⑩：9，印文面边长 2.2 厘米（图一二二，2）。

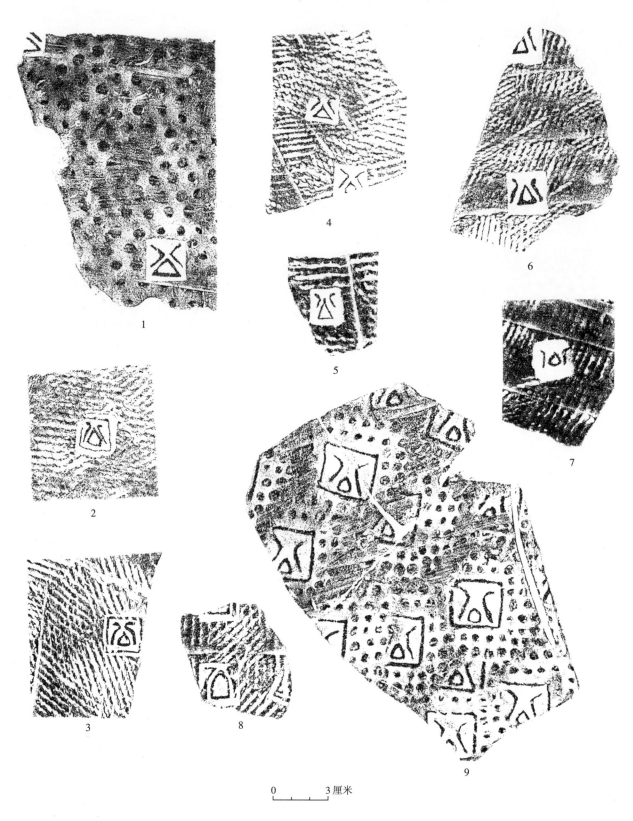

图一二二　南越宫苑遗址出土的"公"字瓦文拓本

1. 95T5PC：30　2. 97T16⑩：9　3. 95T2PC：3　4. 97T29SQ①：10　5. 97T8⑩：20　6. 95T2PC：4　7. 97T8⑩：21　8. 95T5PC：23　9. 97T3SQ②：15

标本95T2PC：3，印文面边长2.2厘米（图一二二，3；图版一〇〇，4）。

戳印于筒瓦表面，无边栏，42件。标本97T29SQ①：10，表面残存两个“公”字，印文面长1.8、宽1.7厘米（图一二二，4；图版一〇〇，5）。标本97T8⑩：20，印文面长1.9、宽1.7厘米（图一二二，5）。标本97T8⑩：21，印文面边长2.1厘米（图一二二，7；图版一〇〇，6）。标本95T2PC：4，表面残存两个“公”字，印文面长2.2、宽2.1厘米（图一二二，6）。标本95T5PC：23，表面残存有三个“公”字，印文面长2.3、宽2.2厘米（图一二二，8）。

拍印于板瓦里面，有边框，41件。标本97T3SQ②：15，边框长2.8、宽2.6厘米（图一二二，9；图版一〇一，1）。标本95T3PC：1，拍印满“公”字，有些字体重叠，边框长2.5、宽2.4厘米（图一二一，6）。标本97T19⑩：28，里面残存三个“公”字，边框长2.2、宽2.0厘米（图一二三，1）。标本95T4⑥：2，里面残存四个“公”字，边框长1.8、宽1.5厘米（图一二三，2）。

拍印于板瓦里面，无边框，10件。标本97T20⑩：20（图一二三，3；图版一〇一，2）；标本97T40⑩：18（图一二三，4）。

公、阅　3件。板瓦里面拍印满“阅”字，当中戳印多个“公“字，无边栏。标本97T39⑧b：3*，印文面边长2.3厘米（图一二三，6）。

公、Z　1件（97T17①：6*）。板瓦里面拍印满“Z”字符号，当中戳印一“公”字，有边栏，印文面边长2.3厘米（图一二三，5；图版一〇一，4）。

留　8件。拍印于板瓦里面。标本97T23SQ②：4（图一二四，1；图版一〇一，3）。

鲜　7件。拍印于板瓦里面。标本97T22⑩：10（图一二四，2）。

阅　20件。拍印于板瓦里面。标本97T33⑩：17（图版一〇一，5）；标本97T33⑩：11（图一二四，3）。

烦　3件。拍印于板瓦里面。标本97T7⑩：39，反文（图一二四，5；图版一〇一，6）。标本97T35⑨b：28（图一二四，4）。

有　1件。拍印于板瓦里面。标本97T22⑨b：9*（图一二五，1；图版一〇二，1）。

强　4件。拍印于板瓦里面。标本97T40⑩：16（图一二五，3）；标本97T20⑨b：13*（图一二五，2；图版一〇二，2）。

任　9件。拍印于板瓦里面。标本97T19⑩：15（图一二五，7；图版一〇二，3）。

污　39件。拍印于板瓦里面。标本95T12PC：23（图一二五，5；图版一〇二，4）；标本97T42⑩：2（图一二五，4）。

顺　1件（97J41②：13*）。拍印于板瓦里面，反文（图一二五，6）。

喜　6件。拍印于板瓦里面，有边框。标本95T12PC：10，边框残长3.3、宽3.2厘米（图一二六，1）。标本97T20⑩：7，边框长3.8、宽3.3厘米（图一二六，2；图版一〇二，5）。

须　2件。拍印于板瓦里面，反文。标本95T6⑤a：6*（图一二六，3）。

衍　3件。拍印于板瓦里面。标本95T2PC：17（图一二六，4）。

工　2件。拍印于板瓦里面。标本95T2PC：15（图一二六，5）。

聿　3件。拍印于板瓦里面。标本97T12⑩：17（图一二六，6；图版一〇二，6）。

妯　4件。拍印于板瓦或筒瓦里面。

拍印板瓦里面，3件。标本97T20⑨b：11*（图一二六，8；图版一〇三，1）。

拍印于筒瓦里面，1件（97T19⑨b：44*）（图一二六，7）。

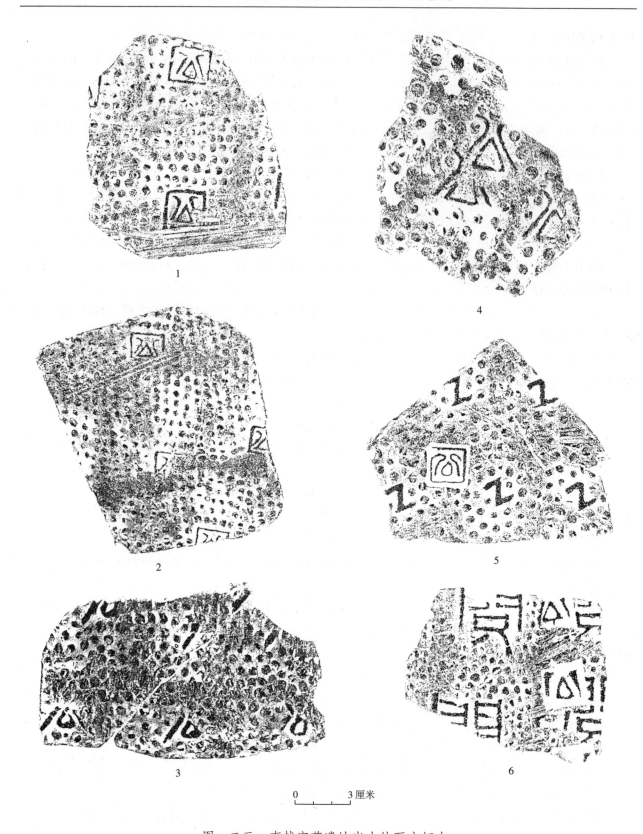

图一二三　南越宫苑遗址出土的瓦文拓本

1.公（97T19⑩：28）　2.公（95T4⑥：2）　3.公（97T20⑩：20）　4.公（97T40⑩：18）　5.公、Z（97T17①：6）　6.公、阅（97T39⑧b：3）

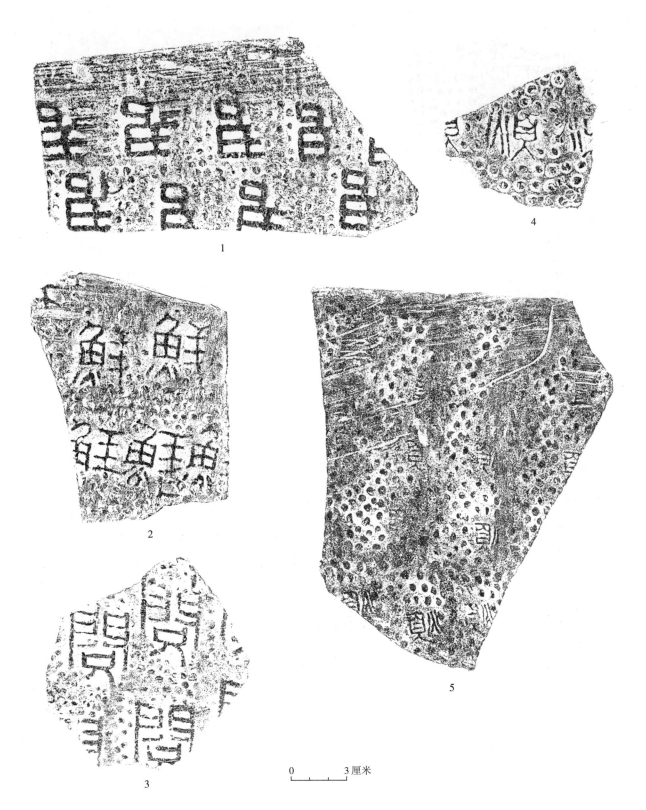

图一二四 南越宫苑遗址出土的瓦文拓本

1. 留（97T23SQ ② : 4） 2. 鲜（97T22 ⑩ : 10） 3. 阅（97T33 ⑩ : 11） 4. 烦（97T35 ⑨ b : 28） 5. 烦（97T7 ⑩ : 39）

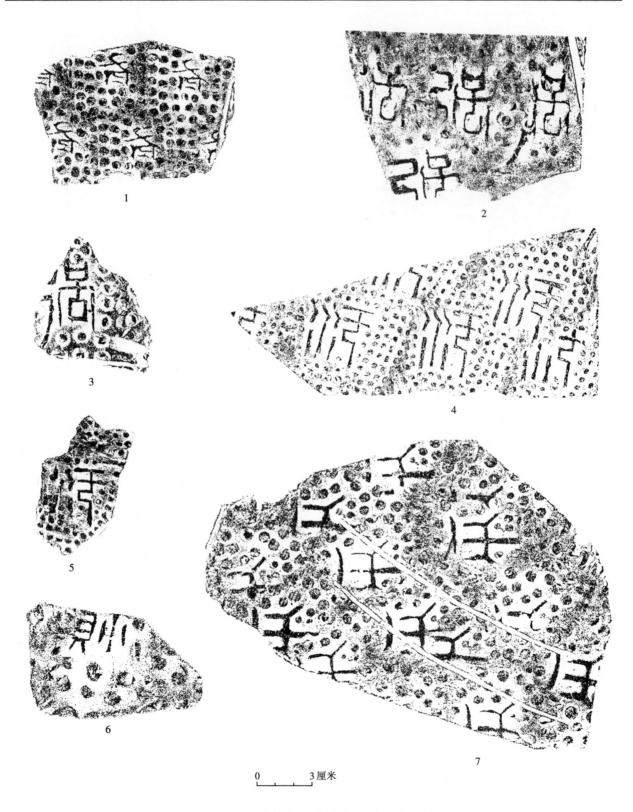

0 ⊢—⊢—⊣ 3厘米

图一二五　南越宫苑遗址出土的瓦文拓本

1.有（97T22⑨b：9）　2.强（97T20⑨b：13）　3.强（97T40⑩：16）　4.污（97T42⑩：2）　5.污（95T12PC：23）　6.顺（97J41②：13）　7.任（97T19⑩：15）

图一二六 南越宫苑遗址出土的瓦文拓本

1.喜（95T12PC：10） 2.喜（97T20⑩：7） 3.须（95T6⑤a：6） 4.衍（95T2PC：17） 5.工（95T2PC：15） 6.聿（97T12⑩：17）
7.姁（97T19⑨b：44） 8.姁（97T20⑨b：11）

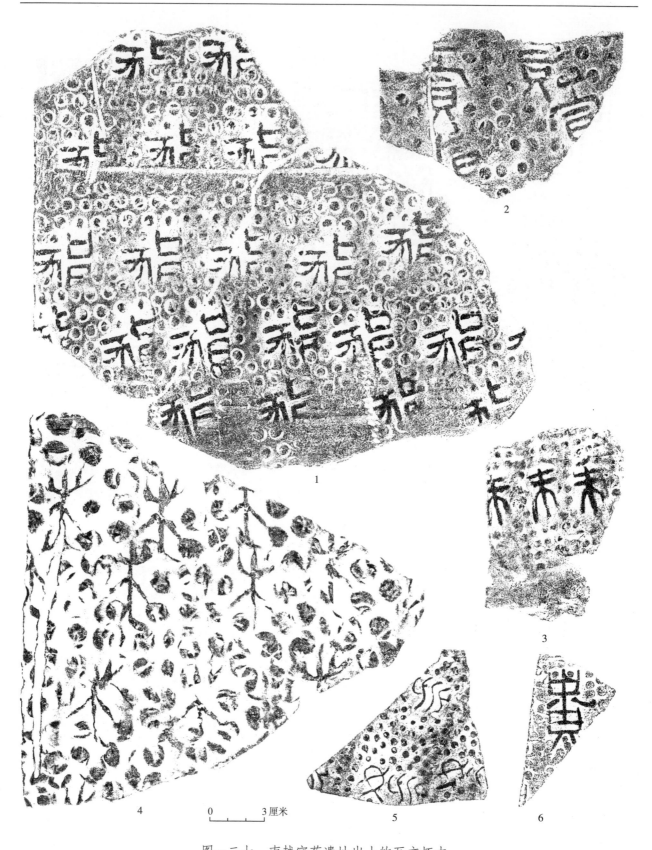

图一二七　南越宫苑遗址出土的瓦文拓本

1.狷（97T29SQ①：7）　2.宾（97T39⑨a：16）　3.末（97T12⑩：15）　4.木（97T18⑨b：2）　5.姚（97T19⑩：16）　6.贵（97T45⑧a：26）

猖　1件（97T29SQ①：7），拍印于板瓦里面（图一二七，1；图版一〇三，2）。

宾　1件（97T39⑨a：16*），拍印于板瓦里面（图一二七，2）。

末　1件（97T12⑩：15），拍印于筒瓦里面（图一二七，3；图版一〇三，3）。

木　2件。拍印于板瓦里面。标本97T18⑨b：2*（图一二七，4；图版一〇三，4）。

贵　4件。拍印于板瓦里面。标本97T45⑧a：26*（图一二七，6；图版一〇三，5）。

姚　4件。拍印于板瓦里面。标本97T19⑩：16（图一二七，5；图版一〇三，6）。

良　12件。拍印于板瓦里面。标本95T5PC：49（图一二八，1）；标本97T29⑩：13（图一二八，2；图版一〇四，1）。

小　2件。拍印于板瓦里面。标本97T20⑨a：58*（图一二八，3）；标本95T12⑥：2（图版一〇四，2）。

可　5件。拍印于板瓦里面。标本97T23⑦：6*（图一二八，4；图版一〇四，3）。

裤　5件。拍印于板瓦里面。标本97T12⑩：21（图一二八，5；图版一〇四，4）；标本95T2PC：5（图一二八，6）。

央　1件（97T24⑧b：48*），拍印于板瓦里面（图一二八，7；图版一〇四，5）。

廉　4件。拍印于板瓦里面。97T44⑩：16（图一二八，8）；标本95T6PC：28（图一二八，9）。

卯　3件。拍印于板瓦里面。标本97T40⑨a：7*（图一二九，1）。

县　1件（97T39⑧b：16*），拍印于筒瓦里面（图一二九，2；图版一〇四，6）。

贝　4件。拍印于板瓦或筒瓦里面。

拍印于板瓦里面，3件。标本95T2PC：22（图一二九，3）；标本97T19⑩：32（图一二九，4）。

拍印于筒瓦里面，1件（95T6⑤b：8*）（图一二九，5）。

年　1件（97T19⑨b：13*），拍印于板瓦里面（图一二九，7；图版一〇五，1）。

朱　2件。拍印于板瓦的里面，有边框。标本97T43⑩：4，边框长2.1、宽1.8厘米（图一二九，6；图版一〇五，2）。

祐　3件。拍印于板瓦里面。标本97T40⑦：5*（图一二九，8；图版一〇五，3）。

侵　2件。拍印于筒瓦里面。标本97T34⑩：17（图一三〇，1）。

贞　1件（95T12⑤a：7*），拍印于板瓦里面（图一三〇，2）。

午　1件（97T23⑨a：14*），拍印于筒瓦里面（图一三〇，3）。

贡　4件。拍印于板瓦里面。标本97T15⑩：42（图一三〇，4）。

术　4件。拍印于板瓦里面。标本97T40⑩：15（图一三〇，5）。

长　1件（97T24⑧b：25*），拍印于板瓦里面（图一三〇，6；图版一〇五，4）。

宁　8件。拍印于板瓦里面。标本97T7⑩：43，**字体有重叠现象**（图一三一，1）。标本97T39⑨b：9*（图一三一，2）。

相　10件。拍印于板瓦或筒瓦里面。

拍印于筒瓦里面，1件（97T25⑨a：9*）（图一三一，3）。

拍印于板瓦里面，9件。标本97T29⑩：5（图一三一，4）。

陵　1件（97T18⑦：17*），拍印于板瓦里面（图一三一，6）。

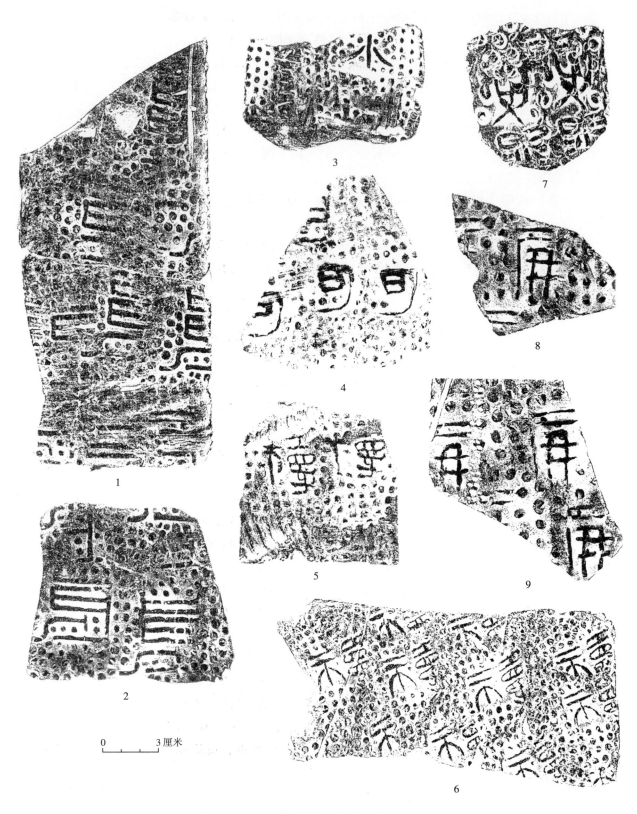

图一二八　南越宫苑遗址出土的瓦文拓本

1.良（95T5PC：49）　2.良（97T29⑩：13）　3.小（97T20⑨a：58）　4.可（97T23⑦：6）　5.祷（97T12⑩：21）　6.祷（95T2PC：5）
7.央（97T24⑧b：48）　8.廉（97T44⑩：16）　9.廉（95T6PC：28）

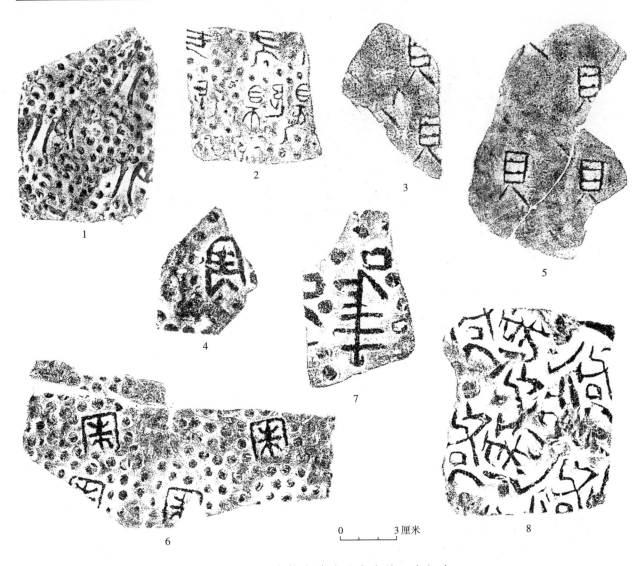

图一二九　南越宫苑遗址出土的瓦文拓本

1.卯（97T40⑨a：7）　2.县（97T39⑧b：16）　3.贝（95T2PC：22）　4.贝（97T19⑩：32）　5.贝（95T6⑤b：8）　6.朱（97T43⑩：4）　7.年（97T19⑨b：13）　8.祐（97T40⑦：5）

阿　2件。拍印于板瓦里面。标本97T16⑧b：2*（图一三一，7）。

秦　1件（97T40⑩：25），戳印于筒瓦表面。印面长2.3、残宽1.5厘米（图一三一，5；图版一〇五，5）。

周　2件。拍印于板瓦里面。标本97T33⑩：5（图一三一，8；图版一〇五，6）。

柯　1件（97T35⑨b：17*），拍印于板瓦里面（图一三二，1）。

滕　7件。拍印于板瓦里面。标本97T25SQ①：2（图一三二，2）。

营　2件。拍印于板瓦里面。标本97T19⑩：4（图一三二，3；图版一〇六，1）。

此外，还有一部分陶文未能识读。

□　2件。拍印于板瓦里面。标本97T15⑨a：6*（图一三二，6；图版一〇六，2）。

□　2件。拍印于板瓦里面。标本97T17⑧a：19*（图一三二，5）。

□　1件（97T20⑨a：74*），拍印于板瓦里面（图一三二，4；图版一〇六，3）。

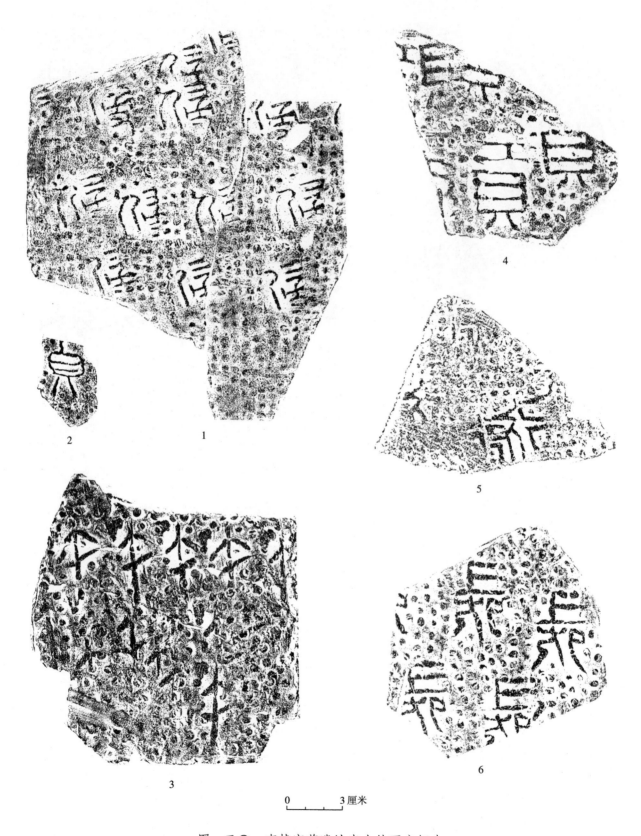

图一三〇   南越宫苑遗址出土的瓦文拓本

1.侵（97T34⑩：17） 2.贞（95T12⑤a：7） 3.午（97T23⑨a：14） 4.贡（97T15⑩：42） 5.术（97T40⑩：15） 6.长（97T24⑧
b：25）

图一三一　南越宫苑遗址出土的瓦文拓本

1.宁（97T7⑩：43）　2.宁（97T39⑨b：9）　3.相（97T25⑨a：9）　4.相（97T29⑩：5）　5.秦（97T40⑩：25）　6.陵（97T18⑦：17）　7.阿（97T16⑧b：2）　8.周（97T33⑩：5）

□　1件（97T33⑩：10），拍印于板瓦里面（图一三二，8；图版一〇六，4）。

□　9件。拍印于板瓦里面。标本95T6PC：27（图一三二，7）；标本97T25⑨a：6*（图版一〇六，5）。

□　1件（97T33⑧a：7*），拍印于筒瓦里面（图一三三，1）。

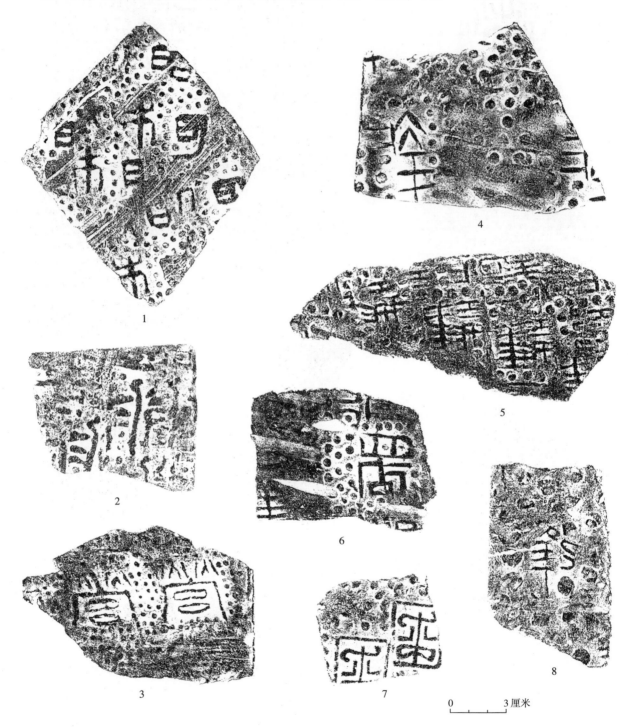

图一三二　南越宫苑遗址出土的瓦文拓本

1.柯（97T35⑨b：17）　2.滕（97T25SQ①：2）　3.营（97T19⑩：4）　4.□（97T20⑨a：74）　5.□（97T17⑧a：19）　6.□（97T15⑨a：6）　7.□（95T6PC：27）　8.□（97T33⑩：10）

□　10件。拍印于筒瓦里面。标本97T41⑩：1（图一三三，2；图版一〇六，6）。

□　11件。拍印于板瓦里面。标本97T19⑩：41（图一三三，3；图版一〇七，1）。

□　1件（97T16⑩：12），拍印于板瓦里面（图一三三，4；图版一〇七，2）。

□　1件（97T20⑨a：56*），拍印于板瓦里面（图一三三，5；图版一〇七，3）。

□　1件（97T19⑨b：10*），拍印于板瓦里面（图一三三，6；图版一〇七，4）。

□　8件。拍印于板瓦里面。标本97T35⑩：13（图一三三，7；图版一〇七，5）。

□□　2件。拍印于板瓦里面。标本97T42⑩：15（图一三三，8；图版一〇七，6）。

□　6件。拍印于板瓦里面。标本97H92：6（图一三四，1）；标本97T20⑨b：9（图一三四，2；图版一〇八，2）。

□　1件（97T19⑨b：56*），拍印于板瓦里面（图一三四，3；图版一〇八，1）。

□　1件（97T15SQ①：6），戳印于板瓦里面，无边栏，字体模糊。印面长2.7、残宽2.0厘米（图一三四，4；图版一〇八，3）。

□　1件（97T6⑩：4），戳印于板瓦里面。印面边长2.3厘米（图一三四，5）。

□　1件（97T23⑨b：30*），拍印于板瓦里面（图一三四，6）。

□　1件（97T6⑨b：4*），拍印于板瓦里面（图一三四，7）。

□　1件（97T20⑨b：17*），拍印于板瓦里面（图一三五，1）。

□　3件。拍印于板瓦里面。标本97T41⑧b：6*（图一三五，2）。

□　2件。拍印于筒瓦里面。标本97T34⑨b：1*（图一三五，3）。

□　2件。拍印于筒瓦里面。标本97T15⑧a：9*（图一三五，4；图版一〇八，4）。

□　1件（97T18⑦：15*），拍印于筒瓦里面（图一三五，5）。

□　1件（97T22⑨b：3*），拍印于板瓦里面（图一三五，6；图版一〇八，5）。

□　1件（95T4⑤b：6*），拍印于筒瓦里面（图一三六，1；图版一〇八，6）。

□　1件（95T5⑤a：4*），拍印于筒瓦里面（图一三六，2）。

□　1件（95T12⑤a：8*），拍印于筒瓦里面（图一三六，3）。

□　1件（95T5⑥：15），拍印于板瓦里面（图一三六，4）。

□　1件（95T2PC：10），拍印于筒瓦里面（图一三六，5）。

附　图案类

遗址出土的部分瓦拍印有人脸形和太阳形图案，以及菱形、方形、圆形等几何图案。

人脸形图案　9件。拍印于筒瓦里面。标本97T21⑩：6（图一三七，1；图版一〇九，1）。

太阳形图案　4件。拍印于板瓦里面。标本97T22⑨b：10*（图一三七，2）；标本97T12⑩：19（图一三七，3；图版一〇九，2）。

菱形图案　1件（97T16⑩：15），拍印于筒瓦里面（图一三七，4；图版一〇九，3）。

方形图案　5件。拍印于板瓦或筒瓦里面。标本97T27⑨b：1*，拍印于板瓦里面（图一三七，5）。标本97T43⑧a：6*，拍印于板瓦里面（图一三七，6）。标本97T25⑩：11，拍印于筒瓦里面（图一三七，8；图版一〇九，4）。标本97T20⑨a：16*，拍印于筒瓦里面（图一三七，7；图版一〇九，5）。

圆形图案　8件。拍印于板瓦里面。标本97T19⑩：22（图一三七，9；图版一〇九，6）。

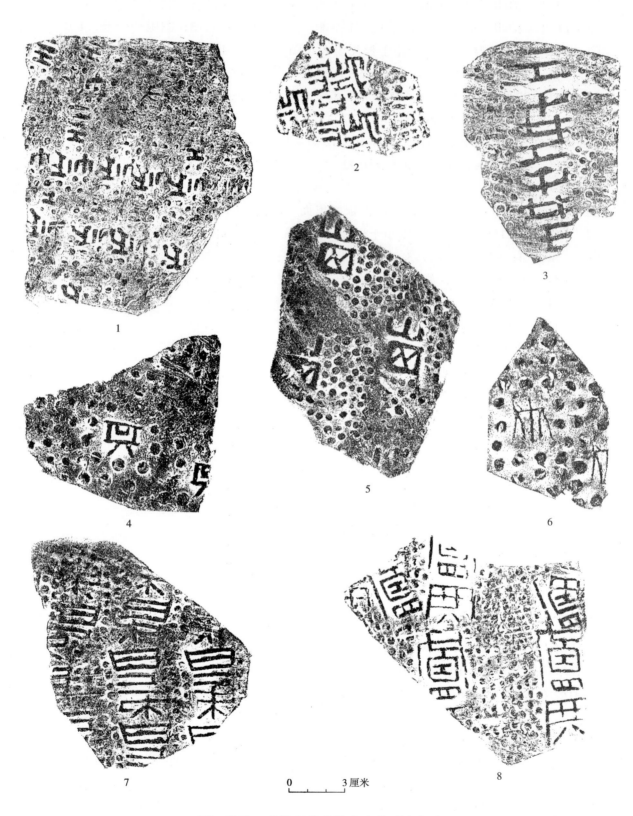

0 ⊢⊢⊢⊢⊢ 3厘米

图一三三   南越宫苑遗址出土的瓦文拓本

1.□（97T33⑧a：7） 2.□（97T41⑩：1） 3.□（97T19⑩：41） 4.□（97T16⑩：12） 5.□（97T20⑨a：56） 6.□（97T19⑨ b：10） 7.□（97T35⑩：13） 8.□□（97T42⑩：15）

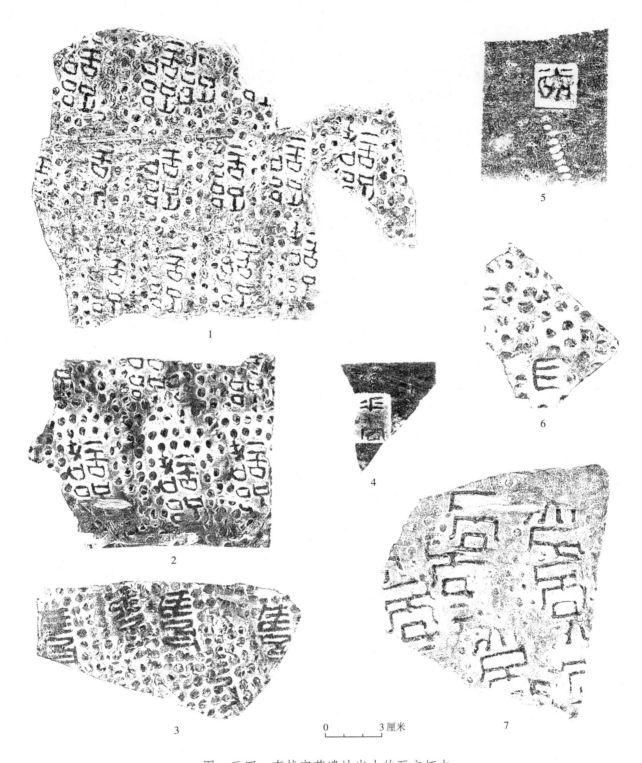

图一三四　南越宫苑遗址出土的瓦文拓本

1. □（97H92：6）　2. □（97T20⑨b：9）　3. □（97T19⑨b：56）　4. □（97T15SQ①：6）　5. □（97T6⑩：4）　6. □（97T23⑨b：30）　7. □（97T6⑨b：4）

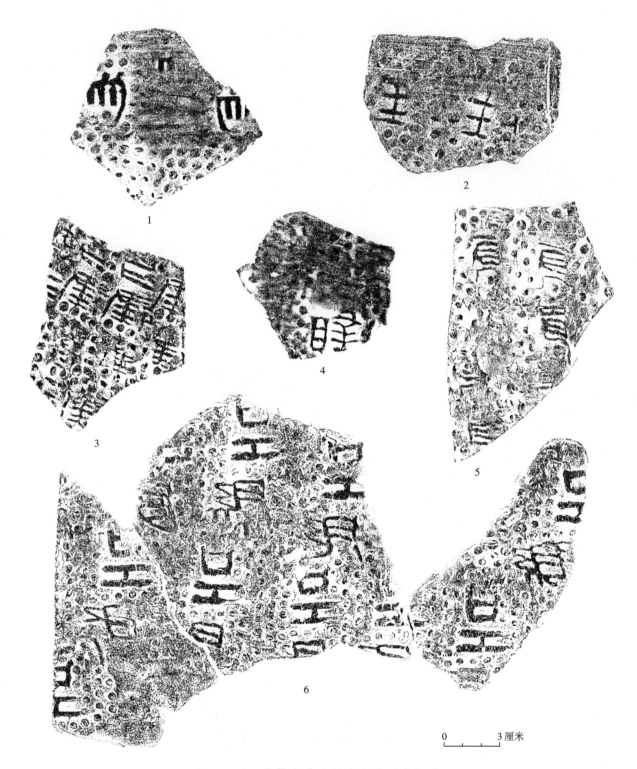

图一三五　南越宫苑遗址出土的瓦文拓本

1.□（97T20⑨b：17）　2.□（97T41⑧b：6）　3.□（97T34⑨b：1）　4.□（97T15⑧a：9）　5.□（97T18⑦：15）　6.□（97T22⑨b：3）

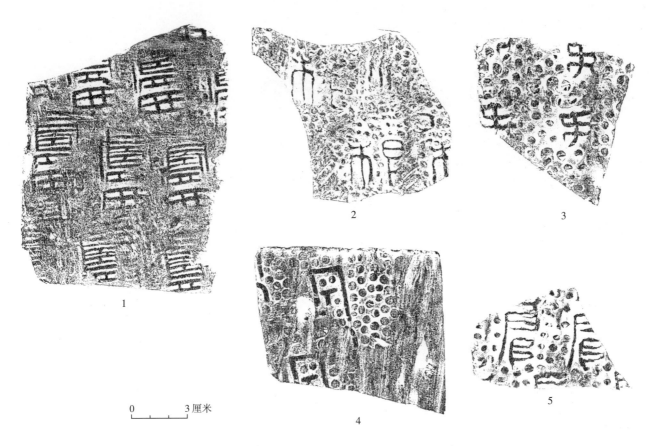

图一三六　南越宫苑遗址出土的瓦文拓本

1.□（95T4⑤b∶6）　2.□（95T5⑤a∶4）　3.□（95T12⑤a∶8）　4.□（95T5⑥∶15）　5.□（95T2PC∶10）

三　陶器文字

遗址出土的部分陶器上还戳印有文字或刻划有符号（附表八）。文字是戳印在陶罐的肩部或腹部，印文面多呈方形，多无边栏，无界格，少量有边栏。有二字和四字两种，二字是右起向左读或从上往下读，四字是右起往下向左读。符号主要刻划在陶罐的肩部和鼎、碗、盒、三足盒的底部。根据字文的内容，可分为地名、官署及陶工人名、其他陶工人名、其他陶文类、符号五大类。

（一）地名类

苍梧　1件（97T15SQ①∶1）。戳印于罐类器腹部，有边栏，无界格。印文面边长3.2厘米（图一三八，1；图版一一〇，1；彩版二四，3）。

苍梧是地名，在汉代前后，其所指的地方多有不同。最早的记载是与舜的葬地联系起来的，《礼记·檀弓上》说："舜葬于苍梧之野"[1]。《史记·五帝本纪》也记载："（舜）践帝位三十九年，南巡狩，崩于苍梧之野。葬于江南九疑，是为零陵。"皇览曰："其山九谿皆相似，故曰九疑。"[2]可见，古苍梧本指九疑山一带。根据《史记·苏秦传》"（楚）南有洞庭、苍梧"的记载，楚国时

---

① 李学勤主编：《礼记正义·檀弓上》，第195页，北京大学出版社，1999年。

② 《史记·五帝本纪》，第44页，中华书局点校本，1996年。

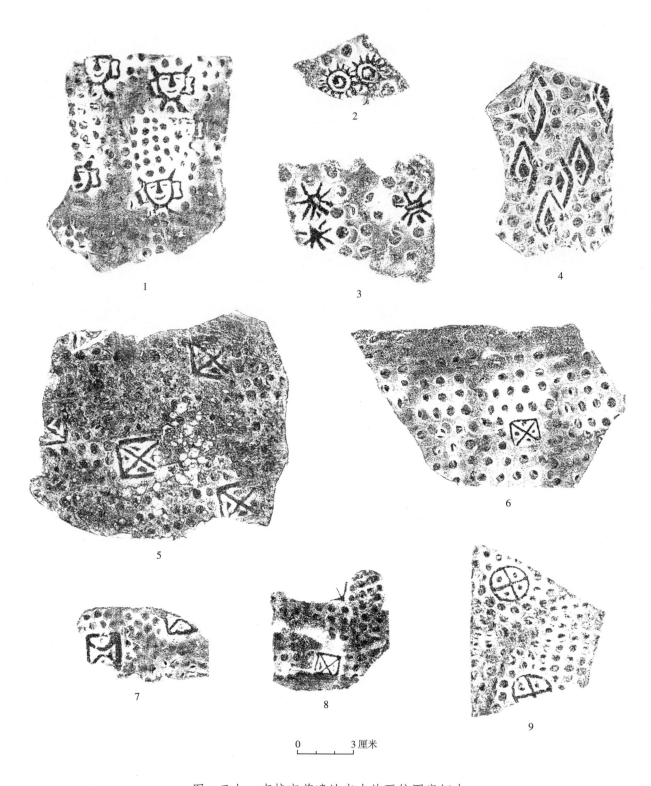

0 ⊢⊢⊢⊢ 3厘米

图一三七　南越宫苑遗址出土的瓦纹图案拓本

1. 人脸形（97T21⑩：6）　2. 太阳形（97T22⑨b：10）　3. 太阳形（97T12⑩：19）　4. 菱形（97T16⑩：15）　5. 方形（97T27⑨b：1）
6. 方形（97T43⑧a：6）　7. 方形（97T20⑨a：16）　8. 方形（97T25⑩：11）　9. 圆形（97T19⑩：22）

已置苍梧郡。2002 年，湖南里耶出土的秦简中也有关于苍梧郡的记载①，有学者认为这里的苍梧郡应是后世的长沙郡，两者是同一处秦郡的前后名②。汉苍梧郡则是汉武帝元鼎六年平南越之后将南越地分为九郡中的一郡，其地在今广西梧州一带。

《史记·南越列传》："遣人告苍梧秦王及诸郡县"，同书还记："苍梧王赵光者，越王同姓，闻汉兵至，及越揭阳令定自定属汉"③。同样，《汉书·西南夷两粤朝鲜传》也记有："及苍梧秦王有连"、"苍梧王赵光与粤王同姓，闻汉兵至，降"④。由此可知南越宫苑遗址出土的苍梧陶文不是五帝时期的苍梧，也不是秦、楚的苍梧郡或汉武帝灭南越之后设置的苍梧郡，而是南越国仿效汉廷中央推行分封制和郡县制度而设置的苍梧郡或苍梧国，其地望与汉苍梧郡应是一致的，即今广西梧州一带。

（二）官署及陶工人名类

右垂　1 件（97T6⑨b：2*）。文字戳印于罐类器肩部，无边栏，无界格。印文面边长 2.5 厘米（图一三八，2；图版一一〇，2）。

右是右官的省称，垂是陶工人名。

（三）其他陶工人名类

长犁　1 件（97T22⑩：11）。戳印于罐类器肩部，无边栏，无界格。印文面边长 2.0 厘米（图一三八，3；彩版二四，4）。

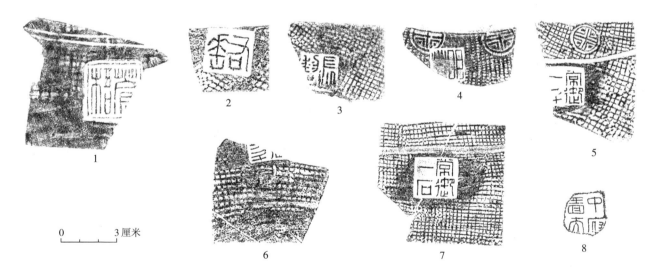

图一三八　南越宫苑遗址出土的陶文和封泥拓本

1. 陶片"苍梧"戳印（97T15SQ①：1）　2. 陶片"右垂"戳印（97T6⑨b：2）　3. 陶片"长犁"戳印（97T22⑩：11）　4. 陶罐"明□"戳印（97T15⑩：27）　5. 陶罐"常御一斗"戳印（97T3SQ①：38）　6. 陶片"常御□斗"戳印（97T3SQ①：44）　7. 陶片"常御一石"戳印（97T23SQ②：1）　8. "中府畜夫"封泥（97T38⑩：31）

①　湖南省文物考古研究所、湘西土家族苗族自治州文物处、龙山县文物管理所：《湖南龙山里耶战国—秦代古城一号井发掘简报》中的 J1 ⑯ 5 号简，《文物》2003 年第 1 期。
②　陈伟：《秦苍梧、洞庭二郡刍论》，《历史研究》2003 年第 5 期。
③　《史记·南越列传》，第 2974、2977 页，中华书局点校本，1996 年。
④　《汉书·西南夷两粤朝鲜传》，第 3855、3858 页，中华书局点校本，1996 年。

明□　1件（97T15⑩：27）。戳印于陶罐肩部，无边栏，无界格，印文字体磨蚀严重，左侧一字难以辨识。印文面长1.8、宽1.9厘米（图一三八，4；图版一一〇，3）。

（四）其他陶文类

这一类陶文比较特别，除了有表示陶器放置地的文字外，后面还加有表示容量的文字。

常御一斗　2件。戳印于陶罐的肩部或腹部，无边栏，无界格。印文面呈方形。标本97T3SQ①：38，戳印在肩部，印文面边长2.1厘米（图一三八，5；彩版二四，5）。

常御□斗　1件（97T3SQ①：44）。戳印于罐类器腹部，无边栏，无界格。印文面残长1.1、残宽2.0厘米（图一三八，6）。

常御一石　1件（97T23SQ②：1）。戳印于罐类器腹部，无边栏，无界格。印文面长2.4、宽2.2厘米（图一三八，7；图版一一〇，4）。

广州西汉前期墓葬中也出土戳印有"常御"、"常御第廿"、"常御第十三"、"常御三斗"等陶文的四耳瓮、双耳罐、壶等。"常御"应是职官名，不见于文献记载。关于"常御"这一职官，麦英豪先生在《广州汉墓》里认为"常"通"尚"，故常御也就是"尚御"，应是汉少府属官尚方和御府的合称，是职掌王室服饰、车驾、用具、玩好的机构[1]。

"斗"是容量单位，根据《汉书·东方朔传》载："复赐酒一石，肉百斤，归遗细君"。[2]可知"石"不仅是重量单位，还是容量单位。关于"斗"和"石"，刘向《说苑》曰："十斗为一石"[3]，杨哲峰先生根据文献记载进行详细考证，认为刘向的说法是正确的[4]。遗址出土的戳印"常御一斗"和"常御一石"陶文的均为陶罐残片，但从残腹片可知戳印"常御一斗"的器形要较戳印"常御一石"的器形小得多，可知"石"在这里是容量单位，与文献"十斗一石"的记载相符。

（五）符号类

‖|　1件（97T23SQ②：8）。刻划于陶罐肩部（图一三九，1）。

ᚠ　1件（97T3SQ①：14）。刻划于陶罐肩部（图一三九，2）。
　　1件（95G3：8）。刻划于陶盒腹底部（图一三九，5）。

∧　1件（97T7SQ①：1）。刻划于陶罐肩部（图一三九，3）
　　1件（95G2④：5）。刻划于陶碗底部（图一三九，6）。

N　1件（95G3：3）。刻划于陶鼎腹底部（图一三九，4）。

廾　2件。标本97T1⑩：1，刻划于陶碗底部（图一三九，7）。标本95G3：1，刻划于陶三足盒近底部（图一三九，8）。

キ　1件（97T3⑩：1）。刻划于陶支座侧面（图一三九，14）。

∧∧　4件。刻划于器腹底部。标本97T6⑩：8，刻划于陶盒下腹部（图一三九，9）。标本97J56：1，刻划于陶三足盒底部（图一三九，10）。标本95G3：5，刻划于陶碗腹底部（图一三九，11）。

---

① 广州市文物管理委员会、广州市博物馆：《广州汉墓》，第473页，文物出版社，1981年。

② 《汉书·东方朔传》，第2846页，中华书局点校本，1996年。

③ 向宗鲁校证：《说苑校证·辨物》，第454页，中华书局，2000年。

④ 杨哲峰：《两汉之际的"十斗"与"石"、"斛"》，《文物》2001年第3期。

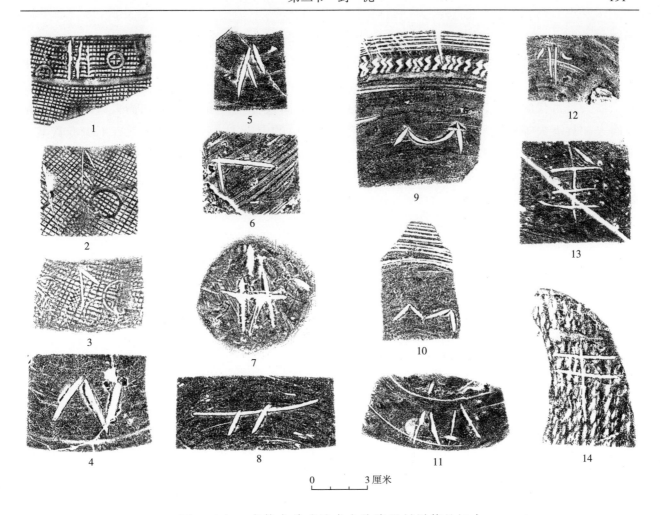

0 3厘米

图一三九 南越宫苑遗址出土的陶器刻划符号拓本

1.陶罐"‖‖"划符（97T23SQ②：8） 2.陶罐"人"划符（97T3SQ①：14） 3.陶罐"∧"划符（97T7SQ①：1） 4.陶鼎"N"划符（95G3：3） 5.陶盒"人"划符（95G3：8） 6.陶碗"∧"划符（95G2④：5） 7.陶碗"廿"划符（97T1⑩：1） 8.陶三足盒"廿"划符（95G3：1） 9.陶盒"∧∧"划符（97T6⑩：8） 10.陶三足盒"∧∧"划符（97J56：1） 11.陶碗"∧∧"划符（95G3：5） 12.陶三足盒"∧∧"划符（97T3SQ①：39） 13.陶三足盒"丰"划符（97T6⑩：5） 14.陶支座"𣓀"划符（97T3⑩：1）

标本97T3SQ①：39，刻划于陶三足盒底部（图一三九，12）。

丰 1件（97T6⑩：5）。刻划于陶三足盒底部（图一三九，13）。

这些刻划符号，多是陶工在制作陶器过程中随意刻划的记号，其确切含意已难以得知。

第二节 封 泥

南越宫苑遗址出土的封泥只有1枚（97T38⑩：31），与这枚封泥共存的还有一堆"半两"铜钱，铜钱大多已被火烧结成块。封泥呈方形，印文为"中府啬夫"，篆体，阳文，右起往下向左读，无边栏，无界格，字迹清晰。侧面有指纹痕迹，背面有封缄遗痕。经火烧烤过，呈红黄色，陶质坚硬，稍残。印文面残长2.2、宽2.3、厚1.1厘米（图一三八，8；图版一一〇，5；彩版二四，6）。

据《史记·田叔列传》载："鲁王闻之大怒，发中府钱，使相偿之。"正义："（中府）王之财物所藏也。"①《汉书·东方朔传》也记有："主因推令散财交士，令中府曰"，师古注曰："中府，掌金帛之藏者也。"②《后汉书·百官志》则有："中藏府令一人，六百石。本注曰：掌中币帛金银诸货物。"③中府，即中藏府，是职掌天子或诸侯财货的机构。

啬夫是古代的官吏，据《管子》"吏啬夫任事，人啬夫任教"④的记载可知啬夫有两类，一是乡啬夫和县啬夫等地方基层官吏，另一是专管某一事情的吏啬夫。云梦秦简中就有不少专管某一事的吏啬夫，如：田啬夫、仓啬夫、苑啬夫等⑤。中府啬夫即主管天子或诸侯财货的官吏。

这枚封泥与"半两"铜钱共出，可知这批铜钱原是由中府的啬夫缄封在府的，在汉兵"纵火烧城"时，从中府散落出来。

第三节　石　刻

南越宫苑遗址的蕃池池壁石板面和曲流石渠渠底石板面以及石构件上刻凿有文字（附表九）。从文字内容来看，有地名、职官、陶工人名和编号数字四大类，现分别举例释如下。

一　地名类

仅"蕃"字1处，刻凿于蕃池遗迹的南壁铺石板面上（图一四〇，1）。

岭南地区曾多次出土刻有"蕃"或"蕃禺"的秦汉时期器物。1953年，在广州市西郊西村石头岗1号秦墓出土一件漆奁，盖面有"蕃禺"两字烙印⑥。1983年，在广州市象岗山发现的南越王墓里出土有6件铜鼎、1件铜壶和1件铜匜上分别刻有"蕃"或"蕃禺"文字⑦。1976年在广西罗泊湾发现的汉代一号墓中也出土1件刻"蕃二斗二升"等文字的铜鼎⑧。古代"蕃"、"番"互通，"蕃"应是地名，其地有三。一是春秋时期的蕃，在今山东的滕县，《左传·襄公四年》："臧纥救鄫，侵邾，败于狐骀。"杜注："狐骀，邾地，鲁国蕃县东南有目台亭。"集解："番，本又作蕃。"⑨二是战国秦的番县，《史记·楚世家》："（楚昭王）十二年，吴复伐楚，取番。"正义括地志云："饶州鄱阳县，春秋时为楚东境，秦为番县，属九江郡，汉为鄱阳县也。"⑩三是"蕃禺"的省称，《汉书·地理志》南海郡，班固自注："秦置。秦败，尉佗王此地。"辖县六，番禺居首，班固自注："尉佗都"⑪，蕃（番）禺在秦汉时期是南海郡和番禺县治，南越国时为都城，其地即为今天的广州。

2005年，南越国宫署遗址出土的南越木简中有"蕃池"两字，水池南壁石板面上刻凿的"蕃"

①　《史记·田叔列传》，第2777页，中华书局点校本，1996年。
②　《汉书·东方朔传》，第2853、2854页，中华书局点校本，1996年。
③　《后汉书·百官志》，第3596页，中华书局点校本，1973年。
④　黎翔凤撰、梁运华整理：《管子校注·君臣上》，第545页，《新编诸子集成》，中华书局，2006年。
⑤　睡虎地秦墓竹简整理小组编：《睡虎地秦墓竹简》，第30、35、106页，文物出版社，1978年。
⑥　广州市文物管理委员会、广州市博物馆：《广州汉墓》，第175页，文物出版社，1981年。
⑦　广州市文物管理委员会、中国社会科学院考古研究所、广东省博物院：《西汉南越王墓》，第313~314页，文物出版社，1991年。
⑧　广西壮族自治区博物馆：《广西贵县罗泊湾汉墓》，第33页，文物出版社，1988年。
⑨　《春秋左传集解·襄公一》，第822页，上海人民出版社，1977年。
⑩　《史记·楚世家》，第1716页，中华书局点校本，1996年。
⑪　《汉书·地理志》，第1628页，中华书局点校本，1996年。

字，或是木简上所说的"蕃池"的省称。

二 职官类

工 3处。其中一处刻凿于曲流石渠急弯处东侧斜坡石板面上（图一四〇，3）；另有两处分别刻凿于曲流石渠弯月形石池北列东起第二堵和第四堵石板的北面（图一四〇，2、4）。

▨北诸郎 1处。刻凿于蕃池西壁石板面上，其中"北"字以上的文字湮灭不清（图一四一）。

工，即陶工，他们具有一定的技能，主要从事手工业生产和建筑工程的建设等。《睡虎地秦墓

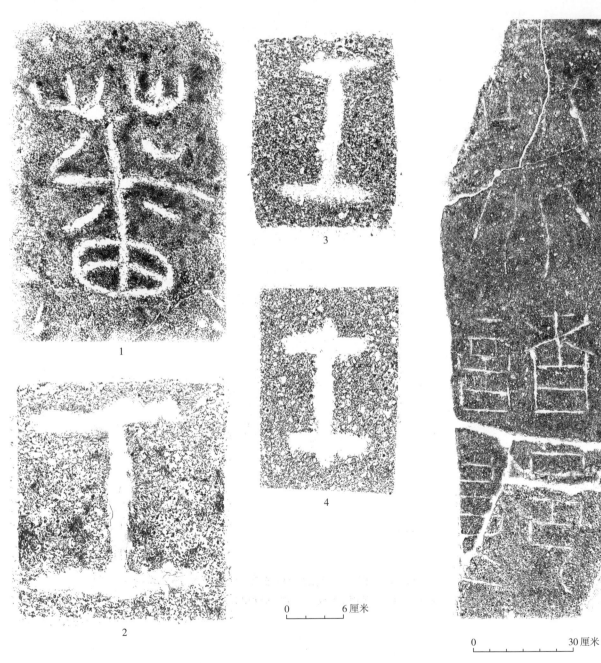

图一四〇 南越宫苑遗址的石刻文字拓本
1.蕃（蕃池南壁石板） 2.工（曲流石渠弯月形石池北列第二堵石板） 3.工（曲流石渠急弯处东侧石板） 4.工（曲流石渠弯月形石池北列最西端石板）

图一四一 蕃池西壁石板面上的
"▨北诸郎"石刻文字拓本

竹简·均工》："隶臣有巧者可以为工者"。①

北诸郎，职官名，文献未见记载。

三　陶工人名类

阅　2处。刻凿于蕃池遗迹的南壁石板面上（图一四二，1）。遗址出土的"阅"字瓦文较多，可知"阅"是陶工人名。

僙　1处。刻凿于蕃池遗迹的南壁石板面上（图一四二，2）。

辨　1件（95T2PC：47）。刻凿在砂岩石板表面（图一四二，3）。

井　1件（97T7⑩：77）。刻凿在砂岩石板表面（图一四二，4）。

皖　5处。均刻凿于蕃池遗迹的南壁石板面上（图一四三，1、2、3）。

冶　3处。刻凿于蕃池遗迹南壁石板面上（图一四三，4、5、6）。

四　编号数字类

二　1处。刻凿于曲流石渠弯月形石池南次间的八棱石柱北面（图一四四，1）。

十　1处。刻凿于曲流石渠弯月形石池南列东起第一堵石板北面（图一四四，2）。

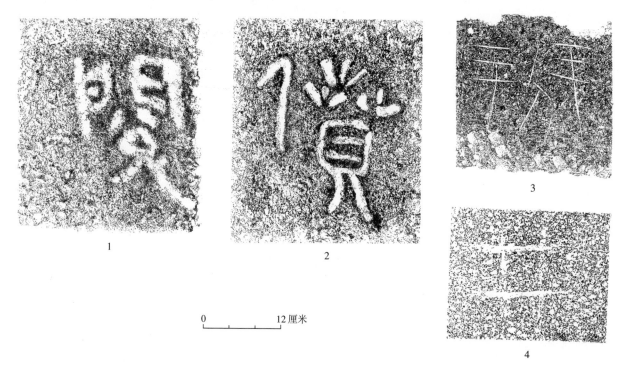

图一四二　南越宫苑遗址的石刻文字拓本
1. 阅（蕃池南壁石板）　2. 僙（蕃池南壁石板）　3. 辨（95T2PC：47）　4. 井（97T7⑩：77）

---

①　睡虎地秦墓竹简整理小组编：《睡虎地秦墓竹简》，第76页，文物出版社，1978年。

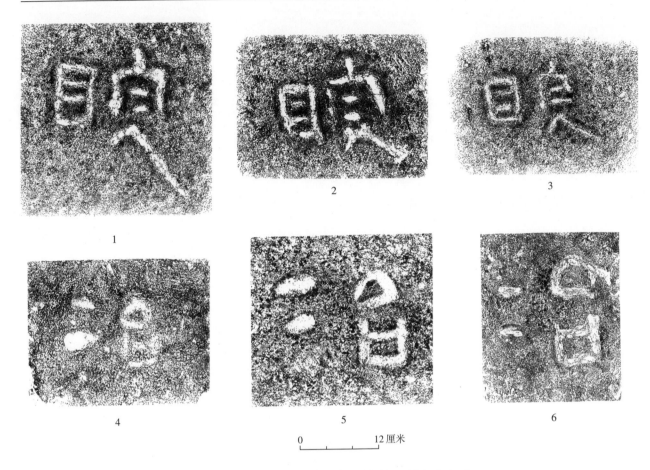

图一四三　蕃池南壁石板面上的石刻文字拓本
1、2、3.睆　4、5、6.冶

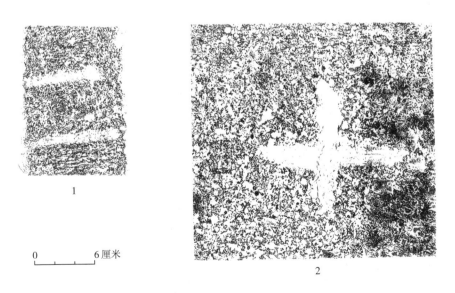

图一四四　南越宫苑遗址的石刻文字拓本
1.二（曲流石渠南次间八棱石柱）　2.十（曲流石渠弯月形石池北列东起第一堵石板）

第四节　本章小结

南越宫苑遗址出土的陶文、封泥和石刻，从字文内容来看，大体可分地名、官署机构及陶工人名、其他陶工人名、编号数字和刻划符号几大类。其中有关官署机构及陶工人名类的陶文最为丰富，是了解南越国官营制陶作坊的重要材料。

一　南越国制陶作坊的官署机构

从遗址出土的砖瓦文可以得知，这些产品均为官府作坊制作，其内容包括负责制陶的官署机构、陶工身份和陶工人名等。这是古代官府手工业作坊"物勒工名"[①]管理制度的具体表现，是官府为了考核稽查产品数量和质量而实行的一种管理制度。通过对南越国宫苑遗址出土的陶文进行系统的分类和考察，可知南越国宫廷用的砖瓦是由居室、左官、右官等官署机构负责烧造的。

"居室"陶文，过去在南越王墓和广州西汉早期的墓葬中曾有发现，但均是戳印在陶瓮和陶罐上，而这次发现的"居室"陶文均戳印在板瓦或筒瓦上，可见制作宫内建材也有居室的成员。

"居室"是少府属官，而左官、右官未言明其归属，史籍也缺乏记载。从秦都咸阳出土有大量的"左司空"和"右司空"陶文来看，南越国的左官和右官的职掌可能与秦代的左司空和右司空相似。左右司空是少府属官，南越国的左右官极有可能也是少府的属官。有学者认为，左右官是"左右工官"的省文，从遗址出土的大量瓦文中均未发现有"左工官"、"右工官"或"左工"、"右工"的情况来看，左、右官应不是"左右工官"的省称。另据刘庆柱先生的考证，工官的主要产品是兵器，其次还有车马器、铜器、金银器、漆器等[②]，生产砖瓦不是工官的职责。由此可见，左、右官并不是"左右工官"的省称，而应是独立于工官之外的官署机构，其主要负责生产南越国宫廷建筑用材。

二　南越国官营制陶作坊的劳动力来源

南越宫苑遗址出土的陶文，多是人名，人名前有加"左官"、"左"、"右官"或"官"字，也有部分只有二字或一字人名。这些人名应是南越国官营制陶作坊中直接负责烧造砖瓦的陶工的名字。从文字的内容和文献记载来看，南越国官营制陶作坊的劳动力主要来源于更卒、奴隶、刑徒以及因犯等，他们的身份低微。

一是服更役的更卒。从遗址出土有"左官卒犁"、"左官卒最"、"左官卒窑"等瓦文可以证实。以吏卒从事官营手工业生产劳动在文献中多有记载，如《汉书·王贡两龚鲍传》："今汉家铸钱，及诸铁官皆置吏卒徒，攻山取铜铁，一岁功十万人以上。"[③]《盐铁论·水旱》也说："卒徒陶工以县官日作公事。"[④]

二是官府的奴隶或奴婢。遗址出土的"左官奴单"陶文就是例证。以奴隶从事官府手工业生

---

① 王利器著：《吕氏春秋注疏·孟冬记》："物勒工名，以考其诚，工有不当，必行其罪，以穷其情。"，第959页，巴蜀书社，2002年。
② 中国社会科学院考古研究所编：《汉长安城未央宫（1980~1989年考古发掘报告）》，第120页，中国大百科全书出版社，1996年。
③ 《汉书·王贡两龚鲍传》，第3075页，中华书局点校本，1996年。
④ 《盐铁论·水旱》，《影印文渊阁四库全书》第695册，第593页，台湾商务印书馆。

产在汉代十分常见，如《汉书·食货志》载武帝用杨可告缗后，得"奴婢以千万数"，这些"没入奴婢，分诸苑养狗马禽兽，及与诸官"。同书还记载武帝时，"大农置工巧奴与从事，为作田器"①。

三是服劳役刑的刑徒。遗址出土的陶文中有"左官鬼□"是其例证。动用服城旦刑、鬼薪刑的刑徒来从事宫殿、陵墓等大型土木工程建筑和手工业生产，文献和出土实物资料也有明证。如《史记·秦始皇本纪》记载："隐宫徒刑者七十余万人，乃分作阿房宫，或作骊山。"②《史记·孝景本纪》也有"赦徒作阳陵者"的记载③。另外，出土的秦始皇二十五年上郡戈的铭文中也有"工鬼薪戠"④。

四是宫中的囚犯。从遗址出土较多戳印"居室"的陶文可得到证实。居室是宫中拘禁犯人的监狱，让囚禁于居室中的囚犯参与手工业生产，进行劳动改造也是合乎情理的。

这些出土的文字，从书法角度来看，有篆书体和隶书体，书写工整、规范，与秦都咸阳、秦始皇陵园出土的陶文和湖北云梦秦简上的文字基本一致，应是秦统一后的规范化文字，是受过一定程度教育的人所书写的。从地域上来说，书写这些文字的陶工主要来自中原地区。据《史记·秦始皇本纪》记载："三十三年，发诸尝逋亡人、赘婿、贾人略取陆梁地，为桂林、象郡、南海，以适遣戍。"同书又载："三十四年，适治狱吏不直者，筑长城及南越地。"⑤《史记·南越列传》载："秦时已并天下，略定杨越，置桂林、南海、象郡，以谪徙民，与越杂处十三岁。"⑥从以上史料可知当时南征百越的士卒中有逋亡人、有罪的官吏、赘婿和贾人等，攻取南越之后，这些人就地戍边。之后，秦始皇又迁徙一批有罪官吏和奴婢到南越戍边和为士卒衣补。这些有一定文化知识和熟练掌握生产技术的中原工匠，是建造南越国都城和王宫的主要劳动力来源。直到今天，在南越国宫殿和宫苑遗址发现之后，我们才从这些"物勒工名"的砖瓦中认识他们的名字。

① 《汉书·食货志》，第 1139、1170、1171 页，中华书局点校本，1996 年。
② 《史记·秦始皇本纪》，第 256 页，中华书局点校本，1996 年。
③ 《史记·孝景本纪》，第 445 页，中华书局点校本，1996 年。
④ 张政烺：《秦汉刑徒的考古资料》，《北京大学学报》1958 年第 3 期。
⑤ 《史记·秦始皇本纪》，第 253 页，中华书局点校本，1996 年。
⑥ 《史记·南越列传》，第 2967 页，中华书局点校本，1996 年。

第五章　多学科分析研究

第一节　南越宫苑遗址碳十四年代测定报告

标本名称：广州南越宫苑遗址出土木炭

标本物质：木炭

实验室编号：ZK-3231

原编号：97T34SQ ①

采集日期：1997 年 12 月

收到日期：2004 年 11 月

出土情况及有关文献：据南越宫苑曲流石渠内①层堆积中的遗物，可能为西汉早期。

提供单位：广州市南越王宫博物馆筹建处

测定日期：2005 年 1~3 月

碳十四年代（半衰期 5568）：2332 ± 36BP（公元前 382 ± 36）

树轮校正年代：410BC（63.9%）360BC

　　　　　　　270BC（4.3%）260BC

标本名称：广州南越宫苑遗址出土木炭

标本物质：木炭

实验室编号：ZK-3232

原编号：97T20 ⑩

采集日期：1997 年 12 月

收到日期：2004 年 11 月

出土情况及有关文献：据南越宫苑遗址废弃堆积⑩层中的遗物，可能为西汉早期。

提供单位：广州市南越王宫博物馆筹建处

测定日期：2005 年 1~3 月

碳十四年代（半衰期5568）：2374 ± 31BP（公元前424 ± 31）

树轮校正年代：520BC（68.2%）390BC

中国社会科学院考古研究所

考古科技中心碳十四实验室

2006年4月25日

第二节　南越宫苑遗址出土木材样本的鉴定报告※

南越王宫博物馆筹建处在南越宫苑曲流石渠遗迹发掘区采集到9个木材样本和1个植物样本（表一）。

采集的木材样本经室内加工，做横向、径向、弦向三个方向切片，先在体式显微镜下观察、记载木材特征，进行树种鉴定，根据《中国木材志》专著得出结论，然后将木材、木炭样本粘在铝质样品台上，样品表面镀金，在日立S-530扫描电子显微镜下进行拍照。经过鉴定这些木材样本有三个树种，一个树种为阔叶树种；另两个树种为针叶树种，其中一个针叶树种为松属（*Pinus*）的软木松类（Subgen. *Haploxylon*），另一个针叶树种为杉木（*Cunninghamia lanceolata*）。

样本97GC木：2为阔叶材。样本已经腐朽变形，从横切面上可以看到导管（图版一一一，1），从弦切面上看到单列射线和多列射线（图版一一一，3）。

样本97GC木：4为松属（*Pinus*）的软木松类（Subgen. *Haploxylon*）。从横切面可见树木生长轮略明显，有树脂道（图版一一一，4）。径切面看到的射线薄壁细胞与早材管胞间交叉场纹孔式为窗格型，射线管胞内壁没有锯齿（图版一一一，5）。弦切面有单列射线和纺锤射线（图版一一一，6）。

表一　南越宫苑曲流石渠遗迹发掘区木材样本登记表

序号	样本编号	类别	采集地点	采集方式	遗迹时代
1	97SQ木：1	木材	97T38曲流石渠木暗槽	截取	南越国
2	97F17木：1	木材	97T40F17散水挡板	截取	南越国
3	97GC木：1	木材	97T1GC护岸挡板	截取	南汉
4	97GC木：2	木材	97T1GC护岸木桩	截取	南汉
5	97GC木：3	木材	97T5GC护岸木桩	截取	南汉
6	97GC木：4	木材	97T5GC护岸木桩	截取	南汉
7	97H61木：1	木材	97T13H61木材	截取	秦代
8	97H61木：2	木材	97T13H61木材	截取	秦代
9	97H61木：3	木材	97T13H61木材	截取	秦代
10	97GC叶：1	植物	97T13GC②	浮选	南汉

※　王树芝、王增林：中国社会科学院考古研究所。

　　样本97F17 木∶1，97SQ 木∶1，97GC 木∶1、3，97H61 木∶1~3 均为杉木（*Cunninghamia lanceolata*）。横切面显示生长轮明显，早材至晚材略急变或急变（图版一一二，1、4）。径切面显示管胞径壁具缘纹孔1~2 列，射线薄壁细胞与早材管胞间交叉场纹孔式为杉木型（图版一一二，2、5）。弦切面显示木射线通常单列，1~21 个细胞高（图版一一二，3、6）。

　　另外，在南汉宫池还采集到一种植物（编号97GC 叶∶1）。经过鉴定，硅化植物样本为禾本科植物，秆木质，粗度约为0.4 厘米，多年生，叶片与叶鞘相连处成一关节，秆的节间常于分枝一侧有些扁平，每节分枝2~5 条，秆环较肿胀，隆起呈一圈圆脊（图版一一三，1）。横向切面只看到维管组织，由于硅化，基本薄壁组织已经不清楚（图版一一三，2）。分布在基本组织中的维管束在横切面上极显著。维管束是外韧的，即韧皮部在外，木质部在内，在横切面上呈现"V"字形结构。维管束的排列方式是星散分布，不规则地排列成两圈以上。

第三节　南越宫苑遗址1997 年度浮选结果分析报告※

　　广州南越宫苑遗址发现于1995 年，随后逐年进行了系统的发掘。自1997 年以来开始有目的的伴随发掘进程开展浮选工作，科学和系统地获取遗址中埋藏的植物遗存。本文报告是1997 年度浮选的结果以及分析，其他年度浮选结果将在今后陆续报告。

　　1997 年度的浮选工作因为是首次进行，属于尝试性的，其主要目的有二：一是了解南越宫苑遗址植物遗存的埋藏和保存情况，以便为今后的大规模浮选工作设定合理的采样和浮选方法；二是对此次发现的植物遗存进行初步的分析，以便为今后全面探讨出土植物遗存与遗址以及当时人们生活的关系提供一些线索。

一　采样与浮选

　　浮选法是通过考古发掘获取古代植物遗存的最为有效的手段，其中的关键是浮选样品的采集。在一般的考古遗址发掘过程中，常用的浮选样品采集方法是针对性采样法，即以各种性质比较明确的遗迹为主要采样单位，在发掘过程中每发现一处遗迹随即采取一份浮选样品[①]。但是，广州南越宫苑遗址的性质比较特殊，一是层位比较复杂，包含有自南越国时期至明清时期的文化堆积，二是遗迹现象相对单一，各时代堆积均以大型建筑遗迹为主。针对这种情况，我们尝试了两种不同的浮选样品采集方法：其一，选择了几处层位比较清晰的探方剖面按时代逐层采样，共采集到浮选土样13 份，分别属于南越国、西汉、东汉、晋、南朝、唐、宋等七个不同的时代，土量合计310 升，平均每份样品的土量约24 升。其二，选择了两处重要的遗迹单位有针对性地进行了浮选土样的采集，即南越国时期宫苑内的曲流石渠遗迹（编号97SQ）和南汉国时期的宫池遗迹（编号97GC）。这两处遗迹的面积都较大，堆积较厚，分上下两层，我们在每处遗迹分层采取了土样，共获得浮选土样四份，土量合计203 升，平均每份样品的土量约50 升。最后总计采集了浮选样品17 份，总土量为513 升。

　　※　赵志军：中国社会科学院考古研究所。
　　①　赵志军：《植物考古学的田野工作方法——浮选法》，《考古》2004 年第3 期。

浮选是在现场进行的，使用的设备是水波浮选仪，收取浮出炭化物的分样筛的规格是 80 目（筛网孔径 0.2 毫米）。根据浮选过程的现场观察，从绝大多数样品中浮选出了比较丰富的炭化物质。

浮选结果在当地阴干后被送交中国社会科学院考古研究所植物考古实验室进行分类、植物种属鉴定和分析。

二 出土植物遗存的整理和鉴定

通过实验室的整理和分类，南越宫苑遗址浮选结果包含的植物遗存以炭化木屑为主，同时还发现了一定数量的植物种子。

炭化木屑是指经过燃烧的木头的残存，其主要来源应该是未燃尽的燃料或遭到焚烧的建筑木材和其他用途的木料等。一般而言，浮选出土的炭化木屑如果个体较大，可根据木材的细胞组织如导管、筛管和纤维的特征和结构进行树种的鉴定，但由于南越宫苑遗址出土的炭化木屑均十分细碎，很难进行种属鉴定，因此我们仅对各样品中大于 1 毫米的炭化木屑进行了称重计量。结果显示，在 17 份样品的约 500 余升浮选土样中总计出土了炭化木屑 250 余克，平均每升浮选土样出土 0.5 克，如此丰富的炭化木屑含量在一般的考古遗址中还是不常见的。

在 17 份浮选样品中共发现了各种植物种子 4697 粒，其中绝大多数（99%）出土于南越国宫苑曲流石渠和南汉国宫池这两个遗迹中。这些植物种子分为 20 余个不同的种类，经过种属鉴定，有 15 个种类可鉴定到种一级（species），5 个到属一级（genus），3 个到科一级（family），这其中有 21 类的鉴定结果准确无疑，两类植物种子的鉴定结果尚存疑问，有待进一步核查。另外，还有少量特征不明显的、或者由于残破过甚而失去了特征部位的未知种属的植物种子（表二、三）。

1. 鉴定到种的植物种类

在能够精确地鉴定到种的 15 类植物种子中包括有稻谷（*Oryza sativa*）、粟（*Setaria italica*）、小麦（*Triticum aesticum*）和大豆（*Glycine max*）四种谷物，这些出土谷物均为炭化的籽粒。

在谷物遗存中以稻谷的数量最多，共发现了 115 粒炭化稻米，占所有出土谷物总数的 90% 以上。这些炭化稻米大多是残破的，完整的仅有 24 粒，其中属于南越国时期的有 2 粒（图版一一四，1），南汉国时期 21 粒（图版一一四，2），宋代 1 粒。经过测量，南越国时期 2 粒稻米的粒长分别是 5 和 4.1 毫米，粒宽 3.3 和 2.4 毫米，长宽比值 1.52 和 1.71；南汉国时期 21 粒稻米的平均粒长是 4.7 毫米，粒宽 2.4 毫米，长宽比值 1.98；宋代稻米的粒长是 4.8 毫米，粒宽 2.5 毫米，长宽比值 1.92。现代籼稻与粳稻的长宽比值一般是以 2 为界限[1]，据此，南越国时期稻米的长宽比值明显地落在了粳稻数值内，而南汉国时期和宋代稻米的长宽比值虽然也在粳稻数值内，但与南越国时期的相比更加偏向现代籼稻的数值。

与稻谷相比，粟的出土数量要少得多，共发现了 9 粒炭化粟粒，1 粒出自南朝时期的地层，其余 8 粒出土于南越宫苑的曲流石渠遗迹中。这些炭化粟粒均为圆球状，直径在 1.2 毫米左右，表面较光滑，胚部因烧烤而爆裂，呈深沟状（图版一一四，3）。

在谷物遗存中小麦的出土数量最少，仅在南汉国宫池遗迹样品中发现了 1 粒炭化小麦。这粒小麦的形态特征十分明显，呈圆柱状，背部隆起，腹沟很深。经过测量，麦粒的长和宽分别

---

① 游修龄：《对河姆渡遗址第四文化层出土稻谷各骨相的几点看法》，《文物》1976 年第 8 期。

表二 曲流石渠发掘区各地层样品出土植物种子统计表

时代 植物种属	南越国	西汉	东汉	晋	南朝	唐	宋	合计
样品数量	2	2	1	1	2	1	4	
稻谷 Oryza sativa	2						35	37
粟 Setaria italica					1			1
小麦 Triticum aesticum								
大豆 Glycine max								
杨梅 Myrica rubra								
荔枝 Litchi chinensis								
橄榄 Canarium album								
桃 Prunus persica								
李 Prunus salicina								
梅 Prunus mume								
南酸枣 Choerospondias axillaries								
海南榄仁 Terminalia hainanensis								
山鸡椒 Litsea cubeba								
构树 Broussonetia payrifera							6	6
商陆 Phytolacca acinosa								
李属 Prunus sp.								
悬钩子属 Rubus sp.								
葡萄属 Vitis sp.								
女贞属 Ligustrum sp.							7	7
樟科 Lauraceae		1						1
葫芦科 Cucurbitaceae								
省藤属? Calamus sp.								
假牵牛? Jacquemontia paniculata								
未知							4	4
总计	2	1	0	0	1	0	52	56

是 4.2 和 2.5 毫米，与现代小麦粒的尺寸相似（图版一一四，4）。

在浮选样品中还发现了 2 粒炭化大豆，均出自南汉国宫池遗迹样品中。豆粒为长圆形，背部圆鼓，豆脐为窄长形，位于腹部偏上部。其中一粒较大，长 4.5 毫米，宽 3.5 毫米，有残缺。另一粒较小，长 4.5 毫米，宽 3.1 毫米（图版一一四，5）。这两粒大豆的尺寸略小于现代大豆，但明显大于现生的野生大豆①。

除了谷物之外，在浮选结果中还发现了一批鲜果类植物的种子，包括有杨梅（*Myrica rubra*）、

---

① 根据对安徽采集到的现生野大豆的测量结果，豆粒的长和宽的平均值分别是 3.89 和 3.04 毫米。

表三　曲流石渠发掘区遗迹样品出土植物种子统计表

植物种属 ＼ 样品	南越国		南汉国		合计
	曲流石渠①层	曲流石渠②层	宫池①层	宫池②层	
稻谷 *Oryza sativa*	2	2	46	28	78
粟 *Setaria italica*	4	4			8
小麦 *Triticum aesticum*			1		1
大豆 *Glycine max*			1	1	2
杨梅 *Myrica rubra*		64			64
荔枝 *Litchi chinensis*				2	2
橄榄 *Canarium album*		4			4
桃 *Prunus persica*		3		5	8
李 *Prunus salicina*				1	1
梅 *Prunus mume*		11		2	13
南酸枣 *Choerospondias axillaries*		6		1	7
海南榄仁 *Terminalia hainanensis*				1	1
山鸡椒 *Litsea cubeba*		1			1
构树 *Broussonetia payrifera*		1		4	5
商陆 *Phytolacca acinosa*			1		1
李属 *Prunus sp.*	1	1			2
悬钩子属 *Rubus sp.*				1	1
葡萄属 *Vitis sp.*			2	4	6
女贞属 *Ligustrum sp.*			42	19	61
樟科 *Lauraceae*	4	9		1	14
葫芦科 *Cucurbitaceae*		1			1
省藤属? *Calamus sp.*	2	33	7	29	71
假牵牛? *Jacquemontia paniculata*	4243				4243
未知	11	6	8	21	46
总计	4267	146	108	120	4641

荔枝（*Litchi chinensis*）、橄榄（*Canarium album*）、桃（*Prunus persica*）、李（*Prunus salicina*）、梅（*Prunus mume*）、南酸枣（*Choerospondias axillaries*）等。这些鲜果类植物种子大多没有被炭化，其之所以能够长期保存至今，可能与遗址的埋藏环境有关，但更可能是与这些植物种子的特殊结构有关。这些鲜果类植物的果实均属于核果类，核果的种子之外包裹有由石细胞组成的内果皮，被称作果核，核果的果核十分坚硬，即便不经过炭化也能长期保存在土壤中，因此在一般的考古遗址中也时常出土有未经炭化的各种核果的果核。

杨梅又名水杨梅，是现今南方地区特有的水果类植物。此次浮选共发现了 64 粒杨梅的果核，都出土于南越国时期的曲流石渠遗迹中。这些果核呈卵形稍扁，表面有沟纹，平均长约 8 毫米，宽约 6 毫米（图版一一四，6）。杨梅在植物分类中属杨梅科（Myricaceae）杨梅属（*Myrica*），是一种常绿乔木，成材后的杨梅树可高达 15 米，木质致密，切面光滑，是良好的细工木材。杨梅树的枝叶茂密，果色鲜艳，常被作为园林或住宅区的观赏树种。杨梅的果实是一种美味的水果，肉质化的果皮充满汁液，其味酸甜可口，即可生食也可制作蜜饯果酱，还可酿酒。陆贾《南越纪行》载："罗浮山顶有湖，杨梅山桃绕其际"，时至今日广东的罗浮山区仍是杨梅的著名产地。

荔枝是此次发现的另外一种南方地区特有的水果类植物，但出土的数量很少，仅在南汉国时期宫池遗迹中发现了 2 粒荔枝核，其中一粒已经破碎，另一粒较完整，外表黝黑光滑，长 9.8 毫米，宽 7.8 毫米，与现今荔枝核相比尺寸较小（图版一一五，1）。荔枝属无患子科（Sapindaceae）的荔枝属（*Litchi*），是一种常绿乔木，成材后树高可达 30 米以上，荔枝木的纹理整齐，结构细匀，强度大，适于制造木船或木车的关键部件，在木材分类中属于优等特类木材。荔枝的果实十分甘美，除糖分外，还含有维生素等各种营养成分，是一种名贵的水果品种。葛洪《西京杂记》记："南越王尉佗献高绞鱼、荔枝，高祖报以蒲陶、锦四疋"。《三辅黄图》记载："元鼎六年，破南越，起扶荔宫，以植所得奇草异木。荔枝自交趾移植百株，无一生者。"这说明早在西汉初年广东地区就以盛产荔枝而闻名，此次的发现说明，在南汉国时期荔枝仍为当地的重要水果品种之一。

橄榄也是我国南方地区特有的果品。此次浮选在南越国曲流石渠遗迹中出土了 4 粒橄榄核，但都已残破，有两粒较完整，呈纺锤状，两端尖锐，其中一粒长约 25 毫米，最大腹径约 8 毫米；另一粒长约 19 毫米，腹径 7 毫米（图版一一五，2）。橄榄属于橄榄科（Burseraceae）橄榄属（*Canarium*），是一种常绿乔木，主要分布在岭南地区。橄榄种仁的含油量高，可加工制成名贵的橄榄油。橄榄的果肉味道十分甘美，深受岭南地区人们喜爱，在两广地区又被称作"白榄"（果实成熟时呈黄白色），与被称之为"黑榄"的乌榄（果实成熟时呈紫黑色）相对应。南越国宫苑曲流石渠遗迹中发现的橄榄遗存说明，至少在秦汉时期食用橄榄的习惯在广东地区已经相当普遍。

相对以上三种南方果树而言，桃树和李树的分布范围要广泛得多，全国各地均有栽培，而且是以北方地区更为普遍。此次浮选在南越国宫苑曲流石渠遗迹中发现 3 粒桃核，南汉国宫池遗迹中发现了 5 粒桃核和 1 粒李核。其中南汉国宫池遗迹中出土的 5 粒桃核特征比较明显，扁圆形，表面有深沟纹和孔穴，个体较大，平均长约 23 毫米，宽 17 毫米，已经接近现代桃核的尺寸（图版一一五，3）。出土的李核尺寸较小，长 13 毫米，宽 8.5 毫米，扁圆形，表面有浅皱纹（图版一一五，4）。桃树和李树都属于蔷薇科（Rosaceae）的李属（*Prunus*），为落叶小乔木，主要用途是果树，但桃树也被用做庭院观赏树种。桃、李是我国古代最为常见的两种水果，《诗经·大雅》中有"投我以桃，报之以李"的著名诗句。以往考古出土的桃核屡见不鲜，李核也常有发现。

梅与桃、李、杏、枣并列为我国古代的五大水果种类，《诗经》中有数篇诗文提到梅，说明梅在当时种植的很普遍。此次浮选在南越国宫苑曲流石渠遗迹和南汉国宫池遗迹都发现了梅核，共计 13 粒。梅核的形态和尺寸都类似于李核，平均长约 13 毫米，宽约 9 毫米，但表面布满了蜂巢状的凹点和小孔穴（图版一一五，5）。梅也属于蔷薇科的李属，落叶小乔木，用途包括果树和观赏树。在古代不仅以梅为水果，也用做调味品，《书经》中有记载："若作和羹，尔惟盐梅。"考古出土的梅核年代最早的可推到河南新郑裴李岗遗址的发现，但以战国时期和汉代的遗址出土的为多。

南酸枣虽名"枣"，但在植物分类上与枣树并没有关系。南酸枣属于漆树科（Anacardlaceae）南酸枣属（*Choerospondias*），又称"五眼果"，因南酸枣的果实在成熟时顶端呈现出的五个明显的凹槽而得名。此次在南越国宫苑曲流石渠遗迹中发现 6 粒南酸枣核，南汉国宫池遗迹也发现了 1

粒南酸枣核。其中南汉国宫池遗迹中出土的南酸枣核形状十分典型，呈圆柱形，顶端有五个突起，长 17 毫米，最大腹径约 12 毫米（图版——五，6）。南酸枣是一种落叶乔木，主要分布于长江以南地区。南酸枣果实的果肉较薄但酸甜，略有涩味，可以生食，现今主要用于酿酒和制作果酱。

　　除以上谷物类和水果类植物遗存外，在可鉴定到种的植物种子中还包括有 4 种非食用类植物，即海南榄仁（*Terminalia hainanensis*）、山鸡椒（*Litsea cubeba*）、构树（*Broussonetia payrifera*）和商陆（*Phytolacca acinosa*）。

　　海南榄仁属于使君子科（Combretaceae）榄仁树属（*Terminalia*），是一种落叶乔木，但主要分布于热带或亚热带的南端。海南榄仁树高可达 20 米，木材细匀致密，干后不裂不变形，是一种优良的造船木材，树皮含鞣质约 20%，可提制栲胶。此次在南汉国宫池遗迹发现有 1 粒海南榄仁的果核，特征十分明显，呈大三棱形，长 32 毫米，宽 17 毫米（图版——六，1）。

　　山鸡椒又名山苍子，属于樟科（Lauraceae）木姜子属（*Litsea*），介于落叶灌木和小乔木之间，主要分布在长江以南地区。山鸡椒是一种重要的香料植物，果实、花乃至叶都能提取芳香油，可用于食品、糖果、香皂、化妆品等的添加料。此次浮选在南越国宫苑曲流石渠遗迹发现了 1 粒山鸡椒种子，呈圆球状，有一圈微棱，直径 4 毫米（图版——六，2）。

　　构树又名谷树，属于桑科（Moraceae）构属（*Broussonetia*），是东亚地区特有的树种，在我国主要分布于黄河以南的广大地区。构树对环境的适应性非常强，生长速度快，但材质不够优良，现今主要用其树皮造纸，古代多用于薪炭。此次浮选共发现了 11 粒构树种子，呈卵形，尺寸很小，长约 1.7 毫米，宽约 1.5 毫米（图版——六，3）。

　　商陆属于商陆科（Phytolaccaceae）商陆属（*Phytolacca*），是一种多年生的草本植物。其种子呈肾形，扁平，长约 3 毫米，宽约 2.5 毫米（图版——六，4）。商陆的果有毒，不能食用，但肥大的根是一种著名的中药材。

2. 鉴定到属的植物种类

　　李属（*Prunus*）是蔷薇科中最为重要的一类植物，例如前面提到的桃、李、梅在植物分类上都属于李属，该属包含的著名鲜果还有杏、樱桃等。此次浮选在南越国宫苑曲流石渠遗迹中发现了 2 粒与李核和梅核在形态和尺寸上都十分相近的植物种子，但表面特征明显有所不同，呈波状深沟纹。对这 2 粒种子目前尚未鉴定到种，但可以肯定的是它们属于蔷薇科的李属（图版——六，5）。

　　悬钩子属（*Rubus*）在植物分类上也属于蔷薇科（Rosaceae），该属包含有 400 多个种，在我国约有 150 余个种，广泛分布于南北各地。悬钩子属的植物以攀缘灌木为主，但也有草本，其中有落叶也有常绿的。悬钩子属植物中有许多品种属于药用植物，有些品种的果肉酸甜多汁，可以生食或制果酱和酿酒，还有些品种的花芳香艳丽，可供观赏。此次浮选在南汉国宫池遗迹中发现了 1 粒悬钩子属植物种子，呈肾形，表面有显著网纹，长 1.5 毫米，宽约 1 毫米（图版——六，6）。

　　葡萄属（*Vitis*）属于葡萄科（Vitaceaea），是落叶藤本植物。该属有 60 余个种，我国约有近 30 个种，多数分布在长江以南地区。葡萄属中绝大多数品种的果实都可食用或酿酒。葡萄属植物种子的形态特征很突出，背面中部有一个内凹的合点，腹部有两条并列的深槽（图版——七，1），因此很容易鉴定，但在本属内部种与种之间种子的区分比较困难，因此目前只能鉴定到属一级。此次浮选在南汉国宫池遗迹发现了 6 粒葡萄属植物种子，平均长约 5 毫米，宽约 3.5 毫米。

　　女贞属（*Ligustrum*）属于木犀科（Oleaceae）。该属有 50 余个种，我国约有近 40 个种，主要分布在秦岭以南地区。女贞属植物的成分比较复杂，有常绿小乔木，也有落叶灌木，其中有些品种如女贞（*L. Lucidum*）是北方地区罕见的常绿植物，其叶子较大，呈浓绿色，泛光泽，因此常被用做绿篱树种。此次浮选出土的女贞属植物种子数量较多，共发现了68粒，呈扁卵形，表面有纵沟纹，尺寸较小，长约4毫米，宽约3毫米（图版——七，2）。

3. 鉴定到科的植物种类

此次浮选出土了15粒樟科（Lauraceae）植物的种子，多呈扁圆球形，平均直径约5毫米（图版——七，3）。樟科以乔木为主，也有灌木，常绿或落叶，含40余属，2000余种，我国约有20余属，1400个种，主要分布在长江以南地区。樟科是重要的林木之一，尤其是在我国南方，樟科是许多地区森林植被的建群树种。

在南越国宫苑曲流石渠遗迹中发现1粒葫芦科（Cucurbitaceae）植物的种子。这粒种子呈扁平卵形，增厚边缘十分明显，长6毫米，宽3.5毫米（图版——七，4）。葫芦科是重要的经济类植物，包括有许多用做果品或蔬菜的瓜类植物，以及用作容器的葫芦。但此次出土的这粒种子尚未确定出属种。

4. 鉴定结果存疑的植物种类

在南越国宫苑曲流石渠和南汉国宫池遗迹内都出土有一种特殊的植物种子，形态为扁球形，表面具沟纹，在合点处成小孔穴，最大径约6毫米（图版——七，5）。根据形态特征，怀疑是棕榈科（Arecaecae）省藤属（*Calamus*）植物的种子。省藤属主要分布于亚洲热带和亚热带地区，我国约30余种，攀缘藤本或直立灌木，藤茎可用做编织藤器的原料，但也有些品种可做观赏植物。

此次浮选出土数量最多的是一类十分细小的植物种子，总数多达4243粒，占所有出土植物种子总数的91%。这些种子的特点十分突出，呈卵形，表面密布点状纹；背部弓隆，缘边明显；腹部平直，有一深沟槽；尺寸很小，平均长约1毫米，宽0.6毫米（图版——七，6）。根据形态特征，怀疑是假牵牛（*Jacquemontia paniculata*）的种子。假牵牛是一种一年生的缠绕草本植物，属于旋花科（Convolvulaceae）假牵牛属（*Jacquemontia*）。假牵牛属包含有120余种，主要分布于美洲，少数产自旧大陆，在我国仅有假牵牛这一种，分布于两广和台湾地区。需要指出的是，这类植物种子的数量虽多，但却集中出土于一份浮选样品中，即南越国宫苑曲流石渠遗迹内①层样品，这是一个值得注意的现象。

三　分析与讨论

1. 浮选样品采集方法的问题

设计正确的采样方法是运用浮选法获取植物遗存的关键，是浮选结果最终能否体现研究目的的基础。因为1997年度是首次在南越宫苑遗址开展浮选工作，我们尝试了两种不同的浮选样品采集方法，一是在探方剖面按文化层采集了系列地层样品，二是选择了两处遗迹单位有针对性地采集了样品，结果显示，地层样品中的炭化木屑含量虽然较高，但其他植物遗存的数量非常有限，在13份样品中发现了56粒植物种子，平均每份样品仅4粒。然而，遗迹样品出土的各种植物遗存均十分丰富，除炭化木屑外，在4份样品中共发现了4600余粒植物种子，即便不考虑在南越国宫苑曲流石渠内①层样品出土的4000余粒假牵牛种子，平均每份样品出土植物种子也达到了近100粒。如此鲜明的对照说明，南越宫苑遗址文化堆积中植物遗存的埋藏主要是集中在一些性质比较明确的遗迹单位内，这就为我们今后继续开展大规模浮选工作确定了合理的采样方法，即应该以各种性质比较明确的遗迹为主要采样单位。

2. 炭化木屑的问题

南越宫苑遗址浮选结果中炭化木屑的含量比较突出，平均每升浮选土样出土炭化木屑多达 0.5 克，但这仅是平均值，实际上每份浮选土样所包含的炭化木屑量是不同的。为了进行比较，我们对各样品出土的炭化木屑进行了等量换算（每份样品按 10 升的土量计算），结果显示，样品间所含炭化木屑的重量存在着显著的差异，其中高于平均值有 6 份样品，包括有南越国曲流石渠内②层样品，南汉国宫池的 2 份样品，南朝地层的 2 份样品，以及宋代地层的 1 份样品（图一四五）。

采自南越国宫苑曲流石渠和南汉国宫池这两处遗迹的浮选样品的炭化木屑含量较高并不奇怪，因为在这些样品中出土的其他植物遗存如植物种子数量也很可观。比较异常的是采自南朝地层的两份样品的炭化木屑含量，分别是 16.5 克 /10 升和 27.7 克 /10 升，远远高于平均值，但在这两份样品中出土的其他植物遗存非常贫乏，仅发现了一粒炭化粟。前面已经提及，浮选结果中的炭化木屑主要来源于未燃尽的燃料或遭到焚烧的建筑木材和其他用途的木料，考虑到遗址自南越国时期以来一直是作为宫苑或官衙的所在地，南朝地层浮选样品中炭化木屑含量的异常现象是否能够说明当时遗址内的建筑物曾遭受到大火的焚烧？当然，由于此次采集的浮选样品数量过少，样品所应该具备的普遍性和代表性都不很强，因此南朝地层浮选样品炭化木屑含量与火灾的关系仅仅是一种猜测，有待于今后更多浮选样品的证实与检验。

3. 农作物遗存的问题

此次浮选发现了稻谷、粟、小麦和大豆四种农作物遗存，其中以炭化稻米的出土数量占绝对优势。作为岭南地区的一处历史时代的考古遗址，这一结果应该在预料之中。值得注意的是这些稻米的测量结果，如前所述，属于南越国时期的 2 粒完整稻米的长宽比值明显地落在了现代粳稻的数值内，而南汉国时期的 21 粒完整稻米的平均长宽比值接近现代籼稻的数值。但需要说明的是，这一判别结果是相对的。首先，应用谷粒的长宽比值来区分籼稻和粳稻这种判别方法本身就是相对的，因为判别界限是根据一般的规律人为设定的，例如，籼稻的长宽比值多在 2 以上，但大多数

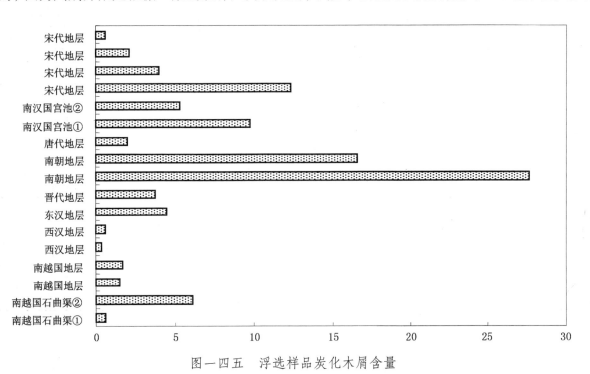

图一四五　浮选样品炭化木屑含量

粳稻在 1.6~2.3 之间，有些甚至可以达到 2.5[①]，两组数据明显有重合。其二，长宽比值作为判别标准一般是用于带壳的稻谷，而南越宫苑遗址浮选出土的都是裸露的稻米，原来设定的判别界限是否仍然适用需要进一步讨论。其三，此次发现的稻米在埋藏前均已被炭化，炭化过程很有可能会造成稻米变形，而变化的趋向（横向抑或纵向）仍有待于检测。其四，南汉国时期稻米的判别结果是基于 21 粒稻米的平均值，然而将这 21 粒个体的测量数据展开分析，问题变得就有些复杂了（表四）.如果仍然主观地以长宽比值 2 为界限进行判别，12 粒应该属于粳稻，另外 9 粒属于籼稻，但如果客观地根据数据进行判别就会感到无从下手，因为这 21 粒稻米的长宽比值的数据表现为一种平缓的递变，其间根本就不存在明显的界限。这一现象对如何根据稻谷形态特征进行籼和粳的判别提出了新的挑战，但不论如何，从总体上看，南汉国时期的稻米与南越国时期的相比形态变得更加细长，这能否说明当地种植的稻谷品种出现过粳籼转换，还有待于进一步的讨论和研究。

　　浮选结果中发现的少量炭化粟粒和一粒炭化小麦耐人寻味。粟和小麦都是中国北方地区旱作

表四　南汉国时期稻米测量数据一览表

粒长（mm）	粒宽（mm）	长宽比值	判断结果
4.0	2.4	1.67	粳稻
4.2	2.5	1.68	粳稻
4.3	2.5	1.72	粳稻
3.8	2.2	1.73	粳稻
4.9	2.8	1.75	粳稻
4.2	2.4	1.75	粳稻
4.8	2.7	1.78	粳稻
5.0	2.8	1.79	粳稻
4.4	2.4	1.83	粳稻
4.6	2.5	1.84	粳稻
4.5	2.3	1.96	粳稻
4.9	2.5	1.96	粳稻
5.0	2.5	2.00	籼稻
5.0	2.5	2.00	籼稻
5.2	2.5	2.08	籼稻
4.7	2.2	2.14	籼稻
4.8	2.2	2.18	籼稻
5.6	2.5	2.24	籼稻
5.5	2.3	2.39	籼稻
5.2	2.1	2.48	籼稻
4.3	1.6	2.69	籼稻

---

　　① 赵志军：《植物考古学的田野工作方法——浮选法》，《考古》2004 年第 3 期。

农业的代表性农作物，但这并不说明南方地区不能种植这两种旱地作物，尤其是在南北朝时期和五代十国时期等几次北方居民的大规模南迁，给中国南方包括岭南地区不仅带来了旱地农作物的种植技术，也带来以小麦为代表的面食习惯。然而，考虑到在历史时期各地文化和物资交流的不断增强，也不能完全排除这些旱地作物是通过商贸或其他途径由北方传入岭南地区的。由于此次浮选出土的粟和小麦遗存数量过少，我们还不能就此展开深入的分析和研究。

4. 其他植物种子的问题

考古遗址内文化堆积中所埋藏的植物遗存主要有两种来源：一是自然沉积，即通过各种自然力（如风、水、野生动物等）由外部带入并埋藏在遗址中的植物遗存，其中还应该包括遗址内生长的各种植物；二是文化堆积，即那些与人生活直接相关的、被人类有意识或无意识地遗弃在遗址内的植物遗存。农作物是人工产品，不论是通过何种途径被埋藏到遗址内都属于文化堆积。那么，南越宫苑遗址浮选出土的其他植物种子又是如何被埋藏在遗址内的，它们与遗址和当时人的关系如何，这些都是我们要考虑的问题。

一般而言，考古遗址内出土的植物遗存绝大多数应该与人类存在着某种直接或间接关系，所谓直接关系就是指人类对植物资源的利用。人类根据自己的各种需求对不同植物利用的取向有所不同，由此可以将植物根据其利用价值分为不同的类别，例如观赏类植物、材用类植物、食用类植物、芳香类植物、药用类植物，等等。我们对南越宫苑遗址出土的可以准确鉴定到种和属的植物种类按其主要利用价值进行了分类统计，结果发现，具有食用价值的有10类，观赏价值的有6类，材用价值的4类，另外，还有少量属于芳香类、药用类等植物（表五）。需要说明的是，许多植物种类对人类而言具有多种不同的利用价值，但有主次之分，例如，就杨梅而言，其主要利用价值是食用和观赏，而材用价值是次要的。

表五　曲流石渠发掘区出土植物种类的利用价值

	食用植物	观赏植物	材用植物	其他
杨梅 *Myrica rubra*	√	√	√	
荔枝 *Litchi chinensis*	√		√	
橄榄 *Canarium album*	√			
桃 *Prunus persica*	√	√		
李 *Prunus salicina*	√			
梅 *Prunus mume*	√	√	√	
南酸枣 *Choerospondias axillaries*	√		√	
山鸡椒 *Litsea cubeba*				芳香植物
构树 *Broussonetia payrifera*				造纸或炭薪
商陆 *Phytolacca acinosa*				药用植物
李属 *Prunus sp.*	√	√		
悬钩子属 *Rubus sp.*	√	√		
葡萄属 *Vitis sp.*	√			
女贞属 *Ligustrum sp.*		√		
总计				

从表五可以看出，具有食用价值的都属于果品类植物，其中不乏古今著名的水果品种，如杨梅、荔枝、橄榄、桃、李、梅等。还有一个值得注意的现象是，所有这些果品类植物种子全部出土于南越国宫苑曲流石渠和南汉国宫池这两处遗迹内，而在地层样品中未发现一例。综合这两个因素，再考虑到遗址的特殊性质，即自南越国时期以来一直是作为宫苑或官衙的所在地，这些具有食用价值的果品类植物的遗存被埋藏在遗址内的最大可能性是，它们是被作为购买的或进贡的美味果品送入宫苑或官衙供达官贵人们享用，吃剩的果核被丢弃到曲渠或宫池内，或被随意地丢弃在地上，在尚未被清扫出去之前又被雨水冲刷到曲渠或宫池内，而后被埋藏在沉积物中。

杨梅、桃树和梅树常被作为园林的观赏树木，女贞属植物常被用做绿篱，悬钩子属包含有比较常见的观花类植物，这些具有观赏价值的植物适于庭院种植，因此，遗址中埋藏的这一类植物的种子很有可能直接来源于宫苑或官衙内种植的植物。值得指出的是，这些观赏类植物遗存的出土数量都比较多，例如，杨梅核和女贞属种子的出土数量都多达60余粒，梅核的数量也有10余粒。从常理上分析，遗址内种植的植物的遗存应该比通过其他途径进入遗址的植物遗存被埋藏在堆积中的几率大得多，由此出土的数量也相对较多。因此，这些观赏类植物遗存在出土数量上的优势从另一个角度也可以证明它们原本就是遗址内种植的植物品种。

具有材用价值的植物虽有四类，但其中的杨梅、荔枝和南酸枣的主要利用价值是食用或观赏，真正以材用为主的只有海南榄仁一种。宫苑或官衙在修建过程中需要大量木材，但难以理解的是，作为这类植物的种子又是如何进入并被埋藏在遗址堆积中。由于在浮选结果中仅发现了一粒海南榄仁的种子，我们尚无法对此做出判断。山鸡椒和商陆的情况亦是如此。

此次浮选出土的构树种子数量较多。构树的利用价值并不高，即不适于做观赏树种，其果实也不能食用，但构树分布广泛，适应性强，生长速度快，在古代多被砍伐用做薪炭。因此，这些构树种子有可能是混杂在炭薪内带入遗址内的。

四 结语

通过1997年度的浮选工作，我们对南越宫苑这个以大型建筑遗迹为主的特殊遗址的植物遗存埋藏和保存情况有了一定的了解。从总体上看，遗址埋藏的植物遗存比较丰富，但主要集中在一些性质比较明确的遗迹堆积内，因此，今后的浮选工作应该采用针对性采样方法，即以各种遗迹为主要采样单位。除了少数农作物遗存外，此次浮选出土的绝大多数植物种子并没有炭化。浮选方法主要是针对炭化植物遗存设计的，其工作原理是，炭化物质在干燥的情况下比土壤颗粒轻，比重略小于水，因此将浮选土样放入水中便可使炭化的植物遗存脱离土壤浮出水面进而提取之。从理论上讲，南越宫苑遗址埋藏的未经炭化的植物遗存似乎并不适宜采用浮选法进行提取，但在实际操作中发现，许多未经炭化的植物遗存尤其是那些个体较小的植物种子也能够浮出水面，另外，我们所使用的水波浮选仪配备有粗、细两个筛子，粗筛的设置保障了个体较大的未经炭化的植物遗存的提取。实践证明，浮选法还是适用于南越宫苑遗址植物遗存的提取。

根据对此次浮选结果的观察和分析，我们就出土的植物遗存与遗址以及当时人们生活之间的关系等问题获得了一些初步的认识，概括起来有以下几点：（1）通过量化分析发现，采自南朝时期地层的两份浮选样品中炭化木屑的含量异常地丰富，可能是遗址内建筑物遭受火灾后遗留的迹象。如是，这将对探讨遗址的内涵伴朝代更替所发生的一些突发事件具有一定的参考价值。（2）此次浮选发现了稻谷、粟、小麦和大豆四种农作物遗存，其中以稻谷的出土数量最为突出，为分析当地稻作农业的特点和变化提供了实物依据。旱地作物粟和小麦的发现，为深入地探讨岭南地区农业种植制度的发展和变化以及古代南北方的物质交流提供了线索。(3)出土的其他植物种子根据其主要利用价值可分为食用、观赏、材用等几大类别，其中具有食用价值的应该是人们享用的美味果品的遗存，具有观赏价值的很有可能源自宫苑或官衙内种植的花草树木，这为了解当时人们的生活，认识我国先民对各种植物资源的开发和利用，以及复原遗址的植被面貌提供了重要的植物遗存资料。

第四节 南越宫苑遗址出土动物骨骼研究报告※

广州南越宫苑曲流石渠遗迹是由广州市文物考古研究所和南越王宫博物馆筹建处进行发掘，其中出土的动物骨骼遗存的研究任务由中国社会科学院考古研究所动物考古实验室承担。

在对南越宫苑遗址进行具体的动物考古学研究之前，我们首先查阅了有关此遗址的相关文献，对遗址的文化面貌、遗址的生态环境信息有了大致的了解，然后从南越宫苑遗址田野考古发掘的实际情况出发，同时结合自己的研究特点，制定出一套针对此遗址的切实可行的动物考古学研究方法：首先进行种属鉴定，确定其所属的部位（包括左右），统计它们的数量，对脊椎动物的颌骨、牙齿及肢骨进行测量，观察骨骼表面有无人工痕迹。在此基础上进行各种统计和分析，并结合考古现象进行深入探讨。鉴定时参照了中国社会科学院考古研究所考古科技中心动物标本室的标本，同时也参考了一些中外文的动物骨骼图谱[①]。

南越宫苑遗址出土的动物遗存共有4563件，这批动物遗存总体情况保存较好，但是其中一些动物骨骼因为过于破碎而缺乏明显的特征，无法鉴定它们的种属和部位，只能将其归入贝类（有的贝壳过于破碎，我们只对其称重，共计685克）、鱼类、爬行类、鸟类或哺乳动物，这类动物骨骼共计1821块，占全部动物骨骼总数的39.91%。通过对这批资料的综合研究，我们可以揭示南越宫苑遗址周边的自然环境，揭示当时人类获取肉食资源的方式及肉食结构，同时也可以揭示当时人类对动物的利用方式及其所反映的文化现象等等，这些信息均有助于复原南越宫苑遗址所代表的古代居民的生活状况。

以下按照整理结果、讨论等两个方面分别报告。

一 整理结果

整理结果分为种属鉴定、出土状况、骨骼形态观察、数量统计四个方面。

（一）种属鉴定

无脊椎动物 Invertebrate

※ 杨杰、袁靖、杨梦菲：中国社会科学院考古研究所。

① a. B. 格罗莫娃著，刘后贻等译：《哺乳动物大型管状骨检索表》，科学出版社，1960年。

b. 中国古脊椎动物与古人类研究所《中国脊椎动物化石手册》编写组编：《中国脊椎动物化石手册》，科学出版社，1979年。

c. 伊丽莎白·施密德著，李天元译：《动物骨骼图谱》，中国地质大学出版社，1992年。

d. Bimon Hillson, 1992, Mammal Bones and Teeth. Institute of Archaeology University College London.

腹足纲　Gastropoda

　中腹足目　Mesogastropoda

　　田螺科　Viviparidae

瓣鳃纲　Lamellibranchia

　真辨鳃目　Eulamellibranchia

　　蚌科　Unionidae

　　　河蚬　*Corbicula fluminea* Müller

　　牡蛎科　Ostreidae

　　　牡蛎　*Ostrea* sp.

　　蚶科　Arcidae

　　　泥蚶　*Arca granosa* Linnaeus

　　　毛蚶　*Arca subcrenata* Lischke

　　帘蛤科　Veneridae

　　　文蛤　*Meretrix meretrix* Linnaeus

脊椎动物　Vertebrata

　硬骨鱼纲　Osteichthyes

　软骨鱼纲　Chondrichthyes

　爬行纲　Reptilia

　　龟鳖目　Testudinata

　　　龟科　Emydidae

　　　鳖科　Trionychidae

　　鳄目　Grocodilia

　　　钝吻鳄科　Alligatoridae

　　　　扬子鳄　*Alligator sinensis* Fauvel

　鸟纲　Aves

　哺乳纲　Mammalia

　　啮齿目　Rodentia

　　　豪猪科　Hystricidae

　　　　豪猪　*Hystrix hodgsoni* Gray.

　　食肉目　Carnivora

　　　犬科　Canidae

　　　　狗　*Canis familiaris* L.

　　　熊科　Ursidae

　　　　熊　*Ursus* sp.

　　　猫科　Felidae

　　　　虎　*Panthera tigris* L.

　　长鼻目　Proboscidea

　　　象科　Elephantidae

　　　亚洲象　*Elephas maximus* Linnaeus

　奇蹄目　Perissodactyla
　　马科　Equidae
　　　家马　*E. caballus orientalis* Noack

　偶蹄目　Artiodactyla
　　猪科　Suidae
　　　家猪　*Sus scrofa domesticus* Brisson
　　鹿科　Cervidae
　　　梅花鹿　*Cervus nippon* Temminck
　　牛科　Bovidae
　　　山羊　*Capra hircus* Linne
　　　黄牛　*Bos taurus domestica* Gmelin
　　　水牛　*Bubalus bubalis* Linne

　　南越宫苑曲流石渠遗迹发掘区出土动物有贝类10种，分别为A型螺（图版一一八，1），B型螺（图版一一八，2），C型螺（图版一一八，3），D型螺（图版一一八，4），E型螺（图版一一八，5），河蚬（图版一一八，6），牡蛎（图版一一八，7），毛蚶（图版一一八，8），泥蚶（图版一一八，9），文蛤（图版一一八，10）；鱼类有软骨鱼（图版一一八，11）和硬骨鱼（图版一一八，12）两种；爬行动物3种，分别为龟（图版一一八，14），鳖（图版一一八，13），鳄（图版一一八，15）；鸟类（图版一一八，17）仅出土跗跖骨碎块2件，无法鉴定到种属；哺乳动物有15种，分别为豪猪（图版一一八，16），鼠（图版一一八，19、20），狗（图版一一八，18），熊（图版一一八，21），虎（图版一一九，8），亚洲象（图版一一九，1），马（图版一一九，2），猪（图版一一九，3），大型鹿科（图版一一九，7），梅花鹿（图版一一九，4），小型鹿科（图版一一九，6），羊（图版一一九，9、10），黄牛（图版一一九，11），水牛（图版一一九，5），牛（图版一一九，22，无法确定属于水牛还是黄牛）。全部动物至少代表30个种。这里需要指出的是，我们在对南越宫苑曲流石渠遗址做动物骨骼种属鉴定时，根据骨骼形态学的观察和比较，确认某些骨骼遗存能够代表一个种属（比如我们区分出的五种螺类），但由于目前我们的比对标本有限，无法对这批动物遗存做进一步的种属鉴定，只能在现有研究水平的基础上对这类种属进行种属编号，然后详细记录其骨骼形态学特征，以期将来有条件的时候对其做进一步的研究。

（二）出土状况

　　南越宫苑曲流石渠遗址包含10个文化层，从早到晚依次为：南越国、西汉（这里的西汉是指南越国灭亡以后的西汉）、东汉、两晋、南朝、唐、南汉、宋、元、明。我们将分别按照各个文化层所代表的时期对遗址出土动物骨骼进行统计和分析。这里需要说明的是对有些螺类我们无法鉴定种属，暂将它们分别命名为A至E型。

1. 南越国时期

蚌壳碎块　44。

软骨鱼　脊椎1。

鱼　脊椎9，脊椎碎块2，骨骼碎块30。

龟   腹甲碎块 313，背甲碎块 200，甲板碎块 6。

鳖   背甲碎块 242。

龟鳖类（保存状况欠佳，无法进一步区分，以下类同）   甲板碎块 561，甲板碎块（土较多，且粘连在一起，无法作数量统计，仅称重）4000 克，头骨（基本完整）3，左肱骨（稍残）1，左肱骨近端 9，右肱骨（两端残）1，右肱骨近端 2，肱骨近端 4，肱骨骨干碎块 6，肱骨远端 6，髋骨碎块 3，右股骨（与甲板粘连在一起）1，股骨近端 5，股骨骨干 3，股骨远端 9，脊椎 14，肢骨碎块 84。

鳄   下颌骨碎块 2。

豪猪   游离左门齿碎块 1。

狗   右距骨 1。

熊   左尺骨 1，右跟骨 1。

马   游离左下颊齿 1，游离右下第三臼齿 1，游离右下颊齿 1，左桡骨近端 1。

猪   左下颌 1，游离臼齿 1。

大型鹿科   第 3 节趾骨 1。

梅花鹿   右下颌 1，左桡骨近端 1，左胫骨近端 1，第 2 节趾骨 1。

牛   右肱骨远端 1，股骨头 1，右距骨 1。

哺乳动物   左下颌碎块 1，尺骨碎块 1，桡骨碎块 2，髋骨碎块 1，肋骨碎块 2，肢骨碎块 12，肢骨骨干 1，碎块 30。

2. 西汉时期

蚌壳碎块   4。

鱼   骨骼碎块 1。

龟   腹甲 3，背甲 3，甲板碎块 4。

龟鳖类   掌骨 / 跖骨 1。

鳄   骨板 1。

亚洲象   肢骨碎块 1。

熊   左髋骨 1。

马   左股骨远端 1，右股骨远端 1，第 1 节趾骨 1。

猪   左顶骨碎块 1，左肱骨远端 1，右桡骨近端 1，左胫骨远端 1。

梅花鹿   左角碎块 1，右角 1，右下颌 1，游离左下 M3 碎块 1。

小型鹿科   左胫骨近端 1。

羊   右下颌 1，左桡骨远端 1，右掌骨 1。

黄牛   左肱骨远端 1，左掌骨近端 1，右掌骨 1，右距骨近端 1。

牛   游离右上臼齿 1，左肱骨近端 1，左肱骨远端碎块 1，右肱骨远端 2，右桡骨近端 1，桡骨骨干 1，右掌骨近端 1，掌骨骨干碎块 1，右髋骨碎块 1，左股骨近端 1，右胫骨近端 1，右跟骨 1，右距骨 1，右跖骨近端 1，炮骨远端碎块 3。

哺乳动物   肱骨骨干碎块 1，左尺骨骨干 1，桡骨骨干 1，股骨远端碎块 1，左胫骨骨干 1，脊椎 1，肢骨碎块 20，碎块 101。

3. 东汉时期

龟　腹甲 1，背甲 5。

鳖　背甲碎块 48。

龟鳖类　右肱骨近端 1。

狗　左肱骨 1，右尺骨近端 1。

虎　游离上犬齿 1，游离犬齿碎块 1。

马　左肱骨近端 1，右桡骨远端 1，跖骨远端 1。

猪　左上颌 1，右下颌 1，下颌碎块 2，游离右上 $M^1 M^2$（一付）各 1，左肱骨远端 1，右肱骨骨干 1，右肱骨远端 1，左尺骨近端 1，左股骨（近端未愈合，远端残）1，右股骨骨干 1，左胫骨（两端未愈合）1，左胫骨（近端残，远端未愈合）2。

大型鹿科　左股骨远端 1，右距骨（完整）1，右距骨（残）1。

梅花鹿　右角 1，角碎块 3，头骨碎块（附角柄基座）1，左下颌 1，右桡骨近端 1，右掌骨近端 1，左股骨近端 1，左胫骨远端 1，右胫骨骨干碎块 1。

鹿科动物　角碎块 1。

羊　右股骨 1。

黄牛　右肱骨远端 1，右胫骨远端 1，左跖骨近端 1，左跖骨远端 1，右跖骨近端 1，右跖骨远端 1。

水牛　左肱骨远端 1，左桡骨近端 1，右胫骨近端 1，左跗骨 1，左跖骨完整 1，左跖骨（远端未愈合）1，右跖骨完整 1，右跖骨远端 1。

牛　右下颌 1，下颌碎块 21，游离左下臼齿 2，游离左下 M^3 1，游离右下臼齿 1，游离右下 M^3 1，游离右下 P^2–M^3（一付）各 1，游离下前臼齿 1，游离臼齿碎块 1，寰椎碎块 1，左肩胛骨 4，左肱骨骨干 1，左肱骨远端 2，右肱骨远端 2，肱骨远端碎块 1，左桡骨远端（附尺骨远端）1，右桡骨近端 1，右桡骨远端（附尺骨远端）1，桡骨骨干 1，左掌骨近端 1，左髋骨 1，右髋骨 1，髋骨碎块 1，左股骨近端 2，左股骨骨干 1，左股骨远端 3，右股骨近端 3，右股骨远端 1，股骨头碎块 1，股骨近端碎块 2，股骨远端碎块 1，右胫骨近端 3，左跟骨 1，左距骨 2，左跗骨 1，左跖骨近端 1，左跖骨近端碎块 1，跖骨碎块 1，炮骨远端 1，第 1 节趾骨 1，第 2 节趾骨 1，肢骨碎块 2。

哺乳动物　肩胛骨碎块 1，右肱骨骨干 1，桡骨近端碎块 1，股骨骨干 2，骶骨碎块 1，脊椎碎块 4，肋骨碎块 7，肢骨碎块 26，碎块 10。

4. 两晋时期

螺壳碎块　3。

蚬壳　116。

泥蚶壳碎块　5。

软骨鱼　脊椎 1。

鱼　脊椎 4，骨骼碎块 6。

鳄　左股骨近端 1。

狗　左尺骨（近端残，远端缺）1，右桡骨近端 1，桡骨骨干 1，左胫骨骨干 1。

猪　左下颌碎块 1，右肱骨远端 2，左股骨远端 1。

梅花鹿　右角 1，左下颌 1，左掌骨近端 1，左胫骨远端 1。

黄牛　掌骨远端 1，右距骨近端 1。

水牛　左肱骨1，左肱骨远端1，左掌骨远端1，掌骨远端1，左胫骨远端1，右胫骨近端1，右胫骨远端1，右距骨1。

牛　游离上臼齿1，游离上前臼齿1，游离左下臼齿1，右肩胛骨1，左肱骨近端1，左肱骨远端2，右肱骨远端1，肱骨近端碎块1，肱骨骨干1，左尺骨近端1，右尺骨近端1，左桡骨近端2，左桡骨远端碎块1，右桡骨近端1，桡骨近端碎块1，掌骨近端碎块1，左股骨远端1，左股骨干碎块1，右股骨头1，右股骨远端2，股骨远端碎块3，右跟骨1，右距骨1，右跖骨近端1，第2节趾骨碎块1，脊椎1，肢骨碎块3。

哺乳动物　桡骨近端碎块2，左胫骨骨干碎块1，脊椎碎块1，肋骨碎块4，肢骨骨干6，肢骨碎块21，碎块21。

5. 南朝时期

蚌壳碎块　3块，250克。

蚬壳　280。

鱼　脊椎23，骨骼碎块100克（过于破碎，无法作数量统计，仅称重）。

鼠　左肱骨远端1。

狗　右下颌1，右尺骨近端1，左桡骨远端1，左股骨远端关节1，右股骨（近端残，远端未愈合）1，右股骨近端1，左胫骨1。

小型食肉类　股骨远端1，第1节趾骨远端1。

食肉类　游离下 M_1 碎块1。

马　枕骨碎块2，左下颌1，左下颌髁突1，游离右上颊齿2，游离左下 P_2–M_2（一付）各1，游离右下 I_1–I_3（一付）各2，游离右下 $I_3$1，游离右下颊齿2，游离右下 $M_3$1，寰椎1，左距骨近端1。

猪　顶骨1，左上颌1，下颌（基本完整）1，左下颌3，右下颌1，下颌碎块10，游离左下 $M_2$1，游离下 $dP_4$1，游离臼齿碎块3，左肱骨远端1，右肱骨近端1，右股骨骨干1，左距骨1，掌骨/跖骨远端1，掌骨/跖骨远端关节1，第2节趾骨1。

大型鹿科　左肱骨远端1。

梅花鹿　左角1，右角1，右肩胛骨1，左胫骨近端1，右跟骨1。

鹿科动物　角碎块1。

黄牛　右桡骨近端1，左距骨1。

水牛　游离左上臼齿1，左肱骨远端1，左桡骨近端1。

牛　头骨碎块5，右下颌1，下颌冠状突1，游离左上前臼齿1，游离左上臼齿1，游离右下臼齿2，寰椎1，左肩胛骨2，左肱骨近端1，左肱骨远端1，右肱骨近端1，右肱骨远端1，肱骨近端大转子关节1，左尺骨近端1，左桡骨近端2，右尺骨近端1，左桡骨远端1，左桡骨远端碎块1，右桡骨近端1，右桡骨远端关节1，桡骨骨干1，右髋骨3，髋骨碎块1，左股骨骨干1，左股骨远端1，股骨骨干1，左胫骨近端1，右胫骨近端2，左跟骨1，右距骨3，第1节趾骨1，肢骨碎块5。

人　左股骨近端1。

6. 唐代时期

A 型螺壳　1。

螺壳碎块　5。

蚬壳　240。

泥蚶壳碎块　1。

文蛤壳　1。

蚌壳碎块　重200克。

鱼　脊椎3，骨骼碎块2。

鳖　腹甲1。

亚洲象　游离臼齿碎块1。

狗　游离犬齿碎块1，右股骨近端1，右股骨远端1，股骨骨干1。

马　右肱骨1，第1节趾骨2。

猪　右上颌1，左下颌1，游离右下门齿1，游离下犬齿1，游离左下 dP_3-M_2（一付）各1，游离右下 dP_3-M_3（一付）各1，游离臼齿碎块1，左肱骨（近端未愈合，远端残）1，右肱骨（近端未愈合，远端残）1，右肱骨骨干1。

大型鹿科　右胫骨近端1，右距骨1。

梅花鹿　角碎块1，左肩胛骨1，左肱骨远端2，右跟骨1。

山羊　右角心（附部分头骨）1。

羊　右桡骨1。

黄牛　右肱骨远端1。

水牛　角碎块（附部分头骨）1，左距骨远端1，右距骨远端1。

牛　头骨碎块17，游离左下臼齿1，游离右下 $M_1$1，游离右下 $M_2$1，游离右下 $M_3$1，右肱骨远端1，左桡骨骨干1，左掌骨近端1，右掌骨近端2，右髋骨碎块1，左股骨远端1，右股骨头1，右胫骨近端1，右距骨2，右跖骨远端1，第1节趾骨1，脊椎1。

哺乳动物　头骨碎块2，下颌碎块2，颌骨碎块1，肩胛骨碎块1，桡骨远端碎块1，髋骨碎块1，股骨近端碎块1，左胫骨骨干1，右胫骨近端1，肋骨碎块1，脊椎1，肢骨碎块25。

7. 南汉时期

A 型螺壳　35。

B 型螺壳　44。

C 型螺壳　174。

D 型螺壳　2。

E 型螺壳　16。

小型螺壳（种属特征不明显）　28。

螺壳碎块　44。

蚬壳　23。

蚌壳碎块　重10克。

软骨鱼　脊椎1。

鱼　脊椎48，骨骼碎块4。

鸟类　跗跖骨近端1，跗跖骨远端1。

鼠　左下颌1，游离门齿碎块1，寰椎4，枢椎1，右肩胛骨2，右肱骨远端1，左髋骨1，左股骨完整1，右距骨1，第1节趾骨7，第2节趾骨2，第3节趾骨3，脊椎8。

亚洲象　左桡骨远端（未愈合）1，右桡骨远端（未愈合）1，右尺骨近端1，髋骨碎块2，右胫骨（两端未愈合）1，胫骨近端1，肢骨碎块21。

狗　右股骨近端1。

马　右尺骨近端1，右胫骨远端1。

猪　左下颌1。

小型鹿科　右股骨远端1。

羊　游离右下门齿1，右桡骨（附尺骨远端）1，右跗骨1。

黄牛　左桡骨近端1。

哺乳动物　肩胛骨碎块1，右肱骨远端1，髋骨碎块1，第1节趾骨1，脊椎1，肋骨碎块1，肢骨碎块18。

8. 宋代时期

C型螺壳　2。

螺壳碎块　5。

蚬壳　83。

毛蚶壳碎块　1。

牡蛎壳碎块　4。

泥蚶壳碎块　2。

蚌壳碎块　5块，75克。

鱼　脊椎15，骨骼碎块5。

亚洲象　左肱骨（两端未愈合）1，右胫骨近端1，肢骨碎块1。

狗　右下颌1。

马　左尺骨近端1，左桡骨近端1，左胫骨远端1。

猪　下颌1，左下颌1。

大型鹿科　右肱骨远端1。

羊　左下颌1，游离前臼齿1，游离臼齿碎块2，右肱骨（两端未愈合）1，右肱骨远端1。

牛　游离右上臼齿1，右肱骨远端1，第1节趾骨1。

哺乳动物　头骨碎块1，桡骨远端1，脊椎5，肢骨碎块11，碎块160。

9. 元代时期

狗　头骨碎块47，左上颌3，左上颌碎块1，右上颌2，右前颌1，左下颌2，右下颌6，游离右上第四前臼齿1，游离右上第二臼齿1，游离左下乳犬齿1，游离右下犬齿1，游离右下第一臼齿1，寰椎1，枢椎2，左肩胛骨3，右肩胛骨5，左肱骨完整1，左肱骨（两端未愈合）1，左肱骨近端1，右肱骨完整1，右肱骨（两端未愈合）1，右肱骨远端1，肱骨骨干1，肱骨骨干碎块1，左尺骨（基本完整）2，左尺骨近端4，右尺骨完整1，右尺骨（基本完整）2，右尺骨近端1，尺骨远端3，左桡骨完整1，左桡骨（近端未愈合，远端缺）1，左桡骨近端3，左桡骨远端关节1，右桡骨完整1，右桡骨（两端未愈合）2，右桡骨近端1，右桡骨远端1，腕骨3，左髋骨3，右髋骨7，髋骨碎块1，左股骨完整1，左股骨（两端未愈合）3，左股骨近端1，左股骨远端1，左股骨远端关节1，右股骨完整1，右股骨近端4，右股骨远端1，右股骨远端关节1，左胫骨（两端未愈合）3，左胫骨近端1，左胫骨骨干1，左胫骨远端2，右胫骨完整1，右胫骨（近端残，远端未愈合）1，右胫骨骨干1，右胫骨远端关节1，胫骨近端碎块1，右跟骨完整1，右距骨完整2，掌骨／跖骨 37，第 1 节指骨 1，阴茎骨 1，骶骨 1，骶骨碎块 2，脊椎 38，脊椎碎块 10。

　　猪　左上颌 1。

　　黄牛　左跖骨远端 1。

　　牛　右齿隙 2，肱骨骨干碎块 1，左跖骨近端 1。

　　哺乳动物　肢骨碎块 4。

10. 明代时期

　　马　左胫骨近端 1。

　　猪　右下颌 1。

　　羊　游离左下臼齿 1。

　　水牛　右跖骨完整 1。

　　牛　左肱骨远端碎块 1，右肱骨远端 1，右髋骨碎块 1。

　　哺乳动物　下颌碎块 1，右肱骨骨干 1，股骨骨干 1，脊椎 1，脊椎碎块 1。

（三）骨骼形态的观察和测量

　　南越宫苑曲流石渠遗址出土的全部动物骨骼我们都进行了观察和测量。这里按照动物种类分别叙述。

1. 蚬壳

　　晋代时期大于 30 毫米 4，25~30 毫米 8，20~25 毫米 19，15~20 毫米 22，10~15 毫米 9，小于 10 毫米 15，无法判断大小 39。

　　南朝时期大于 30 毫米 9，25~30 毫米 19，20~25 毫米 25，15~20 毫米 28，10~15 毫米 25，小于 10 毫米 45，无法判断大小 129。

　　唐代时期大于 30 毫米 9，25~30 毫米 22，20~25 毫米 11，15~20 毫米 28，10~15 毫米 12，小于 10 毫米 4，无法判断大小 154。

　　南汉时期大于 30 毫米 4，25~30 毫米 4，20~25 毫米 1，15~20 毫米 5，小于 10 毫米 1，无法判断大小 8。

　　宋代时期 25~30 毫米 6，20~25 毫米 7，15~20 毫米 11，10~15 毫米 5，小于 10 毫米 6，无法判断大小 48。

　　南越国、西汉、东汉、元代和明代时期没有蚬壳出土。

2. 鼠的骨骼测量数据

　　南汉时期可测量肱骨远端 1 件，长 6.70、宽 2.66 毫米；完整股骨 1 件，近端长 8.03、宽 4.03 毫米，远端长 6.58、宽 6.71 毫米，全长 36.67 毫米；距骨 1 件，长 4.07、宽 2.73 毫米。

　　南朝时期仅出土 1 件肱骨远端，无法测量。

　　南越国、西汉、东汉、晋代、唐代、宋代、元代、明代时期均没有出土鼠的骨骼遗骸。

3. 狗

（1）颌骨的观察和测量。

　　我们依照 Driesch 的测量标准和方法对南越宫苑遗址发现的狗头骨和下颌进行测量（图一四六；附表一〇、一一）。

（2）其他骨骼

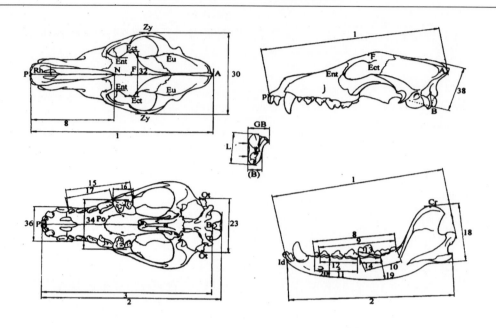

图一四六　狗头骨及下颌骨测量位置图

其他骨骼的测量数据如下：

南越国时期仅出土1件距骨，长26.91、宽16.29毫米。

东汉时期可测量的仅有1件近端残的肱骨，远端长31.05、宽25.78毫米。

唐朝时期可测股骨近端1件，长37.73、宽18.66毫米。

元代时期寰椎测量2件，第1件宽78.21、高25.01毫米，第2件残，宽无法测，高27.25毫米。肩胛骨测量4件，长的最大值28.17、最小值26.26、平均值27.33毫米，宽的最大值17.75、最小值16.73、平均值17.07毫米。肱骨测量3件，1件完整，近端长30.38、宽38.99毫米，远端长30.90、宽24.66毫米，全长155毫米，另外2件两端未愈合，全长分别为115.51、28.08毫米。尺骨测量1件，全长175毫米。桡骨测量4件，完整1件，近端长17.57、宽11.21毫米，远端长24.07、宽13.30毫米，全长148毫米，两端未愈合的2件，全长分别为117.48、94.19毫米，远端关节1件，长21.90、宽13.84毫米。股骨测量4件，完整1件，近端长37.04、宽18.33毫米，远端长30.45、宽32.24毫米，全长172毫米，两端未愈合的1件，全长104.31毫米，远端1件，长26.99、宽29.59毫米，远端关节1件，长29.73毫米，宽残。胫骨测量4件，完整1件，近端长33.34、宽34.25毫米，远端长22.90、宽15.71毫米，全长163毫米，两端未愈合的2件，全长分别为103.74、81.75毫米，远端关节1件，长20.73、宽16.03毫米。跟骨测量2件，第1件长41.77、高18.40、宽15.77毫米，第2件长无法测，高17.24、宽13.69毫米。距骨测量2件，第1件长27.73、宽17.69毫米，第2件长25.85、宽16.38毫米。

西汉、明代时期没有狗的骨骼出土。

晋代、南朝、南汉时期没有可测量的骨骼遗骸。

4. 马

（1）颌骨的观察和测量数据见附表一二。

（2）其他骨骼

东汉时期可测量的有2件，肱骨近端1件，长89.91、宽92.37毫米，距骨远端1件，长50.16、宽 39.75 毫米。

南朝时期可测量的仅有 1 件残的跖骨近端，宽 44.78 毫米。

唐代时期可测量的仅有 1 件残的肱骨，远端长 70.91 毫米。

宋代时期可测量的有 2 件，桡骨近端 1 件，长 73.98、宽 42.39 毫米，胫骨远端 1 件，长 61.33、宽 35.12 毫米。

明代时期可测量的仅有 1 件近端残的胫骨，远端长 75.90、宽 45.77 毫米。

南越国、西汉、南汉时期没有可测量的骨骼遗骸。

晋代、元代时期没有马的骨骼出土。

5. 猪

（1）颌骨的观察和测量数据见附表一三、一四。

（2）其他骨骼

西汉时期可测量的有 3 件，肱骨远端 1 件，长 36.29、宽 34.59 毫米，桡骨近端 1 件，长 21.43、宽 15.28 毫米，胫骨远端 1 件，长 25.92、宽 24.48 毫米。

东汉时期可测量的有 2 件，肱骨远端 1 件，长 31.54、宽 29.17 毫米，两端未愈合的胫骨 1 件，全长 94.87 毫米。

晋代时期可测量的有 2 件肱骨远端，第 1 件长 34.39、宽 33.12 毫米，第 2 件长 29.86、宽 27.18 毫米。

南朝时期可测量的有 3 件，残的肱骨近端 1 件，宽 53.59 毫米，肱骨远端 1 件，长 38.81、宽 37.33 毫米，距骨 1 件，长 32.60、宽 20.20 毫米。

唐代时期可测量的仅有 1 件肱骨，此肱骨近端未愈合，远端残，远端长 29.51 毫米。

南汉、宋代、元代、明代时期没有可测量的肢骨遗骸。

南越国时期没有猪的骨骼遗骸出土。

6. 梅花鹿

（1）颌骨的观察和测量数据见附表一五。

（2）其他骨骼

南越国时期可测量的仅有 1 件桡骨近端，长 39.34、宽 20.11 毫米。

东汉时期可测量的有 2 件，桡骨近端 1 件，长 42.44、宽 21.12 毫米，掌骨近端 1 件，长 27.25、宽 19.13 毫米。

晋代时期可测量的有 2 件，掌骨近端 1 件，长 29.82、宽 20.85 毫米，胫骨远端 1 件，长 35.16、宽 27.46 毫米。

南朝时期可测量的有 2 件，肩胛骨 1 件，长 44.42、宽 29.65 毫米，残的胫骨近端 1 件，长 52.13 毫米。

唐代时期可测量的有 4 件，肩胛骨 1 件，长 38.64、宽 25.86 毫米，肱骨远端 1 件，长 45.14、宽 41.18 毫米，残的肱骨远端 1 件，宽 42.87 毫米，残的跟骨 1 件，高 43.98 毫米。

西汉时期没有可测量的骨骼遗骸。

南汉、宋代、元代、明代时期均没有梅花鹿的骨骼遗骸出土。

7. 羊

（1）颌骨的观察和测量数据见附表一六。

（2）其他骨骼

西汉时期可测量的仅有1件掌骨近端，长22.98、宽16.34毫米。

东汉时期可测量的仅有1件股骨近端，长36.91、宽19.08毫米。

唐代时期可测量的仅有1件桡骨近端，长26.33、宽12.83毫米。

南汉时期可测量的仅有1件完整的桡骨，近端长26.38、宽13.88毫米，远端长26.19、宽17.39毫米，全长123.37毫米。

宋代时期可测量的仅有1件两端未愈合的肱骨，全长106.51毫米。

明代没有可测量的骨骼遗骸。

南越国、晋代、南朝、元代时期没有出土羊的骨骼遗骸。

8. 牛

（1）颌骨的观察和测量数据见附表一七。

（2）其他骨骼

南越国时期可测量的仅有1件残的肱骨远端，宽75.41毫米。

西汉时期可测量的有6件，其中黄牛4件：残的肱骨远端1件，长71.95毫米，掌骨（远端未愈合）1件，近端长48.84、宽27.16毫米，残的掌骨近端1件，宽38.00毫米，跖骨近端1件，长42.65、宽42.6毫米；牛（无法确定是黄牛还是水牛，以下类同）2件：桡骨近端1件，长85.02、宽41.04毫米，残的胫骨近端1件，长80.47毫米。

东汉时期可测量的有25件，其中黄牛5件：肱骨远端1件，长71.5、宽67.63毫米，胫骨远端1件，长52.19、宽41.19毫米，跖骨近端2件，分别为长41.19、宽37.89毫米，长43.27、宽46.83毫米，跖骨远端1件，长52.49、宽31.18毫米；水牛7件：残的肱骨近端1件，长104.67毫米，桡骨近端1件，长101.29、宽53.12毫米，胫骨近端1件，长108.77、宽81.78毫米，完整跖骨2件，第1件近端长57.75、宽51.7毫米，远端长74.98、宽41.92毫米，全长230毫米，第2件近端长57.89、宽48.39毫米，远端长70.83、宽39.07毫米，全长215毫米，远端未愈合的跖骨1件，近端长57.89、宽48.39毫米，跖骨远端1件，长76.26、宽43.33毫米；牛13件：肩胛骨2件，第1件长63.7、宽41.68毫米，第2件长67.48、宽54.17毫米，残的肱骨远端1件，长82.18毫米，桡骨近端1件，长85.75、宽44.77毫米，桡骨远端1件，长86.74、宽58.49毫米，残的桡骨远端1件，长87.11毫米，股骨远端1件，长83.38、宽110.68毫米，残的股骨远端1件，长113.9毫米，残的胫骨近端1件，长110.80毫米，残的跟骨1件，高47.82、宽34.64毫米，距骨2件，第1件长58.22、宽39.21毫米，第2件长57.95、宽38.09毫米，残的跖骨近端1件，宽47.83毫米。

晋代时期可测量的有12件，其中黄牛：掌骨远端1件，长49.34、宽25.57毫米；水牛7件：肱骨远端1件，长92.76、宽89.6毫米，掌骨2件，第1件长80.96、宽41.83毫米，第2件长65.15、宽38.39毫米，胫骨近端1件，长117.47、宽102.42毫米，胫骨远端2件，第1件长80.57、宽56.6毫米，第2件长78.85、宽55.86毫米，远端未愈合的跖骨1件，近端长55.85、宽44.82毫米；牛4件：肩胛骨1件，长62.65、宽44.93毫米，肱骨远端1件，长80.07、宽75.04毫米，残的肱骨远端1件，长94.57毫米，残的跟骨1件，高49.83、宽33.93毫米。

南朝时期可测量的有14件，其中黄牛2件：桡骨近端1件，长75.08、宽37.95毫米，完整跖骨1件，近端长41.4、宽39.1毫米，远端长47.07、宽29.21毫米，全长200毫米；水牛2件：残的肱骨远端1件，长105.26毫米，桡骨近端1件，长96.77、宽49.4毫米；牛10件：残的肩胛骨

1 件，长 67.22 毫米，肱骨远端 1 件，长 93.22、宽 86.99 毫米，桡骨近端 1 件，长 88.6、宽 45.8 毫米，残的桡骨近端 1 件，长 94.3 毫米，桡骨远端 1 件，长 78.85、宽 59.42 毫米，桡骨远端关节 1 件，长 83.55、宽 59.38 毫米，胫骨近端 1 件，长 112.05、宽 94.49 毫米，完整跟骨 1 件，长 126.55、高 47.73、宽 34.48 毫米，距骨 2 件，第 1 件长 66.57、宽 41.68 毫米，第 2 件长 87.67、宽 55.8 毫米。

唐代时期可测量的有 6 件，其中黄牛：残的肱骨远端 1 件，长 64.36 毫米；水牛 2 件：跖骨近端 1 件，长 59.14、宽 49.19 毫米，跖骨远端 1 件，长 65.16、宽 36.85 毫米；牛 3 件：残的掌骨近端 1 件，长 66.60 毫米，距骨 1 件，长 75.99、宽 48.28 毫米，残的距骨 1 件，宽 53.13 毫米。

南汉时期仅出土 1 件黄牛的桡骨近端，长 69.39、宽 36.37 毫米。

宋代时期可测量的仅有 1 件：牛的肱骨远端（残），长 94.99 毫米。

元代时期可测量的仅有 1 件：黄牛的跖骨远端，长 48.83、宽 28.40 毫米。

明代时期可测量的有 2 件，其中水牛 1 件：完整跖骨，近端长 58.23、宽 49.74 毫米，远端长 68.99、宽 36.57 毫米，全长 210 毫米；牛 1 件：肱骨远端，长 91.76、宽 90.46 毫米。

（四）数量统计

1. 可鉴定标本数

（1）全部动物

南越国时期的贝类为 44，占南越国地层出土动物总数的 2.66%，鱼类 42，占 2.54%，爬行类 1499，占 90.68%，哺乳动物 68，占 4.11%。西汉时期的贝类为 4，占西汉地层出土动物总数的 2.19%，鱼类为 1，占 0.55%，爬行类为 13，占 6.01%，哺乳动物为 165，占 90.16%。东汉时期的爬行类为 55，占东汉地层出土动物总数的 23.21%，哺乳动物为 182，占 76.79%。晋代时期的贝类为 124，占晋代地层出土动物总数的 49.80%，鱼类为 11，占 4.42%，爬行类为 1，占 0.40%，哺乳动物为 113，占 45.38%。南朝时期的贝类为 283，占南朝地层出土动物总数的 48.38%，鱼类为 23，占 3.93%，哺乳动物为 279，占 47.69%。唐代时期的贝类为 248，占唐代地层出土动物总数的 67.21%，鱼类为 5，占 1.36%，爬行类为 1，占 0.27%，哺乳动物为 115，占 31.17%。南汉时期的贝类为 366，占南汉地层出土动物总数的 67.16%，鱼类为 53，占 9.72%，鸟类为 2，占 0.37%，哺乳动物 124，占 22.75%。宋代时期的贝类为 102，占宋代地层出土动物总数的 27.79%，鱼类为 20，占 5.45%，哺乳动物 245，占 66.76%。元代、明代地层出土的动物骨骼全部为哺乳动物，元代为 363，明代为 12。

贝类在南越国时期为 44，占贝类总数的 3.76%，西汉时期为 4，占 0.34%，晋代时期为 124，占 10.59%，南朝时期为 283，占 24.17%，唐代时期为 248，占 21.18%，南汉时期为 366，占 31.26%，宋代时期为 102，占 8.71%，东汉、元代、明代地层中均没有出土贝类。

鱼类在南越国时期为 42，占鱼类总数的 27.10%，西汉时期为 1，占 0.65%，晋代时期为 11，占 7.10%，南朝时期为 23，占 14.84%，唐代时期为 5，占 3.23%，南汉时期为 53，占 34.19%，宋代时期为 20，占 12.90%，东汉、元代、明代地层中均没有出土鱼类。

爬行类在南越国时期为 1499，占爬行类总数的 95.54%，西汉时期为 12，占 0.83%，东汉时期为 55，占 3.51%，晋代、唐代时期均为 1，各占 0.06%，南朝、南汉、宋代、元代、明代地层均没有爬行类动物遗骸出土。

鸟类仅在南汉地层中发现两件跗跖骨碎块，其他地层中均没有发现。

哺乳动物在南越国时期为68，占全部哺乳动物的4.08%，西汉时期为165，占9.90%，东汉时期为182，占10.92%，晋代时期为113，占6.78%，南朝时期为279，占16.75%，唐代时期为115，占6.90%，南汉时期为124，占7.44%，宋代时期为245，占14.71%，元代时期为363，占21.79%，明代时期为12，占0.72%。

（2）无脊椎动物

南越国、西汉时期的贝类均为蚌壳碎块；东汉时期没有出土贝类；晋代时期的河蚬116，占贝类总数的93.55%，泥蚶碎块为5，占4.03%；南朝时期的河蚬为280，占贝类总数的98.94%；唐代时期的河蚬为240，占贝类总数的96.77%，A型螺、文蛤、泥蚶碎块均为1，各占0.40%；南汉时期的C型螺为174，占贝类总数的61.48%，B型螺为44，占15.55%，A型螺为35，占12.37%，E型螺16，占5.65%，D型螺为2，占0.71%，河蚬为23，占8.13%；宋代时期的C型螺为2，占贝类总数的1.96%，河蚬83，占81.37%，牡蛎碎块4，占3.92%，泥蚶碎块2，占1.96%，毛蚶碎块1，占0.98%；元代、明代地层中均没有出土贝类。

（3）鱼类

由于出土的鱼类骨骼保存状况欠佳，我们无法对鱼类进行种属的鉴定，但是我们通过对脊椎的观察，可以鉴定出南越国宫苑曲流石渠遗址出土的鱼类有硬骨鱼和软骨鱼两种。南越国时期的硬骨鱼脊椎为11，占鱼类总数的26.19%，软骨鱼为1，占2.38%；南汉时期的硬骨鱼脊椎为48，占鱼类总数的90.57%，软骨鱼脊椎为1，占1.87%；唐代时期的硬骨鱼脊椎为3，占鱼类总数的60.00%；宋代时期的硬骨鱼脊椎为15，占鱼类总数的75.00%；西汉、东汉、南朝、宋代、元代、明代地层中均没有鱼类脊椎出土。

（4）爬行类

南越国时期的龟为520，占爬行类总数的34.69%，鳖为246，占16.41%，鳄为3，占0.20%，龟鳖类为730，占48.70%；西汉时期的龟为10，占爬行类总数的83.33%，鳄为1，占8.33%，龟鳖类为1，占8.33%；东汉时期的鳖为48，占爬行类总数的87.27%，龟为6，占10.91%，龟鳖类为1，占1.82%；晋代时期的爬行类仅有鳄1；唐代时期的爬行类仅有鳖1；南朝、南汉、宋代、元代、明代地层中均没有出土爬行类骨骼。

（5）鸟类

鸟类仅在南汉地层中发现2件，未能定种属，其他地层中均没有发现。

（6）哺乳动物

南越国时期有马、梅花鹿各4，各占哺乳动物总数的5.88%，牛为3，占4.41%，熊、猪均为2，各占2.94%，豪猪、狗、大型鹿科均为1，各占1.47%；西汉时期的牛为18，占哺乳动物总数的10.91%，猪、梅花鹿、黄牛均为4，各占2.42%，马、羊均为3，各占1.82%，熊、亚洲象、小型鹿科均为1，各占0.61%；东汉时期有牛78，占哺乳动物总数的42.86%，猪为14，占7.69%，梅花鹿为11，占6.04%，水牛为8，占4.40%，黄牛为6，占3.30%，马、大型鹿科均为3，狗、虎均为2，各占1.10%，鹿科、羊均为1，各占0.55%；晋代时期有牛35，占哺乳动物总数的30.97%，水牛为8，占7.08%，狗、猪、梅花鹿均为4，各占3.54%，黄牛为2，占1.77%；南朝时期有牛50，占哺乳动物总数的17.92%，猪为29，占10.39%，马为16，占5.73%，狗为7，占2.51%，梅花鹿、水牛均为5，各占1.79%，黄牛为2，占0.72%，鼠、大型鹿科、人均为1，各占0.36%；唐代时期有牛35，占哺乳动物总数的30.43%，猪为10，占8.90%，梅花鹿为5，占4.35%，狗为4，占3.48%，马、水牛均为3，各占2.61%，大型鹿科为2，占1.74%，亚洲象、山羊、羊、黄牛均为1，各占0.87%；南汉时期有鼠63，占哺乳动物总数的50.81%，亚洲象28，占22.58%，羊为3，占2.34%，马为2，占1.56%，狗、猪、小型鹿科、黄牛均为1，各占0.78%；宋代时期有羊6，占哺乳动物总数的2.45%，亚洲象、马、牛均为3，各占1.23%，猪为2，占0.82%，狗、大型鹿科均为1，各占0.41%；元代时期有狗352，占哺乳动物总数的96.97%，牛为4，占1.10%，猪、黄牛均为1，各占0.28%；明代时期有牛3，占哺乳动物总数的25.00%，马、猪、羊、水牛均为1，各占8.33%。

2. 哺乳动物的最小个体数

南越国时期，豪猪、狗、熊、马、猪、大型鹿科、梅花鹿、牛最小个体数均为1，各占哺乳动物最小个体数总数的12.50%。

西汉时期，牛为2，占哺乳动物最小个体数总数的20.00%，亚洲象、熊、马、猪、梅花鹿、小型鹿科、羊、黄牛均为1，各占10.00%。

东汉时期，牛为4，占哺乳动物最小个体数总数的23.53%，猪为3，占17.65%，大型鹿科、水牛均为2，各占11.76%，狗、虎、马、梅花鹿、羊、黄牛均为1，各占5.88%。

晋代时期，猪、水牛、牛均为2，各占哺乳动物最小个体数总数的22.22%，狗、梅花鹿、黄牛均为1，各占11.11%。

南朝时期，猪为4，占哺乳动物最小个体数总数的23.53%，马、牛均为3，各占17.65%，狗为2，占11.76%，鼠、大型鹿科、梅花鹿、黄牛、水牛均为1，各占5.88%。

唐代时期，猪、梅花鹿、牛均为2，各占哺乳动物最小个体数总数的14.29%，狗、亚洲象、马、大型鹿科、山羊、羊、黄牛、水牛均为1，各占7.14%。

南汉时期，鼠为4，占哺乳动物最小个体数总数的33.33%，亚洲象为2，占16.67%，狗、马、猪、小型鹿科、羊、黄牛均为1，各占8.33%。

宋代时期，猪、羊均为2，各占哺乳动物最小个体数总数的22.22%，亚洲象、狗、马、大型鹿科、牛均为1，各占11.11%。

元代时期，狗为7，占哺乳动物最小个体数总数的63.64%，牛为2，占18.18%，猪、黄牛均为1，各占9.09%。

明代时期，马、猪、羊、水牛、牛均为1，各占哺乳动物最小个体数总数的20.00%。

二　讨论

（一）自然环境

复原古代遗址的自然环境是动物考古学研究的主要目的之一。动物考古学推测古代自然环境主要基于遗址出土动物的生态习性以及这些动物在各期的比例变化。需要指出的是，家养动物由于受到人为的控制，其生态习性发生了很大的变化，所以在复原古代自然环境时我们一般根据野生动物的生态习性，因为野生动物一般都有独特的生存环境，特别是某些对自然环境特征反应敏感的野生动物则更是如此。南越宫苑曲流石渠遗址出土的动物遗存包含了丰富的动物种属，其中包括大量野生动物，因此，根据这些野生动物的生态习性，就可以在一定范围内推测当时遗址附近的气候、地貌和植被。研究结果如下：

从动物遗存在各个时期出土的情况来看,南越宫苑曲流石渠遗址从南越国时期到南汉时期自然环境没有太大的变化,在这段时期,发现了大量鱼类、贝类和爬行类动物,推测当时的广州地区有大范围的水域。另外,一些特殊习性的贝类,如河蚬为淡水半咸水生物,一般见于咸水海口,泥蚶、毛蚶、牡蛎、文蛤都是我国南方沿海常见的生物,多栖于海边[①]。此期,遗址中还出土了多种具有特定生态习性的野生哺乳动物,如梅花鹿常在森林边缘和山区草地活动,虎栖息于山林、灌木或野草丛生的地方,熊多栖息于阔叶林或混交林中,而亚洲象(有关亚洲象的问题,将在下面详细讨论)骨骼遗骸也在广州地区发现,说明这段时期广州一带的气候较现在温暖[②]。总的来看,从南越国时期一直到南汉时期,广州地区年平均气温较现在稍微偏高,河湖密布,水网发达,森林茂密,并且距离海岸线较现代近。

而到了宋代时期,贝类、鱼类在全部动物中所占的比例较前期明显下降,前期常见的龟鳖类和爬行类已不见,前期普遍存在的野生哺乳动物也难觅踪迹。元代、明代时期,贝类、鱼类、爬行类以及各种野生动物均消失,出土的全部为家畜动物的骨骼。我们不排除考古发掘的偶然性,但是气候环境的变化可能是导致这种情况出现的一个重要原因。因为从秦汉一直到北宋初期之前,我国无论南方还是北方(这里以长江为界划分南、北两个地区),一直处在一个较温暖的时期,虽然气温偶有波动,但总体较后来稍高一些。但在此后,气候开始转冷,12世纪初期,气候开始加剧转寒,这种情况一直延续到19世纪[③]。在这个大冷期内,身处岭南的广州地区肯定也会受到相当大的影响。气候转冷虽然从宋代开始,但从宋代地层出土的动物组合情况来看,转冷过程对广州地区的影响应该是渐进的,当地的自然环境优势并没有因为气候转冷而突变消失。因为此地层仍有贝类出土,而且还出土了亚洲象的骨骼遗骸,这些动物对气候变化比较敏感,如果广州地区从宋代初期自然环境就发生突变,那么这些动物是不可能在南越国宫苑遗址出土的。既然自然环境没有发生突变,为何前期广州地区普遍存在的对气候变化并不敏感的龟鳖类、爬行类动物在宋代消失,野生哺乳动物也大量减少?我想这应该是人为因素影响的结果。因为从宋代开始,中国人口加剧了从北方大量南迁的趋势,中国经济的中心也进一步南移。大量人口的南迁势必导致对南方地区土地资源的大面积的垦殖开发以进行农业生产,不然无法维系这些人口的生存。珠江三角洲土地肥沃,水源充足,非常宜于稻作农业的生产,成为南下人民开发的重点,他们毁林开荒,整饬土地,久而久之,使这片"蛮荒"之地变为沃野千里。然而这种开发行为是以破坏野生动物赖以生存的自然环境为代价的,致使珠江三角洲这片野生动物的乐园逐渐失去其原有的辉煌,许多野生动物在这片土地上消失、消亡,到了元、明时期,珠江三角洲地区的自然环境优势丧失殆尽,野生动物在这一地区基本不见,当地人们为了获取肉食资源,不得不进行大规模的家畜饲养。总的来看,宋代时期到明代时期的广州地区气候逐渐寒冷,优越的自然环境遭到了毁灭性的破坏。

(二)动物的比例变化

广州南越宫苑曲流石渠遗址中出土的动物种类丰富,但是各类物种从早到晚数量的变化没有一定的规律。只是从南越国一直到南汉时期,贝类、爬行类和鱼类动物在各个地层出土的全部动

---

① 陈德牛等:《中国经济动物志(陆生软体动物)》,科学出版社,1987年。
② 寿振黄:《中国经济动物志(兽类)》,科学出版社,1962年。
③ 竺可桢:《中国近五千年来气候变迁的初步研究》,《考古学报》1972年第1期。

物中均占有相当高的比例，而到宋代、元代和明代时期则逐渐下降以致最后消失。这种情况的出现反映了人们获取肉食资源方式的行为发生了重大变化，究其原因正如上文所言，是广州地区自然环境的变化和人类对当地自然资源的掠夺性开发双重作用的结果。

（三）古代居民获取肉食资源的方式

中国新石器时代以来居民获取肉食资源的方式依时间和地域而异，例如，"黄河流域新石器时代的居民在距今10000年左右完全通过狩猎、捕捞活动获取肉食资源。黄河中上游地区到距今8000年前已经出现两种新的获取肉食资源的方式，一种是以狩猎活动为主，饲养家猪活动为辅，一种是以饲养家猪活动为主，而以狩猎活动为辅，但家猪的比例还不是太高。从距今6000多年以来，在全部获取肉食资源的活动中饲养家猪活动所占的比例越来越大，直至占据绝对多数。这是当时黄河中上游地区获取肉食资源方式的主流"。黄河下游地区的居民与之稍有不同，"在距今7000多年前主要通过渔猎活动获取肉食资源，饲养家猪活动占据次要地位。到距今6000年前开始变为主要通过饲养家猪的活动来获取肉食资源，并且在以后的整个新石器时代里一直保持这样的习惯。但这里必须要强调的是，在这个地区饲养家猪的活动在获取肉食资源的全部活动中所占的比例往往占据50%~60%左右，最终也没有像黄河中上游地区那样达到绝对多数"[①]。而"长江流域新石器时代居民在相当长的时间里主要通过渔猎活动获取肉食资源"。因此，我们在探讨古代居民获取肉食资源方式时，一定要考虑时代和地域的差异。

位于广州的南越宫苑曲流石渠遗址，南越国时期家畜动物仅占全部动物总数的0.6%，西汉时期占17.49%，东汉时期占47.26%，晋代时期占21.29%，南朝时期占18.63%，唐代时期占15.27%，南汉时期占1.48%，宋代时期占4.09%，到了元代时期猛增到98.90%，明代时期维持在58.33%。

由此看来，从南越国一直到宋代时期，广州地区的渔猎经济都相当发达，贝类、鱼类、爬行类以及野生哺乳动物占据当时人们获取肉食资源的重要地位，而以家猪为代表的家畜饲养业始终没有能够占据广州地区居民获取肉食资源的绝对支配地位。我想这种方式出现的原因应该和南越宫苑遗址所处的自然环境有关。正如上文所言，南越宫苑遗址从南越国时期一直到南汉时期都处在优越的自然环境条件之下，气候温暖，植物繁茂，河湖密布，水网发达，宋代时期自然环境虽然开始恶化，但优势并没有立刻丧失。这种优越自然条件为当时居民提供了丰富的水产动物资源和野生动物资源，人们不需花费很多时间和精力去从事大规模的家畜饲养业就能获得大量的肉食资源。之所以养一部分家畜，一方面是因为渔猎活动不能满足人口增长带来的对肉食量的更大需求；另一方面，渔猎活动受自然因素的限制，因此获取的肉食资源量有很大的不确定性。

而到了元代、明代时期，家养动物在全部动物中所占的比例迅速攀升，占据了绝对优势，而水产和野生动物基本不见，这预示着人类获取肉食资源的方式发生了质的变化。这一转变应该和宋代以来因气候变冷而导致的南越宫苑遗址附近自然环境的持续恶化有关，自然环境的持续恶化致使当地的自然资源优势逐渐丧失，人类不得不把获取肉食资源的主要方式转移到大规模的家畜饲养上来。但导致这一转变的最根本原因可能在于宋代以来北方人口的大量南迁，致使珠江三角洲地区人们生存行为的稳定性遭到破坏，原有的生存模式已经无法承载如此大量人口的食物需求。

---

① 袁靖：《论长江流域新石器时代居民获取肉食资源的方式》，《新世纪的中国考古学——王仲殊先生八十华诞纪念论文集》，科学出版社，2005年。

为了生存，他们不得不对当地的自然资源进行掠夺性开发。毁林垦荒破坏了野生动物的家园，滥捕滥猎加剧了野生动物的灭绝，致使野生动物的种类和数量均急剧下降，人类无法再把野生动物资源作为自己肉食需求的重要来源，不得不开展大规模的家畜饲养活动。

（四）家畜的研究

对动物的驯养是人类历史上所取得的最重要进步之一，这一创举促进了人类社会的迅速崛起。家畜首先可以为人类社会提供大量食物来源，其次可以为人类提供各种劳役服务，并且动物躯体的很多部位也可以用作非营养目的（例如毛发和皮革可以用来做衣服，骨骼可以用来制造工具）。此外，很多家养动物被人类赋予某种文化属性，在宗教祭祀中被作为牺牲大量使用，有的还被作为宠物饲养以寄托人类的某种感情。因此，对家畜的研究是我们动物考古学的重要课题，它对于复原古代人类社会生活有着重大意义。

1. 家畜的判断标准

在探讨古代遗址出土的家畜时，首先有必要对考古遗址出土的动物骨骼是否属于家畜的认定方法进行讨论。我们认为，认定各种动物骨骼是否属于家畜的方法主要有四种。一种方法是从骨骼形态学的角度进行判断。即通过测量和观察，比较牛、羊、狗、猪等骨骼、牙齿等的尺寸大小，形状特征等等，由此来判定其是属于家养动物还是野生动物。另一种方法是根据考古学的文化现象进行推测。比如，依据某些种类的动物骨骼相当完整地出土于墓葬、灰坑或特殊的遗迹中，认定这往往是当时人的一种有意识的处理动物的行为。第三种方法是把纯粹的骨骼形态学的测量和观察与考古学的判断和分析结合在一起。比如，首先按照形态学的标准判断遗址中出土的猪骨的年龄，然后，根据猪的年龄结构中 1 岁左右的占据大多数甚至绝大多数，推测这是由于当时人有意识地按照年龄标准宰杀所至，因而这些猪在当时是被人饲养的家猪。这一认识应用在中国新石器时代乃至于商周时期的遗址里都是相当有效和一致的。再有，通过观察遗址中出土的牛掌骨远端，发现其关节部比较肥大，关节顶端与趾骨的相连处因摩擦出现沟槽，关节附近出现骨质增生等，推测这些是由于长期拉犁或拉车，劳役负担过重引起的病变。故此为家牛无疑[1]。另外，从动物群组合来看，如果一个地区出现了外侵的种属（每种动物都有自己特定的生态分布范围，如果超出这一范围而到达其他地区，那么这种动物相对于这一地区就属于外侵的种属），而这一种属在其他地区存在并且已经被驯化，那么我们也可以认定这种动物在这一地区已经属于家养动物[2]。

毫无疑问，在判断考古遗址出土的动物骨骼是否属于家畜时，上述四种方法都是十分重要，互相关联的。其中，对考古遗址出土的动物骨骼进行测量和观察更是动物考古学研究的最基本的方法之一。但是，"在探讨当地起源的家畜时，如果有条件首先从考古学文化现象的角度进行判断，然后再对骨骼牙齿进行测量及观察，对测量数据进行统计和对全部资料进行考古学的思考，则可能更具有说服力。因为在家畜的起源阶段，我们往往很难通过动物的形体特征进行区别。即在野生动物刚刚转变为被人饲养的家养动物时，其形体特征是不会马上发生变化的，需要有一个转变的过程。特别是牙齿这类保存遗传特征最为稳定的部位，其发生变化往往需要经历一段相当长的时间。另外，即便是其成为家养动物后，形体刚刚开始发生变化，那么从测量数据看，可能

---

① 袁靖：《论中国新石器时代居民获取肉食资源的方式》，《考古学报》1999 年第 1 期。

② Elizabeth J. Reitz and Elizabeth S. Wing, Zooarchaeology, Cambridge University Press, 1999.

与我们所知的野生动物的数据更为接近，而与家养动物相差较大。所以，那种对动物骨骼进行测量和观察的方法在判定已经经历了一定时间的家畜化的动物时是极其有效，极具科学性的。但是，可能很难对刚刚开始作为家畜出现的动物进行区别。如果要探讨通过文化交流和传播而输入的家畜起源时，依照上述的第四种标准进行判别，然后再进行尺寸上的测量，是十分必要的"①。

2. 南越宫苑遗址的狗

中国地区作为家畜的狗，依据迄今为止的认识，最早出自河南舞阳贾湖遗址，距今9000年左右，主要依据是有11条狗被分别单独埋葬于墓地和居址。贾湖遗址以来的新石器时代遗址中出土的狗颌骨、牙齿的测量尺寸数据已经得到了归纳②。这里把南越宫苑遗址出土的狗骨测量结果与这些数据进行比较。

南越宫苑曲流石渠遗址在南越国、东汉地层中仅出土极少部分狗的肢骨，西汉地层中甚至没有狗的骨骼出土，因此我们无法判定这三个时期广州地区是否存在家狗。南朝地层中出土了一件比较完整的狗的右下颌和部分肢骨，通过对此下颌的测量，我们得出 M_1 长18.28、宽7.24毫米。M_1 的大小对于判定狗是家养还是野生具有重要意义，因为我们收集到属于仰韶文化的陕西西安半坡遗址和陕西临潼姜寨遗址狗的 M_1 的测量数据，通过把这些数据进行比较，我们就能判定南越宫苑遗址中出土的狗是否已经驯化。一般而言，动物在驯化的过程中形体是逐渐变小的，我们已经断定半坡遗址和姜寨遗址的狗是家养的，如果南越宫苑遗址的狗在形体上小于以上两个遗址的狗，我们就可以判定它是家畜。半坡遗址狗的 M_1 长20.5、宽7.9毫米，姜寨遗址狗的 M_1 长20.8、宽10毫米。把南越宫苑遗址狗的数据与它们进行比较，南越宫苑遗址的狗要小于半坡遗址和姜寨遗址的狗。因此我们断定南越宫苑遗址的狗至少在南朝时期已经是家畜了。

3. 南越宫苑遗址的猪

猪可以分为家猪和野猪两种。目前学术界比较一致地认为，中国北方地区的家猪，依据迄今为止的认识，最早出自河北武安磁山遗址，距今7500年左右。判定其为家猪的依据主要有三个，即牙齿的测量、猪的死亡年龄以及猪骨遗骸出土时的考古学文化背景。磁山遗址猪的下第3臼齿的平均长度为41.4毫米，平均宽度为18.3毫米。这个尺寸与目前一般认为家猪第3臼齿的平均长度低于40毫米的尺寸相似。其次，磁山遗址超过60%的猪在0.5到1岁时就被宰杀，这种死亡年龄结构不像是狩猎的结果，而是人为控制下的产物。另外，该遗址的几个窖穴里都埋葬有1岁左右的骨骼完整的猪，上面堆积有大量的炭化小米，这些都是当时人的有意行为③。而迄今为止南方地区最早的家猪出自跨湖桥遗址，其年代为距今8000~7000年，判断依据是：第一，跨湖桥遗址早期出土的猪的颌骨已经出现齿列凌乱的现象；第二，其颌骨第3臼齿尺寸小于40毫米的个体数已经占据相当的比例。这些特征都需要在长时间人为因素影响下才会形成，证明跨湖桥遗址的猪已经经历了相当一段时间的被饲养过程，由此可知，南方地区家猪起源的时间还应该向前追溯④。

南越宫苑曲流石渠遗址在南越国时期仅出土了两件猪的遗骸，一件是左下颌碎块，另一件是

---

① 中国社会科学院考古研究所：《2500BC~1500BC中原地区经济、技术发展状况及其与文明演进关系研究》，国家科技攻关计划课题结项书，2006年2月。

② 袁靖：《中国新石器时代家畜起源的问题》，《文物》2001年第5期。

③ 袁靖、Rowan K. Flad：《论中国古代家猪的驯养》，《科技考古》第一辑，中国社会科学出版社，2005年。

④ 浙江省文物考古研究所、萧山博物馆：《跨湖桥》，文物出版社，2004年。

游离的臼齿碎块。我们很难通过这点材料判定当时的猪是否已经属于家猪。但是我们可以结合南越王墓的材料进行研究。在南越王墓后藏室的器物中、西侧室的地面上及东侧室的一件器物中都发现有猪的骨骼遗骸，可鉴别的有肋骨、股骨、肱骨、肩胛骨、距骨，还有右下颌（上附 M_1 和未萌出的 M_2）、破碎上颌骨（附 P^4-M^2）以及下獠牙各 1 件。后藏室器物中的猪均不见头骨，估计是去头后随葬的，从这些考古学现象判断，研究者认为这批材料代表的是家猪[1]。那么由此我们推断南越宫苑遗址中出土的两件猪的遗骸代表的也是家猪。但是我们无法提供骨骼形态学的证据。

到了南朝时期，南越宫苑遗址出土的猪的骨骼遗骸相对丰富，通过对颌骨的观察和测量，我们能够提供当时的猪属于家猪的骨骼形态学证据。首先，猪的全部测量数据中比较典型的是猪的第 3 臼齿的测量数据，南朝时期可被测量的猪的第三臼齿有两件，第 1 件长 30.57、宽 15.63 毫米，第 2 件长 32.93、宽 15.50 毫米，而磁山遗址猪的第 3 臼齿的长和宽的平均值分别是 41.4 和 18.3 毫米，南越宫苑遗址的猪明显小于磁山遗址的猪。其次，南朝时期出土的猪的下颌骨，在其下颌联合处前沿均有明显内凹的趋势，这种趋势是家猪的特征。野猪下颌联合处的前沿较平，有的稍微外凸，与家猪的区别明显。另外，南朝时期出土的猪的下颌骨，其齿列在第 2 前臼齿和第 3 前臼齿的接合处明显弯曲，而野猪的齿列一般呈一条直线，这是因为猪在驯化的过程中形体逐渐变小，而牙齿是动物遗传性特征最稳定的部位，其变小的进程相对于其依附的牙床显得缓慢，这样就会因为牙齿的相互拥挤而导致齿列的扭曲，这种生理特征是家猪适应人类驯化行为的结果，也是我们区分家猪和野猪的标准。

通过观察南越宫苑遗址猪的颌骨材料所反映的年龄结构，我们发现此遗址所出土的猪的年龄明显偏大。在所有可判断年龄的颌骨标本中，大于 1.5 岁的所占的比例超过 80%，这种现象与家猪死亡的年龄结构不相适应。因为从生理特征看，猪在 1.5 岁左右发育完成，就会停止生长，如果继续对其进行饲养，就会入不敷出。其次，从饮食的角度看，小于 1.5 岁的猪，其肉鲜嫩无比，年龄越大，肉越难吃。因此，如果家猪作为一个地区主要的肉食来源，那么在此地区其被宰杀的时间都比较早。这种结论是有根据的，例如，河北武安磁山遗址的猪主要是未成年的幼小个体[2]。陕西临潼姜寨遗址仰韶文化层中猪的年龄结构中 2 岁以下的个体占总数的 80% 以上[3]。陕西西安半坡遗址仰韶文化层中猪的年龄结构中 2 岁以下的占据绝大多数[4]。陕西扶风案板遗址仰韶文化和龙山文化层中猪的年龄结构中 2 岁以上和 2 岁以下的基本上是各占 50%[5]。甘肃天水傅家门遗址马家窑文化层中猪的年龄结构中基本上没有 2 岁以上的[6]。山西垣曲古城东关遗址龙山文化层中猪的年龄结构中 2 岁以下的占据绝大多数[7]。青铜时代的河南安阳洹北花园庄遗址猪的年龄结构中 2 岁以下的占据 82%，平均年龄在 1.5 岁左右[8]。陕西长安沣西遗址猪的年龄结构中 2 岁以下的占据大多数，平均年龄在 1.4 岁左右[9]。安徽蒙城尉迟寺遗址大汶口文化层猪的年龄结构中 2 岁以下占总数的 85% 左右，平均年龄为 1.4 岁左右。龙山文化层猪的年龄结构中 2 岁以下的占总数的 78% 左

① 王将克、黄杰玲、吕烈丹：《广州象岗南越王墓出土动物遗骸的鉴定》，《西汉南越王墓》，文物出版社，1991 年。
② 周本雄：《河北武安磁山遗址的动物骨骸》，《考古学报》1981 年第 3 期。
③ 祁国琴：《姜寨新石器时代遗址动物群的分析》，《姜寨》，文物出版社，1988 年。
④ 李有恒等：《陕西西安半坡新石器时代遗址中之兽类骨骼》，《古脊椎动物与古人类》第 1 卷第 4 期，1959 年。
⑤ 傅勇：《陕西扶风案板遗址动物遗存的研究》，《扶风案板遗址发掘报告》，科学出版社，2000 年。
⑥ 袁靖：《甘肃省武山县傅家门遗址动物骨骼研究报告》，待刊。
⑦ 袁靖：《山西垣曲古城东关遗址出土动物骨骼研究报告》，《垣曲古城东关》，科学出版社，2001 年。
⑧ 袁靖等：《洹北花园庄遗址动物骨骼研究报告》，《考古》2000 年第 11 期。
⑨ 袁靖等：《沣西出土动物骨骼研究报告》，《考古学报》2000 年第 2 期。

右，平均年龄为 1.5 岁左右①。福建闽侯县石山遗址猪的年龄结构中没有超过 2 岁的，并且幼年个体占 81.8%②。中堡岛和朝天嘴遗址猪的年龄结构中青年、幼年个体占到 74.4%③。

从南越宫苑遗址猪的年龄结构我们推测，当地似乎并没有把饲养家猪作为主要的肉食来源，很可能只是作为肉食资源的补充。并且猪的骨骼遗骸在各期所占哺乳动物可鉴定标本总数的比例最高才达到 10.39%，这更证明了上述推断。这种现象的出现可能与南越宫苑遗址所处的优越自然环境有关，优越的自然环境使得当地获取肉食资源的方式多种多样，人们不必像北方地区那样花大量时间和精力去从事大规模的家畜饲养就能满足对肉食资源的需求，之所以养一部分家畜，是因为渔猎经济有很大的不确定性，当渔猎经济不能提供足够的肉食资源时，人们才会把家畜杀掉，这样家畜被饲养的时间相对过长，因此作为家畜饲养重要对象的家猪，其死亡年龄相对偏大就不足为奇了。当然，因为猪的骨骼遗骸相对较少，出现这种死亡年龄偏大的现象不排除考古发掘的偶然性，同时，因为附近没有同时代遗址获取肉食资源的方式作为比照，也不排除南越国宫苑遗址这一地域的独特性，以上只是我们的推测，能否成立还需今后的考古工作验证。

4. 南越宫苑遗址的黄牛

南越国宫苑遗址中出土了大量牛骨，经过鉴定，我们发现其中既有水牛也有黄牛。牛骨在南方地区的史前考古遗址中多有发现，以下我们将逐一列举：

（1）海南

落笔洞遗址：该遗址的地质时代属于晚更新世末期或全新世初期，发现有牛（未定种），研究者运用可鉴定标本数的方法进行统计，牛的可鉴定标本数为 7 件④。

（2）广西

白莲洞遗址：该遗址包含了自旧石器晚期经中石器时代过渡到新石器时代的文化发展序列，含有哺乳动物化石很多，以大钙板为界分为上下两层，上层代表早全新世和晚更新世两个时代，发现有水牛⑤。

庙岩遗址：该遗址处于旧石器时代末期向新石器时代早期演化的过渡阶段，绝对年代距今 18000~11000 年，发现水牛的标本 1 件，是一个年轻个体的角⑥。

大龙潭鲤鱼嘴贝丘遗址：该遗址动物群属于晚更新世末期，年代处于旧石器时代向新石器时代过渡阶段，出土哺乳动物 17 种，其中有牛⑦。

牛栏洞遗址：该遗址的动物群是一个介于晚更新世与早全新世之间的动物群，共发现哺乳动物 37 种，其中有水牛和野牛⑧。

甑皮岩遗址：该遗址属于全新世初期，共发现哺乳动物 34 种，其中有水牛。研究者运用可鉴定标本数量的方法对遗址中出土的动物骨骼进行统计，水牛约占哺乳动物总数的 5.26%⑨。

（3）福建

① 袁靖等：《尉迟寺遗址出土的动物骨骼研究报告》，《蒙城尉迟寺》，科学出版社，2001 年。
② 祁国琴：《福建闽侯县石山新石器时代遗址中出土的兽骨》，《古脊椎动物与古人类》第 15 卷第 4 期，1977 年。
③ 黄象洪：《中堡岛和朝天嘴遗址出土的动物遗骸鉴定》，《朝天嘴与中堡岛》，文物出版社，2001 年。
④ 郝思德、黄万波：《三亚落笔洞遗址》第五章，南方出版社，1998 年。
⑤ 周国兴等：《广西柳州白莲洞石器时代洞穴遗址发掘报告》，《南方民族考古》第一辑，1987 年。
⑥ 张镇洪等：《桂林庙岩遗址动物群的研究》，《中石器文化及有关问题研讨会论文集》，广东人民出版社，1999 年。
⑦ 刘文等：《广西柳州大龙潭鲤鱼嘴石器时代贝丘遗址动物群的研究》，《纪念黄岩洞遗址发现三十周年论文集》，广东旅游出版社，1991 年。
⑧ 英德市博物馆等：《英德史前考古学报》，广东人民出版社，1999 年。
⑨ 李有恒、韩德芬：《广西桂林甑皮岩遗址动物群》，《古脊椎动物与古人类》第 16 卷第 4 期，1978 年。

昙石山遗址：该遗址为贝丘遗址，共发现哺乳动物8种，其中有牛。研究者运用可鉴定标本数量的方法进行统计，牛的可鉴定标本为2件，占哺乳动物标本总数的2.99%[1]。

溪头遗址：该遗址共发现12种哺乳动物，其中有牛，研究者没有确定是黄牛还是水牛，并且未作数量统计[2]。

（4）云南

塘子沟遗址：该遗址属于旧石器时代末期，碳十四测定为距今6895±225年，发现有圣氏水牛和揭牛。研究者没有对这两种动物的最小个体数和可鉴定标本数进行较为准确的统计[3]。

保山蒲缥遗址：该遗址属于全新世早期文化遗存，绝对年代距今8000年。共出土12种哺乳动物，其中包括圣水牛和牛。牛仅发现右角心一段，研究者推断可能与野黄牛有关[4]。

元谋大墩子遗址：该遗址共发现14种哺乳动物，其中有牛的遗骸，包括上牙床3件，下牙床3件，颊齿84枚，门齿3枚，角2支。研究者没有定种，从出土骨骼遗骸的形态特征推测，可能为家牛[5]。

（5）湖北

周梁玉桥遗址：该遗址属于商代后期，共出土哺乳动物8种，其中有水牛。研究者运用可鉴定标本数量的方法对遗址中出土的动物骨骼进行统计，水牛的可鉴定标本数18，占哺乳动物标本总数的12.95%，研究者认为水牛已经是家畜，并且是农业生产的主要畜力[6]。

官庄坪遗址：该遗址所包含的文化层从新石器时代晚期延续到近代。在明代文化层中发现了家黄牛的遗骸，可鉴定标本数为2件，占该期哺乳动物标本总数的14.29%，最小个体数为1，占该期哺乳动物总数的16.67%。研究者指出，我国家黄牛的兴起，可能在北方要稍早一些（可能早到新石器时代晚期），而在南方先秦以前，尚没有见到较肯定的家黄牛资料。官庄坪遗址的家黄牛，至少向我们显示在明代时期，黄牛作为家畜出现于三峡了[7]。

朝天嘴遗址：该遗址共发现哺乳动物6种，其中含圣水牛。研究者用可鉴定标本数的方法对动物骨骼进行整理，圣水牛的可鉴定标本数为6，占哺乳动物可鉴定标本总数的6.82%[8]。

包山二号楚墓：共出土3种哺乳动物，其中有水牛。水牛的标本约有36件[9]。

（6）浙江

河姆渡遗址：共发现哺乳动物34种，其中有水牛，研究者对该遗址的动物骨骼进行了大概统计，水牛标本约有26件，头骨有16个，其中几个保存较好，文中有测量数据[10]。

（7）上海

马桥、崧泽遗址：共发现哺乳动物12种，其中有水牛，为野生。牛的可鉴定标本数为10，占哺乳动物总数的0.51%[11]。

① 祁国琴：《福建闽侯昙石山新石器时代遗址中出土的兽骨》，《古脊椎动物与古人类》第15卷第4期，1977年。
② 祁国琴、邱中郎：《闽侯溪头遗址动物骨骼鉴定》，《考古学报》1984年第4期。
③ 张兴永、耿德铭、刘晖：《塘子沟早全新世哺乳动物群》，《保山史前考古》，云南科技出版社，1992年。
④ 宗冠福、黄学诗：《云南保山蒲缥全新世早期遗物及哺乳动物的遗存》，《史前研究》1985年第4期。
⑤ 云南省博物馆：《元谋大墩子新石器时代遗址》，《考古学报》1977年第1期。
⑥ 彭锦华：《湖北沙市周梁玉桥遗址动物骨骼的鉴定与研究》，《考古与文物》1990年第1期。
⑦ 湖北官庄坪遗址动物遗骸研究情况据武仙竹告知。
⑧ 黄象洪：《中堡岛和朝天嘴遗址出土的动物遗骸鉴定》，《朝天嘴与中堡岛》，文物出版社，2001年。
⑨ 浙江省博物馆自然组：《河姆渡遗址动植物遗存的鉴定研究》，《考古学报》1978年第1期。
⑩ 黄象洪、曹克清：《上海马桥、崧泽新石器时代遗址中的动物遗骸》，《古脊椎动物与古人类》第16卷第1期，1978年。
⑪ 吴建民：《龙南新石器时代遗址出土动物遗骸的初步鉴定》，《东南文化》1991年第3、4期。

马桥遗址：该遗址马桥文化层有牛骨出土，马桥文化前期牛的可鉴定标本数为17件，占该期哺乳动物标本总数的2.29%，最小个体数为1，占该期哺乳动物最小个体数的1.75%；后期牛的可鉴定标本数为22件，占该期哺乳动物标本总数的0.7%，最小个体数为2，占该期哺乳动物最小个体数的0.8%。所有牛的遗骸中有6件能够被确认为水牛骨骼[①]。

（8）江苏

龙南遗址：该遗址属于崧泽文化晚期，良渚文化早期。共出土7种哺乳动物，包括种属不明的牛科动物。牛的可鉴定标本数为10，占哺乳动物总数的3.44%[②]。

从以上的资料我们可以看到，中国南方地区史前和先秦时期绝大多数遗址中出土的牛骨都是水牛的骨骼遗骸，尚没有发现可以肯定属于黄牛的骨骼遗骸，因此我们推断这段时期南方地区不存在黄牛。秦以后，黄牛才开始在南方地区出现。从官庄坪遗址的考古资料看，三峡地区目前已知的最早的黄牛出现于明代嘉靖时期，并且已经家养。广州地区的南越宫苑遗址，其南越国地层中就有牛的骨骼遗骸出土，但是较少且比较破碎，我们无法判定它们属于水牛还是黄牛，而同时期的南越王墓中出土了大量黄牛的骨骼遗骸[③]，据此考古学文化现象我们认为，南越国时期黄牛已经存在于广州地区并且已经被家养，这是目前已知的家黄牛在南方地区出现的时间上限。

而中国目前所能确定的最早的家养黄牛出自北方地区的山台寺遗址。山台寺遗址属于龙山文化时期，绝对年代距今4500~4100年左右，遗址中有9头黄牛被集中在一起埋葬，摆放的也比较整齐，据此考古学文化现象，山台寺遗址的黄牛被推定为最早的家黄牛[④]。家黄牛在南越国时期出现于岭南地区，有着深刻的历史背景。南越国地处岭南，岭南地区在我国古代是开发较晚的一个地区，但已经形成了自己独立的文化。史书记载，秦灭楚之后，于公元前222年，发兵五路进军岭南，于公元前214年南平百越，完成了统一岭南的伟大业绩，置南海、桂林、象郡。秦的统一，促进了中原文化和岭南文化的交流和传播，而作为中原文化载体的家黄牛（中原地区用黄牛进行祭祀和用黄牛骨骼进行占卜的现象屡见不鲜，例如山台寺遗址和以殷墟为代表的商周时期的一些遗址。我们可以肯定黄牛在中原地区被赋予了某种文化内涵，而且这种内涵一直被后来的历朝历代所继承，比如西汉时期祭祀时最高级别的用牲制度"太牢"里，黄牛是不可或缺的动物，说明黄牛在中原地区是一种身份和地位的象征）也许就是随着中原统治者的南下被带到了岭南这片陌生的土地并在这里生息繁衍的。因为以赵佗（第一位南越王）为代表的中原贵族，到了"蛮荒"的岭南之地后，并没有放弃中原地区标志自己贵族身份的礼法制度，南越王墓的墓葬形制、棺椁制度以及随葬器物等都证明了这一点。上文已经提到，先秦以前岭南地区还没有发现可以肯定属于黄牛的骨骼遗骸，这样，作为中原贵族用牲制度不可或缺的黄牛，被统治者带到岭南地区就不足为奇了。因此，岭南地区的家黄牛应该是一种引进型的家畜。

5. 南越宫苑遗址的羊

中国地区新石器时代至龙山文化之前，羊亚科的骨骼遗存出土较少，而且到目前为止还没有发现可以肯定属于家畜的材料。而到了龙山时期，羊的骨骼遗存在中国北方地区的多处遗址中出土，有些遗址羊骨遗存在出土动物遗存总数中已经占据了较高的比例，并且羊的肩胛骨被用于卜

---

①　上海市文物管理委员会：《马桥——1993~1997年发掘报告》，上海书画出版社，2002年12月。

②　刘华才：《包山二号楚墓动物遗骸的鉴定》，《包山楚墓》，文物出版社，1991年。

③　王将克、黄杰玲、吕烈丹：《广州象岗南越王墓出土动物遗骸的鉴定》，《西汉南越王墓》，文物出版社，1991年。

④　袁靖、杨梦菲：《河南山台寺遗址出土动物骨骼研究报告》，待刊。

骨的现象非常普遍，说明这一时期羊在某些地区的经济社会生活中已经起到了相当重要的作用。同时，这一时期已经有许多遗址中的羊骨遗存被定为属于家畜，比如，朱开沟遗址中出土了大量绵羊骨骼遗存，占全部兽骨的40.6%。这批羊骨材料里，上、下颌骨的齿列和肢骨的尺寸大小与殷羊或现生家绵羊相近。羊的死亡年龄以1~2.5岁为多数，占75.1%，老年羊仅占15.6%，6月龄左右的幼年羊占9.4%。根据以上数据，朱开沟遗址出土的绵羊被认为是当时人类饲养的家畜①；大何庄与秦魏家这两个遗址分别出土了50多块羊的下颌，另外羊的肩胛骨也被作为卜骨来使用，据此考古学文化现象，大何庄遗址与秦魏家遗址的羊被定为家畜②；康家遗址中也出土了较多的羊骨遗存，其中有24件羊骨可鉴定年龄，通过鉴定，66.7%小于青年组（<30个月），据此年龄分布现象，康家遗址的羊被定为家畜③；汤阴白营遗址也出土了部分羊骨遗存，这批遗存被定为属于家畜，但研究者没有给出证据④。如果以上遗址出土的羊被定为家畜成立的话，那么我们可以说，到了龙山时期，作为家畜的羊已经在中国北方地区的较大范围内存在。

但是羊骨在南方地区的考古遗址中只是偶有发现，例如，更新世末到全新世初的江西万年仙人洞遗址，出土有少量羊的牙齿⑤；更新世早期的广西桂林甑皮岩遗址也有羊的骨骼遗骸出土，但研究者未做数量统计⑥；距今4000年前的云南元谋大墩子遗址出土了羊的右第3臼齿1枚，研究者从牙齿的形态判断，认为大墩子遗址的羊似乎已经被驯养⑦；广州象岗南越王墓中出土了1件不完整的羊的左胫骨，此胫骨被放于铜鉴（G38）中⑧。

南越宫苑遗址的西汉、东汉、唐代、南汉、宋代以及明代地层中均出土有少量羊的骨骼遗骸。宋代时期稍多一点，但也只有6块，并且以肢骨为主，只有一块下颌骨，因此我们无法从测量数据上推定南越宫苑遗址出土的羊是否已经家养。同时，这批骨骼出土的遗迹单位也没有什么特殊的考古学文化背景，虽然和南越国文化层同时期的南越王墓中出土了山羊的骨骼遗骸，但因为只出土1件，所以仅凭1件骨骼出土于墓葬中我们无法判定当时广州地区的羊是否已经属于家畜。再者，从上面的考古资料看，南方地区早在全新世末到更新世初就有羊在此生息繁衍，因此羊这种动物在南方地区不属于入侵种，虽然北方地区距今4000年前左右的羊已经属于家畜，但南方地区家养的羊何时出现、是本地区直接驯化的还是由北方地区入侵过来的现在还说不清楚。因此判断南越宫苑遗址的羊是否已经家养还有待以后的考古发掘。

6. 南越宫苑遗址的马

南越宫苑遗址里除了晋代、元代地层中没有发现马的骨骼遗骸，其他地层中均发现有相对较多的马骨。

马在动物地理上属于北方型。中国地区新石器时代以来出土马骨的遗址绝大部分分布在黄河流域。这些遗址中出土的马的骨骼，一方面数量较少，且比较破碎；另一方面，即使某些遗址中出土的马骨相对较丰富，但由于研究者未对其进行数量统计及骨骼形态学的观察和测量，故均没有充分

---

① 黄蕴平：《内蒙古朱开沟遗址兽骨的鉴定与研究》，《考古学报》1996年第4期。
② 袁靖：《中国新石器时代家畜起源的问题》，《文物》2001年第5期。
③ 刘莉等：《陕西临潼康家龙山文化遗址1990年发掘动物遗存》，《华夏考古》2001年第1期。
④ 周本雄：《河南汤阴白营河南龙山文化遗址的动物遗骸》，《考古学集刊》第3集，1983年。
⑤ 李有恒：《江西万年大源仙人洞穴遗址出土动物骨骼清单》，《考古学报》1963年第1期。
⑥ 陈远非、胡大鹏、易西兵：《甑皮岩遗址动物群的再研究》，《中石器文化及有关问题研讨会论文集》，广东人民出版社，1999年。
⑦ 云南省博物馆：《元谋大墩子新石器时代遗址》，《考古学报》1977年第1期。
⑧ 王将克、黄杰玲、吕烈丹：《广州象岗南越王墓出土动物遗骸的鉴定》，《西汉南越王墓》，文物出版社，1991年。

的证据证明属于家马[①]。这一时期南方地区只有官庄坪遗址的屈家岭文化层发现有马的骨骼遗骸，出土1件右第3前臼齿和1件左第4前臼齿，研究者判定其属于野马，并指出官庄坪遗址的马可能是在古气候寒冷时迁到南方，而后来栖息于三峡高海拔区域具有北方气候和植被特征的特殊环境中[②]。

　　到了商代晚期，马在黄河中下游地区大量出现，如安阳殷墟遗址发现了多座车马坑，出土了大量殉马的骨骼遗骸[③]；陕西西安老牛坡遗址发现1座人、马和狗共同埋葬的坑，1座马坑和1座车马坑，车马坑为一车二马[④]；山东滕州前掌大遗址也发现了几座车马坑[⑤]，由此，中国的家马被推定至少在距今3370年开始存在于黄河下游地区[⑥]。岭南地区一直到秦代之前，未见任何家马骨骼遗骸的出土。而在南越宫苑遗址的南越国文化层中，我们发现了马的3件游离颊齿和1件桡骨近端，通过与现生家马颊齿进行对比，我们发现两者没有区别，再联系到秦军铁蹄南下统一岭南的史实，我们认为南越国时期广州地区的马已经属于家马，它和当时的家黄牛一样属于引进型的家畜，而且我们还可以进一步推定，家马出现于岭南地区的时间上限应该在秦末汉初。

（五）亚洲象的研究

广州南越宫苑遗址出土了一批亚洲象的骨骼遗骸：

西汉时期：肢骨碎块1件。

唐朝时期：游离臼齿碎块1件。

南汉时期：左桡骨远端（未愈合）1，右桡骨远端（未愈合）1，右尺骨近端1，髋骨碎块2，右胫骨（两端未愈合）1，胫骨近端1，肢骨碎块21。

宋代时期：左肱骨（两端未愈合）1，右胫骨近端1，肢骨碎块1。

亚洲象现生种如今只分布于印度、巴基斯坦、马来西亚、泰国、缅甸、斯里兰卡、印度尼西亚的苏门答腊、印度支那和我国云南的西双版纳等地，分布的最北界没有超过北纬24度，是一种喜群居、畏寒、怕直晒、栖于密林中的巨大动物。

　　全新世以来，我国境内的许多遗址中都发现过亚洲象的遗骸，目前所知此种动物分布的最北地点是河北阳原丁家堡桑干河河床底部，此地发现过亚洲象的一枚右上第3臼齿、一枚右下第3前臼齿和一些肢骨[⑦]。此外，北方地区出土亚洲象遗骸的遗址还有：河南淅川下王岗遗址，仰韶文化层中出土一件残破的下第3臼齿，可能是左侧的，保存有4、5个齿板[⑧]；河南安阳殷墟遗址，曾先后发现象坑两座，其中一座埋象一头和象奴一个，另一座埋一象一猪[⑨]。北方地区出土的这批象的遗骸，究竟是北方原产，还是由南方输入过来，目前学术界意见不统一。一批学者考虑到现生亚洲象的生态分布，认为即使在古代时期亚洲象也不可能分布得过于偏北，之所以在北方的遗址中出土，是因为南北方文化交流的结果；而另一批学者则认为，这批亚洲象遗骸应该是北方土生

①　袁靖：《中国古代家马的研究》，《中国史前考古学研究——祝贺石兴邦先生考古半世纪暨八秩华诞文集》，三秦出版社，2003年。

②　湖北官庄坪遗址动物遗骸研究情况据武仙竹告知。

③　陈志达：《自然遗物》，《殷虚的发现与研究》，科学出版社，1994年。

④　西北大学历史与考古专业：《西安老牛坡商代墓地的发掘》，《文物》1988年第6期。

⑤　胡秉华：《滕州前掌大遗址有重大发现》，《中国文物报》1995年1月8日。

⑥　袁靖：《中国古代家马的研究》，《中国史前考古学研究——祝贺石兴邦先生考古半世纪暨八秩华诞文集》，三秦出版社，2003年。

⑦　贾兰坡、卫奇：《桑干河阳原县丁家堡水库全新统中的动物化石》，《古脊椎动物与古人类》第18卷第4期，1980年。

⑧　贾兰坡、张振标：《河南淅川下王岗遗址中的动物群》，《淅川下王岗》，文物出版社，1989年。

⑨　中国社会科学院考古研究所：《殷墟的发现与研究》，科学出版社，1994年。

土长的，竺可桢先生指出："在武丁时代（公元前1365?～前1324?年）的一个甲骨的刻文说，打猎时获得一象。表明在殷墟发现的亚洲象必定是土产的，不是像德日进所主张的，认为都是从南方引进来的。河南省原来称为豫州，这个'豫'字就是一个人牵了大象的标志，这是有意义的"①。这一争论的最终解决，有待于北方地区进一步的田野考古工作。

　　而在南方地区，有大量遗址出土了亚洲象的遗骸：浙江余姚河姆渡遗址，出土了亚洲象的右第二臼齿1枚（前面齿板略有缺损），完整的左距骨1件，保留髋臼部位的左右髋骨各1件，还有用门齿雕刻而成的一些艺术品②；浙江菱湖出土1个基本完整的第三右下臼齿③；萧山、绍兴、诸暨以及桐乡罗家角遗址等地点也发现有亚洲象的牙齿或骨骼④；上海马桥、崧泽遗址中出土了亚洲象的完整左股骨1件和断缺近端的右肱骨1件⑤；福建惠安出土1件完整的左上第三臼齿⑥；福建闽侯昙石山遗址，出土亚洲象的1件左侧尺骨远端⑦；广西桂林甑皮岩遗址，1965年发掘时出土有亚洲象的完整上臼齿及其他骨骼⑧；海南三亚落笔洞遗址，出土9个亚洲象的牙齿、残破桡骨及一段腓骨、1件左侧腕骨、1件掌骨、第1至第3指骨各2件⑨；广东西樵山遗址发现亚洲象的一个缺颅顶部的头骨，附有左右第一上臼齿1枚，代表着一成年雌性个体⑩；广州南越王墓遗址，出土了整堆象牙，研究者从象牙的大小比例和形态特征推断，这批象牙应该属于非洲象⑪。但是，"从目前已知的古生物化石资料看，全新世以来，在亚洲还没有发现过其他种类的象，只有 *Elephas maximus*"⑫。再者，从南越国宫苑遗址西汉地层中出土的亚洲象骨骼遗骸来判断，西汉时期在广州一带生活的无疑是亚洲象。所以南越王墓中出土的象牙应该属于亚洲象，而不是非洲象。

　　我国古代的文献中也有象类生息于南方地区的记载。如宋代高安人彭乘在他的札记《墨客挥犀》中提到："漳州漳浦县地连潮阳。素多象。往往十数为群。然不为害。唯独象遇之，逐人蹂践，至肉骨糜碎乃去。盖独象乃众象中最犷悍者，不为群所容。故遇之则蹂而害人。"而南越国宫苑遗址宋代地层中出土的亚洲象遗骸，刚好印证了古人的记载并非虚言。由此我们确信，直到宋代时期亚洲象仍在广州一带活动，这是目前所能确定的亚洲象在岭南地区活动的时间下限。此后，由于气候条件的改变，加上人类的毁林开荒，使亚洲象赖以生存的自然环境在华南地区遭到了毁灭性的破坏，从此这一物种在岭南地区销声匿迹，如今我们只有在西双版纳的原始林地里才能觅见亚洲象的踪迹。

　　（六）南越宫苑遗址南越国地层动物遗骸与南越王墓出土动物遗骸的比较

　　南越王墓出土动物遗骸鉴定报告中共确定了21种动物⑬，其中家畜家禽4个种，分别为家鸡、

① 竺可桢：《中国近五千年来气候变迁的初步研究》，《考古学报》1972年第1期。
② 浙江省文物考古研究所：《河姆渡——新石器时代遗址考古发掘报告》，文物出版社，2003年。
③ 张明华：《浙江菱湖一亚洲象臼齿的记述》，《古脊椎动物与古人类》第17卷第2期，1979年。
④ 浙江省文物考古研究所：《河姆渡——新石器时代遗址考古发掘报告》，文物出版社，2003年。
⑤ 黄象洪、曹克清：《上海马桥、崧泽新石器时代遗址中的动物遗骸》，《古脊椎动物与古人类》第6卷第1期，1978年。
⑥ 吴建民：《龙南新石器时代遗址出土动物遗骸的初步鉴定》，《东南文化》1991年第3、4期。
⑦ 祁国琴：《福建闽侯昙石山新石器时代遗址中出土的兽骨》第15卷第4期，1977年。
⑧ 李有恒、韩德芬：《广西桂林甑皮岩遗址动物群》，《古脊椎动物与古人类》第16卷第4期，1978年。
⑨ 郝思德、黄万波：《三亚落笔洞遗址》第五章，南方出版社，1998年。
⑩ 王将克：《广东西樵山亚洲象一新亚种头骨的记述》，《古脊椎动物与古人类》第16卷第2期，1978年。
　王将克、黄杰玲、吕烈丹：《广州象岗南越王墓出土动物遗骸的鉴定》，《西汉南越王墓》，文物出版社，1991年。
　祁国琴：《福建闽侯昙石山新石器时代遗址中出土的兽骨》，《古脊椎动物与古人类》第15卷第4期，1977年。
　王将克、黄杰玲、吕烈丹：《广州象岗南越王墓出土动物遗骸的鉴定》，《西汉南越王墓》，文物出版社，1991年。

家猪、山羊和黄牛；陆地野生动物2个种，分别为竹鼠和象；鸟类1个种，为禾花雀；其余14个种全部为水产动物，分别为耳状耳螺、沟纹笋光螺、青蚶、龟足、楔形斧蛤、河蚬、笠藤壶、真虾、大黄鱼、广东鲂、鲤鱼、真骨鱼类（未定属种）、中华花龟和中华鳖。墓中随葬的动物遗骸数量巨大，以青蚶、龟足、楔形斧蛤等海生贝类为代表的水产动物在墓葬出土全部动物可鉴定标本数中占绝对优势。研究者认为，丰富的水产资源预示着当时的珠江三角洲河湖密布、水网发达，而大量海产贝类的随葬又表明当时的广州可能是一个海岸河口城市，距离海岸线较现在近，墓葬中象类的出土使研究者认为两千余年前广州地区年平均温度可能比现在稍微偏高；猪、牛、羊、鸡等家畜动物的出土使研究者坚信当时的珠江三角洲地区已经存在饲养业，又考虑到同出的竹鼠、禾花雀等野生动物以及大量水产动物，研究者认为南越国时期的珠江三角洲是一种多元经济结构，虽已进入农耕，但渔猎经济仍相当发达；研究者还对南越国随葬动物的习俗进行了讨论，认为墓葬中猪、牛、羊三牲为祭体现了南越国统治者沿用了汉人的传统葬俗，大量水产动物的随葬则说明南越国统治者也吸收了当地的土著风俗；研究者还注意到墓葬中出土的禾花雀、家鸡个体均小于现生种的现象，认为这种现象出现的原因除气温影响之外，食物的丰富程度以及营养程度也是直接原因之一；另外，研究者根据墓葬中出土的象牙手工艺品推断当时的岭南工匠已掌握了牙雕技艺，进而推断墓葬中的原支象牙是作为牙雕原料随葬的；最后研究者根据墓葬中出土动物的生理特征和生态习性推断南越王的入葬时间为秋冬相交之际。

　　南越宫苑遗址南越国地层出土动物遗骸的情况也可以进一步证实以上某些观点。例如，在南越国地层出土的全部动物遗骸中，水产动物占95.89%，哺乳动物仅占4.11%，由此可见，水产动物资源在当时人类的经济生活和社会生活中具有举足轻重的作用，如果当地没有发达的水网，要获取如此大量的水产资源是不可能的。同时，在南越国地层出土的动物遗骸中，我们发现了软骨鱼的脊椎，这种鱼属于海生鱼类，虽然数量不多，但也表明南越国时期海产动物资源已为当时广州地区居民所利用。在交通运输不发达，保鲜技术不保证的南越国时期，要获取大量海产动物资源并非易事，除非广州地区距离海岸线较近，人们才有可能实现对这种资源的大量利用。事实上，当时的广州地区距海岸线确实较现在近，据环境学家研究，距今2200~2000年时气温较高，海平面从-2米迅速上升到高于现今海平面约1.5米，进而导致当时的海岸线入侵至珠江三角洲的潢涌—莞城一线略东①，这就为当时居民利用海产动物资源提供了便利的地缘优势。南越国地层除了出土大量水生动物之外，也出土了一些陆生哺乳动物，其中包括野生动物豪猪、熊、大型鹿科动物以及梅花鹿，也包括家畜动物马、猪和牛，南越国地层的动物组合进一步向我们展示了南越国时期珠江三角洲的多元经济结构。

（七）特殊遗迹现象的讨论

　　田野工作者在南越国文化层中，清理出一段长约150米的用红砂岩石砌筑的曲渠（编号：97SQ），认为此遗迹是南越宫苑的重要组成部分。在属于该曲渠的弯月形石池里出土了大量龟鳖类动物的骨骼遗骸，这批材料因为保存状况不佳，我们无法作种属的鉴定，也无法进行最小个体数的统计，但据发掘者描述，他们在清理石池的底部时可以确定几百个龟鳖个体。一个小石室里积聚如此大量的龟鳖遗骸，是一个非常有意思的现象，田野工作者认为这些龟鳖应该是南越王专

① 李平日、乔彭年、郑洪汉、方国祥、黄光庆等：《珠江三角洲一万年来环境演变》，海洋出版社，1991年。

门饲养以供南越统治者祭礼、观赏与食用之需①。如此大量的龟鳖个体在宫苑遗迹中被发现，其用于观赏的作用应该没有疑义。南越王墓中出土了较多的龟鳖个体，说明龟鳖类动物在南越国统治者心目中具有较高的地位，用其进行随葬和祭礼也在情理之中。南越国地层中出土的龟鳖类骨骼遗骸，虽然绝大多数出土于宫苑遗迹且出土时比较完整，但其他地方也发现有部分龟鳖类骨骼遗骸碎块，这批遗骸很可能是当时人类食用后废弃的，由此我们推测宫苑中饲养的龟鳖类动物具有观赏、祭礼和食用这三重作用。

（八）人工痕迹的讨论

我们在南越宫苑遗址出土的这批动物遗骸上，发现了部分切割痕迹和砍痕，其中有切割痕迹的骨骼共计15块，有砍痕的骨骼共计21块。在这些人工痕迹当中，发现于大型哺乳动物肢骨以及鹿科动物角上的占91.67%，并且其分布有一定的规律。鹿科动物角上的痕迹均为切割痕迹，主要集中在眉枝、主干结合处以及角环稍下处。大型哺乳动物肢骨上的切割痕迹均比较接近肢骨的两端，如牛的左桡骨（图版一一八，23），在距近端70毫米左右的地方被整齐切割掉，而砍痕主要集中在骨干的中部，但两端也有一部分，从断面推断，这些砍痕均是由锐器所致。我们推断这些被切割的大型哺乳动物的肢骨和鹿科动物的角很可能是用来截取骨料的，而砍痕很可能是肢解动物时形成的。鉴于材料有限，这种推断是否成立还有待以后的验证。

三　结论

总的来看，南越宫苑遗址出土动物种类丰富。通过对这批资料的研究，我们得出：从南越国一直到南汉时期，广州地区年平均气温较现在稍微偏高，河湖密布，水网发达，森林茂密，并且距离海岸线较现代近，而宋代到明代时期的广州地区气候逐渐寒冷，优越的自然环境遭到了毁灭性的破坏；南越国一直到宋代时期，广州地区人们获取肉食资源的方式属于初级开发型，元代、明代时期属于开发型；广州地区南越国时期猪、黄牛和马已经被驯养，而且黄牛和马属于引进型的家畜，狗至少在南朝时期已经是家畜；遗址中出土的象骨属于亚洲象，此物种一直到宋代时期仍见于广州地区；通过南越宫苑遗址南越国地层动物遗骸与南越王墓出土动物遗骸的比较，我们进一步认识了南越国时期广州地区的优越自然环境以及多元的经济结构；弯月形石池中的龟鳖是南越王专门饲养以供南越统治者祭礼、观赏与食用之需；动物遗骸上的人工痕迹很可能反映了截取骨料和肢解动物的人的行为。

谢词：

首先感谢南越王宫博物馆筹建处为我们提供动物骨骼标本及相应的考古背景资料，同时中国科学院成都动物研究所王跃昭教授帮助鉴定爬行类动物标本，北京自然博物馆魏明瑞先生帮助鉴定亚洲象的骨骼遗骸，湖北省文物考古研究所武仙竹先生告知官庄坪遗址的发掘成果，还有张亚斌先生帮助我们对动物标本进行照相，在此表示感谢。

---

① 广州市文化局：《广州秦汉考古三大发现》，广州出版社，1999年。

第五节　南越宫苑遗址出土砖瓦的测试分析报告※

一　前言

我国最早的陶质建筑材料是商代早期出现的陶水管。随后在西周时期,距今约3000年左右出现了砖、瓦,如在陕西省扶风县、岐山县贺家和长安县丰镐等西周遗址中出土很多板瓦、筒瓦和少量半圆形瓦当,周原遗址云塘出土了西周绳纹砖,岐山县和麟游县也出土了不少的西周绳纹空心砖。战国时期砖瓦逐渐增多,并出现圆形瓦当和文字瓦当。进入秦汉时期,砖瓦大大发展,造型多样,饰纹华丽多姿,乃是中国砖瓦发展史上的辉煌时期。3000年来砖瓦作为应用最广的建筑材料在人类生活和生产中发挥着无法估量的作用。根据以往的考古资料,当时,砖除了用于装饰性的各种饰条砖外,还有方砖和空心砖。其中空心砖规格较大,多用于地下建筑,一般情况下,长约1米,宽约三四十厘米,而实心方砖的尺寸一般要小得多。但是1995、1997年在广州老城区中心发现的两千年前的南越宫苑遗址,发现了各种规模宏大、构造精妙的建筑遗迹,除了一些长条形空心砖外,还出土了大量颇具特色的各种纹饰、造型,尤其是厚度、尺寸惊人的实心大方砖,部分砖块上还施有一层青釉。其中尺寸大的方砖可达1米见方,厚度也达十多厘米。这在以往我国所发现的砖中是非常罕见的,尺寸这么大、厚的实心黏土砖,无论从其材料的干燥或烧制工艺上来说,是具有相当难度的。它的发现和研究对于我们了解和认识中国古代建筑材料发展史具有非常重要的意义。尤其是在当时的认识和技术水平条件下,古人是如何完成的可以说是一个需要破解的谜团。

应该说,在以往的研究中,从材料学和制作工艺的角度对我国古代砖瓦的研究相对较少,而类似于南越宫苑遗址发现的这种巨型实心釉面砖在我国更是极为罕见的,而且也从未做过相应的分析研究,所以这些珍贵样本的系统科学技术研究将揭示它们在当时产生的物质基础和技术支撑,让人们了解这种在今天也有一定制作难度的巨型实心釉面砖,在至今2000多年前的汉代出现的来龙去脉,以及这种成就给我们的启示。

二　实验

为了解南越宫苑遗址出土的砖瓦的化学特性和烧成工艺,对其中49件做了化学组成、晶相组成、烧成温度以及对砖的硬度和强度进行了分析。表六~八为所研究样品的详细信息表(附表一八)。

根据砖瓦的特征,我们对以上样品进行了主、次量元素组成和微量元素组成分析;以及晶相组成、烧成温度、物相、硬度和抗压强度的分析;部分样品还进行了重烧试验,并进行了相应的性能分析。

在硅酸盐质文物组成的无损测试方法中,EDXRF-能量色散X荧光法是一种比较实用的方法。其特点是无损、动态范围宽、快速、适用于各种形态的样品,可以进行钠(Z11)至铀(Z92)的

※　吴隽、王海圣、邓泽群、李家治:中国科学院上海硅酸盐研究所古陶瓷研究中心。

表六　南越宫苑遗址出土的砖检测标本登记表

序号	编号	名称	时代	细部特征
1	NYB1–1	大方砖	南越国	素面，砖的侧面戳锥形孔，底面戳锥形孔与表面戳的小圆孔相通。夹细砂黄白陶，陶胎纹理清晰。
2	NYB1–2	大方砖	南越国	砖的表面饰小方格纹，划有纵、横相交的直线，每隔一交点处戳小圆孔与底面戳的锥形圆孔相通，侧面也戳有锥形孔。夹细砂浅灰陶。
3	NYB2–1	方砖	南越国	砖面模印菱形纹，砖的侧面和底面均戳有锥形孔。夹细砂灰白陶，陶胎纹理清晰。
4	NYB2–2	方砖	南越国	同上
5	NYB2–3	方砖	南越国	砖面模印菱形纹，砖的一侧面有圆孔直穿对面，底面戳有锥形孔。夹细砂黄白陶，砖心呈浅红色，陶胎纹理清晰。
6	NYB2–4	方砖	南越国	同上
7	NYB2–5	方砖	南越国	砖面模印菱形、三角形纹。砖的侧面和底面均戳有锥形孔。夹细砂黄陶，表面呈灰褐色，陶胎纹理清晰。
8	NYB2–6	方砖	南越国	同上
9	NYB2–7	方砖	南越国	砖面模印菱形、三角形纹。砖的侧面有圆形孔，底面戳有锥形孔。夹细砂灰白陶，砖心呈浅红色，陶胎纹理清晰。
10	NYB2–8	方砖	南越国	同上
11	NYB2–9	方砖	南越国	砖面模印菱形、三角形纹。砖的一侧面有一圆孔直穿对面。夹细砂红陶。
15	NYB3–1	长方砖	南越国	砖面模印菱形纹，砖的侧面和底面戳有锥形孔。夹细砂青灰色陶，胎松，砖面有青釉多已脱落。
16	NYB3–2	长方砖	南越国	砖面模印菱形纹。夹细砂黄白陶，陶胎纹理清晰，砖的表面和侧面有青釉，已脱落。
17	NYB3–3	长方砖	南越国	同上
18	NYB3–4	长方砖	南越国	砖面模印菱形、三角形纹，砖的侧面和底面均戳有锥形孔。夹细砂红陶，质软。
19	NYB3–5	长方砖	南越国	砖面模印菱形、三角形纹。夹细砂灰白陶，
20	NYB3–6	长方砖	南越国	砖面饰绳纹，底面戳有小圆孔直穿表面，侧面也戳有小圆孔。夹细砂灰白陶，表面呈青灰色。
21	NYB3–7	长方砖	南越国	同上
22	NYB3–8	长方砖	南越国	砖面模印菱形、三角复合几何形纹，夹细砂灰陶。
12	NYB4–1	小方砖	南越国	砖面模印菱形、三角形纹，夹细砂灰白陶。
13	NYB4–2	小方砖	南越国	砖面模印菱形、三角形纹，夹细砂青灰色陶。
14	NYB4–3	小方砖	南越国	砖面模印曲线菱形纹，夹细砂灰褐陶，各个面均施有青釉，多已脱落。
24	NYB5–1	空心砖	南越国	砖面模印菱形、三角形纹。底面戳有小圆孔穿透内面，端面有一大椭圆形孔。夹细砂浅灰陶。
25	NYB5–2	空心砖	南越国	砖面模印曲线菱形、三角形纹。夹细砂浅灰陶，部分地方呈浅红色。
23	NYB6–1	带榫砖	南越国	砖面模印菱形纹，砖的端面有凸榫，已残。夹细砂浅灰陶，表面呈青灰色。
26	NYB6–2	弧形砖	南越国	素面，砖面中心呈凹弧状，边沿面平，侧面平直，底面呈弧状。夹细砂黄白陶，表面微呈浅红色。
27	NYB6–3	券砖	南越国	呈弧扇形，素面。夹细砂浅黄陶。
28	NYB7–1	陶井圈	南越国	外面饰绳纹、里面饰突点。浅灰陶，表面呈灰白色。
45	NHB–1	青釉砖	南汉国	砖面模印花卉、圆点、菱形纹。表面施青釉，不透亮，有缩釉现象。黄陶，质坚。
46	NHB–2	绿釉砖	南汉国	砖面施绿釉，灰白陶。
47	NHB–3	黄釉砖	南汉国	砖面模印花卉纹，表面施黄釉，黄陶。

表七　南越宫苑遗址出土的瓦检测标本登记表

序号	编号	名称	时代	细部特征
29	NYT1-1	普通板瓦	南越国	表面饰绳纹和弦纹组合，内面拍印突点纹。黄白陶。
30	NYT1-2	普通板瓦	南越国	表面绳纹，内面拍印突点纹和戳印一"公"字。青灰色陶。
34	NYT1-3	普通板瓦	南越国	表面饰绳纹，内面拍印突点纹。青灰色陶，表面施青釉，不透亮。
40	NHT1-1	青釉板瓦	南汉国	表面光素，里面衬布纹，窄端里面刷青釉。灰陶，无釉处呈褐色，质坚。
41	NHT1-2	绿釉板瓦	南汉国	里外光素，窄端里面刷绿釉，不透亮。灰白陶。
31	NYT2-1	普通筒瓦	南越国	表面饰绳纹，内面拍印突点纹和"官富"文字。黄白陶。
32	NYT2-2	普通筒瓦	南越国	表面饰绳纹，内面拍印突点纹。灰陶。
33	NYT2-3	普通筒瓦	南越国	表面饰绳纹，内面拍印突点纹。青灰色陶，内外施青釉，部分釉已脱落。
42	NHT2-1	绿釉筒瓦	南汉国	表面光素，里面衬布纹，表面刷绿釉。灰陶。
43	NHT2-2	青釉筒瓦	南汉国	表面光素，里面衬布纹，表面刷青釉。灰陶，质坚。
44	NHT2-3	黄釉筒瓦	南汉国	表面光素，里面衬布纹，表面刷黄釉。灰白陶。
35	NYT3-1	"万岁"文字瓦当	南越国	当面模印"万岁"文字。灰陶。
36	NYT3-2	"万岁"文字瓦当	南越国	当面模印"万岁"文字。灰白陶。
37	NYT3-3	云箭纹瓦当	南越国	当面饰卷云纹。灰陶。
49	NHT3-1	莲花纹瓦当	南汉国	当面模印莲花纹，灰陶。

表八　南越宫苑遗址出土的陶器检测标本登记表

序号	编号	名称	时代	细部特征
38	NYP-1	罐	南越国	侈口，平折沿，短颈，溜肩，鼓腹。器表饰以方格纹地，间饰圆形图案。泥质灰陶，器表呈棕褐色，质坚。
39	NYP-2	罐	南越国	侈口，平沿，短颈，溜肩，鼓腹。器表饰方格纹。泥质灰陶，器表呈棕褐色，器内呈紫红色。
48	NHP-1	蓝釉陶片	南汉国	表面施蓝釉，里面施灰蓝釉。夹砂黄陶，质粗松。

注：NY（H）B（T、P）N-n　其中：NY-南越　NH-南汉　B-砖　T-瓦　P-陶　N-不同形状亚类　n-序列号

多元素的同时分析。测定的浓度范围可以从ppm级至100%，制样要求低，甚至不必制样就可以直接测定。本实验中采用的是EDAX公司的Eagle 3型能量色散仪，铑靶和硅锂探测器。束径为300微米，以尽可能避免由样品表面形状的不规则所带来的误差，尤其是为了确保无损测试的准确性和可比性，经过两年的研制，针对硅酸盐质文物的元素和物相组成特点，我们采用传统陶瓷

表九　南越宫苑遗址砖样品的胎的主次量元素成分分析表

序号	编号	胎体颜色	wt%								R_xO_y/Al_2O_3	SiO_2/Al_2O_3
			Na_2O	MgO	Al_2O_3	SiO_2	K_2O	CaO	TiO_2	Fe_2O_3		
1	NYB1-1	灰白色	0.06	0.83	22.07	69.28	1.89	0.68	0.81	3.39	0.39	5.32
2	NYB1-2	灰白色	0.73	1.12	26.10	64.59	1.87	0.57	0.78	3.23	0.39	4.20
3	NYB2-1	灰白色	0.19	0.87	20.45	72.99	1.48	0.49	0.64	2.88	0.39	6.36
4	NYB2-2	灰白色	0.21	0.93	20.66	70.65	1.78	1.08	0.74	2.95	0.46	5.80
5	NYB2-3	白中泛红	0.48	1.13	22.21	67.91	1.80	0.59	0.71	3.76	0.46	5.18
6	NYB2-4	白中泛红	0.19	1.22	23.27	67.39	2.03	0.50	0.78	3.62	0.42	4.91
7	NYB2-5	白中泛红	0.58	1.27	25.68	65.20	1.95	0.40	0.83	3.10	0.39	4.30
8	NYB2-6	白中泛红	0.06	1.05	25.54	65.76	2.15	0.23	0.82	3.40	0.34	4.37
9	NYB2-7	灰白色	0.31	0.56	21.51	71.39	1.59	1.20	0.54	2.31	0.38	5.73
10	NYB2-8	白中泛红	0.18	0.48	20.64	71.63	1.48	0.99	0.49	3.11	0.36	5.88
11	NYB2-9	红色	0.37	0.99	20.40	66.34	2.32	0.53	0.70	7.35	0.60	5.51
12	NYB3-1	青灰色	0.42	0.82	16.12	76.20	1.40	0.26	0.82	2.94	0.48	8.01
13	NYB3-2	灰白色	0.38	1.23	27.28	64.19	2.36	0.33	0.74	2.48	0.35	3.99
14	NYB3-3	灰白色	0.35	1.16	26.09	65.55	2.17	0.30	0.75	2.63	0.35	4.26
15	NYB3-4	红色	0.24	1.40	21.54	65.09	3.51	0.61	0.54	6.08	0.62	5.12
16	NYB3-5	灰白色	0.36	1.43	30.49	60.08	2.43	0.64	0.74	2.84	0.35	3.34
17	NYB3-6	灰白色	0.42	1.32	23.50	68.01	2.07	0.27	0.77	2.63	0.40	4.91
18	NYB3-7	灰白色	0.44	1.17	22.83	68.59	1.94	0.32	0.81	2.91	0.41	5.09
19	NYB3-8	灰色	0.84	1.05	20.15	69.78	2.18	0.33	0.69	3.99	0.52	5.87
20	NYB4-1	灰白色	0.41	1.05	25.87	64.42	2.14	0.29	0.70	3.71	0.37	4.22
21	NYB4-2	青灰色	0.63	1.61	17.59	71.32	2.59	0.15	0.51	4.60	0.67	6.87
22	NYB4-3	青中泛红	1.01	1.40	16.76	70.95	2.98	0.20	0.46	5.25	0.76	7.18
23	NYB5-1	灰白色	0.43	1.22	20.71	71.86	1.73	0.44	0.85	2.76	0.47	6.18
24	NYB5-2	白中泛红	0.44	0.90	23.14	66.41	2.19	0.68	0.62	4.61	0.45	4.87
25	NYB6-1	灰白色	0.53	0.75	26.98	62.92	2.25	0.78	0.62	3.87	0.37	3.95
26	NYB6-2	白中泛红	0.23	0.94	24.35	66.01	2.18	1.09	0.67	3.54	0.42	4.60
27	NYB6-3	灰白色	0.06	1.06	21.17	70.99	1.76	0.43	0.79	2.74	0.39	5.69
28	NYB7-1	灰白色	0.08	0.81	22.23	67.92	1.79	0.86	0.73	3.99	0.43	5.18
29	NHB-1	白中泛青	0.32	0.96	20.11	72.75	2.10	0.11	0.72	1.92	0.38	6.13
30	NHB-2	灰白色	0.16	1.10	25.44	66.92	2.21	0.33	0.64	2.20	0.32	4.46
31	NHB-3	白中泛红	0.07	0.88	23.75	67.74	2.01	0.75	0.75	3.05	0.37	4.84

的烧制工艺研制了一套古陶瓷无损测试的 13 个专用系列标准参考物质。并用该仪器随带的软件 Delta- I 建立了各元素的标准曲线。曲线计算的有关方程如下：

$$C_i = KI_i[1 + \sum(S_jI_j)] + P + \sum(B_jI_j)$$

其中 C_i 和 I_i 分别是元素 i 的含量和强度，I_j 是元素 j 的激发强度，S 和 B 是元素 j 的基体和本底的影响因子（$j \neq i$）。K 和 P 是常数。

将待分析样品置于酒精溶液中作超声清洗后测试，对砖、瓦和陶器样品的胎和釉进行了主次量及微量元素组成的分析测定，其结果如表九～一一。

表一〇　南越宫苑遗址瓦样品的胎的主次量元素成分分析表

序号	编号	wt%								R$_x$O$_y$/Al$_2$O$_3$	SiO$_2$/Al$_2$O$_3$
		Na$_2$O	MgO	Al$_2$O$_3$	SiO$_2$	K$_2$O	CaO	TiO$_2$	Fe$_2$O$_3$		
1	NYT1-1	0.08	0.78	26.82	62.20	2.27	0.46	0.60	5.78	0.37	3.93
2	NYT1-2	0.32	0.57	19.12	68.72	2.20	0.86	0.51	6.70	0.57	6.09
3	NYT1-3	0.63	1.30	16.67	71.63	2.65	0.40	0.45	5.27	0.71	7.29
4	NHT1-1	0.42	0.52	17.84	74.73	1.58	0.20	0.78	2.93	0.39	7.10
5	NHT1-2	0.40	0.82	21.78	70.42	2.12	0.42	0.69	2.34	0.37	5.48
6	NYT2-1	0.17	1.28	25.19	65.70	2.12	1.05	0.80	2.70	0.42	4.42
7	NYT2-2	0.72	1.23	23.24	63.93	2.36	2.62	0.70	4.20	0.65	4.66
8	NYT2-3	0.07	0.77	24.44	66.80	2.51	0.34	0.71	3.37	0.35	4.63
9	NHT2-1	0.38	0.96	22.29	69.09	2.03	0.84	0.85	2.56	0.43	5.26
10	NHT2-2	0.49	0.87	19.20	73.64	1.86	0.44	0.68	1.82	0.41	6.50
11	NHT2-3	0.41	0.87	24.31	66.54	2.32	0.72	0.77	3.07	0.40	4.64
12	NYT3-1	0.49	0.73	24.08	66.37	2.56	0.57	0.74	3.46	0.40	4.67
13	NYT3-2	0.20	0.42	22.23	69.09	1.81	1.34	0.74	3.18	0.39	5.27
14	NYT3-3	0.30	1.33	25.29	63.73	1.94	0.42	0.72	5.27	0.43	4.27
15	NHT3-1	0.39	0.28	17.43	68.68	1.77	3.59	0.78	6.08	0.84	6.68

表一一　南越宫苑遗址陶器样品的胎的主次量元素成分分析表

序号	编号	wt%								R$_x$O$_y$/Al$_2$O$_3$	SiO$_2$/Al$_2$O$_3$
		Na$_2$O	MgO	Al$_2$O$_3$	SiO$_2$	K$_2$O	CaO	TiO$_2$	Fe$_2$O$_3$		
1	NYP-1	0.31	0.58	18.67	73.46	1.66	0.16	0.64	3.52	0.38	6.67
2	NYP-2	0.38	0.71	20.27	70.48	1.86	0.61	0.71	3.99	0.44	5.90
3	NHP-1	1.42	7.00	10.60	55.85	0.78	17.60	0.30	5.44	5.35	8.93

三　分析和讨论

1. 化学组成分析

黏土是烧制砖瓦的主要原料，黏土加适量的水拌和后成为可塑的泥料，干燥后能保持其塑成的形状，经焙烧后，能成为致密坚硬、具有一定物理力学性能的制品。在自然界，地壳表层的各种硅酸盐岩石，长期在水、潮汐、风、雨、冰、雪等急剧变化的作用下，崩解破裂，成为碎块。黏土即是这种碎块岩石在水和大气中碳酸气的作用下，因化学分解而成的。黏土生成后，有的直接留在生成黏土的母岩位置，称为残留黏土（或称原生黏土、一次黏土）。有的借风力或水力转移到别的地方，则称为运积黏土（或称漂积土、次生黏土、二次黏土等），分别为水运黏土（如河泥、淤泥、海泥和冰川泥等）和风运黏土（如黄土），通常情况下，运积黏土的颗粒较细，可塑性较强，但在沉淀过程中常常夹杂各种盐类和氧化铁等杂质。根据黏土的耐火性能，又可分为耐火黏土、难熔黏土和易熔黏土（杂质较多，耐火度在1350℃以下）。国内外的研究者通过对我国秦汉时期砖瓦的相关研究，认为所用原料有含熔剂较高的易熔水运积黏土，以及碱金属元素含量较高的细颗粒黄土等。与我国北方陶器所用的原料相似，都是含有较多伊利石质黏土的细颗粒黏土。由于我国地域广大，砖瓦制备对原料本身要求不高，而且从当时的制作成本和条件而言，砖瓦所用原料也必须是就地取土，因而各地所用原料存在一定的差异，但从成型、干燥（包括干燥强度）和烧制的基本要求出发，烧制砖瓦的黏土多为易熔的运积黏土。

从我国土壤黏土的矿物分布来看，有云母区、云母 – 蒙脱石区、云母 – 蛭石区、云母 – 蛭石 – 高岭石区、蛭石 – 高岭石区、高岭石 – 云母区和高岭石区等。我国广东北部属于高岭石 – 云母区，黏土矿物以结晶差的高岭石为主，并有不少云母和蛭石共存，铁铝氧化物的含量也显著增多；而东南沿海则属于高岭石区，黏土矿物以高岭石为主，还含有较多的氧化铁，山地黄壤中普遍有较多的三水铝矿。

从图一四七和表九、一〇可以看到，南越宫苑遗址出土的砖和瓦在用料上没有明显区别，砖瓦样本组成变化较大，随意性较强，仅从标本的胎质外观上看，就存在多种质地、颜色，其中白色基质的砖瓦 Al_2O_3 含量较高，Fe_2O_3 含量较低；而红色基质的砖瓦 Fe_2O_3 含量高；青灰色的砖瓦则 Al_2O_3 含量较低。使得该批样本的主要组成元素氧化物——SiO_2 在60%~70%、Al_2O_3 在19%~28%、Fe_2O_3 在2%~7%间大幅波动，而且尽管南越和南汉相隔千年，但其砖瓦样本无论是主次量元素还是微量元素组成并没有明显的差异，说明其原料的来源和组成没有明显的变化。从图一四八和表九、一〇、一二可以看到，同我国其他地区各时期的砖瓦标本相比，南越宫苑遗址出土的砖瓦，尤其是砖的熔剂元素氧化物（Na_2O、MgO、K_2O、CaO、Fe_2O_3 等）的总含量普遍较低，约为7.77%，而其他地区约为16.87%，而南越宫苑遗址出土的砖瓦的 Al_2O_3 含量较高，平均约为22.67%，远高于已分析的我国其他地区各时期样本的 Al_2O_3 含量(~16%)，这是同广东地区属高岭石—云母区和高岭石区分不开的，如前所述，在该地区黏土土壤中富含高岭，并含有铁铝氧化物或三水铝矿等。实际上南越宫苑遗址出土的砖瓦与我们以前分析测试过的广东地区陶器的元素组成（R_xO_y/Al_2O_3 一般在 0.2~0.5，SiO_2/Al_2O_3 一般在 2~7）相似。

除了对南越宫苑遗址出土的砖瓦样品的胎质进行了相应的分析外，我们还对部分带釉砖瓦的釉进行了相应的组成分析。就上釉的情况看，在南越国时期出土的砖瓦中，施釉的样本少，主要是在青灰色胎质的大砖上才能发现，但釉质较薄，并且釉和胎的匹配结合性差，脱落的情况严重，

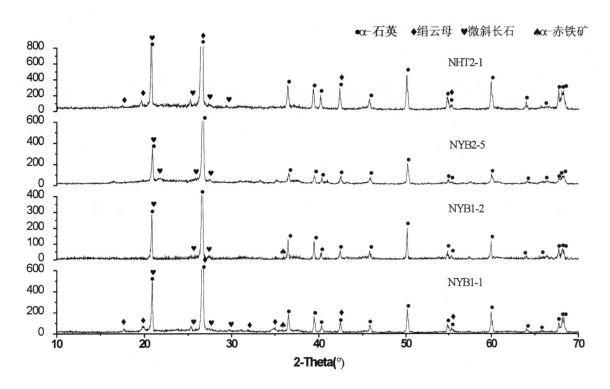

图一四七　样品 NYB1-1，NYB1-2，NYB2-5，NHT2-1 的 XRD 图

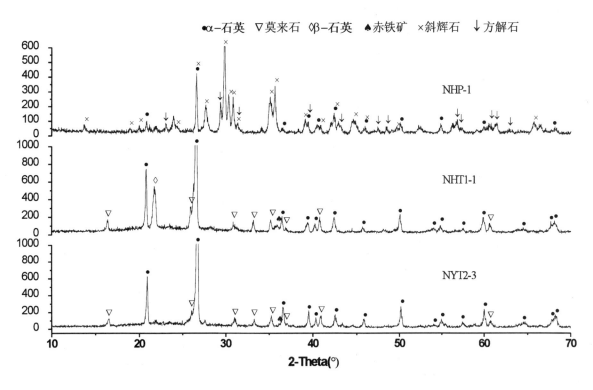

图一四八　样品 NYT2-3，NHT1-1，NHP-1 的 XRD 图

表一二　我国各时期建筑砖瓦胎的主次量元素成分分析表

序号	名称	wt%								R_xO_y/Al_2O_3	SiO_2/Al_2O_3
		Na_2O	K_2O	MgO	Al_2O_3	SiO_2	CaO	TiO_2	Fe_2O_3		
1	商代陶水管	1.32	2.98	1.98	16.97	66.49	2.84	0.80	6.46	1.22	6.64
		1.32	2.98	1.98	16.97	66.50	2.84	0.80	6.46	1.22	6.64
2	西周板瓦	2.08	3.34	2.77	15.99	67.39	1.42	0.82	6.11	1.35	7.15
		2.08	3.34	2.77	15.99	67.39	1.42	0.82	6.11	1.35	7.15
3	战国铺地砖	1.34	2.84	1.88	15.13	68.17	1.33	1.32	6.52	1.21	7.64
		1.36	2.88	1.91	15.34	69.11	1.35	1.34	6.61	1.21	7.64
4	秦砖瓦	1.76	3.16	2.72	16.21	63.47	4.32	0.78	6.78	1.63	6.64
		1.77	3.18	2.74	16.32	63.90	4.35	0.79	6.87	1.63	6.64
5	西汉筒瓦	1.71	3.16	2.82	17.74	61.59	5.20	0.10	6.47	1.53	5.89
		1.73	3.16	2.85	17.93	62.26	5.26	0.10	6.54	1.52	5.89
6	西汉晚期砖瓦	1.91	2.94	2.99	15.74	63.52	5.60	0.47	5.93	1.81	6.84
		1.92	2.96	3.01	15.85	63.96	5.64	0.47	6.02	1.81	6.84
7	东汉砖	2.00	3.17	2.45	17.09	65.33	3.89	0.10	4.42	1.34	6.48
		2.03	3.22	2.49	17.34	66.27	3.95	0.10	4.48	1.34	6.48
8	唐代砖瓦	1.79	2.17	2.49	14.95	63.32	9.00	0.08	4.33	2.06	7.18
		1.82	2.21	2.53	15.22	64.46	9.16	0.08	4.41	2.06	7.18
9	北宋砖	2.85	2.70	2.15	13.79	67.33	4.42	1.02	5.65	1.88	8.28
		2.85	2.70	2.15	13.78	67.28	4.42	1.02	5.65	1.88	8.28
10	明代大砖	1.45	3.49	3.42	18.48	60.33	3.80	0.90	7.84	1.51	5.54
		1.45	3.49	3.42	18.50	60.41	3.80	0.90	7.85	1.51	5.54
11	明清金砖	1.18	2.15	1.44	16.19	68.16	1.17	0.87	5.27	0.90	7.14
		1.22	2.23	1.49	16.79	70.68	1.21	0.90	5.47	0.89	7.14
12	现代砖样	3.89		2.29	18.89	64.40	1.31	–	9.22	1.08	5.78
13	现代砖样	6.09		1.53	15.76	67.58	1.51	–	7.88	1.37	7.27
14	现代砖样	3.61		1.76	16.55	67.89	1.44		8.67	1.12	6.96
15	现代砖样	3.65		2.19	16.57	57.40	2.23		8.78	1.28	5.87
16	现代砖样	4.67		2.48	16.52	66.35	4.20		5.56	1.52	6.81
17	现代砖样	2.96		0.75	15.29	71.91	0.73		8.36	0.88	7.97

注：1–11 号样品的数据来于李家治：《中国科学技术史（陶瓷卷）》，科学出版社，1998 年。

可见对釉的工艺技术掌握还不够成熟。这也可能是为什么这批样品中上釉的砖瓦的数量较少的原因之一。另一个值得关注的是，该种釉的类型属于当时在我国其他地区比较少见的碱釉，见表一三，其钠钾等碱金属氧化物含量达到了14%左右，是主要的熔剂元素，这和当时我国陶瓷上常见

表一三　南越宫苑遗址砖瓦和陶器样品的釉的成分分析

编号		wt%											
		Na_2O	MgO	Al_2O_3	SiO_2	K_2O	CaO	TiO_2	Fe_2O_3	CuO	PbO_2	P_2O_5	SO_3
NYB3-1		6.73	0.18	9.08	66.25	9.79	4.47	0.53	1.97	–	–	–	–
NYB4-3		6.96	1.73	10.19	68.59	5.53	3.20	0.30	2.50	–	–	–	–
NHB-1		0.45	1.05	14.99	66.75	2.14	11.98	0.08	1.57	–	–	–	–
NHB-2		–	–	1.21	27.98	0.07	0.19	–	0.40	4.71	65.03	0.43	–
NHB-3		–	–	6.78	27.10	0.52	0.49	–	1.34	0.09	63.23	0.46	–
NYT1-3		8.38	1.42	12.49	64.03	5.00	3.62	0.36	3.70	–	–	–	–
NHT1-1		0.22	1.30	12.83	69.25	3.12	10.40	0.08	1.80	–	–	–	–
NHT1-2		–	–	2.57	23.73	–	2.79	–	1.50	3.93	57.6	7.89	–
NYT2-3	浅黑	11.57	1.46	15.73	59.17	4.01	1.67	0.57	4.82	–	–	–	–
	深黑	7.53	0.70	17.31	61.83	6.51	0.94	0.61	3.56	–	–	–	–
NHT2-1		–	–	0.80	23.14		1.99		0.31	4.85	68.05	0.86	–
NHT2-2		0.72	1.01	13.97	68.92	1.77	11.16	0.13	1.31	–	–	–	–
NHT2-3		–	–	11.03	48.65	1.69	4.41	–	2.15	0.13	31.84	0.1	–
NHP-1	蓝色	5.50	1.83	5.00	66.74	3.05	8.26	–	2.32	6.1	–	0.39	0.81
	浅灰	3.57	1.23	3.44	70.72	3.39	9.24	–	2.18	1.16	–	0.4	4.68

的以钙为主要助熔剂的灰釉以及以钙、铁等为主要助熔剂的泥釉大不相同，也和当时我国常见的 $PbO-Ba-SiO_2$ 系、$K_2O-CaO-SiO_2$ 系和 K_2O-SiO_2 系玻璃相差甚远，但和普遍认为受西方影响的钠钙玻璃较为接近，应该说当时在我国建筑材料上出现这种钠钾碱釉还是首次发现。至于该种釉的出现是否受西方玻璃制造技术的影响还有待进一步考证。与南越国时期不同，在南汉国时期，陶瓷上釉已是非常成熟的技术。因此在南汉国地层出土的砖瓦中，在陶质的砖瓦上施釉已经是一种普遍现象，釉的种类也和南越国时期大不相同，但没有出现南越国时期的钠钾碱釉，而是我国陶瓷上常见的高钙灰釉和色彩丰富以铁、铜等为着色剂的铅釉，见表六、七、一三，无论是胎釉的适配性，还是釉的色泽等都优于南越国时期，因此这时候的带釉砖瓦无论在质上还是在量上都远远超过南越国时期的带釉砖瓦制品是非常正常的。

　　在分析的少量南越宫苑遗址出土的陶器中，值得一提的是南汉国时期出土的一件铜离子着色，非铅釉系列的蓝釉陶片，其胎中碱土金属氧化物的含量超过了20%（CaO~17%），物相分析结果表明胎中含有大量的斜辉石，见表一八，这是在以往所研究过的广东陶器中没有发现的现象，因此该器物外来的可能性较大。

2. 工艺性能分析

2.1 大砖

　　由于在南越国时期出现的大砖样品的特殊性和代表性,本节将重点讨论这批大砖的工艺性能。如前所述,在南越宫苑遗址发掘出土的文物中,厚度、尺寸惊人的实心大方砖是一个重要的特色,这在以往我国所发现的砖中是非常罕见的,尺寸这么大、厚的实心黏土砖,无论从其材料的干燥或烧制工艺上来说,都是具有相当难度的。在当时的条件下,人们是如何完成的? 通过对样本的测试分析和相关的工艺试验,我们初步得到了以下的分析结果:

　　原料处理和成型　　如前所述,根据化学组成的分析结果,这批砖瓦所用原料在组成上随意性较大,而且通过对胎体断面的观察,可以明显看到其混料并不均匀,但多数样本胎体比较细腻,颗粒度较小。在我国古代重要的科学技术文献,明崇祯十年(公元1637年)刊印的宋应星著《天工开物》一书中,详细记述了我国古代农业和手工业的生产技术和经验,在第七卷《陶埏》中比较科学的总结了我国古代烧制砖瓦的经验,包括原料、成型、干燥和烧造等技术。练泥造瓦,需掘地两尺多深,"择取无沙黏土而为之"。"凡埏泥造砖,亦掘地验辨土色,或蓝或白或红或黄。皆以黏而不散,粉而不沙者为上",——即可保证原料的可塑性和随后的成型强度。然后,"汲水滋土,人逐数牛,错趾踏成稠泥……",由于原料的随意性(包括不同层位、颜色的黏土),而且这种践踏式的搅拌也不可能使原料充分均匀,因此在许多制备完成的大砖截面可以看到大量由于搅拌不均匀产生的类似于纹理状的条纹,容易产生片状分层,在加热和冷却过程中,由于膨胀和收缩性不一样,甚至产生裂纹。在完成泥料的处理后,其成型方法记载为将趾踏后的稠泥,"然后填满木框之中,铁线弓戛平其面,而成坯形"。

　　坯体的干燥　　成型后的干燥是通常大砖制备的第一个难点。所谓坯体的干燥是指新成型的大砖坯体含有大量的水分,虽然在开始时水分分布较均匀,但由于坯体表面水分的蒸发(气化)逐渐形成坯体内部与表面间的湿度差,于是,内部的水分借扩散作用向其表面移动,至表面而气化,由于流经坯体的空气不断将气化的水分带走,从而达到使坯体干燥的目的。

　　干燥收缩是黏土制品制备中的必然现象,在干燥过程中水分蒸发,一方面由于掺水时颗粒体积发生膨胀,此时因水分蒸发而缩小;另一方面由于毛细孔水分的蒸发黏土颗粒靠拢,结果制品尺寸也发生收缩。在干燥过程中,由于制品表层水先行蒸发而收缩,此时内层水尚未扩散也没有收缩,在制品内部就产生压缩应力,表层则产生伸张应力,此时如果干燥参数不相适应,就会产生表面裂纹甚至开裂。此外,如果各部位脱水速度不一,产生不均匀收缩,所引起的应力超过坯体本身的机械强度,也会产生开裂等缺陷。通常影响黏土干燥的主要因素有以下几个方面:1)矿物组成,黏土的种类不同,收缩值也不一样,可塑性高的黏土比可塑性低的黏土干燥收缩值也大,如高岭石黏土矿物的干燥线收缩率较低为3%~10%,水云母为4%~11%,而蒙托石较高达到12%~23%;2)原始含水率,黏土的原始含水率越低,收缩也越小;3)分散度,在相近矿物组成的情况下,黏土的分散度越高,收缩越强烈;4)坯体的尺寸大小,坯体体积越厚重则越容易产生各层次和部位干燥过程中的不均匀性;5)坯体的机械强度,强度越高抵抗开裂变形的能力则越强;6)气孔的特征和大小;7)交换离子,吸附一价阳离子的黏土收缩最大,而三价阳离子的最小。黏土制品的干燥除了决定于坯体自身情况外,和坯体周围的介质(空气)的情况也是息息相关的,古代的砖瓦坯体的干燥方法是自然干燥,主要利用太阳的热能和坯场的流动空气来干燥坯体。空气的温度、湿度和速度,以及空气对坯体表面的接触情形等都对干燥有极大的影响。例如空气温度高,速度越大,湿度越低,则干燥越快。如果干燥速度较快,而黏土制品的干燥性能较差(如敏感系数较高)则制品容易开裂、变形。

表一四　南越宫苑遗址砖样品的胎的微量元素成分分析表

序号	编号	μg/g								
		MnO	CuO	ZnO	PbO$_2$	Rb$_2$O	SrO	Y$_2$O$_3$	ZrO$_2$	P$_2$O$_5$
1	NYB1-1	160	110	110	140	180	60	30	340	1650
2	NYB1-2	220	170	150	70	210	110	50	280	730
3	NYB2-1	360	140	120	-	140	50	50	390	1090
4	NYB2-2	260	120	110	20	160	100	20	490	2010
5	NYB2-3	160	120	80	80	140	100	30	370	1190
6	NYB2-4	140	100	90	20	170	90	40	490	290
7	NYB2-5	170	110	90	70	180	80	60	350	420
8	NYB2-6	170	120	100	60	230	80	30	310	210
9	NYB2-7	110	80	120	70	160	90	30	590	1330
10	NYB2-8	150	110	100	70	150	70	40	310	1650
11	NYB2-9	240	110	90	60	160	60	40	380	1420
12	NYB3-1	130	120	50	-	130	70	30	370	350
13	NYB3-2	90	140	110	80	200	70	30	230	420
14	NYB3-3	90	140	130	70	190	70	40	270	330
15	NYB3-4	150	110	90	100	180	40	20	300	750
16	NYB3-5	140	100	120	120	220	100	50	280	950
17	NYB3-6	110	130	130	100	190	130	50	360	500
18	NYB3-7	130	110	120	80	210	110	30	340	600
19	NYB3-8	190	120	100		170	60	30	290	640
20	NYB4-1	100	140	140	80	200	70	50	370	670
21	NYB4-2	50	190	90	60	160	90	30	250	170
22	NYB4-3	90	110	140	90	160	60	40	390	370
23	NYB5-1	110	160	120	100	160	110	50	500	1380
24	NYB5-2	450	90	90		200	90	40	430	3300
25	NYB6-1	170	80	120	100	230	70	50	260	440
26	NYB6-2	470	130	140	90	160	70	30	280	3330
27	NYB6-3	190	110	80	60	150	90	40	430	750
28	NYB7-1	120	130	180	80	170	80	30	300	450
29	NHB-1	130	100	140	70	210	70	20	380	160
30	NHB-2	150	130	130	160	160	40	40	350	610
31	NHB-3	130	130	150	70	170	70	30	500	610

表一五　南越宫苑遗址瓦样品的胎的微量元素成分分析表

序号	编号	μg/g								
		MnO	CuO	ZnO	PbO_2	Rb_2O	SrO	Y_2O_3	ZrO_2	P_2O_5
1	NYT1-1	240	100	170	80	210	80	30	700	990
2	NYT1-2	100	80	100	50	200	70	30	290	290
3	NYT1-3	150	120	170	40	180	90	30	300	210
4	NHT1-1	90	100	170	50	160	70	50	370	120
5	NHT1-2	110	130	140	110	190	70	60	400	50
6	NYT2-1	140	150	160	70	190	110	20	290	3370
7	NYT2-2	370	80	150	50	220	60	20	360	190
8	NYT2-3	120	100	110	80	210	50	40	610	110
9	NHT2-1	80	260	140	3900	150	60	60	420	130
10	NHT2-2	90	110	170	90	190	60	30	390	80
11	NHT2-3	150	140	220	1340	160	60	40	390	740
12	NYT3-1	170	130	150	60	220	70	50	550	150
13	NYT3-2	130	90	230	100	150	110	40	280	3450
14	NYT3-3	110	150	210	100	140	40	40	560	1500
15	NHT3-1	130	100	130	80	150	70	10	470	450

表一六　南越宫苑遗址陶器样品的胎的微量元素成分分析表

序号	编号	μg/g								
		MnO	CuO	ZnO	PbO_2	Rb_2O	SrO	Y_2O_3	ZrO_2	P_2O_5
1	NYP-1	80	130	90	40	180	60	40	1020	240
2	NYP-2	80	90	110	60	170	60	30	450	180
3	NHP-1	770	550	180	10	50	280	20	100	1510

表一七　烧成温度及其他性能表

编号	名称	体积密度 （g/cm³）	吸水率 （%）	显气孔率 （%）	莫氏硬度 （级）	抗压强度 （Mpa）	烧成温度 （℃）
NYB1-1	大方砖	1.9	15.9	30	>2,<3	34.46	1019
NYB1-2	大方砖	1.77	19.7	35	>2,<3	48.67	1085
NYB2-2	方砖	1.97	13.5	31	>4,<5	24.37	1042
NYB2-5	方砖	2	13.4	27	>8,<9	20.43	1077
NYB2-9	方砖	1.88	14.7	32	>2,<3	30.39	1033
NYB3-1	长方砖	2.04	11.5	24	>6,<7	51.07	1191
NYB3-3	长方砖	2.01	12.6	28	>4,<5	30.07	1171
NYB3-4	长方砖	1.84	18	33	<1	7.02	917
	1050℃重烧	2.07	10.6	22			
	1100℃重烧	2.30	3.4	8			
NYB3-5	长方砖	1.86	15.1	34	>3,<4	27.54	1031
NHB-1	砖	2.16	4.4	10	>7,<8	103.82	~1290
NYT1-1	板瓦	1.81	18.8	34			1002
	1100℃重烧	2.05	11.6	24			
NYT1-3	板瓦						1124
NHT1-1	板瓦	2.13	4.3	9			~1300
NHT1-2	板瓦	1.83	17.2	33			1108
NYT2-1	筒瓦	1.87	16.5	31			1013
NYT2-2	筒瓦	1.91	15.5	30			1076
NYT2-3	筒瓦	2.13	8.3	18			1206
NHT2-1	筒瓦	1.72	21.2	37			1008
	1100℃重烧	1.84	17.1	32			
NHT2-2	筒瓦	2.09	8.3	17			
NHT2-3	筒瓦	1.71	21.9	37			1036
NYT3-1	"万岁"文字瓦当	1.97	14	27			1031
NYT3-2	"万岁"文字瓦当	1.81	17.6	32			949
NYT3-3	云箭纹瓦当	1.83	18.5	34			1036
NHT3-1	莲花纹瓦当	1.80	19.3	35			1101
NYB7-1	陶井圈	1.84	17.7	33			981
	1050℃下重烧	1.93	14.8	29			
NHP-1	蓝釉陶片	1.54	31.4	48			1080

　　南越宫苑遗址出土的这批大砖，有相当一部分的尺寸惊人，如此大而厚的砖体对于干燥是不利的，在干燥过程中易造成湿度的不均匀性产生变形和开裂，那么是什么原因保障了这批大砖能顺利的进行干燥呢？我们认为主要是基于以下几个原因：1）从前面讨论的当地的黏土原料组成可以知道，大砖所用的原料矿物中包含的收缩率较低的高岭石黏土矿物较多；2）原料的可塑性较好，坯体强度较高；3）从样本的化学分析结果可以看出，一价的碱金属元素氧化物的含量普遍较低，合计2%~3%，有利于降低其干燥收缩；4）由于当时为自然干燥，而广东地区尽管温度较高，但其湿度也较高，因此自然干燥速度不高。所以尽管大砖非常厚重，但如果干燥速度不高，干燥介质（空气）和砖体接触充分和均匀，大砖的干燥流程是可以完成的。

表一八　物相组成分析一览表

编号	名称	晶相组成
NYB1–1	大方砖	白色的黏土基质，较多的α–石英，少量的绢云母、微斜长石和α–赤铁矿
NYB1–2	大方砖	白色的黏土基质，较多的α–石英，少量的微斜长石、α–赤铁矿
NYB2–5	方砖	浅红色的黏土基质，较多的α–石英，较少的微斜长石
NYB2–9	方砖	
NYB3–1	长方砖	黏土基质呈青灰色，较多的α–石英，少量的微斜长石
NYB3–3	长方砖	
NYB3–4	长方砖	砖红色的黏土基质，较多的α–石英，一定量的绢云母，少量的微斜长石和α–赤铁矿
NHB–1	砖	浅灰色的黏土基质，较多的α–石英，一定量的莫来石，少量的β–石英
NYT1–1	板瓦	黏土基质呈乳白色，较多的α–石英，少量的绢云母、微斜长石和α–赤铁矿
NHT1–1	板瓦	浅灰色的黏土基质，较多的α–石英，一定量的莫来石，少量的β–石英
NHT1–2	板瓦	黏土基质呈乳白色，较多的α–石英，少量的微斜长石
NYT2–1	筒瓦	黏土基质呈乳白色，较多的α–石英，少量的微斜长石
NYT2–2	筒瓦	黏土基质呈乳白色，较多的α–石英，少量的微斜长石
NYT2–3	筒瓦	黏土基质呈青灰色，较多的α–石英，少量的莫来石和α–赤铁矿
NHT2–1	筒瓦	白色的黏土基质，较多的α–石英，少量的绢云母和微斜长石
NHT2–2	筒瓦	白色的黏土基质，较多的α–石英，一定量的莫来石，少量的β–石英
NHT2–3	筒瓦	白色的黏土基质，较多的α–石英，少量的绢云母、微斜长石和α–赤铁矿
NYT3–1	"万岁"文字瓦当	灰色的黏土基质，较多的α–石英，少量的微斜长石和α–赤铁矿
NYT3–2	"万岁"文字瓦当	白色的黏土基质，较多的α–石英，一定量的绢云母，少量的微斜长石和α–赤铁矿
NYT3–3	云箭纹瓦当	黏土基质呈乳白色，较多的α–石英，少量的微斜长石和α–赤铁矿
NHT3–1	莲花纹瓦当	浅黑色的黏土基质，较多的α–石英，少量的α–赤铁矿
NYB7–1	陶井圈	黏土基质呈乳白色，较多的α–石英，一定量的微斜长石，少量的绢云母和α–赤铁矿
NHP–1	蓝釉陶片	黏土基质白中带黄，较多的斜辉石，一定量的α–石英，少量的钙长石和方解石

　　制品的烧成　这是大砖制备最为关键的环节。如前所述,同我国其他地区各时期的砖瓦标本相比,南越宫苑遗址出土的砖瓦,尤其是砖的熔剂元素氧化物(Na_2O、MgO、K_2O、CaO、Fe_2O_3等)的总含量普遍较低,约为8%,其他地区约为16%,而南越宫苑遗址出土的砖瓦的Al_2O_3含量较高,平均约为22.67%,远高于已分析的我国其他地区各时期样本的Al_2O_3含量(~16%),因此要达到相似的烧结效果必然导致烧成温度的提高。根据烧成温度的测试结果(表一七、一九),可知南越国时期出土大砖的烧成温度超过了1000℃(图一四九),高于我国相近时期其他地区的砖瓦标本。

表一九　我国各时期砖瓦烧成温度及其他性能表

编号	名称	体积密度 (g/cm³)	吸水率 (%)	显气孔率 (%)	抗压强度 (Mpa)	烧成温度 (℃)
1	商代陶水管	1.84	14.08	25.74	81.4	920
2	西周板瓦	1.94	14.17	27.53	55.1	860
3	战国铺地砖	1.86	16.62	30.86	37	855
4	秦砖瓦	1.77	19.54	33.65	48.6	995
5	西汉筒瓦	2.15	5.79	12.65	82.9	1000
6	西汉晚期砖瓦	1.75	20.97	36.37	33.9	1010
7	东汉砖	1.85	17.33	32.01	42.7	1030
8	唐代砖瓦	1.69	22.89	38.30	34	1030
9	北宋砖	1.80	23.15	31.86	9.7	900
10	明代大砖	1.60	25.00	40.67	5.9	1050

注:1-10数据来源于张子正、车玉荣、李英福等:《我国古代建筑陶瓷的初步研究》,《中国古陶瓷》。

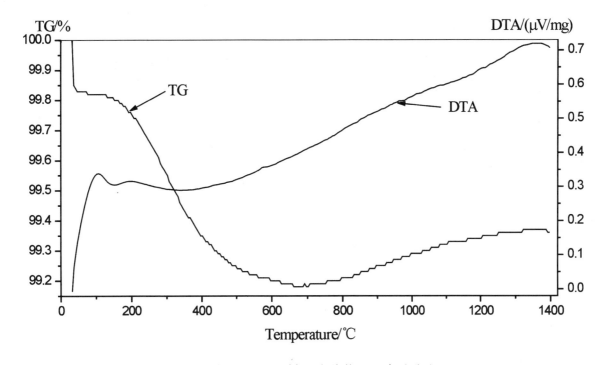

图一四九　NHB-1样品的差热——失重曲线

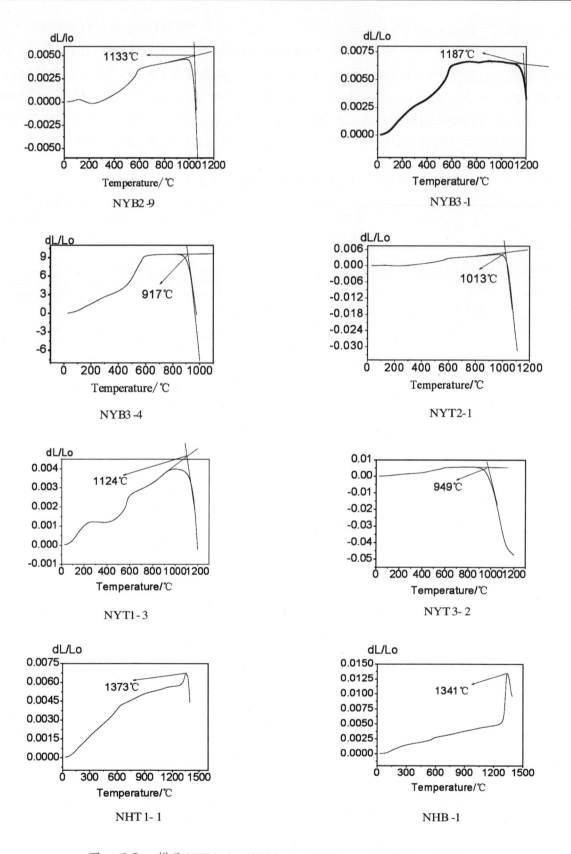

图一五〇   样品 NYB2-9、NYB3-1、NYB3-4、NYT2-1、NYT1-3、
NYT3-2、NHT1-1、NHB-1重烧胀缩曲线

　　由于大砖的烧成温度超过了1000℃，因此可以肯定其当时应该是有窑烧成，经过对样品的材质和烧成温度的结合分析，可以分为两类，一类为烧后砖体呈青灰色基质的大砖，烧成温度较高，在1150℃~1200℃，相应其体积密度较高，吸水率较低；另一类为烧后砖体呈灰白、红色基质的大砖，烧成温度较低，在1000℃~1100℃，相应其体积密度较低，吸水率较高（表一七）。为确定其当时的烧成气氛环境，我们对上述两类样品都分别在氧化气氛中进行了重烧试验，重烧温度为1100℃左右。结果显示，第一类即青灰色基质的大砖转为红色，砖体中的+2价亚铁离子氧化为+3价铁离子，而第二类即灰白、红色基质的大砖颜色没有发生变化。这说明第一类样品应该是在还原气氛中烧成，而第二类样品则是在氧化气氛中烧成。由于烧成温度和气氛的不同，可以推测这两类样品应是在不同的窑炉烧造（图一五〇）。

　　由表六可知，呈灰白、红色基质的大砖没有施釉的痕迹，但许多青灰色基质的大砖都带釉，这主要是因为这类青灰色基质的大砖样品烧成温度较高，且在还原气氛中烧成，使得样品中低活性的高价铁还原成反应能力强的低价铁，在基体内迅速扩散，导致高岭石质黏土和云母的晶格被破坏，使其分解温度降低100℃~150℃，并产生易熔的硅酸亚铁，在较低的温度下出现液相，因此胎体烧结程度较高，相对比较致密，有利于施釉的基本条件。

　　不能忽略的一点是由于南越国出土的部分大砖非常厚重，在焙烧的过程中由于温度梯度和相变极易引起收缩和膨胀，而导致变形和开裂。这是因为一方面坯体，尤其是尺寸大而厚的坯体，在加热过程中易形成表面和内部，以及不同部位间的温度差，在温度差的作用下，形成了表面和内部的不同膨胀状态，因此在坯体内部产生了大量的应力，当超过材料的弹性膨胀能力后，会引起开裂。此外，大砖原料中常见的石英通常为β－石英，在573℃温度下，β－石英会相变为α－石英，伴随石英晶体的体积急剧增大，也可能导致坯体的开裂，而颗粒越大，危害越大。有鉴于此，我国古代陶工是如何进行处理和防范的呢？根据我们的相关分析结果，至少采取了以下几个措施：1）在砖体上均匀的纵向开洞，直接增加了受热面积以及减少了砖体的热传导的纵深度距离，有利于砖体受热的均匀性；2）石英颗粒较细，使石英相变造成的危害下降；3）原料中铝含量较高，收缩较小，荷重软化温度较高，不易变形。

四　结论

　　1. 南越宫苑遗址出土的砖和瓦在用料上没有明显区别，砖瓦样本组成变化较大，随意性较强，使得该批样本的主要组成元素氧化物——SiO_2在60%~70%、Al_2O_3在19%~28%、Fe_2O_3在2%~7%间大幅波动，而且尽管南越和南汉相隔千年，但其砖瓦样本无论是主次量元素还是微量元素组成并没有明显的差异，说明其原料的来源和组成没有明显的变化。

　　2. 同我国其他地区各时期的砖瓦标本相比，南越宫苑遗址出土的砖瓦，尤其是砖的熔剂元素氧化物（Na_2O、MgO、K_2O、CaO、Fe_2O_3等）的总含量普遍较低，约为8%，其他地区约为16%，而南越宫苑出土的砖瓦的Al_2O_3含量较高，平均约为22.67%，远高于已分析的我国其他地区各时期样本的Al_2O_3含量（~16%）。

　　3. 在出土的南越国时期砖瓦中，施釉的样本少，釉的类型属于当时在我国其他地区比较少见的碱釉，钠钾等碱金属氧化物含量达到了14%左右，在我国建筑材料上出现这种钠钾碱釉还是首次。

　　4. 南越宫苑遗址出土的这批大砖，由于大砖所用的原料矿物中包含的收缩率较低的高岭石黏土矿物较多，坯体强度较高，一价的碱金属元素氧化物的含量普遍较低，合计2%~3%，有利于降低其干燥收缩，且广东地区尽管温度较高，但其湿度也较高，因此自然干燥速度不高。所以尽管大砖非常厚重，在干燥介质（空气）和砖体接触充分和均匀的情况下，满足了大砖的干燥流程。

5. 南越国时期大砖的烧成温度超过了1000℃，高于我国相近时期其他地区的砖瓦标本。为有窑烧成，经过对样品的材质和烧成温度的结合分析，可以分为两类，一类为烧后砖体呈青灰色基质的大砖，部分带釉，在还原气氛中烧成，烧成温度较高，在1150℃~1200℃，相应其体积密度较高，吸水率较低；另一类为烧后砖体呈灰白、红色基质的大砖，没有上釉，在氧化气氛中烧成，烧成温度较低，在1000℃~1100℃，相应其体积密度较低，吸水率较高。由于烧成温度和气氛的不同，可以推测这两类样品应是在不同的窑炉烧造。

6. 由于古代陶工选用了含有细颗粒石英和铝含量较高的黏土，一方面使石英相变造成的危害下降，同时收缩较小，荷重软化温度较高，不易变形。并通过在砖体上均匀的纵向开洞，直接增加了受热面积以及减少了砖体的热传导的纵深度距离，有利于砖体受热的均匀性，为南越宫苑遗址出土的这类南越国时期的大砖的成功烧制打下了基础。

第六节　南越宫苑遗址建筑石构件的岩石特征及产地研究※

应南越王宫博物馆筹建处的邀请，从2002年8月开始对南越宫苑遗址建筑石构件的岩石特征和产地开展研究工作。对南越宫苑遗址建筑石构件，以及广州市区内的大大小小的建筑工地、越秀山、白云山、横枝岗、麓湖公园、雕塑公园、光考寺、五仙观、陈家祠、河南漱珠岗、赤岗、广州北郊同和、石井、江高、嘉和、龙归、太和、从化温泉、增城东洞、背阴、三水市走马营、黎边山、南海市西樵山、番禺莲花山等进行大量详细考察并采样。对野外采集回来的样品磨制岩石薄片、拍摄偏光显微镜下岩石特征的数码照片，并做了X射线衍射分析、扫描电镜分析，以及主、微量元素分析和钾—氩年龄分析。在此基础上，探讨了南越宫苑遗址主要建筑石构件的产地。

一　南越宫苑遗址建筑石构件岩石特征

南越宫苑遗址建筑石构件主要有三种岩石类型，次火山岩、紫红色砂岩和河流砾石。

1. 次火山岩

次火山岩是南越宫苑遗址使用最广泛的建筑石料，被用于望柱座石、蕃池池壁石板、曲流石渠渠底石板和渠壁方石。主要岩石类型为次流纹斑岩。这些岩石具有较平直的流纹构造，斑状结构，斑晶的含量有多有少，一般是在15%~35%之间。由石英、长石（部分已风化为高岭土）和暗色矿物组成。基质为长英质微粒，副矿物有磷灰石、锆石。这些次流纹斑岩由于有平直的流纹构造，使其易于开采和使用，并且，它们有相当的硬度，使它们成为良好的建筑材料，南越国的工匠选用其作为蕃池池底石板等，反映古代人对周围的岩石建筑性能有相当的了解。主要样品的岩石特征如下：

（1）N01号样品（望柱座石）

黄白色次流纹斑岩。风化后呈灰白色。斑状结构，发育平直的流纹构造。斑晶由石英、长石

※　曹建劲：中山大学地球科学系。

和少量暗色矿物组成。石英斑晶形状不规则，有棱角，较稀少，零星分布，占岩石的5%。长石斑晶已风化为高岭土，仅保留原矿物的晶形，占岩石的7%。暗色矿物斑晶有较完好的长柱状晶形，大小在1~3毫米，已全部风化。可能为角闪石，占岩石的3%。基质呈微粒状，占85%，X射线衍射分析表明其矿物成分是石英和透长石。副矿物有锆石（具有多色晕）。对望柱座石表面数个约0.5毫米的黑色斑点用带能谱的扫描电镜分析其成分，结果表明主要含硫和铁，并含有微量的锌（图一五一）。硫和铁同时存在说明黑色斑点是由原来岩石的黄铁矿风化形成。对N01样品被南越工

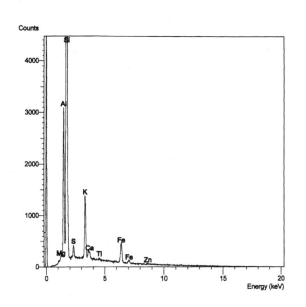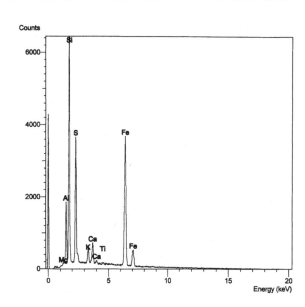

图一五一　N01号样品（望柱座石）表面2个黑色斑点的X射线能谱

匠打磨过的表面拍摄了扫描电镜照片（图版一二〇），在照片中可见宽6~9微米、弱有弯曲的小沟，这可能是古代人打磨石面留下的痕迹，如果是这样的话，可根据沟的形状推测南越国工匠使用什么材料打磨石材。对打磨过的石材表面用能谱分析了成分，结果是MgO0.17%，$Al_2O_3$11.15%，$SiO_2$82.28%，K_2O4.32%，CaO0.50%，$Fe_2O_3$0.88%，与湿化学分析的岩石成分（参见表二四）接近。

（2）N02样品（蓄池池壁石板）

次流纹斑岩。风化后呈浅红色。斑状结构，明显发育平直的流纹构造。局部地方可见球粒，球粒中长英质矿物呈放射状。斑晶由石英、长石和暗色矿物组成，偶尔见一组极完全解理的白云母（含量少于1%）。除石英和白云母斑晶外，其余斑晶已风化。石英斑晶形状不规则，有棱角，大小不一，从0.05~0.5毫米不等，最大1.5毫米。长石斑晶已风化为高岭土，仅保留原矿物的晶形。暗色矿物横断面呈方形，已全部风化，仅保留原矿物的晶形。基质为呈微粒状的长英质矿物。副矿物为锆石，含量少于1%。

（3）N05号样品（曲流石渠渠壁方石）

次流纹斑岩。风化后呈黄褐色。斑状结构，流纹构造。斑晶由石英、长石和暗色矿物组成。石英斑晶形状不规则，大小在0.05~0.25毫米之间，占岩石的10%。长石斑晶已风化为高岭土，占岩石的8%。暗色矿物斑晶已全部风化。根据其晶形可判断为角闪石和黑云母，占岩石的15%。岩石中含有较多的氧化铁质，含量可达5%，是由暗色矿物风化而来。可见到白云母，系由黑云母风化而来。基质为呈微粒状长英质矿物，X射线衍射分析表明其矿物成分是石英和透长石（图一五二）。

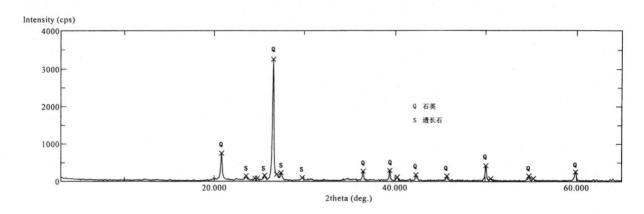

图一五二　N05 号样品（曲流石渠渠壁方石）X 射线衍射图

副矿物有锆石和磷灰石，含量很少。局部含有十字消光的球粒，球粒中长英质矿物呈放射状。

2. 紫红色砂岩

紫红色砂岩是南越宫苑曲流石渠渠壁方石的主要岩石，岩石类型主要为粗、中粒长石石英砂岩、石英砂岩，部分岩石含有较多的砾石，可称为含砾砂岩。对 N21 样品表面古人凿石留下的小沟用扫描电镜分析其表面成分，结果是 $MgO 0.79\%$，$Al_2O_3 19.65\%$，$SiO_2 68.05\%$，$K_2O 4.09\%$，$CaO 0.72\%$，$Fe_2O_3 5.74\%$，金属元素只有铁的含量较高，没有发现其他金属。由于岩石本身也含有铁，所以难以把铁的含量偏高肯定解释为古人是使用铁器凿石，并在石材表面残留铁器的铁。对 N03 样品（曲流石渠渠壁方石）的岩石特征描述如下：

中粒长石石英砂岩。风化后呈红褐色。中粒砂状结构，接触式胶结。块状构造。含石英砾石，砾石 3~4 毫米，含量少于 1%。碎屑占岩石的 80%，其中：石英占碎屑的 80%~85%。长石占碎屑的 8%~10%。含有少量的白云母。岩屑有：硅质岩、泥质岩、石英岩、硅化岩、石英脉。占碎屑的 5%~6%。碎屑石英呈次圆状，分选性中等，粒度从 0.1~1.5 毫米都有，多数是在 0.3~0.5 毫米。碎屑石英普遍见有次生加大边，在次生加大边与碎屑石英之间见有一圈氧化铁。还可见到波状消光的石英碎屑。长石一般已高岭土化，粒度在 0.2~0.5 毫米之间。重矿物：锆石，微量。偶尔在石英碎屑中见到长条状的磷灰石。填隙物：硅质、黏土、铁质。硅质胶结物强烈重结晶，形成石英的次生加大边。黏土已绢云母化。在扫描电镜下见高岭石。

3. 河流砾石

南越宫苑曲流石渠渠底砾石的岩石类型有灰黑色安山玢岩、灰黑、暗绿色流纹斑岩、泥质岩和变质石英砂岩。根据现场观察，南越宫苑曲流石渠渠底砾石以灰黑色安山玢岩为主（但提供的样品中没有安山玢岩）。安山玢岩砾石绝大多数含有较多的具有环带构造、自形程度较好的斜长石，而且含量较高。其次为流纹斑岩砾石、石英岩砾石和泥质岩（表二〇）。

（1）N07 号样品（曲流石渠渠底砾石）

灰黑色流纹斑岩砾石。致密块状，十分坚硬。斑状结构。斑晶占岩石的 35%，由石英、斜长石、条纹长石组成。副矿物有磷灰石、锆石和磁铁矿。次生变化矿物有绢云母、方解石和绿泥石。石英斑晶自形程度较好，常有被熔蚀的现象，占斑晶的 25%。斜长石斑晶大小在 0.3~1.5 毫米之间，长柱状，自形~半自形，占斑晶的 30%。斜长石多数被碳酸盐矿物沿解理交代，局部地方可

表二〇　南越宫苑遗址曲流石渠渠底砾石与增城市派潭镇背阴村河流砾石岩石特征对比

采样地点	南越宫苑遗址曲流石渠		增城市派潭镇背阴村河滩	
样品编号	N07	N08		
岩石类型	流纹斑岩砾石	流纹斑岩砾石	安山玢岩砾石	流纹斑岩砾石
颜色	灰黑色，风化为暗紫色	暗绿色，风化后为浅红色、黄白色	灰黑色，风化为暗紫色	暗绿色，风化后呈浅红、黄白色
结构构造	斑状结构，致密块状，十分坚硬	致密块状，斑状结构流纹构造	斑状结构，致密块状，十分坚硬	斑状结构、致密块状，坚硬，流纹构造
斑晶矿物成分	石英、斜长石、条纹长石	石英、斜长石、条纹长石	斜长石、条纹长石和少量石英、角闪石	条纹长石、石英和少量斜长石、黑云母
基质	基质含量70%~75%，由微粒状的长英质或玻璃质组成	基质含量70%~75%之间，由微粒状的长英质组成	基质含量60%~80%，由微粒状的长英质或玻璃质组成	基质含量70%~75%，由微粒状的长英质或玻璃质组成
副矿物	锆石、磷灰石和磁铁矿	锆石、磁铁矿	锆石、磷灰石和磁铁矿	锆石、磷灰石和磁铁矿
次生变化矿物	绢云母、方解石和绿泥石	绢云母、方解石	绢云母、方解石	绢云母、方解石
砾石大小和磨圆度	磨圆度好，砾石呈圆状，大小较均一	砾石呈圆状，大小较均一	砾石大小不一，大的直径可达数十厘米，砾石呈次棱角	呈次棱角状，大小不一

见斜长石整个晶体被方解石交代，但还可见斜长石聚片双晶的痕迹。条纹长石为正条纹长石，常有被熔蚀的现象，占斑晶的45%。基质为呈微粒状长英质。磷灰石、锆石和磁铁矿占岩石的3%，岩石抗风化能力很强，砾石表层约1毫米见氧化铁，其余没有风化的迹象。

（2）N08号样品（曲流石渠渠底砾石）

暗绿色流纹斑岩砾石。风化后为浅红色、黄白色。坚硬，致密块状。斑状结构，发育由矿物粒度不同反映出来的流纹构造。斑晶占岩石的30%~35%，由石英、斜长石、条纹长石组成。副矿物有锆石和磁铁矿。石英斑晶自形程度较好，常有被熔蚀的现象，大小在0.5~2毫米之间，少数可达4毫米，占斑晶的35%。斜长石斑晶大小在0.25×0.45~0.9×2毫米之间，长柱状，自形~半自形，发育聚片双晶和卡纳复合双晶，占斑晶的20%。条纹长石为正条纹长石，大小在0.6×1~1.2×4毫米之间，常有被熔蚀的现象，占斑晶的45%。基质含量70%~75%之间，由微粒状的长英质组成。锆石和磁铁矿占岩石的1%。岩石抗风化能力较好，砾石表面风化层厚0.8~3.2厘米，一般是在2厘米。

（3）N09号样品（曲流石渠渠底砾石）

黄白色石英岩。缝合粒状变晶结构。岩石全由石英组成，石英外形不规则，呈锯齿状接触。石英颗粒大小不一，为0.2~5毫米。可见到波状消光的石英。

（4）N010号样品（曲流石渠渠底砾石）

黄褐色变质石英砂岩。变余砂状结构。主要由石英和云母组成，石英85%~90%，白云母（绢云母）10%~15%，含少量氧化铁质、微量锆石、磷灰石、独居石。充填于砂粒间孔隙中的硅质胶结物已全部重结晶，黏土已部分重结晶为绢云母（白云母），但保留砂状结构的痕迹。碎屑石英的粒度大小为0.1~0.4毫米。

（5）N11号样品（曲流石渠渠底砾石）

泥质岩。泥状结构。X射线衍射分析表明其矿物成分为高岭石、伊利石、石英、绢云母。

二　南越宫苑遗址建筑石构件岩石风化特征和保护建议

南越宫苑遗址建筑石构件已在地下保存了两千多年，在这两千多年的时间里，建筑石构件已发生了风化作用。这种风化作用和地表岩石所经历的风化作用有所不同。岩石在水介质的作用下，和外界有物质成分的交换。对主要的岩石类型的风化特征简述如下：

紫红色中、粗粒砂岩、含砾砂岩的风化特点是长石碎屑风化成高岭石，在次生加大石英中，分布于次生加大的石英和原碎屑石英边界的铁质已发生氧化。岩石结构较原岩松散。颜色变浅。蕃池出土的望柱座石和池壁石板等次流纹斑岩中的长石斑晶已风化成高岭石，其中的暗色矿物斑晶也已风化，仅保留原暗色矿物的晶形。曲流石渠渠底暗绿色流纹斑岩砾石的风化层较厚，但主要为颜色的变化，可能是其中的铁质转化为三价铁的形式，矿物没有发生明显的改变。风化部分的岩石也较为致密。灰黑色安山玢岩、流纹斑岩砾石抗风化能力很强，风化仅限于表面很薄的一层（1~2毫米）。

可见，南越宫苑遗址建筑石构件岩石类型不同，抗风化的能力也不同。上述几种岩石的抗风化能力强弱程度为：灰黑色安山玢岩、流纹斑岩砾石＞暗绿色流纹斑岩砾石＞黄白色次流纹斑岩＞紫红色中、粗粒砂岩、含砾砂岩。应开展对黄白色次流纹斑岩和紫红色粗粒砂岩、含砾砂岩的保护研究，由于广州市有不少的文物与紫红色砂岩、含砾砂岩有关，如越秀山明代古城墙（已发生风化，部分已脱落）、五仙观的建筑物等等，开展对浅紫红色砂岩、含砾砂岩的保护研究，不仅对保护南越宫苑遗址建筑石构件有意义，而且，对保护越秀山明代古城墙等文物也是有意义的。

三　南越宫苑遗址建筑石构件的产地鉴定

1. 紫红色砂岩

南越宫苑遗址位于三水红色断陷盆地的东北角，离广东省其他的红色盆地相距甚远，因此，紫红色的红盆砂岩来源于三水红色盆地应该不会有问题。但是，这种中、新生代红色岩系在广东三水断陷盆地的番禺莲花山和广州老城区及其他地方都广泛出露，而且，岩石特征类似，这就给产地的鉴定带来困难。本次研究工作从以下几个方面进行了分析。

（1）番禺莲花山

莲花山离南越宫苑遗址30多千米，是一个古采石场遗址。以紫红色、浅紫红色长石石英砂岩、含砾砂岩为主，夹有灰白色、灰红色长石石英砂岩、杂砂岩。南越宫苑遗址建筑石构件中的紫红色砂岩、含砾砂岩与莲花山紫红色、浅紫红色长石石英砂岩、含砾砂岩相似。但是，从现有的资料看来，南越宫苑遗址建筑石构件中的紫红色砂岩、含砾砂岩来自莲花山的可能性不大，理由如下：

① 莲花山紫红色长石石英砂岩、含砾砂岩分选较差，颗粒大小不一，相差十分悬殊（图版一二一，1）。磨圆度较差，碎屑呈棱角状或次棱角状（图版一二一，2）。而且，碎屑成分复杂。而南越宫苑遗址的红色岩系分选较好，粒度较为一致，碎屑呈次圆状（图版一二二，1）。

② 莲花山紫红色长石石英砂岩、含砾砂岩中的胶结物以碳酸盐为主，岩石中碳酸盐含量较高。

南越宫苑遗址紫红色砂岩、含砾砂岩中没有发现大量的碳酸盐胶结物，虽然可以解释为后者在风化过程中碳酸盐胶结物的溶解和流失，但这种情况会使岩石结构发生较大变化，可能性不大。

③ 广州老城区就广泛出露白垩系、第三系红色岩系，如省汽车站、三元里、广州百货大厦、麓湖公园、五仙观、横枝岗、中山大学等等，古代人没有必要用船去莲花山运建筑材料。

（2）广州老城区

广州市老城区除越秀山有侏罗系砂页岩，三元里、景泰坑一带有二叠、石炭系灰岩，飞鹅岭分布有侵入于侏罗纪砂页岩中的浅成—超浅成侵入岩外，其余地段都是中新生代的红色岩系。在南越国时期，广州市区至少存在三座山。这些由紫红色砂岩、含砾砂岩组成的山岗，可以为广州的古建筑提供建筑材料。

① 笔者曾对南越宫苑遗址及周边古地理与古地貌环境进行详细的考察。据以往的资料，广州大厦东面与原儿童公园北围墙相邻处，有高出越华路路面大约2米成片裸露的红砂岩层（1995），缺乏风化壳。说明该处曾被凿平过，原来的地势比现在更高。即使是被凿平过，但现在该处及其邻近地区地势也比中山四路高出9米。说明南越宫苑遗址后面原来应该是一个高地。该高地可能是沿着南越宫苑遗址后面、广东省财政厅、广大路、市公安局一带构成一个北东向的山岗。根据对广州大厦东边的瑞安工地和邻近的几个工地的考察，此山由红色岩系组成，岩性主要为紫红色中、粗粒砂岩、含砾砂岩。根据从瑞安工地采回的10余块标本磨制薄片观察，其岩石特征与南越宫苑遗址的紫红色粗粒砂岩、含砾砂岩一致，都含有一定数量的白云母，石英的粒度和磨圆度一致（图版一二二，2）。它们的不同主要表现在南越宫苑遗址的粗粒砂岩、含砾砂岩一般为风化后的红褐色，而遗址后面的新鲜岩石为紫红色。南越宫苑遗址的粗粒砂岩、含砾砂岩中的长石多数已高岭土化，而遗址后面岩石有可见聚片双晶或格子双晶的长石。它们之间的差别明显是因为南越宫苑遗址的紫红色岩石在其被利用为建筑材料后经历了风化作用造成的。因此，南越宫苑遗址的紫红色中、粗粒砂岩、含砾砂岩是从其后山开采来的。

② 遗址南面的文德北路孙中山文献馆内的禹山亭，建在紫红色砂岩小丘上。其西邻的青年文化宫也是一片高坡地，比北京路面高逾2米，广州百货大厦挖了1.8米就挖到红砂岩基岩，附近的名盛广场工地也挖到紫红色岩石，说明由禹山亭到广州百货大厦之间为一红砂岩山岗，在南汉时才削平的。此山的红色岩系的粒度相对较细。主要为紫红色、猪肝色粉砂质泥岩，夹粉砂岩。此山与遗址后面的山之间，即中山五路与北京路交界两个转角位置，新大新百货公司及其以南的原永跃眼镜店，马路面下5米是灰黑色淤泥层（1975）[①]。中山五路路边正在拆建的工地未见红色岩系出露，也见灰黑色淤泥层。所以在两山之间应是一条河流，这条河流沿药洲方向通往当时宽2千米的珠江。河水应该是向西南方向流动的。此河流应是北东向的断裂发展而来。南越宫苑遗址是一座依山傍水的建筑物。南越宫苑遗址建筑材料不太可能是由其南边的山岗开采来的。因为如果南越工匠从现在的广百附近开采建筑材料，就必须越过河流，这样运输是比较困难的。而且，遗址的红色岩系粒度较粗，与广州百货大厦及名盛广场工地的紫红色、猪肝色粉砂质泥岩、粉砂岩明显不同。

③ 五仙观的坡山也出露有红色岩系，坡山古渡建筑物也较多地使用红色岩系作为建筑材料。坡山的紫红色砂岩、含砾砂岩的特征与南越宫苑遗址后山的红色岩系基本一致。由于运输路途较

---

① 黄少敏：《两千多年前广州古城区有过半岛和河汊吗——与<广州秦汉考古三大发现>作者商榷》，《热带地理》，2002年第22卷第2期。

远，南越工匠从坡山开采石料的可能性也不大。

④ 此外，经对比，省汽车站及麓湖东边的小山岗，以及中山大学、赤岗、石溪的中、新生代的红色岩系与南越宫苑遗址的紫红色砂岩、含砾砂岩都有一定的差别。

2. 南越宫苑曲流石渠渠底砾石产地

南越宫苑曲流石渠渠底砾石的安山玢岩、流纹斑岩可在增城市派潭镇背阴村附近的派潭河上游和东洞村一带找到极为相似的砾石，该地点这两种岩石的基本特征为：（1）灰黑色安山玢岩砾石：斑状结构，致密块状，十分坚硬。岩石斑晶由斜长石（15%~25%）和少量石英组成，斑晶粒度5~10毫米之间，斑晶矿物一般呈板状。基质含量60%~80%。主要由微粒状的长英质或玻璃质组成。砾石呈次棱角状。砾石大小不一，大的直径可达数十厘米，一般的直径在20~30厘米。（2）灰黑、暗绿色流纹斑岩砾石：风化后呈浅红、黄白色，坚硬，致密块状。斑状结构，斑晶由条纹长石和石英组成。斑晶粒度0.5~2毫米之间，少数可达4毫米。斑晶矿物自形程度较好。基质含量在70%~75%之间。砾石呈次棱角状。砾石来源于分布在从化、增城大尖山、黄麞章、石灶一带的主要岩石为流纹斑岩及安山玢岩的火山岩建造（图一五三），该火山岩建造总厚度大于675米。呈岩被状产出。大致以15°~25°的倾角向南西方向平缓倾斜。出露面积64千米。下部以灰黑色块状安山玢岩为主，夹安山质熔角砾岩及凝灰岩。厚度大于275米。上部以致密块状凝灰质流纹斑岩为主，夹角砾凝灰流纹斑岩，局部夹厚20~30米的黑色泥质粉砂岩及细砂岩，厚度大于400米。根据百公营及三峡田附近出露的剖面自上而下为[1]：

上覆第四系

上段

⑦灰黑、暗绿色致密块状凝灰质流纹斑岩，夹角砾凝灰流纹斑岩，局部夹厚20~30米的黑色泥质粉砂岩及细砂岩。

上段厚度大于400米

下段

⑥灰黑色块状安山玢岩   厚55米

⑤灰黑色角砾状安山玢岩   厚35米

④灰黑色巨厚层状安山质熔角砾岩   厚25米

③灰黑色块状安山玢岩   厚60米

②灰黑色块状安山玢岩夹一层厚15~20厘米紫红色泥质凝灰岩石   厚80米

①灰黑色巨厚层状凝灰质角砾岩   厚15~25米

下段厚度大于275米

剖面总厚度大于675米

平缓的角度喷发不整合

下伏粉砂岩、页岩及砂砾岩互层。

南越宫苑曲流石渠渠底的安山玢岩、流纹斑岩砾石无论在颜色、矿物成分，以及结构构造都与增城市派潭镇背阴村附近的派潭河上游和东洞村一带的砾石十分接近，它们之间的不同只是磨圆度的不同，前者为圆状，后者为次棱角状。由于磨圆度与砾石的搬运距离有关，圆状砾石经历

---

① 广东省地质局：《从化幅1：20万区域地质矿产调查报告》，1969年。

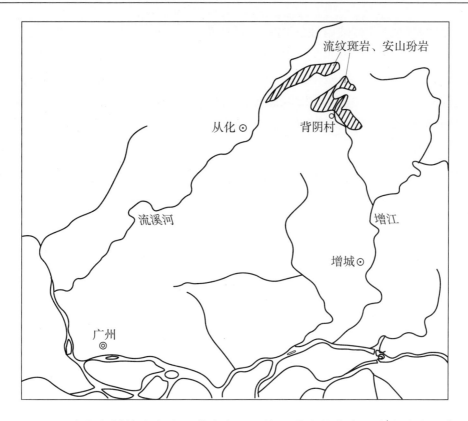

图一五三　从化和增城大尖山、黄蘗章、石灶一带流纹斑岩、安山玢岩分布图
（据广东省地矿局 1/500000 地质图略为修改）

了很长距离的搬运。次棱角状砾石仅经历了短距离的搬运。因此，派潭镇背阴村附近的派潭河上游和东洞村一带的砾石经过远距离的水流搬运，其特征将会与南越宫苑曲流石渠渠底的安山玢岩、流纹斑岩砾石一致。派潭河是增江上游的支流，增城市派潭镇背阴村附近的派潭河上游和东洞村一带的安山玢岩、流纹斑岩砾石可通过增江进行远距离的搬运。然而，背阴村附近派潭河的安山玢岩、流纹斑岩砾石只沿派潭河分布数千米，在增城附近的增江中没有看到安山玢岩、流纹斑岩砾石。另外，笔者在从化街口—温泉之间冲口附近流溪河（离背阴村 18 千米）中的砾石中也没有发现安山玢岩、流纹斑岩砾石，但附近陆地有流纹斑岩岩石出露。也许，两千多年前的水动力情况与现在不同，古代的河流水的流速很快，它有能力把砾石搬运到更远的距离。这样，砾石在搬运过程中被磨圆，而且，离广州的距离也更近了。因而可以较为肯定地推测：南越宫苑曲流石渠渠底的安山玢岩、流纹斑岩砾石是来自流溪河或增江。它们来源于从化、增城大尖山、黄蘗章、石灶一带的主要岩石为流纹斑岩及安山玢岩的火山岩建造。当然，来自流溪河的可能性就会比来自增江大，推测遗址的这些砾石是南越工匠在街口镇至太平镇一带的流溪河捡来的。

　　南越宫苑曲流石渠渠底砾石与增城市派潭镇背阴村河流砾石岩石特征非常接近（表二〇）。总结如下：

　　（1）曲流石渠渠底砾石出现安山玢岩、流纹斑岩两种岩石组合，而增城市派潭镇背阴村河流砾石也出现这两种岩石组合。

　　（2）两地的安山玢岩、流纹斑岩颜色和风化后的颜色一致，结构构造相同。

　　（3）两地的安山玢岩、流纹斑岩的斑晶都是由石英、条纹长石和发育环带构造的斜长石组成。

斑晶矿物自形程度较好，常有被熔蚀的现象，斜长石多数被碳酸盐矿物沿解理交代。

（4）两地的灰黑色安山玢岩、灰红色流纹斑岩基质都由微粒状的长英质或玻璃质组成。

（5）曲流石渠渠底砾石和增城市派潭镇背阴村河流砾石的大小和磨圆度显现不同，曲流石渠渠底砾石大小较一致，呈圆状。增城市派潭镇背阴村河流砾石的大小不一，磨圆度差，呈次棱角状。反映它们的流水搬运距离是不同的。

3. 次火山岩产地

南越宫苑遗址的次火山岩在岩石特征上类似。它们的不同主要表现在斑晶和暗色矿物含量的不同，因此，可以推测，它们来自同一次火山岩岩体。它们斑晶和暗色矿物含量的不同，主要是因为取于岩体的不同部位，而岩体的不同部位斑晶和暗色矿物含量是不同。广州市区及周边地区都有类似的次火山岩或火山岩岩体分布（表二一）。

（1）广州市河南漱珠岗

广州市河南漱珠岗出露浅灰色，半风化呈紫红色、灰红色的次流纹斑岩，呈北东向展布，三水组红色砂砾岩不整合覆盖其上[①]。分布面积大于0.8千米。在露头中部分见有酷似层理平直的流纹构造。岩石坚硬，基本未风化。斑晶由斜长石（5%~8%）、钾长石（8%~15%）、石英（10%~15%）、黑云母（5%）、角闪石（2%）组成，含微量榍石、锆石、磷灰石。其中石英呈六方双锥状，大小在0.5%~4%。钾长石厚板状，卡氏双晶发育。基质为霏细质或长英质微粒。

南越宫苑遗址次流纹斑岩含黑云母或白云母（可由黑云母风化形成）普遍较低，仅N05样品较高，而且，石英斑晶的含量也较低，与漱珠岗出露的次英安流纹斑岩明显不同（表二二），可见南越宫苑遗址岩石来源于广州市河南漱珠岗的可能性不大。但其平直的流纹构造及矿物特征总体类似，推测南越宫苑遗址流纹斑岩与漱珠岗出露的次英安流纹斑岩同一期次，但属于不同的岩体。

（2）广州市飞鹅岭（雕塑公园及科技中心一带）

飞鹅岭分布有侵入于侏罗纪砂页岩中的浅成一超浅成侵入岩[②]，主要的岩石类型为灰白色、灰黄色次石英斑岩、次流纹斑岩、次花岗斑岩、霏细岩。呈岩墙、岩床产出，发育后期挤压片理。岩石已半风化。飞鹅岭岩石中的石英斑晶含量较高，与南越宫苑遗址次流纹斑岩稀少的石英斑晶有所不同。

（3）三水市走马营、黎边山

这一带分布有数个很有规模的采石场，据当地人反映，清代就已有人开采。主要的岩石类型有紫红色、深紫灰色粗面岩、石英粗面岩，以及灰黑色玄武岩等。主要开采石料为灰黑色玄武岩和紫红色、深紫灰色粗面岩。从岩石类型来看，南越宫苑遗址次流纹斑岩与这里的岩石是有较大差别的。

（4）南海市西樵山

西樵山位于三水盆地的南缘。是一个复合的火山锥。主要的岩石类型有紫红色、浅灰色、灰色的粗面岩，灰白色、青灰色粗面斑岩（斑晶以透长石为主），灰色、灰紫色粗面质火山集块岩，灰色、灰紫色火山角砾岩，灰色、灰绿色、灰紫色粗面质凝灰岩。南越宫苑遗址次流纹斑岩的颜

---

① 陈绍前：《广州地区火山岩基本特征》，《广东地质》，第16~26页，1991年第6卷第2期。广东省地质科学研究所：《广州幅1∶5万地质图——基岩地质图说明》，1989年。

② 朱照宇：《南越王墓建筑石料及其产地的鉴定研究》，《西汉南越王墓》，第499~511页，文物出版社，1991年。

表二一　广州市区及周边地区火山活动特征

活动期	时代	活动阶段	喷发次数	厚度（m）	层位	主要岩性	分布	岩相类型
喜马拉雅期	早第三纪	IX		>1000		粗面岩,粗面质火山角砾岩,粗面质凝灰岩,粗面斑岩等	西樵山,走马营,黎边山,狮岭,驿岗一带地表	爆发相,火山通道相,喷溢相
		VIII	1	0~75.76	E_2h^3	次碱性橄榄玄武岩,碧玄岩,玄武质角砾岩,含集块角烁岩,凝灰角砾岩	王借岗,隔岗,涌头等地表	火山通道相,爆发相的崩落亚相
		VII	9	0~>60	E_2h^2	粗面质凝灰岩,角砾凝灰岩,凝灰质泥岩局部夹石英粗面岩	黄洞一百泥坑一带地表	喷发—沉积相,爆发相及喷溢相
		VI	11	0~42.5	E_2h^1	玄武质玻屑凝灰岩,玻屑沉凝灰岩,凝灰质砂岩	ZK516（水深4）	爆发相,喷发—沉积相
		V	1	0~11.5	E_2by^1	流纹质凝灰质泥岩	官窑大揽ZK320（水深22）	喷发—沉积相
		IV	2	1.4~14.18	E_2b^2	碧玄岩,玄武质晶屑凝灰岩,凝灰质泥岩	ZK361、478（水4）、508、562及水深38等5个钻孔	喷溢相,爆发相,喷发—沉积相
		III	1		E_2b^1	次流纹斑岩	广州河南漱珠岗	潜火山相
燕山晚期	晚白垩纪	II	2	17.61~55.5	K_2d	橄榄拉斑玄武岩,局部见安山岩,安山质凝灰岩	石围塘一带钻孔	喷溢相,爆发相
海西期	晚二叠	I	1	1.81	P_ssh	岩屑（或晶屑）流纹质（?）凝灰岩	广州北郊区加禾一带	喷发相

注：此表主要据陈绍前资料（1991），略有修改。

表二二　广州市南越宫苑遗址与河南漱珠岗次火山岩岩石特征对比

产地	南越宫苑遗址			广州市河南漱珠岗
	曲流石渠渠壁方石	蓄池池壁石板	望柱座石	
样品编号	N05	N02	N01	HN01
岩石类型	次流纹斑岩	次流纹斑岩	次流纹斑岩	次流纹斑岩
颜色	风化后呈黄褐色	风化后呈浅红色	风化后呈灰白色	浅灰色,半风化呈浅紫红色
结构构造	斑状结构,平直的流纹构造	斑状结构,平直的流纹构造	斑状结构,平直的流纹构造	斑状结构,较平直的流纹构造
斑晶	由石英（10%）、长石（8%）和暗色矿物（15%）组成	由石英、长石、暗色矿物和少量白云母（1%）组成	石英（5%）、长石（8%）和暗色矿物（可能为角山石,5%）	斜长石（15%）、条纹长石（10%）、石英（15%）、黑云母、角闪石（7%）
基质	霏细状长英质微粒	霏细状长英质微粒	霏细状长英质微粒（85%）	霏细状长英质微粒,含量55%~75%
副矿物	锆石、磷灰石、氧化铁质	锆石、氧化铁质	锆石、氧化铁质	榍石、锆石、磷灰石、磁铁矿
其他	局部含球粒			普遍有碳酸盐化

色、矿物成分，以及结构都与西樵山的岩石特征有较大的差别，因而南越宫苑遗址建筑石构件的产地不可能是西樵山。

从以上分析可见，其实在现代的广州市及其邻近地区，并没有发现与南越宫苑遗址次流纹斑岩十分接近的岩石，广州市河南漱珠岗次流纹斑岩也只不过是相似而已。但是，从广州市及其邻近地区的地质情况看来，这种次流纹斑岩是产出于三水盆地内，最有可能是产出于广州市区，由于它近于水平的流纹构造适合于做建筑材料但分布面积有限，可能是在古代就已开采完，我们现在已难以找到它的踪迹了。

通过对南越宫苑遗址的主要岩石类型产地的鉴定，我们可以知道，南越宫苑遗址的建筑材料是来自广州市区或其东北部。因此对这些石料的运输工具不应该是船。

四 南越宫苑遗址建筑石构件地球化学

1. K–Ar 年龄

送做 K–Ar 年龄的样品的处理方法是：N01 望柱座石次流纹斑岩样品是去掉风化较强烈的部分，选取中间风化较弱部分，N07 石渠英安流纹斑岩砾石去掉风化表层，选取中间没有风化部分。两个样品粉碎至 40~60 目。K–Ar 年龄测定结果见（表二三），N01 望柱座石次流纹斑岩样品的测定

表二三   南越宫苑遗址主要建筑石构件 K–Ar 年龄测定结果

样号	地点	岩性	K(%)	^{40}Ar(10^{-6})	^{40}Ar/^{40}K	年龄（Ma）
N01	望柱座石	黄白色次流纹斑岩	3.845	0.01259	0.002744	46.6
N07	石渠砾石	英安流纹斑岩砾石	3.970	0.02512	0.005304	89.1

注：由中国地质调查局同位素地球化学开放研究实验室分析。

结果为 46.6Ma（百万年）。朱炳泉等报导，三水盆地火山活动时间为 38~64Ma。其中佛山大富最上部黑色致密玄武岩 K–Ar 年龄 38.0Ma，三水—佛山公路北玄武岩下部英安岩为 55.8Ma[1]。潘维祖报导，广州市河南漱珠岗次流纹斑岩的同位素年龄为 53Ma，西樵山粗面岩的透长石 K–Ar 年龄为 45~51Ma[2]。可见，望柱座石次流纹斑岩 K–Ar 年龄是在三水盆地火山活动时间范围（38~64Ma）内，与广州市河南漱珠岗次流纹斑岩的同位素年龄差别不大。反映望柱座石次流纹斑岩来源于三水盆地，它很可能是与河南漱珠岗次流纹斑岩为同一期的产物，与西樵山粗面岩的成岩年龄也接近。石渠流纹斑岩砾石 K–Ar 年龄为 89.1Ma。流纹斑岩砾石的成岩年龄是在三水盆地火山活动时间之外，至少可说明流纹斑岩是分布在三水盆地之外的。与上述分析一致，从化、增城的大尖山、黄蘗章及石灶位于三水盆地之外。然而，由于经费所限，未能分析增城市派潭镇背阴村河流砾石的 K–Ar 年龄。根据广东省地矿局从化幅 1：20 万区域地质调查报告（1969 年）[3]，分布于大尖山、黄蘗章

① Zhu B Q, Wang H F. Geochronology and Nd Sr Pb isotopic evidences for mantle source in the ancient subduction zone beneath Sashui Basin, Guandong Province, China. Chinese J. Geochemistry, 1989, 8（1）：65~71；朱炳泉、常向阳、胡跃国等：《56 M a：华南岩石圈伸展和南海张开的重要转折时间》，《矿物岩石地球化学通报》2001 年第 20 第 4 期，第 251~252 页；朱炳泉、王慧芬、陈毓蔚等：《新生代华夏岩石圈减薄与东亚边缘海盆构造演化的年代学与地球化学制约研究》，《地球化学》2002 年第 31 卷第 3 期，第 213~221 页。
② 潘维祖：《再论广东岩浆岩的时代》，《广东地质科技》。
③ 广东省地质局：《从化幅 1：20 万区域地质矿产调查报告书》，1969 年。

及石灶一带的流纹斑岩及安山玢岩形成时代为中～上侏罗统，依据是上部的流纹斑岩被细粒的花岗岩侵入，而细粒花岗岩被认为是燕山三期的，但这也没有同位素年龄证实，它的成岩年龄可能是白垩纪的，可能和石渠英安流纹斑岩砾石的成岩年龄一致，这当然还可能通过进一步工作验证。

2. 岩石化学特征

南越宫苑遗址主要建筑石构件有以下特征（表二四）：

表二四　南越宫苑遗址主要建筑石构件化学成分及与周边相关岩石化学成分（%）对比

样号	产地	岩石类型	SiO_2	Al_2O_3	Fe_2O_3	FeO	CaO	MgO	K_2O	Na_2O	TiO_2	P_2O_5	MnO	烧失量	总量
N01	南越宫苑遗址	次流纹斑岩	80.84	10.5	0.47	0.14	0.36	0.23	4.29	0.15	0.04	0.04	0.008	2.94	100.008
N03	南越宫苑遗址	长石石英砂岩	89.9	3.54	0.98	1.87	0.4	0.2	0.78	0.06	0.08	0.13	0.055	1.06	99.055
N07	南越宫苑遗址	流纹斑岩砾石	73.16	13.21	1.16	1.19	0.91	0.21	4.81	3.42	0.13	0.04	0.087	1.66	99.987
cb03	增城市背阴村	安山玢岩砾石	60.96	16.19	4.61	2.25	4.98	1.78	2.98	2.68	0.82	0.26	0.111	1.5	99.121
3399	黄曩嶂附近	流纹斑岩	73.88	14.07	1.71	0.96	0.23	0.08	5.22	2.73	0.25		0.07		99.2
硅-12	河南漱珠岗	次流纹斑岩	70.69	13.99	2.73	1.01	0.46	0.51	4.69	3.01	0.4	0.17	0.03	2.1	99.79
101-1	河南漱珠岗	次流纹斑岩	71.33	14.06	3.6	0.46	0.38	0.51	5.8	2.04	0.38	0.14	0.04	2.11	100.85
GD17	飞鹅岭	霏细岩	70.56	15.48	1.94	1.27	0.2	1.06	5.07	0.08	0.79	0.22	0.01	3.36	100.04
EGD10	广州大厦东	长石砂岩	60.96	16.19	4.61	2.25	4.98	1.78	2.98	2.68	0.82	0.26	0.111	1.5	99.121
2044	王借岗	次碱性橄榄玄武岩	46.88	16.14	3.55	7.11	8.32	6.90	1.47	3.68	2.50	1.00	0.20	2.44	99.99

注：硅-12、101-1和2044样品据陈绍前，1991。3399样据广东省地质局1：200000从化幅区域地质矿产调查报告书，1969。其余为本次工作分析资料，由中国地质调查局宜昌地质矿产研究所采用湿化学方法分析。

（1）南越宫苑遗址N01次流纹斑岩样品SiO_2和K_2O偏高，SiO_2和K_2O分别为80.84%、4.29%，K_2O大于Na_2O，Na_2O/K_2O为0.035，Al_2O_3为10.5%。在全碱-SiO_2图上落入流纹岩范围。与广州市河南漱珠岗次流纹斑岩比较，南越宫苑遗址N01次流纹斑岩样品SiO_2偏高，CaO、Na_2O偏低，K_2O含量接近。河南漱珠岗两个次流纹斑岩样品SiO_2含量是70.69%、71.33%，Al_2O_3为13.99%、14.06%，K_2O为4.69%、5.8%。与飞鹅岭霏细岩比较，南越国宫苑遗址N01次流纹斑岩样品SiO_2偏高，Al_2O_3偏低，飞鹅岭霏细岩样品SiO_2为70.56%，Al_2O_3为15.48%。

（2）南越宫苑遗址N07曲流石渠砾石样品在全碱-SiO_2图上落入流纹岩的范围，背阴村安山玢岩砾石落入安山岩的范围。南越宫苑遗址N07曲流石渠砾石样品K_2O大于Na_2O，Na_2O/K_2O为0.711。在K_2O-SiO_2图解上落入高K钙碱性系列。它与黄曩嶂附近流纹斑岩的化学成分基本一致，如前者和后者的SiO_2分别为73.16%、73.88%，Na_2O分别为3.42%、2.73%，K_2O分别为4.81%、5.22%，FeO分别为1.19%、0.96%，反映前者来源于后者。与背阴村安山玢岩砾石比较，背阴村安山玢岩砾石SiO_2、Na_2O、K_2O较低，而Al_2O_3、CaO、MgO较高，这主要是岩石类型的不同造成的。

（3）南越宫苑遗址长石石英砂岩N03化学成分以SiO_2为主（89.9%），含有少量的Al_2O_3、Fe_2O_3、FeO和K_2O等，CaO、Na_2O的含量较低。广州大厦东长石砂岩SiO_2含量较低（60.96%），Al_2O_3、CaO、Na_2O含量较高，这是因为其长石含量较高。

3. 稀土元素和微量元素特征

南越宫苑遗址主要建筑石构件微量元素具有如下特征（表二五）：

表二五 南越宫苑遗址主要建筑石构件及与周边相关岩石微量元素含量（× 10⁻⁶）

样号	N01	N03	N07	Cb03	EGD10	GD17
Li	69.490	47.083	6.926	15.124	34.286	100.421
Sc		2.811	5.773	17.17	4.641	16.423
V	2.994	25.094	14.667	139.402	36.538	105.346
Cr	9.855	27.766	18.474	10.51	30.659	250.982
Co	0.746	32.219	1.098	14.525	3.693	5.594
Ni	3.936	72.372	9.142	3.695	29.199	32.796
Cu	17.026	34.428	22.389	22.636	24.867	27.320
Zn	76.006	183.230	58.715	109.253	40.709	90.502
Ga	30.948	4.182	14.689	18.746	11.173	21.6
Ge	2.562	2.042	1.717	1.499	1.717	2.748
As	13.875	26.304	10.222	9.798	18.599	17.113
Rb	292.066	47.688	213.145	113.652	148.021	303.03
Sr	20.617	24.634	64.221	323.699	73.108	75.01
Y	112.692	19.007	37.094	33.011	23.422	52.702
Zr	181.38	58.634	177.285	216.093	202.777	561.339
Nb	128.601	2.447	22.173	12.847	7.093	47.45
Mo	0.351	3.378	1.794	2.455	1.526	1.174
Ag	1.145	0.238	0.226	0.137	0.132	0.453
Cd	0.922	0.689	0.278	0.162	0.196	0.542
In	0.169	0.025	0.071	0.072	0.036	0.1
Sn	24.287	1.808	4.774	2.156	2.267	9.02
Sb	3.165	5.504	6.541	1.817	3.105	6.008
Cs	2.596	2.713	5.242	2.208	7.931	20.288
Ba	100.265	120.656	170.923	591.776	474.429	1725.752
La	34.610	16.555	55.286	36.698	31.835	161.151
Ce	24.789	29.265	107.146	69.532	59.009	363.526
Pr	8.443	3.687	12.413	8.359	7.323	45.244
Nd	27.784	16.298	45.715	33.006	28.404	168.478
Sm	6.839	3.819	8.216	6.476	4.996	23.881
Eu	0.087	0.724	0.365	1.786	0.907	4.245
Gd	6.940	3.969	7.047	6.522	4.473	16.497
Tb	1.724	0.628	1.161	1.031	0.704	2.029
Dy	12.935	3.575	6.699	5.823	3.844	9.469
Ho	3.298	0.738	1.456	1.387	0.844	1.884
Er	10.584	1.931	4.144	3.617	2.334	4.816

续表二五

样号	N01	N03	N07	Cb03	EGD10	GD17
Tm	1.868	0.258	0.567	0.509	0.333	0.642
Yb	13.437	1.701	4.251	3.53	2.244	3.989
Lu	1.927	0.234	0.633	0.511	0.331	0.548
Hf	11.762	1.667	5.952	5.692	5.83	16.619
Ta	16.615	0.322	2.054	0.942	0.693	3.382
W	2.322	4.142	2.977	1.147	1.944	14.831
Tl	3.763	0.581	1.066	0.492	0.799	1.960
Pb	18.349	56.014	28.499	20.766	34.551	118.775
Bi	0.447	0.132	0.14	0.436	0.519	0.543
Th	40.113	5.104	28.542	9.411	15.179	73.758
U	6.158	33.622	6.559	2.135	2.672	16.115
$(La/Sm)_N$	3.183	2.727	4.233	3.565	4.008	4.245
$(Gd/Yb)_N$	0.417	1.883	1.338	1.491	1.609	3.337
δCe	0.339	0.866	0.947	0.921	0.898	1.010
δEu	0.038	0.564	0.143	0.832	0.575	0.620
L/H	1.946	5.397	8.827	6.797	8.769	19.224
LREE	102.552	70.348	229.140	155.857	132.474	766.524
HREE	52.711	13.034	25.958	22.929	15.107	39.874
ΣREE	155.263	83.381	255.098	178.786	147.581	806.398

注：本次研究工作资料，由中国科学院地球化学研究所采用 ICP–MS 方法分析。

（1）南越宫苑遗址紫红色砂岩以稀土总量低为特征，ΣREE 为 83.381×10^{-6}，其中 LREE：70.348×10^{-6}，HREE：13.034×10^{-6}，由于石英中的稀土总量往往较低[1]，南越宫苑遗址紫红色砂岩较低的稀土总量可能是由于稀土元素主要是来源于石英。Ce 具有较弱的负异常，δCe 为 0.866，Eu 亏损明显，δEu 为 0.564，在球粒陨石标准化配分模式图（图一五四）上为轻稀土富集型右倾曲线。LREE/HREE：6.77~8.25，平均 7.60，（La/Yb）N：7.89~20.75，平均 13.59。轻、重稀土分异程度没有明显差别，（La/Sm）N：2.42~3.17，平均 2.87，（Gd/Yb）N：1.40~3.26，平均 2.41。南越宫苑遗址和广州大厦东边儿童公园北的瑞安工地的紫红色砂岩的稀土配分模式十分相似，瑞安工地的紫红色砂岩的稀土配分模式也为轻稀土富集型右倾曲线。Ce 和 Eu 亏损程度与南越宫苑遗址紫红色砂岩几乎一致，δCe 分别是 0.866 和 0.898，δEu 分别是 0.564 和 0.575。这表明它们物质来源的一致。它们之间的主要的差别是在稀土总量，这种差别可能只是反映了南越宫苑遗址紫红色砂岩矿物成分以石英为主，而瑞安工地的紫红色砂岩含有较多的长石，因而，稀土总量特征

---

[1] 王中刚、于学元、赵振华等《稀土元素地球化学》，科学出版社，1989 年；Cao Jianjin. Ree Geochemistry of Dongtian Gold Deposit in Western Guangdong. Journal of Rare Earths, 2003, 21（4）: 484~488。

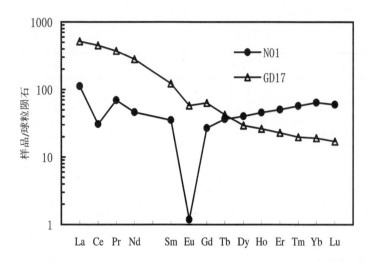

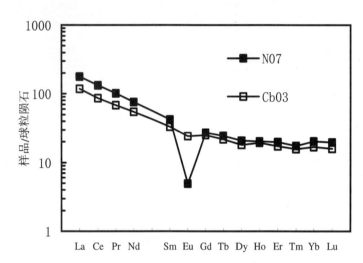

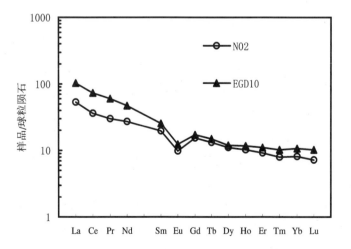

图一五四　南越宫苑遗址主要建筑石构件及与周边相关
岩石稀土元素配分模式

表明南越宫苑遗址紫红色砂岩是就地取材而来。

（2）南越宫苑遗址 N07 曲流石渠流纹斑岩砾石 ΣREE 为 255.098×10^{-6}，其中 LREE：229.140×10^{-6}，HREE：25.958×10^{-6}，在球粒陨石标准化配分模式图上为轻稀土富集型右倾曲线。背阴村安山玢岩砾石在球粒陨石标准化配分模式图上也为轻稀土富集型右倾曲线，南越宫苑遗址 N07 曲流石渠流纹斑岩砾石和背阴村安山玢岩砾石 L/H、ΣREE、LREE、$(La/Sm)_N$ 相近，并且是前者弱大于后者，ΣREE 分别为 255.098、178.786，L/H 和分别为 8.827、6.797，LREE 分别为 229.140、155.857，$(La/Sm)_N$ 分别为 4.233、3.565。这些特征表明两者来源于相同的岩浆源，因为前者为安山玢岩，后者为流纹斑岩，这些特征值前者弱大于后者是符合岩浆结晶分异趋势，因而是岩浆结晶分异的结果。两者差别较大的是 δEu，分别是 0.143、0.832，这是由于 Eu 通常富集于斜长石中，安山玢岩含较多的斜长石，使 δEu 值较流纹斑岩高。因此，南越宫苑遗址 N07 曲流石渠流纹斑岩砾石和背阴村安山玢岩砾石来源于相同的岩浆源。在以 MORB 标准化的微量元素蜘蛛图上，南越宫苑遗址 N07 曲流石渠流纹斑岩砾石和背阴村安山玢岩砾石同样显示相同的演化趋势。Nb、Ta、P、Ba、Ti 与相邻元素相比亏损，而 K、Rb、Th、Ce 富集，两者的不同只不过是亏损和富集的程度不同，这从另一方面说明南越宫苑遗址 N07 曲流石渠流纹斑岩砾石和背阴村安山玢岩砾石都是来源于从化、增城的大尖山、黄麖章、石灶一带的主要岩石为流纹斑岩及安山玢岩的火山岩建造。

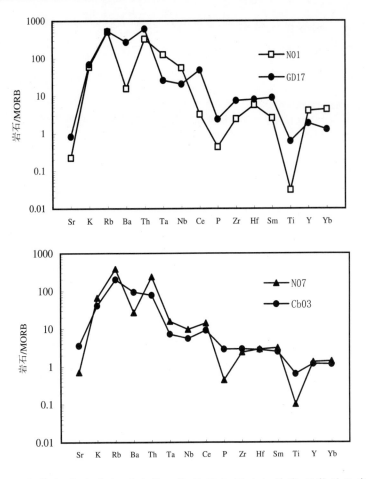

图一五五　南越宫苑遗址主要建筑石构件及与周边相关岩石微量元素蜘蛛图
（MORB 数据 Sun, S.S., McDonough, W.F., 1989[①]）

（3）南越宫苑遗址 N01 次流纹斑岩样品的稀土元素总量是 155.263×10^{-6}，LREE：102.553×10^{-6}，HREE：52.711×10^{-6}，L/H 是 1.946，以具有显著的 Eu 和 Ce 亏损为特征，δEu 和 δCe 分别是 0.038、0.339。从图中可见南越宫苑遗址 N01 次流纹斑岩样品与广州市飞鹅岭霏细岩稀土元素特征明显不同，后者稀土元素极为富集，Σ REE 达 806.398×10^{-6}，LREE 达 766.524×10^{-6}，HREE：39.874×10^{-6}，L/H 是 19.224，并且富大离子亲石元素 Ba（1725.752×10^{-6}，N01 次流纹斑岩样品的 Ba 含量为 100.265×10^{-6}），这些特征值非常显著的差别说明南越宫苑遗址 N01 次流纹斑岩的产地不可能是广州市飞鹅岭霏细岩。在微量元素蜘蛛图上，南越宫苑遗址 N01 次流纹斑岩样品的 P、Ba、Ti 与相邻元素相比亏损，它与飞鹅岭霏细岩微量元素特征的显著不同是后者 Nb、Ta 亏损，这说明了两者在成因方面的不同（图一五五）。

五　结论

1. 南越宫苑遗址建筑石构件的主要岩石类型有黄白色次流纹斑岩、紫红色中、粗粒长石石英

① Sun, S.S., McDonough, W.F. Chemical and isotopic systematics processes. In: Saunders，A.D., Norry, M.J.（Eds.），Magmatism in the Ocean Basins. Spec.Publ.–Geol. Soc., 1989, 42: 313~345。

砂岩、灰黑色安山玢岩、暗绿色流纹斑岩和黄白色石英岩等。

2. 南越宫苑遗址的建筑材料是古代人在附近地区开采来的。其中，紫红色中、粗粒砂岩、含砾砂岩取自遗址后面的山岗，曲流石渠底的安山玢岩、流纹斑岩砾石来自流溪河，次流纹斑岩可能来自广州市区。

3. 南越宫苑遗址是一个依山傍水的建筑物。后面的山岗呈北东向展布，遗址前面是一条向东南流入珠江的河流。

4. 遗址的建筑材料的抗风化能力强弱程度为：灰黑色安山玢岩砾石 > 暗绿色流纹斑岩砾石 > 次流纹斑岩 > 紫红色中、粗粒砂岩、含砾砂岩。紫红色中、粗粒砂岩、含砾砂岩和次流纹斑岩已有风化的迹象，应开展对文物的保护研究。

致谢：除南越王宫博物馆外，南海市博物馆、南海市西樵山风景区管理处、番禺莲花山旅游区管理处协助了本次研究的野外工作，在此向这些单位表示感谢。

第七节　南越宫苑曲流石渠火山岩砾石与从化背阴村火山岩地球化学对比研究※

一　前言

在前一项目《南越宫苑遗址建筑石构件的岩石特征及产地研究》工作基础上，围绕南越宫苑曲流石渠火山岩砾石产地问题对东莞樟木头、紫金好义和古竹和深圳沙头角等开展野外调研，最后确定对南越宫苑曲流石渠火山岩砾石和从化背阴村火山岩开展对比研究。因而，本项目的研究目标是：通过野外地质调查和一系列配套的岩石学、矿物学、地球化学研究，查明南越宫苑曲流石渠渠底火山岩砾石的岩石特征、主量元素、微量元素、同位素特征、成岩年龄等。并与从化背阴村火山岩进行地球化学对比研究，以分析南越宫苑曲流石渠火山岩砾石产地，根据此研究目标，拟定主要的研究内容是：南越宫苑曲流石渠渠底火山岩砾石系统的岩石学、矿物学和地球化学研究，包括曲流石渠渠底火山岩砾石成岩年龄，主要矿物、次要矿物、副矿物特征，结构构造，岩石所含角砾特征，岩石类型，以及主、微量元素和同位素成分特征等。对比南越宫苑曲流石渠渠底火山岩砾石与从化温泉背阴村一带中生代火山岩地球化学特征的一致性，分析两者在岩石成因和形成构造环境的异同。最后，提出曲流石渠渠底火山岩砾石具体的来源地点。

本项目研究自 2005 年 6 月开始工作，历经了一年多的时间（表二六）。

样品加工过程是首先将全岩样品进行表面清洗，选 1 千克左右新鲜未经风化的样品用鳄式破碎机将岩石破碎到<1 厘米大小的碎块，再用圆盘粉碎机细碎，磨至 200 目以下，在样品加工中特别注意保证样品避免相互污染现象的发生，做到每个样品加工前仔细清洗设备。年龄样品的碎样由国土资源部中南矿产和资源监督检测中心的同位素室完成。

在薄片观察的基础上，选择了蚀变最弱的 7 个样品进行了 K-Ar 全岩年龄测定。由于很难分选出

※　曹建劲：中山大学地球科学系；邸文：广东省地质调查院。

表二六　主要工作一览表

工作内容	单位	数量	完成单位	完成人
资料的收集整理	月	2	中山大学地球科学系	曹建劲、邸文
野外调研、样品采集	天	60	中山大学地球科学系	曹建劲、邸文
磨制薄片	件	27	中山大学地球科学系	黄彩英
岩石、矿物鉴定	件	27	中山大学地球科学系	曹建劲、邸文
样品粉碎	件	27	中山大学地球科学系	邸文
主量元素测试	件	18	国土资源部中南矿产和资源监督检测中心	岩矿室
微量元素测试	件	18	中科院贵阳地化所	冯家毅
K–Ar年龄测定	件	7	国土资源部中南矿产和资源监督检测中心	同位素室
Sr、Nd同位素测试	件	7	中科院广州地化所	梁细荣
编制各类图件	张	60	中山大学地球科学系	曹建劲、邸文
计算机机时	小时	1000	中山大学地球科学系	曹建劲、邸文

角闪石单矿物，本文仅对全岩样品进行了K–Ar年龄测定。本文样品的主量元素采用常规湿化学分析方法，利用平行样和国际标准样品进行数据质量监控，分析精度优于5%。微量元素和稀土元素利用ICP–MS等离子质谱进行测定，样品前处理过程简述如下：称50mg样品于不锈钢外套的密封样装置中，加入1ml HF，在电热板上蒸干以去掉大部分SiO_2，再加入1ml HF和0.5ml HNO_3，加盖，在烘箱中于200℃分解12小时以上，取出冷却后，于电热板上低温蒸至近干，加入1ml HNO_3再蒸干，重复一次。最后加入2ml HNO_3和5ml水，重新盖上盖，于130℃溶解残渣3小时，取出冷却后加入500ngRh内标溶液，转移至50ml离心管中，ICP–MS测定，检出限是以本实验所用氩气作为空白，连续测定10次的标准偏差3倍所对的浓度值。稀土元素以及Pb、Sr、Nb、Mo、Ba、Hf、Ta、W、Pd其检测限在0.01~0.08ug/g之间，灵敏度在1 ug/g时的每移计数在200~1500之间，V、Cr、Co、Ni、Cu、Zn等元素的检出限在1.2~7.4 ug/g，灵敏度在1 ug/g时的每移计数在200~700之间。具体分析过程见文献（Qi et al，2000），分析本文数据时所采用的国际标样包括GBPG–I和OU–6，并使用并行样和重复样对分析结果进行数据质量监控，大多数元素分析精度优于5%，Zr，Hf，Nb和Ta分析精度优于10%。

样品的Sr和Nd同位素分析均在中国科学院广州地球化学研究所同位素超净实验室完成，Sr和Nd同位素组成在Micromass Isoprobe型多接收器等离子体质谱（MC–ICPMS）上用静态接收模式测定，$^{87}Sr/^{86}Sr$和$^{143}Nd/^{144}Nd$比值分别用$^{86}Sr/^{88}Sr=0.1194$和$^{146}Nd/^{144}Nd=0.7219$校正，详细的分析方法见（梁细荣等，2003；韦刚健等，2002）。在本文样品的分析过程中，该仪器测定的国际标准NBS987的$^{87}Sr/^{86}Sr$比值为0.710243 ± 14（2）和日本同位素标准样品Shin Etsu JNdi–1的$^{143}Nd/^{144}Nd$比值为0512124 ± 11（2），$^{143}Nd/^{144}Nd$比值校正到Shin Etsu JNdi–1标准（=0.512125），相当于La Jolla标准（=0.511860），Nd同位素分析的全流程本底小于100pg。

二　南越宫苑曲流石渠火山岩砾石与从化背阴村火山岩地质特征

1.南越宫苑曲流石渠火山岩砾石

南越宫苑曲流石渠火山岩砾石主要有两种岩石类型：

（1）流纹斑岩砾石

灰黑色。风化后为浅红色、黄白色，致密块状，十分坚硬。发育由矿物粒度不同反映出来的流纹构造。斑状结构。斑晶占岩石的20%~35%，由石英、斜长石、条纹长石组成（图版一二三，1~6）。副矿物有磷灰石、锆石和磁铁矿。次生变化矿物有绢云母、方解石、绿帘石和绿泥石。石英斑晶自形程度较好，常有被熔蚀的现象，占斑晶的25%。斜长石斑晶大小在0.3~1.5毫米之间，长柱状，自形~半自形，占斑晶的30%。斜长石多数被碳酸盐矿物沿解理交代。条纹长石为正条纹长石，常有被熔蚀的现象，占斑晶的45%。基质为呈微粒状的长英质和玻璃质（图版一二三，6）。磷灰石、锆石和磁铁矿占岩石的1%。局部可见球粒结构。

（2）流纹英安玢岩砾石

新鲜时为灰黑色、灰绿色，风化常为绿紫，致密块状，似层状，质坚而硬，斑状结构。斑晶矿物主要由浅色和暗色两种斑晶组成。浅色斑晶主要为斜长石（图版一二四，1、2），含量约为15%~30%，偶见有个别石英和条纹长石斑晶。暗色斑晶有普通角闪石，含量5%左右。斑晶粒度一般在0.5~3毫米，少数达3~5毫米，多呈板状或不规则状。斜长石为自形板柱状，晶体大小为0.5~5毫米，环带构造和聚片双晶均较发育，有时出现重复环带。普通角闪石已蚀变为绿泥石。基质主要为长英质微晶和玻璃质（图版一二四，3），其次为绿泥石、角闪石和少量金属矿物颗粒所组成。基质含量约70~75%。

2. 从化背阴村火山岩地质特征

1）地质特征

在《区域地质矿产调查报告书——从化幅》一书中[①]，曾对从化地区火成岩做过较为详细的描述。从化地区岩浆岩较为发育，由于多次的岩浆侵入或喷出活动，形成了此区广泛出露的岩浆岩。岩浆岩的产状，以深成、中深成相的侵入体为主，火山岩次之。岩石类型绝大部分为酸性岩类（花岗岩、二长花岗岩和流纹斑岩），其次是少量的中性岩类（安山玢岩）与碱性岩类（正长岩、石英正长斑岩）。岩浆活动分为加里东构造旋回、燕山岩浆旋回、喜马拉雅岩浆旋回，加里东岩浆旋回仅表现为混合岩化作用，目前尚未发现大规模岩浆侵入活动；燕山岩浆旋回最为强烈，规模大、活动次数多，从化地区广泛发育的岩浆岩主要由本期所形成；喜马拉雅岩浆构造旋回主要为断裂活动，局部地区伴随有少量岩浆侵入。从化地区脉岩较为发育，种类较多。按照岩性可分为基性脉岩、中性脉岩和酸性脉岩，其中酸性脉岩分布最为广泛。

从化地区火山岩相对比较少，集中分布于中东部大尖山、黄蘘嶂和石灶等地（图一五六），出露面积64平方千米。火山熔岩呈岩被状产出，总厚度大于675米，按岩性可分为上、下两部分。大致以15°~20°的倾角向南西方向倾斜，岩石的垂直节理发育，在

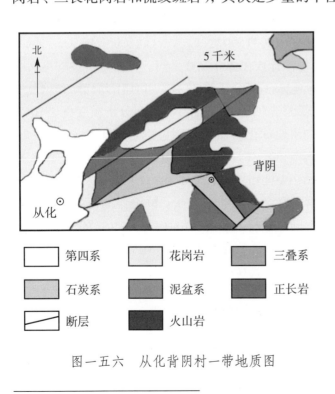

图一五六　从化背阴村一带地质图

图例：第四系　花岗岩　三叠系　石炭系　泥盆系　正长岩　断层　火山岩

---

①　广东省地质局：《区域地质矿产调查报告书——从化幅》，1969年。

火山岩分布地区形成明显的火山岩特有悬崖峭壁，尖峰峻岭地貌形态特征。火山岩上部已出露不全，据喷出物质的韵律等资料来看，显然是有三次以上喷出活动。本期火山岩由中性和酸性两套不同类型的岩石组成。下部中性岩类主要为安山玢岩、角砾安山玢岩、安山质角砾岩及夹有少量紫红色凝灰岩组成；上部酸性岩类主要为凝灰质流纹斑岩和角砾凝灰质流纹斑岩，局部地区见有20~30米厚的泥质粉砂岩、细砂岩的夹层出现。从化背阴村火山岩即上述火山岩分布于背阴村的火山岩。

　　从化背阴村位于从化市的正东约23千米，派潭以北10千米，大约在北纬23°34′，东经113°47′的附近。采样的时候既考虑到岩石的代表性，又考虑到岩石的蚀变程度，尽量做到采集新鲜、蚀变程度小的岩石（图一五七）。

　　2）岩相学特征

　　（1）安山玢岩

　　新鲜时为灰黑色、灰绿色，风化常为黄绿、绿紫、黄白色，致密块状，似层状，质坚而硬，斑状结构。表面有时见有平行的熔蚀沟，组成岩石的矿物成分主要由斜长石、角闪石和辉石组成。斑晶矿物主要由浅色和暗色两种斑晶组成。浅色斑晶主要为自形较高的斜长石（图版一二四，4~6），含量约为15%~30%，偶见有个别石英斑晶。暗色斑晶有普通角闪石和辉石，含量5%左右。斑晶颗粒一般粒度在0.5~3毫米，少数达3~5毫米，多呈板状或不规则状。斜长石为自形板柱状，晶体大小为0.5~5毫米，灰白色，环带构造和聚片双晶均较发育，有时出现重复环带，局部见有碳酸盐化、绢云母化。普通角闪石为暗绿色，呈柱状或粒状，多色性明显。辉石呈柱状，$Ng \wedge C=41°$，应为普通辉石，有一定的绿泥石化。黑云母为板状，叶片状。基质主要为斜长石微晶和玻璃质（图版一二五，1），其次为绿泥

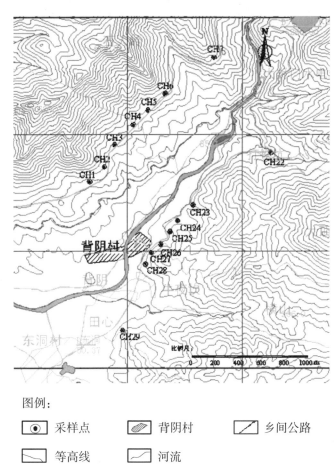

图例：

⊙ 采样点　　▨ 背阴村　　╱ 乡间公路

⌇ 等高线　　◇ 河流

图一五七　从化背阴村晚中生代中酸性火山岩采样点分布图

石、角闪石和少量金属矿物颗粒所组成。基质含量约70%~75%，基质中斜长石微晶交织状分布，表面散布角闪石微粒构成基质为显微交织结构的斑状结构，有时略呈定向围绕斑晶呈流线分布，反映熔岩的流动特征。

　　（2）流纹斑岩

　　新鲜时为灰黑色、深灰、暗绿色，风化后呈浅粉红、黄白色，致密块状，坚硬，斑状结构，似层状。主要由钾长石、石英及少量斜长石、黑云母组成，肉眼可见无色、透明双锥状或圆粒状的石英斑晶和浅灰、浅肉红色板状钾长石斑晶。斑晶（25%~30%）主要成分为石英、肉红色钾长石（图版一二五，2、3），及少量斜长石、黑云母组成，斑晶大小0.5~2毫米，少数达2~4毫米，

多成圆粒或不规则状。斑晶含量变化颇大。石英2%~25%，钾长石2%~15%，偶见次生黑云母。钾长石斑晶为完好的板状，斜长石斑晶呈自形的板柱状，有时钾长石、石英共结交生，形成具有文象结构的斑晶，局部呈聚合斑状结构。少许石英具熔蚀现象，有的呈三角状晶屑。基质含量约70%~75%，大小约为0.05~0.3毫米。主要由霏细物质、长英质矿物微晶或玻璃质所组成（图版一二五，4），黑云母微晶和金属矿物微粒较为常见，为微晶结构或有的为微嵌结构的斑状结构。由于结晶程度的差异，常见它形粒状的长英矿物或显微粒状集合体。

三　南越宫苑曲流石渠砾石及从化背阴村火山岩年代学和地球化学

（一）年代学

从化背阴村火山岩及曲流石渠砾石K–Ar年龄测定结果（表二七），可以看出CH–1、CH–23、

表二七　从化背阴村火山岩和南越宫苑曲流石渠砾石K–Ar年龄数据

样品编号	样品名称	K(%)	$^{40}Ar(10^{-6})$	$^{40}Ar/^{40}K$	年龄（Ma）
CH–1	从化安山玢岩	1.898	0.01165	0.005145	86.4
CH–23	从化安山玢岩	1.24	0.009472	0.006403	107
CH–24	从化安山玢岩	2.423	0.01875	0.006486	108
CH–27	从化安山玢岩	1.661	0.01284	0.006479	108
97T7SQ①：8	遗址流纹斑岩	4.035	0.023	0.004777	80.4
97T6SQ①：1	遗址流纹斑岩	3.831	0.0223	0.00488	82.1
97T10SQ①：5	遗址流纹英安玢岩	4.47	0.02554	0.004789	80.6
N07	遗址流纹斑岩	3.970	0.02512	0.005304	89.1

CH–24、CH–27分别形成于86.4Ma、107Ma、108Ma、108Ma。成岩期是86~108Ma，曲流石渠砾石97T7SQ①：8、97T6SQ①：1、97T10SQ①：5、N07分别形成于80.4Ma、82.1Ma、80.6Ma、89.1Ma，成岩期是80~89Ma。可见曲流石渠砾石的成岩期和从化背阴村火山岩成岩期接近，弱为偏低，这可能是块状岩石形成砾石后，经历了较长的时间，而使测定的年龄偏低。

（二）岩石化学

1.岩石类型

虽然所挑选岩石样品比较新鲜，但是多多少少会有一些蚀变。考虑到蚀变过程中K、Na等碱金属元素较活泼，用TAS图解判别岩石类型有可能会产生偏差，因此，我们选择SiO_2–Zr/

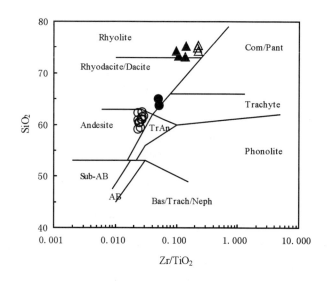

图一五八　曲流石渠砾石及从化背阴村火山岩
SiO_2–Zr/TiO_2图解

TiO_2来做进一步的判别。从化背阴村火山岩10个岩石样品的投影点基本都落在了安山岩的区域，3个样品的投影点全部落在了流纹岩的区域，曲流石渠砾石2个样品落在了流纹英安岩的区域，但是样品点与安山岩的区域接近。曲流石渠砾石4个样品落在了流纹岩的区域（图一五八）。可见把曲流石渠火山岩砾石定名为流纹英安玢岩和流纹岩斑岩，以及把从化背阴村火山岩定名为安山玢岩和流纹斑岩是合适的。

2. 主量元素含量

（1）曲流石渠砾石

曲流石渠流纹英安玢岩砾石的SiO_2含量变化于63.75%~65.06%（表二八），平均值为64.41%（2个样品）。样品具有较高的K_2O（5.44%~5.51%）和较高的K_2O/Na_2O比值（1.58~1.77）特征，表明富钾质。Al_2O_3的范围为15.65%~15.68%，平均值为15.67%。样品的MgO含量偏低，为0.919%~0.999%。

曲流石渠流纹斑岩砾石的SiO_2含量变化于73.16%~75.28%，平均值为74.01%（4个样品）。流纹斑岩样品具有更高的的K_2O含量（4.70%~5.32%，平均4.97%）和更高的K_2O/Na_2O比值（1.41~2.09，平均1.62），具有明显的富钾特征。此类岩石样品具有相对较低的TiO_2（0.130%~0.175%）含量，平均值为0.153%，Al_2O_3的范围为12.78%~13.21%，平均值为12.97%。样品的MgO含量非常低，为0.064%~0.210%，平均0.125%。CaO含量也非常低。

（2）从化背阴村火山岩

从化背阴村火山岩硅相对饱和，岩石SiO_2变化在59.16~62.54%和74.27~75.31%两个范围（表二八、二九）。有人把这种火山岩称为双峰式火山岩。

安山玢岩的SiO_2含量变化于59.16%~62.54%，平均值为60.95%。样品具有较高的K_2O（1.63%~3.39%）和较高的K_2O/Na_2O比值（0.81~1.54）特征，表明富钾质。此类样品相对于另一类岩石样品具有较高的TiO_2（0.774%~0.924%），平均值为0.851%，Al_2O_3的范围为15.21%~16.78%，平均值为16.10%。样品的MgO含量相对较低，为1.6%~3.39%，暗示经历了明显的分离结晶作用。另

表二八　曲流石渠遗址砾石和从化背阴村火山岩石化学分析结果表（%）

元素 \ 样品	从化背阴村火山岩				曲流石渠遗址砾石					
	CH-27	CH-28	CH-29	Cb03	N07	97T7SQ：8	97T6SQ：1	97T10SQ：5	97T12SQ：1	97T10SQ：3
SiO_2	59.46	60.47	62.24	60.96	73.16	73.34	74.25	65.06	63.75	75.28
Al_2O_3	16.78	16.24	15.21	16.19	13.21	12.86	12.78	15.65	15.68	13.04
Fe_2O_3	4.4	4.94	4.82	4.61	1.16	1.12	1.12	2.15	2.47	1.16
FeO	2.38	2.38	1.92	2.25	1.19	1.25	1	2.01	2.05	0.543
CaO	5.68	5.2	4.27	4.98	0.91	0.478	0.545	2.41	2.76	0.084
MgO	1.91	1.89	1.39	1.78	0.21	0.1	0.126	0.999	0.919	0.064
K_2O	2.38	2.63	3.39	2.98	4.81	5.06	4.7	5.51	5.44	5.32
Na_2O	2.52	2.46	2.2	2.68	3.42	3.38	3.2	3.12	3.44	2.54
TiO_2	0.871	0.924	0.897	0.82	0.13	0.163	0.175	0.576	0.554	0.145
P_2O_5	0.265	0.265	0.223	0.26	0.04	0.025	0.028	0.174	0.213	0.03
MnO	0.141	0.141	0.068	0.111	0.087	0.068	0.066	0.129	0.108	0.024
K_2O/Na_2O	0.94	1.07	1.54	1.11	1.41	1.50	1.47	1.77	1.58	2.09

表二九　从化背阴村火山岩岩石化学分析结果表（%）

元素＼样品	CH–1	CH–2	CH–3	CH–4	CH–5	CH–6	CH–7	CH–23	CH–24	CH–25
SiO_2	61.46	60.47	74.27	61.74	74.9	75.31	60.94	59.16	61.01	62.54
Al_2O_3	16.15	16.18	12.62	16.16	13	11.97	16.66	15.65	16.12	15.8
Fe_2O_3	4.31	6.01	1.32	4.75	1.52	1.14	3.5	2.97	5.04	5.7
FeO	2.49	1.76	1	2.09	0.522	0.878	2.53	4.33	1.88	1.34
CaO	5.01	4.54	0.639	4.97	0.096	0.553	5.38	7.54	5.09	4.76
MgO	1.92	2.12	0.059	1.65	0.036	0.022	1.75	3.39	1.68	1.6
K_2O	2.46	3.26	4.71	3.06	5.02	4.73	3.06	1.63	3.05	2.34
Na_2O	2.8	2.54	3.75	2.6	2.4	3.42	2.71	2.02	2.68	2.68
TiO_2	0.849	0.905	0.126	0.793	0.124	0.113	0.774	0.807	0.843	0.84
P_2O_5	0.244	0.202	0.015	0.236	0.01	0.003	0.207	0.227	0.248	0.241
MnO	0.143	0.189	0.036	0.156	0.031	0.035	0.119	0.13	0.135	0.116
K_2O/Na_2O	0.88	1.28	1.26	1.18	2.09	1.38	1.13	0.81	1.14	0.87

表头跨列标题：从化背阴村火山岩

外此类岩石的全铁（$FeO+0.8998Fe_2O_3$）含量变化于5.776%~7.594%。

　　流纹斑岩的SiO_2含量变化于74.27%~75.31%，平均值为74.83%。K_2O+Na_2O含量变化于7.42%~ 8.46%，平均值为8.01%，流纹斑岩样品具有更高的的K_2O含量（4.71%~5.02%）和更高的K_2O/Na_2O比值（1.26~2.09），具有明显的富钾特征。此类岩石样品具有相对较低的TiO_2（0.113%~0.126%）含量，平均值为0.121%，Al_2O_3的范围为11.97%~13.00%，平均值为12.53%。样品的MgO含量非常低，为0.022%~0.059%，暗示经历了更加明显的分离结晶作用，另外此类岩石样品的全铁（$FeO+0.8998Fe_2O_3$）含量变化于1.930%~2.220%。

　　流纹斑岩样品的CaO、MgO、TiO_2、FeO含量都相对很低；SiO_2、Na_2O和K_2O含量较高，这可能是原始岩浆高度分离结晶的产物。

　　另外由主元素组成表可以看出，所分析的火山岩样品的烧失量均不高，平均为1.70，表明样品蚀变都不是很强。

　　（3）曲流石渠砾石与从化背阴村火山岩主量元素对比

　　曲流石渠流纹英安玢岩砾石的SiO_2含量（平均64.41%）略高于从化背阴村安山玢岩的含量（平均60.95%），K_2O含量（5.44%~5.51%）和K_2O/Na_2O比值（1.58~1.77）也高于从化背阴村安山玢岩（K_2O含量和K_2O/Na_2O比值分别是1.58%~1.77%和1.63~3.39），MgO含量（0.919%~0.999%）低于从化背阴村安山玢岩（1.6%~3.39%）。

　　曲流石渠流纹斑岩砾石岩石化学成分与从化背阴村流纹斑岩十分接近。两者SiO_2含量分别为73.16%~75.28%（平均74.01%）和74.27%~75.31%（平均74.83%）。曲流石渠流纹斑岩砾石K_2O含量、K_2O/Na_2O比值分别是4.70%~5.32%和1.41~2.09，从化背阴村流纹斑岩流纹斑岩的K_2O含量（4.71%~5.02%）和K_2O/Na_2O比值（1.26~2.09）。两者的TiO_2含量（分别是0.130%~0.175%和0.113%~0.126%、Al_2O_3含量（分别是12.78%~13.21%和11.97%~13.00%）和MgO含量（分别是0.064%~0.210%和0.022%~0.059%）也基本一致。

3. 岩石化学成分之间的变异规律

曲流石渠砾石和从化背阴村火山岩岩石化学成分之间的变异特点（图一五九~图一六二）如下：

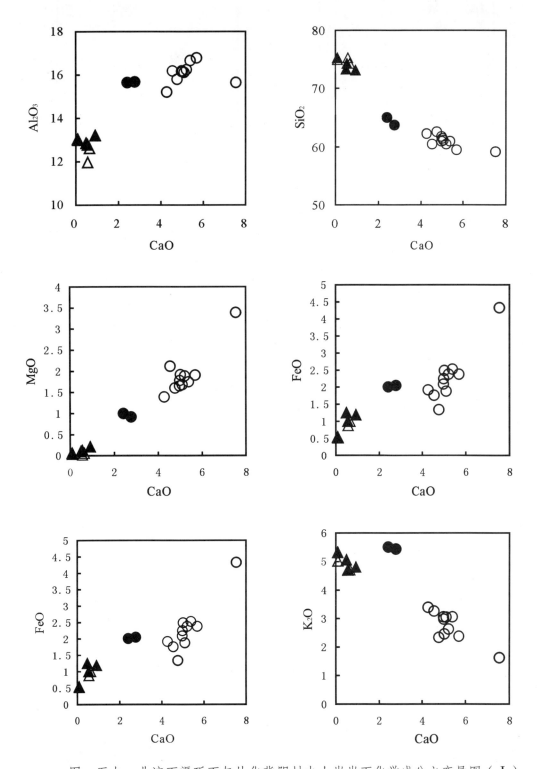

图一五九　曲流石渠砾石与从化背阴村火山岩岩石化学成分之变异图（Ⅰ）

（●–曲流石渠流纹英安玢岩；▲–曲流石渠流纹斑岩石砾石；○–从化背阴村安山玢岩；△–从化背阴村流纹斑岩）

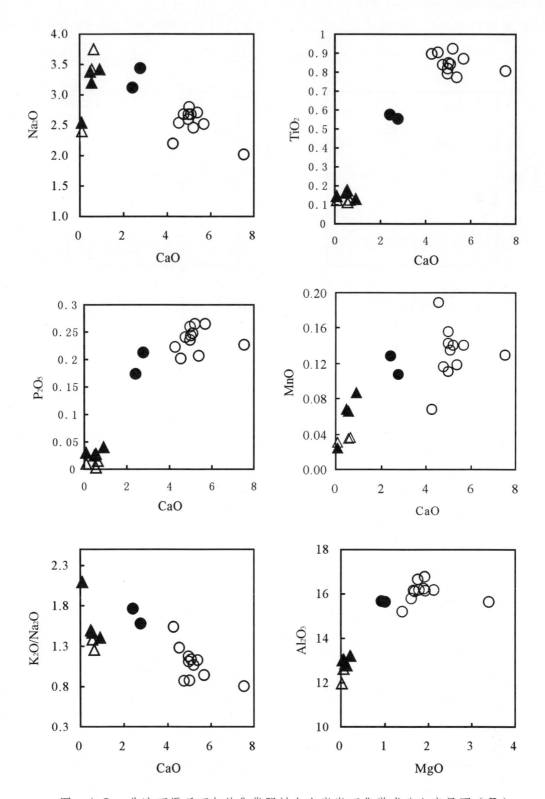

图一六○　曲流石渠砾石与从化背阴村火山岩岩石化学成分之变异图（Ⅱ）

（●－曲流石渠流纹英安玢岩；▲－曲流石渠流纹斑岩石砾石；○－从化背阴村安山玢岩；△－从化背阴村流纹斑岩）

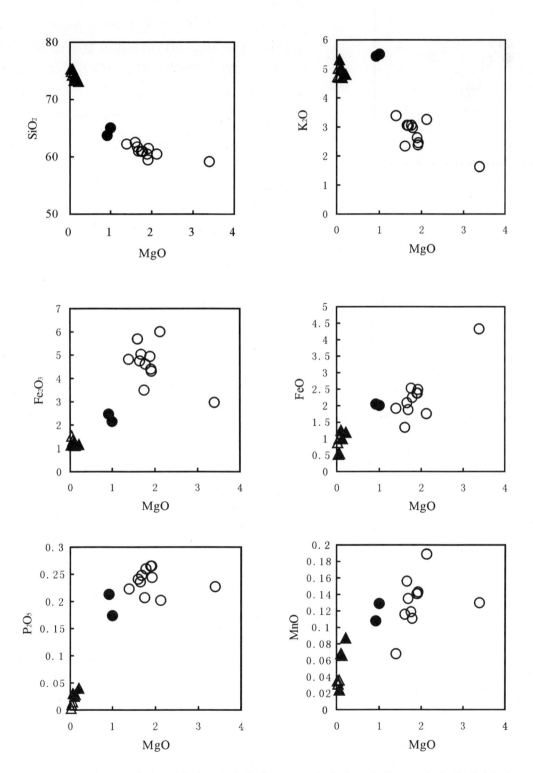

图一六一　曲流石渠砾石与从化背阴村火山岩岩石化学成分之变异图（Ⅲ）

（●－曲流石渠流纹英安玢岩；▲－曲流石渠流纹斑岩石砾石；○－从化背阴村安山玢岩；△－从化背阴村流纹斑岩）

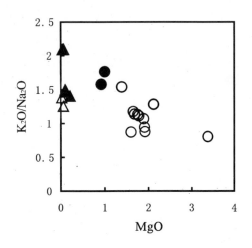

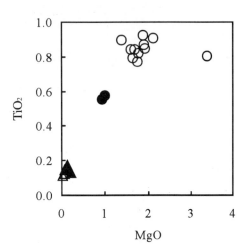

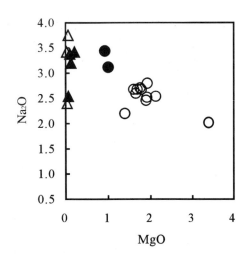

图一六二　曲流石渠砾石与从化背阴村火
山岩岩石化学成分之变异图（Ⅳ）

（●－曲流石渠流纹英安玢岩；▲－曲流石渠流纹斑岩
石砾石；○－从化背阴村安山玢岩；△－从化背阴村流
纹斑岩）

（1）曲流石渠流纹英安玢岩砾石和从化背阴村安山玢岩样品的CaO与Al_2O_3、TiO_2、P_2O_5、CaO、MgO、FeO、MnO呈正相关；与K_2O、SiO_2、Na_2O、K_2O+Na_2O呈负相关性；MgO和其他主量元素氧化物的相关性CaO是一致的，这些特征暗示着随着岩浆演化，发生了斜长石、辉石、角闪石的分离结晶作用。

（2）曲流石渠流纹英安玢岩砾石和从化背阴村安山玢岩样品点构成的直线的斜率较小，但流纹斑岩样品点与流纹英安玢岩砾石、安山玢岩样品点的位置有较大的变化。

（3）曲流石渠砾石和从化背阴村火山岩样品点分布特征一致，反映两者的成岩特点是一致的。

（三）微量元素地球化学

1. 微量元素

（1）微量元素与其他元素的变异规律

微量元素和稀土元素分析结果（表三〇），由微量元素与其他元素的协变关系图（图一六三、一六四）可见，Y在从化背阴村安山玢岩和曲流石渠流纹英安玢岩中没有随CaO、Sr的含量改变，而趋于在从化背阴村和曲流石渠流纹斑岩中富集，Yb与Sr的情况相同，Nb、Ta、Rb与MgO，以及Th与CaO大致一致，但它们略有不同的是Nb、Ta、Rb含量随MgO含量降低和Th含量随CaO含量降低在从化背阴村安山玢岩和曲流石渠流纹英安玢岩中也略有增高。从化背阴村火山岩和曲流石渠火山岩砾石表现出相同的变化规律。

Eu与CaO、MgO、Sr的协变关系与上述情况相反，Eu在从化背阴村安山玢岩和曲流石渠流纹英安玢岩中富集，在从化背阴村和曲流石渠流纹斑岩中含量较低。表明Eu和Sr是在结晶分异作用的早期进入斜长石或辉石晶格的。Ba与Sr、CaO大致与Eu相似。

（2）蛛网图解

在原始地幔标准化蛛网图解（图一六五）上，可以很明显地看出，从化背阴村安山玢岩与流纹斑岩具有各自明显的特征，安山玢岩的标准化曲线呈"驼峰"型。表现出大离子亲石元素（Rb、Ba、K、Th）

表三〇 曲流石渠砾石和从化背阴村火山岩微量元素分析结果表（ug/g）

元素	CH-1	CH-2	CH-3	CH-4	CH-5	CH-6	CH-7	CH-23	CH-24	CH-25
Li	19.14	23.50	22.51	17.53	4.05	9.18	17.54	10.11	11.08	18.85
Sc	16.22	19.11	1.64	16.34	0.57	1.33	13.78	21.31	16.35	15.59
V	136.22	187.05	2.27	132.67	0.95	1.66	108.58	176.48	135.92	169.43
Cr	13.66	10.91	11.37	20.44	19.13	11.00	25.51	90.02	16.77	16.47
Co	13.50	15.17	1.05	12.95	1.56	1.24	11.93	20.57	12.37	12.65
Ni	13.91	8.97	7.21	14.94	18.50	26.38	15.17	34.08	22.26	14.52
Cu	17.72	10.39	5.46	10.10	5.05	11.63	8.89	17.50	8.96	7.17
Zn	93.72	90.80	71.88	84.93	125.80	120.06	95.76	85.69	84.01	85.32
Ga	20.29	19.99	32.60	19.60	19.80	27.08	20.05	19.07	19.68	19.17
Ge	1.42	1.59	2.39	1.56	1.22	2.05	1.53	1.53	1.60	1.30
As	11.69	41.69	63.98	17.38	13.63	15.61	19.89	18.91	113.46	11.47
Rb	68.62	117.59	616.87	85.34	483.92	416.30	110.18	61.18	100.09	58.91
Sr	381.07	311.65	12.06	369.17	6.51	7.25	388.77	433.18	367.45	366.91
Y	34.34	34.34	110.56	33.88	33.35	97.17	30.49	29.26	34.11	34.85
Zr	227.95	214.23	280.77	228.11	269.93	257.39	176.64	187.62	227.08	228.90
Nb	11.50	10.72	122.47	11.65	37.11	74.29	11.69	10.20	12.07	12.10
Mo	1.58	1.13	1.99	2.02	1.23	4.64	1.43	1.65	1.42	1.28
Cd	0.21	0.16	0.83	.015	0.34	0.74	0.19	0.27	0.15	0.12
In	0.09	0.09	0.26	0.07	0.17	0.15	0.07	0.06	0.07	0.06
Sn	1.85	1.87	26.01	1.84	7.43	13.50	2.28	2.22	2.19	1.79
Sb	5.85	3.52	2.75	4.90	1.19	4.56	2.95	10.68	2.81	3.68
Cs	1.81	1.97	7.91	1.78	3.55	3.66	1.47	2.72	1.91	1.78
Ba	653.62	938.06	15.03	692.83	39.20	6.94	665.94	519.43	675.31	730.51
La	36.74	38.78	71.47	36.14	40.36	83.55	37.97	32.46	37.24	37.72
Ce	69.25	68.37	138.29	69.61	56.94	167.21	73.68	64.02	71.42	72.74
Pr	7.90	8.55	15.75	8.08	8.30	20.64	8.38	7.19	8.30	8.14
Nd	31.36	33.79	55.22	31.67	29.16	80.51	32.53	29.03	32.72	33.87
Sm	6.32	7.08	13.50	6.67	6.33	20.99	6.57	6.20	6.80	6.87
Eu	1.97	1.78	0.03	1.85	0.04	0.05	1.79	1.71	1.81	1.92
Gd	6.83	7.11	14.84	6.41	6.00	21.90	6.31	6.16	6.63	6.88
Tb	0.98	1.03	2.68	1.04	1.04	3.41	0.99	0.88	1.02	1.01
Dy	6.44	6.48	18.53	6.34	7.00	00.49	6.25	5.76	6.56	6.74
Ho	1.34	1.37	3.84	1.32	1.43	4.01	1.22	1.14	1.36	1.41
Er	4.00	3.80	11.12	3.79	4.10	10.82	3.62	3.45	3.76	4.02
Tm	0.56	0.57	1.71	0.56	0.56	1.39	0.52	0.49	0.58	0.59
Yb	3.71	3.56	11.00	3.82	3.41	8.86	3.38	3.27	3.87	3.86
Lu	0.56	0.58	1.57	0.55	0.49	1.24	0.50	0.53	0.59	0.60
Hf	6.01	5.71	13.49	6.12	11.27	10.97	5.49	5.28	6.30	6.43
Ta	0.81	0.75	10.86	0.84	2.94	6.77	0.91	0.80	0.91	0.88
W	1.12	0.98	7.85	0.99	1.60	6.67	1.03	0.98	1.00	0.85
Tl	0.40	0.60	2.74	0.42	2.14	2.03	2.75	0.60	0.47	0.27
Pb	25.11	20.61	22.82	17.38	39.24	45.97	23.49	18.24	20.91	18.38
Bi	0.06	0.05	1.58	0.04	1.19	1.20	0.06	0.12	0.10	0.06
Th	7.80	8.53	58.39	7.89	30.81	46.45	10.73	8.27	8.54	8.71
U	1.89	1.62	13.73	1.98	8.85	16.06	2.51	2.02	2.07	2.07

续表三〇

元素	CH-27	CH-28	CH-29	Cb03	N07	T7SQ1:8	T6SQ1:1	T10SQ1:5	T12SQ1:1	T10SQ1:3
Li	20.50	29.93	10.01	15.12	6.93	6.67	7.12	17.11	14.96	4.38
Sc	16.32	15.86	15.14	17.17	5.77	4.98	6.17	9.10	9.26	7.65
V	120.14	134.68	122.45	139.40	14.67	4.76	5.45	46.49	49.88	1.11
Cr	18.22	22.03	23.05	10.51	18.47	12.79	14.53	11.77	52.90	11.59
Co	12.80	13.24	10.40	14.53	1.10	1.36	1.12	7.26	7.01	0.44
Ni	16.97	14.04	16.89	3.70	914	9.97	16.38	33.51	32.60	16.32
Cu	8.51	6.99	6.77	22.64	22.39	6.08	4.97	23.15	7.75	3.68
Zn	97.09	121.32	74.37	109.25	58.72	62.86	58.77	128.63	76.80	54.15
Ga	20.30	19.78	18.05	18.75	14.69	17.45	17.55	17.41	17.7	16.29
Ge	1.64	1.72	1.41	1.50	1.72	1.63	1.85	1.71	1.38	1.57
As	33.02	18.42	13.20	9.80	10.22	22.29	19.52	23.42	30.06	18.60
Rb	65.08	65.05	92.63	113.65	213.15	230.70	238.27	167.18	159.52	244.69
Sr	478.03	424.75	345.08	323.70	4.22	53.37	42.26	398.16	352.59	19.05
Y	33.74	34.26	32.37	33.01	37.09	42.53	43.70	32.08	32.27	37.69
Zr	224.05	227.41	210.10	216.09	177.29	174.00	174.12	284.79	282.16	209.78
Nb	12.06	12.40	11.54	12.85	22.17	20.99	22.71	13.52	13.99	20.31
Mo	1.26	1.71	1.47	2.46	1.79	1.73	1.69	1.66	2.32	1.24
Cd	0.19	0.19	0.15	0.16	0.28	0.28	0.29	0.48	0.21	0.12
In	0.06	0.08	0.05	0.07	0.07	0.09	0.08	0.06	0.06	0.06
Sn	2.07	2.00	1.76	2.16	4.77	4.99	5.04	4.20	3.85	5.07
Sb	5.05	3.52	3.89	1.82	6.54	14.19	3.06	4.62	10.39	4.48
Cs	1.50	1.60	1.48	2.21	5.24	4.34	4.32	2.59	2.58	5.06
Ba	646.83	850.28	761.10	591.78	170.92	164.32	145.72	1013.85	942.46	147.05
La	37.92	38.34	35.46	36.70	55.29	68.42	58.28	64.54	61.85	53.32
Ce	73.16	70.91	66.40	69.53	107.15	124.82	115.81	123.88	116.93	98.36
Pr	8.58	8.29	7.70	8.36	12.41	14.66	12.94	13.26	12.77	13.46
Nd	33.34	33.18	31.60	33.01	45.72	55.66	49.19	50.64	47.95	50.53
Sm	6.88	6.72	6.44	6.48	8.22	10.20	9.75	9.05	8.69	10.23
Eu	1.93	1.94	1.84	1.79	0.36	0.38	0.30	2.00	1.88	0.53
Gd	7.14	7.23	6.55	6.52	7.05	9.21	8.63	7.60	7.57	8.74
Tb	1.05	1.05	0.96	1.03	1.16	1.35	1.37	1.09	1.04	1.31
Dy	6.75	6.60	6.07	5.82	6.70	7.91	7.98	6.49	6.33	7.90
Ho	1.31	1.37	1.23	1.39	1.46	1.63	1.69	1.28	1.30	1.62
Er	4.03	3.96	3.61	3.62	1.14	4.80	5.09	3.90	3.77	4.45
Tm	0.55	0.58	0.51	0.51	0.57	0.69	0.79	0.54	0.55	0.72
Yb	3.94	4.14	3.67	3.53	4.25	4.90	4.93	3.47	3.56	5.08
Lu	0.60	0.59	0.54	0.51	0.63	0.72	0.76	0.50	0.56	0.68
Hf	6.31	6.35	5.86	5.69	5.95	6.16	6.16	4.47	7.35	6.96
Ta	0.88	0.85	0.82	0.94	2.05	1.92	2.04	1.29	1.28	1.93
W	0.84	0.90	1.04	1.15	2.98	2.01	2.07	1.60	2.03	1.77
Tl	0.34	0.39	0.48	0.49	1.07	1.18	1.28	0.98	0.87	3.62
Pb	23.66	23.38	18.24	20.77	28.50	43.74	39.69	46.27	31.07	18.47
Bi	0.07	0.07	0.06	0.44	0.14	0.24	0.24	0.29	0.18	0.74
Th	9.18	8.84	8.65	9.41	28.54	30.07	30.95	22.72	22.37	30.43
U	2.34	2.30	2.10	2.14	6.56	6.36	6.97	4.92	5.02	7.03

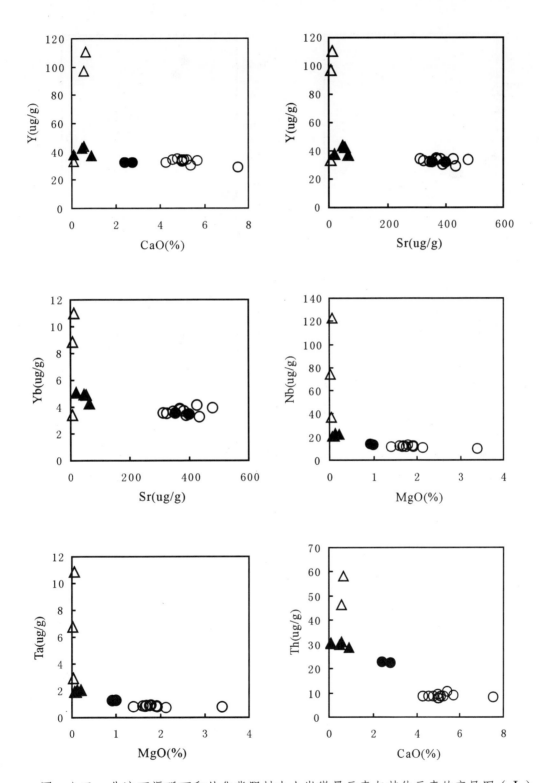

图一六三　曲流石渠砾石和从化背阴村火山岩微量元素与其他元素的变异图（Ⅰ）

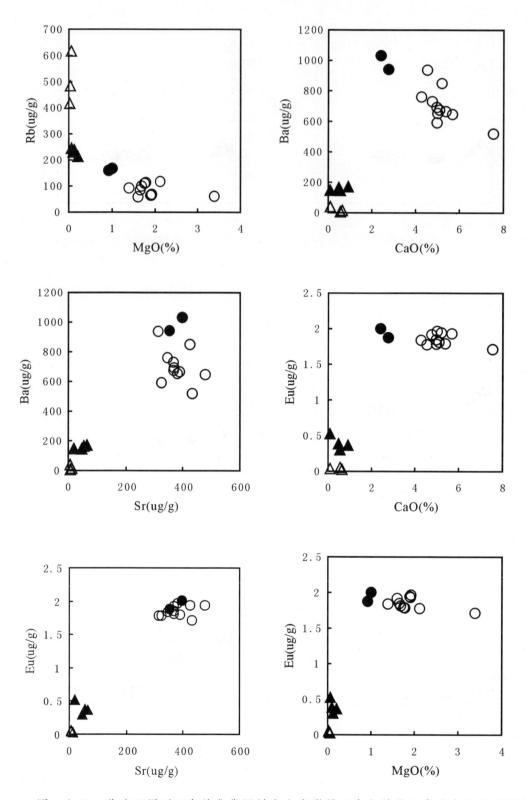

图一六四　曲流石渠砾石和从化背阴村火山岩微量元素与其他元素的变异图（Ⅱ）

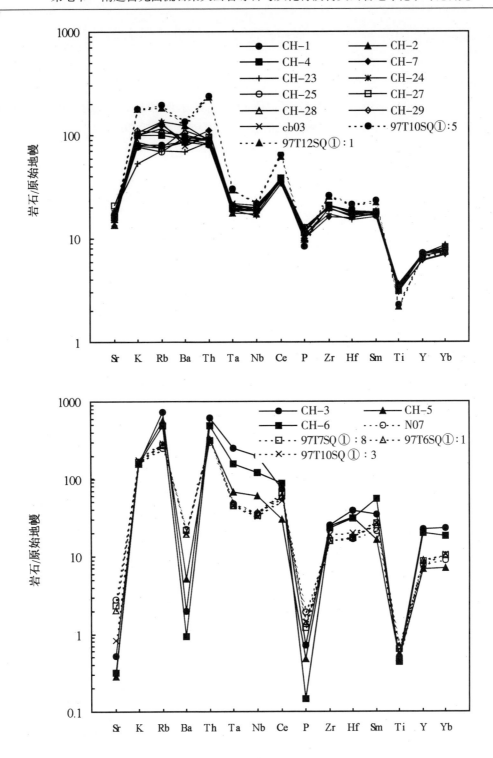

图一六五　曲流石渠和从化背阴村火山岩微量元素蛛网图解

的富集和 Nb、Ta、Ti、P 的亏损，暗示岩浆源区曾遭受俯冲残留洋壳流体的交代（Gill，1981；Muller 等，1992，Petterson and Treloar，2004）。而流纹斑岩的样品存在着显著的 Ba、Sr、P 和 Ti 的负异常和比较强烈的 K、Rb、Th 等富集。Ba、Sr、P 和 Ti 的负异常说明在岩浆作用过程中可能发生了斜长石、磷灰石、榍石的分离结晶作用。

曲流石渠流纹英安玢岩砾石的标准化曲线特征与从化背阴村安山玢岩类似也表现出大离子亲石元素（Rb、Ba、K、Th）的富集和Nb、Ta、Ti、P的亏损。同样，曲流石渠流纹斑岩砾石的标准化曲线特征与从化背阴村流纹斑岩类似，也表现出显著的Ba、Sr、P和Ti的负异常和比较强烈的K、Rb、Th等富集。但是，曲流石渠流纹斑岩砾石还是显示出和从化背阴村流纹斑岩略有差别的，从化背阴村流纹斑岩Ba、P负异常就要比曲流石渠流纹斑岩砾石更为显著，而且曲流石渠流纹斑岩砾石Nb、Ta为负异常，从化背阴村流纹斑岩的Nb、Ta为正异常。

2. 稀土元素

从化背阴村安山玢岩稀土元素分配模式（图一六六）为轻稀土分馏明显，重稀土分馏不明显的比较缓的右倾型。轻稀土比较富集，安山玢岩的$\sum$REE介于162.29×10^{-6}–197.18×10^{-6}，平均179.75×10^{-6}（表三一），相对偏低；轻重稀土分异较为明显，LREE/HREE值介于2.38–2.75，平均2.49；La/Sm值介于5.24–6.14，平均5.61，Sm/Yb值介于1.62–1.94，平均1.77；La/Yb值介于9.46–11.23，平均9.93，明显高于原始地幔（1.18）和球粒陨石（1.48）。安山玢岩样品只具有弱的负铕异常，$\delta Eu = 0.812$–0.914，平均为0.849，接近于1。

流纹斑岩的稀土元素分配模式也为右倾型，轻稀土分馏比较明显，而重稀土分馏相对较弱。

表三一   遗址曲流石渠和从化背阴村火山岩稀土元素特征值表

样品	$\sum$REE	LREE	HREE	LREE/HREE	$(La/Yb)_N$	δEu	δCe
CH–1	177.94	153.53	24.41	6.29	7.11	0.91	0.95
CH–2	182.84	158.35	24.49	6.47	7.81	0.76	0.88
CH–3	359.54	294.26	65.28	4.51	4.66	0.01	0.97
CH–4	177.85	154.02	23.83	6.46	6.79	0.85	0.96
CH–5	165.17	141.14	24.03	5.87	8.49	0.02	0.72
CH–6	447.06	372.95	74.11	5.03	6.77	0.01	0.96
CH–7	183.71	160.91	22.80	7.06	8.05	0.84	0.97
CH–23	162.29	140.62	21.67	6.49	7.12	0.84	0.98
CH–24	182.66	158.29	24.37	6.50	6.90	0.82	0.95
CH–25	186.37	161.25	25.11	6.42	7.01	0.84	0.97
CH–27	187.18	161.82	25.36	6.38	6.90	0.84	0.96
CH–28	184.90	159.38	25.52	6.25	6.64	0.85	0.93
CH–29	172.57	149.43	23.14	6.46	6.92	0.86	0.94
Cb03	178.79	155.86	22.93	6.80	7.46	0.83	0.94
N07	255.10	229.14	25.96	8.83	9.33	0.14	0.96
97T7SQ：8	305.35	274.15	31.20	8.79	10.02	0.12	0.92
97T6SQ：1	277.51	246.27	31.24	7.88	8.47	0.10	0.99
97T10SQ：5	288.25	263.37	24.88	10.59	13.35	0.72	0.98
97T12SQ：1	274.73	250.06	24.67	10.14	12.47	0.69	0.97
97T10SQ：3	256.92	226.42	30.50	7.42	7.53	0.17	0.88

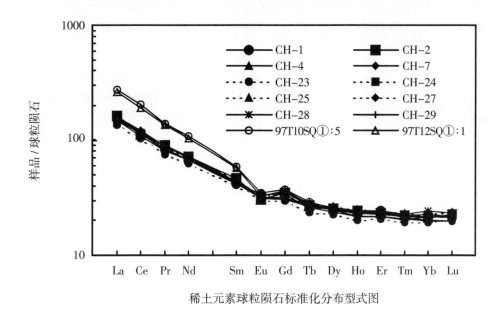

稀土元素球粒陨石标准化分布型式图

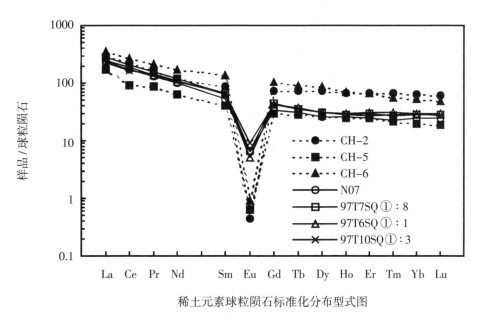

稀土元素球粒陨石标准化分布型式图

图一六六　曲流石渠和从化背阴村火山岩稀土元素配分模式

但是其稀土元素总量较高，除 Eu 元素外，其他稀土元素含量都明显高于安山玢岩。其 ∑REE 介于 165.17×10^{-6}–447.06×10^{-6}（平均 323.54×10^{-6}），相对较高；轻重稀土分异较为明显，LREE/HREE 值介于 1.49–2.08（平均 1.88）；La/Sm 值介于 3.98–6.38（平均 5.22），Sm/Yb 值介于 1.23–2.37（平均 1.82）；La/Yb 值介于 6.50–11.84（平均 9.26），明显高于原始地幔（1.18）和球粒陨石（1.48）。流纹斑岩三个样品都具有明显的负铕异常，δEu = 0.006–0.018，平均为 0.01，反映在稀土元素配分模式形成右倾斜的"V"型分布模式。这可能与斜长石的结晶分异有关，也就是在分馏结晶作用过程中 Eu 进入长石中使晚期岩浆中亏损 Eu。这与岩相学观察（岩石中普遍存在斜长石斑晶）一致。另外两种岩石均不见明显的 Ce 异常，表明岩石没有受到强烈低温蚀变作用的影响（Zhou et al，2000）。安山玢岩的 δCe 介于 0.82–0.91（平均 0.88）；流纹斑岩的 δCe 介于 0.67–0.90（平均 0.81），两者差别不大。

曲流石渠流纹英安玢岩砾石稀土元素特征与从化背阴村安山玢岩总体类似，为轻稀土富集右倾型。但是，曲流石渠流纹英安玢岩的 $\sum$ REE 介于 274.73×10^{-6}–288.25×10^{-6}（平均 281.49×10^{-6}）；$\sum$ REE 要比从化背阴村安山玢岩（162.29×10^{-6}–197.18×10^{-6}）高，主要是轻稀土元素更为富集，曲流石渠流纹英安玢岩砾石和从化背阴村安山玢岩的 LREE 分别为 250.06×10^{-6}–263.37×10^{-6} 和 140.62×10^{-6}–161.82×10^{-6}，$(La/Yb)_N$ 比值（12.47–13.35）也比从化背阴村安山玢岩（9.46–11.23），表现在稀土元素分配模式差别是曲流石渠流纹英安玢岩砾石曲线的斜率更大一些。另外，曲流石渠流纹英安玢岩砾石 δEu = 0.69–0.72，比从化背阴村安山玢岩低一些。

曲流石渠流纹斑岩砾石稀土元素特征与从化背阴村流纹斑岩类似，稀土元素总量较高，$\sum$ REE 介于 255.10×10^{-6}–305.35×10^{-6}，相对较高；轻重稀土分异较为明显，La/Yb 值介于 7.53–10.02。具有明显的负铕异常，δEu=0.10–0.17，反映在稀土元素配分模式形成右倾斜的 "V" 型分布模式。

（四）Nd、Sr 同位素地球化学

从化背阴村安山玢岩 Sr、Nd 同位素组成具有以下特征（表三二）：

（1）$^{143}Nd / ^{144}Nd$ 和 $^{87}Sr / ^{86}Sr$ 的变化范围很小。测定的钕同位素比值 $^{143}Nd / ^{144}Nd$ 为 0.512214–0.512245；测定的锶同位素比值 $^{87}Sr / ^{86}Sr$ 为 0.711369–0.712458。

（2）根据相应岩石的 K–Ar 年龄计算可以得到岩石的锶同位素初始值，其初始值相对较高，$(^{87}Sr / ^{86}Sr)_i$ 为 0.71077–0.71141，明显高于现代地幔的 $^{87}Sr / ^{86}Sr$（0.7045）。所测岩石的钕同位素初始值相对变化较低，$(^{143}Nd / ^{144}Nd)_i$ 为 0.512132–0.512157，低于原始地幔现代值（0.512638），δNd（t）值为 –6.7 – –7.5，总体属于 Nd、Sr 同位素富集的地幔源区。

（3）Sr–Nd 同位素组成没有明显相关性。由 $(^{87}Sr / ^{86}Sr)_i$– δNd（t）图解可知（图一六七），从化火山岩的地幔源区具有 Nd 同位素弱富集，Sr 同位素较强富集的地幔源区，位于第四象限，明显偏离 HIMU、MORB 地幔源区同位素组成更趋于 EM Ⅱ 型地幔端元，反映地幔源区有俯冲残留洋

表三二   曲流石渠火山岩砾石和从化背阴村火山岩 Sr、Nd 同位素比值

样品	$^{143}Nd/^{144}Nd$	2σ	δNd(t)	$(^{143}Nd/^{144}Nd)_i$	fSm/Nd	$^{87}Sr/^{86}Sr$	2σ	$(^{87}Sr/^{86}Sr)_i$	fRb/Sr
CH–1	0.512214	0.000013	–7.5	0.512145	–0.380618	0.712046	0.000014	0.711408	5.279624
CH–23	0.512225	0.000011	–7.1	0.512134	–0.343063	0.711387	0.000014	0.710767	3.925188
CH–24	0.512221	0.000010	–7.2	0.512132	–0.360625	0.712458	0.000011	0.711252	8.498958
CH–27	0.512245	0.000010	–6.7	0.512157	–0.36527	0.711369	0.000011	0.710766	3.747666
97T10SQ①:5	0.512247	0.000010	–6.7	0.51219	–0.450195	0.709604	0.000013	0.708218	13.64266
97T7SQ①:8	0.512328	0.000010	–5.2	0.51227	–0.436214	0.730663	0.000013	0.716423	149.7371
97T6SQ①:1	0.512382	0.000011	–4.2	0.512318	–0.390479	0.735450	0.000015	0.718124	178.6041
97T12SQ①:1	0.512317	0.000010	–5.4	0.512259	–0.442521	0.709775	0.000014	0.708273	14.77709

注：$(^{143}Nd / ^{144}Nd)_i$ 和 $(^{87}Sr / ^{86}Sr)_i$ 所用的成岩年龄用到的是表二七中测得的 K–Ar 年龄；

   $(^{87}Sr / ^{86}Sr)_{0UR}=0.7045$，$(^{87}Rb / ^{86}Sr)_{0UR}=0.0827$，$(^{143}Sm/ ^{144}Nd)_{0CHUR}=0.51238$，$(^{143}Nd / ^{144}Nd)_{0CHUR}=0.1967$；

   λRb=1.42 × 10-11，λSm=6.54 × 10-12（Rollinson, 1993），Rb、Sr、Sm、和 Nd 元素单位为 ug/g。

壳或陆壳物质的混染。这与该区火成岩微量元素所具有的 Ta、Nb、Ti 亏损的分布特征相一致。

曲流石渠流纹英安玢岩砾石测定的钕同位素比值 $^{143}Nd/^{144}Nd$ 为 0.512247–0.512317；锶同位素比值 $^{87}Sr/^{86}Sr$ 为 0.709604–0.709775。（$^{87}Sr/^{86}Sr$）$_i$ 为 0.708218–0.708273，（$^{143}Nd/^{144}Nd$）$_i$ 为 0.51219–0.512259，与背阴村安山玢岩 Sr、Nd 同位素组成接近。遗址曲流石渠流纹斑岩砾石 Sr、Nd 同位素比值高于流纹英安玢岩，曲流石渠流纹斑岩测定的钕同位素比值 $^{143}Nd/^{144}Nd$ 为 0.512328–0.512382，（$^{143}Nd/^{144}Nd$）$_i$ 为 0.51227–0.512318，测定的锶同位素比值 $^{87}Sr/^{86}Sr$ 为 0.730663–0.73545，（$^{87}Sr/^{86}Sr$）$_i$ 为 0.716423–0.718124。在（$^{87}Sr/^{86}Sr$）$_i$– δNd（t）图解中遗址曲流石渠流纹英安玢岩砾石的样品点与从化安山玢岩样品点接近。

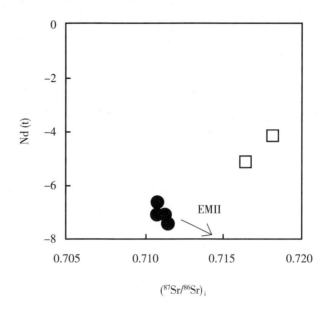

图一六七　曲流石渠火山岩砾石及从化背阴村火山岩（$^{87}Sr/^{86}Sr$）$_i$– δNd（t）图解

四　曲流石渠火山岩砾石及从化背阴村火山岩的成因与大地构造环境

（$^{87}Sr/^{86}Sr$）$_i$– δNd（t）图解可知，曲流石渠火山岩砾石及从化背阴村火山岩的地幔源区具有 Nd 同位素弱富集，Sr 同位素较强富集的地幔源区，位于第四象限，明显偏离 HIMU、MORB 地幔源区同位素组成更趋于 EM II 型地幔端元，遗址曲流石渠火山岩砾石及从化背阴村火山岩物质来源一致，应来源于 EM II 型地幔端元，这与原始地幔标准化微量元素分配模式具有的 Ta、Nb、Ti 亏损的分布特征相一致。反映地幔源区经历过俯冲物质产生流体的交代作用。

在 Rb–Yb+Nb 图解中（图一六八），遗址曲流石渠火山岩砾石及从化背阴村火山岩的样品点均落入岛弧环境的范围内，表明两者的成岩构造环境是一致的，形成于岛弧环境。这一环境与地幔源区经历过俯冲物质产生流体的交代作用的结论是一致的。

正如上述指出的，遗址曲流石渠火山岩砾石及从化背阴村火山岩 CaO 与 Al_2O_3、TiO_2、P_2O_5、CaO、MgO、FeO、MnO 呈正相关性；与 K_2O、SiO_2、Na_2O、K_2O+Na_2O 呈负相关性；MgO 和其他主量元素氧化物的相关性 CaO 是一致的，而且，主量元素之间呈较好的线性关

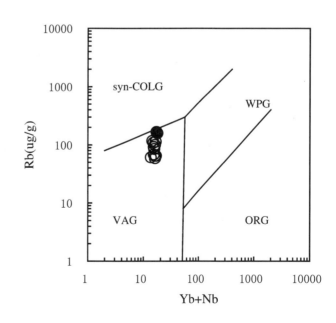

图一六八　曲流石渠火山岩砾石及从化背阴村火山岩 Rb–Yb+Nb 图解

系，它们的成岩方式以结晶分异作用为主。

五　曲流石渠火山岩砾石产地分析

从上述可知，曲流石渠流纹斑岩砾石以极低含量的CaO、MgO含量为特征，高的SiO_2、K_2O、K_2O+Na_2O含量，显著的Eu负异常，大离子亲石元素（Rb、Ba、K、Th）富集和Nb、Ta、Ti、P的亏损，这些特征是与从化背阴村一带流纹斑岩十分一致的。但是，曲流石渠流纹斑岩砾石还是显示出和从化背阴村流纹斑岩略有差别，从化背阴村流纹斑岩原始地幔标准化微量元素分配模式Ba、P负异常就要比曲流石渠流纹斑岩砾石更为显著，而且曲流石渠流纹斑岩砾石Nb、Ta为负异常，从化背阴村流纹斑岩的Nb、Ta为正异常。在稀土元素分配模式上，从化背阴村流纹斑岩为强烈的负铕异常，曲流石渠流纹英安玢岩砾石仅具有中等的负铕异常。

曲流石渠流纹安山玢岩砾石与从化背阴村安山玢岩具有相近似的地质地球化学特征，在SiO_2–Zr/TiO_2图解上样品点与从化背阴村安山玢岩的样品点分布的区域接近，曲流石渠流纹英安玢岩砾石的SiO_2含量（平均64.41%）略高于从化背阴村安山玢岩的含量（平均60.95%），K_2O含量（5.44–5.51%）和K_2O/Na_2O比值（1.58–1.77）也高于从化背阴村安山玢岩。曲流石渠流纹英安玢岩砾石的原始地幔标准化微量元素分配特征与从化背阴村安山玢岩基本一致，标准化曲线呈"驼峰"型，表现出大离子亲石元素（Rb、Ba、K、Th）的富集和Nb、Ta、Ti、P的亏损。曲流石渠流纹英安玢岩砾石和从化背阴村安山玢岩稀土元素分配模式均为轻稀土富集右倾型。但是，曲流石渠流纹英安玢岩的ΣREE要比从化背阴村安山玢岩高，轻稀土元素更为富集，$(La/Yb)_N$比值也比从化背阴村安山玢岩高，表现在稀土元素分配模式差别是曲流石渠流纹英安玢岩砾石曲线的斜率更大一些，曲流石渠流纹英安玢岩砾石δEu比从化背阴村安山玢岩低一些。

由上述分析可见，曲流石渠火山岩砾石和从化背阴村一带火山岩地球化学特征总体相似，但是，无论是曲流石渠流纹英安玢岩砾石和从化背阴村安山玢岩之间，抑或是曲流石渠流纹斑岩砾石和从化背阴村流纹斑岩之间，在地球化学特征上都存在一些差别，然而，曲流石渠火山岩砾石和从化背阴村火山岩这些差别附合结晶分异过程地球化学特征的演化规律，也就是说，从化背阴村流纹斑岩比曲流石渠流纹斑岩结晶分异的程度要完善一些，而造成上述地球化学特征的差别。例如，曲流石渠流纹斑岩砾石Nb、Ta为负异常，从化背阴村流纹斑岩的Nb、Ta为正异常，流纹斑岩Nb、Ta的富集与岩浆的源区特征应该说是无关，是由于结晶分异的结果。它们的正负异常只不过是结晶分异的程度不同而已。在稀土元素分配模式上，从化背阴村流纹斑岩为强烈的负铕异常，曲流石渠流纹英安玢岩砾石仅具有中等的负铕异常，由于铕出现负异常是与结晶分异作用有关，因而铕异常程度不同是结晶分异的程度不同引起的。因此，认为曲流石渠流纹英安玢岩、流纹斑岩砾石和从化背阴村安山玢岩、流纹斑岩是同一岩浆来源而结晶分异程度不同的产物，曲流石渠火山岩砾石应来源于从化背阴村一带火山岩，具体来说，在2000多年前就已风化并已经过水流搬运的曲流石渠砾石来源于现在从化背阴村上部已被风化剥蚀部分，现在的背阴村一带火山岩是其风化剥蚀后残留部分。

曲流石渠流纹斑岩砾石有两种颜色，灰黑色和黄白色(浅红色)，从化背阴村一带流纹斑岩也有灰黑色和黄白色两种，其中黄白色流纹斑岩是灰黑色流纹斑岩的风化产物，野外观察和手标本也可观察到风化程度不同两种颜色的渐变关系，从化背阴村附近的河流中也见到两种颜色的流纹斑岩砾石，因此，曲流石渠黄白色流纹斑岩应是灰黑色流纹斑岩风化而来，它们是来源于从化背阴村火山岩。另外，曲流石渠火山岩砾石的磨圆度比现代背阴村附近的河流中砾石的磨圆度要好，可能是现代和古代的水动力的情况不同引起的。

六　结语

通过对南越宫苑曲流石渠渠底火山岩砾石和从化背阴村火山岩一系列配套的岩石学、矿物学、地球化学研究，得出以下主要的认识：

1. 曲流石渠火山岩砾石应来源于从化背阴村一带火山岩，具体来说，在 2000 多年前就已风化并已经过水流搬运的曲流石渠砾石来源于现在从化背阴村上部已被风化剥蚀部分，现在的背阴村一带火山岩是其风化剥蚀后残留部分。

2. 从化背阴村火山岩成岩期是 86~108Ma，曲流石渠火山岩砾石成岩期是 80~89Ma。可见曲流石渠砾石的成岩期和从化背阴村火山岩成岩期接近。

3. 曲流石渠流纹斑岩砾石以极低含量的 CaO、MgO 含量为特征，高的 SiO_2、K_2O、K_2O+Na_2O 含量，显著的 Eu 负异常，大离子亲石元素（Rb、Ba、K、Th）富集和 Nb、Ta、Ti、P 的亏损，这些特征是与从化背阴村一带流纹斑岩十分一致。

4. 曲流石渠流纹安山玢岩砾石与从化背阴村安山玢岩具有相近似的地质地球化学特征，在 SiO_2-Zr/TiO_2 图解上样品点与从化背阴村安山玢岩的样品点分布的区域接近，曲流石渠流纹英安玢岩砾石的原始地幔标准化微量元素分配特征与从化背阴村安山玢岩基本一致，标准化曲线呈"驼峰"型，表现出大离子亲石元素（Rb、Ba、K、Th）的富集和 Nb、Ta、Ti、P 的亏损。曲流石渠流纹英安玢岩砾石和从化背阴村安山玢岩稀土元素分配模式均为轻稀土富集右倾型。

5. 曲流石渠流纹英安玢岩砾石测定的 $^{143}Nd/^{144}Nd$ 为 0.512247–0.512317、$^{87}Sr/^{86}Sr$ 为 0.709604–0.709775。（$^{87}Sr/^{86}Sr$）$_i$ 和（$^{143}Nd/^{144}Nd$）$_i$ 与背阴村安山玢岩接近。曲流石渠流纹斑岩测定的 $^{143}Nd/^{144}Nd$ 为 0.512328–0.512382，（$^{143}Nd/^{144}Nd$）$_i$ 为 0.51227–0.512318，测定的 $^{87}Sr/^{86}Sr$ 为 0.730663–0.73545，（$^{87}Sr/^{86}Sr$）$_i$ 为 0.716423–0.718124。

6. 曲流石渠火山岩砾石及从化背阴村火山岩物质来源一致，应来源于 EM II 型地幔端元，地幔源区经历过俯冲物质产生流体的交代作用。

本节参考文献：

1. Gill J B. Orogenic andesites and plate tectonics. Berlin: springer–Verlag, 1981, 358–360.

2. Muller D, Rock N M S, Groves D I. Geochemical discrimination between shoshonitic and potassic volcanic rocksf rom different tectonic settings: a pilot study. Mineralogy and Petrology, 1992, 46(2): 259–289.

3. Pearce J A, Harris N B W and Tindle A G. Trace element discrimination diagrams for the tectonic interpretation of granitic rocks. Jaurnal of Petrology, 1984, 25:956–983.

4. Petterson M G and Treloar P J. Volcanostratigraphy of arc volcanic sequences in the Kohistan arc, North Pakistan volcanism within island arc, back–arc–basin and intra–continental tectonic settings. J. Volcano. Geotherm. Research. 2004, 130: 147–178.

5. Qi L, Hu J, Gregoire D C. Determination of trace elements in granites by inductively coupled plasma mass spectrometry. Talanta 2000, 51: 507~513.

6. Sun S S, McDonough W F. Chemical and isotopic systematics processes. In: Saunders, A.D., Norry M J. (Eds.), Magmatism in the Ocean Basins. Geological Society Special Publication, 1989, 42: 313~345.

7. 广东省地质矿产局：《广东省区域地质志》，地质出版社，1988 年。

8. 梁细荣、韦刚健、李献华、刘颖：《利用 MS–ICPMS 精确测定 143Nd/144Nd 和 Sm/Nd 比值》，《地球化学》2003 年第 32 卷第 1 期。

9. 韦刚健、梁细荣、李献华、刘颖：《(LP) MC–ICPMS 方法精确测定液体和固体样品的 Sr 同位素组成》，《地球化学》2002 年第 31 卷第 3 期。

第六章　结　语

第一节　遗址的年代与性质

一　遗址的年代

　　蕃池遗迹在 1995 年发掘区第⑥层之下，曲流石渠遗迹在 1997 年发掘区第⑩层之下。关于这两个地层的年代，首先从出土物来看，这两个地层出土的遗物一致。一是出土的钱币除其中一枚是战国齐的"賹化"钱外，其余的均为"半两"钱，未发现"五铢"钱，证明其年代为西汉早期；二是均出土大量的绳纹板瓦、筒瓦、云箭纹瓦当、"万岁"文字瓦当和印花砖等建筑材料，同类的建材在广东五华狮雄山汉代建筑遗址①、福建武夷山城村汉城遗址也有出土②，显出其时代的一致性，同属于西汉早期；三是遗址出土的部分瓦件上还戳印有"居室"陶文，据《汉书·百官公卿表》记载：居室是少府属官，武帝太初元年（前 104 年）改名保宫③。汉武帝是元鼎六年（前 111年）灭南越国的，七年后才改居室为保宫，汉灭南越国后将其地一分为十郡，南越国之后，这种戳印"居室"陶文的瓦件再也不可能出现了，因此，其时代可断定在汉武帝元鼎六年之前。其次从这两个地层的土质土色来看，曲流石渠遗迹发掘区第⑩层为红烧土和瓦砾堆积，部分地方还有大片的炭屑和烧木，特别是在该层发现一批"半两"钱，大部分已被大火烧结成块，可见其应是建筑火毁后形成的堆积，这与《史记·南越列传》和《汉书·南粤传》关于汉越交恶，汉兵攻破南越国都城后"纵火烧城"的记载相吻合。综上可知，蕃池遗迹的第⑥层和曲流石渠遗迹的第⑩层是南越国灭亡后形成的废弃堆积，其时代应在汉武帝灭南越国的元鼎六年（前 111 年）之后。

　　蕃池和曲流石渠内均有淤泥，是遗址使用过程中形成的堆积，其出土的遗物也一致。出土的"半两"钱除 A 型为秦代"半两"，B 型为汉初"八铢半两"外，其余的 C 型"半两"均为汉文帝

①　广东省文物考古研究所等：《广东五华狮雄山汉代建筑遗址》，《文物》1991 年第 11 期。
②　福建博物院、福建闽越王城博物馆编：《武夷山城村汉城遗址发掘报告（1980~1996）》，第 161~165 页，福建人民出版社，2004 年。
③　《汉书·百官公卿表》，第 731~732 页，中华书局点校本，1996 年。

时期的"四铢半两";出土的陶瓮、罐、双耳罐、盆、三足盒、碗和器盖等生活用器,与西汉南越王赵眜墓出土的同类器一致;出土的 A 型漆盘也与广西罗泊湾一号汉墓出土的漆盘相同①。表明遗址的年代为西汉南越国时期。

通过钻探和局部解剖发掘得知,曲流石渠遗迹打破发掘区 97⑪层和 97⑫层,其中 97⑪层为南越国早期建筑垫土,其下的 97⑫层与 1975 年在遗址北面发现的秦代造船台遗址南侧的木料加工场地所见的情况相同,应是秦代造船遗址加工场地向西南延伸的一部分,出土的绳纹板瓦、筒瓦、云纹瓦当和少量瓮罐类、碗、器盖和釜等器形残片也具有秦代的时代特征,可知曲流石渠的建造时代应不早于秦代。蕃池池壁石板之下发现早于蕃池的沟渠遗迹,其中 95G2 中出土的 3 枚"半两"钱中,时代最晚的一枚为汉代"四铢半两",这种"四铢半两"钱始铸于汉文帝五年②,可见蕃池的建造时代不早于汉文帝五年。

综上得知,南越国宫苑的建造时代应在汉文帝五年(前 175 年)之后,建成后一直沿用至汉武帝元鼎六年(前 111 年),汉兵攻败越人纵火烧城后才毁弃。

二　遗址的性质

1995 年发掘的番池遗迹,目前仅露出其西南一角约 400 平方米,后经钻探推定其面积约 3600 平方米,平面大致呈长方形,是一个由四面向中心池底倾斜,池底平正的斗形大水池,水池最深处达 2.5 米。池壁呈斜坡状,用打凿平整的砂岩石板呈密缝冰裂纹铺砌,池底铺砌碎石。池壁上部大多已被破坏,仅南壁地面上存有少量平铺的石板,可推知水池周沿原地面铺有石板,从池壁散落大量的望柱和望柱座石判断,水池周沿或有石栏杆护栏。池底一层厚约 5~32 厘米的淤沙堆积,是长时间使用泥沙沉积所致。在已发掘的水池东北角还清理出向西南倾倒的大型叠石柱和散落池底的八棱石柱、石门楣等,可知池中还构筑有大型的建筑,因此,这个水池应是供南越王游乐的池苑遗迹。

曲流石渠遗迹位于蕃池遗迹的南面,渠体蜿蜒曲折,高低起伏,当中筑有急弯处、弯月形石池、渠陂、斜口、闸口等特殊结构,渠底石板之上铺有密密的河卵石,其中置有大砾石呈"之"字形点布。此外,在曲流石渠尽头处还筑有石板平桥、步石和曲廊,在弯月形石池上可能也建有亭台等园林建筑小品。在曲流石渠的西边尽头的排水闸口外接有出水木暗槽。经实地测量得知,曲流石渠渠底的水平高差呈东高西低,除一些特殊低洼的小水池外,总体落差为 0.66 米,可知渠水是自北而南再向西流的。发掘时,曲渠内外还出土有大量的植物种实和树叶以及动物的骸骨等,可知当日曲流石渠两岸和附近还种植有不少花草树木,养殖有鱼、龟、鳖和鹿等动物。从考古发现的建筑遗迹和出土的动、植物遗存来看,曲流石渠是具有观赏性,模拟山谷溪涧的园林水景遗迹。

蕃池和曲流石渠遗迹,从建筑年代上看,两者均属于南越国时期;从建筑用材和建造手法来看,两者的情况也一致;此外,在蕃池南壁石板下的导水木暗槽与曲流石渠西边尽头处的出水木暗槽,其用材、形制亦一致。且蕃池南壁石板下木暗槽向南正对曲流石渠的北端,两者之间现被一幢九层楼房所隔断,未能发掘,但迹象表明,这条木暗槽可能是为导流蕃池之水入曲流石渠而专设的。因此,蕃池和曲流石渠原来应是相连接的(图版一二六),蕃池的水通过木暗槽导流入曲

---

① 广西壮族自治区博物馆:《广西贵县罗泊湾汉墓》,第 71~75 页,文物出版社,1988 年。
② 《汉书·文帝纪》:"(五年)夏四月,除盗铸钱令,更铸四铢钱。"第 121 页,中华书局点校本,1996 年。

流石渠内，向西再通过木暗槽将渠水排出，两者是一个相连的整体，是南越宫苑的重要园林水景遗迹。

2005 年发现的南越木简，其中有一枚简（简 084）的简文"守苑行之不谨，麛死腐"①，正可与宫苑遗址相互印证，再次表明了出土文献对确认文化遗产的真实性和完整性有着不可代替的作用。

第二节   南越宫苑遗址的特点与秦汉苑囿

南越宫苑遗址是目前我国考古发现年代最早的宫苑实例，它的发现对研究中国历史文化、中国古代城市（特别是广州城）、古代建筑史、古代工艺史，特别是对研究中国古代园林史提供了典型实例。

一   南越宫苑遗址的特点

中国古典园林是由建筑、山水和花木等组合成的综合艺术实体，做到"虽由人作，宛自天开"②，在世界园林艺术中独树一帜。

南越宫苑遗址与我国先秦和秦汉园林相比，既有其一致性，也有其鲜明的特点。南越宫苑遗址在布局、形制与结构等方面与我国早期园林是一脉相承的。另一方面，南越宫苑遗址是石构的园林遗迹，还有大量石八棱柱、石望柱、石门楣等石建筑构件，表现出无论是在建筑材料，还是建筑手法都与同时期我国其他地区的建筑不同，却与西方建筑有着惊人的相似之处。其次，遗址出土的部分砖、瓦和瓦当等建筑材料上还施有青釉，这在国内相当罕见，更为重要的是这些砖瓦上的青釉是以钠钾等碱金属为主要助熔剂的碱釉，这种釉与普遍认为受西方技术影响的钠钙玻璃较为接近。这种釉的出现与宫苑遗址石构建筑大量出现，这在我国秦汉建筑史上都是罕见的。

（一）南越宫苑遗址与先秦和秦汉苑囿的历史渊源

我国造园历史悠久，据文献史料记载，早在夏桀时代已开始营造池苑，但那时的园囿尚没有纯造园学上的含义，且面积大得惊人。

商周时期的帝王也大举营造宫室池苑，《尚书·泰誓上》记载："今商王受，……惟宫室、台榭、陂池、侈服，以残害于尔万姓"③。近年来在偃师商城和郑州商城相继发现属于商代的帝王池苑遗址，使我们对商代帝王园林的真实面貌有一个初步的认识④。考古发掘的商代池苑遗迹位于宫城内，以水面较为宽阔的水池为主体，水池两侧还设有引水和排水的水渠，以确保池水的清洁和流动，具有一定的观赏性。

《诗经》"王在灵囿，麀鹿攸伏；麀鹿濯濯，白鸟翯翯。王在灵沼，于牣鱼跃。"⑤毛苌注："囿，

① 广州市文物考古研究所、中国社会科学院考古研究所、南越王宫博物馆筹建处：《广州市南越宫苑遗址西汉木简发掘简报》，《考古》2006年第3期。
② 陈植注释：《园冶注释·园说》，第51页，中国建筑工业出版社，1999年。
③ 李学勤主编：《十三经注疏·尚书正义·泰誓上》，第271页，北京大学出版社，1999年。
④ 中国社会科学院考古研究所河南第二工作队：《河南偃师商城宫城池苑遗址》，《考古》2006年第6期。河南省文物考古研究所编：《郑州商城（1953~1985年考古发掘报告）》，第234~235页，文物出版社，2001年。
⑤ 周振甫译注：《诗经译注·大雅·灵台》，第417页，中华书局，2002年。

所以域养禽兽也。"但周文王的灵台和池沼到底是怎样的？由于缺乏考古发掘的实例而无法详知，从《诗经》的唱咏中可以大体看出周文王时的苑囿以台、池为主体景观，供帝王游乐和狩猎。

到了春秋战国时期，各国大兴宫室、池苑。据《左传》记载："今闻夫差次有台榭陂池焉"①。《国语》也载："今吾闻夫差好罢民力以成私好，纵过而翳谏，一夕之宿，台榭陂池必成，六畜玩好必从。"②楚国在江汉以至蜀东之间遍筑离宫苑囿，其中最重要的有章华宫，宫内的陂池是引汉水开凿而成的大型园林水面③。最近在西安考古发现了战国秦上林苑的园林水渠遗存，呈曲尺形，渠壁用大卵石砌筑，渠底用小卵石铺砌，由于发掘面积有限，暂未发现水池等遗迹。

文献记载和考古发掘表明，早在商、周时期的帝王宫殿区已有大型的园林水池和水渠系统。到了春秋、战国时期，各国的国君更是大兴宫室和池苑，在池苑四周还筑有台、榭等园林建筑，丰富园林景观，但这时的园囿还具有明显的生产作用，真正具有观赏意义的园林要到秦汉时才发展成熟。

秦始皇灭六国后，建立了统一的中央政权，以咸阳为都城，并在渭水南北两岸先后兴建了咸阳宫、兴乐宫、章台宫、华阳宫、兰池宫和阿房宫等。这些宫殿区内大都兴建有园林水池。

秦始皇修建的兰池宫，位于咸阳城东，是凿地引渭水为池，水池东西二百里，南北三十里，池中筑有蓬莱、瀛洲仙山，又雕有二百丈长的巨型石鲸置于池中④。兰池遗址已为考古发掘所证实，其地望位于今渭河发电厂一带，其地下土质为厚达30米的淤泥。池中所筑的蓬莱、方丈、瀛洲相传是渤海中的仙山神岛，山上有神仙和不老之药，自战国以来一直是帝王向往的地方⑤。秦始皇多次派人入海求仙未果，于是通过凿池堆山的手法将海中三神山模拟写放于宫苑之中，首开中国皇家园林"一池三山"的造园模式，影响深远。

未央宫是汉长安城内的重要宫殿区，据《三辅黄图》记载："未央宫有沧池，言池水苍凶，故曰沧池"。沧池又作苍池，关于其地望，颜师古在《汉书·邓通传》注曰："未央殿西南有沧池，池中有渐台"⑥。经考古发掘证实，沧池位于未央前殿的西南部，水池平面呈不规则圆形，东西400米，南北510米，池内有淤土和沙层堆积。沧池连接明渠，将城外的河水引入池内，再向北经未央宫前殿西侧流出未央宫，渠宽11~13米⑦。汉武帝时营造的建章宫，"其北治大池，渐台高二十余丈，命曰（泰）液池，中有蓬莱、方丈、瀛洲、壶梁，象海中神山龟鱼之属"。池的北岸还刻石为鱼，西岸则刻有石龟二枚，以象征海中的游鱼、龟鳖⑧。汉武帝在模拟自然山水的基础上又注入了象征和想象的因素，即所谓"园林意境"。

从文献资料记载和考古发现的先秦和秦汉园林遗址来看，南越宫苑与我国先秦和秦汉园林是一脉相承的。与先秦、秦汉帝王园林一样，南越宫苑也位于宫城内，是宫城的重要组成部分，园林景观以池苑为主体，有与池苑相连通的水渠。随着造园技术的发展，水渠从先秦时仅起引水和

①　《春秋左传集解·哀公元年》，第1721页，上海人民出版社。
②　徐元诰撰，王树民、沈长云点校：《国语集解·楚语下》，第525页，中华书局，2002年。
③　高介华、刘玉堂：《楚国的城市与建筑》，第253~259页，湖北教育出版社，1996年。
④　刘庆柱辑注：《三秦记辑注·兰池宫》，第8页，三秦出版社，2006年。
⑤　《史记·封禅书》："自威、宣、燕昭使人入海求蓬莱、方丈、瀛洲。此三神山者，其传在渤海中，去人不远，患且至，则船风引而去，盖尝有至者，诸仙人及不死之药皆在焉。"第1370~1371页，中华书局点校本，1996年。
⑥　《汉书·邓通传》，第3722页，中华书局点校本，1996年。
⑦　中国社会科学院考古研究所编：《汉长安城未央宫（1980~1989年考古发掘报告）》，第19~20页，中国大百科全书出版社，1996年。
⑧　《史记·孝武本纪》，第482~483页，中华书局点校本，1996年。

排水作用的暗渠发展至兼具游赏功能的园林景观,池苑也从早期简单的水池发展至秦汉时期的一池三山模式,园林景观也越发丰富多样。可见南越宫苑是在先秦和秦代园林的基础上继承发展而成的,是较为成熟的秦汉王家园林实例。

（二）南越宫苑遗址的特点

南越宫苑遗址主要由蕃池和曲流石渠组成,两处遗迹均用石料砌筑,还有大量石质建筑构件,表现出无论是在建筑材料,还是建筑手法都与同时期我国其他地区的建筑不同,特点鲜明。

我国古代建筑以木构梁架形式为主,在汉代以前,我国还很少使用石头作为建筑材料,到东汉时石构建筑才较多的出现,但主要表现在丧葬建筑如墓室、门阙、祠堂、碑、人兽雕像等方面。目前我国已发掘的秦汉大型建筑遗址使用石材多仅局限于柱础和沟渠用料等方面。南越宫苑遗址大量使用石材来营建水池和曲渠,并广泛利用石头来制作石八棱柱、叠石柱、石望柱、石门楣、石筭等建筑构件,这在我国古代建筑史上还是首次。相反,以砖石为主的建筑体系,在古代的地中海沿岸地区和两河流域以及印度河流域十分普遍,且年代久远。

南越宫苑蕃池池壁和曲流石渠渠底的铺石及砌法,都是用不规则形的砂岩石板拼砌而成,其效果如同瓷器的"开片"一样,这种砌法后代称之为"冰裂地"[1],在西方则称之为"乱石砌体"[2]。这种砌法在古代希腊和小亚细亚沿岸地区的建筑上应用广泛,如公元前16~前12世纪希腊克里特岛上的克诺索斯宫殿地面,以及公元前7世纪小亚细亚沿岸士麦那的雅典娜神庙的墙壁和通道等就是用石块拼砌而成的[3]。南越宫苑遗址曲流石渠渠壁用砂岩石块叠砌,这种砌法早在公元前1250年希腊迈锡尼宫殿石墙已见应用[4]。遗址蕃池东北部还发现有倒塌的叠石柱,在古埃及、古希腊等地,圆形或方形的叠石柱广泛使用。此外,遗址还出土数量较多的石八棱柱、石八棱望柱等建筑构件,类似的八棱形柱体,在印度早期佛教建筑桑奇（Sanch）大塔外围栏上大量出现,其最早是木制的,后才改为石质[5]。

南越宫苑无论是在建筑用材,还是建筑手法,又或是建筑构件的形式等都与同时期的中国建筑差异甚大,相反,却与古埃及、古希腊、古印度等地区的建筑有着惊人的相似之处。其次,遗址出土的部分砖、瓦和瓦当等建筑材料上还施有青釉,经检测,是以钠钾等碱金属为主要助熔剂的碱釉,这在国内更是首见,这种釉与普遍认为受西方技术影响的钠钙玻璃较为接近,不排除当时南越国已通过某种途径从西方获得这种釉的配方或原料的可能性,并将之成功应用到砖瓦之上。

据《史记·货殖列传》记载,秦汉时期,番禺（今广州）已是珠玑、犀角、象齿、玳瑁等海外珍宝的重要集散地[6]。考古发掘资料也显示,广州出土的汉代文物中有不少也是来自海外的,如南越王墓出土的原支非洲象牙、红海的乳香、两河流域的银盒和金花泡饰[7];广州汉墓出土来自西亚和地中海沿岸的玻璃,来自黄支国的琥珀串饰等[8]。由此看来,南越宫苑遗址出现与西方相似的

---

① 陈植注释:《园冶注释·铺地》,第198~199页,中国建筑工业出版社,1999年。
② 维特鲁威著、高履泰译:《建筑十书》,第50页,知识产权出版社,2006年。
③ [美]约翰·格里菲思·佩德利著、李冰清译:《希腊艺术与考古学》,第65、140页,广西师范大学出版社,2005年。
④ [英]大卫·沃特金著、傅景川译:《西方建筑史》,第13页,吉林人民出版社,2004年。
⑤ 萧默著:《天竺建筑纪行》,第19~25页,生活·读书·新知三联书店,2007年。
⑥ 《史记·货殖列传》:"番禺亦其一都会也,珠玑、犀、瑇瑁、果、布之凑",第3268页,中华书局点校本,1996年。
⑦ 广州市文物管理委员会、中国社会科学院考古研究所、广东省博物馆:《西汉南越王墓》,第345~349页,文物出版社,1991年。
⑧ 广州市文物管理委员会、广州博物馆:《广州汉墓》,第477页,文物出版社,1981年。

石构建筑和带釉砖瓦也不足为奇。

综上得知，南越宫苑遗址是受到中原汉文化和海外文化双重影响形成的文化遗存，是岭南文化多元性和兼容性的体现。

二　南越宫苑的造园成就

南越宫苑遗址是考古发现的秦汉园林遗址，它的发现为我们认识秦汉帝王园林的真实面貌提供了一个难得的实例。南越宫苑在造园手法上已取得较大的成就，具体表现在选址、理水、建筑经营、园林生态、借景和园林意境等方面。

（一）选址

凡造园立基，必先从选址相地上着意经营，才能做到"构园得体"①。由于中国古典园林属于自然山水式园林，是大自然山水形象艺术的再现，因此，有山有水，风景秀丽的地方是造园的理想之地。

南越宫苑距今已有二千多年，当日这里的地形地势如何？多年来，从老城区各个建筑地盘兴工动土中所看到的土层、基岩等地质情况，可对当日宫苑四周的地形地貌也有所了解：遗址所在地位于广州早期原始地形中的番禺半岛（又称东半岛），宫苑蕃池西北约200米处即今越华路广州大厦所在地，古代称之为高坡，原是一处高起的红砂岩山丘。曲流石渠西南约300米处即今广州百货大厦所在地原也是裸露的红砂岩山丘，唐五代时称为禺山。地质资料表明，南越宫苑的南北两边各有一小山丘相峙。遗址北面不远还有风景秀丽、花木繁茂的越秀山；南面有烟波浩渺、水天一色的珠江，通过借景可将园外无限风光纳入园内。此外，发源于白云山的甘溪向西南流至越秀山南麓后分两支从遗址东西两面缓缓流过，可为营造园林水景提供必要的水源。南越宫苑所在地的地势高低错落，空间层次丰富，又临近甘溪等丰富的水源，这种自然天成的地形地势，是南越国选址造园的理想之地。

（二）理水

我国古典园林被誉为山水风景园，水在园林中占有重要的地位。南越宫苑正是以水景为主要内容的园林，其理水技巧已相当成熟。

自然界的水有一平如镜的静水，有萦行曲引的动水，有集聚成湖为池的水，有分流脉散，为溪为涧的水。南越宫苑蕃池的水面是宽广的主水体，是大自然静水的体现。"静"是池沼所呈现的基本特征，这里的水面水平如镜，碧澄明澈，可映衬出蓝天白云和附近的建筑以及远处的山林等，给人以无限的遐想，令人陶醉。但蕃池的水并不是死寂，而是静中寓动，一方面是池内因养殖有游鱼、龟鳖等水生动物而充满生机，另一方面是池水因引入园外河流的活水而更显清澈。

南越宫苑除了有视野宽阔的主水体外，还有其他千姿百态的水体穿插其间。

蕃池南壁石板下埋有的木暗槽可将池水引入南边的曲流石渠，在曲渠一端可见一汪清泉暗涌而出，仿若鼎沸。这是因应地势的高下，利用暗渠的形式创造人工涌泉的实例。渠水从北而南，涌向急弯处，沿着弧形渠壁与突然低下的渠底，水流奔腾直下，会出现漩涡。

---

①　陈植注释：《园冶注释·相地》，第56页，中国建筑工业出版社，1999年。

渠水出急弯处后向东注入弯月形石池，渠水在此汇聚成渊潭。但见深潭石壁峭立，水深莫测，潭中锦鳞游戏，生动迷人。

中国古典园林的溪渠，它的特点是运用狭长曲折的水体姿态，产生动感①。曲流石渠蜿蜒曲折，当中还设有渠陂用以阻水和限水，当水流涌过渠陂，冲刷卵石，渠水与渠底密铺的灰黑色卵石相映衬，会形成粼粼碧波的人工水景。渠底当中还用黄白色的大砾石呈"之"字形点缀其间，当水流遇到这些大石的阻挡后便分流脉散，使水流更显动态。这种通过积石让水体产生变化的处理手法，与《淮南子·本经训》："来溪谷之流，饰曲岸之际，积牒旋石，以纯修碕，抑减怒濑，以扬激波"的记载类似。

利用地下暗渠理水的方法，在秦汉时已十分常见。如未央宫殿北的石渠阁下就筑有石渠以导水②。南越宫苑也是采用暗槽将池水导引入曲流石渠，曲渠之水再通过暗槽排出园外。引水和排水都用暗槽，使得游人不知水之来去，真有"曲渠之水天上来，流入珠江不复回"的奇妙效果。

水贵在清莹澄澈，若混浊发黄，势必影响水景的欣赏效果。南越宫苑曲流石渠顶部加砌的挡墙，正是为防止雨季时雨水将地面泥沙带入渠内污染渠水而特设的，设计相当考究！

（三）建筑经营

中国古典园林是一个具有可行、可望、可游、可居的艺术空间。园内除了有供游人欣赏玩乐的山水、花木和鸟兽等自然景观外，还有路径、桥梁、步石、亭台、廊轩等人工建筑，以供游人游览通行、遮阴蔽雨和停留休憩。南越宫苑的园林建筑经营在满足实用需要的同时，还与园中的景观结合起来，融为一体。

发掘中见到蕃池的池壁散落有大量的石望柱、板瓦和筒瓦等建筑材料和构件，推测当日蕃池周岸可能筑有廊、轩等临水建筑，供游人凭栏远眺池中的风景。

从曲流石渠东头的弯月形石池残存的遗迹可知，其上部原应有类似亭或台一类的建筑，可惜已毁！倚栏低望，可见池中的龟鳖游鱼嬉戏。

明清以来，我国造园以南北划派。江南园林属南派，主要营造本地的自然山水和田园风景。各式的涉水途径——桥、梁、步石之类是江南水乡风景最具特色的组成部分，是水景创作中不可缺少的要素。曲流石渠西端有一座石板平桥横跨于曲渠之间，显出质朴的山村野趣。通过架设石桥，使本来一望而尽的渠水更显深远、无尽。路径是造园者根据园林景观安排的一条参观路线，宜曲不宜直。桥的北侧仍保存下来一段步石，呈弯月形向东北延伸。这段步石的间距为0.6米，与现存下来明清园林的步石间距一致，是曲径通幽的典型范例。

曲流石渠西面还清理出一段建筑散水，从形制推断似是回廊，呈曲折形向北、向西与宫殿区相连。廊是建筑与建筑，景点与景点之间的联系通道，不但可让游人赏景休憩，又起到组织景观、分隔空间的作用，使园林景观的层次更加丰富。

（四）园林生态

中国早期的园林叫"园"或"囿"，是利用自然地理环境种植花草树木，养殖走兽的场所，到

---

① 刘托：《两宋私家园林的景物特征》，《建筑史论文集》第十辑，清华大学出版社，1988年。

② 何谷清校注：《三辅黄图校注·阁》："石渠阁，萧何造，其下砻石为渠以导水"，第325页，三秦出版社，1998年。

了秦汉之后才在苑内营造宫室，发展形成宫苑。汉代上林苑种植的花果漫山遍野，非常茂盛，"卢橘夏熟，黄甘橙楱，枇杷橪柿，亭奈厚朴，樗枣杨梅，樱桃葡萄，……杨翠叶，杌紫茎，发红华，垂朱荣，煌煌扈扈，照耀巨野"①。在汉代更有以观赏葡萄为主题的葡萄宫，有武帝破南越之后，以种植从岭南所得荔枝和其他奇花异木为主的扶荔宫等。上林苑中还有圈养马、虎、鹿等动物的地方，供帝王娱游校猎。

南越宫苑遗址出土的植物种实，有杨梅、荔枝、橄榄、桃、梅、南酸枣、山鸡椒、构树等，另有属于李属、樟科、葫芦科、省藤属（？）的植物。此外，曲流石渠内还出土有阔叶属树叶等。可以想象当日宫苑内芳草萋萋，绿树成荫，满园奇花异果。

除植物外，苑内还养殖有动物，其中曲流石渠内就放养大量的龟、鳖、鱼、蚌等。古时，人们把龟列为四灵之一，曲流石渠内放养大量的龟鳖，可能取其长寿的象征意义。从战国燕太子丹为了讨荆轲欢心曾在苑内以金珠投龟取乐的记载看②，苑内放养龟鳖也可供统治者观赏。从遗址出土有梅花鹿角以及南越木简有"守苑行之不谨，鹿死腐"的记载来看③，当日苑内还养殖有梅花鹿和大型鹿科等动物。鹿是古代的瑞兽之一，可供统治者观赏、校猎和食用。

（五）借景

计成在《园冶》借景篇说："夫借景，园林的最要者也。"他接着又指出，借景有远借、邻借、仰借、俯借和应时而借等多种。南越宫苑四周的山光、水色、丛林和建筑都是得天独厚的可借之景。通过远借可以把城北越秀山的层峦叠翠纳入园内；通过邻借，宫苑西侧巍峨雄伟的宫殿建筑不招自至；登高望远，珠江烟波浩渺的自然景色尽收眼底。至于"应时而借"更是多姿多彩，有一日之间的朝晖夕霞，有一年四季中的春花秋月。通过借景，可将园外无限风光和四时烂漫融纳入园内，大大丰富了园林景观。

（六）园林意境

园林意境是比直观的园林景象更为深刻、更为高级的审美范畴，是园林艺术的最高境界。它融会了园林景象，融会了诗情画意与理想，可给人以更为深广的美感享受④。南越宫苑园景丰富，蕴涵无限的意境。

在已发掘的蕃池东北部，有一向西南倾倒的叠石柱，石柱的附近还散落有大量的板瓦、筒瓦和"万岁"文字瓦当等建筑构件，推测蕃池中间有建筑组群。这种造园手法与秦汉皇家园林的池苑中堆土立山，以象征蓬莱、方丈、瀛洲海上三神山的做法相一致。南越王赵佗本中原人，蓬莱神话在他心中印象深刻，当他在岭南称王后，也会效仿秦始皇在苑内凿大池，立三山以模仿海上仙山神岛，祈求长生不老。当烟霭茫茫，细雨霏霏，池中建筑若隐若现时，真有蓬莱仙境的感觉。

水不在深，妙于曲折，以有限的空间环境造就无限空间意境，这是中国古典造园艺术理水的精髓。曲流石渠遗迹呈"之"字形走向，在迂回映带之间，不使人一望而尽，形成一种清旷深远

---

① （汉）司马相如：《上林赋》，《全汉赋》，北京大学出版社，1993年。

② 《史记·刺客列传》索隐："轲与太子游东宫池，轲拾瓦投龟，太子捧金丸进之。"第2532页，中华书局点校本，1996年。

③ 中国社会科学院考古研究所、广州市文物考古研究所、南越王宫博物馆筹建处：《广州市南越宫苑遗址西汉木简发掘简报》，《考古》2006年第3期。

④ 杨鸿勋：《中国古典园林艺术结构原理》，《文物》1982年第11期。

的意境。漫步园中，一边欣赏绿意盎然的花草树木，一边聆听潺潺的水流声和鸟儿的欢叫声，有仿若置身于山林溪涧之中，野趣盎然。

南越宫苑遗址的发现，证明我国古代帝王园林不仅有大型的苑囿，还有小型的、精致的、纯观赏性的都市园林。这种园林的设计所长，在于利用有限的隙地营造出宽广无垠的自然风光，可收到"以小见大，以短见长"的效果。

三　南越宫苑的园林水源

水在园林中占有极其重要的地位，是造园中不可缺少的要素。为了保证园林水体充盈、清澈，我国古典园林的水源多是从园外引入。

这种从园外引自然河流的水而凿池造园的做法在商周和秦汉时期已相当普遍。在偃师商城发现的商代早期池苑遗址，其东、西两侧设地下暗渠与城外护城河连接，形成一个循环的人工水利系统来确保水池用水不枯不竭[1]。秦始皇在咸阳城东边开凿的兰池，就是引渭水而成的[2]。沧池是汉长安城未央宫的重要园林水景，因池水"苍色"而又名"苍池"[3]。根据《水经注》记载，沧池的水是引自长安城外的泬水[4]。同样，建章宫内唐中池、太液池的水是靠泬水另一分支的水源注入，然后再流入渭水[5]。秦汉时期和以后的池苑大都与流经附近的河流相连通，目的就是将自然的河水引入园内，以确保池苑有稳定、充足的水源供给。

南越宫苑蕃池和曲流石渠之水从何而来？查考番禺城（今广州）附近地形及河道有关情况，南越宫苑的园林水源应是引自甘溪（图一六九）。

甘溪是见诸考古发现中广州最早的水道名。1953 年，在广州市东郊先烈路孖鱼岗清理一座东汉大型砖室墓，墓砖中有戳印"永元九年（97 年）甘溪造万岁富昌"、"甘溪灶九年造"等铭文[6]，由此可知"甘溪"之名最迟在东汉时已有。1954 年，在扩建建设大马路北段工程时发现唐代姚潭墓，墓志刻有"窆于甘溪之南原"[7]。另据冼玉清查考康熙四十八年（1783 年）禹之鼎绘的广州府志地图还标有甘溪这一水道[8]，可知甘溪这一水道名历汉唐一直沿用至明清时期。

甘溪是广州城的重要水道，又名蒲涧水、行文溪、越溪和離離水等。它在历史上对广州城市的发展具有重要的意义，不但具有航运、灌溉等作用，更重要的是，它是广州城饮用水的重要来源，同时也是南越国和南汉国宫苑的园林水源。

据文献资料记载，广州先民对甘溪的开发要以西汉交阯部刺史罗弘（宏）对甘溪进行疏浚为最早[9]。其后，三国东吴刺史陆胤，为解决广州城饮水难的问题，在甘溪筑坝蓄水，将水导引入城

① 中国社会科学院考古研究所河南第二工作队：《河南偃师商城宫城池苑遗址》，《考古》2006 年第 6 期。
② 刘庆柱辑注：《三秦记辑注·兰池宫》载："秦始皇引渭水为长池，东西二百里，南北三十里。"按长池即兰池，可知兰池的水是引自渭水的。第 8 页，三秦出版社，2006 年。
③ 何谷清校注：《三辅黄图校注·池沼》，第 246 页，三秦出版社，1998 年。
④ 《水经注疏·渭水下》："故渠又东而北屈，迳青门外，与泬水枝渠会。渠上承泬水于章门西。飞渠引水入城。东为仓池，池在未央宫西。"按"仓池"即"沧池"。第 1594 页，江苏古籍出版社，1999 年。
⑤ （宋）程大昌：《雍录·渐台二》："第三枝则揭水陂也者，自南而北，径趋建章，先为唐中池，周回十里，已而从东宫转北，则为太液池，其中又有渐台，即建章宫渐台也。渐台下流入渭。"第 193~194 页，中华书局，2005 年。
⑥ 广州市文物管理委员会、广州市博物馆：《广州汉墓》，第 381~382 页，文物出版社，1981 年。
⑦ 《建设新村唐姚潭墓（54 北建 M1）》，《广州市文物志》，第 123~125 页，岭南美术出版社，1990 年。
⑧ 冼玉清：《广州最早的砖窑——甘溪灶》，《羊城晚报》1961 年 6 月 9 日。
⑨ 清雍正四年编：《古今图书集成·方舆汇编·职方典》记载："甘溪，按县志在越溪之上，汉刺史罗弘浚。"第 19531 页，中华书局、巴蜀书社，1987 年。

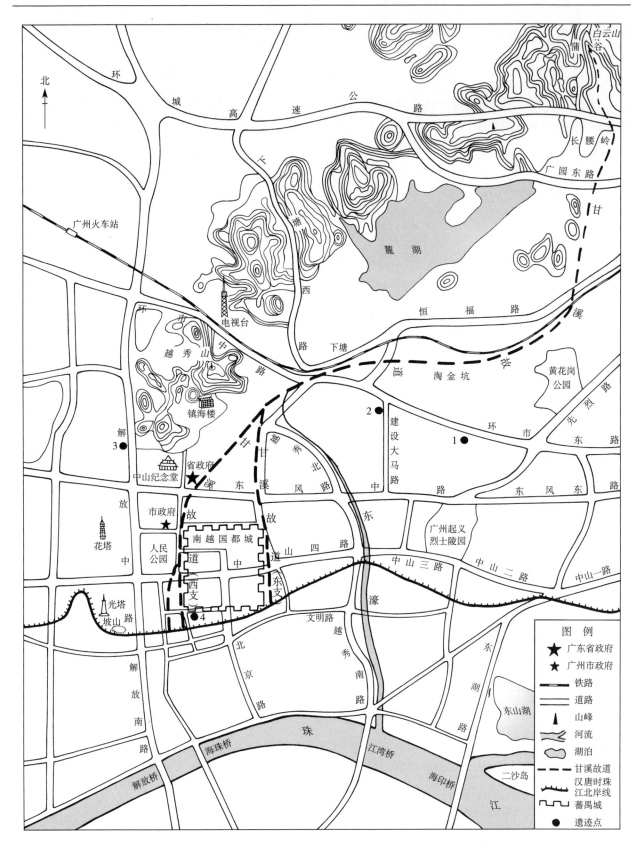

图一六九　南越国都城与汉唐时期甘溪位置示意图

1. 1953 年在孖鱼岗东汉砖室墓中出土有"甘溪灶"等铭文砖　2. 1954 年在建设大马路发现唐代姚潭墓　3. 1983 年发现的南越文王赵胡
（眜）墓　4. 2000 年在西湖路光明广场工地发现的南越国木构水关遗址

供百姓饮用①。唐宋以来，广州先民对甘溪的开发也从未间断。

关于甘溪的水道，由于历经广州城建两千多年的发展，已被缓慢的自然堆积和快速的城市建设所填塞或改道，发生了巨大的变迁。但通过以宋元以来有关甘溪的记载为线索，结合新中国成立以来的有关考古发现和城市建设等资料加以考察，可将汉唐以来甘溪的故道勾画出来，以加深我们对南越国开发和引用甘溪水的了解。

有关甘溪的发源地、流向以及变迁情况要以清人顾祖禹的《读史方舆纪要》越溪条的记载最为详尽：

> 志云，（广州）府东二十里有蒲涧，出白云山中，中产菖蒲，一寸九节，相传安期生服此得仙。其水甘冷，一名甘溪，曲折流注越秀山麓，左为菊湖，今湮，右为越溪。又东北与东溪合，注于东江。今府城东北五里，有甘溪池，亦谓之虬虬水。王象之云：虬虬水即蒲涧水也，吴刺史陆允（胤）以海水咸卤，因导蒲涧以给民用。唐节度卢钧加凿之，始可通舟。南汉更为疏凿，作甘泉苑。郡志：宋末于越秀山左堰越溪溉田。今堰废，其水悉入于城濠②。

明代郭棐对甘溪的考证也比较详细：

> 聚龙岗，其东北六里有蒲涧，上有安期飞升台，有炼丹井，有滴水岩，岩上有悬钟，其下有簾泉，汇为流杯池，沿涧曲折而南为行文溪水，流入金钟塘分上塘、下塘，注于粤秀山麓，其左为菊湖，今湮，旧有崔兴之祠，亦废。其右为越溪，会东溪至北山下为甘溪，虬虬水③。

从上面两条文献记载可知，甘溪发源于广州城东北二十里处的蒲涧，按蒲涧即菖蒲涧，因为涧中有九节菖蒲生长，相传安期生服食后得以飞仙而得名④。其地当在今天白云山东麓长腰岭以东的菖蒲涧，现在尚有地名蒲谷。这一段山涧水从白云山上顺着峡谷南流，水流清澈甘甜。

蒲涧上有高崖滴水称为滴水岩，"在蒲涧上。峭壁屹立，飞泉下泻，势若建瓴"⑤。雨季时泉水下泻如飞帘，气势颇为壮观，所以又名濂（簾）泉。蒲涧岸侧有蒲涧寺。苏轼《蒲涧寺》："不用山僧导我前，自寻云外出山泉。千章古木临无地，百尺飞涛泻漏天。"⑥可知当日蒲涧古木参天，绿树成荫，涧水清澈，又有瀑布飞泉，可谓景色优雅，因此，蒲涧濂泉是宋代、元代和清代羊城八景之一⑦。

蒲涧水经濂泉汇水为流杯池，"在菖蒲观之东，水石天成，非由人巧"⑧，是南汉甘泉苑内的重要园林景观，南汉皇帝和群臣常在此斗诗畅饮。

溪水过流杯池后曲折向西南，流入金钟塘而分上塘、下塘。上塘和下塘即今天麓景路附近的上塘村和下塘村。

溪水经金钟塘后流至越秀山南麓向西注入菊湖，其东为越溪，与东溪汇合后即为甘溪。菊湖的位置大概在越秀山南麓的低洼地，即今天中山纪念堂、省政府一带。清代这一带是挞紫鱼塘和

① 《三国志·吴书》："（广州）州治临海，海水秋咸，胤又畜（蓄）水，民得甘食。"，第1410页，中华书局点校本，1975年；（宋）王象之：《舆地纪胜》甘溪池条："在州东北五里，《番禺杂记》云：晋陆史君以海水味咸，导以给民。"，《续修四库全书（584）》，第710页，上海古籍出版社。

② （清）顾祖禹：《读史方舆纪要·广东》，第4600页，中华书局，2005年。

③ （明）郭棐：《广东通志》，《稀见中国地方志汇刊》第42、43册，第351~352页，中国书店，1992年。

④ （明）郭棐：《广东通志》，《稀见中国地方志汇刊》第42、43册，第351~352页，中国书店，1992年。

⑤ （宋）祝穆：《方舆胜览》，第607页，中华书局，2003年。

⑥ 同治十年修：《番禺县志·古迹略二》点注本，第378页，广东人民出版社，1998年。

⑦ 张凤喈等修：《南海县志·古迹略》，《中国地方志集成·广东府县志辑》第30册，第158~159页，上海书店出版社，2003年。

⑧ （宋）方信孺：《南海百咏·流杯池》，第43页，《委宛别藏》，江苏古籍出版社，1988年。

将军大鱼塘的所在地，共有大大小小的鱼塘八口，从应元宫眺望，"烟波浩渺，藻荇交横"①。这一片低洼的鱼塘区，就是宋代菊湖湮废后形成的。上世纪末，在省环保大厦和省科学馆前的连新路进行工程建设，从工地开挖的地质情况来看，地表以下2~3米往下全是夹有大量贝壳的灰黑色淤泥和河沙，厚达6~7米。挖上来的淤泥中还夹带有少量唐、宋时期的黑陶罐残片和青瓷、青白瓷片等。据宋王象之《舆地纪胜》引唐庚记云："（越王）台据北山，南临小溪，横浦、祥牁之水辐辏于其下。"②按北山即今越秀山，在唐代，越秀山南麓还是一条与北江和珠江相连接的溪水。到了宋代，甘溪在这里已潴水成湖，因山有菊坡祠堂而名菊湖，"菊湖云影"还是宋代羊城八景之一③。南宋末年，经略使谢子强决菊湖堰堤泄湖水，并将其地开辟为官田。元代以后，菊湖已湮废④。

越溪与东溪汇合后即为甘溪。自新中国成立以来，在今天太和岗、黄花岗、华侨新村和省广播电影电视局一带陆续发现一大批汉唐时期的墓葬，证明当时这一带都是郊外的山岗地。1953年在先烈路孖鱼岗发现戳印有"甘溪"陶文墓砖的东汉墓，表明当时此地附近有烧造砖瓦的窑址，而窑址应就在濒临甘溪的台地之上。1954年在建设大马路北段发现的唐代姚潭墓，墓志明确表明该墓位于甘溪的南原，也就是说甘溪就在此墓的北侧，这是第一次从考古出土的实物资料得知汉唐时期甘溪位置的确切记载。由于城市建设的快速发展，今黄花岗、华侨新村和沟金坑一带已是高楼林立，原有的河道水网已不复见。但从地理环境来看，这一带还是比四周要高出许多的山岗台地，与其对应的北面则是横枝岗山地，地势也较高，而两者之间的地势明显下降许多，应是低洼的谷地。至今此地还有淘金坑等地名，意即低洼的水坑，应是该地原有的河道因年久泥沙淤塞后形成的水坑演变而来的地名。从地形地貌，结合考古的发现，可以断定今天淘金坑东北—西南向的低洼地就是汉唐时期甘溪的故道。

甘溪至越秀山南麓后分东西两支向南注入珠江，其中东边一支沿今天小北路、旧仓巷、大塘街和长塘街流入珠江。

1996和1998年，在越华路与仓边路交汇处的银山大厦建筑工地发掘，得知今旧仓巷原是低洼的河滩地，东侧的仓边路是低矮的小山岗。2002年，广州市政在中山四路正对旧仓巷的位置进行城市截污工程施工，马路面以下约3米即为河相的淤土堆积，内含大量河蚬等贝壳。2002年在大塘街东侧清理出一段宋代河堤，河堤下面是东汉至唐代的沙黏土堆积，含较多的贝壳、螺壳等，表明在宋代修筑这条河堤之前已有河道流经此地。结合今城隍庙以东则陡然下降达3~5米的地形变化，可知今旧仓巷、大塘街和长塘街一带原是低洼的河道。今大塘街与中山四路交汇处附近在宋代建有文溪桥⑤，该桥横跨宋代广州子城东门外清水濠。清水濠即文溪（甘溪下游的别称）正流所经，因注入清澈的溪水所以得名，其水汇入珠江的交汇口又名东澳⑥。考古发掘和文献资料表明，横穿宋代广州东城的甘溪至元代时已经湮废，明初只有暗渠将甘溪的涓涓细流排流出珠江⑦，

---

①　黄佛颐编纂：《广州城坊志》卷一"将军大鱼塘"条，第115页，广东人民出版社，1994年。

②　（宋）王象之：《舆地纪胜·广州·越王台》，《续修四库全书（584）》，第710页，上海古籍出版社，2002年。

③　（元）陈大震：《元大德南海志残本》，第119页，广东人民出版社，1991年。

④　（明）黄佐：《广东通志·舆地志》记载："（行文溪水）注于粤越山麓，其左为菊湖，今废，旧有崔兴之祠，亦废。"第290页，广东省地方史志办公室影印，1997年。

⑤　（清）陈际清：《白云越秀二山合志·志桥梁村店》："文溪桥在杨都祠左，宋李忠简建。按长塘街北口旧有小桥，即古文溪桥。"

⑥　（元）陈大震：《元大德南海志残本》："清水濠，在行春门外，穴城而达诸海，古东澳也。"第54页，广东人民出版社，1991年。

⑦　《永乐大典·广州府·城池》："清水濠，旧在行春门外，古东澳也，穴城而通于海，今废。别于新盐司前开暗渠，通水出城。"第8380页，中华书局，1986年。

到明成化三年，更在今小北花圈外将甘溪水斜引入东濠，自此以后，甘溪就不再贯城而过，而改道东濠入珠江了。

甘溪至越秀山南麓另外还有一支向西经今天的吉祥路华宁里和教育路向南注入珠江。

1972年在广仁路与越华路交汇处略偏西的位置发现一段南北走向的宋代城墙基址[1]。1998年在中山五路小马站发掘出东汉、东晋、南朝三个时期套叠一起的城墙基址[2]。2000年，在广州市西湖路光明广场工地也发掘出一段南北向唐代的城墙基址和壕沟遗迹[3]。这三处地点发现的城墙基址，大致位于南北直线上，应是汉唐时期广州城和宋代广州子城的西城墙。在城西，有南汉刘氏开凿的明月峡、玉液池[4]，其地就在今吉祥路华宁里、七块石一带[5]。玉液池的南面则是南汉南宫的药洲，因湖中沙洲遍植花药而得名[6]。药洲中置有奇石九块，名为"九曜石"[7]，今教育路南方剧院北侧仍有遗迹保存。由此可知，宋代子城西城墙外有南汉的明月峡、玉液池和药洲等较开阔的园林水面，这一带水面一定是在原有水道的基础上开凿而成的。从地形地势来看，今人民公园较东侧的吉祥路高出许多，地表还可看到裸露的红砂岩土层，可推知汉唐时期甘溪向西南流的一支就是从今天的吉祥路、教育路南流注入珠江的。"宋初名西园，后更为西湖"[8]，到南宋时，因上游筑堰潴水成菊湖，水量有所减少，才改筑为水渠[9]。

通过对文献资料中有关甘溪的材料进行梳理，结合考古发现和城市建设的地质资料等进行综合考察，可得知汉唐时期的甘溪源自广州城东北白云山的菖蒲涧，然后沿白云山山脉的走向向西南流经今天的淘金坑，至越秀山南麓后分两支，东支向南经今小北路、旧仓巷、大塘街和长塘街注入珠江；西支向西经今天的省政府、科学馆一带后再向南沿吉祥路、教育路注入珠江。南越国都城夹在两支溪流中间，可以说是左右逢源。

通过对汉唐时期甘溪故道进行考察，让我们对当日南越国都城——番禺城的周边环境有一个大概的了解。南越国都城是建造在一处比四周高起的台地之上，南面面向水面宽阔的珠江，北面倚靠越秀山，发源于番禺城东北白云山的甘溪至越秀山下分两支从都城的东面和西面淌淌流过，这种优越的自然地理环境，连东汉时被派往交州任刺史的步骘看到也禁不住发出"斯诚海岛膏腴之地，宜为都邑"的感叹[10]。

南越国定都于此，是出于对城市水源和都城安全两个方面综合来考虑的。《管子》已提出："凡立国都，非于大山之下，必于广川之上，高毋近旱而水用足，下毋近水而沟防省。"[11]可见任何一个城市要发展，必须要有充足的水源保证。番禺城的南面虽然紧靠珠江，但由于珠江受海潮影响，江水咸苦不能饮用，所以一定要有另外的水源。而发源于番禺城东北的甘溪，不但水源清澈、甘

① 黎金：《越华路宋代城基遗址考略》，《羊城文物博物研究》，第49~53页，广东人民出版社，1993年。
② 广州文物考古研究所：《广州市中山五路东汉至南朝城墙遗址》，《中国考古学年鉴（1999）》，第255~256页，文物出版社，2001年。
③ 广州市文物考古研究所：《广州市西湖路光明广场唐代城墙遗址》，《羊城考古发现与研究（一）》，第171~178页，文物出版社，2005年。
④ （宋）方信孺：《南海百咏》："（石屏堂）在郡宅西，蒋公之奇所建，其下有池百余步，列石甚富，刘氏所谓明月峡、玉液池是也。……每岁端午，令宫人竞渡其间"，第8页，《委宛别藏》，江苏古籍出版社，1988年；（清）梁廷楠：《南汉书·后主本纪二》："城西，浚玉液池，以岁之五月五日，出宫人竞渡其中"，第2ᵒ页，广东人民出版社，1981年。
⑤ 陈代江：《广州城市发展史》，第89页，暨南大学出版社，1996年。
⑥ （宋）叶廷珪：《海录碎事·地部·洲岛门》："药洲，在广州朝天门外。南汉氏于兹种药"，第98页，中华书局，2002年。
⑦ （宋）方信孺：《南海百咏·九曜石》："九曜石，在药洲水中"，第12页，《委宛别藏》，江苏古籍出版社，1988年。
⑧ 清雍正四年编：《古今图书集成·方舆汇编·职方典·广州府》，第19531页，中华书局、巴蜀书社，1987年。
⑨ 广州市文物考古研究所：《广州市宋代六脉渠遗址》，《中国考古学年鉴（1998）》，第203~204页，文物出版社，2000年。
⑩ 《水经注疏·浪水》，第3009~3100页，江苏古籍出版社，1999年。
⑪ 黎翔凤撰、梁运华整理：《管子校注·乘马第五》，第83页，《新编诸子集成》，中华书局，2006年。

甜，而且水量充沛，是番禺城水源供给的有力保证。甘溪为番禺城提供充足的生产、生活用水的同时，也为南越宫苑提供园林水源。

番禺城的南面濒临宽阔的珠江，北靠越秀山，这是守卫都城的天然屏障。同样，从番禺城东、西两旁流过的甘溪，只要将其河道稍作开凿和疏导，就可成为天然的城濠，战时可捍卫外敌的入侵，雨季时可疏导洪水，以确保番禺城的安全。

综上可知，甘溪不但在保证南越国都城的安全方面起着举足轻重的作用，更重要的是它为城内生活和园林造景提供了充足的水源保证。

第三节　南越国都城与宫城

一　南越国都城与宫城的位置

广州最早的城址位于何处？这一直是地方史学家们探求和争论的问题。关于广州城的兴起，有西周说、春秋说、战国说和秦汉说等不同的说法，其中的秦汉说不但文献记载可信，也有地下考古材料可证，最具说服力。广州在秦汉时期称番禺，其后又有任嚣城、赵佗城、越城等不同的别称，这些别称仅见于后代的方志中。番禺一名于文献中最早见于《淮南子·人间训》和《史记·南越列传》中。其后的《汉书·地理志》南海郡条所记较为详细，该条下班固自注："秦置。秦败，尉佗王此地。"同书又说南海郡辖县六，番禺居首，班固自注："尉佗都"。这条记载清楚表明，番禺在秦汉时期既是南海郡治和番禺县治，也是南越国的都城。

关于番禺城的具体位置，文献资料记载不详。《史记·南越列传》记载："且番禺负山险，阻南海，东西数千里。"由此可知番禺城负山阻海，地形险要。《史记·西南夷列传》记载唐蒙在南越食到蜀地的枸酱，问所从何来，曰："道西北牂柯，牂柯江广数里，出番禺城下"[1]。此条记载可知番禺城位于牂柯江（今珠江）之滨。《史记·南越列传》记载汉武帝元鼎六年平南越之战："楼船将军将精卒先陷寻峡，破石门，得越船粟，因推而前，……至番禺。建德、（吕）嘉皆城守。楼船自择便处，居东南面；伏波居西北面。会暮，楼船攻败越人，纵火烧城。……吕嘉、建德已夜与其属数百人亡入海，以船西去。"[2]从这段文献记载大致可知番禺城位于今石门的东南面，其西北、南和东南三面皆临近珠江。今广州市区西北面有小北江，自石门沿增埗河顺流南下抵广州西村，应是汉伏波将军为营攻处；由此入白鹅潭分为两支，一支往东南为珠江后航道，向东流一支即为珠江前航道，即今天的长堤、沿江路一段，这一段应是当日楼船将军发起攻城之地。而吕嘉、建德西去之路，大抵是沿今白鹅潭往西经盐步、佛山，折向西北注入三水西南而溯西江主流，依文献记载和水道的位置来推定，当日番禺城无疑就在今广州老城区之内[3]。

关于南越国都城——番禺城的坐落位置，宋人方信孺引郑熊《番禺杂志》的记载认为位于宋代广州东城内，"今为盐仓"[4]，其地即今天的旧仓巷以东一带。但从今天城隍庙以东多处建筑工

---

① 《史记·西南夷列传》，第2993~2994页，中华书局点校本，1996年。
② 《史记·南越列传》，第2975~2976页，中华书局点校本，1996年。
③ 麦英豪：《广州城始建年代及其他》，《羊城文物博物研究》，第70页，广东人民出版社，1997年。
④ （宋）方信孺：《南海百咏·任嚣城》，第3~4页，《宛委别藏》，江苏古籍出版社，1988年。

地开挖的地层来看，却未见有早于东汉时期的文化层，多是晋、南朝以后形成的地层堆积。如：1996 年和 1998 年，在越华路与仓边路交汇处的银山大厦工地进行的考古发掘资料表明，这里最早的文化层是唐代时期，往下即为生土或河滩淤泥①。1998 年，在中山四路秉政街西侧，北面紧靠中山四路的位置进行考古发掘，也未发现南越国时期的遗迹或地层堆积②。2002 年，在大塘街东侧百岁坊一建筑工地进行考古发掘，也未发现早于东汉时期的地层堆积③。以上地点的考古发掘资料表明，南越国都城的东界并没有越过今天的旧仓巷、长塘街一线，方信孺关于番禺城位置的记载不足信！

相反，旧仓巷以西至吉祥路这一片区域，相继发现有南越国的宫殿、宫苑、水池、水井和走道等建筑遗迹以及遗物，对确定南越国都城的位置提供了重要的实证。教育路以西，据目前的考古发掘资料所知，很少发现南越国时期的遗存，可见南越国都城西界应在教育路和吉祥路东侧附近。

2000 年，在惠福路与西湖路之间的光明广场建筑工地，发现了南越国时期的大型木构水关遗址，为确定南越国都城的南界提供了一个准确坐标。

至于南越国都城的北界，从地形上来看，今天越华路以南的地势要比越华路以北高出 3~5 米。结合文献记载可知，今越华路以北至越秀山南麓在唐代以前还是一片未被开发利用的低洼地，由此可推定南越国都城的北界大概就在今天越华路南侧的省财厅和广州大厦附近。南越国都城的规模不大，东西长约 500、南北宽约 800 米，面积约 40 万平方米（图一七〇）。

由于受古番禺早期的原始地形所限，南越国都城平面形状可能呈不规则形，是否如此，尚有待更多的考古材料证实。

近二十年来的考古发掘资料显示，在今中山路以北，不但发现有南越国时期的大型宫殿建筑基址和宫苑园林水景遗迹等，还出土大量"万岁"文字瓦当、戳印"居室"、"华音宫"、"未央"、"中共（供）厨"、"殿中"等陶文的砖瓦和陶器以及"中府啬夫"封泥等。这些戳印宫殿和官署名称的建筑材料和生活用器以及封泥在此集中发现，证明南越国的宫城区位于都城的北部。其范围大概在今旧仓巷以西，吉祥路以东，中山路以北和越华路以南这一片区域，东西长约 500、南北宽约 300 米，面积约 15 万平方米。

二　南越国宫城的布局

从目前已发掘的南越宫苑遗迹来看，南越国宫城大体可分为宫殿区和宫苑区两大部分。

宫殿区位于宫城的中部，目前仅发掘了其东边原儿童公园部分，揭开了 1 号和 2 号宫殿、1 号廊道和砖石走道等建筑遗迹。这部分以南北走向的 1 号廊道为轴线，东西两侧有 1 号宫殿和 2 号宫殿，再往北还应有其他的宫殿建筑分布。这两座宫殿的规模都不算很大，且位于唐宋以来广州城市中轴线——北京路的东边，很可能只是南越国宫殿区东边的一些偏殿建筑，更重要的宫殿很可能还埋在今天北京路地下。北京路以西至吉祥路一带，由于考古资料有限，地下遗迹埋藏情况尚无法了解。

宫殿区的这种布局手法，主要是从这里的地形地势来考虑的。近年来在儿童公园内进行的大

① 全洪、张强禄：《广州市仓边路发现宋代城墙遗址》，《广州文物考古集（之一）》，第 300~303 页，文物出版社，1998 年；广州市文物考古研究所：《广州市越华路唐代、宋代城墙遗址》，《中国考古学年鉴（1999）》，第 262~263 页，文物出版社，2001 年。

② 广州市文物考古研究所：《广州市中山四路秉政街汉代木构建筑遗迹》，《中国考古学年鉴（1999）》，第 254 页，文物出版社，2001 年。

③ 广州市文物考古研究所：《广州市大塘街宋代河堤遗址发掘简报》，《羊城考古发现与研究（一）》，第 256~276 页，文物出版社，2005 年。

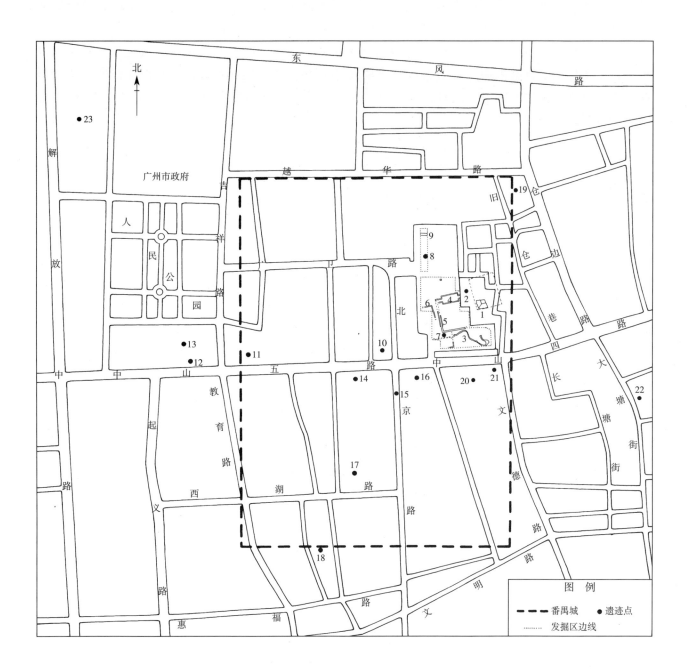

图一七〇　南越国都城——番禺城位置示意图

1. 1995年发掘的南越宫苑蕃池　2. 1996年发掘的南越宫署食水砖井　3. 1997年发掘的南越宫苑曲流石渠　4. 2003年发掘的南越国一号宫殿基址　5. 2003年发掘的南越国一号廊道　6. 2003年发掘的南越国二号宫殿基址　7. 2004年发掘的南越国渗水井　8. 2005年发掘的南越国食水砖井　9. 2006年发掘的南越国宫城北墙基　10. 1988年发掘的南越国砖砌水池　11. 1996年发掘的南越国瓦砾堆积　12. 1996年发现的南越国木方井　13. 1999年发现的西汉陶圈井　14. 南越国木构建筑遗迹　15. 2002年发掘的南越国遗存　16. 2006年发现的南越国食水砖井　17. 2000年发现的南越国木方井　18. 2000年发掘的南越国木构水关遗址　19. 1996年和1998年在银山大厦工地未发现早于唐代的文化层堆积　20. 1999年在府学电站工地未发现早于唐代的文化层　21. 2003年在致美斋工地未发现早于东汉的文化层　22. 2002年在大塘街发掘出宋代河堤遗址　23. 2000年在恒鑫御园工地未发现早于东汉的文化层堆积

规模考古发掘资料显示，当日这里的地势以今广州大厦所在地为最高，其地势大体自北向南呈缓缓下降，已发现的南越国1号和2号宫殿基址也大致自南向北布置的。

　　宫苑区位于宫城东北部，其中北面以蓄池为中心，水面宽阔，池中筑有大型建筑。南面则以曲流石渠为中心，石渠东端弯月形石池上可能还建有亭台类建筑，西端尽头处筑有石板平桥和步石，西面和南面还建有廊道等园林建筑小品。这种布局主要是根据当时北高南低的地形地势来安排的。将石构水池置于地势较高的北部，是因为甘溪位于南越国都城的东北面，为顺应甘溪向西南流的方向，顺势利导将水源引入园内而考虑的。石水池蓄到一定水量后再将池水通过木暗槽引入地势较低的曲流石渠内，渠水再随地势的下降向南向西顺流出园外，以保持池水、渠水的流动性，营造各种水景效果。

　　宫殿区和宫苑区是两组既相对独立，又密切联系的建筑空间。从宫苑蓄池可通过1号宫殿东侧通道进入宫殿区。此外，从宫苑曲流石渠西部的曲廊和西北部的步石也可通过1号廊道进入宫殿区内。反之通过这些通道也可从宫殿区进入宫苑区。这些廊道既是宫殿区和宫苑区之间的隔离带，也是两者之间联系纽带。

　　据《汉书·诸侯王表》记载："而藩国大者夸州兼郡，连城数十，宫室百官同制京师"[1]，可知当时汉初诸侯国的宫室和百官建制与京师是相同的。从已发掘的南越宫苑遗址、南越王墓和淘金坑汉墓出土戳印"长乐宫器"、"长秋居室"、"华音宫"和"未央"等宫殿名的陶器，结合已揭露的南越国宫殿基址散水情况综合分析，南越国宫室的名称多是效仿汉廷的，其建筑形制也与汉廷中央的宫殿建筑形制大体一致，但规模要小，建筑用材也有自己的特色。

---

① 《汉书·诸侯王表》，第394页，中华书局点校本，1996年。

附表一　1995 年和 1997 年发掘区地层对应表

时代	1995 年发掘区地层	1997 年发掘区地层	备注
	①	①	
清代	—	—	仅保存有遗迹
明代	—	②	
元代	—	③	
宋代第二期	—	④ a、④ b	
宋代第一期	—	④ c、④ d	
唐、南汉第三期	—	—	仅保存有遗迹
唐、南汉第二期	—	⑤ a	
唐、南汉第一期	—	⑤ b	
两晋、南朝第四期	—	—	仅保存有遗迹
两晋、南朝第三期	②	⑥ a	
两晋、南朝第二期	③	⑥ b	
两晋、南朝第一期	④	⑦	
汉代第四期	⑤ a	⑧ a	
汉代第三期	⑤ b	⑧ b	
汉代第二期	—	⑨ a	
汉代第一期	—	⑨ b	
南越国晚期	⑥	⑩	南越国灭亡后形成的废弃堆积
南越国早期	—	⑪	
秦代至南越国早期	—	⑫	

附表二　蕃池遗迹出土南越国瓦统计表

纹饰或特征 ＼ 质色	板瓦					合计	筒瓦					合计
	灰	灰白	黄白	红	青釉		灰	灰白	黄白	红	青釉	
外细绳纹、内小突点	278	201	25	6	3	513	124	81	35	8		248
外细绳纹、内大突点	30	14	5			49	10	10				20
外粗绳纹、内小突点	30	1		14	1	46	3	1				4
外粗绳纹、内大突点	150	56	1	6	3	216	25					25
外弦纹绳纹组合、内小突点	69	114	12			195	20	32	5	2	1	60
外弦纹绳纹组合、内大突点	94	4	1	3		102	22		7			29
外弦纹绳纹组合、内素面	76	52	2	8	6	144	6					6
外接三棱锥形瓦钉	3	9			1	13	4	7				11
内接三棱锥形瓦钉	1	1				2						
外接圆锥形瓦钉												
内接圆锥形瓦钉			1			1						
合计	731	452	47	37	14	1281	214	131	47	10	1	403

附表三　蕃池遗迹出土"半两"铜钱标本实测登记表

尺寸单位：厘米　重量单位：克

序号	标本编号	型式	钱径	穿宽	厚度	重量	备注（厘米）
1	95T6PC：12	A I	3.17	1.04	0.16	7.6	
2	95T6PC：13	A I	3.18	1.03	0.14	5.8	
3	95T6PC：16	A I	3.28	1.2	0.12	残3.9	
4	95T6PC：17	A I	3.38	1.05	0.13	残4.2	
5	95G2④：1	A I	3.14	1.04	0.12	5.6	
6	95T6PC：11	A II	3.4	1.2	0.11	5.3	
7	95T6PC：14	A II	3.15	0.87	0.11	4.9	左下流口宽0.66
8	95T2PC：6	B	2.83	0.98	0.07	2.0	
9	95T2PC：7	B	2.68	1.03	0.1	3.2	下流口宽0.74
10	95T2PC：30	B	2.58	0.97	0.12	残1.8	
11	95T4PC：8	B	2.83	1.03	0.09	残1.4	
12	95G2④：12	B	2.9	0.85	0.09	残1.6	
13	95T1PC：7	Ca I	2.25	0.92	0.08	1.7	上流口宽0.74
14	95T2PC：32	Ca I	2.44	0.9	0.08	1.9	
15	95T6PC：15	Ca I	2.6	0.93	0.1	1.5	
16	95T6PC：23	Ca I	2.32	0.8	0.08	1.2	
17	95T12⑥：1	Ca I	2.25	0.91	0.1	1.5	
18	95G2④：2	Ca II	2.23	0.95	0.08	1.4	"从"部写成"一"
19	95T1PC：8	Ca II	2.39	0.93	0.08	1.5	"从"部写成"一"
20	95T2PC：8	Ca II	2.3	1.06	0.08	1.7	"从"部写成"一"
21	95T2PC：31	Ca II	2.3	1.03	0.09	1.6	"从"部写成"一"
22	95T4PC：9	Ca II	2.3	0.87	0.07	1.5	"从"部写成"一"
23	95T4PC：11	Ca II	2.31	1.04	0.07	1.6	鎏金，"从"部写成"一"
24	95T2PC：28	Ca II	2.32	1.0	0.08	1.45	鎏金，"从"部写成"一"
25	95T2PC：29	Ca II	2.26	0.87	0.08	1.8	鎏金，"从"部写成"一"
26	95T12PC：3	Ca II	2.38	0.8	0.08	1.5	"从"部写成"一"

附表四　曲流石渠遗迹出土南越国瓦统计表

纹饰或特征＼质色	板瓦					合计	筒瓦					合计
	灰	灰白	黄白	红	青釉		灰	灰白	黄白	红	青釉	
外细绳纹、内小突点	2375	2263	373	67		5078	1156	1040	362	65	3	2626
外细绳纹、内大突点	566	167	58	13		804	203	107	27	3	5	345
外粗绳纹、内小突点	205	96	2	91	1	395	20	6			1	27
外粗绳纹、内大突点	1133	452	16	45		1646	161		23	15	1	200
外弦纹绳纹组合、内小突点	928	679	126	82		1815	221	291	34			546
外弦纹绳纹组合、内大突点	904	43	23	19		989	184	36	54			274
外弦纹绳纹组合、内素面	678	521	25	56		1280	37	2				39
外接三棱锥形瓦钉	3	5				8	25	9	2			36
内接三棱锥形瓦钉	36	28				64						
外接圆锥形瓦钉	1	1				2	18	8	1			27
内接圆锥形瓦钉	6	4				10						
折腰式			1			1						
合　计	6835	4259	624	373	1	12092	2025	1499	503	83	10	4120

附表五　曲流石渠遗迹出土"半两"铜钱标本实测登记表

尺寸单位：厘米　重量单位：克

序号	标本编号	型式	钱径	穿宽	厚度	重量	备注（厘米）
1	97T22⑩：4	B	2.93	1.0	0.11	3.1	
2	97T38⑩：1	B	2.7	0.8	0.11	3.1	上流口 0.6
3	97T38⑩：2	B	3.0	1.0	0.08	2.8	
4	97T38⑩：7	B	2.8	1.1	0.08	1.7	
5	97T38⑩：8	B	2.9	1.0	0.1	2.9	左上流口 0.45
6	97T38⑩：13	B	3.0	0.9	0.09	3.4	
7	97T38⑩：28	B	2.79~3.02	1.0	0.1	3.9	
8	97T38⑩：40	B	2.9	1.0	0.1	3.8	左上流口 0.98
9	97T38⑩：52	B	2.6~2.8	0.78	0.1	2.8	
10	97T38⑩：91	B	2.7	0.95	0.08	2.5	
11	97T38⑩：116	B	2.72	0.97	0.09	2.8	
12	97T38⑩：60	B	2.61~2.71	0.71	0.1	2.1	
13	97T25SQ①：1	Ca I	2.35	0.9	0.1	1.6	
14	97T39⑩：3	Ca I	2.35	0.8	0.1	2.3	
15	97T38⑩：4	Ca I	2.5	0.8	0.1	2.8	
16	97T38⑩：5	Ca I	2.3	0.8	0.1	2.4	下流口 0.6
17	97T38⑩：6	Ca I	2.4	1.0	0.1	1.8	
18	97T38⑩：10	Ca I	2.4	1.0	0.14	2.7	右上流口 0.4

续附表五

序号	标本编号	型式	钱径	穿宽	厚度	重量	备注（厘米）
19	97T38⑩：11	Ca Ⅰ	2.6	0.8	0.12	3.7	
20	97T38⑩：14	Ca Ⅰ	2.4	0.8	0.11	2.8	左下流口 0.5
21	97T38⑩：15	Ca Ⅰ	2.2	0.9	0.1	1.9	下流口 0.6
22	97T38⑩：16	Ca Ⅰ	2.3	0.8	0.07	1.4	下流口 0.85
23	97T38⑩：17	Ca Ⅰ	2.3	0.8	0.09	1.5	下流口 0.75
24	97T38⑩：18	Ca Ⅰ	2.3	0.8	0.11	1.7	
25	97T38⑩：23	Ca Ⅰ	2.6	0.9	0.1	2.2	
26	97T38⑩：24	Ca Ⅰ	2.3	0.9	0.12	2.7	
27	97T38⑩：25	Ca Ⅰ	2.3	0.85	0.1	1.9	
28	97T38⑩：26	Ca Ⅰ	2.35	0.9	0.09	1.4	下流口 0.63
29	97T38⑩：36	Ca Ⅰ	2.32	0.86	0.1	2.2	
30	97T38⑩：38	Ca Ⅰ	2.25	0.8	0.15	2.4	
31	97T38⑩：42	Ca Ⅰ	2.25~2.37	0.9	0.12	2.5	下流口 0.57
32	97T38⑩：43	Ca Ⅰ	2.4	0.85	0.13	2.0	
33	97T38⑩：44	Ca Ⅰ	2.25	1.0	0.1	1.3	
34	97T38⑩：45	Ca Ⅰ	2.4	0.85	0.1	2.4	
35	97T38⑩：53	Ca Ⅰ	2.25	0.9	0.11	2.1	下流口 0.66
36	97T38⑩：58	Ca Ⅰ	2.28	0.88	0.1	2.3	
37	97T38⑩：62	Ca Ⅰ	2.2	0.9	0.1	1.8	
38	97T38⑩：65	Ca Ⅰ	2.25	0.55	0.12	2.5	上流口 0.55
39	97T38⑩：66	Ca Ⅰ	2.05	0.73	0.1	1.4	
40	97T38⑩：68	Ca Ⅰ	2.3	0.67	0.12	2.6	
41	97T38⑩：73	Ca Ⅰ	2.28	0.83	0.1	2.2	左上流口 0.55 厘米
42	97T38⑩：75	Ca Ⅰ	2.3	0.95	0.08	1.7	下流口 0.63
43	97T38⑩：76	Ca Ⅰ	2.34	0.9	0.08	2.3	
44	97T38⑩：78	Ca Ⅰ	2.29	0.97	0.09	2.0	下流口 0.7
45	97T38⑩：80	Ca Ⅰ	2.37	0.9	0.11	2.2	
46	97T38⑩：81	Ca Ⅰ	2.39	0.96	0.09	2.0	
47	97T38⑩：82	Ca Ⅰ	2.38	0.9	0.09	2.5	
48	97T38⑩：83	Ca Ⅰ	2.25	0.87	0.07	1.9	下流口 0.65
49	97T38⑩：87	Ca Ⅰ	2.4	0.94	0.1	2.3	
50	97T38⑩：88	Ca Ⅰ	2.39	0.83	0.08	2.65	右上流口 0.53
51	97T38⑩：89	Ca Ⅰ	2.34	0.9	0.08	2.0	
52	97T38⑩：92	Ca Ⅰ	2.41	0.98	0.09	2.0	右上流口 0.6
53	97T38⑩：96	Ca Ⅰ	2.26	0.9	0.1	1.5	
54	97T38⑩：98	Ca Ⅰ	2.35	0.95	0.06	1.6	
55	97T38⑩：100	Ca Ⅰ	2.4	0.91	0.1	1.6	
56	97T38⑩：102	Ca Ⅰ	2.33	0.98	0.1	1.9	
57	97T38⑩：105	Ca Ⅰ	2.41	0.8	0.09	1.5	
58	97T38⑩：114	Ca Ⅰ	2.3	1.05	0.11	1.7	
59	97T38⑩：118	Ca Ⅰ	2.34	1.0	0.1	2.3	
60	97T38⑩：121	Ca Ⅰ	2.44	0.9	0.11	2.4	下流口 0.68
61	97T39⑩：5	Ca Ⅰ	2.3	0.8	0.1	1.8	
62	97T38⑩：47	Ca Ⅱ	2.3	0.9	0.11	2.1	"从"部写成"一"
63	97T38⑩：49	Ca Ⅱ	2.22	0.7	0.11	2.5	"从"部写成"一"

续附表五

序号	标本编号	型式	钱径	穿宽	厚度	重量	备注（厘米）
64	97T38⑩：50	Ca Ⅱ	2.4	0.9	0.09	1.5	"从"部写成"一"
65	97T38⑩：54	Ca Ⅱ	2.3	0.75	0.1	2.0	"从"部写成"一"
66	97T38⑩：55	Ca Ⅱ	2.32	0.75	0.1	1.6	"从"部写成"一"
67	97T38⑩：77	Ca Ⅱ	2.25	0.86	0.08	1.7	"从"部写成"一"
68	97T38⑩：95	Ca Ⅱ	2.45	0.92	0.07	1.7	右上流口0.46
69	97T38⑩：101	Ca Ⅱ	2.3	1.04	0.14	2.2	"从"部写成"一"
70	97T38⑩：84	Ca Ⅱ	2.34	0.97	0.09	2.3	"从"部写成"一"
71	97T38⑩：103	Ca Ⅱ	2.26	0.95	0.07	1.7	"从"部写成"一"
72	97T38⑩：107	Ca Ⅱ	2.3	0.97	0.08	1.5	"从"部写成"一"
73	97T38⑩：109	Ca Ⅱ	2.3	1.08	0.09	1.6	"从"部写成"一"
74	97T38⑩：111	Ca Ⅱ	2.37	0.93	0.1	1.8	"从"部写成"一"
75	97T38⑩：119	Ca Ⅱ	2.29	0.86	0.08	1.7	"从"部写成"一"
76	97T39⑩：4	Ca Ⅱ	2.35	0.9	0.1	2.5	"从"部写成"一"
77	97T38⑩：39	Cb Ⅰ	2.4	0.82	0.1	1.4	有外郭
78	97T38⑩：120	Cb Ⅰ	2.43	0.76	0.11	2.5	有外郭
79	97T38⑩：46	Cb Ⅱ	2.55	0.9	0.1	2.3	有外郭，"从"部写成"一"
80	97T38⑩：48	Cb Ⅱ	2.5	0.78	0.1	2.1	有外郭，"从"部写成"一"
81	97T38⑩：64	Cb Ⅱ	2.35	0.7	0.12	3.1	有外郭，"从"部写成"一"
82	97T38⑩：79	Cb Ⅱ	2.3	0.91	0.13	2.7	有外郭，"从"部写成"一"
83	97T38⑩：113	Cb Ⅱ	2.43	0.83	0.1	2.0	有外郭，"从"部写成"一"
84	97T39⑩：2	Cb Ⅱ	2.35	0.76	0.1	1.8	有外郭，"从"部写成"一"
85	97T38⑩：3	Cc	2.5	0.8	0.17	2.6	有内、外郭
86	97T38⑩：9	Cc	2.4	0.9	0.14	2.6	有内、外郭
87	97T38⑩：12	Cc	2.4	0.7	0.14	2.75	有内、外郭
88	97T38⑩：20	Cc	2.3	0.8	0.13	2.6	有内、外郭
89	97T38⑩：41	Cc	2.5	0.77	0.13	3.5	有内、外郭，边郭铜渍未去
90	97T38⑩：85	Cc	2.38	0.93	0.1	2.2	有内、外郭

附表六　南越宫苑遗址出土的砖文登记表

单位：厘米

序号	释文	件数	器物名称	形式	有无边栏	位置	举例标本	印面规格 长	宽
1	四	1	砖	刻划	—	表面	95T12PC：6	—	—
2	左官奴单	3	长方砖	戳印	无	表面	97T15⑩：37	2.6	2.4
3	公	1	砖	戳印	无	表面	97T15SQ②：2	1.7	0.9
4	气	1	砖	戳印	无	表面	97T40⑦：4	2.1	1.8
5	Γ	1	长方砖	刻划	—	表面	97T44⑨b：9	—	—

附表七　南越宫苑遗址出土的瓦文登记表

单位：厘米

序号	释文	件数	器物名称	形式	有无边栏	位置	举例标本	印面规格	
								长	宽
1	居室	15	板瓦	戳印	无	里面	97T20⑩：1	2.9	2.9
2	居室	5	筒瓦	戳印	无	表面	97T42⑩：10	2.7	2.5
3	居室、任	2	板瓦	戳印、拍印	无	里面	97T21⑩：12	2.8	2.8
4	左官	6	板瓦	拍印	—	里面	95T2⑥：2	—	—
5	左官	6	筒瓦	拍印	—	里面	97T19⑩：43	—	—
6	左	7	板瓦	拍印	—	里面	97H92：35	—	—
7	左	9	筒瓦	拍印	—	里面	97T19⑩：39	—	—
8	左官奴单	1	板瓦	戳印	无	里面	97H92：11	2.6	2.4
9	左官卒犁	1	筒瓦	戳印	无	表面	97T20⑩：2	3.0	2.4
10	左官卒窑	3	板瓦	戳印	—	里面	97H105：3	2.5	2.4
11	左官卒窑、左吕	1	板瓦	戳印、拍印	无	里面	97T19⑩：7	2.5	2.3
12	左官壶最	1	筒瓦	戳印	无	表面	97T15⑩：23	2.5	2.5
13	左官卒史	1	板瓦	戳印	无	里面	97T29⑩：12	2.8	2.3
14	左官卒藤	1	筒瓦	戳印	无	表面	97T29SQ①：15	3.0	2.6
15	左官壶安	1	筒瓦	戳印	无	表面	97T20⑨a：48	2.0	残1.7
16	左□卒□	1	板瓦	戳印	无	里面	97T20⑩：27	2.5	2.4
17	左官鬼□	1	筒瓦	戳印	无	表面	97T33⑩：9	3.0	2.4
18	左官佟忌	1	板瓦	戳印	无	里面	97T39⑩：1	2.3	2.2
19	□官□□	1	板瓦	戳印	无	里面	97T7⑩：30	残1.2	2.5
20	□官□窑	1	筒瓦	戳印	无	表面	97T24⑨a：2	残1.4	残2.3
21	左官蜚	4	板瓦	拍印	—	里面	97T35⑩：4	—	—
22	左官□	3	筒瓦	拍印	—	里面	97T19⑩：21	—	—
23	左犁	4	板瓦	拍印	—	里面	97T7⑩：55	—	—
24	左最	1	板瓦	拍印	—	里面	97T40⑨a：5	—	—
25	左赖	1	板瓦	拍印	—	里面	95T12PC：8	—	—
26	左吕	1	板瓦	拍印	—	里面	97T15⑩：49	—	—
27	左扇	2	板瓦	拍印	—	里面	97T22⑩：18	—	—
28	左秩	2	板瓦	拍印	—	里面	97T20⑩：4	—	—
29	左员	1	板瓦	拍印	—	里面	95T4⑤b：9	—	—
30	左稽	9	板瓦	拍印	—	里面	97T17⑩：2	—	—
31	左匝	1	板瓦	拍印	—	里面	97T33⑩：7	—	—
32	左大	3	板瓦	拍印	—	里面	95T5PC：55	—	—
33	左□	1	板瓦	戳印	—	里面	97T26⑩：3	残2.3	2.4
34	蜚	2	板瓦	拍印	—	里面	95T5PC：52	—	—

续附表七

序号	释文	件数	器物名称	形式	有无边栏	位置	举例标本	印面规格	
								长	宽
35	赖	6	板瓦	拍印	—	里面	97T15⑩：45	—	—
36	稽	3	板瓦	拍印	—	里面	97T15⑨b：43	—	—
37	扇	4	板瓦	拍印	—	里面	97T21⑩：10	—	—
38	最	5	板瓦	拍印	—	里面	97T42⑩：3	—	—
39	匜	2	板瓦	拍印	—	里面	97T29⑩：9	—	—
40	右官	4	板瓦	戳印	无	里面	97T20⑩：6	2.8	2.8
41	右官	14	板瓦	拍印	—	里面	97T3⑩：9	—	—
42	右官	3	筒瓦	拍印	—	里面	95T12PC：24	—	—
43	右	4	板瓦	拍印	—	里面	97T20⑧b：91	—	—
44	右官钌	9	板瓦	拍印	—	里面	97T24⑩：3	—	—
45	右官九	2	筒瓦	拍印	—	里面	95T12⑤a：15	—	—
46	右贫	1	板瓦	戳印	无	里面	97H85：5	2.5	2.5
47	右贫	2	筒瓦	戳印	无	表面	97T7⑩：17	2.5	2.5
48	右钌、官钌	2	板瓦	戳印、拍印	无	里面	97T43⑩：6	2.2	2.2
49	右衣	1	板瓦	戳印	无	里面	97T6⑨b：3	2.2	2.2
50	右富	1	板瓦	戳印	无	里面	97T17⑧a：14	2.2	2.2
51	右富	1	板瓦	拍印	—	里面	97T41⑩：12	—	—
52	右梦	1	筒瓦	戳印	无	表面	97T40⑩：43	2.3	2.3
53	右梦	17	板瓦	拍印	—	里面	95T1PC：18	—	—
54	右□	2	板瓦	戳印	无	里面	97T7⑩：31	2.4	2.4
55	右□	1	筒瓦	戳印	无	表面	97T23⑩：8	2.4	2.4
56	右曹	4	筒瓦	拍印	—	里面	97T23⑩：15	—	—
57	右东	7	筒瓦	拍印	—	里面	97T41⑩：13	—	—
58	右□、官	1	板瓦	戳印、拍印	无	里面	97T19⑨b：9	2.7	2.8
59	右莫	3	板瓦	拍印	—	里面	97T20⑩：28	—	—
60	右□	4	板瓦	拍印	—	里面	97T24⑩：18	—	—
61	莫	7	板瓦	拍印	—	里面	97T7⑩：48	—	—
62	莫	1	筒瓦	拍印	—	里面	97T24⑥a：10	—	—
63	九	4	筒瓦	拍印	—	里面	97T19⑩：12	—	—
64	梦	6	板瓦	拍印	—	里面	97T29SQ①：5	—	—
65	官	11	板瓦	戳印	无	里面	97T12⑩：14	2.1	2.1
							95T4⑥：1	3.0	2.5
66	官	4	筒瓦	戳印	无	表面	95T2PC：18	2.3	1.8
67	官	19	板瓦	拍印	—	里面	97T19⑩：18	—	—
68	官	5	筒瓦	拍印	—	里面	97T33⑩：15	—	—

续附表七

序号	释文	件数	器物名称	形式	有无边栏	位置	举例标本	印面规格	
								长	宽
69	官钑	18	板瓦	拍印	—	里面	97T15⑩：30	—	—
70	官□、钑	1	板瓦	戳印、拍印	无	里面	95T3PC：8	2.2	残1.7
71	官最	1	板瓦	拍印	—	里面	95T2PC：24	—	—
72	官最	2	筒瓦	拍印	—	里面	97T23⑩：2	—	—
73	官页	1	筒瓦	戳印	无	表面	97T20⑨a：42	2.3	2.2
74	官妹	1	板瓦	戳印	无	里面	97T17⑪：3	1.8	残1.7
75	官妹	1	筒瓦	戳印	无	表面	97T7⑨b：3	1.9	1.9
76	官蜚	5	板瓦	拍印	—	里面	97T19⑩：44	—	—
77	官梦	3	板瓦	拍印	—	里面	97T25SQ②：4	—	—
78	官富	4	板瓦	拍印	—	里面	95T2PC：23	—	—
79	官富	1	筒瓦	戳印、拍印	无	表面里面	97T23SQ②：5	残2.4	残1.8
80	官富	51	筒瓦	拍印	—	里面	97T16⑩：11	—	—
81	官驹	1	板瓦	戳印	无	里面	97T35⑩：10	2.1	2.1
82	官伎	4	板瓦	戳印	无	里面	97T8⑩：13	2.5	2.2
83	官乐	1	板瓦	戳印	无	里面	97T22①：15	残1.8	2.0
84	官乐	19	板瓦	拍印	—	里面	97T29SQ①：4	—	—
85	官乐	6	筒瓦	拍印	—	里面	97T20⑧b：19	—	—
86	官茅	1	板瓦	戳印	无	里面	97T20⑩：3	2.1	2.1
87	官茅	2	板瓦	拍印	—	里面	97T7⑩：62	—	—
88	官茅	6	筒瓦	拍印	—	里面	97T17⑧a：4	—	—
89	官官、官军	1	板瓦	戳印、拍印	无	里面	97T44⑩：19	残2.3	2.5
90	官□	1	筒瓦	戳印	无	表面	97T10⑧a：1	2.4	2.0
91	官军	8	板瓦	拍印	—	里面	97T15⑩：16	—	—
92	官结	12	板瓦	拍印	—	里面	97T23SQ②：3	—	—
93	官留	4	板瓦	拍印	—	里面	97T7⑩：65	—	—
94	官桥	5	板瓦	拍印	—	里面	97T42⑩：11	—	—
95	官渔	13	板瓦	拍印	—	里面	97H92：33	—	—
96	官寅	5	板瓦	拍印	—	里面	97T7⑩：60	—	—
97	官鲜	2	板瓦	拍印	—	里面	97T39⑩：12	—	—
98	官秦	1	筒瓦	拍印	—	里面	97T44⑩：6	—	—
99	官烦	1	板瓦	拍印	—	里面	97T20⑧a：4	—	—
100	官□	4	板瓦	拍印	—	里面	97T23⑩：10	—	—
101	官□	1	板瓦	拍印	—	里面	97T8⑩：18	—	—
102	官埶	8	板瓦	拍印	—	里面	97T40⑩：8	—	—

续附表七

序号	释文	件数	器物名称	形式	有无边栏	位置	举例标本	印面规格 长	印面规格 宽
103	官□	8	板瓦	拍印	—	里面	97T7⑩：36	—	—
104	奴利	1	筒瓦	戳印	无	表面	97H149：48	1.8	1.8
105	靡师	9	板瓦	拍印	—	里面	97T26⑩：1	—	—
106	柯妯	5	板瓦	拍印	—	里面	95T5⑤b：32	—	—
107	小明	1	板瓦	戳印	无	里面	97T43⑩：1	1.8	残1.9
108	仲有	5	板瓦	拍印	—	里面	97T39⑩：24	—	—
109	乔乐	3	板瓦	拍印	—	里面	97T22⑩：28	—	—
110	□东	8	筒瓦	拍印	—	里面	97T15⑩：20	—	—
111	□姚	2	筒瓦	拍印	—	里面	97T33⑥b：18	—	—
112	公	80	板瓦	戳印	有	里面	97T21SQ①：3	2.2	2.3
							97T21SQ①：6	1.7	1.8
113	公	48	板瓦	戳印	无	里面	97T29SQ①：13	2.1	2.0
							97T40⑩：10	2.3	2.2
114	公	33	筒瓦	戳印	有	表面	97T16⑩：9	2.2	2.2
115	公	42	筒瓦	戳印	无	表面	97T29SQ①：10	1.8	1.7
							97T8⑩：21	2.1	2.1
116	公	41	板瓦	拍印	有	里面	97T3SQ②：15	2.8	2.6
							97T19⑩：28	2.2	2.0
117	公	10	板瓦	拍印	无	里面	97T20⑩：20	—	—
118	公、阅	3	板瓦	戳印、拍印	无	里面	97T39⑧b：3	2.3	2.3
119	公、Z	1	板瓦	戳印、拍印	有	里面	97T17①：6	2.3	2.3
120	留	8	板瓦	拍印	—	里面	97T23SQ②：4	—	—
121	鲜	7	板瓦	拍印	—	里面	97T22⑩：10	—	—
122	阅	20	板瓦	拍印	—	里面	97T33⑩：17	—	—
123	烦	3	板瓦	拍印	—	里面	97T7⑩：39	—	—
124	有□	1	板瓦	拍印	—	里面	97T22⑨b：9	—	—
125	强	4	板瓦	拍印	—	里面	97T40⑩：16	—	—
126	任	9	板瓦	拍印	—	里面	97T19⑩：15	—	—
127	污	39	板瓦	拍印	—	里面	95T12PC：23	—	—
128	顺	1	板瓦	拍印	—	里面	97J41②：13	—	—
129	喜	6	板瓦	拍印	有	里面	95T12PC：10	残3.3	3.2
130	须	2	板瓦	拍印	—	里面	95T6⑤a：6	—	—
131	衍	3	板瓦	拍印	—	里面	95T2PC：17	—	—
132	工	2	板瓦	拍印	—	里面	95T2PC：15	—	—
133	聿	3	板瓦	拍印	—	里面	97T12⑩：17	—	—

续附表七

序号	释文	件数	器物名称	形式	有无边栏	位置	举例标本	印面规格	
								长	宽
134	妵	3	板瓦	拍印	—	里面	97T20⑨b：11	—	—
135	妵	1	筒瓦	拍印	—	里面	97T19⑨b：44	—	—
136	猠	1	板瓦	拍印	—	里面	97T29SQ①：7	—	—
137	宾	1	板瓦	拍印	—	里面	97T39⑨a：16	—	—
138	末	1	筒瓦	拍印	—	里面	97T12⑩：15	—	—
139	木	2	板瓦	拍印	—	里面	97T18⑨b：2	—	—
140	贵	4	板瓦	拍印	—	里面	97T45⑧a：26	—	—
141	姚	4	板瓦	拍印	—	里面	97T19⑩：16	—	—
142	良	12	板瓦	拍印	—	里面	95T5PC：49	—	—
143	小	2	板瓦	拍印	—	里面	97T20⑨a：58	—	—
144	可	5	板瓦	拍印	—	里面	97T23⑦：6	—	—
145	祷	5	板瓦	拍印	—	里面	97T12⑩：21	—	—
146	央	1	板瓦	拍印	—	里面	97T24⑧b：48	—	—
147	廉	4	板瓦	拍印	—	里面	97T44⑩：16	—	—
148	卯	3	板瓦	拍印	—	里面	97T40⑨a：7	—	—
149	县	1	筒瓦	拍印	—	里面	97T39⑧b：16	—	—
150	贝	3	板瓦	拍印	—	里面	95T2PC：22	—	—
151	贝	1	筒瓦	拍印	—	里面	95T6⑤b：8	—	—
152	年	1	板瓦	拍印	—	里面	97T19⑨b：13	—	—
153	朱	2	板瓦	拍印	有	里面	97T43⑩：4	2.1	1.8
154	祐	3	板瓦	拍印	—	里面	97T40⑦：5	—	—
155	侵	2	筒瓦	拍印	—	里面	97T34⑩：17	—	—
156	贞	1	板瓦	拍印	—	里面	95T12⑤a：7	—	—
157	午	1	筒瓦	拍印	—	里面	97T23⑨a：14	—	—
158	贡	4	板瓦	拍印	—	里面	97T15⑩：42	—	—
159	术	4	板瓦	拍印	—	里面	97T40⑩：15	—	—
160	长	1	板瓦	拍印	—	里面	97T24⑧b：25	—	—
161	宁	8	板瓦	拍印	—	里面	97T7⑩：43	—	—
162	相	1	筒瓦	拍印	—	里面	97T25⑨a：9	—	—
163	相	9	板瓦	拍印	—	里面	97T29⑩：5	—	—
164	陵	1	板瓦	拍印	—	里面	97T18⑦：17	—	—
165	阿	2	板瓦	拍印	—	里面	97T16⑧b：2	—	—
166	秦	1	筒瓦	戳印	无	表面	97T40⑩：25	2.3	残1.5
167	周	2	板瓦	拍印	—	里面	97T33⑩：5	—	—
168	柯	1	板瓦	拍印	—	里面	97T35⑨b：17	—	—

续附表七

序号	释文	件数	器物名称	形式	有无边栏	位置	举例标本	印面规格	
								长	宽
169	滕	7	板瓦	拍印	—	里面	97T25SQ①：2	—	—
170	营	2	板瓦	拍印	—	里面	97T19⑩：4	—	—
171	□	2	板瓦	拍印	—	里面	97T15⑨a：6	—	—
172	□	2	板瓦	拍印	—	里面	97T17⑧a：19	—	—
173	□	1	板瓦	拍印	—	里面	97T20⑨a：74	—	—
174	□	1	板瓦	拍印	—	里面	97T33⑩：10	—	—
175	□	9	板瓦	拍印	—	里面	95T6PC：27	—	—
176	□	1	筒瓦	拍印	—	里面	97T33⑧a：7	—	—
177	□	10	筒瓦	拍印	—	里面	97T41⑩：1	—	—
178	□	11	板瓦	拍印	—	里面	97T19⑩：41	—	—
179	□	1	板瓦	拍印	—	里面	97T16⑩：12	—	—
180	□	1	板瓦	拍印	—	里面	97T20⑨a：56	—	—
181	□	1	板瓦	拍印	—	里面	97T19⑨b：10	—	—
182	□	8	板瓦	拍印	—	里面	97T35⑩：13	—	—
183	□□	2	板瓦	拍印	—	里面	97T42⑩：15	—	—
184	□	6	板瓦	拍印	—	里面	97H92：6	—	—
185	□	1	板瓦	拍印	—	里面	97T19⑨b：56	—	—
186	□	1	板瓦	戳印	无	里面	97T15SQ①：6	2.7	残2.0
187	□	1	板瓦	戳印	无	里面	97T6⑩：4	2.3	2.3
188	□	1	板瓦	拍印	—	里面	97T23⑨b：30	—	—
189	□	1	板瓦	拍印	—	里面	97T6⑨b：4	—	—
190	□	1	板瓦	拍印	—	里面	97T20⑨b：17	—	—
191	□	3	板瓦	拍印	—	里面	97T41⑧b：6	—	—
192	□	2	筒瓦	拍印	—	里面	97T34⑨b：1	—	—
193	□	2	筒瓦	拍印	—	里面	97T15⑧a：9	—	—
194	□	1	筒瓦	拍印	—	里面	97T18⑦：15	—	—
195	□	1	板瓦	拍印	—	里面	97T22⑨b：3	—	—
196	□	1	筒瓦	拍印	—	里面	95T4⑤b：6	—	—
197	□	1	筒瓦	拍印	—	里面	95T5⑤a：4	—	—
198	□	1	筒瓦	拍印	—	里面	95T12⑤a：8	—	—
199	□	1	板瓦	拍印	—	里面	95T5⑥：15	—	—
200	□	1	筒瓦	拍印	—	里面	95T2PC：10	—	—

附表八　南越宫苑遗址出土的陶器文字和刻划符号登记表

单位：厘米

序号	释文	件数	器物名称	形式	有无边栏	位置	举例标本	印面规格	
								长	宽
1	苍梧	1	罐	戳印	有	腹部	97T15SQ ① : 1	3.2	3.2
2	右垂	1	罐	戳印	无	肩部	97T6 ⑨ b : 2	2.5	2.5
3	长犁	1	罐	戳印	无	肩部	97T22 ⑩ : 11	2.0	2.0
4	明□	1	罐	戳印	无	肩部	97T15 ⑩ : 27	1.8	1.9
5	常御一斗	2	罐	戳印	无	肩部	97T3SQ ① : 38	2.1	2.1
6	常御□斗	1	罐	戳印	无	腹部	97T3SQ ① : 44	残 1.1	残 2.0
7	常御一石	1	罐	戳印	无	腹部	97T23SQ ② : 1	2.4	2.2
8	‖	1	罐	刻划	—	肩部	97T23SQ ② : 8	—	—
9	𠂤	1	盒	刻划	—	腹底	95G3 : 8	—	—
10	𠂤	1	罐	刻划	—	肩部	97T3SQ ① : 14	—	—
11	∧	1	罐	刻划	—	肩部	97T7SQ ① : 1	—	—
12	∧	1	碗	刻划	—	底部	95G2 ④ : 5	—	—
13	N	1	鼎	刻划	—	腹底	95G3 : 3	—	—
14	卄	1	碗	刻划	—	底部	97T1 ⑩ : 1	—	—
15	ㄎ	1	支座	刻划	—	侧面	97T3 ⑩ : 1	—	—
16	卄	1	三足盒	刻划	—	底部	95G3 : 1	—	—
17	∧∧	1	盒	刻划	—	腹部	97T6 ⑩ : 8	—	—
18	∧∧	2	三足盒	刻划	—	底部	97TJ56 : 1	—	—
19	∧∧	1	碗	刻划	—	腹底	95G3 : 5	—	—
20	丰	1	三足盒	刻划	—	底部	97T6 ⑩ : 3	—	—

附表九　南越宫苑遗址石刻文字登记表

单位：厘米

序号	释文	处/件	位置	举例标本	字体规格	
					长	宽
1	蕃	1	蕃池南壁	—	25.0	20.0
2	晥	5	蕃池南壁	最大的字体	23.2	20.4
				最小的字体	12.4	18.0
3	冶	3	蕃池南壁	最大的字体	15.3	20.4
				最小的字体	10.6	14.7
4	阅	2	蕃池南壁	最大的字体	24.0	18.5
				最小的字体	20.0	18.5
5	赞	1	蕃池南壁	—	24.8	22.0
6	□北诸郎	1	蕃池西壁	—	残 152.0	42.0
7	工	3	曲流石渠急弯处东侧斜坡石板	—	12.0	9.0
			曲流石渠弯月形石池北列东起第二堵石板	—	20.0	19.6
			曲流石渠弯月形石池北列最西端石板	—	15.6	9.0
8	辨	1	砂岩石板	95T2PC : 47	19.2	15.0
9	井	1	砂岩石板	97T7 ⑩ : 77	14.0	14.0
10	二	1	曲流石渠弯月形石池南次间八棱石柱	—	7.6	9.6
11	十	1	曲流石渠弯月形石池北列东起第一堵石板	—	14.0	13.0

附表一○　南越宫苑遗址各地层出土狗上颌测量数据表

层位	出土单位	左/右	牙齿	备注	M1长	M1宽	M2长	M2宽	11	12	P4长	P4宽
元	97J55②	左	P2P3P4M1M2	P1脱落	11.65	15.6	6.59	9.6	44.31	36.69	16.47	9.01
元	97J55②	左		P1-M2均脱落					46.6	40.64		
元	97J65②	左	dP3dP4M1		8.25	8.64						
元	97J65②	左	P3									
元	97J65②	右	M1M2		11.61	14.49	6.5	9.38				
元	97J65②	右	P1P2									
				记数	3	3	2	2	2	2	1	1
				最大值	11.65	15.6	6.59	9.6	46.6	40.64		
				最小值	8.25	8.64	6.5	9.38	44.31	36.69		
				平均值	10.5	12.91	6.55	9.49	45.46	38.67		

附表一一　南越宫苑遗址各地层出土狗下颌测量数据表

层位	单位	左/右	牙齿	M1长	M1宽	M2长	M2宽	M3长	M3宽	7	8	9	10	11	12	13	14	18	19	20
南朝	97T35⑥b	右	P4M1M2M3	18.28	7.46	7.64	5.93	3.67	3.32				29.49			18.38	17.77		22.75	
宋	97J55②	右	M2			7.67	6.13				65.24	60.12	30.01	35.43	29.87		17.34		21.52	15.37
元	97J65②	左	I2I3CP1P2P3 P4M1M2M3	19.25	8.32	9.02	6.92	4.57	4.08	131.73	69.3	63.16	32.6	38.36	32.16	20.35	19	55.62	24.98	20.65
元	97J65②	右	P4M2			8.32	6.61						32.4				20.18	44.43	22.04	
元	97J65②	左	I1I2I3CP1 P2P3P4M1M2M3	19.17	7.88	7.47	6.1	4.72	4.2	130.11	69.51	63.11	32.47	37.14	31.2	19.23	18.72	50.47	21.8	17.56
			计数	3	3	5	5	3	3	2	3	3	5	3	3	3	5	3	5	3
			最大值	19.25	8.32	9.02	6.92	4.72	4.2	131.73	69.51	63.16	32.6	38.36	32.16	20.35	20.18	55.62	24.98	20.65
			最小值	18.28	7.46	7.64	5.93	3.67	3.32	130.11	65.24	60.12	29.49	35.43	29.87	18.38	17.34	44.43	21.52	15.37
			平均值	18.9	7.89	8.02	6.34	4.32	3.87	130.92	68.02	62.13	31.39	36.98	31.08	19.32	18.6	50.17	22.62	17.86

附表一二　南越宫苑遗址各地层出土马下颌测量数据表

层位	单位	左/右	牙齿	M1长	M1宽	M2长	M2宽	M3长	M3宽	P2–P4	M1–M3
南朝	97T17⑥b	左	P2P3P4M1M2	22.78	18.34	23.95	17.34	32.51	15.78	77.64	80.98
			计数	1	1	1	1	1	1	1	1

附表一三　南越宫苑遗址各地层出土猪上颌测量数据表

层位	单位	左/右	牙齿	备注	M1长	M1前宽	M1后宽	M2长	M2前宽	M2后宽	M1磨蚀	M2磨蚀	M3磨蚀	年龄
东汉	97T20⑧b	左	M2M3					19.46	17.1	16.98	e	c	0.5–U	2–2.5
南朝	97H149	左	P4M1M2M3	M1残	16.55			22.64	17.03	16.72	e	b	E	2
唐	97T43⑤b	右	M1M2		14.38	11.68	12.03					0.5–U		1–1.5
元	97H33	左	P4M1M2	M3脱落，从形态看，未完全萌出	13.3	10.69	10.62	17.7	13.53	13.47	e	b		2
			记数		3	2	3	3	3					
			最大值		16.55	12.03	22.64	17.1	16.98					
			最小值		13.3	10.62	17.7	13.53	13.47					
			平均值		14.74	11.33	19.93	15.89	15.72					

附表一四　南越宫苑遗址各地层出土猪下颌测量数据表

层位	单位	左/右	牙齿	P2前	M1前	M3后	M1长	M1前宽	M1后宽	M2长	M2前宽	M2后宽	M3长	M3宽	M1磨蚀	M2磨蚀	M3磨蚀	年龄
南越国	97T10SQ	左	M2M3							20.98	13.67			15.27	a	>2.5		
东汉	97T34⑧b	右	M3							0.5-U	2-2.5							
南朝	97H16	左	M1M2M3				14.02		11.53	17.95	13.65	13.73	30.57	15.63	m	j	d	5.5
南朝	97H16	右	P3P4				>1.5											
南朝	97T44⑥b	左	M2M3			48.72				18.63	13.32		32.93	15.5		j	c	5.5
南朝	97H149		左：P1P2P3P4M1M2　右：P4M1	46.75	45		14.47	8.89	10.36	19.99	11.8				m	g		3.5
南朝	97H50	左	M2M3							20.07		13.37				d		
唐	97T43⑤b	左	M2M3					14.99	9.33	9.96				a	C	1.5-2		
南汉	97T13GC②	左	I1CdP2dP3dP4M1		25.41		14.27	8.2	8.97						b			<1
宋	97T9④c		左 P3EP4EM1M2　右：M1M2		35.28		13.44	8.53	9.55	17.99	11.18	12.99			c	a		>1.5
宋	97J55	左	M1M2		27.87		15.08	8.35	9.41						a	C		<1
明	97H140	右	M1M2M3				15.69	9.51	9.97	20.1	12.88	13.14			d	b	C	2
			计数	1	4	1	6	5	6	8	7	5	2	3				
			最大值		45	48.72	15.69	9.51	11.53	20.98	13.67	13.73	32.93	15.63				
			最小值		25.41		13.44	8.2	8.97	14.99	9.33	9.96	30.57	15.27				
			平均值		33.39		14.5	8.7	9.97	18.84	12.26	12.64	31.75	15.47				

附表一五　南越宫苑遗址各地层出土梅花鹿下颌测量数据表

层位	单位	左/右	牙齿	备注	P2前	M1前	M1长	M1宽	M2长	M2宽	M3长	M3宽	M1-M3
南越国	97T19⑩	右	P3M1M2M3				16.53	10.75	19.44	11.89	25.67	12.23	64.4
西汉	97T18⑨b	右	M1M2M3				13.72	8.93	16.13	10.5	22.3	11.5	56.17
晋	97H194	左	P3P4M1M2	P2脱落	17.64	22.71	16.41	10.29	19.81	10.99			
南朝	97H96	左	P4M1M2	P2P3残断，M1、M2残	24.25	27.53		9.84		11.05			
				计数	2	2	3	4	3	4	2	2	2
				最大值	24.25	27.53	16.53	10.75	19.44	11.89	25.67	12.23	64.4
				最小值	17.64	22.71	16.41	8.93	16.13	10.5	22.3	11.5	56.17
				平均值	20.95	25.12	15.55	9.95	18.46	11.11	23.99	11.87	60.29

附表一六　南越宫苑遗址各地层出土羊下颌测量数据表

层位	年度	左/右	牙齿	备注	P2前	M1前	M3后	M1长	M1宽	M3长	M3宽
西汉	97T44⑨b	右	dP3dP4M1M2	M2（0.5）		23.42		13.77	7.68	13.85	6.77
宋	97J20②	左	P3P4M1	P2脱落，M2、M3残断	13.65	20.75	29.88	10.5	6.8		
				计数	1	2	1	2	2	1	1
				最大值	13.65	23.42	29.88	13.77	7.68	13.85	6.77
				最小值		20.75		10.5	6.8		
				平均值		22.09		12.14	7.24		

附表一七　南越宫苑遗址各地层出土牛下颌测量数据表

文化层	年度	探方	单位	左/右	牙齿	M1前	M3后	M1长	M1宽	M2长	M2宽	M3长	M3宽
东汉	97T31⑧b	T31	8b	右	M1M2M3	46.6	63.97	21.85	15.84	25.03	16.39	36.64	17.79
					计数	1	1	1	1	1	1	1	1

附表一八　南越宫苑遗址出土砖、瓦和陶器检测标本编号对应表

序号	器物原编号	检测编号	器物名称	取样部位	时代
1	97T23⑩：12	NYB1–1	A型方砖	边沿	南越国
2	97T42⑩：9	NYB1–2	A型方砖	边沿	南越国
3	97T22⑩：14	NYB2–1	B型方砖	中心	南越国
4	97T22⑩：14	NYB2–2	B型方砖	边角	南越国
5	97T37⑩：2	NYB2–3	B型方砖	边角	南越国
6	97T37⑩：2	NYB2–4	B型方砖	边沿	南越国
7	97T3⑩：6	NYB2–5	B型方砖	边角	南越国
8	97T3⑩：6	NYB2–6	B型方砖	边沿	南越国
9	97T37⑩：3	NYB2–7	B型方砖	中心	南越国
10	97T37⑩：3	NYB2–8	B型方砖	边角	南越国
11	97T24⑩：12	NYB2–9	B型方砖	边角	南越国
12	97T23⑩：13	NYB4–1	C型方砖	边角	南越国
13	97T3SQ①：65	NYB4–2	C型方砖	边角	南越国
14	97T34⑩：15	NYB4–3	C型方砖	边角	南越国
15	97T41⑩：7	NYB3–1	A型长方砖	中心	南越国
16	97T45⑩：4	NYB3–2	A型长方砖	边角	南越国
17	97T45⑩：4	NYB3–3	A型长方砖	中心	南越国
18	97T38⑩：33	NYB3–4	A型长方砖	边角	南越国
19	97T41⑩：6	NYB3–5	A型长方砖	中心	南越国
20	97T33SQ①：1	NYB3–6	A型长方砖	边角	南越国
21	97T33SQ①：1	NYB3–7	A型长方砖	中心	南越国
22	97T24⑧b：46*	NYB3–8	A型长方砖	边角	南越国
23	97T19⑩：25	NYB6–1	带榫砖	中心	南越国
24	97T33⑩：12	NYB5–1	空心砖	底面	南越国
25	97T38⑩：34	NYB5–2	空心砖	砖面	南越国
26	97T20⑩：19	NYB6–2	弧形砖	中心	南越国
27	97T44⑩：13	NYB6–3	券砖	边沿	南越国
28	97T10SQ①：6	NYB7–1	陶井圈	中心	南越国
29	97T34⑩：10	NYT1–1	普通板瓦	边沿	南越国
30	97T20⑩：16	NYT1–2	普通板瓦	边沿	南越国
31	97T40⑩：30	NYT2–1	普通筒瓦	边沿	南越国
32	97T24⑩：11	NYT2–2	普通筒瓦	边沿	南越国
33	97T35⑩：15	NYT2–3	普通筒瓦	边沿	南越国
34	97T25⑩：6	NYT1–3	普通板瓦	中心	南越国
35	97T29⑩：1	NYT3–1	"万岁"文字瓦当	残半	南越国
36	97T21SQ①：1	NYT3–2	"万岁"文字瓦当	残半	南越国

续附表一八

序号	器物原编号	检测编号	器物名称	取样部位	时代
37	97T33⑩：4	NYT3–3	云箭纹瓦当	残半	南越国
38	97T3SQ①：27	NYP–1	罐	口沿	南越国
39	97T3SQ①：36	NYP–2	罐	口沿	南越国
40	97T13GC①：34	NHT1–1	青釉板瓦	瓦端	南汉国
41	97T13GC①：36	NHT1–2	绿釉板瓦	瓦端	南汉国
42	97T5GC①：17	NHT2–1	绿釉筒瓦	瓦唇	南汉国
43	97T13GC①：31	NHT2–2	青釉筒瓦	瓦端	南汉国
44	97T5GC①：10	NHT2–3	黄釉筒瓦	瓦唇	南汉国
45	97F4：11	NHB–1	青釉砖	边沿	南汉国
46	97T14GC①：5	NHB–2	绿釉砖	边角	南汉国
47	97T13GC①：37	NHB–3	黄釉砖	中心	南汉国
48	97T5GC①：16	NHP–1	蓝釉陶片	腹部	南汉国
49	97T13GC②：3	NHT3–1	莲花纹瓦当	残半	南汉国

彩版一　南越宫苑遗址（航拍）

1. 蕃池遗迹（由北向南）

2. 蕃池南壁（由西向东）

彩版二　蕃池遗迹

1. 南壁与池底交接处（由东向西）

2. 南壁局部（由南向北）

3. 南壁石板面上的"蕃"字
　（由北向南）

彩版三　蕃池遗迹

1. 西壁（由北向南）

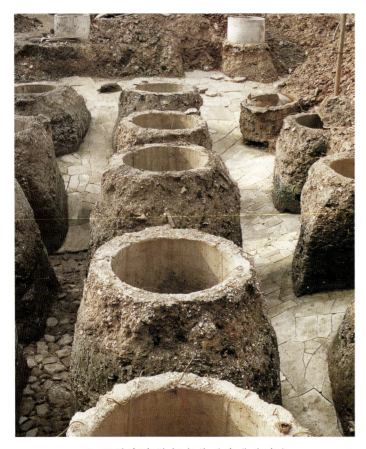

2. 西壁和南壁相交处（由北向南）

3. 西壁和南壁交接处呈一直线（由东北向西南）

彩版四　蓄池遗迹西壁和南壁

1. 池底（由南向北）

2. 池底西南角（由东向西）

3. 向西南倾倒的叠石柱（由南向北）

4. 叠石柱局部（由南向北）

彩版五　蓄池遗迹池底和叠石柱

1. 散落池壁的石门楣和石板
等（由东向西）

2. 木暗槽局部（由南向北）

彩版六　蓄池遗迹和木暗槽

1. Aa 型青釉带钉板瓦
（95T5PC：36）

2. 青釉普通筒瓦
（95T4PC：7）

3. 涂朱"万岁"文字瓦当
（95T5PC：13）

彩版七　蕃池遗迹出土的瓦和瓦当

1. A 型 Ⅱ 式陶罐（95T12PC：26）

2. 陶鼎（95G3：3）

3. A 型陶三足盒（95G3：1）

4. A 型漆盘（95T2PC：35）

5. 漆器把（95T5PC：59）

彩版八　蓄池遗迹出土的陶器和漆器

1. 斧（95T2PC：26）

2. 凿（95T2PC：25）

3. 钳（95T5PC：19）

彩版九　蓄池遗迹出土的铁工具

1. 铁剑（95T1PC：10）

2. Ca型Ⅱ式鎏金"半两"铜钱（左95T4PC：11， 中95T2PC：29，右95T2PC：28）

3. 铜俑（95T5PC：20）

4. 铜构件（95T4PC：20）

彩版一〇　蕃池遗迹出土的器物

彩版一一　曲流石渠遗迹（由东向西）

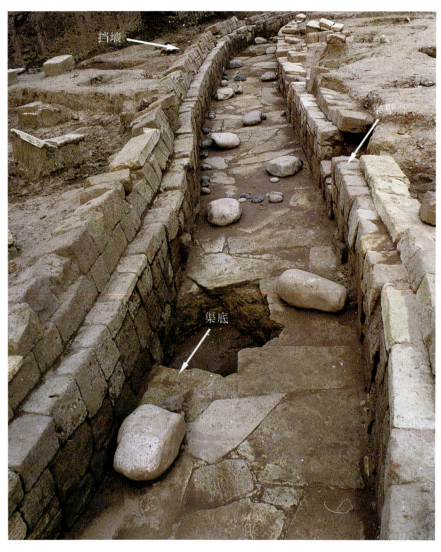

挡墙

渠壁

渠底

1. 曲流石渠渠体结构（由西南向东北）

2. 渠底卵石（由西向东）

彩版一二　曲流石渠遗迹

彩版一三　曲流石渠渠底（由东南向西北）

1. 曲流石渠遗迹第二部分——急弯处（由南向北）

2. 曲流石渠遗迹第四部分——弯月形石池（由西向东）

彩版一四　曲流石渠遗迹第二、四部分

彩版一五　曲流石渠遗迹第四部分——弯月形石池（由南向北）

1. 弯月形石池西侧流水通道（由东南向西北）

2. 弯月形石池西北进水口（由西北向东南）

2. 曲流石渠遗迹第六部分南段（由西向东）

1. 曲流石渠遗迹第六部分（由东南向西北）

3. 二号渠陂（由北向南）

彩版一七　曲流石渠遗迹第六部分

1. 二号斜口（由北向南）

2. 石板平桥西侧石板（由东向西）

彩版一八　二号斜口和石板平桥

1. 曲流石渠西端尽头处的出水闸口（由北向南）

晚期木暗槽

早期木暗槽

2. 出水木暗槽（由南向北）

4. 97F17南北向台基西侧散水局部（由北向南）

3. 曲流石渠渠壁剖面（由西向东）

彩版一九　曲流石渠遗迹和97F17台基散水

1. 97G16 局部（由西向东）

2. 97G16 火毁印痕和"万岁"文字
瓦当出土现场（由西北向东南）

1. A 型菱形、四叶纹青釉长方砖表面（97T41⑩：7）

2. A 型菱形、四叶纹青釉长方砖表面（97T41⑩：7）

3. A 型菱形、四叶、三角形纹长方砖（97T20⑩：18）

4. 转角砖（97T8⑩：16）

5. 空心砖熊饰（97H92：5）

6. 涂朱"万岁"文字瓦当（97T11⑨a：7）

彩版二一　曲流石渠遗迹出土的砖和瓦当

1. Aa型Ⅱ式"万岁"文字瓦当（97T12⑩：3）

2. Ba型青釉"万岁"文字瓦当（97T16⑩：4）

3. A型望柱座石（97T19⑩：47）

4. B型Ⅱ式陶瓮（97T3SQ①：3）

5. Ba型Ⅰ式陶罐（97T3SQ①：18）

6. 陶五联罐（97T20⑩：8）

彩版二二　曲流石渠遗迹出土的建筑材料和生活器具

1. "居室"、"任"（97T21⑩：12）

2. "左官卒犁"（97T20⑩：2）

3. "左官卒窑"、"左吕"（97T19⑩：7）

4. "左官俀忌"（97T39⑩：1）

5. "右官"（97T30⑦：5）

6. "官乐"（97T22①：15）

彩版二三　南越宫苑遗址出土的瓦文

1. "官伎" 瓦文（97T8⑩：13）

2. "奴利" 瓦文（97H149：48）

3. "苍梧" 陶文（97T15SQ①：1）

4. "长犁" 陶文（97T22⑩：11）

5. "常御一斗" 陶文（97T3SQ①：38）

6. "中府啬夫" 封泥（97T38⑩：31）

彩版二四　南越宫苑遗址出土的瓦文、陶文和封泥

1. 发掘前的施工现场（由南向北）

2. 桩孔中挖出的"万岁"文字瓦当
（由南向北）

3. 布方发掘现场（由南向北）

图版一　蓄池遗迹发掘现场

1. 国家文物局专家组和市领导考察蓄池遗迹
   发掘现场

2. 向西扩方发掘（由南向北）

3. 遗迹现场留有的建筑桩孔（由西向东）

图版二 蓄池遗迹发掘现场

1. 发掘区周边筑有混凝土喷粉支护桩（由北向南）

2. 机械清理后的遗址现场（由西向东）

图版三　曲流石渠遗迹发掘前的现场

1. 布方发掘（由北向南）

2. 曲流石渠遗迹发掘现场（由西南向东北）

图版四　曲流石渠遗迹发掘现场

1. 专家考察曲流石渠遗迹发掘现场

广州市人民政府

关于保护南越国宫署遗址的通告

穗府〔1998〕62号

南越国宫署遗址于1995年7月在本市中山四路地段被发现，并于1996年11月被国务院列为国家重点文物保护单位，为加强对该文物的保护和管理，根据国家《文物保护法》及有关规定，结合本市实际，特通告如下：

一、南越国宫署遗址是中国历史文化瑰宝，是广州历史文化名城的精华所在，该遗址的保护、建设和管理纳入广州市城市总体规划。

二、南越国宫署遗址保护控制范围暂定为：东起中山四路忠佑大街、城隍庙和长塘里以西；南至中山四路规划路北边线；西至北京路东边线；北至梯云里、儿童公园后墙和省财政厅以南地段，总面积为4.8万平方米。

三、在遗址保护区内不得进行任何危害文物遗址的建设工程，保护区内按城市规划安排给建设单位（含房地产开发单位）的建设用地，需要建设的，必须先进行地下文物勘探，确认与地下文物保护无矛盾后，按《文物保护法》规定的审批程序报经批准后方可进行。

四、凡在遗址保护区内急需抢救维修的危房，原则上按原状修复，不得加建或改建，维修项目必须报经市文化局同意后，再报市规划局批准。

五、遗址保护区内原则上不迁入新户口。因出生、婚姻、继承、产权交易等需迁入的，按有关规定办理。

六、公安、司法、规划、国土房管、城监和文化行政管理等部门，要相互配合，密切协作，做好文物遗址的保护和管理工作。

七、在遗址保护区内违法建设的，依照《城市规划法》、《文物保护法》等有关规定予以处罚；破坏文物遗址的，由司法机关依法追究刑事责任。

八、本通告自颁布之日起施行。

一九九八年七月二十八日

4. 广州市人民政府《关于保护南越国宫署遗址的通告》（穗府[1998]62号）

2. 南越国宫署遗址专家论证会

3. 曲流石渠遗迹现场的临时保护棚
（由西南向东北）

图版五　南越宫苑遗址的发掘和保护

1. 南壁与池底交接处局部（由北向南）

2. 南壁上部残存边线（由东向西）

3. 南壁石板面上第四个"睆"字（由北向南）

4. 南壁石板面上第五个"睆"字（由北向南）

图版六　蓄池遗迹南壁

1. "冶"字（由北向南）

2. "阅"字（由北向南）

3. "僭"字（由北向南）

图版七　蕃池遗迹南壁石板上的石刻文字

1. 南壁上部平铺的石板地面（由东向西）

2. 南壁上部平铺的石板地面（由南向北）

3. 西壁上部残存边线（由南向北）

图版八　蓄池遗迹南壁和西壁

1. 西壁用砂岩石板呈密缝冰裂纹铺砌（由北向南）

2. 西壁石板面上的"□北诸郎"石刻文字（由东向西）

3. 南壁与西壁交接处呈一直线（由南向北）

图版九　蓄池遗迹西壁

1. 池底西南角
（由东北向西南）

2. 池底（由北向南）

3. 倒塌的叠石柱（由北向南）

图版一〇　蓄池遗迹池底和叠石柱

1. 散落池壁的八棱石柱和石板（由东南向西北）

2. 95G2（由东南向西北）

3. 95G3（由西南向东北）

4. 木暗槽局部（由南向北）

图版一一　蓄池遗迹和蓄池遗迹下的沟、木暗槽

1. 考古勘探

2. 95 I—9 钻孔土蕊

3. 95 IV—5 钻孔土蕊

图版一二　蓄池遗迹周边的考古勘探

1. B 型复线菱形纹方砖（95T2PC：39）

2. B 型复线菱形纹方砖侧面圆形气孔
（95T2PC：39）

3. B 型菱形、四叶、三角形纹方砖（95T5PC：61）

4. C 型素面方砖（95T12PC：6）

图版一三　蕃池遗迹出土的方砖

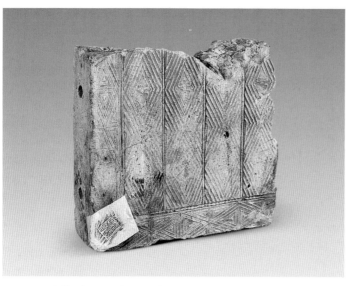

1. A型菱形、四叶、三角形纹长方砖（95T11PC：3）

2. "左官奴单"印文（95T11PC：3）

3. A型长方砖表面（95T3PC：11）

4. A型长方砖底面（95T3PC：11）

5. B型方格纹长方砖（95T5PC：60）

图版一四　蓄池遗迹出土的长方砖

1. A 型带榫砖（95T2⑥：6）

2. 券砖（95T5PC：17）

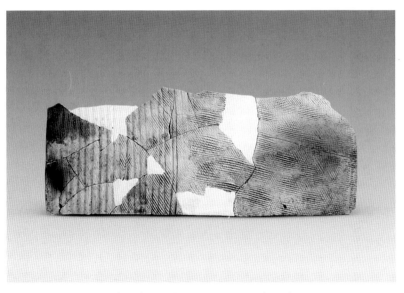

3. 普通板瓦（95T5PC：47表面）

5. Ab 型带钉板瓦（95T5PC：56）

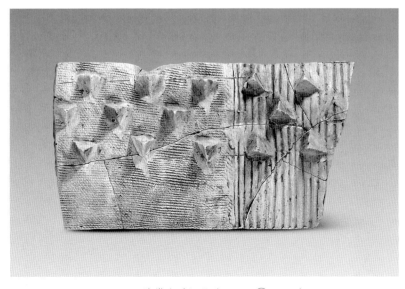

4. Aa 型带钉板瓦（95T5⑥：23）

6. B 型带钉板瓦（95T6⑥：3）

图版一五　蓄池遗迹出土的砖和瓦

1. 普通筒瓦（95T4PC：6）

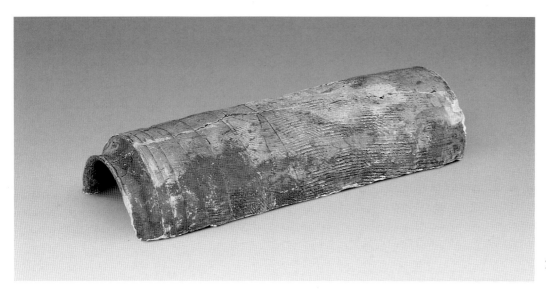

2. 普通筒瓦（95T3PC：10）

3. A型带钉筒瓦（95T5PC：66）

图版一六　蓄池遗迹出土的筒瓦

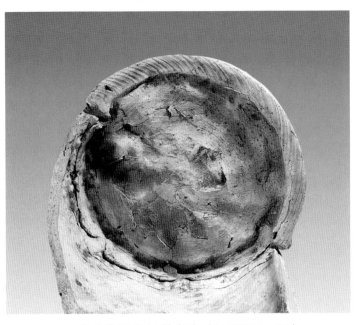

1. 瓦当背面的切割痕迹（95T5PC：14）

2. Aa 型云箭纹瓦当（95T6PC：33）

3. B 型 I 式云箭纹瓦当（95T6PC：22）

4. Aa 型 II 式"万岁"文字瓦当（95T5PC：14）

图版一七　蕃池遗迹出土的瓦当

1. Aa 型 Ⅱ 式（95T5PC：15）

2. Aa 型 Ⅲ 式（95T3PC：3）

3. Aa 型 Ⅲ 式（95T6PC：9）

4. Ab 型 Ⅱ 式（95T4PC：23）

5. Ba 型（95T4PC：19）

图版一八　蓄池遗迹出土的"万岁"文字瓦当

1. A 型望柱（95T2PC：27）

2. A 型望柱（95T12PC：27）

3. A 型望柱座石（95T11PC：4）

4. B 型望柱（95T3PC：6）

5. A 型望柱座石（95T3PC：5）

6. 左：望柱头（95T5PC：21）　右：A 型望柱（95T6PC：21）

图版一九　蓄池遗迹出土的石质建筑材料

1. 刻"辨"字石板（95T2PC：47）

2. 石板（95T7PC：2）

3. 石板（95T5PC：69）

4. 石算（95T3PC：7）

5. 石构件（95T12PC：11）

图版二〇　蓄池遗迹出土的石质建筑材料

1. 门枢轴（95T5PC：22）

2. 铁棒（上95T1PC：3，下95T5PC：10）

3. B型铁钉（95T6PC：7）

图版二一　蕃池遗迹出土的铁质建筑材料

1. 95T6PC：10

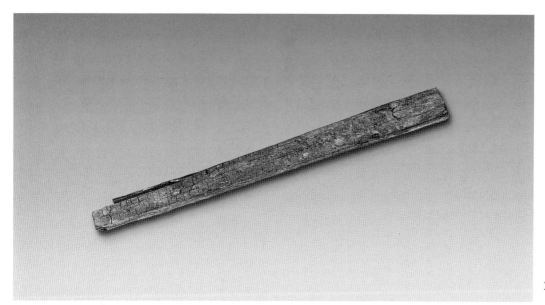

2. 95T12PC：28

3. 95T5PC：35

图版二二　蓄池遗迹出土的木构件

1. B 型 I 式瓮（95T12PC：13）

2. A 型碗（95G2④：5）

3. B 型碗（95G3：7）

4. A 型盒（95G2④：6）

5. Aa 型器盖（95G2④：4）

6. 左：A 型陶饼（95T1PC：13） 中：A 型陶饼
（95T1PC：14） 右：B 型陶饼（95T1PC：15）

图版二三 蓄池遗迹出土的陶器

1. B 型漆盘（95T2PC：38）

2. 漆片（95T2PC：34）

3. A 型陶网坠（95T5⑥：20）

4. B 型陶网坠（95T12PC：4）

5. 陶纺轮（95T4PC：15）

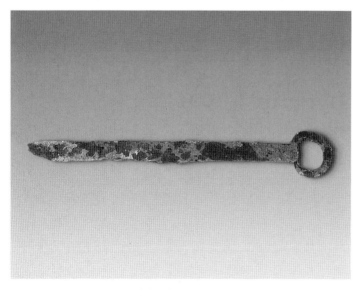

6. 铁削（95T1PC：9）

7. 铁条形器（95T8PC：1）

图版二四　蓄池遗迹出土的器物

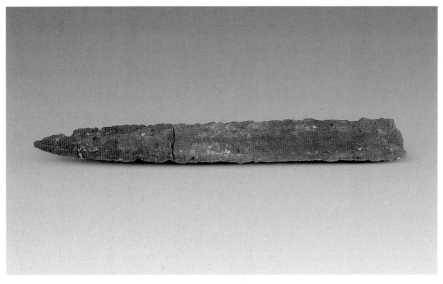

1. 铁剑（95T6PC：19）

2. 铁甲片（95T2PC：40）

3. 铁矛（95T1PC：11）

4. 铜剑格（95T5PC：58）

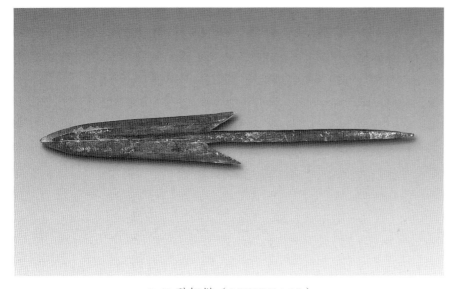

5. B 型铜镞（95T1PC：12）

6. Aa 型 I 式铁铤铜镞（95G2④：11）

图版二五　蕃池遗迹出土的兵器

1. 左：A 型 II 式（95T6PC：11）
   中：A 型 I 式（95T6PC：13）
   右：A 型 I 式（95T6PC：12）

2. 左：Ca 型 II 式（95T2PC：8）
   右：B 型（95T2PC：7）

3. 左：Ca 型 II 式（95T4PC：9）
   中：Ca 型 II 式（95T12PC：3）
   右：Ca 型 I 式（95T6PC：15）

图版二六　蕃池遗迹出土的"半两"铜钱

1. 陶珠（95G2④：10）

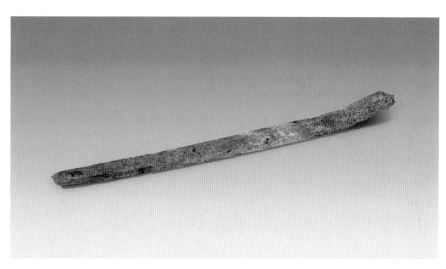

2. 铁簪（95T5PC：63）

3. 铜饰件（95T2PC：42）

4. 木梳篦（95G2④：3）

5. 铁箍（95T6PC：18）

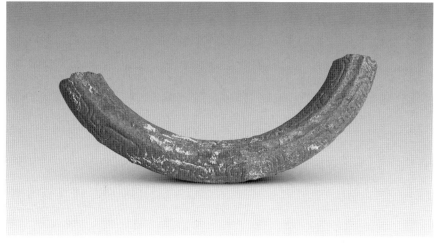

6. 铁环（95T5PC：7）

图版二七　蓄池遗迹出土的器物

1. 穿孔铁片（上95T4PC：16，下95T4PC：27）

2. 铁条形器（95T2PC：43）

3. 铁尖状器（95T5PC：64）

4. 铜俑（95T5PC：20背面）

5. 砺石（95G2④：14）

6. 左：A型玉衣片（95T6PC：6）
　右：B型玉衣片（95T5PC：12）

图版二八　蕃池遗迹出土的其他器物

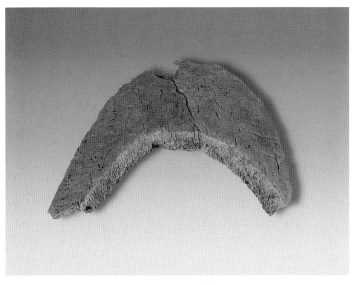

1. 梅花鹿头盖骨（95T3PC：9）

2. 梅花鹿头盖骨（95T3PC：12）

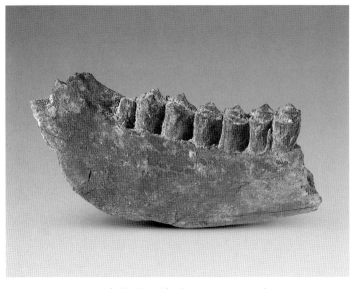

3. 动物下颌骨（95T5PC：34）

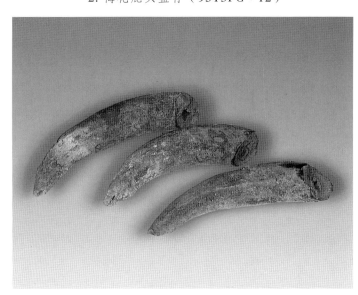

4. 兽齿（95T5⑥：18）

5. 橄榄核（95T1PC：16）

6. 桃核（95T1PC：17）

7. 杨梅核（95G2④：16）

图版二九　蓄池遗迹出土的动植物遗存

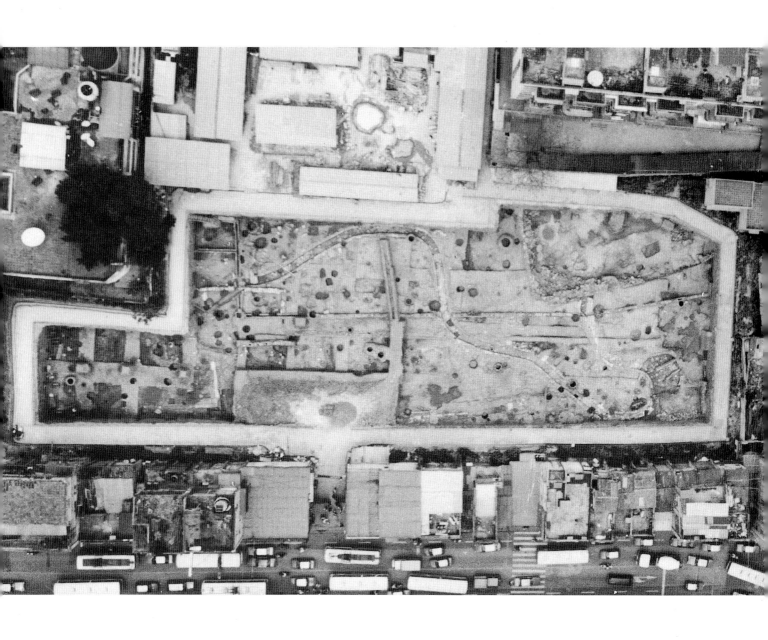

图版三〇　曲流石渠遗迹（航拍）

曲流石渠

晋代暗渠（97G9）

宋代墙基（97F9）

南朝暗渠（97G1）

出水木暗槽

1. 曲流石渠遗迹（由西向东）

南汉暗渠（97G10）

2. 曲流石渠遗迹局部（由北向南）

图版三一　曲流石渠遗迹

1. 曲流石渠的挡墙（由南向北）

2. 渠壁背面（由东北向西南）

3. 渠底（由南向北）

图版三二　曲流石渠遗迹的结构

1. 曲流石渠东北部残迹
（由西向东）

2. 急弯处东侧石板上刻凿的"工"字（由北向南）

3. 急弯处底部的河卵石
（由东向西）

图版三三　曲流石渠遗迹第一、二部分

1. 曲流石渠遗迹第三部分
（由西北向东南）

2. 曲流石渠遗迹第三部分（由东南向西北）

3. 曲流石渠遗迹第三部分局部
（由东北向西南）

图版三四　曲流石渠遗迹第三部分

1. 曲流石渠遗迹第四部分——弯月形石池（由东南向西北）

2. 北列石板和北次间的八棱石柱（由西向东）

3. 南列石板和南次间的八棱石柱（由西向东）

图版三五　曲流石渠遗迹第四部分——弯月形石池

1. 北列东起第一堵石板上的"十"字

2. 北列西端石板上的"工"字

3. 北列东起第二堵石板上的"工"字

4. 南次间八棱石柱上的"二"字

图版三六　弯月形石池的石刻文字

1. 南列石板下的枕木
（由北向南）

2. 南北两次间的八棱石柱
（由东向西）

3. 北次间八棱石柱顶端凸榫
（由北向南）

图版三七　弯月形石池

1. 弯月形石池西北进水口（由东南向西北）

2. 弯月形石池西南出水口（由东北向西南）

图版三八　弯月形石池进、出水口

1. 弯月形石池东北壁（由西南向东北）

2. 弯月形石池西壁（由东向西）

图版三九　弯月形石池池壁

1. 弯月形石池西壁顶部的石地梁
（由南向北）

2. 北起第一根石地梁（由东南向西北）

3. 第二根石地梁（由南向北）

图版四〇　弯月形石池西壁顶部的石地梁

1. 曲流石渠遗迹第五部分（由南向北）

2. 石水槽（由西南向东北）

3. 石水槽（由西北向东南）

图版四一　曲流石渠遗迹第五部分

1. 一号渠陂（由西北向东南）

2. 曲流石渠遗迹第六部分北段（由南向北）

3. 一号渠陂和一号斜口（由西向东）

图版四二　曲流石渠遗迹第六部分

1. 曲流石渠遗迹第七部分（由北向南）

2. 曲流石渠遗迹第七部分西段（由西南向东北）

3. 曲流石渠遗迹第七部分南段（由东南向西北）

4. 渠壁顶部（由北向南）

5. 曾修整过的北壁（由东南向西北）

图版四三　曲流石渠遗迹第七部分

1. 曲流石渠遗迹第八部分（由北向南）

2. 曲流石渠遗迹第八部分渠底（由西向东）

图版四四　曲流石渠遗迹第八部分

晋代暗渠（97G9）

南朝水渠（97G1）

1. 曲流石渠遗迹第九部分（由西向东）

2. 石板平桥西侧石板（由南向北）

图版四五　曲流石渠遗迹第九部分

1. 修复后的石板平桥（由东南向西北）

2. 石板平桥北侧的步石（由北向南）

3. 三号斜口（由北向南）

图版四六　曲流石渠遗迹第九部分

1. 曲流石渠遗迹尽头处（由东北向西南）

2. 曲流石渠遗迹尽头处北壁石板（由南向北）

图版四七　曲流石渠遗迹第九部分

南朝暗渠（97G1）

晋代暗渠（97G9）

1. 出水木暗槽与曲流石渠出水闸口相连接（由东北向西南）

2. 早期出水木暗槽（由西南向东北）

3. 早期出水木暗槽第一段（由东北向西南）

图版四八　曲流石渠遗迹第十部分——出水木暗槽

1. 晚期出水木暗槽（由东南向西北）

2. 后设的晚期出水木暗槽（由东南向西北）

图版四九 晚期出水木暗槽

1. 弯月形石池内第①层堆积（由东向西）

2. 弯月形石池内第①层堆积中出土的陶瓮（由北向南）

图版五〇　曲流石渠渠内堆积

1. 弯月形石池内第②层堆积有大量的龟鳖残骸（由东向西）

2. 考古人员在清理大鳖残骸

3. 弯月形石池内第②层出土的筒瓦（由西向东）

图版五一　曲流石渠渠内堆积

1. 97F17（由南向北）

2. 97F17（由东向西）

3. 97F17南北向台基西壁包边砖及散水（由北向南）

1. 台基东壁包边砖（由北向南）

2. 台基包边砖（由东向西）

3. 台基西壁第一个木础（由南向北）

4. 台基西壁第二个木础（由东向西）

图版五三　97F17南北向台基

1. 台基西壁散水（由北向南）

2. 台基西壁散水南端
（由西向东）

图版五四　97F17南北向台基散水

1. 台基北壁散水和立柱（由西向东）

2. 台基北壁散水和立柱
（由南向北）

图版五五　97F17东西向台基

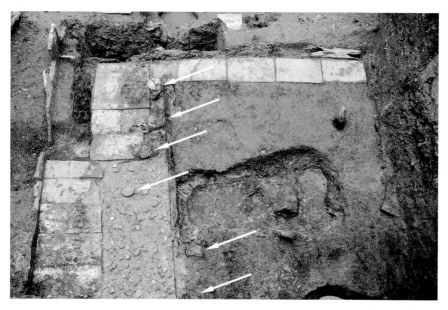

1. 97F17 室外地面和散落在散水面上的
"万岁"文字瓦当（由北向南）

2. 散落的"半两"铜钱

3. 与"半两"铜钱伴出的"中府啬夫"封泥

图版五六　97F17的倒塌堆积

1. 97F18建筑台基（由西向东）

2. 97F18建筑台基（由东向西）

图版五七　97F18建筑台基

1. 地漏（由西南向东北）

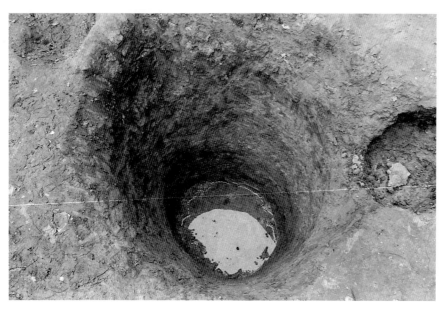

2. 97J12（由东北向西南）

3. 97H128（由东向西）

图版五八　其他遗迹

1. A 型素面方砖（97T25⑩：7）

2. A 型素面方砖上的气孔（97T25⑩：7）

3. A 型方格、圆周、三角形纹方砖（97T37⑩：1）

4. B 型菱形、四叶纹方砖（97F17：1）

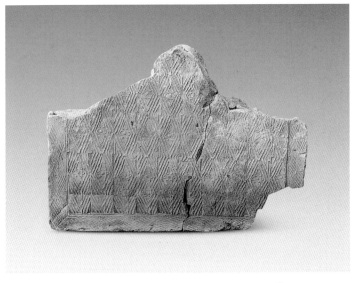

5. B 型菱形、四叶纹方砖表面（97T18⑩：8）

6. B 型菱形、四叶纹方砖底面的气孔（97T18⑩：8）

图版五九　曲流石渠遗迹出土的方砖

1. B型菱形纹方砖（97T6⑩：6）

2. B型菱形、四叶、三角形纹方砖（97T3⑩：6）

3. B型菱形、网格、三角形纹方砖（97T33⑩：13）

4. B型菱形、圆周突点、三角、网格纹方砖（97T24⑩：12）

5. B型菱形、三角、网格、叶脉纹方砖（97T7⑩：80）

6. B型菱形、三角、网格、叶脉纹方砖上的气孔
（97T7⑩：80）

图版六〇　曲流石渠遗迹出土的方砖

1. C 型素面方砖（97T43⑩：2）

2. C 型菱形、四叶纹方砖（97T22⑩：15）

3. C 型曲线菱形、四叶、菱形纹方砖（97F17：2）

4. A 型素面长方砖（97T16⑩：3）

5. A 型菱形、四叶纹长方砖（97T21⑩：7）

6. A 型菱形、四叶、三角形纹长方砖（97T40⑩：32）

图版六一　曲流石渠遗迹出土的方砖和长方砖

1. A型菱形、四叶、三角形纹长方砖（97T15⑩：37）

2. "左官奴单"印文（97T15⑩：37）

3. A型菱形、三角、网格纹长方砖（97T18⑩：4）

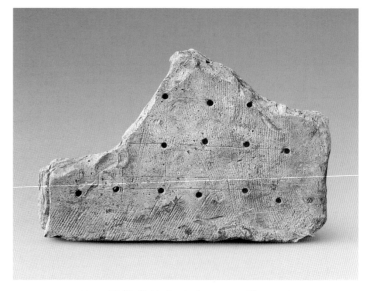

4. A型绳纹长方砖（97T39⑩：19）

5. 菱形、四叶纹三角形砖（97T12⑩：26）

6. 网格纹三角形砖（97T29⑩：10）

图版六二　曲流石渠遗迹出土的长方砖和三角形砖

1. A 型素面带榫砖（97T29⑩：2）

2. C 型菱形、四叶纹带榫砖（97T6⑩：7）

3. B 型菱形、四叶、回形纹带榫砖表面（97T19⑩：24）

4. B 型菱形、四叶、回形纹带榫砖底面（97T19⑩：24）

5. B 型网格纹带榫砖表面（97T21⑩：8）

6. B 型网格纹带榫砖底面（97T21⑩：8）

图版六三　曲流石渠遗迹出土的带榫砖

1. 转角砖（97T8⑩：16）

2. 券砖（97T44⑩：3）

3. 弧形砖（97T20⑩：19）

4. 空心砖泥片斜面上刻的斜直线（97T44⑩：12）

5. 空心砖底面上椭圆形气孔（97T15⑩：40）

6. 菱形、曲线菱形纹空心砖（97T12⑩：27）

图版六四　曲流石渠遗迹出土的砖

1. 曲线菱形、三角形纹空心砖
（97T38 ⑩：34 ）

2. 菱形、四叶纹空心砖
（97T12 ⑩：1 ）

3. 四叶、三角、菱形纹空心砖
（97T24 ⑩：1 ）

图版六五　曲流石渠遗迹出土的空心砖

1. 普通板瓦（97T39⑪：2）

4. Aa型带钉板瓦（97T7⑩：78）

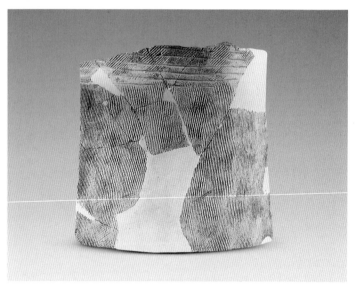

2. 普通板瓦（97T34⑩：9）

5. Aa型带钉板瓦（97T3SQ①：66）

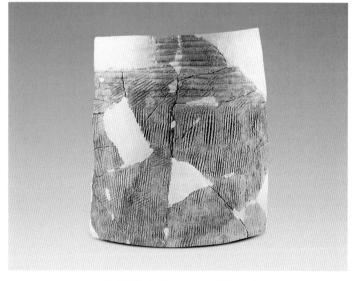

3. 普通板瓦（97T7SQ①：5）

6. Ab型带钉板瓦（97H92：4）

图版六六　曲流石渠遗迹出土的板瓦

1. 左：Ab 型带钉板瓦（97H92：26）
   右：Bb 型带钉板瓦（97T7⑩：28）

2. Ba 型带钉板瓦（97T43⑩：11）

3. 折腰板瓦表面（97T18⑩：7）

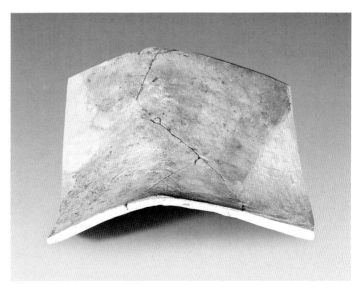

4. 折腰板瓦里面（97T18⑩：7）

图版六七　曲流石渠遗迹出土的板瓦

1. 筒瓦里面的泥条盘筑痕
（97T20⑩：13）

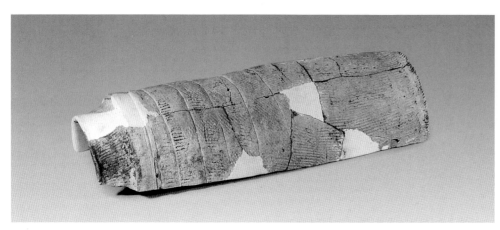

2. 97T42⑩：17

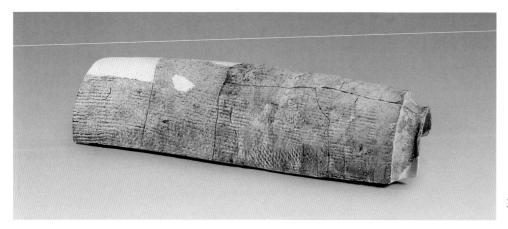

3. 97T24⑩：5

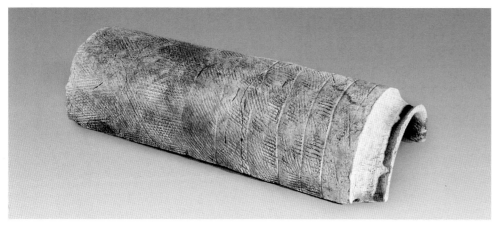

4. 97T34⑩：12

图版六八　曲流石渠遗迹出土的普通筒瓦

1. A 型（97T12⑩：30）

2. B 型（97T29⑩：4）

3. B 型（97T19⑩：53）

图版六九　曲流石渠遗迹出土的带钉筒瓦

1. 四叶纹瓦当（97T3⑩：4）

2. Ab型云箭纹瓦当（97T44⑩：11）

3. B型Ⅰ式云箭纹瓦当（97T3SQ②：7）

4. B型Ⅰ式云箭纹瓦当（97T8⑩：3）

5. B型Ⅱ式云箭纹瓦当（97T42⑩：7）

图版七〇　曲流石渠遗迹出土的四叶纹瓦当和云箭纹瓦当

1. 倒置的"万岁"文字瓦当（97T42⑩：6）

2. Aa 型 I 式（97T17⑧a：13）

3. Aa 型 Ⅲ 式（97T7⑩：6）

4. Aa 型 Ⅲ 式（97T7⑩：7）

5. Ab 型 I 式（97T34SQ①：2）

6. Ab 型 I 式（97T40⑩：26）

图版七一　曲流石渠遗迹出土的"万岁"文字瓦当

1. Ab 型 Ⅱ 式（97T44⑩：9）　　　2. 瓦当背面的切割痕和手抹痕（97T44⑩：9）

3. Ab 型 Ⅱ 式（97T39⑩：9）　　　4. Ac 型（97T25⑩：1）

5. Ac 型（97T23⑩：7）

图版七二　曲流石渠遗迹出土的"万岁"文字瓦当

1. Ba 型（97T24⑩：2）

2. Bb 型（97T34⑩：13）

3. C 型（97T25⑩：5）

图版七三　曲流石渠遗迹出土的"万岁"文字瓦当

1. A 型算（97T42⑩：4）

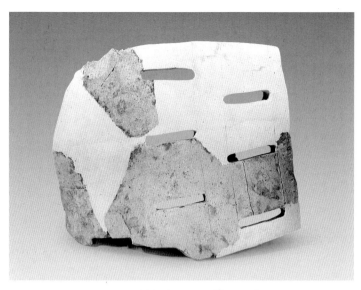

2. B 型算（97T35⑩：17）

3. 鸱尾（97T7⑩：82）

4. 井圈（97T21⑩：9）

5. 井栏（97H92：1）

6. 圆孔形器（97T8⑩：2）

图版七四　曲流石渠遗迹出土的陶质建筑材料

1. 铁棒（97T7⑩：3）

2. 铁网算出土现场（97T3SQ①：52）

3. 铁网算表面阴刻的"溢"字（97T3SQ①：52）

4. 网算铜框架（97T3SQ①：52）

图版七五　曲流石渠遗迹出土的铁质和铜质建筑构件

1. 八棱石柱（97T11⑨b：8）

2. B型石望柱（97T19⑩：48）

3. B型望柱座石（97T19⑩：55）

图版七六　曲流石渠遗迹出土的石质建筑材料

1. 门斗石板（97T15⑩：63）

2. 石算（97T7⑩：81）

3. 石板（97T8SQ①：3）

4. 渠壁石块（97T7⑩：84）

5. 渠壁石块（97T7⑩：83）

6. 卵石（97T3SQ②：13）

图版七七　曲流石渠遗迹出土的石质建筑材料

1. B 型缸（97T10SQ①：6）

2. A 型 I 式罐（97T3SQ①：23）

3. Ba 型 I 式罐（97T3SQ①：28）

4. Ba 型 I 式罐（97T3SQ①：12）

5. Ba 型 I 式罐（97T3SQ①：24）

6. Ba 型 I 式罐（97T7SQ①：1）

图版七八　曲流石渠遗迹出土的陶器

1. Ba 型 Ⅱ 式（97T3SQ ① : 7）

2. Ba 型 Ⅱ 式（97T3SQ ① : 19）

3. Ba 型 Ⅱ 式（97T3SQ ① : 6）

4. Bb 型（97T3SQ ① : 5）

5. C 型（97J12 : 1）

图版七九　曲流石渠遗迹出土的陶罐

1. 提筒（97T3SQ①：40）

2. 瓿（97T3SQ①：17）

3. A 型盆（97T3SQ①：26）

4. A 型碗（97T1⑩：1）

5. A 型碗（97T3SQ①：9）

6. A 型碗（97T3SQ②：4）

图版八〇　曲流石渠遗迹出土的陶器

1. 盏（97T34SQ②：2）

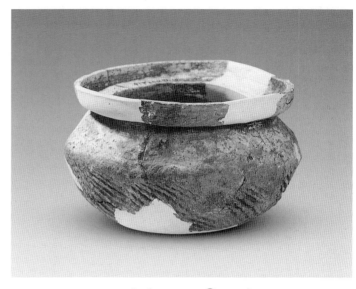

2. 釜（97T3SQ①：15）

3. A 型盒（97T6⑩：8）

4. A 型三足盒（97T3SQ①：39）

5. B 型三足盒（97T3SQ①：48）

6. 支座（97T3⑩：1）

图版八一　曲流石渠遗迹出土的陶器

1. 板形木器出土现场（97T3SQ②：21）

2. 竹编器盖出土现场（97T3SQ②：20）

3. 石盆（97T3SQ②：3）

图版八二　曲流石渠遗迹出土的木、竹、石器

1. 左：B型陶网坠（97T35⑩：2）　右：A型陶网坠（97T35⑩：6）

2. 陶纺轮（97T21⑩：4）

3. 铁斧（97T38⑩：29）

4. Aa型Ⅱ式铜镞（97T15⑩：3）

5. Aa型Ⅲ式铜镞（97T7⑩：29）

7. 铜盖弓帽（左97T7⑩：1，右97T7⑩：2）

6. C型铜镞（97T37⑩：6）

图版八三　曲流石渠遗迹出土的器物

1. "赗化"（97T38⑩：122）

2. B 型 "半两"（左97T38⑩：28，右97T38⑩：40）

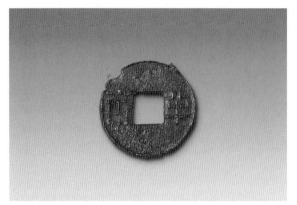

3. Cb 型 Ⅱ 式 "半两"（97T38⑩：46）

4. B 型 "半两"（左97T38⑩：60，右97T38⑩：91）

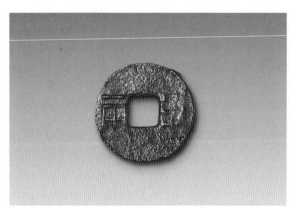

5. Cb 型 Ⅱ 式 "半两"（97T38⑩：48）

6. Cc 型 "半两"（97T38⑩：41）

7. Ca 型 Ⅰ 式 "半两"（左上97T39⑩：5，右上97T38⑩：83）

Ca 型 Ⅱ 式 "半两"（左下97T38⑩：95）

Cb 型 Ⅰ 式 "半两"（右下97T38⑩：120）

图版八四　曲流石渠遗迹出土的铜钱

1. 铜簪（97T7⑩：4）

2. 铜器（97T15⑩：5）

3. 铜器残件（97T37⑩：7）

4. 研石（97T34⑩：25）

图版八五　曲流石渠遗迹出土的其他器物

1. 桃核（97T34SQ②：4）

2. 左：橄榄核（97T34SQ②：5）
　　右：南酸枣核（97T34SQ②：7）

3. 曲流石渠淤泥中出土的树叶
　（97T34SQ②：3）

图版八六　曲流石渠遗迹出土的植物遗存

1. 曲流石渠淤泥中出土的蚌（97T25SQ②：1）

3. 龟头骨（97T3SQ②：12）

2. 大鳖残骸（97T3SQ②：23）

4. 鳖头骨（97T3SQ②：22）

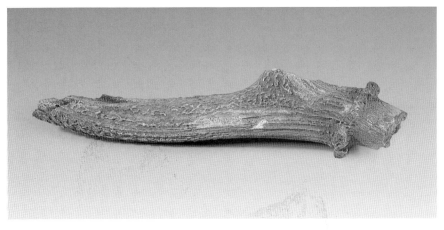

5. 梅花鹿角（97T39⑩：28）

图版八七　曲流石渠遗迹出土的动物遗存

1. "公"字砖文（97T15SQ②：2）

2. "气"字砖文（97T40⑦：4）

3. "居室"瓦文（97T20⑩：1）

4. "居室"瓦文（97T42⑩：10）

5. "左官"瓦文（97T19⑩：43）

6. "左官奴单"瓦文（97H92：11）

图版八八　南越宫苑遗址出土的砖文和瓦文

1. "左官室最"（97T15⑩：23）

2. "左官卒史"（97T29⑩：12）

3. "左官卒藤"（97T29SQ①：15）

4. "左官鬼□"（97T33⑩：9）

5. "□官□□"（97T7⑩：30）

6. "左官蜚"（97T35⑩：4）

图版八九　南越宫苑遗址出土的瓦文

1. "左官□"（97T19⑩：21）

2. "左犁"（97T7⑩：55）

3. "左最"（97T40⑨a：5）

4. "左秩"（97T20⑩：4）

5. "左□"（97T26⑩：3）

6. "左囲"（97T33⑩：7）

图版九〇　南越宫苑遗址出土的瓦文

1. "赖"（97T15⑩：45）

2. "稽"（97T20⑨a：33）

3. "扇"（97T21⑩：10）

4. "最"（97T42⑩：3）

5. "邑"（97T29⑩：9）

6. "右官"（95T12PC：22）

图版九一　南越宫苑遗址出土的瓦文

1. "右官九"（95T12⑤a：15）

2. "右贫"（97T7⑩：17）

3. "右衣"（97T6⑨b：3）

4. "右富"（97T17⑧a：14）

5. "右富"（97T41⑩：12）

6. "右钘"、"官钘"（97T43⑩：6）

图版九二　南越宫苑遗址出土的瓦文

1. "右梦"（97T40⑩：43）

2. "右□"（97T7⑩：31）

3. "右曹"（97T23⑩：15）

4. "右东"（97T41⑩：13）

5. "九"（97T19⑩：12）

6. "莫"（97T7⑩：48）

图版九三　南越宫苑遗址出土的瓦文

1. "梦"（97T29SQ ① : 5）

2. "官"（97T43 ⑩ : 10）

3. "官"（95T4 ⑥ : 1）

4. "官"（95T2PC : 18）

5. "官"（97T33 ⑩ : 15）

图版九四　南越宫苑遗址出土的瓦文

1. "官□"、"钘"（95T3PC：8）

2. "官最"（95T2PC：24）

3. "官最"（97T23⑩：2）

4. "官页"（97T20⑨a：42）

5. "官妹"（97T1⑦：3）

6. "官妹"（97T7⑨b：3）

图版九五　南越宫苑遗址出土的瓦文

1. "官蚩"（97T19⑩：44）

2. "官梦"（97T25SQ②：4）

3. "官富"（95T2PC：23）

4. "官富"（97T16⑩：11）

5. "官驹"（97T35⑩：10）

6. "官茅"（97T20⑩：3）

图版九六　南越宫苑遗址出土的瓦文

1. "官茅"（97T17⑧a：4）

2. "官官"、"官军"（97T44⑩：19）

3. "官军"（97T15⑩：16）

4. "官结"（97T23SQ②：3）

5. "官桥"（97T25⑨a：4）

6. "官渔"（97H92：33）

图版九七　南越宫苑遗址出土的瓦文

1．"官寅"（97T7⑩：60）

2．"官秦"（97T44⑩：6）

3．"官□"（97T23⑩：10）

4．"官□"（97T8⑩：18）

5．"官埶"（97T40⑩：8）

图版九八　南越宫苑遗址出土的瓦文

1. "靡师"（97T26⑩：1）

2. "小明"（97T43⑩：1）

3. "仲有"（97T39⑩：24）

4. "□东"（97T15⑩：20）

5. "□姚"（97T33⑥b：18）

6. "乔乐"（97T24⑧b：4）

图版九九　南越宫苑遗址出土的瓦文

1. 97T21SQ ① : 3

2. 97T21SQ ① : 6

3. 97T40 ⑩ : 10

4. 95T2PC : 3

5. 97T29SQ ① : 10

6. 97T8 ⑩ : 21

图版一〇〇　南越宫苑遗址出土的"公"字瓦文

1. "公"（97T3SQ ② : 15 ）

2. "公"（97T20 ⑩ : 20 ）

3. "留"（97T23SQ ② : 4 ）

4. "公"、"Z"（97T17 ① : 6 ）

5. "阅"（97T33 ⑩ : 17 ）

6. "烦"（97T7 ⑩ : 39 ）

图版一〇一　南越宫苑遗址出土的瓦文

1. "有"（97T22⑨b：9）

2. "强"（97T20⑨b：13）

3. "任"（97T19⑩：15）

4. "污"（95T12PC：23）

5. "喜"（97T20⑩：7）

6. "聿"（97T12⑩：17）

图版一○二　南越宫苑遗址出土的瓦文

1. "妈"（97T20⑨b：11）

2. "狷"（97T29SQ①：7）

3. "未"（97T12⑩：15）

4. "木"（97T18⑨b：2）

5. "贵"（97T45⑧a：26）

6. "姚"（97T19⑩：16）

图版一○三　南越宫苑遗址出土的瓦文

1. "良"（97T29⑩：13）

2. "小"（95T12⑥：2）

3. "可"（97T23⑦：6）

4. "祷"（97T12⑩：21）

5. "央"（97T24⑧b：48）

6. "县"（97T39⑧b：16）

图版一〇四　南越宫苑遗址出土的瓦文

1. "年"（97T19⑨b：13）

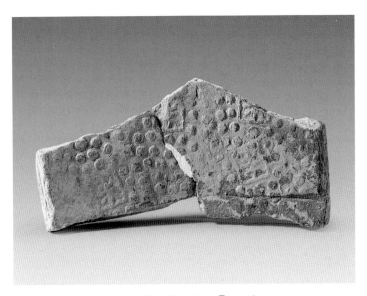

2. "朱"（97T43⑩：4）

3. "祐"（97T40⑦：5）

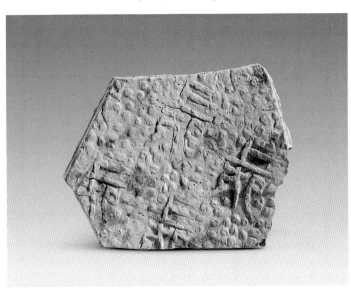

4. "长"（97T24⑧b：25）

5. "秦"（97T40⑩：25）

6. "周"（97T33⑩：5）

图版一〇五　南越宫苑遗址出土的瓦文

1．"营"（97T19⑩：4）

2．"□"（97T15⑨a：6）

3．"□"（97T20⑨a：74）

4．"□"（97T33⑩：10）

5．"□"（97T25⑨a：6）

6．"□"（97T41⑩：1）

图版一〇六　南越宫苑遗址出土的瓦文

1. "□"（97T19⑩：41）

2. "□"（97T16⑩：12）

3. "□"（97T20⑨a：56）

4. "□"（97T19⑨b：10）

5. "□"（97T35⑩：13）

6. "□□"（97T42⑩：15）

图版一〇七　南越宫苑遗址出土的瓦文

1. "□"（97T19⑨b：56）

2. "□"（97T20⑨b：9）

3. "□"（97T15SQ①：6）

4. "□"（97T15⑧a：9）

5. "□"（97T22⑨b：3）

6. "□"（95T4⑤b：6）

图版一〇八　南越宫苑遗址出土的瓦文

1. 人脸形（97T21⑩：6）

2. 太阳形（97T12⑩：19）

3. 菱形（97T16⑩：15）

4. 方形（97T25⑩：11）

5. 方形（97T20⑨a：16）

6. 圆形（97T19⑩：22）

图版一〇九　南越宫苑遗址出土的瓦纹图案

1. 戳印"苍梧"文字陶片出土现场
（97T15SQ ① : 1）

2. "右垂"戳印陶文（97T6 ⑨ b : 2）

3. "明□"戳印陶文（97T15 ⑩ : 27）

4. "常御一石"戳印陶文（97T23SQ ② : 1）

5. "中府啬夫"封泥背面（97T38 ⑩ : 31）

图版一一〇　南越宫苑遗址出土的陶文和封泥

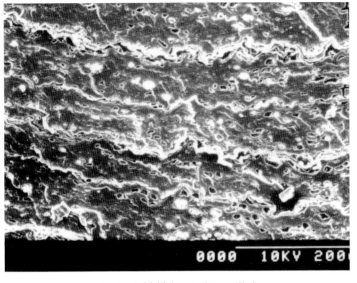

1. 阔叶树横切面（200倍）

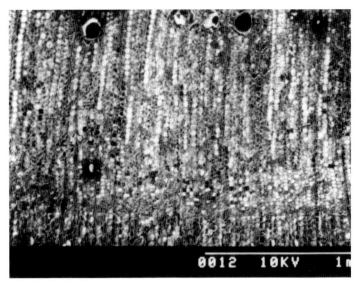

4. 松属横切面（50倍）

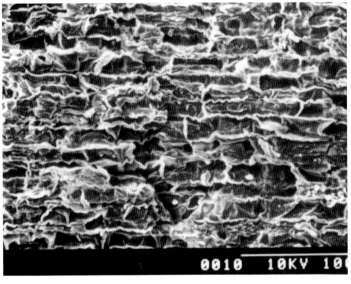

2. 阔叶树径切面（400倍）

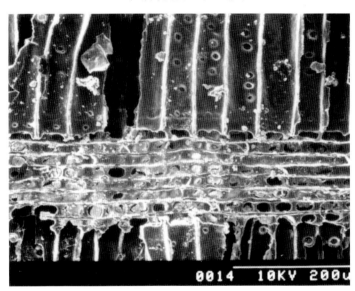

5. 松属径切面（200倍）

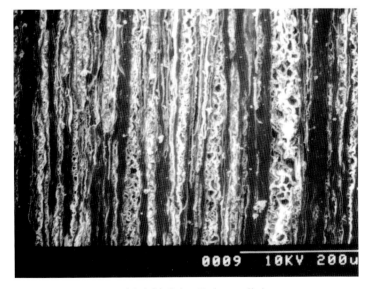

3. 阔叶树弦切面（200倍）

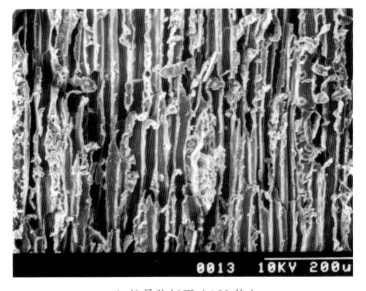

6. 松属弦切面（150倍）

图版———— 南越宫苑遗址出土的木材切面照片

1. 杉木横切面（60倍）

4. 杉木横切面（50倍）

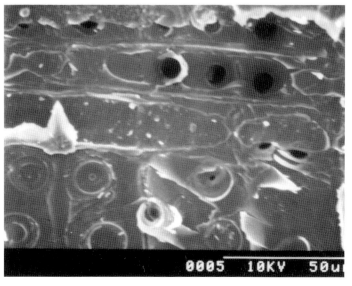

2. 杉木径切面（700倍）

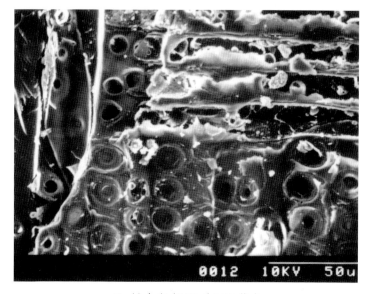

5. 杉木径切面（800倍）

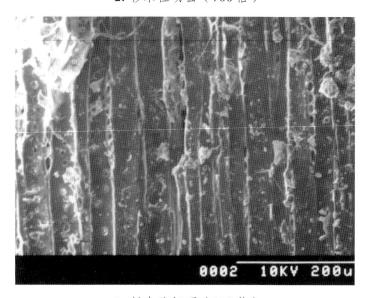

3. 杉木弦切面（200倍）

6. 杉木弦切面（150倍）

图版一一二　南越宫苑遗址出土的木材切面照片

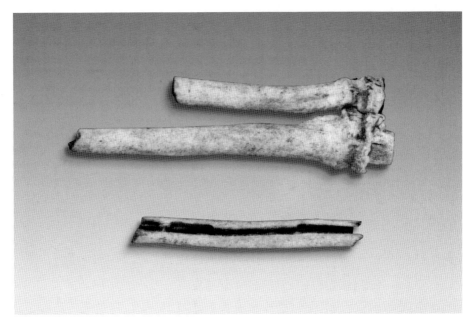

1. 禾本科秆的形态

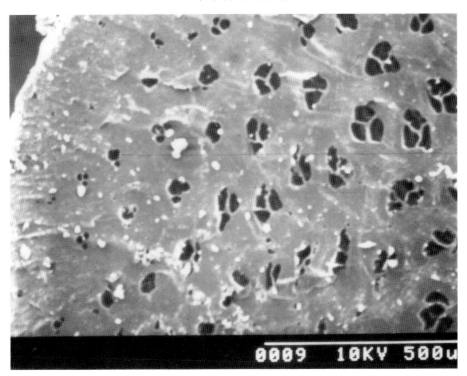

2. 禾本科秆的横切面（100倍）

图版一一三　南越宫苑遗址出土的木材照片

1. 南越国时期的稻米

2. 南汉国时期的稻米

3. 炭化粟粒

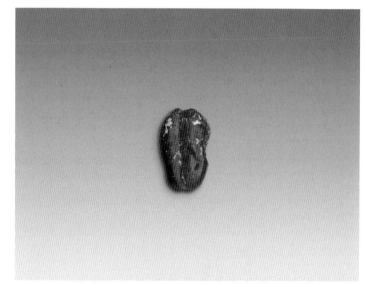

4. 炭化小麦

5. 炭化大豆

6. 杨梅

图版一一四　南越宫苑遗址出土的植物遗存

1. 荔枝

2. 橄榄

3. 桃

4. 李

5. 梅

6. 南酸枣

图版一一五　南越宫苑遗址出土的植物果核

1. 海南榄仁

2. 山鸡椒

3. 构树

4. 商陆

5. 李属

6. 悬钩子属

图版——六　南越宫苑遗址出土的植物种实

1. 葡萄属

2. 女贞属

3. 樟科

4. 葫芦科

5. 省藤属（？）

6. 假牵牛属（？）

图版一一七　南越宫苑遗址出土的植物种实

1. A 型螺（FX020　97T13GC①）　2. B 型螺（FX020　97T13GC①）　3. C 型螺（FX020　97T13GC①）　4. D 型螺（FX019 97T1GC②）　5. E 型螺（FX019　97T1GC②）　6. 河蚬（FX013　97T42⑦）　7. 牡蛎（FX006　97T13④c）　8. 毛蚶（FX023　97T1⑥a）　9. 泥蚶（FX012　97T42⑤b）　10. 文蛤（FX012　97T42⑤b）　11. 软骨鱼脊椎（FX013 97T42⑦）　12. 硬骨鱼脊椎（97T13GC②：16）　13. 鳖背甲（97T20⑧b：13）　14. 龟腹甲（97T19⑩：5）　15. 鳄下颌（97T39⑨b：1）　16. 豪猪门齿（97T3SQ②：11）　17. 鸟跗跖骨近端（97T13GC①：52）　18. 狗左颌（97J65②：9）　19. 鼠左股骨（FX022　97T1GC①）　20. 鼠左下颌（FX022　97T1GC①）　21. 熊右跟骨（97T29SQ①：12）　22. 牛右下颌（97T31⑧b：1）　23. 牛桡骨上的人工痕迹（97T44⑥b：3）（1~4、6~9、11、16、17、19、20 为原大，5 为 2 倍，14、15、18、21、23 为 3/5，22 为 2/5）

图版——八　南越宫苑遗址出土的动物遗骸

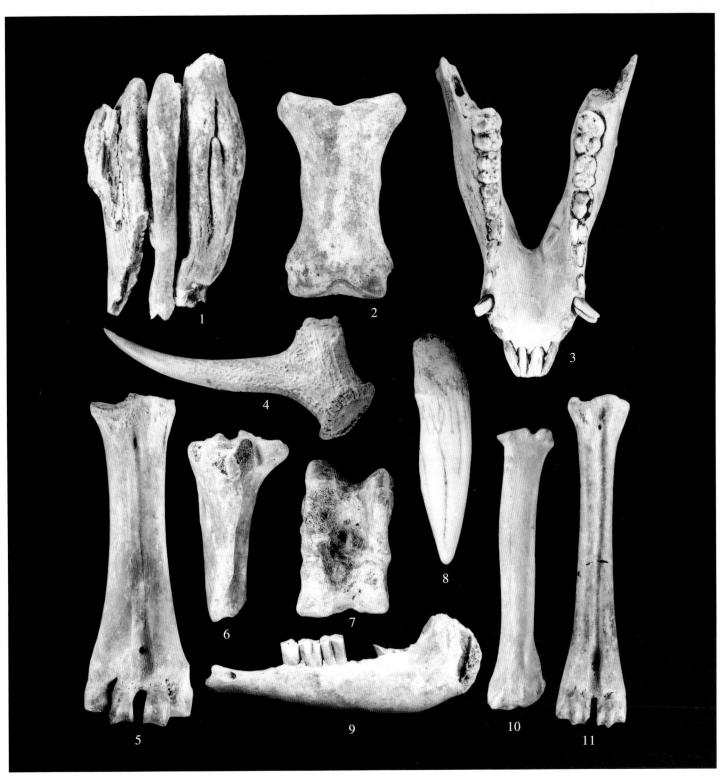

1. 亚洲象白齿（97T33⑤b：38） 2. 马第1节趾骨（97H160：2） 3. 猪下颌（97T9④c：18） 4. 梅花鹿左角（97H149：54） 5. 水牛左距骨（97J63④：149） 6. 小型鹿科左胫骨（97T24⑨a：13） 7. 大型鹿科右距骨（97H57①：7） 8. 虎上犬齿（97T30⑧b：2） 9. 羊左下颌（97J20②：3） 10. 羊左桡骨（97T13GC②：16） 11. 黄牛左距骨（97T19⑥a：5）（1、4、5、11为2/5，2、3、6、7、9、10为3/5，6为原大，8为4/5）

图版一一九　南越宫苑遗址出土的动物遗骸

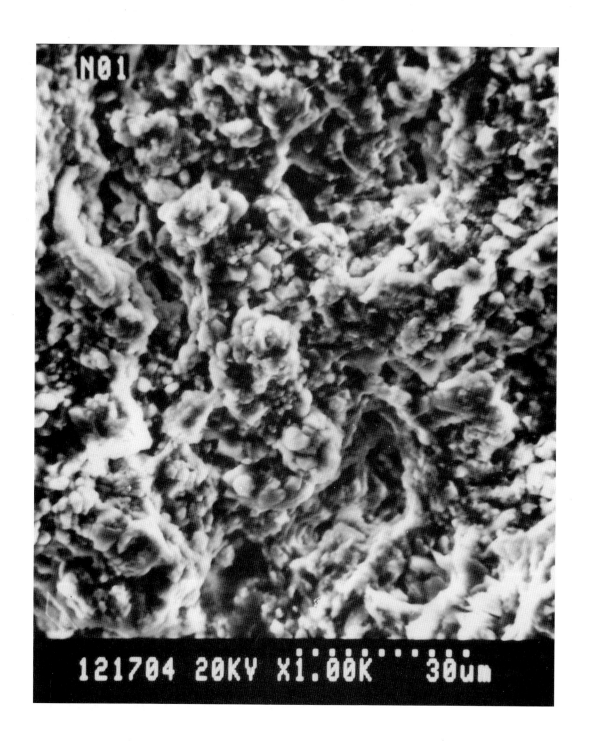

图版一二〇　蓄池遗迹出土的望柱座石打磨表面扫描电子显微照片

1. 莲花山紫红色长石石英砂岩，分选较差，颗粒大小不一（40倍）

2. 莲花山紫红色长石石英砂岩，石英碎屑呈棱角状，胶结物为碳酸盐（40倍）

图版一二一　莲花山石英砂岩偏光显微镜下照片

1. 南越宫苑遗址紫红色长石石英砂岩，分选较好，粒度较为一致，碎屑呈次圆状（40倍）

2. 广州大厦东面瑞安工地紫红色长石石英砂岩，粒度较为一致，碎屑呈次圆状（40倍）

图版一二二　南越宫苑遗址主要建筑石构件与周边相关岩石偏光显微镜下照片

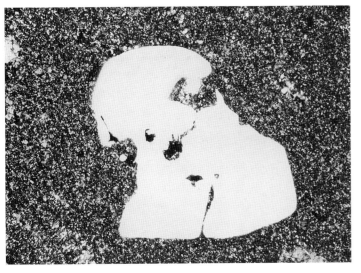

1. 曲流石渠流纹斑岩（97T10SQ①：3）石英斑晶
（100倍，正交偏光）

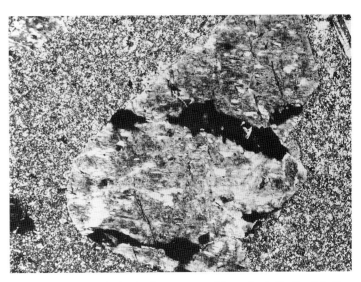

2. 曲流石渠流纹斑岩（97T10SQ①：3）流纹长石斑晶
（40倍，正交偏光）

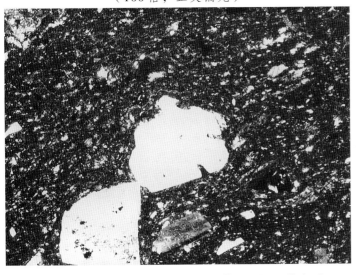

3. 曲流石渠流纹斑岩（97T6SQ①：1）石英斑晶
（40倍，正交偏光）

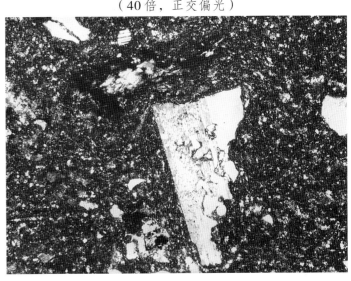

4. 曲流石渠流纹斑岩（97T7SQ①：8）斜长石斑晶
（40倍，正交偏光）

5. 曲流石渠流纹斑岩（97T6SQ①：1）斜长石斑晶和基质
（40倍，正交偏光）

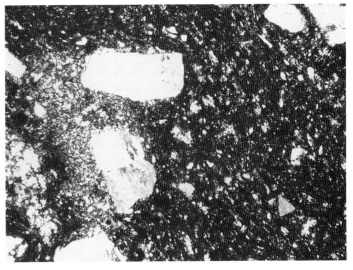

6. 曲流石渠流纹斑岩（97T3SQ②：14）条纹长石斑晶
（40倍，正交偏光）

图版一二三　南越宫苑遗址岩石显微照片

1. 曲流石渠流纹英安玢岩（97T10SQ①：5）斜长石斑晶
（40倍，正交偏光）

2. 曲流石渠流纹英安玢岩（97T12SQ①：1）
（100倍，正交偏光）

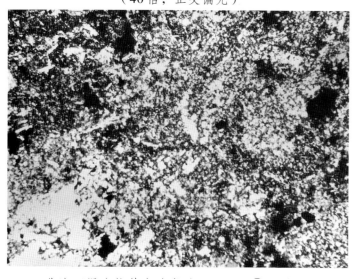

3. 曲流石渠流纹英安玢岩（97T12SQ①：1）基质
（40倍，正交偏光）

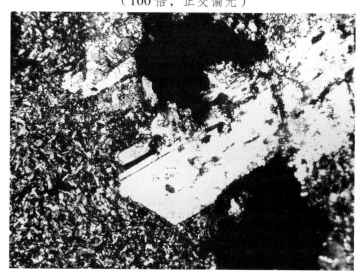

4. 背阴村安山玢岩（CH27）斜长石
（100倍，正交偏光）

5. 背阴村安山玢岩（CH26）中的斜长石斑晶
（40倍，正交偏光）

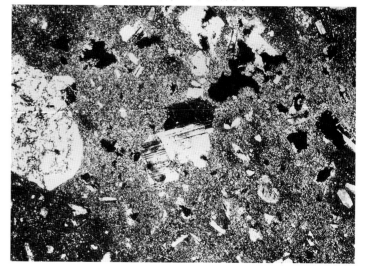

6. 背阴村安山玢岩（CH23）
（40倍，正交偏光）

图版一二四　南越宫苑遗址和从化背阴村岩石显微照片

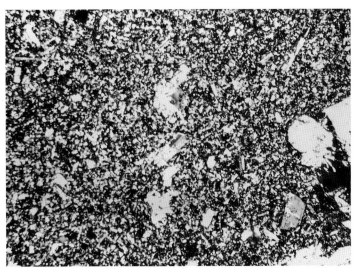

1. 背阴村安山玢岩（CH27）基质
（40倍，正交偏光）

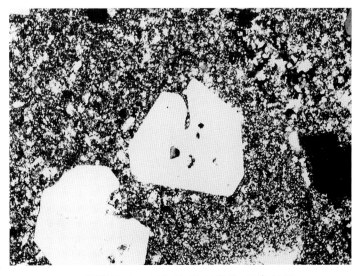

2. 背阴村（CH6）流纹斑岩的石英斑晶
（40倍，正交偏光）

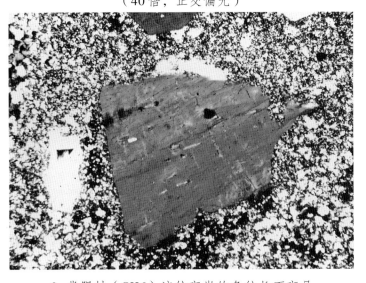

3. 背阴村（CH6）流纹斑岩的条纹长石斑晶
（40倍，正交偏光）

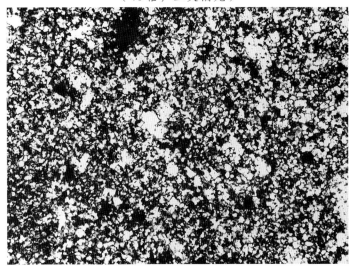

4. 背阴村（CH6）流纹斑岩基质
（100倍，正交偏光）

图版一二五　从化背阴村岩石显微照片

曲流石渠

蓄池

图版一二六　　蓄池遗迹和曲流石渠遗迹的位置关系（由东向西）

西汉南越国宫署遗址考古发掘报告之一

南越宫苑遗址

1995、1997年考古发掘报告

（下）

南越王宫博物馆筹建处
广州市文物考古研究所　编著

文物出版社

北京·2008

The Archaeological Site of the Garden of Nanyue Kingdom

Report on Archaeological Excavations in 1995 and 1997

(With an English Abstract)

(II)

by

Museum of the Archaeological Site of the Palace of Nanyue Kingdom
(Preparatory office)
Guangzhou Institute of Cultural Relics and Archaeology

Cultural Relics Press

Beijing · 2008

目　录

下　编

附录一　其他朝代遗存 3

第一节　秦代遗存 3

　一　地层和遗迹 3

　　（一）秦代造船遗址木料加工场地 3

　　（二）建筑基础坑 6

　　（三）水井 8

　　（四）其他遗迹 8

　二　遗物 9

　　（一）建筑材料 9

　　（二）生活器具 12

　　（三）其他 12

　三　小结 12

　　（一）遗迹的年代 12

　　（二）遗迹的性质 13

第二节　汉代遗存 14

　一　第一期遗存 14

　　（一）地层和遗迹 14

　　（二）遗物 17

　二　第二期遗存 29

　　（一）地层和遗迹 29

　　（二）遗物 31

　三　第三期遗存 47

　　（一）地层和遗迹 47

　　（二）遗物 53

　　四　第四期遗存 75

　　　（一）地层和遗迹 ………………………………………………………………… 75

　　　（二）遗物 ………………………………………………………………………… 79

　　五　小结 …………………………………………………………………………… 99

　　　（一）各期的年代 ………………………………………………………………… 99

　　　（二）小结 ……………………………………………………………………… 100

第三节　两晋、南朝遗存 ……………………………………………………………… 102

　　一　第一期遗存 …………………………………………………………………… 102

　　　（一）地层和遗迹 ……………………………………………………………… 102

　　　（二）遗物 ……………………………………………………………………… 105

　　二　第二期遗存 …………………………………………………………………… 125

　　　（一）地层和遗迹 ……………………………………………………………… 125

　　　（二）遗物 ……………………………………………………………………… 130

　　三　第三期遗存 …………………………………………………………………… 150

　　　（一）地层和遗迹 ……………………………………………………………… 150

　　　（二）遗物 ……………………………………………………………………… 155

　　四　第四期遗存 …………………………………………………………………… 164

　　　（一）地层和遗迹 ……………………………………………………………… 164

　　　（二）遗物 ……………………………………………………………………… 169

　　五　小结 …………………………………………………………………………… 181

　　　（一）各期的年代 ……………………………………………………………… 181

　　　（二）小结 ……………………………………………………………………… 183

第四节　唐、南汉遗存 ………………………………………………………………… 184

　　一　第一期遗存 …………………………………………………………………… 184

　　　（一）地层和遗迹 ……………………………………………………………… 184

　　　（二）遗物 ……………………………………………………………………… 188

　　二　第二期遗存 …………………………………………………………………… 203

　　　（一）地层和遗迹 ……………………………………………………………… 203

　　　（二）遗物 ……………………………………………………………………… 208

　　三　第三期遗存 …………………………………………………………………… 213

　　　（一）地层和遗迹 ……………………………………………………………… 213

　　　（二）遗物 ……………………………………………………………………… 223

　　四　小结 …………………………………………………………………………… 239

　　　（一）各期的年代 ……………………………………………………………… 239

　　　（二）小结 ……………………………………………………………………… 240

第五节　宋代遗存 ……………………………………………………………………… 241

一　第一期遗存 241
（一）地层和遗迹 241
（二）遗物 251
二　第二期遗存 274
（一）地层和遗迹 274
（二）遗物 274
三　小结 294

第六节　元代遗存 296
一　地层和遗迹 296
（一）灰坑 296
（二）水井 299
二　遗物 299
（一）建筑材料 299
（二）生活器具 299
（三）其他 309
三　小结 311

第七节　明代遗存 312
一　地层和遗迹 312
（一）房址 312
（二）墙基 314
（三）水井 315
（四）沙井 315
（五）灰坑 315
二　遗物 317
（一）建筑材料和构件 317
（二）生活器具 319
（三）其他 341
三　小结 342

第八节　清代遗存 343
一　地层和遗迹 343
（一）灰坑 343
（二）水井 346
二　遗物 346
（一）建筑材料 346
（二）生活器具 347

　　　　（三）其他 ……………………………………………………………………… 352
　　三　小结 ……………………………………………………………………………… 352
第九节　结　语 ………………………………………………………………………… 353
　　一　广州城建历史的断面 …………………………………………………………… 353
　　　　（一）秦代和南越国时期的番禺城 …………………………………………… 353
　　　　（二）关于汉代番禺城"南迁"之说的质疑 ………………………………… 354
　　　　（三）两晋、南朝时期的广州城 ………………………………………………… 355
　　　　（四）隋唐时期的广州城和南汉国都城兴王府 ……………………………… 355
　　　　（五）宋、元和明清时期的广州城 ……………………………………………… 356
　　二　汉唐时期广州的海外贸易 ……………………………………………………… 357

附录二　各朝代水井 …………………………………………………………………… 361
第一节　秦代水井 ……………………………………………………………………… 363
　　一　水井的分布和结构 ……………………………………………………………… 363
　　二　遗物 ……………………………………………………………………………… 363
　　　　（一）建筑材料 ……………………………………………………………………… 363
　　　　（二）生活器具 ……………………………………………………………………… 364
　　　　（三）兵器和其他 ………………………………………………………………… 367
　　三　小结 ……………………………………………………………………………… 368
第二节　南越国水井（略） …………………………………………………………… 369
第三节　汉代水井 ……………………………………………………………………… 369
　　一　第三期水井 ……………………………………………………………………… 369
　　　　（一）水井的分布和结构 ……………………………………………………… 369
　　　　（二）遗物 …………………………………………………………………………… 370
　　二　第四期水井 ……………………………………………………………………… 378
　　　　（一）水井的分布和结构 ……………………………………………………… 378
　　　　（二）遗物 …………………………………………………………………………… 381
　　三　小结 ……………………………………………………………………………… 394
　　　　（一）各期的年代 ………………………………………………………………… 394
　　　　（二）小结 …………………………………………………………………………… 395
第四节　两晋、南朝水井 ……………………………………………………………… 395
　　一　第一期水井 ……………………………………………………………………… 395
　　　　（一）水井的分布和结构 ……………………………………………………… 395
　　　　（二）遗物 …………………………………………………………………………… 397
　　二　第二期水井 ……………………………………………………………………… 400

（一）水井的分布和结构 ……………………………………………………… 400

（二）遗物 ……………………………………………………………………… 402

　三　第三期水井 ………………………………………………………………… 408

（一）水井的分布和结构 ……………………………………………………… 408

（二）遗物 ……………………………………………………………………… 410

　四　第四期水井 ………………………………………………………………… 410

（一）水井的分布和结构 ……………………………………………………… 410

（二）遗物 ……………………………………………………………………… 412

　五　小结 ………………………………………………………………………… 417

（一）各期的年代 ……………………………………………………………… 417

（二）小结 ……………………………………………………………………… 417

第五节　唐、南汉水井 …………………………………………………………… 418

　一　第一期水井 ………………………………………………………………… 418

（一）水井的分布和结构 ……………………………………………………… 418

（二）遗物 ……………………………………………………………………… 423

　二　第二期水井 ………………………………………………………………… 433

（一）水井的分布和结构 ……………………………………………………… 433

（二）遗物 ……………………………………………………………………… 435

　三　第三期水井 ………………………………………………………………… 441

（一）水井的分布和结构 ……………………………………………………… 441

（二）遗物 ……………………………………………………………………… 443

　四　小结 ………………………………………………………………………… 446

（一）各期的年代 ……………………………………………………………… 446

（二）小结 ……………………………………………………………………… 447

第六节　宋代水井 ………………………………………………………………… 447

　一　第一期水井 ………………………………………………………………… 447

（一）水井的分布和结构 ……………………………………………………… 447

（二）遗物 ……………………………………………………………………… 448

　二　第二期水井 ………………………………………………………………… 457

（一）水井的分布和结构 ……………………………………………………… 457

（二）遗物 ……………………………………………………………………… 458

　三　小结 ………………………………………………………………………… 458

第七节　元代水井 ………………………………………………………………… 458

　一　水井的分布和结构 ………………………………………………………… 458

　二　遗物 ………………………………………………………………………… 460

（一）建筑材料 460

（二）生活器具 461

（三）其他 463

三 小结 463

第八节 明代水井 464

一 水井的分布和结构 464

二 遗物 466

（一）建筑材料和构件 466

（二）生活器具 467

（三）其他 478

三 小结 480

第九节 清代水井 480

一 水井的分布和结构 480

二 遗物 484

（一）建筑材料和构件 484

（二）生活器具 486

（三）其他 499

三 小结 501

第十节 近现代水井 501

第十一节 结 语 501

一 南越宫苑遗址水井的演变反映了广州地区筑井技术的发展 502

二 南越宫苑遗址反映的古代汲水方法和汲水工具 503

附 表

附表一 南越宫苑遗址汉代遗迹登记表 505

附表二 南越宫苑遗址两晋、南朝遗迹登记表 516

附表三 南越宫苑遗址唐、南汉遗迹登记表 531

附表四 唐、南汉第三期出土"乾亨重宝"铅钱实测登记表 543

附表五 南越宫苑遗址宋代遗迹登记表 544

附表六 宋代第一期出土钱币实测登记表 549

附表七 南越宫苑遗址元代遗迹登记表 550

附表八 南越宫苑遗址明代遗迹登记表 552

附表九 南越宫苑遗址清代遗迹登记表 556

附表一〇 唐、南汉第三期水井出土陶文登记表 559

附表一一 唐、南汉第三期水井出土"乾亨重宝"铅钱实测登记表 559

　　附表一二　南越宫苑遗址近现代水井登记表 ……………………………… 560

南越宫苑遗址发掘和资料整理纪事 …………………………………… 561

后　记 ………………………………………………………………… 571

英文提要 ……………………………………………………………… 573

插图目录

图一　曲流石渠遗迹发掘区秦代遗迹平面图 4

图二　秦代造船遗址木料加工场地遗迹平剖面图 5

图三　97T17 内的木料堆放场地平剖面图 7

图四　97H61 平剖面图 8

图五　97H61 各层木料堆放平面图 9

图六　秦代方形遗迹平剖面图 10

图七　秦代器物纹饰拓本 11

图八　秦代陶碗和器盖 13

图九　曲流石渠遗迹发掘区汉代第一期遗迹平面图 15

图一〇　97F16 平面图 16

图一一　97F16 - ZD1 平剖面图 16

图一二　97H191 平剖面图 17

图一三　97H110 平剖面图 17

图一四　97H200 平剖面图 17

图一五　97G8 平剖面图 17

图一六　汉代第一期板瓦纹饰拓本 19

图一七　汉代第一期筒瓦纹饰拓本 20

图一八　汉代第一期瓦文拓本 21

图一九　汉代第一期瓦当拓本 23

图二〇　汉代第一期陶器纹饰和陶文拓本 24

图二一　汉代第一期陶器 26

图二二　汉代第一期工具、兵器和其他器物 27

图二三　汉代第一期铜钱拓本 28

图二四　曲流石渠遗迹发掘区汉代第二期遗迹平面图 30

图二五　97H114 平剖面图 31

图二六　97H167 平剖面图 31

图二七　97G12 平剖面图 32

图二八　97G13 平剖面图 33

图二九　汉代第二期板瓦纹饰拓本 …………………………………………………………… 35

图三〇　汉代第二期筒瓦纹饰拓本 …………………………………………………………… 36

图三一　汉代第二期瓦文拓本 ………………………………………………………………… 37

图三二　汉代第二期"万岁"文字瓦当拓本 ………………………………………………… 38

图三三　汉代第二期陶器纹饰和陶文拓本 …………………………………………………… 40

图三四　汉代第二期陶器 ……………………………………………………………………… 41

图三五　汉代第二期生活器具 ………………………………………………………………… 43

图三六　汉代第二期工具和兵器 ……………………………………………………………… 45

图三七　汉代第二期铜钱拓本 ………………………………………………………………… 46

图三八　蓄池遗迹发掘区汉代第三期遗迹平面图 …………………………………………… 48

图三九　曲流石渠遗迹发掘区汉代第三期遗迹平面图 ……………………………………… 49

图四〇　汉代第三期建筑柱洞平面图 ………………………………………………………… 50

图四一　97T40-ZD2 平剖面图 ……………………………………………………………… 50

图四二　97T41-ZD2 平剖面图 ……………………………………………………………… 50

图四三　97H82 平剖面图 ……………………………………………………………………… 52

图四四　97H168 平剖面图 …………………………………………………………………… 52

图四五　97H86 平剖面图 ……………………………………………………………………… 52

图四六　97H104 平剖面图 …………………………………………………………………… 52

图四七　97G4 平剖面图 ……………………………………………………………………… 53

图四八　汉代第三期砖和板瓦纹饰拓本 ……………………………………………………… 54

图四九　汉代第三期筒瓦纹饰拓本 …………………………………………………………… 56

图五〇　汉代第三期筒瓦纹饰拓本 …………………………………………………………… 57

图五一　汉代第三期瓦文拓本 ………………………………………………………………… 58

图五二　汉代第三期瓦当拓本 ………………………………………………………………… 59

图五三　汉代第三期陶器纹饰和陶文拓本 …………………………………………………… 60

图五四　汉代第三期陶瓮和罐 ………………………………………………………………… 61

图五五　汉代第三期陶器 ……………………………………………………………………… 63

图五六　汉代第三期陶器 ……………………………………………………………………… 65

图五七　汉代第三期陶器 ……………………………………………………………………… 66

图五八　汉代第三期工具 ……………………………………………………………………… 68

图五九　汉代第三期兵器 ……………………………………………………………………… 69

图六〇　汉代第三期铜钱拓本 ………………………………………………………………… 70

图六一　汉代第三期陶屋模型（97H168：7） ……………………………………………… 72

图六二　汉代第三期其他器物 ………………………………………………………………… 73

图六三　汉代第三期铜骑士俑（97T34⑧b：7） …………………………………………… 74

图六四　蕃池遗迹发掘区汉代第四期遗迹平面图 ……………………………………………… 76

图六五　曲流石渠遗迹发掘区汉代第四期遗迹平面图 …………………………………………… 77

图六六　97F15-ZD3 平剖面图 …………………………………………………………………… 78

图六七　97H84 平剖面图 ………………………………………………………………………… 78

图六八　97H6 平剖面图 …………………………………………………………………………… 78

图六九　97H126 平剖面图 ………………………………………………………………………… 78

图七〇　95H4 平剖面图 …………………………………………………………………………… 78

图七一　97G16 平剖面图 ………………………………………………………………………… 79

图七二　汉代第四期砖纹和砖文拓本 …………………………………………………………… 81

图七三　汉代第四期板瓦纹饰拓本 ……………………………………………………………… 82

图七四　汉代第四期筒瓦纹饰拓本 ……………………………………………………………… 83

图七五　汉代第四期云纹瓦当拓本 ……………………………………………………………… 84

图七六　汉代第四期"万岁"文字瓦当拓本 …………………………………………………… 85

图七七　汉代第四期陶器纹饰和陶文拓本 ……………………………………………………… 86

图七八　汉代第四期陶器 ………………………………………………………………………… 88

图七九　汉代第四期陶器 ………………………………………………………………………… 89

图八〇　汉代第四期陶器 ………………………………………………………………………… 91

图八一　汉代第四期陶器 ………………………………………………………………………… 93

图八二　汉代第四期陶盂和灯 …………………………………………………………………… 94

图八三　汉代第四期工具、兵器和其他器物 …………………………………………………… 96

图八四　汉代第四期陶模型器、陶塑和木俑 …………………………………………………… 97

图八五　汉代第四期铜钱拓本 …………………………………………………………………… 98

图八六　蕃池遗迹发掘区两晋、南朝第一期遗迹平面图 ……………………………………… 102

图八七　曲流石渠遗迹发掘区两晋、南朝第一期遗迹平面图 ………………………………… 103

图八八　97H98 平剖面图 ………………………………………………………………………… 104

图八九　97H166 平剖面图 ……………………………………………………………………… 104

图九〇　97H194 平剖面图 ……………………………………………………………………… 104

图九一　两晋、南朝第一期砖和瓦纹拓本 ……………………………………………………… 106

图九二　两晋、南朝第一期木构件和漆器 ……………………………………………………… 107

图九三　两晋、南朝第一期陶文和陶器纹饰拓本 ……………………………………………… 108

图九四　两晋、南朝第一期陶器 ………………………………………………………………… 109

图九五　两晋、南朝第一期酱釉四耳瓮、六耳瓮和四耳罐 …………………………………… 111

图九六　两晋、南朝第一期酱釉器 ……………………………………………………………… 112

图九七　两晋、南朝第一期青釉器 ……………………………………………………………… 114

图九八　两晋、南朝第一期青釉钵、碗和碟 …………………………………………………… 116

图九九　两晋、南朝第一期青釉器盖、垫饼和玻璃瓶 ………………………………………… 118

图一〇〇　两晋、南朝第一期工具和兵器 ………………………………………………………… 120

图一〇一　两晋、南朝第一期铜钱拓本 …………………………………………………………… 122

图一〇二　两晋、南朝第一期其他器物 …………………………………………………………… 124

图一〇三　蕃池遗迹发掘区两晋、南朝第二期遗迹平面图 ……………………………………… 125

图一〇四　曲流石渠遗迹发掘区两晋、南朝第二期遗迹平面图 ………………………………… 126

图一〇五　97F12–ZD1 平剖面图 …………………………………………………………………… 127

图一〇六　95H17 平剖面图 ………………………………………………………………………… 128

图一〇七　97H95 平剖面图 ………………………………………………………………………… 128

图一〇八　97H149 平剖面图 ……………………………………………………………………… 128

图一〇九　97H20 平剖面图 ………………………………………………………………………… 128

图一一〇　97H68 平剖面图 ………………………………………………………………………… 128

图一一一　97G3 平剖面图 ……………………………………………………………………… 128/129

图一一二　97G9 平剖面图 ……………………………………………………………………… 128/129

图一一三　两晋、南朝第二期长方砖纹饰拓本 …………………………………………………… 131

图一一四　两晋、南朝第二期砖纹和砖文拓本 …………………………………………………… 132

图一一五　两晋、南朝第二期板瓦纹饰和瓦当拓本 ……………………………………………… 134

图一一六　两晋、南朝第二期陶器和酱釉器 ……………………………………………………… 136

图一一七　两晋、南朝第二期酱釉器 ……………………………………………………………… 137

图一一八　两晋、南朝第二期青釉器 ……………………………………………………………… 139

图一一九　两晋、南朝第二期青釉器 ……………………………………………………………… 141

图一二〇　两晋、南朝第二期青釉器 ……………………………………………………………… 143

图一二一　两晋、南朝第二期石器 ………………………………………………………………… 145

图一二二　两晋、南朝第二期工具和兵器 ………………………………………………………… 146

图一二三　两晋、南朝第二期铜钱拓本 …………………………………………………………… 147

图一二四　两晋、南朝第二期其他器物 …………………………………………………………… 149

图一二五　曲流石渠遗迹发掘区两晋、南朝第三期遗迹平面图 ………………………………… 151

图一二六　97F8 平剖面图 ………………………………………………………………………… 152

图一二七　97L1 平剖面图 ………………………………………………………………………… 153

图一二八　97H12 平剖面图 ……………………………………………………………………… 154

图一二九　97H118 平剖面图 ……………………………………………………………………… 154

图一三〇　97H100 平剖面图 ……………………………………………………………………… 154

图一三一　97H99 平剖面图 ……………………………………………………………………… 154

图一三二　97G15 平剖面图 ……………………………………………………………………… 154

图一三三　两晋、南朝第三期砖文和瓦纹拓本 …………………………………………………… 156

图一三四　两晋、南朝第三期莲花纹瓦当拓本 ………………………………………… 157

图一三五　两晋、南朝第三期陶器和酱釉器 …………………………………………… 159

图一三六　两晋、南朝第三期青釉器 …………………………………………………… 161

图一三七　两晋、南朝第三期青釉器 …………………………………………………… 162

图一三八　两晋、南朝第三期工具和兵器 ……………………………………………… 164

图一三九　曲流石渠遗迹发掘区两晋、南朝第四期遗迹平面图 ……………………… 165

图一四〇　97F1 平剖面图 ……………………………………………………………… 167

图一四一　97F5 平剖面图 ……………………………………………………………… 167

图一四二　97G1 平剖面图 …………………………………………………………… 168/169

图一四三　97G11 平剖面图 …………………………………………………………… 169

图一四四　97H97 平剖面图 …………………………………………………………… 169

图一四五　97H21 平剖面图 …………………………………………………………… 169

图一四六　97H77 平剖面图 …………………………………………………………… 169

图一四七　两晋、南朝第四期砖纹拓本 ………………………………………………… 171

图一四八　两晋、南朝第四期砖纹和砖文拓本 ………………………………………… 172

图一四九　两晋、南朝第四期云纹瓦当和莲花纹瓦当拓本 …………………………… 174

图一五〇　两晋、南朝第四期陶器和酱釉器 …………………………………………… 175

图一五一　两晋、南朝第四期青釉器和石器 …………………………………………… 177

图一五二　两晋、南朝第四期青釉器 …………………………………………………… 179

图一五三　两晋、南朝第四期工具和其他器物 ………………………………………… 181

图一五四　蕃池遗迹发掘区唐、南汉第一期遗迹平面图 ……………………………… 184

图一五五　曲流石渠遗迹发掘区唐、南汉第一期遗迹平面图 ………………………… 185

图一五六　97F2 平剖面图 ……………………………………………………………… 186

图一五七　97H159 平剖面图 ………………………………………………………… 188

图一五八　97H108 平剖面图 ………………………………………………………… 188

图一五九　97H78 平剖面图 …………………………………………………………… 188

图一六〇　唐、南汉第一期长方砖砖纹拓本 …………………………………………… 189

图一六一　唐、南汉第一期建筑材料 …………………………………………………… 191

图一六二　唐、南汉第一期莲花纹瓦当拓本 …………………………………………… 193

图一六三　唐、南汉第一期莲花纹瓦当和陶文拓本 …………………………………… 194

图一六四　唐、南汉第一期生活器具 …………………………………………………… 196

图一六五　唐、南汉第一期青釉器 ……………………………………………………… 198

图一六六　唐、南汉第一期青釉碗、碟和蓝釉瓶 ……………………………………… 200

图一六七　唐、南汉第一期器物 ………………………………………………………… 201

图一六八　唐、南汉第一期铜钱拓本 …………………………………………………… 202

图一六九　曲流石渠遗迹发掘区唐、南汉第二期遗迹平面图 ……………………… 204

图一七〇　97T22–SD1~SD7 平剖面图 ………………………………………………… 205

图一七一　97Q2 平剖面图 ……………………………………………………………… 206

图一七二　97Q8 平剖面图 ……………………………………………………………… 206

图一七三　97G7 平剖面图 ……………………………………………………………… 207

图一七四　97H57 平剖面图 …………………………………………………………… 208

图一七五　97H130 平剖面图 …………………………………………………………… 208

图一七六　唐、南汉第二期砖文和砖纹拓本 ………………………………………… 209

图一七七　唐、南汉第二期建筑材料 ………………………………………………… 210

图一七八　唐、南汉第二期莲花纹瓦当和陶文符号拓本 …………………………… 211

图一七九　唐、南汉第二期器物 ……………………………………………………… 212

图一八〇　蕃池遗迹发掘区唐、南汉第三期遗迹平面图 …………………………… 214

图一八一　曲流石渠遗迹发掘区唐、南汉第三期遗迹平面图 ……………………… 215

图一八二　95F1 平面图 ………………………………………………………………… 216

图一八三　95F1–SD5 和 97F4–SD21 平剖面图 ……………………………………… 216

图一八四　97F4 平面图 ………………………………………………………………… 218

图一八五　97F7 平剖面图 ……………………………………………………………… 219

图一八六　97F11 平面图 ……………………………………………………………… 220

图一八七　97F11–SD2 平剖面图 ……………………………………………………… 221

图一八八　97G10 平剖面图 …………………………………………………… 222/223

图一八九　97GC 和 97G5 平剖面图 ………………………………………… 222/223

图一九〇　97H125 平剖面图 ………………………………………………………… 223

图一九一　唐、南汉第三期砖文拓本 ………………………………………………… 225

图一九二　唐、南汉第三期砖文和瓦文拓本 ………………………………………… 226

图一九三　唐、南汉第三期建筑材料 ………………………………………………… 228

图一九四　唐、南汉第三期莲花纹瓦当拓本 ………………………………………… 229

图一九五　唐、南汉第三期莲花纹瓦当和花卉纹瓦当拓本 ………………………… 231

图一九六　唐、南汉第三期建筑材料和构件 ………………………………………… 232

图一九七　唐、南汉第三期生活器具 ………………………………………………… 234

图一九八　唐、南汉第三期工具、兵器和其他器物 ………………………………… 237

图一九九　唐、南汉第三期陶文和铅钱拓本 ………………………………………… 238

图二〇〇　蕃池遗迹发掘区宋代第一期遗迹平面图 ………………………………… 241

图二〇一　曲流石渠遗迹发掘区宋代第一期遗迹平面图 …………………………… 242

图二〇二　97F6 平面图 ………………………………………………………………… 243

图二〇三　97F6–SD4 平剖面图 ……………………………………………………… 243

图二〇四　97F9 平剖面图 ……………………………………………………………245

图二〇五　97F13-SD6 平剖面图 ……………………………………………………247

图二〇六　97F14 平面图 ……………………………………………………………247

图二〇七　97F14-SD1 平剖面图 ……………………………………………………247

图二〇八　97T45-SD4 平剖面图 ……………………………………………………249

图二〇九　97Q9 平剖面图 …………………………………………………………250

图二一〇　97H26 平剖面图 …………………………………………………………250

图二一一　97H46 平剖面图 …………………………………………………………250

图二一二　97H162 平剖面图 ………………………………………………………251

图二一三　宋代第一期砖文、瓦文和莲花纹瓦当拓本 ……………………………252

图二一四　宋代第一期莲花纹瓦当拓本 ……………………………………………254

图二一五　宋代第一期莲花纹瓦当拓本 ……………………………………………255

图二一六　宋代第一期莲花纹瓦当拓本 ……………………………………………257

图二一七　宋代第一期瓦当和南汉双凤纹瓦当拓本 ………………………………258

图二一八　宋代第一期建筑材料和构件 ……………………………………………259

图二一九　宋代第一期陶器和青釉器 ………………………………………………261

图二二〇　宋代第一期青釉器刻划纹饰拓本 ………………………………………262

图二二一　宋代第一期青釉器 ………………………………………………………264

图二二二　宋代第一期青釉器 ………………………………………………………265

图二二三　宋代第一期青白瓷器和白瓷器 …………………………………………267

图二二四　宋代第一期酱釉器、紫红釉器和绿釉器 ………………………………269

图二二五　宋代第一期器物 …………………………………………………………270

图二二六　宋代第一期钱币拓本 ……………………………………………………272

图二二七　宋代第一期其他器物 ……………………………………………………273

图二二八　曲流石渠遗迹发掘区宋代第二期遗迹平面图 …………………………275

图二二九　97F3 平剖面图 …………………………………………………………276

图二三〇　97H4 平剖面图 …………………………………………………………276

图二三一　宋代第二期砖文和莲花纹瓦当拓本 ……………………………………278

图二三二　宋代第二期莲花纹瓦当拓本 ……………………………………………279

图二三三　宋代第二期瓦当拓本 ……………………………………………………280

图二三四　宋代第二期八棱石柱和墓表石 …………………………………………282

图二三五　宋代第二期陶器 …………………………………………………………283

图二三六　宋代第二期青釉器纹饰拓本 ……………………………………………284

图二三七　宋代第二期青釉罐、双耳罐和四耳罐 …………………………………285

图二三八　宋代第二期青釉盆和擂钵 ………………………………………………287

图二三九	宋代第二期青釉碟和碗	288
图二四〇	宋代第二期青釉器	289
图二四一	宋代第二期青白瓷器	290
图二四二	宋代第二期生活器具	292
图二四三	宋代第二期钱币拓本	293
图二四四	宋代第二期陶俑头像和绿釉塔	294
图二四五	曲流石渠遗迹发掘区元代遗迹平面图	297
图二四六	97H1平剖面图	298
图二四七	97H33平剖面图	298
图二四八	97H195平剖面图	298
图二四九	97H56平剖面图	298
图二五〇	元代器物	300
图二五一	元代青釉盆、盘和碗	301
图二五二	元代青釉碗	302
图二五三	元代青釉器	303
图二五四	元代卵白釉瓷碗	305
图二五五	元代卵白釉瓷高足碗	306
图二五六	元代卵白釉瓷碟、香炉和青白釉瓷碗	307
图二五七	元代酱釉器	308
图二五八	元代器物	310
图二五九	蓄池遗迹发掘区明代遗迹平面图	312
图二六〇	曲流石渠遗迹发掘区明代遗迹平面图	313
图二六一	97F10平剖面图	314
图二六二	97SJ1平剖面图	316
图二六三	97H32平剖面图	316
图二六四	97H119平剖面图	316
图二六五	97H40平剖面图	316
图二六六	明代砖文、瓦当和滴水拓本	318
图二六七	明代建筑材料和生活陶器	320
图二六八	明代青釉器	322
图二六九	明代青釉器和白瓷器	324
图二七〇	明代酱釉器	326
图二七一	明代青花瓷碗	328
图二七二	明代青花瓷碗	330
图二七三	明代青花瓷碗	332

图二七四 明代青花瓷盘 ……………………………………………………… 333

图二七五 明代青花瓷碟 ……………………………………………………… 334

图二七六 明代青花瓷碟 ……………………………………………………… 336

图二七七 明代青花瓷器和红釉青花瓷器 …………………………………… 338

图二七八 明代器物 …………………………………………………………… 341

图二七九 蓄池遗迹发掘区清代遗迹平面图 ………………………………… 343

图二八〇 曲流石渠遗迹发掘区清代遗迹平面图 …………………………… 344

图二八一 95H2 平剖面图 …………………………………………………… 345

图二八二 97H11 平剖面图 ………………………………………………… 345

图二八三 97H3 平剖面图 …………………………………………………… 345

图二八四 清代花卉纹瓦当拓本 ……………………………………………… 346

图二八五 清代陶鸱吻（95H3：4） ………………………………………… 347

图二八六 清代生活器具 ……………………………………………………… 348

图二八七 清代青花瓷碗和盘 ………………………………………………… 350

图二八八 清代器物 …………………………………………………………… 351

图二八九 蓄池遗迹发掘区各朝代水井总平面图 …………………………… 361

图二九〇 曲流石渠遗迹发掘区各朝代水井总平面图 ……………………… 362

图二九一 97J17 平剖面图 …………………………………………………… 363

图二九二 秦代水井出土的砖和瓦纹饰拓本 ………………………………… 364

图二九三 秦代水井出土的瓦纹和瓦当拓本 ………………………………… 365

图二九四 秦代水井出土的陶器纹饰拓本 …………………………………… 366

图二九五 秦代水井出土的陶器 ……………………………………………… 367

图二九六 秦代水井出土的兵器和其他器物 ………………………………… 368

图二九七 97J39 平剖面图 …………………………………………………… 370

图二九八 97J41 平剖面图 …………………………………………………… 370

图二九九 汉代第三期水井出土的陶圈和板瓦纹饰拓本 …………………… 372

图三〇〇 汉代第三期水井出土的筒瓦纹饰和瓦文拓本 …………………… 373

图三〇一 汉代第三期水井出土的Ⅴ式筒瓦 ………………………………… 374

图三〇二 汉代第三期水井出土的陶器纹饰拓本 …………………………… 375

图三〇三 汉代第三期水井出土的陶瓷和罐 ………………………………… 376

图三〇四 汉代第三期水井出土的器物 ……………………………………… 377

图三〇五 97J43 平剖面图 …………………………………………………… 378

图三〇六 97J87 平剖面图 …………………………………………………… 379

图三〇七 97J63 平剖面图 …………………………………………………… 380

图三〇八 97J91 平剖面图 …………………………………………………… 381

图三〇九　97J54 平剖面图 …………………………………………………………………… 381

图三一〇　97J85 平剖面图 …………………………………………………………………… 381

图三一一　汉代第四期水井出土的砖纹和砖文拓本 ……………………………………… 382

图三一二　汉代第四期水井出土的瓦纹和瓦当拓本 ……………………………………… 384

图三一三　汉代第四期水井出土的筒瓦纹饰拓本 ………………………………………… 385

图三一四　汉代第四期水井出土的陶器纹饰拓本 ………………………………………… 386

图三一五　汉代第四期水井出土的陶罐和双耳罐 ………………………………………… 387

图三一六　汉代第四期水井出土的陶四耳罐和六耳罐 …………………………………… 389

图三一七　汉代第四期水井出土的陶器 …………………………………………………… 391

图三一八　汉代第四期水井出土的器物 …………………………………………………… 393

图三一九　汉代第四期水井出土的铜钱拓本 ……………………………………………… 394

图三二〇　97J11 平剖面图 …………………………………………………………………… 396

图三二一　97J14 平剖面图 …………………………………………………………………… 396

图三二二　95J15 平剖面图 …………………………………………………………………… 396

图三二三　95J20 平剖面图 …………………………………………………………………… 396

图三二四　两晋、南朝第一期水井出土的器物 …………………………………………… 399

图三二五　95J16 平剖面图 …………………………………………………………………… 401

图三二六　97J30 平剖面图 …………………………………………………………………… 401

图三二七　97J33 平剖面图 …………………………………………………………………… 401

图三二八　97J73 平剖面图 …………………………………………………………………… 402

图三二九　97J84 平剖面图 …………………………………………………………………… 402

图三三〇　95J17 平剖面图 …………………………………………………………………… 403

图三三一　97J44 平剖面图 …………………………………………………………………… 403

图三三二　两晋、南朝第二期水井出土的砖纹和陶器纹饰拓本 ………………………… 404

图三三三　两晋、南朝第二期水井出土的木构件和生活酱釉器 ………………………… 405

图三三四　两晋、南朝第二期水井出土的青釉器 ………………………………………… 407

图三三五　两晋、南朝第二期水井出土的器物 …………………………………………… 408

图三三六　97J42 平剖面图 …………………………………………………………………… 409

图三三七　97J78 平剖面图 …………………………………………………………………… 409

图三三八　97J34 平剖面图 …………………………………………………………………… 409

图三三九　两晋、南朝第三期水井出土的青釉碗和陶网坠 ……………………………… 410

图三四〇　97J40 平剖面图 …………………………………………………………………… 411

图三四一　97J36 平剖面图 …………………………………………………………………… 411

图三四二　97J70 平剖面图 …………………………………………………………………… 411

图三四三　97J77 平剖面图 …………………………………………………………………… 412

图三四四　两晋、南朝第四期水井出土的砖纹和瓦当拓本 ……………………………………413

图三四五　两晋、南朝第四期水井出土的筒瓦和生活酱釉器 ……………………………………414

图三四六　两晋、南朝第四期水井出土的青釉器 …………………………………………………416

图三四七　95J12平剖面图 …………………………………………………………………………418

图三四八　97J67平剖面图 …………………………………………………………………………418

图三四九　95J7平剖面图 …………………………………………………………………………420

图三五〇　95J8平剖面图 …………………………………………………………………………420

图三五一　97J66平剖面图 …………………………………………………………………………420

图三五二　97J86平剖面图 …………………………………………………………………………421

图三五三　97J19平剖面图 …………………………………………………………………………421

图三五四　95J11平剖面图 …………………………………………………………………………422

图三五五　97J26平剖面图 …………………………………………………………………………422

图三五六　97J62平剖面图 …………………………………………………………………………423

图三五七　唐、南汉第一期水井出土的砖文、瓦纹、瓦当和陶文符号拓本 ……………………424

图三五八　唐、南汉第一期水井出土的陶四耳罐、五耳罐和六耳罐 ……………………………426

图三五九　唐、南汉第一期水井出土的陶器和酱釉器 …………………………………………427

图三六〇　唐、南汉第一期水井出土的青釉器 …………………………………………………429

图三六一　唐、南汉第一期水井出土的青釉器 …………………………………………………430

图三六二　唐、南汉第一期水井出土的生活器具和其他器物 …………………………………431

图三六三　唐、南汉第一期水井出土的"开元通宝"铜钱拓本 ………………………………432

图三六四　97J28平剖面图 …………………………………………………………………………433

图三六五　97J48平剖面图 …………………………………………………………………………433

图三六六　97J52平剖面图 …………………………………………………………………………433

图三六七　97J53平剖面图 …………………………………………………………………………434

图三六八　97J71平剖面图 …………………………………………………………………………434

图三六九　唐、南汉第二期水井出土的瓦当、砖文、陶文和钱币拓本 …………………………436

图三七〇　唐、南汉第二期水井出土的建筑材料 …………………………………………………437

图三七一　唐、南汉第二期水井出土的陶器和酱釉器 …………………………………………438

图三七二　唐、南汉第二期水井出土的生活青釉器和其他器物 ………………………………440

图三七三　97J58平剖面图 …………………………………………………………………………442

图三七四　97J64平剖面图 …………………………………………………………………………442

图三七五　唐、南汉第三期水井出土的砖纹、砖文、瓦文和瓦当拓本 …………………………444

图三七六　唐、南汉第三期水井出土的器物 ……………………………………………………445

图三七七　唐、南汉第三期水井出土的A型"乾亨重宝"铅钱拓本 …………………………446

图三七八　95J18平剖面图 …………………………………………………………………………448

图三七九　97J20 平剖面图 ……………………………………………………………… 448

图三八○　97J55 平剖面图 ……………………………………………………………… 449

图三八一　95J9 平剖面图 ………………………………………………………………… 449

图三八二　宋代第一期水井出土的瓦当、瓦文和陶文拓本 ……………………………… 450

图三八三　宋代第一期水井出土的石构件和生活陶器 …………………………………… 451

图三八四　宋代第一期水井出土的青釉器 ………………………………………………… 453

图三八五　宋代第一期水井出土的青釉器 ………………………………………………… 454

图三八六　宋代第一期水井出土的酱褐釉器和紫红釉器 ………………………………… 455

图三八七　宋代第一期水井出土的生活青白瓷器和其他器物 …………………………… 456

图三八八　97J24 平剖面图 ……………………………………………………………… 457

图三八九　97J3 平剖面图 ………………………………………………………………… 459

图三九○　97J18 平剖面图 ……………………………………………………………… 459

图三九一　97J65 平剖面图 ……………………………………………………………… 460

图三九二　元代水井出土的砖纹和砖文拓本 ……………………………………………… 461

图三九三　元代水井出土的器物 …………………………………………………………… 462

图三九四　97J27 平剖面图 ……………………………………………………………… 464

图三九五　97J35 平剖面图 ……………………………………………………………… 464

图三九六　95J3 平剖面图 ………………………………………………………………… 464

图三九七　97J15 平剖面图 ……………………………………………………………… 465

图三九八　明代水井出土的建筑材料和构件 ……………………………………………… 466

图三九九　明代水井出土的陶器 …………………………………………………………… 468

图四○○　明代水井出土的青釉器 ………………………………………………………… 469

图四○一　明代水井出土的陶文拓本 ……………………………………………………… 470

图四○二　明代水井出土的酱黑釉器 ……………………………………………………… 471

图四○三　明代水井出土的酱黑釉器 ……………………………………………………… 473

图四○四　明代水井出土的青花瓷碗 ……………………………………………………… 475

图四○五　明代水井出土的青花瓷碗 ……………………………………………………… 476

图四○六　明代水井出土的青花瓷碗、碟和酒盅 ………………………………………… 477

图四○七　明代水井出土的生活器具和其他器物 ………………………………………… 479

图四○八　97J13 平剖面图 ……………………………………………………………… 481

图四○九　97J23 平剖面图 ……………………………………………………………… 481

图四一○　97J4 平剖面图 ………………………………………………………………… 482

图四一一　97J80 平剖面图 ……………………………………………………………… 482

图四一二　97J9 平剖面图 ………………………………………………………………… 483

图四一三　清代水井出土的砖文、瓦文和瓦当拓本 ……………………………………… 485

图四一四　清代水井出土的建筑材料和构件 ……………………………………………… 486

图四一五　清代水井出土的陶器 ……………………………………………………………… 487

图四一六　清代水井出土的陶文拓本 ………………………………………………………… 488

图四一七　清代水井出土的青釉器 …………………………………………………………… 489

图四一八　清代水井出土的酱釉罐、四耳罐和带把罐 …………………………………… 490

图四一九　清代水井出土的酱釉器 …………………………………………………………… 492

图四二〇　清代水井出土的白瓷碗和盘 …………………………………………………… 493

图四二一　清代水井出土的青花瓷碗 ………………………………………………………… 494

图四二二　清代水井出土的青花瓷碗 ………………………………………………………… 495

图四二三　清代水井出土的青花瓷碗、盘和碟 …………………………………………… 496

图四二四　清代水井出土的青花瓷杯、茶盏盖和豆青青花瓷碟 ……………………… 497

图四二五　清代水井出土的锡器 ……………………………………………………………… 498

图四二六　清代水井出土的生活器具和其他器物 ………………………………………… 500

彩版目录

彩版一　　秦代遗迹

彩版二　　汉代第二、第三期器物

彩版三　　汉代第四期器物

彩版四　　两晋、南朝第一期器物

彩版五　　两晋、南朝第二期器物

彩版六　　两晋、南朝第三、第四期器物

彩版七　　唐、南汉第一期器物

彩版八　　唐、南汉第三期遗迹

彩版九　　唐、南汉第三期砖和板瓦

彩版一〇　唐、南汉第三期器物

彩版一一　宋代第一期遗迹

彩版一二　宋代第一期绿釉兽面砖和青白瓷盘

彩版一三　宋代第二期青釉四耳罐和陶俑头像

彩版一四　元代青釉器和卵白釉瓷器

彩版一五　元代生活器具

彩版一六　明代生活器具

彩版一七　明代青花瓷器和红釉青花瓷器

彩版一八　清代青花瓷碗、盘和碟

彩版一九　汉代水井

彩版二〇　汉代第四期水井出土的器物

彩版二一　两晋、南朝水井

彩版二二　两晋、南朝水井出土的酱釉四耳罐和青釉四耳罐、鸡首壶

彩版二三　唐、南汉第二期水井出土的器物

彩版二四　明、清水井出土的器物

图版目录

图版一　　秦代造船遗址木料加工场地

图版二　　秦代造船遗址木料堆放场地

图版三　　97H61 垫木层

图版四　　97H61 垫木层

图版五　　秦代其他遗迹

图版六　　汉代第一期遗迹

图版七　　汉代第一期板瓦和筒瓦

图版八　　汉代第一期瓦文

图版九　　汉代第一期瓦当

图版一〇　汉代第一期陶器

图版一一　汉代第一期器物

图版一二　汉代第二期板瓦和筒瓦

图版一三　汉代第二期瓦文和陶文

图版一四　汉代第二期"万岁"文字瓦当

图版一五　汉代第二期陶器

图版一六　汉代第二期生活器具

图版一七　汉代第二期工具和兵器

图版一八　汉代第二期铜钱和其他器物

图版一九　汉代第三期砖和瓦

图版二〇　汉代第三期筒瓦和瓦当

图版二一　汉代第三期瓦文

图版二二　汉代第三期陶瓮、罐和双耳罐

图版二三　汉代第三期陶瓿、瓶和盆

图版二四　汉代第三期陶器

图版二五　汉代第三期工具

图版二六　汉代第三期兵器和其他器物

图版二七　汉代第三期铜钱

图版二八　汉代第三期其他器物

图版二九　汉代第四期砖

图版三〇　汉代第四期板瓦和筒瓦

图版三一　汉代第四期云纹瓦当和"万岁"文字瓦当

图版三二　汉代第四期陶罐和双耳罐

图版三三　汉代第四期陶器

图版三四　汉代第四期陶钵、碗和带把杯

图版三五　汉代第四期生活器具和工具

图版三六　汉代第四期模型器和兵器等

图版三七　汉代第四期铜钱

图版三八　汉代第四期陶权和响球

图版三九　两晋、南朝第一期建筑材料

图版四〇　两晋、南朝第一期陶器

图版四一　两晋、南朝第一期酱釉器

图版四二　两晋、南朝第一期青釉四耳罐和鸡首壶

图版四三　两晋、南朝第一期青釉碗、碟和器盖

图版四四　两晋、南朝第一期生活漆器和工具

图版四五　两晋、南朝第一期兵器

图版四六　两晋、南朝第一期其他器物

图版四七　两晋、南朝第二期灰坑

图版四八　两晋、南朝第二期 97G9

图版四九　两晋、南朝第二期沟（渠）

图版五〇　两晋、南朝第二期长方砖

图版五一　两晋、南朝第二期板瓦和瓦当

图版五二　两晋、南朝第二期陶器和酱釉器

图版五三　两晋、南朝第二期酱釉器和青釉器

图版五四　两晋、南朝第二期青釉器

图版五五　两晋、南朝第二期青釉碗、碟和器盖

图版五六　两晋、南朝第二期青釉器和石器

图版五七　两晋、南朝第二期器物

图版五八　两晋、南朝第二期青釉三足砚

图版五九　两晋、南朝第三期遗迹

图版六〇　两晋、南朝第三期长方砖、筒瓦和莲花纹瓦当

图版六一　两晋、南朝第三期陶器和酱釉器

图版六二　两晋、南朝第三期青釉六耳壶、盅和碗

图版六三　两晋、南朝第三期青釉器

图版六四　两晋、南朝第三期工具和兵器

图版六五　两晋、南朝第四期 97G1

图版六六　两晋、南朝第四期长方砖

图版六七　两晋、南朝第四期砖和瓦

图版六八　两晋、南朝第四期云纹瓦当和莲花纹瓦当

图版六九　两晋、南朝第四期陶釜和酱釉四耳罐、臼

图版七〇　两晋、南朝第四期青釉器

图版七一　两晋、南朝第四期器物

图版七二　唐、南汉第一期 97F2

图版七三　唐、南汉第一期砖、瓦和瓦当

图版七四　唐、南汉第一期莲花纹瓦当

图版七五　唐、南汉第一期建筑材料和生活陶器

图版七六　唐、南汉第一期青釉器

图版七七　唐、南汉第一期器物

图版七八　唐、南汉第二期遗迹和筒瓦

图版七九　唐、南汉第二期器物

图版八〇　唐、南汉第三期遗迹

图版八一　唐、南汉第三期遗迹

图版八二　唐、南汉第三期 97GC

图版八三　唐、南汉第三期砖

图版八四　唐、南汉第三期滴水、筒瓦和双凤纹瓦当

图版八五　唐、南汉第三期莲花纹瓦当

图版八六　唐、南汉第三期陶鸱吻、垂兽和蹲兽

图版八七　唐、南汉第三期兽面砖、铁钉和栏杆石

图版八八　唐、南汉第三期器物

图版八九　唐、南汉第三期遗物

图版九〇　宋代第一期 97F9

图版九一　宋代第一期筒瓦和莲花纹瓦当

图版九二　宋代第一期莲花纹瓦当

图版九三　宋代第一期瓦当、陶望柱和铁钉

图版九四　宋代第一期青釉器

图版九五　宋代第一期青釉碗

图版九六　宋代第一期青釉器和青白瓷器

图版九七　宋代第一期生活器具

图版九八　宋代第一期铁刀和铜钱

图版九九　宋代第一期兵器和其他器物

图版一○○　宋代第二期板瓦和莲花纹瓦当

图版一○一　宋代第二期瓦当、墓表石和生活陶器

图版一○二　宋代第二期青釉罐和双耳罐

图版一○三　宋代第二期青釉四耳罐和盆

图版一○四　宋代第二期青釉擂钵、碟和碗

图版一○五　宋代第二期青釉碗和瓶

图版一○六　宋代第二期青白瓷碗和碟

图版一○七　宋代第二期生活器具

图版一○八　元代柱础石和青釉碗

图版一○九　元代青釉器和卵白釉瓷器

图版一一○　元代器物

图版一一一　明代遗迹

图版一一二　明代建筑材料

图版一一三　明代生活器具

图版一一四　明代酱黑釉器

图版一一五　明代青花瓷碗和碟

图版一一六　明代青花瓷碟和盏

图版一一七　明代青花瓷器和款识

图版一一八　明代青花瓷器款识

图版一一九　明代青花瓷器款识

图版一二○　明代青花瓷器款识

图版一二一　明代青花瓷器款识

图版一二二　明代青花瓷器款识

图版一二三　明代青花瓷器款识和青花瓷片纹饰

图版一二四　清代长方砖和陶鸱吻

图版一二五　清代器物

图版一二六　清代青花瓷器款识

图版一二七　秦代水井出土的建筑材料和生活陶器

图版一二八　秦代水井出土的器物

图版一二九　汉代第三期水井

图版一三○　汉代第三期水井出土的筒瓦

图版一三一　汉代第三期水井出土的陶瓮和罐

图版一三二　汉代第三期水井出土的陶器

图版一三三　汉代第四期水井

图版一三四　汉代第四期水井

图版一三五　汉代第四期水井出土的砖和瓦

图版一三六　汉代第四期水井出土的陶罐

图版一三七　汉代第四期水井出土的陶罐和双耳罐

图版一三八　汉代第四期水井出土的陶双耳罐和四耳罐

图版一三九　汉代第四期水井出土的陶四耳罐、六耳罐和壶

图版一四○　汉代第四期水井出土的陶器

图版一四一　汉代第四期水井出土的生活器具和其他器物

图版一四二　两晋、南朝第一期水井

图版一四三　两晋、南朝第一期水井出土的器物

图版一四四　两晋、南朝第二期水井

图版一四五　两晋、南朝第二期水井出土的酱釉四耳瓮、四耳罐和甑

图版一四六　两晋、南朝第二期水井出土的酱釉器和青釉器

图版一四七　两晋、南朝第二期水井出土的器物

图版一四八　两晋、南朝第三、第四期水井

图版一四九　两晋、南朝第四期水井出土的长方砖、瓦当和筒瓦

图版一五○　两晋、南朝第四期水井出土的酱釉四耳罐和青釉四耳罐

图版一五一　两晋、南朝第四期水井出土的青釉六耳罐、盘和碗

图版一五二　唐、南汉第一期水井

图版一五三　唐、南汉第一期水井

图版一五四　唐、南汉第一期水井

图版一五五　唐、南汉第一期水井出土的砖和瓦

图版一五六　唐、南汉第一期水井出土的陶四耳罐、五耳罐和六耳罐

图版一五七　唐、南汉第一期水井出土的生活器具

图版一五八　唐、南汉第一期水井出土的青釉器

图版一五九　唐、南汉第一期水井出土的生活器具和其他器物

图版一六○　唐、南汉第二、第三期水井

图版一六一　唐、南汉第二期水井出土的长方砖、板瓦和莲花纹瓦当

图版一六二　唐、南汉第二期水井出土的建筑材料

图版一六三　唐、南汉第二期水井出土的生活器具

图版一六四　唐、南汉第三期水井出土的器物

图版一六五　宋代第一期水井

图版一六六　宋代第一期水井出土的板瓦和生活器具

图版一六七　宋代第一期水井出土的青釉器和酱褐釉器

图版一六八　宋代第一期水井出土的酱褐釉四耳罐和青白瓷碟

图版一六九　　元代水井

图版一七〇　　元代水井出土的器物

图版一七一　　明代水井

图版一七二　　明代水井出土的砖和瓦

图版一七三　　明代水井出土的建筑材料和生活陶器

图版一七四　　明代水井出土的生活器具

图版一七五　　明代水井出土的酱黑釉三耳罐、四耳罐和五耳罐

图版一七六　　明代水井出土的酱黑釉器

图版一七七　　明代水井出土的青花瓷碗

图版一七八　　明代水井出土的青花瓷碗

图版一七九　　明代水井出土的其他器物

图版一八〇　　清代水井

图版一八一　　清代水井

图版一八二　　清代水井出土的建筑材料和构件

图版一八三　　清代水井出土的花卉纹瓦当和陶管道

图版一八四　　清代水井出土的青釉罐、小瓶和酱黑釉罐

图版一八五　　清代水井出土的酱黑釉四耳罐和壶

图版一八六　　清代水井出土的酱釉器和白瓷器

图版一八七　　清代水井出土的青花瓷碗

图版一八八　　清代水井出土的青花瓷碗、盘和碟

图版一八九　　清代水井出土的生活器具

图版一九〇　　清代水井出土的锡器

图版一九一　　清代水井出土的其他器物

下　编

附录一　其他朝代遗存

在南越宫苑遗址之下还有秦代文化遗存，其上则发掘有西汉、东汉、两晋、南朝、唐、南汉、宋、元、明、清等历史朝代（阶段）的文化遗存。

第一节　秦代遗存

1995年发掘的蓄池池壁石板之下为较纯净的垫土，垫土下除发现少数南越国早期的沟槽外，未发现早于南越国时期的文化遗存。1997年发掘的曲流石渠遗迹，通过在发掘区中北部和西部局部解剖发掘，均发现有秦代的文化遗存。

一　地层和遗迹

曲流石渠遗迹发掘区大部分探方发掘到南越宫苑遗址即停止往下发掘。但为了了解宫苑遗址之下的地层堆积情况，对97T17、97T22、97T23、97T25、97T26、97T27、97T41、97T43、97T45九个探方继续往下发掘，属于秦代的地层有97⑫层。此外，在97T17、97T41、97T43、97T45四个探方清理出秦代造船遗址的木料加工场地，而在97T22、97T23、97T25、97T26、97T27等探方则清理出一个由细沙和石子以及大石块筑成的遗迹，性质不明。此外，在97T1和97T13还分别清理出1口水井和1个建筑基础坑等遗迹（图一）。

（一）秦代造船遗址木料加工场地

这次发掘的秦代造船遗址木料加工场地位于1975年发掘的秦代造船台遗址的西南面，有木结构遗迹和木料堆放场地等遗迹（图二；图版一，1）。从这次揭露的情况看，造船木料加工场地的面积颇大，从1975年发现的1号造船台往南20米至97T41、97T43、97T45三个探方的南边仍未到尽头。

1. 木结构遗迹

位于97T41中部，开口于97⑪层下，打破生土。遗迹南北走向，向南至探方中部已到尽头，

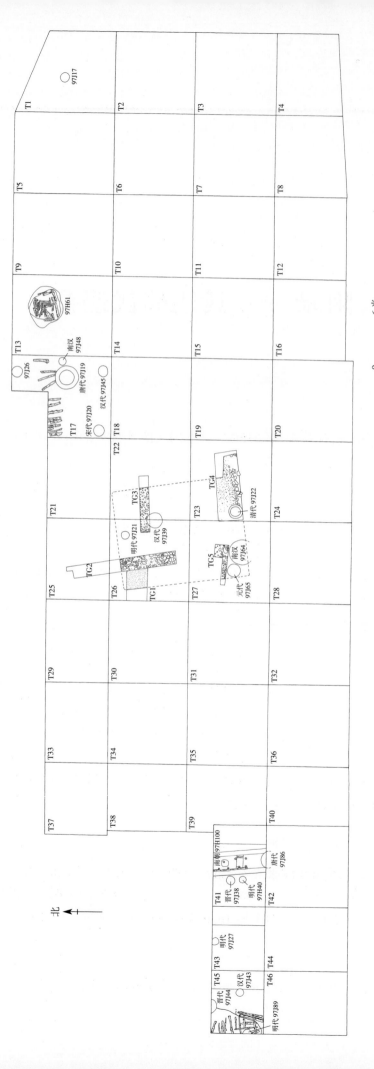

图一　曲流石渠遗迹发掘区秦代遗迹平面图

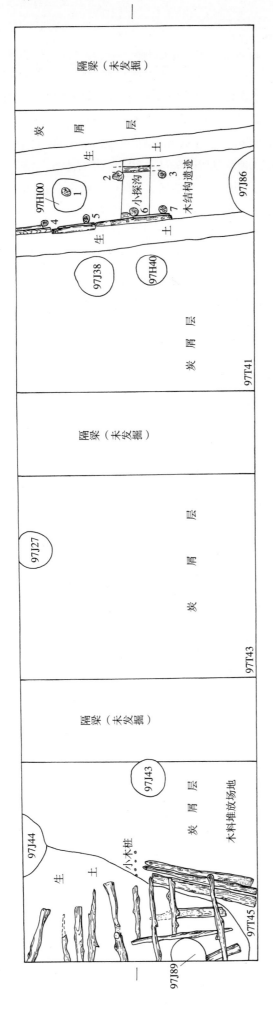

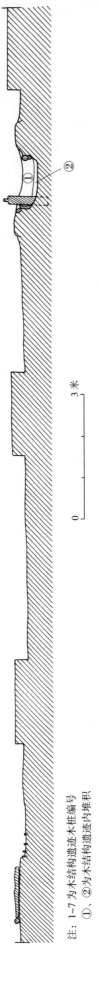

北

97H100

97J38

97H40

97J86

97T41

97J27

97T43

97J43

97T45

97J44

97J89

小探沟

木结构遗迹

炭 屑 层

生 土

生 土

炭 屑 层

隔梁（未发掘）

隔梁（未发掘）

隔梁（未发掘）

木料堆放场地

小木桩

3 米

0

注: 1~7 为木结构遗迹木桩编号

①、②为木结构遗迹内堆积

图二 秦代造船遗址木料加工场地遗迹平剖面图

向北则延伸出发掘区外，南北现长 3.8 米。遗迹呈沟状，是在挖好的沟壁两侧用木板或圆木叠砌如挡板状，其外再竖立一排木桩以支护，其中东边一排已清理出木桩 3 根，西边一排则清理出木桩 4 根，东西两排木桩相错不对应。木桩为圆木，是挖坑后埋入地下，桩底面平，顶部有一方形凸榫，桩径 0.18~0.2、高约 1.1 米，凸榫宽 0.05~0.06、高 0.1~0.12 米。木桩东起自北往南向西分别编号为 1~7 号木桩，其中 1、2 号木桩中心间距为 1.35 米，2、3 号木桩中心间距为 1.1 米，4、5 号木桩中心间距为 1.05 米，5、6 号木桩中心间距为 1.05 米，6、7 号木桩中心间距 0.75 米（图版一，2、3）。两侧挡板向南至 3、7 号木桩处止，表明南边已是尽头。遗迹的东西两边各有宽约 0.6 米的灰黄色生土带，生土带之外全是木屑、木片和炭屑的堆积。

遗迹挡板之间呈沟状，东西宽约 1.0、深 0.5 米。遗迹内堆积可分两层，第①层为木片、炭屑等堆积，内含有少量的红烧土颗粒，还有少量绳纹瓦、云纹瓦当和水波纹陶碗残片等，厚 0.26~0.3 米；第②层为较纯净的沙土，不似流水沉积所致，而是有意铺垫于沟底的，厚 0.05~0.1 米。

2. 木料堆放场地

分别位于 97T17 北部和 97T45 西部。

97T17 的木料位于探方的北部，开口于 97⑪层下，直接压在生土之上，东西向，其中位于探方西部的木料向北延伸出发掘区外未能发掘，东部的木料被 97J19 打破（图三；图版二，1、2）。已揭露的木料共有 14 根，呈不规则南北向放置，间距不等。少部分木料已朽，仅存印痕，大部分保存较好，大都是未经加工处理的木条。木料大小、长短不一，东起往西第一根长 1.7、径 0.27 米，第二根长 1.73、径 0.22 米，第三根长 2.2、径 0.2 米，第四根长 1.8、径 0.25 米，第五根已朽，朽痕长 1.45、径 0.19 米，第六根现长 1.52、径 0.25 米，第七根现长 1.64、径 0.29 米，第八根现长 1.48、径 0.24 米，第九根现长 0.65、径 0.2 米，第十根长 1.38、径 0.31 米，第十一根现长 1.42、径 0.25 米，第十二根现长 0.6、径 0.28 米，第十三根现长 1.62、径 0.16 米，第十四根长 1.48、径 0.28 米。

97T45 的木料位于探方西部，开口于 97⑪层下，直接压在 97⑫层或生土之上。木料向西延伸出发掘区外，现仅揭开南北长 6.0、东西宽 2.5 米。木料尚存两层，最底层为南北向铺放的木条，上面一层则呈东西向叠放。木料大都未经加工处理，有的还带树皮和横丫，少部分为废旧木料。木料的大小、长短不一，最大的直径达 0.25 米，最小的直径仅 0.1 米，最长 2.9、最短 0.92 米（图版二，3）。此外，在探方中部，还有一排东西向小木桩，共有 4 根，直径约 3 厘米，作用未明。木料堆放场地以东、以南为灰黑色的木片、木屑和炭屑堆积（彩版一，1）。

（二）建筑基础坑

编号 97H61，位于 97T13 东北部，开口于 97GC 下，打破生土层。平面呈不规则形，坑口东西长 4.55、南北宽 3.8、深 2.1 米。坑的北壁呈 6 级阶梯状内收，南壁作 1 级阶梯状内收后直壁，坑底面平（图四）。

坑内自上而下为一层红黄色黏土和一层木料堆积相隔，木料置于每一层的底部，上面再用红黄色黏土封填。第①层，厚 0.46~0.55 米，底部东西长 3.3、南北宽 3.35 米，堆放有原木条或有卯眼的木构件，不甚规整（图五，1；图版三，1），出土云纹瓦当 1 件。第②层，厚 0.32~0.4 米，底部东西长 3.25、南北宽 2.6 米，木材放置规整，其中北侧 9 根南北向、南侧 2 根东西向，木材长 1.0~2.2、径 0.23 米左右（图五，2；图版三，2）。第③层，厚约 0.35 米，底部东西长 3.0、南北宽 2.5 米，底部北侧堆放 9 根南北向的木材，南侧堆放 4 根木材呈东西向，木材长 0.8~1.75、径 0.12~0.22

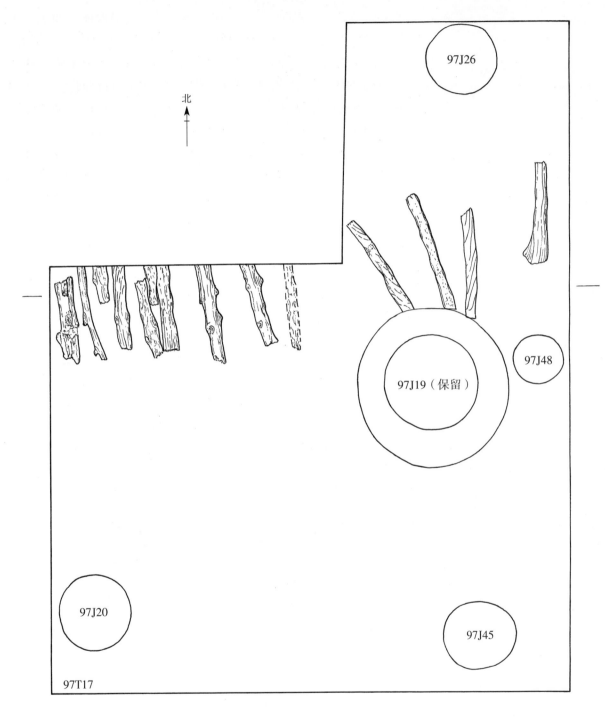

北

97J26

97J19（保留）

97J48

97J20

97J45

97T17

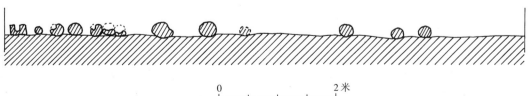

0　　　　　2米

图三　97T17 内的木料堆放场地平剖面图

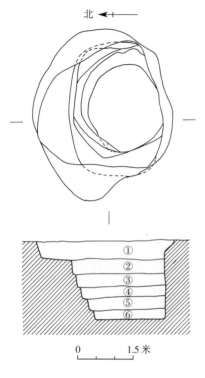

北 ←

0   1.5 米

图四   97H61 平剖面图

米（图五，3；图版三，3）。第④层，厚 0.25~0.3 米，底部东西长 2.75、南北宽 2.4 米，南侧有 7 根木材呈南北向堆放，北侧有 2 根木材呈东西向堆放，木材长 0.7~2.0、径 0.16~0.3 米（图五，4；图版四，1）。第⑤层，厚 0.31~0.38 米，底部东西长 2.65、南北宽 2.2 米，北侧有 9 根木材呈南北向堆放，南侧有 1 根木材呈东西向堆放，木材长 2.2、径 0.15~0.3 米（图五，5；图版四，2）。第⑥层，厚 0.2~0.23 米，底部东西长 2.3、南北宽 2.0 米，仅在中部东西向横置木条 1 根，长 1.95、径 0.15 米（图五，6；图版四，3）。

（三）水井

1 口，编号为 97J17，位于 97T1 中部（遗迹、遗物介绍详见附录二第一节）。

（四）其他遗迹

在 97T22、97T23、97T26、97T27 等探方，解剖发掘出一个近呈长方形的遗迹（图六）。开口于 97⑪层下，打破生土，被 97J21、97J22、97J39、97J64、97J65 打破。为了解该遗迹的范围和性质，共开挖了五条探沟（编号为 TG1~TG5）。现将发掘情况简述如下：

TG1：位于 97T26 西北部，大致呈东西向长方形，东西长 3.5、南北宽 2.25 米。清理第⑪层后露出该遗迹，遗迹上层为细沙，清理至细沙层面时暂停发掘（图版五，1）。在探沟中西部还探查出遗迹的西侧边线。

TG2：位于 TG1 的东侧，近呈南北向长方形，南北长 11.5~12.25、东西宽 1.35 米，发掘深 0.4~1.25 米。通过发掘得知该遗迹可分上、下两层，上层为细沙层，厚约 0.05~0.15 米，呈北薄南厚；下层为沙石堆积，厚约 0.28~0.37 米。石块为自然石块，呈黄白色或灰白色，大小不一，大的直径 0.4~0.5、小的直径仅 0.03~0.05 米（图版五，2；彩版一，2）。在探沟中部还探查出该遗迹的北侧边线。

TG3：位于 97T22 和 97T26 中部，呈东西向长方形，东西长 6.1、南北宽 1.0 米。发掘所得情况与 TG2 的情况相同。在探沟东部探查出该遗迹的东侧边线。

TG4：位于 97T23 中部，略呈东西向长方形，东西长 7.5、南北宽 2.35~2.65 米。通过发掘，明确了该遗迹的南侧边线和东侧边线，东侧边线自北侧边线向南约 12.4 米后折向东，向东约 2.2 米后折向南约 1.5 米与南侧边线交合。遗迹的情况与 TG2 一致（图版五，3；彩版一，3）。

TG5：位于 97T27 中部，呈曲尺形，东西长分别为 1.35 和 4.3 米，南北宽分别为 0.5 和 1.5 米。探查出该遗迹的西侧边线。

通过探沟发掘得知，该遗迹略呈长方形，方向北偏西 8°，南北长约 13.9~14.1 米，东西宽约 10.7~10.9 米，其东南略向外伸出一角，东西长 1.2~2.4、南北宽 1.5~1.75 米。遗迹口大底小，四周边壁向中心倾斜，深约 0.45 米。分上下两层，上层为细沙层，厚约 0.05~0.15 米，四周边沿堆积较薄，向中心堆积渐厚；下层为沙石堆积，厚约 0.28~0.37 米，石块均为砂岩石，呈黄白色或灰白色，

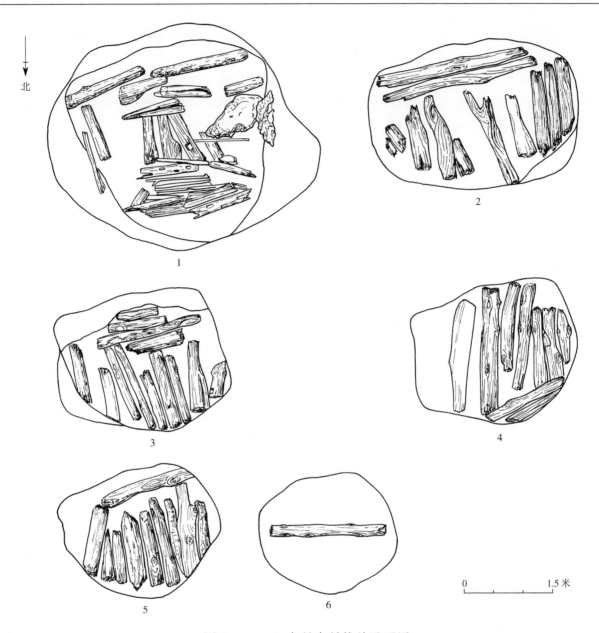

图五 97H61各层木料堆放平面图

1.第①层底部垫木 2.第②层底部垫木 3.第③层底部垫木 4.第④层底部垫木 5.第⑤层底部垫木 6.第⑥层底部垫木

大小不一，大的直径0.4~0.5米，小的直径仅0.03~0.05米。遗迹内堆积纯净，未发现其他遗物。

二 遗物

因发掘面积有限，出土遗物较少，以建筑材料为主，有少量生活陶器残片，能复原的器类极少。

（一）建筑材料

有板瓦、筒瓦和瓦当。均为碎块，未能复原。夹细砂泥质陶，多呈灰白色，少量呈黄白色或深灰色，陶质较软。

1. 板瓦

　　胎体较薄，厚0.6~1.2厘米。表面饰粗绳纹，绳纹直行、斜行或斜直相交，近瓦口一端的绳纹大都抹平后再压印多道宽旋纹，里面拍印突点纹或素面。

　　标本97T41⑫:7，表面饰斜、直相交的粗绳纹与旋纹，里面饰大突点。灰白陶。残长9.6、残宽14、厚1.1厘米（图七，1）。标本97T41⑫:9，表面饰绳纹和旋纹，里面素面。黄白陶。残长8.3、残宽11.4、厚1.0厘米（图七，2）。

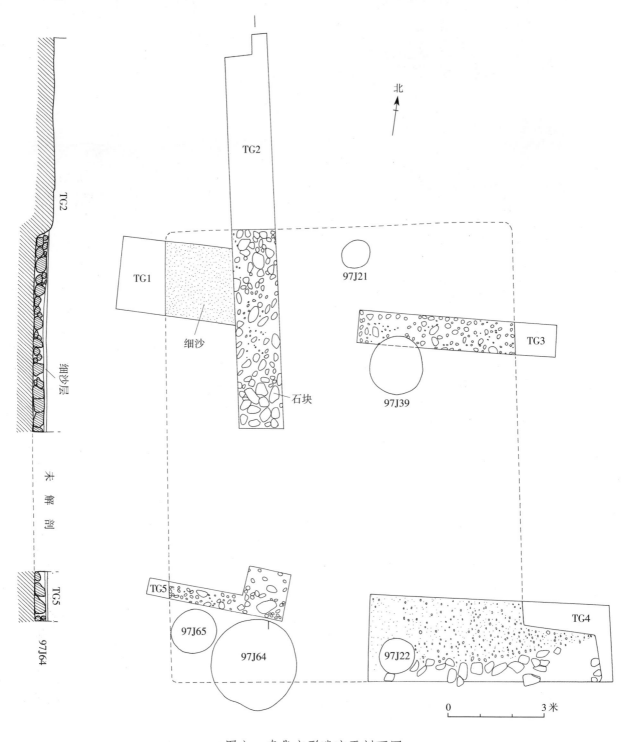

图六　秦代方形遗迹平剖面图

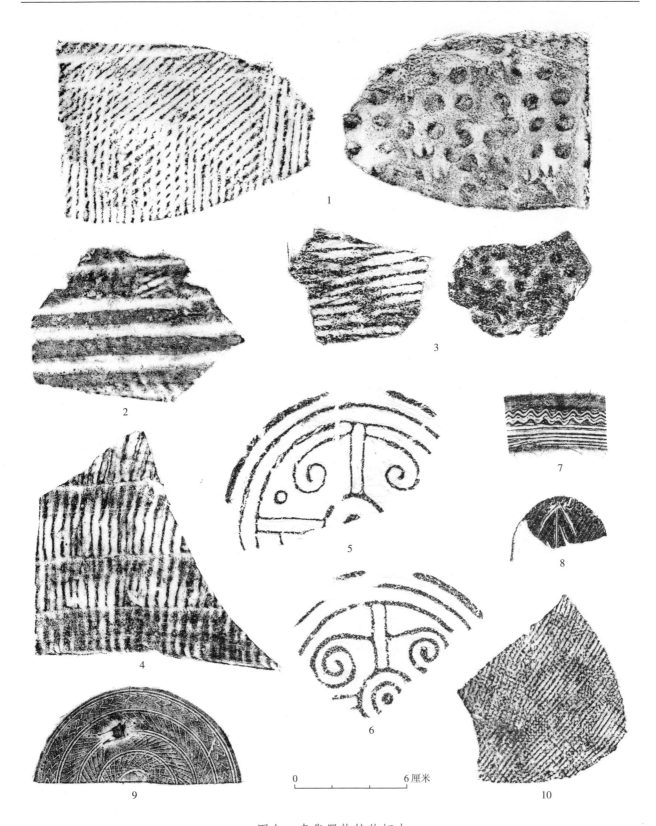

图七　秦代器物纹饰拓本

1. 外绳纹里突点纹板瓦（97T41⑫：7）　2. 绳纹和旋纹板瓦（97T41⑫：9）　3. 外绳纹里突点纹筒瓦（97T41⑫：11）　4. 外绳纹筒瓦
（97T41⑫：10）　5. 云纹瓦当（97T41⑫：2）　6. 云纹瓦当（97H61①：1）　7. 水波纹和旋纹（97T41⑫：3）　8. 刻划符号（97T41⑫：3）
9. 旋纹、箅点纹和"Z"字形纹（97T41⑫：4）　10. 方格纹（97T41⑫：12）

2. 筒瓦

纹饰与板瓦纹饰一致。标本97T41⑫：10，表面饰直行粗绳纹与旋纹，里面素面。灰白陶。残长11.8、残宽13.2、厚0.8厘米（图七，4）。标本97T41⑫：11，表面饰斜直粗绳纹，里面饰大突点。灰白陶。残长7.9、残宽6.6、厚0.9厘米（图七，3）。

3. 瓦当

2件，均为云纹瓦当，形制略有不同。标本97T41⑫：2，当心圆周内有一圆形乳突，当面以双直线分隔成若干区间，区间内饰卷云纹、圆圈和树箭纹，外饰两周弦纹，窄边轮，边轮高与当面纹饰平，当背有筒瓦切割痕。灰陶。当面残径14、边轮宽0.5、厚1.2厘米（图七，5）。标本97H61①：1，当心双圈圆周内有一小乳突，当面以双竖线分隔成若干区间，区间内饰卷云纹，外饰两周弦纹，窄边轮，边轮高与当面纹饰平，当背有筒瓦切割痕。灰陶，表面呈灰黑色。当面复原径14.6、边轮宽0.4、厚0.6厘米（图七，6）。

（二）生活器具

出土生活器具不多，均为陶器，以泥质陶为主，少部分为夹砂陶，陶色呈青灰色，陶质坚硬。有瓮罐类、碗、器盖和釜等器形，仅个别可复原。瓮罐类器表饰"米"字形纹、方格纹；碗、器盖类纹饰有曲折水波纹、旋纹、篦点纹、"Z"字形纹，部分碗底还有刻划符号；釜类饰绳纹（图七，7~10）。

1. 碗

2件。器形一致，直口，方唇，上腹直，下腹折内收，小平底。标本97T41⑫：3，腹部饰三圈曲折水波纹和数圈弦纹，外底刻划有符号。器表有一层很薄的灰青色釉，大部分釉已脱落。硬灰陶，残。口径9、底径5.2、高4.7厘米（图七，7、8；图八，1）。标本97T41⑫：6，素面。硬灰陶，残。口径8.6、底径6、高4.7厘米（图八，2）。

2. 器盖

1件（97T41⑫：4）。盖面微圆隆起，顶部盖纽已残缺。盖面饰三圈斜行篦点纹和一圈"Z"形纹，各圈纹饰之间饰两道旋纹。浅灰色陶，陶质坚硬。口径10.5、残高2.0厘米（图七，9；图八，3）。

（三）其他

有桃核和橄榄核。

桃核　1粒（97T41⑫：1）。完好。长径1.9、短径1.8厘米。

橄榄核　1粒（97T41⑫：5）。残长3.1、短径1.6厘米。

三　小结

（一）遗迹的年代

从地层的叠压关系来看，遗迹大都开口于第⑪层下，打破生土。第⑪层为南越国早期建筑垫土层，因此第⑫层和这些遗迹的年代应不晚于南越国早期。从出土的遗物来看，瓦当只有云纹瓦当，南越宫苑遗址常见的"万岁"文字瓦当没有发现；陶器的纹饰主要是"米"字形纹、方格纹、曲折水波纹和弦纹等，这些纹饰是岭南地区战国至秦代常见的陶器纹饰。综合遗迹的地层叠压关系和出土的遗物，可知遗迹的年代应在秦代至南越国早期。

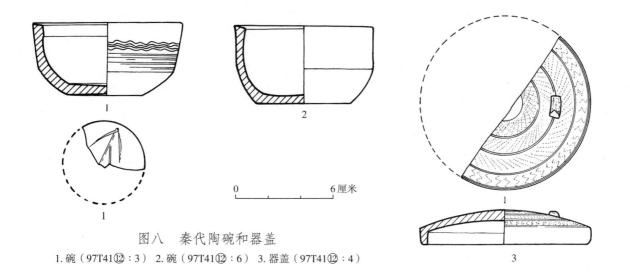

图八 秦代陶碗和器盖

1. 碗（97T41⑫：3） 2. 碗（97T41⑫：6） 3. 器盖（97T41⑫：4）

（二）遗迹的性质

97T41、97T43、97T45三个探方内第⑫层的堆积，与1975年发现的秦代造船台遗址木料加工场地所见的情况完全相同①，因此这三个探方所见的木屑、木片和炭屑堆积应是上述加工场地向西南延伸的一部分。

位于97T41东部的木结构遗迹，从沟槽内不见有淤泥的情况来看，可排除其为木构水渠的可能性。从遗迹东西两侧木桩均相错树立的情况来看，也可排除其为建筑木柱的可能性。遗迹东西两侧木桩的顶部都有一方形凸榫，可知其上应承接有木板或木条，遗迹沟槽内和遗迹东西两侧全为木片、炭屑和红烧土堆积，这一现象与今天造船厂专用来烤弯船板定型的"弯木地牛"极为相似②，联系到在遗迹东北约20米处曾发掘出秦代的造船台遗址，这一遗迹应是与造船遗址相关、与今天造船厂"弯木地牛"类似的遗迹。由于目前揭露的面积有限，对该遗迹的分布范围和结构尚不完全清楚，其性质还有待将来作进一步发掘揭示。

位于97T17北部和97T45西部的木料遗迹，多放置较为规整，其中位于97T45的木料还保留有上下两层，这两处遗迹分别位于秦代造船遗址1号造船台的西南和东南处，应是造船木料的堆放场地。

位于97T13的97H61，坑内为一层木料一层黄土相间填筑而成，这种结构与唐宋时期建筑碌墩的做法类似，只是用料有所不同，应属于建筑基础坑。由于这类遗迹仅发现一个，对其性质还有待将来进一步发掘明确。

位于97T22、97T23、97T26、97T27的遗迹上层为细沙，下层为沙石，这种结构也与建筑的基础处理手法相似，可能是建筑基础遗迹。

由于这次在秦代文化层之上发现了南越宫苑的曲流石渠遗迹，且保存较为完好，遗迹原地原状保护和展示，叠压其下的秦代文化层未能全面揭露，因此，有关秦代造船遗址南面木料加工场地的范围以及其他相关遗迹的布局和形制暂无法作较为明晰的了解。

---

① 广州市文物管理处、中山大学考古专业75届工农兵学员：《广州秦汉造船工场遗址试掘》，《文物》1977年第4期。

② 今天的广东阳江江城造船厂的"弯木地牛"设备是由两排平行的木桩和栏板构成，要烤弯的木板一端插入其中一排栏板下部，中间搭在另一排栏板面上，另一端用大石或其他重物把其压住，就可以把木板弯成一定弧度，用火烧烤定型。

第二节　汉代遗存

这里的汉代是指汉武帝元鼎六年（前111年）平南越以后至三国这一时期。汉代的遗存有地层、房址、建筑柱洞、水井、灰坑和沟等（附表一）。根据遗址的地层堆积和出土的遗物特征，可分为四期，出土器物的型式统一划分。

一　第一期遗存

（一）地层和遗迹

第一期的地层堆积有曲流石渠遗迹发掘区97⑨b层，遗迹有房址、灰坑、沟渠等，主要分布于发掘区的中部和西部（图九）。蓄池遗迹发掘区没有第一期的地层和遗迹。

1. 房址

1座，编号97F16，位于97T45、97T46内，开口于97⑨b层下，打破97⑩层。现仅揭露出东西两列柱洞共5个，以东边一列柱洞南北向中轴线为准，其方向北偏西10°，未发现有建筑台基和墙等遗迹（图一〇）。柱洞自北而南向西分别编号为97F16-ZD1~ZD5，柱洞近呈长方形或方形，底部均垫有长方形础石。础石用砂岩石块打凿而成，表面平整，底面较为粗糙，部分础石面上还残存有木柱，木柱呈圆形或方形。具体情况如下：

97F16-ZD1：近方形，直壁，平底，东西长1.0、南北宽1.1、残深0.36米。底部有一长方形础石，东西长0.77、南北宽0.88、厚0.12米。础石面偏东处置一方形木柱，边长0.33、残高0.23米（图一一）。

97F16-ZD2：近呈长方形，东西长0.8、南北宽0.68、残深0.25米。底部有一长方形础石，东西长0.64、南北宽0.45、厚0.13米。北距97F16-ZD1木柱中心距6.52米。

97F16-ZD3：呈长方形，南北宽0.87、东西长0.75、残深0.34米。底部有一长方形础石，东西长0.59、南北宽0.68、厚0.06米。础石面偏东北处置一圆形木柱，径0.33、残高0.27米（图版六，1）。北距97F16-ZD2础石中心距约3.2米。

97F16-ZD4：呈长方形，东西长0.75、南北宽0.9、残深0.4米。底部有一长方形础石，东西长0.55、南北宽0.45、厚0.17米。础石面偏北处凿有一半月形凹槽，上立一圆形木柱，径0.24、残高0.25米。东距97F16-ZD2础石中心距约3.2米。

97F16-ZD5：呈长方形，东西长0.73、南北宽0.57、残深0.09米。底部有一长方形础石，向东倾斜，东西长0.54、南北宽0.38、厚0.08米。北距97F16-ZD4木柱中心距2.83米，东距97F16-ZD3木柱中心距3.42米。

2. 灰坑

6个，分别为97H110、97H152、97H161、97H191、97H199、97H200。根据这些灰坑形状的不同可分三类：

（1）坑口平面呈椭圆形或不规则形，坑壁弧收，圜底。这一类灰坑有97H152、97H191、

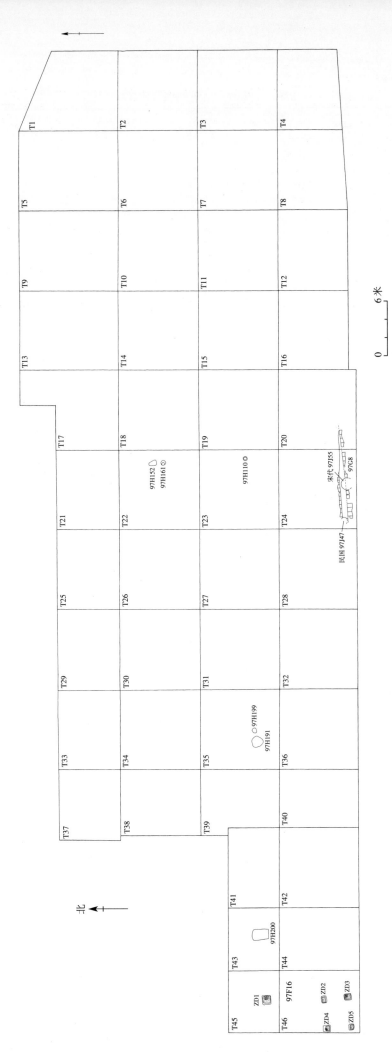

图九　曲流石渠遗迹发掘区汉代第一期遗迹平面图

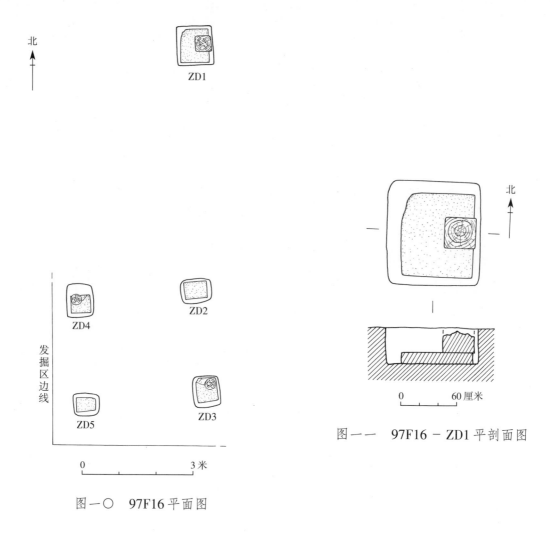

图一〇　97F16 平面图

图一一　97F16 - ZD1 平剖面图

97H199。举例介绍如下：

　　97H191　位于97T35西南部，开口于97⑨b层下，打破97⑩层。坑口平面呈椭圆形，东西长 1.18、南北宽 1.2、深 0.56 米（图一二）。坑内为灰土堆积，土质疏松。出土 I 式板瓦 21 件、II 式板瓦 1 件、I 式筒瓦 6 件、II 式筒瓦 6 件，还有龟甲片等。

　　（2）坑口平面呈圆形或椭圆形，坑底近呈圆形，口大底小，坑壁斜直内收，坑壁面较光滑，平底。这一类灰坑有 97H110、97H161。举例介绍如下：

　　97H110　位于97T23东南部，开口于97⑨b层下，打破97⑩层。坑口和底部平面呈圆形，坑口径 0.56、底径 0.46、深 0.48 米（图一三）。坑内灰土堆积，土质疏松。出土 I 式板瓦 14 件、II 式板瓦 13 件、III 式板瓦 2 件、II 式筒瓦 7 件、III 式筒瓦 13 件。

　　（3）坑口平面近呈长方形，坑壁直，平底。这一类坑只有 1 个。

　　97H200　位于97T43中部，开口于97⑨b层下，打破97⑩层。坑口平面近呈长方形，其中北边线略呈弧形，坑口东西长 1.3~1.34、南北宽 2.02、深 0.7 米。坑内堆积可分两层，第①层为灰黑色土，夹有木炭屑，土质疏松，厚 0.54~0.58 米，有 I 式板瓦 121 件、II 式板瓦 15 件、I 式筒瓦 44 件、II 式筒瓦 6 件；第②层为红褐色土，夹有黄土块，厚 0.12~0.15 米，无遗物（图一四）。

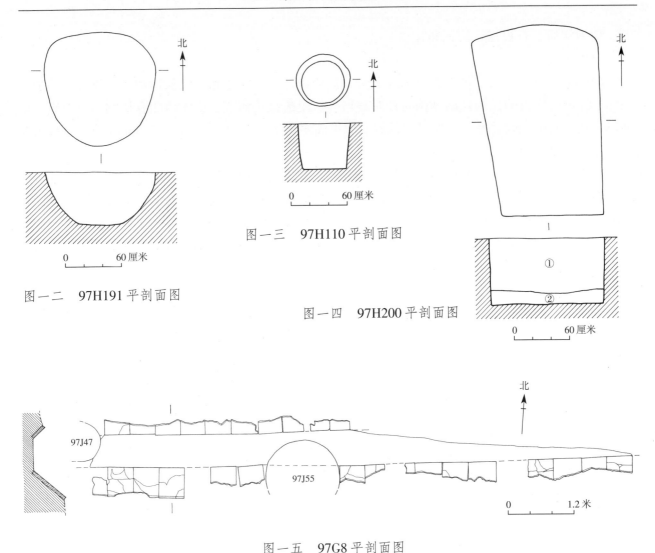

图一二　　97H191平剖面图

图一三　　97H110平剖面图

图一四　　97H200平剖面图

图一五　　97G8平剖面图

3. 沟渠

1条，编号为97G8。

位于97T20和97T24南部，开口于97⑨b层下，打破97⑩层，被97J47、97J55打破。沟渠呈东北—西南走向，渠底部东高西低，渠口较底部要宽，横剖面呈倒"八"字形，渠壁利用南越国时期的长方砖贴壁砌筑，残长9.6米，渠口残存内宽1.2米，渠底内宽0.6米（图一五；图版六，2、3）。渠壁铺砖的上部大多已残断，有印花长方形砖和素面长方形砖两种，其中印花长方砖的规格为71×45.5米×5.5厘米，或残48×47.5×6.0厘米两种，表面模印菱形纹，但大多数砖的纹饰磨损严重。

渠内为灰褐色淤泥堆积，土质较黏。出土Ⅰ式板瓦139件、Ⅱ式板瓦71件、Ⅰ式筒瓦111件、Ⅱ式筒瓦9件。

（二）遗物

有建筑材料、生活器具、工具、兵器、钱币和其他。

1. 建筑材料

均为陶质，有板瓦、筒瓦和瓦当。

（1）板瓦

6505件，多为碎片，绝大多数未能复原。泥质陶，陶质较坚致，以灰陶和灰白陶为主，但黄白陶、红黄陶所占的比例较南越国时期明显增多。泥条盘筑而成，瓦体两侧有切割痕。表面一端饰斜、直相交的绳纹，另一端抹平或饰旋纹，里面多饰突点，也有的饰突点和布纹组合，或者是突点、菱形和布纹组合等。

出土的汉代板瓦，根据纹饰的变化可分五式。Ⅰ式表面饰细绳纹，里面饰小突点；Ⅱ式表面饰粗绳纹，里面饰大突点；Ⅲ式表面饰粗绳纹，里面饰大突点和布纹或菱形纹组合；Ⅳ式表面饰粗绳纹，里面饰布纹或布纹和方格纹组合等；Ⅴ式表面饰粗绳纹，每组绳纹之间有较宽的光面间隔，近口沿端面的绳纹经手抹平，里面饰布纹。第一期出土的板瓦属于Ⅰ式、Ⅱ式和Ⅲ式。

Ⅰ式　1807件，仅1件可复原宽度。标本97H110：2，灰陶。残长34、宽34、厚1.4厘米（图一六，1）。

Ⅱ式　4134件，仅1件可复原。标本97T43⑨b：1，表面一端饰细绳纹，另一端饰粗绳纹，黄褐陶。残长35、宽32~32.5、厚1.0~1.7厘米（图版七，1）。标本97H110：1，表面一端饰粗绳纹，另一端纹饰抹平，红黄陶。长41.2、宽34、厚0.9厘米（图一六，2；图版七，2）。

Ⅲ式　564件。标本97H110：3，青灰陶。残长39.0、残宽17.0、厚0.9~1.4厘米（图一六，3）。标本97T43⑨b：3，红陶。残长12.6、残宽16.8、厚1.1厘米（图一六，4；图版七，3）。

（2）筒瓦

2414件，多为碎片，绝大多数未能复原。泥质陶，陶质较坚致，以红黄陶为主，灰陶、灰褐陶和红褐陶相对较少。泥条盘筑而成，瓦体两侧有切割痕，大多是一刀切断，也有切割不彻底（图版七，4）。近瓦唇一头较小，另一头较大，瓦唇微向上翘。表面通体饰绳纹，里面多饰突点或布纹，也有的是突点和布纹组合。

出土的汉代筒瓦，根据纹饰的变化可分六式。Ⅰ式表面通体饰细绳纹，里面饰大、小突点；Ⅱ式表面近瓦唇一端饰斜向细绳纹，另一端饰直向粗绳纹，里面饰大突点；Ⅲ式表面饰粗绳纹，里面饰大突点和布纹组合；Ⅳ式表面通体饰粗绳纹，瓦唇表面也饰绳纹，里面饰布纹；Ⅴ式表面饰较密粗绳纹，瓦唇表面光素无纹饰，里面饰布纹；Ⅵ式表面饰稀疏的粗绳纹，绳纹间多有较宽的光面间隔，瓦唇一端和后端光素，里面饰布纹。第一期出土的筒瓦属于Ⅰ式、Ⅱ式和Ⅲ式。

Ⅰ式　392件，仅1件可复原宽度。标本97T15⑨b：45，黄陶。残长30、径15.8~16.6、厚0.8~1.2、瓦唇长4.1厘米（图一七，1；图版七，5）。

Ⅱ式　1533件，仅1件可复原，另有3件可复原宽度。标本97T18⑨b：12，红陶。长34.6、径15.6~16.8、厚0.9~1.2、瓦唇长4.6厘米（图一七，2；图版七，6）。

Ⅲ式　489件，仅1件可复原宽度。标本97T29⑨b：4，青灰陶。残长13.4、径15.6、厚1.1厘米（图一七，3）。

（3）瓦文

部分板瓦和筒瓦还戳印或拍印有文字，主要是"官"字，以戳印文字居多，戳印于筒瓦表面或是板瓦里面。印文面呈长方形，无边栏，部分文字为反文，字体有减笔现象。拍印文字均拍印于板瓦里面，文字多属连续拍打。

"官"字瓦文　26件。有戳印和拍印两种。

0   12厘米

图一六 汉代第一期板瓦纹饰拓本

1. Ⅰ式（97H110：2） 2. Ⅱ式（97H110：1） 3. Ⅲ式（97H110：3） 4. Ⅲ式（97T43⑨b：3）

0 ————————— 12厘米

图一七　汉代第一期筒瓦纹饰拓本

1. Ⅰ式（97T15⑨b：45）　2. Ⅱ式（97T18⑨b：12）　3. Ⅲ式（97T29⑨b：4）

文字戳印于板瓦里面，无边栏，12件。标本97T44⑨b：6，印文面长2.5、宽2.0厘米（图一八，1；图版八，1）。标本97T6⑨b：12，反文。印文面长2.5、宽2.2厘米（图一八，2；图版八，2）。标本97T19⑨b：53，反文。印文面长2.1~2.3、宽2.0~2.5厘米（图一八，3）。标本97T29⑨b：1，反文。印文面长1.9、宽1.5厘米（图一八，4）。

文字戳印于筒瓦表面，无边栏，10件。标本97T15⑨b：32，印文面长2.1、宽1.7厘米（图一八，5；图版八，3）。标本97T22⑨b：4，印文面长2.5、残宽2.0厘米（图一八，6）。标本97H161①：1，印文面长1.5、宽1.3厘米（图一八，7；图版八，4）。

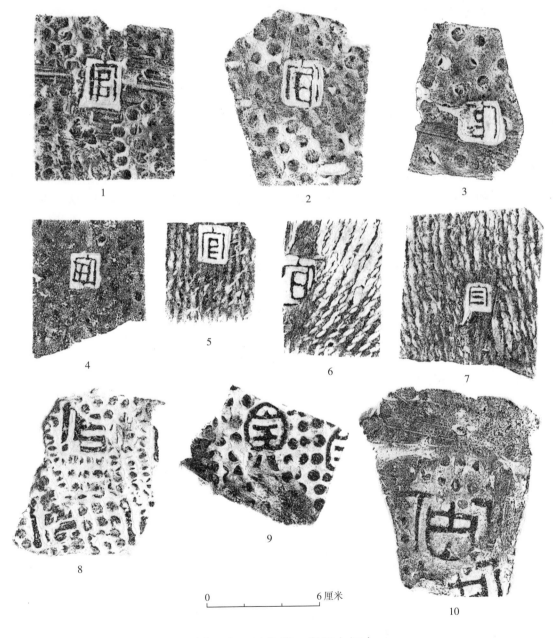

图一八 汉代第一期瓦文拓本

1.官（97T44⑨b：6） 2.官（97T6⑨b：12） 3.官（97T19⑨b：53） 4.官（97T29⑨b：1） 5.官（97T15⑨b：32）
6.官（97T22⑨b：4） 7.官（97H161①：1） 8.官（97T20⑨b：14） 9.□（97T35⑨b：30） 10.□（97T20⑨b：27）

文字拍印于板瓦里面，无边框，4件。标本97T20⑨b：14，字体模糊不清（图一八，8）。另有2件板瓦里面拍印有文字，未能识读。

"□"字瓦文　1件（97T35⑨b：30），文字拍印于板瓦里面，未能识读（图一八，9；图版八，5）。

"□"字瓦文　1件（97T20⑨b：27），文字拍印于板瓦里面，未能识读（图一八，10）。

（4）瓦当

均是圆形瓦当。泥质陶，以灰陶为主，部分为黄陶或红陶。是模印好的瓦当与已切割好的筒瓦直接粘接，当背不见有切割痕。有"万岁"和"□岁□"文字瓦当。

"万岁"文字瓦当

16件。当面模印"万岁"两字，篆体阳文，无界格，大多数为自右向左读，有少量文字印成反文，呈自左向右读，文字外绕两周弦纹，边轮不明显或无边轮。当径15.0~16.7、厚1.2~2.1厘米。出土的汉代"万岁"文字瓦当，根据"万岁"部首的不同可分三型。A型"萬"字"草"头为"山山"结构，"万岁"两字分离，根据"歲"字的不同又可分两个亚型；B型"万岁"两字"草"头相连为"ⅢⅢ"形，根据字体外绕纹饰的不同可分三个亚型；C型"万岁"两字"草"头均为"⿰艹艹"形，"万岁"两字分离。

汉代第一期出土的"万岁"文字瓦当属于Aa型，"歲"字"止"部与"戊"部之间笔画为"μ"形。根据字体笔画的方折、卷曲变化和字体外绕弦纹以及边轮的变化可分五式。这一期的"万岁"文字瓦当分属于Ⅰ式、Ⅱ式和Ⅲ式。

Aa型Ⅰ式　5件。"万岁"字体笔画方折，字体外绕两周弦纹。标本97T7⑨b：12，灰陶。当径15.5、厚1.2厘米（图一九，1）。标本97T19⑨b：19，红黄陶。反文，自左向右读。当径15.0、厚1.5厘米（图一九，2；图版九，1）。

Aa型Ⅱ式　10件。"万岁"字体笔画卷曲，字体外绕两周弦纹。标本97T15⑨b：26，灰陶。当径15.7、厚2.0厘米（图版九，2）。标本97T15⑨b：17，灰陶，当径16.2、厚1.8厘米（图一九，3）。标本97T11⑨b：7，泥质灰陶。当径16.1、厚1.4厘米（图一九，4）。

Aa型Ⅲ式　1件（97T14⑨b：4）。"万岁"字体卷曲更甚，外绕一周弦纹，有宽边轮，边轮高与当面文字平。浅红陶。当径15.7、厚2.1、边轮宽1.2厘米（图一九，5；图版九，3）。

"□岁□"文字瓦当

1件（97T26⑨b：4）。当心一小乳突，当面模印文字，残存左半边，其中上面一字似为"岁"字，下面一字残缺难以识读，外绕两周弦纹，宽边轮，边轮高与当面文字平。灰陶。残径10、厚1.3、边轮宽1.2厘米（图一九，6；图版九，4）。

2. 生活器具

均为陶器，有泥质陶和夹砂陶。泥质陶占大多数，且多为泥质灰陶或灰褐陶，陶质坚硬，部分器表还有青釉或青褐色釉，但釉多已脱落；泥质黄褐陶或红褐陶也占一定比例。红陶或黄陶较少，陶质较软。泥质陶的器形有缸、瓮、罐、盆、提筒、器盖、灯、插座等。夹砂陶占的比例较少，以灰白陶和灰褐陶为主，也有少量呈黄褐色或红褐色，陶质较软，器形主要是釜、支座等。制法多以手轮合制为主，支座和插座多是手制。瓮、罐、盆等器表饰以方格纹为地，当中饰有圆形、方形、三角形、五铢钱纹、"S"形纹和"官富"文字印纹等，近底部纹饰大都抹平，肩、腹部还饰一至三道旋纹；釜、支座类多饰网格或绳纹；提筒仅饰若干道旋纹；器盖饰旋纹或旋纹和

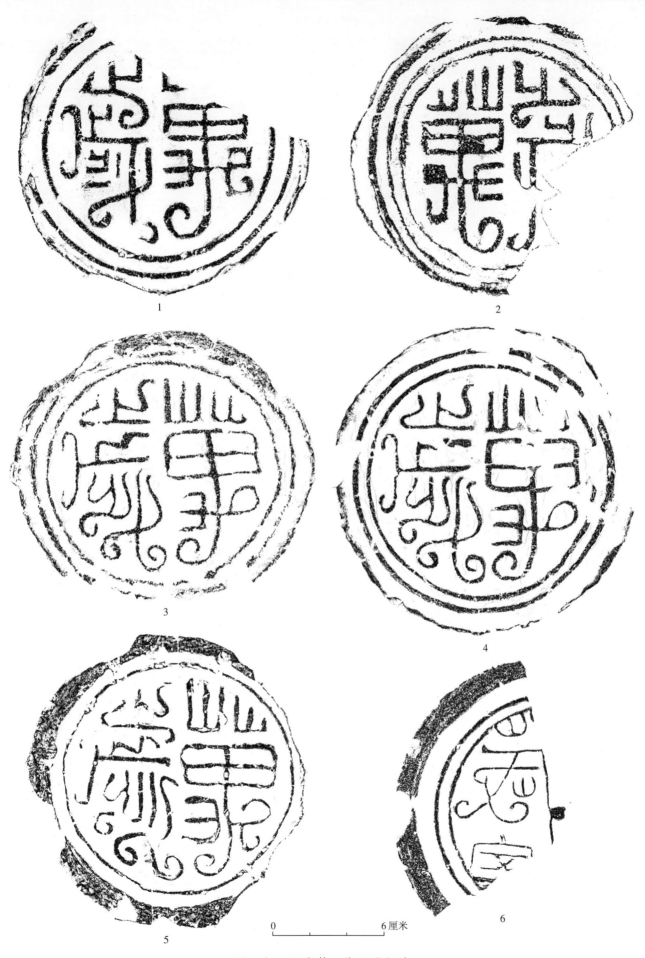

图一九　汉代第一期瓦当拓本

1. Aa型Ⅰ式"万岁"文字瓦当（97T7⑨b：12）　2. Aa型Ⅰ式"万岁"文字瓦当（97T19⑨b：19）　3. Aa型Ⅱ式"万岁"文字瓦当（97T15⑨b：17）　4. Aa型Ⅱ式"万岁"文字瓦当（97T11⑨b：7）　5. Aa型Ⅲ式"万岁"文字瓦当（97T14⑨b：4）　6. "☐岁☐"文字瓦当（97T26⑨b：4）

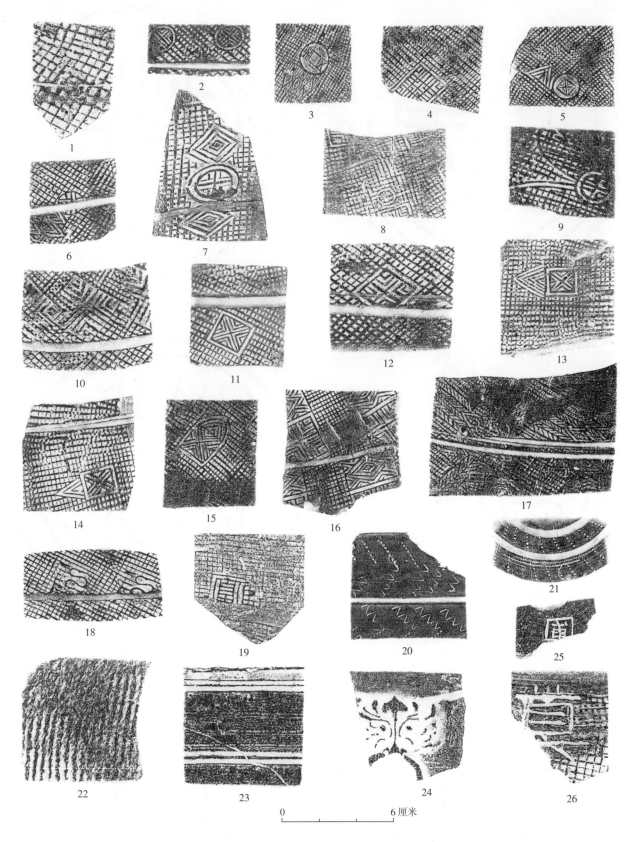

图二〇　汉代第一期陶器纹饰和陶文拓本

1. 方格纹和旋纹（97T20⑨b：31）　2. 方格纹、圆形几何图案和旋纹（97T23⑨b：12）　3. 方格纹、菱形纹和"五铢"钱纹（97T24⑨b：1）　4. 方格纹和方形几何图案（97T6⑨b：36）　5. 方格纹、圆形和三角形几何图案（97T6⑨b：34）　6、7. 方格纹、旋纹、圆形和菱形几何图案（97T23⑨b：11，97T6⑨b：5）　8. 方格纹、圆形几何图案和"十"字划符（97T6⑨b：19）　9. 方格纹、圆形和喇叭形几何图案（97T24⑨b：1）　10～12. 方格纹、旋纹和方形几何图案（97T21⑨b：2，97T20⑨b：30，97T6⑨b：26）　13～15. 方格纹、旋纹、方形和三角形几何图案（97T6⑨b：8，97T20⑨b·29，97T20⑨b：33）　16. 方格纹、旋纹、方形和菱形几何图案（97T23⑨b：13）　17. 方格纹、旋纹、菱形和叶脉形几何图案（97T35⑨b：40）　18. 方格纹、旋纹和"S"形纹（97T23⑨b：7）　19. 方格纹和"官富"文字印纹（97T20⑨b：20）　20. 旋纹、曲折水波纹和篦点纹（97T20⑨b：32）　21. 旋纹、篦点纹（97T6⑨b：6）　22. 绳纹（97T30⑨b：9）　23. 旋纹（97T23⑨b：8）　24. 铺首纹（97T6⑨b：1）　25. "甫"字（97T22⑨b：11）　26. "莫"字（97T30⑨b：2）

箅点纹组合；部分陶器表面还划写有文字（图二〇）。

缸　1件（97T7⑨b：9）。口近直，窄平沿，腹部近直。素面。泥质黄褐色陶。口复原径46、残高9.2厘米（图二一，1）。

瓮　3件，其中1件可复原。出土的汉代陶瓮，根据器口和腹部的不同可分三型。A型器口较小，口外侈，短颈，长圆腹，平底；B型器口较大，口外侈，短颈，鼓腹，平底；C型广口，筒形腹，平底。汉代第一期出土的瓮属于A型。

A型　根据口沿、肩部和腹部的变化又可分二式。

Ⅰ式　2件。口沿微向外向下折，圆肩，圆鼓腹，腹部最大径略靠上。标本97T6⑨b：8，表面饰以方格纹为地，间饰方形和三角形组合图案，肩、腹部各饰一道旋纹。泥质灰褐陶，陶质坚硬，残。口径24.4、腹部最大径38.4、底径24.5、高39.6厘米（图二〇，13；图二一，2；图版一〇，1）。

Ⅱ式　1件（97T6⑨b：9）。口沿向外向下折较Ⅰ式明显，溜肩，鼓腹，腹部最大径居中。器表饰以方格纹为地，肩、腹部各饰一道旋纹。泥质黄褐陶，器内上腹壁有接胎痕。口径22、腹部最大径37.6、残高30.5厘米（图二一，3）。

罐　3件。出土的汉代陶罐，根据器口的不同可分五型。A型侈口，折沿，短颈，鼓腹，平底，根据腹部的变化可分三式；B型广口，短颈，长圆腹，平底，根据腹部的变化可分二式；C型敞口，圆唇，口沿下有一道凸棱，束颈，扁圆腹，平底，根据腹部的变化可分二式；D型敞口，尖圆唇，束颈，长圆腹，平底；E型直口，平沿，鼓腹，平底。汉代第一期出土的陶罐属于A型Ⅰ式，圆鼓腹，最大径居中。标本97T21⑨b：2，肩腹部饰以方格纹为地，当中饰方形几何图案，肩部饰一道旋纹。泥质灰褐陶，表面有棕褐色釉，完好。口径12.4、腹部最大径17.6、底径12.1、高13.3厘米（图二〇，10；图二一，5；图版一〇，2）。

盆　3件。出土的汉代陶盆，根据器口和腹部的不同可分六型。A型直口微敛，折沿，弧腹；B型侈口，卷沿，束颈，弧腹；C型侈口，平折沿，束颈，折肩；D型侈口，方唇，短颈，扁圆腹；E型敛口，口沿面微凹，斜弧腹；F型敞口，卷沿，斜弧腹。汉代第一期出土A型盆。标本97T35⑨b：40，表面饰以方格纹为地，当中饰菱形和叶脉纹图案，腹部饰一道旋纹。泥质灰陶，陶质坚硬，里外有青褐色釉，多已脱落。口径33.8、残高9.2厘米（图二〇，17；图二一，8；图版一〇，3）。

提筒　1件（97T23⑨b：8）。子口近直，直筒腹，口沿下有两个半环形横耳，腹部饰四组旋纹，平底。泥质灰褐陶，陶质坚硬，残。口径22.6、底径22、高21厘米（图二〇，23；图二一，4；图版一〇，4）。

釜　2件。出土的汉代陶釜，根据器口和腹部的不同可分五型。A型盘口下部折收，下腹部折收，根据腹部的变化可分二式；B型盘口较高，沿面向内，根据腹部的变化可分二式；C型盘口内敛，竖直沿，沿面向内；D型盘口，口沿外折，沿面下凹；E型为浅盘口。汉代第一期出土的陶釜属于A型Ⅰ式和B型Ⅰ式。

A型Ⅰ式　1件（97T11⑨b：6）。上腹斜弧，下腹折收，圜底。口沿外和腹部饰斜向细绳纹，底部饰粗绳纹。夹砂黄白陶。口径24.3、腹最大径31.6、残高18厘米（图二一，7；图版一〇，5）。

B型Ⅰ式　1件（97T35⑨b：39）。垂弧腹，圜底。腹部饰一道旋纹，底部饰粗绳纹。夹砂灰陶，表面呈灰黑色。口径31.4、腹最大径30.2、残高17.2厘米（图二一，6）。

器盖　3件，均残。出土的汉代器盖根据盖沿面的不同可分三型。A型子口微内敛，盖面隆起，根据顶部盖纽的不同又可分两个亚型；B 型盖沿外展似一帽檐；C 型盖沿面斜向上，盖顶面平。汉代第一期出土的器盖属 Aa 型和 Ab 型。

Aa 型　1件（97T41⑨b：4）。半环形纽。盖面饰两周斜向篦点纹。泥质灰褐色陶，质坚硬，盖面施有青灰色釉。口径7.8、高3.6厘米（图二一，10）。

Ab 型　2件。"凹"字形立纽。标本97T35⑨b：4，盖面饰二道旋纹。泥质灰陶，器表施青

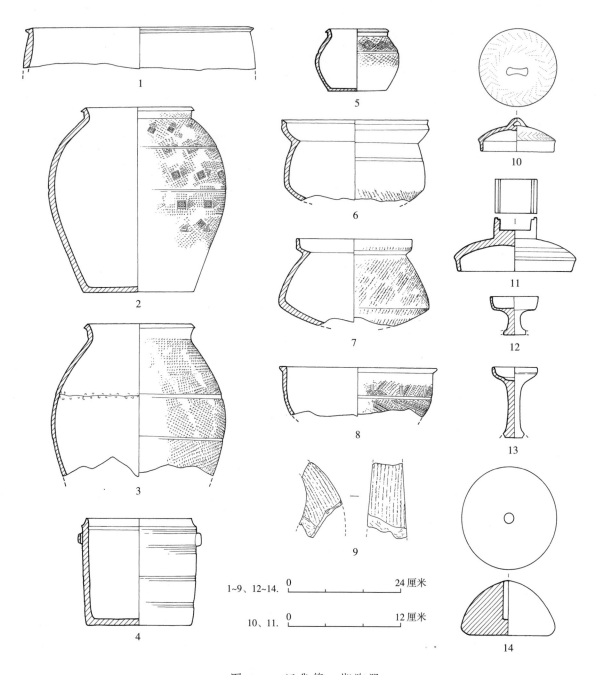

图二一　汉代第一期陶器

1. 缸（97T7⑨b：9）　2. A 型 I 式瓮（97T6⑨b：8）　3. A 型 II 式瓮（97T6⑨b：9）　4. 提筒（97T23⑨b：8）　5. A 型 I 式罐（97T21⑨b：2）　6. B 型 I 式釜（97T35⑨b：39）　7. A 型 I 式釜（97T11⑨b：6）　8. A 型盆（97T35⑨b：40）　9. 支座（97T30⑨b：9）　10. Aa 型器盖（97T41⑨b：4）　11. Ab 型器盖（97T35⑨b：4）　12. A 型 I 式灯（97T15⑨b：2）　13. A 型 II 式灯（97T20⑨b：28）　14. 插座（97T19⑨b：1）

灰色釉。口径 13、高 6.0 厘米（图二一，11）。

灯 3 件，均残。出土的汉代陶灯，根据灯把的不同可分二型。A 型为圆柱形把，B 型为竹节形把。第一期出土的灯属于 A 型，根据灯盏和灯把的变化可分二式。

I 式 1 件（97T15⑨b：2）。灯盘较浅，敛口，方唇，弧腹，内底平，圆柱形灯把较短，底座已残缺。泥质灰陶。灯盘口径 9.8、残高 8.1 厘米（图二一，12；图版一〇，6）。

II 式 2 件。灯盘较深，侈口，圆唇，内底弧折下凹，圆柱形灯把较高，底座已残缺。标本 97T20⑨b：28，灯盏外壁饰一道旋纹，泥质灰褐陶。灯盘口径 9.8、残高 14 厘米（图二一，13）。

支座 5 件，均残，形制相同。四面向上向一侧渐收弧弯，呈锥形，内侧面素面，其余三面均饰绳纹。标本 97T30⑨b：9，顶部和底部已残，夹砂黄褐陶。残高 14.6 厘米（图二〇，22；图二一，9）。

插座 1 件（97T19⑨b：1）。半球形，平底，顶端有一向下圆形插孔。夹砂红褐陶，稍残。底径 20、高 10.4 厘米，孔径 2.6、深 7.6 厘米（图二一，14；图版一〇，7）。

3. 工具

均为陶器，有网坠和纺轮。

网坠 7 件。出土的汉代网坠根据器身压印凹槽的不同可分三型。A 型器身纵、横各压一道凹槽；B 型长径面压出一道凹槽，短径面压出两道凹槽；C 型为器身仅压出一道凹槽。汉代第一期出土的网坠属于 A 型和 B 型。

A 型 2 件。标本 97T39⑨b：10，泥质红黄陶。长径 4.5、短径 4.4、厚 3.1 厘米（图二二，1；

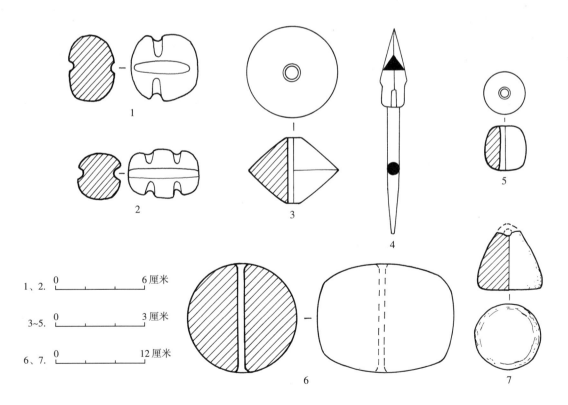

图二二 汉代第一期工具、兵器和其他器物

1. A 型陶网坠（97T39⑨b：10） 2. B 型陶网坠（97T35⑨b：6） 3. A 型陶纺轮（97T7⑨b：1） 4. Aa 型铜镞（97T21⑨b：1） 5. 陶管珠（97T15⑨b：1） 6. 穿孔陶球（97T35⑨b：5） 7. A 型陶权（97T19⑨b：5）

图版一一，1）。

B 型　5件。标本97T35⑨b：6，泥质青灰陶，陶质坚硬。长径4.8、短径3.5、厚2.6厘米（图二二，2；图版一一，2）。

纺轮　2件，完好。出土的汉代纺轮可分三型。A 型呈算珠形，B 型呈圆饼形，C 型呈圆锥形。汉代第一期出土的纺轮属 A 型，中间有一圆形穿孔。标本97T7⑨b：1，泥质灰陶，表面施有青釉。最大径3.0、高2.2厘米（图二二，3；图版一一，3）。

4. 兵器

铜镞　2枚。出土的汉代铜镞，根据镞本的不同可分三型。A 型镞本截面呈三角形，关截面呈六角形，根据锋面有无三角形血槽又可分 Aa、Ab 两个亚型；B 型镞本截面呈三翼式；C 型锋面有凹槽，镞本截面呈三菱形。汉代第一期出土的铜镞属于 Aa 型。标本97T21⑨b：1，锋面无血槽，细长条形铁铤，完好。镞体长2.6、铁铤长4.3厘米（图二二，4；图版一一，4）。

5. 钱币

有"半两"和"五铢"铜钱。

"半两"　2枚。钱径较小，无内、外郭。标本97T29⑨b：3，钱文字体方正、清晰。完好。钱径2.4、穿宽0.89、厚0.08厘米，重1.9克（图二三，1；图版一一，5右）。标本97T7⑨b：2，钱文字体方正，"两"字"从"部写成"一"横。钱径2.4、穿宽0.8、厚0.1厘米，残重1.5克（图二三，2；图版一一，5左）。

"五铢"　2枚。出土的汉代"五铢"钱，根据钱文字体的不同可分三型。A 型"五"字缓曲相交，根据面穿有无钱文符号又可分二式；B 型"五"字交叉两笔弯曲更甚；C 型"五"字坚划弯曲相交后左右平行，根据面穿有无钱文符号可分二式。汉代第一期出土的五铢钱属于A型Ⅰ式和B型。

A 型Ⅰ式　1件（97T42⑨b：1）。面穿无钱纹符号。钱文字体瘦长、清晰。完好。钱径2.55、穿宽1.04、厚0.18厘米，重3.3克（图二三，3；图版一一，6）。

B 型　1件（97T26⑨b：1）。钱径2.65、穿宽0.93、厚0.14厘米，重2.5克（图二三，4；图版一一，7）。

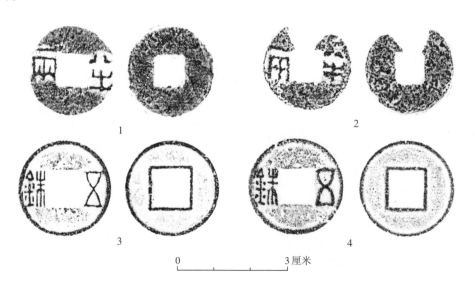

图二三　汉代第一期铜钱拓本

1. "半两"（97T29⑨b：3）　2. "半两"（97T7⑨b：2）　3. A 型Ⅰ式"五铢"（97T42⑨b：1）　4. B 型"五铢"（97T26⑨b：1）

6. 其他

（1）陶器

权　2 件，均残。出土的汉代陶权可分二型。A 型呈圆锥体形；B 型呈四面锥形，根据穿孔位置的不同又可分两个亚型。汉代第一期出土的陶权属于 A 型，底面平，顶端有一圆形穿孔。标本 97T19⑨b：5，顶端残，夹砂灰白陶。残高 7.8、最大径 8.9 厘米，残重 569.7 克（图二二，7；图版一一，8）。

穿孔陶球　1 件（97T35⑨b：5）。椭圆形，中部有一圆形穿孔。泥质灰白陶，完好。长径 9.3、短径 7.6 厘米，孔径 1.0 厘米（图二二，6）。

管珠　1 件（97T15⑨b：1）。圆珠形，中部有一圆形穿孔。泥质黄白陶。径 1.6、孔径 0.3 厘米（图二二，5；图版一一，9）。

（2）动、植物遗存

出土的动植、物遗存较少，经鉴定，动物骸骨的种类有鳄鱼、梅花鹿等（详见上编第五章第四节《南越宫苑遗址出土动物骨骼研究报告》）。

二　第二期遗存

（一）地层和遗迹

第二期地层堆积有曲流石渠遗迹发掘区 97⑨a 层，遗迹有灰坑和沟，主要分布在发掘区的中部和西部（图二四）。蓄池遗迹发掘区没有第二期地层堆积和遗迹。

1. 灰坑

4 个，分别为 97H114、97H167、97H174、97H187。根据这些灰坑形制的不同可分两类。

（1）坑口平面呈不规则形，弧壁，圜底。这一类灰坑有 97H114、97H174、97H187。现举例介绍如下：

97H114　位于 97T22 西北部，开口于 97⑨a 层下，打破 97⑨b 层，北部被 97G12 打破。坑口东西长 2.58、南北宽 1.62、深 0.42 米（图二五）。坑内堆积为灰褐色土，土质较黏，有陶罐残片等。

（2）坑口平面近呈长方形，直壁，平底。这一类灰坑只有 1 个。

97H167　位于 97T35 东部，开口于 97⑨a 层下，打破 97⑨b 层。坑口东西长 1.18、南北宽 1.22、深 0.2 米（图二六）。坑内堆积为红褐色土，土质较疏松，出土 B 型陶网坠 1 件、戳印"官"字绳纹瓦 2 件、Ⅱ式板瓦 1026 件、Ⅲ式板瓦 550 件、Ⅱ式筒瓦 108 件、Ⅲ式筒瓦 5 件，另外还有陶罐残片。

2. 沟

2 条，编号为 97G12、97G13。

97G12　位于发掘区中西部，呈弯曲走向，跨越 97T17、97T18、97T21、97T22、97T26、97T30、97T31、97T32、97T35、97T36、97T39、97T41 等多个探方，其中位于 97T32 和 97T36 探方部分未能发掘。开口于 97⑨a 层下，打破 97⑨b 层，被 97G1、97G9、97J21、97J40、97J60、97J84、97J85、97H82 等遗迹打破（图二七）。

沟东起自南而北转向西，再向南又曲折向西，现发掘长约 74.4 米。沟的口部宽窄不一，最宽

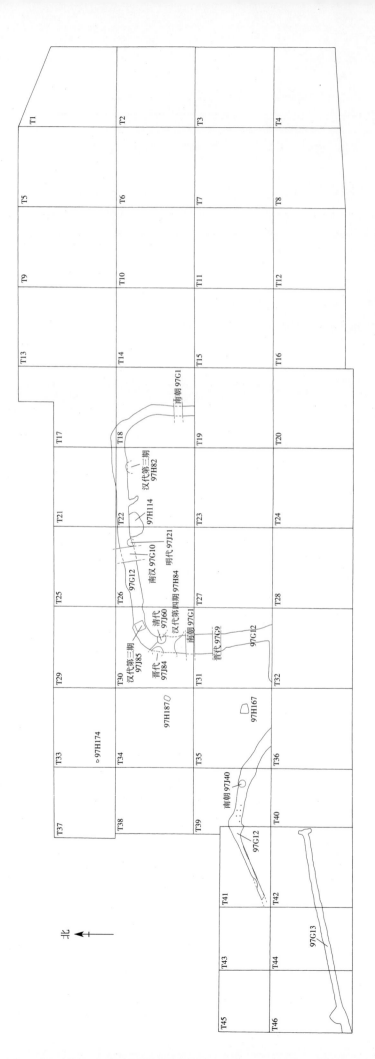

北

图二四　曲流石渠遗迹发掘区汉代第二期遗迹平面图

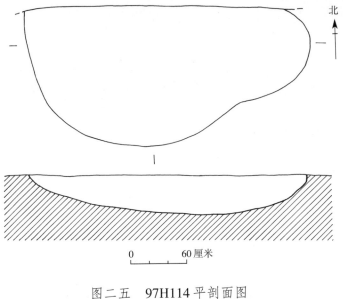

图二五　　97H114平剖面图

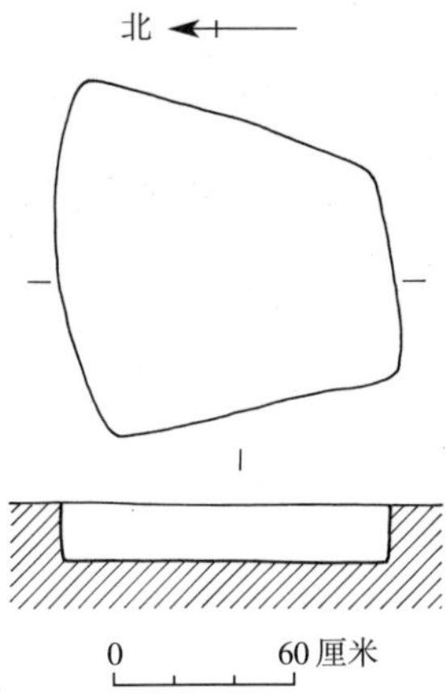

图二六　　97H167平剖面图

处达1.15米，最窄处仅0.23米。沟壁呈不规则弧形内收，沟内深浅不一，底部高低不平，最深处达0.43米，最浅处仅0.12米。其中沟的西段结构较为特殊，南、北两侧紧贴沟壁各置一根木条，其中北壁的木条残长1.35米，南壁的木条残长6.95米，径0.06~0.07米。南壁木条以东1.8米，在沟的中部有东西向两排打入沟中的圆形木桩，其中北边一排木桩2根，南边一排木桩4根，木桩径0.08米。其中南边中间2根木桩与北边2根木桩相对应，南、北两排木桩中心间距为0.4米。北边一排木桩中心间距为0.6米，北距沟壁约0.22米，南边一排木桩中心间距也为0.6米，南距沟壁0.17~0.28米，木桩的作用不明。沟内堆积可分两层，第①层为黄褐色土，土质疏松，厚约0.1~0.18米，出土Aa型铜镞1件、Ⅱ式板瓦27件、Ⅲ式板瓦2件、Ⅱ式筒瓦4件、Ⅲ式筒瓦1件；第②层为褐色淤泥，发青灰色，土质较黏，厚0.12~0.25米，出土Ⅱ式板瓦36件、Ⅲ式板瓦24件、Ⅱ式筒瓦7件、Ⅳ式筒瓦5件，还有陶罐残片以及龟甲片等。

97G13　位于发掘区西南部，跨越97T42、97T44、97T46三个探方。开口于97⑨a层下，打破97⑨b层，呈东北—西南走向，东端已到尽头，西南延伸出发掘区外，现清理一段长约24米。沟的东端尽头处略向南拐折，长1.45、口部宽0.38~0.76、深0.22米，沟壁弧形内收，圆底。沟往西南方向渐变宽变深，口部宽0.6~1.08、深0.22~1.13米。在距沟的东端尽头处约19.7米处，沟的北壁向北弧弯，呈半圆形，长1.83、宽0.98米，沟壁斜弧内收，底部不平（图二八）。沟内堆积可分两层，第①层为灰黑土，夹细沙，土质松软，厚0.07~0.4米；第②层为青灰色膏泥，土质紧密、较黏，厚0.15~0.73米。遗物极少。

（二）遗物

有建筑材料、生活器具、工具、兵器、钱币和其他。

1. 建筑材料

均为陶质，有砖、板瓦、筒瓦和瓦当。

（1）砖

1件（97T23⑨a：9）。残，形制不明，素面，全身施有青褐色釉，釉层厚，有缩釉现象。泥

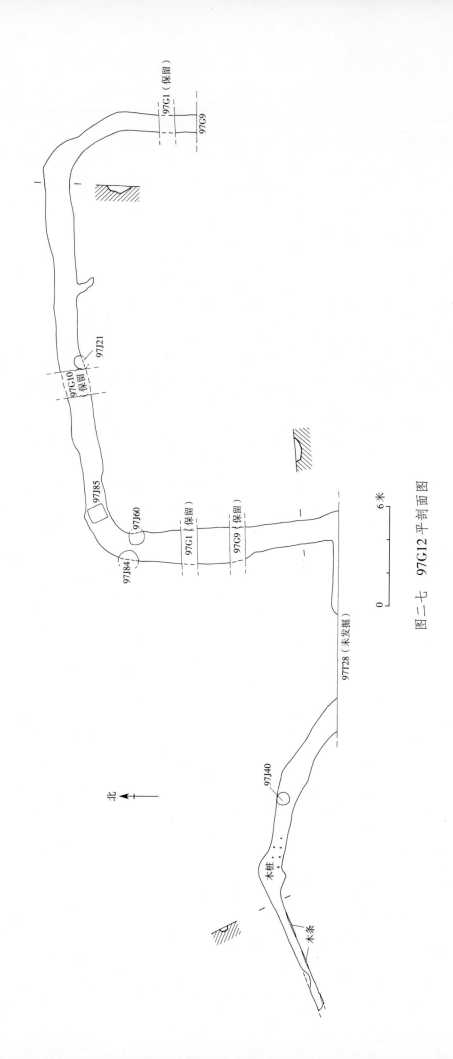

图二七 97G12 平剖面图

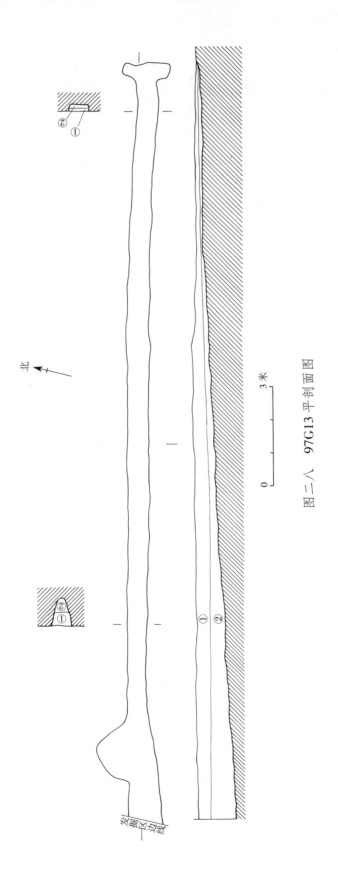

图二八　97G13 平剖面图

质灰陶。残长15.8、残宽15、厚4.0~4.5厘米（彩版二，1）。

（2）板瓦

17771件，多为碎片，绝大多数未能复原。泥质陶，以黄白陶、黄褐陶和浅红陶为主，灰陶和灰褐陶较少。形制和制法与第一期板瓦相同。分属于Ⅱ式和Ⅲ式。

Ⅱ式　13998件，仅1件可复原，1件可复原宽度。表面饰粗绳纹，里面饰大突点。标本97T20⑨a：71，黄褐陶，残。长53.8、宽38.4~40、厚1.4厘米（图二九，1；图版一二，1）。

Ⅲ式　3773件。表面饰粗绳纹，里面饰大突点和布纹，或布纹和菱形纹组合。标本97T7⑨a：32，里面饰大突点和布纹，黄褐陶。残长30、宽36~37.2、厚1.2~1.5厘米（图二九，2；图版一二，2、3）。标本97T20⑨a：114，表面饰绳纹，里面饰大突点、菱形和布纹组合。灰褐陶。残长23.3、宽19.0、厚1.4厘米（图二九，3）。

（3）筒瓦

5642件，多为碎片，绝大多数未能复原。泥质陶，以红黄陶为主，灰陶和灰褐陶较少。形制和制法与第一期相同。分属于Ⅱ式、Ⅲ式和Ⅳ式。

Ⅱ式　4209件，仅2件可复原。表面近瓦唇一端饰斜向细绳纹，另一端饰粗绳纹，里面饰大突点。标本97T44⑨a：2，灰陶。长34、径16.1、厚0.5~1.3、瓦唇长4.0厘米（图三〇，1；图版一二，4）。

Ⅲ式　336件。表面饰粗绳纹，里面饰大突点和布纹组合。标本97T16⑨a：38，青灰陶。残长20、残宽13.6、厚0.9厘米（图三〇，2）。

Ⅳ式　1097件，仅1件可复原宽度。表面饰粗绳纹，瓦唇表面也饰绳纹，里面饰布纹。标本97T7⑨a：31，红褐陶。残长33、径16.5、厚0.8~1.2、瓦唇长4.4厘米（图三〇，3；图版一二，5）。

（4）瓦文

出土的部分板瓦和筒瓦还戳印或拍印有文字，以"官"字为主，也有其他文字。文字戳印于筒瓦表面或板瓦里面，印文面呈长方形或方形，无边栏，有些文字为反文。也有拍印于板瓦里面，多属连续拍打。

"官"字瓦文　45件。有戳印和拍印两种。

文字戳印于筒瓦表面，21件。标本97T8⑨a：2，印文面长2.4、宽2.0厘米（图三一，1）。标本97T16⑨a：18，印文面长2.1、宽1.8厘米（图三一，2）。标本97H167：3，反文，印文面呈方形。边长2.4厘米（图三一，3）。标本97T23⑨a：12，字体简化。印文面长1.5、宽1.4厘米（图三一，4；图版一三，1）。

文字戳印于板瓦里面，19件。标本97T20⑨a：80，印文面长2.1、宽1.9厘米（图三一，5；图版一三，2）。标本97T23⑨a：7，字体简化。印文面边长2.0厘米（图版一三，3）。

拍印于板瓦里面，5件。标本97T20⑨a：83，里面拍印满"官"字，当中戳印一"官"字，反文。印文面长2.6、宽2.3厘米（图三一，7；图版一三，4）。

"□"字瓦文　1件（97T16⑨a：26）。文字戳印于板瓦里面，无边栏，未能识读。印文面边长1.9厘米（图三一，10）。

"□"字瓦文　1件（97T16⑨a：32）。文字戳印于板瓦里面，未能识读。印文面残长2.0、残宽1.7厘米（图三一，8）。

"□"字瓦文　1件（97T23⑨a：10），文字拍印于板瓦里面，未能识读（图三一，6）。

图二九 汉代第二期板瓦纹饰拓本

1. Ⅱ式（97T20⑨a：71） 2. Ⅲ式（97T7⑨a：32） 3. Ⅲ式（97T20
⑨a：114）

1

2

3

0   12厘米

图三〇　汉代第二期筒瓦纹饰拓本

1. Ⅱ式（97T44⑨a∶2）　2. Ⅲ式（97T16⑨a∶38）　3. Ⅳ式（97T7⑨a∶31）

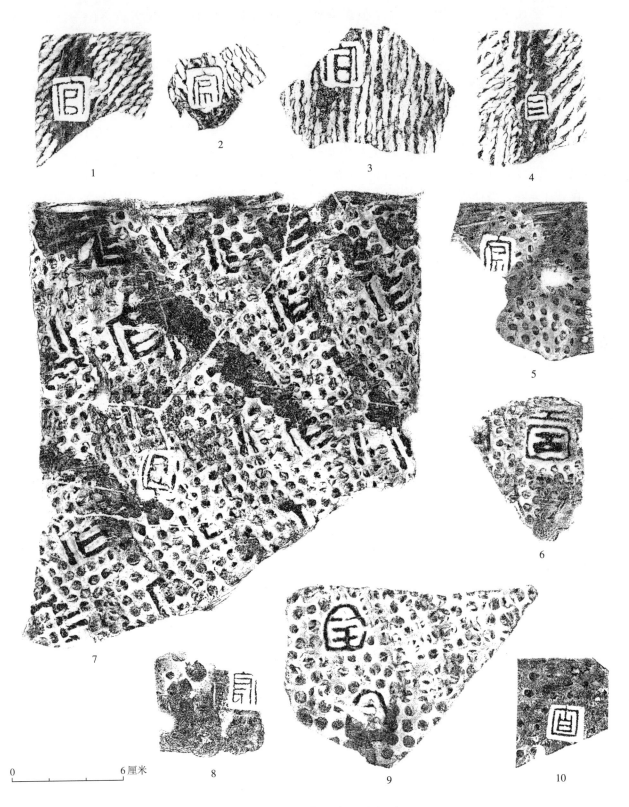

图三一 汉代第二期瓦文拓本

1.官（97T8⑨a：2）2.官（97T16⑨a：18）3.官（97H167：3）4.官（97T23⑨a：12）5.官（97T20⑨a：80）6.□（97T23⑨a：10）7.官（97T20⑨a：83）8.□（97T16⑨a：32）9.□（97T20⑨a：44）10.□（97T16⑨a：26）

"□"字瓦文　5件。文字拍印于板瓦里面，未能识读。标本97T20⑨a：44（图三一，9）。

（5）瓦当

8件。均为"万岁"文字瓦当。泥质陶，多呈灰色，部分呈红黄色。当面模印"万岁"两字，篆体阳文，无界格，自右向左读，外绕一至二周弦纹。当背无切割痕（图版一四，1）。当径13.4~15.3、厚1.1~2.0厘米。分属于Aa型和Ab型。

Aa型　7件。"歲"字"止"部与"戉"部之间笔画为"μ"形。属于Ⅱ式和Ⅳ式。

Ⅱ式　3件。字体笔画卷曲，外绕两周弦纹。标本97T11⑨a：5，灰陶。残径15.8、厚1.1厘米（图三二，1）。标本97T8⑨a：11，灰陶。残径14.6、厚1.2厘米（图三二，2）。

Ⅳ式　4件。当径变小，当面字体卷曲更甚，外绕一周弦纹，宽边轮，边轮高与当面文字平。

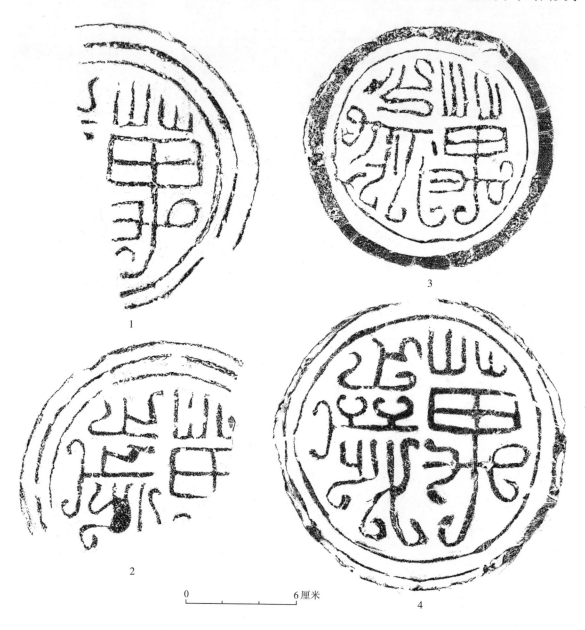

0　　　　　　　　　　6厘米

图三二　汉代第二期"万岁"文字瓦当拓本

1. Aa型Ⅱ式（97T11⑨a：5）　2. Aa型Ⅱ式（97T8⑨a：11）　3. Aa型Ⅳ式（97T16⑨a：36）　4. Ab型（97T19⑨a：14）

标本97T16⑨a：36，灰陶，残。当径13.6、厚1.1厘米，边轮宽0.7~1.1厘米（图三二，3；图版一四，2）。

Ab型　1件（97T19⑨a：14）。"岁"字"止"部与"戊"部之间笔画为向上双"C"字形，字体卷曲，外绕一周弦纹。红陶，完好。当径15.3、厚2.0厘米（图三二，4；图版一四，3）。

2. 生活器具

根据质地的不同可分陶器、铜器和石器三大类。

（1）陶器

泥质陶占绝大多数，以黄白陶、黄褐陶或红褐陶为主，灰陶和灰褐陶也占一定比例。灰陶或灰褐陶的烧成火候较高，陶质坚硬，部分器表还有青色或青褐色釉。夹砂陶较少，有灰白陶和灰褐陶，火候较低。器形有瓮、罐、盆、鉴、釜、鼎、碗、魁、盂、灯和支座等。制法多以手轮合制为主，少量器物为手制。瓮、罐、盆等器表多饰以方格纹为地，间饰圆形、方形或菱形等几何图案，肩、腹部饰若干道旋纹，近底部纹饰大都抹平；鉴多饰旋纹、曲折水波纹和箆点纹；釜和支座多饰绳纹；部分器表还划写有"廿"、"小府"等陶文（图三三）。

瓮　20件。分属于A型Ⅱ式和B型Ⅰ式。

A型Ⅱ式　15件。侈口，短颈，鼓腹，最大径居中，平底。器表饰以方格纹为地，间饰方形、圆形或菱形纹几何图案，肩、腹部饰二道旋纹。标本97T15⑨a：42，器表饰以方格纹为地，间饰长方形几何图案，肩、腹部饰二道旋纹。泥质褐陶。口径24、腹最大径35.6、底径24.3、高36.4厘米（图三三，12；图三四，1；彩版二，2）。

B型Ⅰ式　5件，其中1件可复原。器口较大，口沿向外向下折，短颈，圆鼓腹，最大径略靠上，平底。标本97T7⑨a：25，器表饰以方格纹为地，间饰圆形几何图案，腹部饰一道旋纹，近底部纹饰抹平。泥质紫褐陶。口径25、腹最大径32、底径24.5、高30厘米（图三三，3；图三四，2；图版一五，1）。

罐　5件。属于A型Ⅱ式。侈口，折沿，短颈，扁圆腹，最大径略靠下，平底。肩、腹部多饰以方格纹为地，间饰方形或菱形几何图案。标本97T16⑨a：1，泥质灰白陶，上腹部施有青釉。口径14、腹最大径18、底径14.6、高13.2厘米（图三四，3；图版一五，2）。

盆　13件。分属于A型、B型、C型和D型。

A型　1件（97T35⑨a：2）。直口微敛，折沿，沿面微向内，尖圆唇，弧腹，平底。器表饰以方格纹为地，当中饰圆形几何图案，上腹部饰三道旋纹，近底部纹饰抹平。泥质红黄陶，残。口径37.4、底径24、高11.5厘米（图三三，2；图三四，4）。

B型　1件（97T20⑨a：104）。侈口，卷沿，圆唇，束颈，弧腹，平底。器表饰以方格纹为地，当中饰圆形几何图案，上腹部饰一道旋纹。泥质红黄陶，残。口径20、底径14、高8.4厘米（图三四，5）。

C型　4件。侈口，口沿外折，束颈，鼓腹，平底。器表饰以方格纹为地，当中饰圆形或方形几何图案，腹部饰一至二道旋纹，近底部纹饰抹平。标本97T24⑨a：15，泥质灰陶，内外施有青褐色釉，多已脱落。残。口径34、底径23、高11.6厘米（图三四，6）。

D型　7件。侈口，方唇，短颈，扁圆腹，平底。最大径处多饰一至二道旋纹。标本97T11⑨a：1，泥质红黄陶，残。口径27、腹最大径29、底径22.6、高11.5厘米（图三四，7；图版一五，3）。

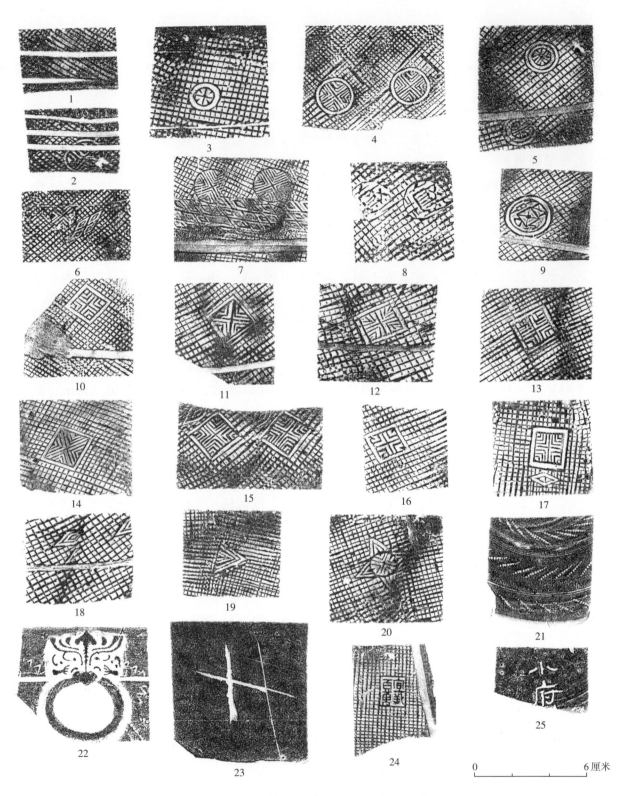

图三三　汉代第二期陶器纹饰和陶文拓本

1.方格纹、旋纹（97T24⑨a：15）　2~5.方格纹、旋纹和圆形几何图案（97T35⑨a：2，97T7⑨a：25，97T15⑨a：53，97T15⑨a：41）　6~7.方格纹、旋纹、圆形和菱形几何图案（97T24⑨a：18，97T15⑨a：54）　8~9.方格纹、旋纹和五铢钱纹（97T7⑨a：22，97T16⑨a：22）　10~12.方格纹、旋纹和方形几何图案（97T20⑨a：108，97T20⑨a：106，97T15⑨a：42）　13~16.方格纹和方形几何图案（97T24⑨a：20，97T20⑨a：110，97T24⑨a：19，97T7⑨a：1）　17.方格纹、方形和菱形几何图案（97T20⑨a：107）　18.方格纹、旋纹和菱形几何图案（97T6⑨a：6）　19.方格纹和三角形几何图案（97T24⑨a：21）　20.方格纹、圆形和菱形几何图案（97T20⑨a：113）　21.旋纹和篦点纹（97T7⑨a：10）　22.曲折水波纹、旋纹和铺首纹（97T20⑨a：70）　23."廿"字（97T20⑨a：67）　24."官载百万"陶文图案（97T40⑨a：9）　25."小府"陶文（97T31⑨a：9）

鉴　1件（97T20⑨a：70）。器口近直，平折沿，方唇，上腹斜直，下腹部折内收，底部残缺。器表饰曲折水波纹、斜向篦点和旋纹，上腹壁贴饰铺首纹，内腹转折处有一周凹旋纹。泥陶灰陶，陶质坚硬，器表施有青褐色釉。口径34.6、残高8.0厘米（图三三，22；图三四，8）。

釜　2件，属于B型Ⅰ式。盘口较高，折沿，沿面向内，束颈，垂弧腹，圜底。腹部有若干道轮旋痕，底部饰绳纹。标本97T11⑨a：2，夹砂灰白陶。口径30、残高15.2厘米（图三五，1）。

鼎　1件（97T8⑨a：12）。盘口，平沿，束颈，垂弧腹，圜底，底下承三个宽扁足，足下端已残。泥质黄褐陶，残。口径20.5、腹最大径22、残高16.4厘米（图三五，2；图版一五，4）。

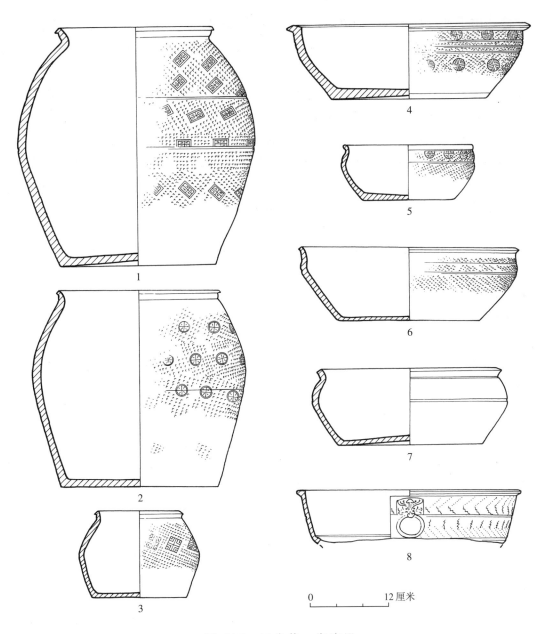

图三四　汉代第二期陶器

1. A型Ⅱ式瓮（97T15⑨a：42）　2. B型Ⅰ式瓮（97T7⑨a：25）　3. A型Ⅱ式罐（97T16⑨a：1）　4. A型盆（97T35⑨a：2）　5. B型盆（97T20⑨a：104）　6. C型盆（97T24⑨a：15）　7. D型盆（97T11⑨a：1）　8. 鉴（97T20⑨a：70）

碗　3件。出土的汉代陶碗，根据口部和足底部的不同，可分三型。A型为侈口，曲折腹，上腹部敛束，饼足；B型为敛口，弧腹，圈足，根据足部的变化又可分二式；C型为直口，弧腹，平底，根据腹部的变化可分三式。第二期出土的碗属于A型。标本97T3⑨a：2，泥质灰陶，表面呈黄褐色，残。口径15.4、底径8.2、高6.2厘米（图三五，9；图版一五，5）。

魁　2件。出土的汉代陶魁，根据口部和足底部的不同可分二型。A型侈口，尖圆唇，曲折腹，上腹敛束，饼足，上腹一侧安一环形把；B型为盘形口，束颈，平底。第二期出土的陶魁属A型，标本97T16⑨a：3，泥质灰陶，残。口径14.6、底径9.2、高8.4厘米（图三五，10；图版一六，1）。

盂　2件。出土的汉代陶盂，根据器口的不同可分四型。A型敞口，束颈，平底，根据腹部的变化可分三式；B型侈口，束颈，平底；C型直口如领，平底，根据腹部的变化可分三式；D型喇叭形口，平底。第二期出土的陶盂属A型I式，扁折腹。标本97T7⑨a：12，泥质灰陶，陶质坚硬，器表施有青褐色釉。残。口径8.8、腹最大径10.4、底径6.8、高6.4厘米（图三五，8）。

灯　4件。分属于A型I式和A型II式。

A型I式　3件。灯盘较浅，敛口，方唇，弧腹，内底平，圆柱形把，底座已残缺。标本97T12⑨a：1，泥质灰陶，器表施有青白色釉。灯盏口径11.5、残高6.7厘米（图三五，4）。

A型II式　1件（97T20⑨a：66）。灯盘较深，侈口，圆唇，内底弧折下凹，圆柱形灯把较高，底座呈覆盏形。灯盘外壁饰一道旋纹。泥质灰陶，残。灯盘口径12.4、底径13.8、高16.8厘米（图三五，3；图版一六，2）。

另有1件灯底座（97T31⑨a：9），表面刻写有"小府"二字，隶书体（图三三，25；图版一三，5）。

支座　1件（97T16⑨a：4）。四面向上向一侧渐收弧弯，呈锥形，上部已残，底面近呈方形，中间挖有圆锥形孔。内侧面素面，其余三面均饰绳纹。夹砂灰陶。残高10.5、底宽8.0厘米（图三五，5；图版一六，3）。

垫饼　1件（97T19⑨a：4）。圆饼形，用绳纹板瓦琢磨而成。黄褐陶，完好。径4.3、厚1.3厘米（图版一六，4）。

（2）铜器

有盆和器盖两种器形。

盆　1件（97T7⑨a：28）。敞口，折沿，口沿下有2个对称的圆形穿孔，腹部斜直，底部已残。器壁极薄。口径11.6、残高3.2厘米（图三五，11）。

器盖　1件（97T7⑨a：2）。敞口，盖面向上隆起，顶面中部斜弧下凹，其中心处安一半环形纽。与纽对应的盖内面有一圆形柱，向下渐细，下部残断。青铜锻造而成。盖口径16.8、顶面径7.5、残高3.3厘米（图三五，12；图版一六，5）。

（3）石器

有盆和砺石。

盆　1件（97T15⑨a：14）。斗状，敞口，平沿，斜直腹，平底。残存一侧面有一方形把手。滑石，呈青灰色。残长16、残宽16，高3.8厘米（图三五，6）。

砺石　1件（97T26⑨a：4）。近长方形，上下两面已被磨蚀成弧形凹面，表面光滑。青石。长22.4、宽6.0、厚0.5~2.5厘米（图三五，7；图版一六，6）。

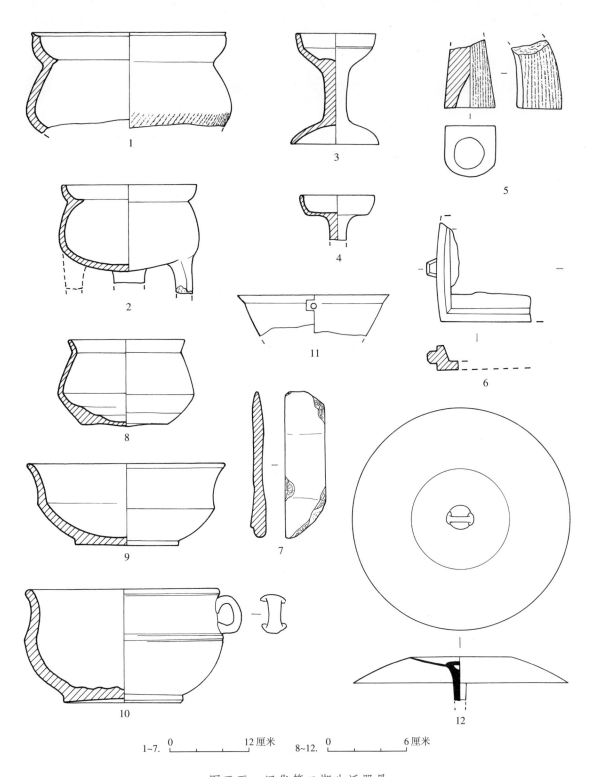

图三五　汉代第二期生活器具

1. B 型 I 式陶釜（97T11⑨a：2）　2. 陶鼎（97T8⑨a：12）　3. A 型 II 式陶灯（97T20⑨a：66）　4. A 型 I 式陶灯（97T12⑨a：1）　5. 陶支座（97T16⑨a：4）　6. 石盆（97T15⑨a：14）　7. 砺石（97T26⑨a：4）　8. A 型 I 式陶盂（97T7⑨a：12）　9. A 型陶碗（97T3⑨a：2）　10. A 型陶魁（97T16⑨a：3）　11. 铜盆（97T7⑨a：28）　12. 铜器盖（97T7⑨a：2）

3. 工具

有陶网坠、陶纺轮和铁刀。

陶网坠　5件。分属于A型和B型。

A型　2件。扁椭圆形，器身纵、横面各压出一道凹槽。标本97T38⑨a：1，泥质黄褐陶。长3.6、宽3.6、厚3.0厘米（图版一七，1）。

B型　3件。扁椭圆形，长径面压出一道凹槽，短径面压出两道凹槽。标本97T8⑨a：6，泥质黄白陶。长5.0、宽4.1、厚3.0厘米（图版一七，2）。

陶纺轮　5件。分属于A型和B型。

A型　4件。算珠形，中间有一圆形穿孔。标本97T15⑨a：1，泥质灰陶，局部施有青釉。高2.4、最大径3.0、孔径0.2厘米（图三六，1；图版一七，3）。

B型　1件（97T8⑨a：4）。圆饼形，中间有一圆形穿孔。泥质灰白陶，残。径12、厚3.2、孔径2.8厘米（图三六，2；图版一七，4）。

铁刀　1件（97T7⑨a：3）。残存刀身两段，背面略呈弧形，刃部锋利。两段残长分别为13和5.4厘米，宽2.5厘米（图三六，3）。

4. 兵器

有陶蒺藜、铁矛、铜矛和铜镞。

陶蒺藜　1件。出土的汉代陶蒺藜根据锥角的不同可分二型。A型为四角锥形，根据锥角插孔的不同又可分两个亚型；B型为五角锥形。第二期出土的蒺藜属Aa型，锥角插孔呈圆形，以装钉刺等利器，属防御性武器。标本97T8⑨a：7，泥质灰褐陶，完好。高6.1厘米（图三六，4；图版一七，5）。

铁矛　1件（97T7⑨a：29）。叶细长，前锋已残断，中脊突起，截面呈菱形。骹部呈圆柱形，銎部锈堵不清，表面有锻合线。残长8.7、骹径1.8厘米（图三六，10；图版一七，7）。

铜矛　1件（97T34⑨a：1）。呈竹叶形，中脊隆起，截面呈扁弧形，后端弧收，骹部已残断。残长8.4、最宽1.9厘米（图三六，9；图版一七，8）。

铜镞　3件，铁铤铜镞。分属于Aa型和B型。

Aa型　2件。镞本截面呈三角形，锋面无血槽，关截面呈六角形。标本97G12①：1，残长2.9、镞本长2.4、关长0.5厘米（图三六，7；图版一七，6下）。

B型　1件（97T37⑨a：4）。镞本呈三翼式，锋面后翼折下收，中脊突起呈圆形，关截面呈圆形，圆形铁铤。残长4.2、镞本长3.3、关长0.8、铁铤残长0.2厘米（图三六，8；图版一七，6上）。

5. 钱币

有"半两"、"五铢"和无字铜钱三种。

"半两"　2枚。钱径较小，无内、外郭。标本97T20⑨a：7，钱文字体方正，"两"字"从"部写成"一"横。钱径2.3、穿宽0.9、厚0.14厘米，重2.4克（图三七，1）。标本97T23⑨a：2，钱文字体瘦长、清晰，"两"字"从"部写成双人字形。钱径2.22~2.33、穿宽0.93、厚0.06厘米，重2.75克（图三七，2）。

"五铢"　2枚，残。分属于B型和C型I式。

B型　1枚（97T20⑨a：6）。"五"字弯曲相交较甚，上、下两端放宽。钱径2.6、穿宽0.9、厚0.16厘米，残重2.25克（图三七，3；图版一八，1）。

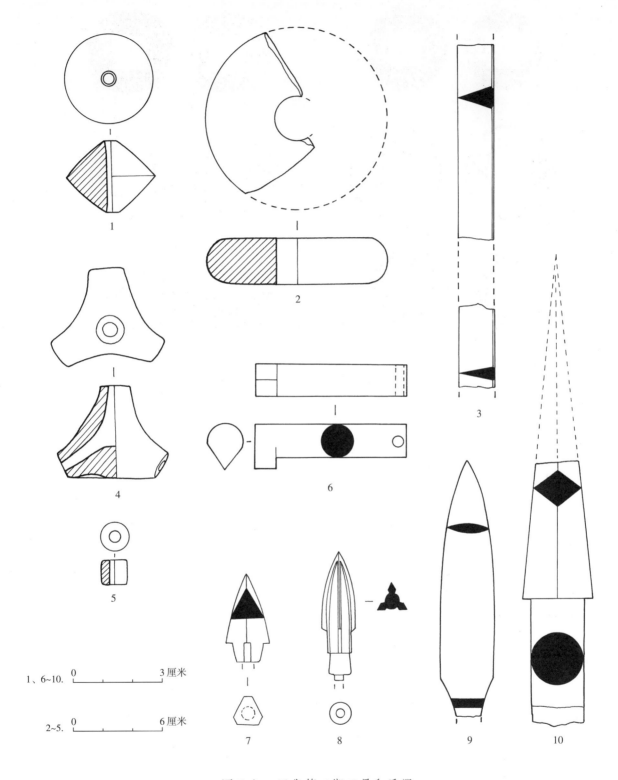

图三六　汉代第二期工具和兵器

1. A型陶纺轮（97T15⑨a：1）　2. B型陶纺轮（97T8⑨a：4）　3. 铁刀（97T7⑨a：3）　4. Aa型陶蒺藜（97T8⑨a：7）　5. 陶管珠（97T37⑨a：5）　6. 铜构件（97T3⑨a：1）　7. Aa型铜镞（97G12①：1）　8. B型铜镞（97T37⑨a：4）　9. 铜矛（97T34⑨a：1）　10. 铁矛（97T7⑨a：29）

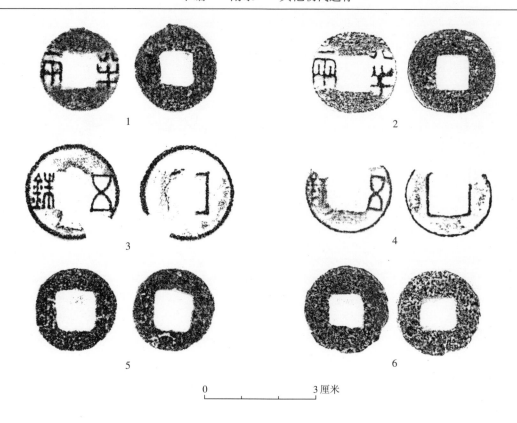

图三七　汉代第二期铜钱拓本

1. "半两"（97T20⑨a：7）　2. "半两"（97T23⑨a：2）　3. B型"五铢"（97T20⑨a：6）　4. C型Ⅰ式"五铢"（97T39⑨a：5）　5. 无字铜钱（97T20⑨a：1）　6. 无字铜钱（97T38⑨a：4）

C型Ⅰ式　1枚（97T39⑨a：5）。钱文字体瘦长，"五"字弯曲相交后，左右平行，无钱文符号。钱径2.3、穿宽1.05、厚0.15厘米，残重0.9克（图三七，4）。

无字铜钱　2枚。无内、外郭，两面光素。标本97T20⑨a：1，钱径2.3、穿宽1.1、厚0.1厘米，重2.3克（图三七，5；图版一八，2左）。标本97T38⑨a：4，钱径2.3、穿宽0.94、厚0.05厘米，重1.0克（图三七，6；图版一八，2右）。

6. 其他

有陶器、金属器和动、植物遗存等。

（1）陶器

权　3件。分属于A型和Ba型。

A型　2件。圆锥体形，底面平，顶部有横向圆形穿孔。标本97T16⑨a：2，夹砂灰白陶，顶部残。残高8.1、最大径9.3厘米，残重693克（图版一八，4）。

Ba型　1件（97T15⑨a：25）。四面锥体形，顶部近平，底面呈长方形，近顶部有一横向圆形穿孔。表面饰绳纹，夹砂灰白陶，完好。顶面长4.0、宽2.0厘米，底面长6.0、宽5.6厘米，高7.8厘米，重365.4克（图版一八，5）。

管珠　1件（97T37⑨a：5）。圆柱形，中间一圆形穿孔。泥质灰白陶，完好。径1.2、高1.7、孔径0.6厘米（图三六，5；图版一八，3）。

（2）金属器

铜构件 1件（97T3⑨a：1）。圆柱体形，顶端出一三角形帽，近下端有一圆形穿孔，与三角形帽的方向垂直。黄铜，完好。通长5.1、径1.1厘米（图三六，6；图版一八，6）。

铅块 1件（97T15⑨a：20）。弧弯呈钩状，上下两面平。残长7.5、宽2.3、厚2.0厘米（图版一八，7）。

（3）动、植物遗存

出土的植物遗存较少，有樟科种子。动物遗存较丰富，经鉴定，动物骸骨的种类有蚌、鱼、龟、龟鳖类，亚洲象、熊、马、猪、梅花鹿、小型鹿科、羊、黄牛、水牛和其他哺乳动物（详见上编第五章第三节《南越宫苑遗址1997年度浮选结果分析报告》和第四节《南越宫苑遗址出土动物骨骼研究报告》）。

三 第三期遗存

（一）地层和遗迹

第三期地层有蓄池遗迹发掘区95⑤b层和曲流石渠遗迹发掘区97⑧b层。遗迹有建筑柱洞、水井、灰坑和沟等。建筑柱洞分布于曲流石渠发掘区西部，而水井分布于曲流石渠发掘区中部，灰坑分布于蓄池发掘区的南部和曲流石渠发掘区中部（图三八、三九）。

1. 建筑柱洞

位于97T39、97T40、97T41、97T42、97T44、97T46等探方内，开口于97⑧b层下，打破97⑨a层。共残存有柱洞13个，柱洞呈长方形或圆形，底部多垫有长方形木板或石板，部分柱洞还残存有木柱。这些柱洞除个别具有较明显的同组特征外，其余都难以归类。这些柱洞按探方分别编号为97T39-ZD、97T40-ZD1、97T40-ZD2、97T41-ZD1、97T41-ZD2、97T41-ZD3、97T41-ZD4、97T41-ZD5、97T42-ZD1、97T42-ZD2、97T42-ZD3、97T44-ZD、97T46-ZD（图四○）。各柱洞具体情况介绍如下：

97T39-ZD 位于97T39东部，坑口平面大致呈圆形，直壁，平底，坑口径0.95~1.05、深0.8米。底部东西向置一长方木，上下两面平，两侧未经加工而呈弧形，东西长0.93、南北宽0.26、厚0.09米。长方木表面居中位置立一圆形木柱，径0.28、残高0.2米。

97T40-ZD1 位于97T40西北角，坑口平面呈长方形，直壁，平底，东西长0.72、南北宽1.2、深0.73米。底部南北向置一长方形木板，东西长0.34、南北宽1.1、厚0.27米，表面偏北位置立一圆形木柱，径0.3、残高0.2米。

97T40-ZD2 位于97T40西部，坑口平面呈长方形，直壁，平底，东西长0.56~0.6、南北宽0.88、深0.8米。底部南北向置一长方形木础，东西长0.34、南北宽0.86、厚0.24米。木础表面偏南处放置两块重叠的灰白色砂岩石板，均呈长方形，表面平整，其中下面一块石板东西长0.5、南北宽0.36、厚0.12米，上面一块石板东西长0.52、南北宽0.3、厚0.12米（图四一）。石板中心北距97T40-ZD1木柱中心约4.1米。

97T41-ZD1 位于97T41西北角，坑口平面呈长方形，直壁，平底，东西长0.72、南北宽1.43、深0.46米。底部南北向置一长方形木板，东西长0.49、南北宽1.27、厚0.08米。

97T41-ZD2 位于97T41北部，坑口平面近呈方形，直壁，平底，东西长0.63、南北宽0.65、深0.52米。底部垫有一块南越国时期的残砖，东西长0.43、南北宽0.42、厚0.09米，表面居中处

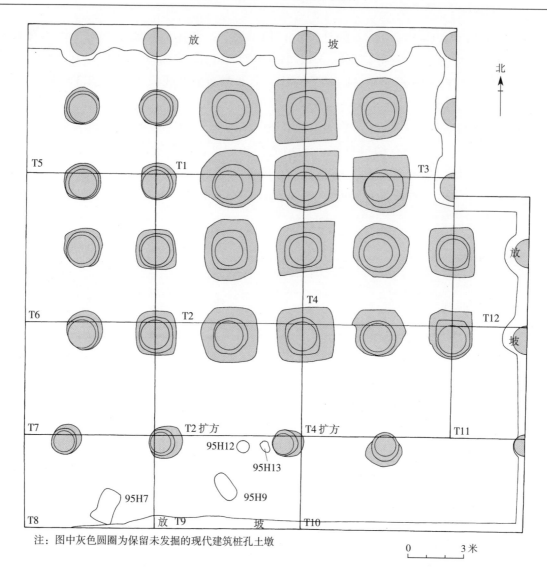

注：图中灰色圆圈为保留未发掘的现代建筑桩孔土墩

0　　　　3米

图三八　蓄池遗迹发掘区汉代第三期遗迹平面图

立一圆形木柱，径 0.27~0.31、残高 0.34 米（图四二）。木柱中心西距 97T41-ZD1 中心 3.58 米。

　　97T41-ZD3　位于 97T41 西南部，坑口平面呈长方形，直壁，平底，东西长 0.6、南北宽 0.75、深 0.46 米。底部南北向置一长方形木板，东西长 0.38、南北宽 0.57、厚 0.11 米，居中处立一圆形木柱，径 0.38、残高 0.20 米。木柱中心北距 97T41-ZD1 中心 2.98 米。

　　97T41-ZD4　位于 97T41 中部，坑口平面呈长方形，直壁，平底，东西长 0.72、南北宽 0.45、深 0.34 米。底部东西向置一长方形木板，东西长 0.55、南北宽 0.34、厚 0.08 米。西距 97T41-ZD3 中心 4.05 米，北距 97T41-ZD2 木柱中心 2.0 米。

　　97T41-ZD5　位于 97T41 西南部，坑口平面呈圆形，径 0.30、深 0.53 米。当中立一圆形木柱，径 0.26、残高 0.55 米，其下无柱础。

　　97T42-ZD1　位于 97T42 北部，坑口平面呈圆形，径 0.46 米，深度不详。当中立一圆形木柱，径 0.23 米。

　　97T42-ZD2　位于 97T42 西北部，坑口平面呈长方形，直壁，平底，东西长 0.65、南北宽

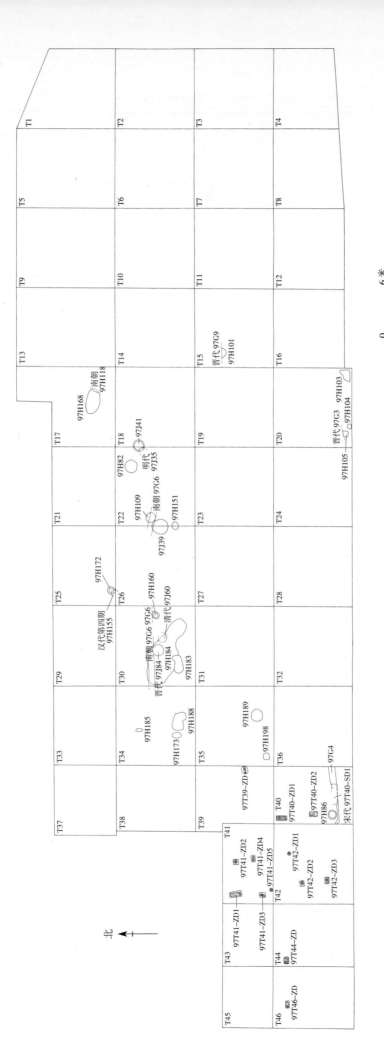

北 ←

图三九　曲流石渠遗迹发掘区汉代第三期遗迹平面图

0　6 米

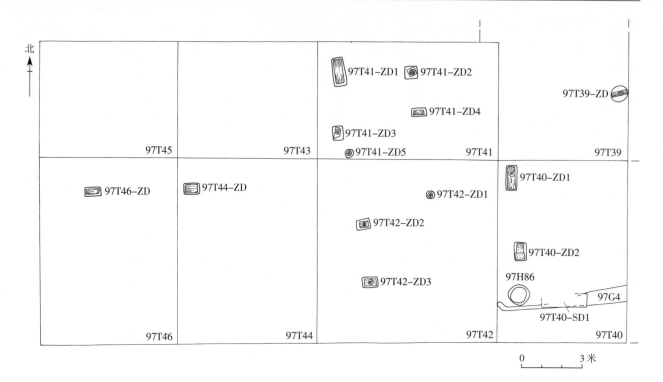

图四〇　汉代第三期建筑柱洞平面图

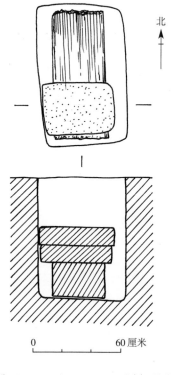

图四一　97T40–ZD2 平剖面图

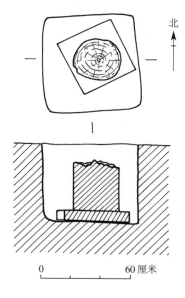

图四二　97T41–ZD2 平剖面图

0.52、深 0.43 米。底部东西向置一长方形木板，东西长 0.46、南北宽 0.34、厚 0.08 米，表面居中立一圆形木柱，径 0.34、残高 0.32 米。北距 97T41-ZD3 木柱中心 4.72 米。

97T42-ZD3　位于 97T42 西南部，坑口平面呈长方形，直壁，平底，东西长 0.8、南北宽 0.55、深 0.46 米。底部东西向置一长方形木板，东西长 0.61、南北宽 0.36、厚 0.1 米，表面居中立一圆形木柱，径 0.23、残高 0.32 米。北距 97T42-ZD2 木柱中心 2.86 米。

97T44-ZD　位于 97T44 西北部，坑口平面呈长方形，直壁，平底，东西长 0.8、南北宽 0.57、深 0.29 米。底部东西向置一长方形木板，东西长 0.65、南北宽 0.42、厚 0.1 米。

97T46-ZD　位于 97T46 北部，坑口平面呈长方形，直壁，平底，东西长 0.83、南北宽 0.45、深 0.32 米。底部东西向置一长方形木板，东西长 0.6、南北宽 0.3、厚 0.09 米。与 97T44-ZD 中心间距 4.75 米。

2. 水井

2 口，编号为 97J39、97J41，水井的构造和出土遗物介绍详见附录二第三节。

3. 灰坑

22 个，分别为 95H7、95H9、95H12、95H13、97H82、97H86、97H101、97H103、97H104、97H105、97H109、97H151、97H160、97H168、97H172、97H173、97H183、97H184、97H185、97H186、97H189、97H198。根据这些灰坑平面和剖面的不同可分成两大类。

（1）坑口平面多呈不规则形，坑壁弧形内收，圜底。这一类灰坑共有 15 个，分别为 95H7、95H9、95H13、97H82、97H101、97H103、97H105、97H168、97H173、97H183、97H184、97H185、97H186、97H189、97H198。举例介绍如下：

97H82　位于 97T22 东北部，开口于 97⑧b 层下，打破 97⑨a 和 97G12 层。坑口东西长 1.4、南北宽 1.4、深 0.8 米（图四三）。坑内为灰黑色土堆积，土质较黏，出土 B 型 II 式陶瓮 1 件、IV 式板瓦 8 件、V 式筒瓦 1 件。

97H168　位于 97T17 中部，开口于 97⑧b 层下，打破 97⑨a 层，东部被 97H118 打破。坑口东西长 2.6、南北宽 1.66、深 0.6 米（图四四）。坑内为灰黑色土，土质疏松，出土陶屋模型 1 件、"万岁"文字瓦当 1 件、"官"字板瓦 1 件、"官"字筒瓦 2 件、III 式板瓦 59 件、IV 式板瓦 30 件、III 式筒瓦 43 件、IV 式筒瓦 12 件。

（2）坑口平面呈圆形或方形，直壁或斜直壁，壁面较光滑，平底。这一类灰坑共有 7 个，分别为 95H12、97H86、97H104、97H109、97H151、97H160、97H172。举例介绍如下：

97H86　位于 97T40 西南部，开口于 97⑧b 层下，打破 97⑨a 层。坑口和底部平面呈椭圆形，坑口东西长 1.06、南北宽 1.02 米，底部东西长 0.89、南北宽 0.82、深 0.78 米（图四五）。坑内为灰褐色土堆积，土质较黏，出土 II 式板瓦 68 件、III 式板瓦 18 件、IV 式板瓦 13 件、III 式筒瓦 16 件、IV 式筒瓦 6 件、V 式筒瓦 9 件，还有陶釜和陶罐残片等。

97H104　位于 97T20 南部，开口于 97⑧b 层下，打破 97⑨a 层，北部被 97G3 打破。坑口和底部平面近呈方形，坑口东西长 0.76、南北宽 0.74 米，底部东西长 0.64、南北宽 0.54、深 0.2 米（图四六）。坑内为灰褐色土堆积，土质较黏，无遗物。

4. 沟

1 条，编号为 97G4。位于 97T40 南部，开口于 97⑧b 层下，打破 97⑨a 层，中部被 97T40-SD1 打破，向东延伸入 97T36 内未发掘。平面呈长条形，向西渐窄小，现清理长 6.75、口宽

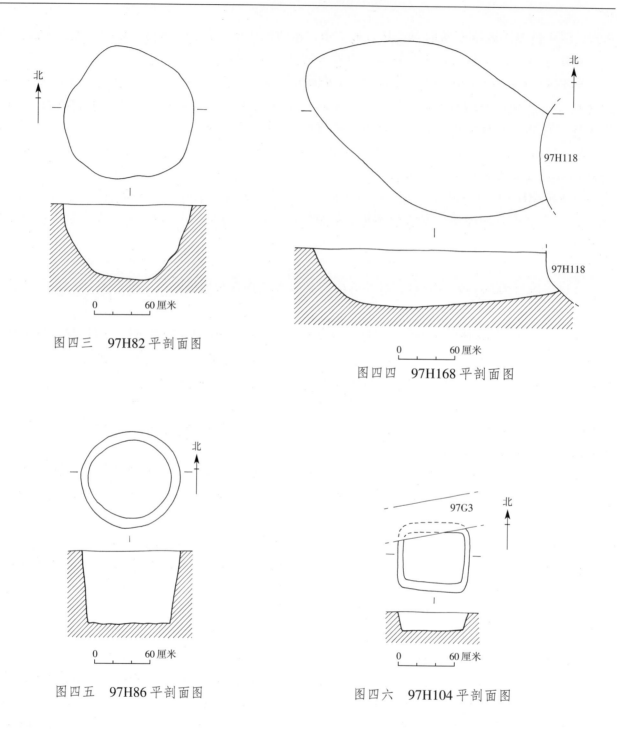

图四三　97H82平剖面图

图四四　97H168平剖面图

图四五　97H86平剖面图

图四六　97H104平剖面图

0.14~0.75、深0.45~0.62米。沟的南壁近直，沟的北壁有二层台，宽0.18米，距沟底深0.08米（图四七）。

　　沟内堆积可分两层，第①层为褐土，土质疏松，厚0.45~0.5米，出土D型陶盆1件、铁刀1件、垫饼1件、Ⅱ式板瓦398件、Ⅲ式板瓦98件、Ⅳ式板瓦10件、Ⅲ式筒瓦114件、Ⅳ式筒瓦110件、Ⅴ式筒瓦22件，还有3件南越国时期"万岁"文字瓦当；第②层为灰土，夹少量炭屑，土质疏松，厚0.08~0.12米，出土A型Ⅱ式陶灯1件，还有陶罐残片和梅花鹿角以及动物骨等。

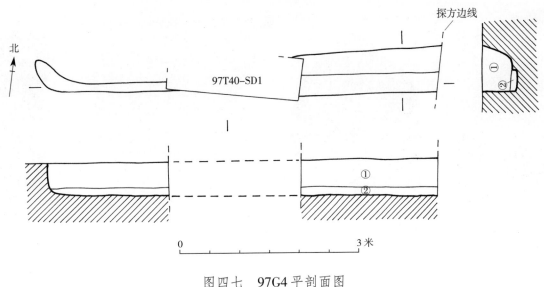

图四七　97G4平剖面图

（二）遗物

有建筑材料、生活器具、工具、兵器、钱币和其他。

1. 建筑材料

均为陶质，有砖、板瓦、筒瓦、瓦当等。

（1）砖

均为夹细砂陶，以灰陶和灰褐陶为主，少量为红陶，陶质较软。有长方砖和券砖。

长方砖　4块。部分砖素面，也有部分砖表面饰有绳纹，一长侧面模印菱形纹，菱形纹略有变化，有的侧面划写有数字编号。标本97T20⑧b：71，灰陶。残长12.5、残宽18.0、厚6.2厘米（图四八，1）。标本97T24⑧b：34，灰陶。残长14、残宽12.0、厚6.0厘米（图四八，2）。标本97T26⑧b：7，灰陶。残长19、宽15.6、厚5.5厘米（图四八，3；图版一九，1）。标本97T19⑧b：4，素面，一侧面划写"八百九十"，反文。红陶。残长19、宽21、厚5.4厘米（图四八，4；图版一九，2）。

券砖　2块，基本完好，呈弧扇形。标本95T6⑤b：6，灰陶，内弧长22.6、外弧长30、宽18.6、厚6.0厘米（图版一九，3）。

（2）板瓦

19762件，均为碎片，未能复原。泥质陶，以灰陶、黄褐陶为主，红陶也占一定比例。泥条盘筑而成，两侧有切割痕。分属于Ⅱ式、Ⅲ式和Ⅳ式。

Ⅱ式　13641件。表面饰粗绳纹，里面饰大突点。标本95H7：1，灰陶。残长26.4、宽36.0、厚1.2厘米（图版一九，4）。

Ⅲ式　1222件。表面饰粗绳纹，里面饰大突点和布纹或菱形纹。标本97H151：1，灰陶。残长33、残宽29.6、厚0.8~1.4厘米（图四八，5）。

Ⅳ式　4899件。表面饰粗绳纹，里面饰布纹。标本97T7⑧b：9，红陶。残长30.7、残宽20.0、厚1.1厘米（图四八，6）。

（3）筒瓦

图四八　汉代第三期砖和板瓦纹饰拓本

1.菱形纹和绳纹砖（97T20⑧b：71）　2.菱形纹和绳纹砖（97T24⑧b：34）　3.菱形纹和绳纹砖（97T26⑧b：7）　4.刻划"八百九十"文字长方砖（97T19⑧b：4）　5.Ⅲ式板瓦（97H151：1）　6.Ⅳ式板瓦（97T7⑧b：9）

11101 件，多为碎块，绝大多数未能复原。泥质陶，以灰陶为主，灰褐陶和黄褐陶也占一定比例，红黄陶较少。泥条盘筑而成，两侧有切割痕。近瓦唇一端较小，另一端较大，瓦唇微向上翘。分属于Ⅱ式、Ⅲ式、Ⅳ式和Ⅴ式。

Ⅱ式 6223 件，仅 1 件完好，6 件可复原。表面近瓦唇一端饰斜向细绳纹，另一端饰粗绳纹，里面饰大突点。标本 97H160：1，浅红陶，完好。长 39.4、径 16、厚 1.0~1.2、瓦唇长 3.2 厘米（图四九，1；图版一九，5）。标本 95T3⑤b：4，灰褐陶。长 29.5、径 14.4、厚 1.2~1.4、瓦唇长 3.6 厘米（图四九，2；图版一九，6）。

Ⅲ式 443 件。表面饰粗绳纹，里面饰大突点和布纹。标本 95T1⑤b：10，灰陶，表面施有青釉。残长 36.7、径 16.3、厚 0.9 厘米（图五〇，1，图版二〇，1、2）。

Ⅳ式 708 件。表面通体饰粗绳纹，瓦唇表面也饰绳纹，里面饰布纹。标本 97T38⑧b：12，红黄陶。残长 13.8、径 11.4、厚 1.2 厘米（图四九，3）。

Ⅴ式 3727 件，仅 2 件可复原。表面饰直向较密的粗绳纹，瓦唇表面光素，里面饰布纹。标本 97T24⑧b：16，灰白陶，残。长 43.5、径 16~19.8、厚 1.2~1.6、瓦唇长 3.0 厘米（图五〇，2；图版二〇，3）。

（4）瓦文

部分板瓦和筒瓦上还戳印或拍印有文字，文字以"官"字居多，戳印文字均是戳印于筒瓦表面或是板瓦里面，印文面呈长方形或方形，无边栏，部分文字为反文。拍印文字均拍印于板瓦里面，文字多属连续拍打。

"官"字瓦文 99 件，形式多样。

板瓦里面拍印满"官"字，当中戳印"官"字，3 件。标本 97H189：4，印文面长 2.3、宽 2.2 厘米（图五一，1；图版二一，1）。

文字戳印于板瓦里面，43 件。标本 97T42⑧b：15，反文，印文面长 2.5、宽 2.3 厘米（图五一，3；图版二一，2）。标本 97G4①：27，印文面长 1.6、宽 1.5 厘米（图版二一，3）。

文字拍印于板瓦里面，21 件。标本 97T20⑧b：89，字体模糊（图五一，2）。

文字戳印于筒瓦表面，32 件。标本 97T34⑧b：11，印文面长 2.3、宽 1.9 厘米（图版二一，4）。标本 97T40⑧b：4，字体简化。印文面边长 1.9 厘米（图五一，5）。

"国"字瓦文 1 件（97T39⑧b：4），拍印于板瓦里面（图五一，7）。

此外，还有部分瓦文无法释读。

"□"字瓦文 3 件，文字拍印于板瓦里面。标本 97T24⑧b：62（图五一，9）。

"□"字瓦文 4 件，文字拍印于板瓦里面。标本 97T22⑧b：13（图五一，6）。

"□"字瓦文 3 件，文字拍印于板瓦里面。标本 97T20⑧b：111（图五一，8；图版二一，5）。

"□"字瓦文 1 件（97T34⑧b：15），文字拍印于板瓦里面（图五一，4）。

（5）瓦当

有"万岁"文字瓦当和兽面纹瓦当两种。

"万岁"文字瓦当 1 件（97T34⑧b：8），属于 Aa 型Ⅴ式。"岁"字"止"部与"戊"部之间笔画为"μ"形。当径小，当面字体卷曲、潦草，宽边轮，文字与边轮间无弦纹。黄陶，残。当径 13.4、厚 1.4、边轮宽 0.9~1.5 厘米（图五二，1；图版二〇，4）。

兽面纹瓦当 1 件（97T20⑧b：37）。残存当面模印一人面怪兽，正张口吞噬动物，左侧有

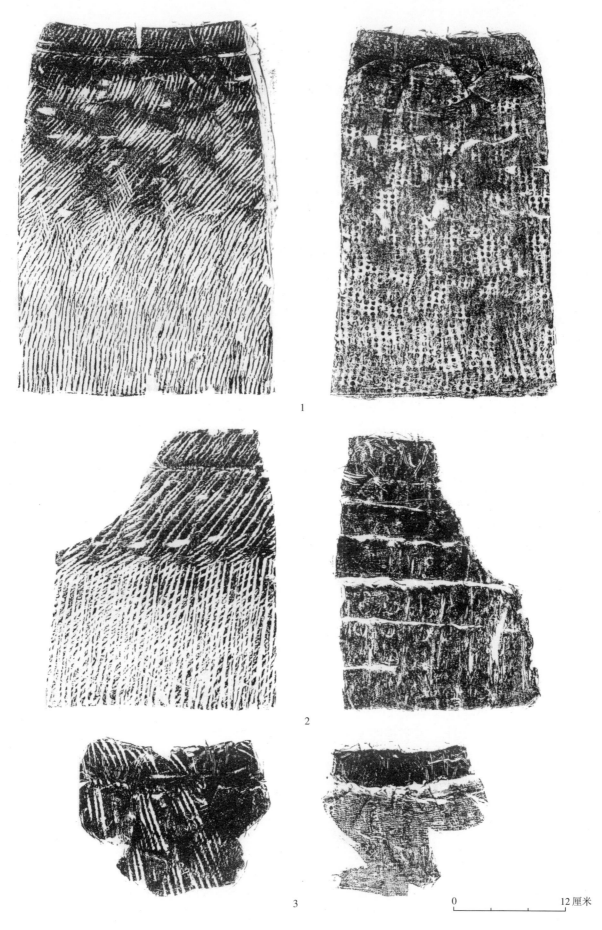

1

2

3

0   12厘米

图四九　汉代第三期筒瓦纹饰拓本

1. Ⅱ式（97H160：1）　2. Ⅱ式（95T3⑤b：4）　3. Ⅳ式（97T38⑧b：12）

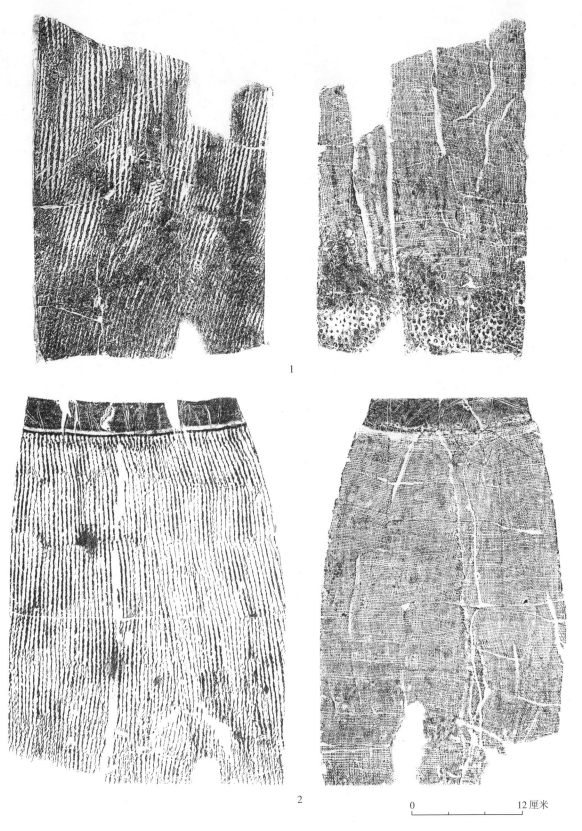

图五〇 汉代第三期筒瓦纹饰拓本
1. Ⅲ式（95T1⑤b：10） 2. Ⅴ式（97T24⑧b：16）

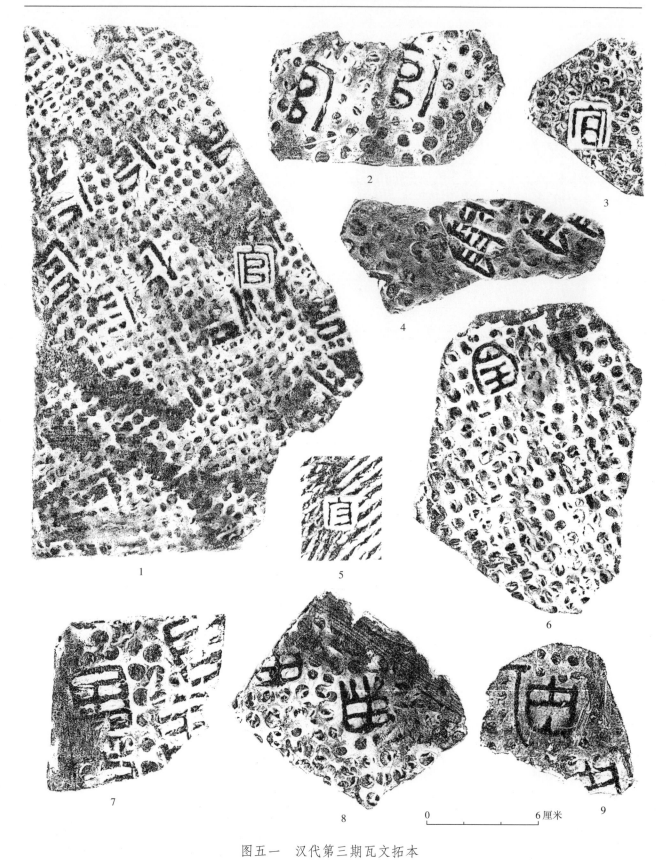

图五一　汉代第三期瓦文拓本

1. 官（97H189：4）　2. 官（97T20⑧b：89）　3. 官（97T42⑧b：15）　4. □（97T34⑧b：15）　5. 官（97T40⑧b：4）　6. □（97T22⑧b：13）　7. 国（97T39⑧b：4）　8. □（97T20⑧b：111）　9. □（97T24⑧b：62）

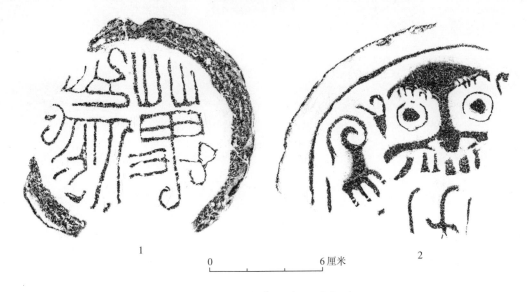

图五二　汉代第三期瓦当拓本
1. Aa型Ⅴ式"万岁"文字瓦当（97T34⑧b：8）　2. 兽面纹瓦当（97T20⑧b：37）

一站立小动物，外绕一道弦纹。当背尚残存有筒瓦，筒瓦表面饰绳纹，里面饰布纹。灰陶。残径14.5、厚1.7厘米（图五二，2；图版二○，5）。

2. 生活器具

按质地的不同可分陶器和石器。

（1）陶器

有泥质陶和夹砂陶两类。其中泥质陶占绝大多数，以灰陶、灰褐陶为主，黄褐陶和红黄陶也占一定比例，黄白陶较少。灰陶和灰褐陶质地坚硬，部分器表还施有青釉或青褐色釉，部分釉已脱落。夹砂陶占的比例较少，以灰陶为主，黄白陶较少，质地较软。器形有瓮、罐、双耳罐、瓿、壶、瓶、盆、鉴、釜、盒、卮、碗、魁、盂、灯、支座等，以手-轮合制为主，支座手制。瓮、罐、盆器类表面多饰以方格纹为地，间饰圆形、方形、长方形几何纹或"五铢"钱纹等，肩、腹部多饰一至二道旋纹，近底部纹饰大都抹平；也有部分罐、盆、壶腹部仅饰一至二道旋纹；釜、支座多饰绳纹；部分陶器表面还划写有陶文或符号（图五三）。

瓮　23件。分属于A型Ⅱ式、B型Ⅱ式和C型。

A型Ⅱ式　1件（95T5⑤b：18）。器口较小，口外侈，折沿，短颈，长圆腹，最大径居中，底部已残。表面饰以方格纹为地，间饰方形和菱形几何图案，肩部和上腹部饰二道旋纹。泥质灰陶，器表施有青褐色釉，陶质坚硬。口径26.0、腹最大径39.6、残高31.0厘米（图五四，1）。

B型Ⅱ式　21件，其中3件可复原。器口较大，口外侈，折沿外翻明显，尖唇，削肩，长圆腹，最大径居中或微靠下，平底。器表饰方格纹为地，间饰方形、菱形几何纹或五铢钱纹图案，肩、腹部饰一至二道旋纹，近底部纹饰抹平。标本95T4⑤b：14，泥质黄褐陶，残。口径23.2、腹最大径33.2、底径26、高32.8厘米（图五四，2）。97H82：1，泥质红褐陶，残。口径24、腹最大径31、底径24.2、高33厘米（图五四，3；图版二二，1）。

C型　1件（97T20⑧b：74）。广口，尖唇，溜肩，筒形腹，上腹略鼓，平底。肩部和上腹部饰方格纹，下腹部有轮旋痕。泥质灰褐陶，残。口径27.7、腹最大径36.8、底径28.4、高40厘米

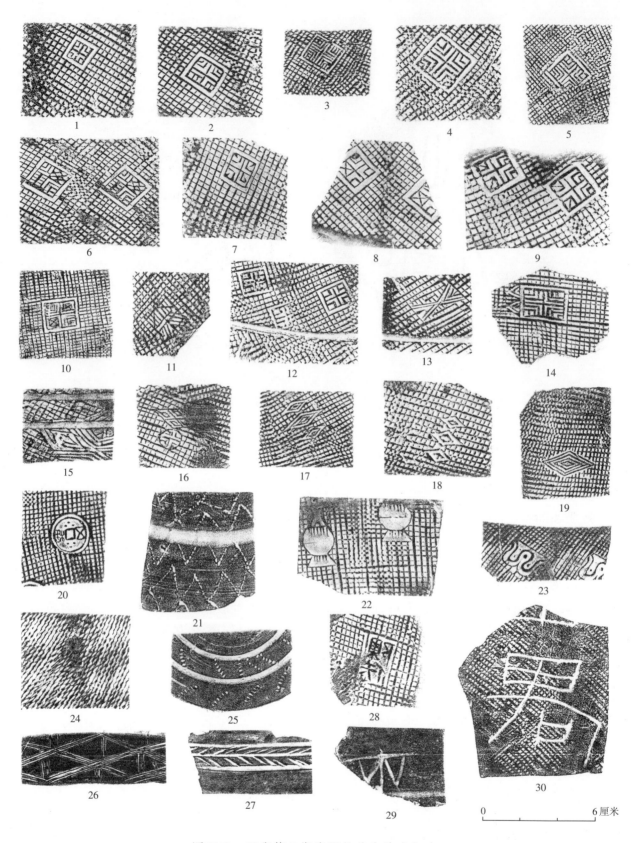

图五三　汉代第三期陶器纹饰和陶文拓本

1~11. 方格纹和方形几何图案（97T20⑧b：132，97T20⑧b：122，97T24⑧b：76，97T26⑧b：8，97T20⑧b：126，97T24⑧b：72，97T18⑧b：27，97T24⑧b：77，97T20⑧b：128，97T30⑧b：7，97T20⑧b：130）　12. 方格纹、旋纹和方形几何图案（97T20⑧b：129）　13. 方格纹、旋纹和三角形几何图案（97T24⑧b：75）　14. 方格纹、方形和三角形几何图案（97T20⑧b：125）　15. 方格纹、旋纹和菱形几何图案（97T23⑧b：7）　16. 方格纹、菱形和圆形几何图案（97T20⑧b：134）　17~19. 方格纹和菱形几何图案（97T20⑧b：131，97T19⑧b：8，97T24⑧b：74）　20.“五铢”钱纹（97T7⑧b：8）　21. 旋纹和箆点纹（97T35⑧b：21）　22. 方格纹和灯笼形几何图案（97T20⑧b：127）　23. 方格纹和火焰形图案（97T30⑧b：6）　24. 绳纹（97T24⑧b：71）　25. 旋纹和箆点纹（97H184：2）　26. 菱形纹（97T11⑧b：10）　27. 叶脉纹（97T20⑧b：124）　28.“陈佚”文字图案（97T20⑧b：60）　29. 刻划符号（97T22⑧b：9）　30.“□禹”陶文（95T5⑤b：37）

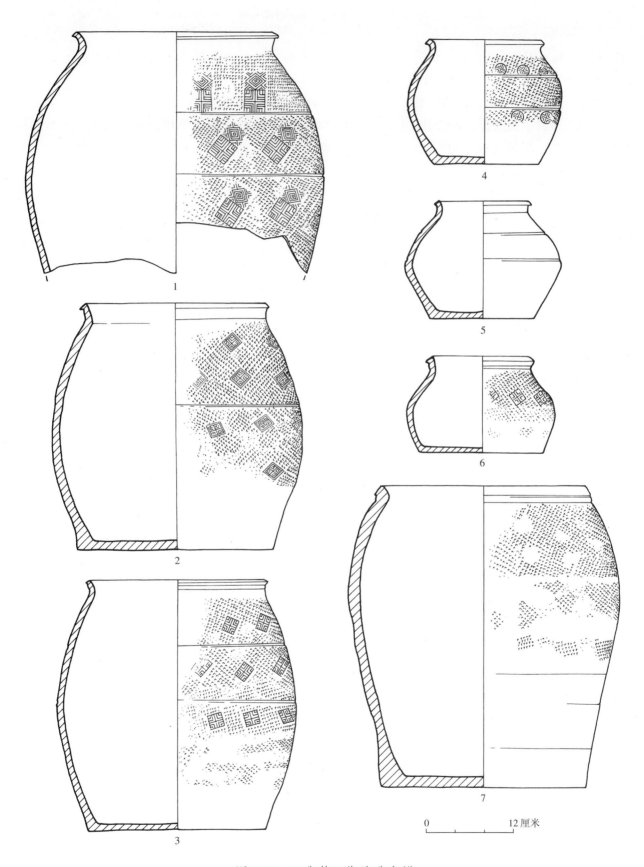

图五四　汉代第三期陶瓮和罐

1. A型Ⅱ式瓮（95T5⑤b：18）　2. B型Ⅱ式瓮（95T4⑤b：14）　3. B型Ⅱ式瓮（97H82：1）　4. A型Ⅰ式罐（95T5⑤b：16）　5. A型
Ⅱ式罐（95T4⑤b：24）　6. A型Ⅲ式罐（97T11⑧b：4）　7. C型瓮（97T20⑧b：74）

（图五四，7；图版二二，2）。

　　罐　19件。分属于 A 型和 B 型 I 式。

　　A 型　16件。侈口，折沿，短颈，鼓腹，平底，根据腹部的变化可分三式。

　　I 式　7件。圆鼓腹，腹部最大径居中。标本 95T5⑤b：16，器表饰以方格纹为地，间饰圆形几何图案，肩、腹部各饰一道旋纹。泥质灰陶，器表施青褐色釉，残。口径15、腹最大径20.4、底径 14.2、高 16.6 厘米（图五四，4）。

　　II 式　2件。扁圆腹，腹部最大径略靠下。标本 95T4⑤b：24，肩、腹部饰二道旋纹，施有较薄的青釉，下腹部有轮旋痕。泥质灰褐陶，完好。口径13.5、腹最大径21、底径14.2、高15.2厘米（图五四，5；图版二二，3）。

　　III 式　7件。垂腹，最大径靠下。标本 97T11⑧b：4，器表上腹部饰方格纹，间饰方形几何图案，下腹部方格纹经手抹。泥质灰陶。口径14、腹最大径20.2、底径16.8、高12.7厘米（图五四，6；图版二二，4）。

　　B 型 I 式　3件。广口，短颈，长圆腹，平底微内凹。器表多饰方格纹，间饰方形或圆形几何图案，近底部纹饰抹平。标本 97T20⑧b：75，泥质灰褐陶，肩部施有青釉，肩部和上腹部饰方格纹。口径15.5、腹最大径22.8、底径16.8、高21.7厘米（图五五，1；图版二二，5）。

　　双耳罐　4件。肩部安两个半环形横耳。出土的汉代双耳罐，根据器口和腹部的不同可分六型，A 型直口，圆唇，外口沿下一道凸棱，鼓腹，平底，根据腹部的变化可分二式；B 型直口，折沿，圆唇，短颈，扁圆腹，平底；C 型直口，圆唇，扁圆腹，平底；D 型为小口外侈，尖唇，扁圆腹，平底，根据腹部的变化可分二式；E 型高领，直口，尖唇，扁圆腹，平底；F 型敛口，方唇，筒形腹，平底。汉代第三期出土的双耳罐属于 A 型 I 式，圆鼓腹。标本 97T25⑧b：2，泥质灰褐陶，器表施青褐色釉，肩部和腹部各饰两道弦纹。完好。口径10.5、腹最大径17.6、底径11.6、高14.5厘米（图五五，2；图版二二，6）。

　　瓶　2件。口微敛，平沿，扁圆腹，平底微内凹，肩上安四个半环形横耳。标本 97H184：2，带盖，盖口内敛，盖面微隆起，顶部安一"凹"字形纽，盖面饰二道旋纹，旋纹间饰篦点纹。器表肩、腹部各饰一道旋纹，施青釉至近底部，釉已全部脱落。泥质灰白陶，完好。口径9.2、腹最大径19.6、底径11.6、通高17.0厘米（图五三，25；图五五，3；图版二三，1）。

　　壶　1件。出土的汉代陶壶，根据器口和颈部的不同可分三型。A 型盘口外侈，长束颈，扁圆腹，高圈足外撇；B 型盘口近直，长直颈，扁圆腹，圈足；C 型小口外侈，长圆腹，圈足外撇。第三期出土的壶属于 A 型。标本 95T4⑤b：13，盘口外、肩部和腹部各饰二道旋纹，颈部饰一道旋纹。肩部安两个对称的半环形横耳，已残，与双耳对应的圈足上部有圆形穿孔。泥质灰陶，器表施釉，釉呈青褐色，部分已脱落。残。口径12.4、腹最大径20.7、足径12.4、高25.8厘米（图五五，4；彩版二，3）。

　　瓶　10件。出土的汉代陶瓶可分二型。A 型侈口，长颈，垂腹，平底；B 型小口外侈，束颈，扁圆腹，平底。这一期出土的陶瓶属于 A 型，标本 97T11⑧b：5，做工粗糙，胎壁厚重。泥质紫红色陶，残。口径9.8、腹最大径17.5、底径14.7、高24.5厘米（图五五，5；图版二三，2）。

　　盆　39件。分属于 A 型、C 型、D 型和 E 型。

　　A 型　2件。直口微敛，折沿，沿面微向内，圆唇，弧腹，平底。器表饰以方格纹为地，当中饰圆形几何图案，腹部饰二道旋纹。标本 97T22⑧b：19，泥质灰陶，器表施有青釉，多已脱

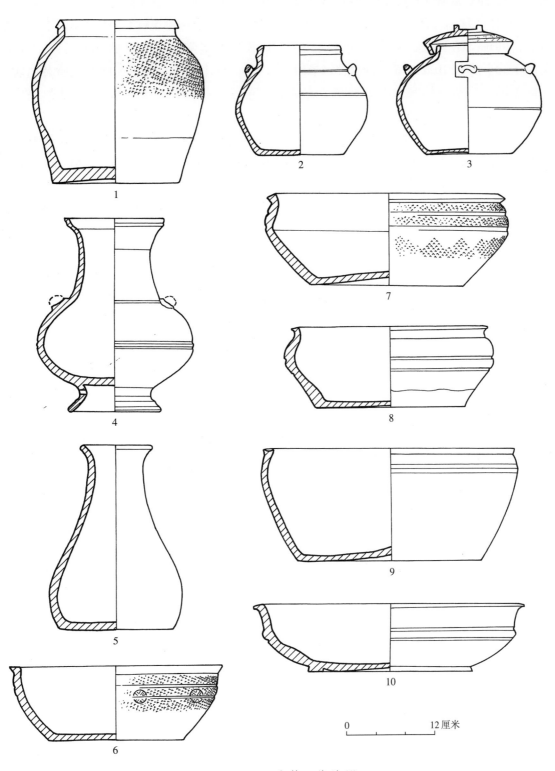

图五五　汉代第三期陶器

1. B型Ⅰ式罐（97T20⑧b：75）　2. A型Ⅰ式双耳罐（97T25⑧b：2）　3. 瓿（97H184：2）　4. A型壶（95T4⑤b：13）　5. A型瓶（97T11 ⑧b：5）　6. A型盆（97T22⑧b：19）　7. C型盆（95T4⑤b：26）　8. D型盆（95T7⑤b：2）　9. E型盆（97T21⑧b：1）　10. 鉴（97T24 ⑧b：66）

落。残。口径28、底径17.6、高9.8厘米（图五五，6；图版二三，3）。

C型　9件。侈口，平折沿，束颈，折肩，平底微内凹。标本95T4⑤b：26，上腹部饰以方格纹为地，间饰二道旋纹，下腹部方格纹经手抹。泥质红褐陶，器底有烟炱痕。残。口径30.2、腹最大径33.2、底径20.8、高12.4厘米（图五五，7）。标本97T24⑧b：15，泥质黄白陶，器表施有青褐色釉，口沿及外底边沿可见多个支垫痕。稍残。口径31.8、腹最大径32.2、底径20.4、高10.6厘米（图版二三，4）。

D型　27件。侈口，方唇，短颈，扁圆腹，平底微内凹。最大径处多饰一至二道旋纹。标本95T7⑤b：2，泥质灰陶，内外施青褐色釉。残。口径26、腹最大径28.4、底径20、高11厘米（图五五，8；图版二三，5）。

E型　1件（97T21⑧b：1）。敛口，沿面微凹，斜弧腹，平底微内凹。口沿下饰三道旋纹，外底可见叠烧痕。泥质灰陶，残。口径33.6、腹最大径34.6、底径25.6、高15厘米（图五五，9；图版二三，6）。

鉴　2件。器口近直，平折沿，方唇，上腹斜直，下腹部折内收，圈足。标本97T24⑧b：66，腹部饰二道旋纹，器内外壁有轮旋痕。器表施有青褐色釉，多已脱落。泥质灰褐陶，残。口径36、足径20.4、高8.6厘米（图五五，10）。

釜　8件。分属于A型、B型Ⅱ式、C型和D型。

A型　3件。盘口下部折收，束颈，下腹部折收，圜底。根据腹部的变化可分二式。

Ⅰ式　2件。弧腹。口沿外和腹壁均饰细绳纹。标本95T5⑤b：36，夹砂黄褐陶，下腹部残。口径23.6、残高15.2厘米（图五六，2）。

Ⅱ式　1件（95T4⑤b：16）。腹部斜直。盘口外壁和底部饰绳纹。夹砂灰陶，表面呈灰黑色，残。口径27.2、腹最大径30.8、高19厘米（图五六，3；图版二四，1）。

B型Ⅱ式　3件。盘口较高，沿面向内，束颈，直腹，圜底。标本97T18⑧b：24，腹部有多道轮旋痕，底部饰绳纹。夹砂灰陶。口径29.4、腹径24、残高15.8厘米（图五六，1）。

C型　1件（97T7⑧b：2）。盘口内敛，竖直沿，沿面向内，束颈，圜底。腹部有轮旋痕，底部饰绳纹。夹砂灰白陶。口径22、腹径24.3、残高16.6厘米（图五六，4）。

D型　1件（97H189：1）。盘口，口沿外折，沿面微下凹，圆唇，垂腹，底部已残。夹砂灰陶。口径28、残高8.8厘米（图五六，5）。

盒　1件（97T20⑧b：118）。子口内敛，尖圆唇，上腹斜直，下腹部折内收，底部已残。上腹部饰二道旋纹，内腹壁有轮旋痕。泥质红褐陶。口径21.6、残高12.2厘米（图五六，6）。

卮　1件（97T2⑧b：1）。直口，深直腹，平底，把已缺。器外表有轮旋痕。灰白陶，残。口径14、底径13.6、高8.0厘米（图五六，7）。

碗　8件。分属于A型、C型Ⅰ式和C型Ⅱ式。

A型　6件。侈口，尖唇，曲折腹，上腹部敛束，饼足。标本95T1⑤b：6，泥质灰陶，器表施青褐色釉，内外腹壁有轮旋痕，残。口径15、足径8.0、高7.6厘米（图五七，1；图版二四，2）。

C型Ⅰ式　1件（97T24⑧b：28）。直口，平沿，弧腹，平底。口沿下饰两道旋纹。泥质灰陶，器表施青褐色釉，残。口径15.2、底径7.6、高6.4厘米（图五七，2）。

C型Ⅱ式　1件（97T33⑧b：3）。直口，圆唇，上腹近直，下腹弧收，平底较高呈饼足状。口沿下和上腹部共饰三道旋纹。泥质红褐陶，器表施青褐色釉，残。口径15.3、足径8.3、高7.0

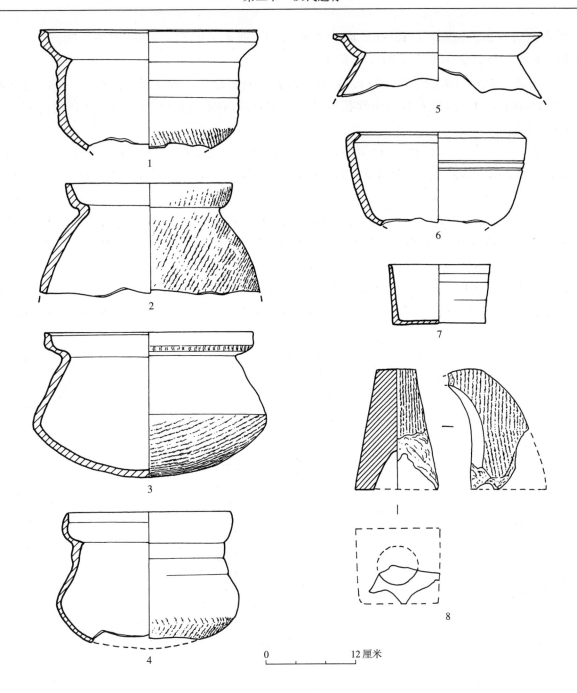

图五六 汉代第三期陶器

1. B 型 Ⅱ 式釜（97T18⑧b：24） 2. A 型 Ⅰ 式釜（95T5⑤b：36） 3. A 型 Ⅱ 式釜（95T4⑤b：16） 4. C 型釜（97T7⑧b：
2） 5. D 型釜（97H189：1） 6. 盒（97T20⑧b：118） 7. 卮（97T2⑧b：1） 8. 支座（97T16⑧b：7）

厘米（图五七，3；图版二四，3）。

　　魁 4件。属于 A 型。尖圆唇，曲折腹，上腹部敛束，饼足外撇，上腹部一侧安一环形把。标本 97T30⑧b：5，泥质灰白陶，器表内外施青釉，把已残。口径 14.8、足径 9.4、高 7.3 厘米（图五七，4；图版二四，4）。

　　盂 1件（97T35⑧b：10）。属于 A 型 Ⅱ 式。敞口，圆唇，束颈，扁圆腹，平底。泥质红褐陶，器表施有青釉，完好。口径 3.6、底径 2.3、高 3.1 厘米（图五七，5；图版二四，5）。

灯　6件。分属于 A 型Ⅰ式和 A 型Ⅱ式。

A 型Ⅰ式　4件。灯盘较浅，敛口，方唇，弧腹，内底近平，圆柱形灯把较短，底座已残缺。标本 97T34⑧b∶21，内底心有一小圆孔不及底。泥质灰白陶，残。灯盘口径 8.0、残高 7.6 厘米（图五七，8）。

A 型Ⅱ式　2件。灯盘较深，口微侈，圆唇，弧腹，内底弧折下凹，外底弧折内收，圆柱形灯把较高，底座已残缺。标本 97G4②∶5，灯盘外腹部饰一道旋纹。泥质灰陶。灯盏口径 9.6、残高 14.7 厘米（图五七，9）。

支座　3件，1件可复原。形制相同，四面向上向一侧渐收，呈锥形，底面呈近方形，中间挖有圆锥形孔。内侧面和底面素面，其余面均饰绳纹。标本 97T16⑧b∶7，夹砂灰陶，顶端和底部已残，高 15.6、底部宽 11.8 厘米（图五六，8；图版二四，6）。

垫饼　2件。形制基本一致，圆饼形，系用瓦片或陶片磨制而成。标本 95T5⑤b∶40，用陶片磨制而成，上下两面和边沿打磨平整、光滑。夹砂灰陶。径 3.3、厚 0.7 厘米（图五七，6）。标

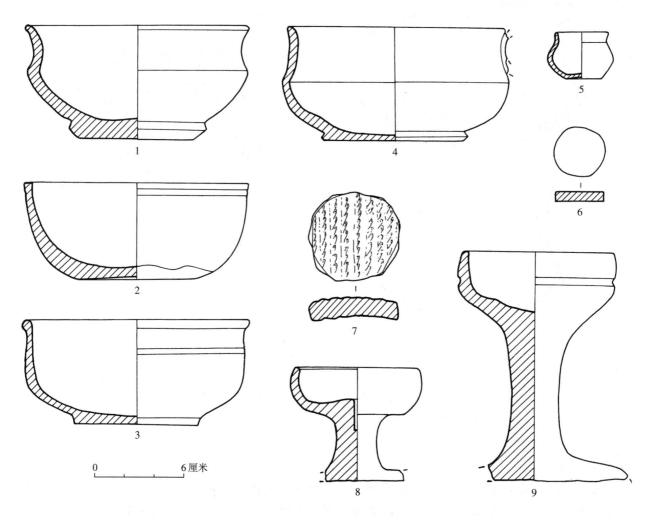

图五七　汉代第三期陶器

1. A 型碗（95T1⑤b∶6）　2. C 型Ⅰ式碗（97T24⑧b∶28）　3. C 型Ⅱ式碗（97T33⑧b∶3）　4. A 型魁（97T30⑧b∶5）　5. A 型Ⅱ式盂（97T35⑧b∶10）　6. 垫饼（95T5⑤b∶40）　7. 垫饼（97G4①∶40）　8. A 型Ⅰ式灯（97T34⑧b∶21）　9. A 型Ⅱ式灯（97G4②∶5）

本97G4①：40，用绳纹瓦片磨制而成，不甚规整。夹砂红黄陶。径6.0、厚1.3厘米（图五七，7）。

（2）石器

砺石　1件（97H189：2），长方体，一端残断，表面平滑，有使用过的痕迹。红褐色细砂岩石，残长10、宽4.8、厚3.2厘米（图版二五，1）。

3. 工具

有陶质工具和铁质工具两大类。陶质工具有网坠、纺轮，铁质工具有刀、削、镰刀、鱼镖和锥等。

（1）陶质工具

网坠　16件。分属于A型和B型。

A型　5件。扁椭圆形，器身纵、横各压一道凹槽。标本95T5⑤b：8，泥质灰白陶。长3.4、宽3.3、厚2.8厘米（图五八，1）。

B型　11件。扁椭圆形，长径面压一道凹槽，短径面压两道凹槽。标本97T35⑧b：3，泥质灰白陶。长4.3、宽3.4、厚2.6厘米（图五八，2）。

纺轮　11件。分属于A型和C型。

A型　10件，完好。算珠形，中间一圆形穿孔。标本97T11⑧b：3，泥质灰陶，器表有轮旋痕，表面施有青灰色釉。最大径3.8、高3.0、孔径0.5厘米（图五八，4）。标本97T38⑧b：6，泥质灰褐陶，表面施有青褐色釉。最大径2.2、高1.9、孔径0.3厘米（图版二五，2左）。

C型　1件（97T22⑧b：2）。圆锥形，自底面向上逐层内收，中间有一圆形穿孔。泥质灰陶，完好。底径5.4、高2.3、孔径0.6厘米（图五八，3；图版二五，2右）。

（2）铁质工具

刀　2件。均残。标本95T12⑤b：3，残存刀身中间的一段，呈狭长形，刃部锋利，背部齐平。残长8.8、宽2.4、背厚0.5厘米（图五八，5；图版二五，3）。97G4①：1，残存刀尖一段，锈蚀严重。残长15.4、最宽4.5厘米（图五八，6；图版二五，4）。

削　2件。形制基本一致。标本95T5⑤b：4，椭圆形环首，断面呈长方形。一面刃，背平直，削身往尖端逐渐上收。残。残长11.7、最宽1.2厘米（图五八，7）。标本95T4⑤b：28，椭圆形环首，断面呈圆形。一面刃，背平直，削身往尖端逐渐上收。完好。通长22.8、宽1.1~1.4厘米（图五八，8；图版二五，7）。

镰刀　1件（95T2⑤b：14）。残存刀身，呈弯月形，刃部锋利，无齿，背平，后端圆折为箍。残长17.4、宽1.6~2.4厘米（图五八，9；图版二五，5）。

鱼镖　1件（95T1⑤b：14）。柄呈圆柱形，后端有圆銎，一侧有锻造接合缝。刃部呈扁锥形，中脊微显，刃后一侧有倒勾。基本完好。长16、銎径1.6厘米（图五八，10；图版二五，6）。

锥　1件（95T5⑤b：5）。细长条形，已被扭曲，锥尖截面呈三角形，锥体截面呈圆形。锻打而成，完好。长26.8、径0.8厘米（图五八，11）。

4. 兵器

有陶蒺藜、铜剑格和铜镞。

陶蒺藜　1件（97T31⑧b：12）。属于Ab型。四角锥形，锥角顶面平，有一方形插孔，以装钉刺等利器。泥质灰褐陶，完好。高4.8厘米（图五九，1；图版二六，1）。

铜剑格　1件（95T5⑤b：2）。截面呈圆角菱形，周侧面平滑，中脊向前凸起，中有銎孔贯

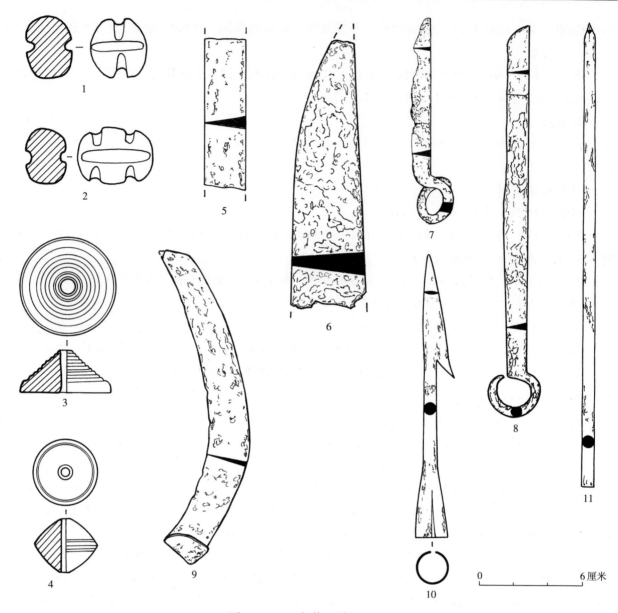

图五八　汉代第三期工具

1. A 型陶网坠（95T5⑤b：8）　2. B 型陶网坠（97T35⑧b：3）　3. C 型陶纺轮（97T22⑧b：2）　4. A 型陶纺轮（97T11⑧b：3）
5. 铁刀（95T12⑤b：3）　6. 铁刀（97G4①：1）　7. 铁削（95T5⑤b：4）　8. 铁削（95T4⑤b：28）　9. 铁镰刀（95T2⑤b：14）
10. 铁鱼镖（95T1⑤b：14）　11. 铁锥（95T5⑤b：5）

穿，前端呈扁菱形以锁剑身，后端呈六棱形以装柄。长 2.6、宽 5.3、厚 1.0 厘米（图五九，2；图版二六，2）。

　　铜镞　5 件。分属于 A 型和 C 型。

　　A 型　4 件。镞本截面呈三角形，关呈六角形。根据锋面有无血槽分 a、b 两个亚型。

　　Aa 型　3 件。锋面无血槽。标本 97T24⑧b：18，镞本长 2.8、关长 0.5、关径 0.6 厘米（图五九，3）。标本 95T1⑤b：13，细长条圆形铁铤，近关一端尚存有黑色漆皮，木质箭杆已朽。通长 12.6、镞本长 2.8、关长 0.4、关径 0.7 厘米，铁铤长 9.5 厘米（图五九，5）。

　　Ab 型　1 件（95T5⑤b：9）。一锋面有三角形血槽。细长条圆形铁铤，下部已残断。残长

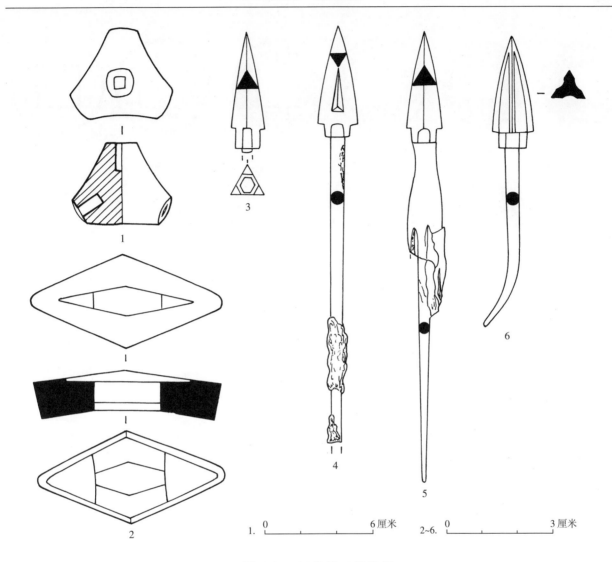

图五九 汉代第三期兵器

1. Ab 型陶蒺藜（97T31⑧b：12） 2. 铜剑格（95T5⑤b：2） 3. Aa 型铜镞（97T24⑧b：18） 4. Ab 型铜镞（95T5⑤b：9） 5. Aa 型铜镞（95T1⑤b：13） 6. C 型铜镞（97T20⑧b：49）

11.7、镞本长 2.7、关长 0.4、关径 0.6 厘米，铁铤残长 8.6 厘米（图五九，4）。

C 型 1件（97T20⑧b：49）。锋面有弧形凹槽，镞本截面呈三菱形，关截面呈六角形。细长条圆形铁铤，后部变形呈弧弯状。通长 8.2、镞本长 2.7、关长 0.4、铤长 5.1 厘米（图五九，6；图版二六，3）。

5. 钱币

有"半两"、"五铢"、"大泉五十"和"货泉"铜钱。

"半两" 3枚。钱径较小，无内、外郭。标本 97T38⑧b：7，钱文字体模糊。钱径 2.43、面穿宽 0.8、厚 0.07 厘米，重 1.9 克（图六○，1）。标本 97T35⑧b：4，钱文字体清晰，"两"字"从"部写成"一"横。钱径 2.17、面穿宽 0.9、厚 0.09 厘米，残重 1.7 克（图六○，2）。标本 95T12⑤b：2，钱文字体模糊，"两"字"从"部写成"一"横。钱径 2.22、面穿宽 0.8、厚 0.08 厘米，重 2.0 克（图六○，3）。

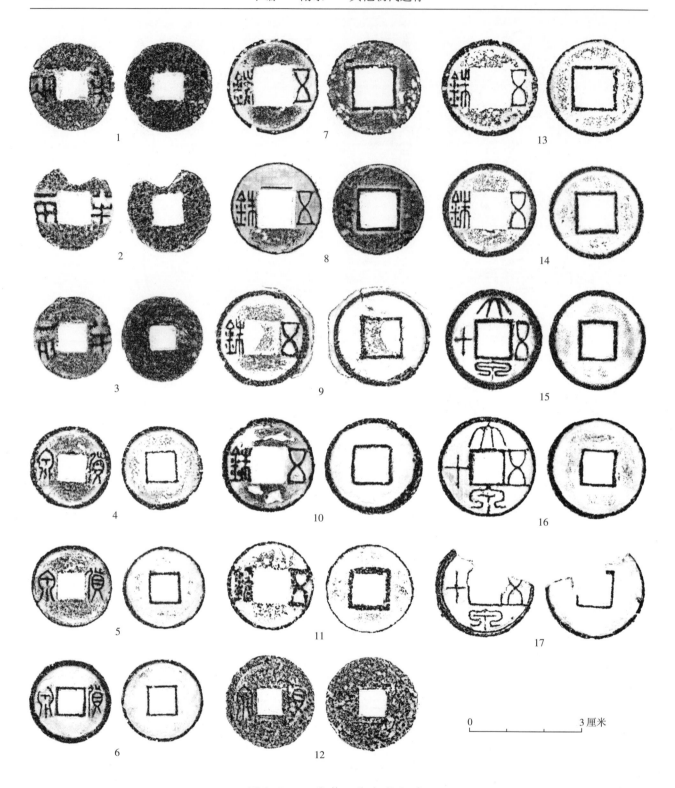

图六〇　汉代第三期铜钱拓本

1. "半两"（97T38⑧b：7）　2. "半两"（97T35⑧b：4）　3. "半两"（95T12⑤b：2）　4. B型Ⅰ式"货泉"（97T20⑧b：14）　5. B型Ⅰ式"货泉"（95T5⑤b：12）　6. B型Ⅱ式"货泉"（95T5⑤b：14）　7. A型Ⅰ式"五铢"（97T33⑧b：4）　8. A型Ⅱ式"五铢"（95T5⑤b：10）　9. B型"五铢"（97T24⑧b：1）　10. B型"五铢"（95T5⑤b：13）　11. B型"五铢"（97T35⑧b：2）　12. A型"货泉"（97T23⑧b：1）　13. C型Ⅰ式"五铢"（97T24⑧b：13）　14. C型Ⅱ式"五铢"（97T38⑧b：9）　15. A型"大泉五十"（95T5⑤b：6）　16. B型"大泉五十"（95T12⑤b：1）　17. "大泉五十"（95T4⑤b：8）

"五铢" 10枚。其中有1枚因残锈严重，无法确定型式，其余分属于A型、B型和C型。

A型 2枚，完好。钱文字体瘦长，"五"字缓曲相交。根据面穿有无钱文符号可分二式。

Ⅰ式 1枚（97T33⑧b：4）。面穿无钱文符号。钱径2.53、面穿宽1.17、厚0.17厘米，重3.5克（图六〇，7；图版二七，1左）。

Ⅱ式 1枚（95T5⑤b：10）。面穿上一横。钱径2.48、面穿宽1.1、厚0.1厘米，重2.25克（图六〇，8；图版二七，2）。

B型 4枚。"五"字竖划弯曲相交较甚。标本97T24⑧b：1，边郭及穿的铜渍尚未打磨。钱径2.6、面穿宽0.9、厚0.16厘米，重4.6克（图六〇，9；图版二七，3）。标本95T5⑤b：13，钱文字体宽大、清晰。钱径2.63、面穿宽1.02、厚0.12厘米，残重2.0克（图六〇，10；图版二七，4右）。标本97T35⑧b：2，钱文字体模糊。钱径2.41、面穿宽0.86、厚0.16厘米，重3.2克（图六〇，11；图版二七，4左）。

C型 3枚。"五"字竖划弯曲相交后左右平行。根据面穿有无钱文符号可分二式。

Ⅰ式 2枚，其中1枚完好。面穿无钱文符号。标本97T24⑧b：13，钱文字体清晰。钱径2.12、面穿宽1.07、厚0.17厘米，重2.7克（图六〇，13；图版二七，5）。

Ⅱ式 1枚（97T38⑧b：9）。面穿下一星。钱文字体清晰。钱径2.52、面穿宽1.0、厚0.15厘米，重2.9克（图六〇，14；图版二七，1右）。

"货泉" 4枚。根据钱径和穿孔的大小可分二型。

A型 1枚（97T23⑧b：1）。钱径较大，有内、外隐郭，钱文字体模糊。钱径2.5、面穿宽0.78、厚0.07厘米，重1.7克（图六〇，12；图版二七，6）。

B型 3枚，完好。钱径较小，制作精整，钱文字体纤细、清晰。背面有内、外郭。根据面穿有无内郭可分二式。

Ⅰ式 2枚。面穿有外郭而无内郭。97T20⑧b：14，钱径2.22、面穿宽0.7、厚0.17厘米，重2.5克（图六〇，4；图版二七，7右）。95T5⑤b：12，钱径2.22、面穿宽0.75、厚0.12厘米，重2.0克（图六〇，5；图版二七，7左）。

Ⅱ式 1枚（95T5⑤b：14）。面穿有内、外郭。钱径2.25、面穿宽0.7、厚0.12厘米，重2.1克（图六〇，6；图版二七，8）。

"大泉五十" 4枚。根据"大"字写法的不同可分二型，其中有2枚因残损无法分型。

A型 1枚（95T5⑤b：6）。钱文字体较纤细、瘦长，"大"字写法呈窄肩形。完好。钱径2.7、面穿宽0.9、厚0.26厘米，重4.0克（图六〇，15；图版二七，10右）。

B型 1枚（95T12⑤b：1）。钱文字体宽大，"大"字写法呈圆肩形。完好。钱径2.7、面穿宽0.82、厚0.17厘米，重4.0克（图六〇，16；图版二七，9）。

另有1枚（95T4⑤b：8）"大"字残缺，外郭为双郭。钱径2.73、面穿宽0.84、厚0.22厘米，残重2.5克（图六〇，17；图版二七，10左）。

6. 其他

有陶器、铁器、铜器、铅器、漆木器和石器以及动、植物遗存等。

（1）陶器

有陶屋模型和陶权。

陶屋模型 1件（97H168：7）。前面房子平面呈曲尺形，后侧用矮墙围成后院，整座建筑平面呈方形。房屋的正面和侧面中间各开一门，屋内因残破严重，情况不详。门上两侧开"凸"字形窗，正门两侧各开一竖孔，两山墙的上端各有一对三角形窗孔，后墙靠一侧开一长方形小窗，后院墙每面均镂空一组拱木，内有一猪正对槽进食。屋立面上刻划有花纹，屋顶作两面坡的悬山顶，屋脊之端和交合点均翘高起，屋面作铺瓦状。夹砂灰褐陶，陶质坚硬，残。平面长23.8、宽22.8、高21.4厘米（图六一；彩版二，4；图版二六，4）。

0　　　　　　　　　12厘米

图六一　汉代第三期陶屋模型（97H168∶7）

权　1件（97T18⑧b∶8）。属于A型。圆锥体形，底面呈圆形，近顶部有一横向圆形穿孔。夹砂黄褐陶，基本完好。最大径7.4、高9.8、孔径0.9厘米，重531.4克（图六二，8；图版二六，5）。

（2）铁器

环　1件（95T4⑤b∶11）。圆环状，截面呈近方形，完好。外径5.0、内径3.7、环体厚0.6厘米（图六二，1；图版二六，6）。

扣环　1件（95T4⑤b∶10）。呈"几"字形，用扁方形铁片弯制而成。宽0.9、厚0.4厘米（图六二，2；图版二八，1）。

棒形器　1件（95T6⑤b∶5）。呈扁圆柱形，一端渐收成圆弧头，另一端已残断。残长6.7、径0.8~1.0厘米（图六二，3）。

铁渣　1件（95T1⑤b∶8）。为烧炼过的铁渣块。长6.5、宽5.5厘米，重75.5克（图版二八，2）。

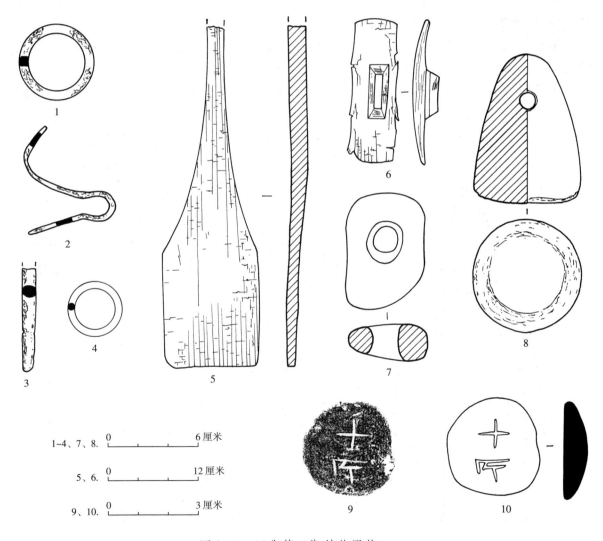

图六二　汉代第三期其他器物

1. 铁环（95T4⑤b∶11）　2. 铁扣环（95T4⑤b∶10）　3. 铁棒形器（95T6⑤b∶5）　4. 铜环（95H7∶3）　5. 木浆（95T2⑤b∶13）　6. 木抹板（95T12⑤b∶21）　7. 孔形石器（97T34⑧b∶5）　8. A型陶权（97T18⑧b∶8）　9. 铅砝码"十斤"文字拓本（95T5⑤b∶3）　10. 铅砝码（95T5⑤b∶3）

（3）铜器

环　1件（95H7：3）。圆环状，截面呈圆形，完好。外径3.5、内径2.8、环体径0.35厘米（图六二，4；图版二八，3）。

骑士俑　1件（97T34⑧b：7）。人马合铸，完好。马首高昂，双目直视前方，两耳上竖，张嘴作嘶鸣状，短尾上翘，四肢站立，体态饱满健壮，马腹中空。马背上骑一勇士，头部为前后双面状，穿袍着靴，侧身向后拉弓射箭，姿态优美，形象生动。长9.6、宽4.6、通高11.4厘米（图六三；彩版二，5）。

（4）铅器

砝码　1件（95T5⑤b：3）。近圆饼形，上面圆隆状，底面平，中间刻写"十斤"文字，隶书。铅制，完好。径3.1~3.3、厚0.8、重46克（图六二，9、10；图版二八，4）。

（5）漆木器

漆片　2片（95T5⑤b：43）。均为长方形残片，器形不明，表面有红褐色漆。较长一段残长10、残宽2.0厘米，较短的一段残长7.1、残宽3.0厘米。

木桨　1件（95T2⑤b：13）。一端为平板形桨，弧形角，上端弧收近呈圆锥形把，把残断。残长45、桨宽13.1、厚2.4厘米（图六二，5；图版二八，5）。

木抹板　1件（95T12⑤b：21）。长方形，抹角，底面平滑，上面中间有一长条形纽把，呈

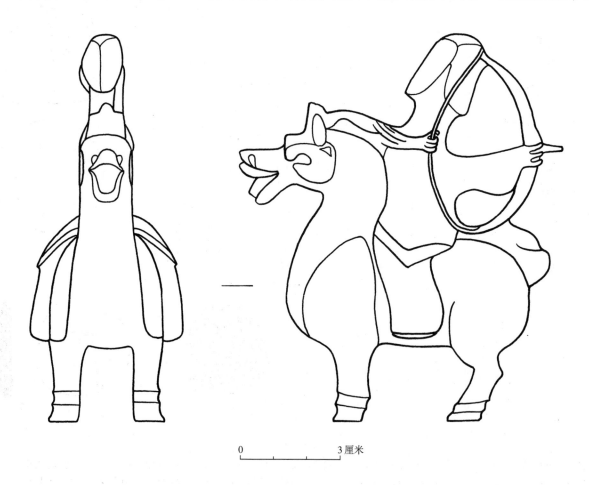

0　　　　　　　　　3厘米

图六三　汉代第三期铜骑士俑（97T34⑧b：7）

上小下斜展的梯形。完好，长18.6、宽5.6、通高3.4厘米（图六二，6）。

（6）孔形石器

1件（97T34⑧b：5）。呈不规则形，中央打凿一圆孔，系利用天然扁形石块打凿而成的，青灰色。长8.0、宽5.8、厚1.0~2.7厘米，孔径1.8~2.3厘米（图六二，7；图版二八，6）

（7）动、植物遗存

出土的动物遗存较丰富，经鉴定，动物骸骨的种类有龟、鳖、狗、虎、猪、马、大型鹿科、梅花鹿、牛和其他哺乳动物等（详见上编第五章第四节《南越宫苑遗址出土动物骨骼研究报告》）。植物遗存少。

四　第四期遗存

（一）地层和遗迹

第四期的地层有蕃池遗迹发掘区95⑤a层和曲流石渠遗迹发掘区97⑧a层。遗迹有房址、水井、灰坑和沟等。房址位于曲流石渠遗迹发掘区西南部，其他遗迹主要分布于蕃池发掘区南部和曲流石渠遗迹发掘区中部和西部（图六四、六五）。

1. **房址**

1座，编号97F15，位于97T44、97T46内，开口于97⑧a层下，打破97⑧b层。现仅残存东西2列共4个柱洞，柱洞东起自北而南向西分别编号为97F15-ZD1~ZD4，以97F15-ZD1和97F15-ZD2南北中轴线为准，其方向为北偏西7°。柱洞坑口平面均呈长方形，直壁，底部东西向置一长方形木板，木板上下两面平整，两端未经过加工呈弧形。各柱洞具体情况介绍如下：

97F15-ZD1：坑口东西长1.24、南北宽0.35、残深0.56米。底部木板东西长1.1、南北宽0.22、厚0.18米。

97F15-ZD2：坑口东西长1.25、南北宽0.38、残深0.48米。底部木板东西长1.15、南北宽0.21、厚0.13米。

97F15-ZD3：坑口东西长1.36、南北宽0.75、残深0.38米。底部木板东西长1.05、南北宽0.33、厚0.11米（图六六）。

97F15-ZD4：坑口东西长1.27、南北宽0.45、残深0.52米。底部木板东西长1.1、南北宽0.24、厚0.12米。

97F15-ZD1与97F15-ZD2，97F15-ZD3与97F15-ZD4南北中心间距分别为4.45米和4.72米；97F15-ZD1与97F15-ZD3，97F15-ZD2与97F15-ZD4东西中心间距分别为8.32米和8.25米。

2. **水井**

8口，分别为97J43、97J45、97J54、97J63、97J79、97J85、97J87、97J91，水井结构和出土遗物介绍详见附录二第三节。

3. **灰坑**

24个，分别为95H4、95H5、95H8、97H6、97H27、97H28、97H36、97H44、97H58、97H84、97H85、97H87、97H88、97H89、97H111、97H115、97H116、97H121、97H126、97H144、97H150、97H155、97H156、97H157。根据这些灰坑的形状不同可分三类。

（1）坑口平面多呈不规则形，坑壁弧形内收，圜底。这一类灰坑共有15个，分别为95H5、

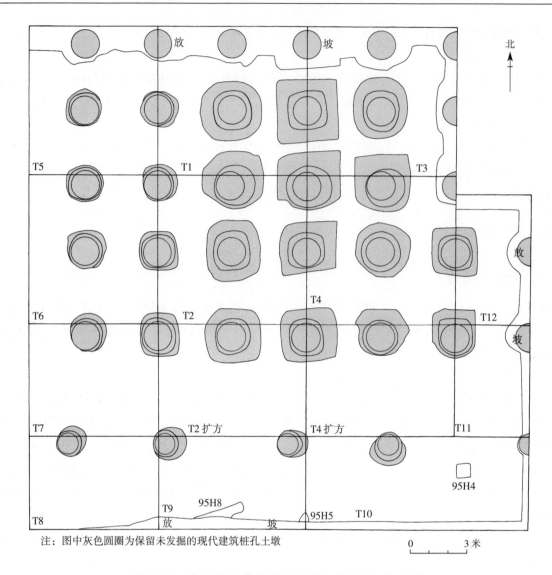

注：图中灰色圆圈为保留未发掘的现代建筑桩孔土墩

0　　　3 米

图六四　蕃池遗迹发掘区汉代第四期遗迹平面图

95H8、97H44、97H84、97H85、97H87、97H88、97H89、97H111、97H115、97H116、97H121、97H150、97H155、97H157。现举例介绍如下。

97H84　位于97T43北部，开口于97⑧a层下，打破97⑧b层，北部被97J27打破。坑口东西长2.7、南北宽1.98、深0.4米（图六七）。坑内为黑褐色土堆积，土质较黏，出土A型陶纺轮1件、Ⅳ式板瓦319件、Ⅴ式板瓦72件、Ⅴ式筒瓦198件、Ⅵ式筒瓦250件。

（2）坑口平面呈圆形或椭圆形，坑壁垂直或斜直，壁面较光滑，平底。这一类坑有8个，分别为97H6、97H27、97H28、97H36、97H58、97H126、97H144、97H156。举例介绍如下：

97H6　位于97T8北部。开口于97⑥b层下，打破97⑧b层。坑口平面呈椭圆形，直壁，平底。坑口东西长1.08、南北宽0.92、深1.2米（图六八）。坑内为红褐色土堆积，土质紧密，遗物少，出土D型陶盉1件。

97H126　位于97T43西北部，开口于97⑧a层下，被97H129打破，打破97G16和97⑨b层。坑口和底部平面近呈圆形，坑壁斜直内收，平底。坑口东西短径0.9、南北长径0.96、底径

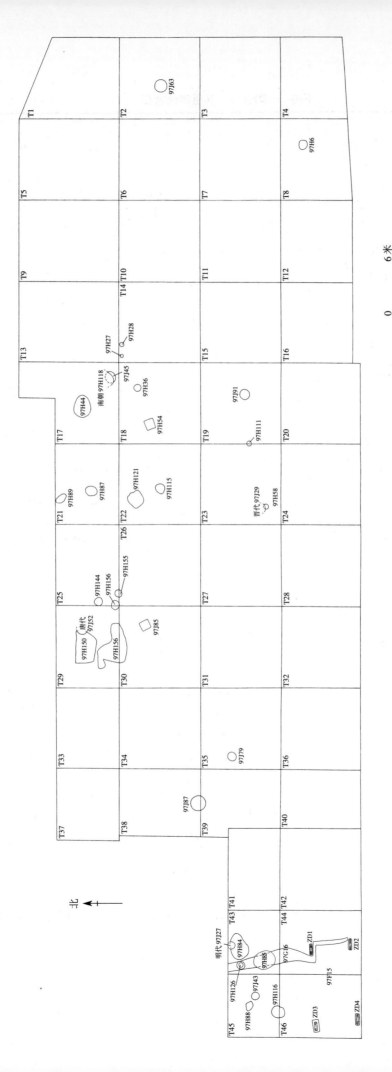

图六五 曲流石渠遗迹发掘区汉代第四期遗迹平面图

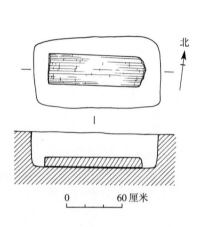

图六六　97F15-ZD3 平剖面图

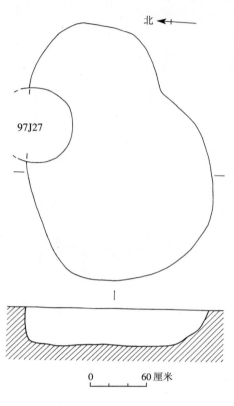

图六七　97H84 平剖面图

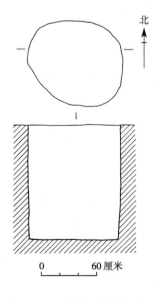

图六八　97H6 平剖面图

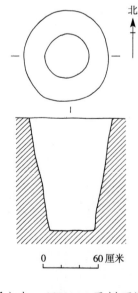

图六九　97H126 平剖面图

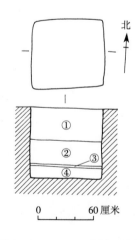

图七〇　95H4 平剖面图

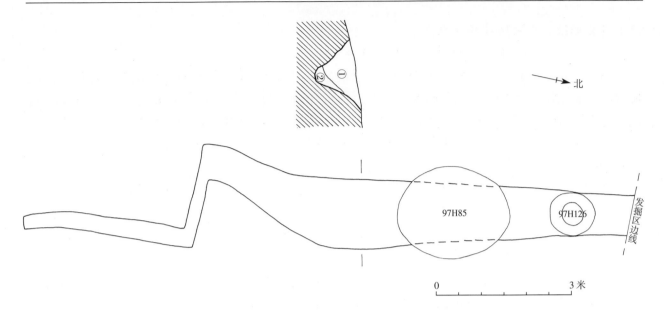

图七一 97G16平剖面图

0.7、深1.3米（图六九）。坑内堆积呈灰黑色，夹细沙，土质纯净，无遗物。

（3）坑口平面近呈方形，直壁，平底。这一类坑只有95H4。

95H4 位于95T10东部，开口于95①层下，打破生土层。坑口东西长0.8、南北宽0.75、深0.76米（图七〇）。坑内堆积可分四层，第①层为灰黑色土，土质较黏，厚0.35米；第②层为褐色沙土，厚0.26米，出土B型Ⅱ式陶罐1件、B型陶魁1件、Ⅳ式板瓦9件、Ⅴ式板瓦3件、Ⅴ式筒瓦7件、Ⅵ式筒瓦1件；第③层为灰黑色沙土，夹杂有木炭屑，厚0.02米，无遗物；第④层为黄色黏土，土质较纯净，厚0.13米，无遗物。

4. 沟

1条，编号97G16。位于曲流石渠遗迹发掘区西部，跨越97T43、97T45，开口于97⑧a层下，打破97⑧b层，北部被97H126、97H129和97H85打破。平面呈曲尺形，自南向北折向西后再向北延伸出发掘区外，现清理出一段长15.7米。沟的南段南北向，直壁，平底，长3.8、宽0.3~0.4、深0.08~0.27米；中段东西向，直壁，平底，长1.9、宽0.27、深0.27~0.3米；北段南北向，南部略弧向西，沟壁弧内收，圜底，长约10.0、宽0.52~1.53、深0.35~0.96米（图七一）。

沟内堆积可分两层，第①层为灰土，夹有少量的木炭屑，土质疏松，厚0.3~0.7米，内含有少量陶罐残片；第②层为灰黑色淤沙土，土质疏松，厚0.06~0.25米，遗物极少。

（二）遗物

有建筑材料、生活器具、工具、兵器、模型器和陶塑、钱币及其他等类。

1. 建筑材料

有砖、板瓦、筒瓦和瓦当。

（1）砖

泥质陶，多夹细砂，少量夹有较粗的砂粒，多呈青灰色，部分呈灰白或红黄色，陶质不甚坚硬。根据形状的不同可分长方砖、楔形砖和券砖，其中长方砖和楔形砖多在表面饰有绳纹，长侧面饰有菱形纹，有些砖还戳印有文字。

长方砖　12块，根据砖面的纹饰不同可分4种：

绳纹、菱形纹长方砖　5块。表面饰直向绳纹，一长侧面饰复线菱形纹。标本97T29⑧a∶6，灰陶。残长15、宽15.5、厚5.7厘米（图七二，1；图版二九，1）。标本97H157∶11，灰陶。残长17.5、宽15.7、厚6.0厘米（图七二，2）。

绳纹长方砖　2块。表面饰直向绳纹。标本97T29⑧a∶11，灰陶，残。长31、宽14.7、厚5.6厘米（图七二，3）。

菱形纹长方砖　4块。一长侧面饰复线菱形纹或菱形"十"字纹，其余面均素面。标本97T30⑧a∶3，一长侧面饰复线菱形纹。灰陶，完好。长32.5、宽15.3、厚5.6厘米（图七二，4；图版二九，2）。标本97T29⑧a∶7，一长侧面饰菱形纹，内填"十"字形纹。红黄陶。残长15.5、宽20.7、厚5.0厘米（图七二，5；图版二九，3）。

"万岁"文字长方砖　1块（97T11⑧a∶2）。砖面戳印"万岁"二字，阴文，无界格，无边栏。红褐陶。残长16.5、残宽14.2、厚5.7厘米（图七二，6；图版二九，4）。

绳纹、菱形纹楔形砖　1块（97T34⑧a∶9）。一边厚一边薄，呈楔形。表面饰斜向绳纹，两侧面饰复线菱形纹。灰陶。残长19、宽16.5、厚3.7~5.7厘米（图七二，7；图版二九，5）。

券砖　3块。标本97H116∶2，灰陶，砖体戳有圆形小孔，完好。内弧长22.0、外弧长27.5、宽16.3、厚5.5厘米（图版二九，6）。

（2）板瓦

7993件，均为碎块，未能复原。泥质陶，多夹有细砂，陶色以灰陶为主，表面多呈灰黑色，黄白陶和红黄陶占的比例较少。泥条盘筑而成，两侧有切割痕，瓦体呈一头大一头小。分属于Ⅲ式、Ⅳ式和Ⅴ式。

Ⅲ式　150件。表面饰粗绳纹，里面饰大突点和布纹或菱形纹组合。标本97H85∶6，灰陶。残长32.2、残宽22.5、厚1.1厘米（图七三，1）。

Ⅳ式　2169件。表面饰粗绳纹，里面饰布纹或布纹和方格纹组合。标本97T43⑧a∶13，灰陶。残长21、宽28.4~30.2、厚1.6厘米（图七三，2；图版三〇，1）。

Ⅴ式　5674件。表面饰粗绳纹，每组绳纹之间有较宽的光面间隔，近口沿端面的绳纹经手抹平，里面饰布纹。标本97T14⑧a∶22，灰陶。残长26.5、宽29.5、厚1.0厘米（图七三，3；图版三〇，2）。

（3）筒瓦

4105件，绝大多数为碎片，只有19件可复原。泥质陶，多夹有细砂，以灰陶为主，表面多呈灰黑色，黄白陶和红黄陶占的比例较少。泥条盘筑而成，两侧有切割痕，由外向内切，瓦体呈一头大一头小。分属于Ⅳ式、Ⅴ式和Ⅵ式。

Ⅳ式　20件，仅1件可复原宽度。表面通体饰粗绳纹，瓦唇表面也饰绳纹，里面饰布纹。标本97T34⑧a∶14，灰褐陶。残长34.4、径16、厚1.1、瓦唇长4.5厘米（图七四，1）。

Ⅴ式　705件。表面饰较密的粗绳纹，瓦唇表面光素，里面饰布纹。标本97H85∶9，浅黄陶。残长20.0、径15.2、厚1.0厘米（图七四，2）。

Ⅵ式　3380件，其中19件可复原。表面饰稀疏的粗绳纹，绳纹间多有较宽的光面间隔，瓦唇一端和后端光素，里面饰布纹。标本95T12⑤a∶2，灰白陶，表面呈灰黑色，完好。长35.5、

图七二　汉代第四期砖纹和砖文拓本

1.绳纹、菱形纹长方砖（97T29⑧a：6）　2.绳纹、菱形纹长方砖（97H157：11）　3.绳纹长方砖（97T29⑧a：11）　4.菱形纹长方砖（97T30 ⑧a：3）　5.菱形纹长方砖（97T29⑧a：7）　6."万岁"文字长方砖（97T11⑧a：2）　7.绳纹、菱形纹楔形砖（97T34⑧a：9）

0　　　　　　　　6厘米

图七三　汉代第四期板瓦纹饰拓本

1. Ⅲ式（97H85∶6）　2. Ⅳ式（97T43⑧a∶13）　2. Ⅴ式（97T14⑧a∶22）

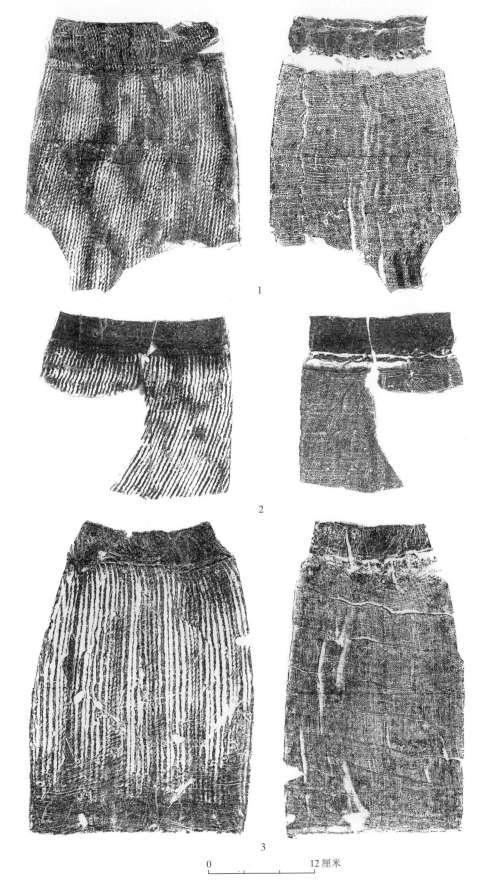

图七四　汉代第四期筒瓦纹饰拓本

1. Ⅳ式（97T34⑧a∶14）　2. Ⅴ式（97H85∶9）　3. Ⅵ式（95T12⑤a∶2）

径14.5、厚1.6、瓦唇长4.0厘米（图七四，3；图版三〇，4）。标本97H84：3，灰陶，残。长33.8、径13.2~14.2、厚0.8~1.6、瓦唇长3.0厘米（图版三〇，3）。

（4）瓦当

均为泥质灰陶，夹有细砂，部分表面呈深灰色。有云纹瓦当和"万岁"文字瓦当两种。

云纹瓦当　4件。当心一大乳突，外绕一周弦纹，当面用双竖线分隔成四个区间，每一区间内饰一蘑菇形云纹，外绕一周弦纹，高边轮。当背隆起，无切割痕。根据当面蘑菇形云纹的不同可分三型。

A型　2件。当面蘑菇形云纹上、下分离不连接。标本97T15⑧a：19，表面呈深灰色，基本完好。当径14.4、边轮宽1.1、厚2.5厘米（图七五，1；图版三一，1）。

B型　1件（97T15⑧a：18）。当面蘑菇形云纹上、下部分相连呈"山"字形。表面一边呈深灰色，另一边呈灰白色，基本完好。当径14.1、边轮宽0.6、厚1.7厘米（图七五，2；彩版三，1）。

C型　1件（97T8⑧a：1）。当面蘑菇形云纹上、下部分相连，上部呈椭圆形。残。当复原径14.9、边轮宽0.6、厚1.5厘米（图七五，3）。

"万岁"文字瓦当　20件。分属于B型和C型。

B型　19件。"万岁"两字"草"字头部首相连成"ᴗᴗᴗᴗ"形。根据外绕纹饰的不同可分三个亚型。

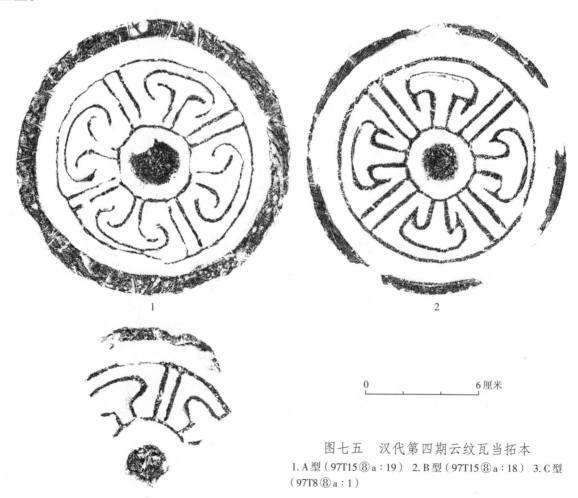

1

2

3

0　　　　　　　　6厘米

图七五　汉代第四期云纹瓦当拓本
1. A型（97T15⑧a：19）　2. B型（97T15⑧a：18）　3. C型（97T8⑧a：1）

　　Ba型　14件。当面"万岁"文字左、右、下侧各饰一"S"形纹，外绕两周弦纹。标本97T16⑧a：4，表面呈深灰色，残。当径14.8、厚1.2厘米（图七六，1；图版三一，2）。标本97T45⑧a：17，表面呈青灰色，残。当径15.2、厚1.8厘米（图版三一，3）。

　　Bb型　2件。当面"万岁"文字的右侧饰一"S"形纹，左侧饰一突点，下侧饰两个小突点，外绕二周弦纹。标本97T25⑧a：3，完好。当径15.5、厚2.2厘米（图七六，2；彩版三，2）。标本97T21⑧a：1，完好。当径15.6、厚2.1厘米（图版三一，4）。

　　Bc型　3件。当面"万岁"文字左、右两侧各饰一突点纹，外绕一周弦纹。标本97T37⑧a：1，表面呈青灰色，稍残。当径15、厚1.5厘米（图七六，3；图版三一，5）。

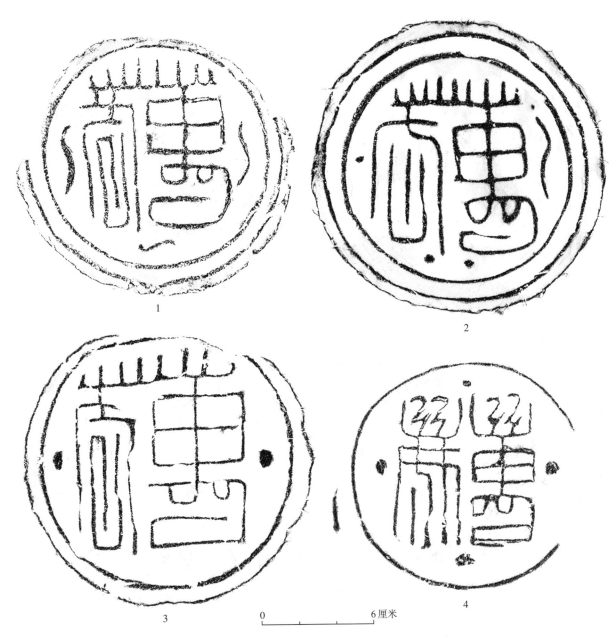

图七六　汉代第四期"万岁"文字瓦当拓本

1. Ba型（97T16⑧a：4）　2. Bb型（97T25⑧a：3）　3. Bc型（97T37⑧a：1）　4. C型（97T14⑧a：2）

　　C 型　1 件（97T14⑧a：2）。"万岁"两字"草"字头部首为"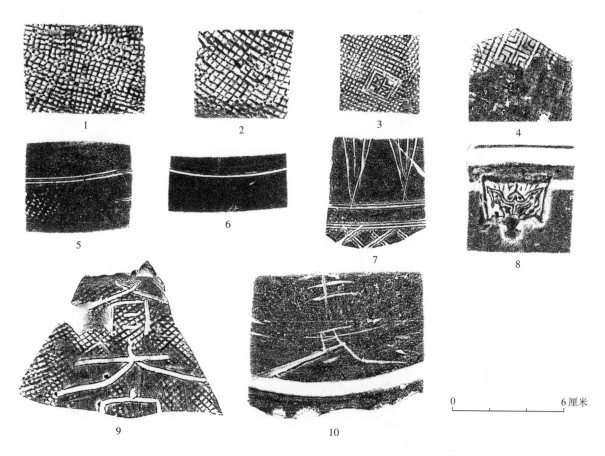"形，"万岁"两字分离，上、下、左、右各饰一突点纹，外残存弦纹一周。灰陶，表面呈深灰色。残径 15、厚 1.4 厘米（图七六，4；图版三一，6）。

2. 生活器具

　　均为陶器，分泥质陶和夹砂陶。泥质陶占绝大多数，多为灰陶或灰褐陶，红黄陶和黄褐陶也占一定比例，黄白陶和灰白陶较少。泥质灰陶和灰褐陶烧成火候较高，陶质坚硬，部分器表还施有釉，釉多呈青褐色，部分釉已脱落。夹砂陶占的比例极少。器形有罐、双耳罐、四耳罐、六耳罐、壶、三足壶、盆、方盆、双耳盆、魁、盅、钵、碗、杯、带把杯、盂、器盖、烛台、灯、碾钵等。制法多为轮制，也兼有手制的。罐、壶、盆等器类肩部或上腹部多饰旋纹或稀疏的方格纹，部分器表还刻划有文字（图七七）。

　　罐　49 件。分属于 A 型、B 型 II 式和 C 型 II 式。

　　A 型　6 件。侈口，折沿，短颈，鼓腹，平底。分属于 II 式和 III 式。

　　II 式　5 件。扁圆腹，平底。标本 95T4⑤a：7，腹部和近底部各饰一道旋纹。泥质灰褐陶，上腹部施釉，釉花点点。残。口径 12、腹最大径 17.4、高 13.8 厘米（图七八，1；图版三二，1）。

　　III 式　1 件（97T10⑧a：6）。垂腹，最大径靠下。泥质灰陶，上腹部施釉，釉呈青褐色。残。

图七七　汉代第四期陶器纹饰和陶文拓本

1. 方格纹（97T10⑧a：9）　2~4. 方格纹和方形几何图案（95T12⑤a：16，95H4：2，95H4：3）　5. 方格纹和旋纹（95T6⑤a：3）　6. 旋纹（95T1⑤a：3）　7. 垂叶纹、旋纹和菱形纹（95T2⑤a：34）　8. 兽面形纹（97T15⑧a：13）　9. "有大□"陶文（97T12⑧a：2）　10. "丰氏"陶文（97H150：17）

口径 10.4、腹最大径 18、底径 14.4、高 12.4 厘米（图七八，2；图版三二，2）。

B 型 Ⅱ 式　42 件。广口，短颈，腹部略鼓，近呈直筒形，平底微内凹。肩部饰稀疏方格纹。标本 95T1 ⑤ a：6，泥质灰陶，上腹部施青釉。残。口径 16.5、腹最大径 22.6、底径 19.5、高 21.4 厘米（图七八，6）。标本 97T17 ⑧ a：22，泥质灰褐陶，残。口径 16、腹最大径 21、底径 17.3、高 20.6 厘米（图七八，7；图版三二，3）。

C 型 Ⅱ 式　1 件（95T2 ⑤ a：35）。敞口，尖圆唇，口沿下有一道凸棱，束颈，扁圆腹，平底。肩部饰一道旋纹，器表施青釉，釉薄处呈褐色。泥质灰陶，残。口径 7.3、腹最大径 10.5、底径 6.4、高 7.7 厘米（图七八，8）。

双耳罐　10 件。肩部安两个对称分布的半环形横耳。分属于 A 型和 B 型。

A 型　9 件。直口，圆唇，唇下旋出一道凸棱，鼓腹，平底。根据腹部的变化可分二式。

Ⅰ 式　5 件。圆鼓腹，最大径居中。标本 95T2 ⑤ a：11，肩部和腹部各饰一周旋纹。灰褐陶，残。口径 10、腹最大径 14.8、底径 11、高 12.2 厘米（图七八，3；图版三二，4）。

Ⅱ 式　4 件。长圆腹，最大径靠上。标本 95T3 ⑤ a：1，灰陶，肩部饰一周旋纹，上腹部施青釉，釉层厚薄不均。残。口径 9.8、腹最大径 15.2、底径 12.2、高 15 厘米（图七八，4；图版三二，5）。

B 型　1 件（97T15 ⑧ a：12）。直口，平折沿，方圆唇，短颈，圆扁腹，平底。灰陶，上腹部施青釉，已脱落。肩部和腹部各饰一道旋纹，腹部近底处可见支垫痕。残。口径 11.2、腹最大径 16、底径 11.2、高 9.8 厘米（图七八，5；图版三二，6）。

四耳罐　9 件。肩部安四个半环形横耳。出土的汉代陶四耳罐，根据口部和腹部的不同可分四型。A 型敞口，圆唇，束颈，圆鼓腹，平底；B 型直口，尖圆唇，唇下有一道凸棱，筒形腹，平底，根据腹部变化可分二式；C 型侈口，圆唇，短颈，扁圆腹，平底；D 型直口，平折沿，短颈，平底，根据腹部变化可分三式。第四期出土的四耳罐属于 B 型 Ⅰ 式和 B 型 Ⅱ 式。

B 型 Ⅰ 式　2 件。上腹部圆鼓。标本 97T10 ⑧ a：3，肩部和上腹部饰方格纹，施釉，上腹部釉厚处呈青色，下腹部釉薄呈青褐色。唇口和外底有叠烧痕，内壁有轮旋时按下的手指印痕。灰陶，残。口径 16、腹最大径 21.2、底径 17.5、高 22.2 厘米（图七八，9）。

B 型 Ⅱ 式　7 件。筒形腹，略鼓，肩部安耳处饰一道旋纹。标本 95T1 ⑤ a：4，灰褐陶，上腹部施釉，釉呈青褐色。残。口径 13.6、腹最大径 17.2、底径 14.6、高 18.6 厘米（图七八，10；图版三三，1）。

六耳罐　3 件，肩部安四个半环形横耳，上腹部安两个对称的半环形竖耳。出土的汉代六耳罐，根据器口和腹部的不同可分三型，A 型为小直口微侈，尖唇，唇下旋出一道凸棱，筒形直腹，平底；B 型为直口，折沿，尖圆唇，圆鼓腹，平底；C 型为侈口，尖唇，短颈，筒形直腹。

这一期出土的六耳罐属于 A 型。标本 95T2 ⑤ a：10，肩部和上腹部各饰一至二道旋纹。泥质灰陶，器表施青釉，釉多已脱落。残。口径 7.8、腹最大径 17.6、底径 16、高 20.4 厘米（图七八，11；图版三三，2）。

壶　1 件（97H58：1）。口部已残，无法分型。长束颈，肩部安两个对称的半环形横耳，扁圆腹，曲折形圈足已残。颈、肩、腹部各饰一至两道旋纹。灰陶，器表施青黄釉，部分釉已脱落。残高 22.5、腹径 20.8 厘米（图七九，6）。

三足壶　1 件（95T2 ⑤ a：16）。壶口已残，束颈，斜肩，上安两个半环形竖耳，折腹内收，

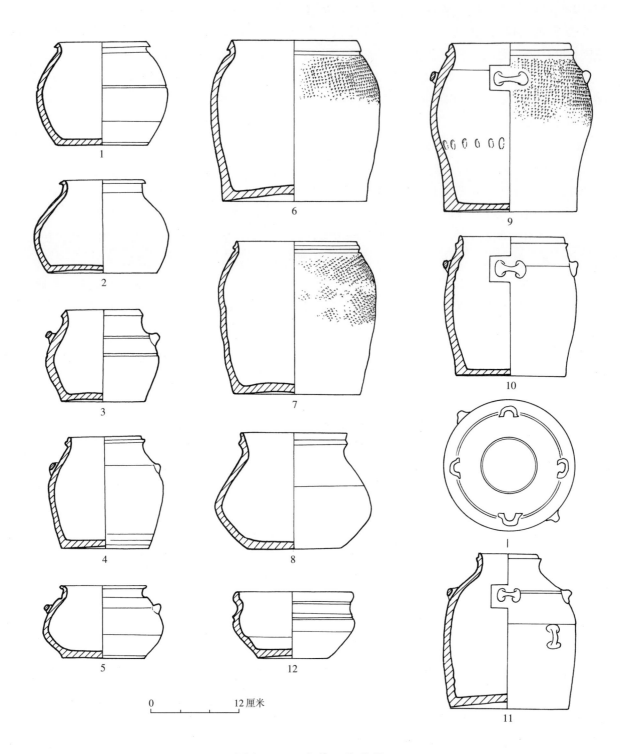

0   12厘米

图七八　汉代第四期陶器

1. A型Ⅱ式罐（95T4⑤a：7）　2. A型Ⅲ式罐（97T10⑧a：6）　3. A型Ⅰ式双耳罐（95T2⑤a：11）　4. A型Ⅱ式双耳罐（95T3⑤a：1）
5. B型双耳罐（97T15⑧a：12）　6. B型Ⅱ式罐（95T1⑤a：6）　7. B型Ⅱ式罐（97T17⑧a：22）　8. C型Ⅱ式罐（95T2⑤a：35）　9. B
型Ⅰ式四耳罐（97T10⑧a：3）　10. B型Ⅱ式四耳罐（95T1⑤a：4）　11. A型六耳罐（95T2⑤a：10）　12. B型魁（95H4：1）

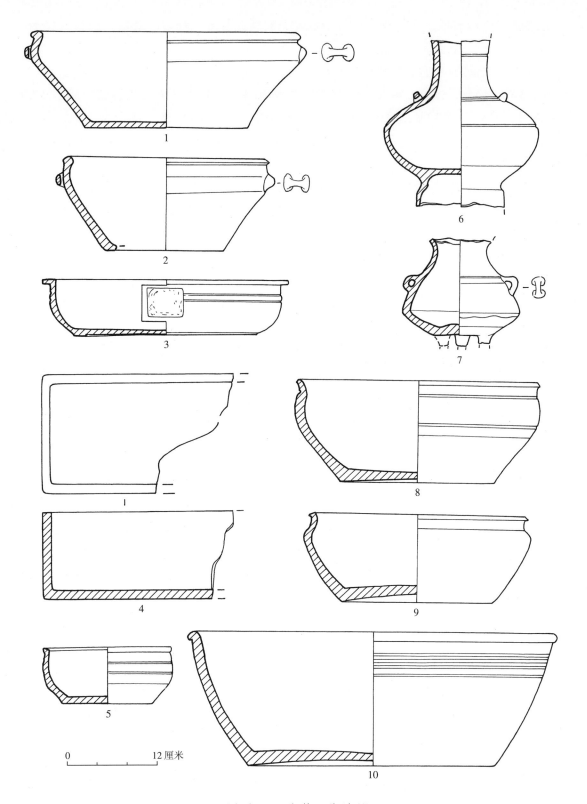

图七九　汉代第四期陶器

1. A型双耳盆（95T12⑤a：18）　2. A型双耳盆（97T45⑧a：31）　3. B型双耳盆（95T2⑤a：32）　4. 方盆（97H157：1）
5. E型盆（97T10⑧a：14）　6. 壶（95H58：1）　7. 三足壶（95T2⑤a：16）　8. D型盆（95T1⑤a：9）　9. D型盆（97T45
⑧a：23）　10. F型盆（97T16⑧a：2）

平底，底部接三个扁形足，已残断。灰陶，器表施釉至近底部，釉多已脱落。腹最大径 16、残高 14.5 厘米（图七九，7；图版三三，3）。

盆　10 件。分属于 D 型、E 型和 F 型。

D 型　8 件。侈口，方唇，短颈，扁圆腹，平底内凹。腹部饰二至三道旋纹。标本 95T1⑤a：9，泥质黄陶，残。口径 32.0、腹最大径 33、底径 20.4、高 13.6 厘米（图七九，8）。标本 97T45⑧a：23，泥质红黄陶，残。口径 29.6、腹最大径 31、底径 20.5、高 11.9 厘米（图七九，9；图版三三，5）。

E 型　1 件（97T10⑧a：14）。敛口，口沿面微凹，弧腹，平底。腹部饰两组双旋纹。泥质灰陶，器表施青釉，已脱落。残。口径 16.8、底径 12、高 7.4 厘米（图七九，5；图版三三，6）。

F 型　1 件（97T16⑧a：2）。敞口，卷沿，尖圆唇，斜弧腹，平底内凹。上腹部饰多道旋纹。泥质黄褐陶，残。口径 49.6、底径 32.8、高 18 厘米（图七九，10）。

方盆　1 件（97H157：1）。长方形，直口，平沿，直壁，平底。青灰色陶。残长 22、宽 16、高 11.6 厘米（图七九，4；图版三三，4）。

双耳盆　6 件。根据口部和足底部的不同可分二型。

A 型　4 件。敛口，平折沿，尖圆唇，下腹部斜直内收，平底。口沿下安两个对称半环形横耳，安耳处饰一至二道旋纹。标本 95T12⑤a：18，泥质灰褐陶，残。口径 34、底径 20、高 12.6 厘米（图七九，1）。标本 97T45⑧a：31，泥质灰陶，上腹部呈灰褐色，残。口径 26.4、底径 10.4、高 12.2 厘米（图七九，2）。

B 型　2 件。直口，宽平折沿，弧腹，矮圈足，系耳已残，系耳处饰二道旋纹。标本 95T2⑤a：32，泥质灰白陶。口径 34、足径 24.8、高 7.3 厘米（图七九，3）。

魁　1 件（95H4：1）。属于 B 型。盘形口，尖圆唇，束颈，曲弧腹，平底，把已残缺。肩部饰一道旋纹，内外腹壁有轮旋痕。泥质红褐陶，表面呈黑褐色。口径 15.6、底径 9.2、高 8.8 厘米（图七八，12）。

盅　2 件，形制一致。直口，方唇，深直腹，腹底部弧收，矮圈足。标本 97T15⑧a：13，外口沿下饰二道宽凹旋纹，上腹部贴饰兽面形鼻耳，口沿上残存二个支垫痕。泥质灰陶，内外施青釉，外壁青釉已全部脱落。残。口径 22.4、底径 14、高 11.4 厘米（图七七，8；图八〇，1）。

钵　30 件。根据口部的不同可分二型。

A 型　7 件。敛口内折，圆唇，腹部斜直，平底。外口沿下多饰二至三道旋纹。标本 95T1⑤a：7，泥质灰陶，器外施青釉。残。口径 15.8、底径 10、高 7.0 厘米（图八〇，2；图版三四，1）。

B 型　23 件。敛口，圆唇，弧腹。根据足底部的不同可分 a、b 两个亚型。

Ba 型　2 件。卧足。标本 97H157：7，内、外腹壁有轮旋痕，内底有支垫痕。泥质浅红陶，残。口径 14.4、底径 6.8、高 6.4 厘米（图八〇，3）。

Bb 型　21 件。平底或平底微内凹。根据腹部的变化可分二式。

I 式　20 件。腹部较浅，上腹部圆弧，下腹部斜直。标本 95T11⑤a：3，圆唇，平底。泥质灰陶，内外施青褐色釉，有流釉现象。残。口径 16、底径 10.8、高 7.4 厘米（图八〇，4；图版三四，2）。标本 97H150：13，圆唇，平底微内凹，内、外腹壁有轮旋痕。器内和器外上腹部施釉，已全部脱落，呈灰白色。外腹近底部有支垫痕。泥质浅灰陶，残。口径 17.6、底径 12.8、高 8.0 厘米（图八〇，5）。

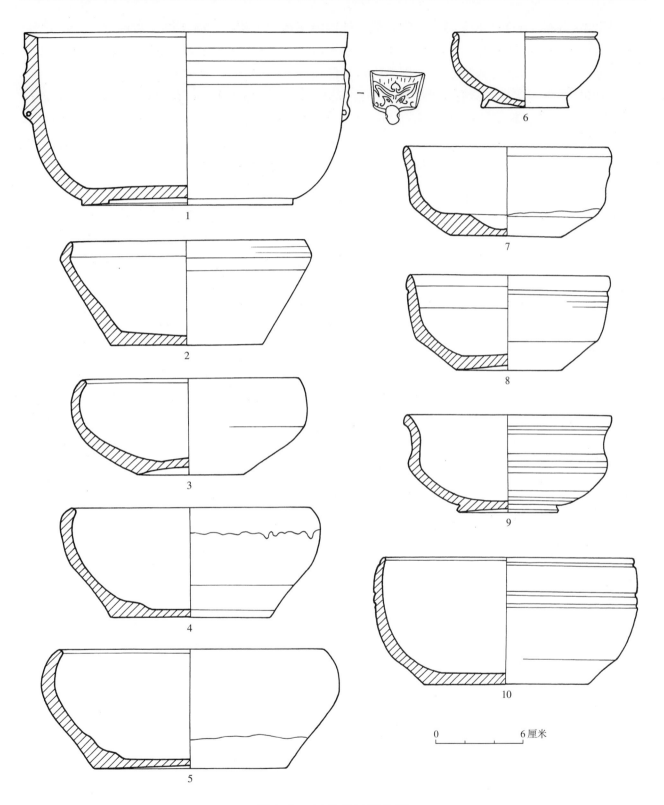

图八〇　汉代第四期陶器

1. 盅（97T15⑧a：13）　2. A型钵（95T1⑤a：7）　3. Ba型钵（97H157：7）　4. Bb型Ⅰ式钵（95T11⑤a：3）　5. Bb型Ⅰ式钵（97H150：13）　6. B型Ⅱ式碗（97T11⑧a：7）　7. C型Ⅲ式碗（95T12⑤a：19）　8. C型Ⅲ式碗（97T29⑧a：9）　9. A型碗（95T12⑤a：9）　10. Bb型Ⅱ式钵（97T45⑧a：34）

　　Ⅱ式　1件（97T45⑧a：34）。深弧腹。外口沿下饰一道旋纹，腹部饰二道旋纹。泥质灰陶，内外施釉，釉已全部脱落。残。口径16.7、底径11、高8.4厘米（图八〇，10；图版三四，3）。

　　碗　19件。分属于A型、B型Ⅱ式和C型Ⅲ式。

　　A型　3件。侈口，圆唇，曲折腹，上腹部敛束，饼足微内凹。标本95T12⑤a：9，泥质红陶，器表施青釉，釉多已脱落，残。口径14、足径7.0、高6.5厘米（图八〇，9）。

　　B型Ⅱ式　7件。敛口，圆唇，弧腹，高圈足外撇。标本97T11⑧a：7，外口沿下饰一道旋纹，外腹壁有轮旋痕。泥质灰陶，残。口径9.8、足径5.2、高5.0厘米（图八〇，6；图版三四，4）。

　　C型Ⅲ式　9件。直口，尖圆唇，上腹近直，下腹折内收，平底。标本95T12⑤a：19，泥质灰陶，器表施青釉至近底部，釉多已脱落，残。口径13.6、底径7.4、高6.0厘米（图八〇，7）。标本97T29⑧a：9，外口沿下饰一道旋纹。泥质灰褐陶，表面有青褐色釉，部分釉已脱落，残。口径13.2、底径7.2、高6.4厘米（图八〇，8；图版三四，5）。

　　杯　2件。根据口部和腹部的不同可分二型。

　　A型　1件（97H89：2）。敞口，尖圆唇，筒形直腹，平底微内凹。内外腹壁施青釉，部分釉已脱落，残。口径12.4、底径11.0、高9.5厘米（图八一，2）。

　　B型　1件（97T8⑧a：2）。侈口，圆唇，斜直壁，平底。外口沿下和腹壁饰多道旋纹。泥质灰陶，内外施青褐色釉，釉多已脱落，残。口径14.4、底径10.6、高10.5厘米（图八一，1）。

　　带把杯　3件。筒形腹，平底，外口沿下一侧设一把。根据把的不同可分二型。

　　A型　2件。外口沿下系一半环形竖把。根据器口的不同可分两个亚型。

　　Aa型　1件（97T10⑧a：10）。直口微外侈，尖圆唇。泥质灰白陶，内外施青釉，釉多已脱落。残。口径12、底径11、高11.2厘米（图八一，3；图版三四，6）。

　　Ab型　1件（95T4⑤a：3）。敞口，圆唇，斜直腹。泥质灰白陶，内外施青釉，残。口径13.7、底径9.6、高10厘米（图八一，8；彩版三，3）。

　　B型　1件（95T2⑤a：12）。直口，平沿，外口沿下系一板形把。泥质灰陶，内外施青釉，部分釉已脱落，残。口径12、底径11、高10.3厘米（图八一，4）。

　　盂　8件。分属于A型Ⅲ式、C型和D型。

　　A型Ⅲ式　2件。敞口，束颈，圆鼓腹，平底。标本95T2⑤a：9，肩部和腹部各饰一道旋纹，内外腹壁有轮旋痕。泥质灰陶，器表施青釉，部分釉已脱落，残。口径10、腹最大径15.6、底径12.6、高9.2厘米（图八二，1）。

　　C型　5件。直口如领，尖圆唇，平底。根据腹部的变化可分三式。

　　Ⅰ式　2件。近底部折腹。标本97H150：2，泥质灰白陶，器内和器外上腹部洒有釉，呈青褐色，残。口径9.2、底径5.4、高7.3厘米（图八二，2；图版三五，1）。

　　Ⅱ式　2件。扁折腹。标本97T23⑧a：6，器表施青釉，釉薄处呈褐色，下腹部及外底处露胎。泥质灰陶，残。口径12.9、腹最大径15.2、底径8.5、高9.1厘米（图八二，3；彩版三，4）。

　　Ⅲ式　1件（97T43⑧a：11）。圆鼓腹。外口沿下和肩部各饰二道旋纹。器表施青釉，釉薄处呈红褐色，外腹近底处和口沿上可见支垫痕。泥质灰陶，残。口径12.8、腹最大径14.4、底径10、高8.4厘米（图八二，4；图版三五，2）。

　　D型　1件（97H6：1）。喇叭形口，尖圆唇，扁圆腹，平底较高。泥质灰褐陶，残。口径10.0、

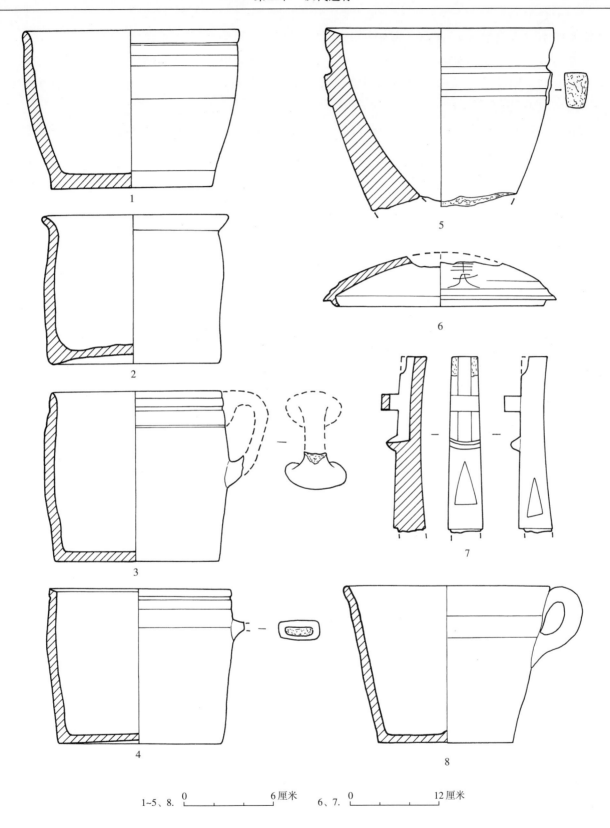

1~5、8. 0 _____ 6厘米　　6、7. 0 _____ 12厘米

图八一　汉代第四期陶器

1. B型杯（97T8⑧a：2）　2. A型杯（97H89：2）　3. Aa型带把杯（97T10⑧a：10）　4. B型带把杯（95T2⑤a：12）　5. 碾钵（97H150：15）　6. B型器盖（97H150：17）　7. 烛台（97T34⑧a：2）　8. Ab型带把杯（95T4⑤a：3）

腹最大径10.5、底径5.4、高5.3厘米（图八二，5）。

器盖   1件（97H150：17）。属于B型。子口内敛，盖沿外展似一帽檐，盖面隆起，顶部已残。盖沿饰二道旋纹，盖面一侧划写有"丰氏"文字。泥质红黄陶。最大径31.4、残高7.0厘米（图七七，10；图八一，6）。

烛台   1件（97T34⑧a：2）。残存灯柱，呈方形，略呈上窄下宽。柱体上部正面挖有弧形直

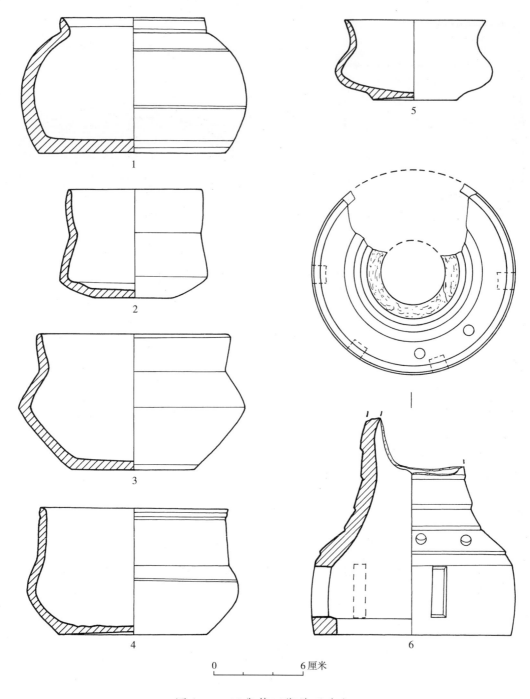

图八二   汉代第四期陶盂和灯

1. A型Ⅲ式盂（95T2⑤a：9）   2. C型Ⅰ式盂（97H150：2）   3. C型Ⅱ式盂（97T23⑧a：6）   4. C型Ⅲ式盂（97T43⑧a：11）   5. D型盂（97H6：1）   6. B型灯（95T2⑤a：25）

槽，槽长11.2、宽2.0、深1.2厘米。槽的中部有一半环形的箍，底部有一向外凸出的托板。柱体近底部的正面和两侧面分别挖出三角形凹槽。泥质灰陶，正面施青釉，釉层很薄，无釉处呈红褐色。残高22、柱体宽3.6~4.8厘米（图八一，7；图版三五，3）。

灯　1件（95T2⑤a：25）。属于B型。灯盏已残，仅存底座，中空，腹壁微弧近直，镂6个长方形竖孔，平底，底部已残。竹节把往上逐节缩小，残存5节，近底座有4个对称圆形穿孔。泥质灰陶，器表施青黄釉，釉薄处呈褐色，多已脱落。底径13.2、残高14.2厘米（图八二，6；图版三六，1）。

碾钵　1件（97H150：15）。敞口，方唇，斜弧腹，底部已残，内底呈圆锥形。唇下安二个耳，已残，唇下饰二道旋纹。泥质黄褐陶，残。口径15.2、残高12.0厘米（图八一，5）。

3. 工具

有陶工具和木工具。陶工具有网坠、纺轮，木工具有纺轮、锤棒。

（1）陶工具

网坠　9件。根据表面压出凹槽的不同可分三型。

A型　5件，完好。扁椭圆形，器身纵、横各压一道凹槽。标本95T2⑤a：4，泥质灰陶。长4.5、宽4.2、厚3.5厘米（图版三五，4）。

B型　3件，完好。扁椭圆形，长径面压出一道凹槽，短径面压出两道凹槽。标本97T17⑧a：11，泥质灰白陶。长3.6、宽3.3、厚2.8厘米（图版三五，5）。

C型　1件（95T3⑤a：5）。扁圆形，器身压一道凹槽。泥质灰陶，完好。长4.5、宽4.1、厚3.4厘米（图版三五，6）。

纺轮　3件，完好。属于A型。算珠形，中间有一圆形穿孔。标本97T21⑧a：4，泥质灰陶，表面施青釉，呈褐色。最大径3.5、高2.8、孔径0.4厘米（图八三，7；图版三五，6）。

（2）木工具

纺轮　1件（95T5⑤a：14）。呈圆饼形，中心有一圆形穿孔。径3.7、厚0.7、孔径0.8厘米（图八三，4；图版三五，8）。

槌棒　1件（95T4⑤a：10）。用细长圆木砍削而成，前部近长方体形，抹角，截面呈圆角方形。把手细长，近呈圆形。前后两端有明显的砍削痕。长30、锤径4.5~6.2厘米（图八三，8；图版三五，9）。

4. 兵器

有陶蒺藜、陶弹、铁镞。

陶蒺藜　2件。分属于Aa型和B型。

Aa型　1件（95T3⑤a：4）。四角锥形，锥角顶面平，上有一圆形插孔，以装钉刺等利器。灰褐陶，完好。高3.8~4.6厘米（图八三，9；图版三六，3）。

B型　1件（95T12⑤a：11）。五角锥形，实心。泥质红黄陶，残。高7.0厘米（图八三，10；图版三六，4）。

陶弹　2件。圆珠形，大小不一。标本97T45⑧a：19，泥质黄白陶，完好，一半施青黄色釉。径3.0厘米（图版三六，5左）。标本97T29⑧a：5，泥质灰陶，完好。径6.0厘米（图版三六，5右）。

铁镞　1件（95T5⑤a：13）。铁镞铁铤均范铸而成。镞本呈扁菱形，中脊突起，铤部截面呈

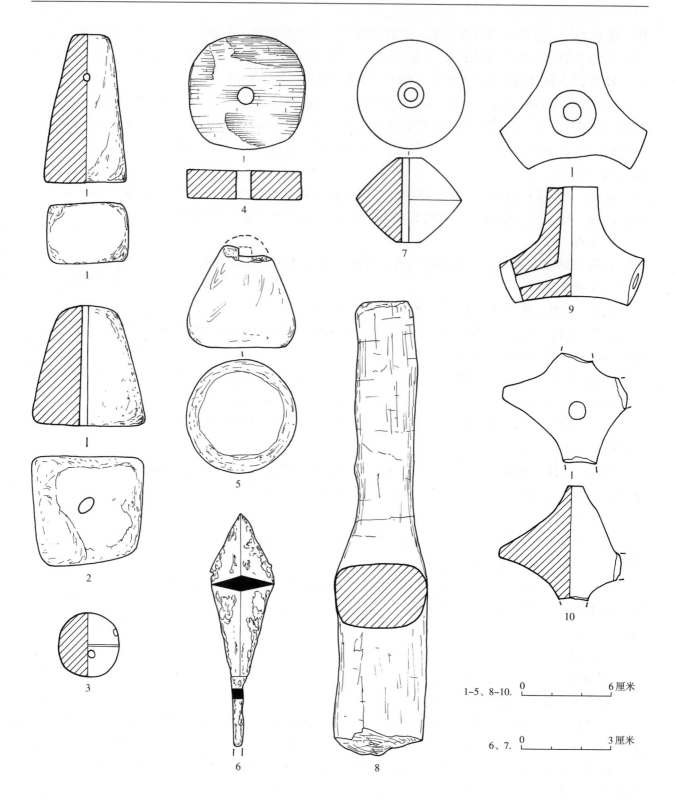

图八三　汉代第四期工具、兵器和其他器物

1.Ba型陶权（97T34⑧a：11）　2.Bb型陶权（95T4⑤a：2）　3.陶响球（97T10⑧a：2）　4.木纺轮（95T5⑤a：14）　5.A型陶权（97T14⑧a：3）　6.铁镟（95T5⑤a：13）　7.A型陶纺轮（97T21⑧a：4）　8.木槌棒（95T4⑤a：10）　9.Aa型陶蒺藜（95T3⑤a：4）　10.B型陶蒺藜（95T12⑤a：11）

方形。残长7.7、镞本长5.4厘米，铤残长2.3、边长0.4厘米（图八三，6；图版三六，6）。

5. 模型器和陶塑

有陶器和木器两类。陶器有陶井模型、胡人俑、动物俑等，木器有木俑。

（1）陶器

陶井模型　1件（95T2⑤a：34）。圆筒形，上小下大，敛口，卷折平沿，斜方唇。井壁微弧近直，圆形大底盘，底盘平台上分布四个对称的近方形"柱础"，上有一直径约1.2厘米的穿孔，可放立柱。井壁外口沿下饰倒三角形垂叶纹，中部和底部各饰二道双旋纹，旋纹间饰双线斜方格形纹。泥质青灰陶，表面喷有青釉，部分釉已脱落。残。口径13、底径15.2、底盘径20.7、高12.6厘米（图八四，1；图版三六，2）。

胡人俑　1件（97H157：2）。男俑，胡人形象，残存头部，用手捏制，眉、眼、须发刻划而成。高鼻大耳，络腮胡，头后挽髻，头顶上顶一物，已残。青灰色陶，表面呈紫褐色。残高7.0厘米（图八四，2）。

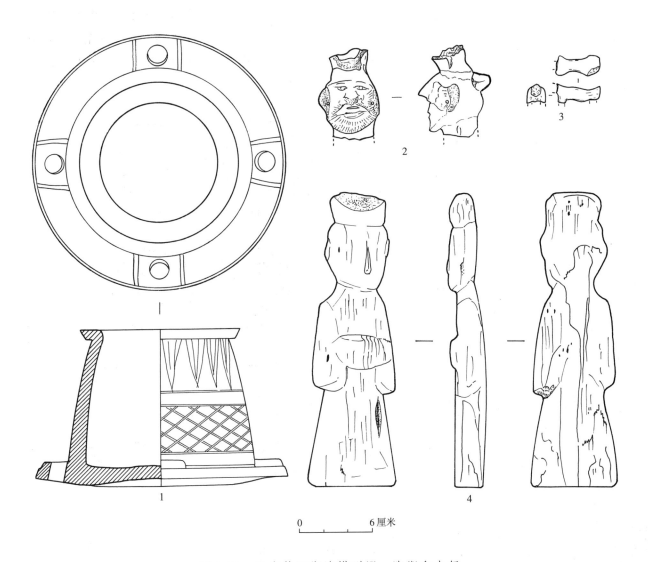

0 ____ 6厘米

图八四　汉代第四期陶模型器、陶塑和木俑

1. 陶井模型（95T2⑤a：34）　2. 陶胡人俑（97H157：2）　3. 陶动物俑（95T7⑤a：1）　4. 木俑（95T1⑤a：10）

动物俑　1件（95T7⑤a：1），残。站立状，残存躯干，头部和腿已残断，形制不明。残长3.6、残高 1.5 厘米（图八四，3）。

（2）木器

木俑　1件（95T1⑤a：10）。用木雕刻而成，扁长形。头戴高帽，着长袍，拱手而立。高23.8、厚 1.5~2.5 厘米（图八四，4；彩版三，5）。

6. 钱币

有"五铢"、"货泉"、"大泉五百"和"大泉二千"铜钱。

"五铢"　2 枚。分属于 B 型和 C 型 I 式。

B 型　1 枚（95T2⑤a：22）。"五"字竖划弯曲相交较甚。钱文字体清晰，完好。钱径 2.52、面穿宽 0.94、厚 0.12 厘米，重 2.0 克（图八五，1；图版三七，1 右）。

C 型 I 式　1 枚（95T6⑤a：2）。"五"字竖划弯曲相交后平行，面穿无钱文符号。钱径 2.6、面穿宽 1.06、厚 0.14 厘米，残重 2.0 克（图八五，2；图版三七，1 左）。

"货泉"　2 枚。属于 B 型 I 式。钱径较小，制作精整，钱文字体纤细、清晰。背面有内、外郭，面穿无内郭。标本 95T5⑤a：3，钱径 2.14、面穿宽 0.82、厚 0.15 厘米，重 1.6 克（图八五，3；图版三七，2 右）。标本 95T12⑤a：5，钱径 2.25、面穿宽 0.76、厚 0.15 厘米，重 1.7 克（图八五，4；图版三七，2 左）。

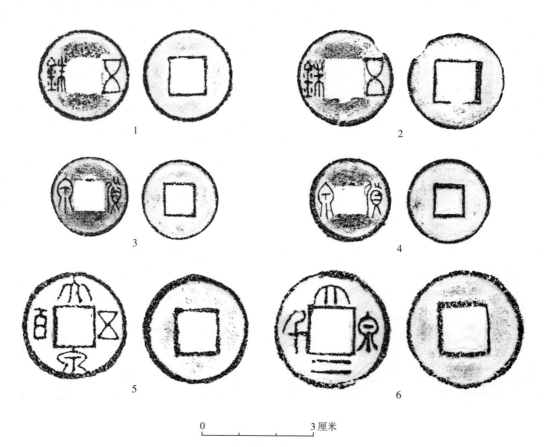

0　　　　　　　　　3 厘米

图八五　汉代第四期铜钱拓本

1. B 型"五铢"（95T2⑤a：22）　2. C 型 I 式"五铢"（95T6⑤a：2）　3. B 型 I 式"货泉"（95T5⑤a：3）　4. B 型 I 式"货泉"（95T12⑤a：5）　5. "大泉五百"（95T5⑤a：2）　6. "大泉二千"（95T12⑤a：1）

"大泉五百"　1 枚（95T5⑤a：2）。有内、外郭，制作精整，钱文字体清晰，"大"字呈窄肩形。钱径 2.9、面穿宽 1.03、厚 0.18 厘米，重 5.0 克（图八五，5；图版三七，3）。

"大泉二千"　1 枚（95T12⑤a：1）。有内、外郭，制作精整，钱文字体清晰，"大"字呈圆肩形。钱径 3.3、面穿宽 1.2、厚 0.31 厘米，重 8.3 克（图八五，6；图版三七，4）。

7. 其他

（1）陶器

权　3 件。分属于 A 型和 B 型。

A 型　1 件（97T14⑧a：3）。圆锥体形，底面呈圆形。顶部残，有一横向圆形穿孔。夹砂灰褐陶。最大径 7.5、残高 6.8 厘米，残重 302.8 克（图八三，5；图版三八，1）。

B 型　2 件。呈四面锥体形，底面呈方形或长方形。根据穿孔位置的不同可分 a、b 两个亚型。

Ba 型　1 件（97T34⑧a：11）。近顶部有一横向圆形穿孔。底面长 5.2、宽 3.9、高 10 厘米，重 286 克（图八三，1；图版三八，2）。

Bb 型　1 件（95T4⑤a：2）。圆形穿孔自顶部纵贯至底面。底面宽 7.3、高 8.1 厘米（图八三，2；图版三八，3）。

响球　1 件（97T10⑧a：2）。呈不规则圆形，周身钻有 4 个不对称的圆形小孔，最大径处饰二道弦纹。泥质紫红色陶，完好。球径 4.2、孔径 0.4~0.5 厘米（图八三，3；图版三八，4）。

（2）动、植物遗存

出土的动物遗存较丰富，经鉴定，动物骸骨的种类有龟、鳖、梅花鹿、猪、牛和其他哺乳动物等（详见上编第五章第四节《南越宫苑遗址出土动物骨骼研究报告》）。植物遗存少。

五　小结

（一）各期的年代

第一期出土的铜钱有"半两"和"五铢"，其中的 A 型 I 式"五铢"与西安出土有"官"字与"巧"字记铭的武帝时期三官钱范钱文一致，B 型"五铢"则与汉昭帝和宣帝时期钱范钱文相同[1]。从出土的陶器分析，第一期出土的 A 型 I 式瓮、Aa 型 I 式罐、A 型 I 式釜分别与《广州汉墓》西汉中期墓葬出土的Ⅳ型瓮、B 类Ⅳ型①式罐和Ⅱ型釜相一致[2]。这一期出土的"万岁"文字瓦当是与已经切割好的筒瓦粘接的，瓦当背面无切割痕。这种制作工艺与南越国时期的瓦当是与圆形瓦筒粘接后再进行切割，瓦当背面留有切割痕的制作工艺有明显的变化，瓦当文字也有所区别。出土的板瓦和筒瓦的纹饰与南越国时期的瓦纹也有明显的区别，板瓦表面一端饰细绳纹或素面，另一端饰粗绳纹，里面多饰大突点，部分瓦还开始饰布纹或菱形纹。表明这一时期的制瓦技术有所改进，纹饰也发生变化，其年代明显要晚于南越国。综上分析，第一期的年代为西汉中期。

第二期出土的铜钱有"半两"和"五铢"，其中的 C 型 I 式"五铢"与西汉末年"五铢"陶范钱文一致[3]。从出土的陶器分析，其中的 A 型 II 式瓮与《广州汉墓》西汉晚期墓葬中出土的Ⅳ

---

①　蒋若是：《秦汉钱币研究》，第 113 页，中华书局，1997 年。

②　广州市文物管理委员会、广州市博物馆：《广州汉墓》，第 211、220 页，文物出版社，1981 年。

③　蒋若是：《秦汉钱币研究》，第 113 页，中华书局，1997 年。

型瓮①和广州海幅寺汉代窑场遗址出土的 B 型瓮一致。这一期出土的 Aa 型Ⅱ式罐、C 型盆、D 型盆分别与广州海幅寺汉代窑场遗址第一期出土的 C 型罐、B 型盆、C 型Ⅰ式盆基本一致，而广州海幅寺汉代窑场第一期的年代约相当于西汉中后期②。从出土的建筑材料分析，这一期除出土Ⅱ式、Ⅲ式筒瓦外，还新出土Ⅳ式筒瓦，Ⅳ式除具有与Ⅲ式表面相同的绳纹特征外，里面饰布纹是其显著特点。因此，第二期的年代约为西汉晚期。

第三期出土的铜钱有"半两"、"五铢"、"货泉"和"大泉五十"，其中的"货泉"和"大泉五十"为王莽时期始铸，可知，第三期的年代应不早于这一时期。从出土的生活用陶器分析，这一期出土的 A 型Ⅱ式罐、A 型Ⅰ式双耳罐、A 型碗、瓿、鉴、A 型壶分别与《广州汉墓》东汉早期墓葬中出土的 C 类罐、Ⅵ型双耳罐、Ⅲ型②式碗、Ⅱ型四耳罐、Ⅲ型①式盆、Ⅵ型②式壶基本一致③，同类型器物在广州海幅寺汉代窑场遗址第二期、广州市先烈南路 M8④中也有出土。从出土的建筑材料分析，这一期新出现的Ⅳ式板瓦的明显特征是里面饰布纹，Ⅴ式筒瓦的明显区别是瓦唇表面光素，里面饰布纹。综上可知，第三期的年代为王莽时期至东汉早期。

第四期出土的铜钱除有王莽时期的"货泉"，汉代的"五铢"外，还有三国东吴时期的"大泉五百"和"大泉二千"，可知这一期的年代最晚可至三国时期。从出土的生活用陶器分析，这一期的 Ab 型Ⅲ式罐、B 型Ⅱ式罐、B 型双耳罐、B 型Ⅱ式四耳罐和 A 型六耳罐分别与《广州汉墓》东汉晚期墓葬中出土的 B 类Ⅳ型①式罐、B 类Ⅳ型②式罐、Ⅶ型双耳罐、Ⅳ型四耳罐和 Ⅴ型六耳罐一致⑤。这一期出土的 B 型Ⅱ式罐、A 型Ⅱ式双耳罐、B 型Ⅰ式四耳罐、A 型六耳罐、B 型灯、C 型Ⅰ式盂等在番禺汉墓中也有出土⑥。从出土的建筑材料分析，这一期新出现的 A 型云纹瓦当、B 型和 C 型"万岁"文字瓦当、Ⅴ式板瓦以及Ⅵ式筒瓦，在《广州汉墓》中的东汉晚期墓葬⑦和广州市海幅寺汉代窑址第二期⑧中也有出土。综上可知，第四期的年代为东汉晚期至三国时期。

（二）小结

南越宫苑遗址之上的汉代堆积可分为四期，其中第一期和第二期的地层堆积较薄，未发现大型的建筑遗迹和与居住有关的水井，其他的遗迹也只有零星的分布。第三期和第四期的地层堆积较厚，相应的遗迹增多，水井的数量也从第三期的 2 口增至第四期的 8 口。另外，从出土的遗物种类和数量来看，第三、四期出土的遗物，特别是砖、瓦等建筑材料比第一、二期明显增多。显示汉武帝平南越之后相当长一段时期，人类在此地的活动明显减少，从东汉早期开始才重新逐渐活跃。

第一、三、四期，在曲流石渠遗迹发掘区的西南部均发现有柱洞等建筑遗迹，柱洞坑底部多置长方形木板或石板，其上立方形或圆形木柱，未发现有台基、门道等遗迹，推测这些建筑应是南方地区常见的干栏式建筑。这种干栏式建筑的模型在广州汉墓中常有发现，所见的陶仓、陶囷

---

① 广州市文物管理委员会、广州市博物馆：《广州汉墓》，第 268 页，文物出版社，1981 年。
② 广州市文物考古研究所：《广州海幅寺汉代窑场遗址的发掘》，《考古学报》2003 年第 3 期。
③ 广州市文物管理委员会、广州市博物馆：《广州汉墓》，第 319、320 页，文物出版社，1981 年。
④ 广州市文物考古研究所：《广州市先烈南路汉晋南朝墓葬》，《羊城考古发现与研究（一）》，第 61 页，文物出版社，2005 年。
⑤ 广州市文物管理委员会、广州市博物馆：《广州汉墓》，第 397 页，文物出版社，1981 年。
⑥ 广州市文物考古研究所、广州市番禺区文管会办公室编：《番禺汉墓》，第 215、220、223、225、227、273、279 页，科学出版社，2006 年。
⑦ 广州市文物管理委员会、广州市博物馆：《广州汉墓》，第 383 页，文物出版社，1981 年。
⑧ 广州市文物考古研究所：《广州海幅寺汉代窑场遗址的发掘》，《考古学报》2003 年第 3 期。

的下面接有四根或六根的支柱，使地台高离地面，以利于干燥防潮。所见的陶屋基座也是以木柱为骨架的土墙、木板墙或篱笆墙围成的圈栏，其上架设梁架，屋顶铺瓦的干栏建筑，下层的围栏主要用来圈养禽畜，而上层则是人居住的居室。这种干栏式建筑是为适应我国南方地区高温、潮湿、多雨的气候环境，又可就地取材而形成的建筑形式。

岭南地区的考古资料表明，在秦统一岭南之前，这一地区还是"编竹苫茅为两重"的屋顶结构建筑。秦统一岭南后，随着中原地区的制瓦技术传入和推广，居住建筑形式也发生了重大变化，一般的大型建筑屋顶多是铺瓦，这一点可从秦代和汉代遗存出土大量板瓦、筒瓦和瓦当等建筑材料中得到印证。

第三节　两晋、南朝遗存

两晋、南朝时期的文化遗存有地层、房址、墙基、走道、铺砖地面、水井、沟（渠）和灰坑等（附表二）。根据地层堆积和出土遗物特征可分四期，四期出土器物的型式统一划分。

一　第一期遗存

（一）地层和遗迹

第一期的地层有蕃池遗迹发掘区的95④层和曲流石渠遗迹发掘区的97⑦层。遗迹有灰坑和水井，主要分布于蕃池遗迹发掘区西南部和曲流石渠遗迹发掘区中、西部（图八六、八七）。

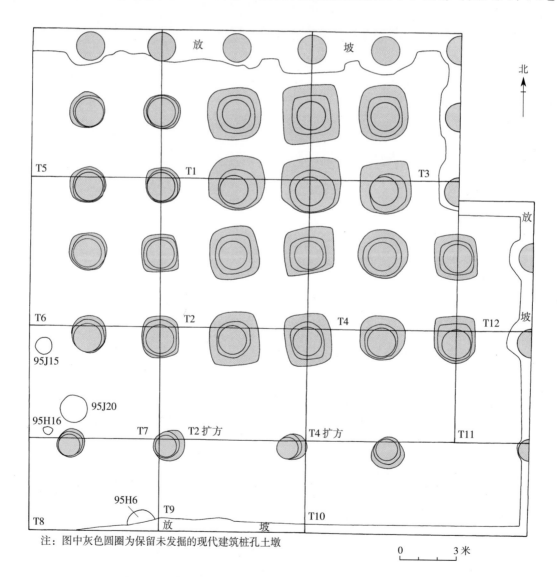

注：图中灰色圆圈为保留未发掘的现代建筑桩孔土墩

0 —— 3米

图八六　蕃池遗迹发掘区两晋、南朝第一期遗迹平面图

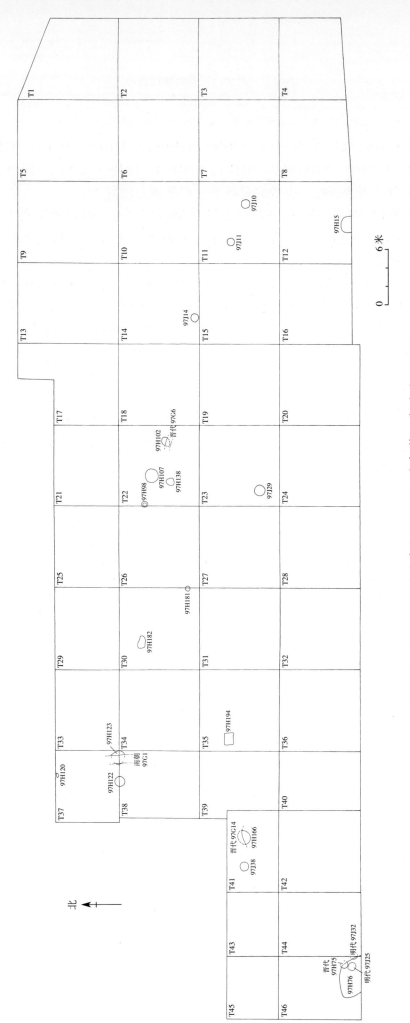

北 ←

T1 T2 T3 T4

T5 T6 T7 T8
97J10
97J11
97H15

T9 T10 T11 T12

97J14

T13 T14 T15 T16

T17 T18 T19 T20
97H102 晋代97G6

97H98
97H107
97H138

T21 T22 T23 T24
97J29

T25 T26 T27 T28
97H181

97H182

T29 T30 T31 T32

97H123
97H120 T33 T34
南朝97G1
97H194

T35 T36

97H122

T37 T38 T39 T40

晋代97G14
97H166

97J38

T41 T42

T43 T44

晋代97H76
97H75
97H132
明代97J25

T45 T46

0 6米

图八七 曲流石渠遗迹发掘区两晋、南朝第一期遗迹平面图

1. 灰坑

15 个，分别为 95H6、95H16、97H15、97H76、97H98、97H102、97H107、97H120、97H122、97H123、97H138、97H166、97H181、97H182、97H194。这些灰坑平面呈圆形、长方形或不规则形，坑壁弧形内收，多为圜底，少数底部较平。现举例介绍如下：

97H98　位于 97T22 西部，开口于 97 ⑦层下，打破 97 ⑧ b 层。坑口和坑底平面近呈圆形，底面平整。坑口东西 0.6、南北 0.62 米，底径 0.39、深 1.02 米（图八八）。坑内为红褐土堆积，土质疏松，含有少量青釉器残片等。

97H166　位于 97T41 中部，开口于 97 ⑦层下，打破 97 ⑧ a 层，北部被 97G14 打破。坑口平面呈不规则形，圜底。坑口东西 1.55、南北 1.4、深 1.7 米（图八九）。坑内为灰黑色淤土堆积，土质疏松，出土遗物丰富，有 Aa 型Ⅰ式酱釉四耳罐 2 件、Ba 型Ⅰ式酱釉四耳罐 1 件、Bb 型酱釉四耳罐 1 件、B 型Ⅰ式青釉四耳罐 1 件、A 型Ⅰ式青釉钵 3 件、Ⅰ式青釉鸡首壶 1 件、青釉唾壶 1 件、Ⅰ式青釉碗 21 件、Ⅱ式青釉碗 4 件、Ⅰ式青釉碟 2 件、B 型Ⅰ式青釉三足砚台 1 件，还有砖块和瓦片等。

97H194　位于 97T35 西北部，开口于 97 ⑦层下，打破 97J79 和 97 ⑧ b 层。坑口平面呈长方形，弧壁，圜底。坑口东西 1.3、南北 1.02、深 0.7 米（图九〇）。坑内灰褐色土堆积，土质松散，出土陶四耳罐 1 件、Aa 型Ⅰ式酱釉四耳罐 2 件、A 型Ⅰ式青釉钵 1 件、Aa 型青釉器盖 1 件、B 型

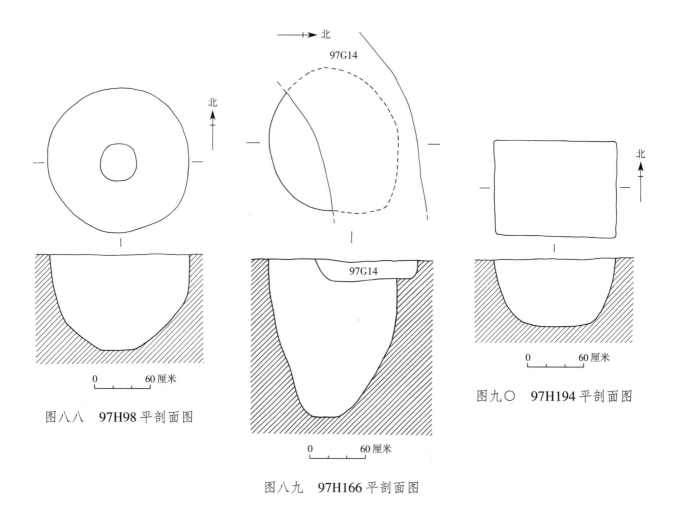

图八八　97H98 平剖面图

图八九　97H166 平剖面图

图九〇　97H194 平剖面图

陶网坠1件，还有动物骨等。

2. 水井

7口，分别为95J15、95J20、97J10、97J11、97J14、97J29、97J38。关于水井的结构和出土遗物的介绍详见附录二第四节。

（二）遗物

有建筑材料和构件、生活器具、工具、兵器、钱币和其他等。

1. 建筑材料和构件

有陶质建筑材料和木构件两类。

（1）陶质建筑材料

泥质陶，大多夹有细砂，多呈浅灰色，部分呈青灰色或灰褐色。有砖、板瓦和筒瓦。

砖　可复原宽度的有5块，均为长方砖，表面多模印有网格纹或串珠纹。标本95T1④：77，上、下两面均模印网格纹，灰褐色陶。残长26、宽18.5、厚5.5厘米（图九一，2）。标本95T1④：63，上、下两面均模印网格纹和串珠纹，浅灰色陶。残长17、宽14.5、厚4.0厘米（图九一，3）。标本97H76：5，素面，青灰色陶。残长18.6、宽15.8、厚4.0厘米（图版三九，1）。

板瓦　446件，均为碎块，未能复原。泥条盘筑而成，两侧有由内向外的切割痕。表面多光素，里面饰布纹。标本95T4④：17，表面一端有轮旋痕，另一端压印有短线段纹。浅灰色陶。残长31.4、残宽17.6、厚1.7厘米（图九一，1）。

筒瓦　172件，多为碎块，仅1件可复原宽度。泥条盘筑而成，瓦唇微翘起，两侧有由外向内的切割痕。表面光素，里面饰有布纹。标本95T1④：2，浅灰陶，表面呈深灰色。残长31、径17、厚2.0厘米，瓦唇残长5.0厘米（图版三九，2）。

（2）木构件

11件。形状、大小不一，部分凿有卯眼，部分带有凸榫。标本95T5④：26，呈"亚"字形，束腰，腰中部两侧向外凸出与两端齐，一面平，另一面由一端向另一端斜削过中部。长8.8、宽3.1、厚2.5厘米（图九二，1；图版三九，3）。标本95T2④：62，近长方形，在宽面居中位置凿一长方形卯眼。长9.4、宽5.9、厚5.2厘米，卯眼长3.0、宽2.5厘米（图九二，2；图版三九，4）。标本95T1④：78，由薄木片削成箭镞形。长10.8、宽2.5、厚0.55厘米（图九二，3）。标本95T1④：79，前部圆形，后部呈长方形，后端残。残长10.8、厚1.0厘米（图九二，4；图版三九，5）。标本95T2④：40，近长方形木片，截面呈楔形。长14.4、宽5.6~5.8、厚1.0~3.2厘米（图九二，5）。标本95T3④：48，近长方形，其中一端有一周凹槽。残长8.7、宽1.8~3.0、厚1.6厘米（图九二，6；图版三九，6）。标本95T1④：68，近长方板状，一端残断，一面微隆起，另一面平，两端均凿有6个长方形卯眼，内插有齿形排榫，其中一端卯眼外侧近中间位置有一圆形穿孔，另一端卯眼内侧两旁各有一个圆形穿孔。残长16.1、宽5.6~7.0、厚0.7~1.1厘米（图九二，7）。

2. 生活器具

有陶器、酱釉器、青釉器、漆器和玻璃器等。

（1）陶器

有泥质陶和夹砂陶。以泥质陶为主，多呈青灰色、灰褐色或浅灰色，少量呈黄白色，部分陶质坚致，大多陶质较粗松。夹砂陶较少，呈黄褐色或浅黄色。器形有四耳瓮、四耳罐、釜、器盖、

图九一　两晋、南朝第一期砖和瓦纹拓本

1. 板瓦（95T4④：17）　2.网格纹长方砖（95T1④：77）　3.网格纹、串珠纹长方砖（95T1④：63）

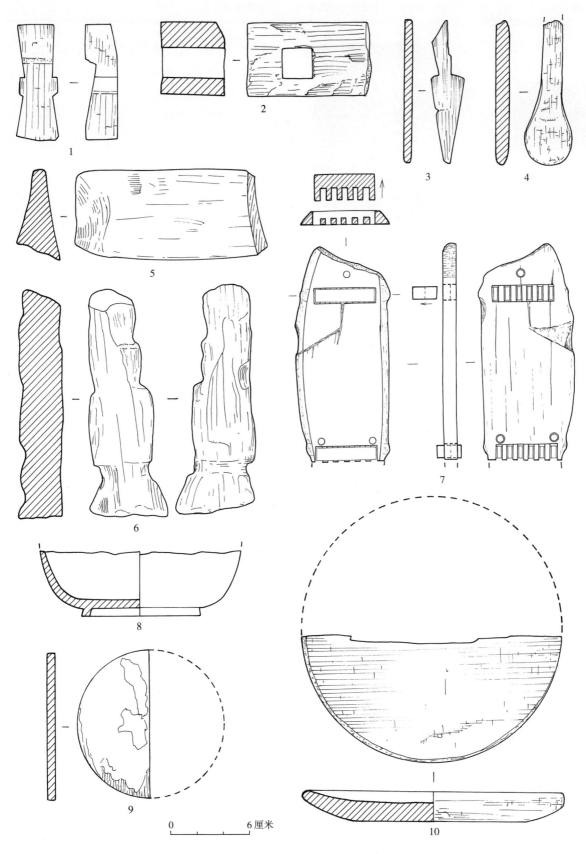

图九二　两晋、南朝第一期木构件和漆器

1~7.木构件（95T5④：26，95T2④：62，95T1④：78，95T1④：79，95T2④：40，95T3④：48，95T1④：68）　8.黑漆碗（95T5④：25）　9、10.漆器底板（95T1④：66，95T2④：57）

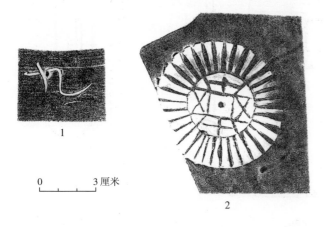

图九三　两晋、南朝第一期陶文和陶器纹饰拓本

1. "九"字（95T1④：69）　2. 钱形和射线纹（97T24⑦：20）

插座、臼等。瓮、罐类器表的肩部多饰一至二道旋纹，釜类腹底部多饰网格纹，部分器物肩部划写有陶文（图九三，1）。

四耳瓮　2件，可复原。肩上安四个半环形横耳。出土的两晋、南朝陶四耳瓮，根据口部和腹部的不同可分二型。

A型　1件（95T2④：26）。小口近直，圆唇，唇下旋出一周凸棱，圆肩，上腹圆鼓，下腹近直，平底内凹。肩部饰二道旋纹。泥质灰白陶，残。口径17.2、腹最大径36、底径31.4、高40.4厘米（图九四，1；图版四〇，1）。

B型　1件（97T14⑦：9）。广口微敛，圆唇，唇下旋出一周凸棱，溜肩，筒形腹，平底内凹。肩部饰二道旋纹。泥质红褐陶，局部呈青灰色，残。口径26、腹最大径34、底径29、高37厘米（图九四，2；图版四〇，2）。

四耳罐　可复原8件。在肩部安四个半环形横耳或竖耳。出土的两晋、南朝陶四耳罐形制基本一致。桶形腹，直口，圆唇，唇下旋出一道凸棱，平底或微内凹。肩部多饰一至二道旋纹。标本97T14⑦：1，口沿和外底部有叠烧痕，泥质青灰色陶，残。口径12.6、腹最大径17.1、底径14.5、高17厘米（图九四，5；图版四〇，3）。标本95T4④：6，泥质灰黄色陶，残。口径19、腹最大径20.5、底径20、高21厘米（图九四，6）。

釜　1件（95T2④：29）。敞口，口沿面微凹下，束颈，下腹部已残。器表饰网格纹，夹砂浅黄陶，残。口径28、残高5.4厘米（图九四，3）。

器盖　1件（95T2④：28）。子口，盖沿外展，盖面斜直向上，顶面平，纽残缺。顶面饰旋纹多道，泥质灰褐陶。最大径28.3、残高3.8厘米（图九四，4）。

插座　1件（97T46⑦：7）。出土的两晋、南朝陶插座，根据底座的不同可分二型。A型底座呈圆墩形，B型底座呈方墩形。这一期出土的插座属于A型。底座上面微隆起，顶面有圆形突台，台面平，中间有一圆形插孔，插孔上小下大。器表和底面饰多道旋纹。泥质灰白陶，残。底面径14.8、顶面径9.2、高6.0厘米，孔径2.8~4.4厘米（图九四，7；图版四〇，4）。

臼　2件。形制一致。敛口，平沿，弧腹，饼底外撇，足底面戳有许多小孔。外口沿下安两个半环形横耳或竖耳。标本95T2④：61，竖耳，系耳处饰二道旋纹。泥质灰褐色陶，稍残。口径11.6、底径10.2、高10.5厘米（图九四，8；图版四〇，5）。

（2）酱釉器

属于低温釉陶器，胎为泥质陶或夹砂陶，以泥质陶为主，多呈青灰色、浅灰色，部分呈灰黄色或灰褐色等。夹砂陶较少，呈黄褐色。器表内外满施酱色釉，无光泽，釉色多样，呈酱黑色、紫酱色、酱褐色或紫红色等。有四耳瓮、六耳瓮、四耳罐、镡、釜、盆、四耳盆、碗等器形。大多器表光素无纹或仅饰一至二道旋纹，瓮类器表戳印有钱形和射线纹（图九三，2）。

四耳瓮　2件。肩部安四个半环形横耳。出土的两晋、南朝酱釉四耳瓮，器形基本一致。直口微侈，折沿，尖圆唇，短颈，鼓腹，平底。根据肩部和腹部的变化可分二式。这一期出土的四耳瓮属于Ⅰ式。圆肩，上腹圆鼓，下腹敛收。标本95T1④：13，肩部饰一道旋纹。青灰色胎，内

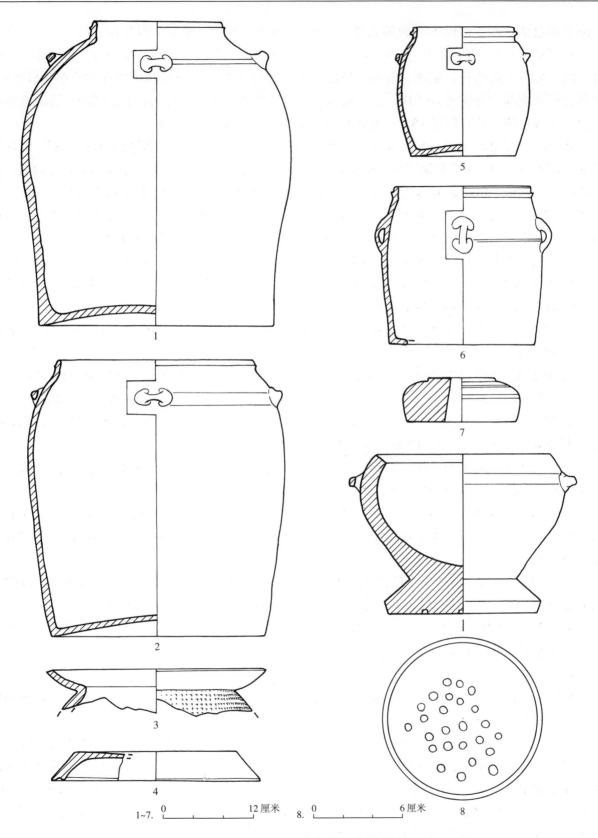

图九四 两晋、南朝第一期陶器

1. A 型四耳瓮（95T2④：26） 2. B 型四耳瓮（97T14⑦：9） 3. 釜（95T2④：29） 4. 器盖（95T2④：28） 5. 四耳罐（97T14⑦：1）
6. 四耳罐（95T4④：6） 7. A 型插座（97T46⑦：7） 8. 臼（95T2④：61）

外施紫褐色釉，残。口径24、腹最大径42、底径26.6、高39.3厘米（图九五，1）。

六耳瓮　1件（95T12④：22）。出土的两晋、南朝酱釉六耳瓮器形基本一致。盘形小口，圆唇，唇下旋出一道凸棱，束颈，鼓腹，肩部安四个对称的半环形横耳和两个对称的半环形竖耳。根据肩部和腹部的变化可分二式，这一期出土的六耳瓮属于Ⅰ式。耸肩，上腹圆鼓。器表施紫红色釉，青灰色胎，残。口径15.8、腹最大径32.8、残高19.2厘米（图九五，2）。

四耳罐　可复原18件。肩部安四个半环形横耳。出土的两晋、南朝时期酱釉四耳罐，根据腹部的不同可分三型。A型为桶形腹，根据口部的不同可分三个亚型，其中Aa型为直口，圆唇，唇下旋出一道凸棱，根据腹部的变化可分二式；Ab型为直口内敛，平沿，根据腹部变化可分二式；Ac型为侈口，平沿，短颈。B型为长圆腹，根据口部的不同可分两个亚型，其中Ba型为直口外侈，平沿，根据腹部变化可分三式；Bb型为敞口，尖唇，束颈。C型为球形腹。

第一期出土的四耳罐分属于Aa型Ⅰ式、Ba型Ⅰ式、Ba型Ⅱ式和Bb型。

Aa型Ⅰ式　15件。上腹部略鼓，下腹部弧收。标本97H194：6，肩部饰一道旋纹，青灰胎，釉呈紫褐色，残。口径18、腹最大径23、底径17.6、高22厘米（图九五，3；图版四一，1）。标本95T4④：1，肩部饰二道旋纹，黄褐色胎，釉呈紫褐色，残。口径19.4、腹最大径23.2、底径22、高19.4厘米（图九五，4）。

Ba型Ⅰ式　1件（97H166：3）。腹部最大径居中。上腹部饰一道旋纹，釉呈紫红色，浅灰胎，完好。口径10.1、腹最大径16.2、底径11.4、高15.3厘米（图九五，5；图版四一，2）。

Ba型Ⅱ式　1件（95T3④：26）。腹部最大径靠上。釉呈紫褐色，黄褐色胎，残。口径10.4、腹最大径16、底径11.7、高15厘米（图九五，6；图版四一，3）。

Bb型　1件（97H166：6）。腹部最大径靠上。肩部饰一道旋纹，釉呈紫褐色，青灰胎，残。口径9.4、腹最大径18、底径11.8、高16.1厘米（图九五，7；彩版四，1）。

镡　1件（95T5④：13）。双直口，内口尖唇，略高于外口，外口方唇，两口间有一周宽凹槽，溜肩，肩部以下残。内外施紫褐色釉，黄褐色胎，残。内口径8.8、外口径14.4、残高7.6厘米（图九六，1）。

釜　2件。两晋、南朝出土的酱釉釜，根据器口的不同可分二型。其中A型为敞口，根据腹部的变化可分二式；B型为浅盘口。第一期出土的酱釉釜属于A型Ⅰ式和B型。

A型Ⅰ式　1件（95T3④：43）。弧腹圜底。外口沿下饰一道弦纹，腹底部饰网格纹。内外满施紫褐色釉，夹砂黄褐色胎，残。口径21.8、腹最大径20、高15.6厘米（图九六，2；图版四一，4）。

B型　1件（95T5④：22）。弧腹，底部已残，腹部饰网格纹，中间饰一道旋纹。夹砂黄褐色胎，残。口径24、腹最大径22.7、残高13厘米（图九六，3）。

盆　可复原5件。出土的两晋、南朝酱釉盆的造型基本一致。直口微敛，宽平折沿，沿面微凹，方唇，上腹圆弧，下腹敛收，平底或平底微内凹。器外口沿下多饰二道旋纹，内外满施紫酱釉。标本97T14⑦：10，釉呈酱黑色，口沿有支垫痕，青灰胎，残。口径47、底径28.6、高15.9厘米（图九六，4；图版四一，5）。标本95T4④：20，外腹下部残存6个支垫痕。青灰胎，残。口径39.2、底径22.8、高14.4厘米（图九六，5）。

四耳盆　可复原3件。出土的两晋、南朝酱釉四耳盆的造型基本一致。敛口，平折沿，方圆唇，上腹圆弧，下腹敛收，平底微内凹，外口沿下饰四个半环形横耳，耳系处多饰二道旋纹。标

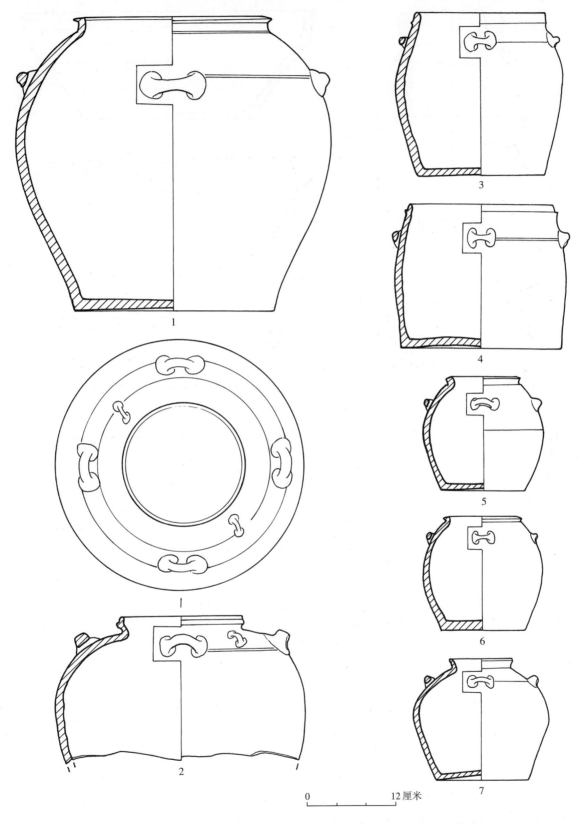

图九五　两晋、南朝第一期酱釉四耳瓮、六耳瓮和四耳罐

1. Ⅰ式四耳瓮（95T1④∶13）　2. Ⅰ式六耳瓮（95T12④∶22）　3. Aa型Ⅰ式四耳罐（97H194∶6）　4. Aa型Ⅰ式四耳罐（95T4④∶1）　5. Ba型Ⅰ式四耳罐（97H166∶3）　6. Ba型Ⅱ式四耳罐（95T3④∶26）　7. Bb型四耳罐（97H166∶6）

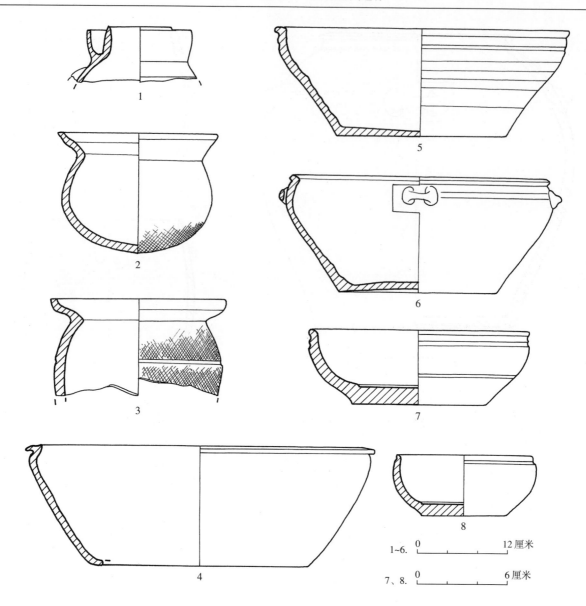

图九六　两晋、南朝第一期酱釉器

1. 罐（95T5④∶13）　2. A型Ⅰ式釜（95T3④∶43）　3. B型釜（95T5④∶22）　4. 盆（97T14⑦∶10）　5. 盆（95T4④∶20）
6. 四耳盆（95T5④∶14）　7. Ⅰ式碗（95T2④∶27）　8. Ⅰ式碗（97T15⑦∶11）

本95T5④∶14，釉呈紫褐色，青灰胎，残。口径34.4、底径21、高15.4厘米（图九六，6）。

碗　可复原4件。出土的两晋、南朝酱釉碗造型基本一致。直口或直口微外侈，圆唇，弧腹，个体有大、小两种。根据腹、底部和外口沿纹饰变化可分三式，其中Ⅰ式为浅弧腹，平底，内底呈圆形下凹，外口沿下常饰宽、深的旋纹；Ⅱ式浅弧腹，宽饼足，外口沿下常饰较细、浅旋纹；Ⅲ式为深弧腹，小饼足较高，足底旋削内凹，外施釉不及底。

这一期出土的酱釉碗属于Ⅰ式。标本95T2④∶27，口沿下饰二道旋纹，下腹有两道旋纹，口沿和内、外底均有支垫痕。青灰胎，残。口径14.6、底径8.8、高5.0厘米（图九六，7；图版四一，6）。标本97T15⑦∶11，外口沿下饰一道旋纹，浅灰胎，残。口径9.0、底径5.6、高4.0厘米（图九六，8）。

（3）青釉器

数量最多。胎多呈青灰色、灰白色，少量呈灰褐色，胎质较粗，硬度一般。内、外满釉，釉多呈青绿色，少量呈青黄色或青中发灰色，釉质莹润，玻璃质感强，多有细碎的开片。有少部分器物的釉与胎结合不好，釉已脱落。器形有四耳罐、鸡首壶、唾壶、熏炉、盆、洗、钵、碗、碟、器盖、垫饼等。罐、盆、洗类上腹部多饰一至二道旋纹或网格纹，碗、器盖类多饰一至二道旋纹。

四耳罐　可复原5件。出土的两晋、南朝青釉四耳罐，根据腹部的不同可分四型。A型为桶形腹，根据腹部的变化可分三式。B型为扁腹，根据肩、腹部的变化可分三式。C型上腹圆鼓，下腹敛收，根据器口的不同可分两个亚型，Ca型侈口，圆唇，束颈，根据肩部耳系的变化可分二式；Cb型广口，圆唇。D型为圆鼓腹，根据腹部的变化可分二式。第一期出土的青釉四耳罐属于A型Ⅰ式、B型和Ca型Ⅰ式。

A型Ⅰ式　1件（95T3④：45）。直口，圆唇，唇下旋出一道凹槽，上腹部略鼓，下腹斜直略向内收，平底微内凹。肩部饰二道旋纹。内外满釉，有开片。外底可见支垫痕。青灰胎，残。口径13.2、腹最大径21.4、底径18.2、高20.6厘米（图九七，7；图版四二，1）。

B型　3件。直口，扁腹，平底。分属于Ⅰ式和Ⅱ式。

Ⅰ式　2件。尖圆唇，丰肩，下腹斜直，器形较矮扁。标本95T12④：12，肩部饰网格纹，耳下饰一道旋纹。器表施青釉不到底。青灰胎，残。口径8.4、腹最大径11.6、底径6.6、高6.0厘米（图九七，1；图版四二，3）。

Ⅱ式　1件（95T3④：1）。圆唇，扁圆腹，最大径居中。内外满施青釉，有开片，耳系处点有2~7个褐色彩斑点纹。器口沿和外底可见支垫痕。青灰胎，残。口径6.0、腹最大径10.4、底径6.4、高6.8厘米（图九七，2；图版四二，4）。

Ca型Ⅰ式　1件（95T7④：17）。侈口，平沿，上腹圆鼓，下腹敛收，平底，肩上两侧各有一对半环形竖耳。肩部饰二道旋纹。器内外满施青釉，有开片。外底可见支垫痕。青灰胎，残。口径21.2、腹最大径28.6、底径14.8、高22.2厘米（图九七，6；图版四二，2）。

鸡首壶　1件（97H166：2）。出土的两晋、南朝青釉鸡首壶，根据鸡首、鸡尾以及耳系的变化可分二式。这一期出土的鸡首壶属于Ⅰ式。口部已残，束颈，溜肩，上腹圆鼓，下腹部向内敛收，平底微内凹。肩上一侧安一实心鸡首，对应一侧粘附一鸡尾，另外两侧各安一半环形竖耳，肩部饰二道旋纹。器表施青灰釉至近底部，露胎呈火石红痕。青灰胎。腹最大径12.6、底径6.4、残高10.9厘米（图九七，3；图版四二，5）。

唾壶　2件，其中1件可复原。标本97T29⑦：1，盘口，尖唇，短束颈，垂腹，饼足微内凹。外底有4个支垫痕。青灰胎，残。口径8.4、腹最大径14、足径10.4、高10.2厘米（图九七，5；彩版四，2）。

熏炉　1件（97T23⑦：1）。出土的两晋、南朝青釉熏炉根据口部、腹部和足底部的不同可分三型，A型子口内敛，腹壁弧凹，内底弧凹，喇叭形足；B型子口内敛，鼓腹，腹底部折收，内底下凹较深，底部接一粗柄，下接托盘；C型子口近直，弧腹，内底近平，底部接一柱状柄。第一期出土的熏炉属A型。足已残。器表施青黄釉，已脱落。浅灰胎。口径7.7、残高6.6厘米（图九七，4）。

盆　1件（95T1④：10）。敛口，圆唇，外口沿下有一道凹槽，弧腹，平底微内凹。上腹部饰网格带纹，器外施釉不到底，釉呈青灰色。青灰胎，残。口径17、底径11.5、高6.0厘米（图九

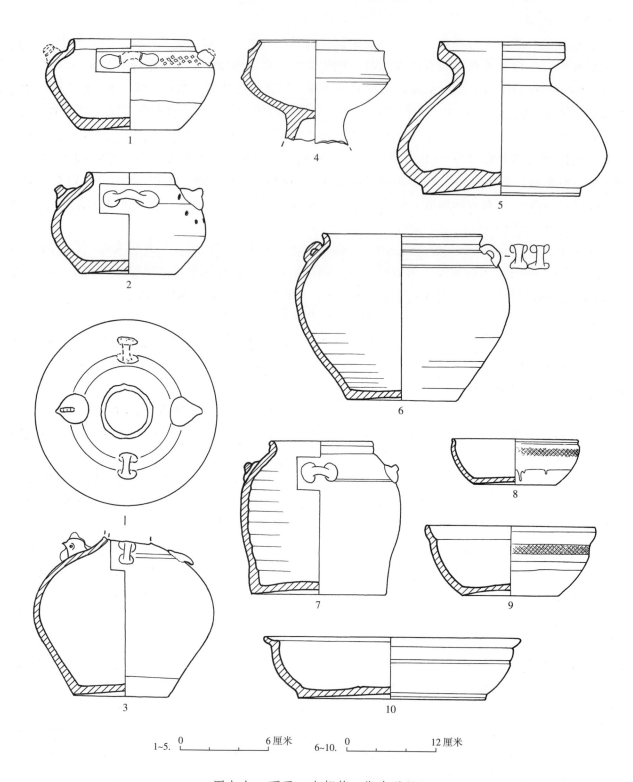

1~5. 0 _____ 6厘米　　　6~10. 0 _____ 12厘米

图九七　两晋、南朝第一期青釉器

1. B型Ⅰ式四耳罐（95T12④：12）　2. B型Ⅱ式四耳罐（95T3④：1）　3. Ⅰ式鸡首壶（97H166：2）　4. 熏炉（97T23⑦：1）
5. 唾壶（97T29⑦：1）　6. Ca型Ⅰ式四耳罐（95T7④：17）　7. A型Ⅰ式四耳罐（95T3④：45）　8. 盆（95T1④：10）　9. Ⅰ
式洗（95T2④：20）　10. Ⅱ式洗（95T3④：40）

七，8）。

洗　2件。浅盘口，沿面向内弧凹，圆唇，弧腹。根据器口和足底部的变化可分二式。

Ⅰ式　1件（95T2④：20）。沿面近斜直，平底内凹。唇下和下腹饰一道旋纹，上腹部饰网格带纹。器内和器外上腹部施青灰釉。青灰胎，残。口径22、底径12、高9.1厘米（图九七，9）。

Ⅱ式　1件（95T3④：40）。沿面向内斜弧，饼足。腹部饰一道旋纹，内底呈圆形凹下。内外满釉，釉质莹润有光泽，有开片。青灰胎，残。口径34.4、底径24.8、高8.2厘米（图九七，10）。

钵　可复原7件。出土的两晋、南朝青釉钵根据器口的不同可分三型。A型为敛口，根据腹部和底部的变化可分三式；B型为口向内错收；C型为侈口，根据足底部的变化可分二式。这一期出土的青釉钵属于A型Ⅰ式。圆唇，浅弧腹，宽平底。标本95T4④：7，器内满釉，器外施釉不到底。青灰胎，残。口径16、底径11.8、高7.0厘米（图九八，1）。标本97H166：38，内外满釉，青灰胎，残。口径17、底径8.0、高5.6厘米（图九八，2）。

碗　229件。出土的两晋、南朝青釉碗，造型基本一致。直口或直口微外侈，圆唇，弧腹，个体有大、小两种。根据腹、底部和外口沿下纹饰以及施釉的变化可分五式。Ⅰ式为浅弧腹，平底，内底呈圆形凹下，外口沿下饰宽、深旋纹，内外满釉；Ⅱ式为浅弧腹，宽饼足或矮圈足，内底呈圆形凹下，外口沿下饰较宽、深旋纹，内外满釉；Ⅲ式弧腹较深，宽饼足或矮圈足，部分内底呈圆形凹下，外口沿下饰细、浅旋纹，内外满釉；Ⅳ式为深弧腹，小饼足较高，外口沿下饰细、浅旋纹或素面，外施釉不到底；Ⅴ式为深弧腹，小饼足较高，足底外沿旋削凹下，外口沿下饰细、浅旋纹或素面，外施釉不到底。这一期出土的青釉碗分属于Ⅰ式和Ⅱ式。

Ⅰ式　138件。标本95H6：8，圆唇，外口沿下饰一道旋纹。器内底有4个支垫痕，器外近底部有5个支垫痕。青灰胎，残。口径12.3、底径6.4、高5.8厘米（图九八，3；图版四三，1）。

Ⅱ式　91件。标本95T3④：18，圆唇，外口沿下饰一道旋纹，口沿饰有褐色斑点，内底饰褐彩绘"十"字纹，器外近底部有5个支垫痕。青灰胎，残。口径7.3、底径4.4、高2.2厘米（图九八，4；彩版四，3）。标本97H166：32，圆唇，外口沿下饰一道旋纹，器外腹底部有4个支垫痕。部分釉已脱落，呈灰白色。青灰胎，残。口径12.6、底径7.3、高5.3厘米（图九八，6）。标本95T3④：27，尖圆唇，外口沿下饰一道旋纹，器内、外底部有支垫痕。釉呈青黄色。青灰胎，残。口径14.8、底径9.8、高6.7厘米（图九八，7）。标本95T1④：61，圆唇，外口沿下饰二道旋纹，器腹部有8个支垫痕。青灰胎，残。口径20.4、底径10.6、高8.4厘米（图九八，8；图版四三，2）。标本95T3④：33，器口沿施有褐色彩斑点纹，器内底和器外近底有支垫痕。青灰胎，残。口径20、底径12、高8.0厘米（图九八，9）。标本95T3④：2，圆唇，外口沿下饰一道旋纹，器内底有4个支垫痕，外底有5个支垫痕。青黄色釉，有开片。青灰胎，残。口径17.9、底径11.2、高7.2厘米（彩版四，4）。

碟　4件。出土的两晋、南朝青釉碟造型基本一致。敞口，尖圆唇，浅弧腹。根据底部的变化可分二式，Ⅰ式平底，Ⅱ式底部高起呈饼足状。这一期出土的青釉碟属于Ⅰ式。标本95T3④：9，口沿饰有褐彩斑点纹，器外底部有3个支垫痕。青灰胎，残。口径11、底径5.9、高2.5厘米（图九八，5；图版四三，3）。

器盖　可复原28件。出土的两晋、南朝青釉器盖根据器口和盖面的不同可分三型。A型为子口内敛，盖沿外展，盖面斜向上，顶面平，根据盖纽的不同可分三个亚型，Aa型为半环形纽，Ab型为桥形纽，Ac型为瓜棱形纽；B型器盖如一倒扣的碗，顶面平，半环形纽；C型为子口内敛，盖

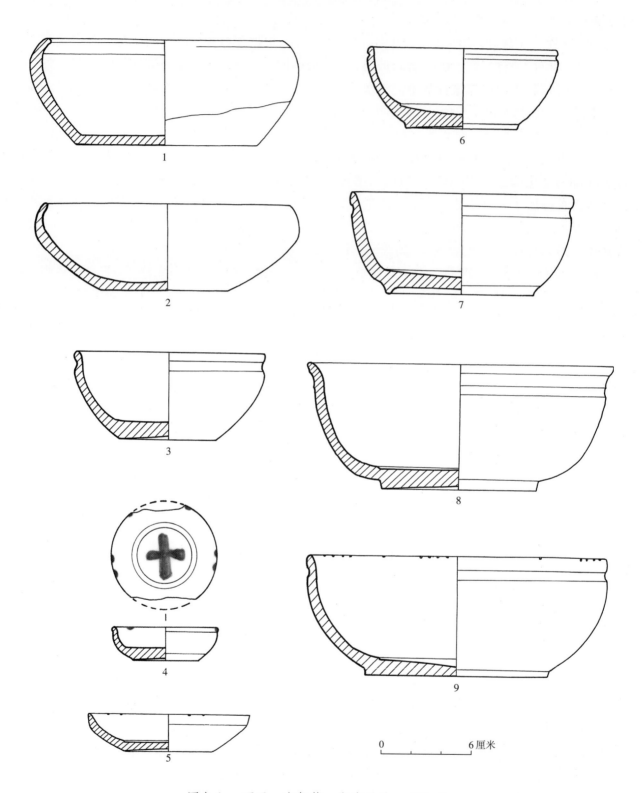

图九八　两晋、南朝第一期青釉钵、碗和碟

1. A型Ⅰ式钵（95T4④：7）　2. A型Ⅰ式钵（97H166：38）　3. Ⅰ式碗（95H6：8）　4. Ⅱ式碗（95T3④：18）　5. Ⅰ式碟（95T3④：9）　6. Ⅱ式碗（97H166：32）　7. Ⅱ式碗（95T3④：27）　8. Ⅱ式碗（95T1④：61）　9. Ⅱ式碗（95T3④：33）

面隆起，伞形纽。这一期出土的器盖分属于 Aa 型、Ab 型、Ac 型、B 型和 C 型。

Aa 型　20 件。盖顶面边沿饰一至二道旋纹。标本 95T7④：1，青灰胎，残。最大径 23.6、子口径 19、高 5.0 厘米（图九九，1；图版四三，4）。

Ab 型　1 件（95T4④：19）。盖顶面饰二道旋纹。青灰胎，残。最大径 18.8、子口径 14.4、高 5.8 厘米（图九九，3）。

Ac 型　1 件（95T3④：46）。盖顶面旋纹多道。青灰胎，残。最大径 15.4、子口径 13.8、高 3.8 厘米（图九九，2；图版四三，5）。

B 型　5 件。标本 97T15⑦：15，盖顶面饰二道旋纹，口沿和盖顶面边沿有支垫痕。青灰胎，残。最大径 15.5、高 6.0 厘米（图九九，4）。标本 95T4④：4，盖顶面饰三道旋纹，盖顶面边沿有 6 个支垫痕。青灰胎，残。最大径 10.2、高 3.2 厘米（图版四三，6）。

C 型　1 件（95T12④：2）。盖纽已残，盖顶面饰二道旋纹，边沿有支垫痕。浅灰胎，残。最大径 9.5、子口径 6.5、残高 2.8 厘米（图九九，5）。

垫饼　可复原 3 件。呈圆形，系由青釉瓷器底部残片磨成，边轮不甚规整。标本 95T1④：23，一面有青釉。青灰胎，完好。径 3.1、厚 0.7 米（图九九，6）。

（4）漆器

漆碗　1 件（95T5④：25）。口部已残，弧腹，圈足，足端平切。木胎，表面髹黑漆，漆面光亮。口残径 15.2、足径 8.8、残高 5.0 厘米（图九二，8；图版四四，1）。

漆器底板　2 件，残，复原呈圆形，表面髹黑漆，多已脱落。标本 95T1④：66，上下两面皆平。径 11.2、厚 0.6 厘米（图九二，9；图版四四，2）。标本 95T2④：57，呈浅盘形，表面微弧凹。径 20.0、厚 1.0~1.5 厘米（图九二，10）。

（5）玻璃器

瓶　1 件（97T26⑦：4）。瓶口残件，小口，宽平折沿，圆唇，细颈，颈以下残。表面不甚光滑，半透明状，呈浅绿色。瓶口外径 2.6~2.8、内径 0.9~1.1、残高 1.2、壁厚 0.3 厘米（图九九，7；彩版四，5）。

3. 工具

有陶器、酱釉器、青釉器、石器和铁器。

（1）陶器

有网坠、纺轮两类。

网坠　7 件。根据纵、横面压出凹槽的不同可分三型。

A 型　1 件（95T12④：1）。近圆饼形，面上压出一周凹槽。泥质灰白陶，完好。长径 3.2、短径 3.0、厚 2.0 厘米（图一〇〇，3）。

B 型　4 件。近椭圆形，在长径面和短径面上各压出一周凹槽。标本 97H194：2，泥质红褐陶，完好。长径 5.0、短径 4.8、厚 4.4 厘米（图一〇〇，4）。

C 型　2 件。近椭圆形，长径面上压出一周凹槽，短径面上压出二周凹槽。标本 95T2④：32，泥质灰白陶，完好。长径 7.2、短径 4.0、厚 2.9 厘米（图一〇〇，5）。

纺轮　1 件（97T31⑦：2）。算珠形。泥质灰陶，完好。最大径 2.4、高 2.3 厘米（图一〇〇，6）。

（2）酱釉器

纺轮　1 件（95T3④：47）。两晋、南朝出土的酱釉纺轮可分二型。A 型呈算珠形，中间有一

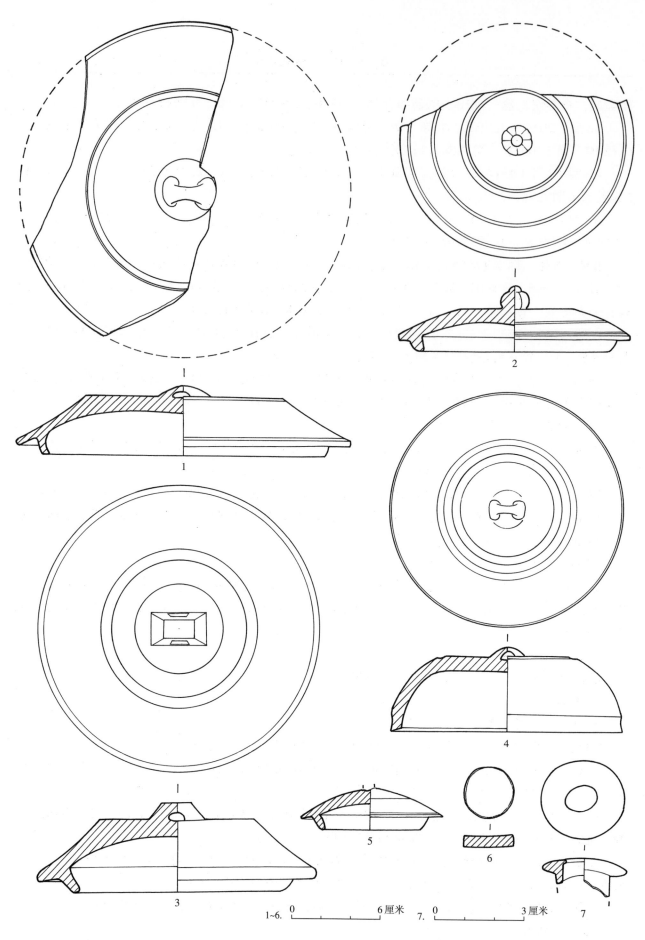

图九九　两晋、南朝第一期青釉器盖、垫饼和玻璃瓶

1. Aa 型青釉器盖（95T7④：1）　2. Ac 型青釉器盖（95T3④：46）　3. Ab 型青釉器盖（95T4④：19）　4. B 型青釉器盖（97T15⑦：15）
5. C 型青釉器盖（95T12④：2）　6. 青釉垫饼（95T1④：23）　7. 玻璃瓶（97T26⑦：4）

圆形穿孔；B 型呈圆饼形，中间有一圆形穿孔。这一期出土的纺轮属于 B 型。满施紫红色釉，完好。外径 4.2、内径 1.0、厚 1.1 厘米（图版四四，3）。

（3）青釉器

纺轮　1件（97T46⑦：8）。分型同酱釉纺轮，属于 B 型。圆饼形，中间有一圆形穿孔。满釉，完好。外径 2.3、内径 1.2~1.4、厚 1.4 厘米（图一〇〇，7；图版四四，4）。

（4）石器

网坠　2件。呈不规则形，纵、横面各打凿出一周凹槽。标本 95T12④：7，灰白色砂石，表面较为光滑，完好。长径 5.8、短径 5.8、厚 5.8 厘米（图一〇〇，2）。

砺石　2件。标本 95T2④：2，呈不规则长方形，一面磨光面。青灰色细沙石。残长 18.6、残宽 8.5、厚 6.0 厘米。

（5）铁器

有镰刀和钩、锥、削等器类。

镰刀　1件（95T1④：30）。弯月形，两端均残，内弧为刃。残长 24、宽 1.0~2.9 厘米（图一〇〇，1；图版四四，6）。

钩　1件（95T1④：64）。长条形，一端弯成钩状，中间粗，两端细，截面呈四棱形。长 12.7、最大宽 0.4 厘米（图一〇〇，8；图版四四，7）。

锥　2件。细长条形，截面呈圆形，前端成锋，后端残。标本 95T1④：83。残长 9.0、最大径 0.3 厘米（图一〇〇，9）。

削　1件（95T12④：3）。长条形，刀部钝，前端呈弧形，把手一端残断。残长 6.3、最宽 1.1 厘米（图一〇〇，10）。

铁片　1件（95T12④：27）。呈长方形薄片，表面涂有朱砂，两端均残。残长 6.0、宽 2.5、厚 0.6 厘米（图版四四，5）。

4. 兵器

有陶质、铁质和铜质兵器三大类。

（1）陶质兵器

有蒺藜、球和弹。

蒺藜　7件。四角锥形，每一锥角中心有一插孔。根据插孔的不同可分二型。A 型插孔呈圆形，B 型插孔呈方形。

A 型　6件。标本 95T2④：59，泥质黄褐陶，完好。高 7.5、孔径 0.5 厘米（图版四五，1右）。

B 型　1件（95T1④：26）。泥质红褐陶，完好。高 6.6、孔长 0.8、宽 0.5 厘米（图版四五，1左）。

球　1件（97T23⑦：4）。圆球形，表面粗糙。夹砂黄褐陶，完好。径 9.0 厘米（图版四五，2）。

弹　2件。圆珠形，表面粗糙。标本 97T46⑦：9，夹砂灰白陶，完好。径 3.0 厘米（图版四五，3）。

（2）铁质兵器

有刀、戟和环首刀。

刀　2件。形制一致。刀身直长，刀背平直，前端弧齐。刀把呈扁长三角形，两面平，可装

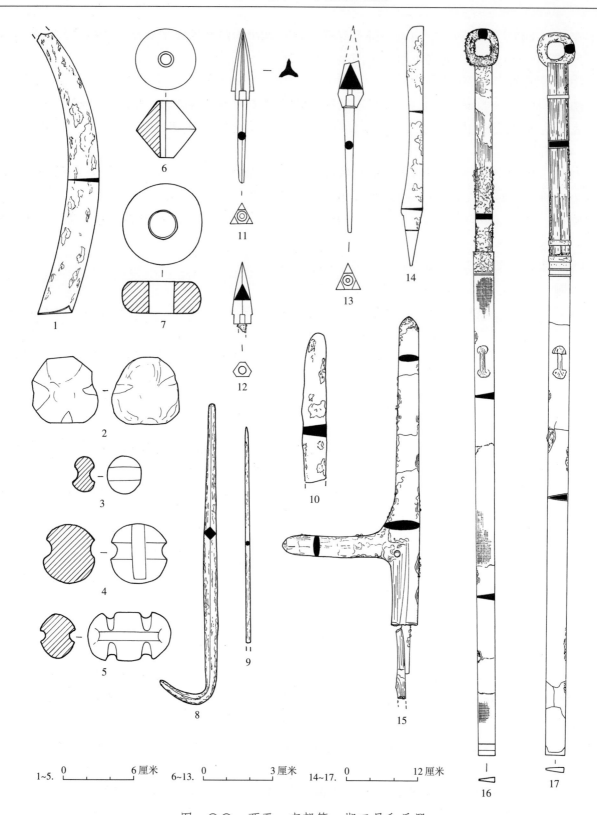

1~5. 0 ⊢━━━━━━┥ 6厘米   6~13. 0 ⊢━━━━━━┥ 3厘米   14~17. 0 ⊢━━━━━━┥ 12厘米

图一〇〇   两晋、南朝第一期工具和兵器

1. 铁镰刀（95T1④：30） 2. 石网坠（95T12④：7） 3. A型陶网坠（95T12④：1） 4. B型陶网坠（97H194：2） 5. C型陶网坠（95T2④：32） 6. 陶纺轮（97T31⑦：2） 7. B型青釉纺轮（97T46⑦：8） 8. 铁钩（95T1④：64） 9. 铁锥（95T1④：83） 10. 铁削（95T12④：3） 11. B型铁铤铜镞（97T20⑦：1） 12. A型Ⅰ式铁铤铜镞（97T31⑦：7） 13. A型Ⅰ式铁铤铜镞（97T19⑦：2） 14. 铁刀（95T3④：22） 15. 铁戟（95T5④：2） 16. 铁环首刀（95T5④：5） 17. 铁环首刀（95T5④：4）

木柄。标本95T3④：22，刃部微内凹，通长40、刀身长31.6、宽2.4~3.6、刀背厚0.3、刀把长8.4厘米（图一〇〇，14）。标本95T1④：31。残长42.8、刀身宽2.8、刀把长10.8厘米（图版四五，4）。

戟　1件（95T5④：2）。体呈"卜"字形，刺细长而扁，与胡相连。援较长，与刺、胡垂直，根部弧状连接。胡端有长条形柄可附木柲，残存木柲一段。刺、援、胡部套有竹木胎的鞘，表面髹黑漆。胡与刺夹角处的木竹片有一卯钉固定木柲。总长64.4、刺长35厘米（图一〇〇，15；彩版四，6）。

环首刀　3件。形制、大小基本一致。刀身窄长而直，前端稍窄，其外套有木胎刀鞘，外捆包丝布后再髹黑漆。鞘的顶端箍有铜帽，鞘口处套有铜箍，距鞘口12厘米处的一侧有一穿带的竖形革秘。刀柄呈窄长方形，截面呈长方形，其外夹有竹木片，竹木片外再包丝布，两端各有一个铁箍夹紧竹木片。刀身与刀把间为铁格，柄端接一圆环。标本95T5④：5，通长122、刀身长81.6、宽2.9~3.6、刀背宽0.9~1.2厘米，环径5.0、格长3.0厘米（图一〇〇，16；图版四五，5上）标本95T5④：3，通长122厘米（图版四五，5中）。标本95T5④：4，鞘端铜帽已失。通长121.5厘米（图一〇〇，17；图版四五，5下）

（3）铜质兵器

镞　3件，均铁铤铜镞。出土的两晋、南朝铜镞，根据镞本截面的不同可分三型。A型镞本截面呈三角形，根据有无血槽可分二式；B型镞本截面呈三翼式，圆柱形中脊；C型镞本截面呈三菱形。这一期出土的铜镞分属于A型Ⅰ式和B型。

A型Ⅰ式　2件。镞本无血槽。标本97T31⑦：7。残长3.1、镞体长2.7厘米（图一〇〇，12）。标本97T19⑦：2，前锋残断，铁铤细长，向后渐细。残长7.2、镞体残长1.6、铁铤长5.6厘米（图一〇〇，13）。

B型　1件（97T20⑦：1）。关截面呈六棱形，铁铤细长，向后渐细。通长6.5、镞长3.1、铤长3.4厘米（图一〇〇，11）。

5. 钱币

11枚。均为铜钱，有"半两"、"五铢"、"大泉五十"、"货泉"和"大泉二千"。

"半两"　1枚（97T21⑦：7）。无内外郭，背面素平，"两"字"从"部写成"一"横。钱径2.58、穿宽0.98、厚0.11厘米，重2.8克（图一〇一，1）。

"五铢"　5枚。正面有外郭无内郭，背面有内外郭。根据"五"字的变化可分三型。

A型　1枚（97T20⑦：12）。"五"字缓曲相交。钱径2.55、穿宽1.0、外郭宽0.12、外郭厚0.17厘米，重3.7克（图一〇一，2）。

B型Ⅰ式　2枚。"五"字两笔相交后缓曲较甚，无钱文符号。标本97T22⑦：4，钱径2.48、穿宽0.96、外郭宽0.1、外郭厚0.12厘米，重2.4克（图一〇一，3）。

C型Ⅰ式　2枚。"五"字两笔相交后平行，无钱文符号。标本97T30⑦：2，钱径2.6、穿宽1.09、外郭宽0.16、外郭厚0.14厘米，重2.25克（图一〇一，4）。

"大泉五十"　2枚。有内外郭，钱文字体清晰。标本97T24⑦：4，"大"字呈窄肩型，"十"字残缺。钱径2.76、穿宽0.75、外郭宽0.24、外郭厚0.29厘米，残重4.5克（图一〇一，5）。标本97T30⑦：3，"大"字残缺。钱径2.62、穿宽0.9、外郭宽0.17、外郭厚0.21厘米，残重1.8克（图一〇一，6）。

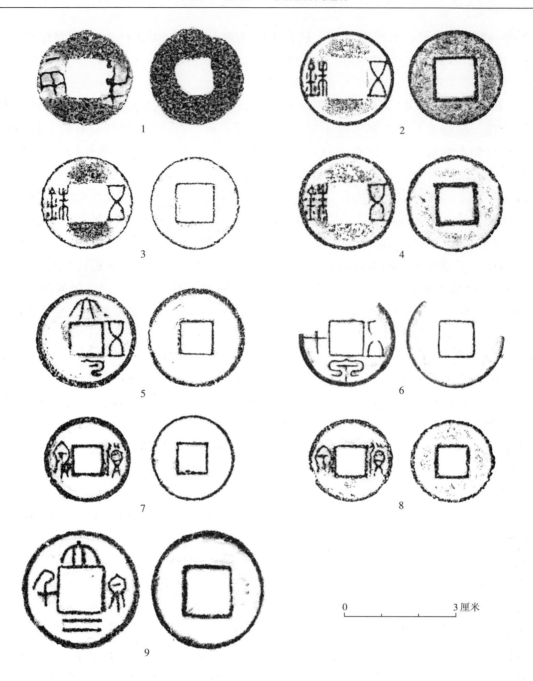

图一〇一　两晋、南朝第一期铜钱拓本

1. "半两"（97T21⑦：7）　2. A型"五铢"（97T20⑦：12）　3. B型Ⅰ式"五铢"（97T22⑦：4）　4. C型
Ⅰ式"五铢"（97T30⑦：2）　5. "大泉五十"（97T24⑦：4）　6. "大泉五十"（97T30⑦：3）　7. "货泉"
（97T46⑦：3）　8. "货泉"（97T46⑦：4）　9. "大泉二千"（95T12④：9）

"货泉"　2枚。有内外郭，钱文字体较清晰。标本97T46⑦：3，钱径2.32、穿宽0.73、外郭宽0.16、外郭厚0.14厘米，重1.8克（图一〇一，7）。标本97T46⑦：4，钱径2.25、穿宽0.77、外郭宽0.17、外郭厚0.15厘米，重2.6克（图一〇一，8）。

"大泉二千"　1枚（95T12④：9）。有内外郭，钱文字体清晰，"大"字呈丰肩型。钱径3.2、穿宽1.15、外郭宽0.27、外郭厚0.26厘米，重8.8克（图一〇一，9）。

6. 其他

（1）陶器

动物模型 2件。标本97T16⑦：4，骆驼，残存头部和颈部。夹细砂浅灰陶。残高7.0厘米（图一〇二，4）。标本95T3④：21，鸭形动物，残存下身部分，表面刻有羽毛纹。泥质红褐陶。残长8.2、残高5.8厘米（图一〇二，5）。

坐俑 1件（97T41⑦：2）。裸坐俑，头部和双手及左腿已残缺，两腿曲于胸前。脊背有一直凹槽，底面平，中心有一小圆孔。青灰胎，表面施紫褐色釉。残高15.7厘米（图一〇二，6；图版四六，1）。

管珠 1件（97T20⑦：4）。扁圆形，上下面平，中间有一圆形穿孔。泥质红陶，完好。径0.9、孔径0.25、高0.7厘米（图一〇二，1）。

权 3件。出土的两晋、南朝陶权根据器形的不同可分三型。A型呈圆锥形，B型呈四面锥形，C型为半球形。这一期出土的陶权分属于A型和B型。

A型 1件（97T31⑦：4）。顶部已残，近顶部有一横向圆形穿孔。夹砂灰白陶。残高7.5、底面径6.3厘米，残重468.7克（图一〇二，8）。

B型 2件。底面呈方形或长方形，顶面圆弧，近顶部有一横向圆形穿孔。标本97T23⑦：3，夹砂浅黄褐陶，完好。高8.2、底面长6.7、宽5.3厘米，重326.8克（图一〇二，7；图版四六，2）。

（2）青釉器

权 1件（97T45⑦：13）。呈瓜棱形，底面平，顶面系已残。青灰胎，残。底面径10.8、残高4.6厘米（图一〇二，9；图版四六，3）。

三足砚 3件。底部承接三足，出土的两晋、南朝三足砚根据口沿的不同可分二型。A型为敞口，口沿面有一道贮水凹槽，根据内底面的变化可分二式；B型为子口状，尖圆唇，口外沿面较宽，根据内底的变化可分三式。这一期出土的三足砚分属于A型Ⅰ式和B型Ⅰ式。

A型Ⅰ式 1件（95T1④：62）。浅腹，内底面近平，外底略向内凹。底部承接三个蹄形足，通体施青釉。青灰胎，残。口径17.2、残高3.6厘米（图一〇二，11）。

B型Ⅰ式 2件。浅腹，内底面近平，外底面略向内凹。标本97H166：7，底部承接三个柱状足，器内壁和内底露胎，呈红褐色，其余均施青釉。青灰胎，残。口径20、高5.2厘米（图一〇二，12）。

（3）铁簪

1件（95T1④：29）。弯成"U"字形，一端尖细，另一端扁宽，截面呈三角形，簪体截面呈长方形。展开长约21.0厘米（图一〇二，3；图版四六，6）。

（4）铜铃

1件（97T31⑦：8）。外似一纽钟形。横断面呈扁椭圆形，顶面平，中间有一半环形纽，内挂有一枚铜锤，下端与铃壁锈粘在一起。完好。通高3.3、宽1.6~2.8、厚1.1~1.8厘米（图一〇二，2；图版四六，5）。

（5）角器

1件（97H76：4）。呈弧弯形，一端为角尖，另一端有切割痕，中间近粗端钻有一圆孔。长10.4、孔径0.3厘米（图一〇二，10；图版四六，4）。

（6）动、植物遗存

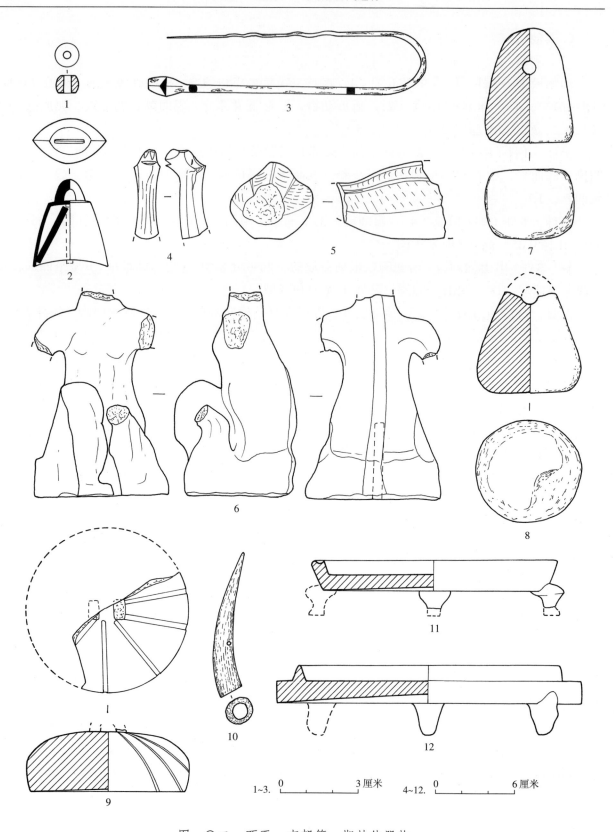

图一〇二　两晋、南朝第一期其他器物

1. 陶管珠（97T20⑦：4）　2. 铜铃（97T31⑦：8）　3. 铁簪（95T1④：29）　4. 陶骆驼（97T16⑦：4）　5. 陶鸭形动物（95T3④：21）
6. 陶坐俑（97T41⑦：2）　7. B型陶权（97T23⑦：3）　8. A型陶权（97T31⑦：4）　9. 青釉权（97T45⑦：13）　10. 角器（97H76：4）
11. A型Ⅰ式青釉三足砚（95T1④：62）　12. B型Ⅰ式青釉三足砚（97H166：7）

　　出土的动物遗存较丰富，而植物遗存较少。经鉴定，动物骸骨的种类有河蚬、蚝蛎、软骨鱼。猪、梅花鹿、马、黄牛、水牛和其他哺乳动物等（详见上编第五章第四节《南越宫苑遗址出土动物骨骼研究报告》）。

二　第二期遗存

（一）地层和遗迹

　　第二期的地层有蕃池遗迹发掘区95③层和曲流石渠遗迹发掘区97⑥b层。有房址、水井、灰坑和沟（渠）等遗迹，这些遗迹主要分布于蕃池遗迹发掘区南部和曲流石渠遗迹发掘区中部（图一○三、一○四）。

1. 房址

1座，编号97F12。位于曲流石渠遗迹发掘区的东南部，跨越97T7、97T8、97T11和97T12

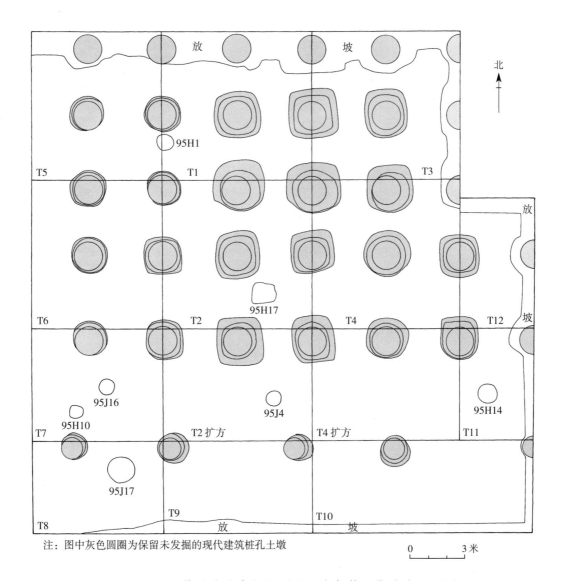

注：图中灰色圆圈为保留未发掘的现代建筑桩孔土墩

0　　　　3米

图一○三　蕃池遗迹发掘区两晋、南朝第二期遗迹平面图

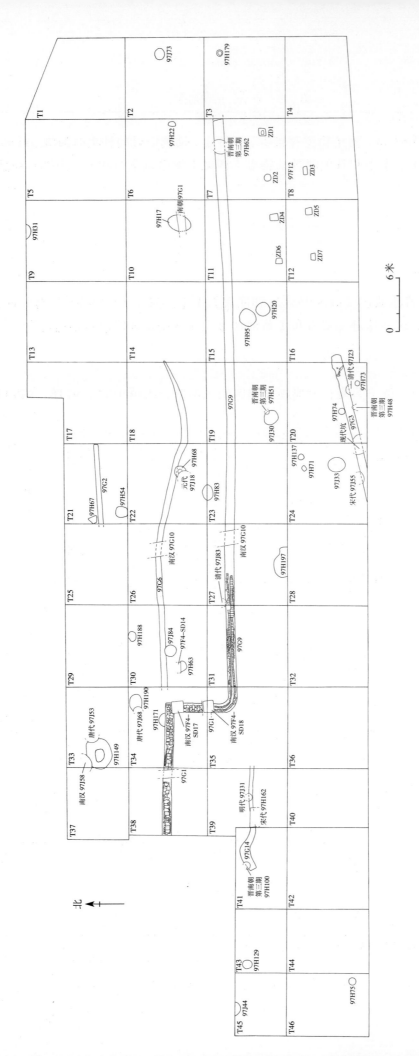

图一〇四　曲流石渠遗迹发掘区西晋、南朝第二期遗迹平面图

四个探方。开口于97⑥b层下，打破97⑦层。台基和门道等已无存，仅存南北两排柱洞共7个，以南北柱洞轴线为准，方向为北偏西9°。柱洞东起由北往南向西分别编号为97F12-ZD1~ZD7。柱洞呈长方形或圆形，只有一个柱洞底部尚存有础石，柱洞内填充较纯净的红色黏土。每个柱洞的情况介绍如下：

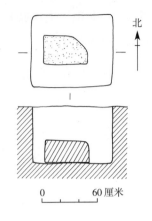

图一〇五　　97F12-ZD1
平剖面图

97F12-ZD1　平面呈长方形，东西0.88、南北0.76、残深0.65米，底部居中位置有一近长方形石块，东西0.32、南北0.18~0.26、厚0.08米（图一〇五）。

97F12-ZD2　平面呈圆形，径0.8、深0.69米。

97F12-ZD3　平面呈长方形，东西0.91、南北0.52、残深1.13米。

97F12-ZD4　平面呈长方形，东西0.68~0.83、南北1.02、残深0.74米。

97F12-ZD5　平面呈长方形，东西0.76、南北0.74、残深0.8米。

97F12-ZD6　平面呈长方形，东西0.66~0.8、南北0.74、残深0.62米。

97F12-ZD7　平面呈长方形，东西0.86、南北0.55、残深0.43米。

97F12-ZD1、ZD2、ZD4、ZD6之间的中心间距分别为5.0、4.54、4.78米。97F12-ZD3、ZD5、ZD7之间的中心间距分别为4.5、4.96米。97F12-ZD2与ZD3、ZD4与ZD5、ZD6与ZD7之间的中心间距分别为4.32、4.03、3.83米。

2. 水井

8口，分别为95J4、95J16、95J17、97J30、97J33、97J44、97J73、97J84。有关水井的结构与出土遗物的介绍详见附录二第四节。

3. 灰坑

26个，分别为95H1、95H10、95H14、95H17、97H17、97H20、97H22、97H31、97H54、97H67、97H68、97H71、97H73、97H74、97H75、97H83、97H95、97H129、97H137、97H149、97H163、97H171、97H179、97H188、97H190、97H197。根据这些灰坑的形状可分两大类。

（1）坑口平面多呈不规则形，坑壁弧形内收，圜底或底部近平。这一类坑有17个，分别为95H10、95H17、97H17、97H22、97H31、97H54、97H67、97H71、97H83、97H95、97H129、97H149、97H163、97H171、97H188、97H190、97H197。现举例介绍如下：

95H17　位于95T2东部，开口95③层下，打破95④层。坑口东西1.38、南北1.09、深0.21米。坑内堆积散乱的马骨，其中有下颌骨、椎骨、肩胛骨、胫骨等，似是一匹马的骸骨，应是食后弃置的（图一〇六；图版四七，1）。

97H95　位于97T15中部，开口于97⑥b层下，打破97⑦层和南越国宫苑曲流石渠遗迹。坑口东西1.8、南北1.72、底径0.7、深0.87米（图一〇七；图版四七，2）。坑内为灰黑土堆积，夹有细沙，土质疏松。内有大量被扰动的南越国曲流石渠渠壁石块，还有较多的网格纹长方砖，出土Aa型青釉器盖1件。

97H149　位于97T33西部，开口于97⑥b层下，打破97⑦层和97H174，被97J53和97J58打破。坑口东西3.22、南北2.92米，坑底东西1.34、南北1.12、深1.58米（图一〇八）。坑内为

灰褐土堆积，土质疏松，夹杂有木炭和竹片等。出土遗物丰富，有Ⅰ式酱釉四耳瓮1件、Aa型Ⅰ
式酱釉四耳罐2件、Ba型Ⅱ式酱釉四耳罐1件、Ⅰ式青釉碗24件、Ⅱ式青釉碗6件、Aa型青釉

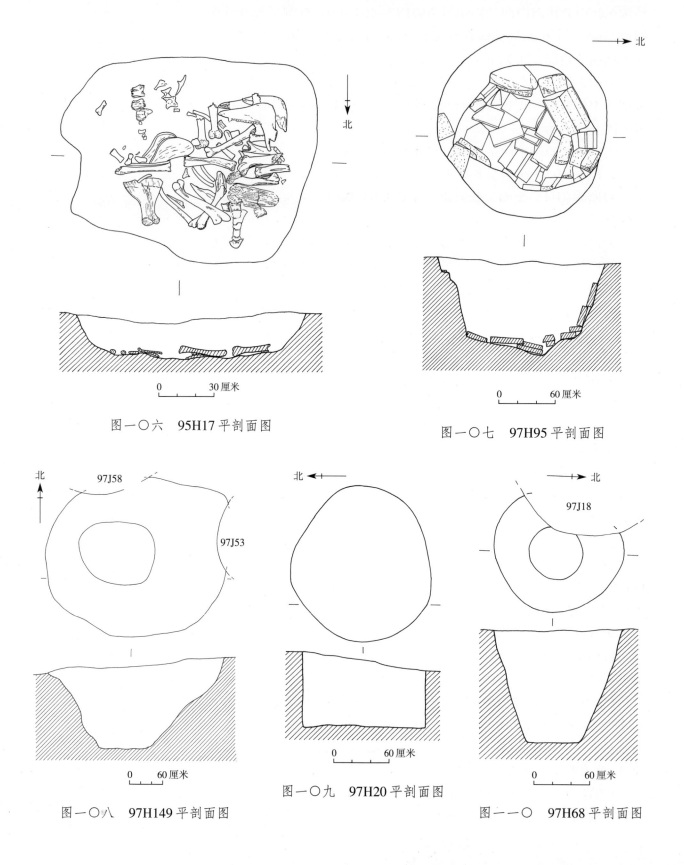

图一〇六　95H17平剖面图

图一〇七　97H95平剖面图

图一〇八　97H149平剖面图

图一〇九　97H20平剖面图

图一一〇　97H68平剖面图

器盖 2 件、B 型青釉器盖 1 件、B 型 II 式青釉三足砚台 1 件、A 型陶蒺藜 1 件、A 型陶网坠 3 件、B 型酱釉纺轮 1 件、南越国"奴利"瓦文 1 件，还有动物骨等。

（2）坑口平面近呈圆形或椭圆形，坑壁垂直或斜直，平底。这一类坑有 9 个，编号为 95H1、95H14、97H20、97H68、97H73、97H74、97H75、97H137、97H179。现举例介绍如下：

97H20　位于 97T15 南部，开口于 97⑥b 层下，打破 97⑦层及南越国曲流石渠至渠底石板面。坑壁垂直，坑口东西 1.64、南北 1.54、深 0.8 米（图一〇九；图版四七，3）。坑内为灰褐色土堆积，土质松软。出土 Aa 型 I 式酱釉四耳罐 1 件、I 式青釉碗 4 件、II 式青釉碟 1 件、Aa 型青釉器盖 1 件、C 型青釉器盖 1 件，此外，还有网格纹长方砖和动物骨等。

97H68　位于 97T22 中部，开口于 97⑥b 层下，打破 97⑦层、97G6 和南越国曲流石渠遗迹，西部被 97J18 打破。坑口和坑底平面呈圆形，坑壁斜直，坑口径 1.36、底径 0.5、深 1.2 米（图一一〇）。坑内为灰黑色土堆积，夹杂有炭屑，土质疏松。出土 I 式青釉碗 3 件、II 式青釉碗 2 件、Aa 型青釉器盖 1 件、C 型青釉器盖 1 件、青釉双耳罐 1 件、D 型 II 式青釉四耳罐 1 件、A 型陶网坠 1 件、滑石盆 1 件。

4. 沟（渠）

5 条，均位于曲流石渠遗迹发掘区，分别为 97G2、97G3、97G6、97G9、97G14，除 97G9 为砖砌暗渠外，其余均为灰沟。举例介绍如下：

97G3　位于 97T16、97T20、97T24 等探方的南部，开口于 97⑥b 层下，打破 97⑦层，被一个现代坑和 97J23、97J55、97H48 打破。平面呈长条形，东北—西南走向，东端已到尽头，向西南延伸出发掘区外，现长约 16.8 米。沟壁弧收，圜底，底部呈西高东低，口部南北宽 0.9~1.22、沟深 0.47~0.72 米（图一一一；图版四九，1）。沟的东头略宽，内有大量的红烧土块、烧结的铁渣块以及呈红褐色的陶风管等，西段沟内为灰褐色土堆积，夹杂有木炭屑。出土 B 型 II 式"五铢"钱 1 枚、II 式青釉碗 1 件、B 型陶网坠 1 件、陶纺轮 2 件、砺石 1 件、陶风管 3 件。从沟内堆积及沟的形制判断这可能是一处与铸冶有关的遗迹。

97G9　位于曲流石渠遗迹发掘区中部，东西向跨越 97T7、97T11、97T15、97T19、97T23、97T27、97T31、97T34、97T35、97T38 等探方。开口于 97⑥b 层下，打破 97⑦层，被 97G1、97F4-SD17、97F4-SD18、97J83、97H62 打破，被 97G10 叠压部分未发掘。渠体平面呈曲尺形，西起往东 13.3 米呈直角折向南，往南 6.5 米后呈圆角转向东，渠的东端已被破坏无存，向西则延伸出发掘区外，已揭露部分长约 85.4 米（图一一二；图版四八，1）。渠的中、西部长约 34.9 米一段尚保存有砖砌的渠体，部分还保留有顶盖。砖砌一段渠体外宽约 1.0、渠内底宽 0.32~0.38、深 0.45~0.75 米。渠的两壁直砌高 0.2~0.37 米后改为叠涩式砌筑，渠内拱高约 0.37 米（图一一二，A、B；图版四九，3），顶部用石块和碎砖块等封盖，其中顶部碎砖有不少是利用南越国时期的印花砖来砌筑（图版四九，2）。渠体的东段未发现有砖砌的渠壁，可能是后期破坏所致，这一段渠口宽 0.96~1.0 米，残深 0.32~0.4 米，圜底（图版四八，2）。根据全站仪测量数据显示，渠底标高呈西高东低，东西水平落差 0.16~0.2 米。渠壁用砖多为长方砖，少量为长方楔形砖，呈红黄色或灰色，以素面为主，也有部分砖的两面均模印有网格纹，或一面模印有方格纹和三角形纹组合等，砖的规格多样。渠内堆积为灰褐色淤土，近底部为粗沙，较纯净。遗物较少，有 II 式青釉碗 1 件。渠的做法是先挖好一条宽约 1.0、深 1.0 米的沟槽，接着稍平整底部，继而在沟底两侧砌筑渠壁，上盖用碎砖和石块封顶，最后是用较纯净红黄土回填。

（二）遗物

有建筑材料、生活器具、工具、兵器、钱币和其他等。

1. 建筑材料

均为陶质，有砖、板瓦、筒瓦和瓦当等。

（1）砖

主要用于砌筑97G9渠壁，其他遗迹和地层出土较少。多为长方砖，少量为长方楔形砖。泥质陶，夹有一些较粗的砂粒，多呈红色、浅红色或浅黄色，部分呈青灰色或灰白色，陶质不甚坚硬。大部分砖素面，也有不少的砖面模印有网格纹、菱形纹、钱纹和叶脉纹、莲花纹或鱼纹等，少量模印有吉颂语或纪年款等。

网格纹长方砖　26块。多是上、下两面均模印网格纹，只有少量是模印一面，纹饰略有不同。标本95H1∶1，青灰陶。长34、宽16、厚4.5厘米（图一一三，1；图版五〇，1）。标本97T11⑥b∶16，长方楔形砖，浅红陶。长33.8、宽13.6、厚2.0~4.1厘米（图一一三，2；图版五〇，2）。标本97G9∶8，灰白陶。残长18、宽15.5、厚4厘米（图一一三，3）。

菱形纹长方砖　1块（97T34⑥b∶3）。楔形，上、下两面模印菱形纹。红陶。残长15.5、宽16、厚2.0~4.5厘米（图一一三，4）。

莲花纹、网格纹长方砖　1块（标本97T21⑥b∶3）。砖的一面模印重瓣莲花纹，另一面模印网格纹。红陶。残长12.6、宽16、厚3.3厘米（图一一三，5；图版五〇，3）。

钱纹、叶脉纹长方砖　1块（97G9∶13）。上、下两面均模印有钱纹和叶脉纹，红陶。残长20、宽15.5、厚4.5厘米。印模呈长方形，残长13.2、宽8.7厘米（图一一三，6）。

钱纹、树叶纹长方砖　1块（97T22⑥b∶8）。上、下两面均模印有相同纹饰，用双竖线和斜线组合分隔成五个区间，区间内饰钱纹和树叶纹，红陶，残。长36.7、宽16.8、厚4.4厘米。印模呈长方形，两端略呈弧形，长33.4、宽9.3厘米（图一一四，1）。

钱纹、斜线和竖线纹长方砖　1块（97G9∶12）。上、下两面均模印有钱纹和斜线纹以及竖线纹，红陶，稍残。长33.3、宽16.4、厚4.3厘米。印模呈长方形，长28.4、宽6.8厘米（图一一四，2）。

鱼纹长方砖　1块（95T5③∶1）。砖的上、下两面均模印四条鱼形纹饰。红陶。残长13.5、宽14.5、厚3.6厘米（图一一三，7；图版五〇，4）。

三角纹、方格纹长方砖　2块。砖的一面模印由复线三角纹和方格纹组成的纹饰带。标本97G9∶8，灰陶。残长22、宽17.5、厚5.3厘米。印模呈长方形，长16、宽6厘米（图一一三，8）。

绳纹、三角形纹长方砖　1块（97G9∶6）。楔形，上、下两面均模印细、密绳纹，一侧面模印三角纹和竖线纹。灰陶，稍残。残长17.2、宽15.3、厚5.3厘米（图一一四，3）。

莲花纹长方砖　1块（97T43⑥b∶1）。砖的一面残存3朵莲花纹，另一面素面。灰陶。残长31、宽23.5、厚7.0厘米（图一一四，4；图版五〇，5）。

手指印纹长方砖　3块。为手指心或手指背按下的印纹。标本97T35⑥b∶11，灰陶。残长17.2、宽19、厚5.6厘米（图版五〇，6）。标本97G9∶4，灰陶，长34.0、宽19、厚4.8厘米（图一一四，5）。标本97G9∶5，为左手指背留下的印纹，指甲和指背纹清晰可辨。灰陶。残长23.6、宽18.7、厚5.0厘米（图一一四，8）。

图一一三　两晋、南朝第二期长方砖纹饰拓本

1.网格纹（95H1：1）　2.网格纹（97T11⑥b：16）　3.网格纹（97G9：8）　4.菱形纹（97T34⑥b：3）　5.莲花纹、网格纹（97T21⑥b：3）　6.钱纹、叶脉纹（97G9：13）　7.鱼纹（95T5③：1）　8.三角纹、方格纹（97G9：8）

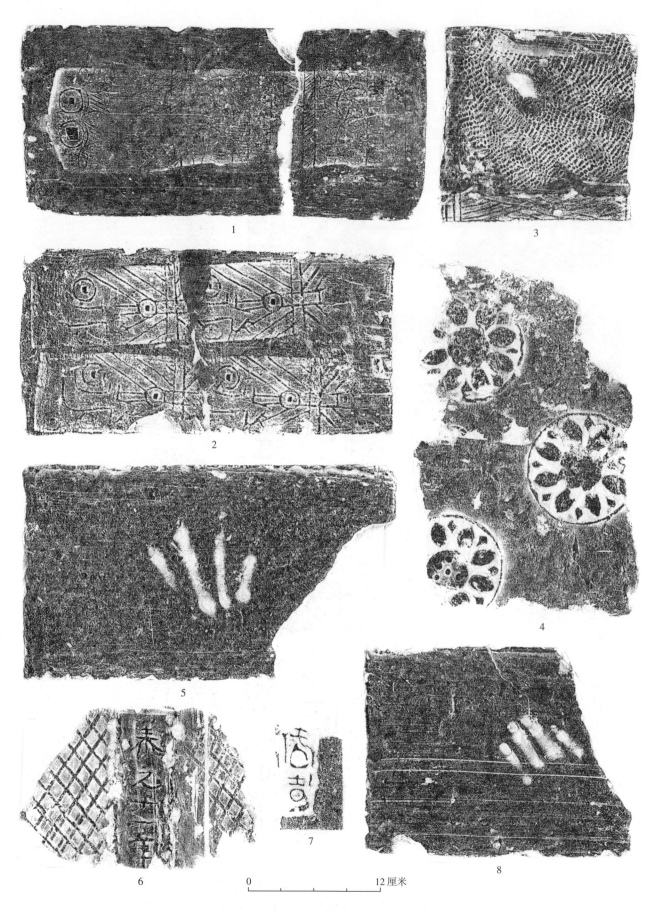

图一一四　两晋、南朝第二期砖纹和砖文拓本

1. 钱纹、树叶纹（97T22⑥b：8）　2. 钱纹、斜线、竖线纹（97G9：12）　3. 绳纹、三角形纹（97G9：6）　4. 莲花纹（97T43⑥b：1）
5. 手指印纹（97G9：4）　6. "泰元十一年"纪年款（97T1⑥b：4）　7. "□吉"款（97T46⑥b：10）　8. 手指印纹（97G9：5）

"泰元十一年"纪年款长方砖　1块（97T1⑥b：4）。砖的上、下两面均模印网格纹，一侧面模印"泰元十一年"纪年款，阳文。红陶。残长14.8、残宽8.5、厚5.5厘米（图一一四，6）。

"□吉"款长方砖　1块（97T46⑥b：10）。砖的一面戳印有吉颂语，残存"□吉"两字，其中一字不识，阳文，有边栏。浅黄色陶。残长17.6、残宽11.2、厚5.6厘米，印面残长8.3、宽3.5厘米（图一一四，7）。

（2）板瓦

1368件，均为碎块，未能复原。泥质陶，多夹有较粗砂粒，呈青灰色或灰白色，部分瓦的表面呈深灰色，陶质较软。泥条盘筑，两侧有由内向外的切割痕。表面多光素无纹，少量表面饰叶脉纹、四叶纹、网格纹等，里面饰布纹。标本95T4③：16，表面近一端口戳有线段纹，里面饰布纹。浅灰陶，表面呈深灰色。残长33.6、宽32.4、厚2.1厘米（图版五一，1）。标本97T35⑥b：13，表面光素，里面饰布纹。灰陶，表面呈深灰色。残长30、宽32.5~33.4、厚2.0厘米。标本95T5③：39，表面局部饰有叶脉纹，里面饰布纹。深灰陶。残长6.5、残宽11.8、厚1.0厘米（图一一五，1）。标本95T5③：26，表面局部饰有四叶纹和网格纹，里面饰布纹。灰陶。残长9.6、残宽8.0、厚1.5厘米（图一一五，2）。

（3）筒瓦

518件，均为碎块，未能复原。泥质陶，多夹有较粗砂粒，呈青灰色或灰白色，部分瓦的表面呈深灰色，陶质较软。泥条盘筑，两侧有由外向内切割痕。瓦唇微翘起。表面光素，里面饰布纹。标本95T1③：24，浅灰陶。残长26.8、径14.4~15.6、厚1.5厘米，瓦唇长5.7厘米。标本97T19⑥b：14，灰陶。残长23.6、径13.8、厚0.8~1.1厘米，瓦唇长2.8厘米。

（4）瓦当

12件。泥质陶，多呈灰色，部分表面呈深灰色，少量呈浅灰色，陶质较软。有云纹瓦当和莲花纹瓦当两类。

云纹瓦当　1件（97T2⑥b：7）。当心周格内饰四叶纹，四叶纹中心有"十"字形纹，当面用四竖线分隔成四个区间，每一区间内饰卷云纹，外绕一周弦纹，宽边轮，边轮高于当面纹饰，边轮与弦纹之间饰周格纹。灰陶，残。当径14.4、厚1.8、边轮宽1.3~1.5厘米（图一一五，4；图版五一，2）

莲花纹瓦当　11件。两晋、南朝的莲花纹瓦当，根据当面莲瓣和莲瓣之间分隔纹饰的不同可分六型。A型莲瓣为用线条表示的重瓣莲花图案，根据纹饰和莲瓣间分隔纹的变化可分三式；B型为宝装莲花图案，根据莲瓣肥瘦和边轮与莲瓣之间的纹饰变化可分二式；C型莲瓣之间有菱形或箭头分隔纹，根据莲房、莲瓣之间的分隔纹以及莲瓣的变化和多少可分四式；D型主要特征是在莲瓣外饰一周联珠纹，根据莲房、莲瓣和联珠纹位置的变化可分三式；E型主要特征是莲瓣之间有肥厚的弧边三角形和竖线分隔纹；F型的莲瓣之间有"V"字形分隔纹。第二期出土的莲花纹瓦分属于A型、B型Ⅰ式和C型Ⅰ式。

A型　6件。当心周格纹内饰四叶纹，当面饰重叠莲瓣纹，外绕一周弦纹，宽边轮，边轮高与当面纹饰平。有Ⅰ式和Ⅱ式。

Ⅰ式　2件。当心四叶纹呈高浮雕凸起，当面莲瓣间有弧线形分隔纹，边轮内侧有锯齿形纹。标本97T2⑥b：6，灰陶。残径12.8、厚1.4、边轮宽1.3~1.5厘米（图一一五，5）。

Ⅱ式　4件。当心四叶纹用线条表示，出筋，莲瓣间无分隔纹，边轮内侧有锯齿形纹。标本

图一一五　两晋、南朝第二期板瓦纹饰和瓦当拓本

1.叶脉纹板瓦（95T5③：39）　2.四叶纹、网格纹板瓦（95T5③：26）　3.B型Ⅰ式莲花纹瓦当（97T22⑥b：9）
4.云纹瓦当（97T2⑥b：7）　5.A型Ⅰ式莲花纹瓦当（97T2⑥b：6）　6.A型Ⅱ式莲花纹瓦当（97T44⑥b：8）　7.
C型Ⅰ式莲花纹瓦当（97T22⑥b：3）

97T44⑥b：8，灰陶，残。当径15.8、厚1.5、边轮宽1.3厘米（图一一五，6；图版五一，3）。

B型Ⅰ式 2件。当心莲房为一圆形凸台，上饰7个莲子，莲瓣间有弧边三角形分隔纹，莲瓣外绕一周弦纹，宽边轮，边轮高与当面纹饰平，边轮与弦纹之间的周格内饰突点纹。标本97T22⑥b：9，灰陶。残径11.4、厚1.4、边轮宽1.2~1.4厘米（图一一五，3；图版五一，4）。

C型Ⅰ式 3件。当心莲房为一圆形凸台，上饰三重共19个莲子，当面饰12瓣莲瓣纹，莲瓣细长，瓣中脊出筋不明显，莲瓣间有菱形分隔纹，窄边轮，边轮高于当面纹饰。标本97T22⑥b：3，灰陶，质软，残。当径14、厚1.5、边轮宽1.1厘米（图一一五，7）。

2. 生活器具

有陶器、酱釉器、青釉器和石器等。

（1）陶器

有泥质陶和夹砂陶两种。以泥质陶为主，多呈浅灰色或青灰色，少数呈黄褐色。夹砂陶较少，多呈黄褐色或灰白色。器形有四耳罐、釜、盆和三足盆，罐、盆类器表面多饰简单的旋纹，釜类腹底部多饰网格纹。

四耳罐 3件。直口，圆唇，唇下旋出一道凸棱，桶形腹，上腹部略鼓，下腹部微内收，平底微内凹。肩上安四个半环形横耳，安耳处饰一道旋纹。标本97G2：2，泥质青灰陶，质坚致，残。口径18.8、腹最大径22.5、底径18.8、高21.5厘米（图一一六，1）。

釜 3件。浅盘口，口沿面有一道凹槽，束颈，弧腹，底部已残。腹部饰网格纹。标本97H137：4，夹砂黄褐陶。口径24、腹最大径22.8、残高12.5厘米（图一一六，2）。

盆 1件（97G2：1）。敛口，宽平折沿，弧腹，下腹向内敛收，平底。外口沿下和上腹部分别饰一道和二道旋纹。泥质浅灰陶，残。口径38、底径22、高16.8厘米（图一一六，3）。

三足盆 2件。直口微敛，平沿，宽方唇，浅弧腹，平底，底部接三个柱状足，腹壁厚重。标本95T5③：14，泥质深灰陶，残。口径39.6、底径26、高15.6厘米（图一一六，4；图版五二，1）。

（2）酱釉器

均为低温釉陶。胎有泥质和夹砂两种，以泥质胎为主，多呈青灰色，少量呈灰白或灰黄色。器内、外多满施酱釉，釉色多呈紫褐色，少数呈紫红色、褐色或酱黑色，釉面多无光泽。夹砂胎极少，胎呈黄褐色。器形有瓮、四耳瓮、四耳罐、釜、盆、四耳盆、钵、碗和器盖等。

瓮 1件（97H137：2）。敛口，折沿，圆唇，束颈，肩部以下残。内、外施酱釉，釉呈紫红色。泥质灰色胎。口径30.4、残高7.6厘米（图一一六，7）。

四耳瓮 3件。直口微侈，折沿，圆唇，鼓腹，肩部安四个半环形横耳。肩部安耳外多饰一道旋纹。根据肩部和腹部的变化可分二式。

Ⅰ式 1件（97H149：44）。圆肩，上腹圆鼓，下腹部以下残。肩部饰一道旋纹。泥质灰色胎，内、外施紫红色釉。口径16、腹最大径31、残高17.7厘米（图一一六，5）。

Ⅱ式 2件。溜肩，长圆腹。标本95T4③：30，器口沿有支垫痕。灰黄色胎。口径20、腹最大径31.2、残高16.1厘米（图一一六，6）。

四耳罐 可复原22件。分属于Aa型Ⅰ式、Ab型Ⅰ式和Ba型Ⅱ式。

Aa型Ⅰ式 14件。桶形腹。直口，尖圆唇，唇下旋出一道凸棱，上腹部略鼓，平底或微内凹。肩部多饰一道旋纹。标本97H20：1，釉呈紫褐色。灰白色胎，残。口径17.5、腹最大径23.0、底

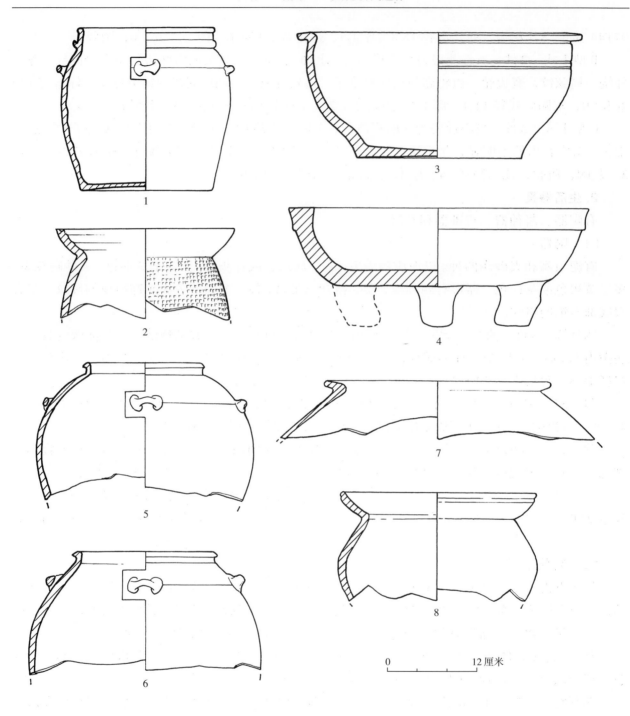

图一一六　两晋、南朝第二期陶器和酱釉器

1.陶四耳罐（97G2：2）　2.陶釜（97H137：4）　3.陶盆（97G2：1）　4.陶三足盆（95T5③：14）　5. Ⅰ式酱釉四耳瓮（97H149：44）　6. Ⅱ式酱釉四耳瓮（95T4③：30）　7.酱釉瓮（97H137：2）　8. B型酱釉釜（97H188：11）

径19.1、高22.1厘米（图一一七，1；图版五二，2）。

　　Ab型Ⅰ式　1件（97H67：1）。桶形腹。直口内敛，平沿，上腹略鼓，平底。外口沿下和肩部各饰一道旋纹。釉呈紫褐色，局部呈黄褐色，部分釉已脱落。浅灰胎，残。口径19.4、腹最大径21.2、底径17.2、高14.8厘米（图一一七，2；彩版五，1）。

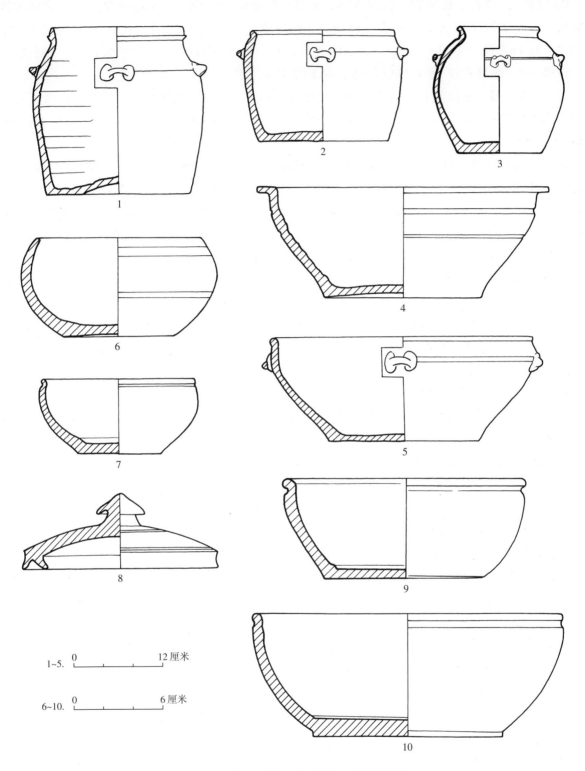

图一一七　两晋、南朝第二期酱釉器

1. Aa 型 I 式四耳罐（97H20：1）　2. Ab 型 I 式四耳罐（97H67：1）　3. Ba 型 II 式四耳罐（97H149：22）　4. 盆（97T42 ⑥b：22）　5. 四耳盆（97T21⑥b：15）　6. 钵（95T3③：9）　7. I 式碗（97T21⑥b：10）　8. 器盖（97T46⑥b：11）　9. I 式碗（95T4③：5）　10. II 式碗（97T45⑥b：3）

Ba型Ⅱ式　7件。长圆腹。直口外侈，平沿，腹部最大径靠上，平底或微内凹。肩部多饰一道旋纹。标本97H149：22，外底有叠烧印痕。釉呈紫红色，完好。口径10.4、腹最大径17.7、底径11.2、高16.2厘米（图一一七，3；图版五二，3）。标本95H10：5，釉呈紫褐色。灰色胎，稍残。口径9.7、腹最大径15.1、底径9.8、高13.2厘米（图版五二，4）。

釜　2件，残，未能复原。属于B型。浅盘口，圆唇，束颈，弧腹，底部已残。口沿下有一道旋纹，内外施酱釉。标本97H188：11，釉呈紫红色，夹砂黄褐色胎。口径26.0、腹最大径25.8、残高14.0厘米（图一一六，8）。

盆　可复原4件。直口微敛，宽平折沿，方唇，下腹敛收，平底微内凹。外口沿下饰一至二道旋纹，内、外满施酱釉。标本97T42⑥b：22，口沿面和器外下腹部有支垫痕。釉呈紫褐色。灰色胎，残。口径39.2、底径21.2、高14.8厘米（图一一七，4）。标本97H188：1，下腹部可见支垫痕。釉呈紫褐色。青灰胎，残。口径32.0、底径16.8、高13.7厘米（图版五二，5）。

四耳盆　可复原2件。口微敛，折沿，圆唇，上腹圆弧，下腹敛收，平底。外口沿下饰一至二道旋纹。标本97T21⑥b：15，釉呈紫褐色。浅灰胎，残。口径35.2、底径20.4、高13.8厘米（图一一七，5）。

钵　可复原1件（95T3③：9）。敛口，尖圆唇，深弧腹，平底微内凹。内、外底有支垫痕。满施酱褐釉，上腹部和下腹部各饰二道旋纹。灰褐色胎，残。口径10.8、腹最大径12.8、底径7.2、高6.6厘米（图一一七，6；图版五二，6）。

碗　7件。分属于Ⅰ式和Ⅱ式。

Ⅰ式　6件。直口微外侈，圆唇，浅弧腹，平底，内底呈圆形下凹，外口沿下饰宽、深旋纹。标本97T21⑥b：10，釉呈紫红色。黄褐胎。残。口径10.1、底径5.6、高5.0厘米（图一一七，7）。标本95T4③：5，口沿和外底均有支垫痕。青灰胎，残。口径16.0、底径10.0、高6.7厘米（图一一七，9）。

Ⅱ式　1件（97T45⑥b：3）。直口，圆唇，弧腹较深，宽饼足，内底呈圆形下凹。外口沿下饰较细、浅旋纹。内底和外腹底部有支垫痕。釉呈紫红色。青灰胎，残。口径20.4、底径12.7、高8.5厘米（图一一七，10）。

器盖　1件（97T46⑥b：11）。子口内敛，盖面弧形隆起，顶部有一伞形纽，盖面饰四道旋纹。酱褐色釉，有缩釉现象。青灰胎，残。最大径13.0、高5.0厘米（图一一七，8；图版五三，1）。

（3）青釉器

数量最多，胎多呈青灰或灰白色，少量呈灰褐色，胎质较粗。内外满釉，釉多呈青绿色，少量呈青黄色，釉质莹润，玻璃质感强，少部分器物釉与胎结合不好，釉已脱落。器形有罐、四耳罐、鸡首壶、洗、唾壶、钵、盅、熏炉、盘、碗、碟、器盖、塔形器、猫头鹰形器、器座和垫饼等。罐、钵、洗、碗类肩部或上腹部多饰一至二道旋纹，少部分罐、碗、碟类腹部或口沿施有褐色彩绘斑点。

罐　可复原2件，造型基本一致。直口，圆唇，扁圆腹，平底。口沿和肩部有褐色彩绘斑点，内外满釉，有开片。标本95T1③：15，口沿和外底边沿有支垫痕。青灰胎，残。口径5.1、腹最大径6.6、底径4.0、高3.4厘米（图一一八，10；图版五三，2）。

四耳罐　11件。分属于A型Ⅰ式、B型Ⅱ式、Ca型Ⅰ式、Cb型和D型。

A型Ⅰ式　2件。直口，圆唇，唇下旋出一道凹槽，桶形腹，上腹略鼓，下腹略向内收，平底微内凹。标本95H10：4，肩部饰一道旋纹，内外满釉。青灰胎，完好。口径13.5、腹最大径20.5、底径17.7、高18.3厘米（图一一八，1；图版五三，3）。

B型Ⅱ式 1件（95T3③：4）。直口，圆唇，扁圆腹，饼足微内凹。肩部和下腹部各饰一道旋纹。外底部边沿有支垫痕。青灰胎，残。口径7.2、腹最大径12.8、足径7.7、高6.8厘米（图

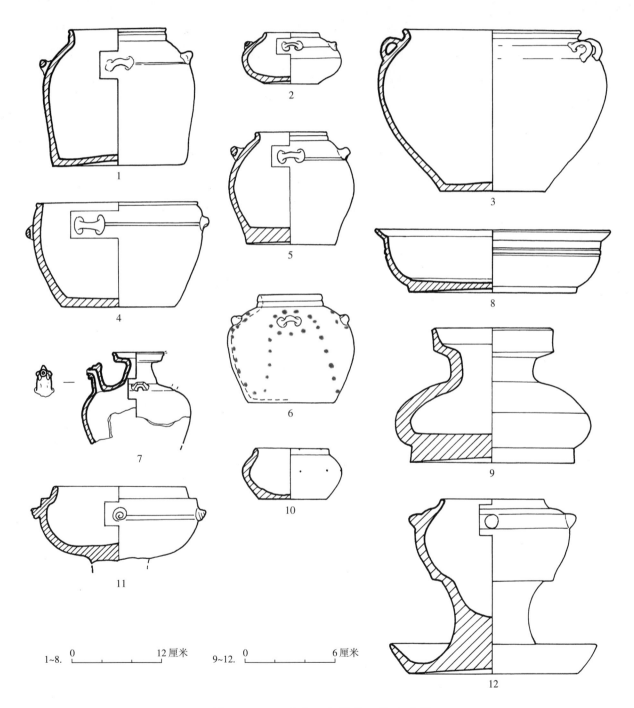

图一一八 两晋、南朝第二期青釉器

1. A型Ⅰ式四耳罐（95H10：4） 2. B型Ⅱ式四耳罐（95T3③：4） 3. Ca型Ⅰ式四耳罐（95T2③：6） 4. Cb型四耳罐（97H17：5） 5. D型Ⅰ式四耳罐（97T19⑥b：11） 6. D型Ⅱ式四耳罐（97H68：14） 7. Ⅱ式鸡首壶（97T17⑥b：8） 8. Ⅱ式洗（95T3③：19） 9. 唾壶（97T15⑥b：18） 10. 罐（95T1③：15） 11. C型熏炉（97T2⑥b：19） 12. B型熏炉（97H73：2）

一一八，2；图版五三，4）。

Ca 型 I 式　2件。侈口，圆唇，束颈，上腹圆鼓，下腹部敛收，平底，肩部两侧各安一对半环形竖耳。内、外满施青釉。标本 95T2③：6，肩部饰二道旋纹，内底部有 6 个支垫痕，外底部有 10 个支垫痕。有缩釉和开片现象。青灰胎，残。口径 24.1、腹最大径 31.1、底径 14.5、高 20.6 厘米（图一一八，3）。

Cb 型　1件（97H17：5）。广口微敛，平沿，唇下有一道凹槽，深弧腹，平底。上腹部饰一道旋纹，内外满釉，有缩釉和开片现象。浅灰胎，稍残。口径 20.7、腹最大径 22.4、底径 14.7、高 14.1 厘米（图一一八，4；彩版五，2）。

D 型　5件。直口，圆唇，圆鼓腹，平底。分属于 I 式和 II 式。

I 式　3件。溜肩，腹部最大径居中。肩部饰一道旋纹。标本 97T19⑥b：11，内外满釉。青灰胎，残。口径 9.6、腹最大径 16.4、底径 11.3、高 15.3 厘米（图一一八，5）。

II 式　2件。圆肩，腹部最大径靠上。标本 97H68：14，肩腹部饰有褐色彩绘斑点组成的弧线图案。内外满釉。青灰胎，残。口径 9.3、腹最大径 16.7、底径 11.5、高 14.5 厘米（图一一八，6；图版五三，5）。

鸡首壶　1件（97T17⑥b：8）。属于 II 式。盘口，圆唇，短颈，扁圆腹，底部已残，肩部安一鸡首形流嘴，对应一侧肩部和盘口之间的执把已残，另外两侧各安一桥形横耳，上腹部饰二道旋纹。内外满釉，有光泽、有开片。灰黄胎。口径 6.9、残高 12.2 厘米（图一一八，7）。

洗　可复原3件。属于 II 式。浅盘口，圆唇，沿面向内斜弧，弧腹，饼足。标本 95T3③：19，内底平凹，饼足内凹，上腹部饰二道旋纹。内外满釉，釉质莹润有光泽，有开片。青灰胎，残。口径 32.0、底径 22.0、高 8.2 厘米（图一一八，8）。

唾壶　1件（97T15⑥b：18）。盘口，圆唇，短束颈，垂腹，饼足微内凹。内外满釉，釉质莹润有光泽、有开片。器外腹壁有轮旋痕，外底有 4 个支垫痕，青灰胎，残。口径 8.0、腹最大径 13.3、高 8.8 厘米（图一一八，9；图版五三，6）。

钵　可复原7件。分属于 A 型和 B 型。

A 型　4件。敛口，圆唇，弧腹，平底。分属于 I 式和 II 式。

I 式　3件。浅弧腹，宽平底。标本 97T42⑥b：8，内底呈圆形下凹，器口沿有 6 组褐色彩绘斑点，每组 8 个斑点纹，外口沿下饰一道旋纹。外腹施釉不到底。青灰胎，残。口径 17.6、底径 10.2、高 7.0 厘米（图一一九，1；图版五四，1）。

II 式　1件（95T3③：1）。尖圆唇，深弧腹，平底。器内底和外底均有支垫痕。内、外满釉，有开片。青灰胎，残。口径 16.0、腹最大径 20、底径 7.2、高 12.4 厘米（图一一九，2；图版五四，2）。

B 型　3件。口向内错收，圆唇，弧腹，饼足。标本 95T1③：26，腹部饰三道旋纹。器内底、口沿、外腹近底部有支垫痕。内外满釉，有开片。青灰胎，残。口径 21.2、底径 12.8、高 11.6 厘米（图一一九，3；图版五四，3）。

盅　可复原3件。出土的两晋、南朝青釉盅根据器口的不同可分二型。A 型敛口，根据足底部的变化可分二式；B 型为盘形口。这一期出土的青釉盅属于 A 型 I 式。尖圆唇，口沿残存一个弧凹形槽口，弧腹，平底。标本 97T46⑥b：9，内外满釉，内、外底均有支垫痕。青灰胎，残。口径 16.8、底径 12.8、高 9.3 厘米（图一一九，6；图版五四，4）。

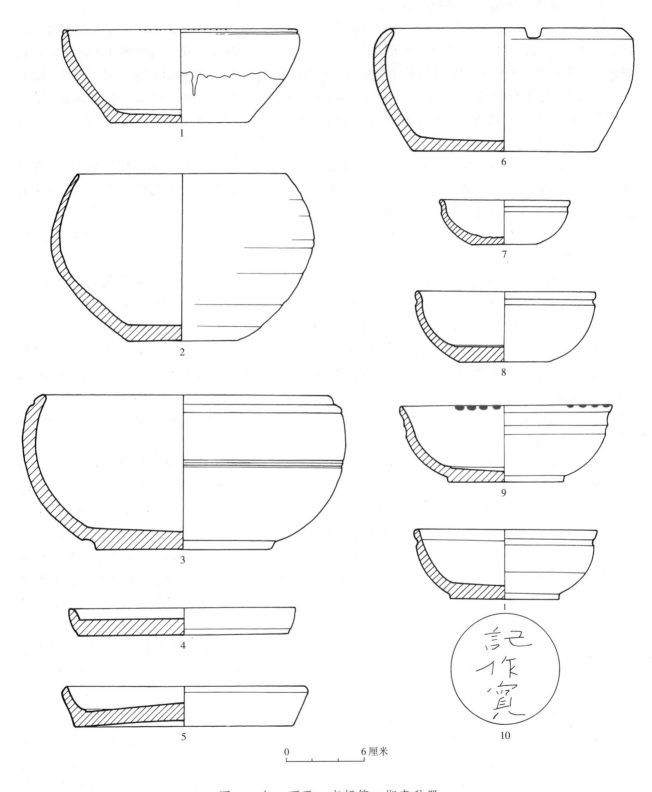

图一一九 两晋、南朝第二期青釉器

1. A型Ⅰ式钵（97T42⑥b：8） 2. A型Ⅱ式钵（95T3③：1） 3. B型钵（95T1③：26） 4. A型Ⅰ式盘（97H17：7） 5. A型Ⅱ式盘（97T18⑥b：5） 6. A型Ⅰ式盅（97T46⑥b：9） 7. Ⅰ式碗（97H20：8） 8. Ⅰ式碗（95T1③：29） 9. Ⅱ式碗（97G9：1） 10. Ⅱ式碗（95T4③：19）

　　熏炉　2件。分属于 B 型和 C 型。

　　B 型　1件（97H73：2）。子口内敛，圆唇，鼓腹，腹底部折收，内腹下凹较深。底部接一粗柄，下承一托盘，敞口，尖圆唇，平底微内凹。上腹部饰二道旋纹，旋纹间贴塑四个乳丁。外底露胎，有支垫痕。青灰胎，残。口径7.0、腹最大径10.0、底径11.9、高11.4厘米（图一一八，12）。

　　C 型　1件（97T2⑥b：19）。子口近直，弧腹，底部接一柱状形柄，已残。上腹部饰二道旋纹，其上贴塑四个蜗状乳丁。器外施青釉，有缩釉和开片现象。青灰胎。口径8.8、残高4.9厘米（图一一八，11）。

　　盘　2件。出土的两晋、南朝青釉盘，根据口部和腹部的不同可分二型。A 型为敞口，斜直腹，平底，根据底部的变化可分二式；B 型收口，浅弧腹，根据底部的变化可分二式。这一期出土的青釉盘分属于 A 型 I 式和 A 型 II 式。

　　A 型 I 式　1件（97H17：7）。浅腹，平底。内外满釉，内、外底有支垫痕。青灰胎，残。口径17.2、底径16.0、高2.2厘米（图一一九，4）。

　　A 型 II 式　1件（97T18⑥b：5）。腹部较深，平底微内凹。内外满釉，内、外底有支垫痕。青灰胎，残。口径19.0、底径17.0、高2.9厘米（图一一九，5；图版五四，5）。

　　碗　可复原347件。分属于 I 式、II 式和 III 式。

　　I 式　206件。直口微外侈，圆唇，浅弧腹，平底，内底呈圆形下凹。外口沿下饰宽、深旋纹，内、外满釉。标本97H20：8，器口沿和外腹近底有支垫痕。青灰胎，残。口径10.0、底径5.0、高3.4厘米（图一一九，7）。标本95T1③：29，内底和外底各有4个支垫痕。青灰胎，残。口径13.6、底径6.8、高5.4厘米（图一一九，8）。标本97H149：36，内底和外底各有4个和5个支垫痕。灰白胎，残。口径14.3、底径8.0、高6.0厘米（图版五四，6）。

　　II 式　69件。直口外侈，圆唇，浅弧腹，宽饼足或矮圈足，内底呈圆形下凹。外口沿下饰较宽、深旋纹，内、外满釉。标本97G9：1，器口沿有四个一组的褐色彩绘斑点，外口沿下饰二道旋纹。饼足，内底和外腹近底部有支垫痕。青灰胎，残。口径16.2、足径8.8、高5.8厘米（图一一九，9）。标本95T4③：19，饼足，外底部划写"记作宝"三字。内底和外底边沿各有3个和6个支垫痕。青灰胎，残。口径13.8、底径8.4、高5.4厘米（图一一九，10；图版五五，1）。标本97H31：1，矮圈足，内底和外底各有3个支垫痕。青灰胎，残。口径14.2、底径9.2、高5.6厘米（图一二〇，1；图版五五，2）。标本97H188：2，口沿面有三个一组的褐色彩绘斑点。内底和外底有支垫痕，器形变形。青灰胎，残。口径20.0、底径11.8、高8.4厘米（彩版五，2）。

　　III 式　72件。直口微敛，尖圆唇，深弧腹，宽饼足或矮圈足，内底多呈圆形下凹。外口沿下饰细、浅旋纹，内、外满釉。标本95T6③：3，饼足内底有3个支垫痕。青灰胎，残。口径15.4、底径10.2、高8.0厘米（图一二〇，2；图版五五，3）。

　　碟　11件。造型基本一致。敞口，尖圆唇，浅弧腹。分属于 I 式和 II 式。

　　I 式　5件。平底。标本95T6③：5，内底呈两周圆形下凹，口沿饰有褐色彩绘斑点。青灰胎，残。口径10.2、底径5.4、高2.1厘米（图一二〇，3；图版五五，4）。标本97T8⑥b：8，外口沿下饰一道旋纹，器外腹底部有3个支垫痕。青灰胎，残。口径9.8、底径5.0、高2.5厘米（图一二〇，4）。

　　II 式　6件。底部外凸呈饼足状。标本95T1③：41，饼足微内凹，外底边沿有3个支垫痕。青灰胎，稍残。口径8.8、足径4.6、高2.4厘米（图一二〇，5）。标本97H20：7，内底呈圆形下

图一二〇 两晋、南朝第二期青釉器

1. Ⅱ式碗（97H31：1） 2. Ⅲ式碗（95T6③：3） 3. Ⅰ式碟（95T6③：5） 4. Ⅰ式碟（97T8⑥b：8） 5. Ⅱ式碟（95T1③：41） 6. Ⅱ式碟（97H20：7） 7. Aa型器盖（97H95：1） 8. B型器盖（97T35⑥b：6） 9. C型器盖（97T15⑥b：2） 10. 器座（95T3③：36） 11. 塔形器（97T2⑥b：4） 12. 垫饼（97T21⑥b：17）

凹，底心有一褐色彩绘斑点，外口沿下饰一道旋纹。青灰胎，残。口径 10.5、底径 4.4、高 2.2 厘米（图一二〇，6）。

器盖　可复原 29 件。分属于 Aa 型、B 型和 C 型。

Aa 型　14 件。子口，盖沿外展，盖面斜弧向上，顶面平，半环形纽。标本 97H95：1，子口外侈，盖纽已残，盖沿饰一道旋纹，盖顶面饰五道旋纹，盖沿和里面均有支垫痕。青灰胎，残。最大径 22.3、子口径 20.2、残高 3.6 厘米（图一二〇，7；图版五五，5）。

B 型　9 件。似一倒扣的碗，盖面弧形隆起，顶面平或微凹，半环形纽。标本 97T35⑥b：6，口沿外饰一道旋纹，盖顶面和口沿面均有支垫痕。灰色胎，残。口径 16.1、高 7.1 厘米（图一二〇，8）。

C 型　6 件。子口，盖面呈弧形向上隆起，顶部有一伞形纽。标本 97T15⑥b：2，子口内敛，外沿下折。盖顶面饰四道旋纹，有缩釉和开片现象。青灰胎。最大径 13.8、高 4.6 厘米（图一二〇，9；图版五五，6）。标本 97T41⑥b：14，盖纽已残，盖顶面饰有六道旋纹，盖顶部和边沿饰五组梅花形褐彩斑点纹，每组 6~8 点。青灰胎。最大径 13.8、子口径 10.1、残高 3.8 厘米（彩版五，4）。

塔形器　1 件（97T2⑥b：4）。喇叭形器座上承一托盘，托盘上承上竹节形长柄，中空，呈上小下大。器表施青釉，釉不均匀，足底露胎。青灰胎。残底径 9.0、残高 20.0 厘米（图一二〇，11；图版五六，1）。

猫头鹰形器　1 件（97T23⑥b：2）。残存猫头，器形不明，器内空。头上、面部刻划有纹饰，眼睛施有褐色点彩，内外施青釉。青灰胎。残长 5.3、残宽 6.3、残高 5.7 厘米（彩版五，5）。

器座　1 件（95T3③：36）。莲花形器座，顶面微下凹，腹壁饰仰莲花瓣，矮圈足。内、外满施青釉，有开片。青灰胎，残。底径 6.0、残高 3.6 厘米（图一二〇，10；图版五六，2）

垫饼　1 件（97T21⑥b：17）。圆饼形，上、下面略呈弧形隆起。通体施青釉，釉不均匀。青灰胎，残。径 16.0、厚 2.6 厘米（图一二〇，12；图版五六，3）。

（4）石器

盆　2 件。形制大小一致。长方形，圆角，敞口，平沿，斜弧腹，平底，较窄的两侧各有一梯形横耳。标本 97H137：3，青灰色滑石打磨而成。残长 26.4、宽 16.0、高 8.8 厘米（图一二一，1）。

斗　1 件（97T2⑥b：3）。方形瓢状，敞口，平沿，斜弧腹，平底。一侧有一近长方形直把，侧面中心有一圆形穿孔。灰白色滑石，表面呈黑褐色。残长 11.1、器口宽 11.4、高 7.3 厘米（图一二一，2；图版五六，4）。

砺石　2 件。标本 97G3：1，近呈长方体，一端残断，另一端面呈不规则形，其余四面均磨成弧形的光滑凹面。青灰色砂石。残长 15.2、宽 4.0~5.5、厚 2.2~4.6 厘米（图一二一，3）。标本 97H75：3，近长方形，两端呈圆角，上、下二面均磨成弧形的光滑凹面。青灰色页岩石。长 21.2、宽 8.6、厚 1.5~3.8 厘米（图一二一，4；图版五六，5）。

3. 工具

有陶器、青釉器、酱釉器和铁器等。

（1）陶器

纺轮　3 件。算珠形，上下两端面平，中间有一圆形穿孔。标本 97G3：4，泥质灰褐陶，完好。径 2.8、高 2.4、孔径 0.5 厘米（图一二二，1）。

网坠　11 件。分属于 A 型、B 型和 C 型。

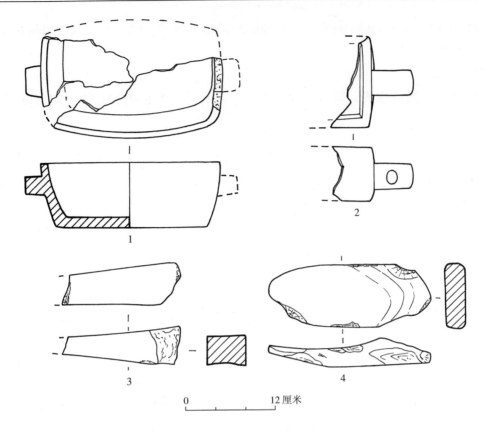

图一二一　　两晋、南朝第二期石器
1.滑石盆（97H137：3）　2.滑石斗（97T2⑥b：3）　3.砺石（97G3：1）　4.砺石（97H75：3）

A型　4件。近呈椭圆形，表面压出一周凹槽。标本97H68：10，泥质浅黄陶，完好。长径3.1、短径2.5、厚3.1厘米（图一二二，8）。

B型　6件。近椭圆形，在纵、横面各压出一周凹槽。标本97T42⑥b：3，夹砂红褐陶。长径4.8、短径4.1、厚3.2厘米（图一二二，9）。

C型　1件（97T3⑥b：4）。近椭圆形，两端面近平，在长径面压出一周凹槽，短径面压出二周凹槽。泥质黄褐陶，稍残。长径6.4、短径4.0、厚5.4厘米（图一二二，10）。

（2）青釉器

纺轮　13件。分属于A型和B型。

A型　2件。算珠形，上下两端面平，中间有一圆形穿孔。标本97T45⑥b：9，径3.0、高2.9、孔径0.5厘米（图一二二，2；图版五七，1）。

B型　11件。圆饼形，上下端面平，中间有一圆形穿孔。通体施青釉。标本97T42⑥b：5，径3.9、孔径1.2~1.4、厚1.7厘米（图一二二，3；图版五七，2）。标本97T44⑥b：9，侧面划网格纹，径3.2、孔径0.8~1.1、厚1.4厘米（图一二二，4）。

（3）酱釉器

纺轮　2件。属于B型。圆饼形，上下端面微内凹，侧面圆弧，中间有一圆形穿孔。通体施酱褐色釉。标本97T44⑥b：10，径3.7、孔径0.7厘米（图一二二，5）。

（4）铁器

凿　1件（97T33⑥b∶8）。圆锥形，上端面的圆形銎锈蚀严重。长16.4、顶面径3.6厘米（图一二二，13）。

4. 兵器

陶蒺藜　4件。四棱锥形，每一锥顶面平，中心有插孔。根据插孔的不同可分二型。

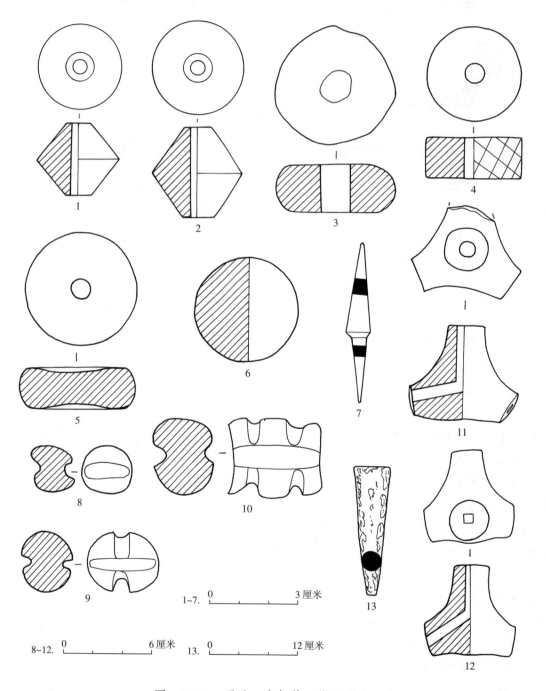

图一二二　两晋、南朝第二期工具和兵器

1.陶纺轮（97G3∶4）　2. A型青釉纺轮（97T45⑥b∶9）　3. B型青釉纺轮（97T42⑥b∶5）　4. B型青釉纺轮（97T44⑥b∶9）　5. B型酱釉纺轮（97T44⑥b∶10）　6.陶弹（97T15⑥b∶10）　7.铁镞（97T3⑥b∶5）　8. A型陶网坠（97H68∶10）　9. B型陶网坠（97T42⑥b∶3）　10. C型陶网坠（97T3⑥b∶4）　11. A型陶蒺藜（95T4③∶6）　12. B型陶蒺藜（97H190∶6）　13.铁凿（97T33⑥b∶8）

A型　3件。圆形插孔。标本95T4③：6，泥质灰陶，残。高6.4、孔径0.7~1.0厘米（图一二二，11）。标本97H149：43，泥质灰陶，稍残。高4.5、孔径0.8~1.0厘米（图版五七，3）。

B型　1件（97H190：6）。方形插孔。泥质红黄陶，稍残。高5.0、孔宽0.7厘米（图一二二，12）。

陶弹　1件（97T15⑥b：10）。圆珠形，局部泛火石红痕。完好。径3.5厘米（图一二二，6）。

铁镞　1件（97T3⑥b：5）。镞本截面呈梯形，铁铤向后渐收，截面呈梯形。锈蚀严重。长5.2、镞体长3.1、铤长2.1厘米（图一二二，7）。

5. 钱币

8枚。均为铜钱，有"五铢"、"大泉五十"和"货泉"。

"五铢"　6枚。正面有外郭无内郭，背面有内外郭。分属于B型和C型Ⅱ式。

B型　5枚。"五"字两笔相交后缓曲较甚。根据正面有无钱文符号可分二式。

Ⅰ式　4枚。正面无钱文符号。标本97T11⑥b：17，钱径2.58、穿宽0.96、外郭宽0.16、外郭厚0.11厘米，重2.2克（图一二三，1）。标本97T11⑥b：4，钱径2.6、穿宽0.95、外郭宽0.14、外郭厚0.14厘米，残重2.5克（图一二三，2）。

Ⅱ式　1枚（97G3：5）。正面穿上一横。钱径2.49、穿宽0.98、外郭宽0.08、外郭厚0.11厘米，重2.5克（图一二三，3）。

C型Ⅱ式　1枚（97T1⑥b：2）。"五"字两笔相交后平行，正面穿上一横。钱径2.34、穿宽1.00、厚0.08厘米，重2.0克（图一二三，4）。

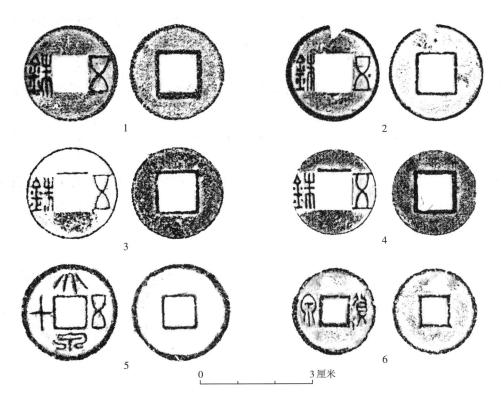

0　　　　　　　3厘米

图一二三　两晋、南朝第二期铜钱拓本

1. B型Ⅰ式"五铢"（97T11⑥b：17）　2. B型Ⅰ式"五铢"（97T11⑥b：4）　3. B型Ⅱ式"五铢"（97G3：5）　4. C型Ⅱ式"五铢"（97T1⑥b：2）　5. "大泉五十"（97T19⑥b：8）　6. "货泉"（97T19⑥b：7）

"大泉五十"　1枚（97T19⑥b：8）。有内、外郭，"大"字呈窄肩形。钱径2.64、穿宽0.82、外郭宽0.19、外郭厚0.21厘米，重3.1克（图一二三，5）。

"货泉"　1枚（97T19⑥b：7）。有内、外郭，钱文字体清晰。钱径2.30、穿宽1.19、外郭宽0.15、外郭厚0.15厘米，重1.7克（图一二三，6）。

6. 其他

（1）陶器

风管　3件。标本97G3：7，圆筒拐弯形，两端均残，一端粗，另一端细，拐角大于90度，中有圆形气孔。泥质陶，内掺有稻壳，一面被火烤呈紫褐色，另一面呈黄褐色。残长18、径8.8，孔径3.4厘米（图一二四，1；图版五七，5）。

权　1件（97T15⑥b：6）。属于C型。半球形，底面微内凹，顶面纽已残缺。球面上饰五周双重旋纹，球顶面戳圆珠纹，往下第二重圆周内刺点线纹，第三重圆周内戳圆珠纹和双竖线纹相间，第四重和第五重圆周内均饰绞索纹。夹砂灰白陶，表面呈红黄色，残。底面径11、高5.1厘米（图一二四，2；图版五七，6）。

（2）青釉器

三足砚　8件。根据内底的变化可分二型。

A型　5件。为敞口，口沿面有一道贮水凹槽。属于Ⅰ式和Ⅱ式。

Ⅰ式　4件。内底面近平，外底略向内凹。标本95T1③：9，外底边沿饰二道旋纹。青灰胎，残。口径18.4、底径16.0、残高3.2厘米（图一二四，3）。

Ⅱ式　1件（97T42⑥b：1）。内底隆起与口沿平，外底内凹明显。外底饰四道旋纹，有3个支垫痕。青灰胎，残。口径19.0、底径16.8、高5.7厘米（图一二四，4；图版五八，1）

B型　3件。子口，尖圆唇，口外沿面较宽。根据底面的变化可分二式。

Ⅰ式　2件。底面平。标本97T17⑥b：3，青灰胎，残。口径13.0、残高3.6厘米（图一二四，5；图版五八，2）。

Ⅱ式　1件（97H149：2）。内底向上微隆起，外底内凹。外底饰二道旋纹，有4个支垫痕。青灰胎，残。口径19.8、高4.9厘米（图一二四，6；图版五八，3）。

六足砚　1件（97T19⑥b：3）。直口，口沿面有一道凹槽，浅腹，内底平，外底向中心呈三级台阶状内收，底部接6个蹄形足。器内露胎，器外施青釉，内底和外底均有支垫痕。青灰胎，残。口径28.8、底径28.4、高6.6厘米（图一二四，7）。

（3）玛瑙珠

1件（97T42⑥b：7）。扁圆形，中央有一圆形穿孔，蓝色，不甚透亮，表面光滑，完好。外径0.5~0.6、内径0.15、厚0.3厘米（图版五七，4）。

（4）金牙壳

1件（97T35⑥b：3）。人牙三颗白齿的外壳，其中中间一颗实心，外表金光闪闪。通长3.3、宽0.8~1.2、深0.3~0.9、壳厚0.07~0.1厘米，重6.75克（彩版五，6）。

（5）动、植物遗存

出土的动物遗存较丰富。经鉴定，动物骸骨的种类有螺、蚬、蚌、泥蚶、鱼、鳄鱼，还有狗、猪、梅花鹿、大型鹿科、马、水牛、牛等哺乳动物（详见上编第五章第四节《南越宫苑遗址出土动物骨骼研究报告》）。而植物遗存较少，种类有橄榄等。

图一二四　两晋、南朝第二期其他器物

1. 陶风管（97G3：7）　2. C 型陶权（97T15⑥b：6）　3. A 型 I 式青釉三足砚（95T1③：9）　4. A 型 II 式青釉三足砚（97T42⑥b：1）　5. B 型 I 式青釉三足砚（97T17⑥b：3）　6. B 型 II 式青釉三足砚（97H149：2）　7. 青釉六足砚（97T19⑥b：3）

三 第三期遗存

（一）地层和遗迹

第三期的地层有蓄池遗迹发掘区 95 ② 层和曲流石渠遗迹发掘区 97 ⑥ a 层。遗迹有房址、墙基、砖铺走道、砖铺地面、水井、灰坑和沟（渠）等，这些遗迹主要分布于曲流石渠遗迹发掘区东南部和中北部（图一二五）。

1. 房址

1 座，编号 97F8。位于 97T7 和 97T11 中南部，开口于 97 ⑥ a 层下，打破 97 ⑥ b 层，被 97F1 和 97J15 打破，残存有 4 个长方形坑和 5 列柱洞（图一二六）。这些柱洞大都位于长方形坑之下，其中东起往西第一、第四列柱洞之上未发现有长方形坑，而东起往西第一个长方形坑之下也未发现有柱洞。长方形坑的北部均被 97F1 打破，南部转角近呈弧形，坑壁较直，内填有黄色黏土，土质细腻，有大量的板瓦和筒瓦。东起往西的第二、第三、第四个长方形坑的底部居中处南北各有一个柱洞，柱洞呈圆形或方形，底部较为平整，有 2 个柱洞底部还垫有碎砖或石块，柱洞内填满红褐色黏土，有少量瓦片。柱洞北起往南由东向西依次编号为 97F8-ZD1~ZD10，长方形坑自东向西依次分别编号为 97F8-K1~K4。现分别介绍如下：

97F8-ZD1 平面呈近方形，直壁，平底。东西长 0.3~0.5、南北宽 0.4~0.5、残深 0.45 米。

97F8-ZD2 平面呈圆形，直壁，平底。径 0.25、残深 0.3 米，北距 ZD1 中心距约 1.2 米。

97F8-K1 南北长 3.1、东西宽 1.55、残深 0.05~0.3 米。坑底部未发现柱洞。

97F8-K2 南北现长 2.88、东西宽 1.7、残深 0.2 米。坑底部发现 2 个柱洞（编号 97F8-ZD3、97F8-ZD4）。

97F8-ZD3 平面呈圆形，直壁，圜底。径 0.36、残深 0.46 米。

97F8-ZD4 平面呈椭圆形，直壁，平底。东西 0.38、南北 0.41、残深 0.3 米。底部偏西处置一碎砖块，表面饰网格纹。东西长 22、南北宽 24、厚 7 厘米。

97F8-K3 南北现长 2.82、东西宽 1.8、残深 0.28~0.75 米。坑底部有 2 个柱洞（编号 97F8-ZD5、97F8-ZD6）。

97F8-ZD5 平面呈圆形，直壁，平底。径 0.4、残深 0.4 米。

97F8-ZD6 平面呈圆形，直壁，平底。径 0.65、残深 0.35 米。

97F8-ZD7 平面呈方形，直壁，平底。东西 0.4、南北 0.5、残深 0.28 米。

97F8-ZD8 平面呈椭圆形，直壁，平底。东西 0.36、南北 0.5、残深 0.48 米。

97F8-K4 平面呈圆角长方形。南北现长 2.9、东西宽 1.5、残深 0.24~0.3 米。坑底部有 2 个柱洞（编号 97F8-ZD9、97F8-ZD10）。

97F8-ZD9 平面呈圆形，直壁，平底。径 0.32、残深 0.4 米。底部置一碎砖块，呈红黄色，表面模印网格纹。东西长 20、南北宽 18、厚 6 厘米。

97F8-ZD10 平面呈长方形，直壁，平底。东西长 0.66~0.8、南北宽 0.7、残深 0.6 米。底部偏西北角置一长方形石块，表面平整。东西长 46、南北宽 50、厚 12 厘米。

97F8-ZD1 与 97F8-ZD2、97F8-ZD3 与 97F8-ZD4、97F8-ZD5 与 97F8-ZD6、97F8-ZD7 与 97F8-ZD8、97F8-ZD9 与 97F8-ZD10 南北中心间距分别为 1.2、1.44、1.88、1.5 和 1.64 米。97F8-

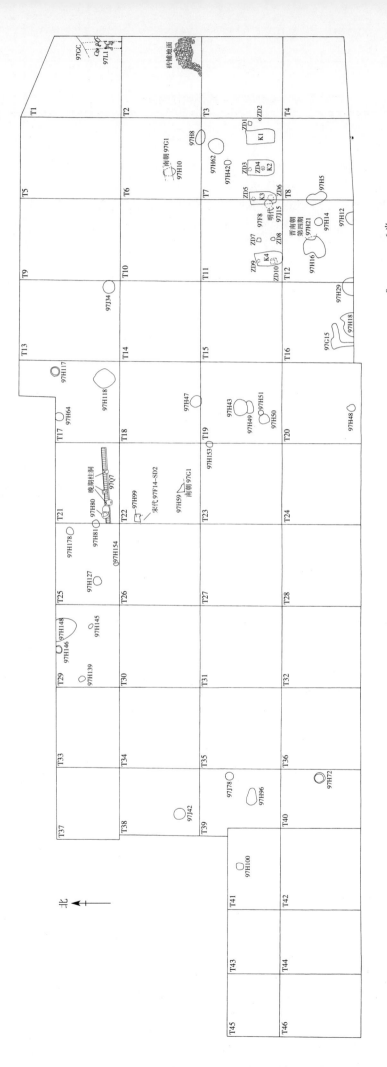

图一二五　曲流石渠遗迹发掘区两晋、南朝第三期遗迹平面图

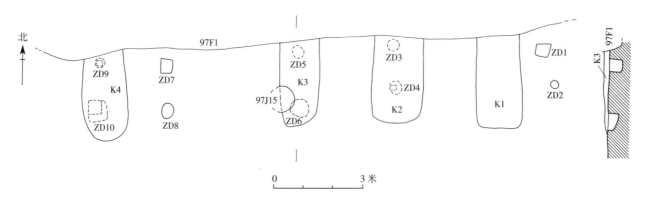

图一二六　97F8平剖面图

ZD1与97F8-K1、97F8-K1与97F8-K2、97F8-K2与97F8-K3、97F8-K3与97F8-ZD7、97F8-ZD7与97F8-K4东西中心间距分别为1.6、3.3、3.2、4.45和2.3米。

2. 墙基

1条，编号为97Q7。位于97T21南部，开口于97⑥a层下，打破97⑥b层，被97H80和晚期柱洞打破。东西向，方向西偏南2°，东西残长8.23米。墙基是挖槽后砌砖，基槽南北宽0.48~0.54、深0.1~0.16米。残存砖一层，用长方砖呈南北向平砌。砖呈红黄色，质软，长38、宽18、厚5厘米（图版五九，1）。

3. 砖铺走道

1条，编号为97L1。位于97T1东南部，开口于97⑥a层下，打破97⑥b层，北部被97GC打破。南北向。残长3.0米，东西宽0.8米。路面以青灰色碎砖块南北向平铺，宽约0.6米。路面东西两侧以单条砖顺路向侧立包边，侧立条砖接缝处外侧再用碎砖平头立砌，以防止包边砖向外倒塌。侧立包边砖面比路面高出0.02~0.03米。在路的西侧包边砖外还平铺有碎砖块，砖面比包边砖低约0.04米，可能是路外的排水沟，惜破坏严重。路的北部铺有3块砂岩石块，呈东西走向，铺石面与路面齐平，这些石块的表面较为平整，但均已碎裂。铺石面东西现长1.93、南北宽0.6米。铺石地面以北似为火烤过的地面，呈红褐色，异常坚硬（图一二七；图版五九，2）。

4. 砖铺地面

位于97T2东南部，开口于97⑥a层下。地面用碎砖呈不规则铺砌，东西最长4.5、南北最宽3.1米，地面高低不平（图版五九，3）。绝大部分砖呈红黄色，只有少部分砖呈青灰色或灰白色，以素面砖为主，但也有少量砖面模印有网格纹。

5. 水井

3口，分别为97J34、97J42和97J78。水井的结构和出土遗物的介绍详见附录二第四节。

6. 灰坑

34个，分别为97H5、97H8、97H10、97H12、97H14、97H16、97H18、97H29、97H42、97H43、97H47、97H48、97H49、97H50、97H51、97H59、97H62、97H64、97H72、97H80、97H81、97H96、97H99、97H100、97H117、97H118、97H127、97H139、97H145、97H146、97H148、97H153、97H154和97H178。根据这些灰坑的坑口平面形状、坑壁和底部的不同可分成三类。

（1）坑口平面多呈不规则形，坑壁内收，圜底或底部不平。这一类灰坑有26个，即97H5、

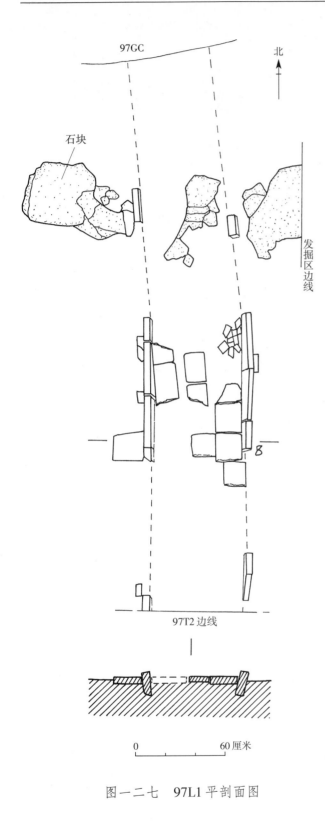

图一二七　97L1平剖面图

97H8、97H12、97H14、97H16、97H18、97H29、97H42、97H43、97H47、97H48、97H49、97H50、97H51、97H59、97H62、97H64、97H80、97H96、97H118、97H139、97H145、97H148、97H153、97H154和97H178。现举例介绍：

97H12　位于97T12南部，向南延伸出发掘区外，开口于97F5下，打破97⑥b层。坑口东西1.38、南北现宽1.15、深0.6米（图一二八）。坑内为红褐色土堆积，土质紧密。遗物较少，有B型青釉盅1件、Ⅲ式青釉碗1件，还有酱釉四耳罐残片等。

97H118　位于97T17东南部，开口于97⑥a层下，打破97⑥b层和97J45。坑口东西2.0、南北2.4、深1.2米（图一二九）。坑内为黑褐色土堆积，土质疏松，含有白色小贝壳。有少量青釉和酱釉器残片等。

（2）坑口平面呈圆形或椭圆形，坑壁垂直或斜直，平底。这一类坑有7个，即97H10、97H72、97H81、97H100、97H117、97H127和97H146。现举例介绍：

97H100　位于97T41北部，开口于97⑥a层下，打破97⑥b层和97G6、97G14。坑口和坑底平面近呈圆形，斜直壁，平底。坑口径0.8、底径0.7、深1.38米（图一三○）。坑内为灰黑色土堆积，土质疏松，夹有木炭屑。出土Ⅲ式青釉碗1件、A型Ⅱ式青釉盅1件、Aa型青釉器盖1件、B型青釉器盖1件、可复原宽度筒瓦1件。

（3）坑口平面呈长方形，直壁，平底。这一类坑只有1个。

97H99　位于97T22西部，开口于97F2下，打破97⑥b层，被97F14-SD2打破。坑口南北长0.7、东西宽0.8、深0.7米（图一三一）。坑内为灰黑色土堆积，夹杂有贝壳，土质疏松。内含有少量青釉器残片等。

7. 沟（渠）

1条，编号为97G15。位于97T16南部，开口于97⑥a层下，打破97⑥b层。平面呈曲尺形，自东向西折向南延伸出发掘区外。沟壁呈弧形内收，圜底。东西向一段长2.6米，底部东高西低，

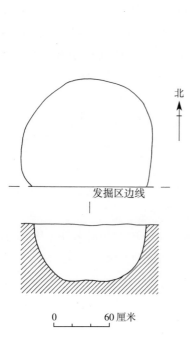

图一二八　97H12平剖面图

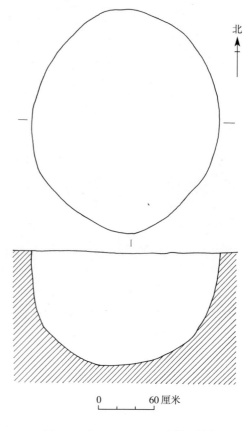

图一二九　97H118平剖面图

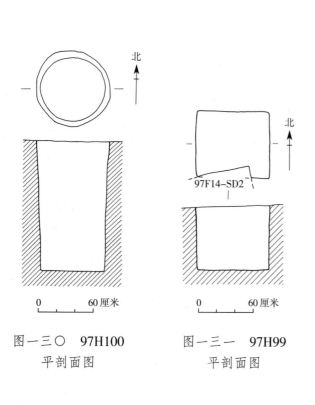

图一三〇　97H100
平剖面图

图一三一　97H99
平剖面图

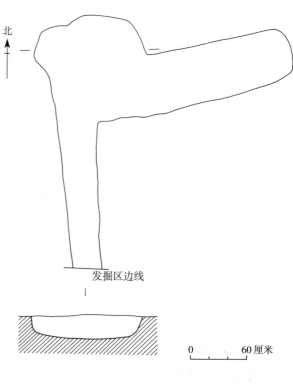

图一三二　97G15平剖面图

西段北壁呈不规则形向外扩大，宽 0.6~1.15、深 0.24 米。南北向一段现长 1.56 米，向南渐变窄，底部北高南低，宽 0.33~0.58、深 0.18~0.25 米（图一三二）。沟内为黑褐色土堆积，夹有少量贝壳，土质紧密。出土"五铢"钱 1 枚，锈蚀严重，还有少量青釉器残片等。

（二）遗物

有建筑材料、生活器具、工具、兵器和动、植物遗存等。

1. 建筑材料

均为陶质，有砖、板瓦、筒瓦和瓦当等。

（1）砖

2 块，均残。标本 97T3⑥a：1，砖形不明，砖的一面模印有文字，阳文，难以识别。灰陶。残长 14、残宽 9.0、厚 4.5 厘米（图一三三，1）。标本 97T16⑥a：5，长方砖，一面阴刻写有文字，竖排，仅存上半部文字"南徐□都乡□九□白□"。浅红陶。残 12.8、宽 15.0、厚 4.5 厘米（图一三三，2；图版六〇，1）。

（2）板瓦

834 件，均为碎块，未能复原。泥条盘筑，两侧有由外向内切割痕。泥质陶，多呈浅灰色或灰白色。表面光素，里面饰布纹。

（3）筒瓦

402 件，绝大多数为碎块，仅 1 件完整，2 件可复原宽度。泥条盘筑，两侧有由内向外切割痕，瓦唇多长而翘起，也有些瓦唇短而内敛。泥质陶，多呈灰色或灰白色。表面光素，极少量表面饰有绳纹，但已抹平，里面饰布纹。标本 97T6⑥a：11，瓦唇短而内敛，表面饰绳纹，绳纹大多经手抹平，里面饰布纹。灰白陶，残。长 33.4、径 11.3~11.6、厚 1.0~1.4 厘米，瓦唇长 1.9 厘米（图一三三，3）。标本 97H100：5，瓦唇长而翘起，表面光素，里面饰布纹。灰黄陶。残长 21.0、径 16.0、厚 1.9~2.2 厘米，瓦唇长 5.0 厘米（图版六〇，2）。

（4）瓦当

11 件，均为莲花纹瓦当。泥质陶，呈灰白色或深灰色。分属于 B 型、C 型 I 式、D 型 I 式、E 型和 F 型。

B 型　2 件。当心莲房凸起，上饰 7 个莲子，8 瓣宝装莲花纹，瓣间用弧边三角纹分隔，高边轮，边轮与莲瓣间饰周格纹。根据莲瓣肥瘦和周格内纹饰变化可分二式：

I 式　1 件（97T1⑥a：3）。莲瓣较为瘦小，周格内饰联珠纹，边轮较宽，高与当面纹饰平。灰陶。当径 14.2、厚 1.9、边轮宽 1.7 厘米（图一三四，1；图版六〇，3）。

II 式　1 件（97T11⑥a：8）。莲瓣较为宽大，周格内饰菱形纹，边轮变窄。灰白陶，当径 14.5、厚 3.5、边轮宽 0.4~0.9 厘米（图一三四，2；图版六〇，4）。

C 型 I 式　2 件。当心莲房凸起，上饰三重共 15 个莲子，当面细密莲瓣，瓣间用菱形纹分隔，边轮高于当面纹饰。标本 97T24⑥a：9，当面残存 6 瓣莲瓣纹。灰陶，表面呈深灰色。残径 11.6、厚 1.4、边轮宽 1.0 厘米（图一三四，3）。

D 型 I 式　3 件。当心莲房凸起，上饰 9 个莲子，当面饰 8 瓣肥厚莲瓣，瓣中脊出筋，瓣间有弧边三角和竖线纹分隔，边轮高于当面纹饰，上饰联珠纹。标本 97T3⑥a：7，当面残存 5 瓣莲瓣纹。灰陶，表面呈深灰色。当径 14.5、厚 1.9、边轮宽 1.0~1.3 厘米（图一三四，4；图版六〇，5）。

图一三三　两晋、南朝第三期砖文和瓦纹拓本
1.砖文（97T3⑥a：1）　2.砖文（97T3⑥a：5）　3.筒瓦（97T6⑥a：11）

图一三四　两晋、南朝第三期莲花纹瓦当拓本

1. B型Ⅰ式（97T1⑥a：3）　2. B型Ⅱ式（97T11⑥a：8）　3. C型Ⅰ式（97T24⑥a：9）　4. D型Ⅰ式（97T3⑥a：7）
5. E型（97T1⑥a：2）　6. F型（97T1⑥a：5）

E 型　1 件（97T1⑥a：2）。当心莲房用圆周表示，内饰 9 个莲子，当面饰 8 瓣橄榄形莲瓣，瓣间用肥厚的弧边三角形和长竖线纹分隔，窄边轮，边轮高于当面纹饰。灰陶，表面呈深灰色，残。当径 13.5、厚 2.0、边轮宽 0.5~1.0 厘米（图一三四，5；图版六〇，6）。

F 型　3 件，均残。当面饰瘦小莲瓣纹，瓣间用"V"字形纹分隔，外有两周凸棱。标本 97T1⑥a：5，当面残存 2 瓣莲瓣。灰白陶，表面呈深灰色。残径 13.8、厚 1.9 厘米（图一三四，6）。

2. 生活器具

有陶器、酱釉器和青釉器。

（1）陶器

插座　1 件（97T3⑥a：4）。属于 B 型。方墩形底座，底座上面内错隆起呈半圆球形。顶面有一圆形平台，台面微凹，中心有一圆形插孔。球面有 4 组弦纹。泥质红褐色陶，残。底边长 18.4、圆球面径 17、顶面径 6.5、孔径 1.4 厘米（图一三五，1；图版六一，1）。

棋子　1 件（97H62：1）。圆饼形，利用废弃陶片磨制而成，顶面刻一"仗"字。泥质灰白陶，完好。直径 2.8、厚 1.0 厘米（图版六一，2）。

（2）酱釉器

低温釉陶。胎有泥质和夹砂两种，以泥质胎为主，多呈青灰色，少量呈灰白或灰黄色。器内、外多满施酱釉，釉多呈紫褐色，少数呈紫红色，无光泽，部分呈紫褐色泛青，有光泽。器形有四耳罐、釜、盆、盅、碗和器盖等。器表仅饰一至二道旋纹。

四耳罐　可复原 8 件。分属于 Aa 型 I 式和 Ba 型 II 式。

Aa 型 I 式　5 件。桶形腹。直口，圆唇，唇下旋出一道凸棱，上腹部微鼓，最大径靠上，平底或平底微内凹，肩上安四个半环形横耳。安耳处多饰一道旋纹，器内、外多有轮旋痕。95T3②：1，肩部饰一道旋纹。釉呈紫褐色。灰白胎，残。口径 14.4、腹最大径 19.2、底径 17.6、高 20.5 厘米（图一三五，2）。

Ba 型 II 式　3 件。长圆腹。直口外侈，平沿，腹部最大径靠上，平底内凹。肩部饰一道旋纹。标本 97H145：1，口沿和外底有支垫痕。釉呈紫红色。青灰胎，残。口径 13.5、腹最大径 20.8、底径 16.6、高 19.1 厘米（图一三五，3；图版六一，3）。

釜　3 件。属于 A 型。敞口，尖唇，束颈。根据腹部的变化可分二式。

I 式　1 件（97T7⑥a：24）。弧腹，腹部以下残。釉呈紫红色。夹砂灰色胎。口径 16.0、残高 6.0 厘米（图一三五，5）。

II 式　2 件，其中 1 件可复原。垂腹，圜底，器形瘦高。标本 97H8：17，唇下、上腹部和下腹部各饰一道旋纹，下腹部和底部饰浅绳纹，器内腹壁有轮旋痕。器表施酱釉，呈紫红色。夹砂浅黄胎，残。口径 27.0、腹最大径 23.8、高 22.4 厘米（图一三五，6；彩版六，1）。

盆　可复原 4 件。形制一致，大小不一。直口微敛，宽平折沿，方唇，下腹敛收，平底内凹。标本 97T23⑥a：2，上腹部饰三道旋纹。釉呈紫褐色。青灰胎，残。口径 38.2、腹最大径 36.0、底径 20.0、高 16.4 厘米（图一三五，4；图版六一，4）。

盅　1 件（97H117：2）。敛口，尖圆唇，弧腹，浅卧足。外口沿下饰一道旋纹。青灰胎，残。口径 14.8、底径 13.0、高 9.6 厘米（图一三五，8）。

碗　可复原 2 件。属于 I 式。直口外侈，圆唇，浅弧腹，平底，内底呈圆形凹下。外口沿下饰一道旋纹。标本 95T1②：9，釉呈紫褐色。灰黄胎，稍残。口径 7.0、底径 4.4、高 3.0 厘米（图一三五，7；图版六一，5）。

　　器盖　可复原2件，造型一致。子口微敛，盖面呈弧形向上隆起，顶部有一伞形纽。标本97H148：1，盖面饰七道旋纹。釉呈紫褐色，泛青色。青灰胎，残。最大径18.8、残高5.4厘米（图

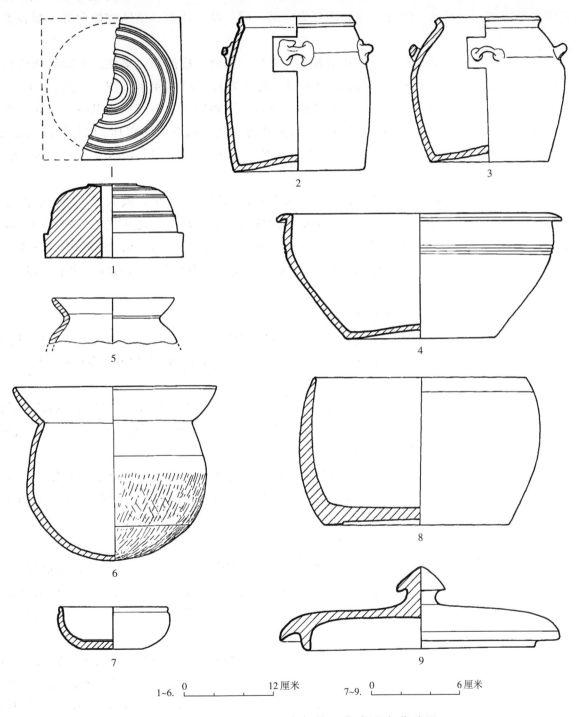

图一三五　两晋、南朝第三期陶器和酱釉器

1. B型陶插座（97T3⑥a：4）　2. Aa型Ⅰ式酱釉四耳罐（95T3②：1）　3. Ba型Ⅱ式酱釉四耳罐（97H145：1）　4. 酱釉盆（97T23⑥a：2）　5. A型Ⅰ式酱釉釜（97T7⑥a：24）　6. A型Ⅱ式酱釉釜（97H8：17）　7. Ⅰ式酱釉碗（95T1②：9）　8. 酱釉盅（97H117：2）　9. 酱釉器盖（97H148：1）

一三五，9；图版六一，6）。

（3）青釉器

胎多呈青灰色，少量呈灰白色，胎质较粗。内外满釉，釉多呈青绿色，也有部分呈青黄色，釉质润泽有光亮，多有细小开片，少部分器物的口沿、内腹壁或内底部饰有褐色彩绘斑点。器形有四耳罐、带流罐、六耳壶、唾壶、盅、四耳盅、碗、碟、盘、器盖、插座和烛台等。器表多饰一至二道旋纹。

四耳罐　1件（95T1②：1）。属于 B 型Ⅱ式。直口，圆唇，扁圆腹，平底。上腹部和近底部有支垫痕。青灰胎，残。口径6.2、腹最大径12.2、底径7.0、高7.5厘米（图一三六，2）。

带流罐　1件（97H139：5）。侈口，尖圆唇，束颈，上腹圆鼓，下腹向内敛收，平底。肩部有一流口，已残，对应一侧有一执把，已残，肩部另外两侧共有四个桥形横耳。肩部饰四道旋纹，内、外腹壁有轮旋痕。内、外底各有 4 个和 8 个支垫痕。灰色胎，残。口径18.4、腹最大径25.6、底径15.2、高16.8厘米（图一三六，1）。

六耳壶　1件（97H145：2）。盘口，尖唇，短束颈，圆鼓腹，饼足，最大径居中。肩部安六个半环形耳，其中四个竖耳、二个横耳。肩部饰二道旋纹，下腹部饰一道旋纹。外底露胎，青灰胎，残。口径9.8、腹最大径20.2、足径12.2、高18.8厘米（图一三六，5；图版六二，1）。

唾壶　1件（97H148：3）。口残，束颈，扁圆腹，饼足。上腹部饰一道旋纹。腹最大径13.4、足径10.0、残高6.0厘米（图一三六，7）。

盅　3件。分属于 A 型Ⅱ式和 B 型。

A 型Ⅱ式　2件。子口内敛，尖圆唇，弧腹，卧足。内外满釉，有开片。标本97H100：3，外口沿下饰二道旋纹，内、外底有支垫痕。青灰胎，残。口径16.4、底径11.0、高9.4厘米（图一三六，3）。

B 型　1件（97H12：1）。盘形口，圆唇，口沿面弧凹，深弧腹，平底。口沿饰有褐色彩绘斑点纹，外腹施釉不到底。青灰胎，残。口径24.0、足径14.0、高15.4厘米（图一三六，6；图版六二，2）。

四耳盅　3件。子口近直，尖圆唇，桶形腹，平底微内凹。上腹部安四个半环形竖耳，安耳处饰二道旋纹，外底部有支垫痕。标本97H8：4，青灰胎，残。口径10.8、底径10.8、高10.2厘米（图一三六，4；图版六二，3）。

碗　可复原61件。分属于Ⅰ式、Ⅱ式、Ⅲ式和Ⅳ式。

Ⅰ式　29件。直口外侈，圆唇，浅弧腹，平底，内底呈圆形下凹。外口沿下饰宽、深旋纹，内外满釉。标本97T11⑥a：4，内底饰四周旋纹，内、外底有支垫痕。青灰胎，残。口径12.8、底径7.8、高4.2厘米（图一三七，1）。标本97T7⑥a：5，外底有 3 个支垫痕。青灰胎，稍残。口径7.8、底径4.0、高2.9厘米（图版六二，4）。

Ⅱ式　18件。直口外侈，浅弧腹，宽饼足，内底呈圆形下凹。外口沿下饰较宽、深旋纹，内外满釉。标本97T7⑥a：15，外底有 3 个支垫痕。青灰胎，残。口径8.6、底径5.0、高3.6厘米（图一三七，2）。标本97H153：1，内、外底有各有 5 个和 11 个支垫痕。青灰胎，残。口径20.7、底径12.5、高7.8厘米（图一三七，3；图版六二，5）。

Ⅲ式　9件。直口微内敛，深弧腹，宽饼足或矮圈足，内底呈圆形下凹。外口沿下饰细、浅旋纹，内外满釉。标本97T3⑥a：6，饼足，内底有 3 个支垫痕，外底有 4 个支垫痕。青灰胎，残。

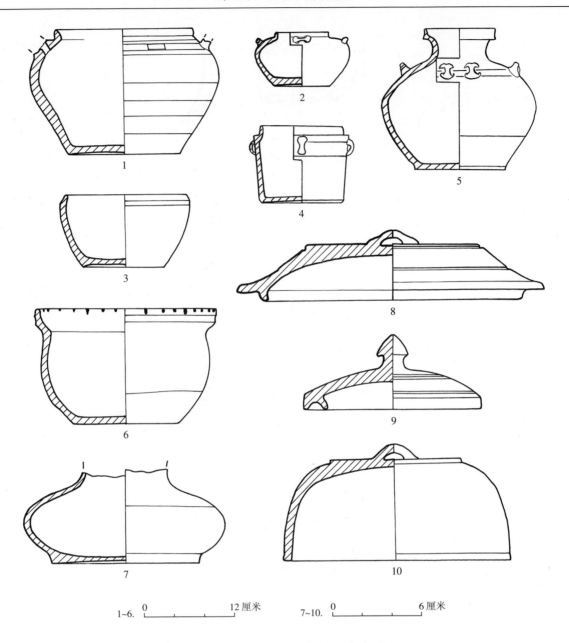

图一三六　两晋、南朝第三期青釉器

1.带流罐（97H139：5）　2.B型Ⅱ式四耳罐（95T1②：1）　3.A型Ⅱ式盅（97H100：3）　4.四耳盅（97H8：4）　5.六耳壶
（97H145：2）　6.B型盅（97H12：1）　7.唾壶（97H148：3）　8.Aa型器盖（97H43：1）　9.C型器盖（97H145：5）　10.B
型器盖（97H100：4）

口径13.2、足径8.1、高7.4厘米（图一三七，6；图版六二，6）。标本97H100：2，圈足。青灰
胎，残。口径14.4、足径9.8、高6.4厘米（图一三七，7）。

　　Ⅳ式　5件。直口，深弧腹，小饼足较高。外口沿下饰细、浅旋纹，外施釉不到底。标本97T3
⑥a：5，内底有3个支垫痕。青灰胎，残。口径13.8、足径6.2、高7.7厘米（图一三七，8；图
版六三，1）。标本95T4②：2，灰白胎，残。口径10.8、足径4.0、高6.8厘米（图一三七，9）。

　　碟　7件。敞口，尖圆唇，浅弧腹。分属于Ⅰ式和Ⅱ式。

　　Ⅰ式　4件。平底。标本97T23⑥a：3，内底呈圆形下凹，外口沿下饰一道旋纹。青灰胎，残。

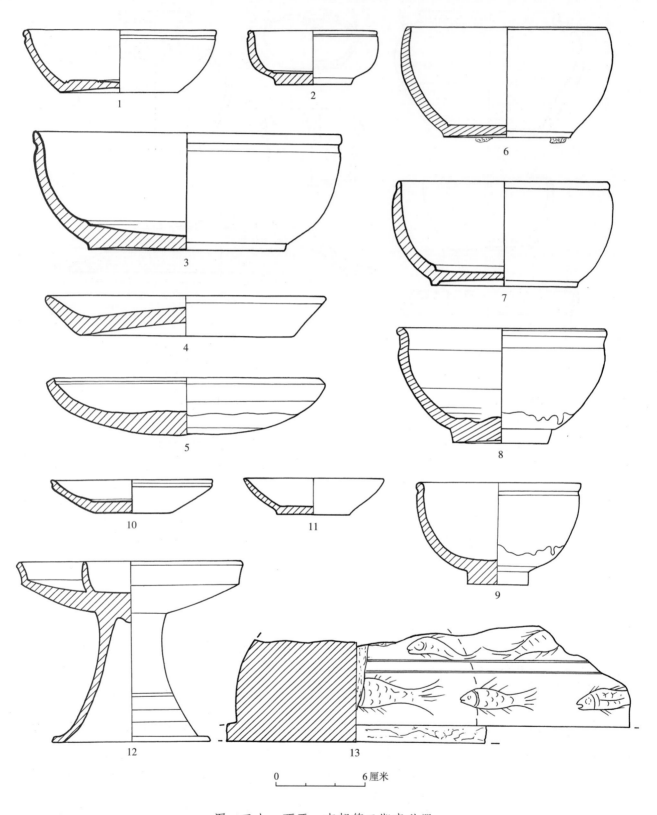

图一三七　两晋、南朝第三期青釉器

1. Ⅰ式碗（97T11⑥a：4）　2. Ⅱ式碗（97T7⑥a：15）　3. Ⅱ式碗（97H153：1）　4. A 型Ⅱ式盘（97T30⑥a：4）　5. B 型Ⅰ式盘（97T7
⑥a：6）　6. Ⅲ式碗（97T3⑥a：6）　7. Ⅲ式碗（97H100：2）　8. Ⅳ式碗（97T3⑥a：5）　9. Ⅳ式碗（95T4②：2）　10. Ⅰ式碟（97T23
⑥a：3）　11. Ⅱ式碟（97H178：1）　12. 烛台（97T2⑥a：2）　13. 插座（97T23⑥a：1）

口径 11.0、底径 5.4、高 2.3 厘米（图一三七，10）。

Ⅱ式　3件。底部外凸呈饼足状。标本 97H178：1，外腹近底部有 4 个支垫痕。青灰胎，残。口径 9.6、足径 4.8、高 2.4 厘米（图一三七，11；图版六三，2）。

盘　2件。分属于 A 型Ⅱ式和 B 型Ⅰ式。

A 型Ⅱ式　1件（97T30⑥a：4）。敞口，尖圆唇，斜直腹，内底向上隆起，平底内凹。外底有 7 个支垫痕。青灰胎，残。口径 18.4、底径 14.4、高 2.6 厘米（图一三七，4）。

B 型Ⅰ式　1件（97T7⑥a：6）。收口，方唇，浅弧腹，圜底。内、外壁分别饰一、二道旋纹，器内满釉，器外施釉不到底。灰白胎，残。口径 18、高 3.8 厘米（图一三七，5）。

器盖　可复原 19件。分属于 Aa 型、B 型和 C 型。

Aa 型　12件。子口内敛，盖沿外展，盖面斜向上，顶面平，顶面有一半环形纽。标本 97H43：1，盖顶面边沿饰二道旋纹，盖沿面和子口沿面均有支垫痕。青灰胎，残。最大径 20.8、高 4.7 厘米（图一三六，8；图版六三，3）。

B 型　5件。似一倒扣的碗，盖面弧形隆起，顶面平，半环形纽。标本 97H100：4，盖口沿外饰一道旋纹，口沿和盖顶面边沿有支垫痕。青灰胎，残。口径 15.4、高 7.5 厘米（图一三六，10；图版六三，4）。

C 型　2件。子口内敛，盖沿下折，盖面呈弧形向上隆起，顶部有一伞形纽。标本 97H145：5，盖面饰五道旋纹。青灰胎，残。最大径 12.0、高 5.0 厘米（图一三六，9）。

插座　1件（97T23⑥a：1）。半圆球形，底向外出沿，残甚，顶部插孔不详。球面饰二道旋纹，旋纹上下饰鱼纹。器表施青釉，有开片。浅黄褐色胎，残。残高 7.0 厘米（图一三七，13；图版六三，5）。

烛台　1件（97T2⑥a：2）。喇叭形足，下部饰四道旋纹，顶部承一浅盘。盘口外侈，方圆唇，折腹。盘心接一小盏，与浅盘同高，盏口近直。釉已全部脱落。灰白胎，残。盘口径 15、盏口径 6.2、底径 10.6、高 12.0 厘米（图一三七，12；图版六三，6）。

3. 工具

有陶网坠、青釉纺轮、酱釉纺轮和砺石等。

（1）陶网坠　2件。分属于 B 型和 C 型。

B 型　1件（97T12⑥a：1）。近椭圆形，在纵、横面上各压出一周凹槽。泥黄褐陶，完好。长径 3.9、短径 3.7、厚 3.3 厘米（图版六四，1右）。

C 型　1件（95T1②：8）。近扁圆形，两端面近平，一面压出一周凹槽，另一面压出二周凹槽。泥质灰陶，完好。长 4.3、宽 4.0、厚 3.8 厘米（图版六四，1左）。

（2）青釉纺轮　2件。分属于 A 型和 B 型。

A 型　1件（97T8⑥a：1）。呈算珠形，上、下端面平，有一圆形穿孔。表面施青釉，完好。最大径 2.0、高 1.5、孔径 0.6 厘米（图一三八，3）。

B 型　1件（97T6⑥a：5）。圆饼形，一端面平，另一端面中部微凸起，中心有一圆形穿孔。表面施青釉，完好。外径 3.6、孔径 1.0、高 1.5 厘米（图一三八，2；图版六四，2）。

（3）酱釉纺轮

1件（97T16⑥a：3）。属于 A 型。算珠形，上、下端面平，有一圆形穿孔。釉呈紫褐色。青灰胎，残。最大径 5.2、高 4.2、孔径 0.45 厘米（图一三八，1）。

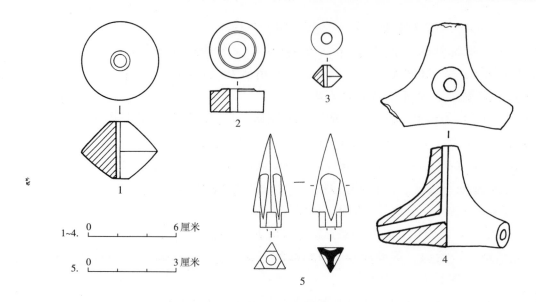

1~4. 0   6 厘米

5. 0   3 厘米

图一三八　两晋、南朝第三期工具和兵器

1.A 型酱釉纺轮（97T16⑥a：3）　2.B 型青釉纺轮（97T6⑥a：5）　3.A 型青釉纺轮（97T8⑥a：1）

4.A 型陶蒺藜（95T3②：3）　5.A 型Ⅱ式铜镞（97T7⑥a：3）

（4）砺石

1件（97H139：4）。长方形，在底面的一端有一近六棱形足，呈上大下小，上面微弧凹，表面磨光滑，其余各面平直。青灰色滑石。长16.8、宽8.6、高5.3厘米（图版六四，3）。

4. 兵器

陶蒺藜　3件。属于A型。四棱锥形，每一锥角上有一圆形插孔。标本95T3②：3，泥质黄白陶，完好。高7.2、孔径0.5厘米（图一三八，4；图版六四，4）。

铜镞　1件（97T7⑥a：3）。属于A型Ⅱ式。镞本截面呈三角形，有弧边三角形血槽，关截面呈六棱形，圆形铁铤，已残断。镞本长2.6、关长0.5厘米（图一三八，5）。

5. 动、植物遗存

出土的动物遗存较丰富，经鉴定，动物骸骨的种类有蚌、蚬、鱼、鼠、狗、马、猪、梅花鹿、大型鹿科、黄牛、水牛、牛和食肉类动物等（详见上编第五章第四节《南越宫苑遗址出土动物骨骼研究报告》）。而植物遗存较少，种类有粟等。

四　第四期遗存

（一）地层和遗迹

这一期的地层在蓄池遗迹发掘区和曲流石渠遗迹发掘区无保存。遗迹有房址、沟（渠）、水井和灰坑等，均分布于曲流石渠遗迹发掘区内（图一三九）。

1. 房址

2座，编号为97F1和97F5。现分别介绍如下：

97F1　位于曲流石渠遗迹发掘区东部和中部，跨越97T1、97T2、97T3、97T6、97T7、97T10、97T11、97T14、97T15、97T18、97T19、97T22、97T23、97T26和97T27等15个探方。开口于

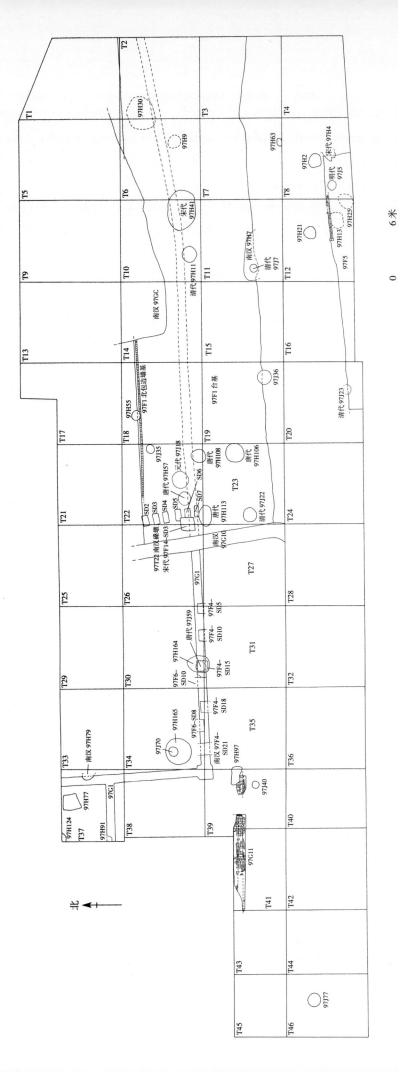

图一三九　曲流石渠遗迹发掘区西晋、南朝第四期遗迹平面图

97F2下，打破97⑥a层，被97GC、97H41、97H11、97H7、97J7、97J36、97H55、97J35、97H108、97H106、97J18、97H57、97H113、97J22、97G10、97F3-SD3和97F14-SD2~SD7等遗迹打破。残存台基和台基北侧包边墙基（图一四〇）。

台基　平面呈东西走向，方向西偏南8°。台基东部北侧被97GC打破，向东延伸出发掘区外，西部被97G10打破，西部边界不清楚，已揭露台基东西长54、南北宽12.5~20米。台基地面已无存，柱网结构无法了解，仅存台基垫土。垫土用红、黄土分层夯筑而成，厚0.3~0.8米，东边厚西边薄，最厚处自上而下可分四层。现以97T6、97T7探方西壁来介绍97F1垫土情况。

97F1①层：黄色土。残厚0.12米。

97F1②层：红黄色五花土。厚约0.28米。

97F1③层：灰褐色土。厚约0.25米。

97F1④层：灰褐色土。厚约0.15米。

台基北侧包边墙基　位于台基北侧，东西走向，用宽0.15米的红色碎砖错缝平砌而成，残存砖3~4层，墙基东西残长15.8、南北宽0.15、残高0.2米。

出土遗物较丰富，有B型Ⅰ式莲花纹瓦当2件、C型Ⅱ式莲花纹瓦当1件、C型Ⅲ式莲花纹瓦当1件、C型Ⅳ式莲花纹瓦当1件、D型Ⅱ式莲花纹瓦当1件、D型Ⅲ式莲花纹瓦当3件、可复原板瓦2件、可复原宽度筒瓦2件、"建兴二年"铭款长方砖1件、"泰元十一年"铭款砖1件、Ba型Ⅲ式酱釉四耳罐1件、Ca型Ⅱ式青釉四耳罐1件、Ⅰ式青釉碗8件、Ⅲ式青釉碗1件、Ⅴ式青釉碗2件、Ⅱ式青釉碟1件、青釉高足盘1件、Aa型青釉器盖1件、B型青釉器盖1件、青釉四足砚台1件、A型青釉纺轮1件、B型青釉纺轮1件、A型酱釉纺轮1件、铜环1件、A型Ⅰ式铜镞2件，还有大量的砖块、瓦片和陶瓷器残片等。

97F5　位于曲流石渠遗迹发掘区的东南部，横跨97T8、97T12、97T16和97T20等4个探方，开口于97①层下，打破97⑥a层，被97H4、97J5、97J23打破。残存部分台基和台基北侧包边墙基（图一四一）。

台基　平面呈东西走向，方向西偏南8°。台基东部被明代地层（97②层）打破，向南延伸发掘区外，现已清理东西长27、南北宽1.6~3.2米。台基地面已无存，柱网结构等无法了解，仅存台基垫土。垫土东边厚西边薄，用红、黄、褐色黏土夯筑而成，夯层不明显，厚0.20~0.95米。出土Ⅰ式青釉碗1件、Ⅲ式青釉碗2件、Ⅱ式青釉碟1件，还有少量的酱釉陶器残片和瓦片等。

台基北侧包边墙基　位于台基北侧，东西走向，用残砖错缝平砌而成，东西残长4.8、南北宽0.18~0.36米，残存砖1~2层，高0.07~0.14米。砖呈红色或浅黄色，素面，规格为：残长13~35，宽18~22、厚7.0厘米。

2. 沟（渠）

2条，编号为97G1和97G11。

97G1　横跨97T2、97T6、97T10、97T14、97T18、97T22、97T26、97T30、97T34、97T35、97T37、97T38和97T39等13个探方，开口于97F1下，被97H11、97H41、97H108、97J18、97H57、97F14-SD6、97F14-SD7、97F3-SD3、97G10、97F4-SD5、97F4-SD10、97F4-SD15、97J59、97H164、97F6-SD10、97F4-SD18、97F6-SD8、97F4-SD21、97H79和97H91打破。地下排水暗渠，平面呈曲尺形，自北而南折向东，向西、向北和向东延伸出发掘区外，已清理长约104.8米（图一四二；图版六五，1）。

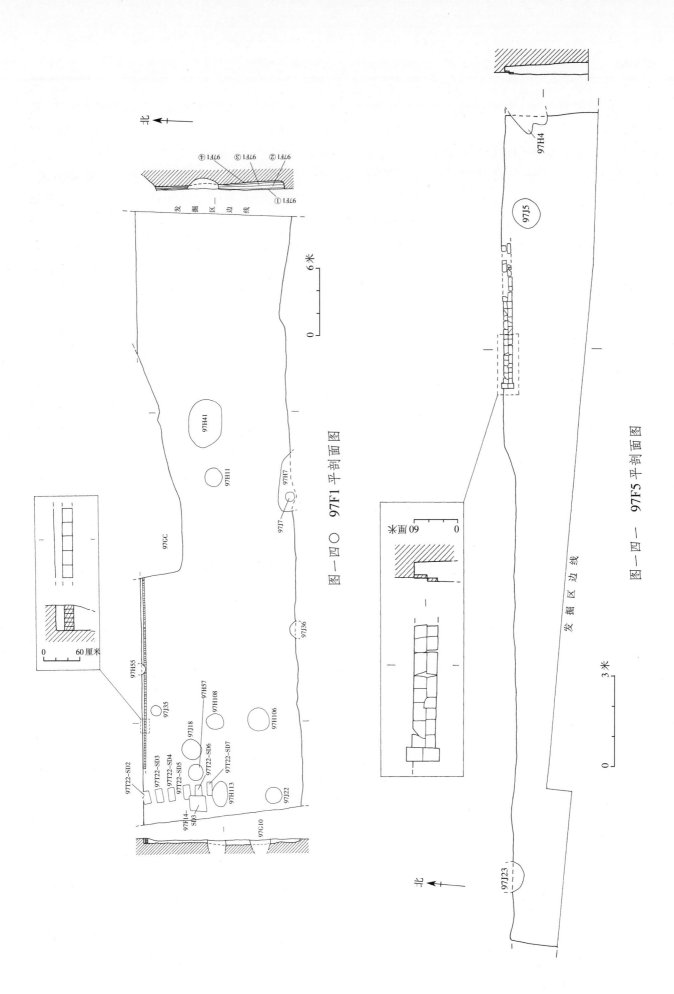

北

97F1 ① 97F1 ② 97F1 ③ 97F1 ④

发 掘 区 边 线

97H41

97H11

97J7

97GC

97J36

97H55

97T22—SD2
97T22—SD3
97T22—SD4
97T22—SD5

97J35

97H57

97H108

97J18

97T22—SD6

97T22—SD7

97H113

97H106

97H122

97H14—SD3

97G10

0   60厘米

图一四〇 97F1 平剖面图

0   6 米

97H4

97J5

发 掘 区 边 线

0   60 厘米

97J23

北

0   3 米

图一四一 97F5 平剖面图

水渠可分三段，其中西部一段渠体东西向，东端与南北向一段渠体相连，现清理长6.6米。渠体外沿宽0.55~0.7、内宽0.23~0.28、残深0.3米。渠底用规格不一的长方砖呈"人"字形平铺，然后在其上南北两侧用整砖和残砖东西向错缝平砌成南北两壁，顶盖已被破坏。

南北向一段渠体现清理长16.8米。渠体外沿宽0.7~0.8、内宽0.28~0.37、残深0.45~0.6米。渠底用规格不一的长方砖呈"一"字形平铺，然后在其上东西两侧用整砖和残砖南北向错缝平砌成东西两壁。这一段渠体与西部东西向渠体相连，底部比东西向渠体底部低0.13~0.15米（图一四二，A）。渠的南端有一沙井，近方形，井内东西长1.0、南北宽0.85~0.9、残深0.72~0.88米。井底用整砖平铺，井壁用整砖和残砖错缝平砌而成，上部已被破坏，沙井底部与其北侧和东侧渠体底部大致齐平（图一四二，B；图版六五，2）。

沙井东侧连接一段渠体东西向，已清理长约81.4米。渠体砌法与南北向一段渠体砌法一致，但中部和东部渠顶封盖保存较好，顶部是用砂岩石块和碎砖块等封盖。渠体外沿宽0.6~0.7、深0.95米，内宽0.33~0.37、深0.64米（图一四二，C；图版六五，3）。

经对渠体底部进行实测得知，水渠底部西高东低，水自西向东流。渠体自北向南，再折向东的渠底标高分别为a点：-4.36米，b点：-4.49米，c点：-4.57米，d点：-4.55米，e点：-4.55米，f点：-4.98米。渠内堆积为灰褐色淤土，土质较黏。出土B型Ⅰ式莲花纹瓦当1件、D型Ⅲ式莲花纹瓦当1件、青釉双耳臼1件。

水渠的做法是先挖沟槽，沟槽宽一般为0.85~1.05米，接着平整沟槽底部，继而砌底面砖，再砌渠壁，上盖用碎砖和大石块封顶，最后再用红黄色土回填。渠体用砖多呈红黄色，质较软，多素面，也有少部分砖的表面模印有网格纹或侧面模印有叶脉纹或模印"十"字、"建元□年"铭文等。

97G11　位于97T39、97T41北部，开口于97⑤b层下，打破97⑥a层，被97H97打破。渠体呈曲尺形，自北而南折向西，渠底用长方形整砖或残砖平铺一层，然后在其两侧用残砖错缝平砌渠壁，渠内侧面平齐。渠壁残存砖1~3层，内宽0.52、残深0.05~0.12米（图一四三）。分两段，东段南北向。残长0.23米，东侧用两列条砖侧立砌筑拦边。西段东西向。残长10.3米。在渠的东侧，西距G11约2.2米也发现类似的铺砖遗迹，东西残长1.95、残宽0.85米，破坏严重，具体情况不详。渠体用砖多呈红黄色，少量呈青灰色，整砖长26、宽19、厚4~7厘米。

3. 水井

4口，分别为97J36、97J40、97J70和97J77。水井的结构和出土遗物的介绍详见附录二第四节。

4. 灰坑

13个，分别为97H2、97H9、97H13、97H21、97H25、97H30、97H55、97H63、97H77、97H97、97H124、97H164和97H165。根据坑口平面形状和坑壁以及底部的不同可分三类。

（1）坑口平面呈不规则形，坑壁弧形内收，圜底。这一类灰坑有7个，分别为97H2、97H9、97H13、97H55、97H63、97H97和97H124。现举例介绍：

97H97　位于97T39东部，开口于97⑤b层下，打破97G11、97J78和97⑥b层。坑口东西2.04、南北1.08、深0.8米（图一四四）。坑内灰黑土堆积，土质松散。出土A型Ⅱ式青釉四耳罐1件、Aa型Ⅰ式酱釉四耳罐1件。

（2）坑口平面近呈圆形或椭圆形，坑壁垂直或斜直，坑底部平。这一类灰坑有5个，分别是97H21、97H25、97H30、97H164和97H165。现举例介绍：

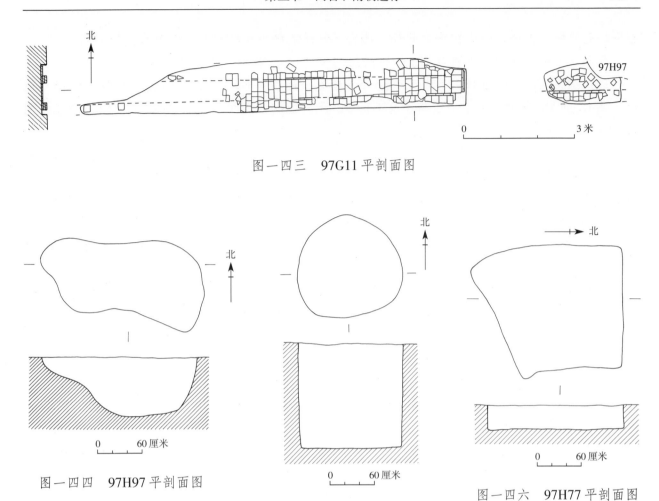

图一四三　97G11平剖面图

图一四四　97H97平剖面图

图一四五　97H21平剖面图

图一四六　97H77平剖面图

97H21　位于97T12中部，开口于97①层下，打破97⑥a层、97H16和南越国曲流石渠遗迹。坑口东西1.4、南北1.36、深1.4米（图一四五）。坑内为褐色土堆积，夹有贝壳。出土遗物较丰富，出土Ⅰ式青釉碗3件、Ⅱ式青釉碗1件、C型Ⅱ式青釉钵1件、B型和C型青釉器盖各1件、青釉灯盘1件、Aa型Ⅱ式酱釉四耳罐1件。

（3）坑口平面近呈长方形，直壁，平底。这一类灰坑只有1个。

97H77　位于97T37北部，开口于97⑤b层下，打破97⑥b层。坑口东西长1.75、南北宽2.06、深0.32米（图一四六）。坑内为灰黑色土堆积，土质疏松。出土Ⅱ式青釉碗1件。

（二）遗物

有建筑材料、生活器具、工具、钱币及其他。

1. 建筑材料

均为陶质，有砖、板瓦、筒瓦和瓦当。

（1）砖

有长方砖和长方楔形砖两种，楔形砖的长面呈一端宽一端窄。泥质陶，夹有粗砂，多呈红色或浅黄色，少量呈灰色或灰褐色。多光素无纹，只有少量模印有网格纹、绳纹等，有些砖的侧面还模印有叶脉、方格、圆点纹等。此外，还有部分砖的侧面模印有数字编号或纪年款等。

素面长方砖　主要有两种规格。一种是长约31.5~34、宽约14.5~16.8、厚约3.5~4.5厘米；另一种是长约35~37、宽约18~21.5、厚约5~5.6厘米。标本97G1：13，灰色陶，稍残。长33、宽16、厚4.2厘米（图版六六，1）。标本97G1：9，浅黄色陶，稍残。长37、宽18、厚5.6厘米（图版六六，2）。

网格纹长方砖　砖的上下两面均模印有网格纹。标本97G1：10，黄褐陶，稍残。长35.4、宽16.4、厚4.3厘米（图一四七，1）。

菱形纹长方砖　1块（97G1：6）。上下两面均模印有菱形纹。灰色陶，稍残。长34、宽16.7、厚4.8厘米（图一四七，3；图版六六，3）。

绳纹、叶脉纹长方砖　1块（97G1：1）。砖的表面模印斜向绳纹，一侧面模印叶脉、方格和圆点组合纹。浅红陶，残。长31.5、宽15.3、厚5.2厘米（图一四七，4；图版六七，1）。

叶脉纹长方砖　1块（97G1：2）。砖的一侧面模印叶脉纹，外绕方形框。黄白陶。残长17.7、厚5.1厘米（图一四八，6）。

"十"字款长方砖　1块（97G1：3）。砖一侧面模印一"十"字，阳文。红陶，质软。残长19.0、宽18.7、厚5.0厘米（图一四八，2；图版六六，4）。

纪年款长方砖　3块。标本97F1：7，砖的一面模印网格纹，一侧面模印"建兴二年"款，阳文。灰褐陶。残长23.2、宽13.2、厚4.2厘米（图一四八，1）。标本97F1：2，砖的两面均模印网格纹，一侧面模印"泰元十一年"款，阳文。灰陶。残长25.0、宽17.5、厚6.0厘米（图一四八，4；图版六六，5）。标本97G1：4，砖的一侧面模印"建元□年"款，阳文。红陶，厚重，质软，残。长37.0、宽21.5、厚11.0厘米（图一四八，3；图版六六，6）。

文字款长方楔形砖　1块（97G1：7）。砖的长面一端宽一端窄呈楔形，一侧面模印有文字，阳文，字体模糊难以辨识。浅黄陶，稍残。长32.5、宽16.0、厚3.5~5.0厘米（图一四八，5）。

网格纹长方楔形砖　1块（97G1：11）。砖的上、下两面模印网格纹。红陶，稍残。长35.0、宽17.3、厚2.7~5.0厘米（图一四七，2；图版六七，2）。

网格纹、三角纹长方楔形砖　1块（97F1：4）。上、下两面模印网格纹，一侧面模印网格、竖线、三角组合纹。灰陶。残长17.3、宽16.8、厚3.0~4.5厘米（图一四七，5；图版六七，3）。

（2）板瓦

1880件，绝大多数为碎块，可复原2件。泥质陶，多呈浅灰色或灰白色，少量呈深灰色，表面光素，里面饰布纹。泥条盘筑，瓦体一头大一头小，两侧有由内向外切割痕。标本97F1：39，瓦体表面中部抹出二道宽旋痕。灰陶，残。长37.5、宽23.8~29.2、厚1.0~1.8厘米（图版六七，4）。

（3）筒瓦

706件，均为碎块，未能复原。泥质陶，呈灰色或灰白色，陶质较软。泥条盘筑，瓦唇微向上翘，近平直，两侧有由内向外切或由外向内切割痕。表面光素，里面饰布纹。标本97F1：37，灰白陶。残长28.0、径12.8、厚1.1~1.4厘米，瓦唇长2.8厘米（图版六七，5）。标本97H63：2，灰陶。残长22.5、径13.4、厚1.2~1.5厘米，瓦唇长4.0厘米（图版六七，6）。

（4）瓦当

有云纹瓦当和莲花纹瓦当。

云纹瓦当　1件（97H55：3）。当心双重圆周内饰四叶纹，四叶纹中间一"十"字，当面以三

0   6厘米

图一四七　两晋、南朝第四期砖纹拓本

1. 网格纹长方砖（97G1：10）　2. 网格纹长方楔形砖（97G1：11）　3. 菱形纹长方砖（97G1：6）　4. 绳纹、叶脉纹长方砖（97G1：1）
5. 网格纹、三角纹长方楔形砖（97F1：4）

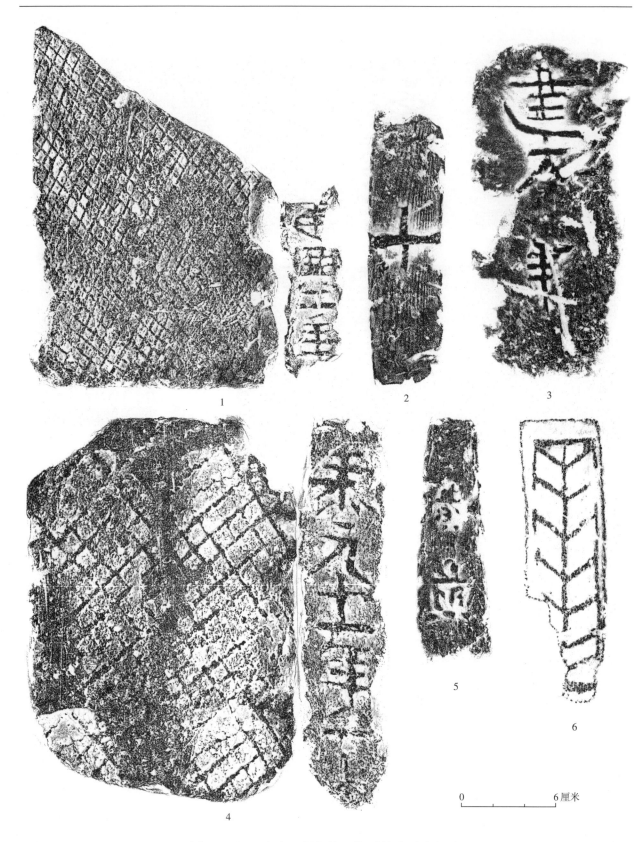

图一四八　两晋、南朝第四期砖纹和砖文拓本

1. "建兴二年"款网格纹长方砖（97F1：7）　2. "十"字款长方砖（97G1：3）　3. "建元□年"款长方砖（97G1：4）　4. "泰元十一年"款网格纹长方砖（97F1：2）　5. "□□"文字款长方楔形砖（97G1：7）　6. 叶脉纹长方砖（97G1：2）

竖线分格成四区间，区间内饰蘑菇状云纹，外绕一周弦纹，宽边轮，边轮高与当面纹饰平，内侧饰锯齿纹。当心一圆形小穿孔，当背素平。浅黄陶，残。径15.4、厚1.7、边轮宽1.6厘米（图一四九，1；图版六八，1）。

莲花纹瓦当　14件。分属于B型Ⅰ式、C型和D型。

B型Ⅰ式　4件。当心莲房凸起，上饰7个莲子，当面饰8瓣宝装莲瓣，莲瓣细小，瓣间用弧边三角纹分隔，宽边轮，边轮高与当面纹饰平，边轮内侧周格内饰联珠纹。标本97G1：12，灰陶，质软，残。当径14.2、厚1.3、边轮宽1.8厘米（图一四九，2；图版六八，2）。

C型　4件。莲瓣之间有菱形或箭头分隔纹。分属于Ⅱ式、Ⅲ式和Ⅳ式。

Ⅱ式　1件（97F1：18）。当心莲房凸起，上饰莲子，当面饰10瓣较大的莲瓣，莲瓣中脊出筋，瓣尖一箭头纹，瓣间以菱形短竖线纹分隔，窄边轮，边轮高于当面纹饰。泥质灰陶，质软，稍残。当径12.8、厚2.8、边轮宽1.1厘米（图一四九，3；图版六八，3）。

Ⅲ式　2件。当心莲房微凸起，上饰莲子，当面饰8瓣肥厚莲瓣，莲瓣中脊出筋不明显，瓣尖一箭头纹，瓣间以菱形长竖线纹分隔，窄边轮，边轮高于当面纹饰。标本97H30：1，泥质灰褐陶，质软，稍残。当径12.9、厚1.7、边轮宽1.4厘米（图一四九，4；图版六八，4）。

Ⅳ式　1件（97F1：33）。当心莲房以圆周表示，内残存4个莲子，当面残存4瓣莲瓣纹，每瓣莲瓣由三道弧线组成，瓣间以箭头纹分隔，窄边轮，上饰联珠纹，边轮高出当面纹饰。泥质灰陶，质软。残径11.8、厚2.6厘米（图一四九，5；图版六八，5）。

D型　6件。分属于Ⅱ式和Ⅲ式。

Ⅱ式　1件（97F1：36）。当心莲房以圆周表示，内饰7个莲子，当面残存5个肥厚莲瓣，瓣中脊出筋不明显，瓣尖饰三角纹，瓣间用弧边三角和竖线纹分隔，外绕一周弦纹，高边轮，边轮双圈弦纹内饰联珠纹。泥质灰陶，表面呈深灰色，残。当径17.0、厚2.6、边轮宽1.8厘米（图一四九，7）。

Ⅲ式　5件。当心莲房以圆周表示，内饰7个莲子，当面饰8瓣莲瓣，瓣尖饰弧边三角纹，瓣间以三角竖线纹分隔，外绕二周弦纹，弦纹间饰联珠纹。标本97F1：35，泥质灰陶，残。当径12.4、厚1.5厘米（图一四九，6）。标本97G1：5，泥质灰陶，残。当径12.0、厚3.0厘米（图版六八，6）。

2. 生活器具

有陶器、酱釉器、青釉器和石器等。

（1）陶器

釜　1件（97H9：5）。敞口，平沿，沿面有一道凹槽，束颈，扁圆腹，底部已残。腹部饰方格纹。夹砂灰褐陶。口径26.2、腹最大径24.4、残高14.8厘米（图一五○，1；图版六九，1）。

（2）酱釉器

低温釉陶。胎有泥质和夹砂两种，以泥质胎为主，胎多呈红褐色或黄褐色，少量呈青灰色或浅黄色。器内、外多满施酱釉，釉色多呈紫红色，少数呈紫褐色或紫黄色、酱黑色等，釉面无光泽。器形有四耳罐、盆、四耳盆、臼和碗等。

四耳罐　14件。肩部安四个半环形横耳。分属于Aa型和Ba型Ⅲ式。

Aa型　2件。桶形腹。直口，圆唇，唇下旋出一道凸棱，平底微内凹。根据腹部的变化可分二式。

0　　　　　　　6厘米

图一四九　两晋、南朝第四期云纹瓦当和莲花纹瓦当拓本

1.云纹瓦当（97H55：3）　2.B型Ⅰ式莲花纹瓦当（97G1：12）　3.C型Ⅱ式莲花纹瓦当（97F1：18）　4.C型Ⅲ式莲花纹瓦当（97H30：
1）　5.C型Ⅳ式莲花纹瓦当（97F1：33）　6.D型Ⅲ式莲花纹瓦当（97F1：35）　7.D型Ⅱ式莲花纹瓦当（97F1：36）

　　Ⅰ式　1件（97H97：2）。上腹部微鼓，腹部最大径靠上。肩部饰旋纹一道。釉呈紫红色，部分釉已脱落。青灰胎，残。口径18.5、腹最大径21、底径18、高21厘米（图一五○，2；图版六九，2）。

　　Ⅱ式　1件（97H21：5）。直腹。肩部饰旋纹一道。釉呈紫红色。灰色胎，残。口径16.5、腹最大径18.6、底径17.0、高19.5厘米（图一五○，3；图版六九，3）。

　　Ba型Ⅲ式　12件。长圆腹。直口外侈，平沿，上腹部圆鼓，下腹部敛收明显，器形变高，平底。标本97H30：10，釉呈紫红色。黄褐色胎，残。口径16.4、腹最大径26.4、底径18.5、高26.4厘米（图一五○，4）。标本97H63：3，釉呈紫红色。红褐色胎，残。口径16.4、腹最大径25.6、

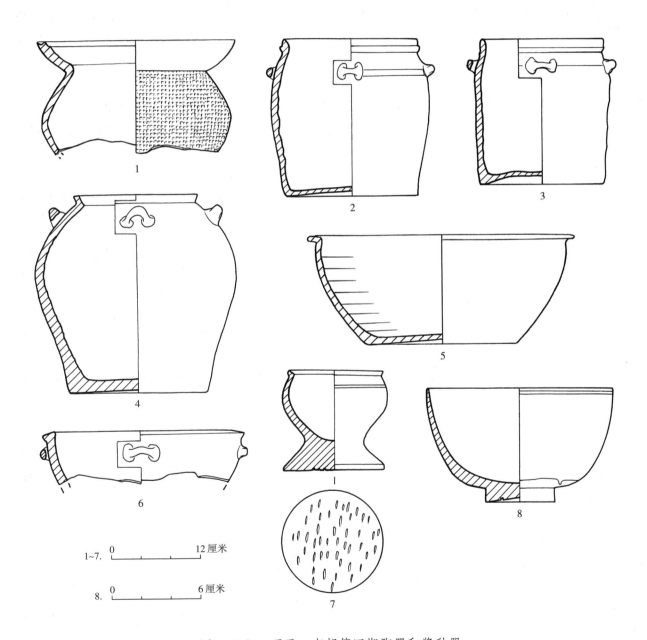

图一五○　两晋、南朝第四期陶器和酱釉器

1.陶釜（97H9：5）　2.Aa型Ⅰ式酱釉四耳罐（97H97：2）　3.Aa型Ⅱ式酱釉四耳罐（97H21：5）　4.Ba型Ⅲ式酱釉四耳罐（97H30：10）
5.酱釉盆（97H13：1）　6.酱釉四耳盆（97H30：68）　7.酱釉臼（97H9：4）　8.Ⅲ式酱釉碗（97H30：15）

底径 18、高 25 厘米（图版六九，4）。

盆　可复原 1 件（97H13：1）。直口微内敛，宽平折沿，方唇，弧腹内收，平底微内凹。内、外施紫红色釉。灰色胎，残。口径 36.0、底径 20.0、高 14.5 厘米（图一五〇，5）。

四耳盆　2 件，残，未能复原。敛口，平折沿，尖唇，弧腹，底部已残。标本 97H30：68，口沿有支垫痕，釉呈紫褐色。青灰胎。口径 24.0、残高 7.0 厘米（图一五〇，6）。

臼　2 件。敛口，平折沿，沿面向内倾斜，弧腹较深，喇叭实底形座，底面戳篦点。标本 97H9：4，上腹部饰二道旋纹。泥质青灰胎，残。口径 12.6、腹最大径 14.2、底径 13.5、高 13.2 厘米（图一五〇，7；图版六九，5）。

碗　1 件（97H30：15）。属于Ⅲ式。直口，平沿，深弧腹，小饼足较高，足底外沿旋削一周下凹。外口沿下饰两道细旋纹，器外施釉不到底，釉呈酱黑色，有流釉现象。青灰胎，残。口径 12.6、足径 5.0、高 7.5 厘米（图一五〇，8；彩版六，2）。

（3）青釉器

数量最多。器内外多满釉，釉多呈青绿色或青黄色，少量青中发灰色，釉与胎多结合不好，多数釉已脱落。胎多呈青灰，也有较多呈浅灰色或灰白色，胎质较粗。器形有四耳罐、钵、双耳臼、洗、双耳盆、四耳钵、盘、高足盘、碗、碟、器盖、灯盘、烛台、研杵和垫饼等。

四耳罐　3 件。分属于 A 型Ⅱ式、Ca 型Ⅱ式和 D 型。

A 型Ⅱ式　1 件（97H97：1）。直口，平沿，桶形腹，下腹内敛，平底。器内满釉，器外施釉不到底。青灰胎，残。口径 9.6、腹最大径 13.4、高 16.0 厘米（图一五一，11）。

Ca 型Ⅱ式　1 件（97F1：30）。侈口，圆唇，束颈，上腹圆鼓，下腹内敛，平底，肩部安四个桥形横耳。肩部饰二道旋纹。内外满釉，有流釉现象，口沿和内、外底均有支垫痕，外底有旋刮痕。青灰胎，残。口径 16.9、腹最大径 21.2、高 14.0 厘米（图一五一，1；图版七〇，1）。

D 型　1 件（97H55：5）。因下腹部已残，无法分式。直口，圆唇，鼓腹。肩部饰一道旋纹。内外满釉，部分釉已脱落。青灰胎，残。口径 13.6、腹最大径 20.8、残高 11.4 厘米（图一五一，2）。

钵　2 件。分属于 A 型Ⅲ式和 C 型Ⅱ式。

A 型Ⅲ式　1 件（97H30：31）。敛口，尖圆唇，圆弧腹，小平底近呈圜底状。器内满釉，外腹施釉不到底。灰白胎，残。口径 15.4、腹最大径 17.2、底径 5.1、高 10.2 厘米（图一五一，3；图版七〇，2）。

C 型Ⅱ式　1 件（97H21：4）。侈口，圆唇，弧腹，饼足。外腹部饰一道旋纹，口沿和内、外底部均有支垫痕。青灰胎，残。口径 20.8、腹最大径 23、足径 13.6、高 13.6 厘米（图一五一，4；彩版六，3）。

双耳臼　1 件（97G1：14）。敛口，方唇，深弧腹，底部已残，器外口沿处安两个半弧形竖耳，耳中横穿一圆形孔，外口沿下饰二道旋纹。器内露胎，青灰胎，壁厚。口径 14.2、残高 18.7 厘米（图一五一，5）。

洗　1 件（97H30：46）。属于Ⅱ式。浅盘口，圆唇，沿面向内斜弧，弧腹，饼足。腹部饰二道旋纹。内外满釉，有开片，釉质莹润有光泽。浅灰胎，残。口径 25.6、足径 18.4、高 8.4 厘米（图一五一，6）。

双耳盆　1 件（97H164：2）。侈口，尖唇，弧腹，卧足，上腹部安两个半环形竖耳，耳上有一半圆形錾，外口沿下饰一道旋纹。内底和外腹近底部均有支垫痕。青灰胎，残。口径 16.0、足

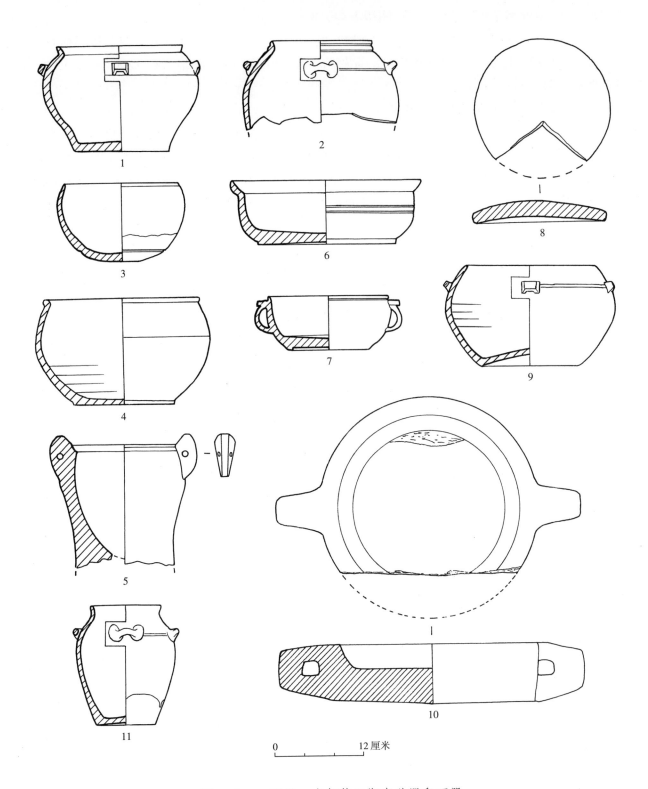

图一五一 两晋、南朝第四期青釉器和石器

1. Ca 型Ⅱ式青釉四耳罐（97F1：30） 2. D 型青釉四耳罐（97H55：5） 3. A 型Ⅲ式青釉钵（97H30：31） 4. C 型Ⅱ式青釉钵（97H21：4） 5. 青釉双耳臼（97G1：14） 6. Ⅱ式青釉洗（97H30：46） 7. 青釉双耳盆（97H164：2） 8. 青釉垫饼（97H30：65） 9. 青釉四耳钵（97H55：4） 10. 石双耳盆（97H9：6） 11. A 型Ⅱ式青釉四耳罐（97H97：1）

径 11.0、高 7.0 厘米（图一五一，7；图版七〇，3）。

　　四耳钵　1 件（97H55：4）。敛口，圆唇，圆弧腹，平底内凹。口沿下安四个桥形横耳，安耳处饰二道旋纹。内、外底均有支垫痕。青灰胎，残。口径 17.4、腹最大径 22.8、底径 13.0、高 13.4 厘米（图一五一，9）。

　　盘　4 件。分属于 A 型 I 式和 B 型 II 式。

　　A 型 I 式　2 件。敞口，斜直腹，内、外底面平。标本 97H55：8，内底有支垫痕，外底边沿旋刮一道凹槽。部分釉已脱落。青灰胎，残。口径 17.6、底径 15.0、高 3.0 厘米（图一五二，1）

　　B 型 II 式　2 件。收口，方唇，浅弧腹，平底。标本 97H30：43，内底双圈旋纹内戳印圆珠纹，内外口沿下均饰二道旋纹。器内满釉，器外施釉不到底，有缩釉现象。灰白胎，残。口径 23.6、底径 11.2、高 3.2 厘米（图一五二，2）。

　　高足盘　2 件。形制一致。敞口，尖圆唇，折腹，盘内底面近平，外底接一高足，中空，足已残。标本 97F1：38，内腹壁饰二道旋纹，内底残存 3 朵模印的雪花纹。浅灰胎。口径 12.0、残高 3.4 厘米（图一五二，3）。

　　碗　73 件。分属于 I 式、II 式、III 式、IV 式和 V 式。

　　I 式　16 件。直口或口微外侈，圆唇，浅弧腹，平底，内底呈圆形下凹。外口沿下饰宽、深旋纹，内外满釉。标本 97F1：41，口沿和外腹部各有 5 个支垫痕。青灰胎，稍残。口径 7.8、底径 4.4、高 3.2 厘米（图一五二，6）。标本 97H13：10，釉已全部脱落，呈灰白色，完好。口径 8.8、底径 6.0、高 3.6 厘米（图版七〇，4）。

　　II 式　6 件。侈口，尖圆唇，浅弧腹，宽饼足或矮圈足，内底呈圆形下凹。外口沿下饰较宽、深旋纹，内外满釉。标本 97H13：6，矮圈足，内、外底有支垫痕。青灰胎，残。口径 16.8、足径 9.1、高 6.6 厘米（图一五二，7）。

　　III 式　9 件。直口微敛，尖圆唇，浅弧腹，宽饼足或矮圈足，内底呈圆形下凹。外口沿下饰细、浅旋纹，内外满釉。标本 97H13：12，饼足，青灰胎，完好。口径 8.0、底径 4.8、高 4.4 厘米（图一五二，8；彩版六，4）。

　　IV 式　27 件。直口微敛，深弧腹，小饼足较高。外口沿下饰细、浅旋纹或素面，外腹施釉不到底。标本 97H30：9，内底残留有 3 个支垫泥块。釉呈青绿色，有流釉现象。青灰胎，稍残。口径 13.3、足径 5.6、高 7.5 厘米（图一五二，10；图版七〇，5）。

　　V 式　15 件。直口微敛，深弧腹，小饼足较高，足底外沿旋削下凹。外口沿下饰细、浅旋纹或素面，器外施釉不到底。标本 97H30：11，灰白胎，完好。口径 9.8、底径 3.6、高 5.8 厘米（图一五二，9；彩版六，5）。

　　碟　3 件。属于 II 式。敞口，尖唇，浅弧腹，底部外凸呈饼足状。标本 97F5：2，内外满施青黄釉，多已脱落。灰色胎，残。口径 10.0、底径 4.0、高 1.7 厘米（图一五二，5）。标本 97H30：8，器外施釉不到底。青灰胎，残。口径 13.2、底径 5.8、高 3.4 厘米（图版七〇，6）。

　　器盖　7 件。分属于 Aa 型和 B 型。

　　Aa 型　4 件。子口，盖面隆起，顶面平，有一半环形纽。标本 97H30：47，盖顶面边沿饰二道旋纹，盖沿面饰旋纹多道。盖沿面和内顶面有支垫痕。青灰胎，残。最大径 21.6、高 4.4 厘米（图一五二，11）。

　　B 型　3 件。似一倒扣的碗，盖面弧形隆起，顶面平，半环形纽。标本 97F1：17，盖纽已残，

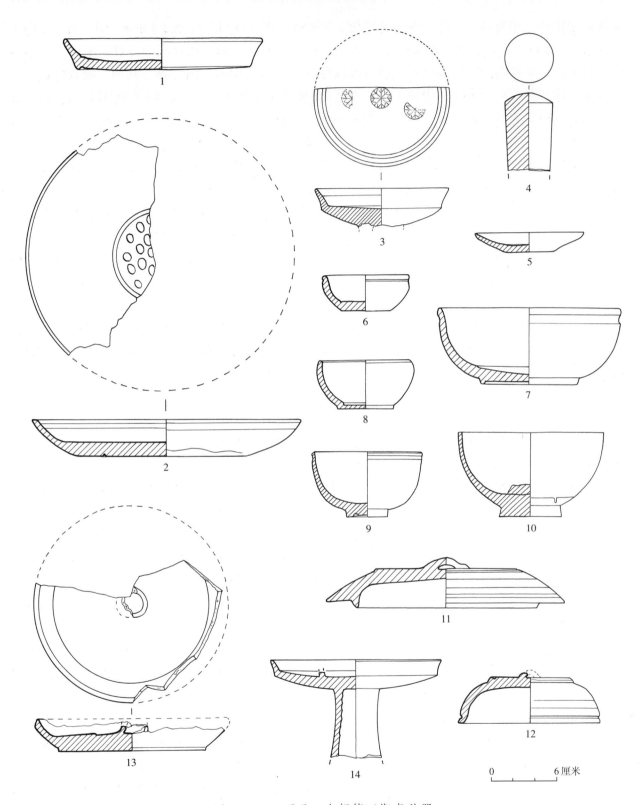

图一五二　两晋、南朝第四期青釉器

1. A 型 I 式盘（97H55：8）　2. B 型 II 式盘（97H30：43）　3. 高足盘（97F1：38）　4. 研杵（97H13：9）　5. II 式碟（97F5：2）　6. I 式碗（97F1：41）　7. II 式碗（97H13：6）　8. III 式碗（97H13：12）　9. V 式碗（97H30：11）　10. IV 式碗（97H30：9）　11. Aa 型器盖（97H30：47）　12. B 型器盖（97F1：17）　13. 灯盘（97H21：8）　14. 烛台（97H30：39）

盖顶面边沿饰二道旋纹，口沿外饰一道旋纹。青灰胎，残。口径12.8、高4.4厘米（图一五二，12）。

灯盘　2件。均残，无法复原，形制有别。标本97H30：45，残存底部灯盘，敞口，平沿外斜，斜弧腹，平底内凹。灯盏已残，盘内仅残存三个支承足印痕。内底饰一圆周，施青绿釉，外底露胎。浅灰胎。口径14.6、底径13.8、盘高2.8厘米（图版七一，1）。标本97H21：8，残存底部灯盘，收口，尖唇，斜直腹，饼足，盘内中央有一灯柱，中空，已残。内、外底有支垫痕。青灰胎，残。复原口径17、足径13.2、残高3.7厘米（图一五二，13）。

烛台　1件（97H30：39）。灯盘敞口，折腹，盘内中心接一小灯盏，已残。外底接一喇叭形高足，中空，已残。青灰胎。盘口径15.2、残高8.6厘米（图一五二，14）。

研杆　1件（97H13：9）。圆柱形，较粗一端顶面隆起，有研磨痕迹，较窄一端残断。表面有青釉，青灰胎，胎质细腻。残长7.0、径4.0~4.4厘米（图一五二，4；图版七一，2）。

垫饼　1件（97H30：65）。圆饼形，表面向上隆起，中部较边缘略厚，底部内凹。上、下面均有叠烧痕。釉呈青褐色。灰白胎，残。径18.0、厚1.5~2.2厘米（图一五一，8；图版七一，3）。

（4）石器

双耳盆　1件（97H9：6）。敞口，方圆唇，浅斜腹，腹壁近直，平底，腹外壁两侧各设一竖耳，盆底与壁接处的一侧有一小凹坑。用灰白色滑石凿磨而成，残。口径29.5、底径27.0、高8.0厘米（图一五一，10；图版七一，4）。

3. 工具

陶网坠　2件。分属于A型和B型。

A型　1件（标本97H9：2）。呈椭圆形，表面压出一周凹槽。泥质灰白陶，完好。长径3.0、短径2.8、厚2.0厘米（图一五三，2；图版七一，5右）。

B型　1件（97H164：1）。呈椭圆形，在纵、横面各压出一周凹槽。泥质灰褐陶，完好。长径4.4、短径3.8、厚3.0厘米（图一五三，1；图版七一，5左）。

青釉纺轮　2件。分属于A型和B型。

A型　1件（97F1：1）。呈算珠形，上、下两端面平，中央有一圆形穿孔。表面施青釉，釉已全部脱落。浅灰胎，残。最大径2.8、高2.7、孔径0.5厘米（图一五三，4）。

B型　1件（97F1：5）。呈扁圆形，上、下两端面近平，中央有一圆形穿孔，侧面略呈弧形。表面施青釉，大多已脱落。灰白胎，完好。最大径3.6、高1.6、孔径1.0厘米（图一五三，3）。

酱釉纺轮　2件。属于A型。呈算珠形，上、下两端面平，中央有一圆形穿孔。标本97H13：8，圆孔内尚存有铁杆，已残断。釉呈青褐色，完好。最大径3.7、高3.0、孔径0.6厘米（图一五三，7）。

4. 钱币及其他

"五铢"铜钱　1枚（97H55：9）。属于B型I式。正面有外郭无内郭，"五"字相交后缓曲较甚。钱径2.5、穿宽0.9、外郭宽0.14、外郭厚0.13厘米，重3.4克。

铜环　1件（97F1：29）。圆环形，截面呈圆形，完好。外径3.3、内径2.5厘米（图一五三，5；图版七一，6）。

铜镞　2件。属于A型I式。镞身截面呈三角形，镞身后平齐，镞面微鼓，关呈六棱形。标本97F1：15，铁铤已残断。镞本长3.0、关长0.7厘米（图一五三，6）。

四足砚　1件（97F1：27）。近直，尖圆唇，内底上鼓，外底内凹，底部接四个蹄形足，已残。

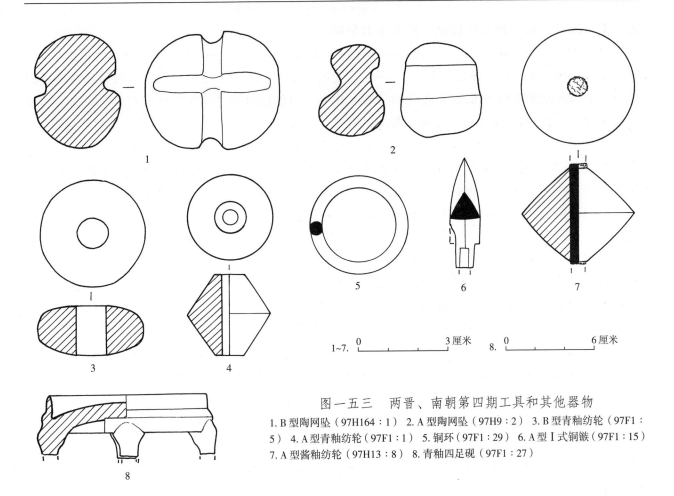

图一五三　两晋、南朝第四期工具和其他器物

1. B 型陶网坠（97H164：1）　2. A 型陶网坠（97H9：2）　3. B 型青釉纺轮（97F1：5）　4. A 型青釉纺轮（97F1：1）　5. 铜环（97F1：29）　6. A 型 I 式铜镞（97F1：15）　7. A 型酱釉纺轮（97H13：8）　8. 青釉四足砚（97F1：27）

器内露胎，器内底有 4 个支垫痕。灰白胎，残。口径 10.6、底径 10.6、高 3.1 厘米（图一五三，8；彩版六，6）。

五　小结

（一）各期的年代

第一期出土的铜钱有"半两"、"五铢"、"大泉五十"、"货泉"和"大泉二千"，其中年代最晚的是发行于三国东吴孙权时期的"大泉二千"。出土的陶四耳罐与广州市西湖路三国钱币窖藏遗址出土的陶罐一致①，具有三国时期的风格。因此，第一期的年代上限可到三国时期。另外，这一期出土的 B 型 I 式青釉四耳罐、I 式青釉洗、青釉盆等器肩部或上腹部还饰有网格纹带，这种风格与南京地区西晋时代的墓葬和水井出土器物的纹饰风格一致②；出土的青釉唾壶、II 式青釉洗与广州沙河顶西晋墓出土的唾壶、盆基本一致③；出土的 I 式青釉鸡首壶的鸡首实心无颈，鸡尾甚小，是西晋时期鸡首壶的典型风格。同出的部分青釉四耳罐和碗有褐色彩绘斑点，其年代下限晚至东

---

① 广州市文物考古研究所：《广州市西湖路三国钱币窖藏和唐代铸币遗址》，《羊城考古发现与研究（一）》，第 117 页，文物出版社，2005 年。
② 南京市博物馆：《南京殷巷西晋纪年墓》，《文物》2002 年第 7 期；南京市博物馆：《南京发现西晋水井》，《文物》2002 年第 7 期。
③ 广州市文物管理委员会考古组：《广州沙河顶西晋墓》，《考古》1985 年第 9 期。

晋早期。因此，第一期的年代是三国至东晋早期。

第二期出土有"泰元十一年"纪年款的网格纹砖，对确定这一期的年代提供重要的依据。"泰"通"太"，"泰元十一年"即是"太元十一年"。使用"太元"这一年号的有三个政权，分别为三国孙权、十六国前凉张骏和东晋孝武帝司马曜。其中三国孙权时的"太元"仅有两年，明显与砖文不符，而十六国前凉张骏的"太元"期间共有二十三年，但前凉属于北方少数民族建立的政权，可确定这里的"太元十一年"也不是十六国前凉张骏的年号，而应是东晋孝武帝司马曜的年号（386年），属于东晋中期。从第二期开始，遗址出土较多的莲花纹瓦当，其中的 A 型 I 式莲花纹瓦当在2000年南越国宫署遗址发掘的一口东晋水井内也有出土①，这一型莲花纹瓦当的莲瓣用线条表示，与其后用浮雕形式来表示莲瓣有明显的不同，可知是莲花纹瓦当的初创阶段。从出土的生活用陶瓷器分析，陶四耳罐、A 型 I 式青釉四耳罐、B 型 II 式青釉四耳罐分别与广东始兴东晋墓出土的 I 式陶四耳罐、I 式青釉四耳罐、V 式青釉四耳罐一致②；Ca 型 I 式青釉四耳罐、D 型 II 式点褐彩青釉四耳罐分别与广东和平县东晋墓出土的 B 型青瓷四耳罐、A 型 I 式青瓷四耳罐一致③；II 式青釉鸡首壶则与广州市先烈南路东晋墓④、广东高要县披云楼东晋 1 号墓⑤和南京象山东晋墓⑥出土的鸡首壶一致。这一期出土的 A 型 II 式盘和 III 式青釉碗、钱纹和树叶纹砖、莲花纹砖，在广州市淘金东路中星小学南朝墓也有出土⑦。综上可知，第二期的年代为东晋至南朝早期。

第三期没有出土有确切纪年的遗物，但出土的生活器具和建筑材料具有明显的时代特征，对确定这一期的年代提供了重要依据。如出土的 E 型莲花纹瓦当与南京钟山南朝刘宋北郊坛遗址中出土的 I 型莲花纹瓦当⑧和南京梁南平王萧伟墓阙出土的 III 型莲花纹瓦当⑨基本一致；出土的 III 式青釉碗、IV 式青釉碗分别与广东和平县南朝墓出土的 I 式青瓷碗和 II 式青瓷杯一致⑩；出土的 A 型 II 式酱釉釜与广东曲江县河边厂 4 号南朝墓出土的陶釜一致⑪。可知，第三期的年代为南朝时期。

第四期出土有"建兴二年"、"泰元十一年"和"建元□年"三种纪年款的砖。中国历史上有十一个政权使用"建兴"这一年号，其中有两个政权分别是三国蜀汉后主刘禅和三国吴会稽王孙亮的年号，另有七个是十六国成汉、前凉、后燕政权的年号，有一个是渤海宣王大仁秀政权的年号，一个是西晋愍帝司马邺的年号，结合遗址所在的位置和这一期出土的遗物时代特征，可知这里的"建兴二年"应是西晋愍帝司马邺的年号（314年）。"泰元十一年"即"太元十一年"，是东晋孝武帝司马曜的年号（386年）。使用"建元"这一年号的分别有西汉武帝刘彻、十六国汉刘聪、东晋康帝司马岳、十六国前秦苻坚和南朝齐高帝萧道成，根据遗址的所在位置和砖的特征，可排

① 中国社会科学院考古研究所、广州市文物考古研究所、南越王宫博物馆筹建处：《广州南越国宫署遗址 2000 年发掘报告》，《考古学报》2002 年第 2 期。
② 广东省博物馆：《广东始兴晋—唐墓发掘报告》，《考古学集刊》第 2 集，第 118 页，中国社会科学出版社，1982 年。
③ 广东省文物考古研究所、和平县博物馆：《广东和平县晋至五代墓葬的清理》，《考古》2000 年第 6 期。
④ 广州市文物考古研究所：《广州市先烈南路汉晋南朝墓葬》，《羊城考古发现与研究（一）》，第 69 页，文物出版社，2005 年。
⑤ 广东省博物馆、香港中文大学文物馆合编：《广东出土晋至唐文物》，第 130~131 页，1985 年。
⑥ 南京市博物馆：《南京象山 8 号、9 号、10 号墓发掘简报》，《文物》2000 年第 7 期。
⑦ 广州市文物考古研究所：《广州市淘金东路中星小学南朝墓发掘报告》，《羊城考古发现与研究（一）》，第 135~137 页，文物出版社，2005 年。
⑧ 南京市文物研究所、中山陵园管理局文物处、南京大学历史系考古专业：《南京钟山南朝坛类建筑遗存一号坛发掘简报》，《文物》2003 年第 7 期。
⑨ 南京市文物研究所、南京栖霞区文化局：《南京梁南平王萧伟墓阙发掘简报》，《文物》2002 年第 7 期。
⑩ 广东省文物考古研究所：《广东和平县晋至五代墓葬的清理》，《考古》2000 年第 6 期。
⑪ 广东省博物馆、香港中文大学文物馆合编：《广东出土晋至唐文物》，第 154~155 页，1985 年。

除是西汉或十六国的可能性，而应是东晋或南朝齐的年号。由于砖上的具体年限模糊不清，结合与这一块砖共出器物和本砖极其厚重而质软的特征来看，极有可能是南朝齐高帝萧道成的年号（479~482年），属于南朝中期。第四期出土的生活用陶瓷器与第三期出土的同类器十分接近，具有明显的南朝时代特征。但出土的Ba型Ⅲ式酱釉四耳罐较第三期出土的Ba型Ⅱ式酱釉四耳罐腹部最大径更往上靠，器形更高，下腹向内敛收更明显；同样出土的Ⅳ式和Ⅴ式青釉碗的造型不但更瘦高，足底边沿也多旋刮一道凹槽，这两式碗与广东和平县南朝晚期墓（HPDM7~HPDM12）出土的Ⅱ式青瓷杯和Ⅲ式青瓷碗一致①。因此，第四期的年代应为南朝晚期。

（二）小结

第一、二期文化层中发现的建筑遗迹较少，土井和沟等遗迹较多，而出土较多的陶风管和铁渣块等，可见附近应有冶炼的手工业作坊遗存，这与两晋时期广州地区铸冶业的发展有密切关系。

第二期和第四期均发现有贯穿整个发掘区的地下排水暗渠，显示当时的城市市政建筑已经达到一定的水平。第三期和第四期还发现规模较大的建筑遗迹，应是官署类建筑。

---

① 广东省文物考古研究所、和平县博物馆：《广东和平县晋至五代墓葬的清理》，《考古》2000年第6期。

第四节　唐、南汉遗存

　　唐、南汉遗存有地层、房址、建筑磉墩、墙基、走道、宫池、水井、沟（渠）和灰坑等（附表三）。根据地层堆积和遗迹打破关系以及出土器物的特征，可分三期，出土器物的型式统一划分。

一　第一期遗存

（一）地层和遗迹

　　第一期的地层有曲流石渠遗迹发掘区97⑤b层，遗迹有房址、墙基、走道、灰坑和水井（图一五四、一五五）。

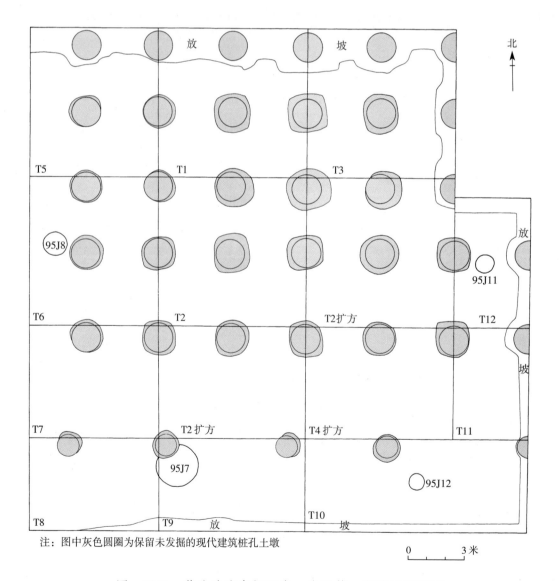

注：图中灰色圆圈为保留未发掘的现代建筑桩孔土墩

0　　3米

图一五四　蕃池遗迹发掘区唐、南汉第一期遗迹平面图

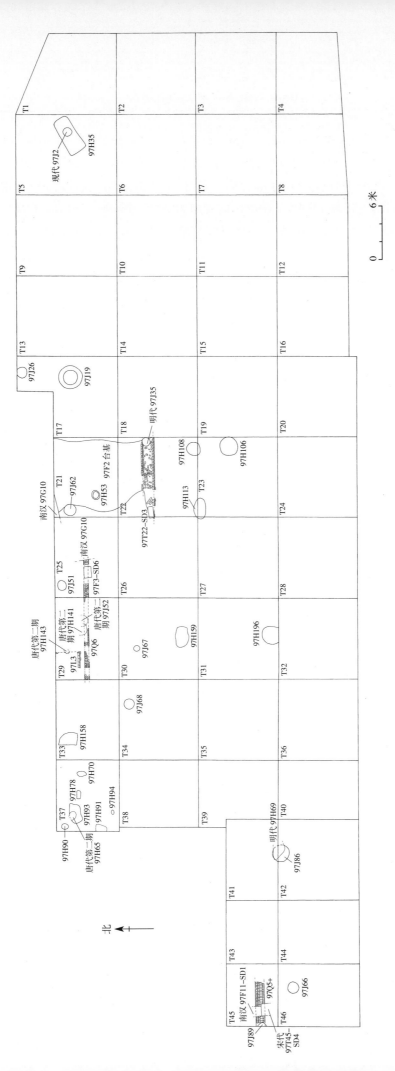

北

0 6米

图一五五 曲流石渠遗迹发掘区唐、南汉第一期遗迹平面图

1. 房址

1座，编号为97F2。位于97T21和97T22内，开口于97⑤b层下，打破97F1，被97G10、97H53、97J35、97J41和97T22–SD3打破。残存部分台基垫土和台基南侧包边墙以及散水（图一五六）。

台基垫土东西残长7.85、南北现宽9.65米，向北延伸出发掘区外，台基地面以及柱础等已无存。台基残存两层垫土，第①层为灰褐色土，夹杂有较多的碎砖、瓦块，厚0.03~0.25米；第②层为红褐色土，较纯净，厚0.12~0.28米。台基南侧有一东西走向包边墙，方向西偏南2°，在散水砖面之上用残砖错缝叠砌而成，南侧面整齐，残存砖1~2层，东西残长5.25、南北宽0.18~0.22、残高0.04~0.07米。台基南侧包边墙外散水用砖铺砌，砖面由北向南倾斜，斜度10°，东西残长9.2、南

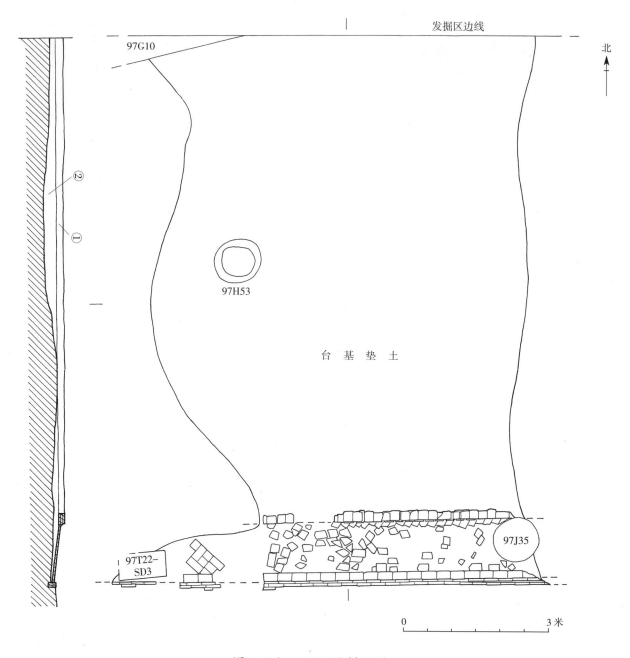

图一五六　97F2平剖面图

北宽1.44~1.5米（图版七二，1、2）。散水中间砖面砌法在东、西两边略有不同，其中西边用长方形整砖呈"人"字形铺砌，东边用残砖铺砌，外面用长方砖拦边，最外再用2~3排砖侧立包边，包边砖面比北侧平铺砖面高0.02~0.03米（图版七二，3）。台基包边墙和散水用砖多呈青灰色，少量呈红色，素面，整砖长30~33、宽15~15.5、厚3.4~3.8厘米。

垫土出土A型莲花纹瓦当1件、B型莲花纹瓦当1件、D型Ⅲ式莲花纹瓦当1件、E型Ⅰ式莲花纹瓦当2件、E型Ⅱ式莲花纹瓦当1件、E型Ⅲ式莲花纹瓦当1件、A型青釉碗2件、B型Ⅰ式青釉碗1件、C型Ⅲ式青釉碗1件、B型Ⅱ式青釉盘2件、陶球1件、"言"字陶片1件，还有青釉和酱釉器残片以及瓦片等。

2. 墙基

2条，编号97Q5和97Q6。

97Q5　位于97T45中部，开口于97⑤b层下，打破97⑥b层，被97T45-SD4、97F11-SD1和97J89打破。东西走向，方向西偏南3°，向西延伸出发掘区外，东部已被破坏，现清理一段长4.9米。墙基沟槽宽0.94、残深0.23米。墙基北侧用一排长方砖侧立将墙分成南北两部分，北部用碎砖平砌两层，宽0.22、高0.11米；南部用整砖和碎砖一丁一顺错缝平砌四层，宽0.6、高0.23米。

97Q6　位于97T25和97T29中部，开口于97⑤b层下，打破97⑥b层，被97G10、97H141、97J52、97F3-SD6打破。墙基东西走向，方向西偏南2°，是在挖好的沟槽内用红色和青灰色残砖错缝平砌而成，残存砖最多3层，墙的北侧面较为平整，东西残长16.2、宽0.5~0.53、残高0.18~0.21米。沟槽宽0.55~0.6米。

3. 走道

1条，编号为97L3。位于97T29西北部，向北延伸出发掘区，其南侧为97Q6，开口于97⑤b层下，打破97⑥b层，被97H143打破。走道路面已被破坏。走道东侧仅残存侧立包边砖两列，宽0.11、南北长2.84米，向北延伸出发掘区外。走道南侧残存东段一列东西向平铺的砖面，宽0.19米，砖面外侧侧立两列长方砖包边，东西残长1.76、宽0.11米。走道用砖呈青灰色，素面，长22.4~24.0、宽18~19、厚5.0~5.4厘米。

4. 灰坑

14个，分别编号为97H35、97H53、97H70、97H78、97H90、97H91、97H93、97H94、97H106、97H108、97H113、97H158、97H159和97H196。根据坑口平面和坑壁的不同可分为三类。

（1）坑口平面呈不规则形，坑壁呈弧形内收，圜底或底部不平。这一类灰坑有9个，分别为97H35、97H70、97H93、97H94、97H106、97H113、97H158、97H159和97H196。举例介绍如下：

97H159　位于97T30南部，开口于97⑤b层下，打破97⑥a层。坑口东西2.28、南北1.42、深0.34米（图一五七）。坑内灰褐色土堆积，土质松散。出土B型Ⅰ式青釉盘1件、青釉盂1件、E型Ⅱ式莲花纹瓦当6件。

（2）坑口平面呈圆形或椭圆形，坑壁垂直或斜直，平底。这一类灰坑有4个，分别为97H53、97H90、97H91和97H108。举例介绍如下：

97H108　位于97T22东南部和97T23东北部，开口于97①层下，打破97F1、97G1和南越国曲流石渠遗迹。坑口东西1.5、南北1.56米，坑底东西1.4、南北1.3、深1.62米（图一五八）。坑内为灰土堆积，土质疏松。出土Ⅰ式青釉四耳罐1件，另有残损严重的莲花纹瓦当2件。

（3）坑口平面呈长方形，直壁，平底。这一类坑只有1个。

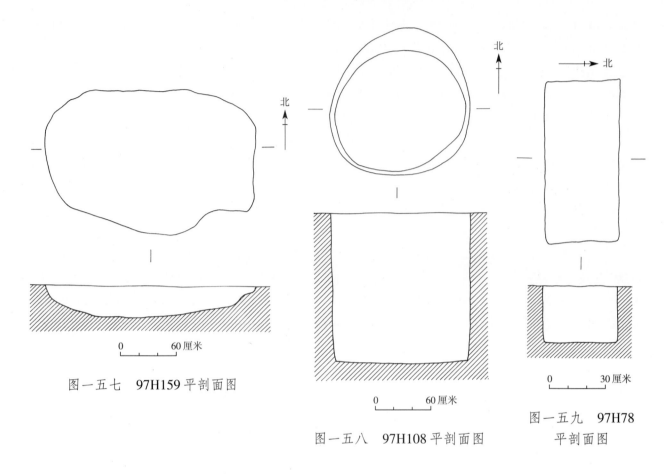

图一五七　97H159 平剖面图

图一五八　　97H108 平剖面图

图一五九　　97H78
平剖面图

　　97H78　位于 97T37 中部，开口于 97⑤b 层下，打破 97⑥a 层。坑口东西长 0.85、南北宽 0.4、深 0.3 米（图一五九）。坑内灰黑色土堆积，土质疏松，内含少量青釉器残片和黑陶片以及布纹瓦片等。

5. 水井

　　12 口，分别为 95J7、95J8、95J11、95J12、97J19、97J26、97J51、97J62、97J66、97J67、97J68 和 97J86。水井的结构和井内出土遗物介绍详见附录二第五节。

（二）遗物

　　有建筑材料、生活器具、工具、兵器、钱币和其他。

1. 建筑材料

　　均为陶质，有砖、板瓦、滴水、筒瓦、瓦当、鸱吻、兽面砖和陶管道等。

（1）砖

　　均为长方砖。泥质陶，夹有细砂，呈青灰色或灰白色，也有部分砖的中心呈灰黑色，外层呈灰白色。多素面，部分砖表面有手印纹或模印有莲花、卷草、火焰形花卉纹等。

　　手印纹砖　2件。标本 97T43⑤b：1，砖面有手指背印纹。残长 9.5、宽 16.8、厚 4.8 厘米（图一六〇，1）。标本 97T43⑤b：2，砖面有拳头印纹。残长 20.5、宽 20、厚 5.5 厘米（图一六〇，2）。

　　莲花纹砖　7件。砖面中间以竖线和卷草纹分隔成纹饰相同的两部分，每部分砖面中心模印一个 10 瓣的莲花纹，莲花纹外绕卷草纹、弦纹和联珠纹，四角各饰一折枝花草纹。砖面边沿饰方

图一六〇　唐、南汉第一期长方砖砖纹拓本

1. 手指背印纹（97T43⑤b：1）　2. 拳头印纹（97T43⑤b：2）　3. 莲花纹（97T45⑤b：2）　4. 如意、火焰形花卉纹（97T44⑤b：7）

框形弦纹和卷草纹。标本97T45⑤b：2，砖心呈灰黑色，外层呈灰白色，表面呈深灰色。稍残。长34、宽16.2、厚5.6厘米（图一六〇，3；彩版七，1）。

　　如意、火焰形花卉纹砖　1件（97T44⑤b：7）。表面模印如意、火焰形花卉纹，边沿绕两周方框形弦纹，弦纹间饰联珠纹，最外沿饰卷草纹。泥质灰陶，稍残。长31.5、宽16.7、厚4.5厘米（图一六〇，4；图版七三，1）。

　　（2）板瓦

　　3643件，均为碎块，未能复原。泥质陶，多呈青灰色，少量呈灰白色。泥片围筑而成，两侧有由内向外的切割痕。表面多光素无纹，也有少量饰疏落细浅的绳纹，里面饰布纹。

　　（3）滴水

　　这种瓦皆于板瓦较宽一头瓦沿下粘贴泥条制成滴水头。出土的唐、南汉时期的滴水，根据瓦头滴水形状的不同可分三型。A型滴水呈波浪形，根据波浪形花边的多少可分三式；B型滴水呈花瓣形；C型滴水呈如意形。第一期出土的滴水属于A型。

　　Ⅰ式　滴水呈一道波浪形花边。标本97T29⑤b：9，残长7.6、残宽11.8、瓦厚1.5厘米（图一六一，1）。

　　Ⅱ式　滴水压出两道波浪形花边。标本97T33⑤b：12，残长17.6、残宽15、瓦厚1.3厘米（图一六一，2；图版七三，2）。

　　Ⅲ式　两道波浪形花边之间划出曲折水波纹。标本97T33⑤b：13，残长9.0、残宽15、瓦厚1.2厘米（图一六一，3）。

　　（4）筒瓦

　　280件，多为碎块，未能复原。泥质陶，多呈青灰色，少量呈灰白色。表面光素，里面饰布纹。泥片围筑而成，一头大一头小，瓦唇平直，两侧有由内向外切割痕。

　　（5）瓦当

　　39件。泥质陶，多呈青灰色或灰白色，部分表面呈深灰色。均为莲花纹瓦当，瓦当宽大、厚重。出土的唐、南汉莲花纹瓦当，根据当心莲房和当面莲瓣以及边轮的不同可分九型。A型当心莲房为一圆形凸台，当面为宝装复瓣莲瓣，高边轮上饰联珠纹。B型当心莲房为一圆形凸台，外绕一周联珠纹，当面饰近圆形莲瓣，高边轮上饰卷草纹。C型当心莲房为一圆形凸台，外绕一周弦纹，当面饰较肥大莲瓣，高边轮上饰联珠纹，可分两个亚型。D型当心莲房为一圆形凸台，外绕一圆周，当面饰菱形莲瓣，高边轮上饰联珠纹或菱形纹，根据莲瓣的多少和边轮上纹饰变化可分三式。E型当心莲房为一圆形凸台，外绕一圆周，当面饰椭圆形莲瓣，宽边轮，根据莲瓣的多少变化可分三式。F型当心莲房以一圆周表示，当面饰橄榄形莲瓣，瓣间以弧边三角和竖线纹分隔，外绕两周弦纹，弦纹间饰联珠纹，无边轮，根据当心圆周内莲子的多少可分6个亚型。Fa型有7个莲子，根据莲瓣的多少变化可分3式；Fb型有6个莲子，根据莲瓣的多少变化可分三式；Fc型圆周内有一"十"字和4个莲子；Fd型有1个莲子，根据莲瓣的多少可分二式；Fe型有9个莲子；Ff型有5个莲子，根据莲瓣的多少可分四式。G型当心一小乳突。H型当心饰两重圆周。I型当心莲房为一圆周，莲瓣外无弦纹和联珠纹，宽边轮。第一期出土的35件莲花纹瓦当分属于A型、B型、C型、D型和E型，另有4件残损严重无法分型式。

　　A型　1件（97F2：1）。当心莲房上饰7个莲子，当面宝装复瓣莲瓣间以树箭纹分隔，高边轮上饰联珠纹。后连筒瓦，较为特殊，截面呈半圆形，实心。灰陶。残当径7.5、筒瓦残长17.2厘

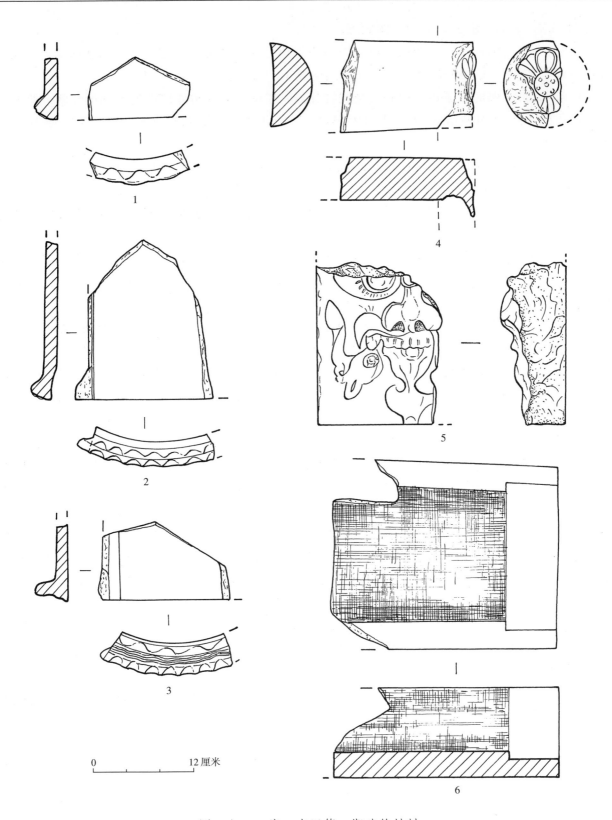

0　　　　　　　12厘米

图一六一　唐、南汉第一期建筑材料

1. A型Ⅰ式滴水（97T29⑤b：9）　2. A型Ⅱ式滴水（97T33⑤b：12）　3. A型Ⅲ式滴水（97T33⑤b：13）　4. A型莲花纹瓦当（97F2：1，后连筒瓦）　5. 兽面砖（97T30⑤b：2）　6. 陶管道（97T40⑤b：1）

米（图一六一，4；图一六二，4；图版七三，3）。

　　B型　1件（97F2：7）。当面莲瓣间以弧边三角分隔，外绕一周弦纹和一周联珠纹，边轮上饰卷草纹。灰陶，残。当径14.5、厚2.6、边轮宽1.6厘米（图一六二，1）。

　　C型　2件。瓣间以弧边三角和长竖线纹分隔。根据当面莲瓣外纹饰的不同可分两个亚型。

　　Ca型　1件（97T37⑤b：2）。当面莲瓣尖上一周联珠纹。青灰陶，残。当径13.7、厚3.2、边轮宽1.5~2.0厘米（图一六二，2）。

　　Cb型　1件（97T33⑤b：11）。当面莲瓣外绕一周弦纹。青灰陶，残。复原当径15.8、厚2.1、边轮宽2.1厘米（图一六二，3）。

　　D型　11件。当心莲房上饰5个莲子，莲瓣外绕一周弦纹。根据莲瓣的多少、莲瓣间和边轮上纹饰的变化可分三式。

　　Ⅰ式　2件。当面饰10瓣莲瓣，瓣间以弧边三角和细长竖线分隔，高边轮上饰联珠纹。标本97T26⑤b：2，深灰色陶，残。当径16.3、厚2.5、边轮宽0.8~1.2厘米（图一六二，5；图版七三，4）。

　　Ⅱ式　6件。当面饰8瓣莲瓣，瓣间以弧边三角纹和粗长竖线分隔，高边轮上饰联珠纹。标本97T27⑤b：2，深灰色陶，残。当径15.2、厚2.2、边轮宽1.0厘米（图一六二，6；图版七三，5）。

　　Ⅲ式　3件。当面饰8瓣莲瓣，瓣间以弧边三角分隔，高边轮上饰菱形纹。标本97T26⑤b：3，浅灰陶，表面呈深灰色，残。当径15、厚1.7、边轮宽1.0~1.5厘米（图一六三，1；图版七四，1）。

　　E型　20件。根据莲房莲子和当面莲瓣的多少等可分三式。

　　Ⅰ式　4件。当心莲房上饰7个莲子，当面饰16瓣莲瓣，外绕一周弦纹和一周细密的联珠纹。标本97H106：1，深灰色陶，残。当径15.2、厚2.2、边轮宽1.4~1.7厘米（图一六三，2；图版七四，2）。

　　Ⅱ式　14件。当心莲房上饰5个莲子，当面饰12瓣莲瓣，外绕一周弦纹和一周细密联珠纹。标本97T33⑤b：8，后带筒瓦。灰色陶。残长33、筒径24~25、厚1.4厘米，当厚2.0厘米（图版七四，3）。标本97H159：4，灰陶，残。当径14、厚1.8、边轮宽1.6厘米（图一六三，3；图版七四，4）。

　　Ⅲ式　2件。当心莲房上饰5个莲子，当面饰9瓣莲瓣，外绕一周稀疏联珠纹。标本97T27⑤b：3，深灰色陶，残。当径16、厚3.6、边轮宽2.0厘米（图一六三，4；图版七四，5）。

　　（6）鸱吻

　　1件（97T37⑤b：12）。残存上身部分，刻鳞纹。泥质灰陶。残长14、残宽12.7、厚6.7厘米（图版七五，1）。

　　（7）兽面砖

　　1件（97T30⑤b：2）。残存一角，底面平，表面堆塑出一兽面，面目狰狞。泥质灰陶。残长19、残宽14.7、底板厚3.3厘米（图一六一，5）。

　　（8）陶管道

　　1件（97T40⑤b：1）。呈筒瓦状，一头大一头小，较小一头里面有母口凹槽，另一头残。表面光素，里面饰布纹。泥质深灰陶。残长27、径21.7~22.4、厚3.3厘米，母口长5.8、厚2.2厘米（图一六一，6；图版七五，2）。

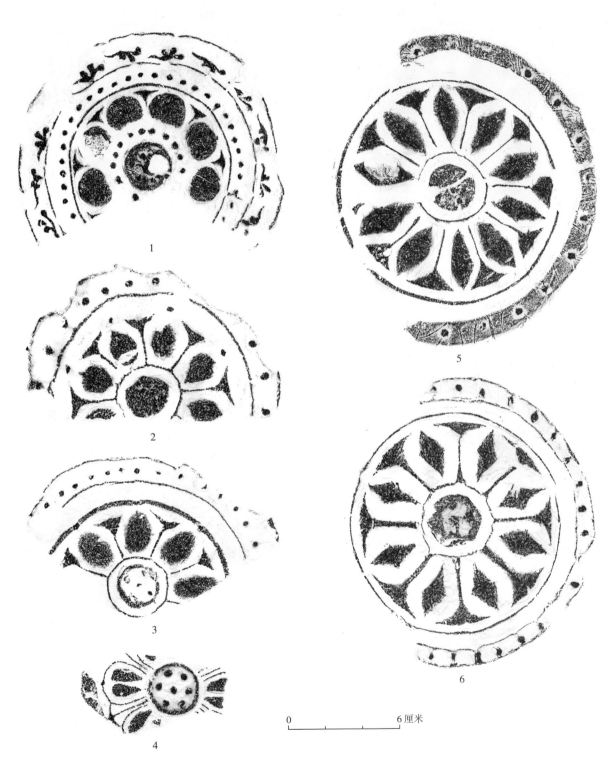

图一六二 唐、南汉第一期莲花纹瓦当拓本

1. B型（97F2：7） 2. Ca型（97T37⑤b：2） 3. Cb型（97T33⑤b：11） 4. A型（97F2：1） 5. D型Ⅰ式（97T26⑤b：2）
6. D型Ⅱ式（97T27⑤b：2）

图一六三 唐、南汉第一期莲花纹瓦当和陶文拓本

1.D型Ⅲ式莲花纹瓦当（97T26⑤b：3） 2.E型Ⅰ式莲花纹瓦当（97H106：1） 3.E型Ⅱ式莲花纹瓦当（97H159：4） 4.
E型Ⅲ式莲花纹瓦当（97T27⑤b：3） 5.“好”字陶文（97T42⑤b：6） 6.“言”字陶文（97F2：2）

2. 生活器具

有陶器、酱釉器、青釉器、蓝釉器和玻璃器。

（1）陶器

有泥质陶和夹砂陶。以泥质陶为主，多呈灰黑色或深灰色，少量呈灰褐色，陶质坚致。夹砂陶较少，呈灰褐色，器表施有一层类似陶衣的红褐色颜料。器形有六耳罐、釜、双耳釜和三足炉等。大多器表光素，只有少量在肩部饰有简单的旋纹。

六耳罐　3件。肩部安六个半环形横耳。出土的唐、南汉黑陶六耳罐根据器口的不同可分三型。A型为敞口，尖圆唇，束颈，根据腹部的变化可分二式；B型卷沿，短颈，方唇，根据腹部的变化可分三式；C型为侈口，方唇，短颈，根据腹部的变化可分三式。第一期出土的六耳罐分属于A型Ⅱ式和B型Ⅱ式。

A型Ⅱ式　2件。长圆腹，腹部最大径居中或略靠上，平底微内凹。标本97H158：6，肩部饰两道旋纹，器表有轮旋痕。泥质灰黑陶，残。口径13.5、腹最大径25.1、底径15.6、高25.6厘米（图一六四，1；图版七五，3）。

B型Ⅱ式　1件（97H196：4）。上腹圆鼓，下腹向内敛收，平底内凹。上腹部饰一道旋纹，器表有轮旋痕。泥质灰黑陶，完好。口径21.4、腹最大径34.7、底径23.6、高25.8厘米（图一六四，2；图版七五，4）。

釜　3件。出土的唐、南汉陶釜，根据器口的不同可分三型。A型为浅盘口，口沿微向内斜，弧腹，圜底；B型为宽敞口；C型为敛口，折沿。第一期出土的陶釜属于A型。标本97H158：3，夹砂灰褐陶，器表内外施类似陶衣的红褐色颜料。口径33.2、腹最大径29.6、高20.4厘米（图一六四，3；图版七五，5）。

双耳釜　1件（97H158：24）。大敞口，口沿上安两个对称的半环形竖耳，弧腹，底部已残。泥质灰黑陶。口径31、腹最大径22.8、残高14.8厘米（图一六四，4）。

三足炉　1件（97T37⑤b：5）。浅盘口，盘口内侧安三个弯角形支承，弧腹，圜底，底接三个乳丁足。夹砂灰褐陶，器表内外施类似陶衣红褐色颜料，残。口径19.6、通高9.8厘米（图一六四，5；图版七五，6）。

（2）酱釉器

胎呈灰白色。器表施酱褐色釉，多施釉不到底，无光泽。只有四耳罐一种器形，少量器表肩部刻划有"好"、"言"等陶文（图一六三，5、6）。

四耳罐　可复原2件。直口，平沿，长圆腹，平底，肩上安四个对称半环形横耳。标本97T42⑤b：6，其中两耳间划写有"好"字陶文。灰白胎，残。口径15、腹最大径22.4、底径16.4、高26厘米（图一六三，5；图一六四，7）。

（3）青釉器

泥质胎，呈青灰色、灰白色或黄白色。器内满釉，器外多施釉不到底，釉青泛黄，有较大开片，有缩釉和流釉现象。器形有罐、四耳罐、执壶、带流罐、盂、双耳盂、盆、钵、盘、碗和碟等。

罐　1件（97H158：23）。侈口，尖圆唇，束颈，圆肩，鼓腹，最大径靠上，底部已残。泥质灰白陶。口径8.8、腹最大径14.4、残高8.4厘米（图一六四，6）。

四耳罐　可复原6件。直口，平沿或尖圆唇，长圆腹，平底或平底微内凹，肩上安四个半环形横耳。根据腹部的变化可分二式。

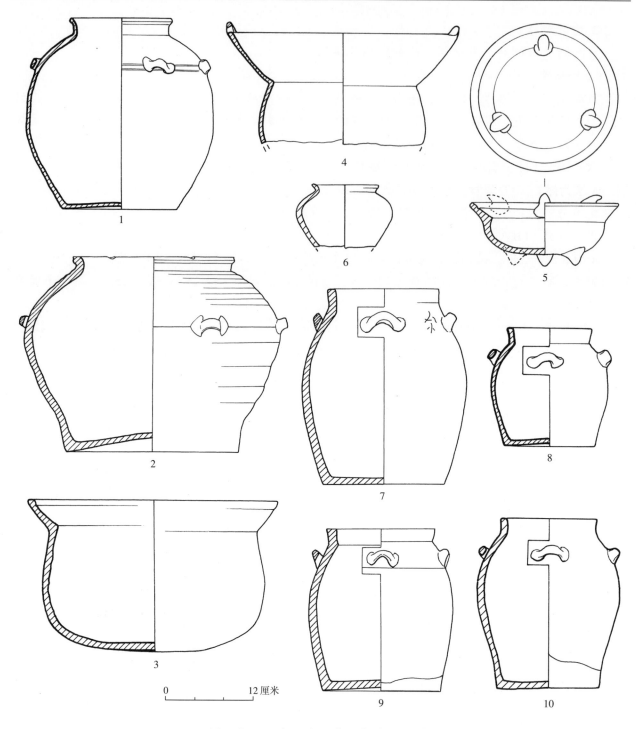

图一六四　唐、南汉第一期生活器具

1. A型Ⅱ式陶六耳罐（97H158：6）　2. B型Ⅱ式陶六耳罐（97H196：4）　3. A型陶釜（97H158：3）　4. 陶双耳釜（97H158：24）　5. 陶三足炉（97T37⑤b：5）　6. 青釉罐（97H158：23）　7. 酱釉四耳罐（97T42⑤b：6）　8. Ⅰ式青釉四耳罐（97H108：1）　9. Ⅰ式青釉四耳罐（97T44⑤b：6）　10. Ⅱ式青釉四耳罐（97H91：1）

　　Ⅰ式　5件。腹部最大径居中。标本97H108：1，灰白胎，残。口径11.4、腹最大径15.6、底径11.6、高15.4厘米（图一六四，8；彩版七，2）。标本97T44⑤b：6，肩部饰一道旋纹。灰白胎，残。口径14.2、腹最大径19.2、底径15.8、高21.7厘米（图一六四，9）。

　　Ⅱ式　1件（97H91∶1）。器腹瘦高，下腹敛收，最大径居上。灰白胎，残。口径12.9、腹最大径19、底径14、高22.4厘米（图一六四，10）。

　　执壶　1件（97T30⑤b∶8）。浅盘形口，圆唇，束颈，鼓腹，底部已残，肩上安一斜直向上圆形流口，对应一侧安一环形执把，另外两侧各有一半环形横耳。系耳处饰二道旋纹。灰色胎，残。口径10.3、腹最大径21.1、残高11.6厘米（图一六五，1）。

　　带流罐　1件（97H53∶2）。直口，折沿，尖圆唇，短颈，圆鼓腹，平底微内凹。肩上安一斜直向上六棱形流口，对应一侧安一环形执把，另外两侧各有两个半环形横耳。器表有轮旋痕。青灰胎，残。口径12.8、腹最大径24.2、底径13.5、高23.6厘米（图一六五，2；图版七六，1）。

　　盂　2件。敛口，卷沿，圆唇，弧腹，平底。器内满釉，器外施釉至近底部，无釉处呈红褐色。标本97H159∶2，青灰胎，残。口径21.8、腹最大径25.2、底径9.2、高11.8厘米（图一六五，6）。

　　双耳盂　1件（97H93∶1）。敛口，卷沿，圆唇，圆弧腹，小平底，上腹部安二个对称半环形横耳。器内满釉，器表施釉不到底，有缩釉现象，无釉处呈红褐色。灰白胎，残。口径10、腹最大径12.6、底径4.6、高8.6厘米（图一六五，5；图版七六，2）。

　　盆　可复原2件。出土的唐、南汉时期青釉盆，根据器口和足底部的不同可分三型。A型为敛口、平沿、斜直腹，平底；B型为敞口，折沿，尖圆唇，斜弧腹，饼足外撇；C型器口敛折，尖唇，斜弧腹，饼足。第一期出土的青釉盆属于A型和B型。

　　A型　1件（97T31⑤b∶3）。施红褐色陶衣，口沿施青黄釉。青灰胎，残。口径28.8、底径23.4、高10.8厘米（图一六五，3；图版七六，3）。

　　B型　1件（97H158∶13）。足外沿斜削一周凹槽。青灰胎，残。口径34.8、底径19、高11厘米（图一六五，7；图版七六，4）。

　　钵　可复原3件，器形基本一致。敛口，尖圆唇，外口沿下有一道凹槽，弧腹，饼足，足外沿斜削出一道凹槽，器内满釉，器外施釉不到底。标本97T37⑤b∶11，釉发白，器内残存4个支垫痕。黄白胎，残。口径22.2、底径9.5、高7.4厘米（图一六五，4）。

　　盘　可复原10件。出土的唐、南汉时期的青釉盘，根据器口的不同可分三型，A型为敞口，根据足底部的不同可分二式；B型为撇口，根据足底部的不同可分三式；C型为敛口。第一期出土的青釉盘分属于A型和B型。

　　A型　2件。敞口，尖圆唇，斜弧腹近直。根据足底部的变化可分二式。

　　Ⅰ式　1件（97H158∶9）。饼足。器内和口沿处施釉，器内可见支垫痕。灰白胎，残。口径19、足底径8.6、高3.6厘米（图一六五，8）。

　　Ⅱ式　1件（97H70∶3）。矮圈足。器内和口沿处施釉。青灰胎，残。口径18.4、足径8.7、高3.9厘米（图一六五，9）。

　　B型　8件。撇口，浅弧腹。分属于Ⅰ式和Ⅱ式。

　　Ⅰ式　6件。圜底。标本97H159∶1，器内和口沿施釉，器内可见6个支垫痕。灰白胎，残。口径16.4、残高2.8厘米（图一六五，10；图版七六，5）。

　　Ⅱ式　2件。饼形足，足外沿旋刮一周凹槽。标本97F2∶10，器内和口沿施釉，器内可见支垫痕。青灰胎，残。口径20、足径7.2、高4.0厘米（图一六五，11）。

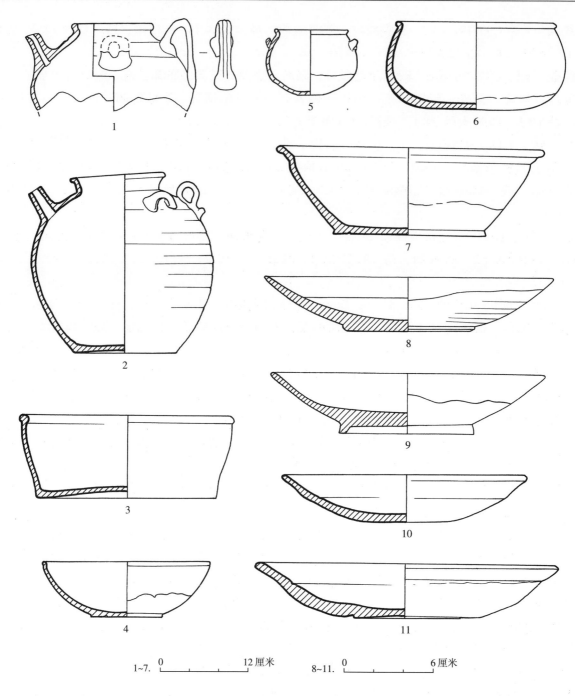

1~7. 0 ———————— 12厘米　　8~11. 0 ———————— 6厘米

图一六五　唐、南汉第一期青釉器

1. 执壶（97T30⑤b：8）　2. 带流罐（97H53：2）　3. A 型盆（97T31⑤b：3）　4. 钵（97T37⑤b：11）　5. 双耳盂
（97H93：1）　6. 盂（97H159：2）　7. B 型盆（97H158：13）　8. A 型 I 式盘（97H158：9）　9. A 型 II 式盘（97H70：
3）　10. B 型 I 式盘（97H159：1）　11. B 型 II 式盘（97F2：10）

碗　可复原18件。出土的唐、南汉青釉碗，根据器口的不同可分四型。A 型直口；B 型敞口，根据足底部的变化可分二式；C 型撇口，根据足底部的变化可分五式；D 型花口，根据花口的不同可分两个亚型。第一期出土的青釉碗分属于 A 型、B 型 I 式和 C 型。

A 型　4件。直口，圆唇，弧腹，平底。器内满釉，器外施釉不到底。器内底部模印花卉纹。

标本97T26⑤b：6，器内模印4枝花卉纹。青灰胎，残。口径11、底3.7、高4.5厘米（图一六六，1；图版七六，6）。

B型Ⅰ式　1件（97F2：15）。敞口，弧腹，饼足。内凹。器内满釉，器外施釉不到底，器内可见套烧痕。青灰胎，残。口径16.4、足径7.2、高5.4厘米（图一六六，2）。

C型　13件。撇口，尖圆唇，弧腹。分属于Ⅰ式、Ⅱ式、Ⅲ式和Ⅳ式。

Ⅰ式　3件。圜底。标本97T37⑤b：1，器内和口沿施釉，器内可见5个支垫痕。灰白胎，残。口径18、高5.3厘米（图一六六，3；图版七七，1）。

Ⅱ式　5件。小平底，腹底交接处旋刮出一道凹槽。标本97H158：5，器内上腹壁饰一道旋纹，器内、外腹壁有支垫痕。青灰胎，残。口径20.0、底径4.8、高5.0厘米（图一六六，4）。

Ⅲ式　2件。矮饼足，部分足外沿旋刮出一道凹槽。标本97F2：13，器内和口沿施釉，器内有大圆形支垫痕。青黄胎，残。口径24.8、足径7.4、高7.0厘米（图一六六，5）。

Ⅳ式　3件。高饼足外撇。标本97T29⑤b：8，器内和口沿施釉，器内残存4个支垫痕。青灰胎，残。口径16.7、足径6.0、高6.4厘米（图一六六，6）。

碟　1件（97T34⑤b：1）。出土的唐、南汉青釉碟，根据腹、底部的不同可分二型。A型为敞口折腹，内底面平，玉璧足；B型为敞口，浅弧腹，内底圜底，矮圈足。这一件青釉碟属于A型。器内外施青釉不到底，器内底绘褐彩兰草纹。浅灰胎，残。口径14.2、底径5.6、高3.6厘米（图一六六，7；图版七七，2）。

（4）蓝釉器

3件，为瓶罐类残片。灰黄胎，胎质粗松。表面施蓝釉，里面施青灰或青褐色釉。标本97T33⑤b：16，瓶口残片，直口，圆唇，长颈。颈上饰6道凹旋纹，其间饰竖线纹。复原口径12.2、残高5.6厘米（图一六六，8；彩版七，3右）。标本97T33⑤b：19，器腹残片，表面饰曲折水波纹。残长13.5、残宽10.4厘米（彩版七，3左）。

（5）玻璃器

杯　2件，其中1件可复原。标本97T26⑤b：1，敛口，平沿，深弧腹，平底，外底部中心内凹。近口沿处胎壁较厚，腹底部极薄，最薄处不足0.1厘米，不甚透明，呈浅绿色，表面有一层蓝白色氧化层。口径7.7、腹最大径8.3、底径6.8、高3.8厘米（图一六七，1；彩版七，4）。标本97T33⑤b：4，残存底部，弧腹，外底内凹。底部胎壁较腹壁要厚，最薄处不足0.1厘米，半透明，有小气泡，呈浅绿色，表面有一层白色氧化层。底径5.0、残高1.2厘米（图一六七，2；彩版七，5右）。

另有1件（97T33⑤b：5），器腹碎片，裂成两片，胎壁厚0.08厘米，不甚透明，呈浅绿色，表面有白色氧化层（彩版七，5左）。

经上海硅酸盐研究所作EDXRF测试，这两件玻璃杯均属钠钙玻璃（见下表）。

标本编号	Na_2O	MgO	Al_2O_3	SiO_2	SO_3	K_2O	CaO	TiO_2	MnO	Fe_2O_3	SrO	ZrO_2
	Wt%											
97T26⑤b：1	9.21	3.29	2.75	69.76	0.37	4.36	7.31	–	1.69	1.02	0.24	–
97T33⑤b：4	7.34	4.24	2.14	73.22	0.40	2.68	6.13	0.11	2.61	0.77	0.28	0.09

说明：本报告为半定量分析

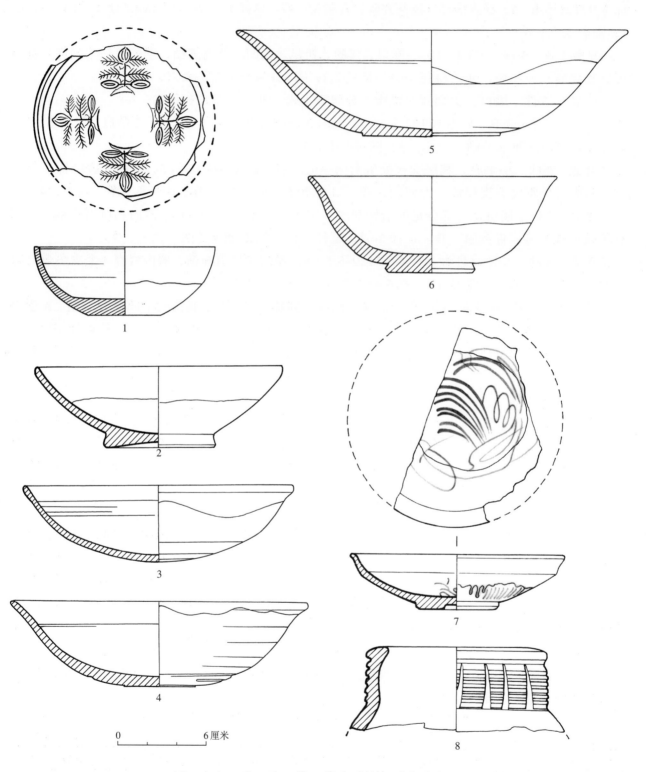

图一六六　唐、南汉第一期青釉碗、碟和蓝釉瓶

1. A型青釉碗（97T26⑤b：6）　2. B型Ⅰ式青釉碗（97F2：15）　3. C型Ⅰ式青釉碗（97T37⑤b：1）　2. 4. C型Ⅱ式青釉碗（97H158：
5）　5. C型Ⅲ式青釉碗（97F2：13）　6. C型Ⅳ式青釉碗（97T29⑤b：8）　7. A型褐彩兰草纹青釉碟（97T34⑤b：1）　8. 蓝釉瓶（97T33
⑤b：16）

3. 工具

陶网坠　1件（97T35⑤b∶2）。属于 A 型。近呈椭圆形，长径面压出一周凹槽，短径面压出二周凹槽。青灰陶，完好。长径2.1、短径2.0、厚1.6厘米（图一六七，3）。

青釉纺轮　4件。可分二型。

A 型　3件。算珠形，上下面平，中间有一圆形穿孔。标本97T30⑤b∶6，灰褐胎，完好。最大径2.0、高1.9、孔径0.3厘米（图一六七，7）。

B 型　1件（97T45⑤b∶1）。圆饼形，中间有一圆形穿孔。青灰胎，完好。外径3.3、高1.4、内径1.1厘米（图一六七，4）。

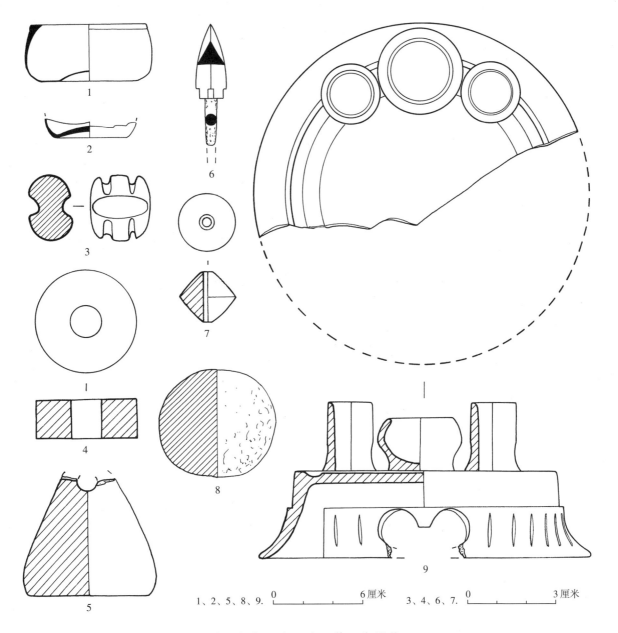

图一六七　唐、南汉第一期器物

1.玻璃杯（97T26⑤b∶1）　2.玻璃杯底（97T33⑤b∶4）　3.A 型陶网坠（97T35⑤b∶2）　4.B 型青釉纺轮（97T45⑤b∶1）　5.陶权（97T33⑤b∶6）　6.铜镞（97T31⑤b∶5）　7.A 型青釉纺轮（97T30⑤b∶6）　8.陶球（97T38⑤b∶3）　9.青釉砚台（97T2⑤b∶1）

4. 兵器

陶蒺藜　1件（97H196：3）。四棱锥形，每一锥角有圆形插孔。泥质灰褐陶，完好。高6.1、宽5.6厘米（图版七七，3）。

陶球　3件。圆球形，表面不甚光滑，均为夹砂灰白陶。标本97T38⑤b：3，径7.0~7.6厘米（图一六七，8）。

铜镞　3件，形制一致。镞本截面呈三角形，关呈六棱形，铁铤截面呈圆形，残断。标本97T31⑤b：5，残长4.1、镞本长2.1、关长0.3厘米（图一六七，6）。

5. 钱币

铜钱，有"开元通宝"和"乾元重宝"。

"开元通宝"　5枚。根据外郭的不同可分二型。A型正背面外郭较宽，制作精整，根据背面有无钱文符号可分二式；B型正面外郭较窄，背面内、外郭不明显。第一期出土的"开元通宝"分属于A型Ⅰ式、A型Ⅱ式和B型。

A型Ⅰ式　2枚。背面无钱文符号。标本97T35⑤b：1，钱径2.45、穿宽0.69、外郭宽0.19、外郭厚0.13厘米，重2.9克（图一六八，1；图版七七，4右）。标本97T34⑤b：5，钱径2.39、穿宽0.69、外郭宽0.21、外郭厚0.14厘米，重3.0克（图一六八，2）。

A型Ⅱ式　1枚（97T38⑤b：1）。背面穿上有半月形符号。钱径2.52、穿宽0.72、外郭宽0.23、外郭厚0.15厘米，重3.9克（图一六八，3；图版七七，4左）。

B型　2枚。标本97T34⑤b：7，钱文字体模糊。钱径2.2、穿宽0.76、外郭宽0.19、外郭厚0.13厘米，重3.5克（图一六八，4；图版七七，5左）。标本97T34⑤b：4，钱文字体清晰。钱径2.26、穿宽0.75、外郭宽0.15、外郭厚0.13厘米，重2.6克（图一六八，5）。

"乾元重宝"　1枚（97T29⑤b：2）。正面有内外郭，背面内外郭不明显。钱径2.15、穿宽0.64、外郭宽0.22、外郭厚0.15厘米，重2.2克（图一六八，6；图版七七，5右）。

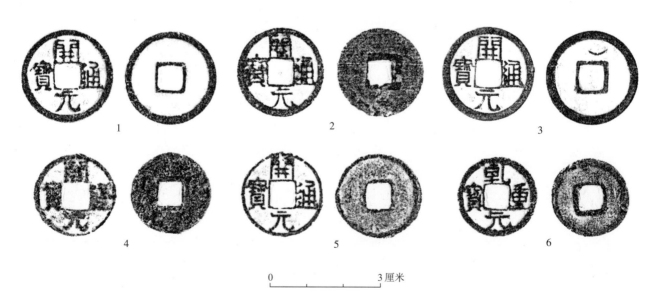

0 ————————— 3厘米

图一六八　唐、南汉第一期铜钱拓本

1. A型Ⅰ式"开元通宝"（97T35⑤b：1）　2. A型Ⅰ式"开元通宝"（97T34⑤b：5）　3. A型Ⅱ式"开元通宝"（97T38⑤b：1）　4. B型"开元通宝"（97T34⑤b：7）　5. B型"开元通宝"（97T34⑤b：4）　6. "乾元重宝"（97T29⑤b：2）

6. 其他

（1）陶权

1件（97T33⑤b：6）。圆锥形，顶部有一横向圆形穿孔，已残。夹砂灰陶。底径8.8、残高7.5厘米（图一六七，5）。

（2）青釉砚台

2件。形制相同。砚面中部微下凹，近边缘有一周凹槽，砚面边沿安一小盏，两侧各置一笔筒，砚面下为圈足座，外撇，足面有竖线和如意形镂空。器表施青釉，釉不均匀，器内底无釉。标本97T2⑤b：1，灰白胎，残。口径16、通高10.3厘米（图一六七，9）。

（3）水晶石料

6块。呈不规则形块状，白色半透明状。标本97T33⑤b：3，长9.6、宽5.2、厚4.8厘米（图版七七，6）。

（4）动、植物遗存

出土的动物遗存较丰富，经鉴定，动物骸骨的种类有A型螺、螺、蚬、文蛤、蚌、鱼、鳖和亚洲象、狗、猪、马、大型鹿科、梅花鹿、山羊、水牛、牛等哺乳动物（详见上编第五章第四节《南越宫苑遗址出土动物骨骼研究报告》）。植物遗存较少。

二　第二期遗存

（一）地层和遗迹

第二期的地层有曲流石渠遗迹发掘区97⑤a层。遗迹有建筑磉墩、墙基、走道、沟（渠）、水井和灰坑等，这些遗迹均位于曲流石渠遗迹发掘区内（图一六九）。

1. 建筑磉墩

7个。位于97T22西部，开口于97①层下，打破97⑤b层，南北排列成一直线，以磉墩南北中线为轴线，方向北偏西9°，自北而南依次编号为97T22-SD1、97T22-SD2、97T22-SD3、97T22-SD4、97T22-SD5、97T22-SD6和97T22-SD7（图一七〇）。磉墩平面呈长方形，东西长，南北窄，用灰褐色土混杂一些碎砖、瓦块夯成，夯打不结实，分层不明显。每个磉墩的规格如下：

97T22-SD1　东西1.3、南北0.7、深1.06米。

97T22-SD2　东西1.2、南北0.7、深1.06米。

97T22-SD3　东西1.2、南北0.7、深1.16米，打破97F2。

97T22-SD4　东西1.2、南北0.62、深1.16米。

97T22-SD5　被97F3-SD3打破，东西1.1、南北0.7、深1.2米。

97T22-SD6　被97F3-SD3打破，东西1.04、南北0.56、深1.18米。

97T22-SD7　东西1.2、南北0.65、深1.18米。

97T22-SD1与其余6个磉墩南北间距依次为1.2、1.2、1.1、1.3、1.1、1.1米。

2. 墙基

3条，分别编号为97Q2、97Q4和97Q8。

97Q2　位于97T45和97T46西部，开口于97⑤a层下，打破97⑤b层。南北走向，方向北偏西5°，向北、向南延伸出发掘区外，现清理长14.1米。墙宽1.08米，墙西侧用青灰色残砖横向

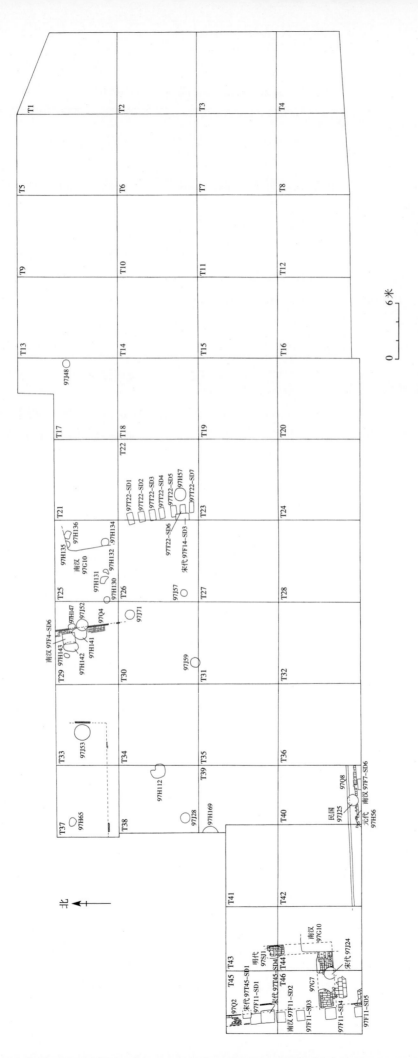

图一六九　曲流石渠遗迹发掘区唐、南汉第二期遗迹平面图

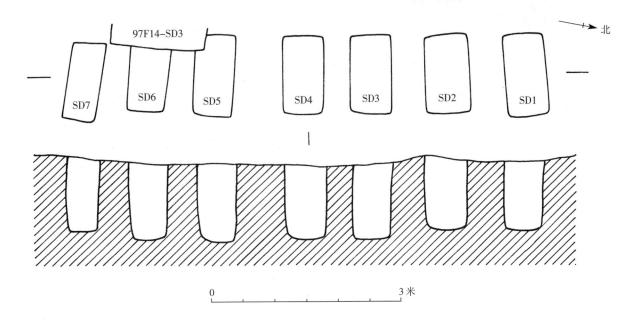

图一七〇　　97T22-SD1~SD7平剖面图

错缝平砌，残存砖2~3层，残高0.1~0.14米；东侧用长方形整砖南北向顺砌，残高0.19米；最外侧用长方形整砖侧立包边，比西侧砖面高出约5厘米。在墙基以东0.74米残存一段用两列长方形整砖侧立砌筑的包砖，南北残长1.46、宽0.09米，走向与墙基平行，作用未明（图版七八，1）。墙基中段已被97F11的磉墩和97T45-SD1、97T45-SD4破坏无存，仅在南部尚存墙基东侧包边砖，残长1.4、残宽0.26米，包边砖东侧与一片用方砖铺设的地面相连接，地面东西残长3.12、南北残宽3.34米，铺砖地面比墙基东侧包边砖面低0.02~0.03米。铺砖面下铺垫有一层厚约0.06~0.08米的细沙。地面用砖呈方形，青灰色，边长44~45、厚4.5~5.0厘米（图一七一）。

97Q4　位于97T29中部，开口于97①层下，打破97⑤b层，被97J52、97H141和97H147打破。南北走向，方向为北偏西7°，向北延伸出发掘区外，南部已被破坏，现清理一段南北长7.25、东西宽0.71~0.76米。墙的东西两侧结构有别。西侧用碎砖块叠砌，残存砖四层，宽0.6~0.65、高0.22米；东侧用两列完整的长方砖侧立包边，宽0.11米。墙东侧面规整，西侧面参差不齐，似是建筑台基的东包边墙。

97Q8　位于97T40、97T42和97T44南部，开口于97⑤a层下，打破97⑤b层，被97J25、97H56和97F7-SD6打破，向东延伸入97T36内未发掘，向西至97T44未有发现，南部延伸出发掘区外，东西现长15.2米，方向西偏南3°。墙基槽呈长条形，上大底小，底面平整，基槽口部南北现宽0.97~1.48、底部南北现宽0.72~1.30、深1.74~1.85米。基槽底部尚存用长方整砖和碎砖砌筑的包边墙基，其南侧面整齐，北侧面不规则，南侧面北距基槽底部北侧边线约0.88~0.92米。包边墙基残存砖一层，残长6.6、宽约0.4、高0.04米，砖呈青灰色，整砖长42、宽21、厚4.0厘米。包边墙之上叠压有四层夯土，第①层为褐色黏土，厚约0.45米；第②层为红褐色黏土，厚约0.7米；第③层为红黄色黏土，厚约0.5米；第④层为朱红色细沙和红黄色黏土相杂，厚0.15米（图一七二；图版七八，2）。从揭露的情况判断，该墙基原是一道砖砌包边墙，墙基废弃后砖被拆除，形成的基槽再用红黄色黏土夯填。

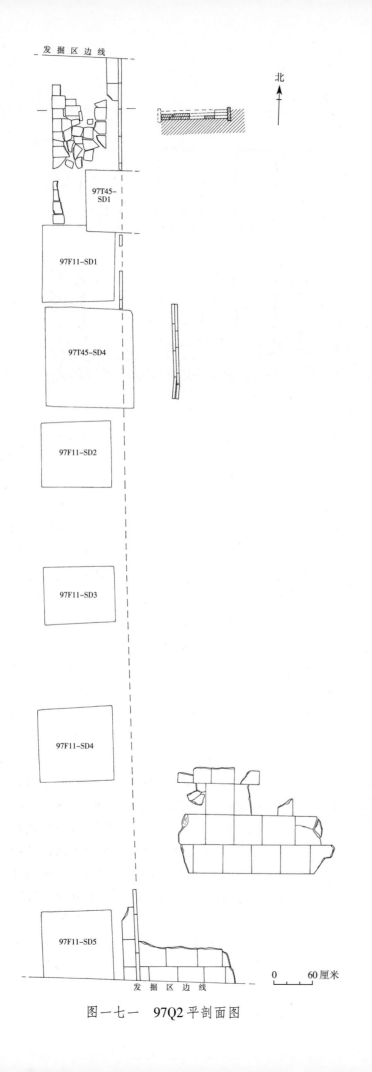

图一七一 97Q2平剖面图

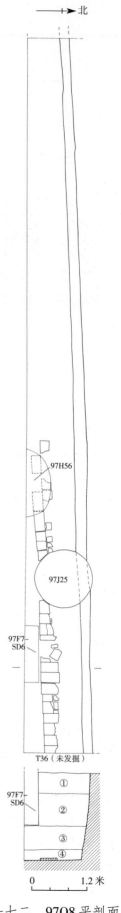

图一七二 97Q8平剖面图

3. 走道

1条，编号97L2。位于97T33中南部和97T37南部，开口于97①层下，打破97⑤b层。走道路面已被破坏，仅残存走道东侧和南侧部分侧立包边砖，东西残长11.7、南北残宽3.6米。走道最外侧的包边砖由两列长方砖侧立砌筑，宽0.13米。

4. 沟（渠）

1条，编号为97G7（图一七三）。位于97T43、97T44和97T46三个探方内，开口于97⑤a

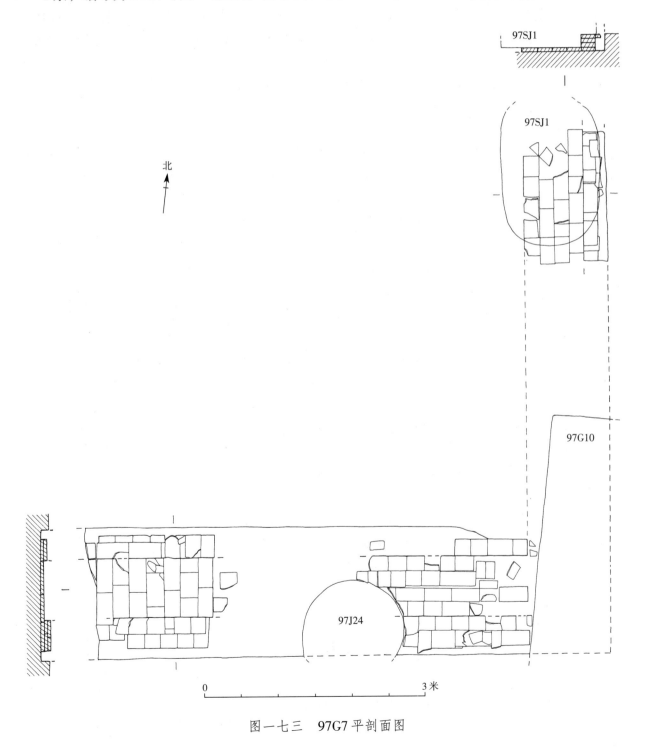

图一七三　97G7平剖面图

层下，打破97⑤b层，被97SJ1、97G10和97J24打破。水渠呈曲尺形，自北向南折向西，残长13.2米。

　　水渠北段南北向，南北残长1.8、残存外宽1.18米，渠底用整砖和残砖南北向平铺一层，其上两侧再用砖砌筑渠壁，残存东壁高0.15米，西壁已无存（图版七八，3）。渠底其中一块铺砖戳印"军九甲"三字，阴文（图一七六，1）。

　　水渠南段东西向，其东端应与北段水渠的南端相连，但已被97G10打破无法连接，东西残长6.2米，渠沟槽南北外宽1.7~1.76米。渠底用完整的长方砖或残砖顺砌一层，其中东段呈东西向铺砌，西段呈南北向铺砌，两侧再用砖垒砌渠壁，渠内宽0.8、残深0.05~0.1米。渠底北高南低。

5. 水井

　　7口，编号为97J28、97J48、97J52、97J53、97J57、97J59和97J71。水井的结构和井内出土遗物的介绍详见附录二第五节。

6. 灰坑

　　14个，编号为97H57、97H65、97H112、97H130、97H131、97H132、97H134、97H135、97H136、97H141、97H142、97H143、97H147和97H169。根据坑口平面和坑壁的不同可分两类。

　　（1）坑口平面呈不规则形，坑壁呈弧形内收，圜底或底部不平。这一类灰坑有12个，分别为97H57、97H65、97H112、97H131、97H132、97H135、97H136、、97H141、97H142、97H143、97H147和97H169。举例介绍如下：

　　97H57　位于T22南部，开口于97①层下，打破97⑤b层。坑口东西1.32、南北1.34、深1.52米。坑内堆积可分两层。第①层为灰黑色土，夹有炭屑，土质疏松，厚0.8米，出土A型Ⅱ式黑陶六耳罐1件、C型Ⅴ式青釉碗1件、B型Ⅲ式青釉盘1件、可复原筒瓦1件、铜构件1件，还有少量动物骨和酱釉罐残片等；第②层为灰土，土质疏松，厚0.72米，内含遗物极少（图一七四）。

　　（2）坑口平面近呈圆形，直壁，平底。这一类灰坑有2个，分别为97H130、97H134。举例介绍如下：

　　97H130　位于97T25西南部，开口于97①层下，打破97⑥b层。坑口东西0.8、南北0.72、深0.4米（图一七五）。坑内堆积呈青灰色，含有细沙，土质疏松，内含有布纹瓦片、黑陶罐和青釉罐、碗残片，还有少量动物骨等。

　　（二）遗物

　　有建筑材料、生活器具、兵器和其他。

1. 建筑材料

　　均为陶质，有砖、板瓦、滴水、筒瓦、瓦当和鸱尾等。

　　（1）砖

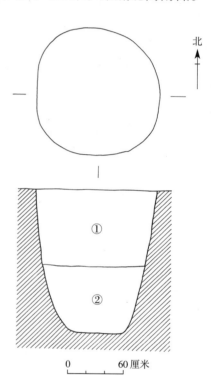

图一七四　97H57平剖面图

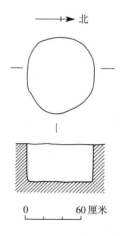

图一七五　97H130平剖面图

泥质陶，多呈青灰色，少量呈灰白色。以长方砖较多，均素面，少量戳印文字。也有少部分或为方砖，表面模印有花纹。

"军九甲"陶文长方砖　1件（97G7：1）。表面戳印"军九甲"陶文，阴文。青灰陶。砖长38.2、宽20.6、厚5.0厘米。印面长8.1、宽3.1厘米（图一七六，1）。

花纹方砖　2件，残。表面模印弧边三角、菱形、卷草和联珠纹等组合而成的纹饰，底面素平。标本97T38⑤a：1，灰陶。残长21、残宽13、厚4.6厘米（图一七六，2）。标本97T38⑤a：2，灰白陶。残长24、残宽15.5、厚4.5厘米（图一七六，3）。

（2）板瓦

151件，均为碎块，未能复原。夹细砂青灰陶或灰白陶，表面多呈深灰色。泥片围筑而成，两侧有由内向外切割痕。表面光素，里面饰布纹。

（3）滴水

2件，属于A型Ⅱ式。滴水用手压出双重波浪形花纹。标本97T42⑤a：3，灰陶。残长5.0、

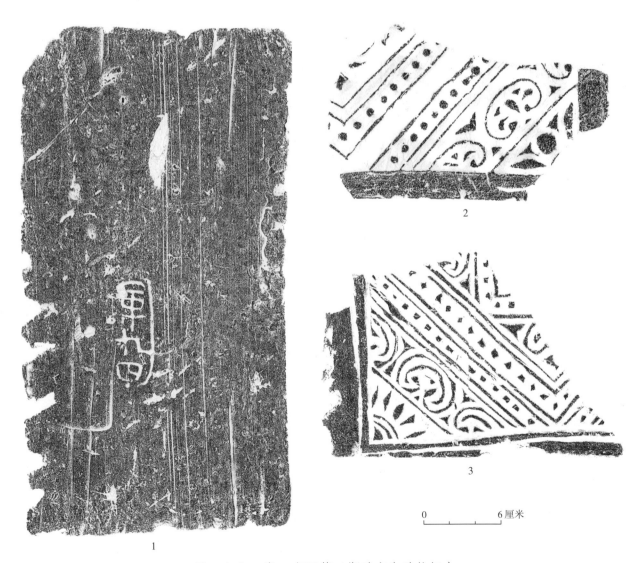

0 　　　　　　　6厘米

图一七六　唐、南汉第二期砖文和砖纹拓本

1. "军九甲"长方砖（97G7：1）　2. 花纹方砖（97T38⑤a：1）　3. 花纹方砖（97T38⑤a：2）

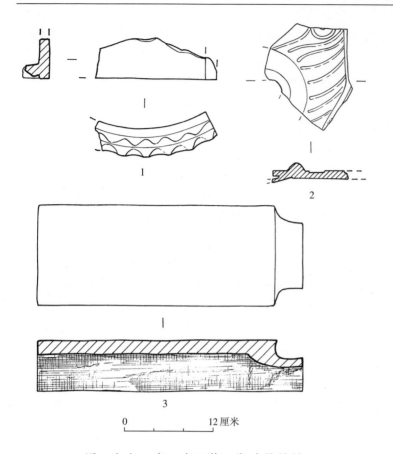

图一七七　唐、南汉第二期建筑材料

1. A 型 Ⅱ 式滴水（97T42⑤a：3）　2. 鸱尾（97H169：2）　3. 筒瓦（97H57①：4）

残宽 15.5、板瓦厚 1.4 厘米（图一七七，1）。

（4）筒瓦

26 件，绝大多数为碎块，仅 2 件可复原。泥片围筑而成，近瓦唇一头较小，另一头较大，瓦唇平直，两侧有由内向外的切割痕。陶质陶色与板瓦相同。表面多光素，少量饰稀疏的细浅绳纹，里面饰布纹。标本 97H57①：4，灰白陶，残。长 37、径 14~16.2、厚 1.2~1.6 厘米，唇长 5.4 厘米（图一七七，3；图版七八，4）。

（5）瓦当

6 件。均为莲花纹瓦当，分属于 E 型 Ⅱ 式、Fa 型 Ⅰ 式、Fb 型 Ⅰ 式、Fc 型和 Fd 型 Ⅰ 式。

E 型 Ⅱ 式　1 件（97H112：1）。当心莲房为一圆形凸台，上饰 5 个莲子，外绕一周弦纹，当面饰 12 瓣椭圆形莲瓣，瓣间以连弧边三角和细长竖线纹分隔，外绕一周弦纹和一周联珠纹，宽边轮。泥质灰陶，残。当径 13.7、厚 2.3、边轮宽 1.0~1.7 厘米（图一七八，1；图版七九，1）。

Fa 型 Ⅰ 式　1 件（97T40⑤a：3）。当心圆周内有 7 个莲子，当面饰 13 瓣菱形莲瓣，瓣间以弧边三角分隔，外绕二周弦纹，弦纹间饰一周联珠纹，无边轮。泥质灰白陶，表面呈深灰色，稍残。当径 13.7、厚 1.4 厘米（图一七八，3；图版七九，2）。

Fb 型 Ⅰ 式　2 件。当心圆周内有 6 个莲子，当面饰 10 瓣莲瓣，瓣间以弧边三角和细长竖线分隔，外绕两周弦纹，弦纹间饰一周联珠纹，无边轮。标本 97T37⑤a：1，泥质青灰陶，残。当径 13.1、厚 1.1 厘米（图一七八，2）。

Fc 型　1 件（97T46⑤a：3）。当心圆周内饰一"十"字和 4 个莲子，当面残存 2 瓣莲瓣，瓣间以三角竖线纹分隔，外绕二周弦纹，弦纹间饰一周联珠纹，无边轮。灰陶，残。残径 7.7、厚 1.5 厘米（图一七八，5）。

Fd 型 Ⅰ 式　1 件（97T42⑤a：1）。当面圆周内有 1 个莲子，当面饰 9 瓣细长莲瓣，瓣间以弧边三角分隔，外绕二周弦纹，弦纹间饰一周联珠纹。灰陶，表面呈深灰色，残。当径 13.6、厚 1.5 厘米（图一七八，4）。

（6）鸱尾

1 件（97H169：2）。碎片，侧边饰羽状纹。灰白陶。残长 14.8、残宽 12.8 厘米（图一七七，2）。

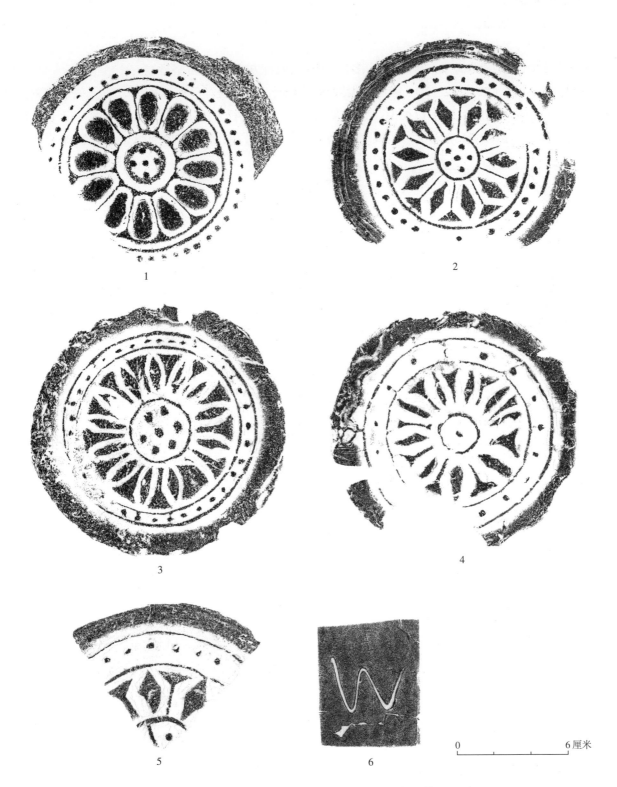

图一七八　唐、南汉第二期莲花纹瓦当和陶文符号拓本

1. E 型 II 式莲花纹瓦当（97H112：1）　2. Fb 型 I 式莲花纹瓦当（97T37⑤a：1）　3. Fa 型 I 式莲花纹瓦当（97T40⑤a：3）
4. Fd 型 I 式莲花纹瓦当（97T42⑤a：1）　5. Fc 型莲花纹瓦当（97T46⑤a：3）　6. 弦纹和"W"陶文符号（97H57①：5）

2. 生活器具

有陶器和青釉器。

（1）陶器

器形较少，以罐类为主。泥质陶，多呈灰黑色或深灰色，陶质坚致。

双耳罐　1件（97H142：3）。侈口，尖圆唇，束颈，圆鼓腹，平底微内凹，肩上安两个对称半环形横耳。泥质灰黑陶，残。口径16.8、腹最大径24.8、底径17、高21.6厘米（图一七七，1）。

六耳罐　1件（97H57①：5）。属于A型Ⅱ式。侈口，尖圆唇，长圆腹，最大径略靠上，平

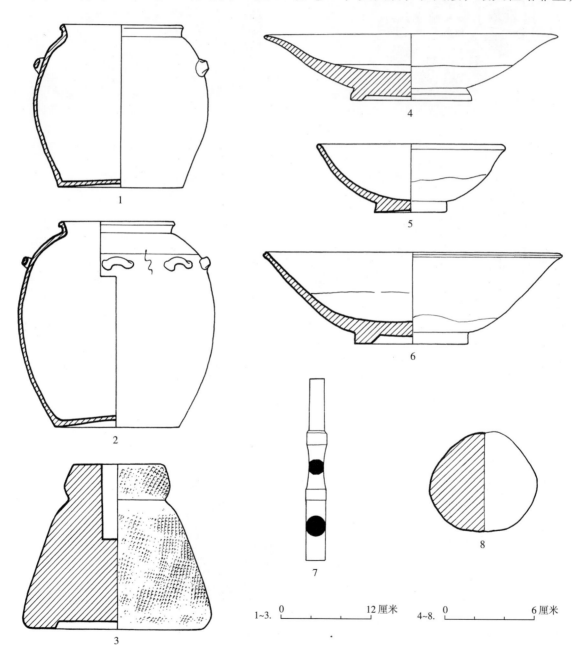

图一七九　唐、南汉第二期器物

1.陶双耳罐（97H142：3）　2.A型Ⅱ式陶六耳罐（97H57①：5）　3.陶插座（97T45⑤a：3）　4.B型Ⅲ式青釉盘（97H57①：2）　5.B型Ⅰ式青釉碗（97H142：1）　6.C型Ⅴ式青釉碗（97H57①：3）　7.铜构件（97H57①：1）　8.陶球（97T45⑤a：1）

底内凹。肩部饰一道旋纹，其中两耳间刻划"W"符号，器表有轮旋痕。泥质灰黑陶，残。口径15.6、腹最大径27、底径16.8、高27.4厘米（图一七八，6；图一七九，2；图版七九，3）。

插座　1件（97T45⑤a：3）。分上、下两部分，上部呈弧形，顶面平，中心有一向下圆形插孔。下部近呈圆锥形，底面中间有一长方形凹槽。器表饰网格纹，灰白陶。稍残。顶面径12、底面径25、高22厘米，顶面孔径4、深10厘米，底面长方形凹槽长15.6、宽11.5、深0.6厘米（图一七九，3；图版七九，4）。

（2）青釉器

均为泥质胎。多呈青灰色，部分呈浅黄色或紫红色。器内和器外上腹部施青釉，泛黄色，有缩釉和流釉现象。可复原器形有盘和碗等。

盘　1件（97H57①：2）。属于B型Ⅲ式。撇口，浅弧腹，圈足外撇。内腹壁饰一道旋纹，器内满釉，器外施釉不到底。紫红色胎，残。口径19.6、足径8.2、高4.4厘米（图一七九，4）。

碗　2件。分属于B型Ⅰ式和C型Ⅴ式。

B型Ⅰ式　1件（97H142：1）。敞口，尖圆唇，弧腹，饼足外撇。青灰胎，残。口径13.6、足径5.6、高4.5厘米（图一七九，5；图版七九，5）。

C型Ⅴ式　1件（97H57①：3）。敞口，方唇，唇中有一道凹槽，弧腹，圈足外撇。器内满釉，器外施釉不到底。青灰胎，残。口径20.2、足径7.8、高6.6厘米（图一七九，6）。

3. 兵器和其他

陶球　2件。圆球形，表面不平整。标本97T45⑤a：1，夹砂灰陶，完好。直径6.8厘米（图一七九，8）。

铜构件　1件（97H57①：1）。长条形轴，中段为八棱形，两端渐粗，上、下两段为圆形轴体。长11.9、轴径0.9厘米（图一七九，7；图版七九，6）。

三　第三期遗存

（一）地层和遗迹

第三期的地层在蕃池遗迹发掘区和曲流石渠遗迹发掘区均无保存，残存有房址、建筑磉墩、沟（渠）、宫池和沟槽遗迹、水井和灰坑等遗迹（图一八〇、一八一）。

1. 房址

4座，编号为95F1、97F4、97F7和97F11。现分别介绍如下：

（1）95F1

位于95T1、95T2、95T3、95T4、95T5和95T6等探方，开口于95①层下，打破95②层。建筑台基已无存，仅残存东西6列、南北3排共14个磉墩或础石，以东西向磉墩中轴线为准，方向西偏南2°。磉墩的上部均已被破坏，普遍存深0.2~0.4米，个别保存较深，磉墩用红黄色黏土和大量的碎砖瓦块夯筑而成，土质坚硬，但分层不明显。磉墩自北而南，从东向西分别编号为95F1-SD1~SD14（图一八二）。现分别介绍如下：

95F1-SD1：东西1.56、南北1.48、残深0.21米。

95F1-SD2：东西1.43、南北1.38、残深0.19米。

95F1-SD3：东西1.5、南北1.7、残深0.22米。

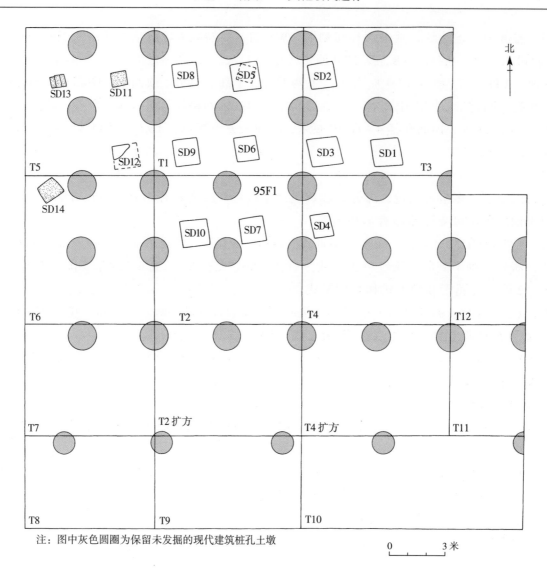

注：图中灰色圆圈为保留未发掘的现代建筑桩孔土墩

0 ⊢—⊢—⊢ 3 米

图一八〇　蕃池遗迹发掘区唐、南汉第三期遗迹平面图

　　95F1–SD4：东西 1.1、南北 1.23、残深 0.43 米。

　　95F1–SD5：东西 1.5、南北 1.51、存深 1.08~1.1 米。在磉墩中部偏北，距底部 0.68 米处有一石础，呈近方形，东西 0.93、南北 0.96、厚 0.15 米，青灰色石灰岩石，上下两面打凿平整（图一八三；图版八〇，1）。

　　95F1–SD6：东西 1.34、南北 1.39、存深 0.18 米。

　　95F1–SD7：东西 1.35、南北 1.4、存深 0.23 米。

　　95F1–SD8：东西 1.36、南北 1.24、存深 0.17 米。

　　95F1–SD9：东西 1.4、南北 1.42、存深 0.15 米。

　　95F1–SD10：东西 1.45、南北 1.42、存深 0.24 米。

　　95F1–SD11：残存石板 1 块。东西 0.95、南北 0.7~0.82、厚 0.13 米。

　　95F1–SD12：残存磉墩西北一角。东西残长 0.96、南北残宽 0.75、存深 0.12 米。

　　95F1–SD13：残存并排青石板 3 块，表面较平整。东西 0.84、南北 0.67、厚 0.14 米。

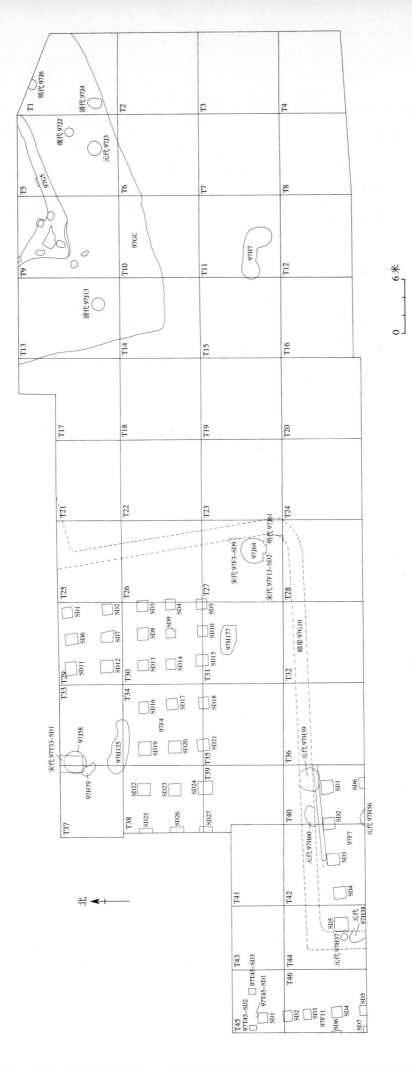

北

0   6米

图一八一　曲流石渠遗迹发掘区唐、南汉第三期遗迹平面图

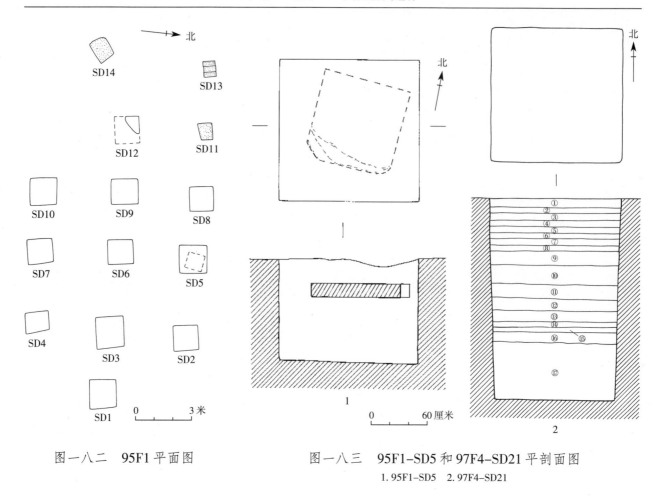

图一八二　95F1 平面图　　　　　图一八三　95F1–SD5 和 97F4–SD21 平剖面图
1. 95F1–SD5　2. 97F4–SD21

95F1–SD14：残存青石板一块，已偏离原来位置。东西 1.13~1.24、南北 0.92、厚 0.16 米。

95F1–SD2、SD3、SD4 南北间距分别为 4.1、4.0 米；95F1–SD5、SD6、SD7 南北间距分别为 3.9、4.3 米；95F1–SD8、SD9、SD10 南北间距分别为 4.1、4.3 米；95F1–SD11 与 95F1–SD12 南北间距复原为 4.1 米。95F1–SD2、SD5、SD8、SD11、SD13 东西间距分别为 4.2、3.2、3.6、3.3 米；95F1–SD1、SD3、SD6、SD9、SD12 东西间距分别为 3.2、4.2、3.2、3.3 米；95F1–SD4、SD7、SD10 东西间距分别为 3.9、3.2 米。

从已揭露的磉墩分布情况推测，这应是一座面阔至少五间，进深至少二间的殿堂式建筑。

（2）97F4

位于 97T26、97T29、97T30、97T31、97T34、97T35、97T38 和 97T39 等多个探方，开口于 97①层下，打破 97⑤a 层，仅保存磉墩 27 个。磉墩呈 3 排自北向南折向西，组成建筑平面呈曲尺形，其中东西部分长 25.2~25.6、宽 7.5~8.1 米，南北部分长 15.6~15.8、宽 8.3 米。以磉墩南北向轴线为准，方向北偏西 2°。磉墩东起自北而南向西依次编号为 97F4–SD1~SD27（图一八四）。磉墩是一层红黄色黏土、一层碎砖瓦块相间分层夯筑而成，每层厚 0.06~0.20 米，最底层较厚，约 0.25~0.85 米，用砂岩石块和碎砖瓦块填筑。每个磉墩的情况介绍如下：

97F4–SD1：东西 1.1~1.15、南北 1.2~1.22、残深 1.6 米。

97F4–SD2：东西 1.2、南北 1.18、残深 1.7 米，被 97H52 打破。

97F4–SD3：东西 1.22、南北 1.17、残深 1.57 米。

97F4-SD4：东西 1.23、南北 1.1、残深 1.62 米。

97F4-SD5：东西 1.21、南北 1.23、残深 1.64 米。

97F4-SD6：东西 1.24~1.3、南北 1.44、残深 1.66 米。1.2 米以下填大石块。

97F4-SD7：东西 1.1~1.34、南北 1.34~1.4、残深 1.6 米。

97F4-SD8：东西 1.14、南北 1.2、残深 1.2 米。

97F4-SD9：东西 1.02、南北 1.1、残深 1.16 米。东南角被 97T30-SD1 打破。

97F4-SD10：东西 1.16、南北 1.22、残深 0.8 米。

97F4-SD11：东西 1.58、南北 1.3、残深 1.6 米。

97F4-SD12：东西 1.34~1.46、南北 1.4~1.5、残深 1.6 米。1.2 米以上为一层红黄黏土、一层碎瓦块相间夯筑，残存十层，每层厚 0.1~0.13 米。1.2 米以下用碎砖块、瓦片和大石块夯填，厚 0.4 米。

97F4-SD13：东西 1.2、南北 1.23、残深 1.16 米。

97F4-SD14：东西 1.23、南北 1.11、残深 1.14 米。

97F4-SD15：东西 1.4、南北 1.38、残深 1.16 米。

97F4-SD16：东西 1.34、南北 1.06、残深 1.2 米。共分九层。第①、③、⑤、⑦层用碎砖瓦块夯筑，每层厚 0.08~0.1 米；第②、④、⑥、⑧层用红黄黏土夯筑，每层厚约 0.06~0.07 米；第⑨层用大石块、碎砖瓦块和石粉夯筑而成，厚 0.5 米。

97F4-SD17：东西 1.12、南北 1.3、残深 0.92 米。

97F4-SD18：东西 1.2、南北 1.26、残深 0.9 米。

97F4-SD19：东西 1.44~1.56、南北 1.3、残深 1.3 米。

97F4-SD20：东西 1.34、南北 1.34、残深 1.7 米。

97F4-SD21：东西 1.42、南北 1.34、残深 2.14 米。分十七层。第①、③、⑤、⑦、⑨、⑪、⑬、⑯层为褐色土夹碎瓦块夯筑而成，每层一般厚约 0.08~0.1 米，最厚可达 0.16 米；第②、④、⑥、⑧、⑩、⑫、⑮层为红黄黏土杂少量碎瓦块夯筑而成，每层一般厚 0.05~0.08 米，最厚可达 0.2 米；第⑭层为青灰色石粉层，厚 0.05~0.06 米；第⑰层为大石块、碎砖瓦块和石粉夯筑而成，厚 0.6~0.62 米（图一八三，2；彩版八，1）。

97F4-SD22：东西 1.42、南北 1.44、残深 1.48 米。共分八层。每层用红黏土夹碎砖瓦块夯筑而成，第①层厚 0.5 米；第②、④、⑥层每层厚约 0.06~0.08 米；第③、⑤、⑦层每层厚约 0.18~0.2 米；第⑧层含有大石块，厚 0.26 米。

97F4-SD23：东西 1.44、南北 1.58、残深 1.2 米。

97F4-SD24：东西 1.5、南北 1.64、残深 2.1 米。共分十四层。第①至第⑬层用褐色土或红黄黏土夯筑而成，每层厚约 0.08~0.12 米；最底层为褐色土和大石块，厚 0.54 米。

97F4-SD25：东西现宽 0.6、南北 1.74、残深 2.25 米。共分十二层。第①、③、⑤、⑦、⑨、⑪层用褐色土和碎瓦块夯筑而成，每层厚约 0.1~0.15 米不等；第②、④、⑥、⑧、⑩层用红黏土夹少量碎瓦块夯筑而成，每层厚 0.06~0.08 米；第⑫层含大石块和碎瓦块，厚 0.85 米。

97F4-SD26：东西现宽 0.7、南北 1.68、残深 2.15 米。

97F4-SD27：东西现宽 0.8、南北现宽 1.5、残深 1.9 米。

97F4-SD1、SD2、SD3、SD4、SD5 南北间距分别为 4.4、3.8、3.1、3.4 米。

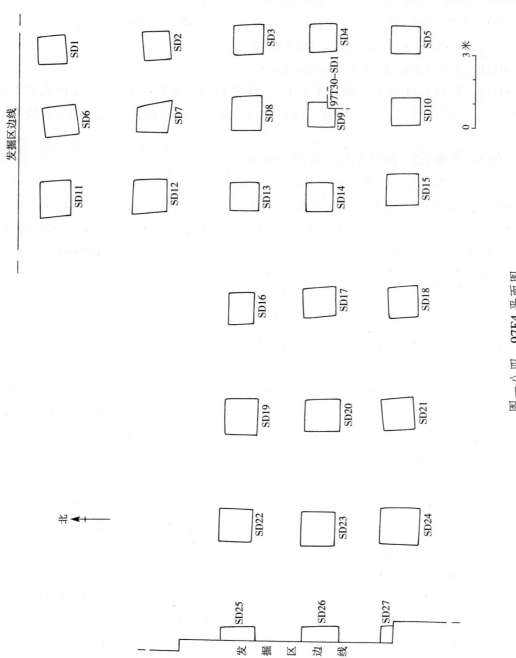

图一八四　97F4 平面图

97F4-SD6、SD7、SD8、SD9、SD10南北间距分别为3.9、3.8、3.1、3.4米。

97F4-SD11、SD12、SD13、SD14、SD15南北间距分别为3.9、3.9、3.0、3.2米。

97F4-SD16、SD17、SD18南北间距分别为3.2、3.2米。

97F4-SD19、SD20、SD21南北间距分别为3.2、3.1米。

97F4-SD22、SD23、SD24南北间距分别为3.2、3.4米。

97F4-SD25、SD26、SD27南北间距分别为3.2、3.2米。

97F4-SD1、SD6、SD11东西间距分别为3.0、3.2米。

97F4-SD2、SD7、SD12东西间距分别为3.0、3.2米。

97F4-SD3、SD8、SD13、SD16、SD19、SD22、SD25东西间距分别为2.6、3.5、4.5、4.6、4.6、4.8米。

97F4-SD4、SD9、SD14、SD17、SD20、SD23、SD26东西间距分别为3.0、3.4、4.5、4.5、4.8、4.7米。

97F4-SD5、SD10、SD15、SD18、SD21、SD24、SD27东西间距分别为3.0、3.3、4.5、4.6、4.8、4.7米。

97F4磉墩出土遗物有：青釉砖1件、B型青釉滴水1件、陶鸱吻残件2件、陶蹲兽3件、Fb型Ⅱ式莲花纹瓦当1件、Fb型Ⅲ式莲花纹瓦当1件、Ff型Ⅰ式莲花纹瓦当1件、青釉双凤纹瓦当1件、青釉插座1件、A型陶网坠1件、B型青釉纺轮1件、陶球1件、铜镞1件。还有刻写"寸"字青釉盆底1件、刻写"尚"字酱釉陶片1件，另有8件莲花纹瓦当因残损严重无法划分型式。

这组磉墩保存的深度普遍在1.2~1.6米，磉墩西北面未发现与之对应的其他磉墩，可排除被破坏的可能性。目前已揭露的磉墩呈3排自北而南折向西，平面布局呈曲尺形，建筑进深为两间，开间无定制，因此，该建筑应是廊庑，目前只发掘其东南一角。此外，在97F4-SD11以西约8.2米、97F4SD22以北5.8米处有一口同时期的水井（97J58），可知，廊庑之内是露天的庭院或广场。

（3）97F7

位于97T40、97T42和97T44等探方内，向东延伸入97T36部分未发掘，向南延伸出发掘区外。开口于97①层下，打破97⑤a层，被97H39、97H56打破。仅揭露其北墙基和南北两排磉墩共6个，台基垫土和地面以及柱网等已无存。以东西向磉墩中轴线为准，方向西偏南5°（图一八五）。磉墩自东向西而南分别编号为97F7-SD1~SD6，磉墩以红黄色黏土和碎砖瓦片分层夯筑而成。

北墙基　东西走向，紧靠着北边一排磉墩的北侧边

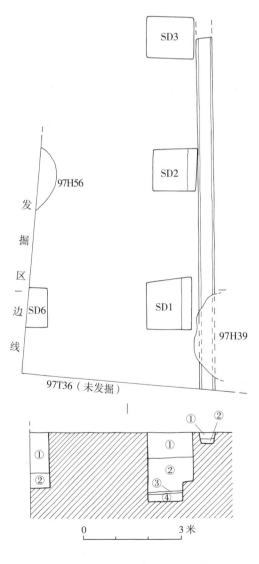

图一八五　97F7平剖面图

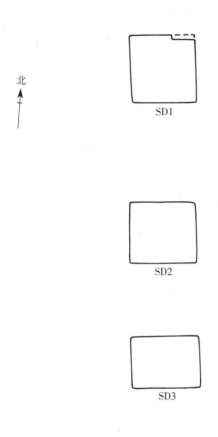

北

SD1

SD2

SD3

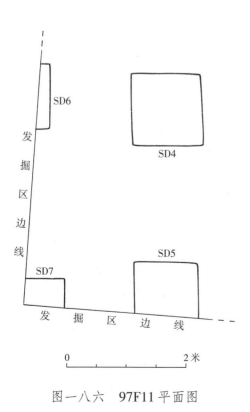

SD6

发掘区边线

SD7

SD4

SD5

发　掘　区　边　线

0　　　　　　　　2米

图一八六　97F11平面图

沿。基槽东西现长 13.6 米，槽壁斜直，上宽下窄，面宽 0.5~0.55、底宽 0.45~0.48、残深 0.34 米。槽内用黏土和碎砖瓦片夯筑，可分两层。第①层为红色黏土，厚约 0.2 米；第②层用碎砖块夯筑，厚约 0.14 米。

97F7-SD1　东西 1.42~1.56、南北 1.3~1.36、深 2.01 米，在深至 1.46 米磉墩北往南缩小至 1.12 米。共分四层。第①层为红黄黏土，厚 0.81 米；第②层用碎砖瓦块夯筑，厚 0.95 米；第③层为灰黑色砂石粉层，厚约 0.05~0.06 米；第④层用碎砖块夯筑，厚约 0.18~0.2 米。

97F7-SD2　东西 1.28、南北 1.26、深 1.54 米，在深至 1.22 米磉墩北壁往南缩小至 1.0 米。共分四层。第①层为红黄黏土，厚 0.34~0.4 米；第②层为碎砖瓦片层，厚 0.4~0.5 米；第③层用灰土和碎砖瓦块混合夯筑而成，厚约 0.38~0.4 米；第④层用碎砖块夯筑，厚约 0.3~0.32 米。

97F7-SD3　东西 1.32、南北 1.4、深 2.04 米。共分三层。第①层为红黄黏土，厚 0.87 米；第②层用灰褐色土和碎砖瓦块夯筑而成，厚 0.71 米；第③层用碎砖块夯筑，厚约 0.46 米。

97F7-SD4　东西 1.32、南北 1.36、深 1.4 米，在深至 0.94 米磉墩北壁往南缩小至 1.0 米。共分三层。第①层用红褐色土和碎瓦块夯筑，厚 0.45 米；第②层用褐色土和碎砖瓦块混合夯筑，厚约 0.42 米；第③层用碎砖块夯筑，厚约 0.53 米。

97F7-SD5　东西 1.5、南北 1.48、深 2.0 米，在深至 1.1 米磉墩北壁往南缩小至 1.16 米。共分三层。第①层用褐色土和碎砖瓦夯筑，厚 1.18 米；第②层为灰色石粉夯层，厚 0.18 米；第③层用碎砖块夯筑，厚约 0.64 米。

97F7-SD6　东西 1.2、南北现宽 0.7~0.8、深 1.62 米。共分两层。第①层用红色黏土和碎瓦块混合夯筑，厚 1.13 米；第②层用红色黏土和碎砖瓦块夯筑，厚 0.49 米。

97F7-SD1 与 SD2、SD3、SD4、SD5 东西间距分别为 3.9、3.8、3.7、3.5 米。SD1 与 SD6 南北间距约为 4.2 米。由于揭露的面积有限，该建筑的形制和布局尚无法了解。

（4）97F11

位于 97T45 和 97T46 西部，开口于 97 ①层下，打破 97 ⑤ a 层和 97Q2，向南、向西延伸出发掘区外，现仅揭露其东西两列磉墩 7 个。以东列磉墩中轴线为准，方向北偏西 5°。磉墩北起往南向西编号为 97F11-SD1~SD7（图一八六），礤墩呈方形或长方形，是一层红黄黏土和一层碎瓦块相隔分层夯筑而成。各礤墩具体情况如下：

97F11-SD1 东西 1.1、南北 1.13、残深 1.76 米。共分二十五层，每层厚 0.06~0.08 米，最底一层用碎砖块夯筑而成，厚 0.08 米。

97F11-SD2 东西 1.11、南北 0.98、残深 1.85 米。共分二十一层，每层厚 0.08~0.1 米，最底一层用碎砖瓦块夯筑而成，厚 0.1 米（图一八七）。

97F11-SD3 东西 1.17、南北 0.84、残深 1.2 米。共分十层，红黄色黏土层每层厚约 0.06~0.08 米，碎砖瓦块每层厚约 0.16~0.2 米，最底一层则用碎砖块夯筑而成，厚 0.12 米。

97F11-SD4 东西 1.18、南北 1.2、残深 0.9 米。夯筑情况与 97F11-SD3 相同。

97F11-SD5 东西 1.0、南北现宽 0.85、深 1.85 米。共分二十三层。夯筑情况与 97F11-SD1 相同。

97F11-SD6 东西现宽 0.23、南北现宽 1.1、残深 1.9 米。共分二十四层。夯筑情况与 97F11-SD1 相同。

97F11-SD7 东西现宽 1.0、南北现宽 0.5、存深 1.56 米。共分十八层。夯筑情况与 97F11-SD1 相同。

97F11-SD1、SD2、SD3、SD4 和 SD5 的南北间距分别为 2.8、1.9、2.8、3.1 米，97F11-SD6 与 SD7 南北间距约 3.4 米，SD4 与 SD6 东西间距约为 2.5 米，97F11-SD5 与 SD7 东西间距约为 2.3 米。

97F11 礤墩中出土戳印"□八甲军"铭款瓦片 1 件、A 型 Ⅱ 式青釉滴水 1 件，另有残碎莲花纹瓦当 3 件。

由于揭露面积有限，对该建筑的形制和规模尚无法究明。

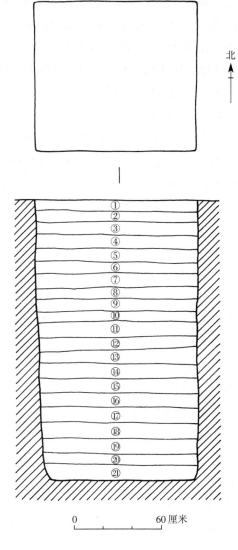

图一八七 97F11-SD2 平剖面图

2. 其他建筑礤墩

在 97T45 北部，还有两个无对应关系建筑礤墩，分别编号为 97T45-SD2 和 97T45-SD3。

97T45-SD2：开口于 97①层下，打破 97⑤a 层。平面呈长方形，东西 0.61、南北 0.76、残深 1.6 米。共分二十二层，是一层红黄黏土、一层碎瓦块和碎陶片相间分层夯筑而成。红黄黏土每层厚约 0.05~0.06 米，碎瓦层每层厚约 0.08~0.1 米。

97T45-SD3：开口于 97①层下，打破 97⑤a 层。平面呈长方形，东西 0.62、南北 0.76、残深 1.65 米。共分二十三层，夯筑情况与 97T45-SD2 相同。从礤墩结构、大小和布局来看，97T45-SD2 和 97T45-SD3 应是相对应的一组礤墩，两者东西间距为 4.0 米。

3. 沟（渠）

1 条，编号 97G10。位于曲流石渠遗迹发掘区中部和西南部，开口于 97①层下，打破 97⑤a

层，被97H37、97H38、97H39、97H60、97F14-SD9和97F14-SD10打破。渠体向北延伸出发掘区外。其北端东侧，有一东北向渠体与之相连接，渠体自发掘区北边线往南约24米处弯曲转向西，往西46米复转折向南延伸出发掘区外，跨越97T21、97T25、97T26、97T27、97T28、97T32、97T36、97T40、97T42和97T44等探方，其中位于97T28、97T32和97T36探方部分尚未全部发掘，位于该发掘区内的渠体长约76.2米（图一八八）。渠体为砖砌暗渠，外宽0.93~1.48、内宽0.53~0.6、深0.62~0.66米。渠底用规格不一的残砖平铺，然后在其上两侧用整砖和残砖先平直往上砌高0.26~0.4米后改用叠涩式往上收，顶上再用整砖封顶（图一八八，A、B；图版八〇，2；图版八一，1）。位于97T28以北的渠体上盖已被破坏（彩版八，2；图一八八，C），其中位于渠体北端呈东北向的一段现发掘长17.2米，渠体外宽1.52、内宽0.55、残深0.3~0.4米。根据测量得知，渠底呈北高南低，东高西低，具体测点标高为：A点 -3.63米，B点 -3.72米，C点 -3.90米。

渠体用砖呈青灰色，规格主要有两种。一是长方砖，主要用于砌筑渠壁和渠底，长约33、宽约16、厚约4.0厘米；另一种是方砖，主要用于渠顶封盖，宽41~42、厚4.0~4.5厘米。

在已拆除的渠体用砖中绝大部分砖素面，但有部分砖戳印或刻划有"军"、"军一"、"军三"、"军九甲"、"军十甲"、"军廿甲"、"军廿一甲"和"供"等砖文。此外，在渠体的砖缝中还出土A型"乾亨重宝"铅钱2枚、B型"乾亨重宝"铅钱1枚。

渠内堆积分两层。第①层为红褐色细沙，厚约0.28~0.3米，出土B型Ⅱ式青釉碗1件、Db型Ⅰ式青釉碗1件、酱釉碗1件、Fe型莲花纹瓦当1件，还有残碎莲花纹瓦当2件等；第②层为灰褐色淤泥，土质较黏，厚约0.3~0.36米，内含有少量的陶瓷片和动物骨等。

4. 宫池和沟槽遗迹

（1）宫池

编号为97GC。位于曲流石渠遗迹发掘区的东北部，开口于97④d层下，被97J2、97J3、97J4、97J6和97J13等遗迹打破，打破97⑥a层和97F1、97J17、97J34、97SQ等遗迹。跨越97T1、97T5、97T6、97T9、97T10、97T13和97T14等探方，向东、向北延伸出发掘区外，现仅揭露宫池西岸南段和南岸西段以及池底西南一角，东西长33.9、南北最宽17.5米（图一八九；彩版八，3）。

池岸：水池的南岸和西岸迎水面呈斜坡状，池岸陡缓不一，宽0.75~5.25米，岸面高出池底1.0~1.9米（图版八一，2、3）。池岸用太湖石和石灰岩石块层层垒砌，高低错落，犬牙交错（图版八二，1）。

池底和池内堆积：池底较为平坦，池内堆积可分两层。第①层为灰黑色淤泥，土质较纯净、细腻，厚0.05~0.45米。近池岸处出土A型"乾亨重宝"铅钱8枚、C型"乾亨重宝"铅钱2枚、C型Ⅴ式青釉碗1件、Da型青釉碗1件、Db型Ⅱ式青釉碗1件、青釉器盖1件、青釉插座1件、陶球1件，还有绿釉、黄釉和蓝釉陶器残片等。此外，还有砖瓦、莲花纹瓦当、鸱吻、垂兽、蹲兽等建筑材料，以及树叶、果核、水生植物根茎、螺蛳、蚌等动植物遗存。第②层为灰褐色淤泥，土质致密，厚0.1~0.4米。内含遗物较少，近池岸处出土A型"乾亨重宝"铅钱4枚、A型铁钉2枚、刻"昌"字青釉碗底1件、玻璃片5片、木构件1件，还有莲花纹瓦当、动物骨、螺蛳和蚌壳等。

池岸结构：通过对部分池岸进行解剖发掘可知，水池是在平地上凿地成池，池壁近直，壁面贴长方形木板护岸，木板宽0.4~0.67、厚0.04~0.06米，木板外侧打有二排木桩，木桩与池岸边大致平行，木桩底部削成尖状，直接打入池底（图版八二，2）。其中靠池岸边一排木桩较小，直径0.1~0.24米，高出池底0.4~0.9米，间距一般为0.88~1.08米。另一排离池岸边约1.4~2.0米，木桩

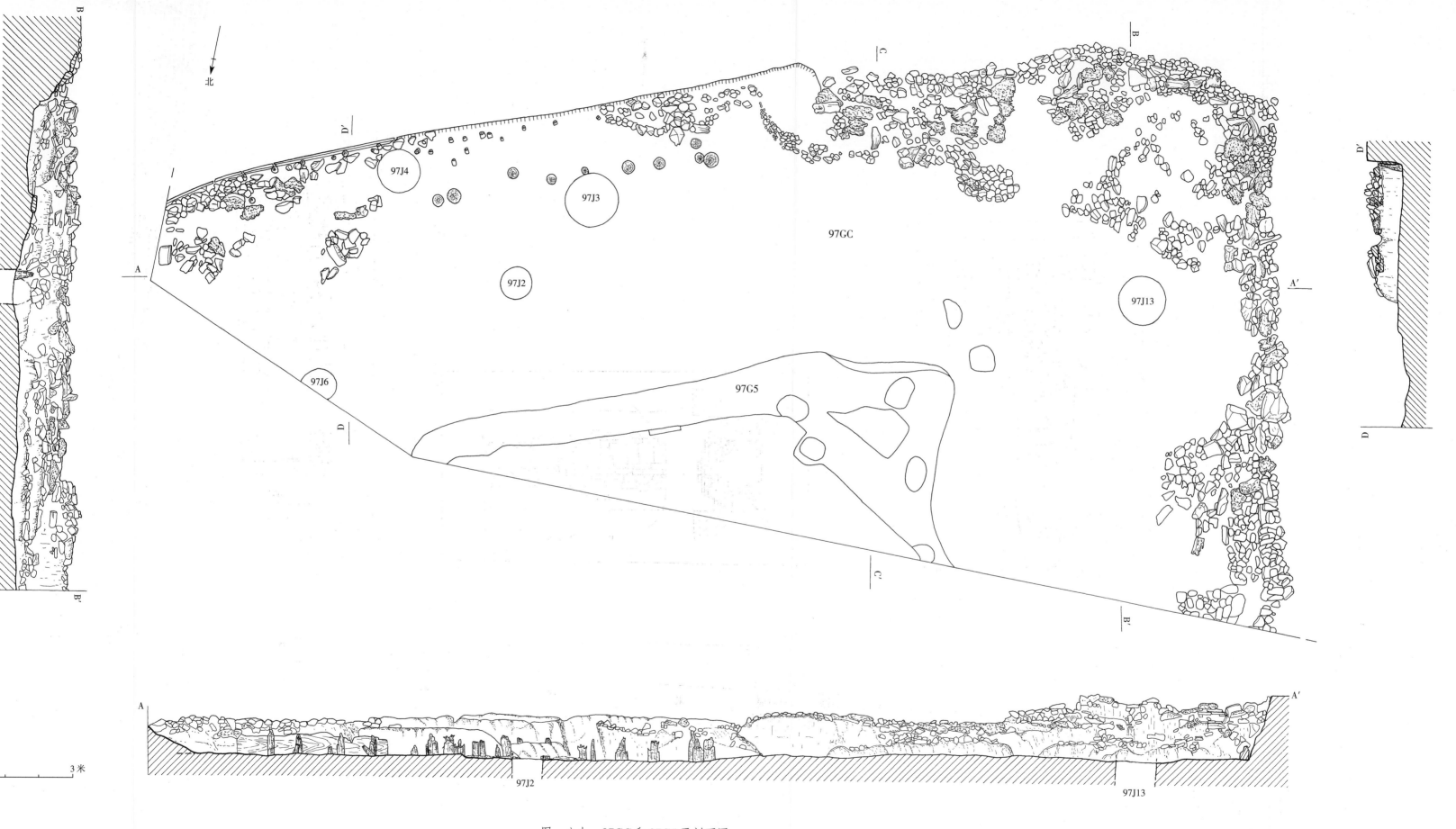

北

3米

97J4

97J3

97J2

97J13

97GC

97J6

97G5

97J2

97J13

图一八九　97GC 和 97G5 平剖面图

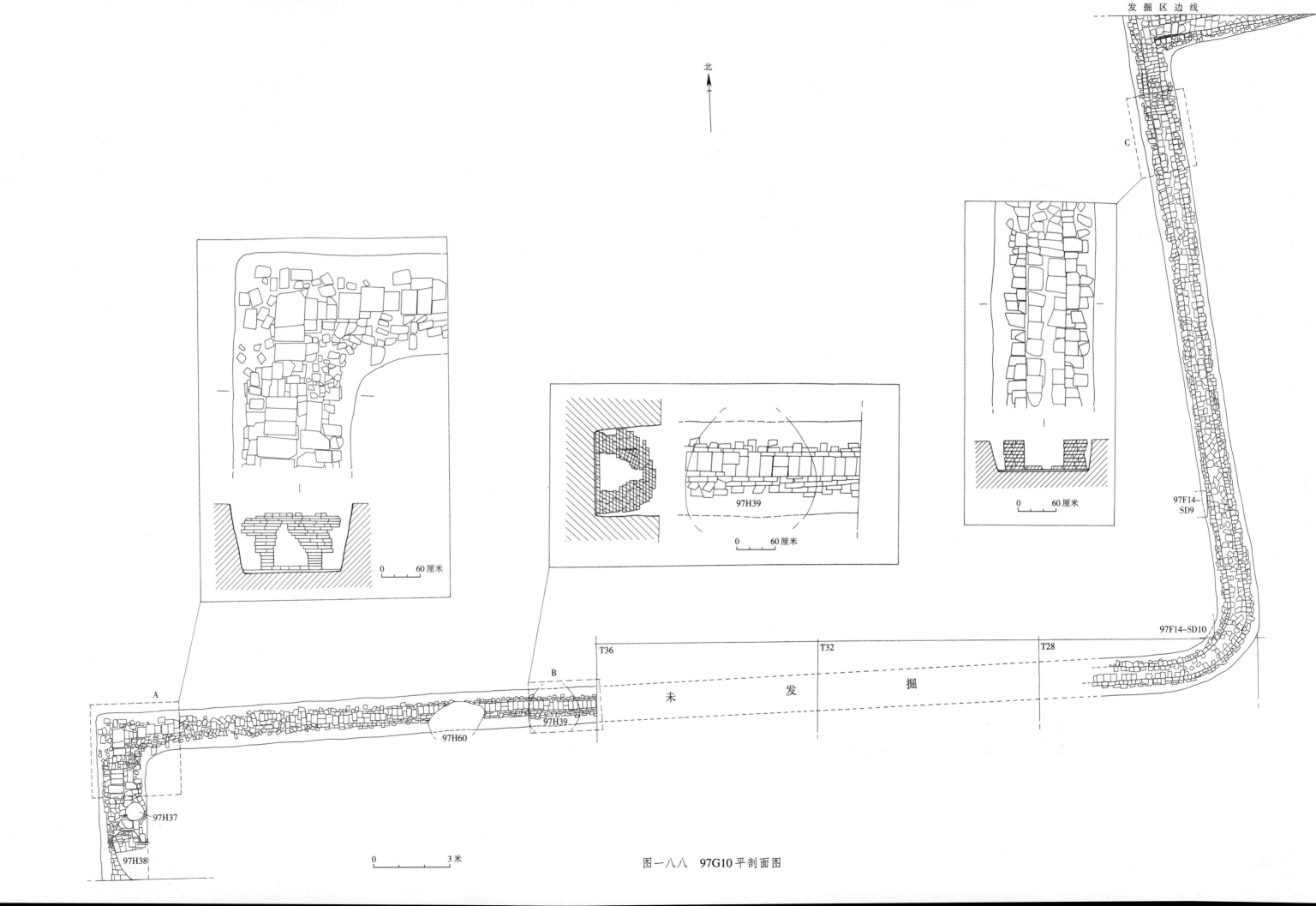

北

发 掘 区 边 线

C

97F14—
SD9

97F14—SD10

97H39

0 ___ 60厘米

0 ___ 60厘米

0 ___ 60厘米

T36 | T32 | T28

未 发 掘

B

97H39

A

97H60

97H37

97H38

0 ___ 3 米

图一八八　97G10平剖面图

直径 0.27~0.4 米，高出池底 0.45~0.65 米，间距 0.5~1.85 米。

（2）沟槽

编号97G5。位于宫池的中部，跨越97T5和97T9两个探方，开口于97GC②层下，打破生土。沟槽北起往南折向西后再折向北延伸出发掘区外，已清理一段长约19米。其中东西向一段沟槽较为规整，宽1~1.7、深1.9~2.2米，沟壁垂直，底部近呈弧状，不甚平整。在距沟东头转弯处约7.8米的北壁立一木挡板，东西长0.94、深0.3、厚0.14米，作用未明。沟槽西端转折处中间有一呈不规则形土墩将沟槽分成南北两部分。其中北侧沟槽东南—西北走向，长约7.0、宽0.6~1.3、深1.0米。北侧沟槽北壁有三个柱洞，呈椭圆形。东起第一柱洞东西0.98、南北0.73、深1.24米，第二个柱洞东西0.76、南北0.6、深1.33米，第三个柱洞东西0.73、南北0.58、深1.5米，第一、第二和第三个柱洞之间的间距分别为1.38和4.58米。南侧沟槽呈弧形，宽1.0~1.87、深1.1米。沟槽中部有两个柱洞，均呈椭圆形。南起第一个柱洞南北1.0、东西0.76、深1.35米，第二个柱洞南北1.03、东西0.63、深1.26米，两个柱洞的间距为2.47米。此外，在沟槽西南面的宫池底部还有两个呈不规则形的柱洞，北起第一个柱洞东西0.77、南北0.91米，深度不详，第二个柱洞东西0.45、南北0.93米，深度不详。沟槽的南边线和西边线分别与宫池南岸和西岸大致平行，其中沟槽南边南距宫池南岸边约8.6米，沟槽西边线西距宫池西岸约9.9米。

沟内为青灰色膏泥土，土质致密、较黏，内含较多的碎砖瓦块，还出土栏杆石1件、木桩1件、B型铁钉1枚、陶球1件和植物果核1粒。

从沟槽堆积和沟槽内发现有柱洞等情况来看，该沟槽应是建筑的基槽。由于沟槽与宫池的走向基本一致，且两者年代相同，因此该沟槽很可能是宫池中的水榭等临水建筑的基槽，是否如此，还有待以后扩大发掘究明。

5. 水井

2口，编号为97J58和97J64。有关水井的结构和出土遗物介绍详见附录二第五节。

6. 灰坑

4个，编号为97H7、97H79、97H125和97H177。这些灰坑平面均呈不规则形，坑壁呈不规则形内收。现举例介绍如下：

97H125 位于97T33西南部，延伸至97T34和97T37内。开口于97①层下，打破97⑤a层。坑口东西6.13、南北1.95、深0.3~0.9米（图一九〇）。坑内为灰褐色土堆积，土质较黏，出土兽面砖1件、长方砖1件、可复原筒瓦1件，还有较多的碎砖块以及灰陶布纹瓦片等。

（二）遗物

有建筑材料和构件、生活器具、工具、兵器、钱币和其他等。

1. 建筑材料和构件

以陶瓷质地的建筑材料最为丰富，有砖、板瓦、滴水、筒瓦、瓦当、鸱吻、垂兽和兽面砖等。此外还有铁钉、木构件和栏杆石等。

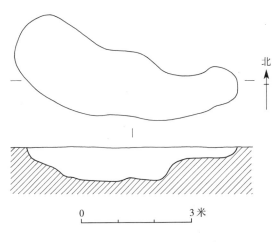

北

0　　　　　　3米

图一九〇 97H125平剖面图

（1）砖

绝大多数为长方砖，只有少数为方砖。泥质陶，多呈青灰色或灰白色，表面多呈深灰色，少量呈黄白色。部分砖的表面施有青釉、黄釉或绿釉，其中黄釉和绿釉为低温的琉璃釉，青釉为高温釉，达到瓷的质地，烧成温度达1200℃左右，这些釉是我国陶瓷上常见的高钙灰釉和铅釉（详见上编第五章第五节《南越宫苑遗址出土砖瓦的测试分析报告》）。大部分砖素面，只有少量表面模印有花卉纹。

青釉印花砖　1件（97F4：11），残，无法复原。砖面中心以双弦纹和联珠纹构成菱形图案，菱形内和四角饰花卉纹，外沿绕两周方框形双弦纹，弦纹内饰菱形纹。表面施青釉，不透亮，有缩釉现象。黄白色胎，质坚硬。残长17、残宽16、厚4.3厘米（彩版九，1）。

黄釉印花砖　1件（97T13GC①：37）。砖面中心模印花卉纹，边沿饰一周方框弦纹，上饰联珠纹。表面施黄色琉璃釉。黄白色胎。残长12、残宽10.5、厚3.0厘米（彩版九，2）。

绿釉砖　3件，残，未能复原。表面施绿色琉璃釉，釉面光亮鲜艳。标本97T1GC①：3，灰白胎。残长17.5、残宽6.0、厚3.6厘米（彩版九，3）。

如意纹砖　1件（97G10：16）。长方砖，较宽大，表面刻如意纹，外绕长方形纹。灰白陶，表面呈深灰色。残长44.4、宽37、厚5.3厘米（图版八三，1）。

（2）砖文

出土的部分长方砖表面戳印或划写有"军"、"军三"、"军九甲"和"军廿甲"等砖文，以戳印的形式居多，楷书，有阳文和阴文两种，只有极少数有边栏。

"军"字砖　1件（97G10：8）。砖面残存两个戳印"军"字，阳文，无边栏。灰陶，表面呈深灰色。砖残长24、宽23、厚4.0厘米，印面宽2.4厘米（图一九一，1）。

"军一"文字砖　1件（97G10：6）。戳印，阳文，有边栏。灰陶，表面呈深灰色。砖残长17、残宽13.5、厚4.0厘米，印面长4.0、宽3.0厘米（图一九一，6；图版八三，2）。

"军三"文字砖　1件（97G10：12）。戳印，阳文，无边栏。灰陶，表面呈深灰色。砖残长12、宽17.5、厚4.2厘米，印面长5.0、宽2.7厘米（图一九一，7）。

"军九甲"文字砖　2件。戳印，阴文，无边栏。标本97G10：13，灰陶。砖长34.7、宽21.3、厚4.5厘米，印面长8.5、宽3.3厘米（图一九一，3；图版八三，3）。

"军十甲"文字砖　1件（97G10：5）。戳印，阴文，无边栏。灰陶，表面呈深灰色。砖残长21.8、宽23、厚4.5厘米（图一九一，5；图版八三，4）。

"军廿甲"文字砖　2件。戳印，阳文，无边栏。标本97G10：4，青灰陶。砖残长18.8、宽22.4、厚4.7厘米，印面长8.8、宽2.5厘米（图一九一，2；图版八三，5）。

"军廿一甲"文字砖　2件。标本97G10：18，戳印，阳文，无边栏。青灰陶。砖残长30、宽22.3、厚4.5厘米，印面长10.2、宽2.7厘米（图一九一，4；图版八三，6）。标本97G10：11，划写，青灰陶。砖长40、宽22.7、厚4.5厘米（图一九二，1）。

"军☐"文字砖　1件（97G10：14）。残存一"军"字，戳印，阴文，无边栏。灰陶。砖残长27、残宽14、厚4.5厘米，印面残长4.6、宽2.8厘米（图一九二，3）。

"☐甲"文字砖　1件（97G10：10）。划写，残存一"甲"字。灰陶。砖残长21、宽22、厚4.5厘米（图一九二，2）。

"供"字砖　1件（97G10：17）。划写。灰陶。砖长41、宽23、厚4.0厘米（图一九二，5）。

图一九一 唐、南汉第三期砖文拓本

1.军（97G10∶8） 2.军廿甲（97G10∶4） 3.军九甲（97G10∶13） 4.军廿一甲（97G10∶18） 5.军十甲（97G10∶5） 6.军一（97G10∶6） 7.军三（97G10∶12）

图一九二　唐、南汉第三期砖文和瓦文拓本

1. "军廿一甲"砖文（97G10：11） 2. "☒甲"砖文（97G10：10） 3. "军☒"砖文（97G10：14） 4. "☒八甲军"瓦文（97F11：2） 5. "供"字砖文（97G10：17） 6. "☒皿"砖文（97G10：19） 7. 文字砖（97G10：21）

"☒皿"文字砖　1件（97G10：19）。划写，残存一"皿"字。青灰陶。砖残长26、宽21.8、厚4.5厘米（图一九二，6）。

文字砖　1件（97G10：21）。表面划写有文字，字体潦草，难以辨识。楔形砖，灰陶，表面呈深灰色。残长14.2、宽17、厚2.5~4.1厘米（图一九二，7）。

（3）板瓦

1845件，其中带釉的有768件，绝大多数为碎块，仅10件可复原或可复原宽度。泥片筑成，呈一头大一头小，两侧有由内向外切割痕。表面素面，里面饰布纹。泥质陶，多呈青灰色或灰白色，大多表面呈深灰色，也有部分呈黄白色。部分施有青釉、黄釉或绿釉，其中青釉为高温釉，玻璃质感强，黄釉和绿釉为低温琉璃釉，釉多施于里面较小一头，烧成温度和釉的成分与砖的情况相同。

标本97T13GC①：3，较大一头里面施青釉，无釉处呈火石红痕。青灰胎，质坚，残。长30.2、宽19.5~28、厚1.1~1.4厘米（彩版九，4）。标本97T13GC①：29，较小一端里面中间施绿釉。灰白胎，残。长27、宽16.6~19、厚0.9厘米（彩版九，5）。标本97T5GC①：11，里面和边沿施黄釉。黄白胎。残长14、残宽9.0、厚0.8厘米（彩版九，6）。标本97F11：2，表面戳印"☒八甲军"文字，反文，阳文，无边栏。印面残长5.0、宽1.8厘米（图一九二，4）。

（4）滴水

4件。分属于A型Ⅱ式、B型和C型。

A型Ⅱ式　2件。滴水呈双重波浪形。标本97H177：4，灰褐陶。残长16、残宽20.5、厚1.2厘米（图一九三，3）。

B型　1件（97F4：9）。滴水呈花瓣状，上饰联珠纹。里外施青釉。灰褐陶。残长3.8、残宽10、厚1.4厘米（图一九三，4；图版八四，1）。

C型　1件（97T13GC①：23）。滴水呈如意形，上饰弦纹和联珠纹。里外施满青釉。灰陶，质坚致。残长10.2、残宽14.5、厚1.2厘米（图一九三，5；图版八四，2）。

（5）筒瓦

753件，其中带釉的有476件，多为碎块，仅19件可复原或可复原宽度，其中3件与瓦当连接。多为陶质，呈青灰或灰白色，大多表面呈深灰色。部分表面施釉，施釉情况与板瓦相一致，但釉施于表面，瓦舌多无釉。泥片筑成，一头大一头小，瓦舌平直，两侧有由内向外切割痕。表面素面，里面饰布纹。

标本97T13GC①：11，灰陶，表面呈深灰色，残。长35、径15.6~16.3、唇长6.4、厚1.8~2.0厘米（图版八四，3）。标本97T13GC①：30，表面施青灰釉，里面和瓦唇无釉，无釉处呈火石红痕。黄褐陶，质坚硬，残。长29.7、径10.8~11.4、唇长4.7、厚0.8~1.1厘米（彩版一〇，1）。标本97T13GC①：28，表面施绿釉，里面和瓦唇无釉。灰白胎。残长26.8、径11、厚1.0厘米（图版八四，4）。标本97T5GC①：10，表面施黄釉。灰白胎。残长13.5、残径10、厚1.1厘米（图版八四，5）。

（6）瓦当

泥质陶，呈青灰色或灰白色，部分表面呈深灰色，少数呈灰褐色或黄白色。部分表面施青釉或绿釉，青釉为高温釉，玻璃质感强，但釉不甚透亮，绿釉为低温琉璃釉，釉色鲜艳。

莲花纹瓦当　61件。其中有26件残缺较甚无法分型，其余35件分属于F型、H型和I型。

F型　31件。当心莲房以一圆周表示，当面饰橄榄形莲瓣，瓣间以弧边三角和竖线纹分隔，外绕两周弦纹，弦纹间饰联珠纹，无边轮。分属于Fa型、Fb型、Fd型、Fe型和Ff型。

Fa型　11件。当心圆周内饰7个莲子。分属于Ⅱ式和Ⅲ式。

Ⅱ式　4件。当面饰9瓣莲瓣。标本97T13GC①：1，灰陶，表面呈深灰色，残。当径14~16、厚1.4厘米（图一九四，1；图版八五，1）。

Ⅲ式　7件。当面饰8瓣莲瓣。标本97T13GC①：13，灰陶，残。当径13、厚1.6厘米（图一九四，2）。

Fb型　5件。当心圆周内饰6个莲子。分属于Ⅱ式和Ⅲ式。

Ⅱ式　3件。当面饰9瓣莲瓣。标本97F4：4，灰陶，残。当径14.5、厚1.5厘米（图一九四，3）。

Ⅲ式　2件。当面饰8瓣莲瓣。标本97F4：8，灰陶，残。当径13.8、厚1.5厘米（图一九四，

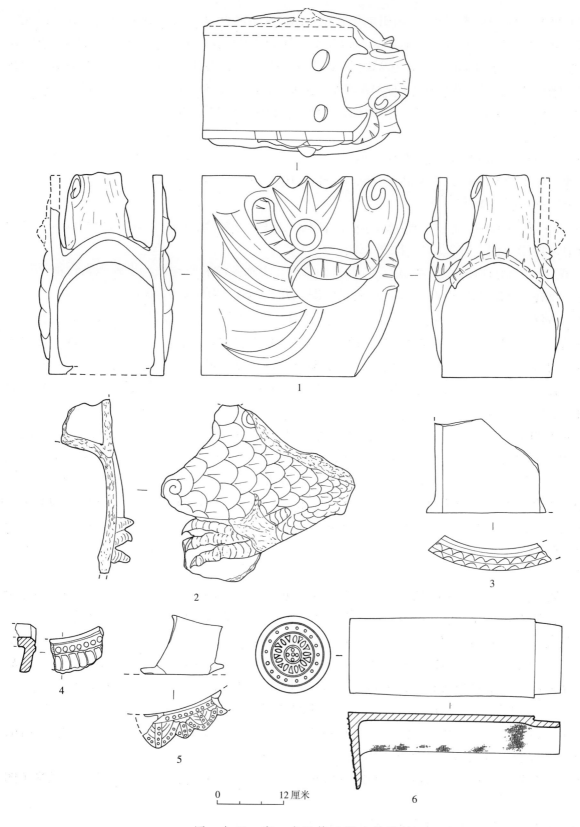

图一九三　唐、南汉第三期建筑材料

1. 龙形垂兽（97T13GC①：9）　2. 龙形鸱吻（97T5GC①：5）　3. A 型Ⅱ式滴水（97H177：4）　4. B 型滴水（97F4：9）　5.
C 型滴水（97T13GC①：23）　6. Ff 型Ⅱ式莲花纹瓦当（97T13GC①：5，后带筒瓦）

图一九四　唐、南汉第三期莲花纹瓦当拓本

1. Fa 型Ⅱ式（97T13GC①：1）　2. Fa 型Ⅲ式（97T13GC①：13）　3. Fb 型Ⅱ式（97F4：4）　4. Fb 型Ⅲ式（97F4：8）　5. Fd
型Ⅱ式（97T5GC①：14）　6. Fe 型（97G10①：28）

4；图版八五，2）。

　　Fd 型　1件（97T5GC①：14）。属于Ⅱ式。当心圆周内饰一个莲子，当面饰6瓣（残存3瓣）莲瓣。灰陶，表面呈深灰色，残。当径16.2、厚2.0厘米（图一九四，5）。

　　Fe 型　1件（97G10①：28）。当心圆周内饰9个莲子，当面饰7瓣莲瓣。青灰陶，残。当径12、厚1.6厘米（图一九四，6）。

　　Ff 型　13件。当心圆周内饰5个莲子。根据当面莲瓣的多少可分四式。

　　Ⅰ式　1件（97F4：7）。当面饰11瓣莲瓣。施青釉，有细小开片，有光泽。黄白胎，胎质坚硬，残。当径9.8、厚1.0厘米（图一九五，1；图版八五，3）。

　　Ⅱ式　7件，其中2件与筒瓦连接。当面饰9瓣莲瓣。标本97T13GC①：21，表面施低温绿釉。灰白胎，残。当径9.4、厚1.5厘米（图一九五，3；彩版一〇，2）。标本97T13GC①：5，后带筒瓦。灰陶，表面呈深灰色，残。通长37、径13.5、唇长4.6、厚1.2厘米（图一九三，6；图版八五，4）。

　　Ⅲ式　3件。当面饰8瓣莲瓣。标本97T13GC①：8，灰陶，表面呈深灰色，稍残。当径14.4、厚1.4厘米（图版八五，5）。

　　Ⅳ式　2件。当面饰7瓣莲瓣。标本97T13GC②：2，灰陶，残。当径14.9、厚1.8厘米（图一九五，2）。

　　H 型　3件。当心饰两重圆周，当面饰橄榄形莲瓣。根据双重圆周内纹饰的不同可分两个亚型。

　　Ha 型　1件（97T10GC①：1）。第一重圆周内饰5个莲子，第二重圆周内饰10个联珠纹。当面残存9瓣莲瓣，瓣间以弧边三角和粗竖线分隔，外绕两周弦纹，弦纹间饰联珠纹。青灰陶。残当径13.6、厚1.3厘米（图一九五，5）。

　　Hb 型　2件。第一圆周内饰1个莲子，第二重圆周内饰5个菱形纹，当面饰11瓣莲瓣，瓣间以弧边三角和粗竖线分隔，外绕一周弦纹和一周联珠纹。标本97T5GC①：2，灰陶，表面呈深灰色，稍残。当径13.8、厚1.3厘米（图一九五，6；图版八五，6）。

　　I 型　1件（97T13GC①：4）。当心莲房为一圆周，内饰6个莲子，当面饰9瓣莲瓣，其间以弧边三角分隔，莲瓣外无弦纹和联珠纹，宽边轮。灰陶，表面呈深灰色，稍残。当径13.6、厚1.0厘米（图一九五，7）。

　　双凤纹瓦当　1件（97F4：26）。当面饰两只凤凰，残甚，外绕二周弦纹，弦纹间饰联珠纹。表面施青釉，釉浊不透亮。灰陶，质坚，残。当残径6.5、厚1.5厘米（图版八四，6）。

　　花卉纹瓦当　1件（97T13GC①：49）。当心残缺，当面用竖线分隔成若干区间，内饰花朵纹，外绕一周向心锯齿纹和一周弦纹，边轮呈凸棱状。灰陶，表面呈深灰色。残当径4.3、厚1.5厘米（图一九五，4）。

　　（7）鸱吻

　　5件，均为碎块，未能复原。标本97T1GC①：7，残存龙首局部，上颌卷翘，残存上齿和左眼，中空。灰陶，表面呈深灰色。残长15.2、残高20.2、残宽13.8厘米（图一九六，1；图版八六，1）。标本97T5GC①：5，残存腹部和爪，腹部刻鳞片纹，三爪雄劲有力，似是龙形，中空。灰白陶，表面呈深灰色。残长35.2、残高30.8、壁厚2.8厘米（图一九三，2；图版八六，2）。标本97T13GC①：48，表面饰羽翼，施青釉。灰白陶，残甚。残长6.8、残高7.5厘米（图一九六，5）。标本97F4：19，表面饰卷曲形羽翼。灰陶，残甚。残长7.6、残宽5.2、壁厚1.5厘米（图一九六，6）。

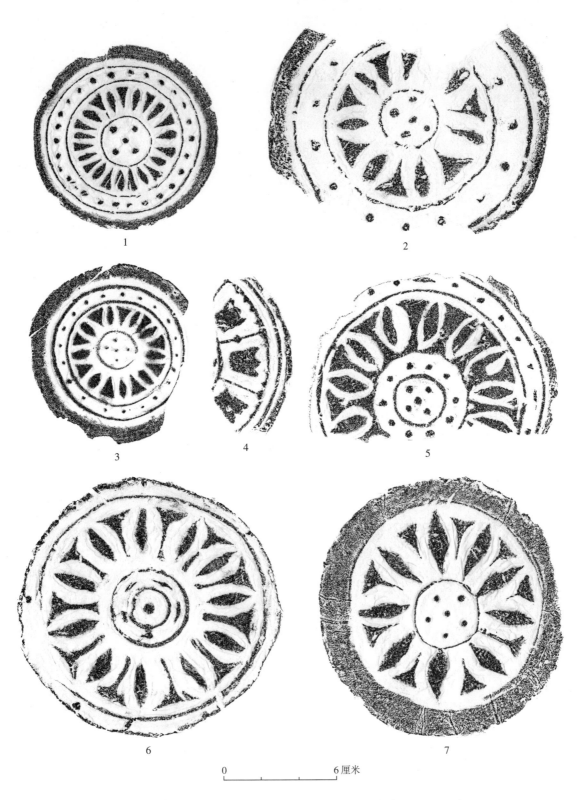

图一九五　唐、南汉第三期莲花纹瓦当和花卉纹瓦当拓本

1. Ff型Ⅰ式莲花纹瓦当（97F4：7）　2. Ff型Ⅳ式莲花纹瓦当（97T13GC②：2）　3. Ff型Ⅱ式莲花纹瓦当（97T13GC
①：21）　4. 花卉纹瓦当（97T13GC①：49）　5. Ha型莲花纹瓦当（97T10GC①：1）　6. Hb型莲花纹瓦当（97T5GC
①：2）　7. I型莲花纹瓦当（97T13GC①：4）

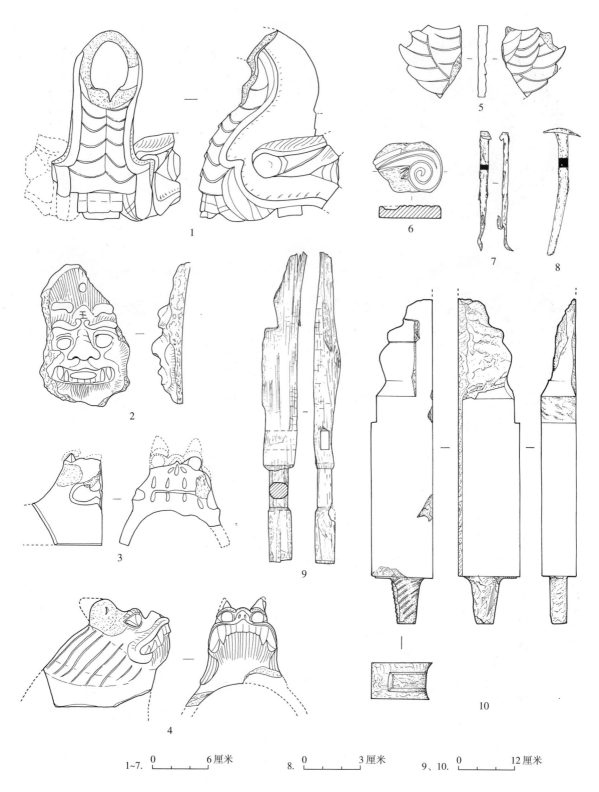

1~7. $\underset{0}{\rule{0pt}{0pt}}\underline{\qquad\qquad}\;6厘米$　　　8. $\underset{0}{\rule{0pt}{0pt}}\underline{\qquad\qquad}\;3厘米$　　　9、10. $\underset{0}{\rule{0pt}{0pt}}\underline{\qquad\qquad}\;12厘米$

图一九六　唐、南汉第三期建筑材料和构件

1. 陶龙形鸱吻（97T1GC①：7）　2. 兽面砖（97H125：3）　3. 绿釉蹲兽（97T1GC①：12）　4. 陶蹲兽（97F4：1）　5. 陶鸱吻（97T13GC①：48）　6. 陶鸱吻（97F4：19）　7. A型铁钉（97T13GC②：19）　8. B型铁钉（97G5：4）　9. 木构件（97T13GC②：23）　10. 栏杆石（97G5：5）

（8）垂兽

8件，仅1件可复原。标本97T13GC①：9，龙首形，张口吞脊，两短犄角夹卷鼻，卷鼻在前翘起，两侧面圆眼外凸，眼上"山"字形眉竖起，胡子向后上卷翘。后面像窑洞式中空，上面近前端有两个圆形穿孔，下面平，已残。灰陶，表面呈深灰色。长37.3、高36.5、宽25.4、壁厚1.2~1.8厘米（图一九三，1；图版八六，3、4）。标本97T14GC①：3，首已残，残存下部，中空。表面施绿釉。灰白陶。残长27.2、残宽16.4、残高18厘米（图版八六，5）。

（9）蹲兽

4件，其中1件施绿釉。均在筒瓦表面堆塑出一兽头。标本97T1GC①：12，头部残缺，表面施绿釉。灰白陶。残长7.6、残宽11、残高9.6厘米（图一九六，3）。标本97F4：1，似一狗头，咧嘴露齿，怒目，造型凶恶。青灰陶。残长13.8、残高11.3厘米（图一九六，4；图版八六，6）。

（10）兽面砖

1件（97H125：3）。底面近平，另一面堆塑出一兽面，咧嘴獠牙，竖眉瞪眼，两眉间模印一"王"字，额头、两颊和下颌均饰有毛须。上额近顶部中间有一圆形穿孔。灰陶。残长30、残宽18.8、厚7.0厘米（图一九六，2；图版八七，1）。

（11）铁钉

3枚。根据有无钉帽可分二型。

A型　2枚。长条形，一端细尖，截面呈长方形，无钉帽。标本97T13GC②：19，顶端受力弯曲。长12.6、截面长0.8、宽0.4厘米（图一九六，7；图版八七，2）。

B型　1枚（97G5：4）。长条形，向前渐细，截面呈方形，顶部有一圆形钉帽，顶面微隆起。长6.6、钉径0.5、帽径2.0厘米（图一九六，8；图版八七，3）。

（12）木构件

1件（97T13GC②：23）。前端呈长方形，有砍削痕，中部略呈细腰圆柱形，后端略呈长方形，残断，近中部的一侧面凿有一长方形卯孔。残长65厘米，前端长11.4、宽4.6、厚4.0厘米，中部长7.5、径3.6厘米，后端残长46.1、宽6.8~8.0、厚4.0~6.0厘米，卯孔长4.0、宽1.6厘米（图一九六，9）。

（13）栏杆石

1件（97G5：5）。扁长方形，三面平滑，另一窄面凿成弧凹形，一端有楔形凸榫，另一端残，上部雕刻弧形装饰。青灰色石灰岩石。残长68.4、宽12.2~13.0、厚7.4厘米，榫长10.0、宽3.6~8.0、厚3.6厘米（图一九六，10；图版八七，4）。

2. 生活器具

有陶器、酱釉器、青釉器、黄釉器、绿釉器、蓝釉器和玻璃器等。

（1）陶器

可复原器形较少，只有五耳罐和盆两种。

五耳罐　1件（97H177：1）。属于A型。侈口，方唇，短颈，鼓腹，平底微内凹，肩上安五个半环形横耳。泥质灰黑陶，残。口径10.4、腹最大径15.9、底径10.8、高13.4厘米（图一九七，1）。

盆　1件（97H177：2）。敞口，尖圆唇，上腹敛束，下腹斜直，饼底。泥质红陶，器内和器外局部施褐色陶衣。残。口径23、底径14、高7.5厘米（图一九七，2）。

（2）酱釉器

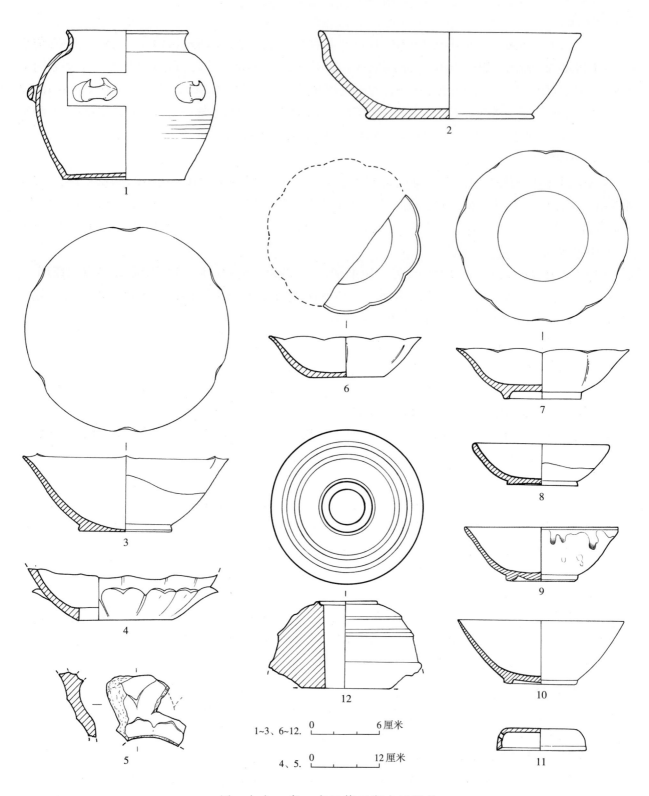

图一九七　唐、南汉第三期生活器具

1. A 型陶五耳罐（97H177：1）　2. 陶盆（97H177：2）　3. Da 型青釉碗（97T5GC①：12）　4. 黄釉器（97T5GC ①：9）　5. 绿釉器（97T13GC ①：47）　6. Db 型Ⅰ式青釉碗（97G10①：2）　7. Db 型Ⅱ式青釉碗（97T1GC①：6）　8. 酱釉碗（97G10①：3）　9. C 型Ⅴ式青釉碗（97T1GC ①：5）　10. B 型Ⅱ式青釉碗（97G10①：1）　11. 青釉器盖（97T13GC ①：43）　12. 青釉插座（97F4：27）

数量少，均为碎块。器表施有酱釉，无光泽。

碗　1件（97G10①：3）。敞口，圆唇，斜弧腹，饼足内凹。器内和器外上腹部施酱黄釉。泥质黄褐陶，残。口径12、足径6.2、高3.6厘米（图一九七，8）。

"尚"字陶文残片　1件（97F4：16）。器形不明，器表刻写"尚"字。夹砂灰陶，表面施酱釉（图一九九，1）。

（3）青釉器

泥质胎，呈青灰色，胎质较粗松。器形有碗、器盖、插座和盆等。釉呈青黄色或青灰色，大多釉质不好，有缩釉现象，也有部分釉质莹润有光泽，多有开片，玻璃质感强。器表多素面，部分腹部刻莲瓣纹或在足底部划写有陶文。

碗　可复原5件。分属于B型Ⅱ式、C型Ⅴ式和D型。

B型Ⅱ式　1件（97G10①：1），敞口，斜直腹，矮圈足。器内外满釉，内底和足底可见支垫痕。青灰胎，残。口径14、底径6.4、高5.6厘米（图一九七，10）。

C型Ⅴ式　1件（97T1GC①：5）。撇口，尖圆唇，斜弧腹，饼足外沿斜刮一周形成一凹槽。器内满釉，器外口沿施釉，有流釉现象，釉已全部脱落。青灰胎，残。口径13.6、底径6.4、高4.8厘米（图一九七，9；图版八八，1）。

D型　3件。根据花口的不同可分两个亚型。

Da型　1件（97T5GC①：12）。葵花瓣口，口沿外撇，尖唇，斜弧腹，饼实足外撇。器内和器外上腹部施青黄釉，部分釉已脱落，无釉处呈红褐色。青灰胎，残。口径18.4、足径8.2、高6.8厘米（图一九七，3；图版八八，2）。

Db型　2件。莲花瓣口，口沿外撇，尖圆唇，斜弧腹，外腹部对应花口处划竖线纹。根据足底部的不同可分二式。

Ⅰ式　1件（97G10①：2）。平底。外底可见支垫痕，内外满施青灰釉。青灰胎，残。口径14.2、底径6.0、高3.6厘米（图一九七，6）。

Ⅱ式　1件（97T1GC①：6）。矮圈足。器内外满施青灰釉，釉质暗淡无光。青灰胎，残。口径15.1、足径6.4、高4.8厘米（图一九七，7；彩版一〇，3）。

器盖　1件（97T13GC①：43）。盖口微外撇，圆唇，盖面隆起，顶面平，顶部边沿有一圆形小穿孔。盖面施青釉。黄褐胎，残。口径8.0、高2.0厘米（图一九七，11）。

插座　1件（97F4：27）。半圆球形，顶面近平，中间有一圆形穿孔。表面饰有多道弦纹，底部残。器表施青釉，已全部脱落。灰白胎。高7.1、孔径3.1厘米（图一九七，12；图版八八，3）。

刻"昌"字碗底　1件（97T13GC②：18）。碗足底刻一"昌"字陶文。灰色胎，质坚。器内、外施青黄釉（图一九九，2）。

刻"寸"字盆底　1件（97F4：14）。盆底残件，圈足外撇，足底部刻一"寸"字陶文。器内无釉，器外施青黄釉，足底有4个支垫痕。青灰胎。底径10.4、残高4.6厘米（图一九九，3）。

（4）黄釉器

1件（97T5GC①：9）。器形不明。口部已残，底部中空，器外贴饰仰莲瓣纹。器表施黄釉，有开片。灰白胎。口复原径16、残高9.4厘米（图一九七，4；彩版一〇，4）。

（5）绿釉器

1件（97T13GC①：47）。器形不明。腹部残片，器外贴饰仰莲瓣纹。器表施绿釉。灰白胎。

残宽 14.6、残高 12 厘米（图一九七，5）。

（6）蓝釉器

10 件，为罐瓶类口沿和腹部残片，未能复原。橙红胎或黄白胎，胎质粗松。表面施蓝釉，釉层较厚，有光泽，里面施灰蓝色釉，釉层较薄。腹部多饰有泥条堆成的绳索纹等。标本 97T13GC①：50，罐类器口沿残片，卷沿、束颈、长圆腹，口沿下残存贴塑的半环形横耳，其上压绳索纹，耳下饰一道凸弦纹。黄白胎。口径 22、残高 14 厘米（彩版一〇，5）。

（7）玻璃器

97GC②层出土，均为碎片，器形不明。多呈浅绿或青黄色，少数呈深蓝色或浅蓝色，胎体大多较薄，薄的仅 0.13 厘米，只有极少量胎体较厚，不甚透明，有气泡（彩版一〇，6）。

3. 工具

陶网坠　2 件。分属于 A 型和 C 型。

A 型　1 件（97F4：28）。椭圆形，长径面压出一周凹槽，短径面压出二周凹槽。黄白陶，稍残。长径 4.3、短径 3.4、厚 2.3 厘米（图一九八，3）。

C 型　1 件（97T5GC①：4）。呈椭圆形，纵横面各压出一周凹槽。灰白陶，完好。长径 4.5、短径 4.1、厚 3.8 厘米（图一九八，4）。

青釉纺轮　1 件（97F4：18）。属于 B 型。圆饼形，上面微凹。下面平，中间有一圆形穿孔，侧面刺有篦点组成的三角形图案。器表施青釉。泥质灰陶，完好。外径 2.9、内径 1.4、厚 1.9 厘米（图一九八，1）。

4. 兵器

陶球　3 件。圆球形，表面不甚平整。97G5：2，灰白陶，完好。径 7.3 厘米（图版八八，4）。

铜镞　1 件（97F4：23）。镞本截面呈三角形，关呈六棱形，铁铤已残断。残长 3.0 厘米（图一九八，2）。

5. 钱币

18 枚，均为"乾亨重宝"铅钱。有内、外郭，边郭不甚规整，制作一般，大多钱文字体模糊不清。根据背面有无钱文符号可分三型，其中 1 枚残甚无法分型（附表四）。

A 型　14 枚。背面无文字符号。标本 97G10：27，左上角残。钱径 2.74、穿宽 0.8、外郭宽 0.22、外郭厚 0.15 厘米，残重 5.0 克（图一九九，4）。标本 97T13GC①：12，完好。钱径 2.7、穿宽 0.77、外郭宽 0.24、外郭厚 0.08 厘米，重 3.8 克（图一九九，5）。标本 97T13GC②：13，钱文字体较为清晰。钱径 2.42、穿宽 0.7、外郭宽 0.24、外郭厚 0.12 厘米，重 3.9 克（图一九九，6；图版八八，5）。

B 型　1 枚（97G10：26）。背面穿左有三角。钱径 2.75、穿宽 0.8、外郭宽 0.11、外郭厚 0.33 厘米，重 4.6 克（图一九九，7）。

C 型　2 枚。背面穿上有一"邕"字。标本 97T14GC①：1，钱径 2.65、穿宽 0.75、外郭宽 0.28、外郭厚 0.14 厘米，重 3.95 克（图一九九，8；图版八八，6、7）。

6. 其他

（1）石塔模型

1 件（97T13GC①：6）。残存一层，为四角式塔，四角挑起，上刻竖线纹以表示瓦面，檐下饰以椽等仿木结构。上、下凿有方形卯口以套接上、下层。青灰色滑石刻凿而成。长 16、宽 15.6、

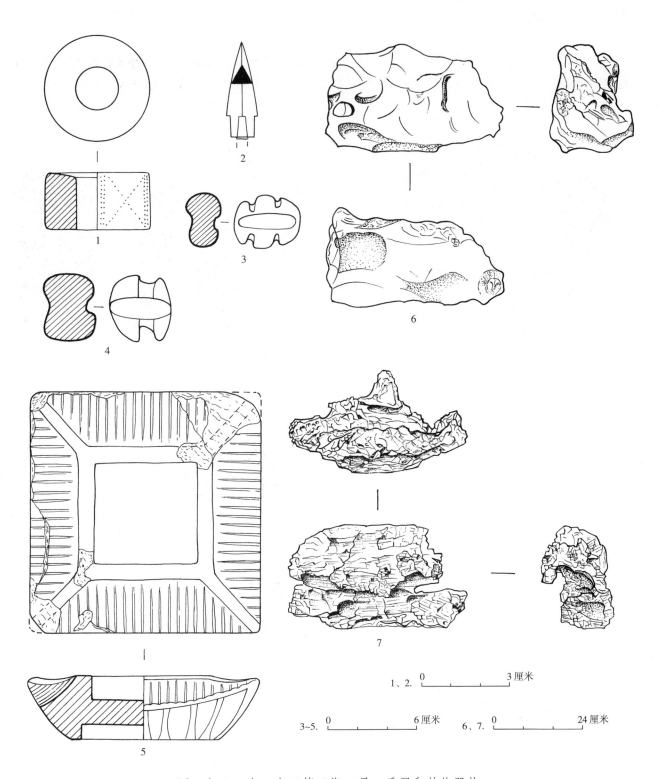

图一九八 唐、南汉第三期工具、兵器和其他器物

1. B 型青釉纺轮（97F4：18） 2. 铜镞（97F4：23） 3. A 型陶网坠（97F4：28） 4. C 型陶网坠（97T5GC①：4） 5. 石塔模型（97T13GC ①：6） 6. 假山石（97T13GC①：26） 7. 假山石（97T13GC①：27）

厚 4.2 厘米（图一九八，5；图版八九，1）。

（2）假山石

为 97GC 堤岸假山石，属于石灰岩石。有两种，一种表面较为光滑，另一种表面蜂窝较多。标本 97T13GC①∶26，青灰色。长 48、宽 22、厚 29 厘米（图一九八，6）。标本 97T13GC①∶27，

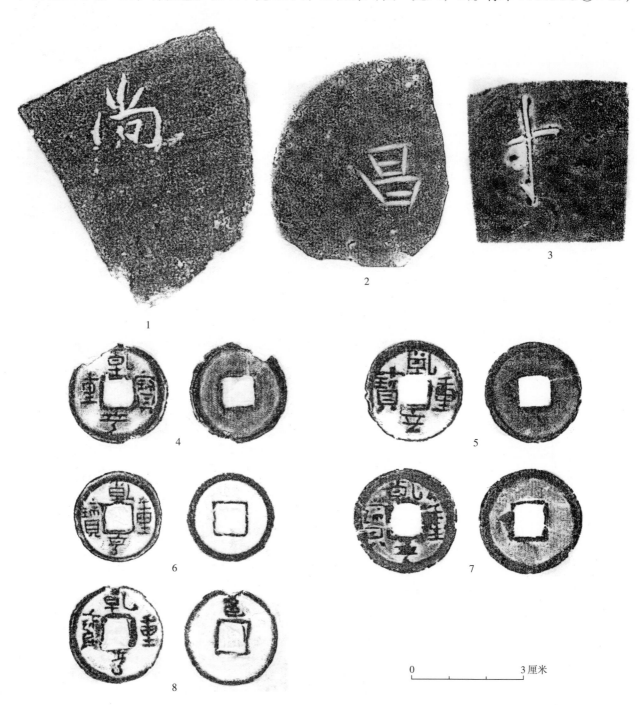

图一九九　唐、南汉第三期陶文和铅钱拓本

1. "尚"字陶文（97F4∶16）　2. "昌"字陶文（97T13GC②∶18）　3. "寸"字陶文（97F4∶14）　4. A 型 "乾亨重宝"铅钱（97G10∶27）　5. A 型 "乾亨重宝"铅钱（97T13GC①∶12）　6. A 型 "乾亨重宝"铅钱（97T13GC②∶13）　7. B 型 "乾亨重宝"铅钱（97G10∶26）　8. C 型 "乾亨重宝"铅钱（97T14GC①∶1）

青灰色。长48、宽20、厚27厘米（图一九八，7）。

（3）动、植物遗存

出土的动物遗存较丰富，且大多出土于97GC淤泥堆积内，经鉴定，动物骸骨的种类有A型螺、B型螺、C型螺、D型螺、E型螺、小型螺、螺、蚬、蚌、软骨鱼、鱼和鸟类及鼠、亚洲象、狗、马、猪、小型鹿科、羊、黄牛等哺乳动物（详见上编第五章第四节《南越宫苑遗址出土动物骨骼研究报告》）。植物遗存也较丰富，同样出土于97GC淤泥中，能鉴定到种的有水稻、小麦、野生大豆、荔枝、南酸枣、乌榄、梅、桃、商陆、钩树，能鉴定到属的有女贞属、葡萄属、省藤属（？），能鉴定到科的有樟科，此外还有一些植物种子未能鉴定出其种、属、科的（详见上编第五章第三节《南越宫苑遗址1997年度浮选结果分析报告》）。此外，在97GC②层中还发现不少树叶，因朽腐严重，已无法鉴别其种属（图版八九，2、3）。

四　小结

（一）各期的年代

第一期出土的铜钱有"开元通宝"和"乾元重宝"，其中"开元通宝"于唐高祖武德四年（621年）始铸，"乾元重宝"始铸于唐肃宗乾元元年（758年），可见第一期的年代应不早于唐代。这一期出土的生活用陶瓷器和莲花纹瓦当也具有明显的年代特征。其中Ⅰ式青釉四耳罐、C型Ⅳ式青釉碗、B型Ⅰ式青釉盘和D型Ⅰ式莲花纹瓦当分别与广州市西湖路唐代铸币遗址出土的B型罐、D型碗、A型盘和A型莲花纹瓦当一致[1]；出土的青釉四耳罐、青釉碗和盘等是广东唐代早中期墓葬和窑址的常见器物，如Ⅰ式青釉四耳罐、C型Ⅲ式青釉碗、C型Ⅳ式青釉碗、钵和砚台等在广东韶关唐代张九龄墓[2]、广东始兴唐墓[3]、广东高明唐代窑址[4]、广东新会官冲窑[5]也有出土；出土的碗、盘类器底多呈圈底、小平底或饼足底以及用泥块垫烧的工艺，都具有明显的唐代早中期的风格；出土的A型褐彩绘兰草纹青釉碟与唐代长沙窑出土的A型Ⅰ式碟一致[6]。广东高明窑、广东新会官冲窑和长沙窑都是中唐时才开始烧造的，结合出土的铜钱分析，第一期的年代为唐代。

第二期没有出土有确切纪年的遗物，但这一期出土遗物与第一期相比有明显不同。如第一期常见的莲花纹砖和如意、火焰形花卉纹砖已不再出现，改为流行由弧边三角、菱形、卷草和联珠纹等组合而成的花纹砖；同样，莲花纹瓦当的造型和纹饰也发生变化，第一期的莲花纹瓦当当心的莲房是一高起的凸台，边轮高起，边轮上多饰菱形或联珠纹，第二期的莲花纹瓦当当心莲房已变成圆周表示，边轮消失，莲瓣的数目也较多；第二期出土的青釉碗、盘多是矮圈足，具有唐代晚期和五代的时代风格。综上可知，第二期的年代应是唐代晚期至南汉早期。

第三期出土有十多枚南汉国时铸造的"乾亨重宝"铅钱，为确定这一期的年代提供了重要的依据。文献资料记载："（乾亨元年）铸（铜）钱，文曰'乾亨重宝'，径七分，重三铢六叁。……

---

① 广州市文物考古研究所：《广州市西湖路三国钱币窖藏和唐代铸币遗址》，《羊城考古发现与研究（一）》，第126~129页，文物出版社，2005年。
② 广东省文物管理委员会、华南师范学院历史系：《唐代张九龄墓发掘简报》，《文物》1961年第6期。
③ 广东省博物馆：《广东始兴晋—唐墓发掘报告》，《考古学集刊》第2集，第130页，中国社会科学出版社，1982年。
④ 广东省博物馆等：《广东高明唐代窑址发掘简报》，《考古》1993年第9期。
⑤ 广东省文物考古研究所、新会市博物馆：《广东新会官冲古窑址》，《文物》2000年第6期。
⑥ 长沙窑课题组编：《长沙窑》，第59页，紫禁城出版社，1996年。

（乾亨二年）铸'乾亨重宝'铅钱，十当铜钱一。大，径寸，重三铢九叄，'宝'字傅形；小，径九分，重如铜钱。"①可知这种铅钱是五代十国中的南汉高祖刘龑在乾亨二年（918年）开始铸造的。从出土的建筑材料来看，这一期出土的黄釉花纹砖，施青釉、绿釉、黄釉的板瓦、筒瓦、莲花纹瓦当和双凤纹瓦当，以及陶龙形垂兽、陶蹲兽、兽面砖等与广州南汉康陵陵园遗迹、广州市中山四路致美斋南汉建筑遗址出土的同类建筑材料相一致。②从出土的生活器具看，出土的B型Ⅱ式青釉碗、Db型Ⅰ式青釉碗、Db型Ⅱ式青釉碗在浙江临安五代吴越国康陵③、浙江越窑寺龙口窑址第二期④、广东和平县五代墓葬⑤、广州南汉康陵⑥也有出土。另外，第三期还出土一些蓝釉瓶罐类陶器残片，这些陶器无论是在器物的造型、花纹装饰，还是釉色和陶质等都与1965年在福州市五代十国闽国王延钧妻刘华墓中出土的施孔雀蓝釉大陶瓶相一致，可确定为五代十国时期从波斯进口的外来器物。⑦综上可知，第三期的年代为五代南汉国时期。

（二）小结

由于第一、二期的地层和遗迹受到严重的破坏，建筑遗迹的形制和布局等无法究明。第三期建筑遗迹的礎墩主要分布在曲流石渠遗迹发掘区中部以西，2002年以来，在发掘区以西的原儿童公园内发现有南汉国的大型宫殿和廊庑遗迹⑧，在发掘区东北部发现有南汉国宫苑的池苑遗迹，证明这里应为南汉国的内宫所在地。这些遗迹的发现，对探讨南汉国宫殿区和宫苑区的布局具有重要意义。

第一期和第三期出土1件可复原的玻璃杯和一些玻璃碎片，经检测，这件玻璃杯和玻璃碎片属于西方的钠钙玻璃系统。第三期出土的蓝釉陶器残片，经对其成分进行检测发现，这种釉的成分不是我国常见的铅釉系列，胎中碱土金属氧化物的含量超过20%，还含有大量的斜辉石，表明这些器物是外来的（详见上编第五章第五节《南越宫苑遗址出土砖瓦测试分析报告》）。这些玻璃器和蓝釉陶器均属于舶来品，是唐、南汉时期广州海上丝绸之路贸易的重要历史见证。

另外，第二期和第三期还出土有戳印"军"、"军一"、"军三"、"军九甲"、"军十甲"等款的长方砖，"军一"是"军一甲"的省文，"军三"是"军三甲"的省文。"军"在这里是指地方行政编制单位名，始设于唐代宗大历六年（771年）⑨，五代十国多沿袭唐代旧制，设军寄治于州县⑩。1954年在广州市东北郊发现的南汉中宗刘晟的昭陵，出土一块刻有"乾和十六年/兴宁军节/好也"的铭文砖⑪，也证实五代十国中南汉国也沿用唐制，设"军"这一行政单位。这些砖是研究南汉国政治制度的重要资料。

---

① （清）梁延楠：《南汉书·高祖本纪一》，第7页，广东人民出版社，1981年。
② 广州市文物考古研究所：《广州市中山四路致美斋南汉与宋代建筑遗址》，《羊城考古发现与研究（一）》，第248~252页，文物出版社，2005年。
③ 杭州市文物考古所、临安市文物馆：《浙江临安五代吴越国康陵发掘简报》，《文物》2000年第2期。
④ 浙江省文物考古研究所、北京大学考古文博院、慈溪市文物管理委员会：《浙江越窑寺龙口窑址发掘简报》，《文物》2001年第11期。
⑤ 广东省文物考古研究所、和平县博物馆：《广东和平县晋至五代墓葬的清理》，《考古》2000年第6期。
⑥ 广州市文物考古研究所：《广州南汉德陵、康陵发掘简报》，《文物》2006年第7期。
⑦ 福建省博物馆：《五代闽国刘华墓发掘报告》，《文物》1975年第1期。
⑧ 《广州南越国宫署遗址发掘又获重大成果》，《中国文物报》2004年12月8日。
⑨ 《旧唐书·代宗本纪》："（大历）六年春正月已未朔。戊寅，于鄜州之鄜城置肃戎军……戊申，于轮台置静塞军。"第297~298页，中华书局点校本，2002年。
⑩ 《新五代史·职方考》记载："唐之盛时，虽名天下为十道，而其势未分。既其衰也，置军节度，号为方镇。"第713页，中华书局标点本，1974年。
⑪ 麦英豪：《关于广州石马村南汉墓的年代与墓主问题》，《考古》1975年第1期。

第五节　宋代遗存

宋代遗存有地层、房址、建筑磉墩、墙基、水井和灰坑（附表五）。根据地层堆积和遗迹叠压打破关系以及出土器物的特征，可分两期，这两期器物型式统一划分。

一　第一期遗存

（一）地层和遗迹

属于第一期的地层有曲流石渠遗迹发掘区 97 ④ d 层和 97 ④ c 层，主要分布于 97T1、97T5、97T6、97T9、97T10、97T13 和 97T14 等七个探方。遗迹有房址、建筑磉墩、墙基、水井和灰坑等（图二〇〇、二〇一）。

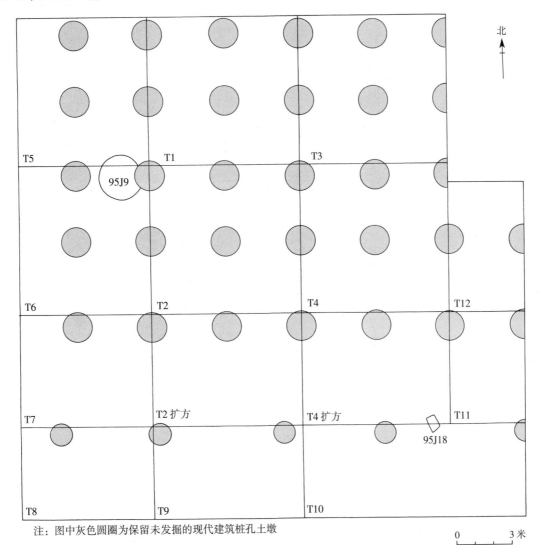

注：图中灰色圆圈为保留未发掘的现代建筑桩孔土墩

0　　　3米

图二〇〇　蓄池遗迹发掘区宋代第一期遗迹平面图

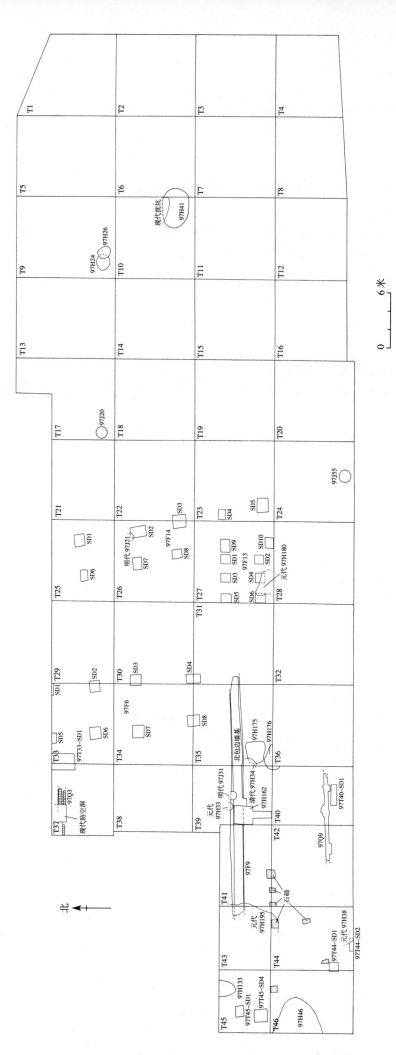

图二〇一 曲流石渠遗迹发掘区宋代第一期遗迹平面图

1. 房址

4座，分别编号为97F6、97F9、97F13和97F14。主要分布于曲流石渠遗迹发掘区的中部和西部。现分别介绍如下：

（1）97F6

位于发掘区的西北部，跨越97T29、97T30、97T31、97T33、97T34和97T35等多个探方，开口于97①层下，打破97⑤a层。仅揭露出东西两列共8个磉墩，南北向，以东列磉墩南北向中轴线为准，方向北偏西5°。两列磉墩向北延伸出发掘区外，磉墩北起往南向西分别编号为97F6-SD1~SD8（图二〇二）。磉墩呈近方形或长方形，用红黄色黏土和碎瓦块分层夯筑而成，出土Ab型Ⅰ式莲花纹瓦当1件。各磉墩情况具体如下：

97F6-SD1　东西1.3、南北现宽0.2、残深0.6米。

97F6-SD2　东西1.2、南北1.15、残深1.05米。

97F6-SD3　东西1.15、南北1.22、残深1.4米。

97F6-SD4　口部东西0.95、南北1.58米，0.6米以下渐收窄，底部东西0.7、南北0.94、残深1.58米。共分十七层。第①、③、⑤、⑦、⑨、⑪、⑬和⑮层为碎瓦块和少量红黏土夯筑而成，每层厚0.05~0.06米；第②、④、⑥、⑧、⑩、⑫、⑭和⑯层为红黄黏土夯筑而成，每层厚0.04~0.05米；第⑰层含大量的大石块、河卵石和碎砖瓦块，厚0.75米（图二〇三）。

97F6-SD5　东西1.1、南北现宽0.5、残深0.8米。

97F6-SD6　东西1.25~1.33、南北1.25、残深0.74米。

97F6-SD7　东西1.38、南北1.28、残深1.4米。共分⑰层。夯筑情况与97F6-SD4相同（彩

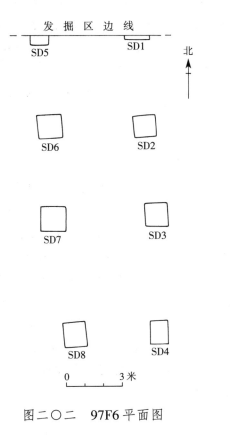

图二〇二　97F6平面图

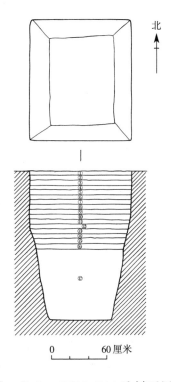

图二〇三　97F6-SD4平剖面图

版一一，1）。

97F6-SD8　东西 1.2、南北 1.35、残深 1.7 米。共分二十层。第①、③、⑤和⑦层用碎瓦块和红黄黏土夯筑而成，每层厚约 0.12~0.14 米；第②、④和⑥层用红黏土夯筑而成，每层厚约 0.05~0.06 米；第⑧至第⑳层为碎砖瓦块和石粉夯筑而成，每层厚 0.07~0.08 米。

97F6-SD1、SD2、SD3、SD4 南北间距分别为 5.2、4.7、6.3 米；97F6-SD5、SD6、SD7、SD8 南北间距分别为 5.0、4.8、6.2 米；97F6-SD1 与 SD5、97F6-SD2 与 SD6、97F6-SD3 与 SD7、97F6-SD4 与 SD8 东西间距分别为 5.2、5.1、5.5、4.6 米。这组磉墩呈东西两列对称分布，与廊道的建筑形制相似，推测其可能是廊道一类建筑。

（2）97F9

位于发掘区西南部，跨越 97T35、97T39、97T40、97T41、97T42、97T43 和 97T44 等多个探方。开口于 97①层下，打破 97⑤a 层，被 97H33、97H162、97H195 和 97J31 打破。残存台基北侧包边墙基和可能属于该房址的柱础石（图二〇四；彩版一一，2；图版九〇，1）。

北包边墙基东西向，方向西偏南 6°。两端均残，东西残长约 25.9 米。墙基是在挖好的沟槽内用砖砌筑的，沟槽呈口大底小状，口部宽 1.14~1.35、底宽 0.72~1.1、现存最深 1.14 米，其中西段较深，向东渐浅。墙基的北侧多用完好的青灰色条砖由底部往上逐层向内（南）收分砌筑，残存砖 4~16 层，宽 0.9~1.0、残高 0.18~0.79 米；墙基的南侧则用碎砖杂乱砌筑。现以保存最完好的一段对其结构介绍如下：

墙基由底往上第一层南北宽 0.8~1.03 米，用条砖两顺一丁平砌，内侧（南侧）用半截残砖平砌；第二层南北宽 0.8~1.03 米，用条砖一丁一顺，再丁平砌，较第一层向内错收 0~0.04 米。往上依次叠砌，其中第三至第六层，每层均向内收约 0.01 米，第七层向内收 0.06~0.14 米，第八层内收 0.05~0.08 米，第九层以上每一层向内收约 0.01 米，从底部第一层至顶部残存砖共十六层，墙基的北侧边缘共向内错收达 0.34 米，而墙基的南边缘也相应向内收 0.05~0.1 米（图版九〇，2、3）。北墙基南侧有一宽约 2.2~2.64、厚约 0.24 米红褐色黏土带，这层土呈东西向分布，应是在北墙基筑好之后铺垫的台基垫土。墙基用砖为长方砖，呈青灰色或灰白色，素面。砖的规格主要为：长 33~35、宽 16.5~17.5、厚 4.5~5.0 厘米。

在北墙基的中部，东距北墙基东端约 13.2 米的墙基顶部，用青灰砖砌筑有一柱础，残存砖两层，柱础的北半部筑在北墙基之上，南半部筑在台基之上。柱础近呈方形，东西 0.8、南北 0.7、残高 0.08 米，上层砖已破碎，与台基现存面相平，下层南边用大方砖平砌，北边用条砖砌就。方砖呈青灰色，边长 43、厚 4 厘米。

柱础石　北侧包边墙基的西南面，残存有 7 个柱础石，均用砂岩石块打凿而成，形状、大小、厚薄不一，部分石块还凿有圆形凹槽，应是利用废旧建筑石材打制而成。其中北边一排柱础石共有 5 个，石础北距北墙基北侧边缘约 3.5~3.8 米，东起第一个柱础石东距北墙基东端约 20.9 米，呈近方形，东西 0.9~1.0、南北 1.05、厚 0.25 米；往西第二个柱础石呈长方形，东西 0.54、南北 0.8、厚 0.17 米，东距第一个柱础中心间距约 1.7 米；往西第三个柱础石呈长方形，东西 0.5~0.54、南北 0.76、厚 0.14 米，东距第二个柱础中心间距约 1.6 米；往西第四个柱础石呈近方形，东西 0.95~1.0、南北 0.8、厚 0.27 米，东距第三个柱础中心间距约 2.1 米；往西第五个柱础石呈近方形，东西 0.7、南北 0.82、厚 0.29 米，东距第四个柱础中心间距约 7.1 米。

中间第二排仅残存柱础石 1 个，与北边第一排往西第四个柱础石相对应。呈长方形，东西

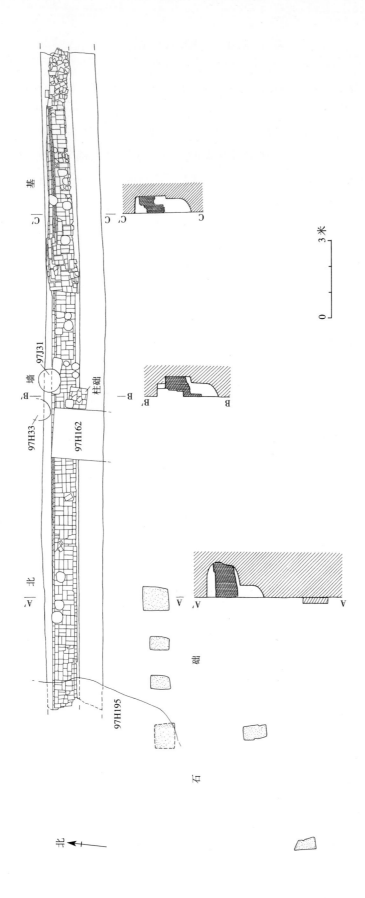

基

C'——C

墙 97J31

B' B

97H33

97H162

柱础

北

A'——A

础

97H195

石

图二〇四 97F9 平剖面图

北

0 _____ 3 米

0.42~0.56、南北0.96、厚0.25米。石础东南角凿有一半圆形凹槽，径0.12、深0.08米，西北角凿有一长方形凹槽，东西0.08、南北0.18、深0.04米；北距长方形凹槽的南侧凿一半圆形凹槽，径0.06、深0.12米。该石础与第一排往西第四个石础中心间距约为3.8米。

第三排残存柱础石1个，位于第二排柱础石西南面。呈不规则形，东西0.45~0.53、南北0.65~0.92、厚0.23米。石础面东北角凿有一半圆形凹槽，径0.12、深0.08米。该柱础石北距第二排柱础石南北平行间距约为2.3米，东西平行间距约4.2米。

因该建筑破坏严重，其建筑形制和规模有待今后扩大发掘来究明。

（3）97F13

位于97T27内，开口于97①层下，打破97⑤b层和97J64，被97H180打破。残存南北两排磉墩共6个，磉墩正东西向。磉墩北起往南向西分别编号为97F13-SD1~SD6。磉墩呈近方形，直壁，平底，用红黄色黏土和碎砖瓦块分层夯筑而成，其中红黄色黏土每层厚约0.05~0.08米，碎瓦块每层厚约0.12~0.18米，最底层用石块和碎砖瓦块夯成。现分别介绍如下：

97F13-SD1　东西1.02、南北1.08、残深1.12米。共分十层。

97F13-SD2　东西1.0、南北1.0、残深1.0米。共分九层。

97F13-SD3　东西0.98、南北1.12、残深1.15米。共分十二层。

97F13-SD4　南部被97H180打破。东西1.1、南北1.05、残深0.96米。共分八层。

97F13-SD5　东西0.94、南北1.15、残深1.2米。共分十三层。

97F13-SD6　东部被97H180打破。东西1.03、南北1.1、残深1.0米。共十层（图二〇五）。

97F13-SD1与SD2、97F13-SD3与SD4、97F13-SD5与SD6南北间距均为3.7米；97F13-SD1与SD3、97F13-SD3与SD5、97F13-SD2与SD4、97F13-SD4与SD6东西间距分别为2.0、2.2、2.0、2.2米。这组磉墩呈两行对称分布，可能为廊道类建筑。

（4）97F14

位于发掘区中部，跨越97T22、97T23、97T25、97T26和97T27等探方，开口于97①层下，打破97⑤b层，被97J21打破。揭露出东西两列磉墩共10个。磉墩呈南北向，以东列磉墩南北中轴线为准，方向北偏西8°。磉墩北起往南向西分别编号为97F14-SD1~SD10（图二〇六）。磉墩呈长方形，用红黄色黏土和碎砖瓦块夯筑而成。各磉墩具体情况如下：

97F14-SD1　口部东西1.3、南北1.16米，底部东西1.1、南北1.08、残深1.04米。用纯净的红黄色黏土分层夯筑而成，共计十三层，除第⑬层厚0.20米以外，其余每层厚约0.06~0.1米（图二〇七）。

97F14-SD2　西北角被97J21打破。东西1.18、南北1.74、残深1.4米。用纯净的红色黏土分层夯筑而成，共计十八层，每层厚0.07~0.09米。

97F14-SD3　东西1.37~1.42、南北1.4~1.48、残深0.98米。用纯净的红色黏土分层夯筑而成，共计六层，每层厚0.15~0.17米。

97F14-SD4　东西1.1、南北0.8、残深1.54米。1.05米以上用红色黏土夯成，呈粉状。1.05米以下用灰砂土夯成，呈粉状。

97F14-SD5　东西1.52~1.56、南北1.2~1.3、残深0.53米。共计五层。第①层为红土，夹炭，土质细腻，厚0.2米；第②层为灰黑土，土质细腻，厚0.14米；第③层为红土，含大量石块，厚0.12米；第④层为红黄土，纯净，厚0.04米；第⑤层为黄土，纯净，厚0.03米。

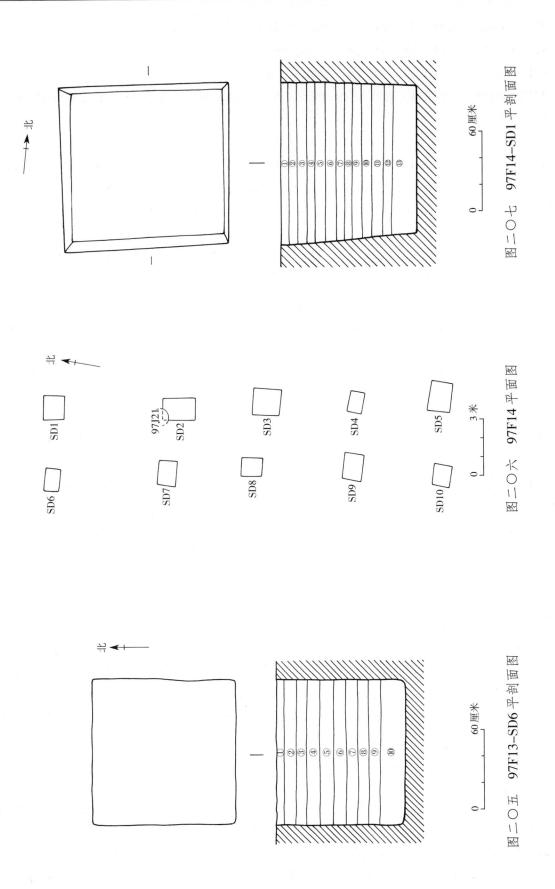

图二〇七　97F14-SD1平剖面图

图二〇六　97F14平面图

图二〇五　97F13-SD6平剖面图

97F14-SD6　东西 1.2~1.26、南北 0.8、残深 0.5 米。

97F14-SD7　东西 1.35、南北 0.96~1.0、残深 0.56 米。

97F14-SD8　东西 1.0、南北 1.1、残深 0.9 米。

97F14-SD9　东西 1.4、南北 1.05、残深 1.5 米。共计八层。第①至第⑦层厚 0.08~0.2 米，第⑧层厚 0.6 米。

97F14-SD10　东西 1.13、南北 1.1、残深 0.66 米。

97F14-SD1、SD2、SD3、SD4、SD5 南北间距分别为 6.6、5.4、4.7、4.5 米；97F14-SD6、SD7、SD8、SD9、SD10 南北间距分别为 6.1、4.5、5.3、4.8 米；97F14-SD1 与 SD6、97F14-SD2 与 SD7、97F14-SD3 与 SD8、97F14-SD4 与 SD9、97F14-SD5 与 SD10 东西间距分别为 3.7、3.4、3.5、3.4、4.0 米。这组磉墩呈两列对称分布，推测可能为廊道类建筑。97F14 与 97F13 的磉墩间距和规格均不相同，应是不同时期的建筑，但两组建筑的形制相类似，且相紧靠，不排除其中一组建筑是在另一组建筑的基础上后来增建的可能。

2. 其他建筑磉墩

在曲流石渠遗迹发掘区的西北部和西南部，还发现有 6 个无对应关系的建筑磉墩。现分别介绍如下：

97T33-SD1　位于 97T33 西北部，东距 97F6-SD5 约 1.1 米，开口于 97①层下，打破 97⑤a 层和 97J58。平面呈长方形，向北延伸出发掘区外，东西 2.48、南北现宽 1.6、残深 1.75 米。共分四层。第①层用红土和碎砖瓦块夯筑而成，厚 0.66 米；第②层用灰土和红色黏土混合碎砖瓦块夯筑而成，厚 0.5 米；第③层灰沙夹红土加碎砖瓦块夯筑而成，厚 0.5~0.53 米；第④层为黄色黏土层，厚 0.05~0.08 米。

97T40-SD1　位于 97T40 南部，北距 97Q9 约 0.3 米，开口于 97①层下，打破 97⑤a 层。平面呈长方形，东西 2.26、南北 0.64、残深 2.86 米，用碎砖瓦块夯筑而成，分层不明显。

97T44-SD1　位于 97T44 西部，开口于 97①层下，打破 97⑤a 层。磉墩平面呈方形，边长 1.02、残深 2.26 米。共分十六层。第①层用红黄黏土和碎瓦块夯筑而成，厚约 0.15 米；第②层用碎瓦块夯筑而成，厚约 0.13 米；第③层为红黏土混少量碎瓦片夯成，厚 0.06 米；第④层为碎瓦块夯层，厚约 0.04 米；第⑤层为红黄黏土和少量碎瓦块夯层，厚 0.08 米；第⑥层为碎瓦块夯层，厚约 0.05 米；第⑦层为红黏土层，厚约 0.08 米；第⑧层为碎瓦块夯层，厚约 0.11 米；第⑨层为红黏土混合少量碎瓦块夯筑而成，厚约 0.34 米；第⑩层为碎瓦块夯层，厚约 0.05 米；第⑪层为红土层，厚约 0.1 米；第⑫层为碎瓦块夯层，厚约 0.13 米；第⑬层为碎砖瓦块夯层，厚约 0.4 米；第⑭层为灰色石粉层，厚约 0.04 米；第⑮层为碎瓦夯层，厚约 0.12 米；第⑯层为碎砖砖瓦块夯层，厚约 0.38 米。

97T44-SD2　位于 97T44 南部，向南延伸出发掘区外，开口于 97①层下，打破 97⑤a 层和 97G10，被 97H38 打破。平面呈长方形，东西 1.4、南北现宽 0.45、存深 1.5 米。分层不明显，用红色黏土和白色膏泥夯成，底部铺有碎砖块。

97T45-SD1　位于 97T45 中部，开口于 97①层下，打破 97⑤a 层和 97F11-SD1。平面呈长方形，东西 1.17、南北 0.94、残深 1.52 米。用红黄色黏土和碎瓦块分层夯筑而成，每层之间分层明显，共分十九层，每层厚 0.06~0.1 米。

97T45-SD4　位于 97T45 西南部，北距 97T45-SD1 约 1.1 米，开口于 97①层下，打破 97⑤a 层。平面呈长方形，东西 1.37、南北 1.48、残深 1.2 米。共分十一层，是一层红黄色黏土、一层碎瓦块相隔分层夯筑而成，红黄黏土每层厚约0.07~0.09米，碎瓦层每层厚约0.1~0.12米。磉墩最底部居中置一石础，系用紫红色细砂岩石凿锯而成，通高15~22厘米，上部方座表面和侧面平整，边长51~56.5、高4.5~7.5厘米，底座呈不规则形，长64、宽69厘米（图二〇八；彩版一一，3）。该石础置于磉墩底部，作用未明。

3. 墙基

2条，编号97Q3和97Q9。

97Q3　位于97T37西北部，开口于97①层下，打破97⑤a层，被现代防空洞打破。东西走向，方向正东西，东端已残缺，向西延伸出发掘区外，用青灰色长方砖砌筑而成。东西现长5.2、南北宽0.8、残高0.2米。

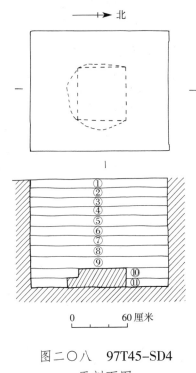

图二〇八　97T45-SD4
平剖面图

97Q9　位于97T40和97T42中部，开口于97①层下，打破97⑤a层。向东延伸入97T36未发掘。东西现长约9.4、南北宽0.4米。墙基是在挖好的沟槽内取平地面后用长方砖砌筑，沟槽宽度与墙基宽度基本一致，残存深约0.36米。砖砌墙基最底层平砖丁砌一行，其上平砖错缝顺砌两行，向上依次叠砌，残存砖2~9层，残高0.09~0.36米。墙基上残存3个砖砌柱础。其中位于东部的第一个柱础，东距现发掘的墙基东端约1.3米，柱础以墙基为中心，向南、北两侧分别加宽0.24米和0.15米砌筑，柱础东西0.67、南北0.8、残存砖2层，残高0.09米。第二个柱础东距第一个柱础约1.36米，但破坏严重，残存砖面呈近圆形，东西0.8、南北0.92米，残存砖2层，残高0.1米，砌筑方法与东边柱础一致。第二个柱础与第一个柱础中心间距约2.45米。第三个柱础东距第二个柱础约2.9米，东西1.2、南北0.65米，是在墙基的南部加宽0.27米砌筑而成的，残存砖2层，残高0.09米（图二〇九）。墙基用砖均为长方砖，呈青灰色，素面。砖的规格主要为：长36~38、宽19.5~21、厚3.5~4.0厘米。

4. 水井

4口，编号为95J9、95J18、97J20和97J55。关于水井的结构和井内出土遗物介绍详见附录二第六节。

5. 灰坑

8个，分别编号为97H24、97H26、97H41、97H46、97H133、97H162、97H175和97H176。根据坑口平面和坑壁的不同可分两类。

（1）坑口平面呈不规则形，坑壁呈不规则弧形内收，底部不甚平整。这一类坑有7个，分别为97H24、97H26、97H41、97H46、97H133、97H175、97H176。举例介绍如下：

97H26　位于97T9西南部，开口于97④d层下，打破97H24。坑口平面呈不规则形，直壁，平底。坑口东西1.28、南北1.56、深1.4米（图二一〇）。坑内为灰黑色土堆积，土质疏松。出土铜钱26枚，其中A型"皇宋通宝"3枚、B型"皇宋通宝"3枚、"祥符元宝"1枚、"淳化元宝"1枚、"咸平元宝"1枚、"开元通宝"7枚、乾元重宝1枚、"五铢"3枚，另有6枚是无字铜钱。此外，还出土绿釉兽面砖2件、墨书"公使"花押款青白瓷碗底1件、铁刀和铁环各1件。

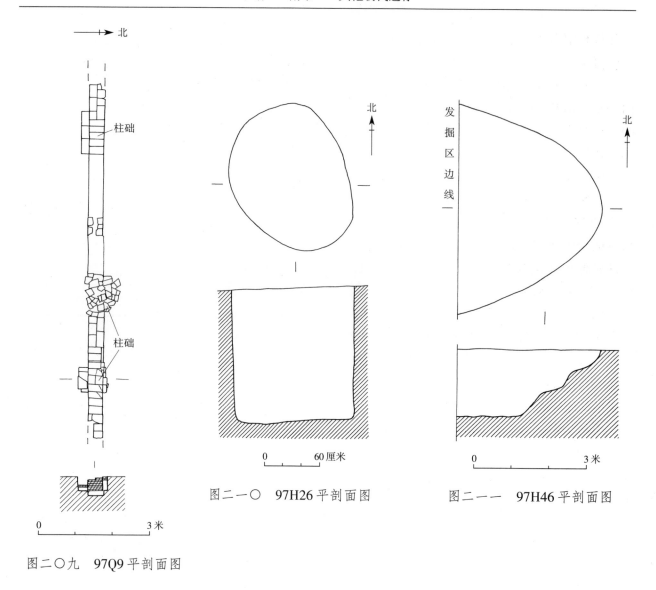

图二〇九　97Q9平剖面图

图二一〇　97H26平剖面图

图二一一　97H46平剖面图

　　97H46　位于97T46西部，向西延伸出发掘区外，开口于97①层，打破97⑤a层。坑口平面呈不规则形，东西现长3.7、南北现宽5.55、深1.8米（图二一一）。坑内为灰黑土堆积，土质疏松。出土遗物丰富，有B型陶盆1件、A型青釉盆2件、青釉军持1件、褐彩绘花卉纹青釉枕1件、紫红釉执壶1件、A型青釉碗2件、C型Ⅰ式青釉碗2件、C型Ⅲ式青釉碗2件、D型Ⅱ式青釉碗1件、E型Ⅰ式青釉碗3件、A型青釉盏1件、B型青釉盏1件、B型青白瓷碗1件、A型Ⅰ式青白瓷碟3件、A型黑釉碗2件、C型黑釉碗3件、"乾亨重宝"铅钱1枚，还有青釉和青白瓷器残片等。

　　（2）另一个坑（97H162）的结构比较特殊。位于97T39西南部，开口于97①层下，打破97F9和97⑤b层。平面呈"凸"字形，分北、南两部分，其中北部近呈方形，东西2.21~2.26、南北2.23米，坑壁近直，深1.13米。坑底近中心还有一近长方形腰坑，斜直壁，圜底，东西1.76、南北0.88、深0.7米。南部呈长方形，东西0.75~0.9、南北2.23~2.3米，坑壁近直，深0.96米，平底，比北部坑底高出0.17米（图二一二）。坑内为褐土堆积，土质较黏，内含有大量的灰陶布纹瓦片，无可复原器物出土。

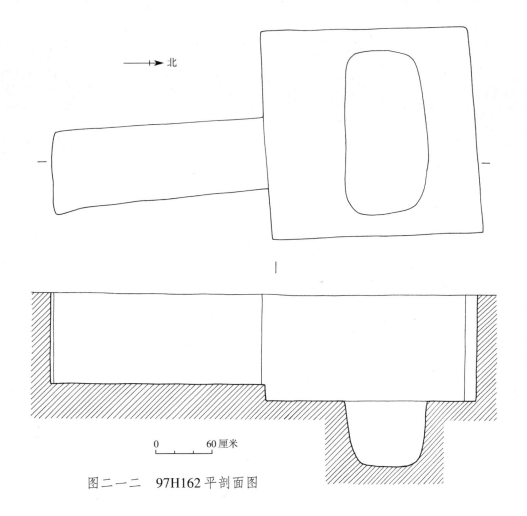

图二一二　97H162 平剖面图

（二）遗物

有建筑材料和构件、生活器具、兵器、钱币和其他。

1. 建筑材料和构件

有砖、板瓦、筒瓦、瓦当、兽面砖、陶垂兽、陶蹲兽、陶管道、陶制假山和陶望柱。此外，还有石构件、柱础石和铁钉。

（1）砖

多数为长方形砖，少数为方砖。泥质陶，呈灰白色或青灰色。素面，少量模印有文字。标本97T13④c：5，表面残存模印的"相"字，反文，无边栏。青灰陶。砖残长13.5、残宽13.2、厚5.0厘米（图二一三，1）。

（2）板瓦

1358件，均为碎块。泥质陶，呈灰白色或青灰色。部分表面施有绿釉、黄釉或青釉，其中绿釉和黄釉为低温琉璃釉，青釉为高温釉，玻璃质感强。泥片筑成，两侧有由内向外切割痕。表面光素，里面饰布纹。

（3）筒瓦

455件，绝大多数为碎块，仅3件可复原。陶质、陶色、纹饰和制法与板瓦一致，呈一头大

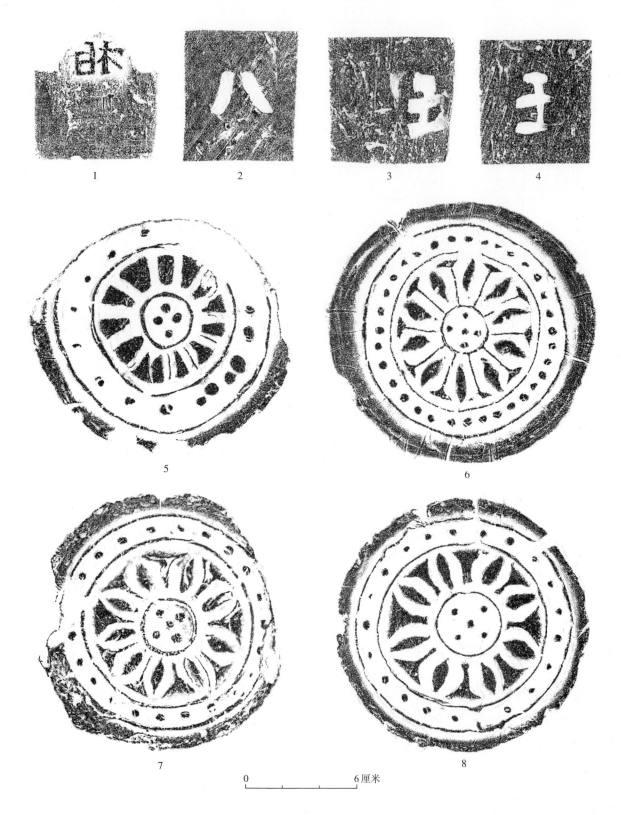

图二一三   宋代第一期砖文、瓦文和莲花纹瓦当拓本

1. "☒相"砖文（97T13④c：5）   2. "八"字瓦文（97T13④c：10）   3. "王"字瓦文（97T13④c：79）   4. "王"字瓦
文（97T13④c：80）   5. Aa型莲花纹瓦当（97T13④c：43）   6. Ab型Ⅰ式莲花纹瓦当（97F6：1）   7. Ab型Ⅱ式莲花纹瓦当
（97T13④c：31）   8. Ab型Ⅲ式莲花纹瓦当（97T13④c：55）

一头小，瓦唇平直，两侧有由内向外切割痕。少部分表面还戳印有"八"、"王"等文字，阴文，无边栏。

标本97T10④c：5，深灰陶。长36、径14~16、舌长4.0、厚1.4厘米（图版九一，1）。标本97T13④c：10，瓦唇已残，近较大一头表面戳印一"八"字。灰白陶，表面呈深灰色，残长39.6、径17.8、厚1.8厘米（图二一三，2）。标本97T13④c：79，深灰陶，残，表面戳印一"王"字（图二一三，3）。标本97T13④c：80，深灰陶，残，表面戳印一"王"字（图二一三，4）。

（4）瓦当

69件。有莲花纹瓦当、菊花纹瓦当和"大吉"文字瓦当，还有南汉国时期的双凤纹瓦当等。

莲花纹瓦当　61件。

出土的宋代莲花纹瓦当，根据当心莲房和当面莲瓣外纹饰的不同可分六型。A型当心为一圆周，内饰莲子，当面饰橄榄形莲瓣，瓣间以弧边三角和竖线分隔，外绕两周弦纹，弦纹间饰联珠纹，根据当心圆周内莲子的多少可分五个亚型；B型当心为双重圆周，根据双重圆周内纹饰的不同可分两个亚型；C型当心圆周内饰一个莲子，当面饰细长莲瓣，根据瓣间有无分隔纹可分两个亚型；D型当心圆周，当面莲瓣外一周大联珠纹，根据当心圆周内莲子的多少可分三个亚型；E型当心圆周外饰一周联珠纹，当面莲瓣外饰一周弦纹；F型当面莲瓣间无分隔纹，根据莲瓣外纹饰的不同可分两个亚型。第一期43件可复原，分属于A型、Ba型、C型、D型、E型和F型，其余18件残甚，无法划分型式。

A型　32件。分属于Aa、Ab、Ac和Ad四个亚型。

Aa型　2件。当心圆周内饰4个莲子，当面饰7瓣莲瓣。标本97T13④c：43，深灰色陶，残。当径14、厚1.2厘米（图二一三，5；图版九一，2）。

Ab型　22件。当心圆周内饰5个莲子。分属于Ⅰ式、Ⅱ式、Ⅲ式、Ⅳ式和Ⅴ式。

Ⅰ式　2件。当面饰10瓣莲瓣。标本97F6：1，灰陶，完好。当径14.2、厚1.5厘米（图二一三，6）。标本97T1④d：1，后带筒瓦，近瓦唇一头中心有一圆形穿孔，瓦唇微向上翘。筒瓦和瓦当表面施青釉，玻璃质感强，里面无釉。青灰胎。通长35、筒径12、唇长4.3厘米，圆孔径1.8厘米（图二一八，1；图版九一，3）。

Ⅱ式　7件。当面饰9瓣莲瓣。标本97T13④c：31，灰白陶，表面呈深灰色，残。当径13.5、厚1.5厘米（图二一三，7；图版九一，4）。

Ⅲ式　4件。当面饰8瓣莲瓣。标本97T13④c：55，浅灰陶，表面呈深灰色，完好。当径13.3、厚0.8厘米，当背筒瓦残长9.0厘米（图二一三，8；图版九一，5）。

Ⅳ式　6件。当面饰7瓣莲瓣。标本97T13④c：62，灰陶，完好。当径15.3、厚1.5厘米（图二一四，1；图版九一，6）。

Ⅴ式　3件。当面饰6瓣莲瓣。标本97T13④c：50，灰陶，表面呈深灰色，残。当径15.7、厚1.5~2.0厘米（图二一四，2）。

Ac型　5件。当心饰6个莲子。根据莲瓣的多少可分三式。

Ⅰ式　1件。当面饰9瓣莲瓣。标本97T13④c：77，青灰陶，残。当径15、厚1.7厘米（图二一四，4）。

Ⅱ式　2件。当面饰8瓣莲瓣。标本97T13④c：24，深灰陶，稍残。当径14.2、厚1.0厘米（图二一四，3）。

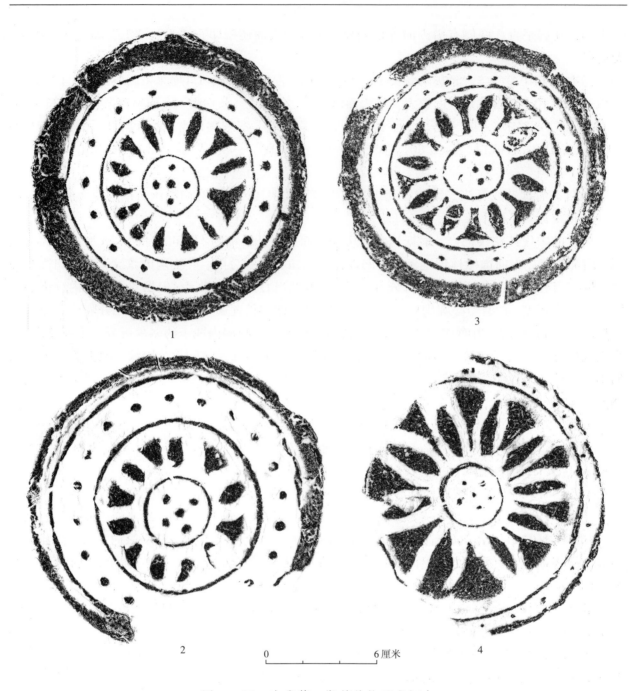

图二一四　宋代第一期莲花纹瓦当拓本

1. Ab 型Ⅳ式（97T13④c：62）　2. Ab 型Ⅴ式（97T13④c：50）　3. Ac 型Ⅱ式（97T13④c：24）　4. Ac 型Ⅰ式（97T13④c：77）

Ⅲ式　2件。当面饰7瓣莲瓣。标本97T13④c：76，灰色陶，表面呈深灰色，残。当径13.2、厚1.4厘米（图二一五，1）。

Ad 型　3件。当心圆周内饰7个莲子。分属于Ⅰ式和Ⅱ式。

Ⅰ式　2件。当面饰8瓣莲瓣。标本97T5④d：3，青灰陶，残。当径13、厚1.4厘米（图二一五，2；图版九二，1）。

Ⅱ式　1件。当心饰7瓣莲瓣。标本97T13④c：23，灰陶，残。当径12.2、厚1.1厘米（图

图二一五　宋代第一期莲花纹瓦当拓本

1. Ac 型Ⅲ式（97T13④c：76）　2. Ad 型Ⅰ式（97T5④d：3）　3. Ad 型Ⅱ式（97T13④c：23）　4. Ba 型Ⅱ式（97T13④c：44）　5. Ca 型Ⅰ式（97T10④d：3）　6. Cb 型（97T9④c：71）

二一五，3）。

Ba 型　2件。当心第一重圆周内饰 5 个莲子。以当面莲瓣的多少可分 I 式和 II 式。

I 式　1件（97T10④d：6）。当面饰 13 瓣莲瓣，外绕两周弦纹，弦纹间饰联珠纹。灰白陶，表面呈深灰色，稍残。当径 13、厚 1.2 厘米（图版九二，2）。

II 式　1件（97T13④c：44）。当面饰 9 瓣莲瓣，外绕一周弦纹和一周联珠纹。灰陶，稍残。当径 13、厚 1.3 厘米（图二一五，4）。

C 型　2件。分属于 Ca 型 I 式和 Cb 型。

Ca 型 I 式　1件（97T10④d：3）。当面残存 5 瓣细长莲瓣，瓣间以弧边三角分隔，外绕两周弦纹，弦纹间饰卷云纹和弧边三角纹。灰陶，质软，残。当径 12.5、厚 1.3 厘米（图二一五，5；图版九二，3）。

Cb 型　1件（97T9④c：71）。当面细长莲瓣间无分隔纹，外绕一周方格纹，方格内饰突点纹。泥质灰陶，质软。残宽 5.0、厚 1.2 厘米（图二一五，6）。

D 型　4件。分属于 Da 型和 Db 型。

Da 型　2件（97T13④c：4）。当心圆周内饰 7 个莲子，当面饰 10 瓣莲瓣，瓣间以弧边三角分隔，外绕一周大联珠纹。灰白陶，表面呈深灰色，稍残。当径 16.3、厚 2.5 厘米（图二一六，1；图版九二，4）。

Db 型　2件。当心圆周内饰 6 个莲子，外绕一周弦纹和一周联珠纹。根据当面莲瓣的多少可分二式。

I 式　1件（97T13④c：3）。当面饰 14 瓣（残存 10 瓣）莲瓣。灰陶，残。当径 15、厚 2.0 厘米（图二一六，2）。

II 式　1件（97T13④c：2）。当面饰 10 瓣莲瓣，外绕一周联珠纹和一周弦纹。深灰陶，残。当径 14~15.5、厚 1.0 厘米（图二一六，3；图版九二，5）。

E 型　1件（97T9④c：13）。当心圆周内饰 8 个莲子，外绕一周联珠纹，当面残存 8 瓣细长莲瓣纹，瓣间用三角分隔，外绕一周弦纹。灰白陶，残。当径 11.7、厚 0.8 厘米（图二一六，4）。

F 型　2件。分属于 Fa 和 Fb 两个亚型。

Fa 型　1件（97T13④c：33）。当心圆周内饰 5 个莲子，当面饰 10 瓣莲瓣，外绕三周弦纹和二周联珠纹。灰白陶，表面呈深灰色，稍残。当径 14.2、厚 1.3 厘米（图二一六，5；图版九二，6）。

Fb 型　1件（97T13④c：53）。当心圆周内饰 6 个莲子，当面饰 14 瓣莲瓣，外绕二周弦纹，弦纹间饰联珠纹。灰陶，表面呈深灰色，残。当径 14.4、厚 1.7 厘米（图二一六，6）。

菊花纹瓦当　3件。当心圆周内饰 8 珠，当面饰重瓣菊花瓣，瓣间以弧边三角分隔，外绕一周弦纹和一周联珠纹。均为泥质灰陶，质软。标本 97T9④c：12，当径 10.1、厚 0.5 厘米（图二一七，1；图版九三，1）。

"大吉"文字瓦当　3件。可分二型。

A 型　1件（97T5④c：7）。当心圆周内模印"大吉"两字，当面饰重瓣菊花纹，瓣间以弧边三角分隔，外绕一周弦纹和一周联珠纹。泥质灰陶，质软，残。当径 10.8、厚 0.5 厘米（图二一七，2）。

B 型　2件。当心长方框内模印"大吉"两字，当面饰草叶纹，外绕一周弦纹和一周联珠纹。标本 97T10④c：3，泥质灰陶，质软。残径 5.5、厚 1.3 厘米（图二一七，3）。

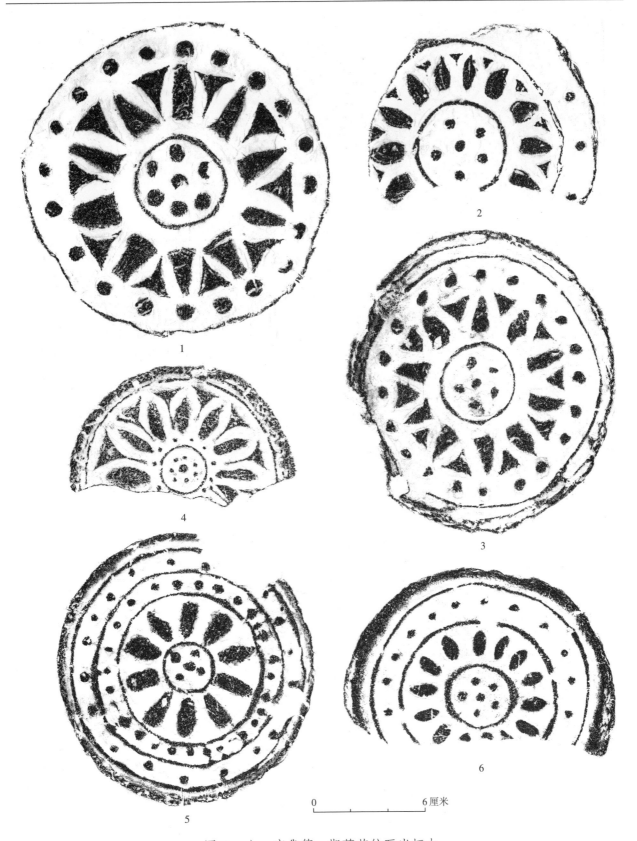

图二一六　宋代第一期莲花纹瓦当拓本

1. Da型（97T13④c：4）　2. Db型Ⅰ式（97T13④c：3）　3. Db型Ⅱ式（97T13④c：2）　4. E型（97T9④c：13）　5. Fa型（97T13④c：33）　6. Fb型（97T13④c：53）

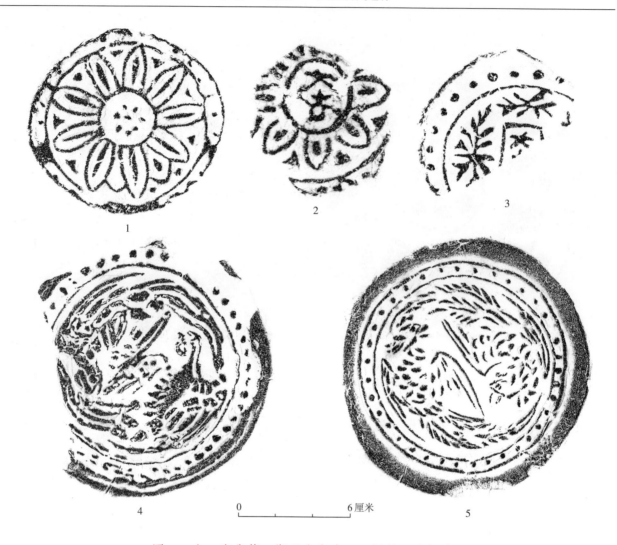

图二一七　宋代第一期瓦当和南汉双凤纹瓦当拓本

1. 菊花纹瓦当（97T9④c：12）2. A型"大吉"文字瓦当（97T5④c：7）3. B型"大吉"文字瓦当（97T10④c：3）4. 南汉青釉双凤纹瓦当（97T9④c：11）5. 南汉双凤纹瓦当（97T13④C：56）

双凤纹瓦当　2件。当面模印两只凤凰，外绕两周弦纹，弦纹间饰联珠纹。标本97T9④c：11，当面模印两只逆时针方向追尾相随的凤凰，表面施青釉，釉不甚透明，玻璃质感强。青灰陶，质坚硬，残。当径14、厚2.0厘米（图二一七，4）。标本97T13④c：56，当面模印两只顺时针方向追尾相随的凤凰。灰陶，完好。当径13.2、厚1.8厘米（图二一七，5）。同类的瓦当在南汉地层有出土，其时代应为南汉时期。

（5）兽面砖

2件。在长方形砖面堆塑兽面，张口獠牙，瞪目，吐舌，猪鼻，凸眉，须毛竖起，面目狰狞。灰白胎，正面、侧面和背面边缘施绿釉。标本97H26：1，残长17.8、宽15.6、高5.3厘米（图二一八，2；彩版一二，1左）。标本97H26：2，残长15.6、宽15.8、高5.6厘米（彩版一二，1右）。

（6）陶垂兽

1件（97T13④d：3）。残存虎形兽首，昂首怒目，双耳向后。灰白陶，表面呈深灰色，残。残长10、宽17.6、残高11.4厘米（图二一八，3）。

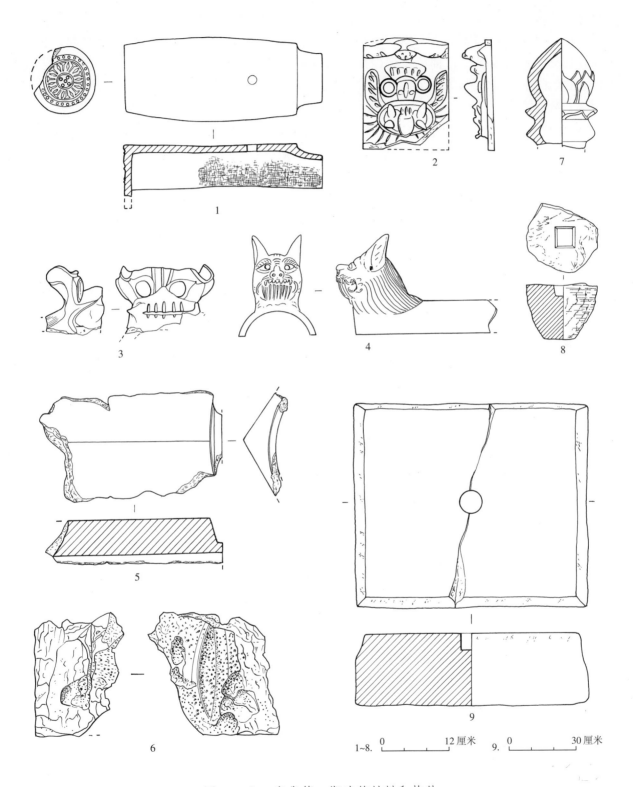

图二一八　宋代第一期建筑材料和构件

1. Ab 型 I 式莲花纹瓦当（97T1④d：1，后带筒瓦）　2. 绿釉兽面砖（97H26：1）　3. 陶垂兽（97T13④d：3）　4. 绿釉陶蹲兽（97T9④d：12）　5. 陶管道（97T13④d：4）　6. 陶制假山（97T1④d：9）　7. 陶望柱柱头（97T13④c：32）　8. 石构件（97T13④c：67）　9. 柱础石（97F9：1）

（7）陶蹲兽

1件（97T9④d：12）。在筒瓦较宽的一头上面堆塑一兽首，昂首瞪目，耳朵竖起，脖子背面刻划毛发。表面施绿釉，釉色发黑，瓦的两侧粘有白灰。灰白胎。残长24、通高17.4、筒壁厚1.1厘米（图二一八，4）。

（8）陶管道

2件，残，未能复原。表面呈棱形，内面为圆弧形，一端有子口，另一端残。标本97T13④d：4，泥质灰陶，表面呈深灰色。残长33、残宽18.8、壁厚2.0~6.2厘米，子口长1.6、厚1.8厘米（图二一八，5）。

（9）陶制假山

2件。类似熔岩的石灰岩石，凹凸不平，一面戳有蜂窝状细孔。标本97T1④d：9，泥质灰白陶，表面呈深灰色。长23.2、宽16、高21.6厘米（图二一八，6）。

（10）陶望柱

2件。形制一致，残存顶部柱头，呈含苞待放的莲花形，下部刻莲瓣纹，中空。标本97T13④c：32，柱头下残存两层弧形托，其中上层托下划有莲瓣纹。灰白陶，表面呈深灰色。残高19.6、最大径12.6厘米（图二一八，7；图版九三，2）。

（11）石构件

1件（97T13④c：67）。上大下小呈圆锥形，底面平，顶面中心有一方形凹槽，略呈口大底小状。青石打制而成，有白色纹路。上面径11.2~12.8、底面径5.0~5.2、高10厘米，凹槽边长3.5、深1.8厘米（图二一八，8）。

（12）柱础石

可复原2件。系黄白色砂岩石打凿而成，近呈方形，上下两面平整，表面中间凿一圆形凹槽。标本97F9：1，柱础面较底座略收窄。表面长96、宽84厘米，底面长105、宽90、高32厘米，凹槽径9.0、深8.5厘米（图二一八，9）。

（13）铁钉

5枚。根据有无钉帽可分二型。

A型 3枚。无钉帽，楔形，截面呈近方形。标本97T9④d：8，长8.9厘米（图版九三，3）。

B型 2枚。有圆形钉帽，楔形，截面呈近方形。标本97T9④d：11，弯折。长11厘米（图版九三，4）。

2. 生活器具

有陶器、青釉器、青白瓷器、白瓷器、酱釉器、紫红釉器、绿釉器、玻璃、铁器和石器等。

（1）陶器

可复原的器形较少，有盆、灯等。

盆 2件。出土的宋代陶盆，根据器口的不同可分三型。A型为敛口，凸圆唇，弧腹，平底；B型为敞口，圆唇，斜直腹，矮圈足；C型为直口，平沿。第一期出土的陶盆分属于A型和B型。

A型 1件（97T9④d：16）。外口沿下饰一道凹旋纹，口沿施紫褐色陶衣。泥质青灰陶，残。口径14、底径10.6、高7.4厘米（图二一九，1）。

B型 1件（97H46：24）。灰白陶，残。口径28、足径11.2、高10.2厘米（图二一九，2）。

灯 5件，残，未能复原。出土的宋代陶灯，根据灯把和灯座的不同可分三型。A型圆柱形

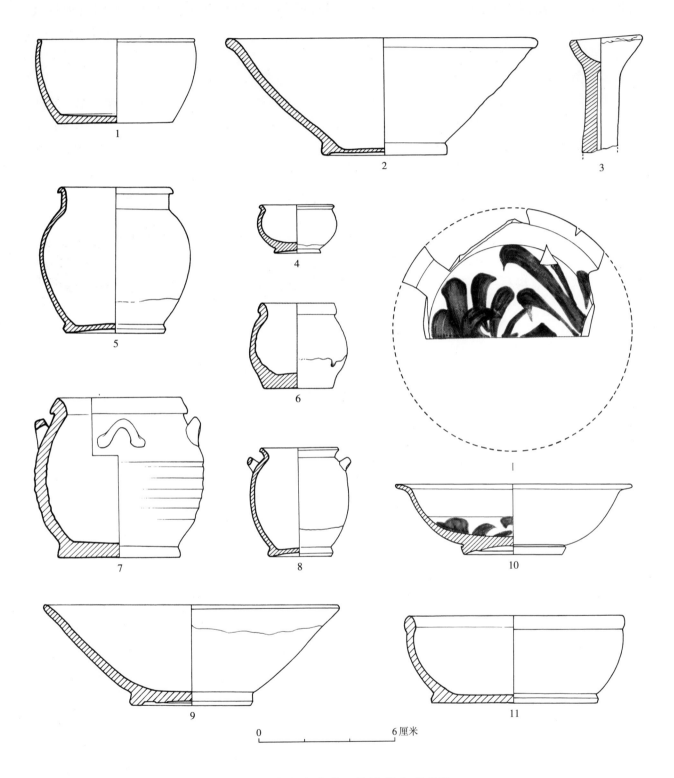

图二一九　宋代第一期陶器和青釉器

1. A 型陶盆（97T9④d：16）　2. B 型陶盆（97H46：24）　3. A 型陶灯（97T5④d：7）　4. A 型 I 式青釉罐（97T9④c：54）　5. B 型 I
式青釉罐（97T9④c：4）　6. C 型青釉罐（97H133：2）　7. Aa 型 I 式青釉四耳罐（97T9④c：20）　8. A 型青釉双耳罐（97T9④c：3）
9. B 型青釉盆（97T13④c：74）　10. C 型褐彩花卉纹青釉盆（97H133：3）　11. A 型青釉盆（97T5④d：6）

灯把细长，底座已残；B型底座为花口形托盘，短灯把；C型高筒式底座，上承双唇口圆形托盘，圆柱形短灯把，中空。第一期出土的5件陶灯均属于A型。标本97T5④d：7，泥质灰陶。灯盏口径6.6、残高10厘米（图二一九，3）。

（2）青釉器

数量最多。泥质胎，呈青灰色或灰白色。可辨器形较丰富，有罐、双耳罐、四耳罐、盆、擂钵、军持、碟、碗、盏、杯、灯盏、炉和盘等。罐、盆、擂钵、盏、灯盏等器类多施釉不到底，釉呈青黄色，无光泽，部分釉已脱落。碟、碗、杯、炉和盘等器类多内外满釉，足底露胎，釉呈色多样，有淡青、灰青、艾青、深青、青黄等，多有光泽，有细小开片。大多器类素面，部分罐类肩部和盆类内底部模印或刻划有花果、菊花、龙形等纹饰；部分碟、碗、炉、盘器刻划或模印有花卉、莲瓣、梳篦、弧线或波涛纹，也有褐彩绘花卉纹等（图二二〇）。

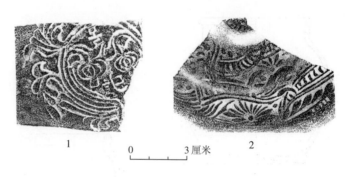

图二二〇　宋代第一期青釉器刻划纹饰拓本
1.青釉罐肩部刻划"号记"款缠枝花果纹（97T9④c：81）　2.青釉盆内底刻划菊花纹（97T9④c：80）

罐　可复原6件。出土的宋代青釉罐，根据口沿的不同可分四型。其中A型器形较小，广口，卷沿，根据颈、腹部的变化可分二式；B型为直口，卷沿，短颈，鼓腹，饼底，根据腹部的变化可分二式；C型为侈口，折沿外翻，鼓腹，平底或饼底；D型卷沿，长圆腹，平底或饼足底。第一期出土的青釉罐分属于A型Ⅰ式、B型Ⅰ式和C型。

A型Ⅰ式　4件。扁圆腹，饼足。标本97T9④c：54，器外施釉至近底部。浅灰胎，残。口径6.6、腹径6.8、底径4.0、高4.4厘米（图二一九，4；图版九四，1）。

B型Ⅰ式　1件（97T9④c：4）。圆鼓腹。器表施青黄釉至近底部，有缩釉现象。青灰胎，残。口径10.2、腹径13.6、底径8.8、高12.9厘米（图二一九，5；图版九四，2）。

C型　1件（97H133：2）。器表施青黄釉至下腹部。青灰胎，残。口径6.6、腹最大径8.2、底径6.0、高7.6厘米（图二一九，6）。

双耳罐　1件。出土的宋代青釉双耳罐，根据器口的不同可分二型。A型为卷沿，尖圆唇，长圆腹，平底或饼足；B型为侈口，折沿外翻，扁圆腹，平底。第一期出土的这件青釉双耳罐（97T9④c：3），属于A型。肩上安二个对称半环形横耳，饼足。器表施青黄釉至下腹部，泛铁锈红色。青灰胎，完好。口径6.8、腹径8.6、底径4.8、高9.8厘米（图二一九，8；图版九四，3）。

四耳罐　1件。出土的宋代青釉四耳罐，根据器口的不同可分三型。A型侈口，折沿外翻，鼓腹，饼足底，根据有无颈可分两个亚型；B型小口，卷沿，圆唇，长圆腹，根据有无颈可分两个亚型；C型直口，尖圆唇，鼓腹。第一期出土的这件四耳罐（97T9④c：20）属于Aa型Ⅰ式。圆鼓腹，最大径居中。器表施青黄釉，腹部可见明显轮旋痕。青灰胎，残。口径10.8、腹径15、底径10.4、高13.9厘米（图二一九，7）。

盆　9件。出土的宋代青釉盆，根据口沿的不同可分四型。A型敛口，凸圆唇，深弧腹，平底或饼足底；B型敞口，斜腹，圈足外撇；C型敞口，口沿外撇，弧腹，圈足；D型敞口，折沿，唇口压出波浪形花口，斜弧腹。第一期出土的青釉盆分属于 A 型、B 型和 C 型。

A 型　7件。标本 97T5④d：6，器内和口沿施青黄釉。青灰胎，残。口径 18.8、足底径 15.0、高 7.5 厘米（图二一九，11）。标本 97H46：9，器内和器外上腹部施青黄釉，口沿处可见支垫痕。青灰胎，残。口径 24.8、底径 18、高 8.4 厘米（图版九四，4）。

B 型　1件（97T13④c：74）。敞口，尖圆唇，斜直腹，圈足外撇。器内和器外上腹部施青釉，釉面有铁褐色斑点。灰色胎，残。口径 26.3、足径 10.6、高 8.8 厘米（图二一九，9）。

C 型　1件（97H133：3）。圈足外撇，器内底绘褐彩花卉纹。釉青泛灰，足底露胎。青灰胎，残。口径 21.4、足径 8.8、高 6.2 厘米（图二一九，10）。

擂钵　3件。器内底和腹壁刻竖凹槽线。根据口沿和腹部的不同可分二型。

A 型　1件（97T9④c：23）。敛口，凸圆唇，深弧腹，平底或饼足。口沿面有支垫痕，口沿处施青黄釉。青灰胎，残。口径 22.0、底径 14、高 10.8 厘米（图二二一，1）。

B 型　2件。敞口，口沿内侧有一道凹槽，浅弧腹，饼足底。标本 97T9④c：21，口沿处施青黄釉。灰白胎，残。口径 21.6、底径 12、高 6.8 厘米（图二二一，2；图版九四，5）。

军持　1件（97H46：1）。口微敛，口沿外展成突棱，长颈，圆鼓腹，圈足，肩上安一斜向上流嘴。颈下肩部和上腹部各饰一道凹弦纹。器表施灰青釉，足底露胎。浅灰胎，残。口径 9.8、腹径 23.1、足径 11.4、高 28.2 厘米（图二二一，3；图版九四，6）。

碟　8件。出土的宋代青釉碟，根据口沿的不同可分四型。A 型为凸唇碟；B 型为折口碟；C 型为撇口弧腹碟，根据腹部和足底部的变化可分二式；D 型为敞口弧腹碟，根据足底部的不同可分两个亚型，Da 型为圈足，可分二式，Db 型为平底。第一期出土的青釉碟分属于 A 型、B 型、C 型 I 式、Da 型 I 式和 Db 型。

A 型　1件（97T9④c：35）。浅弧腹，圈足较高，挖足浅而草率。釉层厚而有润泽，有开片。青灰胎，残。口径 16.8、足径 6.0、高 4.2 厘米（图二二一，4）。

B 型　2件。弧折腹，圈足较高，挖足较浅。标本 97T9④d：30，器内满釉，器外施釉不到底，釉呈青灰色，足底露胎。灰白胎，残。口径 15.2、足径 6.0、高 4.1 厘米（图二二一，5）。

C 型 I 式　2件。撇口，尖圆唇，浅弧腹，器内底面平，矮圈足，足底较厚。标本 97T9④c：37，釉呈艾青色，有润泽。器外下腹部和足底露胎。灰白胎，残。口径 13.2、足径 4.2、高 3.4 厘米（图二二一，6）。

Da 型 I 式　2件。器内圜底，圈足较高。标本 97T9④c：33，器内腹壁刻莲瓣纹。釉青泛黄，足底露胎。浅灰胎，残。口径 12.8、足径 4.8、高 4.3 厘米（图二二一，7）。

Db 型　1件（97T5④c：6）。平底。釉青泛黄，近底部露胎。灰白胎，残。口径 13、底径 5.2、高 3.0 厘米（图二二一，8）。

碗　可复原 32件。出土的宋代青釉碗，根据口沿的不同可分七型。A 型为弇口碗，即口内上敛下折呈一凹槽状，深弧腹，器内圜底，圈足较高；B 型为唇口碗，即口沿较厚呈凸唇状，器内圜底或平底，矮圈足；C 型为撇口弧腹碗，根据腹壁和足底等变化可分四式；D 型为敞口弧腹碗，根据腹壁和足底的变化可分三式；E 型为敞口斜腹的斗笠式碗，根据器腹和足底部的变化可分三式；F 型为直口弧腹碗；G 型为敛口弧腹碗。

A 型　5件。标本 97T5④d：17，釉青泛黄，有细碎开片，足底露胎，有粘沙。青灰胎，残。口径 16.2、足径 5.7、高 6.8 厘米（图二二一，9）。标本 97H46：6，器外有轮旋痕。釉呈青灰色，

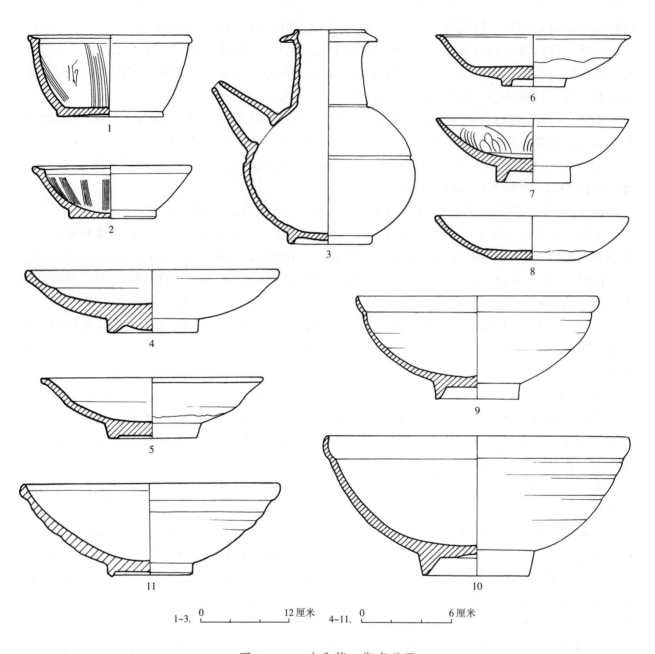

图二二一　宋代第一期青釉器

1. A型擂钵（97T9④c：23）　2. B型擂钵（97T9④c：21）　3. 军持（97H46：1）　4. A型碟（97T9④c：35）　5. B型碟（97T9④d：30）　6. C型Ⅰ式碟（97T9④c：37）　7. Da型Ⅰ式碟（97T9④c：33）　8. Db型碟（97T5④c：6）　9. A型碗（97T5④d：17）　10. A型碗（97H46：6）　11. B型碗（97T9④d：28）

灰白胎，残。口径20.2、足径7.2、高9.3厘米（图二二一，10；图版九五，1）。

　　B型　5件。标本97T9④d：28，外腹壁有明显轮旋痕。釉呈青灰色，足底露胎。灰白胎，残。口径17.6、足径6.2、高6.0厘米（图二二一，11；图版九五，2）。

　　C型　11件。分属于Ⅰ式、Ⅱ式和Ⅲ式。

　　Ⅰ式　3件。尖圆唇，圆弧腹，腹壁向底渐厚，器内圜底，圈足较高，足壁较厚。标本97T9④d：27，外腹壁划莲瓣纹。釉呈艾青色，足壁及足底露胎。青灰胎，残。口径12.3、足径5.4、高 5.6 厘米（图二二二，1）。

Ⅱ式　5件。尖唇，深弧腹，腹壁变薄，高圈足，足壁薄。标本 97T9④c：26，釉青泛黄，足底露胎。灰白胎，残。口径 15.6、足径 5.9、高 6.9 厘米（图二二二，2；图版九五，3）。

Ⅲ式　3件。深弧腹，内底呈鸡心状微凸起，小圈足。标本 97T13④c：71，器内上腹部饰一道旋纹，旋纹下刻弧线和梳篦纹。釉青发灰，足底露胎。灰白胎，残。口径 12.8、足径 4.3、高

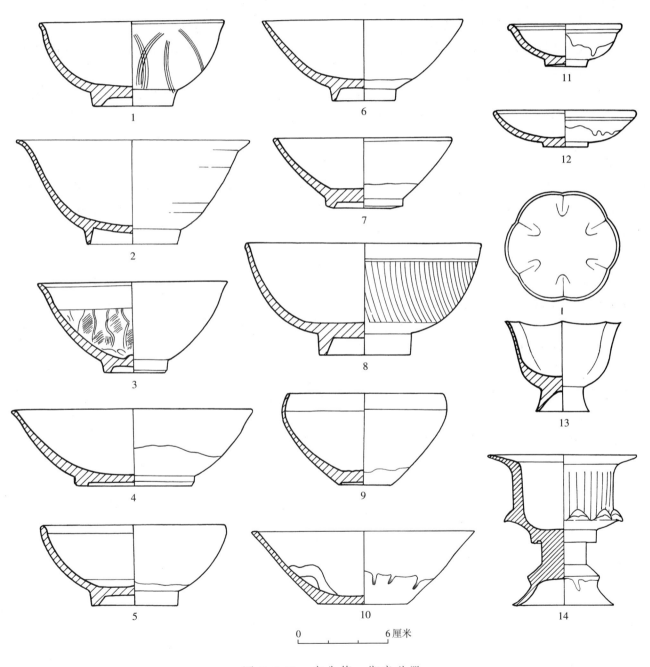

0　　　　　　　　6厘米

图二二二　宋代第一期青釉器

1.C 型Ⅰ式碗（97T9④d：27）　2.C 型Ⅱ式碗（97T9④c：26）　3.C 型Ⅲ式碗（97T13④c：71）　4.D 型Ⅰ式碗（97T9④c：31）　5.D 型Ⅱ式碗（97H46：21）　6.E 型Ⅰ式碗（97H46：13）　7.E 型Ⅱ式碗（97T9④c：45）　8.F 型碗（97T9④c：28）　9.G 型碗（97T9④d：26）　10.灯盏（97T1④d：6）　11.A 型盏（97T9④d：37）　12.B 型盏（97T9④d：36）　13.杯（97T9④d：15）　14.A 型炉（97T10④d：2）

6.0厘米（图二二二，3；图版九五，5、6）。

D型　4件。分属于Ⅰ式和Ⅱ式。

Ⅰ式　1件（97T9④c：31）。尖圆唇，腹壁向底渐厚，器内圜底，宽矮圈足。外腹施釉不到底。青灰胎，残。口径16.2、足径7.8、高5.1厘米（图二二二，4）。

Ⅱ式　3件。尖圆唇，腹壁薄而均匀，内底面平，圈足较高。标本97H46：21，釉呈青灰色。青灰胎，残。口径12.2、足径5.8、高5.4厘米（图二二二，5）。

E型　4件。分属于Ⅰ式和Ⅱ式。

Ⅰ式　3件。器内圜底，圈足较高，足壁薄。标本97H46：13，器外施釉至近底部，釉呈浅青色。灰白胎，残。口径13.6、足径4.2、高5.3厘米（图二二二，6）。

Ⅱ式　1件（97T9④c：45）。器内底面平，矮圈足，足壁较厚。器外施釉不到底。浅灰胎，残。口径12.0、足径4.0、高4.7厘米（图二二二，7）。

F型　2件。器内圜底，高圈足。标本97T9④c：28，器外腹壁刻划斜弧线纹。釉呈淡青色，足部露胎。灰白胎，残。口径12.8、足径4.3、高6.0厘米（图二二二，8）。

G型　1件（97T9④d：26）。尖唇，弧腹，内底微呈螺旋状凸起，卧足。器外施釉不到底，釉呈青灰色，足底露胎。灰白胎，残。口径10.4、底径3.6、高6.0厘米（图二二二，9；图版九五，4）。

盏　8件。出土的宋代青釉盏，根据口沿的不同可分二型。

A型　2件。口沿外折，浅弧腹，平底或饼足。标本97T9④d：37，饼足，器内及器外上腹部施青釉。器内底有3个支垫痕。青灰胎，残。口径7.7、足径2.8、高2.8厘米（图二二二，11）。

B型　6件。敞口，浅弧腹，平底或饼足。标本97T9④d：36，饼足，器内及器外上腹部施青黄釉，有缩釉和开片现象。青灰胎，残。口径9.6、足径2.9、高2.5厘米（图二二二，12）。

杯　1件（97T9④d：15）。六出葵花口，口沿外撇，尖唇，深弧腹，腹壁出筋，高圈足外撇。足底露胎，灰白胎，残。口径7.8、足径3.4、高6.0厘米（图二二二，13）。

灯盏　2件。敞口，尖唇，斜直腹，平底，内腹壁贴附一半环形承。器内和器外上腹部施青黄釉，有流釉现象。标本97T1④d：6，灰白胎，残。口径15、底径6.0、高4.8厘米（图二二二，10）。

炉　可复原1件（97T10④d：2）。属于A型。宽折沿，尖唇，直腹，腹壁饰竖线纹，腹底处贴塑仰莲瓣。下接圆柱形短把，喇叭形底座。施青灰色釉，底座露胎。灰白胎，残。口径10、足底径7.0、高10厘米（图二二二，14；图版九六，1）。

盘　均为残件，未能复原。标本97T9④d：38，浅弧腹，圈足，挖足较浅。内底褐彩绘花卉纹，腹壁刻花卉纹。釉青泛黄，足底露胎。灰白胎，残。底径7.6、残高3.4厘米（图版九六，2）。

（3）青白瓷器

数量较少，有盘、碗和碟等器形。器表内外满釉，足底露胎，施釉均匀，釉白泛青，釉质莹润有光泽，胎色洁白或灰白，胎质坚致。部分素面，也有部分器内刻划缠枝牡丹、花卉、梳篦纹等，部分还有褐彩梅花点纹。

盘　2件。葵花口，敞口，尖圆唇，上腹斜直，下腹折收，器内底面近平，圈足，足底厚重。标本97T5④d：14，器内腹壁刻缠枝牡丹纹。洁白胎，残。口径19.6、足径6.2、高5.4厘米（图二二三，1；彩版一二，2、3）。

另有1件（97T13④c：73）盘底残件。弧腹，圈足。内底刻划花卉纹，当中点有褐彩梅花点。

浅灰胎。足径9.0、残高4.8厘米（图版九六，3）。

碗　可复原3件。出土的宋代青白瓷碗，根据口沿的不同可分四型。A型葵花口，敞口弧腹，根据器内底和足部的变化可分二式；B型撇口，斜弧腹；C型葵花口，口沿外撇，曲弧腹，圈足较高；D型为斗笠式碗。第一期出土的青白瓷碗分属于A型Ⅰ式、B型和C型。

A型Ⅰ式　1件（97T9④c：30）。器内圜底，高圈足，足壁较薄。器内刻划缠枝花卉和箆点

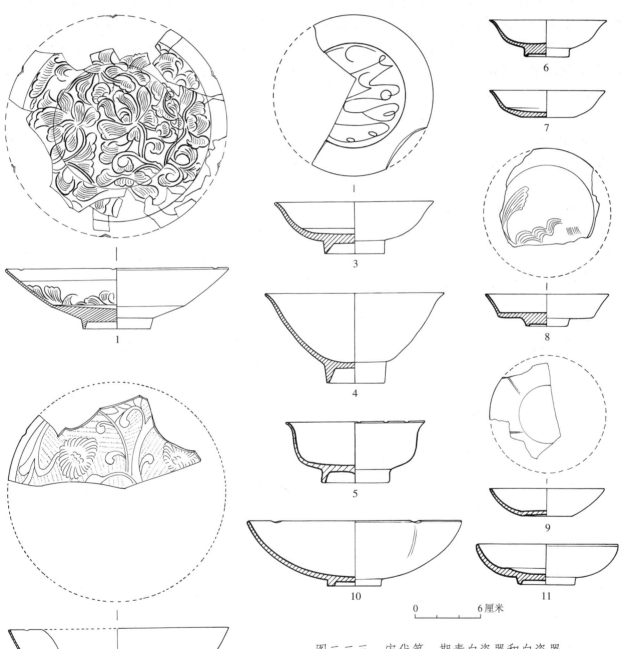

图二二三　宋代第一期青白瓷器和白瓷器

1.青白瓷盘（97T5④d：14）　2.A型Ⅰ式青白瓷碗（97T9④c：30）　3.A型Ⅰ式青白瓷碟（97H46：25）　4.B型青白瓷碗（97H46：5）　5.C型青白瓷碗（97T9④c：6）　6.A型Ⅱ式青白瓷碟（97T9④d：31）　7.B型Ⅰ式青白瓷碟（97T9④c：39）　8.B型Ⅱ式青白瓷碟（97T9④c：38）　9.C型Ⅰ式青白瓷碟（97T9④d：32）　10.白瓷盘（97T9④d：29）　11.C型Ⅱ式青白瓷碟（97T9④d：33）

纹。浅灰胎，残。复原口径19.6、足径8.7、高6.8厘米（图二二三，2）。

B型　1件（97H46：5）。器内圜底，高圈足，足壁较薄。灰白胎，残。口径16、足径5.2、高8.0厘米（图二二三，4）。

C型　1件（97T9④c：6）。釉面有细碎开片，无釉处呈火石红痕。洁白胎，残。口径12.6、底径6.0、高5.4厘米（图二二三，5）。

此外，还有3件碗底残件的足底模印文字或墨书有花押。标本97T9④c：8，足底心模印一"吉"字，阳文。浅灰胎，残。底径5.8、残高3.6厘米（图版九六，4）。标本97H26：3，高圈足，足底墨书"公使"二字，楷书。洁白胎。足径5.6、残高7.0厘米（图版九六，5）。标本97T5④d：13，矮圈足，足底墨书一"郭"字。器内壁刻划梳篦纹。青灰胎。足径6.2、残高4.0厘米（图版九六，6）。

碟　9件。出土的宋代青白瓷碟，根据口沿和腹部的不同可分四型。A型为撇口弧腹碟，根据足底部的变化可分二式；B型敞口折腹碟，根据足底部的变化可分二式；C型为敞口弧腹碟，根据足底部的变化可分三式；D型为葵花口，口沿外撇，弧腹，圈足。第一期出土的青白瓷碟分属于A型、B型和C型。

A型　5件。分属于Ⅰ式和Ⅱ式。

Ⅰ式　4件。圈足较高，足内墙离心斜削。标本97H46：25，内周弦纹内划弧线纹。内、外满釉，釉白发灰，足底露胎。灰白胎，残。口径14.3、足径5.3、高4.7厘米（图二二三，3）。

Ⅱ式　1件（97T9④d：31）。尖唇，挖足很浅，足底厚重。灰白胎，残。口径10.8、足径4.0、高3.2（图二二三，6；图版九七，1）。

B型　2件。分属于Ⅰ式和Ⅱ式。

Ⅰ式　1件（97T9④c：39）。平底。洁白胎，残。口径10.4、足径3.7、残2.4厘米（图二二三，7）。

Ⅱ式　1件（97T9④c：38）。圈足，挖足较浅。内底刻划有花卉和梳篦纹。洁白胎，残。口径11、足径3.5、高2.8厘米（图二二三，8）。

C型　2件。分属于Ⅰ式和Ⅱ式。

Ⅰ式　1件（97T9④d：32）。腹壁出筋，平底。灰白胎，残。口径10.2、底径4.2、高2.4厘米（图二二三，9）。

Ⅱ式　1件（97T9④d：33）。矮圈足。灰白胎，残。口径12.4、底径5.3、高3.6厘米（图二二三，11；图版九七，2）。

（4）白瓷器

盘　1件（97T9④d：29）。葵花口，器口弧收，圆唇，弧腹，外腹壁出筋，小圈足。内外施白釉，釉色较混浊。灰白胎，残。口径19.2、足径4.8、高5.8厘米（图二二三，10）。

（5）酱釉器

数量较少。器形有碗、盏、器盖和执壶等。釉色浓淡不一，呈黑色或酱褐色。

碗　8件。出土的宋代酱釉碗，根据口沿的不同可分四型。

A型　1件（97H46：19）。撇口弧腹碗，矮圈足，挖足较浅。内外施黑釉，足部露胎。青灰胎，残。口径12、足径4.8、高4.4厘米（图二二四，1）。

B型　1件（97T9④d：35）。敞口弧腹碗，矮圈足，挖足很浅。釉呈酱黑色，足底露胎。灰白胎，残。口径10.4、足径4.1、高4.0厘米（图二二四，2）。

C型　4件。斗笠形碗，敞口，尖唇，斜直腹，矮圈足，挖足很浅。器表内外施黑釉，口沿施青釉，器足露胎。标本97H46：17，青灰胎，残。口径12、足径4.4、高5.3厘米（图二二四，3）。

D型　2件。器口敛束，尖唇，斜弧腹，矮小圈足，挖足很浅。标本97T5④d：5，内外施黑釉，足部露胎。灰白胎，残。口径12.4、足径3.0、高4.8厘米（图二二四，4）。

盏　可复原4件。敞口，尖圆唇，浅弧腹，平底或饼足。器内及口沿施酱褐釉。标本97T9④c：49，青灰胎，残。口径8.4、足径3.2、高2.6厘米（图二二四，5）。

器盖　1件（97T9④c：59）。子口内敛，盖沿外展，盖面圆隆起，顶面有一圆形立纽，纽面微下凹。盖面施酱褐釉。青灰胎，残。最大径16、子口径12、高6.6厘米（图二二四，6）。

执壶　1件（97T10④d：1）。器口已残，束颈，肩上安一弧形流口，已残，对应一侧安一执把，已残，上腹略鼓，饼足。肩部旋纹间饰凹线纹，腹部饰由三道一组的凹竖线纹。器表施酱褐釉至近底部，灰白胎。残口径3.2、腹最大径11.2、残高9.6厘米（图二二四，7）。

（6）紫红釉器

器盖　1件（97T9④c：53）。似一倒扣的碟，盖沿外展，盖面微隆起，顶部有一饼形纽。内外施紫红釉。浅灰胎，残。口径10.2、高2.2厘米（图二二四，8）。

执壶　1件（97H46：2）。侈口，圆唇，长颈，溜肩，肩上一侧安有长直流嘴，对应一侧颈和肩之间接一宽扁形执把，腹底部残缺。泥质灰白胎，施紫红色釉。口径8.3、残高12.8厘米（图

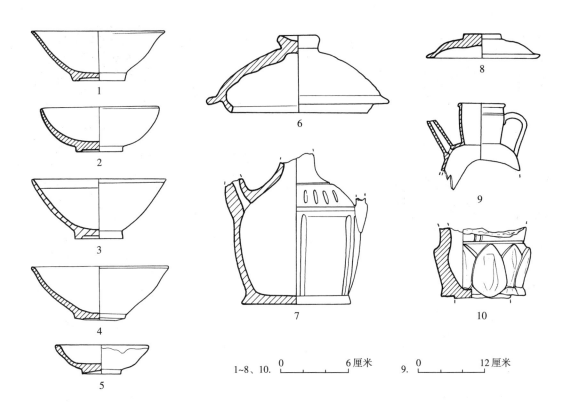

1~8、10.　0　　　　　6厘米　　　9.　0　　　　　12厘米

图二二四　宋代第一期酱釉器、紫红釉器和绿釉器

1.A型黑釉碗（97H46：19）　2.B型酱黑釉碗（97T9④d：35）　3.C型黑釉碗（97H46：17）　4.D型黑釉碗（97T5④d：5）　5.酱褐釉盏（97T9④c：49）　6.酱褐釉器盖（97T9④c：59）　7.酱褐釉执壶（97T10④d：1）　8.紫红釉器盖（97T9④c：53）　9.紫红釉执壶（97H46：2）　10.绿釉炉（97T9④c：64）

二二四，9）。

（7）绿釉器

数量少，器形有碗和炉，未能复原。釉呈青绿色，有光泽，为低温釉。胎呈灰白色或土黄色，胎质较粗松。

碗 1件（97T9④c：65）。碗底残件，弧腹，圈足，足端平切，内底呈圆形下凹。器表内外施绿釉，足底露胎。灰白胎。足径5.3、残高2.6厘米（图版九七，3）。

炉 2件，均残，未能复原。标本97T9④c：64，器口已残，折腹，下腹雕刻重瓣仰莲瓣纹。土黄色胎。残口径6.2、腹径8.8、残高6.2厘米（图二二四，10）。

（8）玻璃

21片。97④d层出土。有玻璃碎片，也有残渣块，多呈蓝绿色，少量呈浅绿色或白色，表面有一层极薄的发蓝白色的锈衣（图版九七，4）。

（9）铁刀

1件（97H26：4）。刀把呈尖三角形，截面呈扁方形，可装木柄。刀身两端窄，中间宽，一面开刃，刀背平弧，前端弧收。通长37、把长8.0、刀身长29、刀身宽2.0~4.0厘米（图二二五，1；图版九八，1）。

（10）石杵

1件（97T9④d：17）。长条形，截面呈六棱形，其中五个面打磨较为平整，另一个面略呈弧

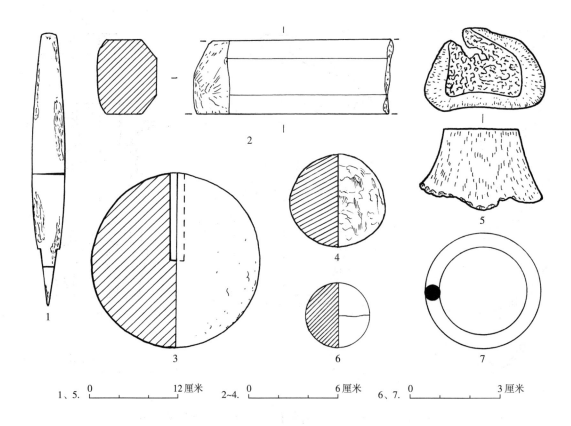

图二二五 宋代第一期器物

1.铁刀（97H26：4） 2.石杵（97T9④d：17） 3.陶球（97H176：1） 4.陶球（97T1④d：12） 5.骨料（97T9④d：14） 6.陶弹（97H24：1） 7.铁环（97H26：31）

状。灰绿色细砂岩,两端残断。残长13.3、宽4.9、厚4.0厘米(图二二五,2)。

3. 兵器

均为陶质,有陶球和陶弹。

陶球　8件。圆球形,制作不甚规整。标本97H176：1,有一圆孔钻到球心。泥质灰陶。径11.6厘米(图二二五,3;图版九九,1)。标本97T1④d：12,泥质青灰陶,完好。径6.4厘米(图二二五,4)。

陶弹　1件(97H24：1)。圆珠形。一半施酱褐釉,另一半露胎呈红褐色。完好。径2.2厘米(图二二五,6)。

4. 钱币

36枚。有"淳化元宝"、"至道元宝"、"咸平元宝"、"景德元宝"、"祥符元宝"、"皇宋通宝"、"元祐通宝"、"乾亨重宝"、"开元通宝"、"乾元重宝"、"五铢"和无字钱等。除"乾亨重宝"为铅钱外,其余均为铜钱(附表六)。

"淳化元宝"　1枚(97H26：5)。外郭较宽,钱文字体清晰。钱径2.28、穿宽0.55、外郭宽0.35、外郭厚0.08厘米,重2.25克(图二二六,1;图版九八,2)。

"咸平元宝"　1枚(97H26：11)。外郭较宽,钱文字体清晰,残。钱径2.4、穿宽0.54、外郭宽0.26、外郭厚0.14厘米,残重2.7克(图二二六,2;图版九八,3)。

"祥符元宝"　1枚(97H26：10)。外郭较宽,钱文字体清晰,残。钱径2.46、穿宽0.53、外郭宽0.35、外郭厚0.13厘米,残重2.3克(图二二六,3;图版九八,4)。

"皇宋通宝"　6枚。根据钱文字体的不同可分二型。

A型　3枚。钱文为楷书体。标本97H26：13,外郭不规整,钱文字体清晰,稍残。钱径2.36、穿宽0.7、外郭宽0.27、外郭厚0.1厘米,残重2.3克(图二二六,4;图版九八,5)。

B型　3枚。钱文为篆书体。标本97H26：14,钱文字体清晰,稍残。钱径2.42、穿宽0.68、外郭宽0.23、外郭厚0.14厘米,残重2.8克(图版九八,6左)。标本97H26：12,钱文字体模糊,完好。钱径2.38、穿宽0.7、外郭宽0.23、外郭厚0.11厘米,重3.2克(图二二六,7;图版九八,6右)。

"至道元宝"　1枚(97T13④c：46)。有内外郭,制作精整,钱文字体清晰、行书体。钱径2.51、穿宽0.59、外郭宽0.3、外郭厚0.12厘米,重3.9克(图二二六,5)。

"景德元宝"　1枚(97T13④c：52)。有内外郭,制作精整,钱文字体清晰、楷书体。右上角稍残。钱径2.51、穿宽0.6、外郭宽0.36、外郭厚0.15厘米,残重3.6克(图二二六,6)。

"元祐通宝"　1枚(97T9④c：10)。有内外郭,制作精整,钱文字体清晰、篆书体。钱径2.51、穿宽0.7、外郭宽0.26、外郭厚0.16厘米,重4.4克(图二二六,10)。

"乾亨重宝"　5枚,铅钱。有内外郭,边郭不规整,制作一般,钱文字体模糊。标本97T1④d：8,钱径2.66、穿宽0.85、外郭宽0.28、外郭厚0.11厘米,重3.9克(图二二六,11)。

"开元通宝"　9枚。钱文字体清晰,制作较为规整。标本97H26：6,钱文字体模糊,完好。钱径2.3、穿宽0.66、外郭宽0.23、外郭厚0.08厘米,重1.7克(图二二六,8)。

"乾元重宝"　1枚(97H26：17)。外郭较窄,钱体较薄,钱文字体模糊,完好。钱径2.03、穿宽0.65、外郭宽0.13、外郭厚0.06厘米,重1.0克(图二二六,9)。

"五铢"　3枚,钱文字体模糊不清。标本97H26：30,完好。钱径2.19、穿宽0.73、外郭宽0.29、外郭厚0.1厘米,重2.0克。

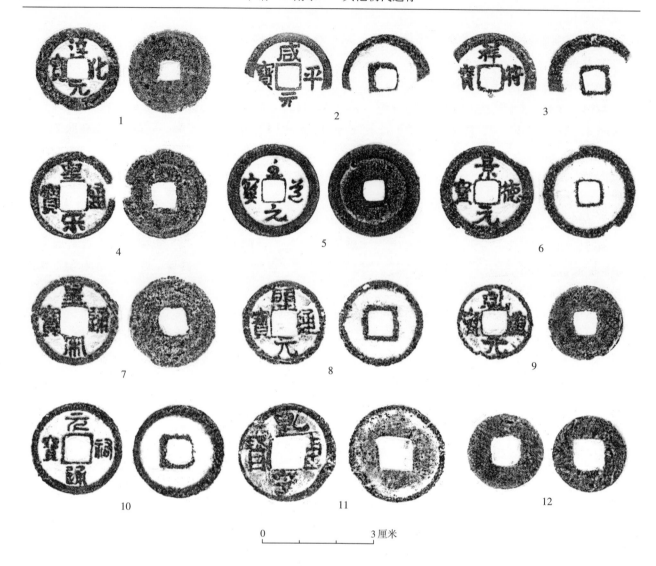

图二二六　宋代第一期钱币拓本

1.“淳化元宝”铜钱（97H26：5）　2.“咸平元宝”铜钱（97H26：11）　3.“祥符元宝”铜钱（97H26：10）　4. A 型“皇宋通宝”铜钱（97H26：13）　5.“至道元宝”铜钱（97T13④c：46）　6.“景德元宝”铜钱（97T13④c：52）　7. B 型“皇宋通宝”铜钱（97H26：12）　8.“开元通宝”铜钱（97H26：6）　9.“乾元重宝”铜钱（97H26：17）　10.“元祐通宝”铜钱（97T9④c：10）　11.“乾亨重宝”铅钱（97T1④d：8）　12.无字铜钱（97H26：26）

无字铜钱　6 枚。无内外郭，两面均素平。标本 97H26：26，钱径 2.05、穿宽 0.76、肉厚 0.11 厘米，重 1.8 克（图二二六，12）。

5. 其他

（1）青釉枕

1 件（97H46：3）。长方束腰形，中空，两端面近呈方形，每面边缘用双凹线圈起，其中一面用褐彩绘花草纹，一端面中部有一圆形小孔与内相通。器表施青釉，因受沁，釉已全部脱落，呈灰白色。浅灰胎，残。长 20.3、宽 14、厚 14.4、壁厚 0.6 厘米（图二二七，3；图版九九，3）。

（2）铁环

1 件（97H26：31）。锻制，圆环形，截面呈圆形，可见环接口相叠之痕。外径 3.8、内径 2.8、环径 0.5 厘米（图二二五，7；图版九九，2）。

（3）石磨

1套2件。灰白色砂岩石打制而成，分上下两层。标本97T13④c：11，为石磨的上层，璧形，表面最外一周边轮凸起，边轮内侧残存2个曲折形穿孔通至轮盘外侧面中部，底面中心凸起一周边轮以套接石磨的下层，底面刻凿有呈放射状凸槽。外径74、内径26、厚10.4厘米（图二二七，1；图版九九，4上）。标本97T13④c：19，为石磨的下层，璧形，表面中心边轮斜下凹以接石磨的上层，表面刻凿有放射状凹凸棱槽，底面平整。外径74、内径24、厚13~15厘米（图二二七，2；图版九九，4下）。

（4）骨料

1件（97T9④d：14）。为牛骨的下脚料，一端有锯痕。长10.6、宽10.5~17.5厘米（图二二五，5）。

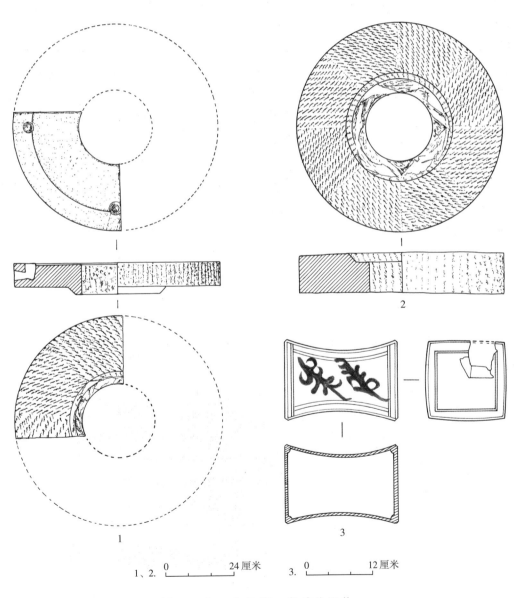

1、2.　0━━━━━━━24厘米　　　3.　0━━━━━━━12厘米

图二二七　宋代第一期其他器物

1.石磨上层（97T13④c：11）　2.石磨下层（97T13④c：19）　3.褐彩绘青釉枕（97H46：3）

（5）动、植物遗存

出土的动物遗存较少，经鉴定，动物骸骨的种类有牡蛎、大型鹿科、猪、牛、羊、马、亚洲象和其他哺乳动物等（详见上编第五章第四节《南越宫苑遗迹出土动物骨骼研究报告》）。植物遗存亦较少，能鉴定出种属的植物遗存有稻、钩树和女贞属（详见上编第五章第三节《南越宫苑遗址1997年度浮选结果分析报告》）。

二　第二期遗存

（一）地层和遗迹

第二期的地层有曲流石渠遗迹发掘区的97④a层和97④b层，分布于97T1、97T5、97T6、97T9、97T10、97T13和97T14等探方。遗迹有房址、水井和灰坑等（图二二八）。

1. 房址

1座，编号为97F3。位于97T13中北部，开口于97④b层下，打破97④c层。现仅揭露房址东南部分，残存台基东包边和南包边墙基以及部分台基垫土，东西残长7.4、南北现宽7.1~9.1米，以东包边墙基为准，方向北偏西12°（图二二九）。

台基东包边和南包边墙基相连呈曲尺形，用黄白色砂岩条石和少量青灰色石灰岩石块垒砌而成，部分石料为废旧的八棱石柱和墓表石等。墙基分上、下两层，其中下层为台基的埋身部分，上层为露明部分。下层墙基是在挖好的基槽内用石料铺砌，高与基槽顶部平，基槽宽0.4~0.48、深0.14~0.22米。上层墙基是在下层墙基上向内收0.14~0.18米后再砌筑，宽0.4~0.6、残高0.16~0.28米，墙基外侧面整齐，内侧面不规则。东包边墙向北延伸出发掘区外，南端与南墙基相连，南北现长7.1米，南墙基西部已被破坏，残长7.4米。东包边墙以西和南包边墙以北还保存部分台基，台基垫土呈红褐色，夹有少量的贝壳和较多的碎砖瓦块等，残高0.16~0.28米。

由于该建筑向北延伸出发掘区外，其西包边墙和台基地面以及柱网等已被破坏无存，其规模和布局尚无法究明。

2. 水井

2口，分别为97J24和97J74。水井结构和井内出土遗物介绍详见附录二第六节。

3. 灰坑

1个，编号为97H4，位于97T8东南部，开口于97②层下，打破97⑥a层和97F5。坑口平面呈不规则形，坑壁呈不规则形内收，圜底。坑口东西3.6、南北1.72、深0.72米（图二三〇）。坑内为灰褐土堆积，土质疏松。出土Ab型Ⅰ式莲花纹瓦当1件、Ca型Ⅳ式莲花纹瓦当1件，还有少量灰陶布纹瓦片等。

（二）遗物

有建筑材料、生活器具、钱币和其他。

1. 建筑材料

有砖、板瓦、筒瓦、瓦当等陶质建筑材料和八棱石柱、墓表石等石质建筑构件。

（1）砖

均为碎块，未能复原。泥质陶，夹有细砂，呈青灰色或灰白色。素面，少量戳印有文字。标

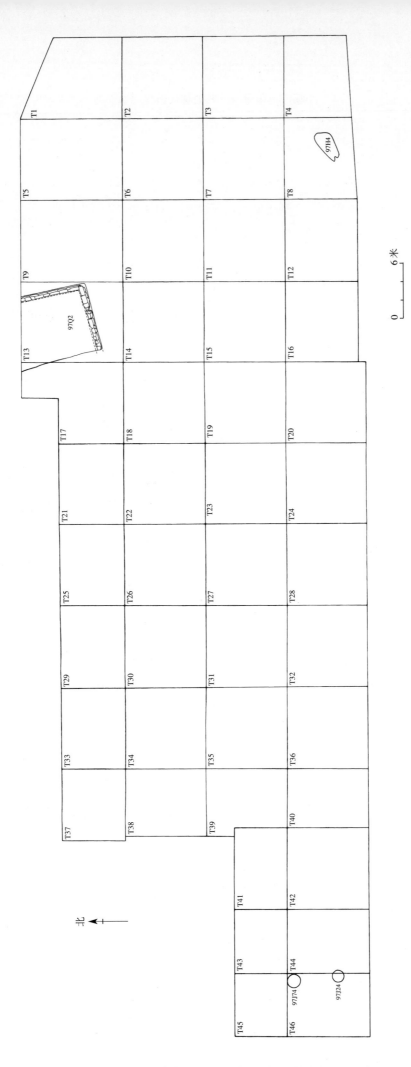

图二二八　曲流石渠遗迹发掘区宋代第二期遗迹平面图

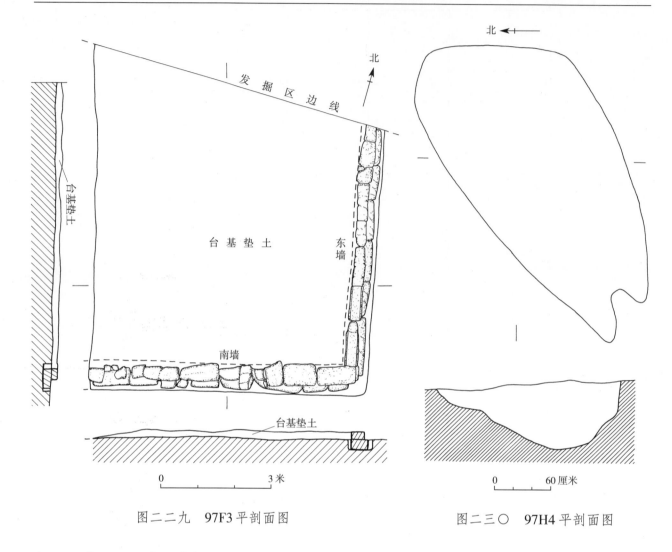

图二二九　97F3 平剖面图　　　　　　　图二三〇　97H4 平剖面图

本 97T1 ④ a：2，砖面戳印一"言"字，阴文，无边栏。灰陶。印面长 3.2、宽 2.3 厘米（图二三一，1）。

（2）板瓦

1121 件，绝大多数为碎块，仅 1 件可复原。泥片筑成，呈一头大一头小，两侧有由内向外切割痕。泥质陶，夹有细砂，部分陶质较软，呈青灰色或灰白色。表面光素，里面饰布纹。标本 97T1 ④ a：7，青灰陶，残。长 33.4、宽 22~28、厚 1.5 厘米（图版一〇〇，1）。

（3）筒瓦

322 件，绝大多数为碎块，仅 1 件可复原。泥片筑成，呈一头大一头小，瓦唇平直，两侧有由内向外切割痕。标本 97T10 ④ b：15，灰陶。残长 35.2、径 18.4~18.8 厘米，瓦唇长 4.0 厘米。

（4）瓦当

39 件。有莲花纹瓦当、花卉纹瓦当和"大吉"文字瓦当。

莲花纹瓦当　33 件。分属于 A 型、Bb 型、C 型和 D 型。

A 型　23 件。当心为一圆周，内饰若干个莲子，当面饰橄榄形莲瓣，瓣间以弧边三角和竖线分隔，外绕两周弦纹，弦纹间饰联珠纹。分属于 Aa 型、Ab 型、Ac 型 I 式和 Ae 型。

Aa 型　1 件（97T5 ④ b：28）。当心圆周内饰 4 个莲子，当面饰 7 瓣莲瓣。当背残存一段筒瓦。

灰白陶，表面呈深灰色。当径13.1、厚1.0厘米，筒瓦残长11厘米（图二三一，2；图版一○○，2）。

Ab型　19件。当心圆周内饰5个莲子。分属于Ⅰ式、Ⅱ式、Ⅲ式、Ⅳ式和Ⅴ式。

Ⅰ式　1件。当面饰10瓣莲瓣。标本97H4：2，深灰陶。当径13、厚1.3厘米（图二三一，3；图版一○○，3）。

Ⅱ式　4件。当面饰9瓣莲瓣。标本97T13④b：8，灰白陶，表面呈深灰色，残。当径13.2、厚1.0厘米（图二三一，4；图版一○○，4）。

Ⅲ式　7件。当面饰8瓣莲瓣。标本97T10④b：16，灰白陶，表面呈深灰色，残。当径12.6、厚1.5厘米（图二三一，5；图版一○○，5）。

Ⅳ式　6件。当面饰7瓣莲瓣。标本97T13④b：26，青灰陶，稍残。当径15、厚1.5厘米（图二三一，6）。

Ⅴ式　1件（97T13④b：28）。当面饰6瓣莲瓣。青灰陶，残。当径13.6、厚1.5厘米（图二三一，7）。

Ac型Ⅰ式　1件（97T10④b：19），当心圆周内饰6个莲子，当面饰9瓣莲瓣（残存6瓣）。浅灰陶。当径14.2、厚1.6厘米（图二三二，1）。

Ae型　2件。当心圆周内饰9个莲子。根据当面莲瓣的多少可分二式。

Ⅰ式　1件（97T10④b：4）。当面饰15瓣莲瓣，外绕三周弦纹和一周联珠纹。灰白陶，完好。当径14.7、厚1.5厘米（图二三二，2；图版一○○，6）。

Ⅱ式　1件（97T5④b：27）。当面饰7瓣莲瓣。灰陶，表面呈深灰色，残。当径12.4、厚2.0厘米（图二三二，3）。

Bb型　3件。当心双重圆周内，第一重圆圆周内饰5个莲子，第二重圆周内饰联珠纹，当面饰8瓣莲瓣，瓣间以弧边三角分隔，外绕一周弦纹和一周联珠纹。标本97T9④a：3，灰白陶，表面呈深灰色，完好。当径13.5、厚1.4厘米（图二三二，4）

C型　4件。当心圆周内饰一个莲子，当面饰细长莲瓣。分属于Ca型和Cb型。

Ca型　3件。当面莲瓣间有弧边三角分隔纹。分属于Ⅱ式、Ⅲ式和Ⅳ式。

Ⅱ式　1件（97T13④b：25）。当面饰较大莲瓣，残存6瓣，窄边轮。灰白陶。复原当径12.2、厚1.7厘米（图二三二，5）。

Ⅲ式　1件（97T13④b：84）。当面饰较小莲瓣，残存6瓣，外绕一周弦纹，窄边轮。灰白陶。残径5.9、厚1.6厘米（图二三二，6）。

Ⅳ式　1件（97H4：1）。当面饰14瓣细长莲瓣，外绕两周弦纹，弦纹间饰联珠纹，最外饰斜线纹。泥质灰陶。复原当径13.2、厚1.2厘米（图二三二，8；图版一○一，1）。

Cb型　1件（97T5④a：10）。当面饰细长莲瓣，外绕一周方格纹，方格内饰突点纹。泥质灰陶，质软。残径6.9、厚1.4厘米（图二三二，7）。

D型　3件。分属于Da型、Db型Ⅱ式和Dc型。

Da型　1件（97T13④b：83）。当面残存3瓣莲瓣，瓣间以弧边三角分隔，外绕一周大联珠纹。灰白陶，表面呈深灰色。残径6.0、厚2.0厘米（图二三三，1）。

Db型Ⅱ式　1件（97T1④b：9）。当心圆周内饰6个莲子，当面饰10瓣（残存8瓣）莲瓣，瓣间以弧边三角分隔，外绕一周大联珠纹和一周弦纹。当径14.6、厚1.4厘米（图二三三，2）。

Dc型　1件（97T1④b：16）。当心圆周内饰5个莲子，当面饰8瓣莲瓣，瓣间以弧边三角分

图二三一　宋代第二期砖文和莲花纹瓦当拓本

1. "言"字砖文（97T1④a：2）　2. Aa型莲花纹瓦当（97T5④b：
28）　3. Ab型Ⅰ式莲花纹瓦当（97H4：2）　4. Ab型Ⅱ式莲花纹瓦
当（97T13④b：8）　5. Ab型Ⅲ式莲花纹瓦当（97T10④b：16）
6. Ab型Ⅳ式莲花纹瓦当（97T13④b：26）　7. Ab型Ⅴ式莲花纹瓦
当（97T13④b：28）

0 ＿＿＿＿＿＿ 6厘米

图二三二　宋代第二期莲花纹瓦当拓本

1. Ac 型 I 式（97T10④b：19）　2. Ae 型 I 式（97T10④b：4）　3. Ae 型 II 式（97T5④b：27）　4. Bb 型（97T9④a：3）
5. Ca 型 II 式（97T13④b：25）　6. Ca 型 III 式（97T13④b：84）　7. Cb 型（97T5④a：10）　8. Ca 型 IV 式（97H4：1）

隔，外绕一周联珠纹和一周弦纹。浅灰陶。当径13.9、厚1.4厘米（图二三三，3）。

花卉纹瓦当　5件。可分二型。

A型　3件。当心圆周内饰6珠，当面饰宝装花卉纹，宝装纹间以弧边三角分隔，外绕一周弦纹和一周联珠纹。标本97T13④b：70，泥质灰陶，质软，残。复原当径11.5、厚1.5厘米（图二

0　　　　　　　　6厘米

图二三三　宋代第二期瓦当拓本

1. Da型莲花纹瓦当（97T13④b：83）　2. Db型Ⅱ式莲花纹瓦当（97T1④b：9）　3. Dc型莲花纹瓦当（97T1④b：16）　4. A型花卉纹瓦当（97T13④b：70）　5. B型花卉纹瓦当（97T9④a：2）　6. B型"大吉"文字瓦当（97T1④b：44）

三三，4）。

B 型　2件。当心圆周内饰一珠和四叶纹，当面饰4枝卷草纹，外绕一周弦纹和一周联珠纹。标本97T9④a：2，泥质灰陶，质软。当径12.5、厚1.4厘米（图二三三，5；图版一〇一，2）。

"大吉"文字瓦当　1件（97T1④b：44）。属于B型。当心长方框内模印"大吉"两字，当面饰草叶纹，外绕一周弦纹和一周联珠纹。泥质灰陶，质软。残径6.2、厚1.0厘米（图二三三，6）。

（5）八棱石柱

1件（97F3：3）。八棱形，顶部已残断，底部渐收。用砂岩石凿磨而成，表面较平整。残长200、径30厘米（图二三四，1）。

（6）墓表石

2件。柱身呈八棱形，顶端有一方形凸榫，下部渐收，应是树立在地下部分。近顶部墓表向两侧扩展呈两翼状，上刻凿有文字。标本97F3：1，柱体中部有一排共7个长方形凿孔将墓表石凿成两半，残长110厘米，柱体呈扁八棱形，长30、宽36厘米，顶端凸榫长18、宽20、残高1厘米。墓表上距顶37厘米，左右长48、上下宽44~45厘米，正面与柱体表面平，背面向后斜收，厚19~22厘米。墓表刻凿："随（隋）儋耳郡感恩县令，大唐高州都督府□王参军，遷（迁）□□陵县令□"，文字右上起往下读（图二三四，2、4；图版一〇一，3）。标本97F3：2，残长168厘米，柱体径36厘米，凸榫边长18、高9厘米。墓表两翼已被凿除，上距柱顶41厘米，上下宽约51厘米，正面与柱体表面平。墓表刻凿："月戊寅朔十五日壬寅，广州寶安县，故前儋州万安县，承清河郡张府君□"，文字右上起往下读（图二三四，3、5；图版一〇一，4）。这两件墓表石应是从别处移来的废旧石料。

2. 生活器具

有陶器、青釉器、青白瓷器、酱（黑）釉器、紫红釉器和绿釉器，还有铜瓢和砺石等。

（1）陶器

数量较少。器形有盆、灯、三足洗和砚台等。

盆　1件（97T13④b：41）。属于C型。直口，平沿，弧腹，足底部已残。器内口沿下有一道凸弦纹，外腹壁划有梳篦纹。灰陶。口径36、残高10.4厘米（图二三五，1）。

灯　6件。分属于A型、B型和C型。

A 型　4件，残，未能复原。细长圆柱形灯把，中空，顶接一灯盏，敞口，浅弧腹。灰白陶，制作粗糙。标本97T1④b：34，灯盏口径6.8、残高10.4厘米（图二三五，2）。

B 型　1件（97T1④b：14）。托盘呈花口形，盘心有喇叭形灯把，顶部为一浅弧形灯盏，托盘底心内凹。灰白陶，残。灯盏口径6.0、底径12.8、通高7.0厘米（图二三五，3；图版一〇一，5）。

C 型　1件（97T5④a：16）。高筒式台座上承一圆形托盘，托与台座间饰一周荷叶状装饰，托盘双唇口，内唇口低于外唇口，托盘中心有一圆形灯柱，柱顶部连接一浅盘，柱心中空与浅盘相连。夹砂灰白陶，残。托盘径16.2、残高12.8厘米（图二三五，4）。

三足洗　1件（97T9④a：12）。敞口近直，折沿，尖圆唇，斜直腹，平底，底下接三矮足。口沿和下腹部饰棕色彩弦纹。灰白胎，残。口径9.8、底径6.6、高5.2厘米（图二三五，5）。

砚台　1件（97T1④b：8）。圆形，口近直，平唇，弧折腹，卧足。器内凸起一圆形平台面，台面比器口沿略高，平台与器口间为一周凹槽。器口沿局部有红褐色点彩。灰白陶，残。口径11.6、底径9.0、高3.2厘米（图二三五，6；图版一〇一，6）。

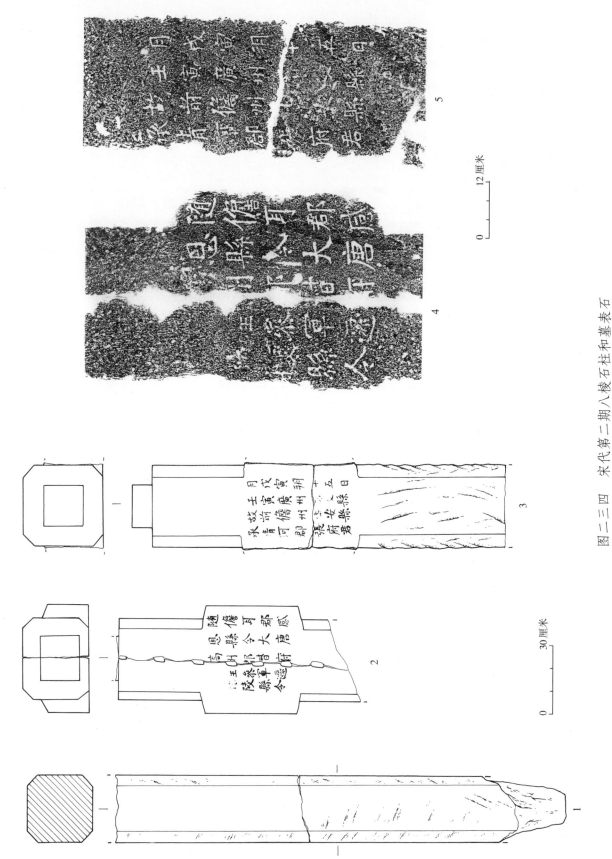

图二三四　宋代第二期八棱石柱和墓表石

1. 八棱石柱（97F3：3）　2. 墓表石（97F3：2）　3. 墓表石（97F3：1）拓本　4. 墓表石（97F3：2）拓本　5. 墓表石

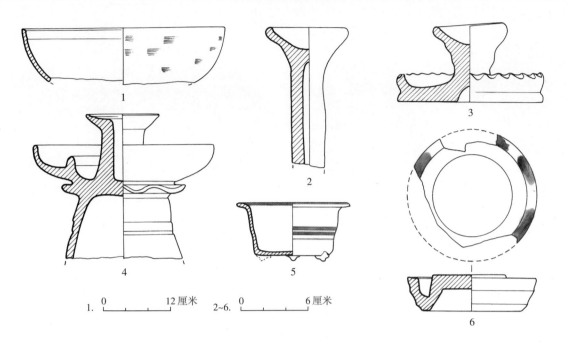

图二三五　宋代第二期陶器

1. C 型盆（97T13④b：41）　2. A 型灯（97T1④b：34）　3. B 型灯（97T1④b：14）　4. C 型灯（97T5④a：16）
5. 三足洗（97T9④a：12）　6. 砚台（97T1④b：8）

（2）青釉器

数量最多。器形有罐、双耳罐、四耳罐、盆、擂钵、碟、碗、注碗、盏、灯盏、瓶和器盖等。其中罐、盆、擂钵和盏等器类多施釉不到底，釉呈青黄色，烧成温度较低，多无光泽。碗、碟和器盖类内外满釉，足底露胎，釉呈色多样，有淡青、灰青、艾青、深青、青黄等，多有光泽，有细小开片。大多数器物素面，部分罐类器肩部刻划或模印有缠枝花果纹，部分盆内底模印有菊花纹等（图二三六），部分碗刻划或模印有花卉、梳篦、弧线纹等。

罐　可复原6件。分属于A型、B型Ⅰ式、C型和D型。

A型　2件。器形较小，广口，卷沿，圆唇，鼓腹。分属于Ⅰ式和Ⅱ式。

Ⅰ式　1件（97T5④b：50）。扁腹，下腹敛收，小饼足。器外施釉不到底。灰白胎，残。口径6.7、腹径7.5、底径3.8、高5.0厘米（图二三七，1）。

Ⅱ式　1件（97T13④b：5）。有短颈，圆鼓腹，矮圈足。器外施釉不到底。灰白胎，残。口径5.6、腹径3.5、高5.8厘米（图二三七，2；图版一〇二，1）。

B型Ⅰ式　2件。直口，卷沿，圆唇，短颈，圆鼓腹，饼足底。标本97T5④b：7，器表施青黄釉至近底部。青灰胎，残。口径8.2、腹径12、底径8.0、高11.8厘米（图二三七，3；图版一〇二，2）。

C型　1件（97T13④b：17）。侈口，折沿外翻，鼓腹，饼足底。器表施青黄釉至近底部。青灰胎，残。口径6.4、腹径8.6、底径6.6、高5.4厘米（图二三七，4；图版一〇二，3）。

D型　1件（97T13④b：24）。卷沿，圆唇，长圆腹，平底。器外施釉不到底，釉已全部脱落。青灰胎，残。口径4.6、腹径6.4、底径4.2、高6.0厘米（图二三七，5；图版一〇二，4）。

双耳罐　可复原2件。肩上安二个对称半环形横耳。分属于A型和B型。

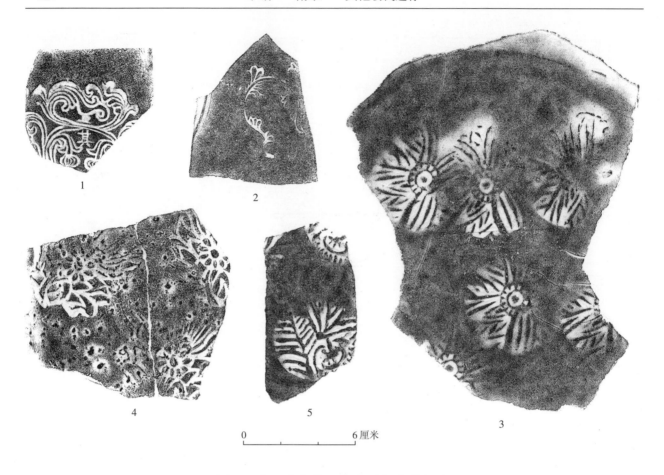

0 ————————— 6厘米

图二三六　宋代第二期青釉器纹饰拓本

1. "其"字和花果纹（97T1④b：40）　2.花卉纹（97T1④b：42）　3.菊花纹（97T1④b：41）　4.花卉纹（97T5④b：45）　5.花卉纹（97T5④b：40）

　　A型　1件（97T5④b：19）。卷沿，尖圆唇，长圆腹，平底。器外上腹壁施青褐釉，无釉处呈红褐色，器表可见旋轮痕。口径8.2、腹径10.8、底径7.2、高10.8厘米（图二三七，6；图版一〇二，5）。

　　B型　1件（97T13④b：11）。侈口，折沿外翻，扁圆腹，饼足底。器表施青釉至近底部，口沿和外底部有叠烧痕。灰褐色胎，残。口径10.8、腹径14.3、底径10.5、高10.1厘米（图二三七，7；图版一〇二，6）。

　　四耳罐　可复原8件。肩部安四个半环形横耳。分属于Aa型和B型。

　　Aa型　4件。侈口，折沿外翻，鼓腹，饼足底。分属于Ⅰ式和Ⅱ式。

　　Ⅰ式　2件。圆鼓腹，最大径居中。标本97T13④b：1，瓜棱形腹，安耳处饰一周曲线纹。口沿和器外上腹部施青黄釉。口沿和外底有叠烧痕。浅灰胎，完好。口径11.4、腹最大径16.7、底径11.8、高14.5厘米（图二三七，8；彩版一三，1）。

　　Ⅱ式　2件。长圆腹，最大径靠上。97T9④a：11，器表施青黄釉至下腹部，耳系处饰一周旋纹。浅灰胎，残。口径9.4、腹最大径14.2、底径10.5、高15厘米（图二三七，9；图版一〇三，1）。

　　B型　4件。卷沿，圆唇，鼓腹，平底。分属于Ba型和Bb型。

　　Ba型　3件。小口，无颈，长圆腹。标本97T1④b：2，器外上腹部施青黄釉。灰白胎，残。

口径 10.7、腹最大径 20.8、底径 11.3、高 22 厘米（图二三七，10；图版一〇三，2）。

　　Bb 型　1 件（97T13④b：6）。器口较大，短颈，圆鼓腹。器表施青釉至近底部，外底刻写有文字符号。青灰胎，残。口径 13.6、腹最大径 20、底径 12.1、高 17.4 厘米（图二三七，11；图版一〇三，3）。

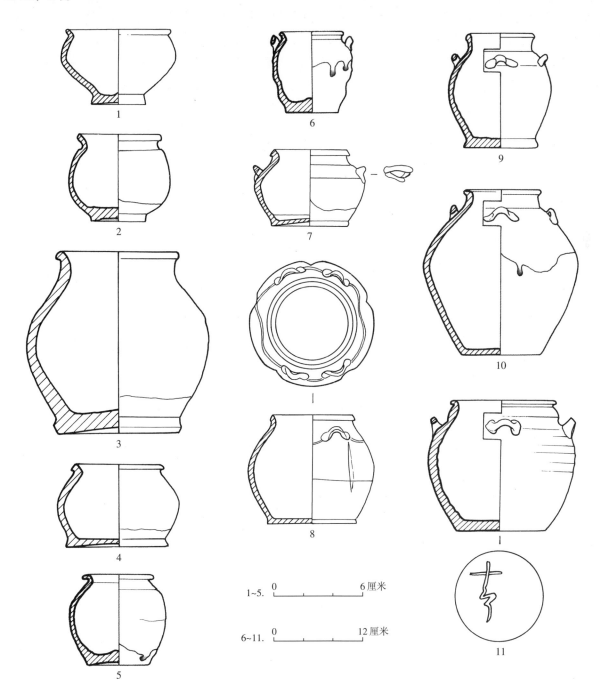

图二三七　宋代第二期青釉罐、双耳罐和四耳罐

1. A 型 I 式罐（97T5④b：50）　2. A 型 II 式罐（97T13④b：5）　3. B 型 I 式罐（97T5④b：7）　4. C 型罐（97T13
④b：17）　5. D 型罐（97T13④b：24）　6. A 型双耳罐（97T5④b：19）　7. B 型双耳罐（97T13④b：11）　8. Aa 型
I 式四耳罐（97T13④b：1）　9. Aa 型 II 式四耳罐（97T9④a：11）　10. Ba 型四耳罐（97T1④b：2）　11. Bb 型四
耳罐（97T13④b：6）

盆　可复原23件。分属于A型、C型和D型。

A型　18件。敛口，凸圆唇，深弧腹，平底或饼足。器内及口沿和外壁局部施青黄釉。标本97T5④b∶45，器内底模印花卉纹，底部墨书"何□"字，其中下面一字模糊难以辨识。灰色胎，残。口径24、底径17.6、高8.8厘米（图二三六，4；图二三八，1）。标本97T5④a∶15，无釉处局部呈红褐色。青灰胎，残。口径42.4、底径20、高24厘米（图二三八，2）。标本97T13④b∶40，口沿有支垫痕。浅灰胎，残。口径37.2、底径21.2、高19.2厘米（图版一○三，4）。

C型　3件。敞口，口沿外撇，尖圆唇，弧腹，矮圈足。97T13④b∶29，器内上腹壁刻划缠枝花卉纹，内填梳篦纹，近底部饰一周旋纹。釉呈淡青色，足底露胎，墨书"X"字图案。浅灰胎，残。口径33.3、足径9.6、高9.2厘米（图二三八，3；图版一○三，5、6）。

D型　2件。敞口，平折沿，唇口压出波浪形花边，斜弧腹，底部已残。器内和口沿施青黄釉。标本97T1④b∶29，灰白胎。口径29、残高7.0厘米（图二三八，4）。

擂钵　可复原3件。器内底和腹壁刻竖凹槽线。分属于A型和B型。

A型　1件（97T13④b∶39）。敛口，折沿，圆唇，深弧腹，平底内凹。口沿和器外上腹部施青黄釉，无釉处呈红褐色。残。口径36、底径20、高16厘米（图二三八，5）。

B型　2件。敞口，口沿内侧有一道凹槽，浅弧腹，饼足底。标本97T5④b∶4，口沿处施青黄釉。黄褐陶，残。口径19、底径11.2、高6.6厘米（图二三八，6；图版一○四，1）。

碟　可复原7件。分属于C型和Da型Ⅱ式。

C型　5件。撇口弧腹碟。分属于Ⅰ式和Ⅱ式。

Ⅰ式　3件。浅弧腹，器内底近平，圈足较高，足壁较厚。标本97T10④b∶6，釉青泛黄，有细小开片。灰白胎，残。口径13、足径5.3、高4.0厘米（图二三九，1）。

Ⅱ式　2件。内腹折收，器内底微凸起，矮圈足，足壁较厚。标本97T5④b∶2，器内上腹壁饰一道旋纹，下部饰弧线、梳篦纹。釉青泛黄。青灰胎，残。口径12.8、足径5.0、高3.6厘米（图二三九，2；图版一○四，2、3）。

Da型Ⅱ式　2件。敞口，弧腹，器内底面平，矮圈足，足底有乳状凸起。标本97T5④a∶1，器内上腹部饰一道旋纹，旋纹下划梳篦纹，器外有轮旋痕。青灰胎，残。口径14.1、足径5.1、高4.4厘米（图二三九，3）。

碗　可复原26件。分属于C型、D型、E型和F型。

C型　12件。撇口弧腹碗。分属于Ⅱ式和Ⅳ式。

Ⅱ式　8件。尖唇，腹壁向底渐厚，器内圜底，高圈足，足壁薄。标本97T1④b∶11，釉呈青灰色。青灰胎，残。口径15.8、足径5.8、高6.2厘米（图二三九，4；图版一○四，4）。

Ⅳ式　4件。尖圆唇，腹壁厚薄一致，器内底面平，矮圈足，足壁较厚。标本97T1④b∶3，内腹壁刻划弧线、梳篦纹，外腹壁划竖线纹。施深青釉，有开片。灰白胎，残。口径16、足径5.7、高7.1厘米（图二三九，5；图版一○四，5、6）。标本97T5④a∶28，内腹壁划弧线、梳篦纹，器外划竖线纹，多轮旋痕。施深青釉。青灰胎，残。口径16.4、足径5.3、高7.8厘米（图二三九，6；图版一○五，1、2）。

D型　6件。敞口弧腹碗。分属于Ⅱ式和Ⅲ式。

Ⅱ式　1件（97T13④b∶14）。尖圆唇，腹壁均匀，器内底面平，圈足。器内腹壁饰一周旋纹。釉呈青黄色，有开片。灰白胎，残。口径13.8、足径6.0、高5.0厘米（图二三九，8；图版

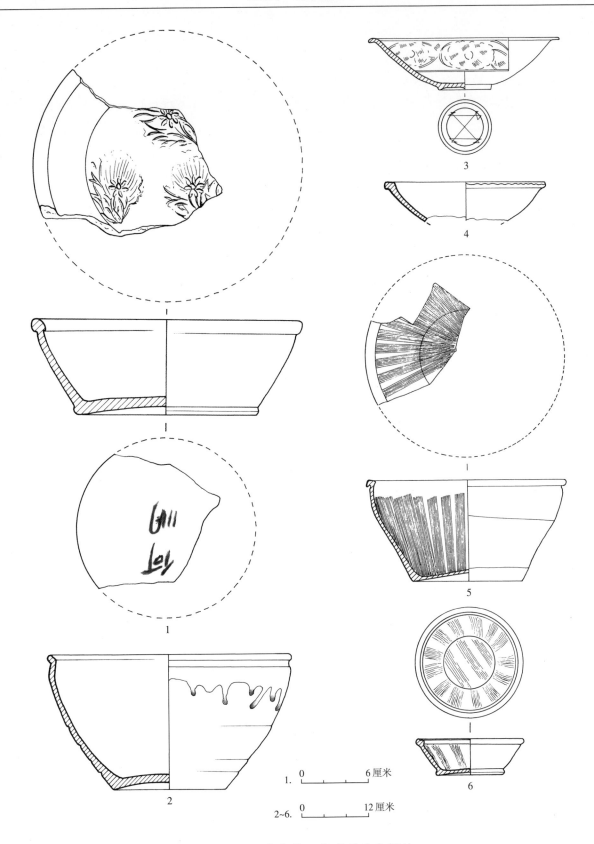

图二三八　宋代第二期青釉盆和擂钵

1. A型盆（97T5④b∶45）　2. A型盆（97T5④a∶15）　3. C型盆（97T13④b∶29）　4. D型盆（97T1④b∶29）

5. A型擂钵（97T13④b∶39）　6. B型擂钵（97T5④b∶4）

一〇五，3）。

Ⅲ式　5件。尖唇，腹壁均匀，器内底面平或凹下一圈呈小平底，矮小圈足，足壁较厚。标本97T5④b：34，足已残。内壁刻划莲花、梳篦纹，外腹口沿下饰一道旋纹，旋纹下划竖线纹。施深青釉。青灰胎。口径19、残高7.0厘米（图二三九，7）。标本97T1④b：6，器内口沿下饰旋纹一道，旋纹下划弧线、梳篦纹，外腹壁刻竖线纹。施深青釉。青灰胎，残。口径12.2、足径4.1、

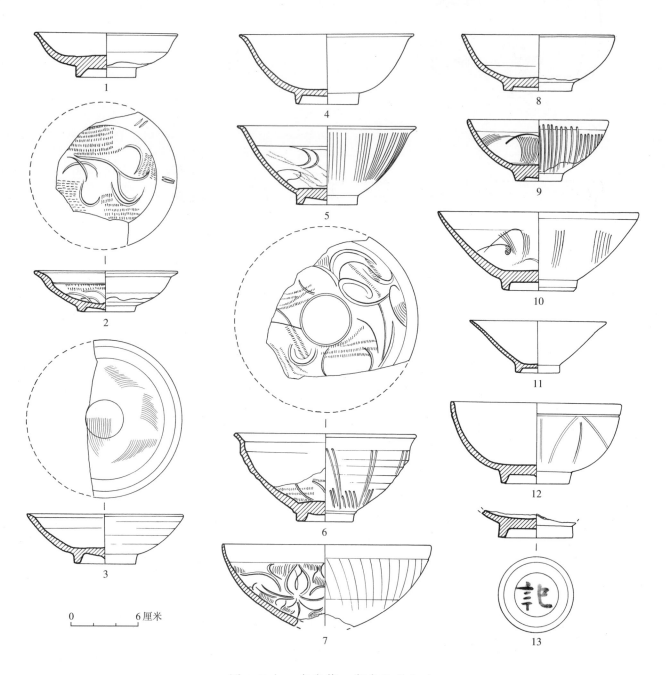

图二三九　宋代第二期青釉碟和碗

1. C型Ⅰ式碟（97T10④b：6）　2. C型Ⅱ式碟（97T5④b：2）　3. Da型Ⅱ式碟（97T5④a：1）　4. C型Ⅱ式碗（97T1④b：11）　5. C型Ⅳ式碗（97T1④b：3）　6. C型Ⅳ式碗（97T5④a：28）　7. D型Ⅲ式碗（97T5④b：34）　8. D型Ⅱ式碗（97T13④b：14）　9. D型Ⅲ式碗（97T1④b：6）　10. E型Ⅱ式碗（97T1④b：1）　11. E型Ⅲ式碗（97T5④b：47）　12. F型碗（97T13④b：36）　13. 墨书"记"字花押碗底（97T5④b：39）

高5.5厘米（图二三九，9；图版一〇五，4）。

　　E型　6件。斗笠式碗。分属于Ⅱ式和Ⅲ式。

　　Ⅱ式　5件。器内底面平，矮圈足，足壁较厚。标本97T1④b：1，内口沿下饰旋纹一道，旋纹下划弧线、梳篦纹，外腹壁划梳篦纹。施青釉，内底涩圈。青灰胎，残。口径18、足径6.2、高7.0厘米（图二三九，10）。

　　Ⅲ式　1件（97T5④b：47）。尖唇，器内小平底，小圈足。施艾青釉，有开片。青灰胎，残。口径12.4、足径4.0、高4.6厘米（图二三九，11）。

　　F型　2件。直口弧腹碗，器内底近平，高圈足。标本97T13④b：36，外口沿下饰一道旋纹，腹壁刻划莲瓣纹。灰白胎，残。口径15、足径6.1、高7.2厘米（图二三九，12；图版一〇五，5）。

　　另有1件碗底（97T5④b：39），足底墨书一"记"字花押。足径6.4、残高2.2厘米（图二三九，13）。

　　注碗　1件（97T5④a：5）。敛口，圆凸唇，圆弧腹，圈足。器口处有一流口，已残。内外施青釉，泛黄绿色，有开片。青灰胎，残。口径14.8、足径7.4、高9.0厘米（图二四〇，1）。

　　盏　可复原9件。分属于A型和B型。

　　A型　1件（97T13④b：62）。口沿外折，弧折腹，平底。器内满釉，器外局部施釉，釉呈青黄色。青灰胎，残。口径8.0、底径3.4、高3.2厘米（图二四〇，2）。

　　B型　8件。敞口，斜弧腹，平底或饼足。标本97T6④b：3，平底。釉呈青黄色。灰白胎，残。口径8.8、底径3.2、高2.8厘米（图二四〇，3）。

　　灯盏　可复原3件。敞口，浅弧腹，器内底和腹壁间塑一半环形承，已残，饼足。标本97T1④b：32，釉呈青黄色，无釉处施红褐陶衣。青灰胎，残。口径10.5、底径4.2、高3.5厘米（图二四〇，4）。

　　瓶　可复原1件（97T13④b：33）。直口，平沿，长颈，颈部饰三道旋纹，瓜棱形腹，上腹圆鼓，下腹斜收，平底内凹。器表施青釉，无釉处呈黄褐色。残。口径3.6、腹最大径7.2、底径3.2、高8.5厘米（图二四〇，5；图版一〇五，6）。

　　器盖　1件（97T13④b：49）。子口近直，盖沿外展，盖面圆隆起，顶部旋刮出一半圆形纽。器内外施青釉，纽内无釉，子口处施褐色陶衣。青灰胎，残。子口径12、最大径15.2、残高6.0厘米（图二

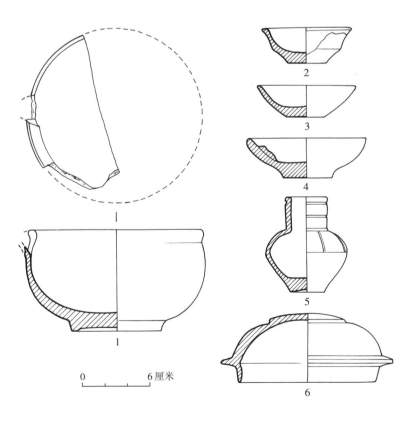

图二四〇　宋代第二期青釉器

1.注碗（97T5④a：5）　2.A型盏（97T13④b：62）　3.B型盏（97T6④b：3）
4.灯盏（97T1④b：32）　5.瓶（97T13④b：33）　6.器盖（97T13④b：49）

四〇，6）。

（3）青白瓷器

　　数量较少，器形有罐、碗和碟等。器表内外施釉均匀，釉白泛青，釉质莹润有光泽，足底露胎。胎呈洁白或灰白色，胎质坚致。

　　罐　1件（97T9④b：9）。器口已残，鼓腹呈瓜棱形，双层圈足，底层圈足外撇呈花瓣状。洁白胎，残。腹最大径7.0、底径6.0、残高7.0厘米（图二四一，1）。

　　碗　可复原7件。分属于A型、C型和D型。

　　A型　3件。敞口，弧腹，圈足。分属于Ⅰ式和Ⅱ式。

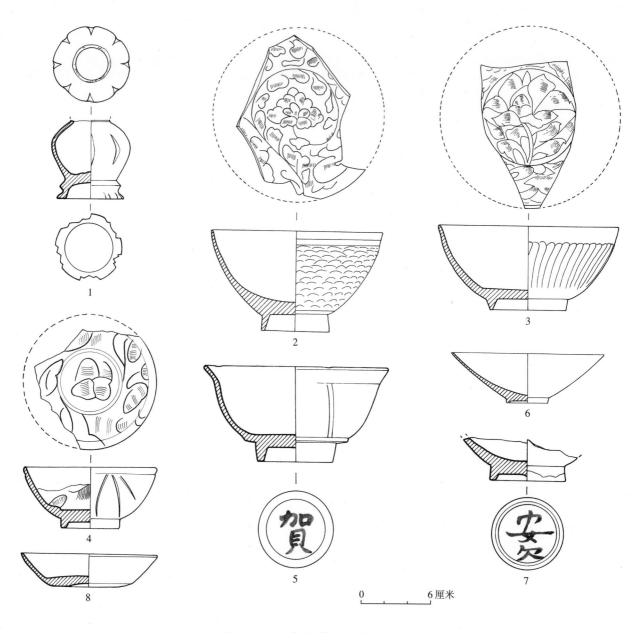

0　　　　　6厘米

图二四一　宋代第二期青白瓷器

1. 罐（97T9④b：9）　2. A型Ⅰ式碗（97T13④b：21）　3. A型Ⅱ式碗（97T13④b：10）　4. A型Ⅱ式碗（97T13④b：2）　5. C型碗（97T13④b：23）　6. D型碗（97T1④b：5）　7. 墨书"安欠"花押碗底（97T5④b：38）　8. C型Ⅲ式碟（97T1④b：12）

Ⅰ式　1件（97T13④b：21）。器内圜底，高圈足，足壁较薄。器内模印缠枝牡丹，外腹壁刻海水波涛纹。足底露胎，灰白胎，残。口径15.4、足径6.0、高8.8厘米（图二四一，2）。

Ⅱ式　2件。器内底面平，矮圈足。标本97T13④b：10，器内模印缠枝牡丹，外腹壁刻花瓣纹。灰白胎，残。口径16、足径6.9、高7.4厘米（图二四一，3）。标本97T13④b：2，器内刻划缠枝牡丹、梳篦纹，外腹刻莲瓣纹。灰白胎，残。口径12、足径5.0、高5.4厘米（图二四一，4；图版一○六，1）。

C型　3件。葵花口，口沿外撇，曲弧腹，圈足较高。外腹部与葵口相对处刻竖向葵瓣纹。足底露胎，均墨书有"贺"或"贺皿"花押。标本97T13④b：23，足底墨书"贺"字花押。洁白胎，残。口径16.6、足径6.8、高8.4厘米（图二四一，5；图版一○六，2）。标本97T13④b：22，足底墨书"贺皿"花押。洁白胎，残。口径17、足径7.0、高8.5厘米（图版一○六，3、4）。

D型　1件（97T1④b：5）。敞口，斜直腹，呈斗笠式，小圈足，挖足很浅。釉面有开片，足底露胎。灰白胎，残。口径13.6、足径3.6、高4.3厘米（图二四一，6；图版一○六，5）。

另有1件碗底残件（97T5④b：38）。圈足，足底心凸起，墨书"安欠"花押。灰白胎。足径6.6、残高3.6厘米（图二四一，7）。

碟　可复原2件，属于C型Ⅲ式。敞口，尖唇，斜弧腹，卧足。标本97T1④b：12，洁白胎，残。口径12.3、底径3.2、高2.9厘米（图二四一，8；图版一○六，6）。

（4）酱（黑）釉器

数量少，器形有碗和灯盏等。釉色呈酱黑色或酱褐色。

碗　8件。分属于A型、C型和D型。

A型　1件（97T9④a：21）。撇口弧腹碗，尖唇，矮圈足，挖足较浅。施酱黑釉，器内可见竖向兔毫状条纹，器外施釉不到底。青灰胎，残。口径13、足径3.6、高4.2厘米（图二四二，1）。

C型　3件。斗笠式碗，敞口，尖唇，斜直腹，矮圈足，挖足较浅。施酱黑釉，部分口沿处施青釉，足部露胎。标本97T13④b：4，口沿施青釉。灰白胎，残。口径12、足径4.3、高5.1厘米（图二四二，2，图版一○七，1）。

D型　4件。器口敛束，尖唇，斜弧腹，小饼足。标本97T5④a：6，施酱黑釉，器外施釉不到底。青灰胎，残。口径11、足径3.2、高5.4厘米（图二四二，3）。

灯盏　1件（97T13④b：61）。敞口，圆唇，饼足，内底心塑一圆形柱，已残断。釉呈酱褐色，有开片，器外下腹部露胎。青灰胎，残。口径7.4、底径3.7、高2.9厘米（图二四二，4）。

（5）紫红釉器

器盖　2件。根据盖纽的不同可分二型。

A型　1件（97T1④b：7）。子口近直，盖沿外展，盖面隆起，盖顶面近平，上有一宝珠形纽。器表施紫红釉。灰白胎，残。子口径10.6、最大径13.2、高3.0厘米（图二四二，5；图版一○七，2）。

B型　1件（97T5④b：49）。像一只倒扣的碟，敞口，平折沿，盖面隆起，顶部有一饼足形纽，盖面一侧穿有两个圆孔以系绳。器表施紫红釉，完好。口径8.8、高2.2厘米（图二四二，6）。

（6）绿釉器

炉　3件，未能复原。器表施绿色低温釉，有光泽。胎呈浅灰色或浅黄色，胎质粗松。标本97T9④b：2，器口已残，腹部呈六棱形，腹壁直，壁面划竖线纹，腹底处贴饰仰莲瓣一周，底座

图二四二　宋代第二期生活器具

1. A 型酱黑釉碗（97T9④a：21）　2. C 型酱黑釉碗（97T13④b：4）　3. D 型酱黑釉碗（97T5④a：6）　4. 酱褐釉灯盏（97T13④b：61）　5. A 型紫红釉器盖（97T1④b：7）　6. B 型紫红釉器盖（97T5④b：49）　7. 绿釉炉（97T9④b：2）　8. 绿釉炉（97T9④b：7）　9. 铜瓢（97T5④b：26）　10. 砺石（97T6④b：1）

已残。器表施绿色低温釉。灰白胎。残高 14 厘米（图二四二，7；图版一〇七，3）。标本 97T9④b：7，直口，圆唇，平底，底座已残。外腹壁刻莲瓣纹。器外壁施绿色低温釉。土黄色胎。口径 8.8、残高 4.4 厘米（图二四二，8；图版一〇七，4）。

（7）铜瓢

1 件（97T5④b：26）。敞口，平折沿，方圆唇，弧腹，下腹已残，器口一侧设一斜向上流口，方形，上大下小。与流口成 90° 的右侧有一扁形把，中空，把端为抹角长方形銎，进深呈楔形，可安木柄。胎壁很薄。口径 14.8、残高 6.0 厘米（图二四二，9；图版一〇七，5）。

（8）砺石

1 件（97T6④b：1）。近长方形，上面和两侧面均有使用过的磨痕，其中以上面较甚，形成下凹槽，两端及底面经过粗加工。黄褐色粗砂岩石打制而成。长 31.2、宽 14.3、厚 9.5 厘米（图二四二，10；图版一〇七，6）。

3. 钱币

5 枚。有"皇宋通宝"、"元丰通宝"、"乾亨重宝"和"开元通宝"等，除"乾亨重宝"为铅钱外，其余均为铜钱。

"皇宋通宝" 2 枚。属于 A 型。有内外郭，钱文字体为楷书体。标本 97T13④b：7，钱径 2.44、穿宽 0.65、外郭宽 0.25、外郭厚 0.15 厘米，重 3.6 克（图二四三，1）。标本 97T5④b：8，钱径 2.45、穿宽 0.75、外郭宽 0.2、外郭厚 0.2 厘米，重 3.0 克（图二四三，2）。

"元丰通宝" 1 枚（97T10④b：3）。制作精整，钱文字体为行书体。钱径 2.6、穿宽 0.71、外郭宽 0.37、外郭厚 0.15 厘米，重 3.1 克（图二四三，3）。

"乾亨重宝" 1 枚（97T14④b：1）。铅钱，有内外郭。钱径 2.56、穿宽 0.8、外郭宽 0.22、外郭厚 0.12 厘米，重 3.8 克（图二四三，4）。

"开元通宝" 1 枚（97T13④b：86）。有内外郭，背面穿上有半月形钱文符号。钱径 2.47、穿宽 0.71、外郭宽 0.13、外郭厚 0.11 厘米，重 2.8 克（图二四三，5）。

4. 其他

（1）陶俑头像

1 件（97T5④b：22）。残存头部，头戴圆角幞头，前额和耳之上饰有圆形装饰，粗眉，怒目，高鼻，高颧骨。面施青釉，幞头为棕褐色。青灰胎，残。面宽 8.8、厚 8.8、残高 13.4 厘米（图二四四，1；彩版一三，2）。

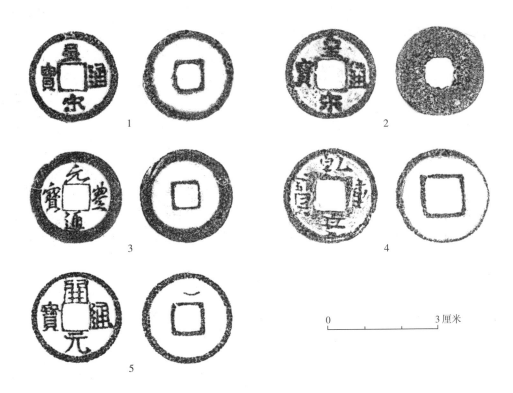

图二四三　宋代第二期钱币拓本

1. A 型"皇宋通宝"铜钱（97T13④b：7）　2. A 型"皇宋通宝"铜钱（97T5④b：8）　3."元丰通宝"铜钱（97T10④b：3）　4."乾亨重宝"铅钱（97T14④b：1）　5."开元通宝"铜钱（97T13④b：86）

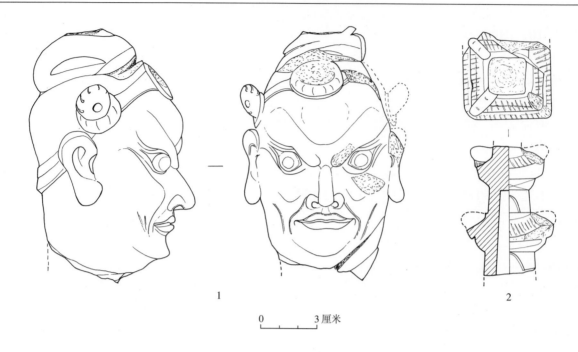

0 —————— 3厘米

图二四四 宋代第二期陶俑头像和绿釉塔
1.陶俑头像（97T5④b：22） 2.绿釉塔（97T1④b：43）

（2）绿釉塔

1件（97T1④b：43）。四角楼阁式塔。残存二层，上层比下层略小，每层塔檐面划出斜线表示铺瓦屋面，每层正面辟一拱形门。表面施绿色琉璃釉。灰白胎。残高6.8厘米（图二四四，2）。

（3）动、植物遗存

出土的动物遗存较多，经鉴定，其种类有C型螺、螺、蚬、泥蚶、蚌、鱼、亚洲象、马、羊、牛和其他哺乳动物等（详见上编第五章第四节《南越宫苑遗址出土动物骨骼研究报告》）。植物遗存较少，能鉴定种属的有女贞属。

三 小结

第一期出土的钱币较多，除有"五铢"、"开元通宝"、"乾元重宝"铜钱和"乾亨重宝"铅钱外，还出土有"淳化元宝"、"至道元宝"、"咸平元宝"、"景德元宝"、"祥符元宝"、"皇宋通宝"和"元祐通宝"等北宋时期的铜钱。其中"淳化元宝"发行于宋太宗淳化元年（990年），"至道元宝"发行于宋太宗至道年间（995~997年），"咸平元宝"始铸于宋真宗咸平元年（998年），"景德元宝"则是宋真宗景德元年（1004年）始铸，"祥符元宝"是宋真宗大中祥符元年（1008年）始铸，而"皇宋通宝"则始铸于宋仁宗宝元二年（1039年），年代最晚的"元祐通宝"铸造于宋哲宗元祐年间（1086~1093年）。这些铜钱的出土对确定第一期的年代提供了重要的依据。

从出土的生活器具来看，出土的A型青釉碗、B型青釉碗、C型Ⅱ式青釉碗、青釉杯、A型青釉炉、A型Ⅰ式青釉罐、青釉军持、褐彩花卉纹青釉盘、褐彩花草纹青釉枕、C型酱黑釉碗和酱褐釉器盖等分别与广州西村窑出土的Ⅴ型青釉碗、Ⅳ型青釉碗、Ⅰ型④式青釉碗、Ⅱ型②式青釉杯、Ⅰ型④式青釉刻花炉、Ⅰ型①式青釉小罐、青釉军持、青褐釉彩绘盆、Ⅳ型青褐釉彩绘枕、Ⅰ型④式酱褐釉盏和Ⅰ型③式青釉器盖，无论在器物造型、纹饰，还是在胎釉等方面都一致，属于西村窑的产品①。

此外，第一期还出土一些青釉罐、盆类器物，制作较为粗糙，胎青灰色或灰白色，釉多呈青黄色或青褐色，罐类器的肩部多戳印有花果纹饰，其中有些还有"号记"等印记，盆类器的内底多模印有菊花、龙形等纹饰，这些器物与广东佛山奇石村古窑址出土的同类器一致，从奇石窑出土有"政和六年（1116年）"款青釉四耳罐来看，其盛烧的时代为北宋中、晚期②。第一期出土的C型青白瓷碗、A型Ⅰ式青白釉碟与广东潮州笔架山宋代窑址出土的Ⅳ式影青瓷碗和Ⅲ式影青瓷盘一致。③综合以上可知，第一期的年代为北宋时期。

第二期出土的钱币有"开元通宝"、"乾亨重宝"、"皇宋通宝"和"元丰通宝"，其中"皇宋通宝"始铸于宋仁宗宝元二年（1039年），"元丰通宝"始铸于宋神宗元丰元年（1078年）。从出土的生活器具来看，第二期出土的青釉罐、四耳罐、盆、碗、碟、器盖和酱黑釉碗以及绿釉炉等器物中，有部分为广州西村窑和广东佛山奇石窑的产品，但所占的比例较少。第二期开始出现的C型Ⅲ式青釉碗、Da型Ⅱ式青釉碟、C型Ⅳ式青釉碗、D型Ⅲ式青釉碗等，胎多呈青灰色或灰白色，胎质较粗，釉多呈青黄色，器内多划卷草纹而间加篦点纹，器外则划直条纹，这种青瓷器被海外学者称作"珠光青瓷"，其产地一般认为多来自福建南部的莆田庄边窑、漳浦窑和同安汀溪窑等地。这些属于同安窑系的窑场，大多始烧于南宋时期，而终于元代。④因此，第二期的年代为北宋晚期至南宋时期。

① 广州市文物管理委员会、香港中文大学文物馆合编：《广州西村窑》，第18、22、24、28、39、41、48、108页，香港中文大学中国考古艺术研究中心出版，1987年。
② 佛山市博物馆：《广东石湾古窑址调查》，《考古》1978年第3期。
③ 李辉柄：《广东潮州古瓷窑址调查》，《考古》1979年第5期。
④ 李辉柄：《福建省同安窑调查纪略》，《文物》1974年第11期。李辉柄：《莆田窑址初探》，《文物》1979年12期。曾凡：《福建陶瓷考古概论》，第24~27、30~31、91~94页，福建省地图出版社，2001年。

第六节　元代遗存

一　地层和遗迹

元代地层有曲流石渠遗迹发掘区 97③层，主要分布于 97T1、97T5 和 97T9 三个探方的北部。遗迹有灰坑和水井，分布于曲流石渠遗迹发掘区（附表七；图二四五）。

（一）灰坑

9 个，分别为 97H1、97H33、97H37、97H38、97H39、97H56、97H60、97H180 和 97H195。根据坑口和坑壁的不同可分成二类。

1. 坑口平面呈不规则形或近呈圆形，坑壁弧形内收，圜底。这一类坑有 8 个，分别为 97H1、97H33、97H37、97H38、97H39、97H60、97H180 和 97H195。现举例介绍：

97H1　位于 97T5 中部，开口于 97③层下，打破 97④a 层。坑口平面呈不规则形，东西 3.45、南北 2.4、深 0.9 米（图二四六）。坑内为灰土堆积，土质疏松。遗物丰富，出土 B 型 I 式青釉碗 1 件、C 型青釉碗 3 件、A 型青釉高足碗 1 件、A 型青釉碟 2 件、B 型青釉碟 1 件、青釉盏 1 件、卵白釉碟 2 件（其中 1 件有"枢府"铭款）、卵白釉香炉 1 件、釉里红釉盘 1 件、黄釉盘 1 件、黄釉四耳罐 1 件、A 型酱黑釉执壶 1 件、酱褐釉杯 1 件。

97H33　位于 97T39 中西部，开口于 97①层下，打破 97⑤b 层和 97F9。坑口平面近呈圆形，径 0.9、深 0.6 米（图二四七）。坑内为灰黑色土堆积，土质疏松。遗物丰富，出土 C 型青釉碗 1 件、B 型卵白釉碗 2 件、Ca 型卵白釉碗 3 件、Aa 型 I 式卵白釉高足碗 2 件、Aa 型 II 式卵白釉高足碗 1 件、Ab 型卵白釉高足碗 1 件、卵白釉碟 2 件（其中 1 件有"枢府"铭款）、黄釉瓶 1 件，还有少量灰陶和红黄陶布纹瓦片以及动物骨等。

97H195　位于 97T43，向北延伸出发掘区外。开口于 97①层下，打破 97F9 和 97⑤b，被 97SJ1、97H140 和 97J27 打破。坑口平面呈不规则形，东西 5.15、南北现宽 6.68、深 2.45 米。坑内堆积可分三层，由南向北倾斜堆积。第①层为黑褐色土，夹有贝壳，土质疏松，厚 0~0.68 米，内含较多的碎砖、瓦块，出土褐彩绘陶罐残件 1 件、青釉盘 1 件、B 型 I 式青釉碗 1 件、酱黑釉灯盏 1 件，还有戳印"全庄"款陶片等；第②层为灰黑沙土，夹有贝壳，土质疏松，厚 0.14~0.35 米。出土青釉盆 1 件、A 型青釉碗 1 件、C 型青釉碗 1 件、F 型青釉碗 1 件、C 型青釉碟 2 件、A 型卵白釉高足碗 1 件、陶坩埚 1 件；第③层为褐色土，土质疏松，厚 0.18~1.16 米，内含少量贝壳和较多的碎砖残块，出土青白瓷碗 1 件（图二四八）。

2. 口小底大呈袋状，平底。这一类灰坑只有 1 个。

97H56　位于 97T40 西南部，向南延伸出发掘区外。开口于 97①层下，打破 97⑤a 层和 97Q8。坑口平面现呈半弧形，坑口东西 1.9、南北 0.5 米，坑底东西 2.3、南北 0.6、深 1.54 米（图二四九）。坑内为灰土堆积，土质疏松，内含有大量贝壳。出土 C 型青釉碗 1 件、青釉盘 1 件、B 型酱褐釉碗 1 件，还有卵白釉高足碗、青瓷碗等残片以及灰陶和红黄陶布纹瓦片等。

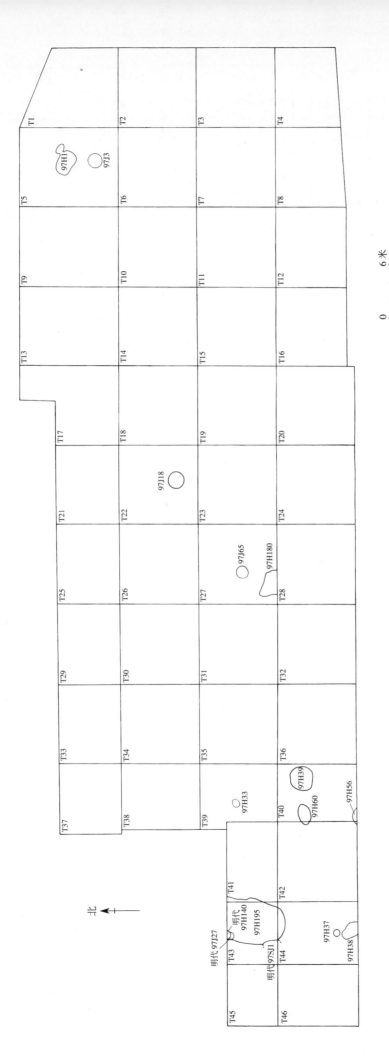

北

T1　T2　T3　T4

97H1　97J3

T5　T6　T7　T8

T9　T10　T11　T12

0　6米

T13　T14　T15　T16

T17　T18　T19　T20

97J18

T21　T22　T23　T24

97J65
97H180

T25　T26　T27　T28

T29　T30　T31　T32

T33　T34　T35　T36

97H39

97H33

97H60

T37　T38　T39　T40

97H56

T41

明代97J27
明代
97H140
97H195

T43

明代97SJ1
T44

97H37

97H38

T42

T45

T46

图二四五　曲流石渠遗迹发掘区元代遗迹平面图

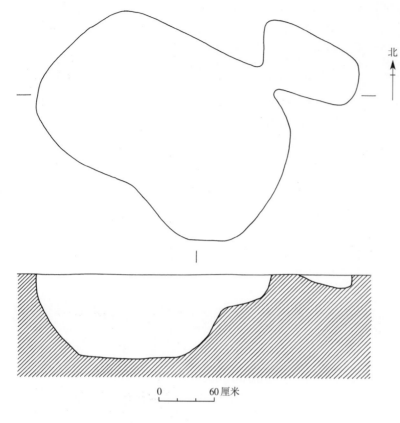

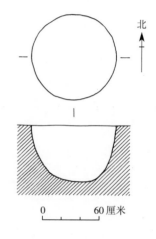

图二四七 97H33平剖面图

图二四六 97H1平剖面图

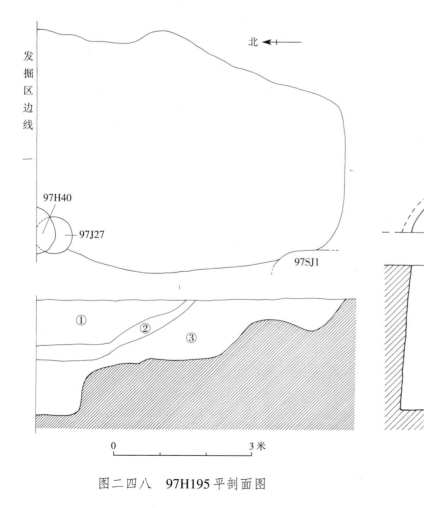

图二四八 97H195平剖面图

图二四九 97H56平剖面图

（二）水井

3口，编号为97J3、97J18和97J65。水井结构和井内出土遗物的介绍详见附录二第七节。

二　遗物

有建筑材料、生活器具和其他。

（一）建筑材料

有陶质建筑材料和石质建筑材料，其中陶质建筑材料有砖和瓦，石质建筑材料有柱础石。

1. 砖

1件（97T5③：9）。长方砖，砖体较小、较薄。夹砂红陶，胎质较坚硬，素面。长24、宽12.3、厚2.1厘米。

2. 瓦

板瓦160件，筒瓦79件，均为碎块，未能复原。泥片筑成，两侧有切割痕。多呈青灰色或灰白色，部分呈红黄陶。大多表面光素，里面多布纹，少量两面均素面。

3. 柱础石

1件（97H180：8）。上部覆盆式，圆弧较高，顶面平，中心有圆形凹槽。八棱形底座分上、下两层，上层比下层略向内缩小1.0厘米，下层每一面中部均雕刻出一长方形凹槽，底面挖空成圆弧形。花岗岩石雕凿而成。通高31厘米，覆盆底径44、顶面径26、高16.7厘米，顶面凹槽径9.0、深14.4厘米，底座下层径52、高10.5厘米，底面凹槽径40、高21.6厘米（图二五〇，1；图版一〇八，1）。

（二）生活器具

有陶器、青釉器、卵白釉瓷器、青白釉瓷器、酱釉器、黄釉器和釉里红釉瓷器，还有石磨。

1. 陶器

擂钵　1件（97H60：7）。敛口，方唇，弧腹，底部已残，内腹壁刻划有竖凹槽线。夹砂灰陶，器表刷有类似陶衣的浅黄色颜料。口径34.4、残高8.4厘米（图二五〇，2）。

器盖　1件（97H60：5）。似一倒扣的盘，敞口，盖面隆起，顶部已残，盖面饰三道旋纹。泥质黄白陶，残。口径28、残高5.0厘米（图二五〇，3）。

另有1件罐类腹底残件（97H195①：1），内外腹壁均施白色陶衣为地，其上用褐彩绘花纹图案。灰白陶。底径6.6、残高7.5厘米（图二五〇，4）。

2. 青釉器

有盆、盘、碗、高足碗、碟、盏和香炉等器形。内外施釉，釉层较厚，玻璃质感较强，有较大开片，不甚透明，多呈梅青色或青灰色，少数呈青黄色等，足底露胎。器内底、内腹壁多模印或刻划有折枝花卉、束莲、鱼纹或龙纹等纹饰或图案，外腹壁多刻有旋纹或莲瓣纹等。

盆　1件（97H195②：13）。敞口，平折沿，唇口呈花边形，斜弧腹，饼足微内凹。器内施青黄釉，外腹局部洒有釉点。浅黄色胎，残。口径31、足径16.4、高9.1厘米（图二五一，1）。

盘　2件。撇口，尖圆唇，浅弧腹，圈足。标本97H56：3，器内底圆圈内模印折枝花卉纹，

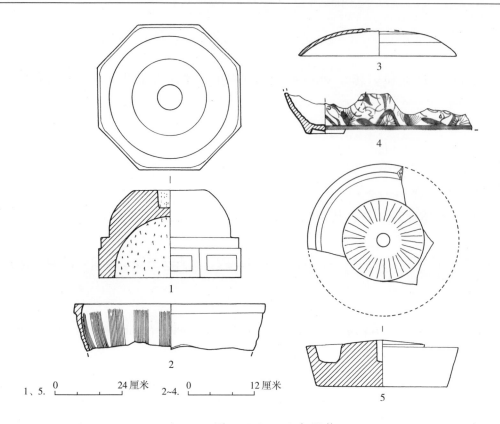

1、5.　0 ——————— 24厘米　　2~4.　0 ——————— 12厘米

图二五〇　元代器物

1. 柱础石（97H180：8）　2. 陶擂钵（97H60：7）　3. 陶器盖（97H60：5）　4. 白衣褐彩花
纹陶罐残件（97H195①：1）　5. 石磨（97H180：9）

内腹壁饰细旋纹和弧线纹，外口沿下饰四道细旋纹。釉呈青灰色。红褐色胎，残。口径 17.0、足径 7.0、高 3.9 厘米（图二五一，2）。标本 97H195①：5，器内腹壁刻划弦纹、梳篦纹。釉青灰泛黄，足底露胎。呈火石红痕。青灰胎，残。口径 17.3、足径 6.3、厚 3.3 厘米（图二五一，3）。

碗　可复原 21 件。根据口沿和腹部的不同可分六型。

A 型　3 件。敞口，尖圆唇，斜弧腹，矮圈足，足底心凸起。标本 97H195②：7，内底涩圈，足底露胎。釉呈青灰色。灰色胎，残。口径 16.6、足径 5.6、高 5.7 厘米（图二五一，4）。

B 型　4 件。敞口，弧腹，圈足。根据腹底部和足部的变化可分二式。

Ⅰ式　2 件。腹壁较厚，器内圜底，小圈足较高。标本 97H195①：2，内口沿下模印水波纹，腹壁模印花草纹，外口沿下饰四道旋纹，腹底部划莲瓣纹。釉呈青灰色。青灰胎，残。口径 19.4、足径 4.6、高 7.6 厘米（图二五一，5）。

Ⅱ式　2 件。腹壁向底渐厚，器内底面平，矮圈足，足底厚重。标本 97T1③：8，器内底心圆圈内模印一鱼纹，外口沿下饰四道旋纹，弦纹间一定距离用三道短斜线分隔成若干组，近底部刻莲瓣纹。釉青泛黄，足底无釉处呈火石红痕。灰色胎，残。口径 20.2、足径 6.8、高 7.8 厘米（图二五一，6；图版一〇八，2、3）。

C 型　11 件。撇口，尖圆唇，圆弧腹，圈足，足底厚重。标本 97H33：12，内底圆圈内模印莲花纹。釉青泛黄。浅灰胎，残。口径 16.5、足径 5.6、高 6.9 厘米（图二五二，1；彩版一四，1）。标本 97H1：12，内底圆圈内模印一折枝花卉。釉呈梅青色，有细碎开片。灰色胎，残。口径 19、

图二五一 元代青釉盆、盘和碗

1.盆（97H195②:13） 2.盘（97H56:3） 3.盘（97H195①:5） 4.A型碗（97H195②:7） 5.B型Ⅰ
式碗（97H195①:2） 6.B型Ⅱ式碗（97T1③:8）

足径7.2、高7.4厘米（图二五二，2；图版一〇八，4）。标本97T1③：6，器内底微凸。釉呈梅青色，足底露胎处呈火石红痕。青灰胎，残。口径18.2、足径7.0、高7.6厘米（图版一〇八，5）。

D型　1件（97T1③：1）。葵花口，口沿外撇，与花口处相对应的外腹壁出筋，深弧腹，圈足，足底厚重。釉呈梅青色，足底釉胎交接处呈火石红痕。青灰胎，残。口径15.8、足径5.8、高5.6厘米（图二五二，3；图版一〇八，6）。

E型　1件（97H60：1）。菱花口，器口外敞，深弧腹，圈足，足底厚重。内底及内腹壁模印缠枝花卉纹，内口沿下饰水波纹，外腹壁刻花瓣纹。釉青发黄。浅灰胎，残。口径19.8、足径

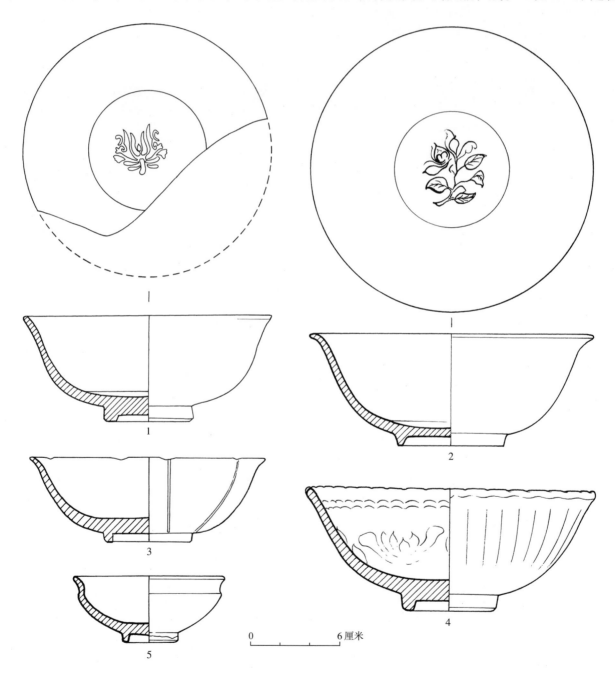

0 ————————— 6厘米

图二五二　元代青釉碗

1. C型（97H33：12）　2. C型（97H1：12）　3. D型（97T1③：1）　4. E型（97H60：1）　5. F型（97H195②：10）

6.4、高8.3厘米（图二五二，4）。

F型　1件（97H195②：10）。敛束口，尖圆唇，弧腹，圈足，足底厚重。釉青发黄，釉层较厚，有较大开片，足底露胎。青灰胎，残。口径10.4、足底3.8、高4.4厘米（图二五二，5）。

高足碗　可复原6件。根据口沿和足的不同可分为二型。

A型　5件。撇口，尖圆唇，弧腹，底接一喇叭形高足，足内无釉处多呈火石红痕。标本97H1：10，外口沿下饰四道细旋纹。釉青泛灰。灰色胎，残。口径11.8、足底径4.0、高8.4厘米（图二五三，1；彩版一四，2）。标本97T5③：7，外口沿下饰一道细旋纹。釉青泛灰。灰色胎，残。口径10.4、足底径3.6、高8.9厘米（图二五三，2）。

B型　1件（97T1③：16）。敛束口，尖圆唇，圆弧腹，底接竹节形高足，足底外撇，足内无

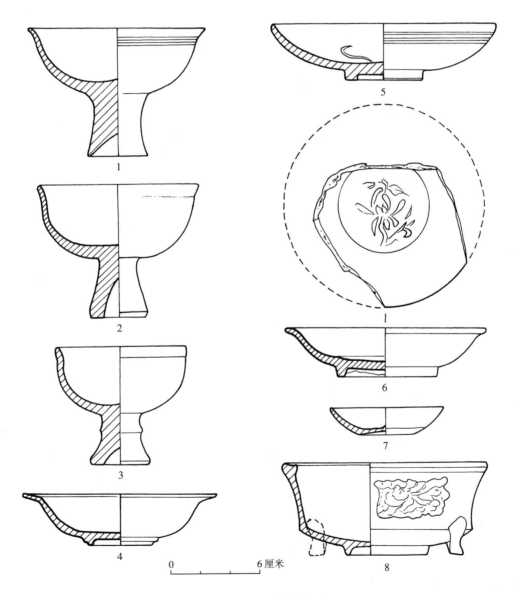

图二五三　元代青釉器

1. A型高足碗（97H1：10）　2. A型高足碗（97T5③：7）　3. B型高足碗（97T1③：16）　4. A型碟（97H1：5）　5. B型碟（97H1：17）　6. C型碟（97H195②：9）　7. 盏（97H1：3）　8. 香炉（97H180：4）

釉处呈火石红痕。釉青泛灰。灰色胎，残。口径8.4、足底径3.7、高8.0厘米（图二五三，3）。

碟　可复原6件。根据口沿和腹部的不同可分三型。

A型　2件。敞口，口沿外折，沿面微下凹，浅弧腹，圈足。标本97H1：5，二层台式圈足，内底心露胎，泛火石红痕。釉青泛黄，有较大开片。灰色胎，残。口径12.5、足径4.0、高3.4厘米（图二五三，4；图版一〇九，1）。

B型　2件。敞口，尖圆唇，浅弧腹，圈足，足底厚重。标本97H1：17，器内壁刻划有弧线纹，外口沿下饰4道细旋纹。釉青泛灰。青灰胎，残。口径15、足径5.2、高3.8厘米（图二五三，5）。

C型　2件。撇口，浅弧腹，器内近底处饰一道弦纹，圈足。标本97H195②：9，内底圆周内模印一折枝莲。釉呈梅青色，足底露胎呈火石红痕。浅灰胎，残。口径13.7、足径6.9、高3.4厘米（图二五三，6）。

盏　可复原5件。造型一致，敞口，尖圆唇，浅弧腹，平底。芒口，器内和器外上腹部施青灰釉，釉面无光。标本97H1：3，器内底心凸起。青灰胎，残。口径7.8、底径3.8、高1.8厘米（图二五三，7；图版一〇九，2）。

香炉　1件（97H180：4）。直口，口沿内敛，沿面凹下，斜直腹，下腹折内收，圈足，折腹处还接三个蹄足，与圈足等齐。外口沿下饰二道细旋纹，外腹壁堆塑凸花卉纹。器表及器内上腹壁施梅青釉，釉质莹润，有较大开片。青灰胎，残。口径13.8、圈足径5.6、高6.2厘米（图二五三，8；彩版一四，3）。

3. 卵白釉瓷器

有碗、高足碗、碟和香炉等器形。其中碗、高足碗、碟等器内外施卵白釉，釉色乳浊，不甚透亮，足底露胎。器内多模印有缠枝莲、缠枝花卉或龙纹等图案，部分碗内腹壁近底处两侧还模印有"枢府"二字，呈对称分布，因釉色乳浊，纹饰多不清晰。

碗　可复原7件。根据器口沿和腹部的不同可分三型。

A型　1件（97T1③：9）。撇口，尖圆唇，深弧腹，圈足，足底厚重，足底心凸起。内底模印一花朵纹，内腹壁模印缠枝花卉纹。灰白胎，残。口径17.4、足径6.0、高8.0厘米（图二五四，1）。

B型　1件（97H33：9）。敞口，尖圆唇，浅弧腹，圈足，足底厚重。器内底和内腹壁模印缠枝花卉纹。灰白胎，残。口径18.3、足径6.2、高5.6厘米（图二五四，2）。

C型　5件。折腹碗。根据口沿、内底和圈足的不同可分两个亚型。

Ca型　3件。撇口，器内底弧折，圈足外撇，足底心凸起。标本97T5③：5，内底模印一折枝莲花纹，内腹壁模印缠枝莲纹。白色胎，残。口径11.6、足径4.8、高4.6厘米（图二五四，3；图版一〇九，3、4）。标本97H33：1，内底和内腹壁模印缠枝莲纹。灰白胎，残。口径11.5、足径4.2、高4.8厘米（图二五四，4；彩版一四，4）。

Cb型　2件。敞口，斜直腹，器内底平折，圈足，足壁直，足底心凸起。标本97T1③：15，内底模印缠枝花卉纹。白色胎，残。口径12、足径4.4、高4.6厘米（图二五四，5）。

高足碗　6件。根据口沿的不同可分二型。

A型　5件。撇口，弧腹。根据底部接高足的不同可分两个亚型。

Aa型　3件。底部接一个喇叭形高足。根据足内壁的变化可分二式。

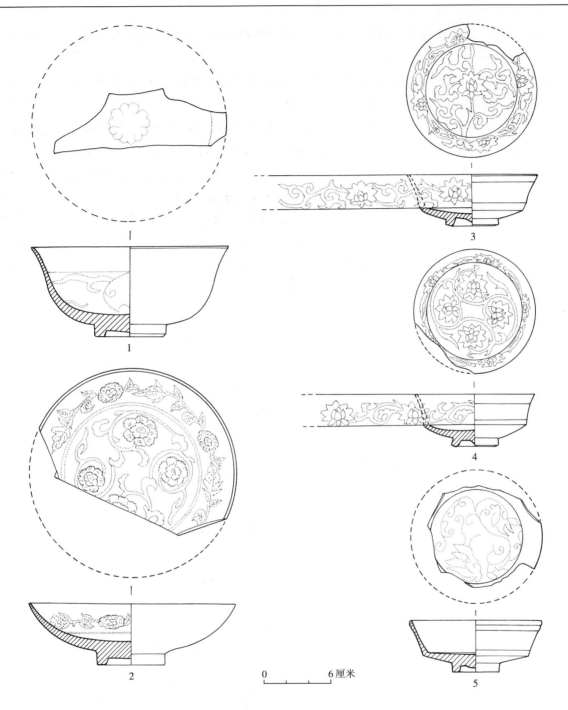

图二五四　元代卵白釉瓷碗

1. A 型（97T1③：9）　2. B 型（97H33：9）　3. Ca 型（97T5③：5）　4. Ca 型（97H33：1）　5. Cb 型（97T1③：15）

　　Ⅰ式　2件。足把内壁挖成喇叭状。标本97H33：5，器内底模印折枝花卉纹，纹饰模糊，外口沿下饰三道凸弦纹。灰白胎，残。口径11.4、足径3.6、高8.8厘米（图二五五，1；图版一〇九，5）。

　　Ⅱ式　1件（97H33：6）。足把近呈柱状，中空近直。器内底模印缠枝花卉纹，内腹壁模印龙纹，纹饰模糊。灰白胎，残。口径12.2、足径3.6、高8.9厘米（图二五五，2；图版一〇九，6）。

Ab型   2件。底部接竹节形高足，中空。标本97H33：4，素面。灰白胎，残。口径11.1、足径3.8、高9.6厘米（图二五五，3；彩版一四，5）。

B型   1件（97T1③：18）。葵花口，口沿外撇，尖圆唇，弧腹，底足已残。白色胎，残。口径13、残高4.4厘米（图二五五，4）。

碟   4件。造型一致，敞口，浅弧腹，圈足，足壁近直。器表内外施卵白釉，釉色乳浊，器内底和内壁均模印缠枝莲花纹，底部纹饰和腹部纹饰间用一周弦纹分隔，纹饰不显。标本97H1：8，内口沿下饰两道细旋纹，内底和内腹壁模印缠枝莲纹，器内腹壁近底处两侧模印"枢府"二字，阳文，对称分布。灰白胎，残。口径14、足径4.8、高3.6厘米（图二五六，1；图版一一〇，1）。标本97H33：10，内底模印折枝花卉纹，内腹模印缠枝莲纹，内腹壁模印文字，残存"枢"字，阳文。灰白胎，残。口径13.5、足径5.0、高3.7厘米（图二五六，2；彩版一四，6）。标本97H33：11，器内底和内腹壁模印缠枝莲纹，底部和腹部纹饰间用一周旋纹分隔。灰白胎，残。口径15.4、足径5.4、高4.2厘米（图二五六，3）。

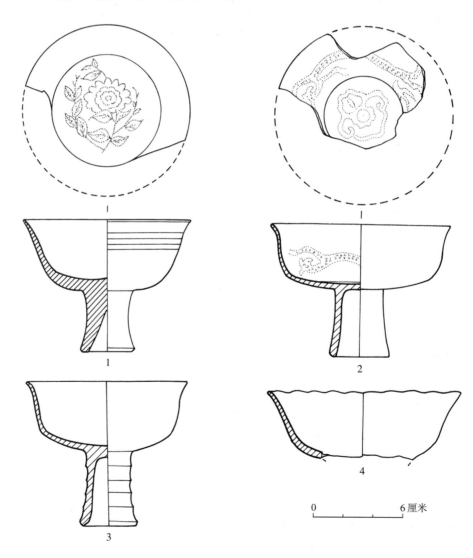

图二五五   元代卵白釉瓷高足碗

1. Aa型Ⅰ式（97H33：5） 2. Aa型Ⅱ式（97H33：6） 3. Ab型（97H33：4） 4. B型（97T1③：18）

香炉　1件（97H1：15）。鼎式。敞口，平折沿，方唇，沿面上竖两个对称长方形桥耳，短颈、扁圆腹，平底，腹底部接三个矮足。器内外施卵白釉，有细碎开片，足端和外底露胎。灰白胎，残。口径9.0、腹最大径9.3、通高8.5厘米（图二五六，4；彩版一五，1）。

4. 青白釉瓷器

碗　1件（97H195③：14）。器口敛折，圆唇，斜直腹，近底部折收，底已残。外腹壁刻莲

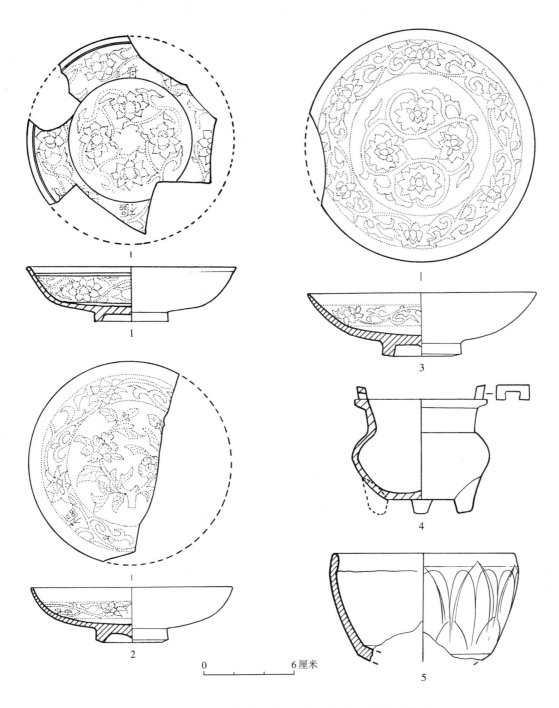

0　　　　　　　6厘米

图二五六　元代卵白釉瓷碟、香炉和青白釉瓷碗

1. 卵白釉瓷碟（97H1：8）　2. 卵白釉瓷碟（97H33：10）　3. 卵白釉瓷碟（97H33：11）　4. 卵白釉瓷香炉（97H1：15）　5. 青白釉瓷碗（97H195③：14）

瓣纹。内口沿和器外施青白釉，有细小开片。灰白胎。口径12.4、残高6.9厘米（图二五六，5）。

5. 酱釉器

器形有罐、四耳罐、执壶、碗、杯和灯盏等。多施釉不到底，釉呈酱褐色或酱黑色。大多器物素面，仅少量碗内模印有菊花纹。

罐　1件（97H180：1）。属于A型。侈口，尖圆唇，扁圆腹，最大径靠上，平底微内凹。口沿及肩部施酱黑釉。浅灰胎，残。口径8.7、腹最大径14.1、底径6.0、高9.5厘米（图二五七，1；彩版一五，2）。

四耳罐　1件（97H60：6）。出土的元代酱釉四耳罐，根据口部的不同，可分三型。这一件属A型。小口，卷沿，尖圆唇，短颈，丰肩，圆鼓腹，底部已残，肩上安四个半环形横耳。器表上腹部施酱褐釉。灰白胎。口径8.8、腹最大径23.4、残高17.2厘米（图二五七，2）。

执壶　2件。属于A型。侈口，平折沿，圆唇，长束颈，肩上一侧安一向上微弧弯的流口，对应一侧肩颈间安一环形执把，圆鼓腹，平底微内凹。标本97H1：14，器表上腹部施酱黑釉。浅灰胎，残。口径10.8、腹最大径16.6、底径8.6、高18.7厘米（图二五七，3；彩版一五，3）。

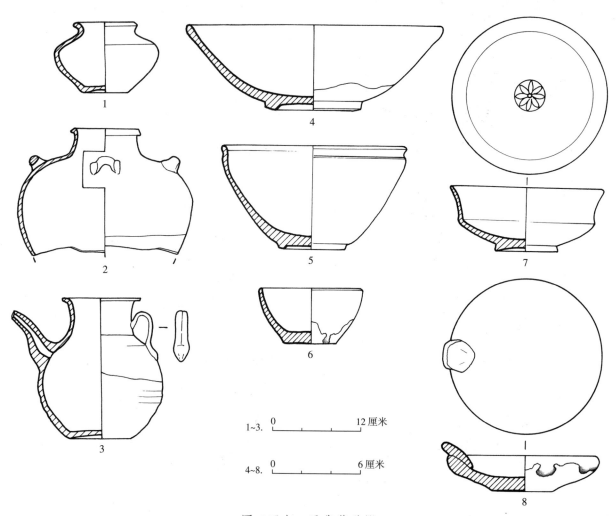

| 1~3. | 0 ———————— 12厘米 |
| 4~8. | 0 ———————— 6厘米 |

图二五七　元代酱釉器

1. A型罐（97H180：1）　2. A型四耳罐（97H60：6）　3. A型执壶（97H1：14）　4. B型碗（97H56：2）　5. C型碗（97T5③：2）　6. 杯（97H1：4）　7. A型碗（97H60：2）　8. 灯盏（97H195①：4）

碗　3件。根据器口和腹部的不同可分三型。

A型　1件（97H60：2）。撇口，折腹，饼足。内底心圆周内模印菊花纹，近内底处可见四个支垫痕。器内和器外上腹部施酱褐釉。灰色胎，残。口径10.5、足径4.2、高4.2厘米（图二五七，7）。

B型　1件（97H56：2）。敞口，弧腹，圈足。器内施青黄釉，口沿和器外上腹部施酱褐釉。青灰胎，残。口径17.0、足径6.0、高5.4厘米（图二五七，4）。

C型　1件（97T5③：2）。敛束口，斜弧腹，矮圈足，挖足很浅。内外施黑黄相间釉，足底露胎。残。口径12.2、底径4.4、高6.8厘米（图二五七，5）。

杯　1件（97H1：4）。直口，尖唇，深弧腹，平底。器外施釉不到底，釉呈酱褐色。灰色胎，残。口径7.2、底径3.6、高3.6厘米（图二五七，6；图版一一〇，2）。

灯盏　1件（97H195①：4）。口微敛，浅弧腹，器内口沿贴塑一泥条，平底内凹。器内和口沿施酱黑釉。青灰胎，稍残。口径10.4、底径4.3、高3.1厘米（图二五七，8；图版一一〇，3）。

6. 黄釉器

器形有四耳罐、瓶和盘。釉呈土黄色或黄褐色。

四耳罐　2件。敛口，卷沿，圆唇，肩上安四个半环形横耳，长圆腹，底部已残。标本97H1：13，器表施黄褐釉至下腹部。灰白胎，底残缺。口径8.2、腹最大径12.6、底径7.8、残高14.2厘米（图二五八，1；图版一一〇，4）。

瓶　1件（97H33：13）。侈口，卷沿，尖圆唇，短束颈，圆肩，肩上饰四个半环形横耳，长圆腹，最大径靠上，平底内凹。器表施土黄釉至下腹部。浅灰胎，完好。口径4.5、腹最大径10.3、底径6.1、高13.6厘米（图二五八，2；彩版一五，4）。

盘　1件（97H1：16）。敞口，浅弧腹，圈足，内底呈圆形下凹。内、外施土黄釉，有细小开片，内底心和足底露胎。灰白胎，残。口径16、足径8.0、高3.8厘米（图二五八，4；彩版一五，5）。

7. 釉里红釉瓷器

盘　1件（97H1：11）。花口，折沿，尖圆唇，浅弧腹，平底。内外施白釉，内底釉下用铜红釉绘云气纹，口沿面绘卷草纹，红釉呈棕褐色。洁白胎，胎体较薄，残。口径14.4、底径11.2、高1.6厘米（图二五八，5；彩版一五，6）。

8. 石磨

1件（97H180：9）。为石磨的下层。圆形，周沿凿宽深凹槽，呈口大底小，中间圆形台面向中心微隆起，中心凿有圆形轴孔，台面上刻凿出34条放射状凹槽线，斜直壁，平底。为黄褐色砂岩石打制而成。外径54.2、底径47、高16.4厘米，中间台面径29.8厘米，中心轴孔径5.0、深7.6厘米（图二五〇，5；图版一一〇，5）。

（三）其他

1. 陶网坠

2件。根据器形的不同可分二型。

A型　1件（97H180：5）。扁椭圆形，在纵、横面各压一周凹槽。泥质灰褐陶，完好。长径4.4、短径4.2、厚3.4厘米（图二五八，6）。

B型   1件（97H180：6）。近扁椭圆形，在长面压出一周凹槽，短面压二周凹槽。泥质灰白陶，局部施有青釉，完好。长径4.8、短径4.2、厚2.8厘米（图二五八，7）。

2. 坩埚

1件（97H195②：12）。"U"字形，深腹近直，圜底，内外壁面光滑。夹砂灰黑陶，残。腹径6.7、壁厚0.7~1.1、残高11.2厘米（图二五八，3）。

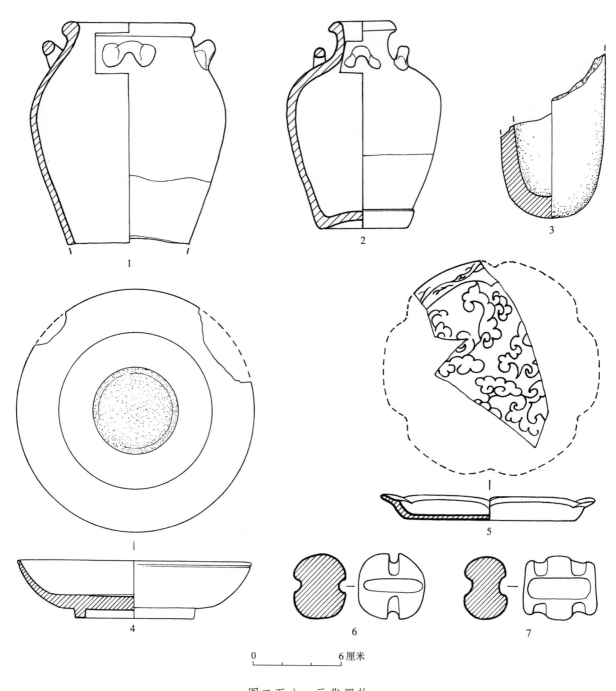

0   6厘米

图二五八   元代器物

1. 黄釉四耳罐（97H1：13）   2. 黄釉瓶（97H33：13）   3. 陶坩埚（97H195②：12）   4. 黄釉盘（97H1：16）   5. 釉里红釉瓷盘（97H1：11）   6. A型陶网坠（97H180：5）   7. B型陶网坠（97H180：6）

三 小结

这一期没有出土有明确纪年的器物，但通过对比分析，出土的器物具有明确的时代特征。如C型青釉碗、A型青釉碟、A型青釉高足碗与浙江龙泉窑元代窑址出土的同类器相同①，属于元代龙泉窑的产品。这一期出土一批卵白釉瓷碗、高足碗、碟和香炉等，是元代景德镇湖田窑的典型产品，其中模印有"枢府"款的卵白釉瓷碟更是元代军事机关枢密院在湖田窑定烧的官用瓷器②。此外，出土的A型酱褐釉罐、黄釉四耳罐、A型酱黑釉执壶等也分别与广东珠海平沙大虎水井口遗址晚期遗存出土的E型陶罐、D型陶带耳罐和B型陶壶一致，水井口遗址晚期遗存的年代为南宋末期至元代③。综上可知，这一期的年代为元代。

这一期出土一批较为精美的卵白釉瓷器，器形有碗、高足碗、碟和香炉，其中部分碟内还模印有"枢府"铭款。据文献资料记载，现广东省财政厅和原儿童公园一带，是历代州、郡、县的治所所在地，在此出土这么多的元代官窑瓷器，可见此地应为元代广东道宣慰使司都元帅府所在地。

以往有关元代卵白釉瓷器和釉里红釉瓷器多是传世器或以窖藏出土为主。这一批卵白釉瓷器，不但出土于遗址的地层中，而且数量较多，种类也较丰富，特别是出土的一件釉里红釉云气纹瓷盘，更是以往广东地区所未见的，这对研究元代瓷器提供了重要的考古资料。

---

① 中国社会科学院考古研究所浙江工作队：《浙江龙泉县安福龙泉窑址发掘简报》，《考古》1981年第6期。
② 叶佩兰：《元代瓷器》，第125~133页，九洲图书出版社，1998年。
③ 广东省文物考古研究所、珠海市博物馆等：《珠海平沙出土宋元文物》，第83、87、91页，广东省人民出版社，1993年。

第七节　明代遗存

一　地层和遗迹

明代地层有曲流石渠遗迹发掘区②层，分布于97T3、97T4、97T7和97T8四个探方。遗迹有房址、墙基、水井、沙井和灰坑（附表八）等（图二五九、二六〇）。

（一）房址

1座，编号为97F10。位于97T4、97T8内，向南延伸出发掘区外。开口于97①层下，打破97②层和南越国曲流石渠遗迹。坐北朝南，方向北偏西2°。现揭露出房址的东、西、北墙基，已

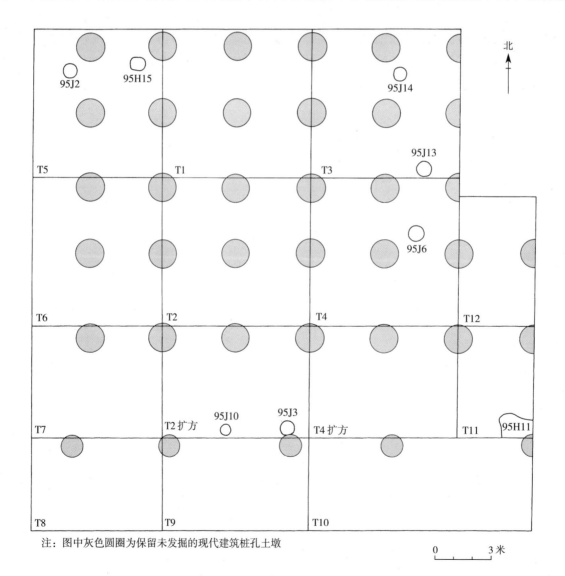

注：图中灰色圆圈为保留未发掘的现代建筑桩孔土墩

0　　　　　　3米

图二五九　蕃池遗迹发掘区明代遗迹平面图

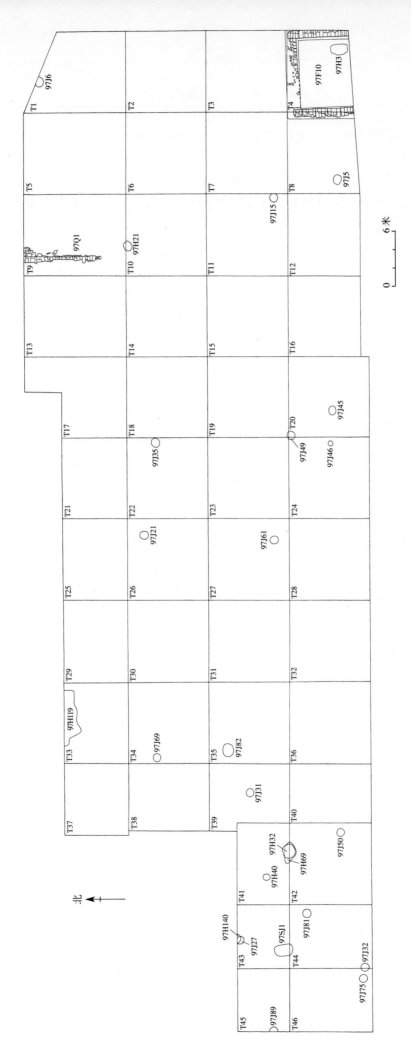

图二六〇 曲流石渠遗迹发掘区明代遗迹平面图

揭露部分呈长方形，东西外长 9.6、内长 7.6 米，南北已揭露外宽 7.4~7.7、内宽 5.7~5.86 米。

墙基是在挖好的沟槽内用红砂岩石块砌筑而成。沟槽宽 1.0~1.45、现存深 1.42~1.5 米。沟槽底部铺垫一层红土，以取平沟底面，垫层似夯过，土质紧密，但分层不明显，厚 0.56~0.62 米。沟槽垫土之上用红砂岩石块砌筑墙基，石块大多呈长条形，大小不一，石块之间用白灰渗泥土粘合，墙基砌筑好之后再用灰褐色土回填（图二六一）。东墙基现揭露南北长 6.73、东西宽 0.67~0.85 米，残存石块 2~5 层，残高 0.47~1.28 米（图版一一一，1）。北墙基东西长 7.62、南北宽 0.88 米，残存石块 5 层，残高 1.0 米。西墙基南北现揭露长 7.7、东西宽 0.8~1.0 米，残存石块 2~4 层，残高 0.43~1.24 米。

房址地面和地面以上的墙体已无存，也未发现能确定是门道的遗迹，房址的形制和规模尚不清楚。

（二）墙基

1 条，编号 97Q1。位于 97T9 西部，开口于 97①层下，打破 97④a 层。南北走向，方向正南北，南端已残，向北延伸出发掘区外，现清理一段南北长 8.4 米。墙基用红砂岩石块错缝砌筑，墙基受机械施工严重扰乱，残存石块 2~4 层，东西宽 0.32~0.8、残高 0.14~0.22 米（图版一一一，2）。石块多呈长方形或方形，少部分呈不规则形。

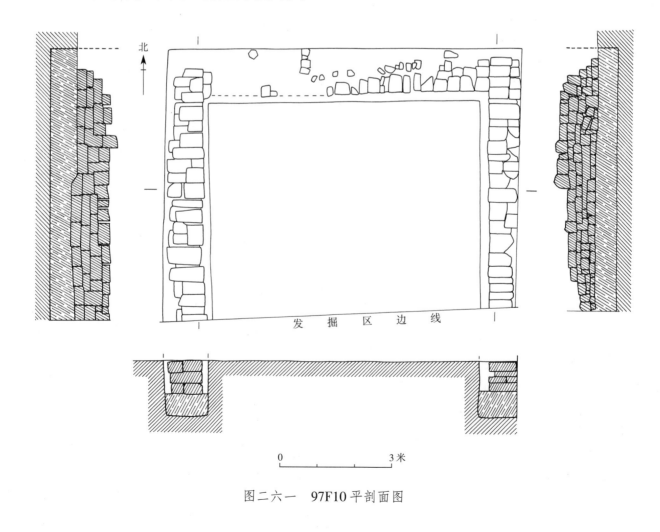

图二六一　97F10 平剖面图

（三）水井

23口，分别为95J2、95J3、95J6、95J10、95J13、95J14、97J5、97J6、97J15、97J21、97J27、97J31、97J32、97J35、97J46、97J49、97J50、97J61、97J69、97J75、97J81、97J82和97J89。有关水井的结构和井内出土遗物的介绍详见附录二第八节。

（四）沙井

1座，编号为97SJ1，位于97T43南部，开口于97①层下，打破97⑤a层和97H195、97G7。井口平面呈椭圆形，井壁用青灰色长方形残砖侧立砌筑，残存砖4层。井坑南北2.0、东西1.35米，井口内径南北1.4、东西0.8、残深0.78米（图二六二）。井内为黑褐色黏土堆积，内含大量贝壳和动物骨。出土A型陶罐1件、A型陶盆1件、A型青釉碟1件、模印"玉"字青釉碗底1件、青釉盏1件，还有少量的红陶布纹瓦片等。

（五）灰坑

9个，分别为95H11、95H15、97H23、97H32、97H40、97H45、97H69、97H119和97H140。根据这些灰坑结构的不同可分为两类。

1. 坑口平面多呈不规则形，坑壁呈弧形内收，圜底。这一类灰坑有8个，分别为95H11、95H15、97H23、97H32、97H45、97H69、97H119和97H140。现举例介绍如下：

97H32　位于97T41南部和97T42北部，开口于97①层下，打破97H69。坑口东西1.54、南北1.56、深1.05米（图二六三）。坑内为灰黑土堆积，土质疏松，内含大量贝壳。出土B型莲花纹瓦当1件、Ⅰ式花卉纹滴水1件、B型酱黑釉盆1件、酱黑釉盏1件、白瓷碟1件、A型Ⅱ式青花缠枝莲纹碗1件、砺石1件，还有灰白陶瓦片等。

97H119　位于97T33北部，向北延伸出发掘区外。开口于97①层下，打破97⑤a层。坑口东西6.03、南北现宽1.66、深0.76~1.43米（图二六四）。坑内为灰褐土堆积，土质疏松，夹杂有大量的石灰碎块和碎砖块以及木块等。出土Ⅰ式花卉纹瓦当2件、B型青釉碗1件、酱黑釉盏2件、A型Ⅲ式青花梵文碗1件、A型Ⅴ式青花梵文碗1件、B型青花"白玉斋"款碗2件、D型青花山水纹碗1件、Ⅰ式青花狮子滚绣球纹盘1件、A型Ⅲ式青花折枝花卉纹碟1件、C型Ⅰ式青花花鸟纹碟1件、D型青花山水人物纹碟1件，此外，还有较多无法复原的青花瓷器残片，有些器内底或外底还有青花"永乐年制"、"大明成化年制"等年号款，也有"长命富贵"、"玉堂佳器"等吉语款和"白玉斋"等斋堂款。

2. 坑口和坑底平面呈圆形，口小底大呈袋状，平底。这一类灰坑只有1个。

97H40　位于97T41中部，开口于97①层下，打破97⑤a层。坑口径0.76、底径1.0、存深1.97米（图二六五）。坑内堆积可分三层。第①层为灰黑色淤土，厚约0.76米，遗物丰富，出土B型陶罐1件、青釉罐1件、B型青釉碟1件、青釉高足碗2件、酱黑釉双耳罐1件、A型酱黑釉四耳罐1件、A型酱黑釉器盖1件、C型Ⅰ式青花海螺纹碗1件、C型Ⅰ式青花"玉"字款碗1件、C型Ⅰ式青花缠枝莲纹碗1件、A型Ⅰ式莲花纹瓦当3件、可复原板瓦1件、可复原筒瓦4件、陶构件1件，还有元代卵白釉瓷碗1件和砖块以及瓦片等；第②层为红黄土，杂有少量木屑，厚0.66米，遗物较少，出土A型酱黑釉盆1件、B型酱黑釉盆1件、B型酱黑釉四耳罐1件、可复原筒瓦

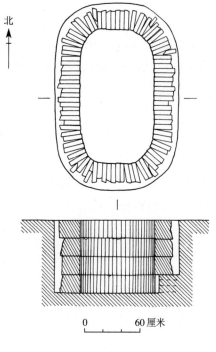

图二六二   97SJ1平剖面图

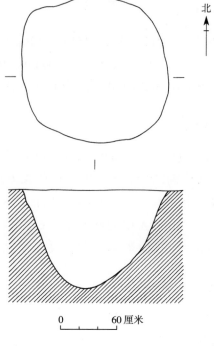

图二六三   97H32平剖面图

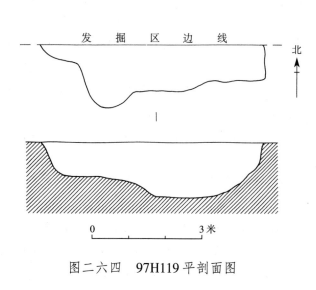

图二六四   97H119平剖面图

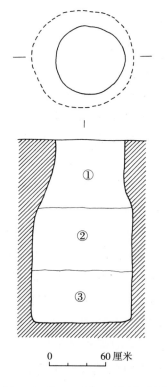

图二六五   97H40平剖面图

1件；第③层为红土，土质较纯，厚0.55米，遗物极少。

二　遗物

有建筑材料和构件、生活器具以及其他。

（一）建筑材料和构件

有砖、板瓦、筒瓦、瓦当、滴水等陶质建筑材料和构件，此外，还有栏杆石板等。

1. 砖

均为碎砖，多为长方砖，仅2件可复原。泥质陶，夹细砂，多呈青灰色，少量呈红褐色等。标本97H40①：22，砖体较薄，红褐色。长22、宽14、厚2.1厘米（图版一一二，1）。标本97T4②：7，表面戳印有"☐县修城砖"铭款，阳文，有边栏。灰色陶。砖残长19、残宽18、厚7.0厘米，印文面残长10.6、宽4.1厘米（图二六六，1）。

2. 板瓦

310件，绝大多数为碎块，仅2件可复原。泥片筑成，瓦体较小、较薄。绝大多数表面和里面均素面，只有少量里面饰布纹。泥质陶，多呈灰白色或黄白色，少量呈黄褐色。97H40①：2，灰白陶，素面，残。长25.5、宽25.3、厚0.8厘米（图版一一二，2）。

3. 筒瓦

195件，绝大多数为碎块，仅8件可复原。泥片筑成，瓦体较小、较薄，呈一头大一头小，瓦唇平直。陶质、陶色和纹饰与板瓦一致。标本97H40①：18，黄褐陶，素面，残。长24.8、径8.2~12.2、厚0.9厘米，瓦唇长3.2厘米（图版一一二，3）。

4. 瓦当

18件。有莲花纹瓦当和花卉纹瓦当两种。

莲花纹瓦当　7件。根据当心和当面纹饰的不同可分三型。

A型　5件。当心圆周内饰7~8个莲子，当面饰莲瓣，外绕弦纹和联珠纹。根据当心莲子、当面莲瓣和莲瓣外纹饰的变化可分二式。

Ⅰ式　3件。当心饰8个莲子，当中一个莲子较其他的要大，当面饰13瓣细长莲瓣，外绕两周弦纹，弦纹间饰一周联珠纹。标本97H40①：19，黄白陶，残。当径11.6、厚0.8厘米（图二六六，2）。

Ⅱ式　2件。当心圆周内饰7个大小一致的莲子，当面残存8个椭圆形莲瓣，外绕一周弦纹和一周联珠纹。标本97T8②：2，黄白陶，残。当径11、厚1.0厘米（图二六六，3）。

B型　1件（97H32：4）。当心双重圆周，残存第二重圆周内饰联珠纹，当面饰一周细小莲瓣（残存7瓣），外绕一周弦纹和一周联珠纹。黄白陶。残径7.3、厚1.2厘米（图二六六，9）。

C型　1件（97T3②：17）。当心圆周内饰一花朵纹，当面饰12瓣莲瓣，瓣间用弧边三角和竖线纹分隔，外绕一周麦穗纹、一周弦纹和一周联珠纹。黄白陶，残。当径12.4、厚2.0厘米（图二六六，4；图版一一二，4）。

花卉纹瓦当　11件。当面无界格，饰一侧视阔叶状折枝花卉。根据边沿纹饰的变化可分二式。

Ⅰ式　9件。当面花卉外绕一周弦纹和一周"万"字形纹。标本97H119：7，灰白陶，完好。当径10.3、厚1.3厘米（图二六六，5；图版一一二，5）。

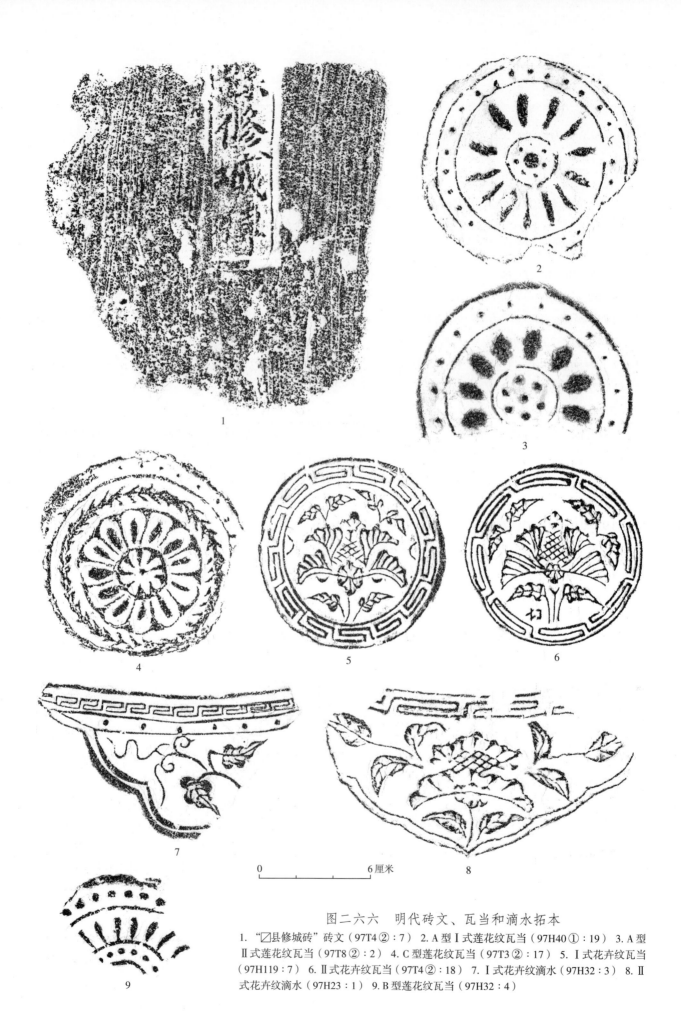

0 _____ 6厘米

图二六六　明代砖文、瓦当和滴水拓本

1.“☐县修城砖”砖文（97T4②∶7）　2.A型Ⅰ式莲花纹瓦当（97H40①∶19）　3.A型Ⅱ式莲花纹瓦当（97T8②∶2）　4.C型莲花纹瓦当（97T3②∶17）　5.Ⅰ式花卉纹瓦当（97H119∶7）　6.Ⅱ式花卉纹瓦当（97T4②∶18）　7.Ⅰ式花卉纹滴水（97H32∶3）　8.Ⅱ式花卉纹滴水（97H23∶1）　9.B型莲花纹瓦当（97H32∶4）

Ⅱ式　2件。当面花卉外绕一周"万"字形纹。标本97T4②：18，黄白陶，完好。当径9.6、厚1.3厘米（图二六六，6）。

5. 滴水

5件。呈如意形，当面饰一侧视折枝花卉。根据花卉上面纹饰的变化可分二式。

Ⅰ式　1件（97H32：3）。当面花卉上面饰弦纹、联珠纹和"万"字形纹。浅黄陶。残长14、残宽7.6、厚1.3厘米（图二六六，7）。

Ⅱ式　4件。当面花卉上面饰"万"字形纹。标本97H23：1，黄白陶。残长17、最宽8.8、厚0.8厘米（图二六六，8；图版一一二，6）。

6. 陶构件

1件（97H40①：17）。类似板瓦状，中间有一椭圆形子口，子口直壁，作用不明。灰白陶。残长18、残宽20.8、厚1.3厘米，子口残长径18.6、短径12.8、高5.2厘米（图二六七，1）。

7. 栏杆石板

1件（97T8②：55）。长方形，下端残断，上端顶部中间有一长方形凸榫，两面均凿有长方形边框，边框内凿莲花瓣纹，转角处凿斜出线。灰黄色砂岩石。残长35.8、宽32、厚7.2~8.6厘米，凸榫长2.0、宽18、厚2.8厘米（图二六七，2）。

（二）生活器具

有陶器、青釉器、白瓷器、酱黑釉器、青花瓷器、红釉青花瓷器。此外，还有椰勺、铜汤匙等。

1. 陶器

数量较少，有罐、盆、双耳盆、瓶、盂、盏和器盖等器形。泥质陶，多呈灰色或灰白色，少量呈灰褐色或黄褐色。

罐　2件。出土的明代陶罐，根据器口和腹部的不同可分三型。A型敛口，平折沿，方唇，鼓腹；B型卷沿，圆唇，曲弧腹，平底；C型直口，凸圆唇，长束颈，鼓腹。这2件陶罐分属于A型和B型。

A型　1件（97SJ1：6）。底部已残，灰陶。口径18、腹径18.8、残高12厘米（图二六七，3）。

B型　1件（97H40①：8）。灰陶，残。口径7、腹最大径11.5、底径6.9、高9.6厘米（图二六七，4；图版一一三，1）。

盆　1件（97SJ1：4）。属于A型。敛口，折沿，沿面内斜，圆唇，深弧腹，平底内凹。器内壁施类似陶衣的紫红色颜料。浅灰陶，残。口径22.4、底径15.8、高8.0厘米（图二六七，5）。

双耳盆　1件（97H69：4）。敛口，平沿，斜弧腹，平底内凹，下腹部安两个半环形横耳。灰褐陶，残。口径30.4、底径15、高10.4厘米（图二六七，6）。

瓶　1件（97T4②：30）。口已残，细颈，鼓腹，平底内凹。器表有明显轮旋痕。灰色胎。口残径3.5、腹最大径14.2、底径7.5、残高15.2厘米（图二六七，7）。

盂　1件（97T4②：19）。直口如领，尖唇，扁折腹，平底。灰褐陶，稍残。口径6.0、腹最大径8.3、底径5.0、高3.3厘米（图二六七，8；图版一一三，2）。

盏　1件（97T4②：69）。敞口，斜弧腹，平底。灰黄色陶，残。口径8.0、底径4.1、高2.1厘米（图二六七，9）。

器盖　2件。可分二型。

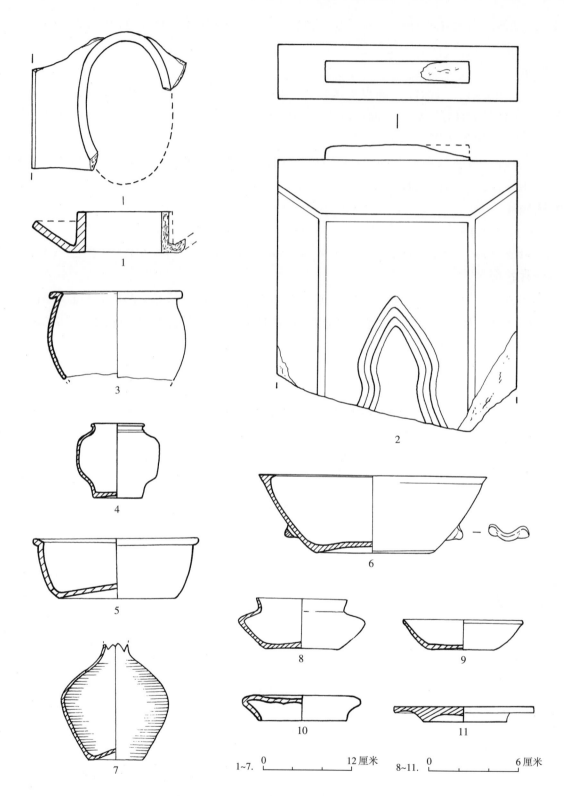

图二六七　明代建筑材料和生活陶器

1. 陶构件（97H40①∶17）　2. 栏杆石板（97T8②∶55）　3. A 型陶罐（97SJ1∶6）　4. B 型陶罐（97H40①∶8）
5. A 型陶盆（97SJ1∶4）　6. 陶双耳盆（97H69∶4）　7. 陶瓶（97T4②∶30）　8. 陶盂（97T4②∶19）　9. 陶盏
（97T4②∶69）　10. A 型陶器盖（97H69∶3）　11. B 型陶器盖（97T4②∶14）

A 型　1件（97H69：3）。类似一倒扣的盂，敛口，顶面平微下凹。灰陶，残。口径6.1、底径8.0、高1.7厘米（图二六七，10）。

B 型　1件（97T4②：14）。子口，盖面平。青灰胎，残。盖面径9.2、子口径5.4、高1.0厘米（图二六七，11）。

2. 青釉器

数量较多，有罐、壶、盘、碗、高足碗、碟、钵、杯、盏和器盖等器形。罐、壶、器盖和部分碗的胎质较粗松，仅局部施釉，釉呈青黄色、青褐色、青灰色或灰白色，多无光泽。部分碗和高足碗、盘、碟、钵、杯和盏类器的胎质较坚致，多内外施釉，釉层较厚，釉质莹润有光泽，玻璃质感强，少量釉有细小开片纹，釉多呈梅青色、青黄色或灰青色。少部分盘、碟和高足碗内底模印或刻划有折枝莲、莲瓣或梳篦纹等。

罐　可复原1件（97H40①：7）。小口，卷沿，圆唇，丰肩，鼓腹，最大径靠上，平底，因烧制时叠压已变形。釉呈青褐色，外底露胎。青灰胎，完好。口径11.2、腹最大径27.5、底径10.8、高28厘米（图二六八，1）。

壶　1件（97H140：3）。喇叭口，圆唇，长束颈，圆肩，弧腹，平底内凹，肩上一侧安一流，已残，另一侧的执把也残缺。器表肩部以上施青黄釉。浅灰胎。口径6.9、腹部最大径13、底径7.4、高18厘米（图二六八，2）。

盘　可复原3件。根据器口的不同可分二型。

A 型　2件。撇口，尖圆唇，浅弧腹，矮圈足，足端面平切。标本97T7②：5，足底露胎，釉呈梅青色，釉质光亮。青灰胎，残。口径16.8、足径6.0、高3.4厘米（图二六八，3）。

B 型　1件（97T7②：2）。葵花口，敞口，浅弧腹，矮圈足，足端平切。器内腹壁模印莲瓣纹，外口沿下饰一周旋纹，外腹出筋。施梅青釉，足底露胎处呈火石红痕。青灰胎，残。口径17.8、足径5.6、高4.0厘米（图二六八，7）。

碗　可复原11件。出土的明代青釉碗，根据口沿和足底部的不同可分三型。A 型敞口，尖圆唇，斜弧腹，矮圈足；B 型直口，圆弧腹，高圈足，足底心凸起，足壁直或外撇；C 型敞口，凸圆唇，弧腹，圈足。这11件青釉碗分属于 A 型和 B 型。

A 件　2件。标本97T4②：52，内底涩圈，足底露胎，釉呈青灰色。灰白胎，残。口径13.0、足径5.6、高4.4厘米（图二六八，4）。

B 型　9件。器内外上腹部施釉，釉呈青灰色或灰白色，无光泽。标本97T4②：87，圈足外撇。灰黄胎，残。口径11.8、足径5.9、高5.2厘米（图二六八，5；图版一一三，3）。标本97T4②：40，足壁直。灰白胎，残。口径12、足径6.0、高6.3厘米（图二六八，6）。

高足碗　3件。造型一致。撇口，圆弧腹，喇叭形高足。内外满釉，釉呈梅青色，釉质莹泽。标本97H40①：3，内底圆周内刻一侧视折枝莲花。浅灰胎，残。口径12.5、足径4.2、高8.9厘米（图二六八，8；彩版一六，1）。

碟　7件。出土的明代青釉碟，根据口沿和腹部的不同可分四型。A 型敞口，平折沿，沿面略弧凹，方圆唇，浅弧腹，圈足；B 型撇口，尖圆唇，浅弧腹，矮圈足，足底厚重；C 型敞口，尖圆唇，折腹，平底；D 型敞口，圆唇，弧腹，圈足。这7件青釉碟分属于 A 型、B 型和 C 型。

A 型　2件。标本97T4②：155，内底涩圈，足底露胎。釉呈梅青色。青灰胎，残。口径12、足径4.2、高3.2厘米（图二六九，1）。

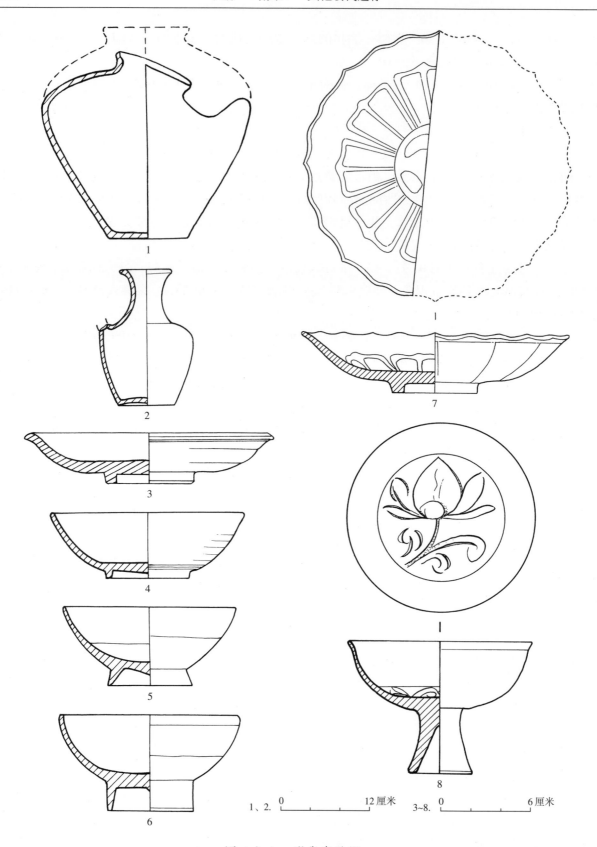

图二六八　明代青釉器

1. 罐（97H40①：7）　2. 壶（97H140：3）　3. A型盘（97T7②：5）　4. A型碗（97T4②：52）　5. B型碗（97T4②：87）
6. B型碗（97T4②：40）　7. B型盘（97T7②：2）　8. 高足碗（97H40①：3）

B 型　4 件。标本 97T4②：158，足底露胎，釉呈青灰色。灰黄胎，残。口径 10.4、足径 4.7、高 3.0 厘米（图二六九，2）。

C 型　1 件（97T8②：50）。内底模印花卉纹，纹饰模糊。足底露胎，釉呈青泛绿，釉质莹润，有细碎开片。浅灰胎，胎质较粗，残。口径 10.2、底径 4.1、高 2.4 厘米（图二六九，3）。

另有 2 件碗碟类器底残件，内底戳印或模印有文字。标本 97SJ1：2，内底戳印"玉"字（图版一一三，4）。标本 97H69：1，内底模印莲花纹，底心模印"信"字。

钵　1 件（97T3②：5）。直口，尖圆唇，深弧腹，外腹近底部微向内折收，平底。口沿和外腹壁施梅青釉，釉层厚。器内和足底露胎处呈浅黄色。青灰胎，残。口径 20、底径 8.0、高 8.8 厘米（图二六九，4）。

杯　6 件。根据口沿和足底部的不同可分二型。

A 型　2 件。撇口，尖圆唇，圆弧腹，矮圈足，足端平切，足底心外凸。内外施梅青釉，釉层较厚，釉质莹润，有细碎开片。标本 97T3②：14，足底露胎处呈红褐色。灰白胎，残。口径 7.4、足径 4.2、高 5.0 厘米（图二六九，6）。

B 型　4 件。直口，尖圆唇，弧腹，饼足。器内和器外上腹部施青褐釉，无光泽。标本 97T4②：61，灰白胎，完好。口径 7.0、底径 3.2、高 3.6 厘米（图二六九，7；图版一一三，5）。

盏　1 件（97SJ1：5）。敞口，方唇，浅弧腹，平底，内心突起。器内壁和口沿处施青灰釉。浅灰胎，残。口径 7.8、底径 3.2、高 1.8 厘米（图二六九，8）。

器盖　3 件。出土的明代青釉器盖可分二型。A 型子口，盖沿外展，盖面微曲折隆起，顶面平，盖顶面中心或靠一侧有向下圆形穿孔，用以系绳；B 型似一倒扣的钵，盖面圆隆起，顶面有喇叭形纽。地层出土的这 3 件器盖均属于 A 型。标本 97T4②：15，盖面施青釉，灰白胎。盖面径 7.3、子口径 4.8、高 1.7 厘米（图二六九，9）。

3. 白瓷器

数量较少，有盘、碟、碗、高足碗和杯等器形。胎洁白或灰白，胎质细腻，胎体较薄。釉多洁白光亮，大多有细碎开片。除高足碗内底模印有莲花纹外，其余器物均素面。

盘　1 件（97T8②：49）。撇口，尖圆唇，浅弧腹，塌底，圈足，足端尖圆。足端露胎，灰白胎，残。口径 17.6、足径 9.8、高 3.6 厘米（图二六九，5；图版一一三，6）。

碟　4 件。造型基本一致。撇口，尖圆唇，浅弧腹，平底或塌底，圈足内敛。标本 97T4②：64，足端露胎，釉面有细碎开片。洁白胎，残。口径 9.6、足径 5.0、高 3.0 厘米（图二六九，10；彩版一六，2）。

碗　3 件。根据口沿的不同可分二型。

A 型　1 件（97T4②：44）。撇口，圆弧腹，圈足，足底厚重，足端面平切。器内满釉，器外施釉至近底部，有较大开片。灰白胎，残。口径 13、足径 5.0、高 4.4 厘米（图二六九，11）。

B 型　2 件。敞口，斜弧腹，圈足。内底涩圈，足底露胎，器内近底处刺一"玄"字。标本 97T4②：32，灰白胎，残。口径 12.4、足径 4.6、高 5.0 厘米（图二六九，12）。

高足碗　1 件（97T4②：156）。口沿已残，圆弧腹，喇叭形高足。器内底圆周内心模印一莲花，内腹壁模印莲瓣纹。内外满釉，釉白泛青。灰白胎。口残径 9.4、足径 3.6、残高 7.5 厘米（图二六九，13）。

杯　2 件。根据口沿的不同可分二型。

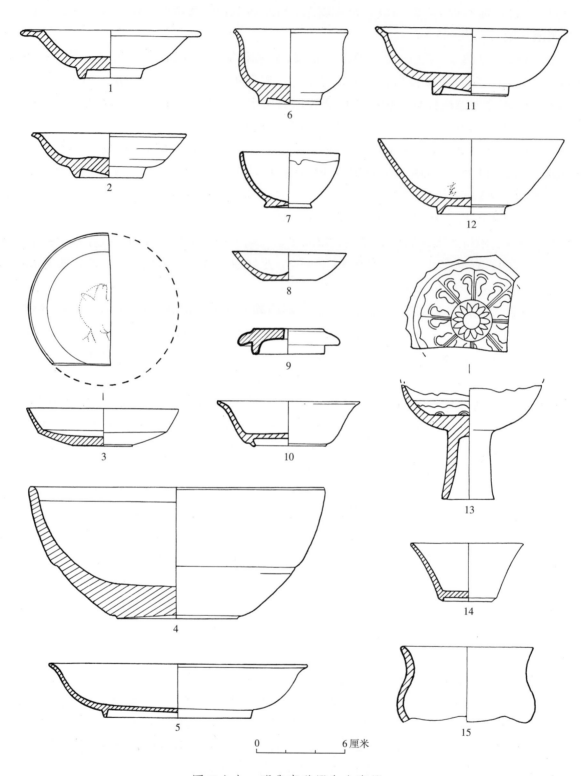

图二六九　明代青釉器和白瓷器

1. A型青釉碟（97T4②：155）　2. B型青釉碟（97T4②：158）　3. C型青釉碟（97T8②：50）　4. 青釉钵（97T3②：5）　5. 白瓷盘（97T8②：49）　6. A型青釉杯（97T3②：14）　7. B型青釉杯（97T4②：61）　8. 青釉盏（97SJ1：5）　9. A型青釉器盖（97T4②：15）　10. 白瓷碟（97T4②：64）　11. A型白瓷碗（97T4②：44）　12. B型白瓷碗（97T4②：32）　13. 白瓷高足碗（97T4②：156）　14. A型白瓷杯（97H69：6）　15. B型白瓷杯（97T7②：6）

A 型　1 件（97H69：6）。敞口，尖唇，斜腹外撇，内底面平，圈足，外足墙向内斜削。内外满釉。洁白胎，残。口径 7.4、足径 3.4、高 3.9 厘米（图二六九，14）。

B 型　1 件（97T7②：6）。撇口，深弧腹，底部已残。口沿处露胎，呈火石红痕。洁白胎，残。口径 8.9、残高 4.9 厘米（图二六九，15）。

4. 酱釉器

数量较多，有双耳罐、四耳罐、壶、盆、盅、杯、盏、器盖和香炉等器形。器表多施釉不到底，釉呈酱黑色或酱褐色。多为泥质胎，少量夹砂胎，胎质较粗松，呈青灰色或浅灰色。

双耳罐　1 件（97H40①：6）。敛口，平沿，厚宽唇，肩上安两个对称半环形横耳，长圆腹，最大径靠上，平底内凹。器表施酱黑釉至近底部。浅灰胎，残口。径 8.8、腹最大径 21.2、底径 9.0、高 23.6 厘米（图二七〇，1；图版一一四，1）。

四耳罐　4 件。肩部安四个半环形横耳或竖耳。出土的明代酱黑釉四耳罐，根据器口的不同可分三型。A 型直口，圆唇，有较长直颈，圆肩，长圆腹，腹部最大径靠上，平底内凹；B 型小口内敛，厚圆唇，上腹外鼓明显，下腹斜直内收，平底内凹；C 型直口，折沿外翻，鼓腹，平底。

A 型　1 件（97H40①：5）。口沿和肩部施酱黑釉。浅灰胎，残。口径 8.2、腹最大径 21.3、底径 8.7、高 21.5 厘米（图二七〇，2；图版一一四，2）。

B 型　1 件（97H40②：26）。口沿有叠烧痕，肩部戳印"利贞"铭款，无边栏。器表施酱黑釉至底部。灰胎，残。口径 11.6、腹最大径 37.6、底径 12.8、高 34.2 厘米，印面长 2.5、宽 1.3 厘米（图二七〇，3；图版一一四，3）。

C 型　2 件。标本 97T4②：39，口沿和肩部施酱黑釉，稍残。口径 7.8、腹最大径 14.2、底 6.6、高 10.8 厘米（图二七〇，4；图版一一四，4）。

壶　1 件。出土的明代酱釉壶，根据器口和执把的不同可分三型。A 型直口如领，凸圆唇，腹部一侧安一弧弯向上流嘴，对应一侧肩腹间安执把，根据腹部、足底部和执把的变化可分二式；B 型为直口，方唇，鼓腹，上腹部安一弧弯向上流嘴，肩部安一环形提梁把，饼足；C 型为盘形口，鼓腹，平底，肩上一侧安一弧弯向上流嘴，肩部安四个半环形耳，根据腹部的变化和肩部有无半环形执把可分二式。明代地层出土的这 1 件壶（97T4②：23）属于 A 型 I 式。扁圆腹，圈足外撇，扁条形执把。器表施酱褐釉。灰白胎，流嘴已残。口径 6.8、腹最大径 10.4、足径 8.3、高 9.2 厘米（图二七〇，5；图版一一四，5）。

盆　4 件。根据口沿的不同可分二型。

A 型　1 件（97H40②：25）。敛口，平沿，宽厚唇，斜弧腹较深，平底。器内施酱黑釉。灰褐胎，残。口径 22.5、底径 16.6、高 12.6 厘米（图二七〇，6；图版一一四，6）。

B 型　3 件。敛口，折沿，沿面向内斜，圆唇，斜弧腹，平底。器内施酱黑釉。标本 97H40②：23，灰白胎，残。口径 20.5、底径 11.6、高 7.8 厘米（图二七〇，7）。

盅　1 件（97T4②：54）。双口，内口外侈，尖圆唇，弧腹与外腹连成一体，外口为子口，内敛，外腹斜直，平底内凹。内、外施酱黑釉，外口沿露胎，外底施浅护胎釉。浅灰胎，残。内口径 9.0、外口径 13.2、底径 10.6、高 9.1 厘米（图二七〇，8；彩版一六，3）。

杯　7 件。造型基本一致，口微敛，尖圆唇，弧腹，小饼足，足底旋刮呈内凹状。器内和器外上腹部施酱黑釉。标本 97T8②：8，浅灰胎，残。口径 8.8、底径 3.6、高 3.7 厘米（图二七〇，10）。

盏　11 件。造型一致。敞口，宽厚沿，浅弧腹，小平底。器内壁施酱黑釉，器外露胎。标本

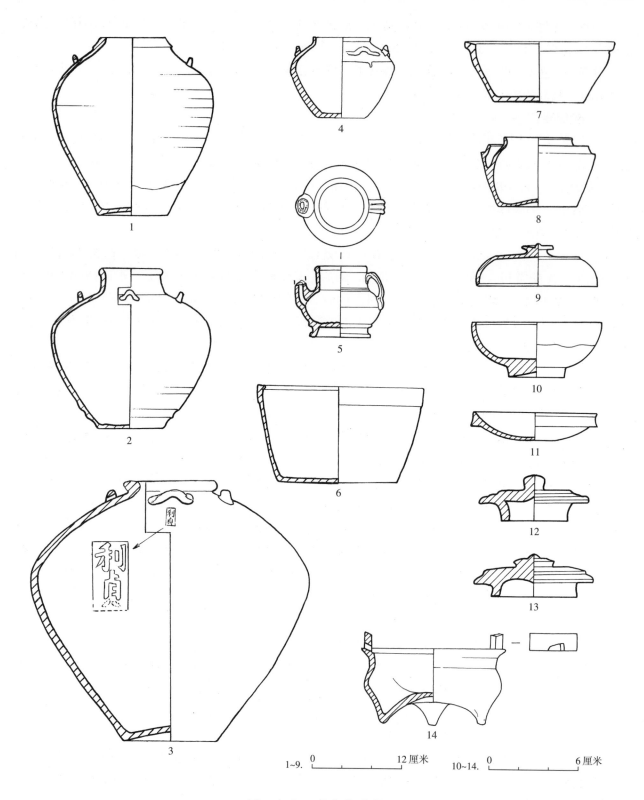

图二七〇　明代酱釉器

1. 双耳罐（97H40①：6）　2. A 型四耳罐（97H40①：5）　3. B 型四耳罐（97H40②：26）　4. C 型四耳罐（97T4②：39）
5. A 型 I 式壶（97T4②：23）　6. A 型盆（97H40②：25）　7. B 型盆（97H40②：23）　8. 盅（97T4②：54）　9. A 型器盖（97H40
①：21）　10. 杯（97T8②：8）　11. 盏（97H119：18）　12. Ba 型器盖（97T4②：51）　13. Bb 型器盖（97T4②：10）　14. 香
炉（97T8②：16）

97H119：18，灰白胎，残。口径 8.4、底径 2.6、高 1.8 厘米（图二七〇，11）。

器盖　5 件。可分二型。

A 型　1 件（97H40①：21）。似一倒扣的钵，口微敛，盖面圆隆起，顶面平，上安一圆形立纽，攒珠顶。盖面施酱黑釉，釉质光亮。灰白胎，残。口径 16、高 5.6 厘米（图二七〇，9）。

B 型　4 件。子口近直，盖面微曲折隆起，盖顶面平，盖面施酱褐釉。根据盖纽的不同可分两个亚型。

Ba 式　1 件（标本 97T4②：51）。柱状纽，纽顶面圆弧。灰褐胎。盖面径 7.4、子口径 4.4、高 3.0 厘米（图二七〇，12）。

Bb 型　3 件。帽状纽，攒珠顶。标本 97T4②：10，灰白胎。盖面径 8.0、子口径 5.6、高 2.8 厘米（图二七〇，13）。

香炉　1 件（97T8②：16）。鬲形，侈口，沿面斜向内，沿面两侧各竖一长方形耳，中空。束颈，鼓腹，下连三个乳状足。器外施酱黑釉。灰白胎，残。口径 9.5、通高 6.1 厘米（图二七〇，14）。

5. 青花瓷器

数量最多，器形种类较少，有碗、盘、碟、盏、酒盅和杯等。大多胎质洁白，少量呈灰白色，胎质坚致。大多内外满釉，足端露胎，只有少量内底和足底涩圈。釉多呈青白色，也有不少呈卵青色，青花多呈蓝灰色，部分呈靛青色或靛蓝色。青花纹饰题材丰富多样，其中植物图案有缠枝莲、菊花、莱菔菜、折枝花卉、折枝花果纹等，动物图案有折枝花鸟、松鹤、蟠螭龙、海螺、狮子滚绣球、云龙、麒麟望月、荷塘禽鸟纹等，人物图案有高官厚（后）禄（鹿）、婴戏妇人、垂钓、山水人物等，此外，还有梵文、弦纹、雨点纹、月华纹等纹饰图案。这些青花图案大都运用"勾线渲染"的画法来表示，但也有少量直接是用"一笔勾画"法来表示。部分碗、碟、酒盅等足底部单圈或双圈青花弦纹内还有"福"、"长命富贵"、"万福攸同"、"富贵佳器"、"长春佳器"、"白玉斋"、"大明年造"、"大明成化年造"等青花铭款。

碗　36 件。出土的明代青花瓷碗，根据器口和腹部的不同可分四型。A 型为撇口弧腹碗，根据足底部的变化可分五式；B 型为敞口斜腹碗；C 型为敞口弧腹碗，根据足底部的变化可分三式；D 型为直口弧腹碗。

A 型　15 件。分属于 II 式、III 式、IV 式和 V 式。

II 式　2 件。器内塌底，圈足内敛，挖足过肩，足端尖圆。内底双圈青花弦纹内饰折枝莲花，外腹壁饰缠枝莲纹。釉呈卵青色，青花呈蓝灰色。灰白胎，胎体较薄。标本 97H32：7，残。口径 12.4、足径 4.8、高 6.0 厘米（图二七一，1）。

III 式　10 件。器内圜底或平底，矮圈足，足墙近直，足端平切。根据纹饰的不同可分：

高官厚（后）禄（鹿）图案纹碗　1 件（97T4②：153）。内底青花双圈弦纹内饰高官厚（后）禄（鹿）图案，内口沿下饰两道弦纹，外口沿下饰一道弦纹。青白釉，青花呈蓝灰色。黄褐胎，残。口径 12.4、足径 4.6、高 5.7 厘米（图二七一，2）。

蟠螭龙纹碗　5 件。内底青花双圈弦纹内饰一蟠螭龙纹，外腹壁饰蟠螭龙和折枝花卉纹。标本 97T4②：66，青白釉，青花呈靛青色。灰白胎，残。口径 12、足径 4.8、高 5.4 厘米（彩版一六，4）。

弦纹碗　2 件。内底饰青花双圈弦纹，外口沿下和腹底部各饰一道青花弦纹。标本 97T4②：70，足底露胎，釉白泛青灰色。残。口径 12.2、足径 4.2、高 5.2 厘米（图二七一，3）。

"笔"字款碗　1 件（97T8②：31）。内底青花弦纹内饰花卉纹，外腹壁饰青花"笔"字，草

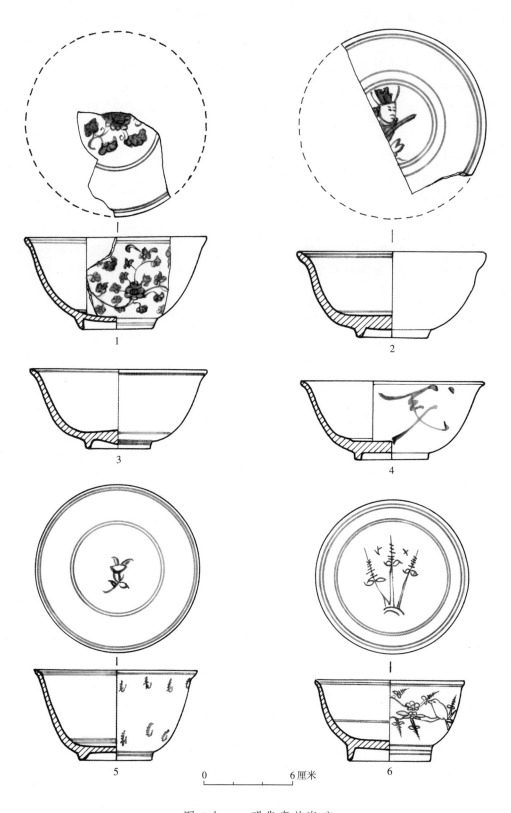

图二七一　明代青花瓷碗

1. A 型 Ⅱ 式缠枝莲纹碗（97H32：7）　2. A 型 Ⅲ 式高官厚（后）禄（鹿）图案纹碗（97T4②：153）　3. A 型
Ⅲ 式弦纹碗（97T4②：70）　4. A 型 Ⅲ 式"笔"字款（97T8②：31）　5. A 型 Ⅲ 式梵文碗（97H119：15）　6.
A 型 Ⅳ 式梅鹊纹碗（97T4②：59）

书。釉白泛青灰色，足底露胎。灰白胎，残。口径 12.4、足径 4.8、高 5.2 厘米（图二七一，4）。

梵文碗　1 件（97H119：15）。内底青花双圈弦纹内饰一折枝花卉纹，外腹壁饰变体梵文。釉呈卵青色，青花呈蓝灰色。灰白胎，残。口径 11.2、足径 4.8、高 6.1 厘米（图二七一，5）。

Ⅳ式　2 件。圈足较高，足墙陡直，足端尖圆，胎体较薄。内底青花双圈弦纹内饰一折枝梅，外腹饰折枝梅，枝头上一喜鹊，寓意"喜上眉梢"。釉白泛青灰色，青花呈蓝灰色。标本 97T4②：59，灰白胎，残。口径 10、足径 5.0、高 5.3 厘米（图二七一，6；图版一一五，1）。

Ⅴ式　1 件（97H119：1）。宽厚圈足，足端面平。内底饰莲瓣纹，有青花"永乐年制"仿款，内口沿下饰莲瓣锦带纹，外腹壁饰变体梵文。青花呈蓝灰色，卵青釉，足底露，有跳刀痕。灰白胎，残。口残径 16、足径 6.6、残高 8.3 厘米（图二七二，1）。

B 型　2 件。器内塌底，圈足内敛，挖足过肩，足端尖圆。内底心青花双圈弦纹内饰"白玉斋"款，口沿内外各二道弦纹。卵青釉，足底无釉，有跳刀痕。标本 97H119：3，足底粘沙。灰白胎，残。口径 18、足径 7.6、高 5.0 厘米（图二七二，2）。

C 型　16 件。分属于Ⅰ式和Ⅱ式。

Ⅰ式　8 件。器内塌底，圈足内敛，挖足过肩，足端尖圆。根据纹饰的不同可分：

海螺纹碗　2 件。内底青花弦纹内饰一海螺，外口沿下饰海涛锦带纹，腹壁饰写意花卉纹。标本 97H40①：9，青花呈蓝灰色，卵青釉。灰白胎，残。口径 13.2、足径 5.1、高 6.5 厘米（图二七二，3）。

缠枝莲纹碗　2 件。内底青花双圈弦纹内饰莲花纹，外腹壁饰缠枝莲纹，近底部饰莲瓣纹。标本 97T8②：37，青花呈蓝灰色，卵青釉，足底露胎。灰白胎，残。口径 13.2、足径 5.0、高 4.9 厘米（图二七二，4）。

月华纹碗　1 件（97T4②：58）。内底青花双圈弦纹内饰月华纹，外口沿下饰弧线圆点锦带纹，下腹部饰变形莲瓣。青花呈蓝灰色，釉白泛青灰色。灰白胎，残。口径 11.8、足径 4.8、高 5.9 厘米（图版一一五，2）。

"玉"字款碗　2 件。内底青花双圈弦纹内书一"玉"字，外口沿下饰云气锦带纹，外腹壁饰缠枝花卉纹。标本 97T4②：148，青花呈蓝灰色，卵青釉，足底露胎，可见跳刀痕。浅灰胎，残。口径 13.2、足径 5.0、高 5.5 厘米（图版一一五，3 左）。

婴戏妇人图案纹碗　1 件（97T8②：28）。内底青花双圈弦纹内饰高官厚（后）禄（鹿）图案，外腹壁饰婴戏妇人图案，足底一青花方形款。洁白胎，胎薄。内外满釉，釉白泛青灰色。残。口径 13.4、足径 5.8、高 4.3 厘米（图版一一五，4）。

Ⅱ式　8 件。器内底面平，足墙陡直，足端面平。根据纹饰的不同可分：

蟠螭龙纹碗　1 件（97T3②：12）。内底青花双圈弦纹内饰一折枝花卉，外腹壁饰蟠螭龙和折枝花卉纹。釉呈靛蓝色，釉白泛青灰色，足底无釉，可见跳刀痕。灰白胎，残。口径 11.4、足径 4.6、高 5.4 厘米（图二七三，1）。

缠枝花卉纹碗　1 件（97T8②：32）。内底青花弦纹内饰一折枝花卉，内腹壁饰三周弦纹，外腹弦纹间饰缠枝花卉纹。青花发灰，釉白泛青灰色，有较大开片。灰白胎，残。口径 11.6、足径 5.0、高 5.1 厘米（图二七三，2）。

花果纹碗　1 件（97T4②：138）。内底青花双圈弦纹内饰一折枝花果，外腹壁饰花卉纹，足底一青花方形款。青花靛青色，釉白泛青灰色。洁白胎，残。口径 12、足径 4.4、高 6.2 厘米（图

图二七二　明代青花瓷碗

1. A型Ⅴ式梵文碗（97H119∶1）　2. B型"白玉斋"款碗（97H119∶3）　3. C型Ⅰ式海螺纹碗（97H40①∶9）
4. C型Ⅰ式缠枝莲纹碗（97T8②∶37）

二七三，3；图版一二三，1上右）。

　　菊花纹碗　2件。内底青花双圈弦纹内饰一花朵纹，外腹饰菊花纹。标本97T7②∶7，青花发灰，釉白泛青灰。灰白胎，残。口径12、足径4.4、高5.2厘米（图二七三，4）。

花卉纹碗　1件（97T4②：29）。内底涩圈，底心一青花点，外腹饰写意花卉纹。青花发灰，釉白泛青灰色，足底露胎。灰白胎，残。口径15.2、足径5.4、高6.3厘米（图二七三，7）。

弦纹碗　1件（97T4②：154）。器内底面平，足墙陡直，足端面平。口沿内、外和内底以及外底各饰一道青花弦纹。釉白泛青灰色，内底涩圈。灰白胎，残。口径13、足径4.7、高4.7厘米（图二七三，5）。

"福"字碗　1件（97T8②：27）。内底青花双圈弦纹内草书一"福"字，外腹壁饰青花诗文。青花呈蓝灰色，釉白泛青灰色。灰白胎，残。口径11.6、足径4.6、高5.3厘米（图二七三，8）。

D型　3件。口沿内侧斜削成尖状，芒口，深弧腹，内底面平，足底有跳刀痕。器内素面，外腹壁饰山水、旗杆、帆船图案。青花呈蓝灰色，卵青釉。标本97T4②：88，灰白胎，残。口径12.6、足径6.3、高6.8厘米（图二七三，6；彩版一六，5）。

盘　2件。撇口，尖圆唇，浅弧腹，圈足。根据足底的变化可二式。

Ⅰ式　1件（97H119：2）。塌底，圈足内敛，足端尖圆。内底青花双圈弦纹内饰狮子滚绣球，内口沿下饰折线锦带纹，外口沿下饰弧线锦带纹，腹壁饰叶点纹。青花呈蓝灰色，釉呈白泛青，足底露胎处火石红痕，有粘沙。灰白胎，残。口径19.6、足径11.8、高3.4厘米（图二七四，1）。

Ⅱ式　1件（97T3②：9）。器内底面平，足端面尖圆。内底青花双圈弦纹内饰访友图，外腹饰山水、人物图案。青花呈靛青色，釉白泛青。洁白胎，残。口径17.2、足径10.4、高4.1厘米（图二七四，2；彩版一六，6）。

碟　29件。出土的明代青花瓷碟，根据器口的不同可分四型。A型撇口，浅弧腹，根据足底部的不同可分三式；B型敞口，斜直腹，圈足；C型敞口，浅弧腹，根据足底部的变化可分二式；D型敞口，折沿，斜折腹。

A型　12件。分属于Ⅰ式、Ⅱ式和Ⅲ式。

Ⅰ式　1件（97T8②：34）。圈足内敛，足端尖圆。内底青花双圈弦纹内饰竹、梅纹，外口沿下和近底部各饰一道弦纹。青花呈蓝灰色，卵青釉，足底露胎，有粘沙。灰白胎，残。口径14.4、足径6.6、高4.6厘米（图二七五，1）。

Ⅱ式　9件。器内底面近平，足墙陡直，足端面平。根据纹饰的不同可分：

莱菔菜纹碟　3件。器内底饰莱菔菜纹，内口沿下饰一道弦纹，器外素面。青花呈蓝灰色，卵青釉，足底露胎。有跳刀痕，有粘沙。标本97T4②：36，灰白胎，残。口径12.4、足径6.8、高4.2厘米（图二七五，2）。

云龙纹碟　1件（97T4②：42）。内底青花双圈弦纹内饰云龙纹，内口沿下一道弦纹，足底有"大明成化年造"青花款。青花呈靛蓝色，卵青釉。灰白胎，残。口径8.4、足径4.6、高2.0厘米（图版一一五，5、6）。

荷塘图案纹碟　4件。器内底青花双圈弦纹内饰荷塘图案。青花呈蓝灰色，卵青釉，足底露胎，多有跳刀痕，有粘沙现象。标本97T4②：53，器内口沿下饰山石花草锦带纹，外口沿下和近底部各饰一道弦纹。灰白胎，残。口径11.6、足径5.6、高4.2厘米（图版一一六，1）。标本97T4②：62，器内口沿下饰水草纹，外腹饰点彩纹，近底部刺一"亦"字。灰白胎，残。口径9.0、足径4.8、高2.8厘米（图二七五，3）。

"寿"字碟　1件（97T4②：116）。内底青花双圈弦纹内饰一"寿"字，外腹素面。青花呈蓝灰色，釉白泛黄。灰白胎，残。口径13、足径5.6、高3.5厘米（图版一二〇，2右）。

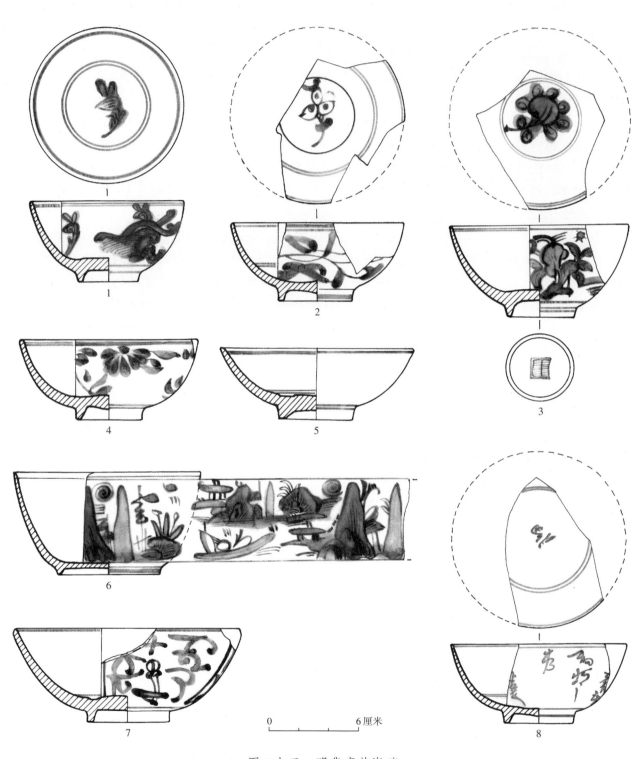

图二七三　明代青花瓷碗

1. C型Ⅱ式蟠螭龙纹碗（97T3②：12）　2. C型Ⅱ式缠枝花卉纹碗（97T8②：32）　3. C型Ⅱ式花果纹碗（97T4②：138）　4. C型Ⅱ式菊花纹碗（97T7②：7）　5. C型Ⅱ式弦纹碗（97T4②：154）　6. D型山水纹碗（97T4②：88）　7. C型Ⅱ式花卉纹碗（97T4②：29）　8. C型Ⅱ式"福"字碗（97T8②：27）

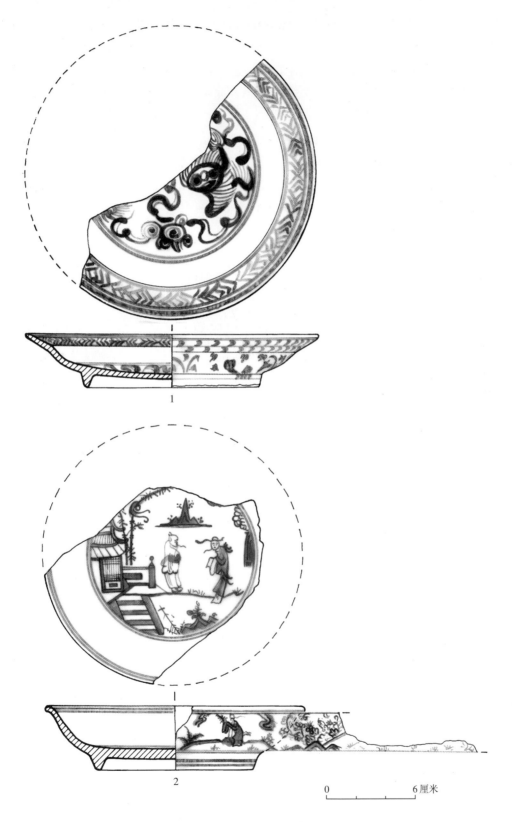

图二七四　明代青花瓷盘

1. Ⅰ式狮子滚绣球纹盘（97H119：2）　2. Ⅱ式山水人物纹盘（97T3②：9）

Ⅲ式　2件。宽厚圈足，足端面平。标本97H119：4，内底饰一折枝花卉纹，内口沿下饰一道弦纹。洁白釉，足底露胎。白色胎，残。口径8.3、足径3.6、高2.8厘米（图二七五，4）。标本97T4②：24，器内底饰莱菔菜纹，内沿下饰一道弦纹。青花呈蓝灰色，卵青釉，足底露胎，有跳刀痕。灰白胎，残。口径12.7、足径5.4、高3.6厘米（图二七五，5）。

B型　3件。根据纹饰不同可分：

弦纹碟　2件。外口沿下饰一道弦纹，内底涩圈，足底露胎。釉白泛灰，灰白胎，胎质较粗。标本97T4②：74，残。口径11、足径6.2、高2.7厘米（图二七五，6）。

点彩纹碟　1件（97T4②：85）。内腹壁素面，外腹壁饰三组青花点彩纹。青花呈灰黑色，釉灰白。灰白胎，残。口径11、足径5.5、高2.8厘米（图二七五，7）。

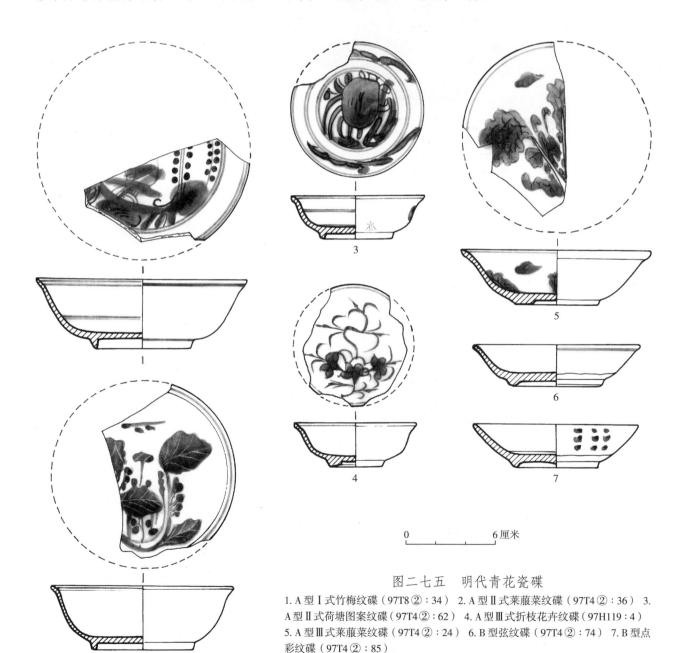

0　　　　　　6厘米

图二七五　明代青花瓷碟

1. A型Ⅰ式竹梅纹碟（97T8②：34）　2. A型Ⅱ式莱菔菜纹碟（97T4②：36）　3. A型Ⅱ式荷塘图案纹碟（97T4②：62）　4. A型Ⅲ式折枝花卉纹碟（97H119：4）　5. A型Ⅲ式莱菔菜纹碟（97T4②：24）　6. B型弦纹碟（97T4②：74）　7. B型点彩纹碟（97T4②：85）

C 型 13 件。分属于 I 式和 II 式。

I 式 6 件。圈足内敛，足端尖圆。根据纹饰的不同可分：

花鸟纹碟 1 件（97H119：8）。内底双圈弦纹内饰一折枝花果，内口沿下饰菱形锦带纹，外腹壁饰花鸟纹。青花呈靛蓝色，洁白釉。灰白胎，残。口径 12.8、足径 5.6、高 4.0 厘米（图二七六，1）。

松鹤纹碟 1 件（97T4②：95）。内底双圈弦纹内饰松鹤图案，外腹壁饰缠枝莲纹，足底双圈弦纹内有"富贵佳器"青花款。青花呈蓝灰色，釉白泛青。灰白胎，残。口径 11.6、足径 6.2、高 2.8 厘米（图二七六，2）。

动物纹碟 2 件。内双圈弦纹内饰动物图案，内外口沿下和近底部饰一道弦纹。青花呈蓝灰色，卵青釉。标本 97T8②：46，足底刺一"壬"字。灰白胎，残。口径 10.8、足径 6.2、高 2.5 厘米（图二七六，3）。

莲花纹碟 1 件（97T4②：89）。内底弦纹内饰一莲花，内口沿下饰菱形锦带纹，外口沿下和近底部各饰一道和二道弦纹。青花呈蓝灰色，釉白泛青。灰白胎，残。口径 13.2、足径 6.4、高 3.4 厘米（图二七六，4）。

麒麟望月图案碟 1 件（97T8②：40）。内底双圈弦纹内饰麒麟望月图案，内口沿下饰云气锦带纹，外口沿下饰一道弦纹，腹壁饰草叶纹，近底部刺一"常"字。青花呈蓝灰色，卵青釉，足底露胎，有粘沙。灰白胎，残。口径 13.4、足径 6.6、高 4.0 厘米（图二七六，5）。

II 式 7 件。矮圈足，足墙内外陡直，足端平切。根据纹饰的不同可分：

蟠螭龙纹碟 2 件。内底双圈弦纹内饰一蟠螭龙纹，器内口沿下饰弦纹或菱形锦带纹，外口沿下饰一道弦纹。标本 97T4②：37，足底有"精"字青花方形款。青花呈蓝灰色，卵青釉，足底可见跳刀痕。灰白胎，残。口径 10、足径 6.0、高 2.6 厘米（图二七六，6；图版一一六，2）。

花鸟纹碟 2 件。内底双圈弦纹内饰花鸟纹，口沿内外各饰一道弦纹。青花呈蓝灰色，卵青釉。标本 97T4②：47，器内近底处刺一"池"字，器外近底部刺一"大"字。灰白胎，足底粘沙，残。口径 10.4、足径 6.6、高 2.4 厘米（图二七六，7；图版一一六，3）。

菊花纹碟 1 件（97T8②：26）。内底双圈弦纹内有一青花"玉"字，外腹壁弦纹间饰菊花纹。青花呈蓝灰色，卵青釉，内底涩圈，足底露胎。浅灰胎，残。口径 12.1、足径 4.9、高 3.7 厘米（图版一一六，4）。

折枝花卉纹碟 1 件（97T4②：34）。内底双圈弦纹内饰一折枝花卉，内口沿下饰花叶锦带纹，外口沿下饰两道弦纹，腹部饰秋虫、树叶纹。青花呈蓝灰色，卵青釉。灰白胎，残。口径 12、足径 5.6、高 4.2 厘米（图版一一六，5）。

垂钓图案纹碟 1 件（97T3②：10）。内底双圈弦纹内饰一渔夫在江边垂钓，口沿内外各饰一道弦纹。青花呈蓝灰色，卵青釉。灰白胎，残。口径 11.6、足径 6.8、高 2.4 厘米（彩版一七，1）。

D 型 1 件（97H119：14）。敞口，口沿外折，上腹斜直，下腹折收，圈足，足端尖圆。内底双圈弦纹内饰山水纹图案，为一人在湖中泛舟。青花呈蓝灰色，卵青色。灰白胎，残。口径 8.0、足径 3.8、高 2.9 厘米（图二七六，8）。

盏 1 件（97T8②：47）。方斗形，圆角，斜直腹，方圈足。内底双方框弦纹内饰一回头动物，口沿内饰一道弦纹。青花发灰，卵青釉，足底露胎。胎呈青灰色，残。口残长 5.8、宽 8.0、足底残长 5.2、宽 5.8、高 1.9 厘米（图版一一六，6）。

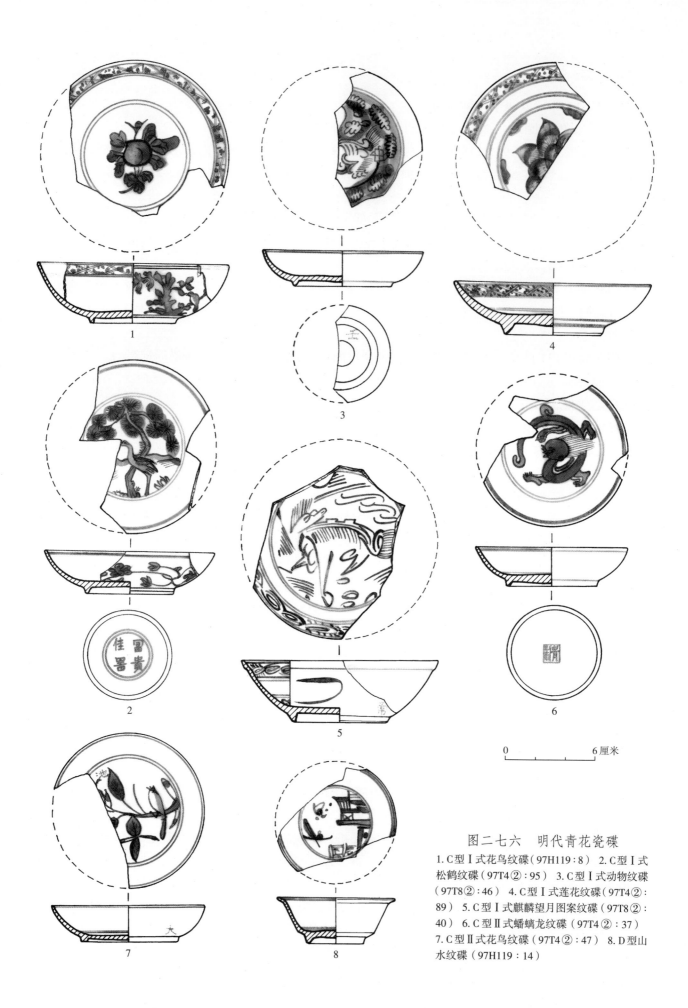

图二七六　明代青花瓷碟

1. C 型 I 式花鸟纹碟（97H119∶8）　2. C 型 I 式
松鹤纹碟（97T4②∶95）　3. C 型 I 式动物纹碟
（97T8②∶46）　4. C 型 I 式莲花纹碟（97T4②∶
89）　5. C 型 I 式麒麟望月图案纹碟（97T8②∶
40）　6. C 型 II 式蟠螭龙纹碟（97T4②∶37）
7. C 型 II 式花鸟纹碟（97T4②∶47）　8. D 型山
水纹碟（97H119∶14）

酒盅　10件。出土的明代青花瓷酒盅，根据器口的不同可分二型。A型撇口，深弧腹，圈足，根据足底部的变化可分三式；B型器口近直，斜直腹，圈足。

A型　8件。分属于Ⅰ式、Ⅱ式和Ⅲ式。

Ⅰ式　2件。器内圜底，圈足内敛，足端尖圆。器内单圈弦纹内饰一折枝花果鸟纹，外腹壁饰梅鹊纹，寓意"喜上梅（眉）梢"。青花呈蓝灰色，卵青釉。标本97T4②：171，洁白胎，残。口径5.1、足径2.5、高3.5厘米（图二七七，1）。

Ⅱ式　5件。器内平底或圜底，足墙陡直，足端面平。根据纹饰不同可分：

梅花纹酒盅　1件（97T8②：45）。外腹壁弦纹间饰折枝梅花纹。青花呈蓝灰色，卵青釉，足底露胎。洁白胎，残。口径6.7、足径2.5、高3.6厘米（图二七七，2）。

缠枝花卉纹酒盅　1件（97T4②：50）。内底单圈弦纹内饰一"井"字符号，口沿内外饰弦纹，外腹饰缠枝花卉纹，近底部刺一"水"字。青花呈蓝灰色，卵青釉，足底可见跳刀痕。洁白胎，残。口径6.0、足径2.4、高4.4厘米（图版一一七，1）。

山水人物图案纹酒盅　2件。内外满釉，釉白泛青灰色。标本97T4②：48，器内素面，外腹壁饰山水人物图案，足底单圈弦纹内有"大明成化年制"青花款。青花呈蓝灰色，釉白泛青灰色。洁白胎，残。口径9.2、足径5.2、高5.0厘米（图二七七，3）。标本97T4②：41，内底和外腹均饰山水图案，一人独自在江边垂钓，足底单圈弦纹内有"成化年制"青花款。青花呈蓝灰色，卵青釉。洁白胎，残。口径6.3、足径2.6、高3.7厘米（彩版一七，2、3、4）。

弦纹酒盅　1件（97T4②：21）。口沿内外饰弦纹，内底心饰青花点彩纹。卵青釉。洁白胎，残。口径6.1、足径3.0、高3.8厘米（图二七七，4）。

Ⅲ式　1件（97T4②：60）。器内底面平，卧足。器内外素面，足底双方框内书"成化年制"青花款。洁白釉，釉质润泽透亮。洁白胎，残。口径6.4、足径3.2、高3.7厘米（图二七七，5）。

B型　2件。标本97T8②：44，内底饰一花叶纹，外腹饰缠枝花卉纹。青花呈靛青色，青白釉。洁白胎，残。口径5.3、足径2.5、高3.5厘米（图二七七，6）。

杯　1件（97T4②：163）。敞口，弧腹，内底隆起呈馒头状，圈足。内底单圈弦纹内饰一蟾蜍，外口沿下饰一道弦纹。青花呈蓝灰色，釉白泛青灰色，足底粘沙。灰白胎，残。口径8.5、足径3.4、高4.5厘米（图二七七，8）。

此外，还有部分青花瓷片的内底或足底有青花款识，计有朝代款、帝王年号款、纪年款、吉祥语款、颂赞款、斋堂款和其他文字款以及方形款。举例介绍如下：

朝代款　10件。均为"大明年造"款，书写于足底，右起往下读，部分铭款外有单圈或双圈弦纹。标本97T4②：124，内底饰"万"字形符号。足径4.9厘米（图版一一九，1上左一）。标本97T4②：126，内底饰"万"字形符号。足径5.0厘米（图版一一九，1上左二）。标本97T4②：128，内底饰一折枝花果。足径3.4厘米（图版一一九，1上左三）。标本97T4②：122，内底饰一"万"字形符号。足径4.9厘米（图版一一九，1上右一）。标本97T4②：129，内底饰草虫秋菊。足径4.5厘米（图版一一九，1下左一）。标本97T4②：127，内底饰一人物图案。足径4.8厘米（图版一一九，1下左二）。标本97T4②：121，内底饰一折枝花果。足径3.4厘米（图版一一九，1下左三）。标本97T4②：125，内底饰一折枝花果。足径3.3厘米（图版一一九，1下右一）。

帝王年号款　5件。书写于足底，铭款外有双圈弦纹。根据年号的不同可分：

"宣德年造"款　1件（97T4②：119）。内底饰蓝地白花。足径5.2厘米（图版一一七，2、3）。

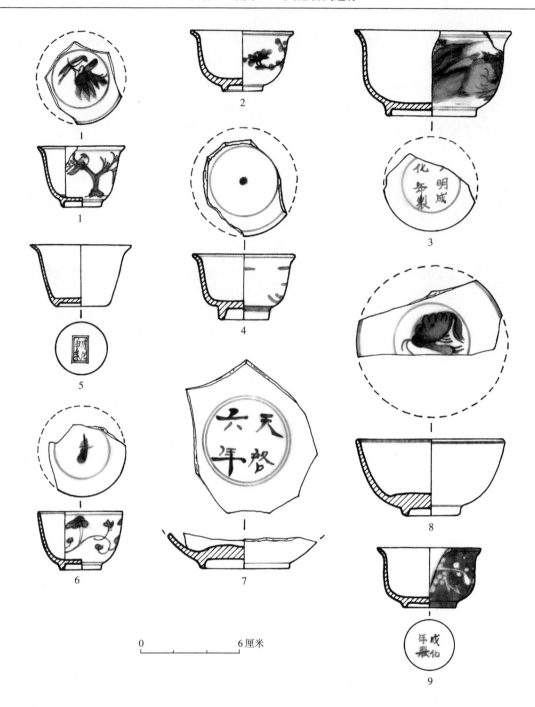

图二七七　明代青花瓷器和红釉青花瓷器

1. A型Ⅰ式梅鹊纹酒盅（97T4②：171）　2. A型Ⅱ式梅花纹酒盅（97T8②：45）　3. A型Ⅱ式山水人物图案酒盅（97T4
②：48）　4. A型Ⅱ式弦纹酒盅（97T4②：21）　5. A型Ⅲ式"成化年制"款酒盅（97T4②：60）　6. B型缠枝花卉
纹酒盅（97T8②：44）　7. "天启六年"款碗底（97T8②：25）　8. 蟾蜍纹杯（97T4②：163）　9. 红釉白梅纹"成
化年制"款酒盅（97T4②：71）

　　"大明成化年造"款　1件（97T8②：21）。内底饰山水人物图案。足径5.5厘米（图版一一
七，4）。

　　"大明成化年制"款　2件。足底青花双圈弦纹内有"大明成化年制"款。标本97T8②：22，

内底饰菊花图案。足径5.1厘米（图版一一七，5、6）。

"大明嘉靖年制"款　1件（97T4②：120）。内底饰高官厚（后）禄（鹿）图案。足径4.9厘米（图版一一八，1、2）。

纪年款　1件（97T8②：25）。内底双圈弦纹有"天启六年"纪年款。足径5.3厘米（图二七七，7；图版一一八，3）。

吉祥语款　24件。根据铭款的不同可分：

"天下太平"款　1件（97T8②：29）。足底双圈弦纹内有"天下太平"款，内底饰草虫秋菊图案。足径5.3厘米（图版一一八，4）。

"加封进禄"款　1件（97T8②：30）。内底有"加封进禄"款。足径5.5厘米（图版一一八，5）。

"永保长春"款　1件（97T4②：105）。足底双圈弦纹内有"永保长春"款，内底饰昆虫花草图案。足径5.1厘米（图版一一八，6）。

"万福攸同"款　4件。均书写于足底，外有单圈或双圈弦纹，文字有右起往下读，也有上下、左右对读。标本97T4②：108，内底饰一折枝花果。足径4.5厘米（图版一一九，2左上）。标本97T4②：104，内底饰一狮子滚绣球图案。足径5.8厘米（图版一一九，2右上）。标本97T4②：106，内底饰一菊花。足径6.6厘米（图版一一九，2左下）。标本97T4②：103，内底饰一人物图案。足径4.5厘米（图版一一九，2右下）。

"长命富贵"款　3件。均书写足底部，外有双圈弦纹，文字有右起往下读，也有上下、左右对读。标本97T4②：107，文字款中间还有一方形框，内底饰一团花纹。足径4.6厘米。

"福"字款　4件。均书于足底，少数方框形边栏。标本97T4②：132，内底饰一折枝花果。足径3.8厘米（图版一一九，3左上）。标本97T4②：133，内底饰一折枝花果。足径4.8厘米（图版一一九，3右上）。标本97T4②：130，内底饰高官厚（后）禄（鹿）图。足径3.4厘米（图版一一九，3左下）。标本97T4②：131，内底饰一折枝花果。足径2.8厘米（图版一一九，3右下）。

"寿"字款　10件。其中书写于足底的有7件，字体细小；书于内底的有3件，字体较大，外有双圈弦纹。标本97T4②：109，内底饰一折枝花果。足径2.8厘米（图版一二〇，1上左）。标本97T4②：115，内底饰一蟠螭龙纹。足径4.9厘米（图版一二〇，1上中）。标本97T4②：111，内底饰高官厚（后）禄（鹿）图案。足径3.2厘米（图版一二〇，1上右）。标本97T4②：110，内底饰一折枝花果。足径3.3厘米（图版一二〇，1下左）。标本97T4②：114，内底饰写意花鸟。足径3.6厘米（图版一二〇，1下中）。标本97T4②：113，内底饰一折枝花果。足径2.6厘米（图版一二〇，1下右）。标本97T4②：118，足径4.8厘米（图版一二〇，2左）。标本97T4②：117，足径5.3厘米（图版一二〇，2中）。

颂赞款　15件。根据铭款的不同可分：

"上品佳器"款　5件。均书写于足底，右起往下读。标本97T4②：92，内底饰折枝花果。足径4.3厘米（图版一二〇，3左上）。标本97T4②：90，内底饰折枝花果。足径4.1厘米（图版一二〇，3右上）。标本97T4②：93，内底饰蟠螭龙纹。足径3.9厘米（图版一二〇，3左下）。标本97T4②：91，内底饰折枝花卉。足径4.4厘米（图版一二〇，3右下）。

"富贵佳器"款　8件。均书写于足底，部分有方形边框或双圈弦纹，多右起往下读，少数上下、左右对读。标本97T4②：94，内底饰一折枝花卉。足径4.8厘米（图版一二一，1上左）。标本97T4②：98，内底饰蟠螭龙纹。足径4.9厘米（图版一二一，1上右）。标本97T4②：96，内底饰一折枝花果。足径4.3厘米（图版一二一，1下中）。标本97T4②：97，内底饰折枝花卉。足径5.0厘米（图版一二一，1下右）。标本97T4②：100，内底饰蓝地白花。足径4.4厘米（图版一二一，2左）。标本97T4②：99，内底饰一"寿"字。足径4.6厘米（图版一二一，2中）。标本97T4②：101，内底饰荷塘禽鸟图案。足径6.8厘米（图版一二一，2右）。

"玉堂佳器"款　2件。均书写于足底。标本97T4②：102，内底饰一折枝花卉。足径4.8厘米（图版一二一，3）。标本97H119：17，足底单圈弦纹内有"玉堂佳器"款。足径2.5厘米（图版一二一，4）

斋堂款　2件。标本97T8②：20，内底单圈弦纹内有"博古斋"款。足径4.3厘米（图版一二二，1）。标本97T8②：19，内底单圈弦纹内有"白玉斋"款。足径4.4厘米（图版一二二，2）。

其他文字款　7件。

"玉"字款　2件。书写于内底。标本97T4②：150，足径4.4厘米（图版一一五，3右）。

"元"字款　1件（97T4②：149）。书写于内底。足径4.8厘米（图版一二二，3）。

"俌"字款　1件（97T8②：24）。书写于足底，内底饰"万"字形符号。足径5.0厘米（图版一二二，4）。

"韧"字款　1件（97T4②：137）。书写于足底，内底饰"万"字形符号。足径4.8厘米（图版一二二，5左）。

"□"字款　1件（97T4②：136）。书写于足底，难以识读，内底饰"万"字形符号。足径5.0厘米（图版一二二，5右）。

"梁用"款　1件（97T4②：134）。书写于足底，内底饰团花纹。足径5.1厘米（图版一二二，6）。

方形款　9件。这些方形款均为一些变形文字，无法识别。均书写于足底部。标本97T4②：144，内底饰一折枝花。足径4.2厘米（图版一二三，1上左）。标本97T4②：142，内底饰一团花。足径5.1厘米（图版一二三，1上中）。标本97T4②：140，内底饰一折枝花果。足径4.3厘米（图版一二三，1中左一）。标本97T4②：147，内底饰一蟠螭龙纹。足径4.8厘米（图版一二三，1中左二）。标本97T4②：146，内底饰"万"字形符号。足径5.4厘米（图版一二三，1中左三）。标本97T4②：145，内底饰一蟠螭龙纹。足径5.4厘米（图版一二三，1中右一）。标本97T4②：143，内底饰一蟠螭龙纹。足径4.9厘米（图版一二三，1下左一）。标本97T4②：141，内底饰一人物图案。足径4.8厘米（图版一二三，1下中二）。标本97T4②：139，内底饰一折枝花果。足径5.0厘米（图版一二三，1下右一）。

此外，还有一些青花瓷片有人物、飞鸟等纹饰，构图别致。举例介绍如下：

高官厚禄（后鹿）图　3件。均饰于内底，外绕单圈或双圈弦纹。标本97T4②：167。足径3.3厘米（图版一二三，2左）。标本97T4②：169，足径3.6厘米（图版一二三，2中）。标本97T4②：166。足径4.6厘米（图版一二三，2右）。

高仕图　1件（97T4②：159）。饰于器内底。足径6.1厘米（图版一二三，4）。

树石栏杆、飞鸟图　1件（97T4②：172）。器外腹壁饰树石栏杆、飞鸟图案。残高5.5厘米（图版一二三，3）。

荷塘禽鸟图案　1件（97T4②：161）。饰于器内底。足径4.2厘米（彩版一七，2）。

6. 红釉青花瓷器

杯　1件（97T4②：71）。撇口，尖圆唇，深弧腹，圈足，足端平切。器内和足底施卵青釉，外腹壁施以酱红釉为地，饰白釉梅花纹，足底书"成化年制"青花款。洁白胎，残。口径6.0、足径2.9、高3.4厘米（图二七七，9；彩版一七，6；图版一二三，5）。

7. 椰勺

1件（97T4②：56）。椰壳的一半，半圆形，一侧有3个小圆孔。长径11.8、短径10.6、高6.4厘米（图二七八，1）。

8. 铜汤匙

1件（97T3②：4）。柄细长，向勺体一端渐细，勺体呈椭圆形，勺面浅弧。黄铜，通长14厘米（图二七八，2）。

9. 砺石

1件（97H32：2）。近长方形，一端残，除两端外其余四面均为磨蚀面，其中一面已磨蚀成弧凹状。红褐色砂岩。残长13.6、宽4.6~6.0、厚3.4~5.4厘米（图二七八，3）。

（三）其他

1. 陶纺轮

1件（97T4②：65）。利用残砖块磨制而成，圆柱形，略呈上大下小，顶面微鼓，中心钻一圆

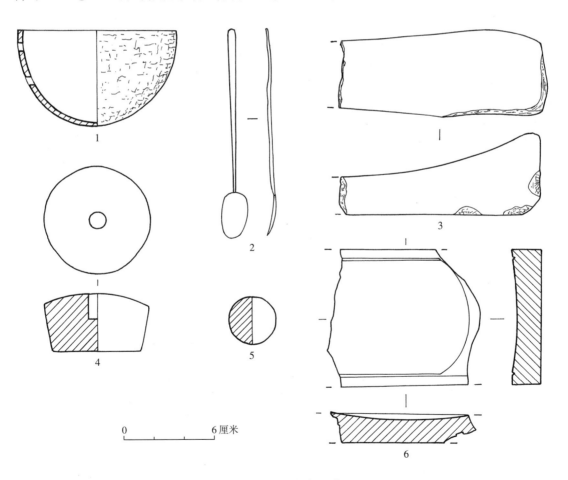

0　　　　　　6厘米

图二七八　明代器物

1. 椰勺（97T4②：56）　2. 铜汤匙（97T3②：4）　3. 砺石（97H32：2）　4. 陶纺轮（97T4②：65）　5. 陶弹丸（97T4②：55）　6. 石砚台（97T8②：17）

孔未穿透对面，底面平，器表较为粗糙。顶面径 7.0、底面径 6.0、高 3.8 厘米，孔径 1.3、孔深 1.6 厘米（图二七八，4）。

2. 陶弹丸

1 件（97T4②：55）。圆珠形。灰白陶，完好。径 3.2 厘米（图二七八，5）。

3. 石砚台

1 件（97T8②：17）。长方形，两端已残，仅存中部的研磨面，微凹，两侧边壁直，一端有弧形凹槽，底面平。残长 10.4、宽 9.3、厚 1.9 厘米（图二七八，6）。

4. 动物遗存

出土的动物遗存较少，经鉴定，动物遗存的种类有马、猪、羊、水牛、牛和其他哺乳动物等（详见上编第五章第四节《南越宫苑遗址出土动物骨骼研究报告》）。

三　小结

这一期遗物较为丰富，以青花瓷器为主，其次为青釉器，酱黑釉器也占一定的比例，白瓷器等较少。出土的青花瓷器数量多，但器形种类少，主要是碗、盘、碟和酒盅等。这些器物的胎体多薄而轻，多内外满釉，釉多呈青白色，也有不少呈卵青色，青花呈色多样，有些呈靛青色，色泽淡雅，也有些呈灰青色，色泽灰沉。纹饰题材主要有缠枝莲、菊花、莱菔菜、折枝花卉、花鸟、松鹤、河塘禽鸟、蟠螭龙、海螺、狮子滚绣球、麒麟望月等动、植物图案，也有高官厚（后）禄（鹿）、婴戏妇人、垂钓、山水人物等图案。这些青花图案大多运用"勾线渲染"的画法，但也有少量是用"一笔勾画"法直接表示的。这些青花瓷器的造型风格、胎质釉色、青花纹饰和呈色大多与明代中、晚期景德镇民窑的青花瓷器一致[1]。

这一期出土的青花瓷器中有不少还带有青花铭款，其中的"天启六年"、"大明年造"、"宣德年造"、"大明成化年造"、"大明成化年制"、"大明嘉靖年制"等纪年款和朝代款以及帝王年号款对确定这一期的时代提供了重要的依据。另外，这些青花瓷器上的"天下太平"、"加封进禄"、"永保长春"、"万福攸同"、"长命富贵"、"福"、"寿"等吉祥语款和"上品佳器"、"富贵佳器"、"玉堂佳器"等颂赞款，也是明代嘉靖至崇祯时期景德镇民间窑场产品的常用题款[2]。遗址出土的青花"白玉斋"、"博古斋"款碗与 1975 年合肥市发现的明代晚期瓷器窖藏中出土的青花"博古斋"款碗一致，据发掘者引《景德镇陶瓷史稿》考证，"博古斋"是"雅匠良工之自署"，出自于景德镇董家坞民窑[3]。

此外，这一期出土的 A 型青釉碟与浙江龙泉窑明代窑址出土的青釉盘一致[4]，类似的白瓷盘在南京明故宫玉带河也有出土[5]。综上可知，这一期的年代为明代。

---

[1] 中国陶瓷编辑委员会编：《中国陶瓷·景德镇民间青花瓷器》，第 149~193 条，上海人民美术出版社，1994 年。
[2] 黄云鹏、甄励：《景德镇民间青花瓷器》，《中国陶瓷·景德镇民间青花瓷器》，上海人民美术出版社，1994 年。
[3] 合肥市文管会：《合肥市发现明代瓷器窖藏和唐代邢窑瓷》，《文物》1978 年第 8 期。
[4] 中国社会科学院考古研究所浙江工作队：《浙江龙泉县安福龙泉窑址发掘简报》，《考古》1981 年第 6 期。
[5] 南京博物院：《南京明故宫出土洪武时期瓷器》，《文物》1976 年第 8 期。

第八节　清代遗存

一　地层和遗迹

清代地层在蓄池遗迹发掘区和曲流石渠遗迹发掘区内均无保存，遗迹有灰坑和水井（附表九；图二七九、二八〇）。

（一）灰坑

7个，分别为95H2、95H3、97H3、97H11、97H34、97H52和97H66。根据坑口、坑壁和底部的不同可分两类。

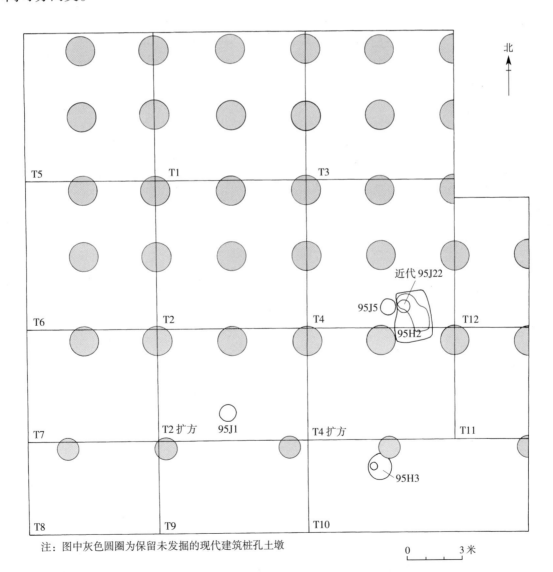

注：图中灰色圆圈为保留未发掘的现代建筑桩孔土墩

图二七九　蓄池遗迹发掘区清代遗迹平面图

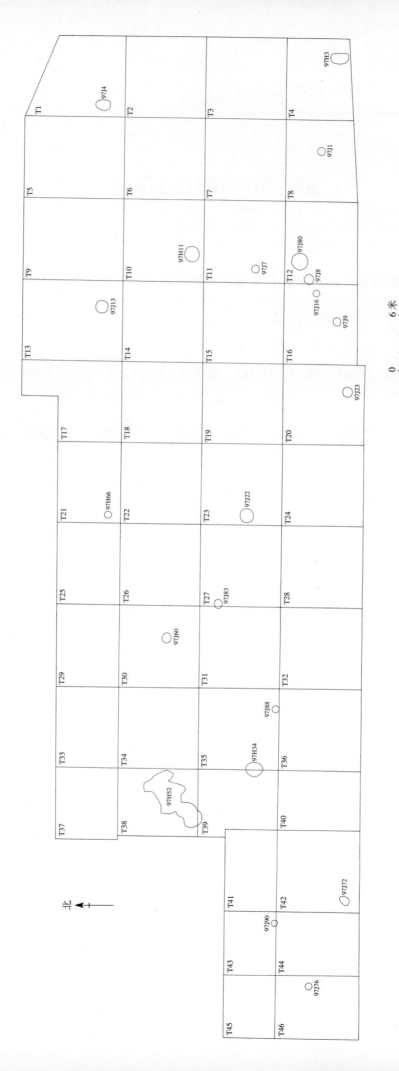

图二八〇　曲流石渠遗迹发掘区清代遗迹平面图

1. 坑口平面多呈不规则形，坑壁弧形内收，圜底。这一类灰坑有95H2、95H3、97H11、97H34、97H52和97H66。现举例介绍如下：

95H2　位于95T4东部，开口于95①层下，打破95②层，被95J22打破。坑口平面近呈方形，东西1.76~2.25、南北2.8米。中部呈不规则形凹下，东西0.96、南北2.28米，深0.46~1.26米（图二八一）。坑内为红褐土堆积，土质较致密，内含遗物极少，仅见少量的青花瓷片和灰白陶素面瓦片等。

97H11　位于97T10南部，开口于97①层下，打破97F1、97G1。坑口平面近呈圆形，东西1.75、南北1.65、深1.76米（图二八二）。坑内为灰黑土堆积，土质疏松。出土A型Ⅰ式和A型Ⅱ式花卉纹瓦当各1件、青釉双耳罐1件、A型酱褐釉罐1件、A型酱褐釉四耳罐1件、酱黑釉钵1件、A型白瓷碗1件、A型Ⅰ式青花缠枝菊花纹碗1件、A型Ⅱ式青花缠枝菊花纹碗1件、A型青花如意纹碟1件、青花"弘兴玉珍奇制"款碟底1件、红釉青花如意纹碗1件，还有砖块和瓦片等。

2. 坑口平面近呈长方形，直壁，平底。这一类灰坑只有1个。

97H3　位于97T4东南部，开口于97①层下，打破97②层。坑口东西1.2、南北1.9、深0.7米（图二八三）。坑内为灰黑土堆积，土质疏松。出土A型Ⅰ式花卉纹瓦当1件、A型酱红釉灯2件、B型青花花叶纹碗1件、A型青花山水人物纹盘1件、B型Ⅱ式青花云龙纹盘1件、青花灵芝纹酒盅1件、豆青青花太极八卦纹杯1件、围棋子1枚、陶公仔1件、玻璃珠1件，还有瓦片等。

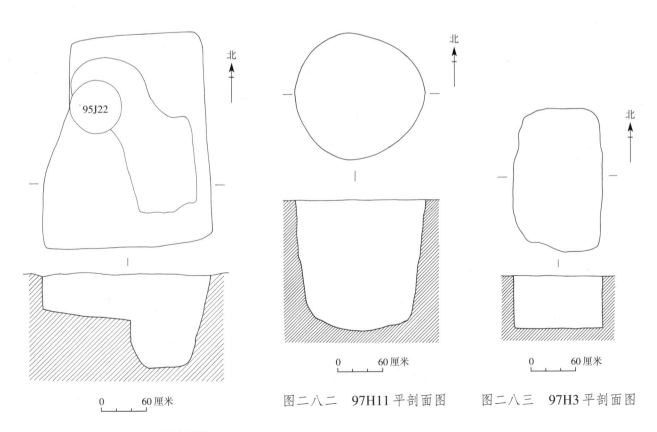

图二八一　95H2平剖面图　　　图二八二　97H11平剖面图　　　图二八三　97H3平剖面图

（二）水井

18口，分别为95J1、95J5、97J1、97J4、97J7、97J8、97J9、97J13、97J16、97J22、97J23、97J60、97J72、97J76、97J80、97J83、97J88和97J90。有关水井结构和井内出土遗物的介绍详见附录二第九节。

二　遗物

有建筑材料、生活器具和其他。

（一）建筑材料

有砖、板瓦和筒瓦、瓦当和鸱吻。

1. 砖

2件。长方砖，表面模印卷草纹，上下边沿各饰一排乳丁纹。标本95H3∶1，灰陶。残长26.4、宽14.8、厚5.0厘米（图版一二四，1）。

2. 板瓦和筒瓦

板瓦40件，筒瓦14件，均为碎块，未能复原。泥片筑成，瓦体较小、较薄。多呈灰白色或黄白色，少量呈浅红色。内外均素面。

3. 瓦当

4件。均为花卉纹瓦当，属于A型。当面模印一侧视阔叶状花卉。根据边沿纹饰的变化可分二式。

Ⅰ式　3件。花卉纹外绕一周弦纹和一周"万"字形纹。标本97H3∶10，黄白陶，完好。当径8.4、厚1.1厘米（图二八四，1）。

Ⅱ式　1件（97H11∶12）。花卉纹外绕一周"万"字形纹。泥质黄白陶，残。当径9.7、厚1.4厘米（图二八四，2）。

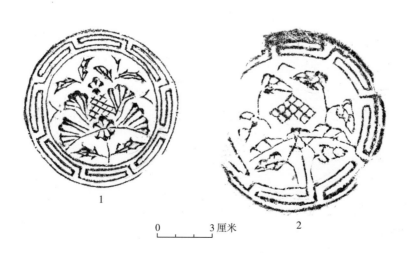

图二八四　清代花卉纹瓦当拓本

1. A型Ⅰ式（97H3∶10）　2. A型Ⅱ式（97H11∶12）

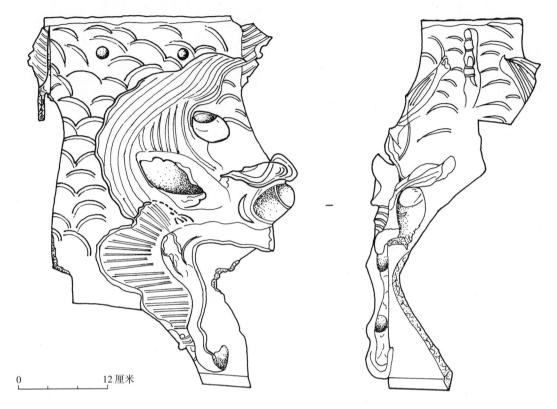

0 ├──┼──┼──┤ 12厘米

图二八五　清代陶鸱吻（95H3：4）

4. 鸱吻

2件。标本95H3：4，扁筒形，高大雄伟，中空，外表高浮雕出龙首形，残半边。土黄色。高49.7、残宽36、残厚24、壁厚1.0~1.5厘米（图二八五；图版一二四，2）。标本95H3：5，残存兽首上颌和鼻部，阔嘴，大鼻。土黄色。残高12、残宽15.6、残厚9.5厘米（图版一二四，3）。

（二）生活器具

有青釉器、白瓷器、酱釉器、青花瓷器、红釉青花瓷器和豆青青花瓷器等。

1. 青釉器

双耳罐　1件（97H11：8）。侈口，尖唇，肩上安两个对称的半环形竖耳，鼓腹，腹底部已残，器表有明显的轮旋痕。口沿和肩部施青釉，釉厚处呈黑褐色。灰褐胎，残。口径14、腹径18.8、残高10.8厘米（图二八六，1）。

2. 白瓷器

碗　1件（97H11：6）。属于A型。敞口，斜弧腹，圈足内敛。内外满釉，釉呈卵白色。灰白胎，残。口径11.4、足径5.6、高6.4厘米（图二八六，4；图版一二五，1）。

3. 酱釉器

数量较多，有罐、四耳罐、钵和灯等器形。釉呈酱褐色、酱黑色或酱红色，釉质光亮，足底多露胎。胎多呈青灰色或灰白色，胎质较粗。

罐　1件（97H11：2）。属于A型。小口，卷沿，短颈，上腹圆鼓，下腹敛收，平底内凹。口沿和底部有叠烧印痕，肩腹部有器物粘接印痕。表面施酱褐釉，外底露胎。青灰胎，残。口径

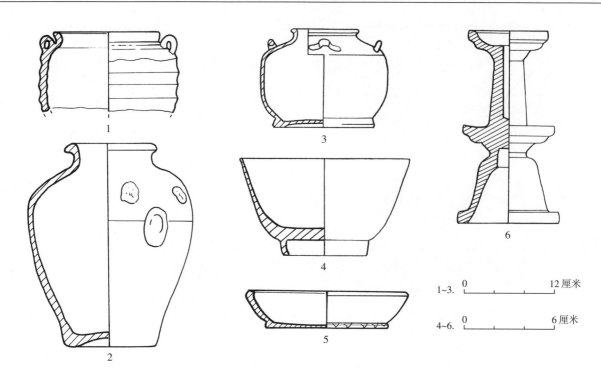

图二八六　清代生活器具

1.青釉双耳罐（97H11：8）　2.A型酱褐釉罐（97H11：2）　3.A型酱褐釉四耳罐（97H11：1）　4.A型白瓷碗（97H11：6）　5.酱黑釉钵（97H11：9）　6.A型酱红釉灯（97H3：1）

11.4、腹最大径20.4、底径11.6、高26.5厘米（图二八六，2）。

四耳罐　1件（97H11：1）。属于A型。直口，卷沿，圆唇，广肩微折，肩上安四个半环形横耳，腹部近直，下腹弧收，饼足底。器表施酱褐釉至底部。浅灰胎，残。口径8.9、腹径17.2、高13厘米（图二八六，3；图版一二五，2）。

钵　1件（97H11：9）。敛口，圆唇，浅弧腹，饼足底。内、外腹壁施酱黑釉，足底露胎。灰白胎，残。口径20、底径16、高4.8厘米（图二八六，5）。

灯　2件。属于A型。两段式高柄灯，喇叭形底座，底座上承一近平盏托，中间有一上小下大的圆柱形把，中空，顶承接一灯盏，敞口，尖圆唇，器内浅弧腹，平底，底心与灯把空心相通，外腹曲弧。标本97H3：1，器表施酱红釉。灰白胎，稍残。灯盏口径5.4、底径6.7、高12.8厘米（图二八六，6；图版一二五，3）。

4.青花瓷器

数量较多，有碗、盘、碟和酒盅等器形。胎多呈洁白色，少量呈灰白色，胎质细腻坚致。多内、外满釉，只有少量内底涩圈，釉白泛青，莹润有光泽，少量釉呈卵青色。青花纹饰题材有缠枝菊、如意纹、博古、灵芝、落叶和诗文、凤穿牡丹、山水人物图案等。部分碗足底还有"大明成化年制"、"大清康熙年制"、"弘兴玉珍奇制"等青花铭款。青花多呈靛青色，色彩艳丽，少量呈色发灰。

碗　3件。出土的清代青花瓷碗，根据器口和腹部的不同可分四型。A型为撇口弧腹碗，根据足底部的变化可分二式；B型为敞口斜腹碗；C型为敞口弧腹碗；D型为直口弧腹碗。这3件分属于A型和B型。

A 型　2 件。分属于 I 式和 II 式。

I 式　1 件（97H11：4）。圜底，圈足，足端尖圆。器内底双圈弦纹内饰一折枝菊花，内口沿下饰菊瓣锦带纹，外腹壁饰缠枝菊花。青花呈色鲜丽、光亮，釉白泛青。洁白胎，残。口径 15.6、足径 6.7、高 7.8 厘米（彩版一八，1、2）。

II 式　1 件（97H11：7）。圈足较高，足底心凸起，外墙近直，内墙向外斜，足端面平。内底单圈弦纹内饰一菊花，外腹壁饰缠枝菊花。青花呈色灰暗，卵青釉。灰白胎，胎质较粗，残。口径 14.8、足径 6.0、高 7.4 厘米（图二八七，1）。

B 型　1 件（97H3：5）。内底涩圈，底心饰一青花圆圈，外腹饰花叶纹。青花呈色灰暗，卵青釉，足底露胎。灰白胎，残。口径 12.8、足径 7.2、高 4.0 厘米（图二八七，2）。

盘　2 件。出土的清代青花瓷盘，根据器口和腹部的不同可分二型。A 型为撇口弧腹盘；B 型为敞口弧腹盘，根据足底部的变化可分二式。

A 型　1 件（97H3：6）。尖圆唇，浅弧腹，圈足，足外墙近端向心斜削。内底饰山水、人物图案，外口沿下和腹底部各饰二道弦纹。青花呈灰蓝色，卵青釉。灰白胎，残。口径 18.6、足径 10.8、高 4.0 厘米（图二八七，3；彩版一八，3）。

B 型 II 式　1 件（97H3：3）。尖圆唇，器内底面平，足端面平。内底饰写意云龙纹，内口沿下饰四枝花朵纹，外腹素面。青花呈灰色，乳白釉。灰白胎，胎质细腻，残。口径 17.7、足径 10.6、高 3.3 厘米（图二八七，4；彩版一八，4）。

碟　1 件（97H11：3）。属于 A 型。器口近直，圆弧腹，圈足内敛。内底双圈弦纹内饰蓝地白花如意纹，内口沿下饰蓝地白花卷草锦带纹，外腹壁饰博古图案。青花呈鲜蓝色，卵青釉。灰白胎，残。口径 15.5、足径 7.6、高 4.6 厘米（图二八八，1；彩版一八，5）。

酒盅　1 件（97H3：8）。敞口，尖圆唇，上腹斜直，下腹弧收，高圈足，足端面平。内、外饰灵芝纹，足底有"成化年制"青花款。青花发灰，卵青釉。灰白胎，残。口径 5.6、足径 2.8、高 3.3 厘米（图二八八，4）。

此外，还有一些青花瓷片的足底或内底书有青花铭款，有帝王年号款、颂赞款和诗文款，分别介绍如下：

"大明成化年制"款　3 件。均书写于足底，外绕单圈或双圈弦纹，均为仿款。标本 97H52：9，足径 3.2 厘米（图版一二六，1 左）。标本 97H52：7，内底饰山水图案。足径 5.5 厘米（图版一二六，1 右）。标本 97H52：5，内底饰山水图案。足径 5.8 厘米（图版一二六，2 右）。

"大明嘉靖年制"款　1 件（97H52：6）。书写于足底，外绕双圈弦纹，内底饰梵文。足径 5.5 厘米（图版一二六，2 左）。

"大清康熙年制"款　2 件。书写于足底，外绕双圈弦纹。标本 97H52：4，内底饰折枝菊花，外腹壁饰缠枝菊，近底部饰莲瓣纹。釉白泛青，洁白胎，残。口径 11.8、足径 6.0、高 7.3 厘米（图版一二六，3 左）。标本 97H52：8，内底饰花卉图案，釉白泛青色。足径 4.8 厘米（图版一二六，3 右）。

"弘兴玉珍奇制"款　1 件（97H11：11）。书写于足底，外绕双圈弦纹，内底饰凤穿牡丹图案。卵青釉，灰白胎。足径 6.1 厘米（图二八八，3；图版一二五，4）。

诗文款　1 件（97H52：10）。内底左侧饰一落叶，右侧书"梧桐叶落，天下皆秋"青花诗文。卵青釉，灰白胎。足径 4.7 厘米（图版一二五，5）。

图二八七　清代青花瓷碗和盘

1. A 型 Ⅱ 式缠枝菊花纹碗（97H11：7）　2. B 型花叶纹碗（97H3：5）　3. A 型山水人物纹盘（97H3：6）　4. B 型 Ⅱ
式云龙纹盘（97H3：3）

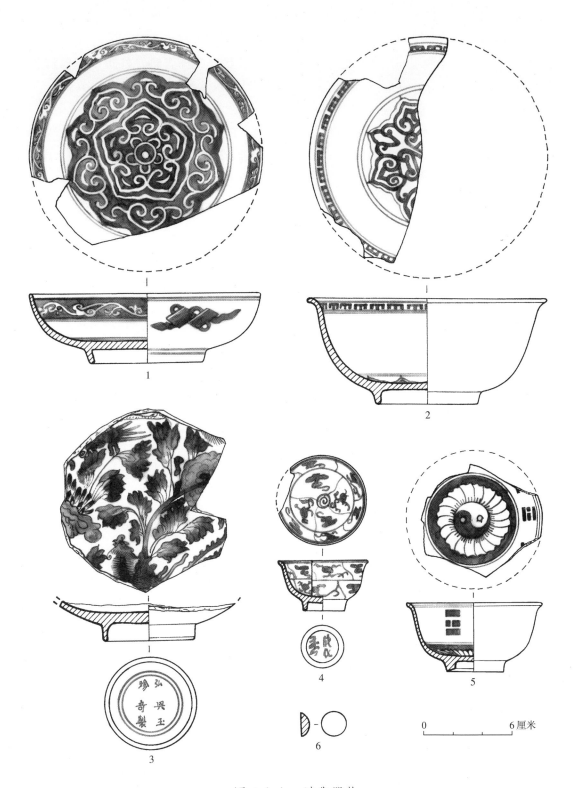

图二八八　清代器物

1. A型青花蓝地白花如意纹碟（97H11:3）　2. 外红釉里青花如意纹碗（97H11:5）　3. 青花凤穿牡丹纹碗底（97H11:
11）　4. 青花灵芝纹酒盅（97H3:8）　5. 外豆青里青花太极、八卦纹杯（97H3:4）　6. 白瓷围棋子（97H3:2）

5. 红釉青花瓷器

碗　1件（97H11：5）。撇口，尖圆唇，圆弧腹，器内圜底，圈足内敛。内底双圈弦纹内饰青花如意纹，内口沿下饰倒"山"字形青花锦带纹。器内及足底施卵青釉，外腹壁施酱红釉。洁白胎，胎质坚致，残。口径16、足径7.0、高7.0厘米（图二八八，2；彩版一八，6）。

6. 豆青青花瓷器

杯　1件（97H3：4）。撇口，弧腹较深，宽厚圈足。内底和内腹壁分别饰太极、八卦青花图案。器内施卵青釉，外腹壁施豆青釉，足底露胎。浅灰胎，残。口径8.5、足径4.0、高4.6厘米（图二八八，5）。

（三）其他

1. 围棋子

1件（97H3：2）。半圆形，施白釉，玻璃质感强。最大径1.6、高0.6厘米（图二八八，6）。

2. 陶公仔

1件（97H3：9）。残存小孩头部，中空，小孩脸带微笑，头上两侧各扎一个发髻。面部施肉红色釉，发髻施黑釉。残高2.5厘米（图版一二五，6）。

3. 玻璃珠

1件（97H3：11）。白色透明，内有红、绿、白等色彩。径1.6厘米（图版一二五，7）

三　小结

这一期出土的器物主要以青花瓷器为主，也有少量的红釉青花和豆青青花瓷器，此外还有青釉、白釉和酱釉器等。出土的部分青花瓷器和豆青青花瓷器有"大清康熙年制"和"弘兴玉珍奇制"铭款，对确定这一期的年代提供重要依据。其余的"大明成化年制"、"成化年制"、"大明嘉靖年制"铭款，从这些青花瓷片的足底特征和釉色以及纹饰来判断，应是清代的仿款。出土青花瓷器的釉多呈青白色，釉质莹润有光泽，青花多呈靛青色，色泽鲜艳，料分五色，层次分明。少量釉呈卵青色，青花呈色灰暗。纹饰题材有诗文、缠枝菊、缠枝花卉、花叶、山水人物、如意、博古、灵芝和太极八卦等。其造型、釉质釉色和纹饰等，都具有清代青花瓷器的明显特征。如出土的内饰"梧桐叶落，天下皆秋"诗句的青花瓷片就是清代顺治时期景德镇民窑的典型风格；又如出土的青花蓝地白花如意纹碟，其装饰风格也是清康熙时期景德镇民窑所常见的；再如出土的B型Ⅱ式青花云龙纹盘，胎呈灰白色，胎质细腻，釉呈乳白色，青花呈灰蓝色，发色晕散，这是清代福建德化民窑青花的典型特征[①]。综上可知，这一期的年代为清代。

---

① 郑炯鑫：《从"泰兴号"沉船看清代德化青花瓷器的生产与外销》，《文博》2001年第6期。

第九节 结 语

广州是一座有悠久历史的文化名城，秦汉时期称番禺，既是南海郡治，又是西汉南越国的都城，东汉时属交州。三国黄武五年（226年），孙权"分交州置广州"①，为广州地名之始，从建城开始至今已有2200多年的历史。

一 广州城建历史的断面

南越宫苑遗址从下往上叠压堆积有秦代、南越国、汉、两晋、南朝、唐、南汉、宋、元、明、清和近现代等12个历史朝代（阶段）的文化遗存，它宛若一本无字史书，记载着广州建城发展的历史。

（一）秦代和南越国时期的番禺城

关于广州城的始建年代，史志有多种说法，可分为西周楚亭说②、春秋楚庭说③、战国南武城说④和秦汉番禺说等。麦英豪先生根据新中国成立后广州地区的考古发掘材料，结合文献资料记载，经考证后认为：广州建城的年代最早可追溯到秦始皇统一岭南之后⑤，这一论点是正确的。

公元前214年，秦始皇统一岭南后，在岭南地区置桂林、象郡、南海三郡，其中南海郡治番禺⑥。1953年，在广州市西郊西村石头岗1号秦墓出土一件烙印"蕃禺"二字的漆盒⑦，这是考古发掘见到有关番禺的最早物证。1975年和1994年，在南越宫苑曲流石渠遗迹发掘区北侧，发掘出秦代的造船台遗址，它是《淮南子·人间训》有关秦始皇出兵统一岭南的五路大军中"一军处番禺之都"的秦军在番禺建立起来的造船基地⑧。1997年，在曲流石渠遗迹发掘区北部和西部的南越宫苑遗址之下，也发掘有与秦代造船遗址相关的木料加工场地和用于烧烤船板定型的"弯木地牛"遗迹。在发掘区的中部和东北部，还发掘出一个池状遗迹和一个建筑基础坑以及一口秦代水井等遗迹，井内出土有砖瓦和生活陶器以及铁矛、匕首和铜镞等兵器。这些遗迹和遗物的发现，证明在南越国之前这里已有人类活动，是秦代番禺城的遗存。由于南越宫苑遗址需要原址保护，其下的秦代遗存已不大可能再进行发掘，有关秦代番禺城的遗迹分布等情况尚不清楚。

公元前203年，原秦将赵佗据有岭南建立南越国，定都番禺。关于番禺城的具体位置在何处？文献资料记载不甚详细。自1995年和1997年在中山四路忠佑大街西侧发现了南越宫苑遗址，继

---

① 《三国志·吴志·吴主传第二》，第1133页，中华书局点校本，1975年。

② 阮元：《广东通志·古迹略一·城址一》："番禺故城，通历周夷王八年，楚子熊渠伐扬越，自是南海事楚，有楚亭。"第3833页，上海古籍出版社，1988年。

③ 屈大均：《广东新语·宫语·楚庭》："而城以南武为始云，初郝王时，越人公师隅为越相，因于南海依山筑南武城以拟之。"第460页，中华书局，1997年。

④ 顾祖禹：《读史方舆纪要·广东二》："又相传南海人高固为楚威王相，时有五羊衔谷穗于楚亭，遂增筑南武城，周十里，号五羊城。"第4595页，中华书局，2005年。

⑤ 麦英豪：《广州城始建年代考》，《羊城文物博物研究》，第64~75页，广东人民出版社，1993年。

⑥ 《史记·秦始皇本纪》记载："三十三年，发诸通亡人、赘婿、贾人取陆梁地，为桂林、象郡、南海。"第253页，中华书局点校本，1996年。

⑦ 广州市文物管理委员会、广州市博物馆：《广州汉墓》，第175页，文物出版社，1981年。

⑧ 广州市文化局编：《广州秦汉考古三大发现》，第5~42页，广州出版社，1999年。

而又在原儿童公园内发掘出南越国的一号和二号宫殿基址、一号廊道和砖石走道以及食水砖井、渗水井等遗迹后,这个疑问才得到明确的解答,遗址所在的广东省财政厅和原儿童公园一带就是南越国都城番禺城的位置。根据目前已发掘的考古资料推断,南越国都城的东界应在今旧仓巷西侧,北界约在越华路南侧,西界约在今吉祥路和教育路东侧,南界约在西湖路和惠福路之间。

（二）关于汉代番禺城"南迁"之说的质疑

元鼎五年（前112年）,汉武帝乘南越国内乱之机,派五路大兵讨伐南越。元鼎六年（前111年）冬,汉兵攻败越人,"纵火烧城"①。南越宫苑遗址的发掘表明,在蕃池和曲流石渠遗迹,特别是房址之上都覆盖有一层很厚的红烧土和砖瓦、炭屑堆积,与史书关于番禺城毁于战火的记载相吻合。

汉平南越之后,将其地分为南海、苍梧、郁林、合浦、交趾、九真、日南、珠崖、儋耳九郡。②关于汉武帝平定南越国之后番禺城的状况,明代学者黄佐首先提出"汉改筑番禺城于郡南六十里"之说③,清人顾祖禹也认同这一说法,并指明新筑的番禺城在"今龙湾、古坝（壩）之间也"④,曾昭璇同意黄佐关于汉番禺城"南迁"之说,并考证应在今佛山市顺德简岸一带⑤。

黄佐和顾祖禹两人所提出的汉番禺城"南迁"之说基本一致,都把番禺城南迁的时间、地点、里数和番禺城回迁的时间以及相关人物交代得很清楚。按两者的说法,从汉灭南越国的元鼎六年算起,至步骘在建安二十二年（217年）重修番禺城,并把州城迁回番禺计算,其间共有328年,原秦和南越国的番禺城完全变成废墟。关于汉代番禺城有没有"南迁"这一个问题,已有学者从地理位置、考古发现等情况认为其纯属误传⑥。南越宫苑遗址的考古发掘资料也表明,汉代番禺城并没有南迁。

南越宫苑遗址的废墟之上叠压堆积有4层汉代文化层,按出土铜钱和器物的时代特征,这4个文化层的年代分别为西汉中期、西汉晚期、东汉早期和东汉晚期。其中的西汉中期和西汉晚期的地层堆积较薄,没有发现大型的建筑基址和水井遗迹,灰坑等遗迹也只有零星的分布,而出土的板瓦、筒瓦和瓦当等建筑材料和生活陶器的数量较为丰富,显示在这一段时间内这里还是有人类活动,但相对南越国时期来说大为减少。到了东汉早期和东汉晚期,遗址的地层堆积又逐渐变厚,且呈连续分布,相应的遗迹也有增多的趋势,水井数量也从东汉早期的2口增至东汉晚期的8口,表明人类活动渐趋活跃。

这种情况,在汉代广州近郊的墓葬数量上也有反映。据《广州汉墓》的情况,西汉早期的墓葬达182座,约占这批汉墓总数的44.5%,到西汉中期明显减少,有64座,西汉晚期最少,只有32座,东汉早期有41座,东汉晚期则增至90座,但还是没有恢复到西汉早期的水平。广州近郊汉代墓葬数量的变化情况与南越宫苑遗址的发掘情况相一致,两者之间是成正比的,这些考古现

---

① 《史记·南越列传》,第2976页,中华书局点校本,1996年。
② 也有学者认为汉灭南越后分其地为十郡,详见周振鹤:《秦汉象郡新考》,《历史地理学读本》,第256~257页,北京大学出版社,2006年。
③ 黄佐:《广东通志·舆地志·广州府》记载:"汉改筑番禺城于郡南六十里,西接牂柯江,为刺史治,号佗故城曰越城。建安十五年,交州刺史步骘以越城久圮,乃廓番山之北为番禺城,二十二年迁州治于此。"第352页,广东省地方史志办公室影印,1997年。
④ 顾祖禹:《读史方舆纪要》记载:"汉平南越,改筑番禺城于郡南六十里,为南海郡治,今龙湾古壩之间也。号佗故城曰越城。后汉建安十五年,步骘为交州刺史,以越城久圮,乃廓番山之北为番禺城,后又迁州治于此,自是不改。"第4165页,中华书局,1955年。
⑤ 曾昭璇:《广州历史地理》,第219~225页,广东人民出版社,1991年。
⑥ 麦英豪:《广州城始建年代考》,《羊城文物博物研究》,第72页,广东人民出版社,1993年。

象反映出本地区在汉代的不同时期，人类活动曾发生较大的变化。这是什么原因造成呢？通常人类活动的变化与当地的生态环境变化或发生重大历史事件有较大关系，但由于本地区在汉代时期没有发生较大的自然灾害，气候环境也没有发生异常变化，可排除受生态环境变化的影响。而在西汉中期亦即南越国后期，本地区社会经历一次重大变化。西汉早期，番禺城是南越国的都城，是岭南的政治、经济、文化中心，人类活动留下的遗存自然相当丰富。到了西汉中期，汉武帝为了完成统一大业，派军平定南越，汉兵攻败越人后纵火烧番禺城，这座经营近百年的岭南都会瞬间毁灭。经历汉越这一场战争，番禺城从昔日的繁华都会变成一般的郡治，人口锐减，社会发展停滞不前，人类活动留下的遗存也大为减少，但番禺城并没有因此而变成无人居住的废墟，这一点从南越宫苑遗址的发掘可得到证实。

在经历一段较长时间的休养生息后，本地区社会渐趋稳定，经济恢复，人口开始增长，番禺的地位日渐重要。到三国时期，交州刺史步骘将州治从广信迁至番禺，就是为了进一步加强对该地区控制的一项重要举措。

发掘资料显示，南越国灭亡之后，南越宫苑遗址之上的汉代文化层堆积并没有间断，表明汉代番禺城并没有南迁。关于汉代番禺城南迁之说只是后代学者因为交州刺史步骘将州治从广信迁至番禺所引起的误解。

（三）两晋、南朝时期的广州城

自三国吴分交州置广州后，这里一直是西晋、东晋和南朝时期广州（梁、陈两朝为都督府）、南海郡和番禺县的治所。

1998年在中山五路大马站附近发现了东汉、东晋和南朝三个时期套叠一起的城墙，城墙南北走向，是广州城的西城墙[①]。两晋、南朝时期广州城的东界在今旧仓巷西侧，北界在越华路南侧，南界约今惠福一带，南越宫苑遗址正位于当日广州城内北部偏东的位置。

南越宫苑遗址的发掘资料显示，两晋、南朝第一、第二期发现的建筑遗迹较少，但却发现有较多的水井和灰沟遗迹，其中部分水井和灰沟堆积有较多的烧土块和炭屑，还伴出有较多的陶风管和铁渣等，可见遗址所在或附近应是冶炼的手工业作坊区。这与文献资料有关广州在两晋时期利用南迁的中原工匠"大开鼓铸"的记载相符[②]。

至第三、第四期这一情况发生了变化，遗址区内再也没有出土与冶炼有关的遗迹和遗物，但发现有较大规模的房址和跨越整个发掘区的地下排水暗渠，此外，还发现有砖铺走道、砖铺地面和水井等遗迹，表明到南朝时期这里已不再是作坊区，而应是官署区。

（四）隋唐时期的广州城和南汉国都城兴王府

据文献记载，遗址所在位置隋代为广州刺史署。唐代是岭南道署、岭南东道节度使府，后为清海军节度使司府[③]。由于隋的国祚只有38年，南越宫苑遗址没有发掘出能确定为隋代的遗存，

① 广州文物考古研究所：《广州市中山五路东汉至南朝城墙遗址》，《中国考古学年鉴1999》，第255~256页，文物出版社，2001年。

② 《晋书·庾亮传》载："时东土多赋役，百姓乃从海道广州，刺史邓岳大开鼓铸，诸夷因此知造兵器。"第1932页，中华书局点校本，2003年。

③ 黄佛颐编纂：《广州城坊志》："布政司署，在双门大街。隋为广州刺史署。……，唐为岭南道署，号曰都府。咸通中，为岭东道节度使府。乾宁初，为清海军节度使司。"第186~188页，广东人民出版社，1994年。

但在唐、南汉第一、第二期发掘有房址、墙基、走道、水井和砖砌水渠等遗迹，从这些遗迹的规模来看，这不是一般的民居建筑，而应是官署类建筑。证明唐代这里是岭南道署、广州大都督府、岭南东道节度使府和清海军节度使司府的所在地。

五代后梁贞元三年（917年），刘龑据有岭南称帝，定都广州，国号大越，改元为乾亨，升广州为兴王府。次年，刘龑以汉代刘氏后裔自居，改国号大汉，史称南汉，为五代十国之一，971年为北宋所灭，历四主，共55年。南汉统治者极为奢华、残暴，在城内外大兴土木，建造大批的宫殿和苑囿[1]。南越宫苑遗址的发掘和南越国宫署遗址近年来的考古发掘资料表明，今广东省财政厅和原儿童公园一带就是南汉国的内宫所在。据黄佐《广东通志》和梁廷楠《南汉书》等有关文献记载，南汉内宫有玉堂珠殿、文德殿、昭阳殿、乾和殿、景福宫、龙应宫、思玄宫、定圣宫、南薰殿、万政殿和龙德殿等宫殿。

在南越宫苑遗址的唐、南汉第三期发掘有较为密集的建筑磉墩遗迹，其中位于蕃池遗迹发掘区北部的建筑遗迹（编号95F1），根据已揭露的磉墩布局推测其应是一座面阔至少五间，进深不少于三间的大型宫殿类建筑。2003年在原儿童公园二区东和一区东内发掘出南汉国时期的大型宫殿建筑基址，这组宫殿的四周均有廊庑[2]，在曲流石渠遗迹发掘区西北部发现的97F4磉墩与这组宫殿的南廊庑相连，可确定为该组宫殿的廊庑遗迹。此外，在发掘区的西南部还发现另外两组建筑磉墩，由于揭露的面积有限，建筑的主体位于发掘区以西和以南，具体情况不明。遗址出土的砖瓦中有不少施有绿色、黄色、青色琉璃釉，这表明南汉王宫的建筑非常华丽，与文献记载相符[3]。

在曲流石渠遗迹发掘区的中部和东部，发现的建筑遗迹极少，仅在东北部发掘出一座大型的宫池遗迹，池岸用太湖石和石灰岩石垒砌而成，高低错落。池内淤泥厚达0.85米，从中浮选出树叶（阔叶）、荔枝、桃、李、梅、南酸枣、海南榄仁、构树、悬钩子属、葡萄属、女贞属、樟科、省藤属（？）和禾本科等植物遗存。此外，淤泥中还有大量的螺、蚌蚬和鱼等水生动物遗存，表明当日这里是南汉内宫的一处重要池苑区。

（五）宋、元和明清时期的广州城

到宋代，广州的城市建设进入历史上最为重要的发展阶段。在唐代广州城的基础上重修子城（中城），其后又在子城之东修建东城，在子城之西修筑西城，谓之宋代广州三城。元代继承宋代广州城的城市格局，没有太大的改变。到了明洪武十三年（1380年），永嘉侯朱亮祖"以旧城低隘，上请乃连三城为一"[4]。到了清代广州城进一步向外扩展。

文献资料显示，宋、元时期广州子城的北部，即今广东省财政厅和原儿童公园一带，一直是重要的官署区。宋代这里是经略安抚使司署，有西园、石屏堂、元老壮猷堂、连天观阁、先月楼台、运甓斋、犒军堂等重要建筑。元代为广东道宣慰使司都元帅府，至正末，改为江西行中书省。明清时期是广东承宣布政使司署所在地[5]。

---

① 梁廷楠：《南汉书·高祖本纪一》，第7页，广东人民出版社，1981年。

② 《广州南越国宫署遗址发掘又获重大成果》，《中国文物报》2004年12月8日。

③ 《旧五代史·僭伪列传第二》："（刘龑）末年起玉堂珠殿，饰以金碧翠羽，岭北行商，或至其国，皆召而示之，夸其华丽。"第1809页，中华书局点校本，1976年。

④ 黄佐：《广东通志·舆地志·广州府》，第354页，广东省地方史志办公室影印，1997年。

⑤ 黄佛颐编纂：《广州城坊志》，第187~188页，广东人民出版社，1994年。

南越宫苑遗址的发掘资料显示,宋代第一期在曲流石渠遗迹发掘区的西部发现有建筑磉墩和大型砖砌包边墙基等遗迹,据此推测,宋代的官署区应位于发掘区西部和原儿童公园一带。在曲流石渠遗迹发掘区的元代遗存中出土有较多带"枢府"铭款的卵白釉瓷器和釉里红釉瓷器,这些由元代军事机关枢密院在景德镇湖田窑定烧的官用瓷器在此较集中出土并不是偶然,正好说明这里就是元代广东道宣慰使司都元帅府的所在地。

由于南越宫苑遗址的两次发掘都是配合基建进行的抢救性发掘,地表以下约2.5米的文化层大多已被机械挖除,宋元以后的遗存,特别是建筑遗迹大多已被破坏殆尽。2003年在原儿童公园一区东和二区东进行大规模的考古发掘,清理出明、清时期广东承宣布政司署东侧附属建筑遗迹,在紧邻蓄池遗迹发掘西侧的位置还发掘出清代容丰仓和禺山书院建筑遗迹①。结合有关的文献资料记载可知,紧邻原儿童公园的曲流石渠遗迹发掘区西部应是明清广东布政司署和容丰仓以及禺山书院的所在地,而发掘区的东部很可能已是居民区。

二　汉唐时期广州的海外贸易

广州濒临南海,位于珠江流域西江、北江和东江三江交汇处,自秦汉以来,一直是沟通中外,联系沿海和内陆的重要港口城市,对外贸易和文化交往长盛不衰。

据《史记》记载,早在西汉初,广州已经是岭南都会,是海外珍宝和重要物资的集散地②。考古发掘资料同样表明,在汉代已有非洲象牙、红海乳香、波斯银盒③、两河流域的玻璃器和印度的琥珀等经海路传入广州④。南越宫苑蓄池和曲流石渠遗迹的石质建筑材料和独特的建筑手法以及砖瓦中釉的成分等,也强烈显示出南越国与西方有着相当密切联系。

到了两晋、南朝时期,广州对外贸易十分繁华。据《南齐书·东南夷传》记载:"四方珍怪,莫此为先,藏山隐海,环宝溢目。商舶远届,委输南州,故交、广富实,牣积王府"⑤。在南越宫苑遗址的两晋、南朝第一期遗存中出土一件浅绿色玻璃瓶口残件,小口,宽平折沿,圆唇,细颈,其造型与叙利亚出土的4~5世纪玻璃瓶极为接近。此外,在广州西晋晚期墓葬中也出土有蓝色玻璃器,经检测为钠钙玻璃,可能从萨珊进口⑥。无独有偶,在广东肇庆坪石岗东晋墓中也出土一件微绿色玻璃碗,发掘者经过对比分析认为它可能来自西亚⑦。肇庆出土的这件玻璃碗与1984年在广东遂溪县附城区边湾村南朝窖藏出土一件鎏金铜盅的造型相似,与其同出的还有一批波斯萨珊朝银币⑧。1960年,在广东英德南齐墓中也出土有波斯银币⑨。从广东出土的两晋、南朝时期的西亚玻璃器、鎏金铜器和波斯银币主要集中出土于沿海的粤西、广州和珠江内河沿岸的肇庆、英德等情况来看,这些舶来品应是通过海路输入的,其中的大部分是经广州后再通过西江、北江等内河转往内陆地区,可见两晋、南朝时期广州是重要的对外贸易港口。

---

① 《广州南越国宫署遗址发掘又获重大成果》,《中国文物报》2004年12月8日。
② 《史记·货殖列传》:"番禺亦一都会也,珠玑、犀、瑇瑁、果、布之凑。"第3268页,中华书局点校本,1996年。
③ 广州市文物管理委员会、中国社会科学院考古研究所、广东省博物馆:《西汉南越王墓》,第345~349页,文物出版社,1991年。
④ 广州市文物管理委员会、广州博物馆:《广州汉墓》,第477页,文物出版社,1981年。
⑤ 《南齐书·东南夷传》,第1018页,中华书局点校本,2003年。
⑥ 广州市文物管理委员会:《广州市下塘狮带岗晋墓发掘简报》,《考古》1996年第1期。
⑦ 广东省文物考古研究所、肇庆市博物馆:《广东肇庆市坪石岗东晋墓》,《华南考古(一)》,第259页,文物出版社,2004年。
⑧ 遂溪县博物馆:《广东遂溪县发现南朝窖藏金银器》,《考古》1986年第3期。
⑨ 广东省文物管理委员会、华南师范大学历史系:《广东英德、连阳南齐和隋唐古墓的发掘》,《考古》1961年第3期。

　　唐帝国是我国封建社会的鼎盛时期，经济繁荣，文化昌盛。当时，在西亚由穆罕默德建立起来的阿拉伯帝国，与中国的唐朝在对外贸易、文化交流等方面保持密切的交往。随着中外贸易的迅速发展，我国沿海的交州、广州、泉州和扬州凭借优越的地理位置成为当时世界闻名的四大港口，其中又以广州最为繁盛。《新唐书·地理志》中详细记载了著名地理学家贾耽所著的《广州通海夷道》中关于广州通波斯湾的航线[1]。沿这一条海上航线所经的菲律宾、斯里兰卡等沿海地区出土有不少埃及的法尤姆三彩陶、波斯陶器和来自中国越窑的青瓷和白瓷器等[2]，可见这条航线是唐朝和阿拉伯世界进行物质和文化交流的重要海上通道。

　　在南越宫苑遗址的唐、南汉遗存中均出土有来自阿拉伯世界的玻璃器和波斯蓝釉陶器等。如：唐、南汉第一期遗存出土的一件玻璃杯（编号97T26⑤b：1），与陕西扶风法门寺出土的浅黄色玻璃杯和现藏于美国纽约大都会美术博物馆的一件9世纪伊朗玻璃杯十分接近[3]，他们共同的特点是敛口，深弧直腹，外底部中心内凹，质地轻薄，唯近口沿处和底部胎壁稍厚，器身光素无纹。这件玻璃杯经中国科学院上海硅酸盐研究所古陶瓷实验室作无损化学成分测试，确定其为钠钙玻璃，与中国唐代国产的高铅玻璃明显不同[4]，属于西亚玻璃系列。同期出土的另一件玻璃器底（编号97T33⑤b：4），其造型与上述玻璃碗相近，化学成分亦一致，也可确定来源于西亚地区。

　　在唐、南汉第一期遗存中还出土3件蓝釉陶片，其中一件为瓶口残件（编号97T33⑤b：16），其造型、胎质、釉色和纹饰等与1965年扬州城南汽车修配厂出土的一件完整波斯蓝釉陶双耳瓶接近[5]，可确定为伊斯兰陶器。

　　2000年，在南越宫苑遗址北面约50米处进行考古试掘，在唐代地层中除出土有外国玻璃器残片外，还出土一枚象牙印章料[6]。该印纽为人头像，高鼻，深目，卷发，为典型的西亚人像。印面呈椭圆形，与方形或长方形的中国传统印章形式明显不同，却与埃及和西亚等地印章的形式一致。可见这枚印章极有可能是唐代阿拉伯商人的私人印章。

　　同样，在唐、南汉第三期遗存中也出土有较多的玻璃碎片，虽未能复原，但这些玻璃片的胎质轻薄，呈浅绿色、青黄色或浅蓝色等，与伊斯兰玻璃的特征相近，经对其中的一些玻璃片进行无损测试确定其为钠钙玻璃，属于进口玻璃。2003年，在南汉康陵中也出土有玻璃器，其中一件可复原的玻璃瓶呈湖水绿色，胎质轻薄，壁厚仅0.1厘米[7]。这件玻璃瓶，有学者根据其纹饰和技术特征，通过对比后认为其来自西亚的伊斯兰世界[8]。

　　唐、南汉第三期遗存中还出土有来自西亚的波斯蓝釉陶器，其中的罐口沿残件（编号97T13GC①：50）和堆贴绳索纹饰的器腹残片，与福建五代刘华墓出土的波斯孔雀蓝釉陶罐相同[9]。根据测试化学成分分析，这种蓝釉陶器的胎釉与同期的砖瓦相比有很大的不同（测试结果详见上编第五

①　《新唐传·地理志》，第1153~1155页，中华书局点校本，1975年。
②　（日）三上次男著、顾一禾译：《从陶瓷贸易的角度看南亚东地区出土的伊斯兰陶器》，《东南文化》1989年第2期。
③　阿卜杜拉·马文宽著：《伊斯兰世界文物在中国的发现与研究》，第16~17页，宗教文化出版社，2006年。
④　关善明：《中国古代玻璃·唐代玻璃》，第71页，香港中文大学文物馆出版，2001年。
⑤　周长源：《扬州出土古代波斯釉陶器》，《考古》1985年第2期。
⑥　中国社会科学院考古研究所、广州市文物考古研究所、南越王宫博物馆筹建处：《广州南越国宫署遗址2000年发掘报告》，《考古学报》2002年第2期。
⑦　广州市文物考古研究所：《广州南汉德陵、康陵发掘简报》，《文物》2006年第7期。
⑧　安家瑶：《广州南汉康陵出土的玻璃器》，《丝绸之路上的古代玻璃研究》，第202~204页，复旦大学出版社，2007年。
⑨　福建省博物馆：《五代闽国刘华墓发掘报告》，《文物》1975年第1期。

章第五节《南越宫苑遗址出土砖瓦的检测与分析》中编号为NHP-1的相关数据）。其胎的氧化铝、氧化硅的含量较低，氧化钙含量高达17.60%，属于高钙质黏土，这与广东的高岭石黏土明显有别。其次，其釉中无铅成分，氧化钾和氧化钠的含量总和达8.55%，含铜量高达6.1%，属于铜离子着色的碱釉，这也与出土南汉砖瓦上的铅釉不同，可确定为外来器物。氧化铜在碱釉中着色呈孔雀蓝色，这种釉色又被称为绿松石色。这种具有显著特征的蓝釉陶器，其主要产地是阿拉伯帝国阿拔斯王朝前期的巴士拉[①]。

1997年，在印度尼西亚雅加达以北约150千米处的海域打捞出一艘名为印坦（Intan）的东南亚籍沉船，船上运载的物品包括带有狰狞兽纹的爪哇铜件、中国陶瓷、中国银锭和约145枚的南汉"乾亨重宝"铅钱等。这是一艘五代南汉国时期到广州贸易归来的商船，船中的银锭价值高昂，重量达5000两，是南汉国政府用盐利所得的国库银来购买外国商品的价值。约相当于宋廷于996年全年收入的1.15%强，相对于南汉国收入来说，所占的比例也不会低，可见当时南汉国的越洋贸易相当兴盛[②]。

考古和文献资料表明，唐、南汉时期的广州与东南亚、南亚和阿拉伯世界等地之间已有固定的海上航线，通过这些航线与其他国家开展广泛的贸易。广州出土伊斯兰的玻璃器、象牙印章料和蓝釉陶器等，正是广州海外贸易兴旺发达的真实反映。

---

① 阿卜杜拉·马文宽著：《伊斯兰世界文物在中国的发现与研究》，第90页，宗教文化出版社，2006年。
② 杜希德、思鉴：《沉船遗宝：一艘十世纪沉船上的中国银锭》，《唐研究》第十卷，北京大学出版社，2004年。

附录二　各朝代水井

南越宫苑遗址发掘的水井共计 113 口，其中蕃池遗迹发掘区共有 22 口（图二八九），曲流石

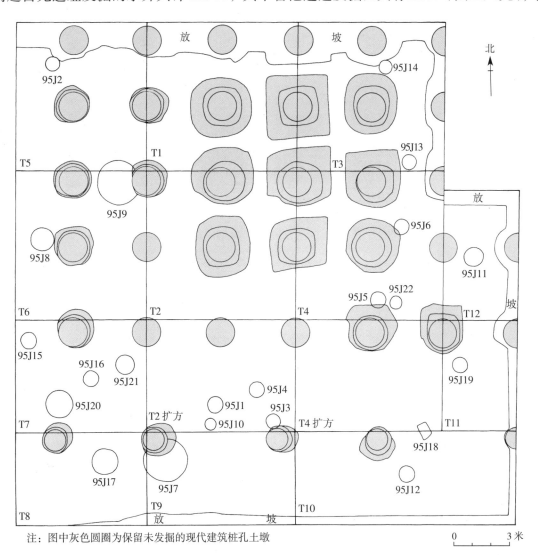

注：图中灰色圆圈为保留未发掘的现代建筑桩孔土墩

图二八九　蕃池遗迹发掘区各朝代水井总平面图

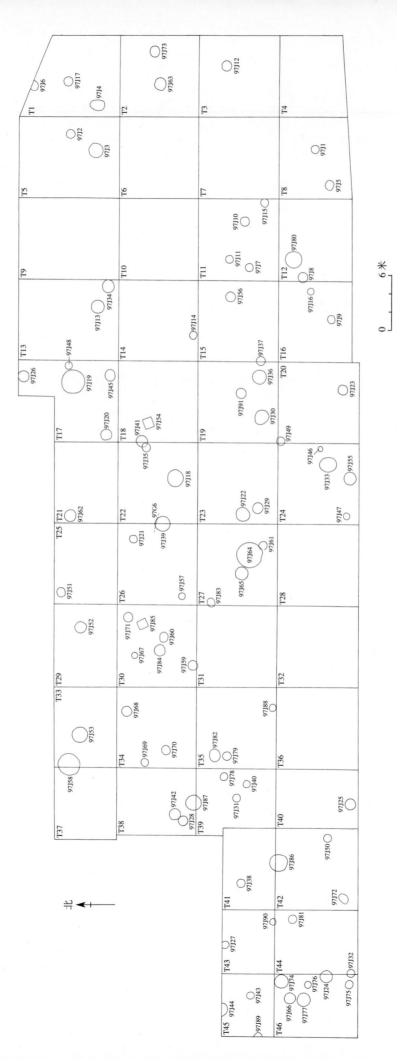

图二九〇　曲流石渠遗迹发掘区各朝代水井总平面图

渠遗迹发掘区共有91口（图二九○）。从水井的年代分，有秦代、南越国、汉、两晋和南朝、唐、南汉、宋、元、明、清和近现代等；从水井的用材和结构来分，有土坑井、陶圈井、木方井、木筒井、竹篾圈井、砖井、砖瓦合构井、砖石合构井、石构井和瓦状陶圈井等。由于水井数量多，年代跨度大、类型丰富，结构基本完好。所以在本章统一叙述。这些水井的年代划分和器物的型式划分，与附一其他朝代遗存对应一致。

第一节　秦代水井

一　水井的分布和结构

秦代水井仅发现1口，编号97J17，位于97T1中部，开口于97GC下。土坑井，井口和井底平面近呈圆形，井壁斜直，壁面较为光滑，平底。井口径1.0、底径0.7、残深2.2米。井内堆积可分三层，第①层为灰绿色土，土质较密，厚约0.3米，内含有极少量的方格纹陶片等；第②层为黄色土，厚约0.68米，内含遗物较丰富，出土陶瓮口沿2件、陶罐口沿1件，还有瓮罐类陶器腰腹残片等；第③层为灰黑色土，土质松软，夹有木片和炭屑，厚约1.22米，遗物丰富，出土陶釜3件、陶盆5件、陶器盖3件、陶盒3件、陶碗1件、A型铁矛1件、B型铁矛1件、铁匕首1件、A型铜镞3件、B型铜镞1件、铜枝1件、云纹瓦当1件，还有少量的绳纹砖块、板瓦和筒瓦以及陶器残片等（图二九一）。

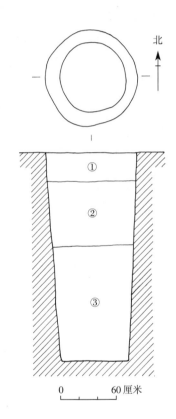

图二九一　97J17平剖面图

二　遗物

有建筑材料、生活器具、兵器和其他。

（一）建筑材料

均为陶质，泥质陶，呈灰色，烧成火候低，质软。有砖、板瓦、筒瓦和瓦当。

1. 砖

2件，残，未能复原，形制不明。表面平整，饰斜向细绳纹，底面不甚平整，素面。标本97J17③：21，残长22、残宽24、厚2.5厘米（图二九二，1；图版一二七，1）。

2. 板瓦

23件，均为碎块。表面一端饰绳纹和旋纹组合，另一端饰绳纹，里面饰突点或素面。标本97J17③：26，表面饰斜直细绳纹和横弦纹，里面素面。残长17.5、残宽9厘米（图二九二，2）。

3. 筒瓦

11件，均为碎块。表面饰粗、细绳纹，里面饰突点纹或方格纹，也有少量素面。标本97J17③：28，表面饰直向细绳纹，里面饰方格纹。残长12.6、残宽9厘米（图二九三，1）。标本97J17③：27，表面饰直向绳纹，里面饰小突点纹。残长18、残宽14厘米（图二九三，3）。

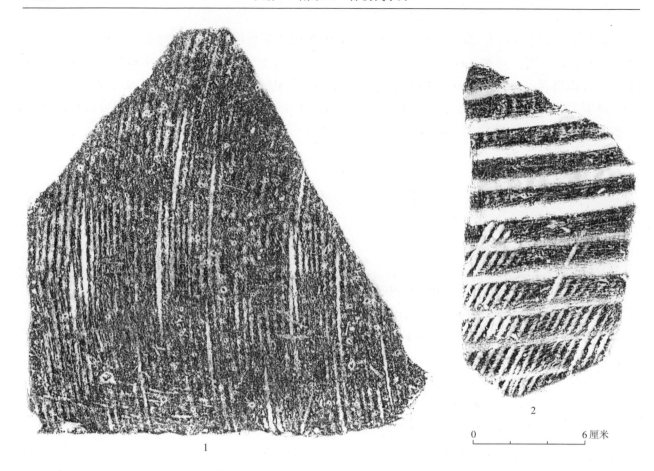

图二九二　秦代水井出土的砖和瓦纹饰拓本
1.砖表面（97J17③：21）　2.板瓦表面（97J17③：26）

4. 云纹瓦当

1件（97J17③：16）。当心圆周内一大乳突，当面用双竖线分隔成若干区间，现存2个，每一区间内饰一卷云纹，外绕一周弦纹，窄边轮，边轮与当面纹饰平。当径14.6、厚1、边轮宽0.5~0.7厘米（图二九三，2；图版一二七，2）。

（二）生活器具

均为陶器，以泥质陶为主，少量为夹砂陶。器形有瓮、罐、盆、釜、碗、盒和器盖等。其中瓮、罐、盒和器盖等器类烧成火候较高，陶质坚硬，呈青灰色或灰褐色，部分器表还有紫褐色陶衣。盆、釜和碗类烧成火候较低，陶质较软，呈灰黄色、红黄色、浅灰色或深灰色。制法以轮制为主，大多器物兼有手制，器内、外可见明显的轮旋痕。瓮、罐类器表多饰方格纹、“米”字形纹，部分间饰方形几何图案，少数器物的肩部还刻划有“∧”符号；盆类均饰宽旋纹；碗、盒、器盖类多饰细旋纹、曲折水波纹和三角形纹等；釜类多在腹底部饰绳纹（图二九四）。

1. 瓮

2件，均为口沿残件。平折沿，方唇，短颈，圆肩，腹部以下残。肩腹部饰方格纹。标本97J17②：1，泥质灰陶，内外施紫褐色陶衣，肩部刻划有“∧”符号。口径30.4、残高12厘米（图二九四，4；图二九五，1；图版一二七，3）。

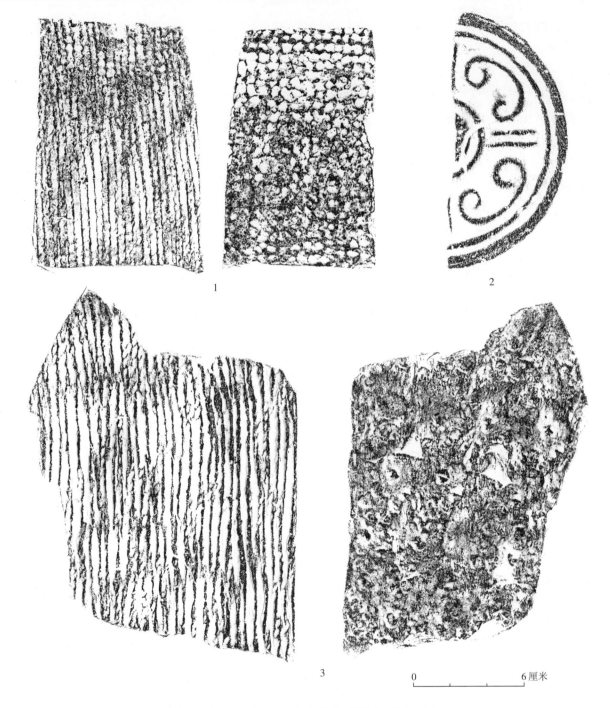

图二九三　秦代水井出土的瓦纹和瓦当拓本
1.筒瓦（97J17③：28）　2.云纹瓦当（97J17③：16）　3.筒瓦（97J17③：27）

2. 罐

1件（97J17②：3）。口沿残件。平折沿，尖圆唇，短颈，圆肩，腹部以下残。泥质灰陶，内外施紫褐色陶衣，肩部饰"米"字形纹。口径18.3、残高6.0厘米（图二九四，2；图二九五，2；图版一二七，4）。

3. 盆

5件,均为口沿残件,形制一致。敛口,宽平折沿,方唇,深弧腹。腹部饰若干道宽旋纹。标本97J17③:18,泥质灰陶。口径32.4、残高10.8厘米(图二九四,5;图二九五,4;图版一二七,5)。

4. 釜

3件,其中1件可复原。侈口,长束颈,圆肩,圆鼓腹,圜底。颈肩之间饰一道弦纹,下腹部至底饰横向粗绳纹。标本97J17③:17,夹砂灰黑陶,底部有烟炱痕。口径13.2、腹最大径21.2、高17.8厘米(图二九四,8;图二九五,5;图版一二七,6)。

5. 碗

1件(97J17③:20)。敛口,平沿,上腹近直,下腹内收,平底。器外上腹部饰若干道旋纹。泥质灰陶,残。口径7.0、底径3.9、高4.8厘米(图二九四,7;图二九五,3)。

6. 盒

3件。子口内敛,尖圆唇,上腹近直,下腹内收,小平底。标本97J17③:7,器外上腹部饰多道旋纹。泥质灰陶,残。口径11、腹径13.3、底径5.2、高5.2厘米(图二九五,6;图版一二八,1)。

7. 器盖

3件,残,器形基本一致。盖面隆起,顶部一圆形立纽,纽面微下凹。标本97J17③:24,盖

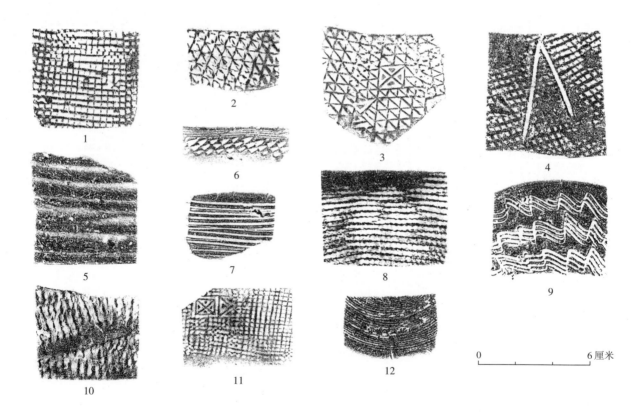

图二九四 秦代水井出土的陶器纹饰拓本

1.方格纹(97J17②:2) 2."米"字形纹(97J17②:3) 3."米"字形纹和方形几何图案(97J17②:5) 4.方格纹和"∧"刻划符号(97J17②:1) 5.旋纹(97J17③:18) 6.旋纹和三角形纹(97J17②:4) 7.旋纹(97J17③:20) 8.绳纹(97J17③:17) 9.曲折水波纹(97J17③:24) 10.绳纹(97J17③:29) 11.方格纹和方形几何图案(97J17②:6) 12.旋纹(97J17③:22)

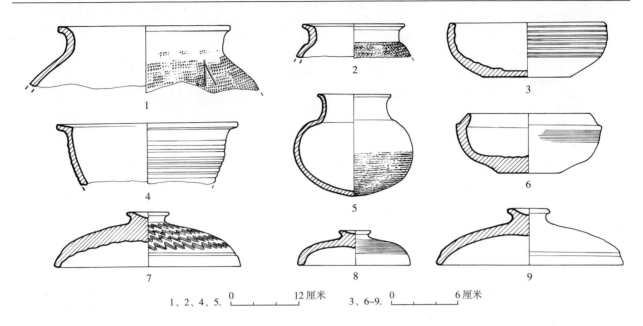

1、2、4、5. 0 ____ 12厘米　　　3、6~9. 0 ____ 6厘米

图二九五　秦代水井出土的陶器

1. 瓮（97J17②：1）　2. 罐（97J17②：3）　3. 碗（97J17③：20）　4. 盆（97J17③：18）　5. 釜（97J17③：17）　6. 盒（97J17③：7）　7. 器盖（97J17③：24）　8. 器盖（97J17③：22）　9. 器盖（97J17③：23）

面饰四周曲折水波纹，近口处饰一道旋纹。器表有褐色釉，多已脱落。泥质灰陶。口径17、通高4.8厘米（图二九四，9；图二九五，7）。标本97J17③：22，盖面饰细旋纹，器表施青釉，部分釉已脱落。泥质灰陶。口径9.6、通高3.0厘米（图二九四，12；图二九五，8；图版一二八，2）。标本97J17③：23，近口沿处饰一道旋纹。泥质灰陶。口径17、通高5.0厘米（图二九五，9；图版一二八，3）。

（三）兵器和其他

有铁矛、铁匕首、铜镞和铜枝。

1. 铁矛

2件，锻造。根据骹部的不同可分二型。

A型　1件（97J17③：12）。矛本窄长，前锋尖锐，中脊隆起，断面呈扁菱形。骹部分上下两段，上段呈方形，下段呈圆筒形，圆形銎，有锻造接合缝。锈蚀严重，矛本已弯曲变形。通长46、叶长22、骹长24、銎径2.4厘米（图二九六，1；图版一二八，4上）。

B型　1件（97J17③：13）。矛本较短，中脊微隆起，断面呈扁菱形，叶下端弧收与骹部连接。骹部呈圆筒形，圆形銎，有锻造接合缝。锈蚀严重，矛本已弯曲变形。通长26.8、叶长17、骹长9.8、銎径1.8厘米（图二九六，2；图版一二八，4下）。

2. 铁匕首

1件（97J17③：14）。锻造，匕身窄长，中脊隆起，截面呈扁菱形，柄已残断。残长11.3、宽1.9厘米（图二九六，3；图版一二八，5）。

3. 铜镞

4件，铁铤已残断，根据镞本的形状不同可分二型。

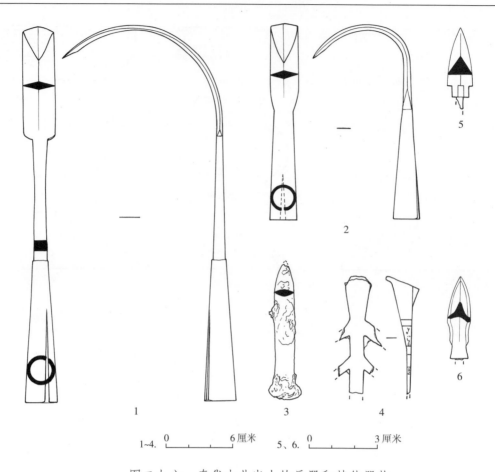

图二九六　秦代水井出土的兵器和其他器物
1. A 型铁矛（97J17③：12）2. B 型铁矛（97J17③：13）3. 铁匕首（97J17③：14）4. 铜枝（97J17③：
15）5. A 型铜镞（97J17③：8）6. B 型铜镞（97J17③：11）

　　A 型　3 件。镞本截面呈三角形，关的截面为六棱形。标本 97J17③：8，镞本长 2.5、关长 0.5、
铤径 0.3 厘米（图二九六，5；图版一二八，6 左上）。标本 97J17③：9，镞本长 2.5、关长 0.5、铤
径 0.42 厘米（图版一二八，6 右上）。标本 97J17③：10，镞本长 2.5、关长 0.5、铤径 0.3 厘米（图
版一二八，6 左下）。

　　B 型　1 件（97J17③：11）。三翼式，中脊凸起，三翼后部弧收，关截面呈圆形。镞本长 2.9、
关长 0.7、关径 0.85、铤径 0.3 厘米（图二九六，6；图版一二八，6 右下）。

4. 铜枝

　　1 件（97J17③：15）。为陶范浇注槽内残留的铜液结晶，呈树枝状，两侧有对生横枝，已残。
枝体一面隆起，另一面平。枝体主干残长 10、宽 1.2~2.3 厘米（图二九六，4；图版一二八，7）。

三　小结

　　井内没有出土有纪年的遗物，但出土的建筑材料和生活用陶器具有明显的时代特征。出土的
板瓦、筒瓦、云纹瓦当与 1975 年发掘的秦代造船遗址出土的瓦件相同①，出土的绳纹砖，其规格、

---

　　①　广州市文物管理处：《广州秦汉造船工场遗址试掘》，《文物》1977 年第 4 期。

陶质、纹饰等均与南越宫苑遗址出土的砖存在明显的区别。出土的瓮、罐、盆、盒、碗、器盖等与1975年发掘的秦代造船遗址第⑧层和广州东郊罗岗秦墓所出的同类器，无论是在器形，还是质地、纹饰都基本相同①。综上可知水井的使用年代应为秦代，废弃时间约在南越国早期。

这一口水井位于秦代造船遗址的东边，井内出土较丰富的瓮、罐、盆、盒、碗和釜等盛储器和炊器，表明造船遗址的东面很可能是造船工场的生活区。但由于水井与秦代造船遗址之间已被南汉国的宫池遗迹打破至生土层，两者之间关系还有待进一步明确。

第二节　南越国水井（略）

南越国时期的水井有2口，编号为97J12、97J56，水井的结构和出土遗物介绍详见上编第三章。

第三节　汉代水井

一　第三期水井

（一）水井的分布和结构

属于汉代第三期的水井有2口，分别为97J39、97J41，均为陶圈井。

97J39　位于97T22西部，向西进入97T26内，开口于97⑧b层下，打破97⑨a层，北部被97G6打破，残深2.62米。井口平面呈圆形，井口东西1.64、南北1.73米，井口以下0.5米井壁向内弧收，是井坑壁塌陷后形成。0.5米往下井坑径为1.26米，井壁用陶制井圈叠砌而成，现存陶圈5节，高1.9米（图二九七；彩版一九，1）。每节陶圈外径1.1、内径1.04、壁厚0.03、高0.37米。每节陶圈壁的中间有4个对称的圆孔，孔径0.08米，圆孔外壁均置一块绳纹瓦片，以阻隔井外的泥沙流入井内。井底呈圜底状，比陶圈底部低0.12米。井圈和井坑壁之间的空隙用黄色黏土填实。

井内堆积可分三层。第①层为灰黑色土，夹有少量的炭屑，土质疏松，厚约0.62米。内含遗物较多，出土B型Ⅱ式陶瓮2件、A型Ⅰ式陶罐1件、C型陶盆1件、D型陶盆3件、Ⅴ式筒瓦1件、龟甲1件。第②层为灰土，土质松软，厚约1.75米。内含遗物丰富，出土B型Ⅱ式陶瓮8件、A型Ⅰ式陶罐1件、A型Ⅱ式陶罐2件、A型Ⅲ式陶罐1件、C型Ⅰ式陶罐2件、C型Ⅱ式陶罐1件、A型陶壶2件、A型陶瓶3件、A型陶盆1件、D型陶盆4件、A型Ⅰ式陶釜1件、B型Ⅰ式陶釜3件、A型Ⅰ式陶灯1件、B型陶网坠1件、砺石1件、Ⅱ式板瓦180件、Ⅲ式板瓦4件、Ⅳ式板瓦56件、Ⅱ式筒瓦60件、Ⅴ式筒瓦57件，戳印"官"字瓦文3件，此外，还有陶器的腰腹残片和少量动物骸骨等（图版一二九，1）。第③层为青灰色淤泥，土质较黏，厚约0.25米。内含遗物极少，应是水井使用过程中形成的堆积。

---

①　广州市文物管理委员会：《广州东郊罗岗秦墓发掘简报》，《考古》1962年第8期。

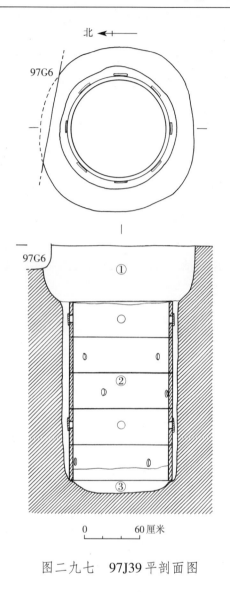

图二九七　97J39平剖面图

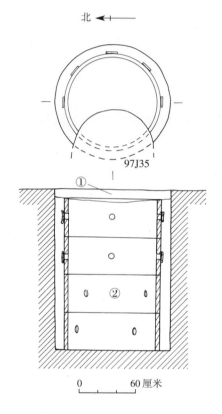

图二九八　97J41平剖面图

97J41　位于97T18西北部，西南距97J39约8.1米。开口于97⑧b层下，打破97⑨a层，西部被97J35打破，残深1.7米。井口平面呈圆形，井坑径1.24米，井口以下0.1米往下井壁用陶圈叠砌而成，现存陶圈4节，高1.6米，其中下面2节陶圈保存完好（图二九八；图版一二九，2）。每节陶圈外径1.02、内径0.94、壁厚0.04、高0.4米。每节陶圈壁中间有4个对称分布的圆孔，孔径0.05米，圆孔外均置一绳纹瓦片，以阻隔井外的泥沙流入井内。井底平，无特殊处理，井圈与井坑之间空隙用黄色黏土填实。

井内堆积可分两层。第①层为灰土，土质疏松，厚约0.13米，内含遗物较少。第②层为灰黑色土，夹有木屑和竹片等，土质松软，厚约1.57米。遗物丰富，出土B型Ⅰ式陶碗1件、A型陶权1件、穿孔陶球1件、陶井圈1件、Ⅱ式板瓦157件、Ⅲ式板瓦51件、Ⅳ式板瓦10件、Ⅱ式筒瓦58件、Ⅴ式筒瓦39件、"官"字瓦文1件。此外还有南越国时期的瓦文等。

（二）遗物

出土的遗物较为丰富，有建筑材料、生活器具、工具和其他。

1. 建筑材料

均为泥质陶，多夹有细砂，以灰白陶为主，黄白陶和红黄陶占的比例也很大，青灰陶较少。有陶圈、板瓦和筒瓦，泥条盘筑而成，板瓦和筒瓦两侧有切割痕，板瓦由内向外切，筒瓦则由外向内切。瓦的表面饰粗绳纹，里面饰大突点或布纹。

（1）陶圈

1件（97J41②：14）。复原呈圆桶形，外壁和上、下口沿面均饰粗绳纹，内壁饰大突点纹，部分纹饰经手抹。泥质灰陶，残高25.0、残径36.6、厚4.3厘米（图二九九，1）。

（2）板瓦

458件，均为碎片，未能复原。分属于Ⅱ式、Ⅲ式和Ⅳ式。

Ⅱ式　337件。表面饰粗绳纹，里面饰大突点。标本97J39②：54，泥质红陶。残长32.5、残宽26.8、厚1.1~1.4厘米（图二九九，2）。

Ⅲ式　55件。表面饰粗绳纹，里面饰突点和布纹组合。标本97J39②：56，泥质灰白陶。残长16.4、残宽10.0、厚1.3厘米（图二九九，4）。

Ⅳ式　66件。表面饰粗绳纹，里面饰布纹。标本97J39②：55，泥质红陶。残长12.2、残宽14.3、厚0.9厘米（图二九九，3）。

（3）筒瓦

214件，多为碎块，仅4件可复原，2件可复原宽度。分属于Ⅱ式和Ⅴ式。

Ⅱ式　118件。表面通体饰粗绳纹，瓦唇表面也饰有绳纹，里面饰粗突点或素面。标本97J39②：33，泥质红黄陶。残长35.2、径17.1、厚0.8~1.2、唇长3.2厘米（图三〇〇，1）。97J41②：3，泥质灰陶，长44.5、径16.5~17.5、厚0.6~1.0、唇长4.5厘米（图版一三〇，1）。

Ⅴ式　96件。表面饰直向粗绳纹，瓦唇表面素面，里面饰布纹。标本97J39①：3，泥质灰陶，残。长39.7、径17.2、厚0.9~1.1、唇长3.4厘米（图三〇〇，2）。标本97J41②：2，泥质红黄陶，长40、径16、厚1.0、唇长2.6厘米（图三〇一，1；图版一三〇，2）。标本97J39②：19，瓦体近瓦唇一端较小，另一端较大，尚残存有连接的瓦当边轮，瓦体中间开一方形孔。泥质红黄陶，残。长34、径13~16.8、厚1.0、唇长2.0厘米，方孔径3.0厘米（图三〇一，2；图版一三〇，3）。

（4）瓦文

4件，均为"官"字，戳印于筒瓦表面，阳文，无边栏。标本97J41②：8，"官"字下部残缺，印文面残长1.7、宽1.9厘米（图三〇〇，3）。标本97J39②：49，反文，印文面长2.5、宽2.2厘米（图三〇〇，4）。标本97J39②：47，字体简化，印文面边长1.6厘米（图三〇〇，5）。

2. 生活器具

均为陶器，有泥质陶和夹砂陶。泥质陶占绝大多数，多为灰陶或灰白陶，红黄陶和黄褐陶也占一定比例，黄白陶和灰褐陶较少。泥质灰陶和灰褐陶烧成火候较高，陶质坚硬，部分器表还施有釉，釉多呈青褐色，部分釉已脱落。夹砂陶占的比例较少，以灰陶为主，黄白陶较少。制法多为轮制，也兼有手制的。器形有瓮、罐、壶、瓶、盆、釜、碗、灯等。瓮、罐类器表多饰以方格纹为地，间饰方形、圆形、菱形、三角形等几何图案，肩、腹部之间还饰一至二道旋纹，近底部纹饰大都抹平；部分罐、壶、盆仅饰一至二道旋纹；釜类多饰绳纹（图三〇二）。

瓮　10件，均残，其中3件可复原。属于B型Ⅱ式。器口较大，口外侈，短颈，长圆腹，最

图二九九　汉代第三期水井出土的陶圈和板瓦纹饰拓本

1. 陶圈（97J41②：14）　2. Ⅱ式板瓦（97J39②：54）　3. Ⅳ式板瓦（97J39②：55）　4. Ⅲ式板瓦（97J39②：56）

12厘米

0

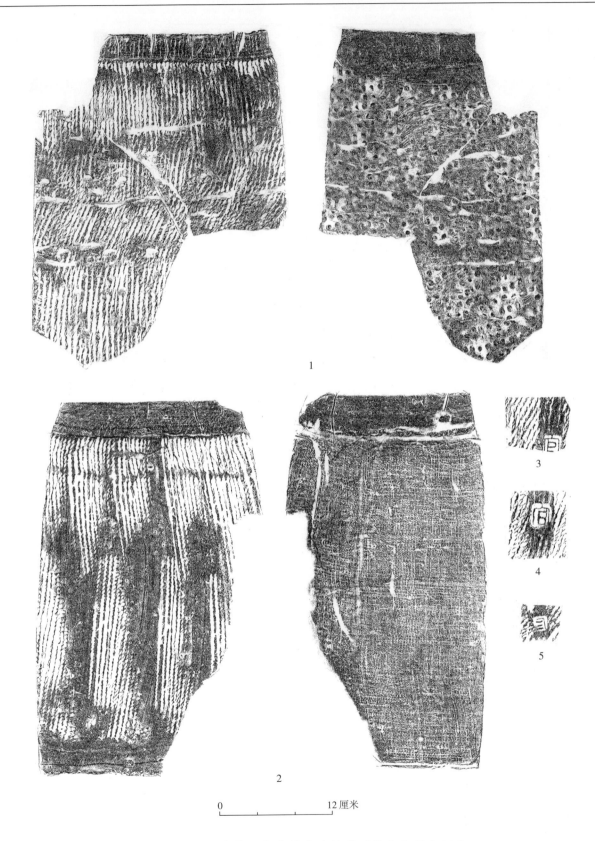

0   12厘米

图三〇〇 汉代第三期水井出土的筒瓦纹饰和瓦文拓本

1. Ⅱ式筒瓦（97J39②：33） 2. Ⅴ式筒瓦（97J39①：3） 3. "官"字瓦文（97J41②：8） 4. "官"字瓦文（97J39②：49）
5. "官"字瓦文（97J39②：47）

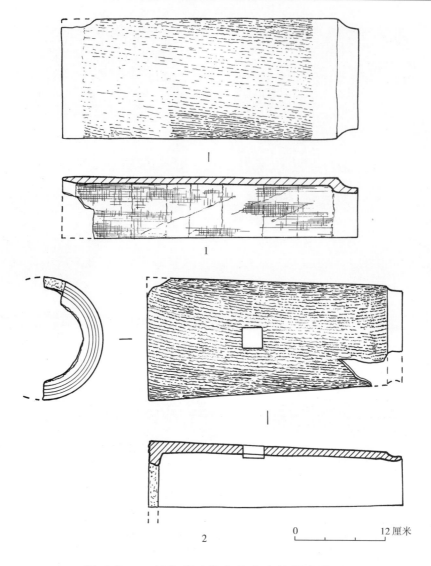

图三〇一　汉代第三期水井出土的Ⅴ式筒瓦
1. 97J41②：2　2. 97J39②：19

大径居中，平底。器表饰以方格纹为地，间饰方形、菱形、三角形等几何图案或"五铢"钱纹，腹部饰一道旋纹，近底部纹饰抹平。标本97J39①：4，泥质黄白陶，残。口径23.8、腹最大径32.6、底径25.3、高34.4厘米（图三〇二，2；图版一三一，1）。标本97J39①：9，泥质灰陶，上腹部施有青釉。口径23.1、腹最大径31、底径25.6、高30厘米（图三〇二，8；图三〇三，1；图版一三一，2）。标本97J39②：42，泥质红黄陶。口径24、腹最大径33.2、底径26.5、高31.4厘米（图三〇三，2；图版一三一，3）。

罐　8件。分属于A型和C型。

A型　5件。侈口，沿面向外向下折，短颈，鼓腹，平底。根据腹部的变化可分三式。

Ⅰ式　2件。圆鼓腹，腹最大径居中。器表饰以方格纹为地，当中饰方形几何图案，最大径处饰一周旋纹，近底部纹饰抹平。标本97J39①：1，泥质红黄陶，完好。口径10.7、腹最大径14.6、底径11.1、高12.4厘米（图三〇二，4；图三〇三，3；图版一三一，4）。

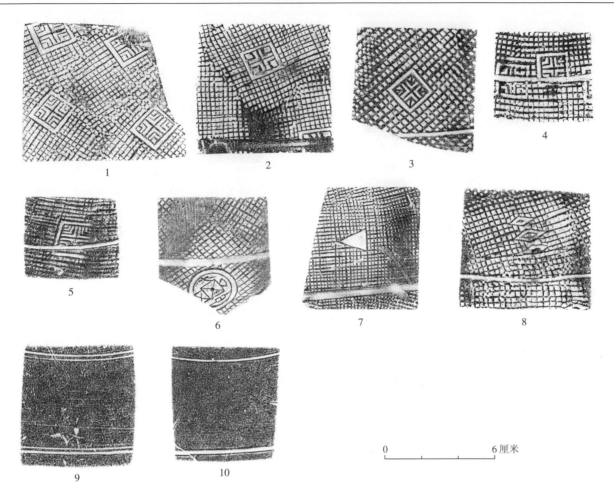

图三〇二　汉代第三期水井出土的陶器纹饰拓本

1. 方格纹和方形几何图案（97J39②：23）　2. 方格纹、旋纹和方形几何图案（97J39①：4）　3. 方格纹、旋纹和方形几何图案（97J39②：53）　4. 方格纹、旋纹和方形几何图案（97J39①：1）　5. 方格纹、旋纹和方形几何图案（97J39②：20）　6. 方格纹、旋纹和钱纹图案（97J39②：51）　7. 方格纹、旋纹和三角形几何图案（97J39②：52）　8. 方格纹、旋纹和菱形图案（97J39①：9）　9. 旋纹（97J39②：10）　10. 旋纹（97J39②：18）

　　Ⅱ式　2件。扁圆腹，腹部最大径略靠下。器表饰以方格纹为地，当中饰方形或菱形几何图案，肩、腹间饰一周旋纹。标本97J39②：20，泥质红黄陶，完好。口径10.8、腹最大径15.6、底径10、高11.2厘米（图三〇二，5；图三〇三，4；图版一三一，5）。

　　Ⅲ式　1件（97J39②：10）。垂腹，最大径靠下。器表肩、腹部各饰一周旋纹。泥质红褐陶，完好。口径13.5、腹最大径20.5、底径15.8、高15.2厘米（图三〇二，9；图三〇三，5；图版一三一，6）。

　　C型　3件。敞口，圆唇，口沿下有一周凸棱，束颈，扁圆腹，平底。根据腹部的变化可分二式。

　　Ⅰ式　2件。腹部最大径居中。标本97J39②：9，肩、腹部饰两组双旋纹。器表施有青灰色釉，近底部有支垫痕。泥质灰陶，完好。口径16、腹最大径27.7、底径18.6、高24厘米（图三〇三，6；图版一三二，1）。

　　Ⅱ式　1件（97J39②：43）。垂腹，最大径靠下。肩部饰一周旋纹，器表施有青釉，有釉滴。

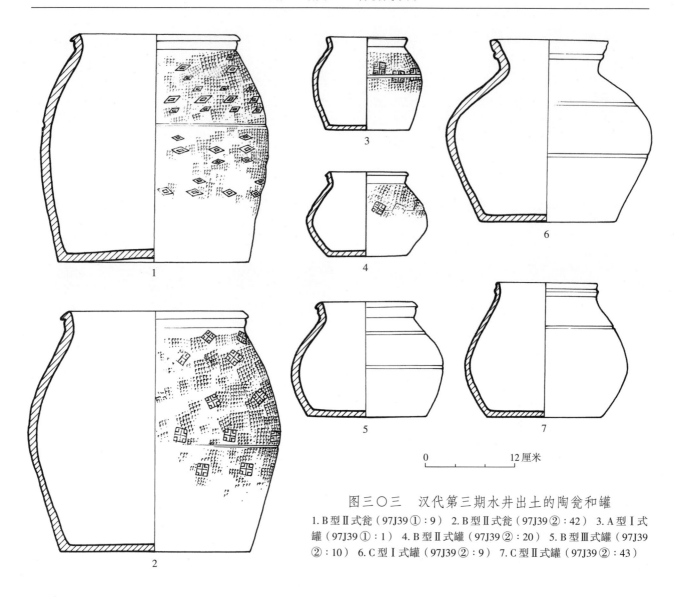

图三〇三　汉代第三期水井出土的陶瓮和罐

1. B 型 Ⅱ 式瓮（97J39①：9）　2. B 型 Ⅱ 式瓮（97J39②：42）　3. A 型 Ⅰ 式
罐（97J39①：1）　4. B 型 Ⅱ 式罐（97J39②：20）　5. B 型 Ⅲ 式罐（97J39
②：10）　6. C 型 Ⅰ 式罐（97J39②：9）　7. C 型 Ⅱ 式罐（97J39②：43）

泥质灰白陶，残。口径 13.3、腹最大径 21.3、底径 15.2、高 17.6 厘米（图三〇三，7；图版一三
二，2）。

　　壶　2 件。属于 A 型。盘口微外侈，长束颈，溜肩，鼓腹。颈部和肩部各饰一道旋纹，肩部
安两个对称的半环形横耳。标本 97J39②：50，器表施釉，呈青褐色。灰陶。口径 11.6、腹径
20.3、残高 15.8 厘米（图三〇四，1）。

　　瓶　3 件。属于 A 型。口部已残，长颈，垂腹，平底。做工粗糙，壁厚笨重，器内壁可见明
显泥条盘筑痕。标本 97J39②：11，黄褐陶，残高 21.5、腹最大径 15.5、底径 11.4 厘米（图三〇
四，2；图版一三二，3）。

　　盆　9 件。分属于 A 型、C 型和 D 型。

　　A 型　1 件（97J39②：30）。直口微敛，平折沿，尖唇，弧腹，底已残缺。上腹部有多道轮
旋痕。泥质灰陶，残。口径 28.8、残高 13.3 厘米（图三〇四，5）。

　　C 型　1 件（97J39①：6）。侈口，折沿，束颈，折肩，平底内凹。肩、腹部饰两周旋纹。泥
质灰白陶，残。口径 32.2、腹最大径 32.8、底径 21.6、高 13.2 厘米（图三〇四，6；图版一三

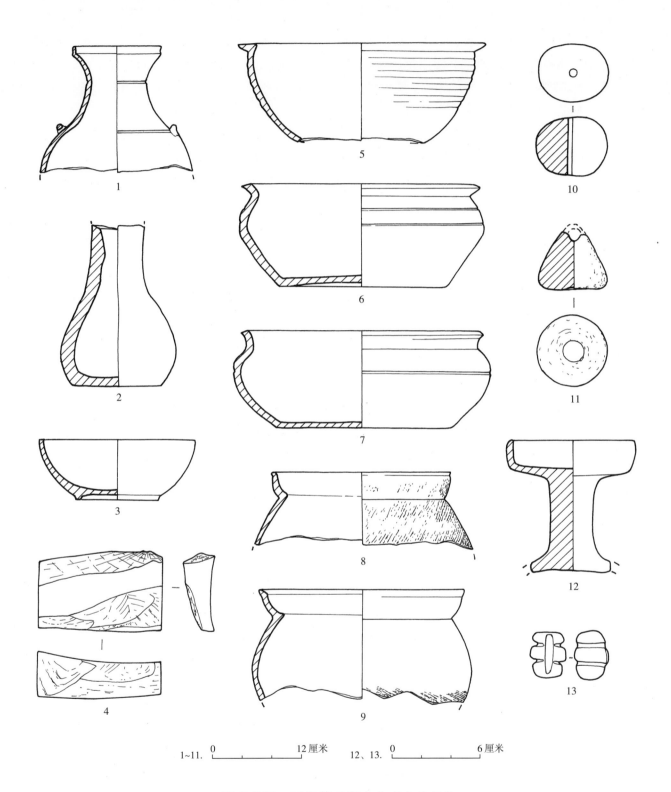

图三〇四 汉代第三期水井出土的器物

1. A型陶壶（97J39②：50） 2. A型陶瓶（97J39②：11） 3. B型Ⅰ式陶碗（97J41②：4） 4. 砺石（97J39②：38） 5. A型陶盆（97J39②：30） 6. C型陶盆（97J39①：6） 7. D型陶盆（97J39①：5） 8. A型Ⅰ式陶釜（97J39②：32） 9. B型Ⅰ式陶釜（97J39②：36） 10. 穿孔陶球（97J41②：1） 11. A型陶权（97J41②：7） 12. A型Ⅰ式陶灯（97J39②：16） 13. B型陶网坠（97J39②：17）

二，4）。

　　D 型　7 件。侈口，方唇，短颈，扁圆腹，平底。腹最大径处多饰一周旋纹。标本 97J39①：5，泥质灰白陶，器表施釉，呈紫褐色，残。口径 32.6、腹最大径 33.7、底径 24、高 13 厘米（图三○四，7；图版一三二，5）。

　　釜　4 件。分属于 A 型 I 式和 B 型 I 式。

　　A 型 I 式　1 件（97J39②：32）。盘口下部折收，尖圆唇，斜弧腹，下腹部以下已残。口沿外和腹部饰细绳纹。夹砂黄白陶。口径 24、残高 11 厘米（图三○四，8）。

　　B 型 I 式　3 件，均残。盘口，沿面向内，鼓腹，底部已残。标本 97J39②：36，下腹部以下饰细绳纹。夹砂灰陶。口径 28、腹最大径 29、残高 15 厘米（图三○四，9）。

　　碗　1 件（97J41②：4）。属于 B 型 I 式。直口，圆唇，弧腹，矮圈足。泥质灰陶，器表上部呈红褐色，残。口径 18.4、足径 10.8、高 7.8 厘米（图三○四，3）。

　　灯　1 件（97J39②：16）。属于 A 型 I 式。灯盘较浅，敛口，方唇，弧腹，内底平，圆柱形灯把较短，底座已残。泥质灰白陶，灯盘口径 8.4、残高 8.7 厘米（图三○四，12）。

3. 工具和其他

　　穿孔陶球　1 件（97J41②：1）。椭圆形，中间有一圆形穿孔。泥质灰白陶，完好。长径 9.5、短径 7.8、孔径 1.1 厘米（图三○四，10；图版一三二，6）。

　　陶权　1 件（97J41②：7）。属于 A 型。圆锥体形，顶部残，有一横向圆形穿孔。夹砂灰白陶，最大径 9.0、残高 7.2 厘米，残重 547 克（图三○四，11）。

　　陶网坠　1 件（97J39②：17）。属于 B 型。扁椭圆形，长径面压出一周凹槽，短径面压出两周凹槽。泥质灰陶，完好。长 3.0、宽 2.5、厚 2.2 厘米（图三○四，13）。

　　砺石　1 件（97J39②：38）。呈长方体形，表面弧凹，磨蚀光滑。其余面均为打制面，不平整。长 16.8、宽 8.8~10.4、厚 2.0~4.0 厘米（图三○四，4）。

二　第四期水井

（一）水井的分布和结构

　　第四期水井共有 8 口，分别为 97J43、97J45、97J54、97J63、97J79、97J85、97J87、97J91。从井的结构和用材的不同可分土坑井、砖井和木方井三类。

1. 土坑井

　　4 口，分别为 97J43、97J45、97J79、97J87。这类井平面均呈圆形或椭圆形，井壁垂直或斜直，平底。现举例介绍。

　　97J43　位于 97T45 中部偏东，开口于 97⑦层下，打破 97⑧a 层。井口径 0.85、残深 1.26 米。井内堆积可分两层，第①层为灰土，夹有炭屑和红烧土颗粒，土质松软，厚约 1.11 米，出土 Ba 型陶钵 1 件、V 式板瓦 17 件、VI 式筒瓦 18 件，还有少量陶器残片等；第②层为灰黑色淤泥，厚 0.15 米，无遗物，应为水井使用过程中形成的堆积（图三○五）。

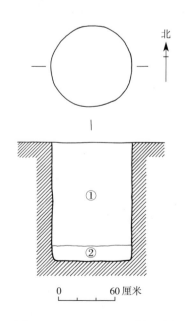

图三○五　97J43 平剖面图

97J87 位于97T38南部，向南延伸入97T39内，开口于97⑦层下，打破97⑧a层、97SQ木暗槽和97F17。井口平面呈椭圆形，东西1.8、南北1.56米，井口以下0.43米井壁呈不规形内收，0.43米往下井壁垂直，井底平面呈圆形，平底，径1.62、残深3.0米（图三〇六）。井内为褐色土堆积，土质松软，遗物丰富，出土A型Ⅱ式陶罐1件、B型Ⅱ式陶四耳罐5件、D型Ⅰ式陶四耳罐1件、C型陶器盖2件、Bc型"万岁"文字瓦当1件、素面长方砖1件、绳纹长方砖1件、陶风管2件。

2. 砖井

2口，编号为97J63、97J91。这类井均是先挖好一个圆形竖穴井坑，然后再用砖砌筑井圈。

97J63 位于97T2中部，开口于97⑥b层下，打破97⑧b层，井口东部的部分井圈已被晚期地层破坏。井口平面呈圆形，井坑径1.46、内径1.0、残深5.15米。井圈用灰色券砖叠砌而成，井底平，井圈与井坑之间的空隙用红土填实（图版一三三，1、2）。井口以下0.35米的券砖的规格较小，残存7层，砖内弧长24、外弧长32、宽13、厚5厘米；0.35米往下至井底的券砖规格较大，砖内弧长24、外弧长30、宽18、厚7厘米。

井内堆积可分六层，第①层为灰褐色土，土质较黏，厚0.47米，内含有少量的陶罐残片等；第②层为黄褐色沙土，厚0.25米，出土A型Ⅱ式陶罐1件、B型陶双耳罐1件；第③层为五花土，土质黏，厚0.98米，出土B型Ⅱ式陶四耳罐1件，还有少量的动物骸骨等；第

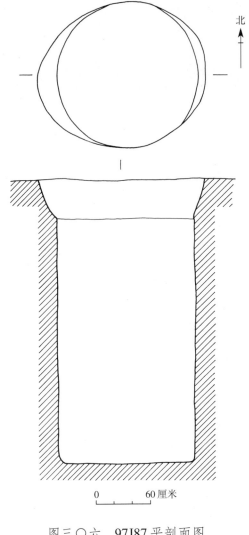

图三〇六 97J87平剖面图

④层为黑褐色土，土质疏松，厚2.5米，出土遗物特别丰富（彩版一九，2），有B型Ⅰ式陶罐3件、B型Ⅱ式陶罐6件、E型陶罐1件、A型Ⅱ式陶双耳罐5件、B型陶双耳罐2件、C型陶双耳罐1件、D型Ⅰ式陶双耳罐1件、D型Ⅱ式陶双耳罐1件、E型陶双耳罐1件、F型陶双耳罐1件、B型Ⅱ式陶四耳罐42件、D型Ⅱ式陶四耳罐2件、A型陶六耳罐13件、B型陶六耳罐3件、C型陶六耳罐1件、C型陶壶2件、E型陶釜1件、Bb型Ⅰ式陶钵1件、A型陶网坠1件、B型陶网坠1件、Ab型陶蒺藜1件、Ⅳ式板瓦1件、Ⅴ式板瓦1件、Ⅵ式筒瓦2件、券砖3件、骨簪1件、鹿角2件和其他动物骨以及南越国"官"字瓦文字1件、"右贫"瓦文1件、"万岁"文字瓦当1件等；第⑤层为灰黄色淤沙土，土质松软，厚0.72米，出土遗物也很丰富，有A型Ⅱ式陶罐1件、B型Ⅰ式陶罐29件、D型陶罐1件、B型Ⅱ式陶碗1件、A型陶网坠1件、A型陶纺轮1件、绳纹和菱形纹长方砖1件、骨簪1件、椰勺1件，还有动物骨等；第⑥层为淤沙土，厚0.18米，遗物极少，仅出土"货泉"铜钱1枚（图三〇七）。

97J91 位于97T19中部，开口于97⑦层下，打破97⑧b层至南越国曲流石渠渠底石板面。井坑口平面呈圆形，径1.08米，井壁用青灰色长方形残砖和整砖平砌而成，井内径东西0.50、南

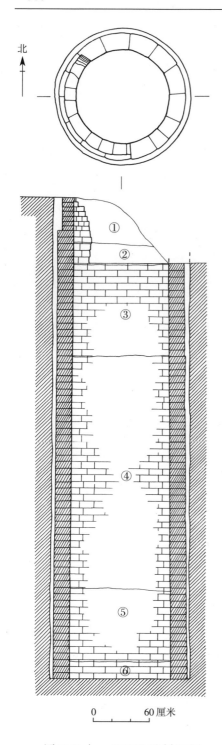

图三○七 97J63平剖面图

北0.58米，残深0.5米（图三○八；图版一三三，3）。井内为灰黑色土堆积，土质疏松，出土有少量南越国时期的绳纹瓦片等。井壁用砖的规格一般为：长33~36、宽17~18、厚5厘米。

3. 木方井

2口，编号97J54、97J85。这类井均是先挖好一个方形竖穴井坑，然后再用木板构筑方形井框护壁。

97J54 位于97T18中部偏西处，开口于97⑧a层下，打破97⑧b层。井坑呈口大底小，坑口东西长1.14、南北宽1.04米，井底东西长0.95、南北宽0.91米，井深1.8米。井口往下0.6米的井坑壁垂直，壁上残留有木板朽印痕，0.6米往下至井底残存用木板架设的方形井框，井口内径东西0.86~0.88、南北0.78~0.82米（图版一三四，1）。井框木板规格不一，厚0.04~0.05米，木板之间靠卯榫结构架设起来。其中东西向木板夹于南北向木板之间以支撑南北向木板。南北向木板东西两侧上下各由4块木板拼接而成，其中最底部一块木板最宽，达0.48米。南北两侧井壁的底部均由2块横立拼接的木板插入东西两侧木板的卯口内，上部则由3块木板竖立拼接而成，其中两侧的木板也插入南北向的木板卯口内。该井由于受到外力挤压力影响，井底贴壁木板向内倾斜（图版一三四，2）。井内堆积可分三层，第①层为红褐色土，土质较黏，厚0.21米，出土Ⅳ式板瓦25件；第②层为灰土，土质较疏松，厚约0.6~0.65米，出土B型Ⅰ式陶罐3件、A型陶四耳罐1件、D型陶盆3件、A型Ⅱ式陶盂1件、陶烛台1件、B型陶器盖1件、A型陶网坠2件、绳纹和菱形纹长方砖2件、Ⅳ式板瓦56件、Ⅴ式筒瓦72件、B型Ⅰ式"五铢"钱1枚，还有动物骨和南越国时期的绳纹瓦等；第③层为灰黑色淤土，土质松软，厚约0.98~1.05米，出土Ⅳ式板瓦34件、Ⅴ式筒瓦3件，还有动物骨和南越国时期的绳纹瓦、八棱石柱等（图三○九）。

97J85 位于97T30东北部，开口于97⑧a层下，打破97⑧b层、97G12。井坑呈口大底小，井口东西0.96、南北0.98米，井底近呈圆形，东西0.72、南北0.74、残深2.5米。井口以下1.8米井壁垂直，井壁原有方形木框护壁，但大部分木板已朽，仅0.75米往下至1.82米尚存有木板井框，内径东西0.72、南北0.74米（图三一○；彩版一九，3）。在紧贴每面井壁的内侧均以4~5块竖立拼接的木板护壁，木板规格为残长0.8~1.0、厚0.03~0.04米。在井口以下1.52米处的竖立护板内侧残存3块横置的挡板，其中西壁的挡板已塌落，南北向挡板两端均有凸榫插入东西向挡板的卯眼，挡板长0.9~0.96、宽0.18~0.2、厚0.08米，凸榫长0.07、宽0.1、厚0.05米。1.82米往下至井底的井壁呈弧壁内收，未发现用木板护壁的痕迹。井内为灰土堆积，土质松软，遗物丰富（图版一三四，

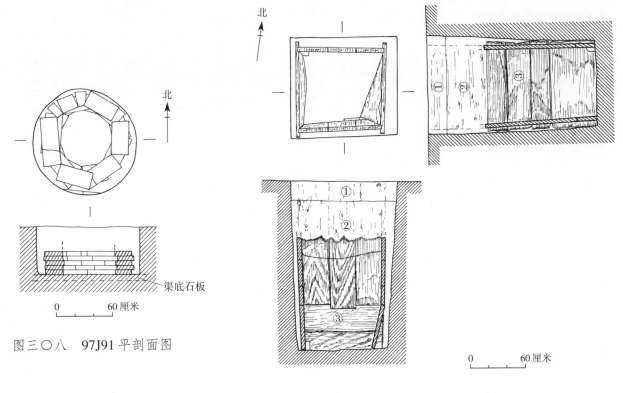

图三〇八　97J91平剖面图

渠底石板

0 ——— 60厘米

图三〇九　97J54平剖面图

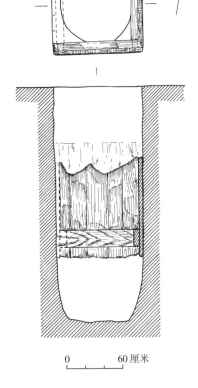

图三一〇　97J85平剖面图

3），出土A型Ⅱ式陶罐2件、B型Ⅰ式陶罐18件、A型陶壶1件、B型陶瓶1件、D型陶盆1件、B型陶盉1件、绳纹长方楔形砖1件、Ⅳ式板瓦335件、Ⅳ式筒瓦19件、Ⅴ式筒瓦200件，还有动物骨等。

（二）遗物

有建筑材料、生活器具、钱币和其他。

1. 建筑材料

均为陶质，有砖、板瓦、筒瓦和瓦当。

（1）砖

10块。这里介绍的砖只是井内出土的砖，因为保护的需要，这些井均没有拆除，井砖的规格不详。泥质陶，多夹有细砂或粗砂，呈青灰色或灰白色，质较坚致，分长方砖、长方楔形砖和券砖三种，少量券砖表面还施有青釉。大部分砖素面，少量表面饰有绳纹，侧面饰有菱形纹，或压印有手掌纹、戳印文字等。

长方砖　6块。标本97J54②：10，表面饰直向细绳纹，一侧面模印复线菱形纹。灰白陶，表面呈灰黑色。残长16、宽16、厚5.7厘米（图三一一，1；图版一三五，1）。标本97J63⑤：108，表面饰直向细绳纹，一侧面模印复线菱形纹。青灰陶。残长18、宽

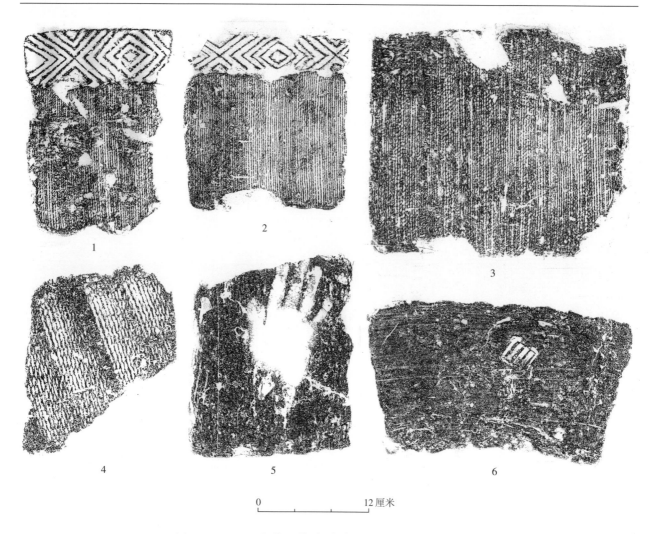

0 ————————— 12厘米

图三一一　汉代第四期水井出土的砖纹和砖文拓本

1.绳纹、菱形纹（97J54②：10）　2.绳纹、菱形纹（97J63⑤：108）　3.绳纹（97J54②：11）　4.绳纹（97J85：27）　5.手掌纹（97J91：6）　6."目"字砖文（97J63④：142）

15、厚5.1厘米（图三一一，2）。标本97J54②：11，表面饰直向细绳纹。灰白陶，表面呈灰黑色。残长27.5、宽24.3、厚6.5厘米（图三一一，3）。标本97J91：6，砖面压印右手手掌纹。灰陶。残长22、宽18、厚3.2厘米（图三一一，5）。

长方楔形砖　1块（97J85：27）。一侧面宽，另一侧面窄呈楔形，表面饰斜向细绳纹。青灰陶。残长19、宽16.2、厚4~6厘米（图三一一，4）。

券砖　3块。标本97J63④：111，灰陶，表面有青釉，完好。内弧长24.8、外弧长31.2、宽13.2、厚5.2厘米（图版一三五，2）。标本97J63④：142，砖的一面戳印"目"字，阳文，无边栏。灰陶，完好。内弧长22.7、外弧长29.0、宽15.5、厚6.0厘米，文字印面长3.4、宽3.2厘米（图三一一，6）。

（2）板瓦

469件，绝大多数为碎块，仅1件可复原。泥条盘筑，两侧有由内向外切割痕。属于Ⅳ式和Ⅴ式。

Ⅳ式　451件。表面饰粗绳纹，里面饰布纹或布纹和菱形纹组合。标本97J54②：9，灰陶，长45.6、宽34.5~36.5、厚0.8~1.2厘米（图三一二，1；图版一三五，3）。标本97J54②：26，黄陶。残长18.4、残宽15.4、厚1.0厘米（图三一二，2）。

Ⅴ式　18件。表面饰粗疏绳纹，绳纹之间有较宽的光面间隔，末端绳纹多抹平或饰菱形纹，里面饰布纹，部分还饰有菱形纹。标本97J63④：155，灰陶。残长18.6、残宽15.5、厚1.3厘米（图三一二，3）。

（3）筒瓦

314件，绝大多数为碎块，仅4件可复原。泥条盘筑，一头大一头小，两侧有由外向内切割痕。属于Ⅳ式、Ⅴ式和Ⅵ式。

Ⅳ式　19件。表面饰粗绳纹，瓦唇表面也饰绳纹，里面饰布纹。标本97J85：26，灰陶。长29.4、径14.5~17.2、厚1.1、唇长3.2厘米（图三一二，4；图版一三五，4）。

Ⅴ式　275件。表面饰粗绳纹，瓦唇表面光素，里面饰布纹。标本97J85：25，灰白陶。长39.7、径15.5~16.5、厚0.8~1.0、唇长2.8厘米（图三一三，1；图版一三五，5）。

Ⅵ式　20件。表面饰粗疏绳纹，绳纹间有较宽的光面间隔，两端绳纹经手抹平，里面饰布纹。标本97J63④：60，灰白陶。残长35.2、径14.2、厚1.2~1.6厘米（图三一三，2；图版一三五，6）。

（4）瓦当

"万岁"文字瓦当　1件（97J87：1）。属于Bc型。"万岁"部首相连成"ᗐᗐᗐ"形，当面"万岁"文字左、右两侧各饰一突点纹，外绕一周弦纹。青灰陶，残。当径15.7、厚1.5厘米（图三一二，5）。

2. 生活器具

绝大多数为陶器，还有椰勺和石盆等器。

（1）陶器

有泥质陶和夹砂陶，泥质陶占绝大多数，多为灰陶或灰褐陶，红黄陶和黄褐陶也占一定比例，黄白陶和灰白陶较少。灰陶和灰褐陶的陶质坚硬，部分器表还施有青褐色釉，有些釉已脱落。器形有罐、双耳罐、四耳罐、六耳罐、壶、瓶、盆、釜、钵、碗、盂、器盖、烛台等。多为轮制，也兼有手制的。罐类多饰以方格纹为地，间饰方形、菱形、圆形等几何图案，近底部纹饰大都抹平。壶、盆、器盖等表面一般仅饰简单的旋纹（图三一四）。

罐　62件。分属于A型Ⅱ式、B型、D型和E型。

A型Ⅱ式　5件。侈口，折沿，短颈，扁圆腹，平底。肩腹部多饰一至二周旋纹。标本97J85：17，肩、腹部各饰一周旋纹，泥质灰陶，陶质坚硬，器表施青黄色釉，多已脱落，完好。口径11.1、腹最大径16.7、底径11.6、高11.6厘米（图三一五，1；彩版二〇，1）。标本97J63⑤：98，肩部饰一周旋纹，泥质灰陶，陶质坚硬，肩部施有青釉，稍残。口径13.6、腹最大径19.6、底径13.2、高14.8厘米（图版一三六，1）。标本97J87：10，器表呈灰褐色，残。口径14.3、腹最大径20.2、底径13.8、高13.8厘米（图三一五，2；图版一三六，2）。

B型　59件。广口，短颈，长圆腹，平底。根据腹部的变化可分二式。

Ⅰ式　53件。圆鼓腹。肩、腹部饰以方格纹为地，间饰方形、圆形或菱形几何图案，近底部纹饰多抹平。标本97J85：24，泥质灰白陶，完好。口径18.2、腹最大径24.3、底径19.4、高

图三一二   汉代第四期水井出土的瓦纹和瓦当拓本

1. Ⅳ式板瓦（97J54②：9） 2. Ⅳ式板瓦（97J54②：26） 3. Ⅴ式板瓦（97J63④：155） 4. Ⅳ式筒瓦（97J85：26） 5. Bc型"万岁"文字瓦当（97J87：1）

1

2

0   12厘米

图三一三　汉代第四期水井出土的筒瓦纹饰拓本
1. Ⅴ式（97J85：25）　2. Ⅵ式（97J63④：60）

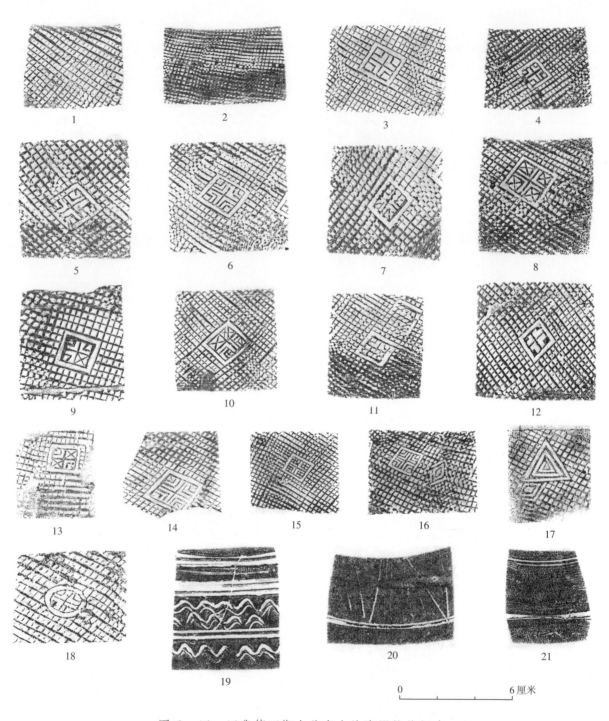

0　　　　　　　6厘米

图三一四　汉代第四期水井出土的陶器纹饰拓本

1. 方格纹（97J85：14） 2. 方格纹（97J63④：65） 3. 方格纹和方形几何图案（97J85：23） 4. 方格纹和方形几何图案（97J63⑤：82） 5. 方格纹和方形几何图案（97J63⑤：85） 6. 方格纹和方形几何图案（97J54②：2） 7. 方格纹和方形几何图案（97J85：11） 8. 方格纹和方形几何图案（97J63⑤：93） 9. 方格纹、旋纹和方形几何图案（97J85：32） 10. 方格纹和方形几何图案（97J63⑤：91） 11. 方格纹和方形几何图案（97J63⑤：78） 12. 方格纹和方形几何图案（97J63⑤：72） 13. 方格纹和方形几何图案（97J54②：23） 14. 方格纹和方形几何图案（97J54②：24） 15. 方格纹和方形几何图案（97J63⑤：74） 16. 方格纹和方形、菱形几何图案（97J85：19） 17. 方格纹和三角形几何图案（97J54②：25） 18. 方格纹和圆形几何图案（97J85：24） 19. 旋纹和曲折水波纹（97J63④：41） 20. 旋纹和三角形纹（97J85：16） 21. 旋纹（97J85：1）

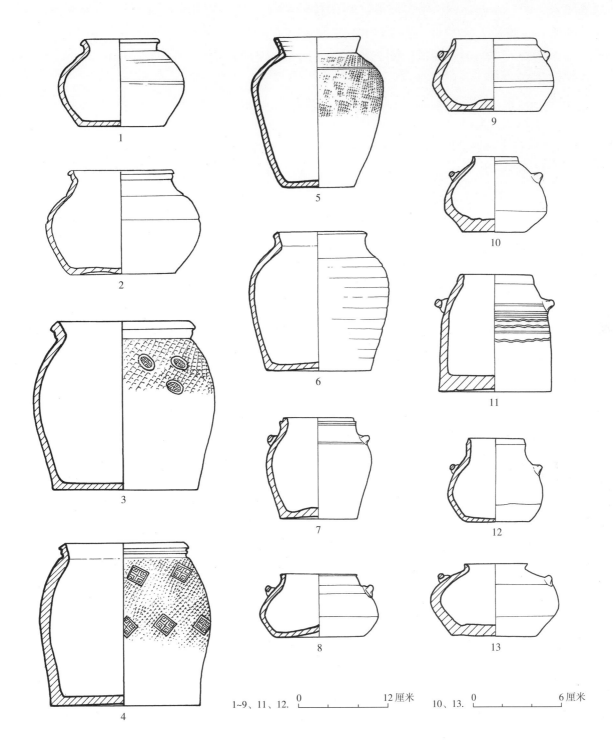

$1\sim9$、11、12.　0 └──────────────┘ 12厘米　　10、13.　0 └──────────┘ 6厘米

图三一五　汉代第四期水井出土的陶罐和双耳罐

1. A 型Ⅱ式罐（97J85：17）　2. A 型Ⅱ式罐（97J87：10）　3. B 型Ⅰ式罐（97J85：24）　4. B 型Ⅰ式罐（97J54②：
2）　5. D 型罐（97J63⑤：104）　6. E 型罐（97J63④：29）　7. A 型Ⅱ式双耳罐（97J63④：118）　8. B 型双耳罐（97J63
④：64）　9. C 型双耳罐（97J63④：124）　10. D 型Ⅰ式双耳罐（97J63④：31）　11. F 型双耳罐（97J63④：41）
12. E 型双耳罐（97J63④：63）　13. D 型Ⅱ式双耳罐（97J63④：125）

22.6厘米（图三一四，18；图三一五，3；图版一三六，3）。标本97J54②：2，泥质红黄陶，完好。口径18、腹最大径22.8、底径18.8、高21.8厘米（图三一四，6；图三一五，4；图版一三六，4）。标本97J63⑤：101，泥质红陶，残。口径18.0、腹最大径24.6、底径18.0、高23.0厘米（图版一三六，5）。

Ⅱ式　6件。腹部略鼓，近呈直桶形。肩部饰稀疏的网格纹。标本97J63④：65，泥质红陶，稍残。口径14.8、腹最大径18.4、底径16.0、高17.2厘米（图版一三六，6）。

D型　1件（97J63⑤：104）。敞口，尖圆唇，束颈，溜肩，长圆腹，平底。肩部和上腹部饰网格纹，肩部饰一周旋纹。泥质灰陶，完好。口径11.6、腹最大径17.6、底径9.2、高20.0厘米（图三一五，5；图版一三七，1）。

E型　1件（97J63④：29）。直口，平沿，圆肩，鼓腹，平底微内凹。外腹部有轮旋痕。泥质灰陶，稍残。口径12.4、腹最大径18.8、底径14.0、高18.4厘米（图三一五，6；图版一三七，2）。

双耳罐　13件。在肩部安两个对称分布的半环形横耳。分属于A型Ⅱ式、B型、C型、D型、E型和F型。

A型Ⅱ式　5件。直口，圆唇，唇下旋出一道凸棱，长圆腹，最大径靠上，平底。标本97J63④：118，泥质灰陶，肩部和上腹部施青褐色釉，残。口径9.6、腹最大径14.4、底径10.8、高13.6厘米（图三一五，7；彩版二〇，2）。

B型　3件。直口，平折沿，短颈，扁圆腹，平底或平底内凹。标本97J63④：64，灰陶，器表施褐色釉，部分釉已脱落，残。口径10.4、腹最大径16.8、底径12.0、高8.8厘米（图三一五，8；图版一三七，3）。

C型　1件（97J63④：124）。直口，圆唇，扁圆腹，平底。肩部和腹部各饰一、二道旋纹。灰陶，器表施釉，呈青褐色，残。口径11.2、腹最大径16.4、底径12.6、高9.7厘米（图三一五，9；图版一三七，4）。

D型　2件。小口，口外侈，尖唇，扁圆腹，平底。根据腹部的变化可分二式。

Ⅰ式　1件（97J63④：31）。垂腹，最大径靠下。肩部和下腹部各饰一道旋纹。灰白陶，完好。口径3.0、腹最大径7.2、底径4.0、高5.2厘米（图三一五，10；图版一三七，5）。

Ⅱ式　1件（97J63④：125）。扁圆腹，最大径靠上。肩部和下腹部各饰一道旋纹。灰陶，器表肩部施青釉，残。口径4.2、腹最大径8.8、底径5.5、高5.2厘米（图三一五，13；图版一三七，6）。

E型　1件（97J63④：63）。高领，直口，尖唇，扁圆腹，平底。灰陶，器表施青釉，残。口径8.0、腹最大径13.6、底径9.2、高11.2厘米（图三一五，12；图版一三八，1）。

F型　1件（97J63④：41）。敛口，方唇，溜肩，筒形腹，平底微内凹。上腹部饰旋纹和曲折水波纹。器表施釉，呈褐色，部分釉已脱落。灰白陶，残。口径9.6、底径15.0、高15.2厘米（图三一四，19；图三一五，11；图版一三八，2）。

四耳罐　58件。均在肩部安四个对称的半环形横耳。分属于A型、B型Ⅱ式、C型和D型。

A型　1件（97J54②：1）。敞口，圆唇，束颈，圆鼓腹，平底。肩、腹部各饰一道旋纹。器表施青釉至近底部，局部釉已脱落。灰陶，残。口径13.2、腹最大径21.7、底径14.4、高18.6厘米（图三一六，1）。

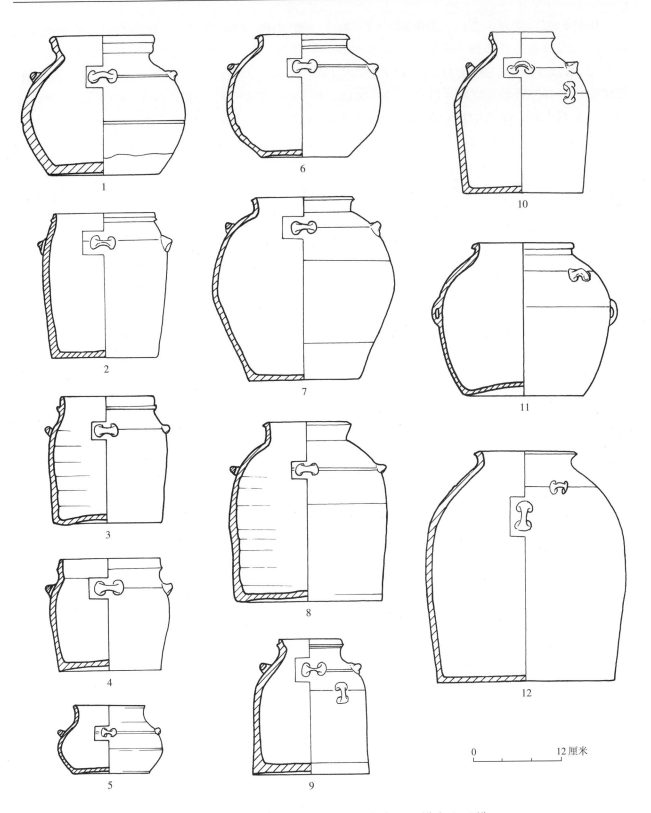

图三一六　汉代第四期水井出土的陶四耳罐和六耳罐

1. A 型四耳罐（97J54②：1）　2. B 型Ⅱ式四耳罐（97J63④：139）　3. B 型Ⅱ式四耳罐（97J79：5）　4. B 型Ⅱ式四耳罐（97J45：1）　5.
C 型四耳罐（97J79：2）　6. D 型Ⅰ式四耳罐（97J87：3）　7. D 型Ⅱ式四耳罐（97J63④：9）　8. D 型Ⅲ式四耳罐（97J79：1）　9. A 型六
耳罐（97J63④：114）　10. A 型六耳罐（97J63④：40）　11. B 型六耳罐（97J63④：61）　12. C 型六耳罐（97J63④：127）

B型Ⅱ式　52件。直口，尖圆唇，唇下旋出一道凸棱，筒形直腹，上腹部略鼓，平底或平底微内凹，肩部安耳处多饰一道旋纹。标本97J63④：139，灰陶，器表施釉，呈浅青褐色，残。口径13.2、最大径16.6、底径14.2、高19.2厘米（图三一六，2）。标本97J79：5，内腹壁有轮旋痕，浅黄陶，肩部施青釉，完好。口径12.7、腹最大径15.4、底径14.5、高17.0厘米（图三一六，3；图版一三八，3）。标本97J45：1，灰白陶，完好。口径13.1、底径13.6、高15.0厘米（图三一六，4）。标本97J87：2，灰陶，完好。口径14.8、腹最大径17.9、底径15.0、高16.0厘米（图版一三八，4）。

C型　1件（97J79：2）。侈口，圆唇，短颈，扁圆腹，平底微内凹。肩、腹部各饰一道旋纹。器表施釉，呈青褐色，多已脱落，灰陶，残。口径9.4、腹最大径14.0、底径10.4、高9.0厘米（图三一六，5；图版一三八，5）。

D型　4件。直口，平折沿，尖唇，短颈，平底或平底微内凹。根据腹部的变化可分三式。

Ⅰ式　1件（97J87：3）。圆鼓腹，腹部最大径居中。肩部饰两道旋纹。泥质灰黄色陶，完好。口径12.8、腹最大径20.7、底径11.6、高16.4厘米（图三一六，6；图版一三八，6）。

Ⅱ式　2件。长圆腹，最大径靠上。标本97J63④：9，肩部、上腹和下腹部各饰一道旋纹。灰陶，完好。口径14.0、腹最大径24.8、底径15.2、高24厘米（图三一六，7；图版一三九，1）。

Ⅲ式　1件（97J79：1）。溜肩，直腹。肩部和上腹部各饰一道旋纹，内腹壁有轮旋痕。红陶，稍残。口径12.3、腹最大径21.3、底径19.5、高23.5厘米（图三一六，8）。

六耳罐　17件。肩部安四个半环形横耳，上腹部安两个对称的半环形竖耳。根据器口和腹部的不同可分三型。

A型　13件。小直口微侈，尖唇，唇下旋出一道凸棱，筒形直腹，平底。肩部和上腹部耳系处各饰一道旋纹。标本97J63④：114，器表施青釉，多已脱落，泥质灰陶，残。口径9.2、腹最大径15.6、底径15.4、高18.0厘米（图三一六，9）。标本97J63④：40，器表施青釉，部分釉已脱落，泥质灰陶，完好。口径8.6、腹最大径18.4、底径15.2、高22厘米（图三一六，10；彩版二〇，3）。

B型　3件。直口，折沿，尖圆唇，圆鼓腹，平底或平底内凹。肩部和上腹部饰一至二道旋纹。标本97J63④：61，泥质灰褐陶，完好。口径13.6、腹最大径23.2、底径16.4、高20.6厘米（图三一六，11；图版一三九，2）。

C型　1件（97J63④：127）。侈口，尖唇，短颈，筒形直腹，平底。肩部耳系处饰一道旋纹。器表施青灰色釉，泥质灰陶，残。口径14.0、腹最大径25.8、底径24.0、高30.0厘米（图三一六，12；图版一三九，3）。

壶　4件。根据器口和颈部的不同可分三型。

A型　1件（97J85：7）。盘口外侈，长束颈，肩部有两个半环形横耳，扁圆腹，圈足已残。颈、肩和腹部饰一、二道旋纹。灰褐陶。口径12、腹径19.5、残高22厘米（图三一七，1；图版一三九，4）。

B型　1件（97J79：3）。盘口近直，长直颈，肩部安两个半环形竖耳，扁圆腹，圈足已残。肩部饰二道旋纹，腹部饰一道旋纹。灰白陶。口径9.3、腹最大径19.0、底径11.3、残高21.6厘米（图三一七，2；图版一三九，5）。

C型　2件。小口微侈，尖唇，肩部安两个半环形竖耳，长圆腹，圈足外撇。安耳处饰一道旋

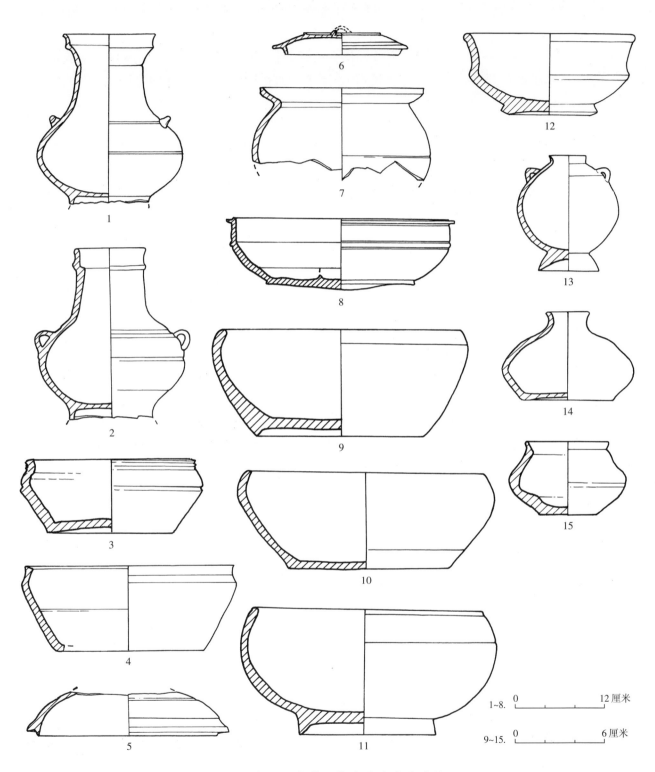

图三一七　汉代第四期水井出土的陶器

1. A 型壶（97J85：7）　2. B 型壶（97J79：3）　3. D 型盆（97J54②：3）　4. E 型盆（97J45：2）　5. B 型器盖（97J54②：13）　6. C 型器盖（97J87：6）　7. E 型釜（97J45：4）　8. 烛台（97J54②：7）　9. Ba 型钵（97J43②：1）　10. Bb 型 I 式型钵（97J63④：66）　11. B 型 II 式碗（97J63⑤：90）　12. A 型碗（97J79：4）　13. C 型壶（97J63④：34）　14. B 型瓶（97J85：2）　15. A 型 II 式盂（97J54②：5）

纹。标本97J63④：34，灰陶，完好。口径2.4、腹最大径6.8、底径4.1、高7.6厘米（图三一七，13；图版一三九，6）。

瓶　1件（97J85：2）。属B型。小口外侈，束颈，扁圆腹，平底微内凹。灰陶，上腹部施青釉，稍残。口径2.9、腹最大径8.7、底径6.0、高5.8厘米（图三一七，14；图版一四〇，1）。

盆　5件。分属于D型和E型。

D型　4件。侈口，方唇，短颈，扁圆腹，平底微内凹。最大径处多饰一周旋纹。标本97J54②：3，泥质黄褐陶，基本完好。口径22.5、腹最大径24.4、底径17、高9.6厘米（图三一七，3；图版一四〇，2）。

E型　1件（97J45：2）。敛口，口沿面微凹，斜弧腹，底残缺。泥质黄白陶，残。口径28.0、腹最大径27.2、底径19、高10.8厘米（图三一七，4）。

釜　4件。属E型。浅盘口，平沿，束颈，鼓腹，下腹部以下残。标本97J45：4，腹部饰一周旋纹。夹砂灰褐陶。口径20.4、残高12厘米（图三一七，7）。

钵　3件。分属于Ba型和Bb型Ⅰ式。

Ba型　1件（97J43②：1）。敛口，圆唇，弧腹，卧足。泥质灰陶，器外上腹部施釉，釉呈红褐色，多已脱落，残。口径16.0、腹最大径17.2、底径11.0、高7.0厘米（图三一七，9）。

Bb型Ⅰ式　2件。敛口，圆唇，上腹圆弧，下腹部斜直，腹较浅，平底。标本97J63④：66，泥质灰陶，器内满釉，器外施釉至近底部，釉呈青褐色，部分已脱落，残。口径16.0、腹最大径18.4、底径10.8、高6.4厘米（图三一七，10；图版一四〇，3）。

碗　2件。分属于A型和B型Ⅱ式。

A型　1件（97J79：4）。侈口，圆唇，曲折腹，上腹部敛束，饼足。泥灰褐陶，外腹壁有轮旋痕，完好。口径11.6、腹最大径11.0、底径5.6、高5.4厘米（图三一七，12；图版一四〇，4）。

B型Ⅱ式　1件（97J63⑤：90）。敛口，圆唇，圆弧腹，高圈足外撇。外口沿下和上腹部各饰一道旋纹。泥质灰陶，残。口径15.6、腹最大径17.2、足径9.2、高8.0厘米（图三一七，11；图版一四〇，5）。

盂　2件。分属于A型Ⅱ式和B型。

A型Ⅱ式　1件（97J54②：5）。敞口，圆唇，束颈，扁圆腹，平底。泥质灰陶，上腹部施青釉，釉层薄，残。口径5.5、腹最大径8.1、底径3.8、高4.9厘米（图三一七，15；图版一四〇，6）。

B型　1件（97J85：16）。侈口，卷沿，圆唇，圆鼓腹，平底。外口沿下刻划一周三角纹，肩、腹部各饰二道旋纹。泥质灰陶，器表施青釉，残。口径10、腹最大径19.9、底径13.8、高16厘米（图三一四，20；图版一四一，1）。

器盖　3件。分属于B型和C型。

B型　1件（97J54②：13）。子口内敛，盖沿外展似一帽檐，盖面隆起，顶部已残。盖面上饰三道旋纹。泥质黄褐陶。口径27.2、残高5.6厘米（图三一七，5）。

C型　2件。盖面斜向上，顶面平，半环形盖纽已残。标本97J87：6，盖顶面饰二道旋纹，盖斜面也饰二道旋纹。施青釉，有缩釉现象，青灰胎，残。最大径18.0、子口径15.0、残高3.2厘米（图三一七，6）。

烛台　1件（97J54②：7），灯柱已残，仅存灯盆。盆口近直，宽平折沿，上腹部近直，下腹部折收，饼足。腹部最大径处饰一道凸弦纹，泥质灰陶，内外施青釉，釉层薄。口径30.6、腹最大径29.6、底径19.4、高8.8厘米（图三一七，8；图版一四一，2）。

（2）椰勺　1件（97J63⑤：99）。用椰壳割去1/3制成。口径6.6、最大腹径10.2、高9.3厘米（图三一八，1；图版一四一，3）。

（3）石盆　1件（97J45：9）。近长方形，敞口，平沿，外壁微弧，底部微弧，内腹壁斜直，平底，口大底小。灰褐色砂岩，表面打磨光滑。残长10、口沿外宽10.4~11.4、高5.6厘米（图三一八，2）。

3. 钱币

"五铢"　1枚（97J54②：34）。属于B型。"五"字竖划弯曲相交较甚。钱文字体清晰，完好。钱径2.52、面穿宽1.03、厚0.12厘米，重2.0克（图三一九，1）。

"布泉"　1枚（97J63⑥：144）。有内、外郭，钱文字体模糊，肉薄。钱径2.58、面穿宽0.97、肉厚0.14厘米，残重1.4克（图三一九，2）。

4. 其他

（1）陶风管

2件，残，未能复原。标本97J87：12，呈曲尺形，截面呈圆筒形，中间有圆形气孔，一端呈灰褐色，另一端呈红褐色。泥质陶，内掺稻草和稻壳，两端均残。残长21、残宽23.2、径9.2~12.0、孔径2.8~4.0厘米（图三一八，3）。标本97J87：8，残存一段，呈圆筒形，后端较粗且

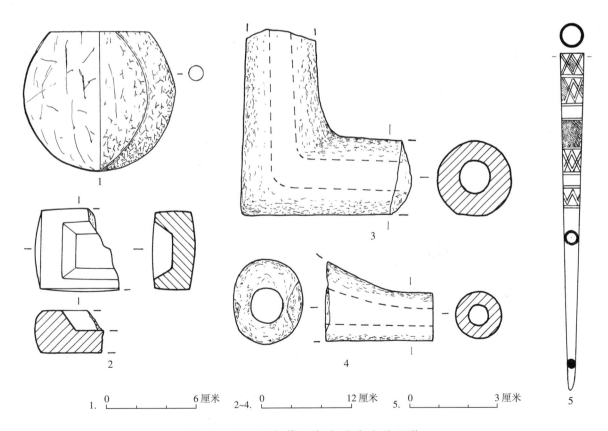

图三一八　汉代第四期水井出土的器物

1. 椰勺（97J63⑤：99）　2. 石盆（97J45：9）　3. 陶风管（97J87：12）　4. 陶风管（97J87：8）　5. 骨簪（97J63⑤：105）

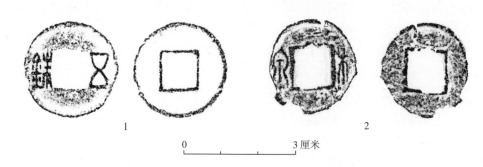

图三一九　汉代第四期水井出土的铜钱拓本
1. B 型"五铢"（97J54②：34）　2. "布泉"（97J63⑥：144）

向下弧弯，中间有圆形气孔向后端变大。前端呈灰褐色，后端呈红黄色。泥质陶，内掺稻草和稻壳。残长 14.5、径 6.5~11.0、孔径 3.0~4.8 厘米（图三一八，4）。

（2）陶网坠　5 件。分属于 A 型和 B 型。

A 型　4 件。扁椭圆形，器身纵、横各压出一周凹槽。标本 97J63④：8，泥质红陶，完好。长径 5.4、宽 5.0、厚 4.0 厘米（图版一四一，4 左）。

B 型　1 件（97J63④：109）。近椭圆形，长径面压出一周凹槽，短径面压出二周凹槽。泥质灰陶，完好。长径 7.0、短径 6.2、厚 2.0 厘米（图版一四一，4 右）。

（3）陶纺轮

1 件（97J63⑤：106）。属于 A 型。呈算珠形，中间有一圆形穿孔。泥质灰陶，完好。最大径 3.0、高 2.6、孔径 0.6 厘米（图版一四一，5）。

（4）陶蒺藜

1 件（97J63④：55）。属于 Ab 型。四角锥形，锥角顶面平，有一方形插孔。泥质红陶，完好。高 7.6 厘米（图版一四一，6）。

（5）骨簪

2 件。形制、大小一致。细长锥形，横截面呈圆形，中空。尾端面平，前端尖细，近尾端雕刻菱形、三角、网格和斜线纹带。标本 97J63⑤：105，呈黑褐色，光滑，完好。长 11.2、尾端径 0.8 厘米（图三一八，5；彩版二〇，4）。

（6）动、植物遗存

出土的动物遗存较少，经鉴定，种类有马、梅花鹿、水牛等（详见上编第五章第四节《南越宫苑遗址出土动物骨骼研究报告》）。

三　小结

（一）各期的年代

第三期水井没有出土有确切纪年的遗物。从出土的板瓦和筒瓦分析，其中的 II 式和 III 式板瓦以及 II 式筒瓦，表面饰粗绳纹，里面饰粗突点，还保留有西汉板瓦和筒瓦的纹饰特征。同时出现的还有 IV 式板瓦和 V 式筒瓦，表面的绳纹粗直，筒瓦的瓦唇表面光素，而里面改饰布纹，具有明显的东汉早期特征。从出土的陶器来看，B型II式瓮与广州市永福路西汉中期墓（M2）出土的陶瓮类似[1]，但与之相比，这些瓮侈口较直，口沿外贴，器腹外鼓也较西汉中期的要小，具有西汉后期的特征；出土的A型II式罐与广州市先烈南路东汉早期墓（M8）出土的陶罐一致[2]；出土的C型I式罐与广州东汉前期墓葬中出土的D类罐相同[3]；出土的D型盆、A型I式釜在广州海幅寺汉代窑场中也有出土[4]。综上可知，第三期水井的年代上限可到西汉晚期，下限为东汉早期。

第四期水井出土的铜钱有"五铢"和"布泉"，因此这一期水井的上限年代应不早于王莽时期。从出土的板瓦和筒瓦来看，除有东汉早期IV式板瓦和V式筒瓦外，新出现的V式板瓦、VI式筒瓦和Bc型"万岁"文字瓦当，在广州东汉晚期墓葬和广州海幅寺汉代窑场也有出土[5]。从生活陶器来看，这一期水井出土的罐、双耳罐、四耳罐、盆、钵、碗等，大部分与《广州汉墓》东汉晚期墓葬、广州市海幅寺汉代窑场、广州市黄花岗东汉墓[6]、广西合浦县九只岭东汉墓[7]等出土的同类器基本一致；出土的B型II式四耳罐、D型III式四耳罐、C型六耳罐分别与广州市西湖路三国钱币窖藏遗址出土的Ca型四耳罐、A型四耳罐、B型罐相同[8]。综上可知，第四期水井的年代为东汉晚期，上限可到东汉早期，下限至三国时期。

（二）小结

第三期水井只有陶圈井，这种类型的井最早出现于春秋战国时期的楚纪南城[9]，后成为是战国秦汉时期中原地区最常见的水井类型之一。这种凿井技术，直到秦统一岭南后才从中原地区传入广州[10]。

第四节　两晋、南朝水井

一　第一期水井

（一）水井的分布和结构

第一期的水井有7口，分别为95J15、95J20、97J10、97J11、97J14、97J29、97J38。根据水井的结构和井圈用材的不同可分土坑井和竹篾圈井两类。

① 广州市文物考古研究所：《广州市永福路汉唐墓葬发掘简报》，《羊城考古发现与研究（一）》，第75~76页，文物出版社，2005年。
② 广州市文物考古研究所：《广州市先烈南路汉晋南朝墓葬》，《羊城考古发现与研究（一）》，第60~61页，文物出版社，2005年。
③ 广州市文物管理委员会、广州市博物馆：《广州汉墓》，第319页，文物出版社，1981年。
④ 广州市文物考古研究所：《广州海幅寺汉代窑场遗址的发掘》，《考古学报》2003年第3期。
⑤ 广州市文物管理委员会、广州市博物馆：《广州汉墓》，第383页，文物出版社，1981年。
⑥ 广州市文物考古研究所：《广州黄花岗汉唐墓葬发掘报告》，《考古学报》2004年第4期。
⑦ 广西壮族自治区文物工作队：《广西合浦县九只岭东汉墓》，《考古》2003年第10期。
⑧ 广州市文物考古研究所：《广州市西湖路三国钱币窖藏和唐代铸币遗址》，《羊城考古发现与研究（一）》，第117页，文物出版社，2005年。
⑨ 湖北省博物馆：《楚都纪南城的勘查与发掘（下）》，《考古学报》1982年第4期。
⑩ 广州市文物考古研究所、中国社会科学院考古研究所、南越王宫博物馆筹建处：《广州市南越国宫署遗址西汉木简发掘简报》，《考古》2006年第3期。

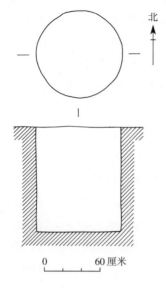

图三二〇 97J11 平剖面图

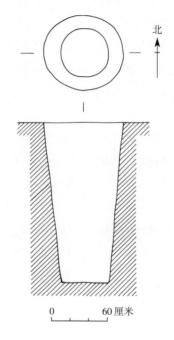

图三二一 97J14 平剖面图

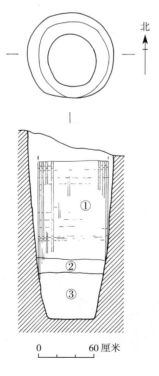

图三二二 95J15 平剖面图

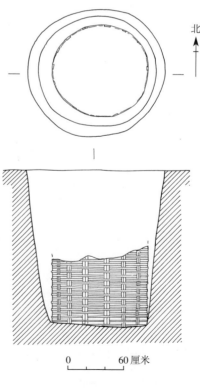

图三二三 95J20 平剖面图

1. 土坑井

井口和井底平面呈圆形或椭圆形，井壁垂直或斜直，平底。有97J10、97J11、97J14和97J29。举例介绍如下：

97J11　位于97T11西北部，开口于97⑦层下，打破97⑧a层。井口平面呈圆形，井壁垂直、光滑。径0.92、深1.1米（图三二〇）。井内为灰黑土堆积，土质松软，含有较多的木炭颗粒，出土A型Ⅰ式青釉钵2件、可复原筒瓦1件，还有少量酱釉陶罐残片和布纹瓦片等。

97J14　位于97T14南部，开口于97⑦层下，打破97⑧a层。井口平面呈椭圆形，井底呈圆形，井壁斜直，井口东西0.85、南北0.8、底径0.5、深1.7米（图三二一）。井内为灰土堆积，土质较松软，出土青釉盆1件、A型Ⅰ式青釉钵1件、Ⅱ式青釉碗1件、Ⅰ式青釉碟1件，还有南越国"姚"字瓦文1件、"公"字瓦文1件等。

2. 竹篾圈井

是先挖好一个竖穴土坑，再用编织好的竹篾圈加固井壁，以防止井壁塌陷。有95J15、95J20和97J38。举例介绍如下：

95J15　位于95T7西北部，开口于95①层下，打破生土。井口和井底平面近呈圆形，口大底小，井壁斜直，井底平整。井口径0.92、底径东西0.53、南北0.55、深1.98米。0.3米以下井壁发现有用竹片编织的井圈，竹篾圈径0.75、残存高1.05米，篾圈厚约0.5厘米，因井圈腐烂严重，井圈的编织结构不明。井内堆积可分三层，第①层为灰黑土，厚1.35米，内含有较多的石块和碎砖块，也有少量的青釉碗残片等；第②层为褐土，土质疏松，厚约0.12~0.2米，夹杂有贝壳，出土石网坠1件，还有青釉碗和酱釉罐残片等；第③层为灰色淤土，厚约0.5米，出土Ⅰ式青釉碗1件、Aa型青釉器盖1件、Aa型Ⅰ式酱釉四耳罐1件（图三二二；图版一四二，1）。

95J20　位于95T7南部，开口于95①层下，打破生土。井口平面呈椭圆形，口大底小，井壁斜直，井底近呈圆形，平整。井口东西1.46、南北1.35、底径1.1、深1.67米。0.7米以下井壁发现有用竹篾编织的井圈，竹篾圈径1.0、残高0.82米，竹篾圈壁厚0.5~0.8厘米。竹篾圈结构清晰，纵编一周用14排竹片编排，每排间距为0.2米，每排用2根竹片并列编排，间隙距3厘米，竹片宽3、厚0.5~0.8厘米，所用竹片为韧性较好的竹子表皮。纵编竹片向下的一端均削尖插入井底生土内，深约0.1米。横编残存23层，上下编间距约1.6厘米，竹篾宽2.0、厚0.2~0.3厘米，所用竹篾为竹子内侧软层（图三二三；彩版二一，1；图版一四二，2）。井内为灰褐色土堆积，土质松软，出土青釉三足盆1件、A型Ⅰ式青釉盅1件、Ⅰ式青釉碗7件、砺石1件，还有动物骸骨、铁渣、木块和竹篾箕（已朽）以及灰陶布纹瓦片等。

（二）遗物

有建筑材料、生活器具和其他。

1. 建筑材料

有砖、板瓦和筒瓦，绝大多数为碎块。其中板瓦93件、筒瓦56件，均为泥条盘筑而成，两侧有切割痕，呈青灰色，表面光素，里面饰布纹。标本97J11：3，筒瓦，灰白陶，质软，残。长30.4、径12.6、厚0.8~1.2、唇长4.0厘米（图三二四，1；图版一四三，1）。

2. 生活器具

有酱釉器和青釉器。

（1）酱釉器

泥质青灰胎，胎质较粗松。器表内外施酱釉，底部多露胎，釉呈酱黑色或紫红色，无光泽，属于低温釉陶类。器形较少。

四耳罐　可复原3件。属于Aa型Ⅰ式。桶形腹。直口，圆唇，唇下旋出一道凸棱，上腹部略鼓，平底微内凹。肩部饰一道旋纹。器外有轮旋痕。标本95J15③：5，釉呈紫红色，青灰胎，残。口径15.2、腹最大径18.4、底径16.8、高19厘米（图三二四，2）。标本97J38：2，釉呈酱黑色，外底有叠烧痕，青灰胎，完好。口径19.6、腹最大径24、底径19.8、高26.7厘米（图三二四，3；图版一四三，2）。

（2）青釉器

胎呈青灰色或浅灰色，少量呈黄褐色，胎质较粗，不甚坚致。器表内外施青釉，大多釉青泛绿，少部分釉呈青灰色，多有细小开片。可辨器形有三足盆、盆、盅、钵、碗、碟和器盖等。器表多饰旋纹。

三足盆　1件（95J20：4）。敞口，尖唇，斜直腹，饼形底，底部接三个乳丁足。器外上腹部饰二道旋纹，器内满釉，器外施釉不到底，釉几乎全部脱落。器外下腹部有支垫痕。黄褐色胎，残。口径19.4、底径11.2、高9.0厘米（图三二四，6）。

盆　1件（97J14：1）。口微敛，圆唇，外口沿下有一道凹槽，弧腹，平底内凹。内外满釉，釉大多已脱落，呈灰白色。灰白胎，残。口径15、底径12.6、高6.0厘米（图三二四，7；图版一四三，3）。

盅　1件（95J20：9）。属于A型Ⅰ式。敛口，尖圆唇，弧腹，平底。内外口沿下各饰两道旋纹，内、外满釉，多已脱落。青灰胎，残。口径14、底径11、高7.4厘米（图三二四，10）。

钵　3件。属于A型Ⅰ式。敛口，圆唇，浅弧腹，宽平底。外口沿下饰一道旋纹，内外满釉，有缩釉现象，内、外底有支垫痕。标本97J11：1，青灰胎，残。口径16.0、底径8.1、高6.2厘米（图三二四，13）。

碗　可复原11件。分属于Ⅰ式和Ⅱ式。

Ⅰ式　10件。直口微外侈，圆唇，弧腹，平底，内底呈圆形下凹。外口沿下饰宽、深旋纹，内外满釉。标本95J15③：3，器外下腹部有支垫痕。青灰胎，残。口径7.6、底径4.4、高3.0厘米（图三二四，8）。标本97J38：1，外底有5个支垫痕。青灰胎，残。口径14.2、底径8.9、高5.8厘米（图三二四，9；图版一四三，4）。

Ⅱ式　1件（97J14：2）。直口微外侈，圆唇，弧腹，饼形足，内底呈圆形下凹。外口沿下饰一道宽旋纹。内外满釉，青灰胎。口径16.3、足径8.0、高6.2厘米（图三二四，12）。

碟　1件（97J14：3）。属于Ⅰ式。敞口，浅弧腹，平底，内底呈圆形下凹。外口沿下饰一道旋纹。青灰胎，残。口径9.0、底径4.5、高2.2厘米（图三二四，11）。

器盖　1件（95J15③：4）。属于Aa型。子口，盖沿外展，盖面斜直向上，顶面平，半环形纽。盖顶面饰二道旋纹，边沿贴塑三个小乳丁纹，盖斜面饰二道旋纹。盖表面施青灰釉，青灰胎，残。最大径17.8、子口径14.8、高3.6厘米（图三二四，5）。

3. 其他

陶网坠　1件（97J29：2）。属于B型。近椭圆形，纵、横面各压出一周凹槽。泥质灰白陶，完好。长径4.6、短径2.0、厚1.6米（图三二四，14）。

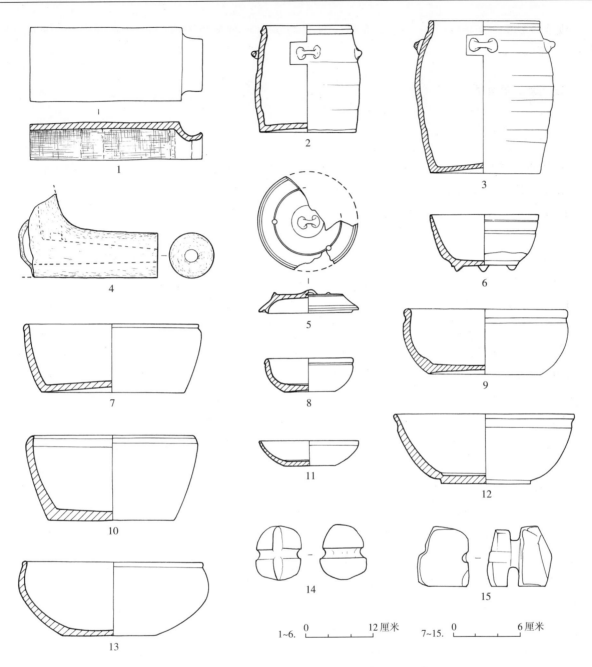

图三二四　两晋、南朝第一期水井出土的器物

1.筒瓦（97J11：3）　2.Aa型Ⅰ式酱釉四耳罐（95J15③：5）　3.Aa型Ⅰ式酱釉四耳罐（97J38：2）　4.陶风管（97J10：1）　5.Aa型青釉器盖（95J15③：4）　6.青釉三足盆（95J20：4）　7.青釉盆（97J14：1）　8.Ⅰ式青釉碗（95J15③：3）　9.Ⅰ式青釉碗（97J38：1）　10.A型Ⅰ式青釉盅（95J20：9）　11.Ⅰ式青釉碟（97J14：3）　12.Ⅱ式青釉碗（97J14：2）　13.A型Ⅰ式青釉钵（97J11：1）　14.B型陶网坠（97J29：2）　15.石网坠（95J15②：1）

　　陶风管　3件。呈曲尺圆筒形，由前向后渐粗，中心有圆形气孔。标本97J10：1，泥质红褐陶，一端经火烤呈灰褐色，表面粗糙。残长25、径8.0~11.6、孔径2.0~4.4厘米（图三二四，4；图版一四三，5）。

　　石网坠　1件（95J15②：1）。呈不规则形，纵、横面各打出一周凹槽。灰白色砂石，完好。长5.6、宽5.3、厚4.8厘米（图三二四，15）。

砺石　1件（95J20：13）。呈长条形，两端均残，上面有磨蚀痕。青灰色页岩石。残长13.6、宽6.0、厚4.8厘米。

二　第二期水井

（一）水井的分布和结构

第二期水井共有8口，分别为95J4、95J16、95J17、97J30、97J33、97J44、97J73、97J84。根据水井结构和井圈用材的不同可分为土坑井和竹篾圈井两类。

1. 土坑井

5口，分别为95J16、97J30、97J33、97J73和97J84。介绍如下：

95J16　位于95T7中部，开口于95①层下，打破生土。井口和井底平面近呈圆形，井口以下2.2米井壁呈弧形内收，2.2米往下至底部井壁垂直，平底，井口东西0.96、南北0.92、底径0.48、深3.1米。井北壁和南壁分别有3个和4个脚窝，呈三角形，边长约0.15~0.2、深0.06米。北壁第一个脚窝距井口0.16米，第二个与第一个脚窝间距为0.4米，第三个与第二个脚窝间距为1.16米。南壁第一个脚窝距井口约0.4米，第一、第二、第三个脚窝的间距均为0.5米，第三个与第四个脚窝的间距为0.8米。井内堆积可分五层，第①层为灰黑土，分布在井口东侧，厚0.45米，遗物极少，仅出土C型铜镞1件；第②层为灰沙土，夹杂有木炭，厚0.2~0.72米，遗物极少；第③层为灰黑土，夹有白色膏泥，厚0.72~0.80米，出土Aa型Ⅰ式酱釉四耳罐1件、铁镰刀1件、铁钩1件；第④层为灰褐土，厚0.96~1.34米，遗物极少；第⑤层为红土，厚0.3~0.36米，不见遗物出土（图三二五；图版一四四，1）。

97J30　位于97T19西南部，开口于97⑥b层下，打破97⑦层，中部被97H50打破。井口平面近呈圆形，井底呈圆形，井西壁斜直，东壁略呈弧形斜收，平底。井口东西1.52、南北1.61、底径0.84、深2.43米。井内堆积可分三层，第①层为红土，土质较致密，厚约1.03米，内含有少量布纹瓦片；第②层为青灰色亚黏土，厚约0.52米，内含有较多的铁矿石块，出土C型酱釉四耳罐1件和少量玻璃碎片等；第③层为黄色土，土质较致密，厚约0.88米，遗物极少，井底部有炭化竹片（图三二六）。

97J33　位于97T24中部，开口于97⑥b层下，打破97⑦层、97F18。井口平面呈椭圆形，井底呈圆形，井口以下2.5米井壁斜直内收，2.5米以下井壁垂直，平底。井口东西1.62、南北1.90、底径0.81、深3.0米（图三二七）。井内为灰黑土堆积，土质疏松，夹杂有木炭屑等，出土Ⅱ式青釉鸡首壶1件、D型Ⅱ式青釉四耳罐1件、B型酱釉釜1件、Ⅰ式青釉碗7件、Ⅰ式青釉碟2件、青釉虎子1件、A型Ⅰ式青釉三足砚1件、B型Ⅰ式青釉三足砚1件、青釉垫饼1件，还有少量布纹瓦片、烧焦的木构件和动物骨等。

97J73　位于97T2东部，开口于97⑥b层下，打破生土。井口和井底平面呈圆形，井壁斜直，平底。井口径1.12、底径0.82、深1.3米（图三二八；图版一四四，2）。井内为灰褐色土堆积，土质松软，内含有少量的青釉器和布纹瓦残片等。

97J84　位于97T30中部，开口于97⑥b层下，打破97⑦层、97G6、97G12、97H184和97H163。井口和井底平面呈圆形，井壁近直，平底。井口径1.33、底径1.15、深3.07米。井内堆积可分两层，第①层为灰土，土质松散，厚约2.57米，遗物丰富，出土Ⅱ式酱釉四耳瓮3件、Aa型Ⅰ式酱

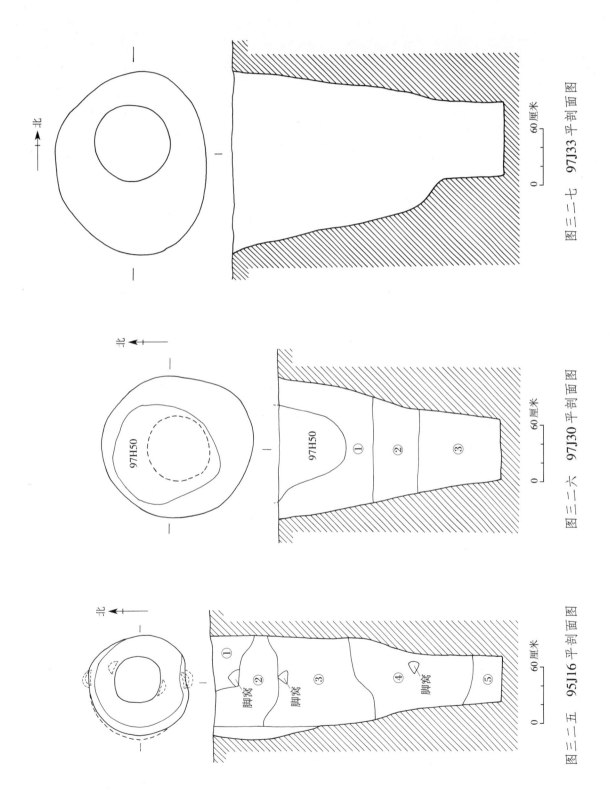

图三二七　97J33 平剖面图

图三二六　97J30 平剖面图

图三二五　95J16 平剖面图

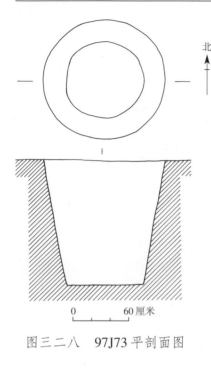

图三二八　97J73平剖面图

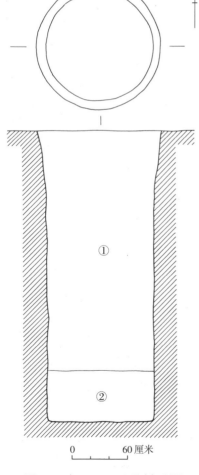

图三二九　97J84平剖面图

釉四耳罐4件、酱釉甑1件、酱釉带流罐1件、B型酱釉釜1件、Ca型Ⅰ式青釉四耳罐1件、Ⅰ式青釉碗1件、Ⅱ式青釉碗8件、Ⅰ式青釉碟1件、Ⅱ式青釉鸡首壶3件、C型Ⅰ式青釉钵1件、B型青釉器盖1件、C型青釉器盖1件、滑石盘1件、网格纹长方砖1件，还有少量印纹陶片等；第②层为灰黑色淤土，厚约0.5米，遗物较少，有酱釉和青釉器残片（图三二九）。

2. 竹篾圈井

3口，分别为95J4、95J17、97J44。均是先挖好一个竖穴土坑，然后再用编织好的竹篾圈护壁。举例介绍如下：

95J17　位于95T8北部，开口于95①层下，打破生土。井口和井底平面近呈圆形，井壁斜直，壁面光滑，平底。井口东西1.33、南北1.25米，井底东西0.87、南北0.84、深2.8米。1.2米往下井壁发现有用竹片编织的竹篾圈，腐朽严重。井内堆积可分四层，第①层为灰黑土，土质疏松，厚达1.26~1.35米，出土有较多的酱釉和青釉陶瓷器残片等；第②层为灰土，厚0.13~0.28米，出土少量的青釉瓷片；第③层为灰黑色淤沙，厚1.14~1.2米，出土Aa型Ⅰ式酱釉四耳罐1件、D型Ⅰ式青釉四耳罐1件、Ⅰ式青釉碗1件、C型青釉器盖1件、铁钩1件；第④层为灰黄色土，厚0.32~0.4米，出土Aa型Ⅰ式酱釉四耳罐4件、Ba型Ⅰ式酱釉四耳罐1件、A型Ⅰ式青釉四耳罐1件、Ca型Ⅰ式青釉四耳罐1件、铁钩1件（图三三〇；彩版二一，2；图版一四四，3）。

97J44　位于97T45北部，向北延伸出发掘区外，开口于97⑥b层下，打破97⑦层。已发掘部分井口和井底平面呈半圆形，井口以下1.0米井壁呈弧形内收，1.0米往下井壁垂直，有纵、横编织的竹篾圈护壁，但已炭化，仅可见印痕。井底平整，用碎砖铺就。井口东西1.68、南北现宽0.96米，井底东西1.16、南北现宽0.66、深1.8米（图三三一）。井内为灰褐色黏土堆积，土质较紧密，出土Ⅰ式青釉碗1件、Ⅱ式青釉碗2件。

（二）遗物

有建筑材料和构件、生活器具、工具和其他。

1. 建筑材料和构件

有砖、板瓦、筒瓦和木构件。

（1）砖

均为长方砖，残。泥质陶，多夹有粗砂，呈红色或红黄色，少量呈红褐色或灰褐色。多素面，少量上、下两面模印网格纹。标本97J84①：27，上、下两面模印网格纹，红陶。残长15.5、

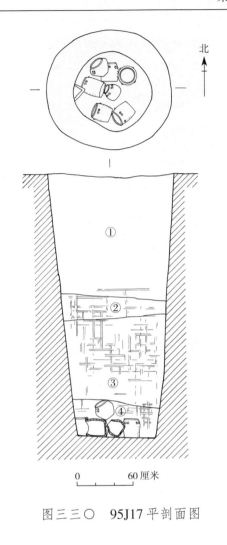

图三三〇　95J17平剖面图

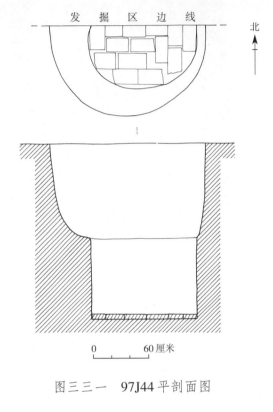

图三三一　97J44平剖面图

宽13.5、厚3.6厘米（图三三二，1）。

（2）板瓦和筒瓦

板瓦55件、筒瓦30件，均为碎块，未能复原。泥质陶，呈青灰色或灰白色。泥条盘筑而成，两侧有切割痕。表面光素，里面饰布纹。

（3）木构件

1件（97J33：22）。长方形，一端残断，另一端中间有一长方形凸榫，宽面中央凿一长方形卯眼。被火烧成焦炭状。残长54.0、宽12.0、厚4.0厘米，凸榫长3.0、宽2.4、厚4.0厘米，卯眼长4.0、宽2.4、深2.8厘米（图三三三，1）。

2. 生活器具

有酱釉器、青釉器、铁器和滑石器。

（1）酱釉器

多为泥质胎，少量为夹砂胎，呈青灰色、浅灰色或黄褐色。内、外施酱釉，呈紫褐色或紫红色，少量呈青褐色，无光泽。为低温釉陶器。器形有四耳瓮、四耳罐、带流罐、釜和甑等。瓮、罐类肩部多饰"五铢"钱纹、放射线纹或旋纹等（图三三二，2~4）。

四耳瓮　3件。肩上安四个半环形横耳。属于Ⅱ式。直口，尖圆唇，短颈，溜肩，长圆腹，下

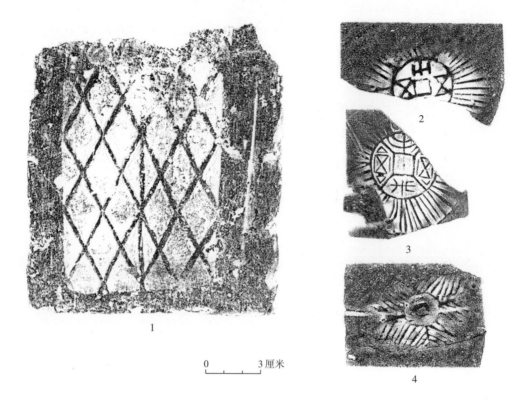

0 _____ 3厘米

图三三二　　两晋、南朝第二期水井出土的砖纹和陶器纹饰拓本

1. 网格纹长方砖（97J84①：27）　2. "五铢"钱纹（97J84①：29）　3. "五铢"钱纹（97J84①：28）　4. 放射线纹（97J84①：30）

腹部已残。标本97J84①：26，肩部饰一道旋纹。釉呈青褐色，局部呈紫红色，有流釉现象。泥质青灰胎，残。口径40.6、腹最大径64.8、残高35.2厘米（图三三三，2；图版一四五，1）。

四耳罐　12件。分属于Aa型Ⅰ式、Ba型Ⅰ式和C型。

Aa型Ⅰ式　10件。桶形腹。直口，圆唇，唇下旋出一道凸棱，上腹部略鼓，最大径靠上，平底微内凹。肩部多饰一道旋纹，器内、外多有轮旋痕。标本95J17③：4，外底有叠烧印痕。釉呈紫红色，泥质灰白胎，稍残。口径18.0、腹最大径21.6、底径18.8、高21.2厘米（图三三三，4）。标本95J16③：4，釉呈紫褐色，完好。口径16.5、底径17.8、高19.7厘米（彩版二二，1）。标本97J84①：8，釉呈紫红色，稍残。口径15.2、腹最大径19.2、底径16.8、高19.4厘米（图三三三，5；图版一四五，2）。

Ba型Ⅰ式　1件（95J17④：6）。长圆腹。直口，平沿，腹部最大径居中，平底。肩部饰一道旋纹，外底有叠烧痕。釉呈紫红色，完好。口径9.7、腹最大径18.4、底径12.4、高16.0厘米（图三三三，6；图版一四五，3）。

C型　1件（97J30②：4）。球形腹。敞口，尖唇，束颈，平底微内凹。唇下饰一道旋纹，肩部和腹部各饰二道旋纹。外底可见叠烧印痕。釉呈紫褐色，泥质青灰胎，残。口径12.2、腹最大径16.2、底径9.9、高12.6厘米（图三三三，7；图版一四五，4）。

带流罐　1件（97J84①：14）。侈口，尖圆唇，鼓腹，最大径靠上，肩上有一流口，已残，肩部安六个半环形耳，其中四个横耳两个竖耳，平底微内凹。釉呈紫褐色，局部呈青褐色，有流釉现象。泥质青灰胎，残。口径9.8、腹最大径20.8、底径14.4、高16.4厘米（图三三三，8；图版

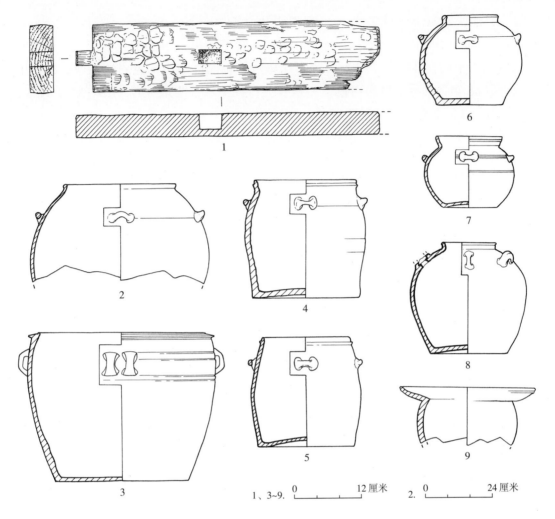

图三三三　两晋、南朝第二期水井出土的木构件和生活酱釉器
1. 木构件（97J33：22）　2. Ⅱ式酱釉四耳瓮（97J84①：26）　3. 酱釉甑（97J84①：9）　4. Aa型Ⅰ式酱釉四耳罐（95J17③：4）　5. Aa型Ⅰ式酱釉四耳罐（97J84①：8）　6. Ba型Ⅰ式酱釉四耳罐（95J17④：6）　7. C型酱釉四耳罐（97J30②：4）　8. 酱釉带流罐（97J84①：14）　9. B型酱釉釜（97J33：17）

一四六，1）。

　　釜　2件。属于B型。浅盘口，圆唇，束颈，鼓腹，下腹部已残。标本97J33：17，外口沿下饰一道旋纹。釉呈紫红色，夹砂黄褐胎。口径24.6、腹最大径18.2、残高10.5厘米（图三三三，9）。

　　甑　1件（97J84①：9）。敛口，平折沿，口沿内侧有一凸棱，尖唇，深弧腹，平底，底部近边沿残存一圆孔，上腹部安四组双竖耳。器外上腹部饰两组双旋纹。内外满釉，釉呈紫红色。泥质青灰胎，残。口径30.0、底径23.6、高26.5厘米（图三三三，3；图版一四五，5、6）。

　　（2）青釉器

　　泥质胎，呈青灰色或灰白色。内外满施釉，釉青泛绿，莹润有光泽，有细小开片，有少量釉呈青灰色，部分釉与胎结合不好，釉已脱落。器形有四耳罐、鸡首壶、虎子、钵、碗、碟、器盖和垫饼等，器表多饰旋纹。

四耳罐　5件。分属于 A 型 I 式、Ca 型 I 式和 D 型。

A 型 I 式　1件（95J17④：12）。直口，圆唇，唇下旋出一道凹槽，桶形腹，上腹略鼓，下腹部略向内敛收，平底。耳周饰 6~7 个褐色彩绘斑点，腹部饰四组褐色彩绘点纹，每组 12 个。器口有支垫痕，釉已全部脱落，呈灰白色，一耳残。口径 10.9、腹最大径 17.6、底径 12.8、高 18.2 厘米（图三三四，1；图版一四六，2）。

Ca 型 I 式　2件。侈口，平沿，束颈，上腹圆鼓，下腹敛收，平底，肩部两侧各安一对半环形竖耳。标本 95J17④：8，肩部饰二道旋纹，内、外底分别有 4 个、17 个支垫痕。稍残。口径 16.4、腹最大径 21.4、底径 11、高 15.5 厘米（图三三四，2；彩版二二，2）。

D 型　2件。直口，圆唇，圆鼓腹，平底。分属于 I 式和 II 式。

I 式　1件（95J17③：5）。最大径居中。肩部饰一道旋纹，下腹部有一条裂缝。口沿和外底均有支垫痕。青灰胎，完好。口径 10.0、腹最大径 17.8、底径 10.4、高 14.8 厘米（图三三四，3；图版一四六，3）。

II 式　1件（97J33：3）。腹部最大径靠上。口沿、肩部和耳部均饰有褐色彩绘斑点。外底有 4 个支垫痕。釉呈青灰色，完好。口径 9.1、腹最大径 14.2、底径 9.0、高 11.2 厘米（图三三四，4；彩版二二，3）。

鸡首壶　3件。属于 II 式。盘口，尖圆唇，短束颈，扁圆腹，平底。肩部有一鸡首形流嘴，对应一侧肩部和盘口之间安一执把，另外两侧各安一桥形横耳。标本 97J84①：6，肩部饰二道旋纹，外底部有 4 个支垫痕。釉色青翠，有细小开片，青灰胎，残。口径 5.8、腹最大径 10.7、底径 7.6、高 11.0 厘米（图三三四，5；彩版二二，4）。

虎子　1件（97J33：18）。虎形，头、尾部均残缺，作四肢伏地状，背部中间开一圆形口，器内中空。侧面和头部下各饰翅膀和胡须。残长 16、宽 8.0、残高 8.0 厘米（图版一四六，4）。

钵　1件（97J84①：15）。属于 C 型 I 式。侈口，圆唇，深弧腹，腹底部向内敛收呈小平底。内外满釉，内、外底均有支垫痕，残。口径 21.4、底径 14.5、高 13.8 厘米（图三三四，6；图版一四六，5）。

碗　20件。分属于 I 式和 II 式。

I 式　10件。直口微外侈，圆唇，浅弧腹，平底，内底呈圆形下凹。外口沿下饰深、宽旋纹。标本 97J44：2，器口和外腹近底部均有支垫痕。青灰胎，残。口径 11.2、底径 6.0、高 4.2 厘米（图三三四，7）。标本 97J33：8，外腹近底部有支垫痕。青灰胎，残。口径 14.0、底径 7.8、高 5.6 厘米（图三三四，8；图版一四六，6）。

II 式　10件。直口，尖圆唇，浅弧腹，宽饼足或矮圈足，内底呈圆形下凹。外口沿下饰较宽、深旋纹，内外满釉。标本 97J44：1，青灰胎，残。口径 18.0、底径 9.0、高 5.8 厘米（图三三四，9）。标本 97J84①：7，内、外底各有 5 个支垫痕。青灰胎，稍残。口径 16.7、底径 11.0、高 6.5 厘米（图三三四，10；图版一四七，1）。

碟　3件。属于 I 式。敞口，尖圆唇，浅弧腹，平底。标本 97J84①：10，釉已全部脱落，青灰胎，残。口径 10.6、底径 4.6、高 2.6 厘米（图三三四，11）。

器盖　3件。分属 B 型和 C 型。

B 型　1件（97J84①：23）。似一倒扣的碗，盖面隆起，盖顶面下凹，半环形纽。盖顶面饰二道旋纹，外顶面和内顶面分别有 5 个和 3 个支垫痕。青灰胎，残。口径 15.6、高 5.7 厘米（图三

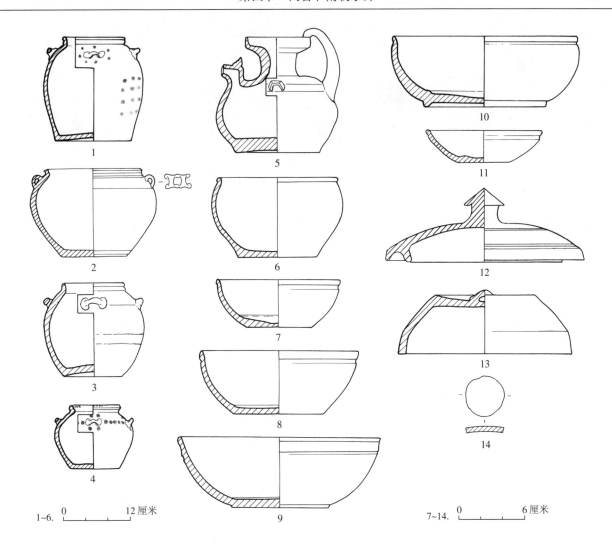

图三三四　两晋、南朝第二期水井出土的青釉器

1. A型I式四耳罐（95J17④：12）　2. Ca型I式四耳罐（95J17④：8）　3. D型I式四耳罐（95J17③：5）　4. D型II
式四耳罐（97J33：3）　5. II式鸡首壶（97J84①：6）　6. C型I式钵（97J84①：15）　7. I式（97J44：2）　8. I式
碗（97J33：8）　9. II式碗（97J44：1）　10. II式碗（97J84①：7）　11. I式碟（97J84①：10）　12. C型器盖（97J84①：
22）　13. B型器盖（97J84①：23）　14. 垫饼（97J33：4）

三四，13；图版一四七，2）。

C型　2件。子口内敛，盖面呈弧形向上隆起，顶部有一伞形纽。标本97J84①：22，盖面饰四道旋纹。青灰胎。最大径17.9、高6.5厘米（图三三四，12；图版一四七，3）。

垫饼　1件（97J33：4）。圆饼形，边沿呈不规则形，利用青釉器残片磨制而成。径3.6、厚0.5厘米（图三三四，14）

（3）铁器

铁钩　3件。均残，弯成钩状。标本95J17③：3，截面呈扁圆形，上下两端均残，锈蚀严重。残长14.4、宽3.7厘米（图三三五，1）。标本95J17④：13，截面呈扁圆形，上下两端均残，锈蚀严重。残长25.6、最宽4.4厘米（图三三五，2）。标本95J16③：3，扁条形，两端均残，其中一端裂成两半，锈蚀严重。残长21、宽1.6、厚0.8厘米（图版一四七，4）。

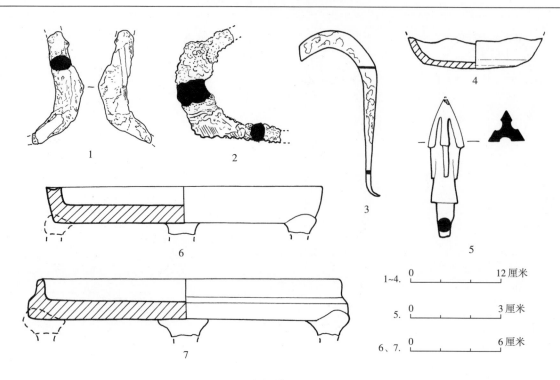

图三三五　两晋、南朝第二期水井出土的器物

1.铁钩（95J17③：3）　2.铁钩（95J17④：13）　3.铁镰刀（95J16③：2）　4.滑石盘（97J84①：19）　5.C型铜镞
（95J16①：1）　6.A型Ⅰ式青釉三足砚（97J33：16）　7.B型Ⅰ式青釉三足砚（97J33：15）

（4）滑石器

盘　1件（97J84①：19）。口部已残，弧腹，圜底。青灰色滑石打制而成。残口径17.8、残高3.8厘米（图三三五，4）。

3.工具和其他

铁镰刀　1件（95J16③：2）。弯成钩状，锋钝，柄向后细长，尾端向后弯。长27.2、宽2.3厘米（图三三五，3；图版一四七，5）。

铜镞　1件（95J16①：1）。属于C型。镞本截面呈三菱形，后部渐收，关截面呈圆形，铁铤。残长4.7、镞体长3.5厘米（图三三五，5；图版一四七，6）。

青釉三足砚　2件。分属于A型Ⅰ式和B型Ⅰ式。

A型Ⅰ式　1件（97J33：16）。敞口，口沿面有一道贮水凹槽，内底和外底平，外底边沿承接三足，已残。器内露胎，泥质青灰胎。口径18.8、残高3.2厘米（图三三五，6）。

B型Ⅰ式　1件（97J33：15）。子口，尖圆唇，内底和外底平，外底边沿承接三足，已残。器内露胎，局部呈火石红痕，泥质青灰胎。口径20.8、残高3.6厘米（图三三五，7）。

三　第三期水井

（一）水井的分布和结构

第三期水井共有3口，分别为97J34、97J42、97J78。根据井圈结构和用材的不同可分为土坑井和砖瓦合构井两类。

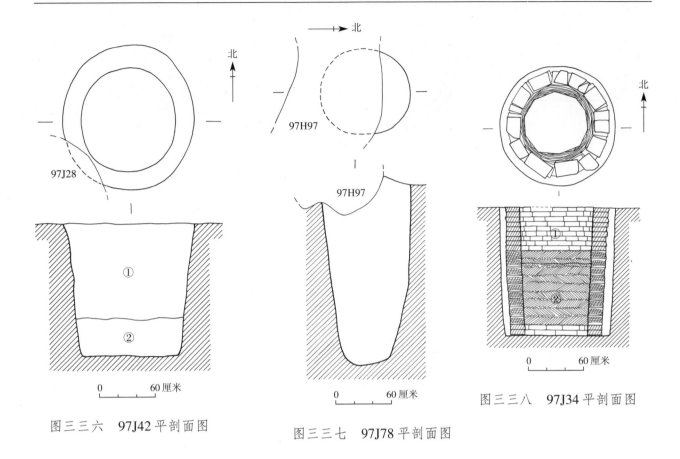

图三三六 97J42 平剖面图

图三三七 97J78 平剖面图

图三三八 97J34 平剖面图

1. 土坑井

2 口，分别为 97J42、97J78。

97J42 位于 97T38 西南部，开口于 97⑥a 层下，打破 97⑦层和 97F17，被 97J28 打破。井口和井底平面呈椭圆形，井壁斜直，平底。井口东西 1.42、南北 1.52 米，井底东西 1.02、南北 1.09、深 1.4 米。井内堆积可分两层，第①层为红褐土，土质较紧密，厚约 1.0 米，出土 I 式青釉碗 3 件，还有青釉和酱釉陶罐残片、动物骨等；第②层为木炭屑，厚约 0.4 米，无遗物（图三三六）。

97J78 位于 97T39 东部，开口于 97⑤b 层下，打破 97⑥b 层，南部被 97H97 打破。井口平面呈圆形，井壁斜弧内收，圜底。井口径 0.95、深 1.85 米（图三三七）。井内堆积为灰黑土，土质松软，出土 II 式青釉碗 1 件，还有少量酱釉陶罐残片等。

2. 砖、瓦合构井

1 口，编号 97J34。位于 97T13 东南角，开口于 97GC 下，打破生土层。井口和井底平面呈圆形，井壁斜直，平底。井坑口径 1.25、内径 0.80 米，井坑底径 1.12、内径 0.66、深 1.36 米。井口以下 0.45 米井圈壁用规格不一的残砖错缝平砌，残存砖 9 层；0.45 米以下至 1.26 米井圈壁用板瓦上下呈"人"字形相错叠砌，共 9 层；1.26 米以下至井底又用残砖错缝平砌 2 层。井内堆积可分两层，第①层为灰黑土，含细沙，土质松软，厚约 0.60 米，出土 A 型陶网坠 1 件，还有少量青釉碗和酱釉陶罐残片以及布纹瓦片等；第②层为黄褐土，夹杂有少量的贝壳，厚约 0.76 米，内含遗物较少（图三三八；图版一四八，1）。

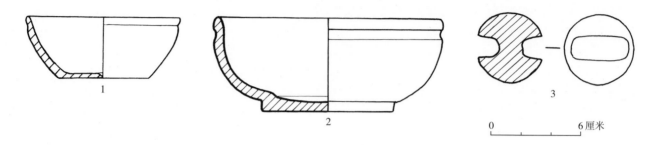

图三三九　两晋、南朝第三期水井出土的青釉碗和陶网坠
1. Ⅰ式青釉碗（97J42①：3）　2. Ⅱ式青釉碗（97J78：1）　3. A型陶网坠（97J34①：1）

（二）遗物

出土的遗物较少，按不同的用途可分为建筑材料、生活器具和其他。

1. 建筑材料

建筑材料主要是97J34井圈壁的砖、瓦，但由于井要原地保护展示，井圈用砖、瓦规格不详。此外，这些井内出土的建筑材料极少，其中板瓦14件、筒瓦11件，均未能复原，泥质陶，多呈青灰色，少量呈灰白色，表面光素，里面饰布纹。

2. 生活器具

出土的生活器具较少，主要有青釉器和酱釉器残片，可知器形有四耳罐、碗等，但绝大多数为腹部残片，未能复原。青釉器的胎多呈青灰色或灰白色，极少量呈灰黄色，内外均施青釉，釉质莹润有光泽，釉面有细小的开片，多呈青绿色，少量呈青黄色，有部分釉已脱落，呈灰白色。酱釉器主要是泥质胎，呈青灰色或灰白色，有少量呈黄褐色，内外均施釉，无光泽，釉层薄，釉色多样，有呈紫褐色，也有呈紫红色、紫黑色，少量呈青褐色。器表多饰旋纹。

青釉碗　4件。分属于Ⅰ式和Ⅱ式。

Ⅰ式　3件。侈口，圆唇，浅弧腹，平底，内底呈圆形下凹。外口沿下饰宽、深旋纹，内外满釉。标本97J42①：3，口沿和外腹近底部有支垫痕。口径10.2、底径6.0、高4.0厘米（图三三九，1）。

Ⅱ式　1件（97J78：1）。直口微外侈，圆唇，浅弧腹，宽饼足，内底呈圆形下凹。外口沿下饰宽、深旋纹，内外满釉。内、外底均有支垫痕。釉受水土侵蚀而呈灰白色，青灰胎，残。口径14.8、足径8.6、高6.4厘米（图三三九，2）。

3. 其他

陶网坠　1件（97J34①：1）。属于A型。近圆形，表面压出一周凹槽。泥质灰褐陶，完好。径4.6厘米（图三三九，3）。

四　第四期水井

（一）水井的分布和结构

4口，分别为97J36、97J40、97J70、97J77。根据井的结构和井圈用材的不同可分为土坑井和砖井两类。

1. 土坑井

1口,编号97J40。位于97T39中部,开口于97⑤b层下,打破97⑥b层。井口和井底平面呈圆形,直壁,平底,井底用碎砖平铺。井口径0.74、深2.0米。井内堆积可分两层,第①层为五花土,土质紧密,厚约1.8米,出土Ba型Ⅲ式酱釉四耳罐2件、B型Ⅲ式青釉四耳罐1件、Ⅴ式青釉碗2件,还有少量动物骨和布纹瓦片等,这一层应是水井的废弃堆积;第②层为灰黑色淤土,夹有红烧土颗粒,厚0.2米,内含有少量的贝壳和动物骨等,该层应是水井使用过程中形成的堆积(图三四〇)。

2. 砖井

3口,分别为97J36、97J70、97J77。均是先挖好竖穴土坑,再用长方砖砌筑井圈,井圈砌筑的方法各不相同。分别介绍如下:

97J36　位于97T19东南部,开口于97①层下,打破97F1和97⑥b层。井坑口平面呈圆形,井圈内口平面呈七角形,直壁,平底。井坑口径1.52、内径0.9、深1.6米。井圈最上层用7块长方砖横立面切角对接,两砖切角处间以两块长方砖侧立分隔,对角砖后也用长方砖侧立呈放射状砌筑。往下第二层用长方砖错缝平砌3层,再往下如上一侧一平相错砌筑。1.25米往下至井底则用砖错缝平砌6层,高0.35米。井圈用砖呈青灰色,整砖规格为33×17×5厘米。井内堆积分两层,第①层为灰黑土,土质较黏,厚约1.3米,出土Aa型Ⅱ式酱釉四耳罐2件、Ac型酱釉四耳罐1件、Ba型Ⅲ式酱釉四耳罐1件、可复原筒瓦1件,还有一些碎砖块和瓦片等,这一层应是水井废弃后形成的堆积;第②层为灰沙土,土质松软,厚0.3米,内含有动物骨和布纹瓦片等,应

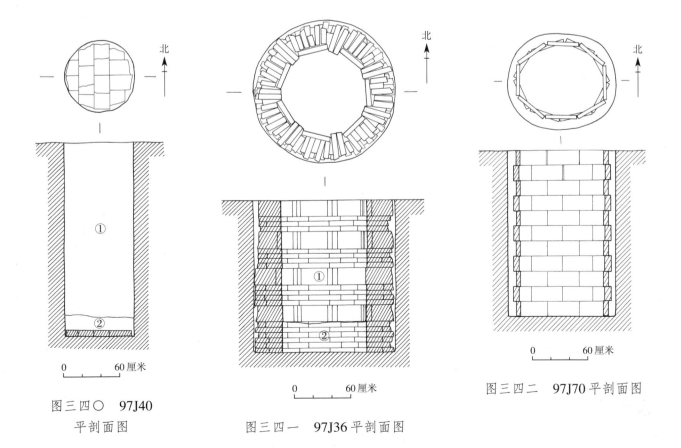

图三四〇　97J40
平剖面图

图三四一　97J36平剖面图

图三四二　97J70平剖面图

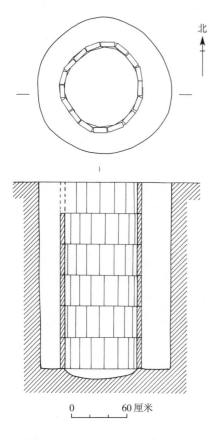

图三四三　97J77平剖面图

是水井使用过程中形成的堆积（图三四一）。

97J70　位于97T34西部，开口于97⑤b层下，打破97⑥b层。井坑口平面呈椭圆形，井圈内口平面呈八角形，直壁，平底。井坑口东西1.18、南北1.02米，内径东西0.9、南北0.72、深1.76米。井圈每层用8块长方砖侧立切角砌就，残存11层（图三四二；彩版二一，3）。井圈用砖呈红色或灰色，砖面饰网格纹或莲花纹，砖的规格为：长32~35.3、宽15.5~17、厚3.3~4.2厘米。井内为红黄色花土堆积，土质紧密，出土Ⅱ式酱釉四耳瓮1件、Ba型Ⅲ式酱釉四耳罐1件，还有莲花纹和网格纹长方砖以及布纹瓦片等。

97J77　位于97T46北部，开口于97⑤b层下，打破97⑥b层。井口平面近呈圆形，直壁。井坑口东西1.42、南北1.45米，井口内径东西0.78、南北0.85、深2.1米。井圈每层用17块长方砖竖立切角对接砌筑，残存6层。井底中部呈弧形凹下，比周边深下0.12米（图三四三；图版一四八，2）。井圈用砖呈浅黄色，素面，规格为长32~33、宽14.5~16、厚4.5~5.0厘米。井内为灰褐土堆积，土质松软，遗物丰富，出土Aa型Ⅱ式酱釉四耳罐5件、Ab型Ⅱ式酱釉四耳罐2件、Ba型Ⅲ式酱釉四耳罐1件、Ⅱ式酱釉六耳罐1件、酱釉盆1件、A型Ⅲ式青釉四耳罐4件、Ca型Ⅱ式青釉四耳罐1件、青釉六耳罐1件、Ⅰ式青釉碗1件、Ⅲ式青釉碗7件、A型Ⅱ式青釉盘1件、A型Ⅲ式莲花纹瓦当1件，还有少量布纹瓦片等。

（二）遗物

有建筑材料和生活器具两大类。

1. 建筑材料

有砖、板瓦、筒瓦和瓦当。

（1）砖

均为长方砖，多呈浅黄色或红色，少量呈浅灰色，陶质较粗松，大多素面，部分上、下两面模印网格纹，或一面模印网格纹，另一面模印莲花纹。标本97J70：4，上、下两面模印网格纹。红陶，稍残。长35.3、宽17.0、厚4.2厘米（图三四四，1；图版一四九，1）。标本97J70：5，上、下两面模印网格纹。灰陶，稍残。长32.0、宽16.0、厚4.2厘米（图三四四，2；图版一四九，2）。标本97J70：1，一面模印两朵盛开的莲花，外有两朵含苞欲放的小莲花，莲花间以竖线分隔，另一面模印网格纹。红陶。残长23.5、宽15.5、厚3.3厘米（图三四四，3；图版一四九，3）。

（2）瓦

板瓦44件，筒瓦58件，绝大多数为碎块，未能复原。多为泥质灰陶或灰白陶，少量为灰黄色陶。泥条盘筑，两侧有切割痕。表面光素，里面饰布纹。标本97J36：6，筒瓦，灰陶，完好。长41.4、径16.0~16.8、厚2.0、唇长5.2厘米（图三四五，1；图版一四九，5）。

（3）瓦当

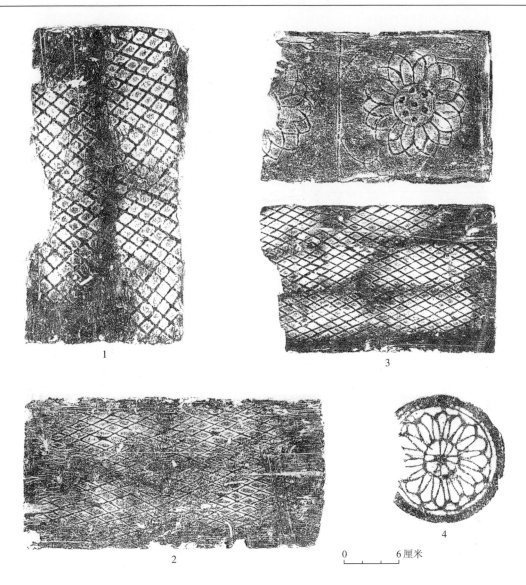

图三四四　两晋、南朝第四期水井出土的砖纹和瓦当拓本

1. 网格纹长方砖（97J70：4）　2. 网格纹长方砖（97J70：5）　3. 莲花纹、网格纹长方砖（97J70：1）　4. A
型Ⅲ式莲花纹瓦当（97J77：26）

　　1件（97J77：26）。莲花纹瓦当，属于 A 型Ⅲ式。当心莲房以圆周表示，内饰线条表示的四
叶纹，当面以线条表示重瓣莲瓣纹，外绕一周弦纹，边轮较宽，高与当面纹饰平。灰陶，残。当
径13.5、厚1.0、边轮宽1.0厘米（图三四四，4；图版一四九，4）。

　　2. 生活器具

　　有酱釉器和青釉器。

　　（1）酱釉器

　　胎呈青灰色、浅灰色或灰白色。内外施酱釉，釉呈紫红色或紫褐色，局部呈青褐色或橘黄色，
多有流釉现象。器形有四耳瓮、六耳罐、四耳罐和盆等。

　　四耳瓮　1件（97J70：2）。属于Ⅱ式。直口，平折沿，尖唇，溜肩，长圆腹，下腹部以下已
残。肩部安四个半环形横耳，耳系处饰一道旋纹，内腹壁有轮旋痕。器内、外施紫红色釉，浅灰

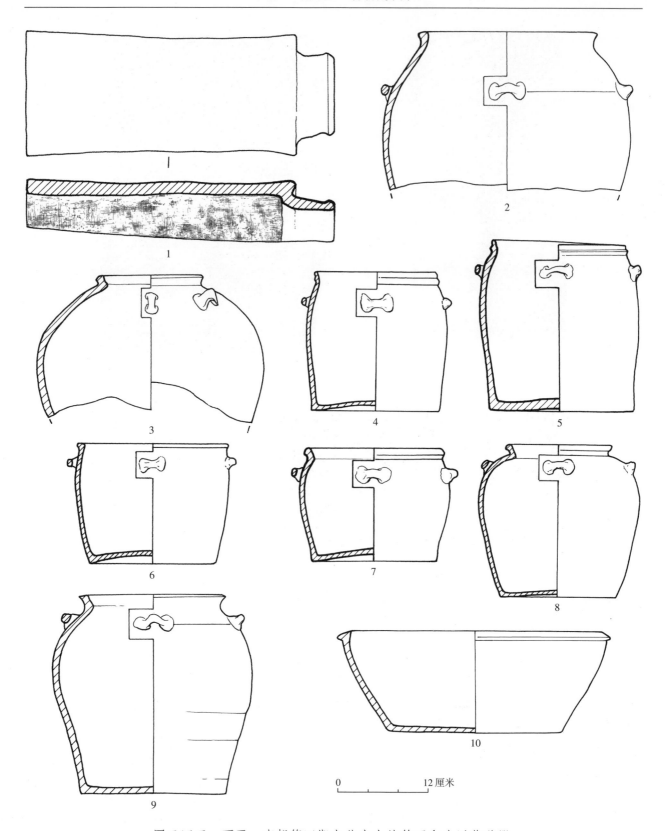

图三四五　两晋、南朝第四期水井出土的筒瓦和生活酱釉器

1. 筒瓦（97J36：6） 2. Ⅱ式酱釉四耳瓮（97J70：2） 3. Ⅱ式酱釉六耳罐（97J77：23） 4. Aa型Ⅱ式酱釉四耳罐（97J77：3） 5. Aa型Ⅱ式酱釉四耳罐（97J36：2） 6. Ab型Ⅱ式酱釉四耳罐（97J77：8） 7. Ac型酱釉四耳罐（97J36：1） 8. Ba型Ⅲ式酱釉四耳罐（97J77：4） 9. Ba型Ⅲ式酱釉四耳罐（97J36：5） 10. 酱釉盆（97J77：25）

胎。口径24、腹最大径32.8、残高21.2厘米（图三四五，2）。

六耳罐　1件（97J77：23）。属于Ⅱ式。盘形小口，圆唇，唇下旋出一道凸棱，束颈，圆肩，鼓腹，下腹部已残。肩部安四个对称的半环形横耳和两个对称的半环形竖耳。器内、外施紫褐色釉，局部呈橘黄色，青灰胎。口径15.2、腹最大径30.8、残高20.2厘米（图三四五，3）。

四耳罐　15件。分属于Aa型Ⅱ式、Ab型Ⅱ式、Ac型和Ba型Ⅲ式。

Aa型Ⅱ式　7件。直口，圆唇，唇下旋出一道凸棱，桶形腹，腹壁近直，平底或平底微内凹。标本97J77：3，釉呈紫红色，局部呈褐色。完好。口径15.8、腹最大径18.1、底径16.8、高18.4厘米（图三四五，4；图版一五〇，1）。标本97J36：2，器口变形，釉呈紫红色，局部呈青褐色，有流釉现象。青灰胎，稍残。口径18.2、腹最大径20.9、底径19.4、高22.4厘米（图三四五，5）。

Ab型Ⅱ式　2件。直口内敛，平沿，桶形直腹，平底。标本97J77：8，口沿上和外底均有支垫痕，内、外腹壁有轮旋痕。釉呈紫褐色。完好。口径19.8、底径17.4、高16.2厘米（图三四五，6；图版一五〇，2）。

Ac型　1件（97J36：1）。侈口，方唇，短颈，桶形腹，上腹略鼓，平底内凹。釉呈紫褐色，局部呈青褐色，肩部釉发白，口沿有9个支垫痕。完好。口径18.4、腹最大径20.8、底径17.2、高15.0厘米（图三四五，7；彩版二二，5）。

Ba型Ⅲ式　5件。侈口，平沿，长圆腹，腹部最大径靠上，下腹部敛收明显，器形变高，平底或平底微内凹。标本97J77：4，口沿和外底有支垫痕，釉呈紫褐色。完好。口径13.5、腹最大径20.9、底径15.2、高20.5厘米（图三四五，8；图版一五〇，3）。标本97J36：5，肩部饰一道旋纹，釉呈黑褐色，青灰胎，残。口径19.6、腹最大径27.0、底径20.0、高26.6厘米（图三四五，9）。标本97J40：4，釉呈紫褐色。稍残。口径13.8、腹最大径22.0、底径15.4、高23.0厘米（图版一五〇，4）。

盆　1件（97J77：25）。直口微内敛，平折沿，方唇，斜弧腹，平底。内、外施紫红色釉，青灰胎，残。口径37、底径23.0、高13.2厘米（图三四五，10）。

（2）青釉器

数量较多，胎呈青灰色或浅灰色，胎质较粗。内外施青釉，釉多呈青绿色、少量泛黄褐色。器形有四耳罐、六耳罐、盘、碗等。

四耳罐　6件。分属于A型Ⅲ式、B型Ⅲ式、Ca型Ⅱ式。

A型Ⅲ式　4件。直口，圆唇，桶形腹，上腹外鼓，下腹部向内敛收明显，平底内凹。标本97J77：2，肩部饰一道旋纹，外底有支垫痕。内外满釉，完好。口径12.5、腹最大径18.1、底径15.8、高18.6厘米（图三四六，1；彩版二二，6）。

B型Ⅲ式　1件（97J40：5）。直口，圆唇，圆肩，上腹外鼓，下腹向内敛收，平底。肩部饰一道旋纹，外腹施釉不到底，完好。口径6.7、腹最大径10.2、底径4.8、高7.9厘米（图三四六，2；图版一五〇，5）。

Ca型Ⅱ式　1件（97J77：17）。侈口，圆唇，束颈，上腹圆鼓，下腹敛收，平底微内凹，肩部安四个对称分布的半环形横耳。肩部饰二道旋纹，釉已全部脱落，青灰胎，残。口径15.0、腹最大径18.5、底径12.6、高13.4厘米（图三四六，3；图版一五〇，6）。

六耳罐　1件（97J77：16）。直口，圆唇，桶形腹，上腹略鼓，下腹向内敛收，平底微内凹，器形瘦高。肩部安四个半环形横耳和两个半环形竖耳，安耳处饰二道旋纹。外底露胎，口沿和外

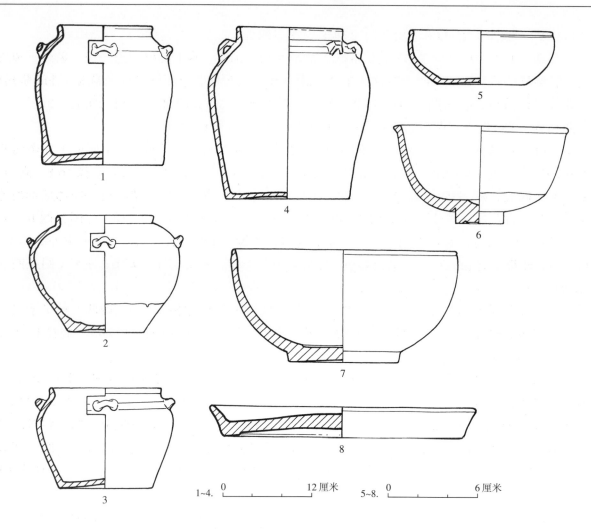

图三四六　两晋、南朝第四期水井出土的青釉器
1. A 型Ⅲ式四耳罐（97J77：2）　2. B 型Ⅲ式四耳罐（97J40：5）　3. Ca 型Ⅱ式四耳罐（97J77：17）　4. 六耳罐（97J77：16）
5. Ⅰ式碗（97J77：14）　6. Ⅴ式碗（97J40：2）　7. Ⅲ式碗（97J77：13）　8. A 型Ⅱ式盘（97J77：19）

底各有 7 个支垫痕，青灰胎，残。口径 14.5、腹最大径 21.6、底径 16.8、高 22.8 厘米（图三四六，4；图版一五一，1）。

　　盘　1 件（97J77：19）。属于 A 型Ⅱ式。敞口，尖圆唇，斜直腹，内底向上隆起，底内凹。内外满施釉，釉青泛黄褐色，外底有 6 个支垫痕。口径 17.6、底径 16.0、高 2.2 厘米（图三四六，8；图版一五一，2）。

　　碗　10 件。分属于Ⅰ式、Ⅲ式和Ⅴ式。

　　Ⅰ式　1 件（97J77：14）。直口，圆唇，浅弧腹，平底。外口沿下饰一道宽、深旋纹，内外满釉。口沿和外底各有 5 个和 3 个支垫痕。完好。口径 9.6、底径 5.9、高 3.6 厘米（图三四六，5；图版一五一，3）。

　　Ⅲ式　7 件。直口，尖圆唇，深弧腹，宽饼足，内底呈圆形下凹。外口沿下饰细、浅旋纹，内外满釉。标本 97J77：13，青灰胎，残。口径 15.3、足径 7.6、高 7.8 厘米（图三四六，7；图版一五一，4）。

V式 2件。直口,深弧腹,小饼足较高,足底近外沿旋刮下凹一周。外口沿下饰一道细旋纹或素面。器内满施青釉,器外施釉不到底。标本97J40:2,外口沿下饰一道旋纹,内底心下凹,足腹相接处饰一周凹弦纹。灰色胎。口径12.2、足径3.4、高6.3厘米(图三四六,6)。

五 小结

(一)各期的年代

第一期水井内没有出土有确切纪年的遗物。但出土的遗物具有明显的时代特征,如:Aa型I式酱釉四耳罐与广州市西湖路三国钱币窖藏遗址出土的Ca型四耳罐的造型一致[①],但这里出土的四耳罐内外施酱釉,前者是后者的继承和发展;出土的I式青釉碗与广州市下塘狮带岗墓出土的II式青瓷碗相同[②]。因此,第一期水井的使用年代应西晋至东晋早期。

第二期水井也没有出土有确切纪年的遗物。出土的遗物也具有明显的时代特征,如:II式青釉鸡首壶、I式青釉碗、II式青釉碗、C型青釉器盖在广州市下塘狮带岗东晋墓中也有出土;出土的A型I式青釉四耳罐、Ca型I式青釉四耳罐、D型II式青釉四耳罐、A型I式青釉钵、B型青釉器盖、A型I式青釉三足砚和B型I式青釉三足砚等在广东始兴东晋墓[③]、广东和平县东晋墓[④]常有出土。因此,第二期水井的使用年代为东晋时期。

第三期水井出土的遗物极少,根据水井的开口层位和出土的遗物推断其使用年代约在东晋晚期至南朝早期。

第四期水井出土的遗物较多,出土的罐、碗等器形与两晋时期的同类器相比有明显的变化。器形越来越瘦高,罐类的最大径向上移,多呈耸肩状;碗类也逐渐变瘦高,足底部也从过去的平底或宽饼足演变成小饼足,外口沿下的凹旋纹越来越细小,甚至消失。这些都与广东地区南朝时期墓葬出土的同类器的特征是一致的,如:出土的A型III式青釉四耳罐、III式青釉碗、V式青釉碗、A型II式青釉盘等,在广东肇庆牛岗南朝墓[⑤]、广州市淘金东路中星小学南朝墓[⑥]、广东和平县南朝墓[⑦]中也有出土。由此可知,第四期水井的使用年代为南朝时期。

(二)小结

第一期和第二期的水井只有土坑井和竹篾圈井两种类型,水井结构简陋。第三期水井仍以土坑井为主,但已开始出现用砖、瓦合砌的水井。第四期的水井以砖井为主,部分水井的井圈结砌讲究又结实,造井技术有了明显的提高。

第二期、第三期有部分水井出土有陶风管和木炭屑以及较多的铁矿石等,说明这些水井很可能是与冶炼有关的取水井,结合在水井附近发现有与冶炼有关的遗迹和遗物,推测当时这里有冶炼作坊。

① 广州市文物考古研究所:《广州市西湖路三国钱币窖藏和唐代铸币遗址》,《羊城考古发现与研究》(一),第117页,文物出版社,2005年。
② 广州市文物管理委员会:《广州市下塘狮带岗晋墓发掘简报》,《考古》1996年第1期。
③ 广东省博物馆:《广东始兴晋—唐墓发掘报告》,《考古学集刊》第2集,第117~119页,中国社会科学出版社,1982年。
④ 广东省文物考古研究所、和平县博物馆:《广东和平县晋至五代墓葬的清理》,《考古》2000年第6期。
⑤ 广东省文物考古研究所、肇庆市文化局、肇庆市博物馆等:《广东肇庆、四会市六朝墓葬发掘简报》,《考古》1999年第7期。
⑥ 广州市文物考古研究所:《广州市淘金东路中星小学南朝墓发掘报告》,《羊城考古发现与研究》(一),第137页,文物出版社,2005年。
⑦ 广东省文物考古研究所、和平县博物馆:《广东和平县晋至五代墓葬的清理》,《考古》2000年第6期。

第五节　唐、南汉水井

一　第一期水井

（一）水井的分布和结构

这一期水井共有 12 口，分别为 95J7、95J8、95J11、95J12、97J19、97J26、97J51、97J62、97J66、97J67、97J68、97J86。根据井圈结构和用材不同，可分为土坑井、砖井、木筒井、竹篾圈井以及特殊结构井五类。

1. 土坑井

井口和井底平面呈圆形或椭圆形，井壁垂直或斜直，平底，少部分井底铺砖。这一类水井有 95J12、97J51、97J67 和 97J68。举例介绍如下：

95J12　位于 95T10 中部，开口于 95 ①层下，打破生土。口大底小，井口以下 0.8 米井壁垂直，0.8 米以下井壁斜直内收，井底铺青灰素面长方碎砖。井口径 0.96、底径 0.52、残深 1.58 米。井内堆积可分两层，第①层为红褐土，土质较黏，厚 0.62 米，夹杂少量的贝壳和炭屑，出土 C 型 II 式黑陶六耳罐 1 件、I 式黑陶执壶 1 件、II 式黑陶执壶 2 件、B 型黑陶釜 1 件、陶盆 1 件、A 型青釉盆 1 件、C 型青釉盏 1 件、A 型陶网坠 1 件，还有可复原板瓦 1 件、南朝莲花纹瓦当 1 件等；第②层为褐色沙土，厚 0.96 米，出土 A 型黑陶四耳罐 1 件、C 型 I 式黑陶六耳罐 1 件、C 型 II 式黑陶六耳罐 1 件、I 式黑陶执壶 1 件、B 型 I 式青釉碗 1 件，还有木桶提梁 1 件（图三四七；图版一五二，1）。

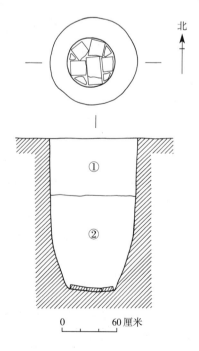

图三四七　95J12平剖面图

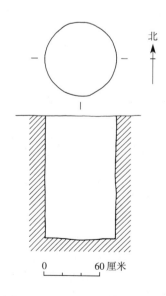

图三四八　97J67平剖面图

97J67 位于97T30北部，开口于97⑤b层下，打破97⑥a层。直壁，平底。井口径0.78、残深1.3米（图三四八）。井内为灰土堆积，土质松软，遗物极少，只有少量的黑陶和青釉陶瓷器残片以及布纹瓦片等。

2. 砖井

5口，分别是95J7、95J8、97J19、97J66、97J86。均是先挖一个圆形竖穴井坑，然后再用长方砖砌筑井圈。井圈砌筑方法各不相同，分别介绍如下：

95J7 位于95T9西北角，开口于95①层下，打破95G2至生土，井的北部被现代建筑桩孔打破。井口以下至近底部井圈用砖一层侧立一层平砌相间砌筑而成，最底部平砌砖5~8层，井东壁因受扰动而向井内倾倒。井坑口东西2.42、南北残宽1.64米，井口内径东西0.82、南北0.93、残深1.1米。井底中心呈弧形凹下，比四周低0.16米，底面平，呈圆形，径0.42米。井圈与井坑壁之间的空隙用碎砖瓦块和灰黑色土填实（图三四九；图版一五二，2）。井内为灰褐色土堆积，土质松软，出土A型Ⅰ式和B型"开元通宝"铜钱各1枚，另有2枚铜钱残损严重无法辨识，此外还有黑陶和青釉陶瓷片以及散落井内的碎砖、瓦片等。

95J8 位于95T6西部，开口于95①层下，打破97PC和生土。井圈自上往下第一层用砖侧立竖砌，第二层用砖平砌，第三层又改为侧立竖砌，如是每层相间砌筑，井底用砖呈"人"字形铺就。井坑径1.40、井口内径0.92、残深1.98米（图三五○；图版一五二，3）。井内为灰褐色土堆积，夹沙，出土青釉六耳罐2件、B型青釉纺轮1件、可复原板瓦和筒瓦各2件、东汉陶碗1件，还有大量的黑陶和青釉陶瓷残片以及碎砖瓦片等。

97J66 位于97T46北部，开口于97⑤a层下，打破97⑤b层。井圈每一层用7~8块砖侧立切角对接，切角处间以1~4块砖侧立分隔，井底用残砖平铺，井圈外用碎砖瓦块和灰土填实。井坑口东西1.32、南北1.26米，井口内径0.62、残深1.6米（图三五一）。井内为青灰色土，土质松软，遗物极少，仅出土少量的黑陶罐残片和布纹瓦片等。

97J86 位于97T41南部，向南进入97T42内，开口于97①层下，打破97⑤b层，被97H69打破。井口以下1.77米砖砌井圈北壁已塌落，1.77米往下残存砖砌井圈呈八角形，井圈是一层用8块长方砖侧立切角对接，切角处以2~3块砖侧立分隔，下一层平砌砖三层，上下如是相间砌筑而成。井底中心呈弧形凹下，比四周低0.32米（图三五二；图版一五三，1）。井坑口东西1.67、南北1.7米，井口内径1.0、残深4.22米。井砖呈青灰色，素面，规格为长29~32、宽16、厚3~3.5厘米。井内为红褐色土堆积，夹杂有红烧土颗粒，土质松软，内有大量散落的井砖和少量灰陶布纹瓦片以及黑陶罐残片等。

97J19 位于97T17中部，开口于97①层下，打破97⑥b层。井圈上、下不同部分的砌法和用砖均不相同，井口以下1.0米南壁用较薄的青灰长方砖一层侧立竖砌，一层平铺相间砌筑而成；井口以下1.12米北壁和1米以下至1.6米南壁用较厚重的青灰碎砖错缝叠砌；北壁1.12米以下和南壁1.6米以下至底是一层侧立一丁二顺竖砌，一层平铺相间砌筑而成，井底用砖呈"人"字形平铺。井坑口径2.5米，井口以下2.02米内径1.6米，2.02米以下内径收窄为1.53米，残深2.6米（图三五三；图版一五三，2）。井内为灰色淤泥堆积，出土C型陶釜1件、A型酱釉六耳罐1件、C型Ⅰ式青釉碗1件、C型Ⅴ式青釉碗1件、A型Ⅰ式"开元通宝"铜钱1枚、莲花纹瓦当1件、水晶石料1件，还有可复原板瓦4件、筒瓦2件、长方砖1件、长方楔形砖1件和散落井内的砖块等。

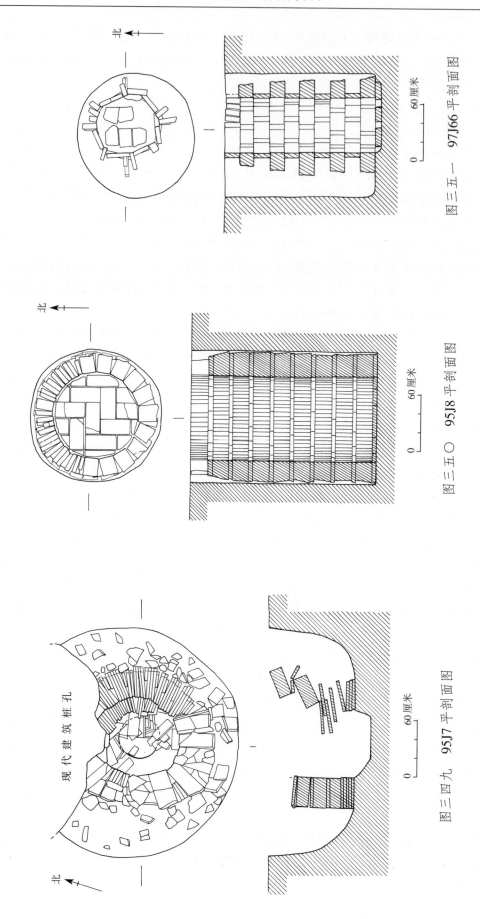

图三五一　97J66 平剖面图

图三五〇　95J8 平剖面图

图三四九　95J7 平剖面图

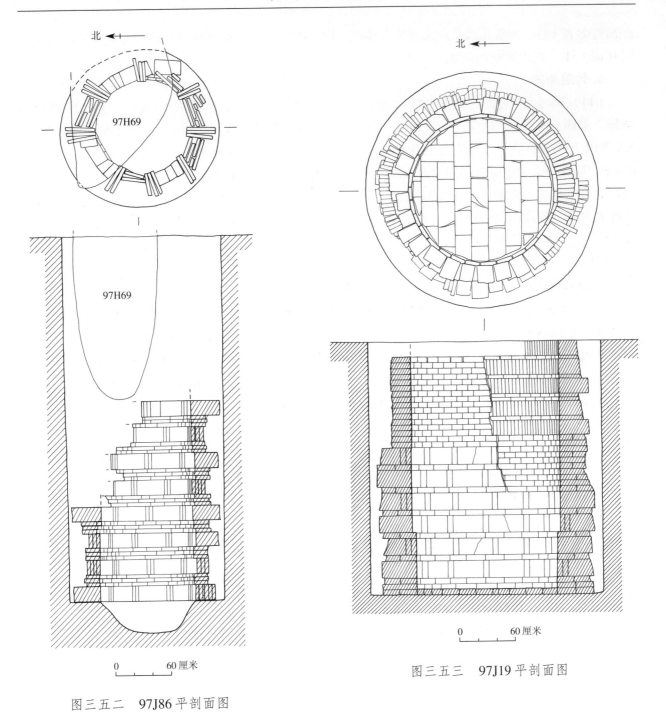

图三五二　97J86平剖面图

图三五三　97J19平剖面图

3. 木筒井

1口，编号为95J11。位于95T12中部，开口于95①层下，打破95③层至南越宫苑蕃池池壁石板面。井圈用2块刨凿成半圆形木槽对接成木筒状，木槽大小不一，接口处错位，壁厚0.08米。井口以下0.5米往下，在木槽接口处东西向横置一块木板将井分隔成南北两部分，木板宽75、高92、厚4厘米。井坑口东西1.03、南北1.0米，井口内径东西0.66~0.75、南北0.69、残深1.42米（图三五四；图版一五三，3）。井内为灰褐色土堆积，土质较黏，出土A型Ⅱ式黑陶六耳罐5件、A型酱釉六耳罐1件、B型酱釉六耳罐1件、Ⅰ式青釉四耳罐1件、青釉带流罐2件、Ⅰ式和Ⅱ式青釉灯盏各 1 件、A 型 II 式 "开元通宝" 铜钱 1 枚、铁刀 1 件，还有青釉玉璧足碗底 2 件和东汉陶四耳罐 1 件、晋代青釉四耳罐 1 件等。

4. 竹篾圈井

1 口，编号为 97J26。位于 97T17 北部，开口于 97①层下，打破 97⑥b 层。井口平面呈椭圆形，东西 1.3、南北 1.08、残深 2.66 米。井口以下 1.5 米井壁呈弧状内收，1.5 米处井径 0.7 米。1.5 米以下井壁斜直，并留有竹篾圈印痕，篾圈用竹片呈纵、横编织而成。井底平面呈圆形，径 0.6 米，底面平，也铺有用竹片编织的竹篾，已炭化 (图三五五；图版一五四，1)。井内堆积可分两层，第①层为红黄色土，土质较紧密，厚 1.56 米，内含大量食后弃置的贝壳和青釉器残片以及布纹瓦片等；第②层为灰土，土质疏松，厚 1.1 米，内含较多已炭化的竹片，出土 C 型黑陶四耳罐 1 件、B 型 III 式黑陶六耳罐 1 件、C 型 II 式黑陶六耳罐 1 件、B 型黑陶釜 1 件、A 型青釉盆 2 件、B 型陶网坠 1 件、木桶底板 1 件。

5. 特殊结构井

1 口，编号为 97J62。位于 97T21 西北角，开口于 97F2 垫土层下，打破 97⑥b 层。井口以下 1.74 米的井圈西南壁已塌陷，其余部分自上而下的结构有所不同，较为特殊。井口以下 0.54 井圈用长方砖侧立切角对接，两砖切角处以一块长方形砖侧立分隔，残存砖三层；0.54 米至 0.98 米垒砌一节陶圈，壁厚 0.05、高 0.44 米；0.98 米往下至 1.3 米又改为用长方砖和陶圈混砌；1.3 米以下至井底垒砌陶圈 5 节，其中下面 4 节完好。每节陶圈内径 0.84、壁厚 0.05、高 0.44 米，中部有 4

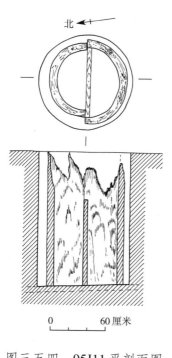

图三五四　　95J11 平剖面图

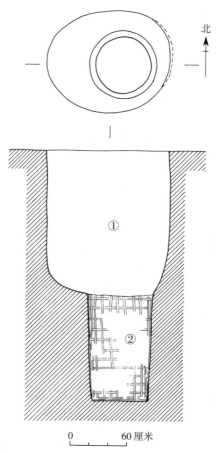

图三五五　　97J26 平剖面图

个对称的圆孔，孔径0.06米，圆孔外置瓦片以阻隔井外泥沙流入井内，井底用碎砖平铺。井坑口东西1.3、南北1.25米，坑底径1.12、残深3.52米（图三五六；图版一五四，2、3）。陶圈内壁饰突点纹，外壁饰绳纹。井内堆积可分两层，第①层为灰褐土，土质较黏，厚约3.0米，内含有青瓷片和布纹瓦片等；第②层为灰沙土，土质松软，厚约0.52米，遗物丰富，出土A型Ⅱ式黑陶六耳罐1件、A型酱釉六耳罐3件、A型青釉双耳罐1件、Ⅰ式青釉四耳罐4件、文字长方砖1件、"如"字陶片1件、南朝青釉碗1件，还有黑陶、酱釉和青釉陶罐残片以及碎砖瓦块等。

井圈最底部的四节陶圈与遗址发现的汉代陶井圈相同，该井可能最早建于汉代，而后一直沿用。从井圈结构变化和井内出土的器物判断，该井经过三次的修缮，一直沿用到唐代才废弃。

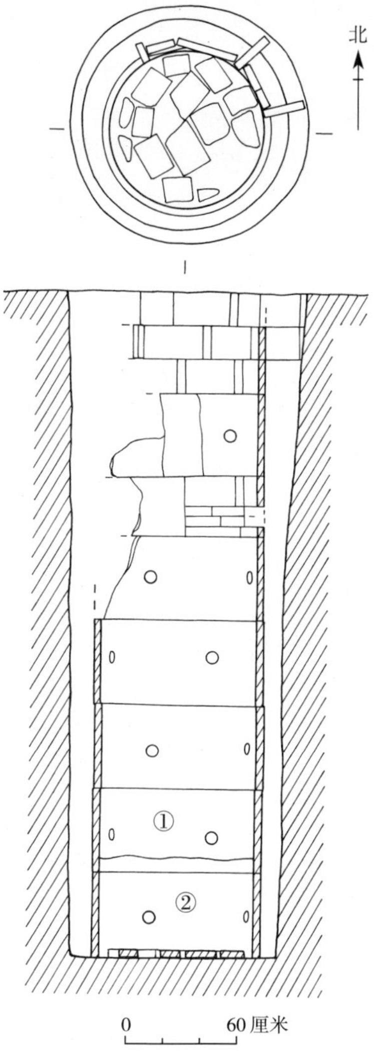

（二）遗物

有建筑材料、生活器具、钱币和其他。

1. 建筑材料

有砖、板瓦、筒瓦和瓦当。

（1）砖

由于保护的需要，这些井大都未拆除，井砖的规格未能统计。散落井内的砖绝大多数为长方砖，少量为长方楔形砖。泥质青灰陶或灰白陶，表面多呈深灰色，素面。标本97J19：13，青灰陶。长32.2、宽15.2~16、厚3.5厘米（图版一五五，1）。标本97J19：15，长方楔形砖，青灰陶。长19~20.5、宽12、厚3.0~4.1厘米（图版一五五，2）。标本97J62②：12，表面划写有"土小化比地"文字，青灰陶。长28、宽13.7、厚3.3厘米（图三五七，1）。

（2）板瓦

396件，绝大多数为碎块，仅8件可复原。泥片筑成，一头大一头小，两侧有由内向外切割痕。表面多素面，少量表面饰细小、疏落绳纹，里面饰布纹。泥质青灰陶，少量呈灰褐色或红色。标本97J19：17，青灰陶，残。长32.5、复原宽20~24.3、厚1.5厘米（图版一五五，3）。标本97J19：12，表面饰细小、疏落绳纹，里面饰布纹。青灰陶。残长15.8、宽26.2、厚1.2厘米（图三五七，2；图版一五五，4）。标本95J8：6，青灰陶，稍残。长35.5、宽23.3~27、厚2.0厘米。

（3）筒瓦

51件，绝大多数为碎块，仅4件可复原。泥片筑成，近瓦唇一头小，另一头大，瓦唇平直，两侧有由内向外切割痕。表面光素，里面饰布纹。泥质青灰陶或灰白陶，表面多呈深灰色，少量呈灰褐色或红色。标本97J19：3，青灰陶，稍残。长35.4、径14.2~15.2、瓦唇长4.1、厚1.5~2.0厘米（图版一五五，5）。标本95J8：4，青灰陶，稍残。长33.2、径14~16、瓦唇长5.2、厚1.6厘米（图版一五五，6）。

图三五六　97J62平剖面图

（4）瓦当

1件（97J19：2）。残缺较甚，无法分型。当面残存3个椭圆形连瓣，瓣间以竖线分隔，宽边轮，上饰两周弦纹，弦纹间饰联珠纹。青灰陶，残径12.5、厚1.0、边轮宽2.0厘米（图三五七，3）。

2. 生活器具

有陶器、酱釉器、青釉器、铁器和木器等。

（1）陶器

大多数为泥质陶，陶质坚致，呈灰黑色或灰褐色。器形有四耳罐、五耳罐、六耳罐、釜和执

图三五七   唐、南汉第一期水井出土的砖文、瓦纹、瓦当和陶文符号拓本

1. "土小化比地"砖文（97J62②：12） 2. 绳纹板瓦（97J19：12） 3. 莲花纹瓦当（97J19：2） 4. 陶文符号（97J62②：9） 5. 陶文符号（97J51：2） 6. 陶文符号（95J11：3） 7. 陶文符号（95J11：18） 8. "如"字陶文（97J62②：13）

壶等，多为手轮合制，器表多留有轮旋痕，部分罐类器物肩部还刻划有符号（图三五七，4、5、6）。夹砂陶较少，表面似是刷有一层红褐色颜料，器形有盆、三足炉。

四耳罐　3件。均在肩部安四个半环形横耳。分属于A型、B型和C型。

A型　1件（95J12②：13）。口沿面微内凹呈盘口形，尖唇，鼓腹，平底，器表有轮旋痕。灰黑陶，稍残。口径11.6、腹最大径16.8、底径12、高13.2厘米（图三五八，1；图版一五六，1）。

B型　1件（97J68：5）。卷沿，圆唇，短颈，鼓腹，平底，器表有轮旋痕。灰黑陶，完好。口径10.8、腹最大径15.7、底径10.6、高13.4厘米（图三五八，2；图版一五六，2）。

C型　1件（97J26②：3）。侈口，方唇，束颈，鼓腹，平底微内凹，器表有轮旋痕。灰黑陶，残。口径9.0、腹最大径13.6、底径9.8、高10.8厘米（图三五八，3）。

五耳罐　1件（97J68：1）。出土的唐、南汉黑陶五耳罐，根据口沿的不同可分二型，A型侈口，方唇，束颈；B型卷沿，短颈。这件属于A型，器表有轮旋痕。灰黑陶，完好。口径11.2、腹最大径14.6、底径10.9、高11.7厘米（图三五八，4；图版一五六，3）。

六耳罐　可复原21件。肩部安六个半环形横耳。分属于A型、B型和C型。

A型　13件。敞口，束颈，鼓腹，平底或平底内凹。分属于Ⅰ式和Ⅱ式。

Ⅰ式　1件（97J68：14）。扁圆腹。器表轮旋痕明显。灰黑陶，残。口径23.0、腹最大径35.0、底径25.2、高21.0厘米（图三五八，5）。

Ⅱ式　12件。长圆腹。标本97J62②：9，肩上两耳间划写"〰"陶文符号。灰黑陶，残。口径15.8、腹最大径27.4、底径18.1、高26.4厘米（图三五七，4；图三五八，6；图版一五六，4）。标本97J51：2，肩上两耳间划写"〰"陶文符号。灰黑陶，稍残。口径16.2、腹最大径23.6、底径17.2、高21.2厘米（图三五七，5；图三五八，7）。

B型　2件。卷沿，圆唇，短颈，鼓腹，平底或平底内凹。分属于Ⅰ式和Ⅲ式。

Ⅰ式　1件（97J68：8）。扁圆腹。肩上部有数道轮旋痕，灰黑陶，残。口径19.3、腹最大径35.7、底径26、高20.3厘米（图三五八，8）。

Ⅲ式　1件（97J26②：5）。长圆腹，器形瘦高。灰黑陶，稍残。口径10.8、腹最大径18.8、底径12、高17.1厘米（图三五八，10；图版一五六，5）。

C型　6件。侈口，方唇，束颈，鼓腹，平底或平底内凹。分属于Ⅰ式和Ⅱ式。

Ⅰ式　1件（95J12②：15）。圆鼓腹，器表有轮旋痕。灰黑陶，完好。口径11.4、腹最大径16.8、底径12.6、高13.6厘米（图三五八，11；图版一五六，6）。

Ⅱ式　5件。上腹圆鼓，下腹向内敛收，器形变高。标本95J12①：7，器表有轮旋痕，灰黑陶，残。口径14.8、腹最大径24、底径18、高19.5厘米（图三五八，9）。

釜　3件。分属于B型和C型。

B型　2件。宽敞口，口沿内敛，束颈，弧腹近直，腹底部折内收，小圆底。标本95J12①：6，灰黑陶，底残。口径29.2、腹最大径19.2、残高15厘米（图三五九，1）。标本97J26②：2，灰黑陶，残。口径36、腹最大径20.8、高16厘米（图三五九，2）。

C型　1件（97J19：11）。敛口，平折沿，圆唇，鼓腹，底部已残。夹砂灰褐陶。口径12.8、残高6.4厘米（图三五九，3）。

执壶　可复原4件。卷沿，方唇，束颈，鼓腹，平底或平底内凹。肩上有一斜向上八棱形直流，对应一侧颈肩间安一半环形执把，另外两侧安两个半环形横耳或竖耳。根据颈、腹部的变化

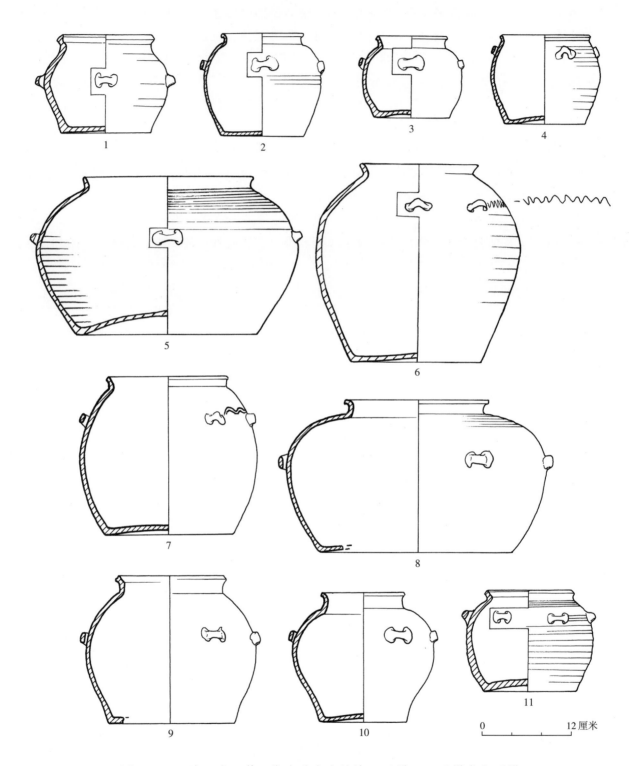

图三五八　唐、南汉第一期水井出土的陶四耳罐、五耳罐和六耳罐

1. A型四耳罐（95J12②：13）　2. B型四耳罐（97J68：5）　3. C型四耳罐（97J26②：3）　4. A型五耳罐（97J68：1）　5. A型Ⅰ式六耳罐（97J68：14）　6. A型Ⅱ式六耳罐（97J62②：9）　7. A型Ⅲ式六耳罐（97J51：2）　8. B型Ⅰ式六耳罐（97J68：8）　9. C型Ⅱ式六耳罐（95J12①：7）　10. B型Ⅲ式六耳罐（97J26②：5）　11. C型Ⅰ式六耳罐（95J12②：15）

可分二式。

Ⅰ式　2件。短束颈，扁圆腹，腹部最大径居中。标本95J12①：1，灰黑陶，残。口径13.8、腹最大径21.2、底径13.3、高16厘米（图三五九，4）。

Ⅱ式　2件。长束颈，上腹部圆鼓，下腹部斜直，最大径靠上，器形变高。标本95J12①：12，器表有轮旋痕。灰黑陶，残。口径12、腹最大径20、底径12.8、高17.8厘米（图三五九，5；图版一五七，1）。

盆　1件（95J12①：5）。敛口，窄平沿，弧腹，平底。器外口沿下和腹部各饰一道旋纹。夹砂灰褐陶，残。口径17.6、底径10.7、高9.6厘米（图三五九，6）。

三足炉　1件（97J68：15）。口微敛，折沿，沿面微向内，尖圆唇，口沿内侧塑三个弧形支

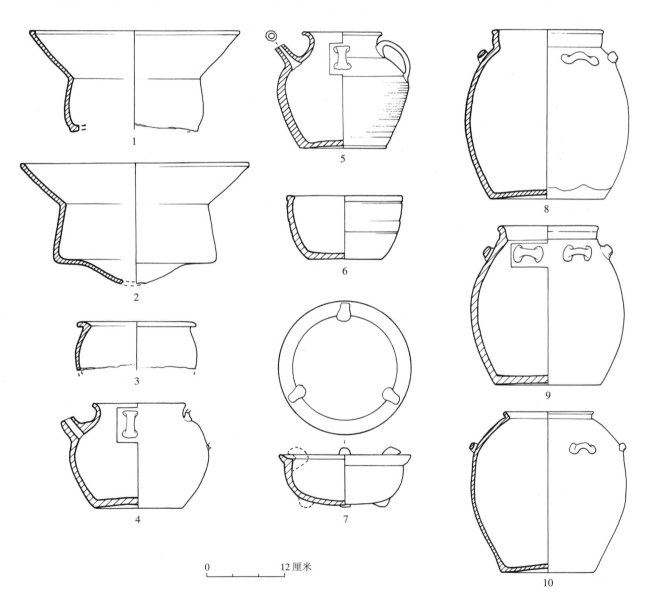

0　　　　　　12厘米

图三五九　唐、南汉第一期水井出土的陶器和酱釉器

1. B型陶釜（95J12①：6）　2. B型陶釜（97J26②：2）　3. C型陶釜（97J19：11）　4. Ⅰ式陶执壶（95J12①：1）　5. Ⅱ式陶执壶（95J12①：12）　6. 陶盆（95J12①：5）　7. 陶三足炉（97J68：15）　8. A型酱釉六耳罐（97J62②：7）　9. A型酱釉六耳罐（95J11：19）　10. B型酱釉六耳罐（95J11：16）

撑，弧腹，圜底，底部接三个乳状足。夹砂红褐陶，残。口径20、腹最大径18、高9.0厘米（图三五九，7；图版一五七，2）。

（2）酱釉器

器形单一，只有六耳罐，器表满施酱褐色釉，部分釉泛青色。灰白胎或青灰胎，胎质粗松，器表有轮旋痕。部分器物肩部还划写有陶文符号（图三五七，7）。

六耳罐　5件。肩部安六个半环形横耳。根据器口的不同可分二型。

A型　4件。直口，平沿，长圆腹，平底内凹。标本97J62②：7，青灰胎，残。口径17、腹最大径24.9、底径16.7、高26厘米（图三五九，8；图版一五七，3）。标本95J11：19，青灰胎，残。口径15、腹最大径23.2、底径16、高24.4厘米（图三五九，9）。

B型　1件（95J11：16）。敞口，尖圆唇，长圆腹，最大径靠上，平底。青灰胎，残。口径12、腹最大径24.4、底径15.2、高24.1厘米（图三五九，10；图版一五七，4）。

（3）青釉器

器胎多呈灰白色或深灰色，胎质较粗。器内满釉，器外多施釉不到底，釉青泛黄或发白，多有缩釉和流釉现象，无甚光泽。器形有双耳罐、四耳罐、六耳罐、带流罐、盆、盘、碗、灯盏等。器表多有轮旋痕，少部分罐类肩部刻写有陶文或陶文符号（图三五七，8）。

双耳罐　2件。肩上安两个对称半环形横耳。根据口沿的不同可分二型。

A型　1件（97J62②：1）。卷沿，圆唇，束颈，长圆腹，平底。器内和器外肩部施釉，有流釉和缩釉现象。完好。口径9.8、腹径15.1、底径10.3、高15厘米（图三六〇，1；图版一五七，5）。

B型　1件（97J68：18）。侈口，方唇，束颈，长圆腹，平底。灰白胎，残。口径9.2、腹径12、底径8.1、高12.1厘米（图三六〇，2；图版一五七，6）。

四耳罐　5件。属于Ⅰ式。直口，平沿，长圆腹，最大径居中，平底，肩部安四个半环形横耳。标本95J11：13，器外施釉不到底，有缩釉现象，完好。口径9.3、腹径13.2、底径11、高12.4厘米（图三六〇，3；图版一五八，1）。标本97J62②：4，口沿和外底分别有五、六个支垫痕，器外施釉不到底。灰褐胎，残。口径15、腹径21.6、底径15.2、高24.5厘米（图三六〇，4；图版一五八，2）。

六耳罐　4件。器形基本一致，直口，平沿，长圆腹，平底微内凹，肩上安六个半环形耳或四个横耳和两个竖耳。标本95J8：1，釉已全部脱落。青灰胎，残。口径18.8、腹最大径27、底径19.5、高27.3厘米（图三六〇，5；图版一五八，3）。标本97J51：4，器外施釉不到底，釉呈青白色。灰色胎，残。口径13.2、腹最大径21.4、底径15.6、高24.5厘米（图三六〇，6；图版一五八，4）。

带流罐　2件。侈口，圆唇，束颈，长圆腹，平底，肩上有一流口，已残，肩上安有四个对称的半环形横耳，安耳处饰一道旋纹。标本95J11：15，器外施釉不到底，有缩釉现象。青灰胎，残。口径13、腹最大径24、底径15.8、高26厘米（图三六〇，7）。

盆　7件。属于A型。敛口，平沿，斜弧腹，平底或平底内凹。器内满釉，器外施釉不到底，釉呈青黄色。标本97J68：16，青灰胎，残。口径25、底径18.2、高10厘米（图三六〇，8）。标本95J12①：4，口沿有17个支垫痕。浅灰胎，残。口径32.3、底径25.2、高12厘米（图三六〇，9；图版一五八，5）。

盘　1件（95J12①：8）。属于C型。敛口，尖圆唇，浅弧腹，饼足微内凹。器内和外口沿施

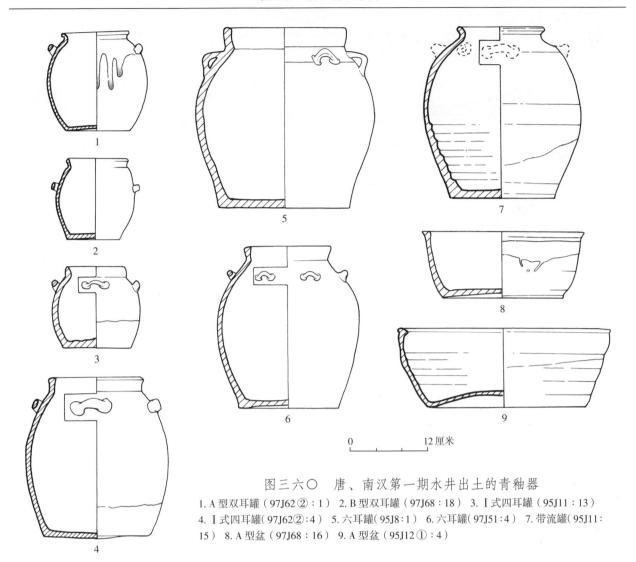

图三六〇　唐、南汉第一期水井出土的青釉器

1. A 型双耳罐（97J62②：1）　2. B 型双耳罐（97J68：18）　3. Ⅰ式四耳罐（95J11：13）
4. Ⅰ式四耳罐（97J62②：4）　5. 六耳罐（95J8：1）　6. 六耳罐（97J51：4）　7. 带流罐（95J11：
15）　8. A 型盆（97J68：16）　9. A 型盆（95J12①：4）

青黄釉，有缩釉和开片现象。器内有 6 个支垫痕。灰白胎，残。口径 23.6、底径 10、高 5.6 厘米（图三六一，1）。

碗　7 件。分属于 B 型Ⅰ式、C 型Ⅰ式、C 型Ⅴ式和 Da 型。

B 型Ⅰ式　3 件。敞口，尖圆唇，斜直腹，饼足。器内满施釉，器外上腹部施釉，釉呈青黄色。标本 95J12②：17，青灰胎，残。口径 20、底径 8.6、高 7.2 厘米（图三六一，2）。

C 型Ⅰ式　1 件（97J19：9）。撇口，圆唇，弧腹，圜底。器内留有 5 个支垫痕，器内满釉，器外施釉不到底，釉呈青黄色。浅灰胎，残。口径 13.8、底径 5.0、高 3.6 厘米（图三六一，3）。

C 型Ⅴ式　1 件（97J19：1）。撇口，弧腹，饼足近外沿斜刮一周形成一凹槽。器内下腹部饰一道旋纹。器内满釉，器外施釉至近底部。灰色胎，残。口径 11、底 4.6、高 3.8 厘米（图三六一，4）。

Da 型　2 件。葵花瓣口，斜弧腹，饼足外撇。标本 97J68：7，器内、外底各有 5 个支垫痕。器内满釉，器外施釉至近底部，釉呈青灰色。浅灰胎，残。口径 21.6、底径 9.9、高 7.9 厘米（图三六一，5；图版一五八，6）。

灯盏　2 件。可分二式。

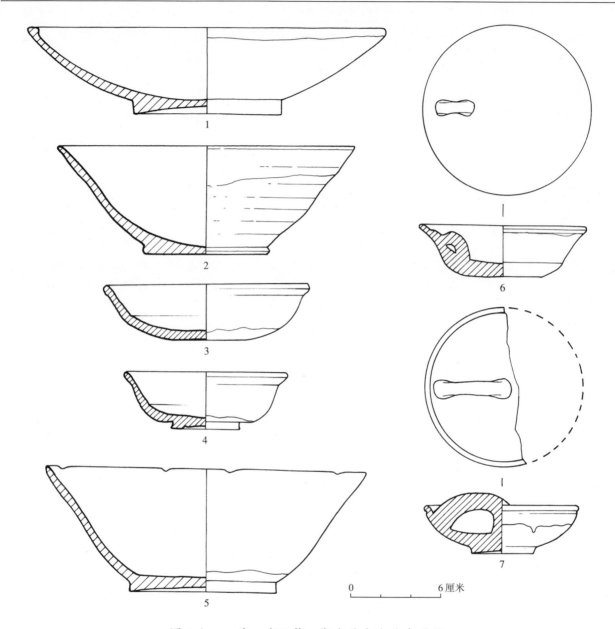

图三六一   唐、南汉第一期水井出土的青釉器

1. C 型盘（95J12①：8） 2. B 型 I 式碗（95J12②：17） 3. C 型 I 式碗（97J19：9） 4. C 型 V 式碗（97J19：1） 5. Da 型碗（97J68：7） 6. I 式灯盏（95J11：20） 7. II 式灯盏（95J11：14）

I 式   1件（95J11：20）。侈口，圆唇，浅弧腹，平底，器内腹壁塑一半环形提梁。器内和器外近口沿处施青黄釉。浅黄胎，残。口径11.1、底径5.0、高3.4厘米（图三六一，6；图版一五九，1）。

II 式   1件（95J11：14）。侈口，圆唇，外口沿下饰一道旋纹，浅弧腹，饼足，器内腹底间塑一高于器口的半环形提梁。器内和器外口沿下施青釉。青灰胎，残。口径10.4、底径4.2、高3.2厘米（图三六一，7）。

（4）铁器

铁钩   1件（97J68：3）。近长方形扁铁下端分出三个（残存二个）弯钩，钩长短不一，截面呈扁方形，末端尖细。残高 8、钩长 7.0~8.0 厘米（图三六二，1）。

刀　1 件（95J11：17）。刀身狭长，前锋收窄，锋端齐平，刀背略弧，刀把较短，近呈三角形。完好。通长 17.5、最宽 1.7 厘米（图三六二，2；图版一五九，2）。

（5）木器

木桶底板　2 件。圆形，上、下两面平，边沿斜削，略呈一面宽一面窄。标本 97J68：19，上面径 16.7、底面径 16、厚 1.2 厘米（图三六二，4；图版一五九，3）。标本 97J26②：7，上面径

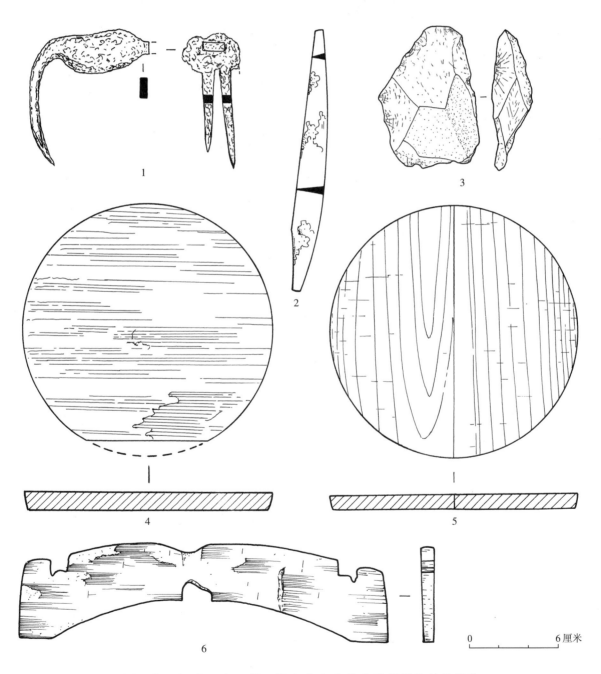

图三六二　唐、南汉第一期水井出土的生活器具和其他器物

1. 铁钩（97J68：3）　2. 铁刀（95J11：17）　3. 水晶石料（97J19：8）　4. 木桶底板（97J68：19）　5. 木桶底板（97J26②：7）　6. 木桶提梁（95J12②：19）

17、底面径 15.7、厚 1.0 厘米（图三六二，5）。

木桶提梁　1件（95J12②：19）。侧立面略呈拱形，中间有一凹槽，两侧上面各有一凹槽。长24.4、通高 6.4、厚 0.8~1.2 厘米（图三六二，6）。

3. 钱币

6枚，均为铜钱，其中有4枚为"开元通宝"，分属于 A 型和 B 型。另外 2 枚残损严重，无法辨识。

A 型　3枚。正、背两面外郭较宽，制作精整，钱文清晰。根据背面有无钱文符号可分二式。

Ⅰ式　2枚。背面无钱文符号。标本 95J7：1，钱径 2.47、穿宽 0.68、外郭宽 0.2、外郭厚 0.15厘米，重 3.1 克（图三六三，1）。标本 97J19：6，钱径 2.68、穿宽 0.7、外郭宽 0.3、外郭厚 0.19厘米，残重 5.1 克（图三六三，2）。

Ⅱ式　1枚（95J11：12）。背面穿上有半月形符号。钱径 2.56、穿宽 0.73、外郭宽 0.25、外郭厚 0.15 厘米，重 3.0 克（图三六三，3；图版一五九，6）。

B 型　1件（95J7：2）。正面外郭较窄，内外郭不明显，钱文字体模糊。钱径 2.23、穿宽 0.75、外郭宽 0.1、外郭厚 0.1 厘米，重 2.05 克（图三六三，4）。

4. 其他

陶网坠　2件。分属于 A 型和 B 型。

A 型　1件（95J12①：11）。近椭圆形，长径面压出一周凹槽，短径面压出二周凹槽。泥质灰白陶，完好。长径 3.6、短径 3.3、厚 2.7 厘米（图版一五九，4 右）。

B 型　1件（97J26②：4）。用残砖加工而成，略呈长方形，在窄面磨出一周凹槽。青灰陶，完好。长 9.0、宽 5.0、厚 2.5 厘米（图版一五九，4 左）。

青釉纺轮　1件（95J8：8）。属于 B 型。玉璧形，上、下平面微内凹，周壁饰小篦点，满施青黄釉。完好。外径 3.3、内径 1.1、厚 1.3 厘米（图版一五九，5）。

水晶石料　1块（97J19：8）。块状，有打击痕，呈白色半透明。长 9.3、宽 6.3、厚 2.7 厘米

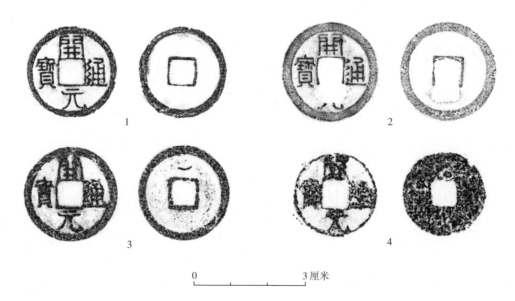

图三六三　唐、南汉第一期水井出土的"开元通宝"铜钱拓本
1. A 型Ⅰ式（95J7：1）　2. A 型Ⅰ式（97J19：6）　3. A 型Ⅱ式（95J11：12）　4. B 型（95J7：2）

（图三六二，3）。

牛角　1件（97J68：21）。残半。残长24厘米（图版一五九，7）。

二　第二期水井

（一）水井的分布和结构

第二期的水井有7口，分别为97J28、97J48、97J52、97J53、97J57、97J59、97J71。根据井圈用材和结构的不同可分为土坑井、砖井和石构井三类。

1. 土坑井

井口平面呈圆形或椭圆形，井壁垂直或斜直内收，平底。这一类井有5口，分别为97J28、97J48、97J52、97J57、97J59。现举例介绍如下：

97J28　位于97T38西南部，开口于97H52下，打破97⑤b层、97J42和97SQ木暗槽。井口径1.0、底径0.94、残深3.0米（图三六四）。井内为灰褐土堆积，土质疏松，出土C型青釉盆1件、A型"乾亨重宝"铅钱1枚、长方砖1件，还有少量黑陶罐和青釉罐残片以及布纹瓦片等。

97J48　位于97T17东部，开口于97①层下，打破97⑥b层。口大底小，井壁斜直。井口径0.9、底径0.6、残深2.3米。井内堆积可分两层，第①层为黄色黏土，厚1.25米，内含有少量的

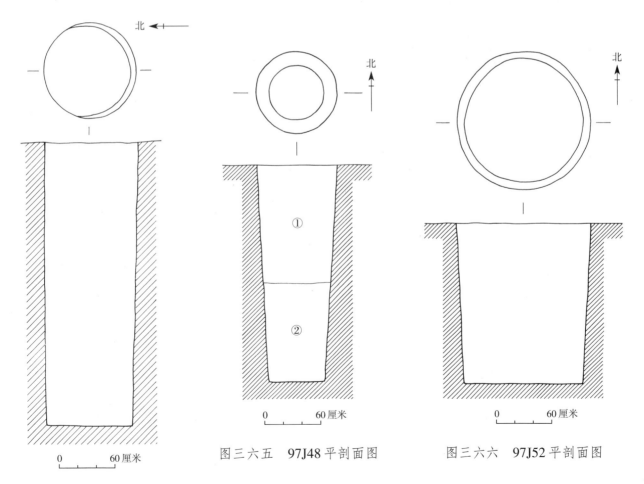

图三六四　97J28平剖面图　　　　图三六五　97J48平剖面图　　　　图三六六　97J52平剖面图

灰陶布纹瓦片等；第②层为灰黑色土，土质疏松，夹杂有腐朽后的有机物，厚1.05米，遗物丰富，出土B型黑陶四耳罐2件、B型黑陶五耳罐1件、B型Ⅰ式黑陶六耳罐1件、C型Ⅱ式黑陶六耳罐1件、C型Ⅲ式黑陶六耳罐2件、陶三足盘1件、A型青釉执壶1件、C型Ⅳ式青釉碗3件、Ⅰ式青釉灯盏1件、陶球1件（图三六五）。

97J52　位于97T29中部，开口于97①层下，打破97H141、97H147、97Q4、97Q6。口大底小，井壁斜直。井口径1.45、底径1.3、残深1.70米（图三六六）。井内灰黑土堆积，土质松软，出土陶垂兽1件、兽面砖1件、C型Ⅰ式黑陶六耳罐1件、酱釉四耳罐1件、B型褐彩绘兰草纹青釉碟1件，还有长方砖和布纹瓦片等。

2. 砖井

1口，编号为97J53，位于97T33中部，开口于97⑤a层下，打破97⑤b层、97H149。井口东西1.65、南北1.78、残深2.26米。井口以下0.4米井壁弧形内收，至0.4米处井径缩小至1.2米，0.4米以下至1.46米井壁斜直，1.46米以下井壁略向外扩，井壁用长方砖竖立两层砖护壁，井底平面呈圆形，径0.65米，底面平铺长方砖4块（图三六七；图版一六〇，1）。井内灰黑色淤

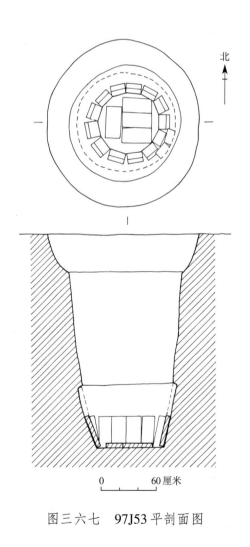

图三六七　97J53平剖面图

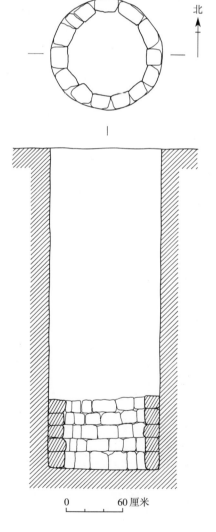

图三六八　97J71平剖面图

土堆积，土质松软，出土 Fc 型莲花纹瓦当 1 件、陶盆 1 件、陶插座 1 件、石盆 2 件、长方砖 5 件、划写"不好"文字陶釜残片以及布纹瓦片。砖的规格为：长 35~37、宽 17~18.6、厚 4.2~5.8 厘米，有的还模印"官"字。

3. 石构井

1 口，编号为 97J71，位于 97T30 东北角，开口于 97①层下，打破 97⑤b 层。井壁垂直。井口径 1.16、残深 3.4 米。井底以上 0.82 米残存用砂岩石块砌筑而成的井圈，井底内径 0.83 米（图三六八）。井内为灰黑色土堆积，土质疏松，出土可复原板瓦 1 件、Fc 型莲花纹瓦当 1 件、陶鸱吻 1 件、陶垂兽 1 件、陶盆 3 件、青釉四耳盆 1 件、"天祐三年元月造"纪年款青釉器盖 1 件、陶球 4 件、汉代陶三足器 1 件、南朝网格纹长方砖 1 件，还有瓦片、龟甲和动物骨等。

（二）遗物

有建筑材料、生活器具、钱币和其他。

1. 建筑材料

均为陶质，有砖、板瓦、筒瓦、瓦当、鸱吻、垂兽、兽面砖等。

（1）砖

均为长方砖，多呈青灰色或灰白色，素面，有的模印或划写有文字。规格多为长 33~35、宽 16~18、厚 3.5~4.5 厘米。标本 97J53：11，青灰陶，完好。长 34.7、宽 17、厚 4.2 厘米（图版一六一，1）。标本 97J28：2，青灰陶，完好。长 33.3、宽 18、厚 4.0 厘米（图版一六一，2）。标本 97J53：13，侧面模印一"官"字，反文，青灰陶，完好。长 28、宽 13、厚 4.0 厘米（图三六九，4）。标本 97J52：2，砖的表面刻有文字，字体模糊难以辨识。青灰陶，完好。长 34、宽 17.5、厚 4.3 厘米（图版一六一，3）。

（2）板瓦

820 件，绝大多数为碎块，仅 1 件可复原。泥质陶，以青灰色为主，少量呈浅灰色或黄白色。泥片筑成，一头大一头小，两侧有由内向外切割痕，表面光素，里面饰布纹。标本 97J59①：5，灰陶，夹有炭粒，残。长 35.4、宽 20.6~25.2、厚 1.1~1.5 厘米（图版一六一，4）。标本 97J71：13，黄白陶。残长 32.5、宽 19.5~27.2、厚 0.9~1.1 厘米（图版一六一，5）。

（3）筒瓦

57 件，均为碎块，未能复原。陶质、陶色和纹饰等与板瓦一致。

（4）瓦当

3 件。均为莲花纹瓦当，分属于 Fc 型和 G 型。

Fc 型　2 件。当心莲房用圆周表示，圆周有一"十"字和 4 个莲子，当面饰 8 瓣莲瓣，瓣间以三角长竖线纹分隔，外绕两周弦纹，弦纹间饰一周联珠纹，无边轮。标本 97J53：3，青灰陶，稍残。当径 14、厚 2.1 厘米（图三六九，1；图版一六一，6）。标本 97J71：6，灰陶，残。当径 17.5、厚 1.2 厘米（图三六九，2）。

G 型　1 件（97J59①：1）。当心一小乳突，当面饰 8 瓣细长莲瓣，瓣间以弧边三角和长竖线分隔，外绕两周弦纹，弦纹间饰联珠纹，无边轮。灰陶，完好。当径 14.6、厚 1.0 厘米（图三六九，3；图版一六二，1）。

（5）鸱吻

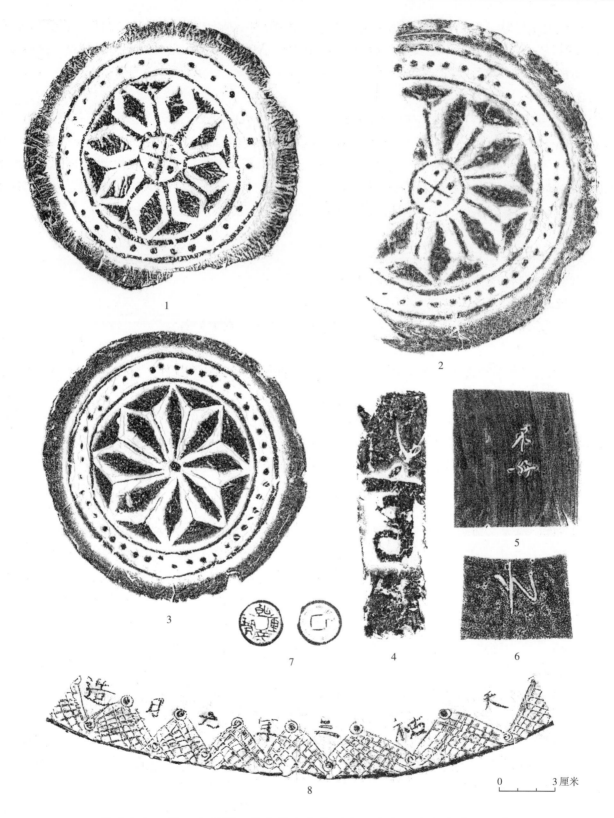

图三六九 唐、南汉第二期水井出土的瓦当、砖文、陶文和钱币拓本

1. Fc型莲花纹瓦当（97J53：3） 2. Fc型莲花纹瓦当（97J71：6） 3. G型莲花纹瓦当（97J59①：1） 4. "官"字砖文（97J53：13） 5. "不好"陶文（97J53：8） 6. 陶文符号（97J52：5） 7. A型"乾亨重宝"铅钱（97J28：3） 8. "天祐三年元月造"陶文（97J71：1）

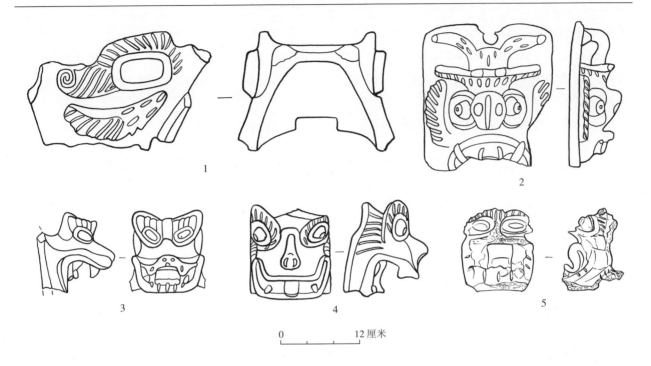

0 —————— 12厘米

图三七〇　唐、南汉第二期水井出土的建筑材料
1. 陶鸱吻（97J71：3）　2. 兽面砖（97J52：4）　3. 陶垂兽（97J71：4）　4. 陶垂兽（97J59①：2）　5. 陶垂兽（97J52：1）

1件（97J71：3）。残存螭首上颌部分，张口，侧面饰椭圆形眼睛，睫毛向上后卷，上面有两个圆孔。泥质灰白陶。残长28、残高17.6厘米（图三七〇，1；图版一六二，2）。

（6）垂兽

3件。均在筒瓦表面堆塑出一兽头，造型生动。标本97J71：4，昂首，张口獠牙，怒目竖眉。泥质青灰陶。残长12、宽11.2、残高12.4厘米（图三七〇，3）。标本97J52：1，昂首张口，卷舌，怒目竖眉，后部残缺。泥质灰白陶。残长10、宽10.6、残高12厘米（图三七〇，5）。标本97J59①：2，张口獠牙，吐舌，怒目竖眉。泥质灰白陶。残长15.2、宽11.6、残高14厘米（图三七〇，4；图版一六二，3）。

（7）兽面砖

1件（97J52：4）。在长方形薄砖上堆塑一兽面，张嘴獠牙，怒目圆瞪，猪鼻，颊毛竖向上，横眉，头上双角弯向两侧，面目狰狞，顶端有一圆孔。泥质灰白陶，表面呈青灰色。残长21.5、宽20、砖厚1.3厘米，孔径2.2厘米（图三七〇，2；图版一六二，4）。

2. 生活器具

有陶器、酱釉器、青釉器、蓝釉器、石器和玻璃器。

（1）陶器

有泥质陶和夹砂陶。泥质陶多呈灰黑色或灰白色。器形有四耳罐、五耳罐、六耳罐、三足盘、插座等，部分陶器划写有"不好"陶文（图三六九，5）。夹砂陶多呈灰褐色，表面施类似陶衣的红褐色颜料，器形有盆。

四耳罐　2件。属于B型。卷沿，圆唇，短颈，鼓腹，平底，肩上安四个对称的半环形横耳。标本97J48：8，器表有轮旋痕。灰黑色陶，稍残。口径10.6、腹最大径15.9、底径10.2、高13.2

厘米（图三七一，1）。

　　五耳罐　1件（97J48：9）。属于B型。卷沿，圆唇，束颈，鼓腹，平底。肩上安五个半环形横耳，器表有轮旋痕。灰黑陶，残。口径12.3、腹最大径14.6、底径11、高12.2厘米（图三七一，2）。

　　六耳罐　6件。肩上安六个半环形横耳。分属于B型和C型。

　　B型　2件。卷沿，尖圆唇，短颈，鼓腹，平底或平底内凹。分属于I式和III式。

　　I式　1件（97J48：14）。扁圆腹。肩上有轮旋痕。灰黑陶，残。口径17、腹最大径34、底径27.4、高20.6厘米（图三七一，6）。

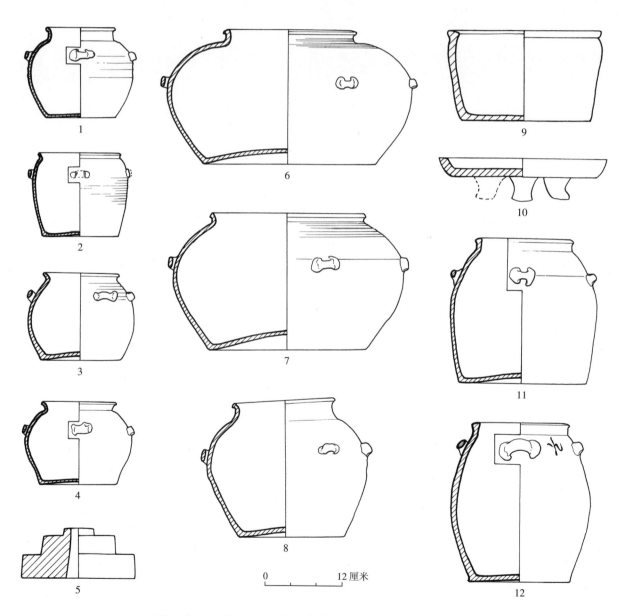

图三七一　唐、南汉第二期水井出土的陶器和酱釉器

1. B型陶四耳罐（97J48：8）　2. B型陶五耳罐（97J48：9）　3. B型III式陶六耳罐（97J59①：3）　4. C型II式陶六耳罐（97J48：6）　5. 陶插座（97J53：2）　6. B型I式陶六耳罐（97J48：14）　7. C型I式陶六耳罐（97J52：3）　8. C型III式陶六耳罐（97J48：10）　9. 陶盆（97J71：5）　10. 陶三足盘（97J48：13）　11. 酱釉四耳罐（97J59①：4）　12. 酱釉四耳罐（97J52：5）

Ⅲ式　1件（97J59①：3）。长圆腹，器形变高。器表有轮旋痕。泥质灰黑陶，残。口径10.9、腹最大径16.3、底径12、高13.3厘米（图三七一，3）。

C型　4件。侈口，方唇，束颈，鼓腹，平底。分属于Ⅰ式、Ⅱ式和Ⅲ式。

Ⅰ式　1件（97J52：3）。扁圆腹。器表有轮旋痕。泥质灰黑陶，残。口径22.7、腹最大径35、底径23.8、高21厘米（图三七一，7；图版一六三，1）。

Ⅱ式　1件（97J48：6）。圆鼓腹。泥质灰黑陶，残。口径11.6、腹最大径16.3、底径11.8、高12.4厘米（图三七一，4）。

Ⅲ式　2件。长圆腹，器形变高。标本97J48：10，泥质灰黑陶，稍残。口径15.2、腹最大径24.8、底径16.8、高21.6厘米（图三七一，8；图版一六三，2）。

盆　4件。形制一致，敛口，平沿，沿面略向内斜，深弧腹，平底。标本97J71：5，夹砂灰褐陶，内外施类似陶衣的红褐色颜料，残。口径24、底径19.8、高13.4厘米（图三七一，9；图版一六三，3）。

三足盘　1件（97J48：13）。敞口，平沿，浅弧腹，平底，底下接三个粗壮的蹄形足。泥质灰陶，残。口径25.6、底径22.4、高6.0厘米（图三七一，10）。

插座　1件（97J53：2）。圆形，呈三级台阶状，台面和底面平，中心有一圆形穿孔。泥质灰白陶，残。底径18、高7.6厘米（图三七一，5）。

（2）酱釉器

四耳罐　2件。造型基本一致。直口，平沿，肩部安四个对称的半环形横耳，器表施酱釉，泛青色。标本97J59①：4，桶形腹，上腹略鼓。泥质青灰胎，完好。口径13.9、腹最大径21.5、底径19.2、高22.3厘米（图三七一，11）。标本97J52：5，长圆腹，两耳间划有“1/Ⅴ”陶文符号。泥质青灰胎，残。口径14.5、腹最大径20.9、底径15.3、高24.4厘米（图三六九，6；图三七一，12；图版一六三，4）。

（3）青釉器

泥质胎，呈灰色，胎质较粗，器内满釉，器外多施釉不到底，釉呈青黄色，无釉处呈火石红痕。器形有盆、四耳盆、执壶、碗、碟、灯盏和器盖等。

盆　1件（97J28：1）。属于C型。敞口，口沿敛折，尖唇，斜弧腹，饼足。器内和器外上腹部施釉。灰胎，残。口径25.6、底径15.5、高7.6厘米（图三七二，1；图版一六三，5）。

四耳盆　1件（97J71：14）。敛口，斜平沿，深弧腹，平底，外口沿下安四个对称的半环形横耳，已残。器内外施一层酱褐色陶衣，器内和器外上腹部再施青黄釉。青灰胎，残。口径40.4、底径34、高14.5厘米（图三七二，2；图版一六三，6）。

执壶　1件（97J48：7）。属于A型。侈口，圆唇，长束颈，长圆腹，饼底。肩上有一向上微弯圆形长流嘴，与流嘴对应一侧的颈腹间安一执把，已残，另外两侧各安一半环形竖耳。颈部饰旋纹一道，器表施青黄釉，有缩釉现象。灰胎，残。口径9.5、腹最大径16.6、底径10.2、通高21.5厘米（图三七二，4；彩版二三，2）。

碗　8件。属于C型。撇口，尖圆唇，斜弧腹。分属于Ⅱ式和Ⅳ式。

Ⅱ式　1件（97J57：3）。小平底，底部近边沿处旋刮一周凹槽。器内满釉，器外口部施釉，器内底有5个支垫痕。灰胎，残。口径18.4、底径4.4、高5.9厘米（图三七二，5）。

Ⅳ式　7件。高饼足外撇。标本97J57：2，器内满釉，器外施釉不到底。浅灰胎，残。口径

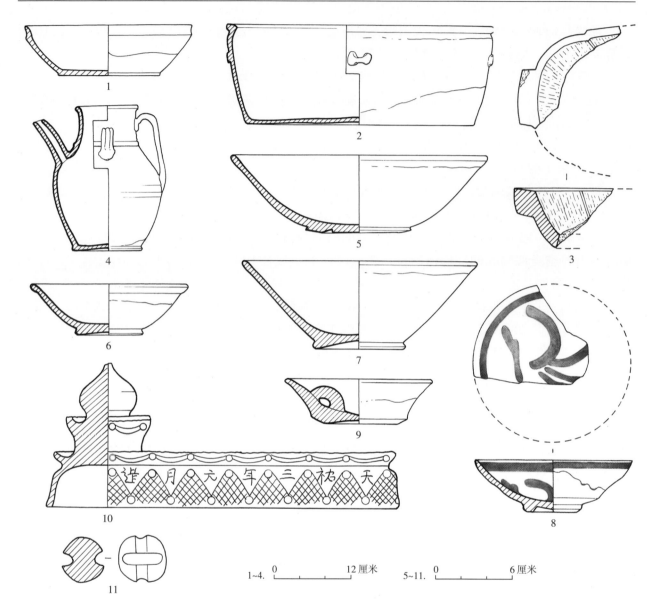

图三七二　唐、南汉第二期水井出土的生活青釉器和其他器物

1. C型青釉盆（97J28：1）　2. 青釉四耳盆（97J71：14）　3. 石盆（97J53：9）　4. A型青釉执壶（97J48：7）　5. C型Ⅱ式青釉碗（97J57：3）　6. C型Ⅳ式青釉碗（97J57：2）　7. C型Ⅳ式青釉碗（97J48：3）　8. B型青釉碟（97J52：6）　9. Ⅰ式青釉灯盏（97J48：12）　10. 青釉器盖（97J71：1）　11. C型陶网坠（97J57：8）

12.2、底径4.7、高3.9厘米（图三七二，6）。标本97J48：3，器内及口沿施青黄釉，器内近底部有四个支垫痕。浅灰胎，残。口径18、底径6.4、高6.4厘米（图三七二，7）。

碟　1件（97J52：6）。属于B型。敞口，尖圆唇，浅弧腹，内底圜底，矮圈足。器内和器外口沿施青釉，器内外口沿下施褐彩宽带纹，器内腹底绘褐彩兰草纹。浅灰胎，残。口径12、底径4.4、高4.0厘米（图三七二，8）。

灯盏　1件（97J48：12），属于Ⅰ式。敞口，口沿外撇，尖圆唇，浅弧腹，平底，器内腹壁塑一半环形承。器内和器外上腹部施釉。灰胎，残。口径12.4、底径5.0、高3.5厘米（图三七二，9）。

器盖　1件（97J71：1）。两层塔式向上收，最底层似一覆碗，口沿外撇。外腹壁划三角纹，下层三角内饰网格纹，上层三角形空白处阴刻"天祐三年元月造"款，三角形转角处饰圆珠纹。上下两层盖沿外饰弧线和圆珠纹，顶端为攒尖宝珠形纽。器表施青釉，釉厚处泛绿色。青灰胎，稍残。底径9.4、高10.9厘米（图三六九，8；图三七二，10；彩版二三，1、2）。

（4）蓝釉器

1件（97J57：6）。为罐类腹部残片。表面蓝釉，釉层较厚，有开片，里面施青灰釉，釉层较薄。灰黄胎，胎质粗松。残长6.7、残宽5.1、厚1.4厘米（彩版二三，5）。

（5）石盆

2件，残缺较甚。敞口，平沿，一侧口沿外有长方形耳，斜弧腹。青灰色石灰岩石。标本97J53：9，残长14.4、残宽16.5、残高9.2厘米（图三七二，3）。

（6）玻璃

3件，残片，胎壁较薄，呈浅绿色或浅蓝色，有气泡。标本97J57：7，浅绿色，胎厚0.12厘米（彩版二三，4左）。标本97J57：10，浅蓝色，胎厚0.14厘米（彩版二三，4右下）。

这些玻璃片经上海硅酸盐研究所作EDXRF测试，属于钠钙玻璃（见下表）。

标本编号	Na_2O	MgO	Al_2O_3	SiO_2	SO_3	K_2O	CaO	TiO_2	MnO	Fe_2O_3	SrO	ZrO_2
	Wt%											
97J57：7	6.53	1.24	2.12	71.87	0.47	3.61	8.75	0.44	3.04	1.23	0.30	0.40

说明：本报告为半定量分析

3. 钱币

"乾亨重宝"铅钱　1枚（97J28：3）。属于A型。正背面有内外郭，不甚精整，背面无钱文符号。钱径2.46、穿宽0.71、外郭宽0.17、外郭厚0.17厘米，残重4.2克（图三六九，7；图版一六四，5右上）。

4. 其他

陶网坠　1件（97J57：8）。属于C型。椭圆形，纵、横面各压出一道凹槽，器表部分施酱褐釉。浅灰胎。长径3.8、短径3.7、厚3.0厘米（图三七二，11）。

陶球　5件。圆球形，表面粗糙。标本97J71：2，泥质灰白陶，直径8.0厘米。

三　第三期水井

（一）水井的分布和结构

这一期的水井有2口，分别为97J58、97J64。均为砖井，为先挖好一个竖穴土坑后，再用长方砖砌筑井圈。

97J58　位于97T33西北角，延伸入97T37内，开口于97①层下，打破97⑤a层，井口上部被97T33-SD1叠压打破，被97H79打破。井坑口平面呈圆形，径2.2米，内口平面呈八角形，径1.0米，残深1.8米。井圈自上而下，第一层以3块长方形砖并排侧立切角对接，切角处以两块长方砖竖侧立分隔，切角砖后铺砌碎砖块；第二层以4层砖错缝平砌，如是上下相错砌筑而成，最底部平砌砖共有8层,井底平铺砖2层,砖下铺垫一层细沙,厚约3厘米。井内堆积可分两层,第①层为褐土,内含较多的碎砖瓦片,且经过夯打,土质坚硬紧密,应是该井废弃后形成的,厚约1.36米,出土Fc型莲花纹瓦当1件、A型滴水1件以及戳印"军"、"军十甲"、"十四甲"、"第八甲"等文字瓦12件;第②层为黄色沙土,土质较疏松,厚0.44米,出土黑釉双耳罐1件、青釉六耳罐1件、A型青釉盆1件、B型青釉执壶1件(图三七三;图版一六〇,2)。

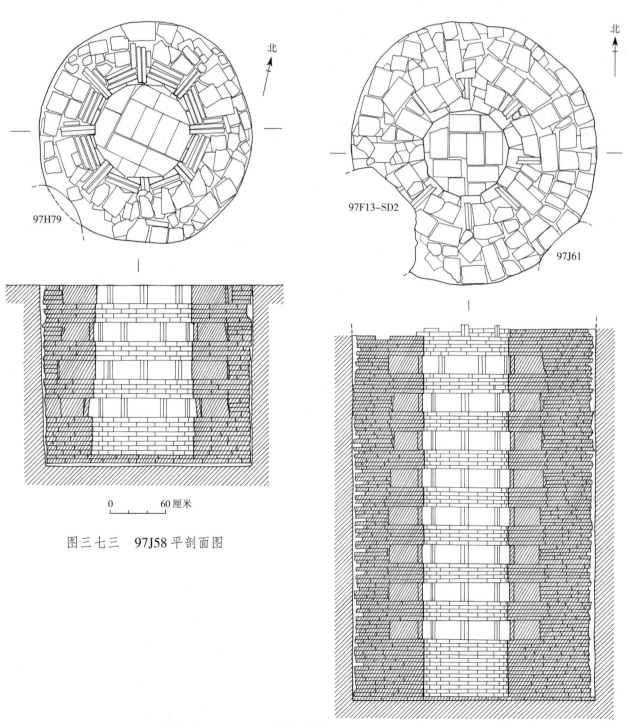

北

北

97H79

97F13–SD2

97J61

0　　　　60厘米

图三七三　97J58平剖面图

0　　　　60厘米

图三七四　97J64平剖面图

97J64　位于97T27东南部，开口于97①层下，打破97⑤b层，被97J61、97F13–SD2打破。井坑口平面近呈圆形，东西2.62、南北2.8米，井内口平面呈八角形，径0.9米，残深3.95米。井圈自上而下，第一层以8块长方砖侧立切角对接，切角处以2块长方砖侧立分隔，切角砖后铺砌碎砖；第二层用长方砖错缝平砌5层，如是上下相错砌筑而成，最底部平砌砖13层，井底平铺砖一层，厚0.05米。井内堆积可分两层，第①层为花土，土质杂乱，厚2.95米，出土戳印"军二"文字砖1件，还有少量的陶器和青釉器残片以及布纹瓦片等；第②层为黑褐色淤土，质黏，厚约1.0米，出土有A型"乾亨重宝"铅钱7枚、B型青釉执壶1件、如意纹砖1件、骨刷2件等（图三七四；图版一六〇，3）。

（二）遗物

有建筑材料、生活器具和钱币。

1. 建筑材料

（1）砖

因保护的需要，这两口井保留未拆除，井的用砖规格未能进行统计。井内出土的砖均为长方砖，规格主要是：长35~38、宽20~21、厚3.5~4.5厘米。呈青灰色或灰白色，绝大多数素面，只有极少数饰有如意形纹或戳印文字。标本97J64②：11，表面饰如意形纹。灰陶。残长16.8、残宽14.4、厚4.8厘米（图三七五，1）。标本97J64①：1，戳印"军二"文字，阳文，无边栏。印面长3.6、宽2.0厘米（图三七五，2）。

（2）瓦

187件，有板瓦和筒瓦，均为碎块，未能复原。多呈青灰色或灰白色，少量呈浅黄色。少量板瓦的里面和筒瓦的表面施青釉，不甚透亮，玻璃质感强。泥片筑成，两侧有由里向外切割痕。表面素面，里面饰布纹，部分板瓦的表面还戳印有文字（附表一〇）。

标本97J58①：2，板瓦表面残存一"军"字，阳文。印面残长4.0、宽2.5厘米（图三七五，3）。标本97J58①：4，板瓦表面残存"十四甲"三字，阴文。印面残长3.5、宽2.4厘米（图三七五，4）。标本97J58①：9，板瓦表面残存"军十甲"三字，阴文。印面不明显（图三七五，5）。标本97J58①：10，板瓦表面残存"第八甲"三字，反阳文。印面残长4.6、宽1.9厘米（图三七五，6）。

（3）瓦当

莲花纹瓦当　1件（97J58①：1）。属于Fc型。当心圆周被一"十"字分成四格，每格饰1个莲子，当面残存4瓣莲瓣，瓣间以弧边三角和竖线纹分隔，外绕二周弦纹，弦纹间饰一周联珠纹，无边轮。青灰陶。残径12.5、厚2.0厘米（图三七五，7）。

2. 生活器具

有陶器、黑釉器、青釉器和骨器。

（1）陶器

数量较少，均为碎陶片，未能复原，可辨器形有罐类。泥质陶，陶质较粗，多呈青灰色或深灰色，少量呈灰白色。

（2）黑釉器

双耳罐　1件（97J58②：19）。侈口，尖圆唇，束颈，折肩，肩上安两个对称半环形横耳，上

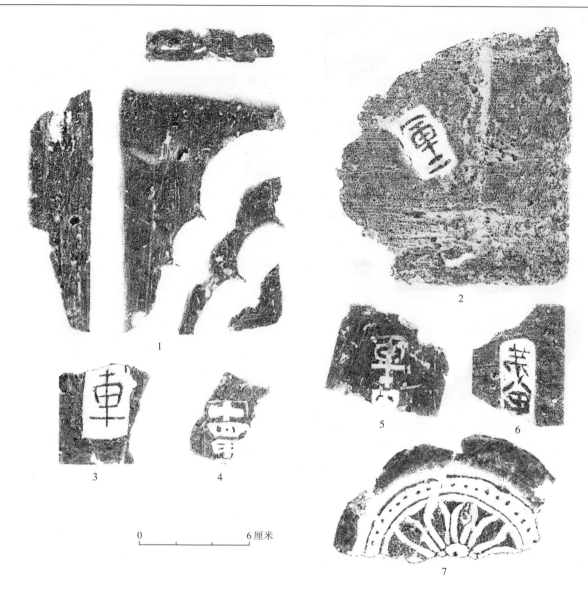

图三七五　唐、南汉第三期水井出土的砖纹、砖文、瓦文和瓦当拓本

1. 如意纹砖（97J64②：11）　2. "军二"砖文（97J64①：1）　3. "军"瓦文（97J58①：2）　4. "十四甲"瓦文（97J58①：4）　5. "军十囲"瓦文（97J58①：9）　6. "第八甲"瓦文（97J58①：10）　7. Fc型莲花纹瓦当（97J58①：1）

腹部略鼓，下腹部敛收，平底微内凹。釉呈黑褐色，釉质光亮。外底可见叠烧痕。泥质青灰胎，残。口径 10.6、腹最大径 19.4、底径 13.4、高 15.4 厘米（图三七六，1；图版一六四，2）。

（3）青釉器

胎呈灰色或灰白色。器内满釉，器外多施釉不到底，釉呈青黄色或青褐色，有缩釉现象。器形有六耳罐、执壶、盆等。

六耳罐　1件（97J58②：16）。口近直，平沿，长圆腹，平底，肩上安六个半环形横耳。上腹部施釉，釉呈黄白色。泥质灰胎，残。口径 11.8、腹最大径 20、底径 13、高 25.4 厘米（图三七六，2；图版一六四，1）。

执壶　2件。属于 B 型。盘形口，尖唇，丰肩，扁圆腹，饼底，最大径靠上。肩上安一斜向上短直流口，与流口对应一侧肩腹间安一耳形执把，另外两侧各安一半环形横耳。器外施釉不到底，釉呈青黄色，有缩釉现象，无釉处呈火石红痕。标本97J64②：10，带盖，盖面呈三级向上隆起，顶部有一圆形捉手，面上钻有两个小圆孔用以系绳。泥质灰胎，稍残。口径9.2、腹最大径21.4、底径10.8、通高16厘米（图三七六，3；图版一六四，3）。标本97J58②：18，盖已失。泥质灰白胎，残。口径9.4、腹最大径21.3、底径10、通高17.1厘米（图三七六，4；图版一六四，4）。

　　盆　1件（97J58②：17）。属于A型。敛口，平沿，斜直腹，平底内凹。器内和器外近口沿处施青黄釉，无釉处呈红褐色。口沿可见支垫痕。泥质灰胎，残。口径30、底径24.2、高13.2厘米（图三七六，5）。

　　（4）骨器

　　骨刷　2件。形制、大小一致。标本97J64②：9，扁长条形，一端呈弧形，面上钻2排共8个小圆孔以装毛刷，另一端残。残长7.8、宽0.5~0.9、厚0.3~0.4厘米（图三七六，6；图版一六四，5）。

　　3. 钱币

　　7枚，均为"乾亨重宝"铅钱，属于A型。有内、外郭，不甚规整，质软，多已霉烂（附表一一）。标本97J64②：2，钱径2.64、穿宽0.74、外郭宽0.24、外郭厚0.11厘米，重3.6克（图三七七，1；图版一六四，6右下）。标本97J64②：3，钱径2.62、穿宽1.0、外郭宽0.22、外郭厚0.11厘米，重3.7克（图三七七，2；图版一六四，6左上）。标本97J64②：4，钱径2.85、穿宽0.8、外郭宽0.29、外郭厚0.16厘米，重5.1克（图三七七，3；图版一六四，6左下）。

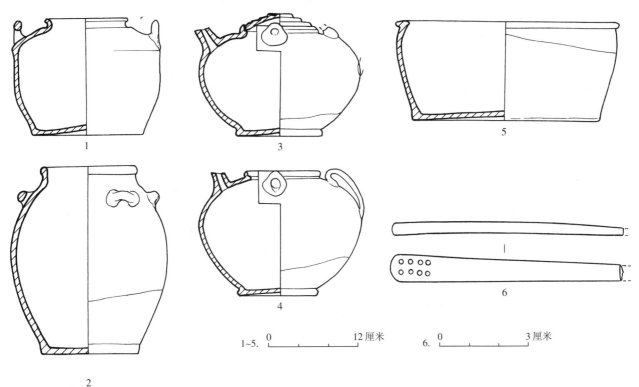

图三七六　唐、南汉第三期水井出土的器物

1. 黑釉双耳罐（97J58②：19）　2. 青釉六耳罐（97J58②：16）　3. B型青釉执壶（97J64②：10）　4. B型青釉执壶（97J58②：18）
5. A型青釉盆（97J58②：17）　6. 骨刷（97J64②：9）

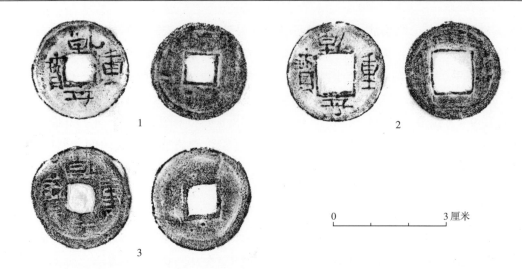

图三七七　唐、南汉第三期水井出土的 A 型"乾亨重宝"铅钱拓本

1.97J64②：2　2.97J64②：3　3.97J64②：4

四　小结

（一）各期的年代

第一期水井出土的铜钱只有"开元通宝"一种，对确定水井的年代提供重要依据。从出土的器物分析，大多数青釉器和酱釉器在广东地区的唐代窑址和墓葬以及遗址多有出土。如 A 型青釉双耳罐、Ⅰ式青釉四耳罐、青釉六耳罐、C 型 V 式青釉碗、A 型酱釉六耳罐、酱釉三足炉等在广东高明唐代窑址[①]和广东新会官冲窑[②]多有出土；Ⅰ式青釉四耳罐、A 型青釉盆和 C 型Ⅰ式青釉碗在广州市西湖路初唐时期的铸币遗址[③]和广东韶关唐代张九龄墓[④]也有出土；此外，出土的Ⅰ式和Ⅱ式黑陶执壶的造型扁圆，流嘴短而直，呈圆形、五棱形或八棱形，执把呈扁状半环形，也具有典型的唐代执壶风格。可见第一期水井的年代为唐代早、中期。

第二期水井出土一件划写有"天祐三年元月造"纪年款的青釉器盖，中国历史上使用"天祐"年号的政权有唐代和五代十国的吴、吴越、后唐等，从器物出土的属地关系来看，可排除其为五代十国的可能性，而应是唐哀帝李柷使用的年号，天祐三年即公元 906 年，距唐代灭亡仅一年的时间。这一期还出土一枚"乾亨重宝"铅钱，这种钱始铸于南汉乾亨二年（918 年）。此外，这一期出土的 B 型褐彩绘兰草纹青釉碟与唐代长沙窑出土的 B 型Ⅰ式碟相同[⑤]；出土的 C 型Ⅰ式黑陶六耳罐、C 型Ⅳ式青釉碗在广州执信中学中晚唐墓中也有出土[⑥]；出土的 A 型青釉执壶与杭州、临安五代墓出土的越窑青瓷壶基本一致[⑦]。综上可知，第二期水井的年代为唐代晚期至南汉早期。

① 广东省博物馆等：《广东高明唐代窑址发掘简报》，《考古》1993 年第 9 期。

② 广东省文物考古研究所、新会市博物馆：《广东新会官冲古窑址》，《文物》2000 年第 6 期。

③ 广州市文物考古研究所：《广州市西湖路三国钱币窖藏和唐代铸币遗址》，《羊城考古发现与研究（一）》，第 125 页，文物出版社，2005 年。

④ 广东省文物管理委员会、华南师范大学历史系：《唐代张九龄墓发掘简报》，《文物》1961 年第 6 期。

⑤ 长沙窑课题组编：《长沙窑》，第 60 页，紫禁城出版社，1996 年。

⑥ 广州市文物考古研究所：《执信中学隋唐发掘简报》，《羊城考古发掘与研究（一）》，第 155、156 页，文物出版社，2005 年。

⑦ 浙江省文物管理委员会：《杭州、临安五代墓中的天文图和秘色瓷》，《考古》1975 年第 3 期。

第三期水井出土有7枚南汉的"乾亨重宝"铅钱，是确定水井年代的重要依据。此外，唐代常见的黑陶四耳罐、六耳罐和青釉四耳罐以及酱釉四耳罐、六耳罐等已不再出现。可知第三期水井的年代为五代南汉国时期。

（二）小结

第一期水井的类型多样，有土坑井、砖井、木筒井、竹篾圈井和特殊结构井，其中的土坑井大多呈不规则形，且较浅，可能是为临时取水而挖凿的。用长方砖砌筑的砖井，大多结砌讲究，应是食用水井。第一期还发现一口结构特殊的井（97J62），最底部用汉代的陶圈砌筑，上部还用砖和陶圈进行过三次的修缮，可见这个水井的沿用时间相当长，最早可追溯到汉代，历两晋、南朝一直沿用至唐代才废弃。

第二期水井有土坑井、砖井和石构井。

第三期的水井为砖井，井圈结砌精致，井底铺砖下还垫有细沙用于过滤井水，对水质的要求极高，非一般民居所有。据文献资料记载，遗址所在地为五代南汉国的内宫所在，这一点也为近年来的考古发掘所证实，可见这两口水井是属于南汉国王宫的食用水井。

第六节　宋代水井

一　第一期水井

（一）水井的分布和结构

第一期水井有4口，编号95J9、95J18、97J20、97J55。根据井圈用材和结构的不同可分为土坑井和砖井两类，现分别介绍。

1. 土坑井

3口，分别为95J18、97J20和97J55。

95J18　位于95T10北部，向北延伸入95T4南扩方内，开口于95①层下，打破生土层。井口平面呈长方形，直壁，平底。东西0.60、南北0.96、残深1.5米（图三七八）。井内为黑褐色土堆积，土质疏松，内含有贝壳，出土D型青釉罐1件、Aa型Ⅰ式青釉四耳罐2件、Ba型青釉四耳罐3件，还有少量青釉碗和盆以及灰陶布纹瓦残片等。

97J20　位于97T17西南部，开口于97①层下，打破97⑥b层。井口和井底平面呈圆形，井壁斜直，平底。井口径1.2、底径0.95、残深1.6米。井内堆积可分两层，第①层为灰黑土，厚约1.1米，内含有大量的木炭和少量动物骨，此外，还有青釉碗、罐等器类残片和灰陶布纹瓦片等；第②层为黄褐色土，土质较致密，厚约0.5米，出土青釉器盖1件、E型Ⅱ式青釉碗1件（图三七九；图版一六五，1）。

97J55　位于97T24南部，开口于97①层下，打破97⑦层、97G3、97G8、97G16及97F18台基。井口平面呈圆形，井口以下1.5米井壁垂直，1.5米往下井壁向外扩大呈袋状，井底四周比中间低约0.3米，呈环沟状。井口径1.3、底径2.18、残深3.95米。井内堆积可分两层，第①层为灰

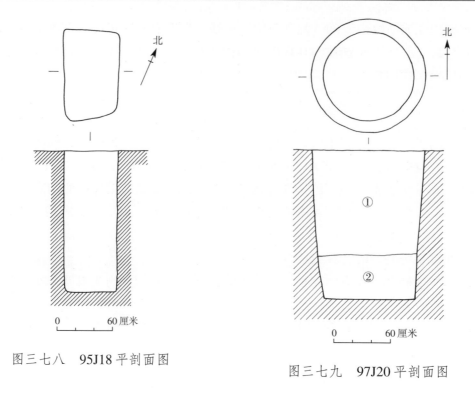

图三七八　95J18平剖面图　　　　　　　图三七九　97J20平剖面图

土，土质较黏，厚2.8米，遗物丰富，出土A型陶器盖1件、B型Ⅱ式青釉罐3件、Aa型Ⅰ式青釉四耳罐1件、Ab型青釉四耳罐7件、Ba型青釉四耳罐9件，还有少量的青白瓷片和绿釉陶片以及灰陶布纹瓦片等；第②层为灰黑色沙土，土质松软，厚1.15米，内含少量的贝壳，出土B型陶器盖1件、陶缸3件、Ba型青釉四耳罐1件、A型青釉擂钵1件、B型青釉炉1件、刻划"才"字等符号青釉罐底4件、青釉纺轮1件，还有青釉碗、罐、盆等器残片和灰陶布纹瓦片以及动物骨等（图三八○；图版一六五，2）。

2. 砖井

1口，编号95J9，位于95T6东北部，开口于95①层下，打破95③层，东部被现代建筑桩孔打破。井口平面呈圆形，外径东西残宽2.1、南北2.4米，井口内径1.4、残深2.95米。井口往下2.36米井圈用青灰色或红黄色长方形残砖错缝平砌而成，2.36米以下为土坑壁，弧形内收，圜状。井内堆积可分两层，第①层为瓦砾堆积，厚约1.2米，夹杂有木炭屑，有大量的青灰陶布纹板瓦、筒瓦残片和碎砖块，还有少量的青釉、青白瓷器残片等；第②层为黑褐色沙土，土质松软，厚1.75米，内含有少量贝壳，遗物丰富，出土Ab型Ⅲ式莲花纹瓦当1件、戳印"二"字板瓦1件、可复原板瓦1件、可复原长方砖1件、B型Ⅱ式青釉罐1件、Ba型青釉四耳罐4件、Bb型青釉四耳罐1件、C型青釉四耳罐1件、A型青釉盆2件、酱褐釉罐1件、酱褐釉双耳罐1件、Aa型酱褐釉四耳罐3件、Ab型酱褐釉四耳罐1件、B型酱褐釉四耳罐1件、A型Ⅰ式青白瓷碟2件、D型青白瓷碟1件、紫红釉执壶1件、陶球1件、石构件1件、墨书花押青釉碗底2件、墨书花押盆底1件、刻"Z"字罐底1件、绿釉炉残件1件，还有大量青釉罐、盆类器残片和灰陶布纹瓦片（图三八一；图版一六五，3、4）。

（二）遗物

有建筑材料和构件、生活器具和其他。

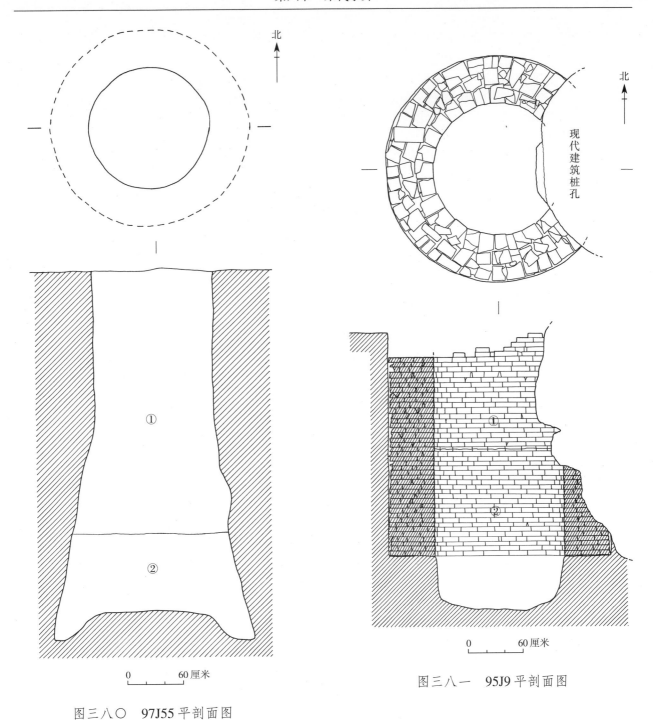

图三八〇　97J55 平剖面图

图三八一　95J9 平剖面图

1. 建筑材料和构件

有砖、板瓦、筒瓦、瓦当和石构件等。

（1）砖

绝大多数未能复原，为长方形砖。泥质陶，夹有细砂，多呈青灰色，部分呈红黄色，素面。标本 95J9②：8，青灰陶，长 34、宽 16、厚 5.5 厘米。

（2）板瓦

415 件，多为碎块，仅 1 件可复原。泥片筑成，呈一头大一头小，两侧有由内向外切割痕。泥质陶，多呈青灰色，部分呈灰白色。表面光素，里面饰布纹，少数表面戳印"二"字。

标本95J9②：21，青灰陶，长22.4、宽14.6~16.5、厚0.7~0.9厘米（图版一六六，1）。标本95J9②：22，表面戳印"二"字，阴文，无边栏。灰白陶。残长31.6、残宽12.8、厚1.2~1.6厘米（图三八二，1）。

（3）筒瓦

299件，均为碎块，未能复原。泥片筑成，两侧有由内向外切割痕，瓦唇平直。多呈青灰色，部分呈灰白色，少量呈黄白色。表面光素，里面饰布纹。

（4）瓦当

1件（95J9②：34）。为莲花纹瓦当，属于Ab型Ⅲ式。当心圆周内饰5个莲子（残存3个），当面饰8瓣莲瓣（残存4瓣），瓣间以弧边三角和竖线纹分隔，外绕两周弦纹，弦纹间饰一周联珠纹。青灰陶，复原当径14.2、厚1.4厘米（图三八二，2）。

（5）石构件

1件（95J9②：30）。近半圆形，顶面平，中部凿有一方形凹槽。灰色粗砂岩石，残。顶面径

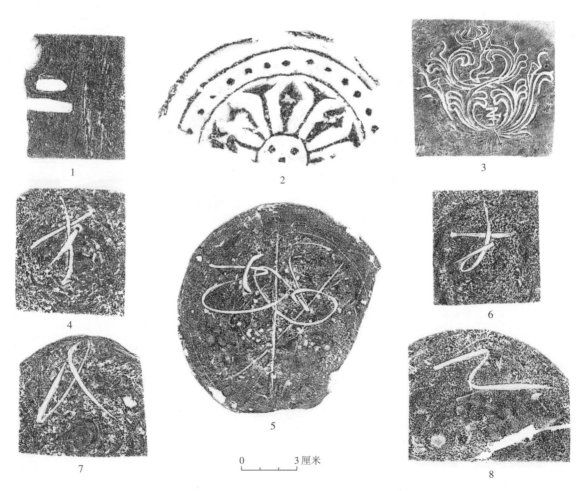

0 ————————— 3厘米

图三八二　宋代第一期水井出土的瓦当、瓦文和陶文拓本

1. "二"字瓦文（95J9②：22）　2. Ab型Ⅲ式莲花纹瓦当（95J9②：34）　3. 束花纹和"至"字陶文（97J55②：30）　4. "才"字陶文（97J55②：34）　5. 陶文符号（97J55②：33）　6. "才"字陶文（97J55②：35）　7. 陶文符号（97J55②：32）　8. 陶文符号（95J9②：18）

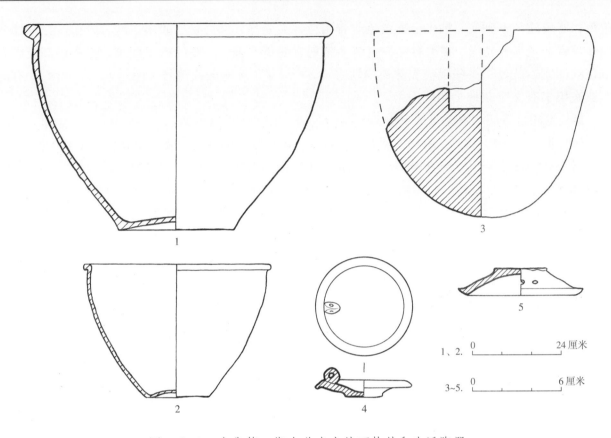

图三八三　宋代第一期水井出土的石构件和生活陶器

1. 陶缸（97J55②∶26）　2. 陶缸（97J55②∶27）　3. 石构件（95J9②∶30）　4. A 型陶器盖（97J55①∶1）　5. B 型陶器盖
（97J55②∶23）

14.8、高 12 厘米，凹槽宽 4.8、深 5.3 厘米（图三八三，3）。

2. 生活器具

有陶器、青釉器、酱褐釉器、紫红釉器和青白瓷器等。

（1）陶器

缸　3 件。形制一致，大小不一。器形较大，敛口，宽平折沿，厚圆唇，深弧腹，平底内凹。器表刷有类似陶衣的紫红色颜料，厚薄不均。标本 97J55②∶26，青灰陶，残。口径 74.4、底径 31.2、高 54.4 厘米（图三八三，1；图版一六六，2）。标本 97J55②∶27，青灰陶，残。口径 46.4、底径 16.8、高 35.2 厘米（图三八三，2）。

器盖　2 件。可分二型。

A 型　1 件（97J55①∶1）。类似一盏，盖面斜凹下，盖沿折向下，平底，盖沿处接一点状纽，纽上有一横向圆形穿孔以系绳。灰陶，完好。盖面径 6.5、底径 2.5、通高 1.9 厘米（图三八三，4）

B 型　1 件（97J55②∶23）。类似一倒扣的盏，敞口，折沿微上翘，尖唇，盖面隆起，顶面有一圆形捉手，盖面一侧有两个圆形穿孔以系绳。灰陶，完好。盖面径 8.8、顶面径 3.5、高 1.8 厘米（图三八三，5）。

（2）青釉器

器形有罐、四耳罐、盆、擂钵、炉、碗、器盖等。罐、盆类胎呈青灰色或灰白色，少数呈浅黄色；器表施釉不到底，釉多呈青黄色或青褐色，无光泽，部分釉已脱落。碗、炉和器盖等器的釉多呈青灰色，有光泽。罐类肩部或腹部多刻划有曲折水波纹、旋纹或竖线纹，有些肩部模印有束花纹图案，此外，一些罐类底部还刻划有"才"、"Z"等陶文或符号（图三八二，3~8），有的在器底墨书有文字花押（图版一六六，3）。

罐　5件。分属于 B 型 II 式和 D 型。

B 型 II 式　4件。直口，卷沿，圆唇，短直颈，长圆腹，饼足底，最大径靠上。标本 97J55①：10，器表有明显轮旋痕。施青褐釉至下腹部。青灰胎，完好。口径 9.7、腹最大径 18、底径 11.8、高 20.6 厘米（图三八四，1；图版一六六，4）。

D 型　1件（95J18：3）。卷沿，圆唇，长圆腹，饼足底内凹。肩部饰曲折水波纹，器表施青黄釉至近底部，釉多已脱落。外腹留有明显轮旋痕。青灰胎，完好。口径 9.7、腹最大径 15、底径 9.6、高 16.8 厘米（图三八四，2；图版一六六，5）。

四耳罐　29件。肩部安四个半环形横耳。分属于型 A 型、B 型和 C 型。

A 型　10件。侈口，折沿外翻，鼓腹，饼足底。分属于 Aa 型 I 式和 Ab 型。

Aa 型 I 式　3件。圆鼓腹，最大径居中。标本 95J18：5，内外腹壁可见明显轮旋痕。器表施釉不到底，釉呈青黄色。青灰胎，完好。口径 9.3、腹最大径 14.4、底径 9.3、高 13.2 厘米（图三八四，3）。

Ab 型　7件。矮直颈，长圆腹，最大径靠上。标本 97J55①：11，器表上腹部施青黄釉。青灰胎，残。口径 10、腹最大径 21、底径 12.4、高 22 厘米（图三八四，4；图版一六六，6）。标本 97J55①：7，器表施青灰釉至近底部。内外腹壁可见明显轮旋痕。青灰胎，稍残。口径 12.4、腹最大径 21.8、底径 13.8、高 23.5 厘米（图三八四，5；图版一六七，1）。

B 型　18件。小口，卷沿，圆唇，鼓腹。根据有无颈和腹底部的不同可分两个亚型。

Ba 型　17件。无颈，长圆腹，最大径居中，平底内凹。器表腹部多饰曲折水波纹或旋纹，有明显轮旋痕，施青黄釉至下腹部。标本 97J55②：30，肩部两耳间模印束花纹，当中有一"至"字，阴文，下腹部饰一道旋纹和一道曲折水波纹。灰色胎，残。口径 14.2、腹最大径 34.3、底径 19.4、高 38.5 厘米（图三八二，3；图三八四，6；图版一六七，2）。标本 95J9②：6，腹部饰一道曲折水波纹。青灰胎，残。口径 11.8、腹最大径 23.6、底径 11.2、高 28.3 厘米（图三八四，7）。标本 95J18：1，下腹部饰曲折水波纹，器表釉多已脱落。浅灰胎，残。口径 10.4、腹最大径 24、底径 9.6、高 24 厘米（图三八四，8）。

Bb 型　1件（95J9②：1）。有短颈，圆鼓腹，饼足底。外腹部施青黄釉至近底部，釉多已脱落。口沿和外底有叠烧痕，青灰胎，残。口径 11.4、腹最大径 22、底径 12.4、高 19.7 厘米（图三八四，9）。

C 型　1件（95J9②：7）。侈口，尖圆唇，圆鼓腹，下腹部敛收，平底内凹。肩部系耳处饰旋纹一道，器表施青灰釉至近底部。青灰胎，残。口径 12、腹最大径 18、底径 12.8、高 15.2 厘米（图三八四，10）。

盆　2件。属于 A 型。敛口，凸圆唇，深弧腹，平底微内凹。器内和器外口沿施青黄釉，无釉处呈浅褐色。器表可见明显轮旋痕。标本 95J9②：33，唇沿可见 21 个支垫痕。青灰胎，残。口径 35.4、底径 18、高 18.2 厘米（图三八四，11）。

擂钵　1件（97J55②：28）。属于 A 型。敛口，凸圆唇，深弧腹，平底内凹。器内底和腹壁

图三八四 宋代第一期水井出土的青釉器

1. B 型 II 式罐（97J55①：10） 2. D 型罐（95J18：3） 3. Aa 型 I 式四耳罐（95J18：5） 4. Ab 型四耳罐（97J55①：11） 5. Ab 型四耳罐（97J55①：7） 6. Ba 型四耳罐（97J55②：30） 7. Ba 型四耳罐（95J9②：6） 8. Ba 型四耳罐（95J18：1） 9. Bb 型四耳罐（95J9②：1） 10. C 型四耳罐（95J9②：7） 11. A 型盆（95J9②：33） 12. A 型擂钵（97J55②：28）

划有凹槽线，每8~10条线为一组。器口沿及器外上腹部施青褐色釉。青灰胎，残。口径40、底径18.4、高24厘米（图三八四，12）。

炉　1件（97J55②：29）。属于B型。直口，八棱形，直腹，外腹每一壁面划菱形纹，近口沿饰一道旋纹，平底，喇叭形足。器表施浅青釉，泛黄白色。浅灰胎，残。口径10.8、底径7.6、高10.4厘米（图三八五，1；图版一六七，3）。

碗　1件（97J20②：2）。属于E型Ⅱ式。敞口，斜直腹，器内底面平，矮圈足。施青灰釉，内底涩圈，足底露胎。青灰胎，残。口径19、底径5.8、高6.8厘米（图三八五，2）。

器盖　1件（97J20②：1）。子口微敛，帽檐外展，盖面隆起，顶面凸起一平台。器表施深青釉。青灰胎，残。子口径12、最大径15.3、高4.3厘米（图三八五，3）。

另有2件碗底残件，足底有墨书花押。标本95J9②：32，足底墨书"仁"字花押，浅灰胎。足径6.6厘米（图三八五，4；图版一六七，4）。标本95J9②：14，足底墨书"胡官"花押，浅灰胎。足径6.4厘米（图三八五，5）。

（3）酱褐釉器

罐　1件（95J9②：3）。直口，卷沿，短颈，鼓腹，饼足。肩部饰三道旋纹，器表施釉至下腹部，釉黑泛黄，有缩釉现象。外底有四个支垫痕。浅灰胎，残。口径10、腹最大径12.8、底径

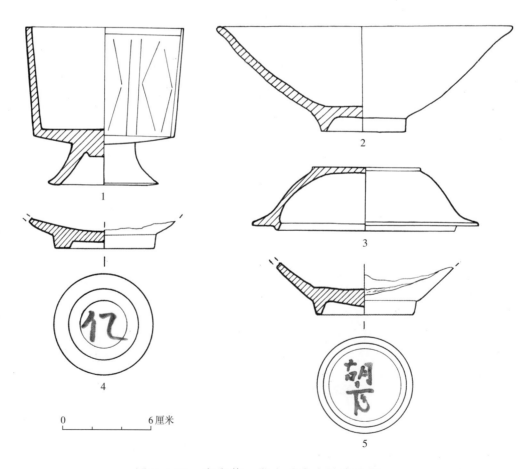

图三八五　宋代第一期水井出土的青釉器

1. B型炉（97J55②：29）　2. E型Ⅱ式碗（97J20②：2）　3. 器盖（97J20②：1）　4. 墨书"仁"字花押碗底
（95J9②：32）　5. 墨书"胡官"花押碗底（95J9②：14）

8.4、高 12 厘米（图三八六，1；图版一六七，5）。

双耳罐　1 件（95J9②：10）。广口近直，平沿，瓜棱形腹，圈足外撇，肩上安两个对称的半环形横耳。器表施酱褐釉至下腹部，有开片。浅灰胎，残。口径 16.5、腹最大径 18.5、足径 10.4、高 15.2 厘米（图三八六，2；图版一六七，6）。

四耳罐　5 件。肩部安四个半环形横耳。根据器口的不同可分二型。

A 型　4 件。侈口，折沿外翻。根据有无颈可分两个亚型。

Aa 型　3 件。无颈，圆鼓腹，饼足底。标本 95J9②：27，肩部饰一道旋纹，腹部耳间划一组竖梳纹，器表有明显轮旋痕。器表施酱黄釉至下腹部。青灰胎，完好。口径 9.6、腹最大径 16、底径 11.3、高 14.6 厘米（图三八六，3）。标本 95J9②：25，瓜棱形腹，肩部饰一道曲折水波纹。器表施酱黄釉至下腹部。青灰胎，完好。口径 11.2、腹最大径 19.8、底径 11.4、高 19.8 厘米（图三八六，4；图版一六八，1）。

Ab 型　1 件（95J9②：11）。短直颈，瓜棱形腹，饼足底。肩腹部可见明显轮旋痕。器表施酱褐釉至下腹部。青灰胎，残。口径 10.3、腹最大径 15.6、底径 12.2、高 15.5 厘米（图三八六，5）。

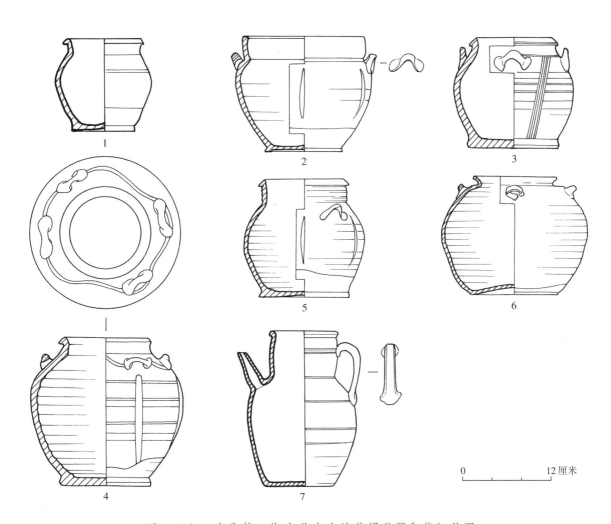

图三八六　宋代第一期水井出土的酱褐釉器和紫红釉器

1. 酱褐釉罐（95J9②：3）　2. 酱褐釉双耳罐（95J9②：10）　3. Aa 型酱褐釉四耳罐（95J9②：27）　4. Aa 型酱褐釉四耳罐（95J9②：25）　5. Ab 型酱褐釉四耳罐（95J9②：11）　6. B 型酱褐釉四耳罐（95J9②：2）　7. 紫红釉执壶（95J9②：17）

　　B型　1件（95J9②：2）。敞口，方唇，圆鼓腹，平底内凹。器表可见明显轮旋痕。施黑褐釉至近底部。灰褐胎，残。口径11.4、腹最大径19.6、底径11.8、高15.5厘米（图三八六，6；图版一六八，2）。

　　（4）紫红釉器

　　执壶　1件（95J9②：17）。口微敛，圆唇，直颈，肩上安一向上圆形流嘴，另一侧颈肩之间安一扁执把，长圆腹，平底。颈、肩和腹部均饰旋纹多道。器表施紫红釉，无甚光泽。灰白胎，

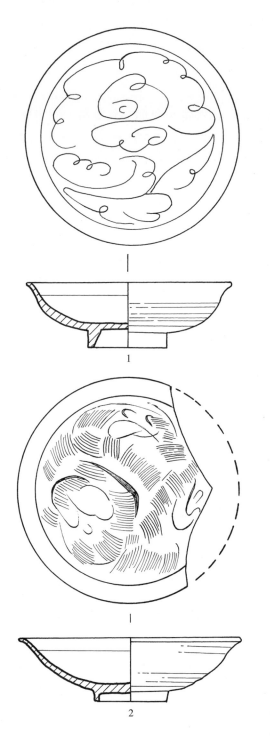

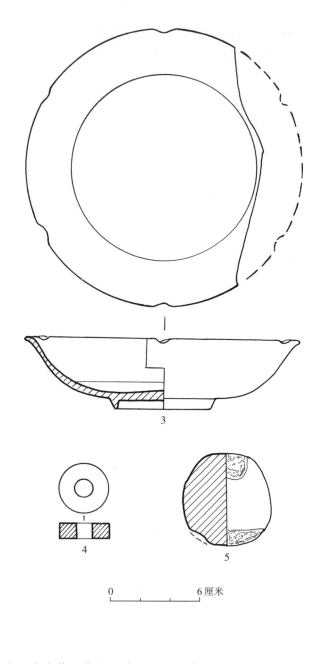

0 　　　　　　6厘米

图三八七　宋代第一期水井出土的生活青白瓷器和其他器物
1.A型Ⅰ式青白瓷碟（95J9②：23）　2.A型Ⅰ式青白瓷碟（95J9②：28）
3.D型青白瓷碟（95J9②：24）　4.青釉纺轮（97J55②：22）　5.陶球（95J9②：31）

残。口径9.2、腹径14.4、底径8.9、高20.5厘米（图三八六，7）。

（5）青白瓷器

数量较少，器形只有碟。内外施釉，釉青泛白，釉质润泽有光亮，足底露胎，洁白胎，胎质坚致。器内多划有弧线、梳篦纹。

碟 3件。分属于A型Ⅰ式和D型。

A型Ⅰ式 2件。撇口，浅弧腹，圈足较高。标本95J9②：23，器内上腹部饰一道旋纹，旋纹下划弧线纹。洁白胎，完好。口径13.8、足径5.3、高4.4厘米（图三八七，1；图版一六八，3）。标本95J9②：28，器内上腹部饰旋纹，旋纹下划梳篦、弧线纹。洁白胎，残。口径15、足径5.0、高4.8厘米（图三八七，2）。

D型 1件（95J9②：24）。葵花口，口沿外撇，尖唇，浅弧腹，矮圈足。釉面有开片。洁白胎，残。口径18.2、足径6.2、高4.7厘米（图三八七，3；图版一六八，4）。

3. 其他

（1）青釉纺轮

1件（97J55②：22）。圆饼形，中间有圆形穿孔，器表施青釉。完好。外径3.3、内径1.2、厚1.0厘米（图三八七，4）。

（2）陶球

1件（95J9②：31）。圆球形，表面不平整。灰白陶，残。径6.0厘米（图三八七，5）。

（3）动物遗存

动物遗骨主要集中出土于97J55内，经鉴定其种类有猪和狗（详见上编第五章第四节《南越宫苑遗址出土动物骨骼研究报告》）。

二 第二期水井

（一）水井的分布和结构

第二期的水井有2口，编号为97J24、97J74。

97J24 位于97T46东部，开口于97①层下，打破97G7至生土层。土坑井，井口和井底平面呈圆形，井壁斜直，圜底。井口径1.3、底径0.96、残深2.85米（图三八八）。井内堆积为灰黑色淤泥，土质疏松，内含有贝壳，出土有陶器、釉陶器和青釉器残片，可辨器形有罐、双耳罐、碗、盆等，均不能复原，此外还有少量的灰陶布纹瓦片等。

97J74 位于97T46东北部，开口于97①层下，打破97⑤a层。先是挖一个竖穴土坑后再用碎砖块砌筑井圈，井坑口平面近呈圆形。井口外径东西1.5、南北1.54、内径0.8米。砖砌井圈与井坑壁之间的空隙用碎砖瓦块和红黄色黏土填实。由于该井未发掘，井深和井内堆积情况不明。

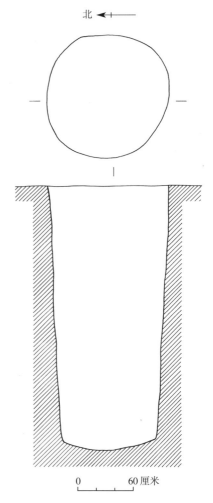

北 ←

0   60厘米

图三八八 97J24平剖面图

（二）遗物

由于97J74未发掘，出土的遗物极少，有建筑材料和生活器具。

1. 建筑材料

其中板瓦4件、筒瓦9件，均为碎块，未能复原，呈灰白色或青灰色，表面光素，里面饰布纹。

2. 生活器具

以陶器和釉陶器为主，也有少量青釉和青白瓷器，均为残片，未能复原，可辨器形有碗、碟类和罐、盆类。

三　小结

第一期水井没有出土有明确纪年的遗物，但出土的器物大多与广东地区北宋时期窑址出土的同类器一致。如出土的Ba型青釉四耳罐与广东佛山奇石宋代窑址出土的Ⅳ式罐，无论是造型、胎质、釉色，还是纹饰等都完全相同[1]；出土的A型Ⅰ式青白瓷划梳篦纹碟与广州西村窑出土的Ⅰ①b型影青碟基本一致[2]；出土的A型Ⅰ式青白瓷划弧线纹碟与广东潮州笔架山北宋窑址出土的Ⅲ式青白瓷划花纹盘相同[3]；出土的D型青白瓷碟与广东惠州北宋窑址出土的Ⅰ式碟一致[4]。综上可知，第一期水井的年代为北宋时期。

第二期水井出土的遗物极少，只有少量的瓦和青釉罐和青釉碗残片等，根据层位关系推测其时代约为南宋时期。

第七节　元代水井

一　水井的分布和结构

属于元代的水井有3口，编号为97J3、97J18、97J65，三个水井的用材和结构基本一致，均为砖石合构井。

97J3　位于97T5南部，开口于97①层下，打破97④c层至生土。井口平面呈圆形，直壁，井底中心凹下。井壁用砖、石砌筑，井口以下0.56米东、西两壁用砖结构不一，西壁用完好较薄的红砖斜放竖向铺砌四层，上、下两层的倾斜方向相反，每两层砖之间平铺一层红砖分隔，东壁用残断的青灰砖和石块平砌而成。0.56米往下至3.74米井壁用较厚的残砖和少量石块斜向侧立砌筑，上、下两层砖之间部分地方用砖垫平。井壁最底一层用较大的砂岩石块砌就，井底呈圜状，比周边低约0.25米。井坑口径1.52~1.55、内径1.0米，井底比井口稍大，内径1.05、残深4.18米（图三八九；图版一六九，1）。红砖的规格为25×13×2厘米，青灰残砖有两种规格，一种较厚

---

① 佛山市博物馆：《广东石湾古窑址调查》，《考古》1978年第3期。
② 广州市文物管理委员会、香港中文大学文物馆：《广州西村窑》，第46页，香港中文大学中国考古艺术研究中心出版，1987年。
③ 李辉柄：《广东潮州古瓷窑址调查》，《考古》1979年第5期。
④ 惠阳地区文化局、惠州市文化局、广东省博物馆：《广东惠州北宋窑址清理简报》，《文物》1977年第8期。

重，宽21.5~23、厚6.0~7.5厘米，另一种较小，宽16~18、厚3.5~5.5厘米。井内为灰黑土堆积，土质疏松，内含遗物少，出土青釉小罐1件、B型酱褐釉四耳罐1件、陶垫饼1件、戳印"广□"铭款酱褐釉陶罐残片1件，还有少量灰陶和红陶布纹瓦残片等。

　　97J18　位于97T22南部，开口于97①层下，打破97⑤b层和97H68及97G1。井口平面呈圆形，直壁，平底，井口以下3.42米井壁用残砖错缝平砌，砖隙嵌砌楔形砖。井壁最底层用较大的砂岩石块砌筑，井内径收窄，高0.3米。井坑口径1.82、井口内径0.8米，井底内径0.68~0.7、残深3.72米（图三九〇；图版一六九，2）。井圈壁和井坑壁之间空隙用灰土夹杂大量的碎砖、瓦和石块填实。井内堆积可分三层，第①层为灰土，土质疏松，呈颗粒状，厚1.06米，内含陶片较

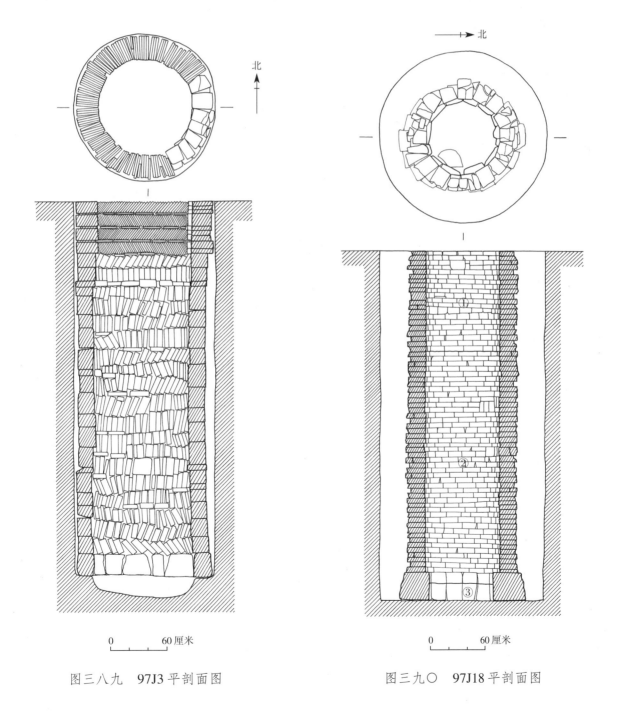

图三八九　97J3平剖面图　　　　　　　　图三九〇　97J18平剖面图

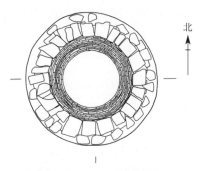

0　　　　60厘米

图三九一　97J65平剖面图

少，有酱褐釉陶罐残片等；第②层为灰褐土，土质较黏，厚约2.5米，遗物较丰富，出土B型酱褐釉罐4件、C型酱黑釉四耳罐1件、A型酱黄釉执壶1件、酱黑釉急须1件、陶权1件、长方砖2件、唐代莲花纹瓦当1件，还有较多碎砖和灰陶布纹瓦片；第③层为灰黑色淤沙，土质较纯，厚0.14米，无遗物。井砖多为碎块，仅少量可复原，其规格为：长34~35.5、宽16~17、厚4.2~5.0厘米，多呈灰色，少量呈红黄色，部分砖面模印有菱形纹或戳印有"万"、"善"等文字。

97J65　位于97T27中部，开口于97①层下，打破97⑤b层。井口平面呈圆形，井坑壁垂直，平底。井口以下1.4米井壁用碎砖和砂岩石块混合错缝平砌而成，1.4米以下井壁全用砂岩石块砌筑，井圈内壁斜直内收，井底未作特殊处理。井口外径1.4、内径0.88米，井底内径0.6、残深3.0米（图三九一；图版一六九，3）。井内堆积可分两层，第①层为碎石、残砖、瓦片堆积层，厚约2.53米；第②层为黑褐土，土质较黏，厚0.47米，出土B型酱褐釉罐1件、黄釉四耳罐2件、青釉盏2件、铁钩1件、南朝青釉碗1件，还有梅花鹿角和动物骨以及砖瓦等。井圈用砖多是碎砖，规格不一，长度不详，宽12~17、厚4.0~7.0厘米，多呈灰色，少量呈红黄色，素面。

二　遗物

有建筑材料、生活器具和其他。

（一）建筑材料

有砖、板瓦和筒瓦。

1. 砖

大都为残砖，无法复原，长方砖，多呈灰色，少量呈红黄色，多素面，少量模印有菱形纹或模印有"万"、"善"等文字。标本97J18②：13，灰陶，残。长35.5、宽16.5、厚4.5厘米（图版一七○，1）。标本97J18②：14，表面模印菱形纹，灰陶。残长25、宽17、厚4.7厘米（图三九二，1）。标本97J18②：10，表面戳印文字，残存"万"字，阴文，灰陶。残长17.5、宽16.4、厚5.7厘米（图三九二，2）。标本97J18②：2，表面戳印文字，残存"善"字，阴文，灰陶。残长16、宽12.5、厚3.6厘米（图三九二，3）。

2. 板瓦

152件，均为碎块，未能复原。泥片筑成，两侧有切割痕。泥质陶，多呈青灰色或灰白色，少量呈红黄色。大多表面光素，里面饰布纹，少数表面和里面均素面。

3. 筒瓦

71件，均为碎块，未能复原。陶质、陶色和纹饰以及制作工艺与板瓦相同。

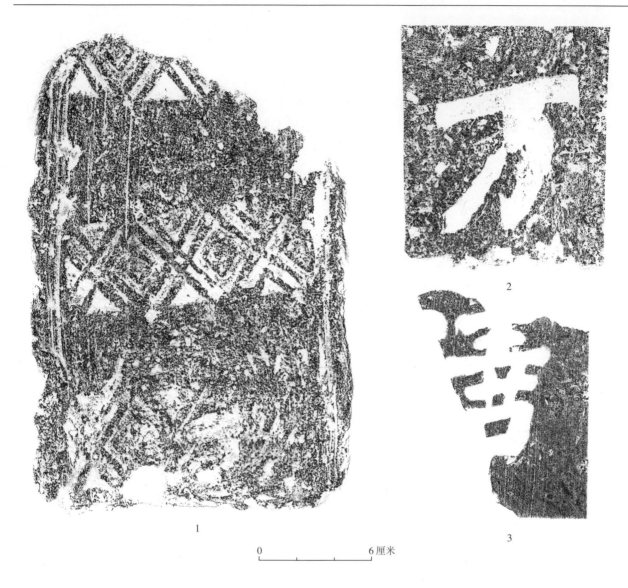

0　　　　　　　6厘米

图三九二　元代水井出土的砖纹和砖文拓本
1.菱形纹（97J18②：14）　2."万"字砖文（97J18②：10）　3."善"字砖文（97J18②：2）

（二）生活器具

有陶器、青釉器、酱褐（黑、黄）釉器、黄釉器。

1. 陶器

垫饼　1件（97J3：2）。圆饼形，上、下两面平。泥质灰陶，径6.8、厚2.7厘米（图三九三，1）。

2. 青釉器

小罐　1件（97J3：4）。器形较小。广口，扁圆腹，小饼足。器内满釉，器外施釉至下腹部，无光泽，施紫红色陶衣。灰白胎，残。口径3.8、腹最大径5.6、足径2.5、高4.5厘米（图三九三，2）。

盏　2件。敞口，尖圆唇，斜直腹，平底，内底心有一乳突。标本97J65②：8，器内和口沿施青灰釉，灰色胎。口径7.6、底径3.6、高2.2厘米（图三九三，3；图版一七〇，2）。

3. 酱褐（黑、黄）釉器

有罐、四耳罐、执壶和急须等器形。器表多釉不到底，釉呈酱褐色、酱黑色或酱黄色，釉质较差，无光泽。

罐　5件。属于B型。卷沿，圆唇，短颈，圆鼓腹，最大径靠上，平底。标本97J65②：1，器表上腹部施酱褐釉。浅灰胎，完好。口径9.2、腹最大径14.3、底径6.7、高13.9厘米（图三九三，4；图版一七○，3）。

四耳罐　2件。肩上安四个半环形横耳。分属于B型和C型。

B型　1件（97J3：1）。卷沿，圆唇，短颈，长圆腹，平底微内凹。器表上腹部施釉，釉黑发灰。浅灰胎，残。口径9.6、腹最大径16.8、底径9.0、高17.6厘米（图三九三，5）。

C型　1件（97J18②：11）。敛口，斜平沿，弧腹，平底。器表上腹部施酱黑釉。灰色胎，残。

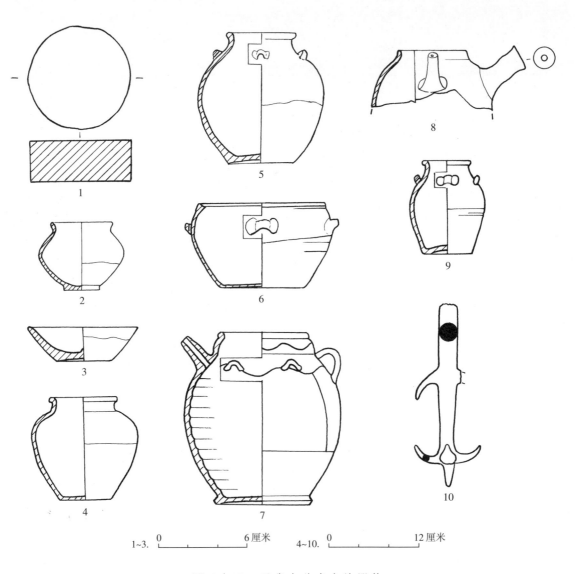

图三九三　元代水井出土的器物

1.陶垫饼（97J3：2）　2.青釉小罐（97J3：4）　3.青釉盏（97J65②：8）　4.B型酱褐釉罐（97J65②：1）　5.B型酱褐釉四耳罐（97J3：1）　6.C型酱黑釉四耳罐（97J18②：11）　7.A型酱黄釉执壶（97J18②：6）　8.酱黑釉急须（97J18②：12）　9.黄釉四耳罐（97J65②：7）　10.铁钩（97J65②：3）

口径 17.2、腹最大径 19.4、底径 11、高 11.4 厘米（图三九三，6）。

执壶 1 件（97J18②：6）。属于 A 型。敛口，圆唇，短颈，瓜棱形腹，饼足底。肩上一侧安一斜向上圆形直流口，对应一侧在肩腹之间安一半环形执把，另两侧安四个对称的半环形横耳。外口沿下、颈部和肩部饰旋纹或曲折水波线。器表施酱黄釉至下腹部，口沿和底部可见叠烧印痕。浅灰胎，残。口径 11.8、腹最大径 21.3、底径 12.6、高 22.8 厘米（图三九三，7）。

急须 1 件（97J18②：12）。直口，尖圆唇，鼓腹，腹部以下已残。肩上一侧安一斜向上的圆形直流口，流口右侧安一斜向上圆形直把，中空。把和流口处施酱黑釉。浅灰胎。残口径 8.6、残高 7.8 厘米（图三九三，8）。

另有 1 件陶罐残片（97J3：3），在近耳处戳印"广□"铭款，阳文，下面一字模糊难辨。印面长 3、宽 2.4 厘米（图版一七○，6）。

4. 黄釉器

四耳罐 2 件。卷沿，圆唇，长圆腹，平底微内凹，肩上安四个半环形横耳。器表施土黄色釉至下腹部。标本 97J65②：7，露胎处泛火石红痕，完好。口径 7.0、腹最大径 10、底径 6.5、高 12.5 厘米（图三九三，9；图版一七○，4）。

（三）其他

1. 陶权

1 件（97J18②：5）。近圆锥，底面平，近顶端有一横向圆形穿孔。夹砂灰陶，稍残。底径 5.8、高 7.6 厘米，穿孔径 0.8~1.0 厘米，残重 316.4 克（图版一七○，5）。

2. 铁钩

1 件（97J65②：3）。锚体状，柱体向下渐收成尖状，中段有两个向下弧弯的倒钩，其中一个已残断，下端有三个向上弧弯的挂钩。长 24.2、柱顶径 2.4 厘米（图三九三，10；图版一七○，7）。

3. 动物遗存

井内出土的动物遗骨较为丰富，其中大都出自 97J65 第②层堆积中，经鉴定，动物的种类有狗和梅花鹿（详见上编第五章第四节《南越宫苑遗址出土动物骨骼研究报告》）。

三 小结

这一期出土的 B 型酱褐釉罐、B 型酱褐釉四耳罐、黄釉四耳罐、C 型酱黑釉四耳罐分别与珠海平沙水井口遗址晚期文化遗存出土的 A 型陶罐、A 型陶带耳罐、D 型陶带耳罐和陶钵一致[①]。出土的黄釉四耳罐和酱黑釉急须，也与福建晋江磁灶窑出土的同类器基本一致[②]。可知这一期的水井的年代为元代。

这一期的水井均用砖和砂岩石块合构而成，这些水井的井圈砌筑较为规整，应是食用水井。其中 97J3 上部用较轻薄的红砖斜向侧立砌筑，与下部用较厚的青灰砖和石块混砌的结构不同，显示这一水井经过修缮。

---

① 广东省文物考古研究所、珠海市博物馆等：《珠海平沙出土宋元文物》，第 80、85、87、98 页，广东人民出版社，1993 年。
② 曾凡：《福建陶瓷考古概论》，第 22 页，福建省地图出版社，2001 年。

第八节　明代水井

一　水井的分布和结构

明代水井有 23 口，编号为 95J2、95J3、95J6、95J10、95J13、95J14、97J5、97J6、97J15、97J21、97J27、97J31、97J32、97J35、97J46、97J49、97J50、97J61、97J69、97J75、97J81、97J82、97J89。根据井圈用材和结构的不同可分成土坑井和瓦状陶圈井两类。

1. 土坑井

有 7 口，编号为 95J13、97J27、97J35、97J46、97J49、97J81、97J82。井口平面呈圆形，井壁垂直或斜直，壁面光滑，平底或圜底。现举例介绍如下：

97J27　位于 97T43 北部，开口于 97①层下，打破 97H195，被 97H140、97H84 打破。井壁垂直，井口径 0.8、残深 1.9 米（图三九四）。井内为黑褐土堆积，土质紧密，夹有少量贝壳和动物骨。出土 C 型青釉碗 2 件、B 型青釉碟 1 件、D 型青釉碟 1 件、青白瓷碗 1 件、A 型 I 式青花"福"字款碗 1 件，还有青釉和酱黑釉陶瓷器残片以及瓦片等。

97J35　位于 97T22 东部，开口于 97①层下，打破 97F2 和 97J41。井口和井底平面近呈圆形，井西壁斜直，东壁呈不规则弧形内收，平底。井口东西 1.0、南北 1.05 米，底径 0.53、残深 1.9 米

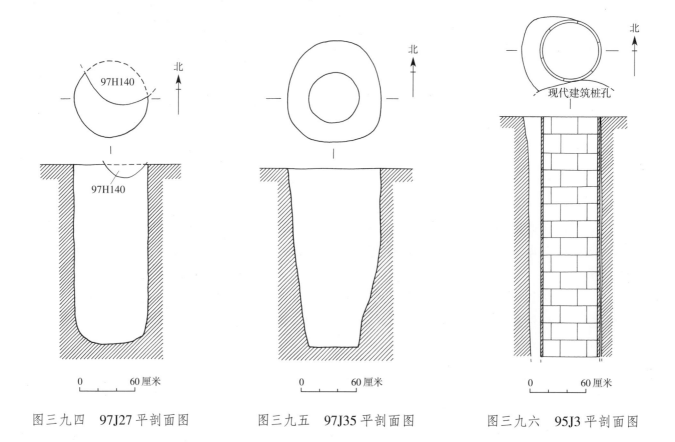

图三九四　97J27 平剖面图　　　　　图三九五　97J35 平剖面图　　　　　图三九六　95J3 平剖面图

（图三九五）。井内为灰褐色土堆积，土质疏松，出土长条砖 1 块、方砖 1 块、可复原筒瓦 1 件、B 型酱黑釉三耳罐 1 件，还有酱黑釉罐、盆、盏和青花瓷碗等器类残片，青花瓷片有松竹梅和海螺等纹饰。

2. 瓦状陶圈井

16 口，分别为 95J2、95J3、95J6、95J10、95J14、97J5、97J6、97J15、97J21、97J31、97J32、97J50、97J61、97J69、97J75、97J89。这一类井均是先挖一个竖穴土坑，然后用特制呈板瓦状的陶圈拼砌而成，每层瓦圈 6 块，井底平。井坑和井内径都很小，内径约为 0.6 米，普遍较深。现举例介绍如下。

95J3　位于 95T2 南扩方东南部，开口于 95①层下，打破 95G4 和生土层，被现代建筑桩孔打破。井坑口东西 0.84、南北 0.80 米，井口内径 0.58 米，发掘深约 2.6 米暂停，井深不详（图三九六；图版一七一，1）。井内已发掘部分堆积呈灰土，土质松软，出土青釉罐 1 件、B 型酱黑釉四耳罐 2 件、C 型Ⅰ式青花蹴鞠纹碗 2 件、陶球 1 件、木条 1 件，还有碎砖、瓦块等。

95J10　位于 95T2 南扩方南部，开口 95①层，打破生土层。井坑口东西 0.76、南北 0.78 米，井口内径东西 0.50、南北 0.55、残深 2.3 米（图版一七一，2）。井内为黑褐色土堆积，土质松软，内含有少量的蚝壳和动物骨，出土 C 型Ⅰ式青花"白玉斋"款碗 1 件、青花"大明年造"款碗底 1 件、玉镯 1 件、柱础石 1 件，还有酱黑釉陶器残片和砖、瓦残块等。

97J15　位于 97T11 东南部，开口于 97①层下，打破 97⑥a 层至生土。井坑口径 0.85、井口内径 0.68、残深 4.3 米。井口以下 3.2 米井圈已塌落。井壁东西两侧有对称分布的脚窝共 5 对 10 个，脚窝底部近平，深 0.12~0.13、径 0.14~0.16 米，上下脚窝间距 0.4~0.6 米。3.2 米往下至井底尚保存有陶圈砌筑的井圈，残高 1.1 米。井内堆积分两层，第①层为灰土，土质松散，厚约 1.8 米，内含有较多的小贝壳，出土 B 型青釉碗 1 件、A 型Ⅱ式青花蟠螭龙纹碗 2 件、A 型Ⅱ式青花花鸟纹碗 1 件、A 型Ⅳ式青花花卉纹碗 1 件、C 型Ⅰ式青花缠枝莲纹碗 1 件、A 型Ⅰ式青花梵文碟 1 件、C 型酱黑釉四耳罐 1 件、A 型Ⅱ式酱黑釉壶 1 件、C 型Ⅰ式酱黑釉壶 1 件、A 型酱黑釉盆 1 件、酱黑釉盏 1 件，还有塌落井内的陶圈和碎瓦片等；第②层为灰黑色淤泥，厚约 2.5 米，出土陶带把罐 1 件、陶擂钵 1 件、墨书"井"字花押陶碗底 1 件、C 型Ⅰ式青花弦纹碗 1 件、C 型Ⅲ式青花缠枝莲纹碗 1 件、A 型酱黑釉三耳罐 1 件、B 型酱黑釉四耳罐 2 件、酱黑釉五耳罐 1 件、酱黑釉盏 1 件、B 型青釉器盖 2 件、木杯 1 件、木轳辘轴 1 件。此外，还有陶圈、瓦片和动物骨等（图三九七）。

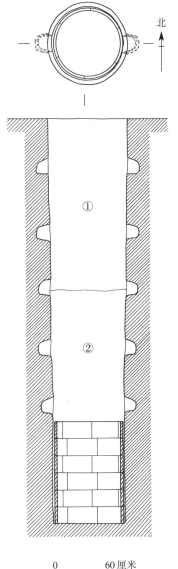

图三九七　97J15 平剖面图

二　遗物

有建筑材料和构件、生活器具和其他。

（一）建筑材料和构件

有砖、板瓦、筒瓦、陶圈等陶质建筑材料和构件，还有柱础石等石构件。

1.砖

多为碎块，有长方砖、长条砖和方形砖三种。夹细砂陶，多呈青灰色或灰白色，少量呈红褐色，绝大多数素面，少量模印卷草纹。标本97J35：2，长条砖，红褐陶。长21、宽13、厚3厘米（图版一七二，1）。标本97J31：10，长方砖，砖模印卷草纹，灰白陶。残长15、宽15.2、厚4厘米（图版一七二，2）。标本97J35：3，方形砖，灰白陶。边长21.3、厚3.0厘米（图版一七二，3）。

2.板瓦

532件，绝大多数为碎块，仅2件可复原。泥片筑成，瓦体较小、较薄，弧度较小。泥质陶，呈黄白色或灰白色，少量呈黄褐色，内外均素面。标本95J2：11，灰白陶，残。长24.3、宽23~23.8、厚0.8厘米（图版一七二，4）。

3.筒瓦

166件，绝大多数为碎块，仅8件可复原。泥片筑成，呈一头大一头小，瓦唇平直。陶质、陶色等与板瓦一致。标本97J35：1，浅黄陶，表面黏有白灰，完好。长24.8、径12.6~10.4、厚0.8~1.0、瓦唇长3.3厘米（图版一七二，5）。标本95J2：10，黄白陶，完好。长19.6、径10.4~9.6、厚0.7、

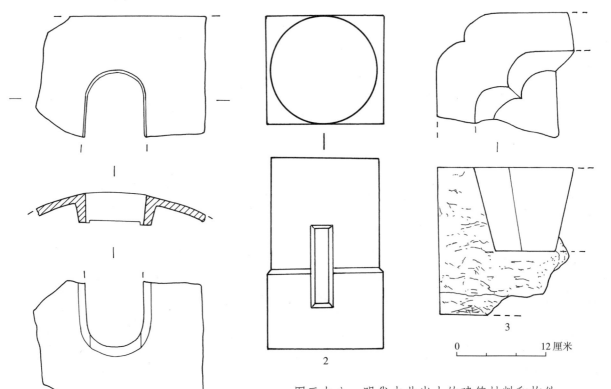

图三九八　明代水井出土的建筑材料和构件

1.陶构件（95J2：7）　2.柱础石（95J10：2）　3.石构件（97J6：2）

瓦唇长 4.8 厘米（图版一七二，6）。

4. 陶圈

用于砌筑井圈壁，呈板瓦状。泥质陶，多呈红黄色或红褐色，少量呈黄白色或灰白色，素面。陶圈的规格为：内弧 29.7~30.8、外弧 31~32.5、宽 17.8~18.6、厚 2.0~2.5 厘米。标本 97J15②：27，黄白陶，内弧 30.4、外弧 32、宽 18.4、厚 2.1 厘米（图版一七三，1）。

5. 陶构件

1件（95J2：7）。弧形呈类板瓦状，两端均残，中间有一椭圆形子口，作用不明。灰白陶。残长 16、残宽 23、厚 1.0 厘米，子口残长 9.0、残宽 8.5、高 4.2 厘米（图三九八，1；图版一七三，2）。

6. 柱础石

1件（95J10：2）。底座呈长方形，圆柱形柱墩，顶部略弧收，顶面平。一侧面离底面高 5.0 厘米处凿一长方形竖凹槽。红砂岩石，表面光滑。通高 24.6、柱墩径 14.4、顶面径 13 厘米，底座长 15.6、宽 14 厘米，凹槽长 12.4、宽 2.4、深 1.9 厘米（图三九八，2；图版一七三，3）。

7. 石构件

1件（97J6：2）。残存一角，平沿，外边直，转角处呈花口状，内壁斜直，平底。汉白石，表面光滑。残长 16.4、残宽 18.4、高 19.6 厘米（图三九八，3）。

（二）生活器具

有陶器、青釉器、青白釉瓷器、酱黑釉器和青花瓷器，还有木杯、椰勺和小铜勺等。

1. 陶器

数量较少，有罐、带把罐、急须、盆和擂钵等器形。有泥质陶和夹砂陶，多呈青灰色或灰白色，少量呈灰褐色等。

罐　1件（95J14：10）。属于 C 型。直口，凸圆唇，长束颈，丰肩，鼓腹，最大径靠上，平底。肩、腹部各饰一道凸弦纹，器表粘满土锈。完好。口径 10.2、腹最大径 22.2、底径 10.5、高 22.2 厘米（图三九九，1）。

带把罐　1件（97J15②：28）。直口，圆唇，上腹圆鼓，下腹斜直，底部已残，肩部安一斜向上筒形把。器表有烟炱痕。灰白陶，残。口径 8.8、腹最大径 19.2、残高 17.2 厘米（图三九九，2；图版一七三，4）。

急须　1件（95J13：13）。盘形口，圆鼓腹，最大径靠上，平底内凹，肩上有一弧弯向上圆形流嘴，流嘴右侧安一斜向上的直筒形把。器表和底部有烟炱痕。夹砂灰白陶，残。口径 10、腹最大径 18.8、底径 8.0、高 16 厘米（图三九九，3）。

盆　1件（97J81：3）。属于 B 型。近椭圆形，平沿，直壁，平底。夹砂灰褐陶，胎壁厚重，口沿上有三个炸裂口。长径 39、短径 24.4、高 11 厘米（图三九九，4；图版一七三，6）。

擂钵　2件。敛口，平沿，深弧腹，平底内凹。内腹壁刻竖向槽线，内底刻四组交叉槽线。标本 97J15②：29，夹砂灰陶，残。口径 23.6、底径 13.8、高 11.9 厘米（图三九九，5；图版一七三，5）。

2. 青釉器

数量较少，有罐、镡、碗、碟、器盖和烛台等器形。泥质胎，胎质较粗，多呈青灰色或灰白色。碟和部分碗多内外满釉，足底露胎，釉呈梅青色或灰青色，釉层较厚，玻璃质感较强。其余

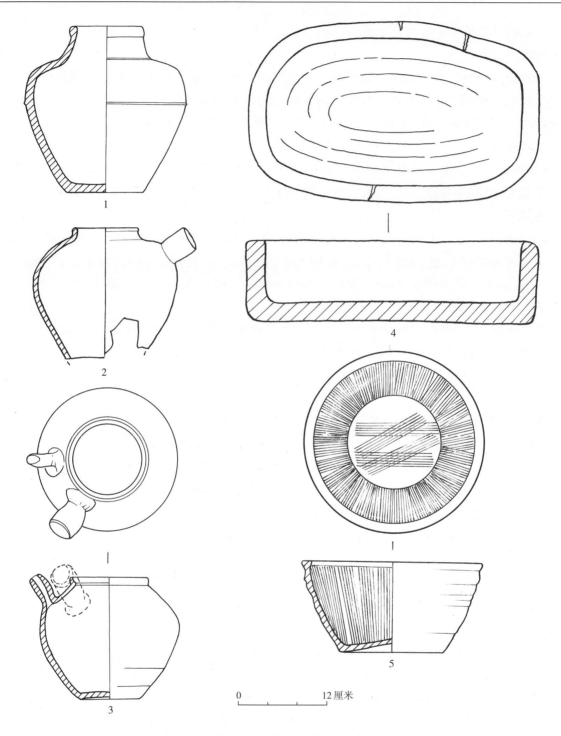

图三九九　明代水井出土的陶器

1. C型罐（95J14∶10）　2. 带把罐（97J15②∶28）　3. 急须（95J13∶13）　4. B型盆（97J81∶3）　5. 擂钵（97J15②∶29）

器类多施釉不到底，釉多呈青灰色、青黄色，多无光泽。

　　罐　2件。小口，卷沿，圆唇，丰肩，鼓腹，最大径靠上，平底。器表内外均有轮旋痕。标本95J2∶9，器表施青灰釉。浅灰胎，完好。口径8.8、腹最大径19.2、底径9.1、高23.3厘米（图四○○，1；图版一七四，1）。

罐 1件（97J82：9）。双口，内口微敛，方唇，外盘口已残，圆鼓腹，平底。灰褐陶，器表施青灰釉至下腹部，釉不均，厚釉处呈弦纹状。内口径 8.7、腹最大径 19.1、底径 10.3、高 24 厘米（图四〇〇，2）。

碗 5件。分属于 A 型、B 型和 C 型。

A 型 2件。敞口，尖圆唇，斜直腹，矮圈足。内底涩圈，器足露胎。标本 97J81：6，釉呈梅青色。灰白胎，残。口径 15.8、足径 7.9、高 5.1 厘米（图四〇〇，3）。

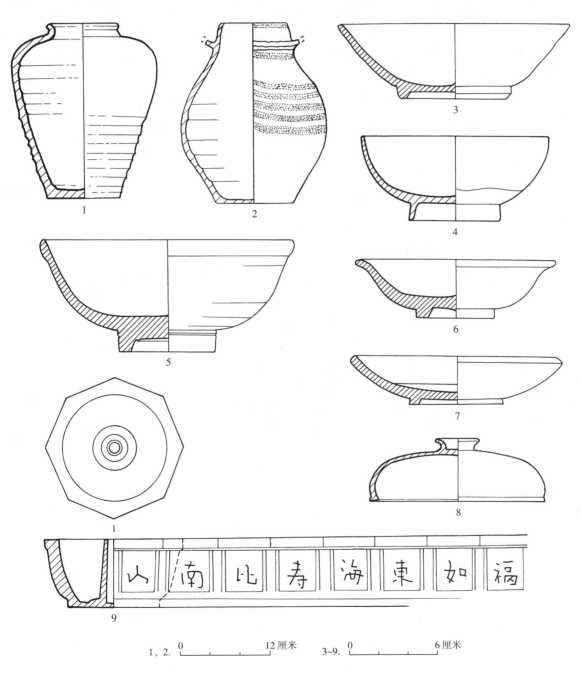

图四〇〇 明代水井出土的青釉器

1. 罐（95J2：9） 2. 罈（97J82：9） 3. A 型碗（97J81：6） 4. B 型碗（97J15①：4） 5. C 型碗（97J27：4） 6. B 型碟（97J27：3） 7. D 型碟（97J27：1） 8. B 型器盖（97J15②：16） 9. 烛台（97J49：1）

B 型　1件（97J15①：4）。直口，尖圆唇，弧腹，高圈足外撇。外腹壁施釉不到底，釉呈灰白色，无光泽。黄白胎，残。口径12.9、足径6.2、高5.6厘米（图四〇〇，4）。

C 型　2件。敞口，凸圆唇，弧腹，圈足，足底厚重，足端面平。内底涩圈，足内底露胎。标本97J27：4，外腹有轮旋痕。釉呈青灰色。浅灰胎，胎质较粗，残。口径17、足径6.3、高7.4厘米（图四〇〇，5）。

碟　2件。分属于B型和D型。

B 型　1件（97J27：3）。撇口，圆唇，浅弧腹，圈足，足底心凸起，足端面平。施梅青釉，有较大开片，足底露胎。浅灰胎，残。口径13.4、足径5.4、高3.7厘米（图四〇〇，6）。

D 型　1件（97J27：1）。敞口，圆唇，浅弧腹，圈足，足端平切。器内和口沿处施青黄釉。灰白胎，胎质较粗，残。口径14.4、足径6.4、高3.2厘米（图四〇〇，7）。

器盖　2件。属于B型。似一倒扣的钵，敛口，口沿外折，盖面圆隆起，盖顶有喇叭形纽。标本97J15②：16，盖面施青黄色釉。浅灰胎，残。口径24.3、通高8.3厘米（图四〇〇，8；图版一七四，2）。

烛台　2件。八棱形，直口，平沿，方唇，器内弧壁，底心有一上小下大的圆形灯柱，中空，高与器口沿平，外腹壁斜直，壁面模印"福如东海寿比南山"八字，阳文，平底。口沿面施酱釉，内外壁面施青黄釉，底露胎。标本97J49：1，黄褐色胎，完好。口径8.5、底径6.0、高4.4厘米（图四〇〇，9；图版一七四，3）。

3. 青白釉瓷器

碗　1件（97J27：5）。撇口，尖圆唇，圆弧腹，饼足内凹。施青白釉，足内底露胎。浅灰胎，残。口径10.4、足径4.4、高5.7厘米（图版一七四，4）。

4. 酱黑釉器

数量较多，器形较丰富，有罐、双耳罐、三耳罐、四耳罐、五耳罐、带把罐、缸、壶、盆、钵、急须、碗、盏等。泥质胎，胎质较粗松，多呈灰色或灰白色。多施釉不到底，釉呈酱黑色或酱褐色，多有光泽。部分罐类肩部划写或刺写有"禾"、"恒"等字，碗内底戳印有变形文字款（图四〇一）。

罐　4件。根据器口的不同可分三型。

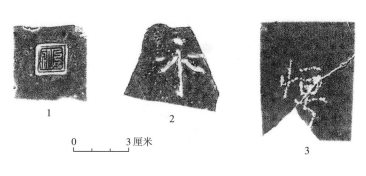

图四〇一　明代水井出土的陶文拓本
1. 变形文字款（97J27：6）　2. "禾"字（97J35：4）　3. "恒"字（95J3：1）

A 型　1件（97J82：3）。小口外侈，圆唇，短领，鼓腹，平底。器表有轮旋痕。器表施酱褐釉至近底处。灰胎，完好。口径6.0、腹最大径15.2、底径8.8、高14.4厘米（图四〇二，1）。

B 型　1件（97J81：2）。侈口，圆唇，鼓腹，平底。口沿施酱褐釉。灰胎，完好。口径8.8、腹最大径13.2、底径9.8、高12.2厘米（图四〇二，2）。

C 型　2件。敛口，斜平沿，长圆腹，最大径靠上，平底内凹。标本97J31：14，器表施酱黑釉至近底部。灰白胎，残。口径8.8、腹最大径17、底径8.7、高17厘米（图四〇二，3；图版一七四，5）。

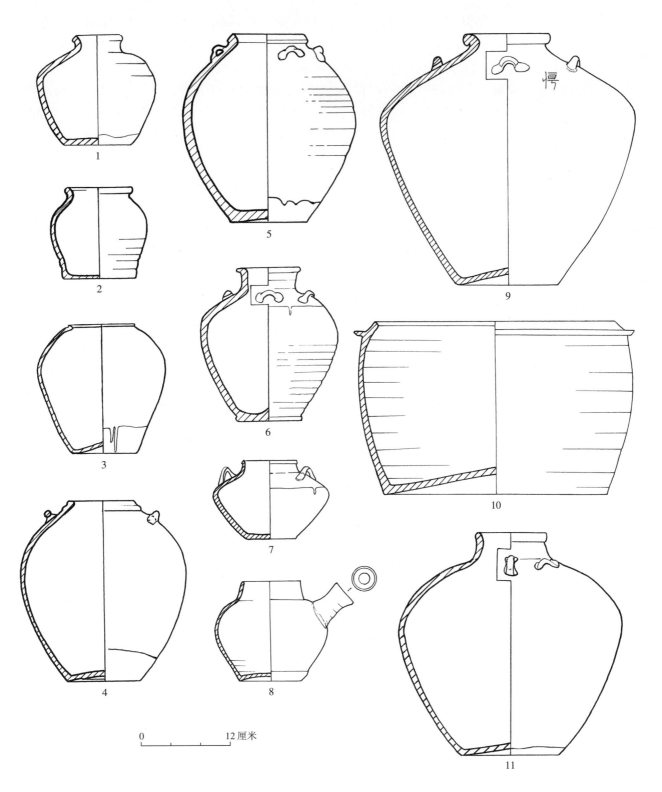

图四〇二 明代水井出土的酱黑釉器

1. A 型罐（97J82：3） 2. B 型罐（97J81：2） 3. C 型罐（97J31：14） 4. 双耳罐（97J82：6） 5. B 型三耳罐（97J35：5） 6. A 型四耳罐（97J31：4） 7. C 型四耳罐（97J15①：2） 8. B 型带把罐（95J13：1） 9. B 型四耳罐（95J3：1） 10. 缸（95J14：5） 11. 五耳罐（97J69：4）

双耳罐　10件。造型基本一致。敛口，平沿，厚宽唇，肩上安两个对称半环形横耳，长圆腹，最大径靠上，平底内凹。器表施酱黑釉至近底部。标本97J82：6，口沿和外底有叠烧痕。灰白胎，残。口径9.4、腹最大径21.7、底径10.1、高24厘米（图四〇二，4；图版一七四，6）。

三耳罐　3件。肩上安三个半环形横耳。根据器口的不同可分二型。

A型　2件。直口，圆唇，有较长直颈，圆肩，长圆腹，最大径靠上，平底。口沿至肩部施酱黑釉。标本97J82：10，灰白胎，完好。口径7.6、腹最大径16.6、底径6.8、高16.9厘米（图版一七五，1）。

B型　1件（97J35：5）。侈口，折沿外翻，长圆腹，平底微内凹。口沿和外底有叠烧痕，外腹有轮旋痕。器表施酱黑釉至近底部。灰白胎，完好。口径8.6、腹最大径22.4、底径10、高25厘米（图四〇二，5；图版一七五，2）。

四耳罐　18件。肩部安四个半环形横耳或竖耳。分属于A型、B型和C型。

A型　7件。直口，凸圆唇，有较长直颈，丰肩或圆肩，长圆腹，最大径靠上，平底或平底内凹。标本97J31：4，器表肩部以上施酱黑釉，下腹有明显的轮旋痕。灰白胎，完好。口径8.0、腹最大径18.6、底径10、高20厘米（图四〇二，6；图版一七五，3）。

B型　10件。小口，卷沿，圆唇，上腹圆鼓明显，下腹斜收，最大径靠上，平底内凹。器表施酱黑釉至近底部。标本97J31：3，肩部安三个横耳一个竖耳，口沿和外底部有叠烧痕，完好。口径10、腹最大径22、底径11.8、高21厘米（图版一七五，4）。标本95J3：1，肩部刺一"恒"字，外底有叠烧痕。灰白胎，残。口径11.6、腹最大径34.4、底径14、高33.2厘米（图四〇一，3；图四〇二，9）。

C型　1件（97J15①：2）。直口，折沿外翻，鼓腹，平底。肩部以上施酱黑釉。浅灰胎，稍残。口径7.4、腹最大径16、底径6.6、高10.4厘米（图四〇二，7；图版一七五，5）。

五耳罐　2件。直口，圆唇，有较高直颈，圆肩，肩上安四个半环形横耳和一个竖耳，鼓腹，平底内凹。器表施酱黑釉至近底部。标本97J69：4，灰白胎，残。口径9.8、腹最大径30、底径13.2、高29.5厘米（图四〇二，11；图版一七五，6）。

带把罐　4件。肩上安一斜向上的圆筒形直把，中空。根据器口的不同可分二型。

A型　3件。侈口，圆唇，鼓腹，平底微内凹。器内或口沿施酱釉。标本95J13：11，器内施酱釉，外底有烟炱痕。灰白胎，残。口径7.8、腹最大径17.6、底径7.0、高17.2厘米（图版一七六，1）。

B型　1件（95J13：1）。直口如领，尖圆唇，圆鼓腹，平底内凹。器内施酱釉，外底有烟炱痕。灰白胎，残。口径7.6、腹最大径15.3、底径8.2、高13.2厘米（图四〇二，8）。

缸　1件（95J14：5）。子口内敛，尖唇，口外下有宽沿，深弧腹，平底内凹。内外施灰黑色釉，有轮旋痕。浅灰胎，残。口径32.6、底径30.4、高22.8厘米（图四〇二，10；图版一七六，2）。

壶　6件。分属于A型Ⅱ式、B型和C型。

A型Ⅱ式　1件（97J15①：12）。直口如领，凸圆唇，平肩，长圆腹，下腹部有一向上流嘴，已残，对应一侧肩腹之间安一圆条形执把，已残，饼足。外底露胎，浅灰胎。口径5.2、腹最大径10.2、底径6.6、高12.7厘米（图四〇三，1）。

B型　3件。直口，方唇，丰肩，鼓腹，饼足，上腹部有一弧弯向上流嘴，肩部安一圆环形提梁把，已残断。器表施酱黑釉，外底露胎，外腹壁釉下绘黄褐彩折枝花果纹。标本97J82：5，灰色胎。口径8.3、腹最大径15.3、底径8.4、残高22.4厘米（图四〇三，2）。

C型　2件。盘形口，圆唇，鼓腹，肩上安一弧弯向上流嘴，肩部有四个半环形横耳或竖耳，平底微内凹。根据腹部变化和有无执把可分二式。

Ⅰ式　1件（97J15①：5）。圆鼓腹，无执把。器表施酱黑釉至近底部，外腹有轮旋痕。浅灰胎。口径9.0、腹最大径20、底径9.2、残高16.8厘米（图四〇三，3；图版一七六，3）。

Ⅱ式　1件（97J82：12）。长圆腹，最大径靠上，与流嘴对应一侧的肩部安一半环形小执把。器表施酱黑釉至近底部。浅灰胎，流嘴已残。口径9.2、腹最大径21.6、底径9.8、高24厘米（图四〇三，5）。

盆　2件。属于A型。敛口，平沿，宽厚唇，深弧腹，平底或平底内凹。器内多施酱黑釉。标本97J15①：8，器外上腹饰一周凸弦纹。灰白胎，残。口径32、底径22.3、高15.8厘米（图四〇三，4）。

钵　1件（97J31：8）。敛口，圆唇，弧腹，平底微内凹。器内和口沿施酱黑釉，内外壁均有轮旋痕。灰白胎，残。口径18.8、底径12.4、高5.9厘米（图四〇三，6；图版一七六，5）。

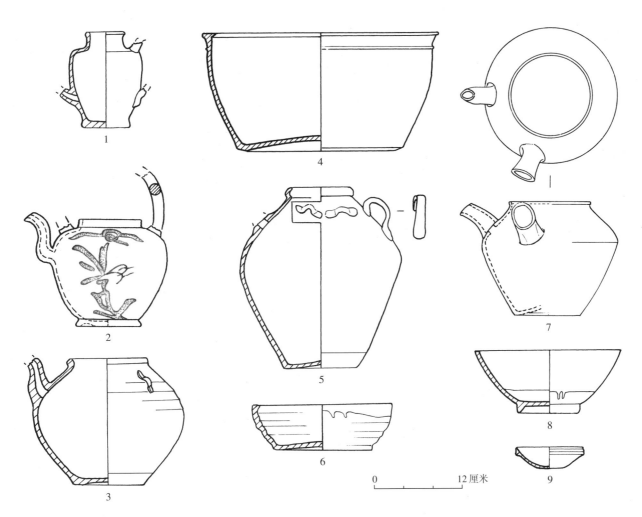

图四〇三　明代水井出土的酱黑釉器

1. A型Ⅱ式壶（97J15①：12）　2. B型壶（97J82：5）　3. C型Ⅰ式壶（97J15①：5）　4. A型盆（97J15①：8）　5. C型Ⅱ式壶（97J82：12）　6. 钵（97J31：8）　7. 急须（95J14：2）　8. 碗（97J81：5）　9. 盏（97J15①：3）

急须　1件（95J14：2）。侈口，圆唇，鼓腹，最大径靠上，平底内凹，肩上安一向上弧弯圆形流嘴，流嘴右侧安一斜向上的直筒形把。口沿和内腹壁施酱釉，器表和底部有烟炱痕。夹砂灰白胎，残。口径10.8、腹最大径18、底径8.9、高15厘米（图四〇三，7；图版一七六，4）。

碗　1件（97J81：5）。敞口，方圆唇，斜弧腹，圈足。器内、外施釉均不到底。灰白胎，残。口径19.6、足径8.4、高8.4厘米（图四〇三，8；图版一七六，6）。

盏　2件。敞口，尖唇，宽厚沿，沿面饰二道旋纹，浅弧腹，平底。内壁施酱黑釉。标本97J15①：3，完好。口径9.2、底径3.4、高2.8厘米（图四〇三，9）。

5. 青花瓷器

数量较多，器形有碗、碟、酒盅。胎质细腻坚致，多呈灰白色。多内、外满釉，少量足底露胎。釉多呈卵青色，少量釉白泛青。青花多呈蓝灰色，少量呈色灰暗，也有少量呈靛青色。纹饰有云气、折枝花果、折枝花卉、盆景花卉、缠枝莲、海水莲花、蟠螭龙、海螺、山水人物、蹴鞠和弦纹等。此外，部分碗、碟的内底或足底还有"大明成化年制"、"大明年造"等朝代款，"上品佳器"、"富贵佳器"等颂赞款，"福"、"白玉斋"等吉语款或斋堂款。

碗　19件。分属于A型和C型。

A型　9件。撇口，尖圆唇，弧腹，圈足。分属于Ⅰ式、Ⅱ式、Ⅲ式、Ⅳ式和Ⅴ式。

Ⅰ式　1件（97J27：2）。器内圜底，圈足陡直，足内壁向外斜削。碗内心单圈弦纹内书一草书"福"字青花款，外口沿下和近底部各饰一道弦纹，腹壁饰缠枝莲纹。青花呈青灰色，釉呈青白色，莹润亮泽，有细碎开片，足内底不施釉。灰白胎，残。口径14、足径5.6、高6.8厘米（图四〇四，1；图版一七七，1）。

Ⅱ式　5件。器内塌底或圜底，圈足内敛，胎体较薄。根据纹饰的不同可分：

海藻游鱼纹碗　1件（97J69：2）。内底双圈弦纹内饰涡状云气纹，内腹壁饰花卉纹，内口沿下饰一周莲瓣锦带纹。外口沿饰斜线锦带纹，腹壁饰云气、海藻游鱼纹。青花呈靛青色，釉白泛青、釉质莹润。灰白胎，残。口径15.6、足径6.0、高6.4厘米（图四〇四，2）。

花鸟纹碗　1件（97J15①：13）。内底周弦纹内饰一折枝花果纹，外腹壁饰花鸟图案，晕散严重，足底有"上品佳器"青花款。青花呈蓝灰色，局部发灰黑色，釉白泛青，足墙局部露胎呈红褐色。灰白胎，残。口径12.7、足径4.6、高5.9厘米（图四〇四，3；彩版二四，1）。

蟠螭龙纹碗　3件。器内底周弦纹内饰蟠螭龙，外腹壁饰蟠螭龙和折枝花卉纹。青花呈蓝灰色，釉呈卵青色。标本97J15①：10，足底有"富贵佳器"青花款，左侧刺一"相"字。灰白胎，残。口径12.4、足径4.5、高6.2厘米（图四〇四，4；图版一七七，2）。

Ⅲ式　1件（95J2：6）。器内底面平，圈足近直，足端平。内底双圈弦纹内饰人物、山水图案，外腹壁饰山水图案，足底双圈弦纹内有"大明成化年制"青花款。青花呈靛蓝色，卵青釉。灰白胎，足底可见跳刀痕，残。口径14.4、足径6.2、高6.0厘米（图版一七七，3、4、5）。

Ⅳ式　1件（97J15①：6）。高圈足，足墙陡直，足端尖圆。内腹壁饰弦纹，外腹壁饰盆景花卉纹，足外墙和足底饰各饰二道弦纹。青花呈靛青色，釉白泛青。灰白胎，残。口径10.6、足径4.2、高6.0厘米（图四〇五，1）。

Ⅴ式　1件（95J2：5）。器内底面平，宽厚圈足。内底双圈弦纹内饰人物、山水图案。青花呈靛蓝色，发灰，卵青釉。足底露胎，灰白胎，残。口径11.4、足径5.2、高3.8厘米（图四〇五，2；彩版二四，2；图版一七七，6）。

图四〇四 明代水井出土的青花瓷碗

1. A型Ⅰ式"福"字碗（97J27：2） 2. A型Ⅱ式海藻游鱼纹碗（97J69：2） 3. A型Ⅱ式花鸟纹碗（97J15①：13）
4. A型Ⅱ式蟠螭龙纹碗（97J15①：10）

C 型　10 件。敞口，弧腹，圈足。分属于 I 式和 III 式。

I 式　9 件。器内塌底或圜底，圈足内敛。根据纹饰的不同可分：

缠枝莲纹碗　2 件。内底双圈弦纹内饰折枝花卉纹，外腹壁饰缠枝莲纹，其下饰莲瓣纹。青花呈蓝灰色，卵青釉。标本 97J15①：9，浅灰胎，残。口径 14.8、足径 4.5、高 5.8 厘米（图四〇五，3；图版一七八，1）。

海螺纹碗　2 件。内底弦纹内饰海螺，外口沿下饰曲折水波锦带纹，腹部饰缠枝花卉纹。青花呈色灰暗，卵青釉。标本 95J13：6，浅灰胎，残。口径 12.6、足径 5.2、高 5.6 厘米（图四〇五，4；图版一七八，2）。

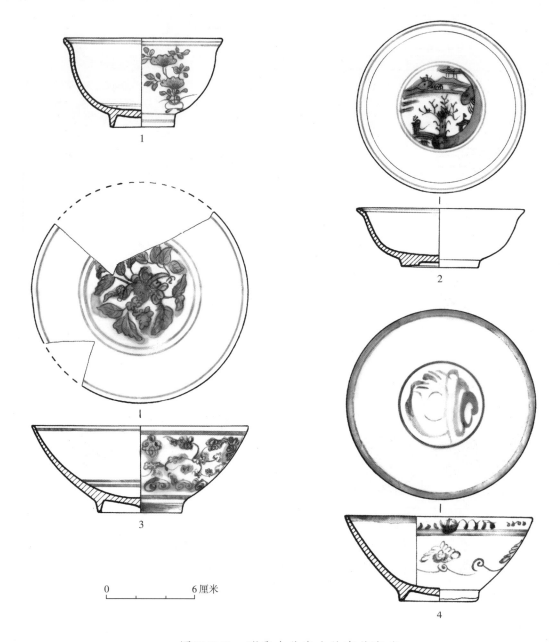

图四〇五　明代水井出土的青花瓷碗

1. A 型 IV 式盆景花卉纹碗（97J15①：6）　2. A 型 V 式山水人物纹碗（95J2：5）　3. C 型 I 式缠枝莲纹碗（97J15①：9）　4. C 型 I 式海螺纹碗（95J13：6）

　　海水莲花纹碗　　1件（97J31：9）。内底双圈弦纹内饰海水、莲花纹，外口沿下饰波涛锦带纹，下腹部饰蕉叶纹。青花呈蓝灰色，卵青釉。浅灰胎，残。口径14.4、足径5.6、高6.2厘米（图四〇六，1）。

　　蹴鞠纹碗　　2件。内底饰两个正在蹴鞠的孩童，外腹壁饰一组8个蹴鞠的孩童。青花呈色暗淡，卵青釉。标本95J3：2，浅灰胎，残。口径13、足径5.2、高5.8厘米（彩版二四，3；图版一

图四〇六　明代水井出土的青花瓷碗、碟和酒盅
1. C型Ⅰ式海水莲花纹碗（97J31：9）　2. A型Ⅰ式梵文碟（97J15①：7）　3. C型Ⅰ式弦纹碗（97J15②：14）　4. C
型Ⅲ式缠枝莲纹碗（97J15②：15）　5. B型弦纹碟（97J31：12）　6. A型Ⅰ式"福"字酒盅（97J82：11）

七八，3）。

弦纹碗　1件（97J15②：14）。器内、外各饰二道弦纹。卵青釉，浅灰胎，塌底，残。口径12.7、足径4.6、高4.7厘米（图四〇六，3）。

"白玉斋"款碗　1件（95J10：1）。内底周弦纹内有"白玉斋"青花款，口沿内外各饰一道弦纹。青花发灰，釉呈卵青色。浅灰胎，残。口径11.6、足径4.2、高5.6厘米（图版一七八，4）。

Ⅲ式　1件（97J15②：15）。器内底隆起呈馒头底，胎体较薄。内底双圈弦纹内饰缠枝莲纹，内口沿下饰菱形锦带纹，足底有青花方形款。青花呈蓝灰色，卵青釉。浅灰胎，残。口径12.6、足径5.4、高4.2厘米（图四〇六，4；图版一七八，5）。

另有1件青花碗底（95J10：3）。内底双圈弦纹内饰菊花纹，足底双圈弦纹内有"大明年造"青花款。灰白胎，釉呈卵青色。足径4.4、残高2.4厘米（图版一七八，6）。

碟　2件。分属于A型Ⅰ式和B型。

A型Ⅰ式　1件（97J15①：7）。撇口，弧腹，器内塌底，圈足内敛，足端尖圆。内底和外腹壁均绘变体梵文。青花呈蓝中泛灰，卵青釉。足底有明显跳刀痕，灰白胎，残。口径12.4、底径6.7、高2.5厘米（图四〇六，2）。

B型　1件（97J31：12）。敞口，斜弧腹，器内底面平，圈足微内敛，足内墙近直。外口沿下饰一道淡青花弦纹。器内满釉，器外施釉不到底，釉呈乳白色。灰白胎，残。口径12、足径6.0、高2.9厘米（图四〇六，5）。

酒盅　1件（97J82：11）。属于A型Ⅰ式。撇口，尖唇，深弧腹，圈足内敛，足内墙近直。足底有"福"字青花款。釉白泛青。灰白胎，残。口径6.2、足径2.6、高3.7厘米（图四〇六，6）。

6. 木杯

1件（97J15②：22）。用圆木挖凿成杯状，口部已残，斜直腹，平底。残口径13.8、底径10.5、残高14厘米（图四〇七，1）。

7. 椰勺

1件（97J50：1）。半圆形，为椰壳剖开后的一半，一端有两个圆形穿孔。长径10.2、短径9.9、高4.6厘米（图四〇七，2）。

8. 小铜勺

1件（97J6：1）。勺体呈圆形，柄细长，截面呈扁方形。残长4.1厘米（图四〇七，3）。

（三）其他

陶响鱼　1件（95J14：9）。鱼形，中空，平底微内凹，鱼嘴有圆孔与鱼腹相通，尾上部也有圆孔与腹部相通。周身刻鱼鳞纹。从鱼嘴吹会响，像哨子。黄白陶。残长7.4、高3.3、厚2.7厘米（图四〇七，4；图版一七九，1）。

陶球　1件（95J3：6）。圆球形，夹砂灰白陶。径6.4厘米（图四〇七，5）。

铁抓　1件（95J14：11）。前端分出两个大弯勾，截面呈圆形，柄身向后渐细，截面呈扁方形，末端下折与柄呈直角。通长12.8厘米（图四〇七，7；图版一七九，2）。

木条　1件（95J3：5）。长条形，截面长方形。长15.2、宽3.0、厚1.8厘米（图四〇七，6）。

木轳辘轴　1件（97J15②：23）。用圆木段加工而成，中部为束腰圆柱形，两端有长条圆形轴。通长21、辘辘径9.4、轴径2.0厘米（图四〇七，8；图版一七九，3）。

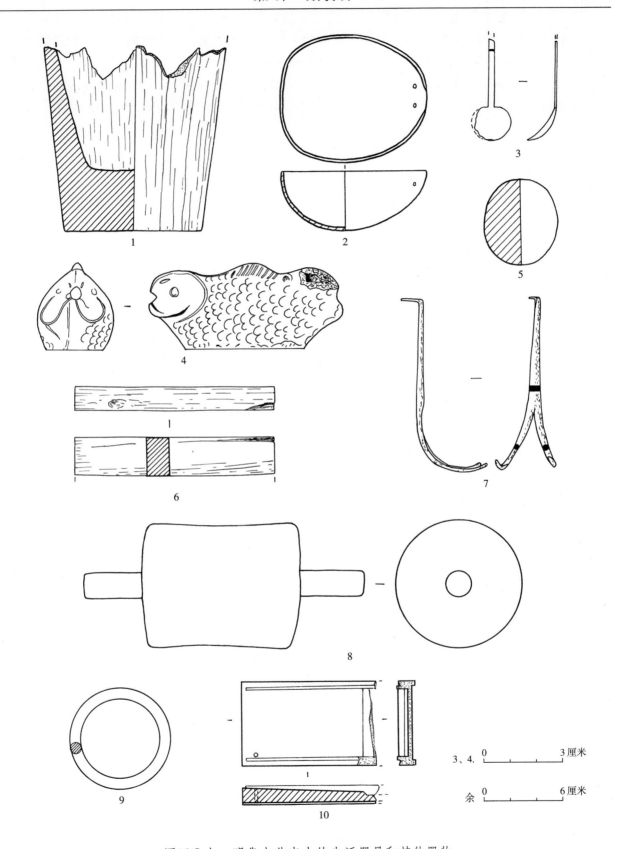

图四〇七 明代水井出土的生活器具和其他器物

1. 木杯（97J15②：22） 2. 椰勺（97J50：1） 3. 小铜勺（97J6：1） 4. 陶响鱼（95J14：9） 5. 陶球（95J3：6） 6. 木条（95J3：5） 7. 铁抓（95J14：11） 8. 木辘轳轴（97J15②：23） 9. 玉镯（95J10：5） 10. 石砚台（97J31：11）

玉镯　1件（95J10：5）。用白玉石琢制而成，乳白色不透亮，表面莹润光亮，做工精细。外径7.7、内径5.9、截面径0.9厘米，重39.3克（图四〇七，9；图版一七九，4）。

石砚台　1件（97J31：11）。长方形，子口，双轨足，池端残缺。研磨面向池端倾斜，一角有一圆形小穿孔。灰绿色岩，器表打磨光滑。残长10.1、宽6.4、厚1.3厘米（图四〇七，10；图版一七九，5）。

三　小结

这一期水井出土的遗物以青花瓷器和酱黑釉器为主，也有少量青釉器和白瓷器。其中的A型Ⅰ式青花草书"福"字款碗，在南京明故宫玉带河也有出土，属于明代早期景德镇民窑的产品[1]。其余的青花瓷器，胎较轻薄，釉多呈卵青色，少量呈青白色，青花多呈蓝灰色，少量呈靛青色。纹饰多为折枝花果、折枝花卉、缠枝莲、蟠螭龙、海螺、蹴鞠和山水人物等，部分还有"大明成化年制"、"大明年造"等朝代款，"上器佳器"、"富贵佳器"等颂赞款，"福"字和"白玉斋"等吉语款和斋堂款等，其造型、纹饰和铭款等都与明代中晚期景德镇民窑的青花瓷器一致[2]。可知这一期水井的年代为明代。

这一期水井的数量较之前水井有大幅度的增加，水井的类型单一，只有土坑井和瓦状陶圈井两种。土坑井大都较浅，可能是提供生产水源的水井。瓦状陶圈井砌筑讲究，井小而深，显示到了明代凿井技术有了极大的进步。

第九节　清代水井

一　水井的分布和结构

清代水井共发现18口，分别编号为95J1、95J5、97J1、97J4、97J7、97J8、97J9、97J13、97J16、97J22、97J23、97J60、97J72、97J76、97J80、97J83、97J88、97J90。根据井圈用材和结构的不同可分为土坑井、砖井、砖石合构井和瓦状陶圈井四类。

1. 土坑井

5口，分别为95J1、97J7、97J13、97J23、97J72。井口平面呈圆形或椭圆形，井壁垂直或斜直，平底，壁面光滑。现举例介绍如下：

97J13　位于97T13南部，开口于97①层下，打破97④b层、97GC至生土。井口径1.4、底径1.1、残深4.57米。井内堆积可分两层，第①层为灰褐土，土质杂乱，厚3.25米，出土A型Ⅱ式花卉纹瓦当1件，还有少量青花瓷片和酱釉陶片以及碎砖、瓦片等，是水井废弃后形成的堆积；第②层为灰色淤沙土，厚1.32米，内含遗物少（图四〇八）。

97J23　位于97T20南部，开口于97①层下，打破97F5、97⑦层。井口平面呈圆形，径1.1米，井壁光滑，南壁和北壁有脚窝，呈对称分布，现已清理12个。脚窝的形制、大小基本一致，

---

① 南京博物院：《南京明故宫出土洪武时期瓷器》，《文物》1976年第8期。
② 中国陶瓷编辑委员会编：《中国陶瓷·景德镇民间青花瓷器》，第149~193页，上海人民美术出版社，1994年。

均上小下大，略呈梯形，上边宽0.12~0.16、下边宽0.2~0.23米，深0.1~0.12米，自上而下第一对脚窝距井口约0.52米，第二对脚窝与第一对脚窝边距为0.56米，第二至第六对脚窝上下边距分别为0.74、0.5、0.62、0.58米。由于井口太小，发掘深4.0米暂停，井深不详（图四〇九；图版一八〇，1）。已发掘部分井内为灰黑土堆积，土质疏松，出土可复原筒瓦1件、长条砖1件、砖构件1件、陶盘1件、青釉器盖1件、C型青花缠枝牡丹纹碗1件、A型青花梵文杯1件、B型青花斜线纹杯1件、"元"字青花款碗底2件、"福"字青花款碗底1件、戳印"好酒"款青釉罐残片1件、戳印"合兴店"款陶炉残片1件，还有动物骨和瓦片等。

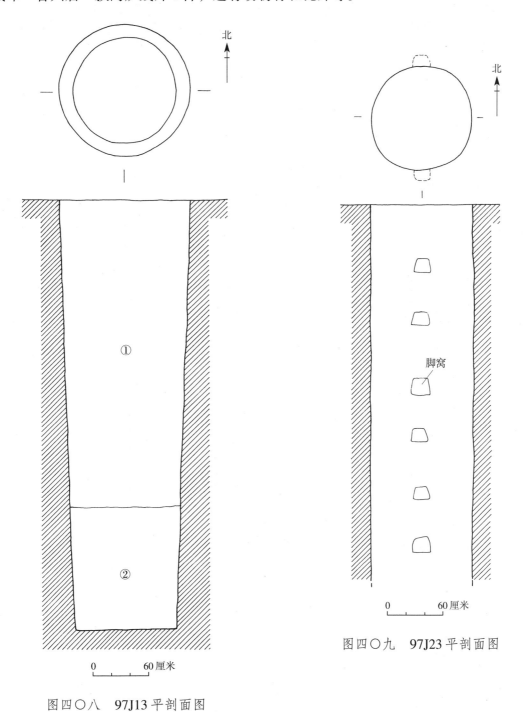

图四〇八　97J13平剖面图

图四〇九　97J23平剖面图

2. 砖井

1口，编号为97J4。位于97T1西南部，开口于97①层下，打破97④a层、97GC至生土。井坑口平面呈椭圆形，东西1.17、南北1.62米，井口以下2.7米井坑壁垂直，2.7米以下至井底坑壁向外扩大，底部东西1.74、南北1.7米。井圈用长条砖错缝平砌而成，井口内径东西0.58、南北0.64、残深4.56米。井底平铺3块长方形木板，东西长1.28、南北合宽0.76、厚0.02米，其下为

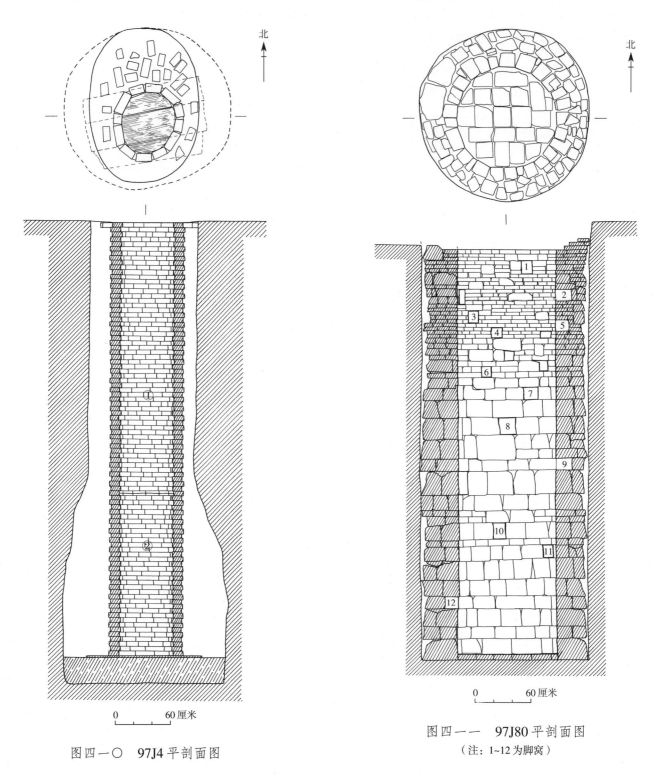

图四一〇　97J4平剖面图

图四一一　97J80平剖面图

（注：1~12为脚窝）

碎瓦夯层，厚约 0.3 米。井圈和井坑壁之间空隙用碎砖、瓦片和红色黏土填实（图四一〇；图版一八一，1）。井圈用砖多为整砖，少量是碎砖，呈青灰色。砖的规格有两种：一种长 23、宽 8、厚 5 厘米，另一种长 25、宽 9.5、厚 5 厘米。

井内堆积可分两层，第①层为灰土，土质松软，厚约 2.8 米，出土 A 型青花缠枝花卉纹杯 3 件、B 型青花梵文杯 1 件、A 型石权 3 件，还有碎砖、瓦片等；第②层为褐色土，土质较黏，厚 1.76 米，夹有少量的贝壳，遗物丰富。出土"乾隆通宝"铜钱 1 枚、A 型青釉罐 10 件、A 型酱釉罐 2 件、B 型酱釉罐 1 件、C 型酱釉罐 1 件、B 型酱釉四耳罐 2 件、酱釉带把罐 1 件、A 型 II 式酱釉壶 1 件、酱釉盆 1 件、酱釉虎子 1 件、A 型 II 式青花树石牡丹纹碗 1 件、豆青青花瓷碟 2 件、木水斗 1 件、椰勺 1 件、铁钩 1 件、A 型石权 6 件、研石 1 件、墨书"意笔神、戟"文字瓦片 1 件。

3. 砖石合构井

1 口，编号为 97J80。位于 97T12 西北部，开口于 97①层下，打破 97⑥a 层和 97SQ。井口平面呈圆形，直壁，平底。井口外径东西 1.8、南北 1.85 米，内径 1.06、残深 4.75 米。井口以下 0.3 米井壁砖已残缺。0.3 米往下至 1.24 米井圈壁用厚约 0.04 米的青灰色残砖及少量的红砂岩石块错缝平砌。1.24 米往下至井底井圈壁用红砂岩石块错缝平砌，间用厚约 0.06 米的青灰色残砖平砌，石块长约 0.2~0.45、厚约 0.15~0.28 米不等，井底用青灰色残砖平铺。井壁筑有脚窝共计 28 个，排列无规律，上下脚窝间距为 0.08~0.33 米。脚窝呈长方形，大小不一，左右宽 0.14~0.2、上下高 0.13~0.22、深 0.12~0.21 米（图四一一；图版一八〇，2）。

井内为灰黑土堆积，土质松软，内含大量的酱釉陶片和青花瓷片，出土陶带把罐 2 件、青釉碗 2 件、青釉器盖 1 件、A 型酱釉罐 4 件、B 型酱釉四耳罐 2 件、酱釉盆 2 件、A 型酱釉壶 1 件、A 型 II 式酱釉急须 2 件、B 型酱釉急须 1 件、酱釉杯 1 件、A 型 I 式青花牡丹纹碗 1 件、A 型 II 式青花牡丹纹碗 1 件、A 型 II 式青花山水纹碗 1 件、D 型青花海藻游鱼纹碗 2 件、D 型青花弦纹碗 1 件、D 型青花"兴"字款碗 1 件、A 型青花山水人物纹碟 1 件、B 型青花斜线纹杯 1 件、青花"玉"字款碗底 1 件、青花"白玉斋"款碗底 1 件、铁簪 1 件、A 型铁钉 3 枚、B 型铁钉 1 枚、B 型花卉纹瓦当 1 件、戳印"三城窑务烧造到砖官立"铭款砖 4 块等。

4. 瓦状陶圈井

11 口，分别为 95J5、97J1、97J8、97J9、97J16、97J22、97J60、97J76、97J83、97J88、97J90。是在挖好的竖穴土坑内，逐层用 6 块呈板瓦状的陶圈拼接而成井壁，坑径和井圈内径都极小，内径约 0.6 米，井深普遍在 6 米以上。现举例介绍如下：

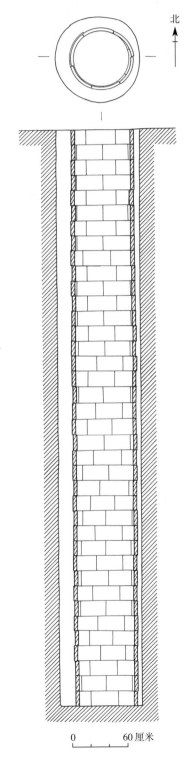

北

0　　　60 厘米

图四一二　97J9 平剖面图

97J9　位于97T16南部，开口于97①层下，打破97F18和97⑥b层。井口平面近呈圆形，坑口外径东西0.9、南北0.92米，井口内径0.6、残深6.1米（图四一二；图版一八一，2）。井内灰黑土堆积，土质松软，遗物较少，出土青釉碗1件、B型白瓷碗1件、青釉人物兰草纹壶1件、B型青花弦纹碗3件、陶管道1件、B型陶网坠1件，还有瓦片等。

二　遗物

有建筑材料和构件、生活器具和其他三大类。

（一）建筑材料和构件

有砖、砖构件、板瓦、筒瓦、瓦当、陶圈、陶管道、铁钉等。

1. 砖

绝大多数为碎块。有长方砖和长条砖两种，多呈青灰色或灰白色，少量呈红褐色，素面，部分长方砖表面戳印有铭款。

标本97J8：4，长条砖，长19.2、宽8.8、厚4.8厘米（图版一八二，1）。标本97J8：5，长条砖，长24.8、宽9.6、厚4.9厘米。

"三城窑务烧造到砖官立"铭款长方砖　4块。均残，宽16.4~17厘米，呈灰色或红褐色，表面戳印"三城窑务烧造到砖官立"铭款，阴文，竖排，有边栏。标本97J80：35，灰陶。残长17、残宽15、厚4厘米，印文面长9.5、宽2.0厘米（图四一三，1；图版一八二，2）。

2. 砖构件

1件（97J23：1）。表面近一端中部凿一圆形凹槽，上大下小，侧面凿一方形洞与凹槽相通，类似灶形，作用未明。青灰陶。残长16、宽13、厚6.0厘米（图四一四，1；图版一八二，3）。

3. 板瓦

596件，均为碎块，未能复原。泥片筑成，瓦体较小、较薄，里面和表面均素面，多呈灰白色，少量呈浅红色。标本97J4②：29，里面刻写"意笔神"三字，竖排，左侧靠下刻一"戟"字，字体外刻一周曲线，背面墨书"敬地"两字，楷书。灰白陶。残长9.4、残宽6.1厘米（图四一三，2；图版一八二，4）。

4. 筒瓦

79件，绝大多数为碎块，仅1件可复原。泥片筑成，呈一头大一头小，瓦唇平直。陶质、陶色等与板瓦一致。标本97J23：12，灰白陶，稍残。长16.8、径8.2~9.4、厚0.8厘米，瓦唇长4.8厘米（图四一四，2；图版一八二，6）。

5. 瓦当

2件，均为花卉纹瓦当。分属于A型Ⅱ式和B型。

A型Ⅱ式　1件（97J13①：1）。当面模印一阔叶状折枝花卉，外绕一"万"字形纹。浅灰陶，完好。当径9.5、厚1.0厘米（图四一三，3；图版一八三，1）。

B型　1件（97J80：33）。当面模印一针叶状折枝花卉，外绕两周弦纹，弦纹间饰联珠纹。黄白陶，残。当径10.8、厚1.3厘米（图四一三，4；图版一八三，2）。

6. 陶圈

用于砌筑井圈壁，呈板瓦状，胎壁较厚，呈红黄色或黄白色，少量呈灰白色。陶圈的规格为：

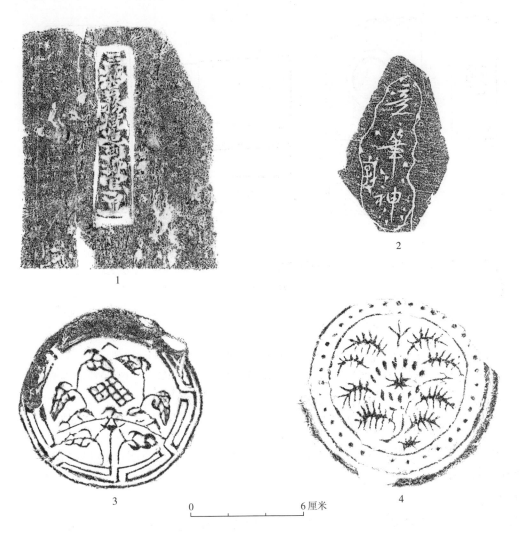

图四一三 清代水井出土的砖文、瓦文和瓦当拓本

1. "三城窑务烧造到砖官立"砖文（97J80：35） 2. "意笔神、戟"瓦文（97J4②：29） 3.A型Ⅱ式花卉纹瓦当（97J13①：1） 4.B型花卉纹瓦当（97J80：33）

内弧28.5~30.8、外弧29.5~32.2、宽15~18、厚2.1~2.8厘米。标本97J60：5，黄白陶，内弧30.8、外弧32.2、宽15.1、厚2.2厘米（图版一八二，5）。

7. 陶管道

1件（97J9：2）。圆筒形，一端有子口。灰白陶，残。通长24.8、径11、厚0.6厘米，子口长2.3、径9.6厘米（图四一四，3；图版一八三，3）。

8. 铁钉

4枚。可分二型。

A型 3枚。楔形，截面呈方形，无钉帽。标本97J80：27，长7.5、顶边长0.8厘米（图四一四，4）。

B型 1枚（97J80：30）。码钉，截面呈扁方形。长7.5、厚0.3厘米（图四一四，5）。

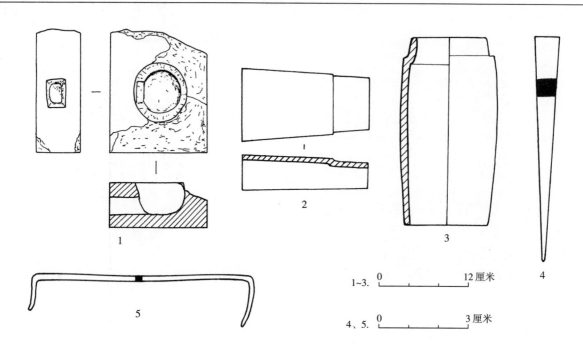

图四—四　清代水井出土的建筑材料和构件

1. 砖构件（97J23：1）　2. 筒瓦（97J23：12）　3. 陶管道（97J9：2）　4. A型铁钉（97J80：27）　5. B型铁钉（97J80：30）

（二）生活器具

有陶器、青釉器、酱釉器、白瓷器、青花瓷器、豆青青花瓷器和粉彩瓷器。此外，还有木水斗、椰勺和锡器等。

1. 陶器

数量较少，有带把罐、支垫、擂钵、盘和炉等器形。有泥质陶和夹砂陶，呈灰褐色、灰白色或浅红色等。

带把罐　2件。直口，尖圆唇，圆肩，圆鼓腹，平底，肩上安一斜向上喇叭形把。标本97J80：5，灰白陶，完好。口径7、腹最大径11.8、底径7.6、高13厘米（图四—五，1）。

支垫　1件（97J8：9）。鼓形，上下两面平，上面中部有三个小凹坑，一侧有圆柱形把，残断。夹砂浅红陶。上面径10.5、腹径14.2、高11.2厘米（图四—五，2）。

擂钵　1件（97J8：13）。敛口，平折沿，方唇，深弧腹，平底微内凹，内腹壁刻满竖向刻槽，内底部有6组刻槽。夹砂灰褐陶，残。口径27.5、底径20.2、高15.2厘米（图四—五，3）。

盘　1件（97J23：14）。敞口，方唇，斜直腹，平底。器壁有明显的轮旋痕。夹砂灰褐陶，残。口径50.8、底径41.2、高7.8厘米（图四—五，4）。

炉　2件，均为残片，形制不明，外壁面均戳印有文字。标本97J8：14，壁面戳印"烟光带水鸣大壮"，两排，阴文，右起往下读。残长6.4、残宽4.8、厚1.4厘米（图四—六，1）。标本97J23：15，壁面戳印"合兴店"铭款，竖排，阴文。残长12、残宽5.5、厚2.0厘米（图四—六，2）。

2. 青釉器

数量较少，器形有罐、壶、碗、小瓶和器盖等。釉多呈青黄色或青褐色，釉浊不透亮。部分罐的肩部还戳印有"闵山"、"大记"、"高记"、"元记"、"好□"铭款，阳文，大多有边栏（图四

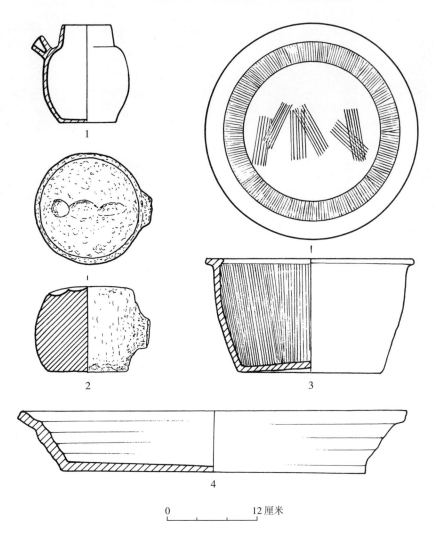

图四一五　清代水井出土的陶器

1. 带把罐（97J80：5）　2. 支垫（97J8：9）　3. 擂钵（97J8：13）　4. 盘（97J23：14）

一六，3~6、10）。

罐　11件。根据器口和腹部的不同可分二型。

A型　10件。小口，卷沿，方唇或圆唇，上腹圆鼓，下腹敛收，平底。肩部刻竖线纹，呈瓜棱形，上腹部饰若干道凸弦纹。器表施青褐色釉，釉浊不透亮。标本97J4②：12，肩上戳印"闵山"铭款，字体模糊。完好。口径12.3、腹最大径24、底径12.5、高30厘米，印文面长2.4、宽1.6厘米（图四一六，3；图四一七，1；图版一八四，1）。标本97J4②：33，肩上戳印"大记"铭款。青灰胎，残。口径11.3、腹最大径22.6、底径12.4、高28.8厘米，印文面长2.7、宽1.9厘米（图四一六，4；图四一七，2）。

B型　1件（95J5：5）。直口，尖圆唇，丰肩，曲弧腹，饼足较高。内外施青黄釉，浅灰胎，完好。口径2.8、腹最大径5.6、底径3.3、高4.8厘米（图四一七，4）。

壶　1件（97J9：1）。直口，方唇，圆鼓腹，下腹部有一向上弧弯流嘴，已残，对应一侧肩腹间安一耳形执把，饼足底。肩部饰"万"字形几何图案，腹部八开光内饰四兰草和四仙人。器

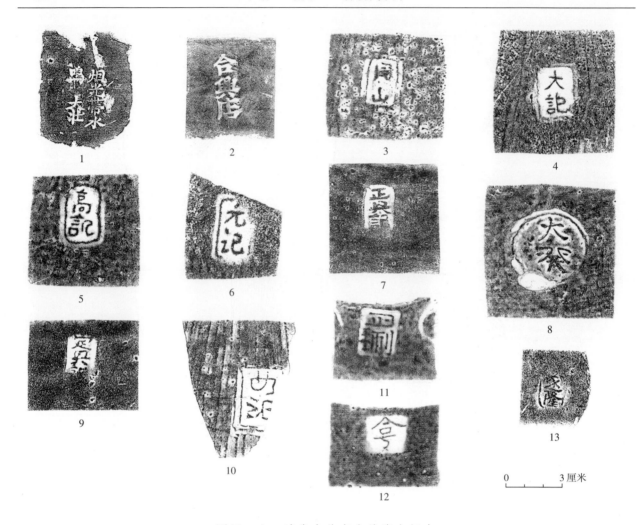

图四一六　清代水井出土的陶文拓本

1. 烟光带水鸣大壮（97J8：14）　2. 合兴店（97J23：15）　3. 闽山（97J4②：12）　4. 大记（97J4②：33）　5. 高记（97J4②：40）　6. 元记（97J4②：42）　7. 正兴记（97J8：2）　8. 大癸（97J22：3）　9. 定兴记（97J8：3）　10. 好口（97J23：8）　11. 正捌（97J22：6）　12. 合（97J22：4）　13. 遂隆（97J4②：38）

表施青黄釉至底部。浅灰胎。口径 7.2、底径 7.6、高 10.5 厘米（图四一七，3；彩版二四，4）。

碗　3件。造型基本一致。敞口，斜弧腹，高圈足外撇。器内和外上腹部施青灰釉，无光泽。标本 97J9：6，灰胎，胎质较粗松，残。口径 12、足径 5.3、高 5.0 厘米（图四一七，5）。

小瓶　1件（97J8：15）。个体甚小，侈口，圆唇，束颈，直腹，平底。釉青发白，多已脱落。口径 0.9、底径 1.1、高 1.9 厘米（图版一八四，2）。

器盖　2件。子口，盖沿外展，盖面曲折隆起，顶面平，中间塑一攒珠形纽，盖面施青黄色釉。标本 97J80：36，灰黄胎，残。子口径 9.3、盖面径 9.3、高 3.2 厘米（图四一七，6）。

3. 酱釉器

数量较多，有罐、带把罐、四耳罐、壶、急须、盆、瓶、杯和灯等器形。多为泥质胎，少量为夹砂胎，胎质较粗，多呈青灰色。釉呈酱褐色、酱黑色或酱黄色等，部分釉质光亮。部分罐、四耳罐肩部还戳印有"大癸"、"正兴记"、"定兴记"、"正捌"、"合"、"遂隆"等铭款，阳文，部分有边栏，印文面呈长方形或圆形（图四一六，7~9、11~13）。

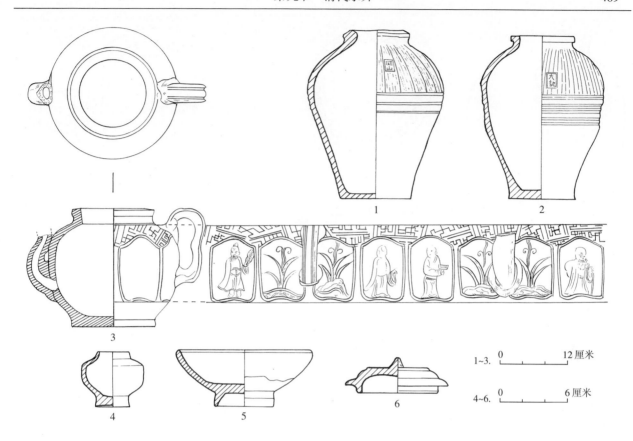

图四一七　清代水井出土的青釉器

1. A 型罐（97J4②：12）　2. A 型罐（97J4②：33）　3. 壶（97J9：1）　4. B 型罐（95J5：5）　5. 碗（97J9：6）　6. 器盖（97J80：36）

罐　15 件。根据器口和腹部的不同可分三型。

A 型　13 件。小口，卷沿，尖圆唇，长圆腹，上腹圆鼓，下腹敛收，平底。内外满施酱黑釉，有光泽。标本 97J22：3，肩部戳印"大癸"铭款，圆形印，有边栏。下腹部饰一周凸弦纹。完好。口径 11.2、腹最大径 22.6、底径 10.2、高 30.2 厘米，印面径 3.9 厘米（图四一六，8；图四一八，1；图版一八四，3、4）。标本 97J8：2，肩部戳印"正兴记"铭款，无边栏。口沿和外底均有叠烧痕。完好。口径 10.8、腹最大径 19.7、底径 10.8、高 23.8 厘米，印文面长 2.5、宽 1.6 厘米（图四一六，7；图四一八，2；图版一八四，5）。

B 型　1 件（97J4②：11）。器形较小，广口外侈，扁圆腹，最大径靠上，下腹敛收，小平底。器表施酱褐釉。完好。口径 5.2、腹最大径 6.9、底径 2.8、高 5.4 厘米（图四一八，3）。

C 型　1 件（97J4②：38）。圆鼓形，上下面平微凹，上面中部开一方形口。边沿饰卷曲纹，上腹部饰回形纹和覆莲瓣纹，下腹部墨书"□八起日□存"文字，底面边沿戳印"遂隆"铭款，有边栏。上面及上腹部施酱黄釉，灰白胎，残。上面径 8.4、复原口径 4.4、腹径 11.9、底面径 8.4、高 9.2 厘米（图四一六，13；图四一八，4）。

带把罐　1 件（97J4②：37）。直口，平沿，颈微束，圆鼓腹，近底部敛束，平底微内凹。肩上安一喇叭形把，中空，器内和外上腹有轮旋痕。器内施酱黄釉，外腹及底部有烟炱痕。灰白胎，残。口径 19、腹径 22、底径 13.2、高 20.4 厘米（图四一八，6）。

四耳罐　12 件。肩部安四个对称半环形横耳。分属于 B 型和 C 型。

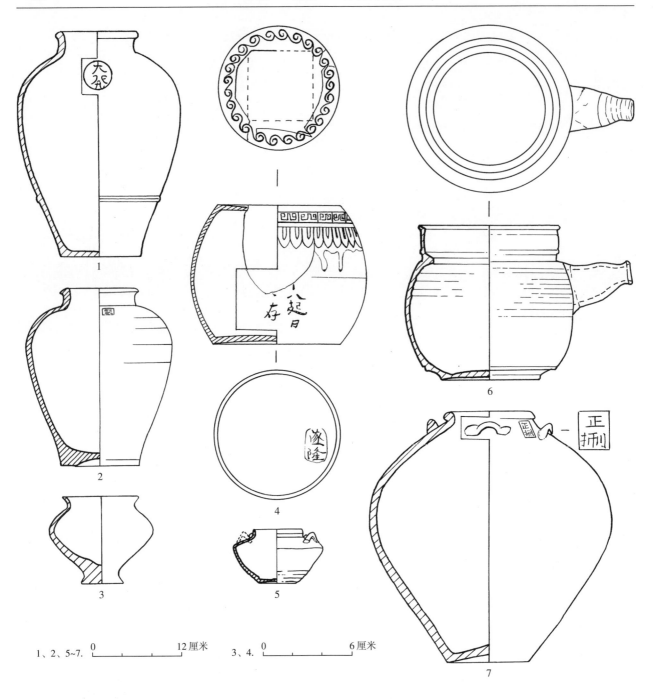

图四一八　清代水井出土的酱釉罐、四耳罐和带把罐

1. A型罐（97J22：3）　2. A型罐（97J8：2）　3. B型罐（97J4②：11）　4. C型罐（97J4②：38）　5. C型四耳罐（97J16：3）　6. 带把罐（97J4②：37）　7. B型四耳罐（97J22：6）

　　B型　11件。小口，卷沿，圆唇，上腹圆鼓，下腹敛收，平底内凹。内外满施酱黑釉，釉质光亮。标本97J22：6，肩部两耳间戳印"正捌"铭款，无边栏。青灰胎，稍残。口径10、腹最大径32.8、底径12、高31.6厘米，印文面长1.6、宽2.0厘米（图四一六，11；图四一八，7；图版一八五，1）。标本97J4②：17。口径8.4、腹最大径28.4、底径10.2、高28.8厘米（图版一八五，2）。

　　C型　1件（97J16：3）。器形较小，直口，尖唇，折肩，平底。肩上安两对半环形横耳。口沿和肩部施酱褐釉。浅灰胎，残。口径6.8、腹最大径12.3、底径5.4、高7.2厘米（图四一八，5）。

壶　2件。根据器口和腹部的不同可分二型。

A型　1件（97J80：24）。敛口，平沿，鼓腹，平底内凹，肩上有一弧弯形流嘴，已残，肩部有四个半环形竖耳。肩腹间可见明显接胎痕，施酱黑釉，口沿和足底露胎，青灰胎。口径7.8、腹最大径22.6、底径11.6、高18厘米（图四一九，1；图版一八五，3）。

B型　1件（97J4②：31）。盘形口，肩上有一圆形短直流，对应一侧安执把，已残，其余两侧各安一对半环形横耳，长圆腹，平底内凹。器外施釉至近底部，釉呈酱黑色。青灰胎，残。口径10.6、腹最大径24、底径12、高25.2厘米（图四一九，2；图版一八五，4）。

急须　4件。根据器口的不同可分二型。

A型　3件。敛口，圆唇，鼓腹，平底，肩上有一斜向上流嘴，流嘴右旁有斜向上圆筒形执把。根据肩、腹部的变化可分二式。

Ⅰ式　1件（97J60：6）。斜肩，上腹圆鼓，最大径靠上。口沿和内腹壁施酱褐釉。灰白胎，底已残。口径13.4、腹最大径23.8、残高17.3厘米（图四一九，3）。

Ⅱ式　2件。折肩，圆鼓腹，最大径居中。标本97J80：23，内腹壁施酱褐釉，外腹壁有烟炱痕。浅灰胎，完好。口径10.5、腹最大径17、底径8.2、高16厘米（图四一九，4）。

B型　1件（97J80：13）。直口如领，尖唇，鼓腹，平底。内腹壁施酱褐釉。浅灰胎，稍残。口径7.1、腹最大径11.4、底径7.4、高10厘米（图版一八六，1）。

盆　5件。敛口，平沿，深弧腹，平底内凹。器内施酱黑釉或酱黄釉。标本97J80：8，夹砂浅灰胎，完好。口径20.5、底径17.2、高9.2厘米（图四一九，5；图版一八六，2）。

瓶　2件。敛口，平沿，尖唇，橄榄形腹，小平底。浅灰胎，器表施酱褐釉。标本97J22：7，残。口径5.6、腹最大径12、底径4.0、高19厘米（图四一九，6；图版一八六，3）。

杯　1件（97J80：9）。敛口，弧腹，饼足外撇，底微内凹。内底有三个支垫痕，器外施酱黑釉至近底部。浅灰胎，残。口径8.0、足径3.8、高3.7厘米（图四一九，8）。

灯　1件（97J1：1）。属于B型。葵形盘座，盘口近直，圆唇，浅弧腹，圈足。盘座的一侧竖立一直壁，壁端残，壁的两侧各透浮雕出一回首龙，壁正面托起一圆形盏，背面素平。施酱黄釉，底部等露胎处泛火石红痕，灰色胎。残高14.4厘米（图四一九，7；图版一八六，4）。

4. 白瓷器

数量较少，器形有碗和盘，釉白泛青或呈卵白色。

碗　2件。分属于A型和B型。

A型　1件（97J60：3）。直口，尖唇，圆弧腹，圈足较高。紫口，内外满釉，釉呈卵白色。灰白胎，残。口径14、足径5.3、高6.6厘米（图四二〇，1；图版一八六，5）。

B型　1件（97J9：7）。撇口，尖圆唇，斜弧腹，圈足近直，足端面平。内底露胎，器外施釉不到底，釉面有细碎开片。浅灰胎，残。口径11.8、足径5.8、高4.2厘米（图四二〇，2）。

盘　1件（97J16：2）。敞口，折腹，圈足内敛。内外施卵白釉，足底露胎。灰白胎，残。口径20、足径12、高3.6厘米（图四二〇，3）。

5. 青花瓷器

数量较多，有碗、盘、碟、杯、盏等器形。胎多洁白细腻，少量呈灰白色或灰黄色，胎质较粗。多内、外满釉，部分内底涩圈，大多釉白泛青，少量泛灰色或呈卵青色。青花多呈靛蓝色，

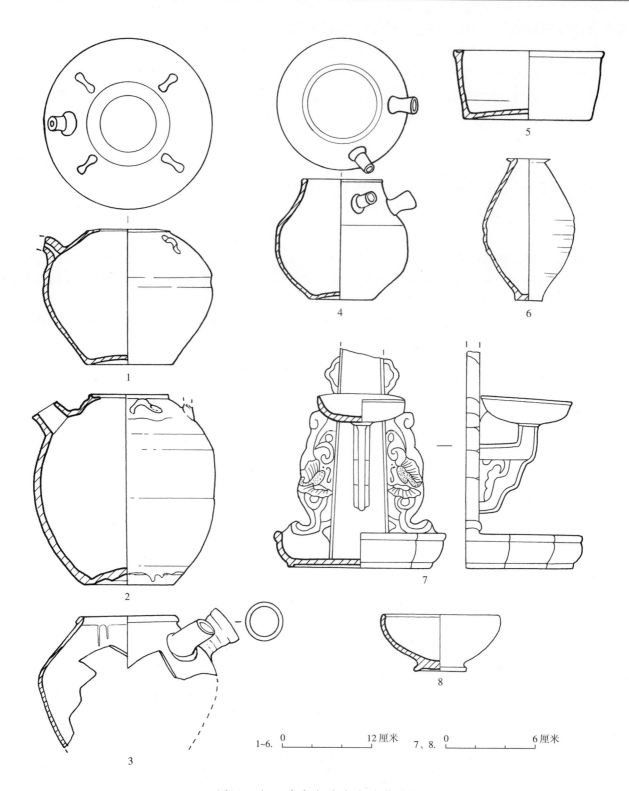

图四一九　清代水井出土的酱釉器

1. A型壶（97J80：24）　2. B型壶（97J4②：31）　3. A型Ⅰ式急须（97J60：6）　4. A型Ⅱ式急须（97J80：23）　5. 盆（97J80：
8）　6. 瓶（97J22：7）　7. B型灯（97J1：1）　8. 杯（97J80：9）

色彩鲜艳，少量发蓝灰色。纹饰有缠枝菊、缠枝牡丹、团花、湖石、落叶、诗文、海藻游鱼、过墙龙、梵文、弦纹和山水人物图案等。部分器内底还有"只"、"玉"、"白玉斋"等青花铭款。

　　碗　19件。分属于A型、B型、C型和D型。

　　A型　8件。撇口，尖唇，弧腹，圈足。分属于Ⅰ式和Ⅱ式。

　　Ⅰ式　3件。圆弧腹，器内圜底，圈足微敛或陡直，足端尖圆。内底双圈弦纹内饰牡丹花，内口沿下饰花叶锦带纹，外腹壁饰缠枝牡丹，有些足底有方形青花款，紫口。标本97J80：11，青花呈蓝灰色，卵青釉。灰白胎，残。口径14.8、足径6.8、高7.4厘米（图四二一，1；图版一八七，1）。

　　Ⅱ式　5件。弧腹，器内底面近平，足底心多凸起，足墙陡直，足端面平。根据纹饰的不同可分：

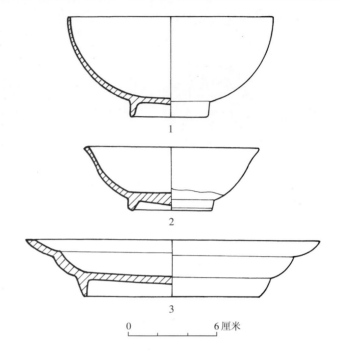

图四二〇　清代水井出土的白瓷碗和盘
1. A型碗（97J60：3）　2. B型碗（97J9：7）　3. 盘（97J16：2）

　　树石牡丹纹碗　1件（97J4②：8）。内底双圈弦纹内饰青花"只"字，外腹壁饰树石、牡丹，旁书"式只"两字。青花呈蓝灰色，局部发黑，青白釉。灰白胎，残。口径16.2、足径7.2、高7.0厘米（图四二一，2；图版一八七，2）。

　　缠枝牡丹纹碗　2件。内底涩圈，器内素面，外腹壁饰缠枝牡丹。标本97J8：11，青花灰暗。灰白胎，残。口径12.8、足径7.2、高5.9厘米（图版一八七，3）。

　　花叶纹碗　1件（97J1：6）。内底和内壁饰青花弦纹，内口沿下饰青花宽带纹，外腹壁饰花叶纹。青花呈蓝灰色，青白釉。灰白胎，残。口径16.4、足径7.8、高6.8厘米（图四二一，3）。

　　山水图案纹碗　1件（97J80：32）。器内饰二道弦纹，外腹壁饰山水图案。紫口，青花呈蓝灰色，青白釉。灰白胎，残。口径14.6、足径7.2、高7.0厘米（图四二一，4）。

　　B型　3件。敞口，斜直腹，内底面平，圈足，足端面平。外口沿下饰一道弦纹，内底涩圈，器外施釉不到底。标本97J9：5，足底墨书"江"字花押。灰黄胎，残。口径12.8、足径4.4、高4.7厘米（图四二二，1）。

　　C型　2件。敞口，圆弧腹，圈足。标本97J23：5，外腹壁饰牡丹纹。内底涩圈，青花呈蓝灰色，青白釉，残。口径12.1、底径6.0、高5.2厘米（图四二二，4）。标本97J8：1，内底双圈弦纹内饰绶带纹，当中刺一"腾"字，外腹壁饰绶带纹。紫口，青花发灰，卵青釉，完好。口径14.8、底径6.6、高5.8厘米（图四二二，5；图版一八八，1）。

　　D型　6件。直口，圆弧腹，圈足较高。根据纹饰的不同可分：

　　"兴"字款碗　1件（标本97J80：17）。残，内底呈圆形凹下，底心饰一青花"兴"字款，内外口沿各饰一道弦纹。内外满釉，釉呈乳白色。口径11.8、足径4.6、高6.7厘米（图四二二，2）。

　　过墙龙纹碗　1件（97J1：10）。外腹壁饰过墙龙，外底双圈弦纹内有"宝珍"青花款。紫口，

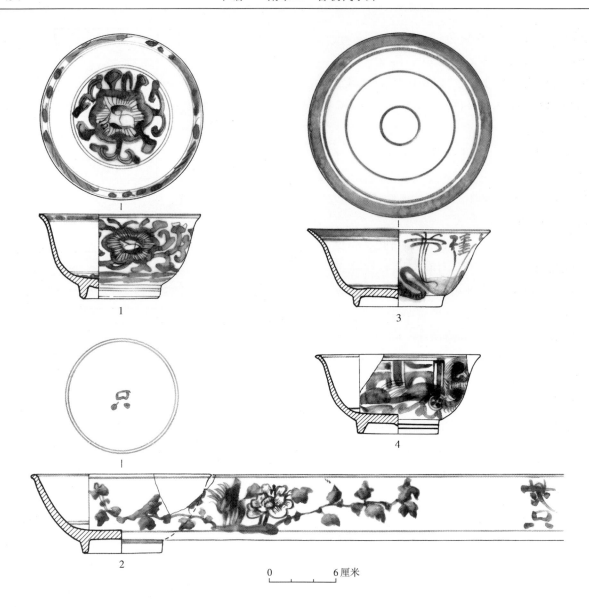

图四二一　清代水井出土的青花瓷碗

1. A型I式缠枝牡丹纹碗（97J80：11）　2. A型II式树石牡丹纹碗（97J4②：8）　3. A型II式花叶纹碗（97J1：6）
4. A型II式山水图案纹碗（97J80：32）

青花呈蓝灰色，卵青釉。洁白胎，残。口径11.6、足径5.6、高5.2厘米（图四二二，3）。

　　海藻游鱼纹碗　2件。外腹壁饰海藻游鱼，足底有方形青花款。青花呈色灰暗，卵青釉。标本97J80：18，灰白胎，残。口径9.6、足径4.0、高5.4厘米（图四二二，6）。

　　弦纹碗　1件（97J80：6）。内底青花弦纹内底戳印一字，未能识读。釉白泛青，足底露胎。灰白胎，残。口径11.2、足径5.2、高5.4厘米（图四二二，7）。

　　梵文碗　1件（97J1：7）。器内饰四道弦纹，外腹壁饰变体梵文，足底单圈弦纹内青花款。青花呈靛蓝色，青白釉。灰白胎，残。口径10、足径4.4、高5.0厘米（图四二三，1）。

　　盘　1件（97J60：1）。属于B型I式。敞口，尖唇，浅弧腹，器内圜底，圈足。内底左侧绘一湖石，右侧绘一梧桐落叶，上提"看花有意，落叶无声"诗文，露白。内外施卵青釉，青花呈

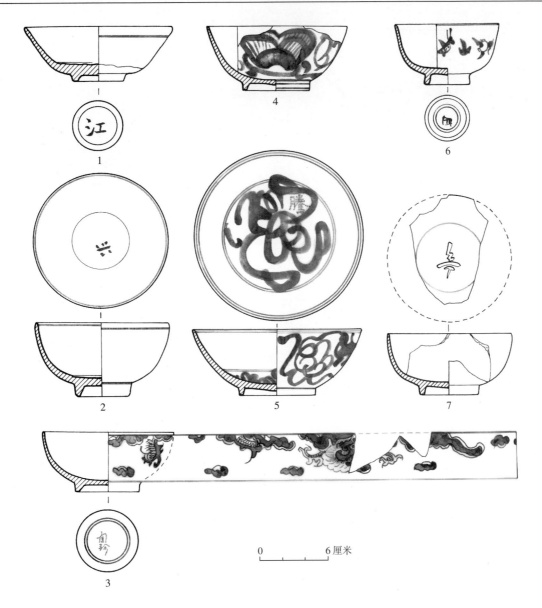

图四二二　清代水井出土的青花瓷碗

1. B型弦纹碗（97J9：5）　2. D型"兴"字款碗（97J80：17）　3. D型过墙龙纹碗（97J1：10）　4. C型牡丹纹碗（97J23：
5）　5. C型绶带纹碗（97J8：1）　6. D型海藻游鱼纹碗（97J80：18）　7. D型弦纹碗（97J80：6）

青灰色。灰白胎，残。口径20.6、足径8.3、高5.2厘米（图四二三，2；图版一八八，2）。

碟　2件。分属于A型和B型。

A型　1件（97J80：37）。直口，圆弧腹，圈足较高，挖足过肩。器内饰山水人物图案。内外满釉，釉白泛青，青花呈靛青色。灰白胎，残。口径10、足径4.8、高3.8厘米（图四二三，3）。

B型　1件（97J60：2）。敞口，尖圆唇，浅弧腹，器内圜底，圈足内敛，足端尖圆。内底左侧绘一梧桐落叶，右侧提"梧桐叶落，天下皆秋"诗文。紫口，釉呈卵青色，青花发灰。灰白胎，残。口径11.6、足径4.6、高2.8厘米（图四二三，4；图版一八八，3）。

杯　9件。根据器口的不同可分二型。

A型　4件。撇口，弧腹，圈足。根据纹饰的不同可分：

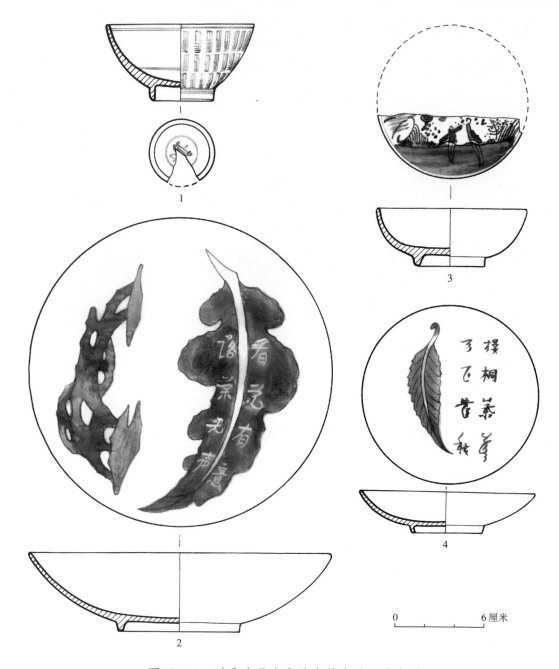

图四二三　清代水井出土的青花瓷碗、盘和碟

1. D 型梵文碗（97J1：7）　2. B 型 I 式湖石、落叶诗文盘（97J60：1）　3. A 型山水人物纹碟（97J80：37）　4. B 型
落叶、诗文碟（97J60：2）

　　缠枝花卉纹杯　3件。外腹壁饰双勾线描缠枝花卉纹，足底有方形青花款。标本97J4①：4，
青花呈靛蓝色，釉白泛青，釉质莹润。灰白胎，稍残。口径8.6、足径3.3、高3.8厘米（彩版二
四，5）。

　　梵文杯　1件（97J23：13）。外腹壁饰变体梵文，青花发色灰暗，卵白釉。灰白胎，残。口
径9.0、足径4.0、高3.8厘米（图四二四，1）。

　　B 型　5件。直口，尖圆唇，弧腹，圈足。根据纹饰的不同可分：

梵文杯　1件（97J4①：7）。外腹壁弦纹间饰变体梵文，青花呈蓝灰色，乳白釉。灰白胎，残。口径7.5、足径3.5、高3.3厘米（图四二四，2）。

斜线纹杯　2件。外口沿下饰斜线锦带纹。标本97J23：3，乳白釉，灰白胎，稍残。口径4.8、足径2.2、高2.1厘米（图四二四，3）。

团花纹杯　2件。外口沿下饰团花锦带纹，近底部饰变形蕉叶纹或花草纹。标本97J16：1，青花呈蓝灰色，乳白釉。灰白胎，残。口径7.0、足径3.3、高3.7厘米（图四二四，4）。

方盏　1件（95J5：4）。方形，圆角，敞口，斜直壁，方形圈足。内腹壁饰弧线纹，内底饰动物纹。青花发灰，卵青釉，稍残。口宽7.0、底宽5.0、高1.6厘米（图四二四，5）。

茶盏盖　1件（97J1：8）。象一倒置的盏，口沿外敞，盖面隆起，盖顶部一圈足形捉手。盖面饰莲花和菊花纹。釉呈卵青色，残。口径10.8、高3.0厘米（图四二四，6）。

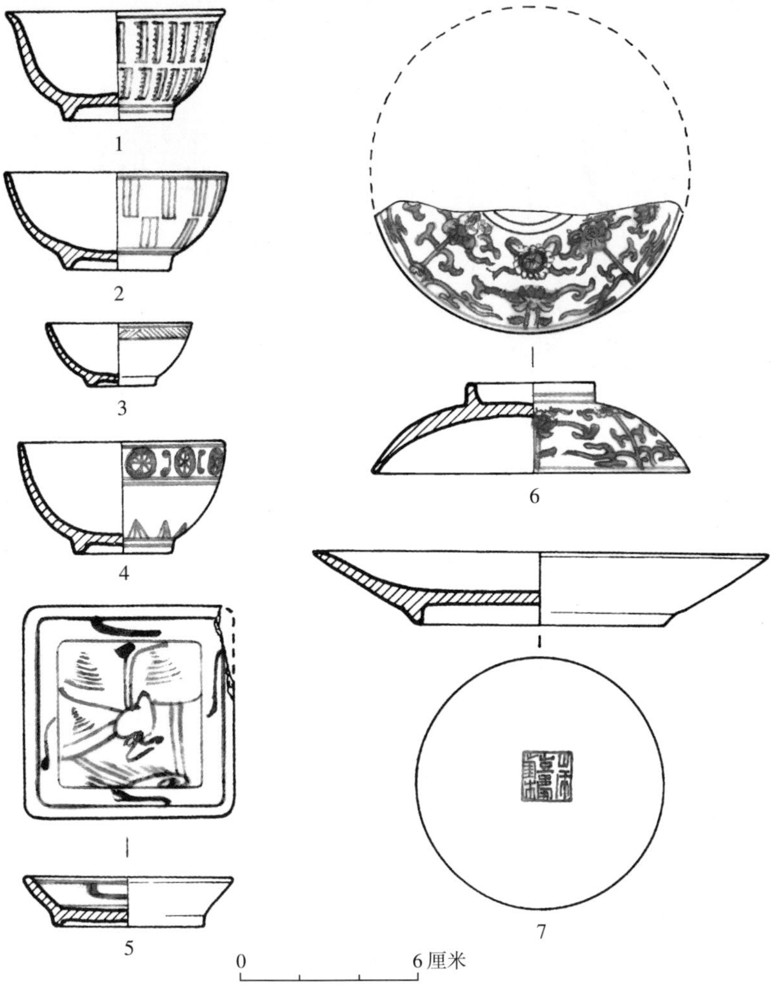

图四二四　清代水井出土的青花瓷杯、茶盏盖和豆青青花瓷碟
1. A型青花梵文杯（97J23：13）　2. B型青花梵文杯（97J4①：7）　3. B型青花斜线纹杯（97J23：3）　4. B型青花团花纹杯（97J16：1）　5. 青花动物纹方盏（95J5：4）　6. 青花莲花、菊花纹茶盏盖（97J1：8）　7. 豆青青花"大清嘉庆年制"款碟（97J4②：23）

6. 豆青青花瓷器

碟　2件。敞口，尖唇，斜直腹，圈足。外底方框内有"大清嘉庆年制"青花款。内外施豆青釉，光亮润泽。标本97J4②：23，灰白胎，稍残。口径15.2、足径8.9、高2.3厘米（图四二四，7；彩版二四，6；图版一八九，1）。

7. 粉彩瓷器

杯　1件（97J60：4）。撇口，深弧腹，圈足微内敛。外腹壁饰粉彩凤鸟纹，多已脱落，纹饰不清。釉呈青白色，洁白胎，残。口径9.0、足径3.6、高4.9厘米（图版一八九，2）。

8. 木水斗

1件（97J4②：13）。盆形，直腹，平底内凹；腹壁由10片木片相连而成，木片之间均由两个竹木钉由中卯合，其中一片连一竖弯形提把；底部由两块半圆形木片拼合成，钳入腹内壁近底

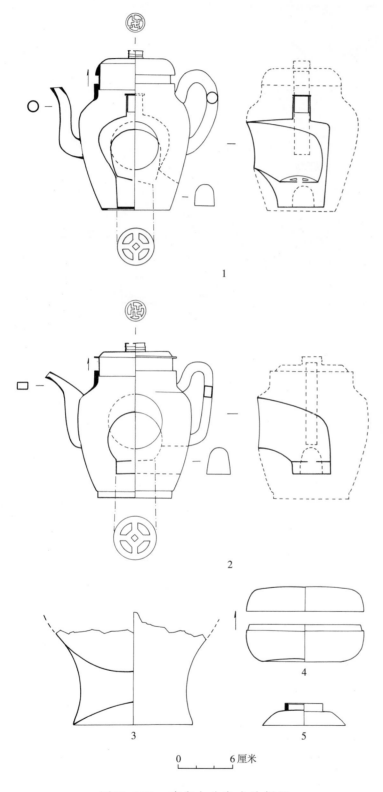

图四二五　清代水井出土的锡器

1. A型壶（95J5：7）2. B型壶（95J5：6）3. 锅（95J5：8）4. 盒（95J5：9）
5. 器盖（95J5：13）

端的刻槽内，外口沿下和近底部再用麻绳箍紧。口径20、底径17.6、通高25.8厘米（图四二六，1；图版一八九，3）。

9. 椰勺

1件（97J4②：14）。椰壳切开后的一半。长径12、短径12、高6厘米（图版一八九，4）。

10. 锡器

壶　2件，均属于热壶。直口，鼓腹，平底或饼足底，腹下一侧安一向上弧弯形流嘴，与流嘴对应一侧肩腹之间安一耳形执把。壶内有加热设施，壶盖子口，盖面隆起，盖顶面平，上安一圆柱形纽，纽面镂一"万"字形纹。可分二型。

A型　1件（95J5：7）。流嘴和执把截面呈圆形，壶内有一圆形加热设施，顶部有一直口，上有一子口盖，盖面平。侧面向外有一圆形炉道，底部设一圆形火算，右下侧设一弧券形炉门通过火算可与炉道相通。口径8.6、底径7.4、高16厘米（图四二五，1；图版一九〇，1、2）。

B型　1件（标本95J5：6）。流嘴和执把截面呈方形，壶盖有帽檐，壶内加热设施与A型相比，无顶部直口，其余相同。口径9.1、底径8.0、高15.2厘米（图四二五，2；图版一九〇，3）。

锅　1件（95J5：8）。口部已残，圜形腹，高圈足外撇，足底内凹，中空。残口径16.3、足径12.8、残高12.2厘米（图四二五，3；图版一九〇，4）。

盒　1件（95J5：9）。盒身子口微敛，弧腹，平底内凹，盖面隆起，顶部近平。胎壁极薄。口径12、底径8.5、盖口径12.6、通高6.6厘米（图四二五，4；图版一九〇，5）。

器盖　5件。类似一倒扣的盏，敞口，盖面隆起，盖顶面平，上安一圈足形捉手。标本95J5：13。口径9.4、捉手径4.1、高2.4厘米（图四二五，5；图版一九〇，6）。

（三）其他

1. 陶网坠

2件。根据凹槽的不同可分二型。

A型　1件（97J8：7）。近椭圆形，横向压一道凹槽。泥质红褐陶，完好。长径8、短径6.4厘米（图四二六，4）

B型　1件（标97J9：8）。近圆形，在纵、横面各压一周凹槽。夹砂灰陶，稍残。长径5.0、短径4.5厘米（图四二六，5）。

2. 褐釉虎子

1件（97J4②：36）。椭圆盒形，上部面呈弧形，顶部一端安有一斜向上圆筒形口。弧面中央安一条竖向提梁，已残。周围饰一海棠形凸边饰。中部向外凸出一道弦棱，方饼形平底。中部凸棱之上施褐釉，凸棱之下露胎。灰白胎，残。长23、宽16、高14.2、口径7.0厘米（图四二六，6）。

3. 铁锄

1件（97J7：1）。近长方形，锄体两侧平，两面向前端渐薄，前端刃已残，上端弧形，銎口呈马蹄形。残长23.6、宽15.2厘米（图四二六，2；图版一九一，1）。

4. 铁䥥

1件（97J80：7）。后端有一近圆形把手，截面呈扁长方形，前部等分六个齿，往前端渐细，齿截面呈方形。长11、宽6.5厘米（图四二六，7；图版一九一，2）。

5. 铁挂钩

1件（标97J4②：24）。下端回弯成半圆形，末端尖细，上端环首形，截面呈圆形。长12.4、径0.3厘米（图四二六，8）。

6. 铁权

1件（95J5：3）。束腰，腰部饰三周凸弦纹，上部圆弧，平底，顶面有一弧形纽，中间有一圆形穿孔。底径8.8、高11.4厘米，重2225克（图四二六，3；图版一九一，3）。

7. 石权

10件。可分二型。

A型　9件。近圆锥体，底面呈圆形或椭圆形，顶端有一近"8"字形纽，中部有一横向圆形穿孔。标本97J4②：26，纽面墨书"陶记"花押，侧面近底部刻一"陶"字。紫红色石。最大径6.6、通高5.6厘米，重348.8克（图四二六，9；图版一九一，4）。

B型　1件（97J8：6）。半球体，顶面有一斜弧穿孔，表面和底面不甚平整。青灰色石。径8.4、高4.0厘米，重476.4克（图四二六，10）。

8. 研石

1件（97J4②：22）。呈长方形，圆角，其中一端两侧磨成尖状。青灰石，通体光滑。长7.2、

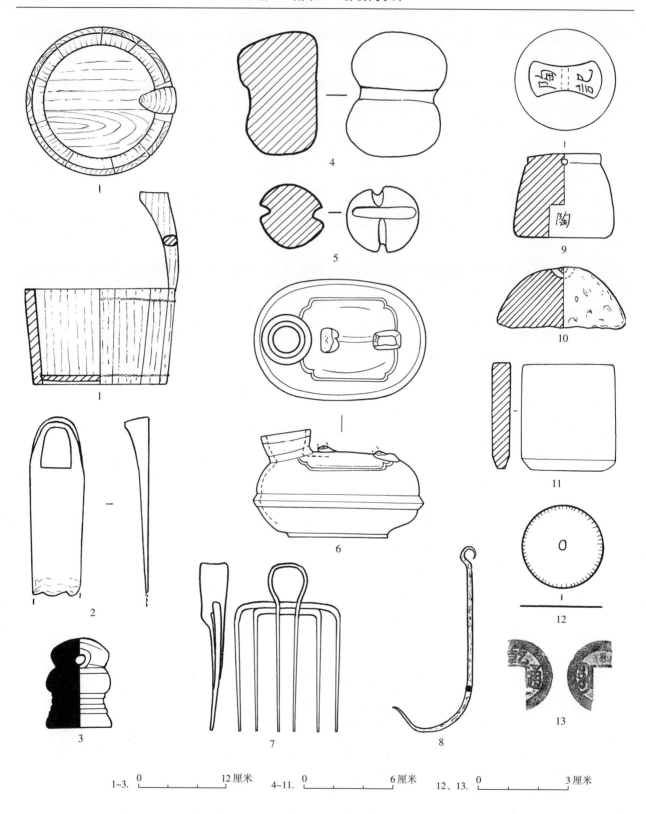

1~3.　0　　　　　　12厘米　　　4~11.　0　　　　　6厘米　　　12、13.　0　　　　　　3厘米

图四二六　清代水井出土的生活器具和其他器物

1. 木水斗（97J4②：13）　2. 铁锄（97J7：1）　3. 铁权（95J5：3）　4. A型陶网坠（97J8：7）　5. B型陶网坠（97J9：8）　6. 褐釉虎子（97J4②：36）　7. 铁簪（97J80：7）　8. 铁挂钩（97J4②：24）　9. A型石权（97J4②：26）　10. B型石权（97J8：6）　11. 研石（97J4②：22）12. 蚌饰（97J1：2）　13. "乾隆通宝"铜钱（97J4②：28）

宽 6.2、厚 1.2 厘米（图四二六，11；图版一九一，6）。

9. 蚌饰

1 件（97J1：2）。圆形，边沿刻短线段，中间有一圆形穿孔。径 2.8、厚 0.2 厘米（图四二六，12）。

10. "乾隆通宝"铜钱

1 枚（97J4②：28）。残半。钱径 2.4、厚 0.13 厘米（图四二六，13；图版一九一，6）。

三　小结

这一期水井出土 2 件足底有"大清嘉庆年制"青花铭款的豆青瓷碟和 1 枚"乾隆通宝"铜钱，对确定水井的年代提供重要依据。另外，这一期水井出土的青花瓷器，釉多呈青白色，釉质莹润有光泽，青花多呈靛青色，色泽鲜艳，少量釉呈卵青色，青花呈色灰暗。纹饰题材有梧桐落叶和诗文、缠枝菊、缠枝牡丹、团花、云龙和梵文等。其造型、釉质釉色和纹饰都具有清代青花瓷器的明显特征。如出土的 B 型 I 式青花梧桐落叶和"看花有意，落叶无声"诗文盘、B 型青花梧桐落叶和"梧桐叶落，天下皆秋"诗文碟就是清代顺治时期景德镇民窑的典型器物；又如出土的 D 型青花过墙龙纹碗是清雍正时期才开始烧制的产品[①]；再如出土的 B 型青花梵文杯、斜线纹杯和团花纹杯等，这些器胎均呈灰白色，胎质细腻，釉呈乳白色，青花呈灰蓝色，发色晕散，这是福建清代德化民窑青花的典型特征[②]。综上可知，这一期的年代为清代。

这一期的水井有土坑井、砖井、砖石合构井和瓦状陶圈井四种类型，还是以瓦状陶圈井为主。出土的部分陶炉、青釉罐、酱釉罐和四耳罐、石权等，还戳印或墨书有"合兴店"、"闽山"、"大记"、"高记"、"元记"、"正兴记"、"大癸"、"定兴记"、"正捌"、"遂隆"、"好□"、"合"、"陶"、"陶记"等店号或商号印记；出土的部分青花瓷碗的内底或足底也书有"江"、"玉"、"陶珍"、"白玉斋"和方形青花款等，这些款大多是民间窑场商号。

第十节　近现代水井

这一时期的水井共有 7 口，分别为 95J19、95J21、95J22、97J2、97J25、97J37、97J47（附表一二）。这些井均为砖井，时代为民国至新中国时期，因其年代较晚，在此不作详细介绍。

第十一节　结　语

淡水是人类生存的必要条件之一，水井的发明，为人类摆脱傍水而居的限制，从河湖两岸走向内陆，不断加大对自然界的开发提供了必要的条件，对人类的发展具有十分重要的意义。南越宫苑遗址发现的水井有 113 口，这些水井不但数量多，种类全，水井的时间也各不相同，可以说

---

① 曾土金：《试论清代民窑青花"过墙龙"盘及年代分期》，《羊城文物博物研究》，第 325~330 页，广东人民出版社，1993 年。
② 郑炯鑫：《从"泰兴号"沉船看清代德化青花瓷器的生产与外销》，《文博》2001 年第 6 期。

是一部记载广州水井发展的无字史书。

一　南越宫苑遗址水井的演变反映了广州地区筑井技术的发展

南越宫苑遗址水井，从时代和类型来看，秦代为土坑井；南越国时期有土坑井、券砖井和陶圈井；汉代有土坑井、陶圈井、砖井和木方井；两晋、南朝时期有土坑井、竹篾圈井、砖井和砖瓦合构井；唐、南汉时期有土坑井、砖井、竹篾圈井、木筒井和特殊结构井；宋代有土坑井和砖井；元代有砖石合构井；明代有土坑井和瓦状陶圈井；清代有土坑井、砖井、砖石合构井和瓦状陶圈井。从南越宫苑遗址各朝代水井的情况，结合我国其他地区考古发现的水井资料分析，广州地区筑井的发展过程大体上有土井、木井（竹篾圈井、木筒井）、陶圈井、砖井、石井、瓦状陶圈井等几个阶段。

目前我国发现新石器时代的水井有土井、木构方井、木筒井和竹篾圈井四种类型①。已发掘的新石器时代土井多呈圆形竖穴状，与灰坑的形状类似，水井可能是我们的祖先从挖地渗出地下水得到启发而发明的伟大创举，土井可以说是最原始的水井类型。土井结构简单，开挖容易，自发明以来一直沿用至今不衰。南越宫苑遗址各个时代都有土井，大多较浅，这与广州的地下水位较浅有直接关系。

由于土井壁经水浸后极易塌陷，不但影响水源质量，且使用时间也不长。先民们为了保持井水清澈，使井壁经久耐用，逐渐发明了多种保护井壁的方法，筑井技术日趋完善。

"井"字是象形文字，1974年在浙江余姚河姆渡遗址第二文化层中发现一口距今已有6000多年的方框形木井②，这种类型的水井正是我国造字之初原始水井的典型实例。这种用木杆栏护挡临水的泥土，以防止井壁塌陷，保持水质清洁的木构水井已经是真正意义上的水井。南越宫苑遗址也发现有汉代的木方井，但与河姆渡的木方井相比，已有很大的改进，井框木板用榫卯扣合，结构更为牢固。由木方井衍生出来的水井类型还有木筒井和竹篾井。木筒井以浙江嘉善新港发现的良渚文化水井为最早③，目前我国发现的竹篾圈井以上海松江县汤庙村遗址下层发现的崧泽文化晚期水井为最早，距今已有4000多年的历史④。据考古资料显示，竹篾圈井主要分布于长江流域地区和南方地区，因为该地区气候温暖，适宜竹子的生长，先民用竹条和竹片编织成圈状箍以支护井壁，是就地取材加固水井保护水源清洁的科学方法。南越宫苑遗址也发现有两晋、南朝和唐代的竹篾圈井和木筒井，但随着筑井技术的提高和安全的需要，唐代以后这两种类型的水井就彻底消失了。

由于制陶工业的发达，在春秋时期的楚国纪南城⑤和战国时期的燕国都蓟首先出现陶圈井⑥，到秦汉时期，这种陶圈井在中原地区广泛使用。秦统一岭南后，这种先进的筑井技术也传入广州，目前南越国宫署遗址已发现的南越国和汉代陶圈井共有4口。陶圈井是在先挖好的土井内，用圆筒形陶圈一节一节套接筑成，陶圈中部有四个对称的圆孔，可能是为了放便吊装而预留的。这种

① 张子明：《秦汉以前水井的考古发现和造井技术》，《文博》1996年第1期。
② 浙江省文物管理委员会：《河姆渡遗址第一期发掘报告》，《考古学报》1978年第1期。
③ 陆耀华、朱瑞明：《浙江嘉善新港发现良渚文化木筒水井》，《文物》1984年第2期。
④ 上海市文物管理委员会：《上海松江县汤庙村遗址》，《考古》1985年第7期。
⑤ 湖北省博物馆：《楚都纪南城的勘查与发掘（下）》，《考古学报》1982年第4期。
⑥ 北京市文物管理处写作小组：《北京地区的古瓦井》，《文物》1972年第2期。

类型的水井不但可有效防止井壁塌陷，也可阻隔井外杂物的流入井内，确保水源清洁。但这种陶圈的体型巨大，显得十分笨重，不便于安装，汉代以后就逐渐淘汰。

从汉代开始流行砖井。早期的砖井是用特制的弧扇形券砖拼砌而成，这种砖井要先在筑井前先规划好井的大小，然后按设计好的尺寸来烧制砖井才能确保井圈拼筑无误，其技术要求十分严格，因此，这种水井多出现在王宫和官署内。目前，这种类型的砖井在南越国宫殿遗址内已发现有 4 口[1]，南越宫苑遗址汉代第四期中也有发现，此外，汉长安城未央宫内也有发现[2]。

汉代以后，长方砖广泛应用于砌筑水井，砖砌工艺多种多样，最常见的有错缝叠砌法、八角形切角对接砌法、竖砌法、一层平砌一层侧立砌筑法，还有类似于八卦式的砌法等。

从唐代开始，广州地区还出现用岩石砌筑的水井。这种类型水井的出现，可能与人们对水质的要求有关，认为用石块砌筑的井，其水质可与泉水相媲美，最适宜于煮茶。2004 年在广州市芳村区发掘出一口全用圆形、半圆形或弧圆形砂岩石圈拼接而成的水井，最底一层井圈下部内收与井底的石板平合，井壁下部还凿有脚踏方便平时下井清洗水井[3]。该井是宋代广州有名的"大通烟雨井"，雨后井内有烟雾升起，甚为奇妙，是宋元时期"羊城八景"之一[4]。这一奇观应与井壁石块冰冷，使水汽凝结成雾有关。南越宫苑遗址也发掘有多口用石块或砖石合砌的水井。

明、清时期，广州流行一种瓦状陶圈井。井径很小，井坑径只有 0.7~1.0 米，内径仅 0.6 米左右，深度多达 6~7 米，普遍打到风化的生土层为止，井圈以特别烧制的板瓦状陶圈拼接而成。这种小而深的水井普遍出现，表明凿井技术有了很大进步。另外，这种类型的水井规格和用材一致，显示明清时期的筑井技术已向专业化发展。这一时期的水井不但井口径小，而且水井的分布密度大，井间距离近，应是一户一井的模式，说明水井已经普及到千家万户。

到了近现代，由于西方自来水技术的传入和普及，水井这种在中国延续几千年的饮用水模式才逐渐退出历史的舞台。

二 南越宫苑遗址反映的古代汲水方法和汲水工具

水井挖好后，如何把井内的水汲取上来，先民们想出了许多办法。最原始的汲水方法就是用绳索等系住瓮、罐、壶、瓶等陶制容器用双手来打水。1989 年，在苏州北郊汉代水井内还出土一件颈系绳索的陶壶[5]，这件陶壶的出土为我们了解古人如何利用陶器来汲水提供了一个实例。2006年，在南越国宫署遗址原儿童公园三区发现一口南越国时期的食水砖井，井内也出土一件颈部系有麻绳的陶罐[6]。南越宫苑遗址的水井，特别是宋代以前的水井大多出土有较多较好的罐、双耳罐、四耳罐、壶等陶器，这应是由于打水过程中陶器碰到井壁容易破裂跌落水中所致。

除了用陶容器汲水外，还有用椰勺、木桶等打水，如南越宫苑遗址汉代第四期水井出土的椰勺，唐、南汉第一期水井出土的木桶底板和木桶提梁就是例证。但由于这些木质容器自身比重比

---

① 广州市文物考古研究所、南越王宫博物馆筹建处：《广州南越宫苑遗址 1995 —— 1997 年发掘简报》，《文物》2000 年第 9 期；广州市文物考古研究所、中国社会科学院考古研究所、南越王宫博物馆筹建处：《广州市南越宫苑遗址西汉木简发掘简报》，《考古》2006 年第 3 期。另外两口同类型的砖井位于原儿童公园发掘三区，资料正在整理。

② 中国社会科学院考古研究所：《汉长安城未央宫（1980~1989 年考古发掘报告）》，第 62、194~195 页，中国大百科全书出版社，1996 年。

③ 广州市文物考古研究所：《广州大通寺遗址发掘简报》，《羊城考古发现与研究（一）》，第 306 页，文物出版社，2005 年。

④ （清）张凤喈等修：《南海县志·古迹略》，《中国地方志集成·广东府县志辑》第 30 册，第 158~159 页，上海书店出版社，2003 年。

⑤ 苏州博物馆：《苏州北郊汉代水井群清理简报》，《考古》1993 年第 3 期。

⑥ 有关该井的发掘资料正在整理中。

水轻，放下井后往往飘浮于水面之上，不易倒伏汲水，这种汲水工具的使用并不普遍。

　　一般较浅的水井用人工汲水即可，但对于一些较深的井来说，用人工汲水既困难又不安全，后来，人们又发明了辘轳汲水的方法。就是在井上设一井亭或井架，在横梁上装辘轳，辘轳面上绞上绳索，人在旁边转动辘轳来取水。1996年，在南越宫苑蕃池遗迹西侧不远处发掘一口南越国时期的食水砖井，井内就出土一件木质辘轳和八角形辘轳铁轴以及用于汲水的铁提桶等[1]，南越宫苑遗址明代水井中也出土有辘轳。

---

① 广州市文物考古研究所、南越王宫博物馆筹建处：《广州南越宫苑遗址 1995 —— 1997 年发掘简报》，《文物》2000 年第 9 期。

附表一　南越宫苑遗址汉代遗迹登记表

遗迹	位置	层位关系	规格（单位：米）			形制	堆积和出土物	分期	备注
			口部	底部	深度				
97H110	97T23	97⑨b下，打破97⑩	径0.56	0.46	0.48	圆形，斜直壁，平底。	灰土，疏松。板瓦Ⅰ14、板瓦Ⅱ13、板瓦Ⅲ2、筒瓦Ⅱ7、筒瓦Ⅲ13。	第一期	
97H152	97T22	97⑨b下，打破97⑩	东西0.59南北1.02		0.4	不规则形，弧壁，圜底。	青灰色土，疏松。板瓦Ⅰ12，还有陶罐、陶盆残片。	第一期	
97H161	97T22	97⑨b下，打破97⑩	东西0.6南北0.51	径0.4	0.38	椭圆形，斜直壁，平底。	青灰色土，疏松。"官"字筒瓦1。	第一期	
97H191	97T35	97⑨b下，打破97⑩	东西1.18南北1.2		0.56	椭圆形，弧壁，圜底。	灰土，疏松。板瓦Ⅰ21、板瓦Ⅱ1、筒瓦Ⅰ6、筒瓦Ⅱ6，还有龟甲。	第一期	
97H199	97T35	97⑨b下，打破97⑩	东西0.72南北0.6		0.3	椭圆形，弧壁，圜底。	灰土，夹木炭屑和红烧土颗粒，疏松。板瓦Ⅰ19、板瓦Ⅱ7，还有陶罐残片。	第一期	
97H200	97T43	97⑨b下，打破97⑩	东西1.3~1.34南北2.02		0.7	长方形，直壁，平底。	可分两层，第①层灰黑色土，夹木炭屑，疏松，厚0.54~0.58米。板瓦Ⅰ121、板瓦Ⅱ15、筒瓦Ⅰ44、筒瓦Ⅱ6。第②层红褐色土，夹黄土块，厚0.12~0.15米，无遗物。	第一期	
97G8	97T20、97T24	97⑨b下，打破97⑩，被97J47、97J55打破				东北—西南走向，渠底部呈东高西低，渠口较底部要宽，横剖面呈倒"八"字形，渠壁利用南越国时期的长方砖贴壁砌筑，残长9.6米，渠口残存内宽1.2米，渠底内宽0.6米。	灰褐色淤泥，质黏。板瓦Ⅰ139、板瓦Ⅱ71、筒瓦Ⅰ111、筒瓦Ⅱ9。	第一期	
97F16	97T45、97T46	97⑨b下，打破97⑩				仅揭露出东西两列柱洞共5个，方向北偏西10°。柱洞近呈长方形或方形，底部均垫有长方形础石，部分石板面上还残存有木柱，木柱呈圆形或方形。	无	第一期	
97H114	97T22	97⑨a下，打破97⑨b，被97G12打破	东西2.58南北1.62		0.42	不规则形，弧壁，圜底。	灰褐色土，质黏。有陶罐残片。	第二期	
97H167	97T35	97⑨a下，打破97⑨b	东西1.18南北1.22		0.2	长方形，直壁，平底。	红褐色土，疏松。陶网坠B1，"官"字瓦文2、板瓦Ⅱ1026、板瓦Ⅲ550、筒瓦Ⅱ108、筒瓦Ⅲ5，还有陶罐残片。	第二期	

续附表一

遗迹	位置	层位关系	规格（单位：米）			形制	堆积和出土物	分期	备注
			口部	底部	深度				
97H174	97T35	97⑨a下，打破97⑨b，被97H149打破	东西0.76南北0.7		0.6	不规则形，弧壁，圜底。	灰土，夹木炭屑，疏松。有陶罐残片。	第二期	
97H187	97T34	97⑨a下，打破97⑨b	东西0.56南北0.82		0.4	不规则形，弧壁，圜底。	红褐色土，疏松。有陶罐残片。	第二期	
97G12	97T17、97T18、97T21、97T22、97T26、97T30、97T31、97T32、97T35、97T36、97T39、97T41	97⑨a下，打破97⑨b，被97G1、97G9、97J21、97J40、97J60、97J84、97J85、97H82打破				呈不规则弯曲走向，东起自南而北转向西，再向南又曲折向西，现发掘长约74.4米。沟的口部宽窄不一，最宽处达1.15米，最窄处仅0.23米。沟壁呈不规则弧形内收，沟内深浅不一，底部高低不平，最深处达0.43米，最浅处仅0.12米。西段结构较为特殊，南、北两侧紧贴沟壁各置一根木条。南壁木条以东1.8米，在沟的中部有东西向两排打入沟中的圆形木桩，其中北边一排木桩2根，南边一排木桩4根，其中南边中间2根木桩与北边2根木桩相对应。	可分两层，第①层黄褐色土，疏松，厚约0.1~0.18米。铜镞Aa1、板瓦Ⅱ27、板瓦Ⅲ2、筒瓦Ⅱ4、筒瓦Ⅲ1。第②层为褐色淤泥，发青灰色，质黏，厚0.12~0.25米。板瓦Ⅱ36、板瓦Ⅲ24、筒瓦Ⅱ7、筒瓦Ⅳ5，还有陶罐残片以及龟甲片等。	第二期	位于T32和T36探方部分未能发掘
97G13	97T42、97T44、97T46	97⑨a下，打破97⑨b				东北—西南走向，现清理出一段长约24米。东端尽头处略向南拐折，往西南走向渐变宽变深，口部宽0.38~1.08米，深0.22~1.13米，沟壁弧形内收，底部不平。	可分两层，第①层灰黑土，夹细沙，松软，厚0.07~0.4米；第②层青灰色膏泥，紧密、较黏，厚0.15~0.73米。遗物极少。	第二期	西南延伸出发掘区外
95H7	95T8	95①下，打破生土	东西1.46南北1.9		0.6	不规则形，弧壁，圜底。	灰土，夹黄土块，疏松。铜环1、板瓦Ⅱ181、板瓦Ⅲ14、板瓦Ⅳ93、筒瓦Ⅱ4、筒瓦Ⅲ20、筒瓦Ⅳ52、南越国瓦文4。	第三期	
95H9	95T9	95①下，打破生土	东西1.6南北0.9		0.54	不规则形，弧壁，圜底。	褐色土，疏松。陶瓮BⅡ3、陶盆D1、板瓦Ⅱ70、板瓦Ⅲ35、筒瓦Ⅲ20、筒瓦Ⅳ20、筒瓦Ⅴ10。	第三期	
95H12	95T9	95①下，打破生土	径0.64		原始记录不详	圆形，斜直壁。	灰黑色土，质黏。	第三期	

续附表一

遗迹	位置	层位关系	规格（单位：米）			形制	堆积和出土物	分期	备注
			口部	底部	深度				
95H13	95T9	95①下，打破生土	东西0.48南北0.68		0.7	不规则形，坑壁呈不规则弧形内收，底部不平。	灰黑色土，质黏。	第三期	
97H82	97T22	97⑧b下，打破97⑨a、97G12	东西1.4南北1.4		0.8	坑口平面呈不规则形。	灰黑色土，质黏。陶瓮BⅡ1、板瓦Ⅳ8、筒瓦Ⅴ1。	第三期	
97H86	97T40	97⑧b下，打破97⑨a	东西1.06南北1.02	东西0.89南北0.82	0.78	椭圆形，斜直壁，平底。	灰褐色土，质黏。板瓦Ⅱ68、板瓦Ⅲ18、板瓦Ⅳ13、筒瓦Ⅲ16、筒瓦Ⅳ6、筒瓦Ⅴ9，还有陶釜和陶罐残片。	第三期	
97H101	97T15	97⑧b下，打破97⑨a，被97G9打破	东西1.12南北0.46		0.4	不规则形，弧壁，底部不平。	灰褐色土，夹红土颗粒，疏松。	第三期	
97H103	97T20	97⑧b下，打破97⑨a	东西1.42南北1.1		0.32	不规则形，弧壁，圜底。	青灰色土，质黏。陶盆A1、"官"字板瓦1、板瓦Ⅲ26、板瓦Ⅳ13、筒瓦Ⅳ7、筒瓦Ⅴ9，还有陶罐残片。	第三期	
97H104	97T20	97⑧b下，打破97⑨a，被97G3打破	东西0.76南北0.74	东西0.64南北0.54	0.2	近呈方形，斜直壁，平底。	灰褐色土，质黏。	第三期	
97H105	97T20	97⑧b下，打破97⑨a	东西0.62南北0.6		0.06	不规则形，弧壁，圜底。	灰褐色土，质黏。	第三期	
97H109	97T22	97⑧b下，打破97⑨b层，被97G6打破	东西1.14南北1.0	东西0.99南北0.93	0.62	椭圆形，斜直壁，平底。	灰黑色土，疏松。板瓦Ⅲ8、筒瓦Ⅲ4，还有陶罐和陶釜残片。	第三期	
97H151	97T22	97⑧b下，打破97⑨b	东西0.72南北0.7	径0.52	0.44	近呈圆形，斜直壁，平底。	灰黑色土，疏松。板瓦Ⅲ2、板瓦Ⅳ5，还有陶罐残片。	第三期	
97H160	97T30	97⑧b下，打破97⑨a，被97G6打破	东西0.78南北0.85	东西0.52南北0.59	0.55	椭圆形，斜直壁，平底。	灰土，夹炭屑，疏松。"官"字筒瓦2、板瓦Ⅳ4、筒瓦Ⅱ1，还有动物骨等。	第三期	
97H168	97T17	97⑧b下，打破97⑨b，被97H118打破	东西2.6南北1.66		0.6	不规则形，弧壁，圜底。	灰黑色土，疏松。"官"字板瓦1、"官"字筒瓦2、残损严重的"万岁"文字瓦当1、板瓦Ⅲ59、板瓦Ⅳ30、筒瓦Ⅲ43、筒瓦Ⅳ12、陶屋模型1，还有动物骨。	第三期	
97H172	97T25	97⑧b下，打破97⑨a，被97H155打破	东西0.8南北0.82	东西0.65南北0.58	0.4	近呈圆形，斜直壁，平底。	灰土，疏松。板瓦Ⅲ7、板瓦Ⅳ26、筒瓦Ⅳ6。	第三期	

续附表一

遗迹	位置	层位关系	规格（单位：米）			形制	堆积和出土物	分期	备注
			口部	底部	深度				
97H173	97T34	97⑧b下，打破97⑨a	东西2.2 南北1.4		1.0	不规则形，弧壁，圜底。	红褐色土，夹木炭。陶罐BⅠ1、陶网坠A1，"官"字板瓦2、"官"字筒瓦1、残损严重的"万岁"文字瓦当1、板瓦Ⅱ537、板瓦Ⅲ292、板瓦Ⅳ140、筒瓦Ⅱ101、筒瓦Ⅲ16、筒瓦Ⅳ158。	第三期	
97H183	97T30	97⑧b下，打破97⑨a、97H184	东西2.0 南北1.08		0.7	不规则形，弧壁，圜底。	灰土，疏松。有动物骨。	第三期	
97H184	97T30	97⑧b下，打破97⑨a、97G12，被97J60、97H183、97J84、97G6打破	东西7.9 南北3.5		原始记录不详	不规则形。	青灰色土，疏松。陶罐BⅠ1、陶釜BⅠ1、陶瓿1、板瓦Ⅱ18、板瓦Ⅲ16、板瓦Ⅳ4、筒瓦Ⅱ25、筒瓦Ⅲ2、筒瓦Ⅳ1。	第三期	
97H185	97T34	97⑧b下，打破97⑨a，被97H165打破	东西0.34 南北0.73		0.3	不规则形，弧壁，圜底。	红褐色土，疏松。板瓦Ⅱ23、板瓦Ⅲ13、板瓦Ⅳ2、筒瓦Ⅱ9、筒瓦Ⅳ5，还有陶罐残片。	第三期	
97H186	97TT34	97⑧b下，打破97⑨a，被97H165打破	东西0.38 南北1.0		0.6	不规则形，弧壁，圜底。	灰土，疏松。板瓦Ⅱ11、板瓦Ⅲ26、板瓦Ⅳ14、筒瓦Ⅱ7、筒瓦Ⅳ12，还有陶罐残片。	第三期	
97H189	97T35	97⑧b下，打破97⑨a	东西1.4 南北1.3		0.4	不规则形，弧壁，圜底。	灰土，夹炭屑。陶釜D1、"官"字板瓦2、砺石1、板瓦Ⅱ19、板瓦Ⅲ7、筒瓦Ⅲ19、筒瓦Ⅳ6，还有动物骨。	第三期	
97H198	97T35	97⑧b下，打破97⑨a	东西0.74 南北0.68		0.6	椭圆形，弧壁，圜底。	灰土，夹炭屑，疏松。板瓦Ⅱ30、板瓦Ⅲ5、筒瓦Ⅲ23。	第三期	

续附表一

遗迹	位置	层位关系	规格（单位：米）			形制	堆积和出土物	分期	备注
			口部	底部	深度				
97J39	97T22、97T26	97⑧b下，打破97⑨a，被97G6打破	东西1.64南北1.73	外径1.26内径1.04	2.62	陶圈井，圆形，井口以下0.5米井壁向内弧收，0.5米往下井壁用陶制井圈叠砌而成，现存陶圈5节，高1.9米。井底凹下呈圜底状。	分三层，第①层灰黑色土，夹炭屑，疏松，厚约0.62米。陶瓮BⅡ2、陶罐AⅠ1、陶盆C1、陶盆D3、筒瓦Ⅴ1、龟甲1。第②层灰土，松软，厚约1.75米。陶瓮BⅡ8、陶罐AⅠ1、陶罐AⅡ1、陶罐AⅢ1、陶罐CⅠ1、陶罐CⅡ1、陶瓶A3、陶壶A2、陶盆A1、陶盆D4、陶釜AⅠ1、陶釜BⅠ3、陶灯AⅠ1、陶网坠B1、砺石1、板瓦Ⅱ180、板瓦Ⅲ4、板瓦Ⅳ56、筒瓦Ⅱ60、筒瓦Ⅴ57、"官"字瓦文3，还有动物骸骨等。第③层青灰色淤泥，质黏，厚约0.25米，遗物极少。	第三期	
97J41	97T18	97⑧b下，打破97⑨a，被97J35打破	外径1.24内径0.94		1.7	陶圈井，圆形，0.1米往下井壁用陶圈叠砌而成，现存陶圈4节，高1.6米。井底面平。	分两层，第①层灰土，疏松，厚约0.13米，内含遗物较少。第②层灰黑色土，夹木屑和竹片，松软，厚约1.57米。陶碗BⅠ1、陶权A1、穿孔陶球1、陶井圈1、板瓦Ⅱ157、板瓦Ⅲ51、板瓦Ⅳ10、筒瓦Ⅱ58、筒瓦Ⅴ39、"官"字瓦文1，还有南越国瓦文等。	第三期	
97T39–ZD	97T39	97⑧b下，打破97⑨a	径0.95~1.05		0.8	圆形，直壁，平底，底部东西向置一长方木，居中位置立一圆形木柱，径0.28、残高0.2米。	无	第三期	
97T40–ZD1	97T40	97⑧b下打破97⑨a	东西0.72南北1.2		0.73	长方形，直壁，平底，底部南北向置一长方形木板，偏北位置立一圆形木柱，径0.3、残高0.2米。	无	第三期	
97T40–ZD2	97T40	97⑧b下，打破97⑨a	东西0.56~0.6南北0.88		0.8	长方形，直壁，平底，底部南北向置一长方形木础，木础表面偏南处放置两块重叠的灰白色砂岩石板。	无	第三期	
97T41–ZD1	97T41	97⑧b下，打破97⑨a	东西0.72南北1.43		0.46	长方形，直壁，平底，底部南北向置一长方形木板，长0.49、宽1.27、厚0.08米。	无	第三期	

续附表一

遗迹	位置	层位关系	规格（单位：米）			形制	堆积和出土物	分期	备注
			口部	底部	深度				
97T41–ZD2	97T41	97⑧b下，打破97⑨a	东西0.63 南北0.65		0.52	近呈方形，直壁，平底，底部垫一块南越国砖，表面居中处立一圆形木柱，径0.27~0.31、残高0.34米。	无	第三期	
97T41–ZD3	97T41	97⑧b下，打破97⑨a	东西0.6 南北0.75		0.46	长方形，直壁，平底，底部南北向置一长方形木板，居中立一圆形木柱，径0.38、残高0.20米。	无	第三期	
97T41–ZD4	97T41	97⑧b下，打破97⑨a	东西0.72 南北0.45		0.34	长方形，直壁，平底，底部东西长向置一长方形木板，长0.55、宽0.34、厚0.08米。	无	第三期	
97T41–ZD5	97T41	97⑧b下，打破97⑨a	径0.30		0.53	圆形，直壁，平底，当中立一圆形木柱，径0.26、残高0.55米。	无	第三期	
97T42–ZD1	97T42	97⑧b下，打破97⑨a	径0.46		不详	圆形，直壁，当中立一圆形木柱，径0.23米。	无	第三期	
97T42–ZD2	97T42	97⑧b下，打破97⑨a	东西0.65 南北0.52		0.43	长方形，直壁，平底，底部东西向置一长方形木板，居中立一圆形木柱，径0.34、残高0.32米。	无	第三期	
97T42–ZD3	97T42	97⑧b下，打破97⑨a	东西0.8 南北0.55		0.46	长方形，直壁，平底，底部东西向置一长方形木板，居中立一圆形木柱，径0.23、残高0.32米。	无	第三期	
97T44–ZD	97T44	97⑧b下，打破97⑨a	东西0.8 南北0.57		0.29	长方形，直壁，平底，底部东西向置一长方形木板，长0.65、宽0.42、厚0.1米。	无	第三期	
97T46–ZD	97T46	97⑧b下，打破97⑨a	东西0.83 南北0.45		0.32	长方形，直壁，平底，底部东西向置一长方形木板，长0.6、宽0.3、厚0.09米。	无	第三期	
97G4	97T40	97⑧b下，打破97⑨a，被97T40-SD1打破				长条形，向西渐窄小，现清理长6.75米，口宽0.14~0.75米，深0.45~0.62米。南壁近直，北壁距沟底深0.08米有二层台，宽0.18米。	可分两层，第①层褐土，疏松，厚0.45~0.5米。陶盆D1，铁刀1，垫饼1、板瓦Ⅱ398、板瓦Ⅲ98、板瓦Ⅳ10、筒瓦Ⅲ114、筒瓦Ⅳ110、筒瓦Ⅴ22、南越国"万岁"文字瓦当3；第②层灰土，夹炭屑，疏松，厚0.08~0.12米。陶灯AⅡ1，还有陶罐残片和梅花鹿角以及动物骨等。	第三期	向东延伸入97T36内未发掘

续附表一

遗迹	位置	层位关系	规格（单位：米）			形制	堆积和出土物	分期	备注
			口部	底部	深度				
95H4	95T10	95①下，打破生土	东西0.8 南北0.75		0.76	近方形，直壁，平底。	分四层，第①层灰黑色土，质黏，厚0.35米；第②层褐色沙土，厚0.26米，陶罐BⅡ1、陶魁B1、板瓦Ⅳ9、板瓦Ⅴ3、筒瓦Ⅴ7、筒瓦Ⅵ1；第③层灰黑色沙土，夹炭屑，厚0.02米，无遗物；第④层黄色黏土，纯净，厚0.13米，无遗物。	第四期	
95H5	95T9	95①下，打破生土	东西0.3 南北0.54		0.6	不规则形，弧壁，圜底。	灰褐色土。板瓦Ⅳ4、板瓦Ⅴ5、筒瓦Ⅴ8、筒瓦Ⅵ1，还有陶罐残片。	第四期	
95H8	95T9	95①下，打破95G3和生土	东西2.78 南北1.15		0.44	不规则形，弧壁，圜底。	黄褐色土。板瓦Ⅳ8、筒瓦Ⅴ4，还有陶罐残片。	第四期	
97H6	97T8	97⑥b下，打破97⑧b	东西1.08 南北0.92		1.2	椭圆形，直壁，平底。	红褐色土，紧密。陶盂D1。	第四期	
97H27	97T14	97⑧a下，打破97⑧b	径0.4	径0.35	0.5	圆形，斜直壁，平底。	灰色土。板瓦Ⅴ3。	第四期	
97H28	97T14	97⑧a下，打破97⑧b	径0.68	径0.68 东西	0.35	圆形，直壁，平底。	灰土，疏松。板瓦Ⅴ2。	第四期	
97H36	97T18	97⑧a下，打破97⑧b	东西0.7 南北0.8	0.52 南北 0.48	0.5	椭圆形，斜直壁，平底。	灰土，质黏。板瓦Ⅴ3、筒瓦Ⅵ5，还有陶罐残片和动物骨。	第四期	
97H44	97T17	97⑧a下，打破97⑧b	东西2.4 南北1.8		0.5	不规则形，弧壁，圜底。	灰褐色土，疏松。板瓦Ⅴ20、筒瓦Ⅵ3，还有陶灯底座残件。	第四期	
97H58	97T23	97⑧a下，打破97⑧b，被97J29打破	径0.56	0.56	0.35	圆形，直壁，平底。	灰褐色土，疏松。陶壶1、板瓦Ⅴ26、筒瓦Ⅵ19。	第四期	
97H84	97T43	97⑧a下，打破97⑧b，被97J27打破	东西2.7 南北1.98		0.4	不规则形，弧壁，圜底。	黑褐色土，质黏。陶纺轮A1、板瓦Ⅳ319、板瓦Ⅴ72、筒瓦Ⅴ198、筒瓦Ⅵ250。	第四期	
97H85	97T43	97⑧a下，打破97⑧b、97G16	东西1.96 南北2.47		0.54	椭圆形，弧壁，圜底。	黑褐色土，质黏。板瓦Ⅲ1、板瓦Ⅳ668、板瓦Ⅴ204、筒瓦Ⅴ200、筒瓦Ⅵ21、"官"字板瓦2、可复原南越国筒瓦1、南越国"右赏"瓦文1。	第四期	
97H87	97T21	97⑧a下，打破97⑧b	东西1.1 南北1.22		0.56	不规则形，弧壁，圜底。	灰黑色土，质黏。板瓦Ⅴ55、筒瓦Ⅵ25，还有陶罐残片。	第四期	

续附表一

遗迹	位置	层位关系	规格（单位：米）			形制	堆积和出土物	分期	备注
			口部	底部	深度				
97H88	97T45	97⑧a下，打破97⑩	东西 1.1 南北 0.8		0.3	不规则形，弧壁，圜底。	灰土，疏松。有陶罐残片。	第四期	
97H89	97T21	97⑧a下，打破97⑧b	东西 1.37 南北 0.72		0.38	不规则形，弧壁，圜底。	灰黑色土，疏松。陶钵Bb Ⅰ1、陶碗CⅢ2、陶杯A1、板瓦Ⅴ25、筒瓦Ⅵ18。	第四期	
97H111	97T23	97⑧a下，打破97⑧b	径 0.6		0.36	圆形，弧壁，圜底。	灰土。板瓦Ⅴ9、筒瓦Ⅵ5，还有陶罐残片。	第四期	
97H115	97T22	97⑦下，打破97⑧b，被97G6、97H107打破	东西 1.06 南北 0.95		0.58	不规则形，弧壁，圜底。	灰黑色土，疏松。陶碗A1、板瓦Ⅴ11。	第四期	
97H116	97T45	97⑧a下，打破97⑩	东西 1.3 南北 1.36		0.4	不规则形，坑壁呈不规则形内收，圜底。	灰土，疏松。陶四耳罐BⅡ1、券砖1、"官"字板瓦1、板瓦Ⅳ8、板瓦Ⅴ62、筒瓦Ⅵ26，还有动物骨。	第四期	
97H121	97T22	97⑦下，打破97⑧b	东西 1.95 南北 1.75		0.6	不规则形，弧壁，圜底。	红褐色黏土，紧密。板瓦Ⅳ18、板瓦Ⅴ8、筒瓦Ⅴ10，还有陶罐残片。	第四期	
97H126	97T43	97⑧a下，打破97⑨b、97G16，被97H129打破	东西 0.9 南北 0.96	径 0.7	1.3	近圆形，斜直壁，平底。	灰黑色土，夹细沙。无遗物。	第四期	
97H144	97T25	97⑦下，打破97⑧b	东西 0.81 南北 0.92		0.58	不规则形，斜直壁，平底。	灰黑色土，疏松。陶盂CⅠ1、板瓦Ⅴ30、筒瓦Ⅵ29、南越国"公"字瓦文1，还有动物骨。	第四期	
97H150	97T29	97⑧a下，打破97⑧b，被97J52打破	东西 3.6 南北 2.3		0.5	不规则形，弧壁，圜底。	灰黑色淤土。陶罐BⅡ2、陶盆D2、陶钵BbⅠ2、陶盂CⅠ1、陶碾钵1、陶器盖B1、陶网坠A1、板瓦Ⅲ16、板瓦Ⅳ23、板瓦Ⅴ133、筒瓦Ⅵ157、南越国"左官卒窑"瓦文1、"污"字瓦文1，还有动物骨。	第四期	
97H155	97T25	97⑧a下，打破97⑧b、97H172	东西 0.87 南北 0.8		0.6	椭圆形，弧壁，圜底。	灰褐色土，疏松。板瓦Ⅴ11、筒瓦Ⅵ6。	第四期	
97H156	97T25	97⑧a下，打破97⑧b	东西 0.9 南北 1.02		0.51	平面呈椭圆形，直壁，平底。	灰褐色土，疏松。板瓦Ⅴ16、筒瓦Ⅵ8，还有陶罐残片。	第四期	

续附表一

遗迹	位置	层位关系	规格（单位：米）			形制	堆积和出土物	分期	备注
			口部	底部	深度				
97H157	97T29	97⑧a下，打破97⑧b	东西4.2 南北2.3		0.6	平面呈不规则形，坑壁呈不规则形内收，圜底。	灰黑色土。陶方盆1、陶钵Ba1、陶盂AⅢ1、胡人俑1、绳纹菱形纹长方砖2、板瓦Ⅲ35、板瓦Ⅳ3、板瓦Ⅴ96、筒瓦Ⅵ175、南越国瓦文2，还有动物骨。	第四期	
97J43	97T45	97⑦下，打破97⑧a	径0.85		1.26	土坑井，圆形，直壁，平底。	可分二层，第①层灰土，夹炭屑和红烧土颗粒，松软，厚约1.11米。陶钵Ba1、板瓦Ⅴ17、筒瓦Ⅵ18，还有少量陶器残片。第②层灰黑色淤泥，厚0.15米，无遗物。	第四期	
97J45	97T17	97H118下，打破97⑧b	径1.2	径0.95	1.8	土坑井，圆形，斜直壁，平底。	灰黑色土。陶四耳罐BⅡ2、陶釜E3、陶钵BbⅠ1、陶盆E1、石盆1、鹿角1、南越国印花砖1，还有动物骨等。	第四期	
97J54	97T18	97⑧a下，打破97⑧b	外径：东西1.14 南北1.04 内径：东西0.88 南北0.82	东西0.95 南北0.91	1.8	木方井，井口往下0.6米井坑壁垂直，壁上残留有木板朽印痕，0.6米往下至井底残存用木板架设的方形井框，木板之间靠卯榫结构架设起来。	可分三层，第①层红褐色土，质黏，厚0.21米，板瓦Ⅳ25；第②层灰土，疏松，厚约0.6~0.65米，陶罐BⅠ3、陶四耳罐A1、陶盆D3、陶盂AⅡ1、陶烛台1、陶器盖B1、陶网坠A2、绳纹和菱形纹长方砖2、板瓦Ⅳ56、筒瓦Ⅴ72、"五铢"BⅠ1，还有动物骨和南越国绳纹瓦等；第③层灰黑色淤土，松软，厚约0.98~1.05米，板瓦Ⅳ34、筒瓦Ⅴ3，还有动物骨和南越国绳纹瓦、八棱石柱等。	第四期	

续附表一

遗迹	位置	层位关系	规格（单位：米）			形制	堆积和出土物	分期	备注
			口部	底部	深度				
97J63	97T2	97⑥b下，打破97⑧b	外径1.46 内径1.0		5.15	砖井，圆形，井圈用弧扇形券砖叠砌而成，井底面平。	可分六层，第①层灰褐色土，质黏，厚0.47米，有少量陶罐残片等；第②层黄褐色沙土，厚0.25米，陶罐AⅡ1、陶双耳罐B1；第③层五花土，质黏，厚0.98米，陶四耳罐BⅡ1，还有少量动物骨等；第④层黑褐色土，疏松，厚2.5米，陶罐BⅠ3、陶罐BⅡ6、陶罐E1、陶双耳罐AⅡ5、陶双耳罐B2、陶双耳罐C1、陶双耳罐DⅠ1、陶双耳罐DⅡ1、陶双耳罐E1、陶双耳罐F1、陶四耳罐BⅡ42、陶四耳罐DⅡ2、陶六耳罐A13、陶六耳罐B3、陶六耳罐C1、陶壶C2、陶釜E1、陶钵BbⅠ1、陶网坠A1、陶网坠B1、陶蒺藜Ab1、板瓦Ⅳ1、板瓦Ⅴ1、筒瓦Ⅵ2、券砖3、骨簪1、鹿角2，还有动物骨和南越国"官"字瓦文1、"右贲"瓦文1、"万岁"文字瓦当1；第⑤层灰黄色淤沙土，厚0.72米，陶罐AⅡ1、陶罐BⅠ29、陶罐D1、陶碗BⅡ1、陶网坠A1、陶纺轮A1、绳纹和菱形纹长方砖1、骨簪1、椰勺1，还有动物骨等；第⑥层淤沙土，厚0.18米，遗物极少，"货泉"1。	第四期	
97J79	97T35	97⑦层下，打破97⑧b，被97H194打破	径0.95		不详	土坑井，圆形，斜直壁。	灰黑色土。陶四耳罐BⅡ2、陶四耳罐C1、陶四耳罐DⅢ1、陶壶B1、陶碗A1，还有动物骨。	第四期	未发掘至底
97J85	97T30	97⑧a下，打破97⑧b、97G12	外径：东西0.96 南北0.98 内径：东西0.72 南北0.74		2.5	木方井，井口以下1.8米井壁垂直，井壁用方形木框护壁，已朽，仅0.75米往下至1.82米尚存有木板井框。1.8米往下至井底井壁呈弧壁内收。	灰土，松软。陶罐AⅡ2、陶罐BⅠ18、陶壶A1、陶瓶B1、陶盆D1、陶盂B1、绳纹长方楔形砖1、板瓦Ⅳ335、筒瓦Ⅳ19、筒瓦Ⅴ200，还有动物骨等。	第四期	

续附表一

遗迹	位置	层位关系	规格（单位：米）			形制	堆积和出土物	分期	备注
			口部	底部	深度				
97J87	97T38、97T39	97⑦下，打破97⑧a、97SQ 木暗槽、97F17	东西1.8 南北1.56	径1.62	3.0	土坑井，椭圆形，井口以下0.43米井壁呈不规形内收，0.43米往下井壁垂直，平底。	褐色土，松软。陶罐AⅡ1、陶四耳罐BⅡ5、陶四耳罐DⅠ1、陶器盖C2、"万岁"文字瓦当Bc1、素面长方砖1、绳纹长方砖1、陶风管2。	第四期	
97J91	97T19	97⑦下，打破97⑧b、97SQ	外径1.08 内径：东西0.50 南北0.58		0.5	砖井，圆形，井壁用长方砖平砌，平底。	灰黑色土，疏松。有少量南越国时期绳纹瓦片等。	第四期	
97G16	97T43、97T45	97⑧a下，打破97⑧b，被97H126、97H129、97H85打破				曲尺形，自南向北折向西后再向北，现清理长15.7米。沟的南段南北向，直壁，平底，长3.8、宽0.3~0.4、深0.08~0.27米；中段东西向，直壁，平底，长1.9、宽0.27、深0.27~0.3米；北段南北宽向，南部略弧向西，沟壁弧内收，圜底，长约10.0、宽0.52~1.53、深0.35~0.96米。	可分两层，第①层灰土，夹炭屑，疏松，厚0.3~0.7米。少量陶罐残片；第②层灰黑色淤沙土，疏松，厚0.06~0.25米，遗物极少。	第四期	向北延伸出发掘区
97F15	97T44、97T46	97⑧a下，打破97⑧b				残存东西两列共4个柱洞，方向北偏西7°。柱洞坑口平面均呈长方形，直壁，底部东西向置一长方形木板。	无	第四期	

附表二 南越宫苑遗址两晋、南朝遗迹登记表

遗迹	位置	层位关系	规格（单位：米）			形制	堆积和出土物	分期	备注
			口部	底部	深度				
95H6	95T8	95①下，打破生土	东西1.52 南北0.83		0.79	半圆形，弧壁，圜底。	灰土，疏松。酱釉四耳罐Aa I 1、青釉碗 I 18、青釉碗 II 6、青釉器盖B1。	第一期	向南延伸出发掘区外
95H16	95T7	95①下，打破生土	东西0.54 南北0.52		原始记录不详	不规则形，弧壁，圜底。	灰土，疏松。青釉碗 I 4、陶蒺藜A2。	第一期	
97H15	97T12	97⑦下，打破97⑧a	东西1.8 南北1.5		0.8	不规则形，弧壁，圜底。	褐色土，紧密。有青釉器残片等。	第一期	向南延伸出发掘区外
97H76	9746	97⑦下，打破97⑧a，被97J32、97H75、97J75打破	径2.0		0.6	近呈圆形，弧壁，圜底。	灰黑色沙土。长方素面砖1、陶网坠B1、角器1，还有可复原东汉绳纹筒瓦1、南越国印花残砖1。	第一期	
97H98	97T22	97⑦下，打破97⑧b	东西0.6 南北0.62	径0.39	1.02	近呈圆形，斜直壁，平底。	红褐色土，疏松。有青釉器残片等。	第一期	
97H102	97T22	97⑦下，打破97⑧b，被97G6打破	东西1.1 南北0.9		0.6	不规则形，弧壁，圜底。	红褐色土，质黏。青釉碗 I 1。	第一期	
97H107	97T22	97⑦下，打破97⑧b、97H115、97SQ	东西1.42 南北1.52		0.4	近呈椭圆形，弧壁，圜底。	灰褐色土，疏松。有青釉器残片等。	第一期	
97H120	97T37	97⑦下，打破97⑧a	东西0.7 南北0.3		0.35	半圆形，弧壁，圜底。	灰褐色土，疏松。酱釉四耳罐Aa I 1、青釉碗 I 1。	第一期	
97H122	97T37	97⑦下，打破97⑧a	径1.01		0.7	近呈圆形，弧壁，圜底。	灰褐色土。有青釉碗残片等。	第一期	
97H123	97T37	97⑦下，打破97⑧a，被97G1打破	东西1.44 南北1.54		0.62	不规则形，坑壁呈不规则内收，底部不平。	灰褐色土，疏松。有青釉和酱釉陶瓷器残片等。	第一期	
97H138	97T22	97⑦下，打破97⑧b，被97G6打破	径0.82		0.65	近呈圆形，弧壁，圜底。	灰土，夹炭屑，疏松。有青釉器残片等。	第一期	
97H166	97T41	97⑦下，打破97⑧a，被97G14打破	东西1.55 南北1.4		1.7	不规则形，弧壁，圜底。	灰黑色淤土，疏松。酱釉四耳罐Aa I 2、酱釉四耳罐Ba I 1、酱釉四耳罐Bb1、青釉四耳罐B I 1、青釉钵A I 3、青釉鸡首壶 I 1、青釉唾壶1、青釉碗 I 21、青釉碗 II 4、青釉碟 I 2、青釉三足砚台B I 1，还有砖块和瓦片等。	第一期	
97H181	97T30	97⑦下，打破97⑧a	径0.54		0.35	近呈圆形，弧壁，圜底。	灰土。有青釉和酱釉陶瓷器残片。	第一期	

续附表二

遗迹	位置	层位关系	规格（单位：米）			形制	堆积和出土物	分期	备注
			口部	底部	深度				
97H182	97T30	97⑦下，打破97⑧a	东西 1.42 南北 0.78		0.3	不规则形，坑壁呈不规则形内收，底不平。	灰土，疏松。有青釉和酱釉陶瓷器残片等。	第一期	
97H194	97T35	97⑦下，打破97J79、97⑧b	东西 1.3 南北 1.02		0.7	长方形，弧壁，圜底。	灰褐色土，疏松。陶四耳罐1、酱釉四耳罐AaⅠ2、青釉钵AⅠ1、青釉器盖Aa1、陶网坠B1，还有动物骨等。	第一期	
95J15	95T7	95①下，打破生土	径 0.92	东西 0.53 南北 0.55	1.98	竹篾圈井，圆形，斜直壁，平底。井内0.3米以下有用竹片编织的井圈，腐烂严重，井圈的编织结构不明。	可分三层，第①层灰黑土，厚1.35米。内含有较多石块和碎砖块，有少量青釉碗残片等；第②层褐土，疏松，厚约0.12~0.2米，夹贝壳。石网坠1，还有青釉碗和酱釉陶罐残片等；第③层灰色淤土，厚约0.5米。青釉碗Ⅰ1、青釉器盖Aa1、酱釉四耳罐AaⅠ1。	第一期	
95J20	95T7	95①下，打破生土	东西 1.46 南北 1.35	径 1.1	1.67	竹篾圈井，椭圆形，斜直壁，平底。井内0.7米以下发现有用竹篾编织的井圈，竹篾圈结构清晰。	灰褐色土，松软。青釉三足盆1、青釉盅AⅠ1、青釉碗Ⅰ7、砺石1，还有动物骸骨、铁渣、木块和竹篾箕（已朽）以及灰陶布纹瓦片等。	第一期	
97J10	97T11	97⑦下，打破97⑧a	径 1.08	径 0.85	1.7	土坑井，圆形，斜直壁，平底。	深灰色土，含木炭屑，质黏，紧密。陶风管3，还有点褐彩青釉器残片和酱釉陶罐残片等。	第一期	
97J11	97T11	97⑦下，打破97⑧a	径 0.92		1.1	土坑井，圆形，直壁，平底。	灰黑色土，含木炭颗粒，疏松。青釉钵AⅠ2、可复原筒瓦1，还有少量酱釉罐残片和布纹瓦片等。	第一期	
97J14	97T14	97⑦下，打破97⑧a	东西 0.85 南北 0.80	径 0.5	1.7	土坑井，椭圆形，斜直壁，平底。	灰土，松软。青釉盆1、青釉钵AⅠ1、青釉碗Ⅱ1、青釉碟Ⅰ1，还有南越国"姚"字瓦文1、"公"字瓦文1。	第一期	
97J29	97T23	97⑦下，打破97⑧a，被97H58打破	径 1.2		1.7	土坑井，圆形，直壁，平底。	黑褐色土，疏松。酱釉四耳罐AaⅠ1、青釉碗Ⅰ1、陶网坠B1。	第一期	
97J38	97T41	97⑦下，打破97⑧b	径 0.95		仅发掘深2.1米	竹篾圈井，圆形，直壁，平底。井壁有用竹片纵横编织而成井圈护壁，仅存印痕。	黑色淤土，松软。酱釉四耳罐AaⅠ1、青釉碗Ⅰ1。	第一期	

续附表二

遗迹	位置	层位关系	规格（单位：米）			形制	堆积和出土物	分期	备注
			口部	底部	深度				
95H1	95T1	95③下，打破95④	径0.98	原始记录不详	0.98	圆形，斜直壁，底部平铺6块网格纹长方砖。	灰土，疏松。有酱釉和青釉器残片，以及网格纹长方砖等。	第二期	
95H10	95T7	95①下，打破生土和95J20	东西0.86 南北0.84		0.6	圆形，弧壁，圜底。	灰褐色土，夹炭屑，疏松。酱釉四耳罐BaⅡ1、青釉碗Ⅰ4、青釉四耳罐AⅠ1、橄榄核1。	第二期	
95H14	95T11	95①下，打破生土	东西1.1 南北1.05	0.8	1.5	近圆形，斜直壁，平底。	灰黑色土，夹有贝壳，疏松。酱釉四耳罐AaⅠ1、酱釉四耳罐BaⅠ1，还有青釉器残片等。	第二期	
95H17	95T2	95③下，打破95④	东西1.38 南北1.09		0.21	不规形形，弧壁，圜底。	堆积有食后弃置的马骨。	第二期	
97H17	97T10	97⑥b下，打破97⑦，被97G1打破	东西1.7 南北2.46		原始记录不详	不规则形。	酱釉四耳罐AaⅠ1、酱釉碗Ⅰ1、青釉四耳罐Cb1、青釉盘AⅠ1、青釉碗Ⅰ1、青釉碗Ⅱ3、网格纹长方砖1。	第二期	
97H20	97T15	97⑥b下，打破97⑦、97SQ	东西1.64 南北1.54		0.8	椭圆形，直壁，平底。	灰褐色土，松软。酱釉四耳罐AaⅠ1、青釉碗Ⅰ4、青釉碟Ⅱ1、青釉器盖Aa1、青釉器盖C1，还有网格纹长方砖和动物骸骨等。	第二期	
97H22	97T6	97⑥b下，打破97⑦	东西0.6 南北0.9		0.45	近呈椭圆形，弧壁，圜底。	灰褐色土，疏松。有青釉和酱釉残片等。	第二期	
97H31	97T9	97GC下，打破生土	东西1.6 南北0.6		0.45	不规则形，弧壁，圜底。	灰黑色土，疏松。青釉碗Ⅱ1，还有酱釉器残片等。	第二期	
97H54	97T21	97⑥b下，打破97⑦	东西1.25 南北1.43		0.46	不规则形，弧壁，圜底。	灰黑色土，夹贝壳，疏松。有青釉和酱釉器残片等。	第二期	
97H67	97T21	97⑥b下，打破97⑦	东西0.7 南北0.96		0.4	不规则形，弧壁，圜底。	灰黑色土，较纯。酱釉四耳罐AbⅠ1，还有青釉碗残片等。	第二期	
97H68	97T22	97⑥b下，打破97⑦、97G6、97SQ，被97J18打破	径1.36	径0.5	1.2	圆形，斜直壁，平底。	灰黑色土，夹炭屑，疏松。青釉碗Ⅰ3、青釉碗Ⅱ2、青釉器盖Aa1、青釉器盖C1、青釉双耳罐1、青釉四耳罐DⅡ1、陶网坠A1、滑石盆1。	第二期	
97H71	97T24	97⑥b下，打破97⑦	东西0.7 南北0.61		0.5	不规则形，弧壁，圜底。	灰黑色土，有少量青釉和酱釉器残片等。	第二期	
97H73	97T20	97⑥b下，打破97⑦	东西0.56 南北0.52		0.56	椭圆形，直壁，平底。	灰黑色土，夹贝壳，疏松。青釉碗Ⅱ1、青釉熏炉B1，还有动物骨等。	第二期	

续附表二

遗迹	位置	层位关系	规格（单位：米）			形制	堆积和出土物	分期	备注
			口部	底部	深度				
97H74	97T20	97⑥b下，打破97⑦	东西0.64 南北0.72		0.38	椭圆形，直壁，平底。	灰褐色土，紧密，遗物极少。	第二期	
97H75	97T46	97⑥b下，打破97⑦、97H76	径0.85	径0.83	1.4	圆形，斜直壁，平底。	灰黑色淤土。青釉碗Ⅰ1、青釉碗Ⅱ1、砺石1。	第二期	
97H83	97T22	97⑥b下，打破97⑦	东西1.65 南北1.18		0.64	不规则形，弧壁，圜底。	灰黑色土，夹贝壳，疏松。青釉碗Ⅰ1、青釉碗Ⅱ1。	第二期	
97H95	97T15	97⑥b下，打破97⑦、97SQ	东西1.8 南北1.72	径0.7	0.87	椭圆形，斜直壁，平底。	灰黑色土，疏松。青釉器盖Aa1，还有大量石块和网格纹长方砖等。	第二期	
97H129	97T43	97⑥b下，打破97⑦、97H126、97G16	东西0.98 南北1.12	0.6		不规则形，弧壁，圜底。	灰土，疏松。青釉碗Ⅰ1、青釉器盖Aa1。	第二期	
97H137	97T24	97⑥b下，打破97⑦	东西0.65 南北0.7		0.5	近呈圆形，直壁，平底。	灰褐色淤土，疏松。陶釜1、酱釉瓮1、滑石盆1，还有东汉陶盆1。	第二期	
97H149	97T33	97⑥b下，打破97⑦、97H174，被97J53、97J58打破	东西3.22 南北2.92	东西1.34 南北1.12	1.58	不规则形，坑壁呈不规则形内收，底近平。	灰褐色土，夹木炭和竹片，疏松。酱釉四耳瓮Ⅰ1、酱釉四耳罐AaⅠ2、酱釉四耳罐BaⅡ1、青釉碗Ⅰ24、青釉碗Ⅱ6、青釉器盖Aa2、青釉器盖B1、青釉三足砚台BⅡ1、陶蒺藜A1、陶网坠A3、酱釉纺轮B1、南越国"奴利"瓦文1，还有动物骨。	第二期	
97H163	97T30	97⑥b下，打破97⑦，被J84、97F4-SD14打破	东西1.25 南北0.9		0.36	不规则形，弧壁，圜壁。	灰土，疏松。有青釉和酱釉器残片。	第二期	
97H171	97T34	97⑥b下，打破97⑦，被97G9打破	东西1.5 南北1.34		0.4	不规则形，弧壁，圜底。	黑褐色土，疏松。有青釉和酱釉器残片等。	第二期	
97H179	97T3	97⑥b下，打破生土	东西0.64 南北0.6	东西0.56 南北0.51	1.1	椭圆形，斜直壁，平底。	黑褐色土，疏松。有少量青釉器残片和动物骨等。	第二期	
97H188	97T30	97⑥b下，打破97⑦	东西1.06 南北0.95		原始记录不详	不规则形，弧壁，圜底。	灰土。莲花纹瓦当AⅡ1、酱釉四耳罐AaⅠ1、酱釉釜B1、酱釉盆2、酱釉碗Ⅰ1、青瓷碗Ⅰ3、青釉碗Ⅱ3，还有东汉陶盆1。	第二期	

续附表二

遗迹	位置	层位关系	规格（单位：米）			形制	堆积和出土物	分期	备注
			口部	底部	深度				
97H190	97T34	97⑥b下，打破97⑦，被97J68打破	东西1.9 南北1.23		0.7	不规则形，弧壁，圜底。	灰黑色土，夹炭屑，疏松。青釉钵B1、青釉碗Ⅰ2、青釉碗Ⅱ1、青釉器盖Aa1、陶蒺藜B1，还有东汉陶碗1。	第二期	
97H197	97T27	97⑥b下，打破97⑧a，被97H180打破	东西3.3 南北1.44		0.9	不规则形，弧壁，圜底。	灰黑色沙土。有青釉和酱釉器残片。	第二期	
95J4	95T2	95③下，打破95PC	东西0.8 南北0.84		1.2	竹篾圈井，近呈圆形，斜直壁，圜底，0.6米以下井壁用竹篾纵横编织的井圈。	灰土，疏松。有少量青釉器残片。	第二期	
95J16	95T7	95①下，打破生土	东西0.96 南北0.92	径0.48	3.1	土坑井，近呈圆形，井口以下2.2米井壁呈弧形内收，2.2米往下至底部井壁垂直，平底。北壁和南壁分别有3个和4个脚窝，呈三角形，边长约0.15~0.2，深0.06米。北壁第一个脚窝距井口0.16米，第一、二、三个脚窝间距分别为0.4、1.16米。南壁第一个脚窝距井口约0.4米，第一、二、三、四个脚窝间距分别为0.5、0.5、0.8米。	分五层，第①层灰黑土，厚0.45米，铜镞C1；第②层灰沙土，夹木炭，厚0.2~0.72米，遗物极少；第③层灰黑土，夹白色膏泥，厚0.72~0.80米，酱釉四耳罐AaⅠ1、铁镰刀1、铁钩1；第④层灰褐色土，厚0.96~1.34米，遗物极少；第⑤层红土，厚0.3~0.36米，无遗物。	第二期	
95J17	95T8	95①下，打破生土	东西1.33 南北1.25	东西0.87 南北0.84	2.8	竹篾圈井，椭圆形，斜直壁，平底。1.2米以下井壁发现有用竹片编织的竹篾圈，腐朽严重。	分四层，第①层灰黑土，疏松，厚达1.26~1.35米，有较多酱釉和青釉器残片等；第②层灰土，厚0.13~0.28米，有少量青釉器残片；第③层灰黑色淤沙，厚1.14~1.2米，酱釉四耳罐AaⅠ1、青釉四耳罐DⅠ1、青釉碗Ⅰ1、青釉器盖C1、铁钩1；第④层灰色土，厚0.32~0.4米，酱釉四耳罐AaⅠ4、酱釉四耳罐BaⅠ1、青釉四耳罐AⅠ1、青釉四耳罐CaⅠ1、铁钩1。	第二期	

续附表二

遗迹	位置	层位关系	规格（单位：米）			形制	堆积和出土物	分期	备注
			口部	底部	深度				
97J30	97T19	97⑥b下，打破97⑦，被97H50打破	东西1.52 南北1.61	径0.84	2.43	土坑井，近呈圆形，东壁略呈弧形斜收，西壁斜直，平底。	分三层，第①层红土，致密，厚约1.03米，有少量布纹瓦片；第②层青灰色亚黏土，厚约0.52米，酱釉四耳罐C1，还有铁矿石块和玻璃碎片等；第③层黄色土，致密，厚约0.88米，遗物极少，井底部有炭化竹片。	第二期	
97J33	97T24	97⑥b下，打破97⑦、97F18	东西1.62 南北1.90	径0.81	3.0	土坑井，椭圆形，井口以下2.5米井壁斜直内收，2.5米以下井壁垂直，平底。	灰黑色土，夹木炭屑，疏松。青釉鸡首壶Ⅱ1、青釉四耳罐DⅡ1、酱釉釜B1、青釉碗Ⅰ7、青釉碟Ⅰ2、青釉虎子1、青釉垫饼1、青釉三足砚AⅠ1、青釉三足砚BⅠ1、木构件1，还有少量布纹瓦片和动物骨等。	第二期	
97J44	97T45	97⑥b下，打破97⑦	东西1.68 南北0.96	东西1.16 南北0.66	1.8	竹篾圈井，已发掘部分呈半圆形，井口以下1.0米井壁弧收，1.0米往下井壁垂直，有竹篾圈护壁，已炭化，底部用碎砖平铺。	灰褐色黏土，紧密。青釉碗Ⅰ1、青釉碗Ⅱ2。	第二期	向北延伸出发掘区外
97J73	97T2	97⑥b下，打破生土	径1.12	径0.82	1.3	土坑井，圆形，斜直壁，平底。	灰褐色土，疏松。有少量青釉器残片和布纹瓦片等。	第二期	
97J84	97T30	97⑥b下，打破97⑦、97G6、97G12、97H184、97H163	径1.33	径1.15	3.07	土坑井，圆形，斜直壁，平底。	分两层，第①层灰土，松散，厚约2.57米。酱釉四耳瓮Ⅱ3、酱釉四耳罐AaⅠ4、酱釉甂1、酱釉带流罐1、酱釉釜B1、青釉四耳罐CaⅠ1、青釉碗Ⅰ1、青釉碗Ⅱ8、青釉碟Ⅰ1、青釉鸡首壶Ⅱ3、青釉钵CⅠ1、青釉器盖B1、青釉器盖C1、滑石盘1、网格纹长方砖1，还有印纹陶片等；第②层灰黑色淤土，厚约0.5米，遗物较少，有酱釉和青釉器残片。	第二期	
97G2	97T21	97⑥b下，打破97⑦				长条形，东西走向，现揭露长8.8米，口部宽0.5~0.52，深0.6~1.04米，沟壁斜弧，底部不平。	灰黑色土，疏松，夹红烧土颗粒。有陶四耳罐2、陶盆1、酱釉陶四耳罐AaⅠ2、青釉四耳罐AⅠ1。	第二期	延伸入97T25未发掘

续附表二

遗迹	位置	层位关系	规格（单位：米）			形制	堆积和出土物	分期	备注
			口部	底部	深度				
97G3	97T16、97T20、97T24	97⑥b下，打破97⑦，被现代坑和97J23、97J55、97H48打破				长条形，东北—西南走向，东头略宽，现长约16.8米、口部宽0.9~1.22、深0.47~0.72米，沟壁弧收，圜底，底部西高东低。	沟东头内有大量红烧土块、烧结的铁渣块以及陶风管等，西段沟内为灰褐色土，夹有木炭屑。"五铢"BⅡ1、青釉碗Ⅱ1、陶网坠B1、陶纺轮2、砺石1、陶风管3。	第二期	向西南延伸入97T28内
97G6	97T18、97T22、97T26、97T30	97⑥b下，打破97⑦、97H184，被97H68、97J84打破				长条形，东西走向，现揭露长35.3米，口部宽0.3~0.75、深0.18~8.7米，沟壁斜弧，底部不平，东部浅，向东渐深。	红褐色土，质黏。青釉四耳罐DⅠ1。	第二期	延伸入97T34部分未发掘
97G9	97T7、97T11、97T15、97T19、97T23、97T27、97T31、97T34、97T35、97T38	开口于97⑥b下，打破97⑦，被97G1、97G12、97F4-SD17、97F4-SD18、97J83、97H62、97H165打破				砖砌暗渠，曲尺形，西起往东13.3米呈直角折向南，往南6.5米后呈圆角转向东，已揭露部分长约85.4米。渠的中、西部渠壁用砖砌，砌高0.2~0.37米后改为叠涩式砌筑，渠内拱高约0.37米，顶部用石块和碎砖块等封盖。外宽约1.0、内底宽0.32~0.38、深0.45~0.75米。渠体东段未发现有砖砌渠壁，渠口宽0.96~1.0米，残深0.32~0.4米，圜底。	灰褐色淤土，近底部为粗沙，较纯净。青釉碗Ⅱ1。渠体用砖有手指印纹和网格纹长方砖等。	第二期	被97G10叠压部分未发掘。向西延伸出发掘区外
97G14	97T39、97T41	97⑥b下，打破97⑦，被97H100、97H162打破				长条形，东西走向，现揭露长10.95米，口部宽0.42~1.02、深0.24~0.7米，弧壁，圜底。	灰黑色土，疏松。青釉碗残片等。	第二期	向东延伸入97T36部分未发掘
97F12	97T7、97T8、97T11、97T12	97⑥b下，打破97⑦				仅存南北两排柱洞共7个，方向北偏西9°。柱洞呈长方形或圆形，仅一个柱洞底部尚存有础石。	柱洞内填充较纯净的红色黏土。有青釉器残片和布纹瓦片等。	第二期	
97H5	97T8	97⑥a下，打破97⑧b	东西1.2南北2.22		0.84	不规则形，北壁斜直，南壁弧收，圜底。	灰黑色土，疏松。酱釉四耳罐BaⅡ1、青釉碟Ⅱ1。	第三期	
97H8	97T6	97F1下，打破97⑥b	东西1.65南北0.95		0.82	不规则形，弧壁，圜底。	灰黑色土，夹贝壳，疏松。莲花纹瓦当DⅠ1、陶四耳罐1、酱釉釜AⅡ1、青釉盅AⅡ1、青釉四耳盅1、青釉碗Ⅰ10、青釉碗Ⅱ4，还有动物骨等。	第三期	

续附表二

遗迹	位置	层位关系	规格（单位：米）			形制	堆积和出土物	分期	备注
			口部	底部	深度				
97H10	97T6	97F1下，打破97⑥b，被97G1打破	东西1.0 南北1.30		不详	椭圆形，斜直壁。	坑内堆积情况记录不详。青釉碗Ⅱ1。	第三期	未发掘至底
97H12	97T12	97F5下，打破97⑥b	东西1.38 南北1.15		0.6	不规则形，弧壁，圜底。	红褐色土，紧密。青釉盅B1、青釉碗Ⅲ1，还有酱釉四耳罐残片等。	第三期	向南延伸出发掘区外
97H14	97T12	97①下，打破97⑥b	径0.9		0.9	近呈圆形，弧壁，圜底。	灰褐色土，紧密。有少量青釉器残片。	第三期	
97H16	97T12	97⑥a下，打破97⑧b，被97H21打破	东西1.35 南北2.42		0.8	不规则形，坑壁呈不规则形内收，底部不平。	黑褐色土，,紧密。酱釉四耳罐AaⅠ1、陶蒺藜A1，还有可复原东汉筒瓦2。	第三期	
97H18	97T16	97①下，打破97⑥b	东西2.6 南北1.26		0.8	不规则形，弧壁，圜底。	黑褐色土，紧密。有青釉器残片等。	第三期	
97H29	97T16	97①下，打破97⑥b	东西2.5 南北1.5		0.5	半圆形，弧壁，圜底。	灰黑色土，夹贝壳，疏松。有青釉碗残片。	第三期	向南延伸出发掘区外
97H42	97T7	97F1下，打破97⑧b	东西0.44 南北0.77		0.5	不规则形，东壁较直，西壁呈不规则形内收，底部不平。	灰黑色土，夹贝壳，疏松。有少量青釉器残片。	第三期	
97H43	97T19	97F1下，打破97⑥b、97H49	东西1.84 南北1.56		0.5	不规则形，弧壁，圜底。	灰黑色土，疏松。青釉器盖Aa1。	第三期	
97H47	97T18	97⑥a下，打破97⑥b	东西1.4 南北1.2		0.41	不规则形，弧壁，圜底。	灰黑色土，质黏。有青釉器残片。	第三期	
97H48	97T20	97①下，打破97⑥b、97G3	东西0.8 南北1.0		0.54	不规则形，弧壁，圜底。	灰褐色土，疏松。有青釉和酱釉器残片等。	第三期	
97H49	97T19	97F1下，打破97⑥b，被97H43打破	东西1.34 南北0.92		0.48	不规则形，弧壁，圜底。	灰黑色土，疏松。有青釉和酱釉器残片等。	第三期	
97H50	97T19	97F1下，打破97⑥b、97J30、97H51	东西1.1 南北1.14		0.78	不规则形，弧壁，圜底。	灰黑色土，疏松。酱釉四耳罐AaⅠ1、青釉碗Ⅰ1、青釉碗Ⅱ3，还有动物骨。	第三期	
97H51	97T19	97⑥a下，打破97⑥b、97J30，被97H50打破	东西0.6 南北0.56		0.34	近呈圆形，弧壁，圜底。	灰黑色沙土，疏松。有青釉碗Ⅱ1、青釉器盖Aa1。	第三期	
97H59	97T22	97F1下，打破97⑥b，被97J18、97G1打破	东西1.0 南北0.84		1.08	不规则形，弧壁，圜底。	红土，质黏。有砖块和青釉器残片等。	第三期	

续附表二

遗迹	位置	层位关系	规格（单位：米）			形制	堆积和出土物	分期	备注
			口部	底部	深度				
97H62	97T7	97F1下，打破97⑧b、97G9	东西1.6 南北1.66		0.9	近呈圆形，弧壁，圜底。	灰黑色土，疏松。陶棋子1、青釉碗Ⅱ2、青釉器盖Aa1，还有动物骨等。	第三期	
97H64	97T17	97①下，打破97⑥b	东西1.0 南北0.9		0.6	不规则形，弧壁，圜底。	黄色土，紧密。有青釉和酱釉器残片等。	第三期	
97H72	97T40	97⑤b下，打破97⑥b	径1.2	径1.1	0.3	圆形，斜直壁，平底。	灰色土，夹贝壳，疏松。有青釉碗和酱釉罐残片等。	第三期	
97H80	97T21	97⑤b下，打破97⑥b、97Q7	东西0.74 南北0.82		0.4	不规则形，坑壁呈不规则形内收，圜底。	灰黑色土。有青釉和酱釉器残片。	第三期	
97H81	97T21	97F2下，打破97⑥b	东西0.85 南北0.8		0.2	椭圆形，弧壁，圜底。	灰黑色土。有青釉器残片等。	第三期	
97H96	97T39	97⑥a下，打破97⑥b	东西1.84 南北1.2		0.5	不规则形，坑壁呈不规则形内收，底部不平。	灰褐色土，疏松。点褐彩青釉碗Ⅱ2，还有酱釉罐残片和动物骨等。	第三期	
97H99	97T22	97F2下，打破97⑥b，被97F14-SD2打破	东西0.8 南北0.7		0.7	长方形，直壁，平底。	灰黑色土，夹贝壳，疏松。有少量青釉器残片等。	第三期	
97H100	97T41	97⑥a下，打破97⑥b、97G6、97G14	径0.8	径0.7	1.38	圆形，斜直壁，平底。	灰黑色土，夹炭屑，疏松。青釉碗Ⅲ1、青釉盅AⅡ1、青釉器盖Aa1、青釉器盖B1、可复原宽度筒瓦1。	第三期	
97H117	97T17	97T⑥a下，打破97⑥b	径0.9	0.8	0.6	圆形，斜直壁，平底。	红黄土，质黏，紧密。有酱釉盅1、青釉碗Ⅱ1，还有东汉陶盆1。	第三期	
97H118	97T17	97⑥a下，打破97⑥b、97J45	东西2.0 南北2.4		1.2	椭圆形，弧壁，圜底。	黑褐色土，含贝壳，疏松。有少量青釉和酱釉器残片。	第三期	
97H127	97T25	97⑤b下，打破97⑥b	东西0.95 南北0.85		0.35	椭圆形，直壁，平底。	灰土，疏松。青釉器盖1、青釉盅AⅠ1、青釉碟Ⅰ1，还有动物骨。	第三期	
97H139	97T29	97⑥a下，打破97⑥b	东西0.59 南北0.8		0.7	不规则形，弧壁，圜底。	灰褐色土，疏松。青釉带流罐1、青釉碗Ⅰ1、青釉碗Ⅲ2、青釉器盖Aa1、砺石1，还有酱釉器残片和动物骨。	第三期	
97H145	97T29	97⑥a下，打破97⑥b	东西0.45 南北0.4		0.5	不规则形，弧壁，圜底。	灰褐色土，疏松。酱釉四耳罐BaⅡ1、青釉六耳壶1、青釉碗Ⅲ1、青釉器盖Aa1、青釉器盖C1。	第三期	
97H146	97T29	97⑥a下，打破97⑥b	径0.86	径0.7	0.3	圆形，斜直壁，平底。	灰褐色土，疏松。有青釉和酱釉器残片等。	第三期	

续附表二

遗迹	位置	层位关系	规格（单位：米）			形制	堆积和出土物	分期	备注
			口部	底部	深度				
97H148	97T29	97⑥a下，打破97⑥b，被97H147、97F4-SD6打破	东西2.35南北2.22		0.6	椭圆形，弧壁，圜底。	灰黑色土，夹炭屑，疏松。酱釉器盖1、青釉器盖Aa1、青釉唾壶1。	第三期	
97H153	97T19	97F1下，打破⑥b层	东西0.65南北0.75		0.28	椭圆形，弧壁，圜底。	灰黑色土，疏松。青釉碗Ⅰ2、青釉碗Ⅱ3。	第三期	
97H154	97T25	97⑤b下，打破97⑥b	东西0.3南北0.64		0.85	半圆形，弧壁，圜底。	灰黑色土，疏松。有青釉和酱釉器残片等。	第三期	
97H178	97T25	97⑤b下，打破97⑥b	东西0.84南北0.74		0.75	椭圆形，弧壁，圜底。	灰黑色土，疏松。青釉碗Ⅰ1、青釉碟Ⅱ1，还有动物骨。	第三期	
97J34	97T13	97GC下，打破生土	外径1.25内径0.80	外径1.12内径0.66	1.36	砖瓦合构井，圆形，井壁斜直，平底。井口以下0.45米井圈残砖错缝平砌，残存砖9层；0.45米以下至1.26米井圈用板瓦上下呈人字形相错叠砌，共8层；1.26米以下至井底又用残砖错缝平砌2层。	可分两层，第①层灰黑色土，含细沙，松软，厚约0.60米。陶网坠A1，还有少量青釉碗和酱釉陶罐残片以及布纹瓦片等；第②层黄褐色土，夹杂贝壳，厚约0.76米，遗物较少。	第三期	
97J42	97T38	97⑥a下，打破97⑦、97F17，被97J28打破	东西1.42南北1.52	东西1.02南北1.09	1.4	土坑井，近呈圆形，斜直壁，平底。	分两层，第①层红褐色土，紧密，厚约1.0米。青釉碗Ⅰ3，还有青釉和酱釉陶罐残片、动物骨等；第②层木炭屑，厚约0.4米，无遗物。	第三期	
97J78	97T39	97⑤b下，打破97⑥b，被97H97打破	径0.95		1.85	土坑井，圆形，斜弧壁，圜底。	灰黑色土，松软。青釉碗Ⅱ1，还有少量酱釉陶罐残片等。	第三期	
97F8	97T7、97T11	97⑥a下，打破97⑥b，被97F1、97J15打破				残存4个长方形坑和5列柱洞，柱洞大都位于长方形坑之下。长方形坑北部均被97F1打破，南部转角近呈弧形，坑壁较直。柱洞呈圆形或方形，底部较为平整。	长方形坑内填有黄色黏土，细腻，内有大量板瓦和筒瓦。柱洞内填满红褐色黏土，有少量瓦片，其中有2个柱洞底部还垫有碎砖或石块。	第三期	
97Q7	97T21	97⑥a下，打破97⑥b，被97H80和晚期柱洞打破				东西向，方向西偏南2°，残长8.23米，是挖槽后用长方砖砌筑，残存砖一层，宽0.38、残高0.05米。	无	第三期	

续附表二

遗迹	位置	层位关系	规格（单位：米）			形制	堆积和出土物	分期	备注
			口部	底部	深度				
97L1	97T1	97⑥a下，打破97⑥b，被97GC打破				南北向，残长3.0米，宽0.8米。路面以青灰色碎砖块南北向平铺，宽约0.6米，两侧以单条砖顺路向侧立包边，侧立条砖接缝处外侧再用碎砖平头立砌。路西侧包边砖外还平铺有碎砖块，比包边砖低下约0.04米，可能是路外的排水沟，破坏严重。路北部，铺有3块砂岩石块，呈东西走向，东西现长1.93、南北宽0.6米。铺石地面以北似为火烤过的地面，呈红褐色，异常坚硬。	无	第三期	
97G15	97T16	97⑥a下，打破97⑥b				呈曲尺形，自东向西折向南延伸出发掘区外，沟壁呈弧形内收，圜底。东西向一段长2.6米，底部呈东高西低，西段北壁呈不规则形向外扩大，宽0.6~1.15米，深0.24米。南北向一段现长1.56米，向南渐变窄，底部呈北高南低，宽0.33~0.58米，深0.18~0.25米。	黑褐色土，夹有贝壳，紧密。锈蚀严重的"五铢"钱1，还有少量青釉器残片等。	第三期	
97H2	97T8	97①下，打破97⑥a	东西1.65 南北1.4		0.40	不规则形，弧壁，底部不平。	灰褐色土，紧密。有青釉和酱釉器残片等。	第四期	
97H9	97T6	97F1下，打破97⑥a	东西1.3 南北1.38		原始记录不详	不规则形，坑壁不规则形内收。	灰土，疏松。陶釜1、酱釉臼2、青釉碗Ⅰ1、陶网坠A1、滑石双耳盆1。	第四期	
97H13	97T12	97F5下，打破97⑥a、97SQ	东西1.7 南北1.4		1.6	不规则形，弧壁，圜底。	褐色土，夹贝壳，紧密。酱釉盆1、青釉碗Ⅰ1、青釉碗Ⅱ4、青釉碗Ⅲ2、青釉器盖B1、青釉研杵1、酱釉纺轮A1、鹿角1，还有其他动物骨等。	第四期	
97H21	97T12	97①下，打破97⑥a、97SQ、97H16	东西1.4 南北1.36		1.4	椭圆形，直壁，平底。	褐色土，夹贝壳。青釉碗Ⅰ3、青釉碗Ⅱ1、青釉钵CⅡ1、青釉器盖B1、青釉器盖C1、青釉灯盘1、酱釉四耳罐AaⅡ1。	第四期	
97H25	97T12	97F5下，打破97⑥a	东西1.5 南北1.75		1.2	椭圆形，直壁，平底。	灰黑色土，夹贝壳，疏松。有青釉器残片等。	第四期	

续附表二

遗迹	位置	层位关系	规格（单位：米）			形制	堆积和出土物	分期	备注
			口部	底部	深度				
97H30	97T2	97F1下，打破97⑥a	东西3.5 南北3.0		1.25	椭圆形，直壁，底部东高西低。	灰褐色土，夹大量贝壳，疏松。莲花纹瓦当BⅠ1、莲花纹瓦当CⅢ1、莲花纹瓦当DⅢ1、可复原宽度筒瓦1、酱釉四耳罐BaⅢ9、酱釉四耳盆2、酱釉碗Ⅲ1、青釉钵AⅢ1、青釉洗Ⅱ1、青釉盘AⅠ1、青釉盘BⅡ2、青釉高足盘1、青釉碗Ⅲ1、青釉碗Ⅳ27、青釉碗Ⅴ13、青釉碟Ⅱ1、青釉灯盘1、青釉烛台1、青釉器盖Aa2、青釉垫饼1、还有东汉陶罐1、东汉绳纹筒瓦1。	第四期	
97H55	97T18	97①下，打破97F1	东西1.04 南北0.86		0.88	椭圆形，弧壁，圜底。	红色黏土。云纹瓦当1、青釉四耳罐D1、青釉四耳钵1、青釉盘AⅠ1、青釉碗Ⅰ2、青釉碗Ⅲ3、青釉器盖Aa1、五铢BⅠ1。	第四期	
97H63	97T7	97①下，打破97⑥a	东西0.8 南北0.56		0.27	不规则形，弧壁，圜底。	灰黑色土，夹炭屑和红红烧土颗粒，疏松。酱釉四耳罐BaⅢ2、可复原宽度筒瓦1。	第四期	
97H77	97T37	97⑤b下，打破97⑥b	东西1.75 南北2.06		0.32	长方形，直壁，平底。	灰黑色土，疏松。青釉碗Ⅱ1。	第四期	
97H97	97T39	97⑤b下，打破97⑥b、97G11、97J78	东西2.04 南北1.08		0.8	不规则形，坑壁呈不规则内收，底部不平。	灰黑色土，松散。青釉四耳罐AⅡ1、酱釉四耳罐AaⅠ1。	第四期	
97H124	97T37	97⑤b下，打破97⑥a	东西1.0 南北0.5		0.6	不规则形，弧壁，圜底。	灰褐色土，疏松。有青釉和酱釉器残片。	第四期	
97H164	97T30	97⑤b下，打破97G1，被97J59、97J60、97F4-SD15打破	东西2.0 南北2.28		0.64	椭圆形，斜直壁，圜底。	灰土。青釉双耳盆1、陶网坠B1。	第四期	
97H165	97T34	97⑤b下，打破97⑥b、97G9	东西3.4 南北2.7		仅发掘深1.2米	平面呈椭圆形，斜直壁。	黄褐土，紧密。有青釉和酱釉器残片等。	第四期	未发掘至底

续附表二

遗迹	位置	层位关系	规格（单位：米）			形制	堆积和出土物	分期	备注
			口部	底部	深度				
97J36	97T19	97①下，打破97F1、97⑥b	外径1.52 内径0.9		1.6	砖井，内口呈七角形，直壁，平底。井圈最上层用7块长方砖横立面切角对接，两砖切角处间以两块长方砖侧立分隔，对角砖后也用长方砖侧立呈放射状砌筑。往下第二层用长方砖错缝平砌3层，再往下如上一侧一平相错砌筑。1.25往下至井底则用砖错缝平砌6层，高0.35米。	分两层，第①层灰黑色土，质黏，厚约1.3米。酱釉四耳罐AaⅡ2、酱釉四耳罐Ac1、酱釉四耳罐BaⅢ1、可复原筒瓦1，还有一些碎砖块和瓦片等；第②层灰沙土，松软，厚约0.3米，内含有动物骨和布纹瓦片等。	第四期	
97J40	97T39	97⑤b下，打破97⑥b	径0.74		2.0	土坑井，圆形，直壁，底部用碎砖平铺。	分两层，第①层五花土，紧密，厚约1.8米。酱釉四耳罐BaⅢ2、青釉四耳罐BⅢ1、青釉碗Ⅴ2，还有动物骨和布纹瓦片等；第②层灰黑色淤土，夹红烧土颗粒，厚0.2米，有少量贝壳和动物骨等。	第四期	
97J70	97T34	97⑤b下，打破97⑥b	外径：东西1.18 南北1.02 内径：东西0.9 南北0.72		1.76	砖井，内口呈八角形，直壁，平底。井圈每层用8块长方砖侧立切角砌就，残存层11层。	红黄色花土，紧密。酱釉四耳瓮Ⅱ1、酱釉四耳罐BaⅢ1，还有莲花纹和网格纹长方砖以及布纹瓦片等。	第四期	
97J77	97T46	97⑤b下，打破97⑥b	外径：东西1.42 南北1.45 内径：东西0.78 南北0.85		2.1	砖井，近呈圆形，直壁。井圈每层用17块长方砖竖立切角对接砌筑，残存6层。井底中部呈弧形凹下，比周边深下0.12米。	灰褐色土，松软。酱釉四耳罐AaⅡ5、酱釉四耳罐AbⅡ2、酱釉四耳罐BaⅢ1、酱釉六耳罐Ⅱ1、酱釉盆1、青釉四耳罐AⅢ4、青釉四耳罐CaⅢ1、青釉六耳罐1、青釉碗Ⅰ1、青釉碗Ⅲ7、青釉盘AⅡ1、莲花纹瓦当AⅢ1，还有布纹瓦片等。	第四期	

续附表二

遗迹	位置	层位关系	规格（单位：米）			形制	堆积和出土物	分期	备注
			口部	底部	深度				
97G1	横跨97T2、97T6、97T10、97T14、97T18、97T22、97T26、97T30、97T34、97T35、97T37、97T38、97T39	97F1下，被97H11、97H41、97H108、97J18、97H57、97F14、97F3、97G10、97F4、97J59、97H164、97F6、97H79和97H91打破				砖砌地下排水暗渠，呈曲尺形，自北而南折向东，已清理长约104.8米。渠底用长方砖呈"一"字形或"人"字形平铺，然后在其上两侧用砖错缝平砌两壁，顶部用砂岩石块和碎砖封盖。渠体外宽0.55~0.8、内宽0.23~0.37、深0.64米，渠底西高东低。	渠内为灰褐色淤土，质黏。莲花纹瓦当BⅠ1、莲花纹瓦当DⅢ1、青釉双耳臼1。渠体用砖多为素面长方砖，部分表面模印有网格纹或侧面模印有叶脉纹，或模印"十"字、"建元□年"铭文等。	第四期	向西、向北和向东延伸出发掘区外
97G11	97T39、97T41	97⑤b下，打破97⑥a，被97H97打破				砖砌水渠，呈曲尺形，自北而南折向西，渠底用长方砖平铺一层后在其两侧用残砖错缝平砌渠壁，渠内侧面平齐。渠壁残存砖1~3层，内宽0.52、残深0.05~0.12米。东段南北向，残长0.23米，东侧用两列条砖侧立砌筑拦边。西段东西向，残长10.3米。在渠的东侧也发现类似的铺砖遗迹，东西残长1.95、残宽0.85米，破坏严重。	无	第四期	

续附表二

遗迹	位置	层位关系	规格（单位：米）			形制	堆积和出土物	分期	备注
			口部	底部	深度				
97F1	97T1、97T2、97T3、97T6、97T7、97T10、97T11、97T14、97T15、97T18、97T19、97T22、97T23、97T26、97T27	97F2下，打破97⑥a，被97GC、97H41、97H11、97H7、97J7、97J36、97H55、97J35、97H108、97H106、97J18、97H57、97H113、97J22、97G10、97F3-SD3、97F14-SD2~SD7等打破				残存台基和台基北侧包边墙基。东西向，方向西偏南8°。已揭露台基东西长54、南北宽12.5~20米。台基北侧包边墙用碎砖错缝平砌而成，残存砖3~4层，东西残长15.8、宽0.15、残高0.2米。	台基垫土用红黄色黏土夯筑，可分四层。莲花纹瓦当BⅠ2、莲花纹瓦当CⅡ1、莲花纹瓦当CⅢ1、莲花纹瓦当CⅣ1、莲花纹瓦当DⅡ1、莲花纹瓦当DⅢ3、可复原板瓦2、可复原宽度筒瓦2、"建兴二年"铭款长方砖1、"泰元十一年"铭款砖1、酱釉四耳罐BaⅢ1、青釉四耳罐CaⅡ1、青釉碗Ⅰ8、青釉碗Ⅲ1、青釉碗V2、青釉碟Ⅱ1、青釉高足盘1、青釉器盖Aa1、青釉器盖B1、青釉四足砚台1、青釉纺轮A1、青釉纺轮B1、酱釉纺轮A1、铜环1、铜镞AⅠ2，还有大量的砖块、瓦片和陶瓷器残片等。	第四期	向东延伸出发掘区外，西部被97G10打破，西部边界不清楚
97F5	97T8、97T12、97T16、97T20	97①下，打破97⑥a，被97H4、97J5、97J23打破				残存部分台基和台基北侧包边墙基。东西向，方向西偏南8°。台基已清理东西长27米，南北现宽1.6~3.2米。台基北侧包边墙用残砖错缝平砌，东西残长4.8、宽0.36、残高0.14米。	台基垫土用红、黄、褐色黏土夯筑而成，夯层不明显，厚0.20~0.95米。青釉碗Ⅰ1、青釉碗Ⅲ2、青釉碟Ⅱ1，还有少量的酱釉陶器残片和瓦片等。	第四期	向南延伸出发掘区外

附表三　南越宫苑遗址唐、南汉遗迹登记表

遗迹	位置	层位关系	规格（单位：米）			形制	堆积和出土物	分期	备注
			口部	底部	深度				
97H35	97T5	97GC下，打破生土	东西4.18 南北1.87		0.9	不规则形，弧壁，圜底。	青灰色膏泥土，质黏。有少量青釉器残片和灰陶布纹瓦片等。	第一期	
97H53	97T21	97⑤b下，打破97F2	径1.0	径0.7	0.6	圆形，斜直壁，平底。	红褐色土，细腻。青釉带流罐1、青釉碗C1。	第一期	
97H70	97T37	97⑤b下，打破97⑥a	东西0.6 南北1.2		0.5	不规则形，弧壁，圜底。	红褐土，疏松。莲花纹瓦当EⅡ1、青釉盘AⅡ1、滴水1。	第一期	
97H78	97T37	97⑤b下，打破97⑥a	东西0.85 南北0.4		0.3	长方形，直壁，平底。	灰黑色土，疏松。有少量青釉器残片和黑陶片以及布纹瓦片等。	第一期	
97H90	97T37	97⑤b下，打破97⑥a	径0.75	0.38	0.36	圆形，斜直壁，平底。	灰黑土，疏松。有青釉器残片和布纹瓦片等。	第一期	
97H91	97T37	97⑤b下，打破97⑥a、97G1	东西0.35 南北1.0	东西0.22 南北0.78	0.8	半圆形，斜直壁，平底。	灰黑土，疏松。青釉四耳罐Ⅱ1。	第一期	向西延伸出发掘区外
97H93	97T37	97⑤b下，打破97⑥a，被97H65打破	东西2.0 南北1.4		1.5	不规则形，弧壁，圜底。	灰黑土，夹杂大量木炭。青釉双耳盂1、青釉碗CⅡ1。	第一期	
97H94	97T37	97⑤b下，打破97⑥a	东西0.5 南北0.38		0.38	不规则形，弧壁，圜底。	灰黑土，疏松。有黑陶、青釉陶罐残片和布纹瓦片等。	第一期	
97H106	97T23	97①下，打破97F1	东西2.1 南北1.96		1.42	不规则形，弧壁，圜底。	灰土，疏松。莲花纹瓦当EⅠ1，还有黑陶和青釉残片等。	第一期	
97H108	97T23	97①下，打破97F1、97G1、97SQ	东西1.5 南北1.56	东西1.4 南北1.3	1.62	椭圆形，斜直壁，平底。	灰土，疏松。青釉四耳罐Ⅰ1，另有残损严重的莲花纹瓦当2件。	第一期	
97H113	97T22	97⑤b下，打破97F1、97⑥b	东西2.3 南北1.35		0.96	不规则形，弧壁，圜底。	红褐土，质黏。青釉碗CⅠ1、青釉盘BⅠ2、残损严重的莲花纹瓦当1，还有动物骨。	第一期	
97H158	97T33	97⑤b下，打破97⑥b	东西1.3 南北2.24		1.35	不规则形，弧壁，圜底。	灰黑土。黑陶六耳罐AⅡ2、陶釜A3、陶双耳釜1、青釉罐1、青釉四耳罐Ⅰ2、青釉盆B1、青釉钵2、青釉盘AⅠ1、青釉盘BⅠ2、青釉碗CⅠ1、青釉碗CⅡ3、青釉碗CⅢ1、青釉碗CⅣ1、青釉纺轮A1、残损严重的莲花纹瓦当1，还有动物骨等。	第一期	

续附表三

遗迹	位置	层位关系	规格（单位：米）			形制	堆积和出土物	分期	备注
			口部	底部	深度				
97H159	97T30	97⑤b下，打破97⑥a	东西2.28南北1.42		0.34	不规则形，弧壁，圜底。	灰褐色土，松散。青釉盘BⅠ1、青釉盂1、莲花纹瓦当EⅡ6。	第一期	
97H196	97T31	97⑤b下，打破97⑥b	东西2.0南北2.4		1.0	不规则形，弧壁，圜底。	灰黑土，紧密。黑陶六耳罐BⅡ1、青釉纺轮A1、陶蒺藜1、铜镞1。	第一期	
95J7	95T9	95①下，打破95G2和生土，被现代建筑桩孔打破	外径：东西2.42南北1.64内径：东西0.82南北0.93	径0.42	1.1	砖井，近圆形，井口以下至近底部井圈用砖一层侧立一层平砌相间砌筑，最底部平砌砖5~8层，东壁因受扰动而向内倾倒。井底中心呈弧形凹下，比四周低下0.16米，平底。	灰褐色土，松软。"开元通宝"AⅠ1、"开元通宝"B1、残损严重铜钱2，此外还有黑陶和青釉陶瓷片以及散落井内的碎砖瓦片等。	第一期	
95J8	95T6	95①下，打破95PC和生土	外径1.40内径0.92	内径0.92	1.98	砖井，圆形，井圈自上往下第一层用砖侧立竖砌，第二层用砖平砌，第三层又改为侧立竖砌，如是每层相间砌筑，井底用砖呈"人"字形铺就。	灰褐色土，夹沙。青釉六耳罐2、青釉纺轮B1、可复原板瓦2、可复原筒瓦2、东汉陶碗1，还有大量黑陶和青釉陶瓷器残片以及碎砖瓦片等。	第一期	
95J11	95T12	95①下，打破95③至南越国蓄池池壁石板面	外径：东西1.03南北1.0内径：东西0.75南北0.69		1.42	木筒井，圆形，井圈用2块刨凿成半圆形木槽对接成木筒状，木槽大小不一，接口处错位。0.5米往下，在木槽接口处东西向横置一块木板将井分隔成南北两部分。	灰褐色土，质黏。黑陶六耳罐AⅡ5、酱釉六耳罐A1、酱釉六耳罐B1、青釉四耳罐Ⅰ1、青釉带流罐2、青釉灯盏Ⅰ1、青釉灯盏Ⅱ1、"开元通宝"AⅡ1、铁刀1，还有青釉玉璧足碗底2、东汉陶四耳罐1、晋代青釉四耳罐1。	第一期	
95J12	95T10	95①下，打破生土	径0.96	径0.52	1.58	土坑井，圆形，井口以下0.8米井壁垂直，0.8米以下井壁斜直内收，井底铺长方碎砖。	分两层，第①层红褐土，质黏，厚0.62米，夹少量贝壳和炭屑。黑陶六耳罐CⅡ2、黑陶执壶Ⅰ1、黑陶执壶Ⅱ2、黑陶釜B1、陶盆1、青釉盆A1、青釉盘C1、陶网坠A1、可复原板瓦1、南朝莲花纹瓦当1；第②层褐色沙土，厚0.96米，黑陶四耳罐A1、黑陶六耳罐CⅠ1、黑陶六耳罐CⅡ1、黑陶执壶Ⅰ1、青釉碗BⅠ1、木桶提梁1。	第一期	

续附表三

遗迹	位置	层位关系	规格（单位：米）			形制	堆积和出土物	分期	备注
			口部	底部	深度				
97J19	97T17	97①下，打破97⑥b	外径2.5 内径1.6	内径1.53	2.6	砖井，圆形，井圈上、下不同部分的砌法和用砖均不相同，井口以下1.0米南壁用较薄青灰长方砖一层侧立竖砌，一层平铺相间砌筑；井口以下1.12米北壁和1米以下至1.6米南壁用较厚重青灰碎砖错缝叠砌；北壁1.12米以下和南壁1.6米以下至底是一层侧立一丁二顺竖砌，一层平铺相间砌筑而成，井底用砖呈"人"字形平铺。	灰色淤泥。陶釜C1、酱釉六耳罐A1、青釉碗CⅠ1、青釉碗CⅤ1、"开元通宝"AⅠ1、残损严重的莲花纹瓦当1、水晶石料1、可复原板瓦4、可复原筒瓦2、长方砖1、长方楔形砖1。	第一期	
97J26	97T17	97①下，打破97⑥b	东西1.3 南北1.08	径0.6	2.66	竹篾圈井，椭圆形，井口以下1.5米井壁呈弧状内收，1.5米处径0.7米，1.5米以下井壁斜直，并留有竹篾圈印痕，篾圈用竹片呈纵、横编织而成，井底平面呈圆形，平底，也铺有用竹片编织的竹篾，已炭化。	分两层，第①层红黄色土，紧密，厚1.56米，含大量食后弃置的贝壳，有青釉器残片以及布纹瓦片等；第②层灰土，疏松，厚1.1米，含较多炭化竹片。黑陶四耳罐C1、黑陶六耳罐BⅢ1、黑陶六耳罐CⅡ1、黑陶釜B1、青釉盆A2、陶网坠B1、木桶底板1。	第一期	
97J51	97T25	97①下，打破97⑤b至南越国曲流石渠石板面	东西1.0 南北0.7		0.98	土坑井，圆形，直壁，平底。	灰褐色沙土，疏松。黑陶六耳罐AⅡ6、青釉六耳罐2。	第一期	
97J62	97T21	97F2下，打破97⑥b	外径：东西1.3 南北1.25 内径：0.84	径1.12	3.52	圆形，自井口以下1.74米西南壁已塌陷，其余部分自上而下井圈结构特殊。井口以下0.54井圈用长方砖侧立切角对接，两砖切角处以一块长方形砖侧立分隔，残存砖三层；0.54米至0.98米垒砌一节陶圈；0.98米往下至1.3米又改为用长方砖和陶圈混砌；1.3米以下至井底垒砌陶圈5节，井底用碎砖平铺。	分两层，第①层灰褐土，质黏，厚约3.0米，有青瓷片和布纹瓦片等；第②层灰沙土，松软，厚约0.52米，黑陶六耳罐AⅡ1、酱釉六耳罐A3、青釉双耳罐A1、青釉四耳罐Ⅰ4、"如"字陶片1、划写文字长方砖1、南朝青釉碗1，还有黑陶、酱釉和青釉陶罐残片以及碎砖瓦块等。	第一期	
97J66	97T46	97⑤a下，打破97⑤b	外径：东西1.32 南北1.26 内径：0.62	径0.62	1.6	砖井，圆形，井圈每一层用7~8块砖侧立切角对接，切角处间以1~4块砖侧立分隔，井底用残砖平铺。	青灰色土，松软。遗物极少，有少量的黑陶罐残片和布纹瓦片等。	第一期	

续附表三

遗迹	位置	层位关系	规格（单位：米）			形制	堆积和出土物	分期	备注
			口部	底部	深度				
97J67	97T30	97⑤b下，打破97⑥a	径0.78	径0.78	1.3	土坑井，圆形，直壁，平底。	灰土，松软。遗物极少，有少量的黑陶和青釉陶瓷器残片以及布纹瓦片等。	第一期	
97J68	97T34	97⑤b下，打破97⑥b、97H190、97SQ	径1.1	径1.0	1.8	土坑井，圆形，斜直壁，平底。	灰黑色土，疏松。黑陶四耳罐B1、黑陶五耳罐A1、黑陶六耳罐AⅠ1、黑陶六耳罐BⅠ1、黑陶六耳罐CⅡ1、陶三足炉1、青釉双耳罐B1、青釉盆A4、青釉碗BⅠ2、青釉碗Da2、蓝釉陶片2、可复原板瓦1、铁钩1、木桶底板1、牛角1。	第一期	
97J86	97T41	97①下，打破97⑤b，被97H69打破	外径：东西1.67 南北1.7 内径：1.0		4.22	砖井，井口以下1.77米砖砌井圈北壁已塌落，1.77米往下残存砖砌井圈呈八角形，井圈是一层用8块长方砖侧立切角对接，切角处以2~3块砖侧立分隔，下一层平砌砖三层，上下如是相间砌筑而成。井底中心呈弧形凹下，圜底。	红褐色土，夹红烧土颗粒，松软。有大量散落的井砖和少量灰陶布纹瓦片以及黑陶罐残片等。	第一期	
97F2	97T21、97T22	97⑤b下，打破97F1，被97G10、97H53、97J35、97J41、97T22-SD3打破				残存部分台基垫土和台基南侧包边墙以及散水，方向西偏南2°。台基垫土东西残长7.85、南北现宽9.65米。台基南侧包边墙东西残长5.25、南北宽0.18~0.22米，残存高0.04~0.07米。散水用砖铺砌，向南倾斜，斜度10°，东西残长9.2、南北宽1.44~1.5米。	台基垫土可分两层，第①层灰褐色土，夹杂有较多碎砖、瓦片，厚0.03~0.25米；第②层红褐色土，较纯净，厚0.12~0.28米。连筒瓦莲花纹瓦当A1、莲花纹瓦当B1、莲花纹瓦当DⅢ1、莲花纹瓦当EⅠ2件、莲花纹瓦当EⅡ1、莲花纹瓦当EⅢ1、青釉碗A2、青釉碗BⅠ1、青釉碗CⅢ1、青釉盘BⅡ2、陶球1、"言"字陶片1，还有青釉和酱釉陶瓷器残片以及瓦片等。	第一期	向北延伸出发掘区外
97Q5	97T45	97⑤b下，打破97⑥b，被97T45-SD4、97F11-SD1和97J89打破				东西走向，方向西偏南3°，现清理一段长4.9、宽0.82米。墙基北侧用一排长方砖侧立将墙分成南北两部分，北部用碎砖平砌两层，南部用整砖和碎砖一丁一顺错缝平砌四层。	无	第一期	向西延伸出发掘区外

续附表三

遗迹	位置	层位关系	规格（单位：米）			形制	堆积和出土物	分期	备注
			口部	底部	深度				
97Q6	97T25、97T29	97⑤b下，打破97⑥b，被97G10、97H141、97J52、97F3-SD6打破				东西走向，方向西偏南2°，用砖错缝平砌而成，残存砖最多3层，东西残长16.2、宽0.5~0.53米、残存高0.18~0.21米，墙北侧面较为平整。	无	第一期	
97L3	97T29	97⑤b下，打破97⑥b，被97H143打破				残存走道东侧和南侧包边砖，南北残长2.84、东西残宽1.76米。	无	第一期	向北延伸出发掘区外
97H57	97T22	97①下，打破97⑤b	东西1.32南北1.34		1.52	不规则形，弧壁，圜底。	可分两层，第①层灰黑色土，夹有炭屑，疏松，厚0.8米。黑陶六耳罐AⅡ1、青釉碗CⅤ1、青釉盘BⅢ1、可复原筒瓦1、铜构件1、还有少量动物骨和酱釉罐残片等；第②层灰土，疏松，厚0.72米，内含遗物极少。	第二期	
97H65	97T37	97⑤a下，打破97⑤b、97H93	东西1.0南北0.66		0.65	不规则形，弧壁，圜底。	灰黑色土，疏松。有青釉碗残片、碎砖和布纹瓦片等。	第二期	
97H112	97T38	97⑤a下，打破97⑤b	东西1.51南北1.68		0.2	不规则形，弧壁，圜底。	红褐色土，松散。莲花纹瓦当EⅡ1。	第二期	
97H130	97T25	97①下，打破97⑥b	东西0.8南北0.72		0.4	近呈圆形，直壁，平底。	青灰色土，含有细沙，疏松。内含有布纹瓦片、黑陶罐和青釉罐、碗残片，还有少量动物骨等。	第二期	
97H131	97T25	97⑤a下，打破97⑤b	东西0.78南北0.6		0.42	不规则形，弧壁，圜底。	灰绿色土，含细沙，疏松。有黑陶和青釉器残片以及布纹陶瓦片等。	第二期	
97H132	97T25	97⑤a下，打破97⑤b	东西0.34南北0.44		0.4	不规则形，弧壁，圜底。	灰绿色土，疏松。有青釉器残片和布纹瓦片等。	第二期	
97H134	97T25	97⑤a下，打破97⑤b，被97G10打破	东西0.76南北0.9		0.56	椭圆形，直壁，平底。	灰绿土，疏松。有黑陶和青釉器残片以及布纹瓦片等。	第二期	
97H135	97T25	97⑤a下，打破97⑤b，被97G10打破	东西0.78南北0.42		0.46	椭圆形，弧壁，圜底。	灰绿土，疏松。有黑陶和青釉器残片以及布纹陶瓦片等。	第二期	
97H136	97T25	97⑤a下，打破97⑤b	东西0.7南北0.85		0.7	不规则形，弧壁，圜底。	灰黑土，疏松。有黑陶和青釉器残片以及布纹瓦片等。	第二期	

续附表三

遗迹	位置	层位关系	规格（单位：米）			形制	堆积和出土物	分期	备注
			口部	底部	深度				
97H141	97T29	97⑤a下，打破97⑤b，被97J52、97F4-SD6打破	东西1.36 南北1.56		0.5	不规则形，弧壁，圜底。	灰黑色土，质黏。有青釉碗A1等。	第二期	
97H142	97T29	97⑤a下，打破97⑤b，被97F4-SD6打破	东西0.72 南北1.6		0.3	不规则形，弧壁，圜底。	灰褐土，疏松。黑陶双耳罐1、青釉碗BⅠ1、晋代青釉碗1。	第二期	
97H143	97T29	97⑤a下，打破97⑤b	东西0.56 南北0.7		0.3	不规则形，弧壁，圜底。	黑褐色土，质黏。有黑陶和青釉器残片以及布纹瓦片等。	第二期	
97H147	97T29	97⑤a下，打破97⑤b	东西0.8 南北0.7		0.7	近椭圆形，弧壁，圜底。	红土，质黏。有黑陶和布纹瓦片等。	第二期	
97H169	97T39	97⑤a下，打破97⑤b，被97F4-SD27打破	东西1.02 南北1.76		1.6	半圆形，弧壁，圜底。	灰土，夹有贝壳，疏松。陶鸱吻残件1、汉代"万岁"文字瓦当1、南越国"最"字瓦文1，还有黑陶和青釉器残片等。	第二期	向西延伸出发掘区外
97J28	97T38	97H52下，打破97⑤b、97J42、97SQ木暗槽	径1.0	0.94	3.0	土坑井，圆形，斜直壁，平底。	灰褐土，疏松。青釉盆C1、"乾亨重宝"A1、长方砖1，还有少量黑陶罐和青釉罐残片以及瓦片等。	第二期	
97J48	97T17	97①下，打破97⑥b	径0.9	径0.6	2.3	土坑井，圆形，斜直壁，平底。	可分两层，第①层黄色土，质黏，厚1.25米，内含有少量的灰陶布纹瓦片等；第②层灰黑色土，疏松，夹有腐朽后的有机物，厚1.05米。黑陶四耳罐B2、黑陶五耳罐B1、黑陶六耳罐BⅠ1、黑陶六耳罐CⅡ1、黑陶六耳罐CⅢ2、陶三足盘1、青釉执壶A1、青釉碗CⅣ3、青釉灯盏Ⅰ1、陶球1。	第二期	
97J52	97T29	97①下，打破97H141、97H147、97Q4、97Q6	径1.45	径1.3	1.70	土坑井，圆形，斜直壁，平底。	灰黑土，松软。陶垂兽1、兽面砖1、黑陶六耳罐CⅠ1、酱釉四耳罐1、褐彩绘兰草纹青釉碟B1，还有长方砖和布纹瓦片等。	第二期	

续附表三

遗迹	位置	层位关系	规格（单位：米）			形制	堆积和出土物	分期	备注
			口部	底部	深度				
97J53	97T33	97⑤a下，打破97⑤b、97H149	东西1.65 南北1.78	径0.65	2.26	砖井，椭圆形，井口以下0.4米井壁弧形内收，至0.4米处井径缩小至1.2米，0.4米以下至1.46米井壁斜直，1.46米以下井壁略向外扩，井壁用长方砖竖立两层护壁，井底平铺长方砖4块。	灰黑色淤土。莲花纹瓦当Fc1、陶盆1、陶插座1、石盆2、长方砖5、划写"不好"文字陶釜残片1，还有动物骨和布纹瓦片等。	第二期	
97J57	97T26	97①下，打破97⑤b	东西0.8 南北0.75	径0.6	1.7	土坑井，椭圆形，斜直壁，平底。	黑褐色土，疏松。青釉碗CⅡ1、青釉碗CⅣ4、蓝釉陶片1、酱釉陶网坠C1、玻璃片3，还有动物骨等。	第二期	
97J59	97T30	97⑤a下，打破97⑤b	东西1.0 南北1.14	0.6	仅发掘深1.9米	土坑井，椭圆形，直壁。	可分两层，第①层黑褐色土，厚1.58米，可复原板瓦1、莲花纹瓦当G1、陶垂兽1、长方砖1、黑陶六耳罐BⅢ1、酱釉四耳罐1、鹿角1；第②层黄土，质黏，遗物极少，仅发掘厚0.32米。	第二期	未发掘至底
97J71	97T30	97①下，打破97⑤b	径1.16	内径0.83	3.4	石构井，圆形，直壁，平底，井底以上0.82米残存用砂岩石块砌筑而成的井圈。	灰黑色土，疏松。可复原板瓦1、莲花纹瓦当Fc1、陶鸱吻1、陶垂兽1、陶盆3、青釉四耳盆1、"天祐三年元月造"纪年款青釉器盖1、陶球4、汉代陶三足器1、南朝网格纹长方砖1，还有瓦片、龟甲以及动物骨等。	第二期	
97L2	97T35、97T37	97①下，打破97⑤b				仅残存走道东侧和南侧部分侧立包边砖，东西残长11.7、南北残宽3.6米。	无	第二期	

续附表三

遗迹	位置	层位关系	规格（单位：米）			形制	堆积和出土物	分期	备注
			口部	底部	深度				
97Q2	97T45、97T46	97⑤a下，打破97⑤b，被97F11磉墩、97T45-SD1和SD4打破				南北走向，方向北偏西5°，现清理长14.1米。墙宽1.08米，墙西侧用青灰色残砖横向错缝平砌，东侧用长方形整砖南北向顺砌，最外侧用长方形整砖侧立包边。在墙基以东0.74米残存一段用两列长方形整砖侧立砌筑的包砖，南北残长1.46、宽0.09米，走向与墙基平行，作用未明。墙基南段包边砖东侧与一片用方砖铺设的地面相连接，地面东西残长3.12、南北残宽3.34米，铺砖地面比墙基东侧包边砖面低下0.02~0.03米。铺砖面下铺垫细沙。	无	第二期	向北、向南延伸出发掘区外
97Q4	97T29	97①下，打破97⑤b，被97J52、97H141、97H147打破				南北走向，方向北偏西7°，现清理长7.25、东西宽0.71~0.76米。墙西侧用碎砖块叠砌，东侧用两列完整的长方砖侧立包边。墙东侧面规整，西侧面参差不齐，似是建筑台基的东包边墙。	无	第二期	向北延伸出发掘区外，南部已被破坏
97Q8	97T40、97T42、97T44	97⑤a下，打破97⑤b，被97J25、97H56、97F7-SD6打破				东西现长15.2米，方向西偏南3°。墙基槽呈长条形，上大底小，底面平整，基槽口部南北现宽0.97~1.48米，底部南北现宽0.72~1.30米，深1.74~1.85米。基槽底部尚存用长方整砖和碎砖砌筑的包边墙基，其南侧面整齐，北侧面不规则。包边墙基残存砖一层，残长6.6、宽约0.4、高0.04米。包边墙之上叠压有四层夯土。该墙基原是一道砖砌包边墙，墙基废弃后砖被拆除，形成的基槽再用红黄色黏土夯填。	墙基槽内夯土可分四层，第①层为褐色黏土，厚约0.45米；第②层为红褐色黏土，厚约0.7米；第③层为红黄色黏土，厚约0.5米；第④层为朱红色细沙和红黄色黏土相杂，厚0.15米。	第二期	向东延伸入97T36内未发掘，向西至97T44未有发现，南部延伸出发掘区外

续附表三

遗迹	位置	层位关系	规格（单位：米）			形制	堆积和出土物	分期	备注
			口部	底部	深度				
建筑碴墩	97T22	97①下，打破97⑤b				南北一排碴墩共7个，方向北偏西9°。碴墩平面呈长方形，东西长、南北窄，用灰褐色土混杂一些碎砖、瓦块夯成，夯打不结实，分层不明显。	无	第二期	
97G7	97T43、97T44、97T46	97⑤a下，打破97⑤b，被97SJ1、97G10、97F11-SD4和97J24打破				呈曲尺形，自北向南折向西，残长13.2米，渠外宽1.7~1.76、内宽0.8、残存最深0.15米。渠底用整砖和残砖铺砌，其上两侧再用砖砌筑渠壁。	灰色游沙，较纯净。无遗物。渠体用砖有戳印"军九甲"铭款砖1。	第二期	
97H7	97T11	97①下，打破97⑥a，被97J7打破	东西5.2南北2.8		0.56	不规则形，弧壁，圜底。	黄土，紧密。有碎砖块和布纹瓦片等。	第三期	
97H79	97T37	97①下，打破97⑤a	东西1.68南北1.04		0.7	不规则形，坑壁呈不规则形内收，底部不平。	灰褐色土，疏松。有黑陶和青釉器残片以及布纹瓦片等。	第三期	
97H125	97T33、97T34、97T37	97①下，打破97⑤a	东西6.13南北1.95		0.3~0.9	不规则形，坑壁呈不规则形内收，底部不平。	灰褐色土，质黏。兽面砖1、长方砖1、可复原筒瓦1，还有灰陶布纹瓦片等。	第三期	
97H177	97T31	97①下，打破97⑤a	东西3.32南北2.0		1.2	不规则形，坑壁呈不规则内收，底部不平。	灰黑色，疏松。陶盆1、黑陶五耳罐A1、滴水AⅡ1、鹿角1。	第三期	
97J58	97T33、97T37	97①下，打破97⑤a，井口上部被97T33-SD1叠压打破，被97H79打破	外径2.2内径1.0	内径1.0	1.8	砖井，内口呈八角形，井圈自上而下，第一层以3块长方形砖侧立切角对接，切角处以两块长方砖竖侧立分隔，切角砖后铺砌碎砖块；第二层以4层砖错缝平砌，如是上下相错砌筑，最底部平砌砖共有8层，井底平铺砖2层，砖下铺垫一层细沙。	可分两层，第①层褐土，含较多的碎砖瓦片，且经过夯打，坚硬紧密，厚约1.36米。莲花纹瓦当Fc1、滴水A1以及戳印"军"、"军十囲"、"十四甲"、"第八甲"等文字瓦12；第②层黄色沙土，疏松，厚0.44米，黑釉双耳罐1、青釉六耳罐1、青釉盆A1、青釉执壶B1。	第三期	
97J64	97T27	97①下，打破97⑤b，被97F13-SD2、97J61打破	外径：东西2.62南北2.8内径：0.9	内径0.9	3.95	砖井，内口平面呈八角形，井圈自上而下，第一层以8块长方砖侧立切角对接，切角处以2块长方砖侧立分隔，切角砖后铺砌碎砖；第二层用长方砖错缝平砌5层，如是上下相错砌筑而成，最底部平砌砖13层，井底平铺砖一层。	可分两层，第①层花土，土质杂乱，厚2.95米，戳印"军二"文字砖1、还有少量陶器和青釉器残片以及布纹瓦片等；第②层黑褐色淤土，质黏，厚约1.0米，"乾亨重宝"A7、青釉执壶B1、如意纹砖1、骨刷2。	第三期	

续附表三

遗迹	位置	层位关系	规格（单位：米）			形制	堆积和出土物	分期	备注
			口部	底部	深度				
95F1	95T1、95T2、95T3、95T4、95T5、95T6	95①下，打破95②				仅残存东西六列、南北三排共14个礅墩或础石，方向西偏南2°。礅墩上部均已被破坏，普遍存深0.2~0.4米，用红黄色黏土和大量的碎砖瓦块夯筑而成。推测应是一座面阔至少五间，进深至少二间的殿堂式建筑。	无	第三期	
97F4	97T26、97T29、97T30、97T31、97T34、97T35、97T38、97T39	97①下，打破97⑤a				仅保存礅墩27个，礅墩呈三排自北向南折向西，组成建筑平面呈曲尺形，其中东西部分长25.2~25.6米，宽7.5~8.1米，南北部分长15.6~15.8米，宽8.3米，方向北偏西2°。礅墩是一层红黄色黏土一层碎砖瓦块相间分层夯筑，每层厚0.06~0.20米，最底层较厚，约0.25~0.85厘米，用砂岩石块和碎砖瓦块填筑。推测应是廊庑类建筑。	青釉砖1、青釉滴水B1、陶鸱吻残件2、陶蹲兽3、莲花纹瓦当FbⅡ1、莲花纹瓦当FbⅢ1、莲花纹瓦当FfⅠ1、青釉双凤纹瓦当1、青釉插座1、陶网坠A1、青釉纺轮B1、陶球1、铜镞1、刻写"寸"字青釉盆底1、刻写"尚"字酱釉陶片1，另有残损严重的莲花纹瓦当8。	第三期	
97F7	97T40、97T42、97T44	97①下，打破97⑤a，被97H39、97H56打破				仅揭露其北墙基和南北两排礅墩共6个，方向西偏南5°。礅墩以红黄色黏土和碎砖瓦片分层夯筑而成。	无	第三期	向东延伸入97T36部分未发掘，向南延伸出发掘区外
97F11	97T45、97T46	97①下，打破97⑤a、97Q2，被97T45–SD1打破				现仅揭露东西两列礅墩7个，方向北偏西5°。礅墩呈方形或长方形，是一层红黄黏土和一层碎瓦块分层夯筑而成。	"☑八甲军"瓦片1、青釉滴水AⅡ1、残损严重的莲花纹瓦当3。	第三期	向南、向西延伸出发掘区外
97T45–SD2	97T45	97①下，打破97⑤a				长方形，东西0.61、南北0.76、残深1.6米。共分22层，是一层红黄黏土一层碎瓦块和碎陶片相间分层夯筑。	无	第三期	
97T45–SD3	97T45	97①下，打破97⑤a				长方形，东西0.62、南北0.76、残深1.65米。共分23层，夯筑情况与97T45–SD2相同。	无	第三期	

续附表三

遗迹	位置	层位关系	规格（单位：米）			形制	堆积和出土物	分期	备注
			口部	底部	深度				
97G5	97T5、97T9	97GC②下，打破生土				沟槽北起往南折向西后再折向北延伸出发掘区外，已清理一段长约19米。其中东西向一段沟槽较为规整，宽1~1.7、深1.9~2.2米，沟壁垂直，底部近呈弧状，不甚平整。沟槽西端转折处中间有一呈不规则形土墩将沟槽分成南北两部分，其中北侧沟槽东南—西北走向，长约7.0、宽0.6~1.3、深1.0米。南侧沟槽呈弧形，宽1.0~1.87、深1.1米。沟槽南边线和西边线与97GC南岸大致平行。	青灰色膏泥土，致密，较黏。栏杆石1、木桩1、铁钉B1、陶球1、植物果核1，有较多的碎砖瓦片。	第三期	
97G10	97T21、97T25、97T26、97T27、97T28、97T32、97T36、97T40、97T42、97T44	97①下，打破97⑤a，被97H37、97H38、97H39、97H60、97F14–SD9、97F14–SD10打破				砖砌暗渠。其北端东侧有一东北向渠体与之相连接，渠体往南后弯曲转向西再转折向南延伸出发掘区外，位于发掘区内渠体长约76.2米。渠体外宽0.93~1.48、内宽0.53~0.6、深0.62~0.66米。渠底用规格不一的残砖平铺，然后在其上两侧用整砖和残砖先平直往上砌高0.26~0.4米后改用叠涩式往上收，顶上再用整砖封顶。	渠内堆积可分两层，第①层红褐色细沙，厚约0.28~0.3米，青釉碗BⅡ1、青釉碗DbⅠ1、酱釉碗1、莲花纹瓦当Fe1，还有残损严重的青釉莲花纹瓦当2；第②层灰褐色淤泥，质黏，厚约0.3~0.36米，内含有少量的陶瓷片和动物骨等。已拆除的渠体用砖中戳印或刻划有砖文，"军"1、"军一"1、"军三"1、"军九甲"2、"军十甲"1、"军廿甲"2、"军廿一甲"2、"军囗"1、"囗甲"1、"囗皿"1、"供"1、其他文字砖1、如意纹砖1、"乾亨重宝"A2、"乾亨重宝"B1。	第三期	向北延伸出发掘区外

续附表三

遗迹	位置	层位关系	规格（单位：米）			形制	堆积和出土物	分期	备注
			口部	底部	深度				
97GC	97T1、97T5、97T6、97T9、97T10、97T13、97T14	97④d下，被97J2、97J3、97J4、97J6、97J13等打破，打破97⑥a、97F1、97J17、97J34、97SQ				现仅揭露宫池西岸南段和南岸西段以及池底西南一角，东西长33.9、南北最宽17.5米。宫池南岸和西岸迎水面呈斜坡状，池岸陡缓不一，用太湖石和石灰岩石块层层垒砌，高低错落，犬牙交错。	可分两层，第①层灰黑色淤泥，土质较纯净、细腻，厚0.05~0.45米。"乾亨重宝"A8、"乾亨重宝"C2、青釉碗CⅤ1、青釉碗Da1、青釉碗DbⅡ1、青釉器盖1、青釉插座1、陶球1、陶网坠C1、石塔模型1，还有绿釉、黄釉和蓝釉陶器残片等。此外，还有砖瓦、莲花纹瓦当、鸱吻、垂兽、蹲兽等建筑材料，以及树叶、果核、水生植物根茎、螺蛳、蚌等动植物遗存。第②层灰褐色淤泥，土质致密，厚0.1~0.4米。"乾亨重宝"A4、铁钉A2、刻"昌"字青釉碗底1、玻璃片5、木构件1，还有莲花纹瓦当、动物骨、螺蛳和蚌壳等。	第三期	向东、向北延伸出发掘区外

附表四　唐、南汉第三期出土"乾亨重宝"铅钱实测登记表

尺寸单位：厘米　重量单位：克

序号	标本编号	型式	钱径	穿宽	外郭宽	外郭厚	重量	备注
1	97G10:25	A	2.71	0.94	0.25	0.15	4.7	
2	97G10:27	A	2.74	0.80	0.22	0.15	5.0	
3	97T13GC①:12	A	2.7	0.77	0.24	0.08	3.8	
4	97T13GC①:15	A	2.58	0.85	0.26	0.1	4.6	
5	97T13GC①:16	A	2.6	0.85	0.24	0.12	残4.0	
6	97T13GC①:17	A	2.48	0.8	0.18	0.12	4.25	
7	97T13GC①:18	A	2.66	0.8	0.28	0.1	3.5	
8	97T13GC①:19	A	2.73	0.75	0.17	0.11	4.2	
9	97T13GC①:20	A	2.86	1.0	0.13	0.17	4.6	
10	97T13GC①:25	A	2.77	0.87	0.25	0.1	3.4	
11	97T13GC②:9	A	2.53	0.8	0.13	0.14	4.4	
12	97T13GC②:10	A	2.56	0.8	0.14	0.12	3.2	
13	97T13GC②:13	A	2.42	0.7	0.24	0.12	3.9	
14	97T13GC②:14	A	2.68	0.71	0.14	0.14	3.7	
15	97G10:26	B	2.75	0.80	0.11	0.33	4.6	背面穿左有三角符号
16	97T13GC①:14	C	2.5	0.75	0.15	0.11	4.4	背面穿上一"邕"字
17	97T14GC①:1	C	2.65	0.75	0.28	0.14	3.95	背面穿上一"邕"字
18	97T14GC①:2	—						残损严重

附表五　南越宫苑遗址宋代遗迹登记表

遗迹	位置	层位关系	规格（单位：米）			形制	堆积和出土物	分期	备注
			口部	底部	深度				
97H24	97T9	97④d下，被97H26打破	东西1.78 南北1.56		0.35	不规则形，弧壁，圜底。	灰土，疏松，夹有贝壳。陶弹1，还有碎砖块和瓦片等。	第一期	
97H26	97T9	97④d下，打破97H24	东西1.28 南北1.56		1.4	不规则形，直壁，平底。	灰黑色土，疏松。"皇宋通宝"A3、"皇宋通宝"B3、"祥符元宝"1、"淳化元宝"1、"咸平元宝"1、"开元通宝"7、"乾元重宝"1、"五铢"3、无字铜钱6、绿釉兽面砖2、墨书"公使"花押款青白瓷碗底1、铁刀1、铁环1。	第一期	
97H41	97T10	97①下，打破97F1、97G1	东西4.25 南北3.1		0.9	不规则形，弧壁，圜底。	灰土，疏松。"大吉"文字瓦当B1、黑釉碗D1。	第一期	
97H46	97T46	97①下，打破97⑤a	东西3.7 南北5.55		1.8	不规则形，弧壁，圜底。	灰黑土，疏松。陶盆B1、青釉盆A2、青釉军持1、褐彩绘花卉纹青釉枕1、紫红釉执壶1、青釉碗A2、青釉碗CⅠ2、青釉碗CⅢ2、青釉碗DⅡ1、青釉碗EⅠ3、青釉盏A1、青釉盏B1、青白瓷碗B1、青白瓷碟AⅠ3、黑釉碗A2、黑釉碗C3、"乾亨重宝"铅钱1，还有青釉和青白瓷器残片等。	第一期	向西延伸出发掘区外
97H133	97T45	97①下，打破97⑤a	东西1.76 南北0.91		0.62	不规则形，弧壁，圜底。	灰褐色土，夹有贝壳，疏松。青白瓷碟AⅠ1、青釉罐C1、青釉盆C1。	第一期	
97H162	97T39	97①下，打破97F9、97⑤b	北部：东西2.26 南北2.23 南部：东西0.9 南北2.3	底部腰坑：东西1.76 南北0.88	总深1.85 北部深：1.13 南部深：0.96 底部腰坑深：0.7	平面呈"凸"字形，分北、南两部分，北部近呈方形，坑壁近直，坑底有一近长方形腰坑，斜直壁，圜底。南部呈长方形，坑壁近直，平底。	褐色土，质黏。有大量灰陶布纹瓦片，无可复原器物。	第一期	
97H175	97T35	97①下，打破97⑤a，被97H34打破	东西2.38 南北2.2		0.4	不规则形，弧壁，圜底。	灰土，质坚硬。陶球1、青釉盆A1。	第一期	

续附表五

遗迹	位置	层位关系	规格（单位：米）			形制	堆积和出土物	分期	备注
			口部	底部	深度				
97H176	97T35	97①下，打破97⑤a	东西2.55南北1.24		0.64	不规则形，弧壁，圜底。	灰褐色土，紧密。陶球1。	第一期	
95J9	95T6	95①下，打破95③，被现代建筑桩孔打破	外径：东西2.1南北2.4内径：1.4	内径1.4	2.95	砖井，圆形，井口往下2.36米井圈用长方形残砖错缝平砌，2.36米往下为土坑壁，弧壁，圜状。	分两层，第①层为瓦砾堆积，厚约1.2米，夹木炭屑，有大量的青灰陶布纹板瓦、筒瓦残片和碎砖块，还有少量的青釉、青白瓷器残片等；第②层黑褐色沙土，含有少量贝壳，松软，厚1.75米。莲花纹瓦当AbⅢ1、可复原板瓦1、戳印"二"字板瓦1、可复原长方砖1、青釉罐BⅡ1、青釉四耳罐Ba4、青釉四耳罐Bb1、青釉四耳罐C1、青釉盆A2、酱褐釉罐1、酱褐釉双耳罐1、酱褐釉四耳罐Aa3、酱褐釉四耳罐Ab1、酱褐釉四耳罐B1、青白瓷碟AⅠ2、青白瓷碟D1、紫红釉执壶1、陶球1、石构件1、墨书花押青釉碗底2、墨书花押盆底1、刻"Z"字罐底1、绿釉炉残件1，还有大量青釉罐、盆类器残片和灰陶布纹瓦片。	第一期	
95J18	95T10	95①下，打破生土	东西0.6南北0.96		1.5	土坑井，长方形，直壁，平底。	黑褐色土，疏松，含贝壳。青釉罐D1、青釉四耳罐AaⅠ2、青釉四耳罐Ba3，还有少量青釉碗和盆残片以及灰陶布纹瓦片等。	第一期	
97J20	97T17	97①下，打破97⑥b	径1.2	径0.95	1.6	土坑井，圆形，斜直壁，平底。	分两层，第①层灰黑土，厚约1.1米，含大量木炭，还有青釉碗、罐等器类残片和灰陶布纹瓦片等；第②层黄褐色土，较致密，厚约0.5米，青釉器盖1、青釉碗EⅡ1。	第一期	

续附表五

遗迹	位置	层位关系	规格（单位：米）			形制	堆积和出土物	分期	备注
			口部	底部	深度				
97J55	97T24	97①下,打破97⑦、97G3、97G8、97G16、97F18	径1.3	径2.18	3.95	土坑井,圆形,井口以下1.5米井壁垂直,1.5米往下井壁向外扩大呈袋状,井底四周比中间低下约0.3米,呈环沟状。	分两层,第①层灰土,质黏,厚2.8米。陶器盖A1、青釉罐BⅡ3、青釉四耳罐AaⅠ1、青釉四耳罐Ab7、青釉四耳罐Ba9,还有少量青白瓷片和绿釉陶片以及灰陶布纹瓦片等;第②层灰黑色沙土,松软,厚1.15米,含少量贝壳。陶器盖B1、陶缸3、青釉四耳罐Ba1、青釉擂钵A1、青釉炉B1、刻划"才"字等符号青釉罐底4、青釉纺轮1,还有青釉碗、罐、盆等器残片和灰陶布纹瓦片以及动物骨等。	第一期	
97F6	97T29、97T30、97T31、97T33、97T34、97T35	97①下,打破97⑤a				揭露东西两列共8个磉墩,南北向,方向北偏西5°。磉墩呈方形或长方形,用红黄色黏土和碎瓦块分层夯筑而成。台基等已无存。	莲花纹瓦当AbⅠ1。	第一期	
97F9	97T35、97T39、97T40、97T41、97T42、97T43、97T44	97①下,打破97⑤a,被97H33、97H195、97H162、97J31打破				台基北侧包边墙基东西向,方向西偏南6°,残长约25.9米。墙基用长方砖由底部往上逐层向内(南)收分砌筑,残存砖4~16层,宽0.9~1.0、残高0.18~0.79米。包边墙基西南面,残存7个柱础石。	柱础石7。	第一期	
97F13	97T27	97①下,打破97⑤b、97J64,被97H180打破				残存南北两排磉墩共6个,方向正东西。磉墩近呈方形,直壁,平底,用红黄色黏土和碎砖瓦块分层夯筑而成,黏土每层厚约0.05~0.08米,碎瓦块每层厚约0.12~0.18米,最底层用石块和碎砖瓦块夯成。	无	第一期	
97F14	97T22、97T23、97T25、97T26、97T27	97①下,打破97⑤b,被97J21打破				揭露东西两列磉墩共10个,南北向,方向北偏西8°。磉墩呈长方形,用红黄色黏土和碎砖瓦块夯筑而成。	无	第一期	

续附表五

遗迹	位置	层位关系	规格（单位：米）			形制	堆积和出土物	分期	备注
			口部	底部	深度				
97T33 –SD1	97T33	97①下，打破97⑤a、97J58	东西2.48 南北1.6		1.75	长方形，共分4层，第①层用红土和碎砖瓦块夯筑，厚0.66米；第②层用灰土和红色黏土混合碎砖瓦块夯筑，厚0.5米；第③层灰沙夹红土加碎砖瓦块夯筑，厚0.5~0.53米；第④层黄色黏土，厚0.05~0.08米。	无	第一期	
97T40 –SD1	97T40	97①下，打破97⑤a	东西2.26 南北0.64		2.86	长方形，用碎砖瓦块夯筑，分层不明显。	无	第一期	
97T44 –SD1	97T44	97①下，打破97⑤a	边长1.02		2.26	方形，共分16层，用红黄色黏土和碎砖瓦块分层夯筑。	无	第一期	
97T44 –SD2	97T44	97①下，打破97⑤a、97G10，被97H38打破	东西1.4 南北0.45		1.5	长方形，用红色黏土和白色膏泥夯成，分层不明显，底部铺有碎砖块。	无	第一期	向南延伸出发掘区外
97T45 –SD1	97T45	97①下，打破97⑤a、97F11–SD1	东西1.17 南北0.94		1.52	长方形，用红黄色黏土和碎瓦块分层夯筑，分层明显，共分19层，每层厚0.06~0.1米。	无	第一期	
97T45 –SD4	97T45	97①下，打破97⑤a	东西1.37 南北1.48		1.2	长方形，共分11层，是一层红黄色黏土、一层碎瓦块相隔分层夯筑，黏土每层厚约0.07~0.09米，碎瓦层每层厚约0.1~0.12米，最底部居中置一石础。	无	第一期	
97Q3	97T37	97①下，打破97⑤a，被现代防空洞打破				东西走向，方向正东西，现长5.2、宽0.8米，用长方砖砌筑，残高0.2米。	无	第一期	向西延伸出发掘区外
97Q9	97T40、97T42	97①下，打破97⑤a				东西走向，现长约9.4、宽0.4米。墙基最底层平砖丁砌一行，其上平砖错缝顺砌两行，向上依次叠砌，残存砖2~9层，残高0.09~0.36米。墙基上残存3个砖砌柱础。	无	第一期	向东延伸入97T36部分未发掘
97H4	97T8	97②下，打破97⑥a、97F5	东西3.6 南北1.72		0.72	不规则形，弧壁，圜底。	灰褐色土，疏松。莲花纹瓦当AbⅠ1、莲花纹瓦当CaⅣ1，还有少量布纹瓦片等。	第二期	
97J24	97T46	97①下，打破97 G7	径1.3	径0.96	2.85	土坑井，圆形，斜直壁，圜底。	灰黑色淤泥，疏松，含贝壳。出土有陶器和青釉器残片，可辨器形有罐、双耳罐、碗等，均不能复原，还有少量灰陶布纹瓦片等。	第二期	

续附表五

遗迹	位置	层位关系	规格（单位：米）			形制	堆积和出土物	分期	备注
			口部	底部	深度				
97J74	97T46	97①下，打破97⑤a	外径：东西1.5南北1.54	径0.8	不详	砖井，圆形，井圈用青灰色碎砖平砌。	不详。	第二期	未发掘
97F3	97T13	97④b下，打破97④c				残存台基东包边和南包边墙基以及部分台基垫土，东西残长7.4、南北现宽7.1~9.1米，以东包边墙基为准，方向北偏西12°。台基垫土残高0.16~0.28米。	台基垫土呈红褐色，夹少量的贝壳和较多的碎砖瓦块等。墓表石2、八棱石柱1。	第二期	向北延伸出发掘区外

附表六　宋代第一期出土钱币实测登记表

尺寸单位：厘米　重量单位：克

序号	名称	标本编号	型式	钱径	穿宽	外郭宽	外郭厚	重量	备考
1	淳化元宝	97H26:5	—	2.28	0.55	0.35	0.08	2.25	
2	咸平元宝	97H26:11	—	2.4	0.54	0.26	0.14	残2.7	
3	祥符元宝	97H26:10	—	2.46	0.53	0.35	0.13	残2.3	
4	皇宋通宝	97H26:13	A	2.36	0.7	0.27	0.1	残2.3	
5	皇宋通宝	97H26:15	A	2.26	0.73	0.24	0.07	1.4	
6	皇宋通宝	97H26:16	A	2.35	0.7	0.28	0.08	1.8	
7	皇宋通宝	97H26:12	B	2.38	0.7	0.23	0.11	3.2	
8	皇宋通宝	97H26:14	B	2.42	0.68	0.23	0.14	残2.8	
9	皇宋通宝	97H26:21	B	2.35	0.68	0.25	0.08	2.2	
10	至道元宝	97T13④c:46	—	2.51	0.59	0.3	0.12	3.9	
11	景德元宝	97T13④c:52	—	2.51	0.6	0.36	0.15	3.6	
12	元祐通宝	97T9④c:10	—	2.51	0.7	0.26	0.16	4.4	
13	乾亨重宝	97T1④d:8	—	2.66	0.85	0.28	0.11	3.9	铅钱
14	乾亨重宝	97T9④d:4	—	2.76	0.9	0.28	0.12	残4.0	铅钱
15	乾亨重宝	97T13④c:30	—	2.53	0.72	0.17	0.14	5.3	铅钱
16	乾亨重宝	97H46:4	—	2.73	0.8	0.1	0.22	6.3	铅钱
17	乾亨重宝	97T10④c:2	—	—	—	—	—	—	铅钱，残损严重
18	开元通宝	97H26:6	—	2.3	0.66	0.23	0.08	1.7	
19	开元通宝	97H26:7	—	2.19	0.65	0.23	0.1	2.0	
20	开元通宝	97H26:8	—	2.42	0.65	0.2	0.14	残2.9	
21	开元通宝	97H26:9	—	2.51	0.64	0.27	0.14	残2.0	
22	开元通宝	97H26:18	—	2.27	0.6	0.23	0.1	残2.3	钱文模糊不清
23	开元通宝	97H26:19	—	2.35	0.65	0.16	0.12	残2.3	
24	开元通宝	97H26:20	—	2.46	0.6	0.29	0.12	残2.6	
25	开元通宝	97T9④c:82	—	2.55	0.7	0.19	0.14	3.5	
26	开元通宝	97T10④c:1	—	2.2	0.7	0.14	0.13	3.3	钱文模糊不清
27	乾元重宝	97H26:17	—	2.03	0.65	0.13	0.06	1.0	
28	五铢	97H26:28	—	2.24	0.91	0.14	0.07	残1.0	钱文模糊不清
29	五铢	97H26:29	—	2.07	0.94	—	0.07	残1.0	无内外郭
30	五铢	97H26:30	—	2.19	0.73	0.29	0.1	2.0	钱文模糊不清
31	无字铜钱	97H26:22	—	2.41	0.94	—	0.07	1.9	无内外郭
32	无字铜钱	97H26:23	—	2.49	0.95	—	0.09	2.2	无内外郭
33	无字铜钱	97H26:24	—	2.18	0.73	—	0.14	2.4	无内外郭
34	无字铜钱	97H26:25	—	2.3	0.9	—	0.09	1.7	无内外郭
35	无字铜钱	97H26:26	—	2.05	0.76	—	0.11	1.8	无内外郭
36	无字铜钱	97H26:27	—	2.14	0.83	—	0.06	1.0	无内外郭

附表七　南越宫苑遗址元代遗迹登记表

遗迹	位置	层位关系	规格（单位：米）			形制	堆积和出土物	备注
			口部	底部	深度			
97H1	97T5	97③下，打破97④a	东西3.45南北2.4		0.9	不规则形，弧壁，圜底。	灰土，疏松。青釉碗BⅠ1、青釉碗C3、青釉高足碗A1、青釉碟A2、青釉碟B1、青釉盏1、卵白釉碟2（其中1件有"枢府"铭款）、卵白釉香炉1、釉里红釉盘1、黄釉盘1、黄釉四耳罐1、酱黑釉执壶A1、酱褐釉杯1。	
97H33	97T39	97①下，打破97⑤b、97F9	径0.9		0.6	圆形，弧壁，圜底。	灰黑色土，疏松。青釉碗C1、卵白釉碗B2、卵白釉碗Ca3、卵白釉高足碗AaⅠ2、卵白釉高足碗AaⅡ1、卵白釉高足碗Ab1、卵白釉碟2（其中1件有"枢府"铭款）、黄釉瓶1，还有少量灰陶片和瓦片以及动物骨等。	
97H37	97T44	97①下，打破97⑤a、97G10	径0.75		0.78	近呈圆形，弧壁，圜底。	灰黑色淤土，含贝壳。有陶器、酱褐釉器、青釉器和卵白釉瓷器残片等。	
97H38	97T44	97①下，打破97⑤a、97G10、97T44-SD2	东西1.62南北1.6		0.6	不规则形，弧壁，圜底。	灰黑色淤土，夹贝壳。青釉碗A1，还有动物骨。	
97H39	97T40	97①下，打破97⑤a、97G10	东西2.76南北2.72		0.62	不规则形，弧壁，圜底。	灰色土，疏松，含有大量贝壳。有陶器和青釉器残片，还有碎砖块和瓦片等。	
97H56	97T40	97①下，打破97⑤a、97Q8	东西1.9南北0.5	东西2.3南北0.6	1.54	半弧形，口小底大呈袋状，平底。	灰土，疏松，含大量贝壳。青釉碗C1、青釉盘1、酱褐釉碗B1，还有卵白釉高足碗、青釉碗等器残片以及布纹瓦片等。	向南延伸出发掘区外
97H60	97T40	97①下，打破97⑤a、97G10	东西2.3南北1.43		1.8	不规则形，弧壁，圜底。	灰褐土，夹有贝壳。陶擂钵1、陶器盖1、酱褐釉四耳罐A1、酱褐釉碗A1、青釉碗C2、青釉碗E1，还有碎砖块和瓦片。	
97H180	97T27	97①下，打破97⑤b、97H197	东西2.7南北0.64~2.1		1.4~1.72	不规则形，西壁近直，东壁弧收，圜底。	灰褐土，夹少量贝壳和动物骨，疏松。酱黑釉罐A1、青釉碗C1、青釉香炉1、陶网坠A1、陶网坠B1、石磨1、柱础石1，还有晋代青釉碗2。	

续附表七

遗迹	位置	层位关系	规格（单位：米）			形制	堆积和出土物	备注
			口部	底部	深度			
97H195	97T43	97①下，打破97F9、97⑤b，被97SJ1、97H140、97J27打破	东西5.15 南北 现宽6.68		2.45	不规则形，弧壁，圜底。	分三层，第①层黑褐色土，夹有贝壳，疏松，厚0~0.68米。褐彩绘陶罐残件1、青釉盘1、青釉碗BⅠ1、酱黑釉灯盏1、戳印"全庄"款陶片1，还有碎砖瓦块等；第②层灰黑色沙土，夹有贝壳，疏松，厚0.14~0.35米。青釉盆1、青釉碗A1、青釉碗C1、青釉碗F1、青釉碟C2、卵白釉高足碗A1、陶坩埚1；第③层褐色土，疏松，厚0.18~1.16米，含少量贝壳和较多的碎砖残块。青白瓷碗1。	向北延伸出发掘区外
97J3	97T5	97①下，打破97④c至生土	外径1.52~1.55 内径1.0	1.05	4.18	砖石合构井，圆形，直壁。井口以下0.56米西壁用完好较薄的红砖斜放竖向铺砌四层，上、下两层的倾斜方向相反，每两层间平铺一层红砖分隔，东壁用残砖和石块平砌。0.56米往下至3.74米井壁用较厚残砖和少量石块斜向侧立砌筑，上、下两层间用砖垫平。井壁最底一层用较大砂岩石块砌就，井底凹下呈圜底状，比周边低下约0.25米。	灰黑色土，疏松。青釉小罐1、酱褐釉四耳罐B1、陶垫饼1、戳印"广□"铭款酱褐釉陶罐残片1，还有少量瓦片等。	
97J18	97T22	97①下，打破97⑤b、97H68、97G1	外径1.82 内径0.8	内径 0.68~ 0.7	3.72	砖石合构井，圆形，直壁，平底。井口以下3.42米井壁用残砖错缝平砌，砖隙嵌砌楔形砖，井壁最底层用较大砂岩石块砌筑，井底内径收窄，高0.3米。	分三层，第①层灰土，疏松，呈颗粒状，厚1.06米，有酱褐釉陶罐残片等；第②层灰褐土，质黏，厚约2.5米，酱褐釉罐B4、酱黑釉四耳罐C1、酱黄釉执壶A1、酱黑釉急须1、陶权1、戳印"万□"文字砖1、戳印"□善"文字砖1、长方砖2、唐代莲花纹瓦当1，还有较多碎砖和瓦片；第③层灰黑色淤沙，较纯净，厚0.14米，无遗物。	
97J65	97T27	97①下，打破97⑤b	外径1.4 内径0.88	内径 0.6	3.0	砖石合构井，圆形，斜直壁，平底。井口以下1.4米井壁用碎砖和砂岩石块混合错缝平砌，1.4米以下井壁用砂岩石块砌筑。	分两层，第①层为碎石、残砖、瓦片堆积层，厚约2.53米；第②层黑褐土，质黏，厚0.47米，酱褐釉罐B1、黄釉四耳罐2、青釉盏2、铁钩1、南朝青釉碗1，还有梅花鹿角和动物骨以及砖瓦等。	

附表八　南越宫苑遗址明代遗迹登记表

遗迹	位置	层位关系	规格（单位：米）			形制	堆积和出土物	备注
			口部	底部	深度			
97F10	97T4、97T8	97①下，打破97②、97SQ				坐北朝南，方向北偏西2°。长方形，东西外长9.6、内长7.6米，南北已揭露外宽7.4~7.7、内宽5.7~5.86米，现揭露东、西、北墙基。	无	向南延伸出发掘区外
97Q1	97T9	97①下，打破97④a				南北走向，用红砂岩石块错缝砌筑，受机械施工扰乱严重，南端已残，现长8.4米，残存石块2~4层，宽0.32~0.8、残高0.14~0.22米。	无	向北延伸出发掘区外
95H11	95T11	95①下，打破生土	东西1.8南北1.3		0.18~0.5	不规则形，坑壁弧形内收，底部不平。	灰褐色土，质黏。遗物极少，有少量瓦片等。	向东、南延伸出发掘区外
95H15	95T5	95①下，打破95⑤a	径0.82		1.0	近呈圆形，弧壁，圜底。	灰土，疏松。遗物极少，有青釉陶罐残片和少量瓦片等。	
97H23	97T9	97①下，打破97③	东西1.1南北0.9		1.1	不规则形，弧壁，圜底。	灰黑色土。花卉纹滴水Ⅱ1，还有青花瓷片，碎砖块瓦片等。	
97H32	97T41	97①下，打破97H69	东西1.54南北1.56		1.05	不规则形，弧壁，圜底。	灰黑土，疏松，含大量贝壳。莲花纹瓦当B1、花卉纹滴水Ⅰ1、酱黑釉盆B1、酱黑釉盏1、白瓷碟1、青花缠枝莲纹碗AⅡ1、砺石1，还有瓦片等。	
97H40	97T41	97①下，打破97⑤a	径0.76	1.0	1.97	圆形，口小底大呈袋状，平底。	堆积分三层，第①层灰黑色淤土，厚约0.76米。陶罐B1、青釉罐1、青釉碟B1、青釉高足碗2、酱黑釉双耳罐1、酱黑釉四耳罐A1、酱黑釉器盖A1、青花海螺纹碗CⅠ1、青花"玉"字款碗CⅠ1、青花缠枝莲纹碗CⅠ1、莲花纹瓦当AⅠ3、可复原板瓦1、可复原筒瓦4、陶构件1、长方砖1、元代卵白釉碗1；第②层红黄土，杂木屑，厚0.66米。酱黑釉盆A1、酱黑釉盆B1、酱黑釉四耳罐B1、可复原筒瓦1；第③层红土，纯净，厚0.55米。	
97H45	97T20	97①下，打破97⑦	东西0.96南北0.84		1.0	不规则形，弧壁，圜底。	灰黑色土，疏松。遗物极少，有少量酱黑釉陶和青釉器残片以及瓦片等。	
97H69	97T41	97①下，打破97J86，被97H32打破	东西2.46南北1.42		1.72	不规则形，弧壁，圜底。	灰褐色土，杂有贝壳。莲花纹瓦当AⅠ1、陶双耳盆1、陶器盖A1、青釉"信"字款碗底1、白瓷杯A1。	

续附表八

遗迹	位置	层位关系	规格（单位：米）			形制	堆积和出土物	备注
			口部	底部	深度			
97H119	97T33	97①下，打破97⑤a	东西6.03 南北1.66		0.76~1.43	不规则形，弧壁，圜底。	灰褐土，疏松，杂有石灰和碎砖以及木块等。花卉纹瓦当Ⅰ2、青釉碗B1、酱黑釉盏2、青花梵文碗AⅢ1、青花梵文碗AⅤ1、青花"白玉斋"款碗B2、青花山水纹碗D1、青花狮子滚绣球纹盘Ⅰ1、青花折枝花卉纹碟AⅢ1、青花花鸟纹碟CⅠ1、青花山水人物纹碟D1。还有"永乐年制"、"大明成化年制"，"长命富贵"、"玉堂佳器"、"白玉斋"等铭款青花瓷片等。	向北延伸出发掘区外
97H140	97T43	97①下，打破97J24、97J27、97H195	东西1.0 南北0.45		0.4	不规则形，弧壁，圜底。	黑褐色土，杂炭屑，疏松。青釉壶1，还有动物骨。	向北延伸出发掘区外
95J2	95T5	95①下，打破至生土	外径：东西0.8 南北0.72 内径：0.56	内径0.56	1.72	瓦状陶圈井，圆形，直壁，平底。	灰土，松软。可复原板瓦2、可复原筒瓦3、陶构件1、青釉罐1、青花山水纹碗AⅢ1、青花山水纹碗AⅤ1，还有南朝酱釉六耳罐1、宋代青黄釉四耳罐1。	
95J3	95T2南扩方	95①下，打破95G4和生土，被现代建筑桩孔打破	外径：东西0.84 南北0.8 内径：0.58		仅发掘深2.6米	瓦状陶圈井，圆形，直壁。	灰土，松软。青釉罐1、酱黑釉四耳罐B2、青花蹴鞠纹碗CⅠ2、陶球1、木条1，还有陶圈、碎砖、瓦块等。	未发掘至底
95J6	95T4	95①下，打破95③	外径0.8 内径0.64	径0.56	1.5	瓦状陶圈井，圆形，井口以下1.04米井用板瓦状陶圈砌筑，1.04米往下至井底为土坑壁，斜直，平底。	分两层，第①层灰黑色土，杂贝壳，松软，厚1.1米，有陶圈、青花瓷片和酱黑釉陶罐残片等；第②层细沙，厚0.3米，无遗物。	
95J10	95T2南扩方	95①下，打破生土	外径：0.76~0.78 内径：0.5~0.55		2.3	瓦状陶圈形，圆形，直壁，平底。	黑褐色土，含少量蚝壳和动物骨，松软。青花"白玉斋"款碗CⅠ1、青花"大明年造"款碗底1、柱础石1、玉镯1，还有陶圈、酱黑釉陶片和瓦片等。	
95J13	95T3	95①下，打破95②	径0.88		2.56	土坑井，圆形，直壁，平底。	灰土，松软。陶急须1、酱黑釉带把罐A3、酱黑釉带把罐B1、酱黑釉双耳罐8、酱黑釉四耳罐A2、酱黑釉盆A1、青花海螺纹碗CⅠ2、可复原筒瓦2。	
95J14	95T3	95①下，打破95②	外径0.8 内径0.56		2.0	瓦状陶圈井，圆形，直壁，平底。	灰土。陶罐C1、酱黑釉罐C1、酱黑釉四耳罐B1、酱黑釉缸1、酱釉急须1、陶响鱼1、铁抓1、可复原筒瓦1，还有陶圈等。	

续附表八

遗迹	位置	层位关系	规格（单位：米）			形制	堆积和出土物	备注
			口部	底部	深度			
97J5	97T8	97①下，打破 97 ②、97F5、97SQ	外径：东西1.06 南北1.02		1.78	瓦状陶圈井，井圈已全部塌落。	黑褐色土，紧密。有大量陶圈和少量青花瓷片、瓦片等。	
97J6	97T1	97①下，打破97 ③	外径1.06 内径0.62		仅发掘深2.8米	瓦状圈井，圆形，直壁。	灰色土，质软。石构件1、小铜勺1，还有陶圈、酱黑陶片、青花瓷片和瓦片等。	向北延伸出发掘区外
97J15	97T11	97①下，打破97⑥a至生土	外径0.85 内径0.68	内径0.68	4.3	瓦状陶圈井，圆形，直壁，平底。井口以下3.2米井圈已塌落，东、西壁有对称脚窝5对10个，脚窝底近平，深0.12~0.13米，径0.14~0.16米，上下脚窝间距0.4~0.6米。3.2米往下至井底尚有陶井圈，残1.1米。	分两层，第①层灰土，松散，厚约1.8米，夹小贝壳。青釉碗B1、青花蟠螭龙纹碗AⅡ2、青花花鸟纹碗AⅢ1、青花花卉纹碗AⅣ1、青花缠枝莲纹碗CⅠ1、青花梵文碟AⅠ1、酱黑釉四耳罐C1、酱黑釉壶AⅡ1、酱黑釉壶CⅠ1、酱黑釉盆A1、酱黑釉盏1，还有陶圈和瓦片等；第②层灰黑色淤泥，厚约2.5米。陶带把罐1、陶擂钵1、墨书"井"字花押陶碗底1、青花弦纹碗CⅠ1、青花缠枝莲纹碗CⅢ1、酱黑釉三耳罐A1、酱黑釉四耳罐B2、酱黑釉五耳罐1、酱黑釉盏1、青釉器盖B2、木杯1、木轳辘轴1，还有陶圈、瓦片和动物骨等。	
97J21	97T26	97①下，打破 97 ⑤a、97F14-SD2、97G12	外径0.88 内径0.62		仅发掘深2.5米	瓦状陶圈井，圆形，直壁。	黄土。有酱黑釉陶片和瓦片。	未发掘至底
97J27	97T43	97①下，打破97H195，被97H140、97H84打破	径0.8		1.9	土坑井，圆形，直壁，圜底。	黑褐色土，紧密，夹贝壳和动物骨。青釉碗C2、青釉碟B1、青釉碟D1、青白瓷碗1、青花"福"字款碗AⅠ1，还有青釉和酱黑釉陶瓷片以及瓦片等。	
97J31	97T39	97①下，打破 97 F 9、97G11	外径0.9 内径0.6		仅发掘深2.8米	瓦状陶圈井，圆形，直壁，平底。	灰黑土，疏松。酱黑釉罐C1、酱黑釉四耳罐A1、酱黑釉四耳罐B5、酱黑釉钵1、青花蟠螭龙纹碗AⅡ1、青花海水莲花纹碗CⅠ1、青花弦纹碟B1、石砚台1、卷草纹长方砖1、可复原筒瓦1。	未发掘至底
97J32	97T44	97①下，打破97 ⑤a、97H76	外径0.9 内径0.6		3.63	瓦状陶圈井，圆形，直壁，平底。	红色黏土。有少量瓦片和动物骨等。	
97J35	97T22	97①下，打破97J41、97F2	东西1.0 南北1.05	径0.53	1.9	土坑井，近呈圆形，东壁呈不规则弧形内收，西壁斜直，平底。	灰褐色土，疏松。长条砖1、方砖1、可复原筒瓦1、酱黑釉三耳罐B1、"禾"字酱黑釉陶罐残片1，还有青花瓷片等。	

续附表八

遗迹	位置	层位关系	规格（单位：米）			形制	堆积和出土物	备注
			口部	底部	深度			
97J46	97T24	97①下，打破97⑥b	径0.75		不详	土坑井，圆形。	灰土，有少量瓦片。	原始记录不详
97J49	97T20	97①下，打破97⑥b	径1.0		仅发掘深1.8米	土坑井，圆形，直壁。	灰黑土，夹大量贝壳。"福如东海，寿比南山"铭款青釉烛台2，还有少量瓦片。	未发掘至底
97J50	97T42	97①下，打破97⑤a、97F17	外径0.84 内径0.6		仅发掘深2.3米	瓦状陶圈井，圆形，直壁。	褐色土。陶擂钵1、酱黑釉双耳罐1、椰勺1，还有陶圈和瓦片等。	未发掘至底
97J61	97T27	97①下，打破97⑤a	外径0.9 内径0.6		不详	瓦状陶圈井，圆形。	不详。	未发掘
97J69	97T34	97①下，打破97⑤a、97SQ	外径0.88 内径0.7		仅发掘深1.8米	瓦状陶圈井，圆形，直壁。	灰黑色土，疏松。酱黑釉五耳罐1、酱黑釉壶B2、青花海藻游鱼纹碗AⅡ1，还有陶圈和瓦片等。	未发掘至底
97J75	97T46	97①下，打破97⑤a、97H76	外径0.94 内径0.6		2.36	瓦状陶圈井，圆形，直壁，平底。	灰黑土。有少量青花瓷片、酱黑釉陶片和碎砖瓦片等。	
97J81	97T44	97①下，打破⑤a	径1.0		2.7	土坑井，圆形，斜直壁，圜底。	灰土。陶盆B1、青釉碗A2、酱黑釉罐B1、酱黑釉四耳罐A1、酱黑釉碗1。	
97J82	97T35	97①下，打破97⑤a	东西1.43 南北1.2	径0.92	2.2	土坑井，椭圆形，斜直壁，平底。	黑褐土。青釉镡1、酱黑釉罐A1、酱黑釉双耳罐1、酱黑釉三耳罐A1、酱黑釉四耳罐A3、酱黑釉壶B1、酱黑釉壶CⅡ1、青花"福"字款酒盅AⅠ1。	
97J89	97T45	97①下，打破97G5	外径0.9 内径0.6		仅发掘深3.0米	瓦状陶圈井，圆形，直壁。	灰土。青花缠枝莲纹碗CⅠ1，还有陶圈等。	未发掘至底
97SJ1	97T43	97①下，打破97⑤a、97H195、97G7	外径：南北2.0 东西1.35 内径：南北1.4 东西0.8		0.78	椭圆形，直壁，平底，井壁用青灰色长方残砖侧立砌筑，残存砖4层。	黑褐色土，质黏，含大量贝壳和动物骨。陶罐A1、陶盆A1、青釉碟A1、模印"玉"字青釉碗底1、青釉盏1，还有红陶布纹瓦片等。	

附表九　南越宫苑遗址清代遗迹登记表

遗迹	位置	层位关系	规格（单位：米）			形制	堆积和出土物	备注
			口部	底部	深度			
95H2	95T4	95①下，打破95②，被95J22打破	东西1.76~2.25 南北2.8	东西0.96 南北2.28	0.46~1.26	不规则形，坑壁弧收，圜底，中部呈不规则形凹下。	红褐色土，致密。少量青花瓷片和瓦片等。	
95H3	95T10	95①下，打破生土，被现代桩孔打破	东西1.32 南北1.47		1.47	近呈圆形，弧壁，底部近西壁处有一圆形小坑，深0.12米，直壁，平底。	褐色黏土，疏松。卷草纹长方砖2、陶鸱吻2，还有长条砖和瓦片等。	
97H3	97T4	97①下，打破97②	东西1.2 南北1.9		0.70	长方形，直壁，平底。	灰黑色土，疏松。花卉纹瓦当AⅠ1、酱釉灯盏A2、青花花叶纹碗B1、青花山水人物纹盘A1、青花云龙纹盘BⅡ1、青花灵芝纹酒盅1、外豆青里青花太极八卦纹杯1、围棋子1、瓷公仔1、玻璃珠1，还有瓦片等。	
97H11	97T10	97①下，打破97F1、97G1	东西1.75 南北1.65		1.76	近呈圆形，弧壁，圜底。	灰黑色土，疏松。花卉纹瓦当AⅠ1、花卉纹瓦当AⅡ1、青釉双耳罐1、酱黑釉罐A1、酱釉四耳罐A1、酱釉钵1、白瓷碗A1、青花缠枝菊纹碗AⅠ1、青花缠枝菊纹碗AⅡ1、青花如意纹碟A1、青花"弘兴玉珍奇制"款碟底1、外红釉里青花如意纹碗1，还有砖块和瓦片等。	
97H34	97T39	97①下，打破97H175、97⑤a	东西1.5 南北1.76		0.6	不规形，弧壁，圜底。	灰黑色土，疏松。有青花瓷片和酱黑釉陶器残片以及砖块、瓦片等。	
97H52	97T38	97①下，打破97⑤a、97J28、97F4-SD2	东西4.7 南北7.45		0.4	不规则形，弧壁，圜底。	灰褐色土，疏松，杂有贝壳。花卉纹瓦当AⅠ1、青花"大清康熙年制"款碗底2、青花"大明成化年制"款碗底3、青花"大明嘉靖年制"款碗底1、青花"梧桐叶落，天下皆秋"诗文碟底1，还有砖瓦和瓦片等。	
97H66	97T21	97①下，打破97⑤b	东西0.65 南北0.80		0.82	近椭圆形，弧壁，圜底。	灰黑色土，疏松。有青花瓷片和瓦片等。	
95J1	95T2 南扩方	95①下，打破95PC	外径0.82~0.96		仅发掘深2.5米	土坑井，近呈圆形，直壁。	灰土，松软。有青花瓷片和酱黑釉陶罐残片以及瓦片等。	未发掘至底
95J5	95T4	95①下，打破95③	内径0.65		1.40	瓦状陶圈井，圆形，井底中心比四周低下0.32米。	黑褐色沙土，松软。青釉罐B1、青花动物纹方盉1、锡壶A1、锡壶B1、锡锅1、锡盒1、锡器盖5、铁权1。	

续附表九

遗迹	位置	层位关系	规格（单位：米）			形制	堆积和出土物	备注
			口部	底部	深度			
97J1	97T8	97①下，打破97②	外径0.80~0.84		仅发掘深2.5米	瓦状陶圈井，圆形，井口以下0.4米井圈已塌。	灰黑色土，松软。酱黄釉灯B1、酱黑釉四耳罐B1、酱黑釉盆1、青花缠枝菊纹碗AⅠ1、青花花叶纹碗AⅡ1、青花梵文碗D1、青花过墙龙纹碗D1、青花团花纹杯B1、青花莲纹菊花纹茶盏盖1、蚌饰1，还有瓦片等。	未发掘至底
97J4	97T1	97①下，打破97④a、97GC至生土	外径：东西1.17南北1.62内径：东西0.58南北0.64	外径：东西1.74南北1.7	4.56	砖井，椭圆形。井圈用长条砖错缝平砌，井底平铺三块长方形木板，东西长1.28、南北宽0.76、厚0.02米，其下为碎瓦夯层，厚约0.3米。	分两层，第①层灰土，松软，厚约2.8米。青花缠枝花卉纹杯A3、青花梵文杯B1、石权A3；第②层褐色土，质黏，厚1.76米，夹贝壳。"乾隆通宝"1、青釉罐A10、酱釉罐A2、酱釉罐B1、酱黑釉罐C1、酱黑釉四耳罐B2、酱黑釉带把罐1、酱黑釉壶B1、酱黑釉盆1、酱褐釉虎子1、青花树石牡丹纹碗AⅡ1、豆青青花碟2、木水斗1、椰勺1、铁钩1、石权A6、研石1、墨书"意笔神、载"字瓦片1。	
97J7	97T11	97①下，打破97H7、97⑥a	径0.96	径0.9	3.0	土坑井，圆形，斜直壁，平底。	灰黑色淤泥。铁锄1，还有少量酱黑釉陶片、霁蓝瓷片和青花瓷片等。	
97J8	97T12	97①下，打破97⑥a	东西1.06南北1.1		不详	瓦状陶圈井，圆形，井圈已塌落，结构不明。	灰黑色土，疏松。陶支垫1、陶擂钵1、青釉小瓶1、酱黑釉罐A2、酱黑釉盆1、青花绶带纹碗C1、青花缠枝牡丹纹碗AⅠ1、青花缠枝牡丹纹碗AⅡ1、陶网坠A1、石权B1、"烟光带水鸣大壮"款陶炉残片1，还有长条砖和陶圈等。	未发掘至底
97J9	97T16	97①下，打破97F18、97⑥b	外径：东西0.9南北0.92内径：0.6	内径0.6	6.1	瓦状陶圈井，圆形，直壁，平底。	灰黑色土，松软。青釉碗1、白瓷碗B1、青釉人物兰草纹壶1、青花弦纹碗B3、陶管道1、陶网坠B1，还有瓦片等。	
97J13	97T13	97①下，打破97④b、97GC至生土	径1.4	径1.1	4.57	土坑井，圆形，斜直壁，平底。	分两层，第①层灰褐土，厚3.25米，花卉纹瓦当AⅡ1；第②层灰色沙土，厚1.32米，遗物极少。	
97J16	97T16	97①下，打破97F5、97⑥a、97F18	内径0.5		仅发掘深3.0米	瓦状陶圈井，圆形。	灰黑土，疏松。酱黑釉四耳罐C1、白瓷盘1、青花团花纹杯B1。	未发掘至底
97J22	97T23	97①下，打破97F1	内径0.6	内径0.6	仅发掘深3.5米	瓦状陶圈井，圆形，井口以下1.0米井圈已塌落。	黑褐色土，疏松。酱黑釉罐A5、酱黑釉四耳罐B4、酱釉瓶2，还有陶圈和瓦片等。	未发掘至底

续附表九

遗迹	位置	层位关系	规格（单位：米）			形制	堆积和出土物	备注
			口部	底部	深度			
97J23	97T20	97①下，打破97F5、97⑦	径1.1		仅发掘深4.0米	土坑井，圆形，直壁。南、北壁已发现12个对称分布的脚窝。脚窝上小下大，略呈梯形，上边宽0.12~0.16、下边宽0.2~0.23米，深0.1~0.12米，第一对脚窝距井口约0.52米，自上而下，第一至第六对脚窝上下边距分别为0.56、0.74、0.5、0.62、0.58米。	灰黑土，疏松。可复原筒瓦1、长条砖1、砖构件1、陶盘1、青釉器盖1、青花缠枝牡丹纹碗C1、青花梵文杯A1、青花斜线纹杯B1、"元"字青花款碗底2、"福"字青花款碗底1、戳印"好酒"款青釉罐残片1、戳印"合兴店"款陶炉残片1，还有动物骨和瓦片等。	未发掘至底
97J60	97T30	97①下，打破97H164、97G12	内径0.6		仅发掘深2.3米	瓦状陶圈井，圆形，直壁。	褐土。酱黑釉四耳罐B1、酱黑釉急须AⅠ1、白瓷碗A1、青花湖石落叶诗文盘BⅠ1、青花落叶诗文碟B1、粉彩凤鸟纹杯1，还有陶圈和瓦片等。	未发掘至底
97J72	97T42	97①下，打破97⑤b	东西0.85南北1.2		不详	土坑井，椭圆形，直壁。	褐色土。有青花瓷片和酱黑釉陶片和瓦片等。	未发掘至底
97J76	97T46	97①下，打破97⑤a	内径0.54	内径0.54	6.46	瓦状陶圈井，圆形，直壁，平底。	灰土，杂有细沙、白灰和贝壳。有少量青花瓷片和酱黑釉陶片、瓦片等。	
97J80	97T12	97①下，打破97⑥a、97SQ	外径：东西1.8南北1.85内径：1.06	内径1.06	4.75	砖石合构井，圆形，直壁，平底。井口以下0.3米井壁砖已缺，0.3米往下至1.24米井圈壁用青灰残砖和少量红砂岩石块错缝平砌。1.24米以下用红砂岩石块错缝平砌，间用青灰残砖平砌，井底用青灰残砖平铺。井壁筑有脚窝28个，排列无规律，上下脚窝间距为0.08~0.33米。脚窝呈长方形，左右宽0.14~0.2、上下高0.13~0.22、深0.12~0.21米。	灰黑土，松软。陶带把罐2、青釉碗2、青釉器盖1、酱黑釉罐A4、酱黑釉四耳罐B2、酱黑釉盆2、酱黑釉壶A1、酱黑釉急须AⅡ2、酱黑釉急须B1、酱黑釉杯1、青花牡丹纹碗AⅠ1、青花牡丹纹碗AⅡ1、青花山水纹碗AⅡ1、青花海藻游鱼纹碗D2、青花弦纹碗D1、青花"兴"字款碗D1、青花山水人物纹碟A1、青花斜线纹杯B1、青花"玉"字款碗底1、青花"白玉斋"款碗底1、铁簪1、铁钉A3、铁钉B1、花卉纹瓦当B1、"三城窑务烧造到砖官立"铭款砖4。	
97J83	97T27	97①下，打破97⑤b、97G9	内径0.6		仅发掘深2.3米	瓦状陶圈井，圆形，直壁。	青灰色土，疏松。酱褐釉四耳罐B1，还有青花瓷片和瓦片等。	未发掘至底
97J88	97T35	97①下，打破97⑤a	内径0.64	内径0.64	不详	瓦状陶圈井，圆形，直壁。	灰土。遗物极少，有青花瓷片和瓦片等。	未发掘至底
97J90	97T43	97①下，打破⑤a	径0.64		仅发掘4.7米	瓦状陶圈井，圆形，直壁。	灰土。遗物极少，仅见少量酱黑釉陶片和瓦片等。	未发掘至底

附表一〇 唐、南汉第三期水井出土陶文登记表

尺寸单位：厘米

序号	标本号	释文	名称	形式	位置	文字规格		备注
						长	宽	
1	97J58①：2	☐军	板瓦	戳印、阳文	表面	残4.0	2.5	
2	97J58①：3	☐甲军	板瓦	戳印、阳文	表面	残3.6	残1.7	
3	97J58①：4	十四甲	板瓦	戳印、阴文	表面	残3.5	2.4	
4	97J58①：5	军十☐	板瓦	戳印、阳文	表面	残2.8	1.3	
5	97J58①：6	☐三甲	板瓦	戳印、阳文	表面	残3.0	2.1	
6	97J58①：7	军☐	板瓦	戳印、阴文	表面	残2.6	1.5	
7	97J58①：9	军十甲	板瓦	戳印、阴文	表面	残4.1	1.8	
8	97J58①：10	第八甲☐	板瓦	戳印、阳文	表面	残4.6	1.9	反文
9	97J58①：11	军十☐	板瓦	戳印、阳文	里面	残3.6	残2.2	
10	97J58①：12	十四☐	板瓦	戳印、阴文	表面	残2.0	1.8	
11	97J58①：13	军十四甲	筒瓦	戳印、阳文	表面	残2.2	3.1	
12	97J58①：14	第廿甲☐	板瓦	戳印、阳文	表面	2.8	残2.0	
13	97J64①：1	军二	长方砖	戳印、阳文	表面	3.6	2.0	

附表一一 唐、南汉第三期水井出土"乾亨重宝"铅钱实测登记表

尺寸单位：厘米   重量单位：克

序号	标本编号	型式	钱径	穿宽	外郭宽	外郭厚	重量	备注
1	97J64②：2	A	2.64	0.74	0.24	0.11	3.6	
2	97J64②：3	A	2.62	1.0	0.22	0.11	3.7	
3	97J64②：4	A	2.85	0.8	0.29	0.16	5.1	
4	97J64②：5	A	2.54	0.7	0.23	0.1	4.7	钱文模糊不清
5	97J64②：6	A	2.72	0.7	0.28	0.1	3.8	钱文模糊不清
6	97J64②：7	A	2.85	1.0	0.17	0.14	5.1	钱文模糊不清
7	97J64②：8	A	2.88	0.9	0.16	0.2	3.8	钱文模糊不清

附表一二　南越宫苑遗址近现代水井登记表

遗迹	位置	层位关系	规格（单位：米）			形制	堆积和出土物	时代	备注
			口部	底部	深度				
95J19	95T11	95①下，打破95③	外径0.8 内径0.6		原始记录不详	砖井，圆形，井壁用碎砖平砌。	黑褐色土，松软。有塑料绳、木桶、青花瓷片等。	现代	
95J21	95T7	95①下，打破95PC和生土	外径1.1 内径0.85	内径0.85	1.95	砖井，圆形，井壁用红色长条砖错缝平砌，井底平铺4块方砖，抹角。	分两层，第①层灰沙土，厚1.7米，有黄白陶瓦片、玻璃片、铁钉和青花瓷片等；第②层灰土，厚0.25米，有铁钉和青釉瓷残片。	近代	
95J22	95T4	95①下，打破95H2、95PC	外径0.73 内径0.44	内径0.44	0.75	砖井，圆形，井壁用红色长条砖侧立围成六边形，残存砖4层，底部凹下呈圜底。	白灰沙土，有碎砖块和青花瓷片。	近代	
97J2	97T5	97①下，打破97③	外径1.0 内径0.72	内径0.72	2.0	砖井，圆形，井圈用长条砖错缝平砌而成。	灰褐色土，松软。有塑料袋和黑褐陶罐残片等。	现代	
97J25	97T40	97①下，打破97⑤a、97F17	外径：东西1.3 南北1.2 内径：0.56		仅发掘深4.1米	砖井，圆形，井圈用青灰砖错缝平砌。	黑褐色淤泥。白瓷杯1、青花瓷碗1、青花"寿"字纹杯1、青花山水纹茶盏盖1、黑釉碗1、酱黑釉鸦片膏盒1、子弹4、"大明宣德年制"铜香炉1、"近口制造"款铜镜1、铜钩1、铜锁1、铜勺1、铜鞋抽板1、"乾隆通宝"1、"嘉庆通宝"2、"道光通宝"1。	近代	未发掘至底
97J37	97T19	97①下，打破97⑥b	外径1.0 内径0.6	径0.6	1.92	砖井，圆形，井圈用青灰砖横立对接砌筑，井底凹下呈圜底状。	黄褐色淤土。铁片2、军用铁刺刀1、铁剪刀1、子弹8、铜怀表1、玻璃瓶1、玻璃珠1。	近代	
97J47	97T24	97①下，打破97⑥a、97G16、97F18	外径0.68 内径0.5		不详	砖井，圆形，井圈用青灰砖错缝平砌。	堆积杂乱。中华民国"当十铜元"1、铜纽扣1、陶四耳罐2、青花缠枝蝴蝶花纹鸟食罐1。	近代	未发掘至底

南越宫苑遗址发掘和资料整理纪事

1995 年

7月1日～6日

广州市文物考古研究所全洪等人在市区中山四路忠佑大街城隍庙西侧市长途电话局综合大楼工地，选其靠近秦代造船遗址的西南角，开挖5×5米探方一个，掘深至4.5米，没有发现重要遗迹、遗物。

7月18日

在工地东北角开挖的桩孔旁，挖出有两晋和唐代青釉瓷片、汉代陶片和南越国印花砖等。

7月19日

在工地东面偏南的几个建筑桩孔，挖出铺地的砂岩石板。

7月23日

在工地北部桩孔旁又挖出两个"万岁"文字瓦当，共计已挖出6件"万岁"文字瓦当、1件完整铁斧、1把错金铜格铁剑。

8月1日

综合大楼工地东边暂停施工后，开展抢救性考古发掘，在工地东北部开8×8米探方4个。

8月3日

中山大学人类学系部分师生到工地参加发掘。

8月23日

著名建筑师莫伯治、中山大学副校长张荣芳教授、副市长姚蓉宾先后到工地参观视察。是日，在石构水池南壁石板面上发现"蕃"等石刻文字多处。

8月24日

《广州日报》发表《我市考古重大发现，赵佗宫署渐露真容》的报道。

8月25日

广东省和广州市考古、建筑、史学及有关部门60多位领导、专家在综合楼工地视察南越国宫署部分遗迹和研究保护问题。

8月27日

《南方日报》发表《广州南越王宫署遗址又有重大发现——这个'蕃'字了得》的报道。

《羊城晚报》发表《广州南越王宫署遗址又有重大发现——一个'蕃'字疑团尽释价值连城》的报道。

8月30日

广州市文化局向国家文物局上报《关于广州市忠佑大街建筑工地考古发掘问题的请示报告》（穗文物[1995]第26号）。

《广州日报》发表《秦时明月汉时宫，多少故事泥土中——考古建筑专家呼吁保护赵佗宫署遗址》（署名言必烈）的报道及评论文章《地上建筑有价，地下文物无价》。

9月1日~4日

广州市文化局副局长陈玉环等5人到北京，向国家文物局和有关专家汇报忠佑大街综合楼工地发现南越国宫署部分遗址的情况。

9月4日

国家文物局发函广东省文化厅，指示：已揭露出来的南越国宫署遗址必须原状原地保护好，不得破坏；工地的基础工程必须立即暂时全面停工并扩大试掘范围；广州市文物部门要做好下一步的发掘方案和保护方案。文件还抄致广东省、广州市人民政府和广州市文化局。

9月5日

广州市文化局向市政府报上《关于南越国宫署遗址保护问题的紧急请示》。市长黎子流批示：同意报告，所提请治国、纪萱、蓉宾同志召集有关部门现场鉴定，并开会决定采取措施，确保重大文物的保护及大楼基建工程计划的紧急修改，处理好两者的关系，要注意保护应放在第一位。

9月8日

国务委员李铁映同志在西安召开的全国文物工作会议上，得知广州南越国宫署遗址重大发现，给广东省省长朱森林和广州市市长黎子流写了信电，请他们关注南越国宫署考古发掘之事。

9月9日

广州市副市长姚蓉宾、刘锦湘召集市文化局、市文物管理办公室、市长途电话局、市名城办公室等有关单位开会，决定原地原状保护南越国宫署遗址，要求迅速修改大楼设计和施工方案。

9月12日

国家文物局副局长张柏同志率领专家组谢辰生、俞伟超、王丹华、孟宪民等5人到工地考察南越国宫苑遗址。

晚上，专家组5人与广州市领导戴治国、姚蓉宾副市长、规划局何邦臣副局长、电信局李局长等举行座谈。专家组的同志指出，发现的遗址为南越国宫署遗址一部分，意义重大，要进行外围的钻探勘查和做好保护。

9月13日

香港《文汇报》发表《穗掘南越国宫署——羊城建于二千年前》的报道。

9月18日

广州市文化局召开关于安排在工地继续发掘和钻探的工作会议、决定由广东工学院土木工程技术开发有限公司承担钻探任务，并将方案上报市政府。

9月20日

国家文物局专家组就赴穗参与处理南越国宫署遗址保护与建设关系的情况向国务委员李铁映呈交报告,报告中高度评价了南越国宫署遗址的发现,指出这类石构建筑在国内尚属仅见,比北方的土台遗址更具观赏性,这样重要的遗迹,在国外的大都市中可能也只见于意大利的罗马。

9月22日

中共广州市委书记高祀仁对发现南越国宫署遗址情况报告作了批示:"这处遗址是广东秦汉考古的重大发现,也是我市建城的历史物证,意义重大,须予保护。按铁映同志和森林、子流同志的批示,尊重专家的意见和建议,按'两利'的原则,由文化局提出方案,报市政府研究确定。"

9月23日

广州市市长黎子流视察了南越国宫署遗址发掘现场后,作了三点指示:1. 要想办法尽快弄清楚遗址的范围和性质;2. 要根据钻探了解的情况,确定下一步保护方案,把保护重大文物放在第一位;3. 要处理好文物和基建的关系,求得一个两全其美的办法。我已批准财政局划拨专项发掘经费。如有重大发现,在建的大楼要易地建设。

9月26日

广州市人民政府发出《关于做好南越国宫署遗址保护、勘探和发掘工作的通知》(穗府函[1995]126号)。

9月29日

广东省副省长李兰芳受省长朱森林的委托,到南越国宫署遗址现场实地考察后,指出:1. 工地目前这样处理是对的,如特别重要,就不能在此搞建设项目;2. 建设保护两全其美是不可能的,最后,总是文物保护方面受损。要作长远考虑的准备,这里不要建,其周边工地也可考虑不建;3. 文物工作者要如实地、正确地、不受任何方面影响作出科学的结论。

10月28日

在上述已发掘探方的西边又开3个不规则的探方进行发掘,探方编号为T5、T6、T7。

11月13日

遗址钻探工程于本日结束,钻探实际工作日共27天,钻孔164个,总进尺1309.40米。钻探结果,初步确定石构水池的面积约3600平方米。

11月18日

在已发掘的石构水池的南面和东南面又开5个不规则的探方,编号为T8、T9、T10、T11、T12。12个探方共计布方面积693平方米。

1996年

2月11日

《中国文物报》头版刊载《广州发现西汉南越国宫署遗址》的专题报道。

2月18日

《中国文物报》头版头条刊登报道南越国宫署遗址被评选为1995年全国十大考古新发现之一。

5月24日

广州市政府秘书长陈纪萱召集市文化局和信德文化广场外商投资代表等有关部门,协调解决信德文化广场主楼建设与考古发掘问题,决定主楼工地在8月开始考古发掘,要求外资一方和文化局共同负担考古经费,做到建设与文物保护两利。

6月3日

广州市文化局邀请建筑与规划专家,讨论南越国宫署遗址的保护与长途电话局综合楼易地建设问题。

9月17日

原广州市文化局大院内建筑物已拆平,6000余平方米建设用地亦进行了平整。文化广场主楼兴建之前先要进行考古发掘,发掘办公室讨论主楼地段的发掘方案,确定要在考古发掘范围四周构筑可防塌方、防渗水的喷粉支护桩,并列入发掘方案上报。

1997 年

1月14日

广州市规划局开会研究南越国宫署遗址的保护问题,初步意见:计划建在石构水池上的综合楼停建,其他建筑物逐步迁出,这个方案要上报市政府。

2月14日

信德文化广场筹建处把主楼建设场地移交给发掘办公室进行考古发掘。

3月11日

由广东省地质工程公司负责构筑喷粉支护桩的工程开始在考古发掘场地周边施工。

3月24日

广东工业大学土木工程学院技术开发有限公司为喷粉支护桩的质量监理单位,今天签订合同。

5月14日

发掘工地喷粉支护桩工程完成。

6月5日

开始筑砌运泥车的洗车槽和在喷粉支护桩东部的顶部铺水泥,以作家属宿舍的出入通道,同时又保护支护桩。

6月23日

在已筑喷粉支护桩范围内的3600平方米发掘场地用机械挖掘负2米扰乱土的工程动工。

7月12日

喷粉支护桩和机械挖掘2米表土、铺砌通道等工程今天验收。

7月14日

参加发掘的全体工作人员集中,并在发掘地段测量布方。

7月15日

中山四路316号工地考古发掘工程正式开始。发掘工期8个月。

9月20日

中山大学人类学系考古专业94级师生16人今天开始参加遗址的发掘。13个探方即T17~T24,T40~T44,安排给学生负责发掘。

10月11日

国家文物局专家组黄景略、谢辰生、傅连兴、万岗、沈庆林和国家文物局郑广荣、刘顺利等

7人到发掘工地了解发掘工作进展情况。

11月2日

中山大学师生负责13个探方的发掘工作基本结束,清点文物和编写总结工作利用课余时间完成。

11月7日

南越宫苑遗址的曲流石渠遗迹大部分已露出,第7、8、12、15、19、21、22等探方的石渠遗迹已全露,第25、29探方的遗迹正在清理中。

11月20日

广州市文化局陈玉环副局长召开会议,传达了林树森市长对南越宫苑遗址的意见:实事求是,认真发掘,听国家文物局的指示。

广州市副市长戴治国及秘书长陈纪萱等到发掘现场了解发掘工作进展情况。

12月16日

广州市规划局副局长施红平等6人到遗址现场参观,他们认为这个遗址很好、很重要,应该把这一片范围控制保护起来。

12月17日

广州市规划勘测设计院院长李苹苹等4人到遗址参观后认为:这一范围应该控制起来,要做好保护和利用的规划。

12月18日

上午,国家文物局局长张文彬到遗址视察,听取了发掘情况的汇报。

中午,广州市副市长戴治国、姚蓉宾会见张局长。张局长指出,这时期的王侯遗址,其他地方都没有,洛阳是十二朝古都,也没有这样的遗址。他反复强调一定要保护好遗址。并希望:第一、到2001年要搞出一个眉目来;第二、考古现场有些地方需要复原,但真的、复原的要清楚地区分出来;第三、整理要加速,下一步如何保护的工作要规划好;第四、如果南越国宫殿在儿童公园范围内揭露出来,就有条件申报世界文化遗产。

12月23日

广东省文化厅薛连山副厅长邀请广东省、广州市部分文物、考古、建筑和历史等方面专家,在遗址发掘现场召开关于南越国宫署遗址论证会。广东省文化厅、广州市政府、市规划局、市文化局等有关领导也出席了会议。

12月29日

全国政协副主席叶选平、原广州市市长杨资元到遗址参观。叶选平指示一定要把遗址保护好。他说:我代表广东人民感谢你们。

12月30日

广州市人大、市政协、市人民政府及有关部门领导等20多人到遗址现场视察。

1998年

1月9日~10日

接国家文物局通知,广州南越国宫署遗址论证会的专家组由国家文物局副局长张柏率领,成

员有徐苹芳、黄景略、宿白、郑孝燮、傅熹年、罗哲文、张忠培、李伯谦、傅连兴、刘庆柱、李
准、王丹华、辛占山等13位考古、文物保护、古建筑、规划等方面的专家，以及国家文物局文物
保护司司长杨志军、文物保护司考古管理处关强、博物馆司纪念馆处刘顺利等同志。

9日上午，专家组全体到宫署遗址发掘现场考察，听取工作汇报，然后考察已清理出来的遗
迹及周边环境。

下午，专家组在沙面胜利宾馆召开论证会的预备会议。

10日上午，专家组在广州市政府礼堂召开论证会，由组长徐苹芳主持。到会的还有副市长戴
治国、姚蓉宾、市政府秘书长陈纪萱、市委宣传部副部长杨苗青、广东省文化厅厅长阎宪奇以及
各有关部门的领导。专家组高度评价此遗址的重要价值，要求切实做好保护工作。张柏副局长在
会上作了讲话。

1月15日

连续两天大雨，遗址一些灰坑和水井崩塌，经研究，决定用河沙先将已清理完的遗迹回填，
以保安全。

1月21日

根据广州市文化局意见，有关人员草拟了关于遗址的保护方案，送市文化局，准备上报市
政府。

2月3日

原国家文物局局长张德勤到遗址发掘现场视察，他认为：西汉时期像这样的诸侯王宫苑，其
他地方早没有了，一定要保护好这个遗址。

2月11日

广州市文物管理委员会在南越宫苑遗址发掘现场召开全体委员会议。副市长、文管会主任戴
治国，文管会副主任姚蓉宾等38位委员出席，会议审议了《南越国宫署宫苑保护方案》，并形成
会议纪要文件，上报市政府。

2月18日

《中国文物报》头版头条刊载广州南越国御苑遗迹被评为1997年全国十大考古新发现之一。

2月20日

林树森市长到宫苑遗址视察，对遗址的保护作了指示：1. 4.8万平方米的文物保护区问题，
要先控制起来，文化局与规划局商定之后，书面报告市政府；2. 下一步对宫署宫殿遗址的发掘问
题可先在儿童公园作试掘，计划可从小做到大。3. 对已露出的宫苑遗迹采取紧急保护措施，所需
经费报告市政府专项批拨。

3月12日

委托广州市规划设计院测量大队测量4. 8万平方米保护区的1：200平面图，测定宫苑遗迹
中22个点水平高度。

3月13日

开始拍摄遗址的航拍照片，测量大队开始测量。

4月4日

广州市人民政府在遗址现场召开南越国宫署宫苑遗址发掘新闻发布会，广州市副市长戴治国、
姚蓉宾等出席了会议，姚蓉宾主持会议，戴治国讲话。

4月9日

《中国文化报》（广东专刊）刊载《广州南越国御花园遗址发掘记》，这是一篇近万字的图文并茂专题报道。

4月13日

广州市文化局陈玉环副局长等5人到北京向国家文物局汇报前段宫苑遗址的保护工作，请示有关下一步工作的指示。张柏副局长指出：遗址保护的目标要朝着申报世界文化遗产努力，希望这处遗址做到全面展示并成为城市考古、有效保护和合理利用、爱国主义教育的基地；目前要抓紧整理发掘资料，把现阶段的重要发掘成果展示出来，对中外人士开放参观，以增强群众保护文物的意识。

4月23日

广州市规划设计院完成了文物保护区4.8万平方米测绘图。

5月29日

广州市机构编制委员会以穗编字[1998]109号文批复，同意成立南越王宫博物馆筹建处，为市文化局下属的处级事业单位，暂配编制20名。

6月15日

北京的罗哲文、傅熹年、傅连兴等几位建筑专家再次到遗址察看，了解近期保护工作的进展情况。

6月16日

搭建南越宫苑曲流石渠遗址4000平方米的钢架锌铁皮保护棚工程竣工。

6月30日

广州市文化局以穗文化[1998]132号发文：《关于成立南越王宫博物馆筹建处的通知》。

7月18日

在宫苑曲流石渠遗址现场搭建参观木栈道，全长260米。

7月24日

在曲流石渠遗迹石板平桥北侧，清理出一片倒塌的碎瓦，有火烧过的痕迹。

7月28日

广州市人民政府发出《关于保护南越国宫署遗址的通告》（穗府[1998]62号），初步确定4.8万平方米为文物保护区（后经过精确测绘，面积为5.2万平方米）。

8月7日

中国文物研究所副所长、高级工程师黄克忠和高级工程师蔡润到遗址现场考察，研究曲流石渠的石材保护问题，并对石材的强度作了测试。

8月13日

广州市委书记黄华华在越秀区区委书记向东生、区长沈继承陪同下，到遗址发掘现场视察。

8月28日

《1997年南越国宫署遗址发掘成果汇报》分别上报市文化局、广东省文化厅和国家文物局。

9月15日

南越王宫博物馆筹建处正式组建，第一批工作人员9人前来报到。

10月8日

全国政协副主席钱伟长率全国政协赴广东打击文物盗窃走私问题联合调查组一行20多人参观宫苑遗址。

10月22日

广州市副市长李卓彬、陈传誉到遗址视察。

10月24日

希腊博物馆代表团4人参观宫苑遗址。

11月8日

中共中央政治局委员、广东省委书记李长春参观南越宫苑遗址。

12月21日

前文化部代部长周巍峙、前文化部部长王蒙以及文化艺术界知名人士孙道临等20多人参观南越宫苑遗址。

1999 年

9月28日

《南越国宫署遗址考古发掘成果展》和南越宫苑曲流石渠遗迹现场同时对外开放,让市民参观。

2004 年

3月15日

南越宫苑遗址1995年、1997年发掘资料的系统整理工作正式开始,整理工作由南越王宫博物馆筹建处具体负责组织和实施,参加整理的人员有李灶新、陈伟汉、陈根山、周平占、李晓宇、田凤群、邓来善等。

4月19日

针对整理过程中存在的问题和困难,邀请考古专家麦英豪等开会研究解决,明确整理的思路和方法。

8月6日

广东省副省长雷于蓝、广州市副市长李卓彬等省市领导到南越国宫署遗址视察,要求加快宫苑遗址发掘资料的整理,为申报世界文化遗产提供更多的研究资料。

11月26日

与中国社会科学院考古研究所考古科技实验研究中心签订合作协议,对南越宫苑遗址出土的实验样品开展年代学、动物考古学、植物考古学和木材鉴定等方面研究。

12月21日

与中国科学院上海硅酸盐研究所签订合作协议,对南越宫苑遗址出土的陶制建筑材料和陶瓷器进行检测和研究。

2005 年

5月27日

与中山大学地球科学系签订合作协议，对南越宫苑曲流石渠火山岩砾石特征和来源地进行研究。

2006年

4月20、21日

邀请文物考古专家麦英豪、黎金，广州市文物考古研究所副所长全洪，中国社会科学院考古研究所刘瑞、杨勇等对《南越宫苑遗址》发掘报告初稿的体例、结构和内容进行讨论，并提出修改意见。

2007年

1月7日

邀请文物考古专家麦英豪、黎金，广州市文物考古研究所副所长全洪，南越王宫博物馆筹建处主任韩维龙等对《南越宫苑遗址》发掘报告第二稿进行审议。对报告的封面、标题和分册等提出具体意见。

1月25日

《南越宫苑遗址》（发掘报告征求意见稿）印刷成册，全书共五册。书稿寄送给有关领导和专家、学者，以广泛征求各方面的意见。

8月1日~2日

在从化温泉举行《南越宫苑遗址》审稿会议，中国社会科学院考古研究所刘庆柱、黄展岳研究员，北京大学考古文博学院高崇文教授，中山大学历史学系张荣芳教授，广东省文物考古研究所邓宏文研究员，广州博物馆麦英豪研究员，广州市文物考古研究所黎金副研究员，文物出版社蔡敏编审等专家对报告的书名、体例、内容编排、存在问题等都提出许多好的建议。广州市文化局陈玉环副局长出席会议并致词，会议由南越王宫博物馆筹建处主任韩维龙和广州市文物考古研究所所长冯永驱主持。中国社会科学院考古研究所刘瑞、杨勇和南越王宫博物馆筹建处副主任陈伟汉、刘燕凌、麦穗丰、李灶新也参加了会议。

2008年

1月8日

根据《中华人民共和国政府采购法》及相关法律规定，南越王宫博物馆筹建处委托广州市政府采购中心代理《南越宫苑遗址》编辑及印刷出版项目的政府采购。

1月9日

广州市政府采购中心网上公开招标《南越宫苑遗址》编辑及印刷出版项目。

1月31日

"《南越宫苑遗址》编辑及印刷出版"项目因只有一家供应商（文物出版社）参加投标，项目采购失败。

2月1日

广州市政府采购中心同意"《南越宫苑遗址》编辑及印刷出版"项目在唯一供应商（文物出版社）中进行单一来源采购的申请。

2月4日

与文物出版社签订《南越宫苑遗址》图书出版合同。

后　记

　　1995年和1997年，在广州市老城区中心发现南越宫苑的蕃池和曲流石渠遗迹，分别被评为当年的全国十大考古新发现，蕃池原址暂作回填保护，曲流石渠原址建保护棚展示。1998年，广州市机构编制委员会批准成立了南越王宫博物馆筹建处，负责对南越国宫署遗址的发掘、保护、研究和展示利用工作。在国家文物局、广州市委、市政府、广东省文化厅文物局的关心支持下，在广州市文化局的组织领导下，我们和广州市文物考古研究所共同合作，从1999年开始对发掘资料进行整理。自2005年起，《南越宫苑遗址》发掘报告的编写工作更列入我单位的每年年度工作目标中，从资料整理到报告的编写，在人力、物力、财力等方面均以优先考虑。十年磨一剑，今天发掘报告专刊终于脱稿付印出版。

　　《南越宫苑遗址》是一项集体劳动的成果，更凝聚了参与、关心、支持南越国宫署遗址发掘和保护工作各方人士的心血。本报告的编写得到广东省文物局苏桂芬局长、广州市文化局徐咏虹书记、陶诚局长、陈玉环巡视员的关心和支持。麦英豪先生更是呕心沥血，自始至终指导编写工作。中国社会科学院考古研究所刘庆柱、黄展岳研究员和刘瑞副研究员、北京大学考古文博学院高崇文教授、中山大学历史学系张荣芳教授、中山大学人类学系郑君雷教授、广东省文物考古研究所邓宏文研究员、广州市文物考古研究所黎金副研究员和全洪研究员、文物出版社编审蔡敏等专家、学者为本报告的编写提出宝贵的意见和建议。中国科学院上海硅酸盐研究所古陶瓷研究中心，中国社会科学院考古研究所科技实验研究中心，中山大学地球科学系等单位的有关科研人员还为本书撰写了专题研究论文。原发掘办公室主任黎显衡先生，我单位历任领导陈茹、冯永驱、郭德焱，以及何民本、胡建、温敬伟、章昀、刘燕凌、寇利蓉、麦穗丰、陈立人、黄敏等同志也为本报告编写提供了帮助。借本书出版之际，谨向所有参与、帮助、关心和支持南越宫苑遗址发掘、资料整理和报告编写的领导、专家、学者和全体同仁表示诚挚的感谢！

　　本报告的编写由麦英豪先生统筹，由李灶新、陈伟汉、冯永驱分别执笔，最后由李灶新统稿。具体分工执笔如下：

　　上编第一章由李灶新执笔；

　　上编第二章由陈伟汉、李灶新执笔；

　　上编第三章由李灶新、冯永驱执笔；

　　上编第四章由李灶新执笔；

　　上编第五章第一节由中国社会科学院考古研究所考古科技中心碳十四实验室完成,第二节由王树芝、王增林执笔,第三节由赵志军执笔,第四节由杨杰、袁靖、杨梦菲执笔,第五节由吴隽、王海圣、邓泽群、李家治执笔,第六节由曹建劲执笔,第七节由曹建劲、邸文执笔;

　　上编第六章由李灶新执笔;

　　下编附录一由李灶新、陈伟汉、冯永驱执笔;

　　下编附录二由李灶新执笔;

　　南越宫苑遗址考古发掘和资料整理纪事由黎显衡、陈茹、李灶新执笔。

　　本专刊是南越国宫署遗址第一本考古发掘报告,为确定南越国都城和宫城的位置提供了科学的依据,为研究岭南早期开发史、南越国史、中国古代园林史、广州城建史等提供了重要的第一手研究资料。限于我们的学识水平,报告中错漏之处在所难免,祈请专家、学者批评指正。

南越王宫博物馆筹建处主任　韩维龙

2008 年 6 月 26 日

The Archaeological Site of the Garden of Nanyue Kingdom

(Abstract)

The Archaeological Site of the Palace Complex of the Nanyue Kingdom is composed of two parts: the Place and the Royal Garden. The excavation conducted during 1995–1997 in the old city district of Guangzhou reveals the site of the Royal Garden, a stone–structured water–reserving pond with an area of 4,000 square meters and a zigzag stone trench of 180 meters in length have been revealed, forming a man–made gardening water landscape. The water pond in a shape of ladler was excavated in the south–west corner of 400 square meters, bringing to earth a variety of stone architecture units and bricks and tiles. On the stone slate of the water pond, the Chinese characters of "Pan" and "Wan" were seen, in representation of the earliest stone carving of Lingnan region. There are wooden troughs buried under–neath the southern wall of the water pond that connects with the zigzag trench. The trench is tiled with black pebbles at bottom, with deep pool at sudden crook and two trench slopes built separately to gener-ate whirlpool by the water conducted from the water pond for the wavy effect. To the east of the trench, there built a meniscus–shaped deep pond for raising turtles; to the west, there set a flat stone bridge. Along the two sides, the pebble stone path links the corridor in zigzag creating a nature scene of verdancy and small bridge and water in flow.

The discovery and protection of the archaeological site of the Royal Garden proves significant to the study of Chinese ancient gardening, particularly the gardening in the Qin and Han period. The unearth-ing of the archaeological site of the Royal Garden demonstrates for the first time in the history a relatively integrate gardening entity of the Qin and Han Dynasty. The basic elements of the town with rivers and lakes can be glimpsed through the relics and artifacts of the square pond, meniscus shaped pond, zigzag trench, level bridge, pedestrian pebbles, remains of turtles, and leafs and kernels of sour dates. The references in kind shall serve a valuable asset for the study of the gardening concept, gardening design, gardening technology and art.

The excavation reveals cultural relics in the archaeological site of the Nanyue Kingdom that covers over 2,000 years of different historical periods in continuation, which include the dynasties of Qin, Han, Jin, the Southern Dynasties, Sui, Tang, the Nanhan of the Five Dynasties, Song, Yuan, Ming, Qing and the Republic of China. It is an unscripted book of history recording page by page the development of Guangzhou over 2,000 years. Each layer of the cultural sites and each piece of the unearthed relics are true witness of the historical development of the city of Guangzhou. The archaeological sites in tremendous scale discovered both in the layers of Nanyue Kingdom and Nanhan Kingdom indicate the site region served as palace for both Nanyue Kingdom 2,000 years ago as for Nanhan Kingdom 1,000 years ago. The difference of one thousand years overlapping over one palace foregrounds the significant value for scientific research.

The literature records that the archaeological site serve not only as palace for Nanyue and the Southern Han (A.D.917−971), but also as the Nanhai Junzhi during the Dynasties of Qin and Han (B.C221−220), Cishi shu of Guangzhou Prefecture of the Sui Dynasty (A.D.581−618),Daoshu of Lingnan Region of the Tang Dynasty (A.D.618−907), Shisi of Jinglue Anfu of the Song Dynasty (960−1279), Shisi of General of Xuanwei Governor of Guangdong during the Yuan Dynasty (1271−1368), and Shisi shu of Buzheng Government for the Cheng Xuan of Guangdong of the Ming and Qing Dynasties (1368−1911). During the course of Guangzhou's development which is more than 2000 years, the city has always been the center of politics, economy and culture in Lingnan region. Form being the capital of the Nanyue Kingdom, the metropolis in Lingnan region in Han Dynasty, to the biggest city in southern China today, Guangzhou has kept its role as a center in the southern area of China. The rare situation of Guangzhou in the development history of Chinese cities reveals the advanced ideas of choosing and planning the capital city of the Nanyue Kingdom. It is of great value for studying the history of Chinese ancient cities, the history of Chinese ancient architecture, and of realistic significance for the modern cities to maintain a sustainable development.

1. 97T43 内秦代造船遗址木料加工场地的木片、木屑和炭屑堆积（由南向北）

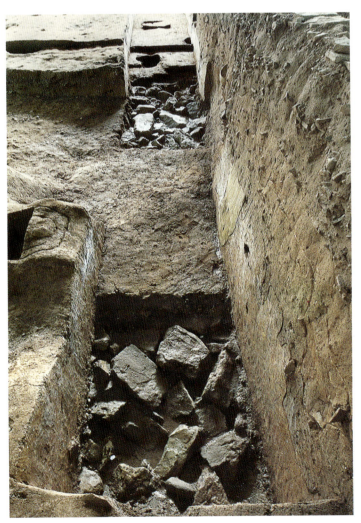

2. 97T26 内 TG2 的细沙和石块堆积（由南向北）

3. 97T23 内 TG4 的沙石堆积（由东向西）

彩版一 秦代遗迹

1. 青釉砖（97T23⑨a：9）

4. 陶屋模型（97H168：7）

2. A型Ⅱ式陶瓮（97T15⑨a：42）

3. A型陶壶（95T4⑤b：13）

5. 铜骑士俑（97T34⑧b：7）

彩版二　汉代第二、第三期器物

1. B 型云纹瓦当（97T15⑧a：18）

2. Bb 型 "万岁" 文字瓦当（97T25⑧a：3）

3. Ab 型陶带把杯（95T4⑤a：3）

4. C 型 II 式陶盉（97T23⑧a：6）

5. 木俑（95T1⑤a：10）

彩版三　汉代第四期器物

1. Bb 型酱釉四耳罐（97H166：6）

2. 青釉唾壶（97T29⑦：1）

3. Ⅱ式点褐彩青釉碗（95T3④：18）

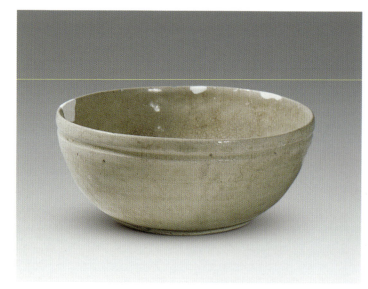

4. Ⅱ式青釉碗（95T3④：2）

5. 玻璃瓶残件（97T26⑦：4）

6. 铁戟（95T5④：2）

彩版四　两晋、南朝第一期器物

1. Ab 型 I 式酱釉四耳罐（97H67：1）

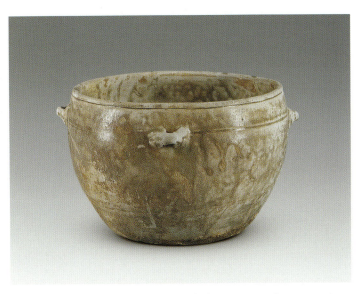

2. Cb 型青釉四耳罐（97H17：5）

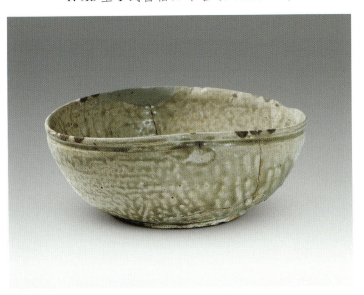

3. II 式点褐彩青釉碗（97H188：2）

4. C 型点褐彩青釉器盖（97T41⑥b：14）

5. 青釉猫头鹰形器（97T23⑥b：2）

6. 金牙壳（97T35⑥b：3）

彩版五　两晋、南朝第二期器物

1. A 型 II 式酱釉釜（97H8：17）

2. III 式酱釉碗（97H30：15）

3. C 型 II 式青釉钵（97H21：4）

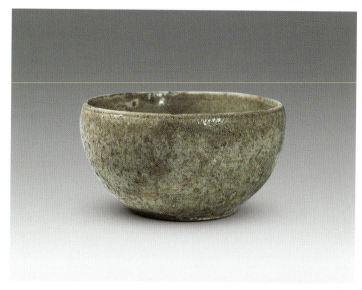

4. III 式青釉碗（97H13：12）

5. V 式青釉碗（97H30：11）

6. 青釉四足砚（97F1：27）

彩版六　两晋、南朝第三、第四期器物

1. 莲花纹长方砖
（97T45⑤b：2）

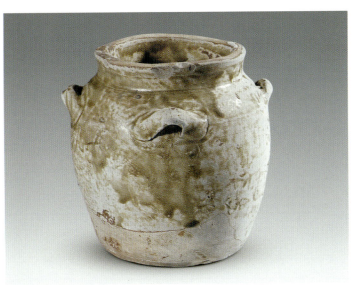

2. I 式青釉四耳罐（97H108：1）

3. 蓝釉器残片（左 97T33⑤b：19，右 97T33⑤b：16）

4. 玻璃杯（97T26⑤b：1）

5. 玻璃器残片（左 97T33⑤b：5，右 97T33⑤b：4）

彩版七　唐、南汉第一期器物

1. 97F4-SD21 剖面（由东向西）

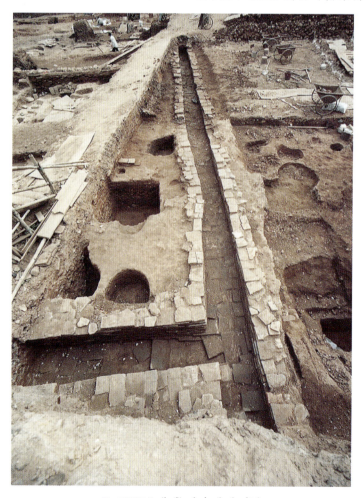

2. 97G10 北段（由北向南）

3. 97GC（由东向西）

彩版八　唐、南汉第三期遗迹

1. 青釉印花砖（97F4：11）

4. 青釉板瓦（97T13GC①：3）

2. 黄釉印花砖（97T13GC①：37）

5. 绿釉板瓦（97T13GC①：29）

3. 绿釉砖（97T1GC①：3）

6. 黄釉板瓦（97T5GC①：11）

彩版九　唐、南汉第三期砖和板瓦

1. 青釉筒瓦（97T13GC①：30）

2. Ff型Ⅱ式绿釉莲花纹瓦当（97T13GC①：21）

3. Db型Ⅱ式青釉碗（97T1GC①：6）

4. 刻莲瓣纹黄釉器（97T5GC①：9）

5. 蓝釉罐口沿残片（97T13GC①：50）

6. 97GC第②层出土的玻璃片

彩版一〇　唐、南汉第三期器物

1. 97F6-SD7 剖面（由北向南）

2. 97F9 北包边墙西段（由东北向西南）

3. 97T45-SD4 底部石础（由南向北）

彩版一一一　宋代第一期遗迹

1. 绿釉兽面砖（左 97H26：1，
   右 97H26：2）

2. A 型缠枝牡丹纹青白瓷盘
   （97T5 ④ d：14）

3. A 型缠枝牡丹纹青白瓷盘俯视
   （97T5 ④ d：14）

彩版一二　宋代第一期绿釉兽面砖和青白瓷盘

1. Aa型Ⅰ式青釉四耳罐（97T13④b：1）

2. 陶俑头像（97T5④b：22）

彩版一三　宋代第二期青釉四耳罐和陶俑头像

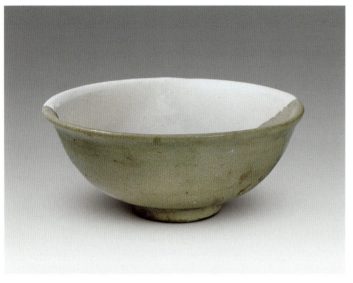

1. C型青釉碗（97H33：12）

2. A型青釉高足碗（97H1：10）

3. 青釉香炉（97H180：4）

4. Ca型卵白釉碗（97H33：1）

5. Ab型卵白釉高足碗（97H33：4）

6. 卵白釉碟（97H33：10）

彩版一四　元代青釉器和卵白釉瓷器

1. 卵白釉香炉（97H1：15）

2. A型酱黑釉罐（97H180：1）

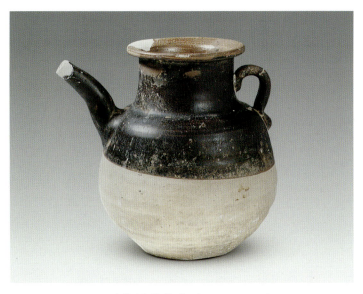
3. A型酱黑釉执壶（97H1：14）

4. 黄釉瓶（97H33：13）

5. 黄釉盘（97H1：16）

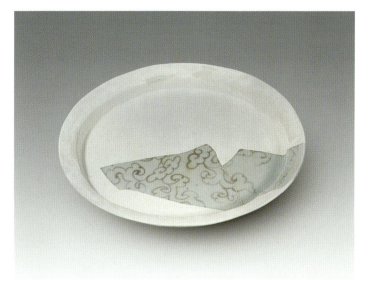
6. 釉里红釉盘（97H1：11）

1. 青釉高足碗内（97H40①∶3）

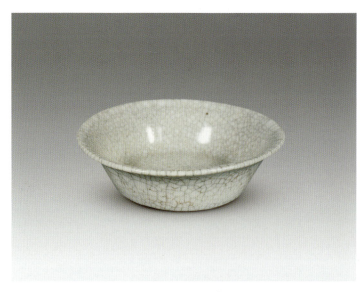

2. 白瓷碟（97T4②∶64）

3. 酱黑釉盅（97T4②∶54）

4. A型Ⅲ式青花蟠螭龙纹碗（97T4②∶66）

5. D型青花山水纹碗（97T4②∶88）

6. Ⅱ式青花山水人物纹盘（97T3②∶9）

1. C 型 II 式青花垂钓图案纹碟（97T3②：10）

2. 青花荷塘禽鸟图案（97T4②：161）

3. A 型 II 式青花山水人物图案纹酒盅（97T4②：41）

4. A 型 II 式青花山水人物图案纹酒盅（97T4②：41）

5. 酒盅足底"成化年制"款（97T4②：41）

6. 红釉白梅纹青花杯（97T4②：71）

彩版一七　明代青花瓷器和红釉青花瓷器

1. A型 I 式缠枝菊花纹碗（97H11：4）

2. A型 I 式缠枝菊花纹碗内底（97H11：4）

3. A型山水人物纹盘（97H3：6）

4. B型 II 式云龙纹盘（97H3：3）

5. A型蓝地白花如意纹碟（97H11：3）

6. 外红釉里青花如意纹碗（97H11：5）

彩版一八　清代青花瓷碗、盘和碟

1. 第三期水井 97J39（由西向东）

2. 第四期水井 97J63（由北向南，井旁
摆放器物为井内第④层出土）

3. 第四期水井 97J85（由东向西）

彩版一九　汉代水井

1. A 型 II 式陶罐（97J85：17）

2. A 型 II 式陶双耳罐（97J63④：118）

4. 骨簪（97J63⑤：105）

3. A 型陶六耳罐（97J63④：40）

彩版二〇　汉代第四期水井出土的器物

1. 第一期水井95J20井壁竹篾圈印痕
（由北向南）

2. 第二期水井95J17第④层出土的
酱釉器和青釉器（由南向北）

3. 第四期水井97J70（由东南向西北）

彩版二一　两晋、南朝水井

1. Aa型Ⅰ式酱釉四耳罐（95J16③：4）

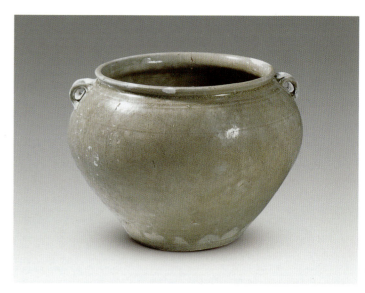

2. Ca型Ⅰ式青釉四耳罐（95J17④：8）

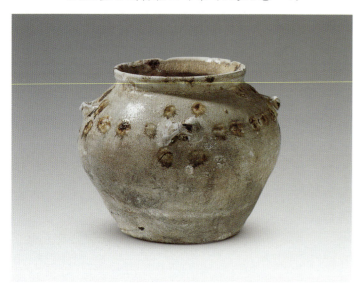

3. D型Ⅱ式点褐彩青釉四耳罐（97J33：3）

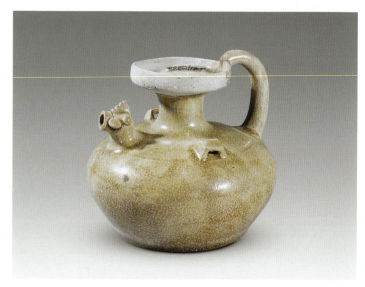

4. Ⅱ式青釉鸡首壶（97J84①：6）

5. Ac型酱釉四耳罐（97J36：1）

6. A型Ⅲ式青釉四耳罐（97J77：2）

彩版二二　两晋、南朝水井出土的酱釉四耳罐和青釉四耳罐、鸡首壶

1. "天祐三年元月造"铭款青釉器盖（97J71：1）

2. "天祐三年元月造"铭款青釉器盖（97J71：1）

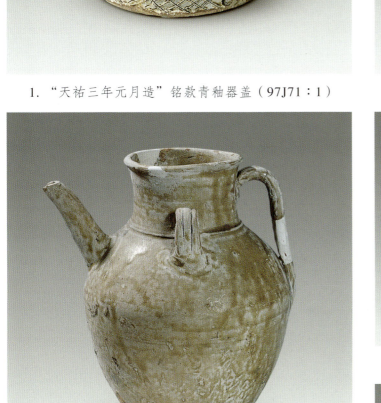

3. A型青釉执壶（97J48：7）

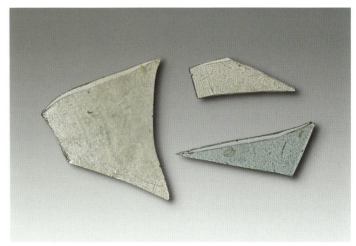

4. 玻璃片（左97J57：7，右下97J57：10）

5. 蓝釉陶片（97J57：6）

彩版二三　唐、南汉第二期水井出土的器物

1. A型Ⅱ式青花花鸟纹碗（97J15①：13）

4. 青釉仙人兰草纹壶（97J9：1）

2. A型Ⅴ式青花山水人物纹碗（95J2：5）

5. A型青花缠枝花卉纹杯（97J4①：4）

3. C型Ⅰ式青花蹴鞠纹碗（95J3：2）

6. 豆青青花"大清嘉庆年制"款盘（97J4②：23）

彩版二四　明、清水井出土的器物

1. 木料加工场地局部（由南向北）

3. 秦代木结构遗迹局部（由东向西）

2. 考古人员在清理秦代木结构遗迹（由南向北）

图版一　秦代造船遗址木料加工场地

1. 97T17 探方内的木料
（由西南向东北）

2. 97T17 探方内的木料（由东向西）

3. 97T45 探方内的木料（由南向北）

图版二　秦代造船遗址木料堆放场地

1. 第①层底部垫木（由北向南）

2. 第②层底部垫木（由北向南）

3. 第③层底部垫木（由北向南）

图版三　97H61垫木层

1. 第④层底部垫木（由东向西）

2. 第⑤层底部垫木（由西北向东南）

3. 第⑥层底部垫木（由西向东）

图版四　97H61垫木层

1. TG1 露出的细沙层（由东向西）

2. TG2 南部的石块堆积（由西向东）

3. TG4 的细沙和石块堆积局部（由东南向西北）

图版五　秦代其他遗迹

1. 97F16-ZD3（由西向东）

2. 97G8（由西向东）

3. 97G8 渠壁铺砖（由北向南）

图版六　汉代第一期遗迹

1. Ⅱ式板瓦表面（97T43⑨b：1）

2. Ⅱ式板瓦表面（97H110：1）

3. Ⅲ式板瓦里面（97T43⑨b：3）

4. 筒瓦的切割痕（97T18⑨b：12）

5. Ⅰ式筒瓦表面（97T15⑨b：45）

6. Ⅱ式筒瓦表面（97T18⑨b：12）

图版七　汉代第一期板瓦和筒瓦

1. "官"（97T44⑨b：6）

2. "官"（97T6⑨b：12）

3. "官"（97T15⑨b：32）

4. "官"（97H161①：1）

5. "□"（97T35⑨b：30）

图版八　汉代第一期瓦文

1. Aa 型 I 式 "万岁" 文字瓦当（97T19⑨b：19）

2. Aa 型 II 式 "万岁" 文字瓦当（97T15⑨b：26）

3. Aa 型 III 式 "万岁" 文字瓦当（97T14⑨b：4）

4. "☐岁☐" 文字瓦当（97T26⑨b：4）

图版九　汉代第一期瓦当

1. A 型 I 式瓮（97T6⑨b：8）

2. A 型 I 式罐（97T21⑨b：2）

3. A 型盆（97T35⑨b：40）

4. 提筒（97T23⑨b：8）

6. A 型 I 式灯（97T15⑨b：2）

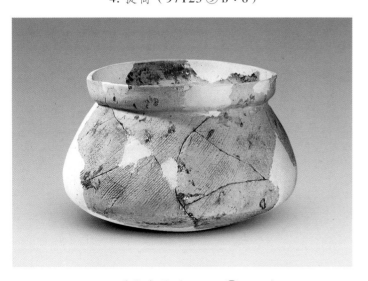

5. A 型 I 式釜（97T11⑨b：6）

7. 插座（97T19⑨b：1）

图版一〇　汉代第一期陶器

1. A 型陶网坠（97T39⑨b：10）

2. B 型陶网坠（97T35⑨b：6）

3. A 型陶纺轮（97T7⑨b：1）

4. Aa 型铁铤铜镞（97T21⑨b：1）

5. "半两" 铜钱（左97T7⑨b：2，右97T29⑨b：3）

8. A 型陶权（97T19⑨b：5）

6. A 型 I 式 "五铢" 铜钱
（97T42⑨b：1）

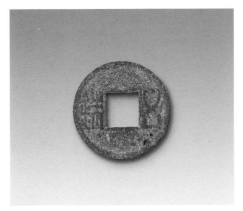

7. B 型 "五铢" 铜钱（97T26⑨b：1）

9. 陶管珠（97T15⑨b：1）

图版一一　汉代第一期器物

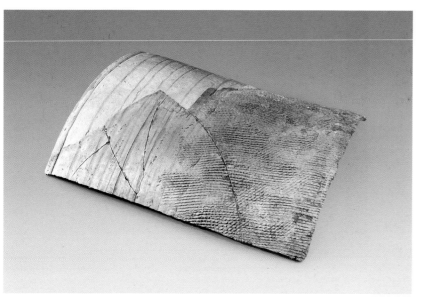

1. Ⅱ式板瓦表面（97T20⑨a：71）

2. Ⅲ式板瓦表面（97T7⑨a：32）

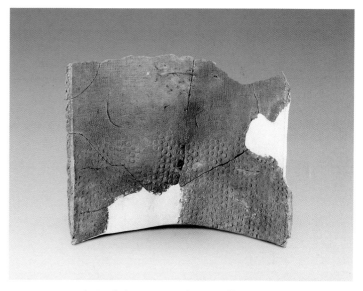

3. Ⅲ式板瓦里面（97T7⑨a：32）

4. Ⅱ式筒瓦表面（97T44⑨a：2）

5. Ⅳ式筒瓦表面（97T7⑨a：31）

图版一二　汉代第二期板瓦和筒瓦

1. "官"字瓦文（97T23⑨a：12）

2. "官"字瓦文（97T20⑨a：80）

3. "官"字瓦文（97T23⑨a：7）

4. "官"字瓦文（97T20⑨a：83）

5. "小府"陶文（97T31⑨a：9）

图版一三　汉代第二期瓦文和陶文

1. 瓦当背面（97T16⑨a：36）

2. Aa 型 Ⅳ 式（97T16⑨a：36）

3. Ab 型（97T19⑨a：14）

图版一四　汉代第二期"万岁"文字瓦当

1. B 型 I 式瓮（97T7⑨a：25）

2. A 型 II 式罐（97T16⑨a：1）

3. D 型盆（97T11⑨a：1）

4. 鼎（97T8⑨a：12）

5. A 型碗（97T3⑨a：2）

图版一五　汉代第二期陶器

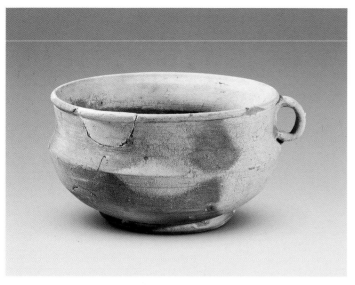

1. A 型陶魁（97T16⑨a：3）

2. A 型 II 式陶灯（97T20⑨a：66）

3. 陶支座（97T16⑨a：4）

4. 陶垫饼（97T19⑨a：4）

5. 铜器盖（97T7⑨a：2）

6. 砺石（97T26⑨a：4）

图版一六　汉代第二期生活器具

1. A 型陶网坠（97T38⑨a：1）

2. B 型陶网坠（97T8⑨a：6）

3. A 型陶纺轮（97T15⑨a：1）

4. B 型陶纺轮（97T8⑨a：4）

5. Aa 型陶蒺藜（97T8⑨a：7）

6. 上：B 型铜镞（97T37⑨a：4）
下：Aa 型铜镞（97G12①：1）

7. 铁矛（97T7⑨a：29）

8. 铜矛（97T34⑨a：1）

图版一七　汉代第二期工具和兵器

1. B 型 "五铢" 铜钱（97T20⑨a：6）

2. 无字铜钱（左 97T20⑨a：1，右 97T38⑨a：4）

3. 陶管珠（97T37⑨a：5）

4. A 型陶权（97T16⑨a：2）

5. Ba 型陶权（97T15⑨a：25）

6. 铜构件（97T3⑨a：1）

7. 铅块（97T15⑨a：20）

图版一八　汉代第二期铜钱和其他器物

1. 绳纹、菱形纹长方砖（97T26⑧b：7）

2. 划写"八百九十"文字长方砖（97T19⑧b：4）

3. 券砖（95T6⑤b：6）

4. Ⅱ式板瓦表面（95H7：1）

5. Ⅱ式筒瓦表面（97H160：1）

6. Ⅱ式筒瓦表面（95T3⑤b：4）

图版一九　汉代第三期砖和瓦

1. Ⅲ式筒瓦表面（95T1⑤b：10）

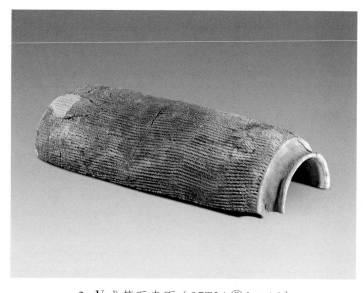

3. Ⅴ式筒瓦表面（97T24⑧b：16）

2. Ⅲ式筒瓦里面（95T1⑤b：10）

4. Aa型Ⅴ式"万岁"文字瓦当（97T34⑧b：8）

5. 兽面纹瓦当（97T20⑧b：37）

图版二〇　汉代第三期筒瓦和瓦当

1. "官"（97H189：4）

2. "官"（97T42⑧b：15）

3. "官"（97G4①：27）

4. "官"（97T34⑧b：11）

5. "□"（97T20⑧b：111）

图版二一　汉代第三期瓦文

1. B型Ⅱ式瓮（97H82：1）

2. C型瓮（97T20⑧b：74）

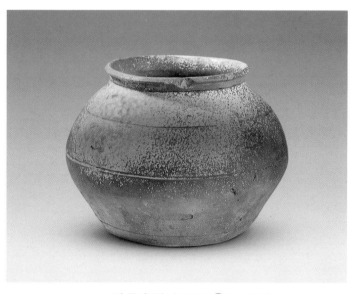

3. A型Ⅱ式罐（95T4⑤b：24）

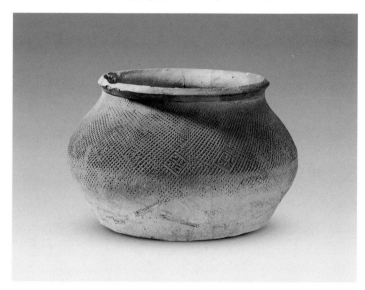

4. A型Ⅲ式罐（97T11⑧b：4）

5. B型Ⅰ式罐（97T20⑧b：75）

6. A型Ⅰ式双耳罐（97T25⑧b：2）

图版二二　汉代第三期陶瓮、罐和双耳罐

1. 瓿（97H184：2）

2. A 型瓶（97T11⑧b：5）

3. A 型盆（97T22⑧b：19）

4. C 型盆（97T24⑧b：15）

5. D 型盆（95T7⑤b：2）

6. E 型盆（97T21⑧b：1）

图版二三　汉代第三期陶瓿、瓶和盆

1. A 型 II 式釜 （95T4 ⑤ b：16）

2. A 型碗 （95T1 ⑤ b：6）

3. C 型 II 式碗 （97T33 ⑧ b：3）

4. A 型魁 （97T30 ⑧ b：5）

5. A 型 II 式盂 （97T35 ⑧ b：10）

6. 支座 （97T16 ⑧ b：7）

图版二四　汉代第三期陶器

1. 砺石（97H189：2）

4. 铁刀（97G4①：1）

2. 左：A 型陶纺轮（97T38⑧b：6）

右：C 型陶纺轮（97T22⑧b：2）

5. 铁镰刀（95T2⑤b：14）

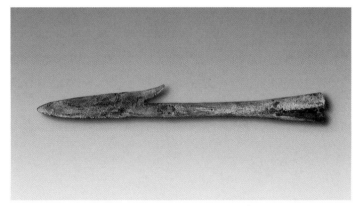

6. 铁鱼镖（95T1⑤b：14）

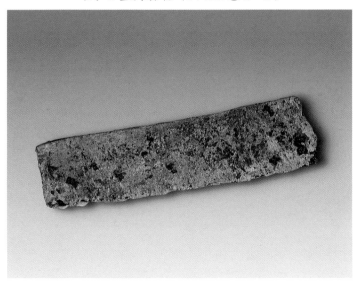

3. 铁刀（95T12⑤b：3）

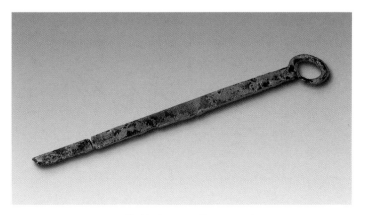

7. 铁削（95T4⑤b：28）

图版二五　汉代第三期工具

1. Ab 型陶蒺藜 (97T31⑧b:12)

2. 铜剑格 (95T5⑤b:2)

3. C 型铁铤铜镞 (97T20⑧b:49)

4. 陶屋模型 (97H168:7)

5. A 型陶权 (97T18⑧b:8)

6. 铁环 (95T4⑤b:11)

图版二六　汉代第三期兵器和其他器物

1. 左：A 型 I 式 "五铢"（97T33 ⑧ b：4）
   右：C 型 II 式 "五铢"（97T38 ⑧ b：9）

2.A 型 II 式 "五铢"（95T5 ⑤ b：10）

3. B 型 "五铢"（97T24 ⑧ b：1）

4. B 型 "五铢"（左 97T35 ⑧ b：2，
   右 95T5 ⑤ b：13）

5.C 型 I 式 "五铢"（97T24 ⑧ b：13）

6. A 型 "货泉"（97T23 ⑧ b：1）

7. B 型 I 式 "货泉"（左 95T5 ⑤ b：12，
   右 97T20 ⑧ b：14）

8.B 型 II 式 "货泉"（95T5 ⑤ b：14）

9. B 型 "大泉五十"（95T12 ⑤ b：1）

10. 左："大泉五十"（95T4 ⑤ b：8）
    右：A 型 "大泉五十"（95T5 ⑤ b：6）

图版二七　汉代第三期铜钱

1. 铁扣环（95T4⑤b：10）

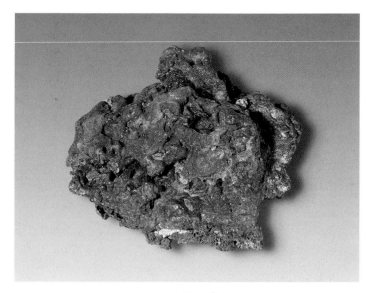

2. 铁渣（95T1⑤b：8）

3. 铜环（95H7：3）

4. 铅砝码（95T5⑤b：3）

5. 木桨（95T2⑤b：13）

6. 孔形石器（97T34⑧b：5）

图版二八　汉代第三期其他器物

1. 绳纹、菱形纹长方砖（97T29⑧a：6）

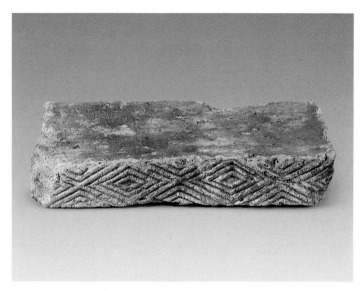

2. 菱形纹长方砖（97T30⑧a：3）

3. 菱形纹长方砖（97T29⑧a：7）

4. "万岁"文字长方砖（97T11⑧a：2）

5. 绳纹、菱形纹楔形砖（97T34⑧a：9）

6. 券砖（97H116：2）

图版二九　汉代第四期砖

1. IV式板瓦（97T43⑧a∶13）　　　　　　　　　　2. V式板瓦（97T14⑧a∶22）

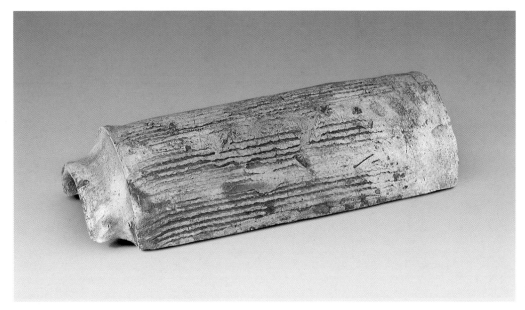

3. VI式筒瓦（95T12⑤a∶2）

4. VI式筒瓦（97H84∶3）

图版三〇　汉代第四期板瓦和筒瓦

1. A型云纹瓦当（97T15⑧a：19）

2. Ba型"万岁"文字瓦当（97T16⑧a：4）

3. Ba型"万岁"文字瓦当（97T45⑧a：17）

4. Bb型"万岁"文字瓦当（97T21⑧a：1）

5. Bc型"万岁"文字瓦当（97T37⑧a：1）

6. C型"万岁"文字瓦当（97T14⑧a：2）

图版三一　汉代第四期云纹瓦当和"万岁"文字瓦当

1. A 型 II 式罐（95T4⑤a：7）

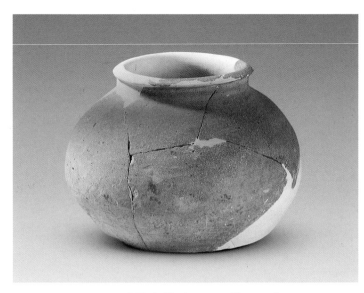

2. A 型 III 式罐（97T10⑧a：6）

3. B 型 II 式罐（97T17⑧a：22）

4. A 型 I 式双耳罐（95T2⑤a：11）

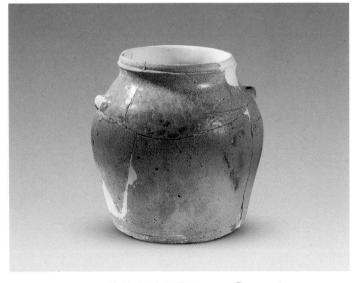

5. A 型 II 式双耳罐（95T3⑤a：1）

6. B 型双耳罐（97T15⑧a：12）

图版三二　汉代第四期陶罐和双耳罐

1. B 型 II 式四耳罐（95T1⑤a：4）

2. A 型六耳罐（95T2⑤a：10）

3. 三足壶（95T2⑤a：16）

4. 方盆（97H157：1）

5. D 型盆（97T45⑧a：23）

6. E 型盆（97T10⑧a：14）

图版三三　汉代第四期陶器

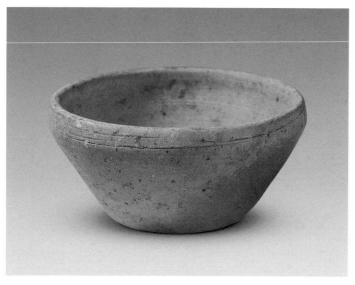

1. A 型钵（95T1⑤a：7）

2. Bb 型 I 式钵（95T11⑤a：3）

3. Bb 型 II 式钵（97T45⑧a：34）

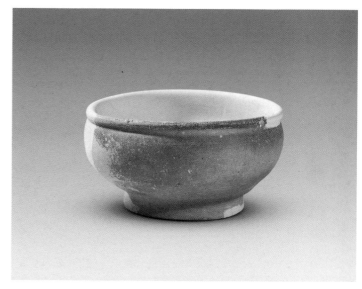

4. B 型 II 式碗（97T11⑧a：7）

5. C 型 III 式碗（97T29⑧a：9）

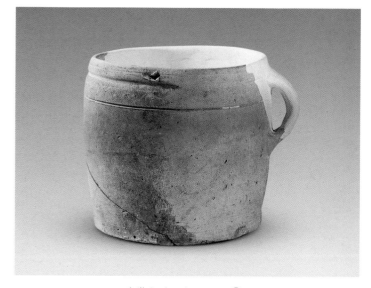

6. Aa 型带把杯（97T10⑧a：10）

图版三四　汉代第四期陶钵、碗和带把杯

1. C型Ⅰ式陶盂（97H150：2）

2. C型Ⅲ式陶盂（97T43⑧a：11）

3. 陶烛台（97T34⑧a：2）

4. A型陶网坠（95T2⑤a：4）

5. B型陶网坠（97T17⑧a：11）

6. C型陶网坠（95T3⑤a：5）

7. A型陶纺轮（97T21⑧a：4）

8. 木纺轮（95T5⑤a：14）

9. 木锤棒（95T4⑤a：10）

图版三五　汉代第四期生活器具和工具

1. B 型陶灯（95T2⑤a：25）

2. 陶井模型（95T2⑤a：34）

3. Aa 型陶蒺藜（95T3⑤a：4）

4. B 型陶蒺藜（95T12⑤a：11）

5. 陶弹（左97T45⑧a：19，右97T29⑧a：5）

6. 铁镞（95T5⑤a：13）

图版三六　汉代第四期模型器和兵器等

1. 左：C 型 I 式 "五铢"（95T6⑤a：2）
   右：B 型 "五铢"（95T2⑤a：22）

2. B 型 I 式 "货泉"（左 95T12⑤a：5，
   右 95T5⑤a：3）

3. "大泉五百"（95T5⑤a：2）

4. "大泉二千"（95T12⑤a：1）

图版三七　汉代第四期铜钱

1. A 型权（97T14⑧a：3）

2. Ba 型权（97T34⑧a：11）

3. Bb 型权（95T4⑤a：2）

4. 响球（97T10⑧a：2）

图版三八　汉代第四期陶权和响球

1. 素面长方砖（97H76：5）

2. 筒瓦（95T1④：2）

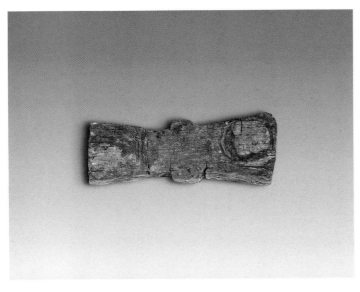

3. 木构件（95T5④：26）

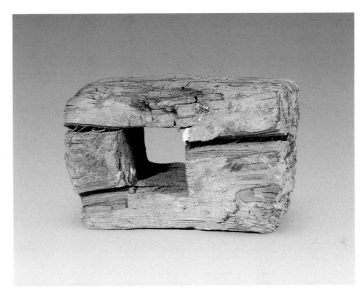

4. 木构件（95T2④：62）

5. 木构件（95T1④：79）

6. 木构件（95T3④：48）

图版三九　两晋、南朝第一期建筑材料

1. A 型四耳瓮（95T2④：26）

3. 四耳罐（97T14⑦：1）

4. A 型插座（97T46⑦：7）

2. B 型四耳瓮（97T14⑦：9）

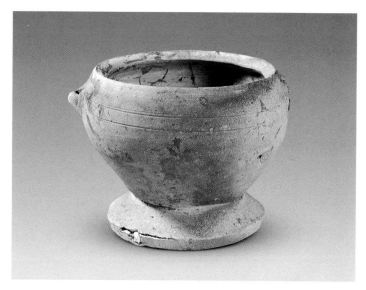

5. 臼（95T2④：61）

图版四〇 两晋、南朝第一期陶器

1. Aa 型 I 式四耳罐（97H194：6）

2. Ba 型 I 式四耳罐（97H166：3）

3. Ba 型 II 式四耳罐（95T3④：26）

4. A 型 I 式釜（95T3④：43）

5. 盆（97T14⑦：10）

6. I 式碗（95T2④：27）

图版四一　两晋、南朝第一期酱釉器

1. A 型 Ⅰ 式四耳罐（95T3④：45）

2. Ca 型 Ⅰ 式四耳罐（95T7④：17）

3. B 型 Ⅰ 式四耳罐（95T12④：12）

4. B 型 Ⅱ 式四耳罐（95T3④：1）

5. Ⅰ 式鸡首壶（97H166：2）

图版四二　两晋、南朝第一期青釉四耳罐和鸡首壶

1. Ⅰ式碗（95H6：8）

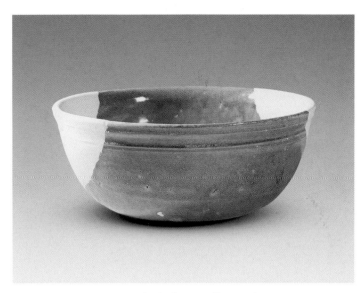

2. Ⅱ式碗（95T1④：61）

3. Ⅰ式碟（95T3④：9）

4. Aa型器盖（95T7④：1）

5. Ac型器盖（95T3④：46）

6. B型器盖（95T4④：4）

图版四三　两晋、南朝第一期青釉碗、碟和器盖

1. 黑漆碗（95T5④：25）

2. 黑漆器底板（95T1④：66）

3. B 型酱釉纺轮（95T3④：47）

5. 涂朱砂铁片（95T12④：27）

4. B 型青釉纺轮（97T46⑦：8）

6. 铁镰刀（95T1④：30）

7. 铁钩（95T1④：64）

图版四四　两晋、南朝第一期生活漆器和工具

1. 左：B型陶蒺藜（95T1④：26） 右：A型陶蒺藜（95T2④：59）

2. 陶球（97T23⑦：4）

3. 陶弹（97T46⑦：9）

4. 铁刀（95T1④：31）

6. 铁环首刀（上95T5④：5，中95T5④：3，下95T5④：4）

1. 陶坐俑（97T41⑦：2）

2. B 型陶权（97T23⑦：3）

3. 青釉权（97T45⑦：13）

4. 角器（97H76：4）

5. 铜铃（97T31⑦：8）

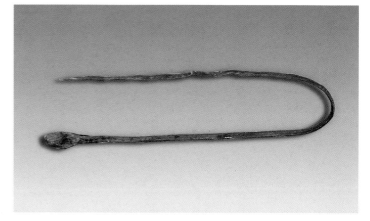

6. 铁簪（95T1④：29）

图版四六　两晋、南朝第一期其他器物

1. 95H17（由北向南）

2. 97H95（由东向西）

3. 97H20（由东向西）

图版四七　两晋、南朝第二期灰坑

1. 西段（由西向东）

2. 东段（由东向西）

图版四八　两晋、南朝第二期97G9

1. 97G3（由东向西）

2. 97G9西段渠顶盖（由东向西）

3. 97G9西段渠壁剖面（由东向西）

图版四九　两晋、南朝第二期沟（渠）

1. 网格纹长方砖（95H1：1）

2. 网格纹长方砖（97T11⑥b：16）

3. 莲花纹、网格纹长方砖正面（97T21⑥b：3）

4. 鱼纹长方砖（95T5③：1）

5. 莲花纹长方砖（97T43⑥b：1）

6. 手指印纹长方砖（97T35⑥b：11）

图版五〇　两晋、南朝第二期长方砖

1. 板瓦（95T4③：16）

2. 云纹瓦当（97T2⑥b：7）

3. A型Ⅱ式莲花纹瓦当（97T44⑥b：8）

4. B型Ⅰ式莲花纹瓦当（97T22⑥b：9）

图版五一　两晋、南朝第二期板瓦和瓦当

1. 陶三足盆（95T5③：14）

2. Aa 型 I 式酱釉四耳罐（97H20：1）

3. Ba 型 II 式酱釉四耳罐（97H149：22）

4. Ba 型 II 式酱釉四耳罐（95H10：5）

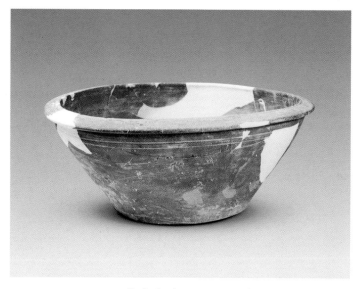

5. 酱釉盆（97H188：1）

6. 酱釉钵（95T3③：9）

图版五二　两晋、南朝第二期陶器和酱釉器

1. 酱釉器盖（97T46⑥b：11）

2. 青釉罐（95T1③：15）

3. A型Ⅰ式青釉四耳罐（95H10：4）

4. B型Ⅱ式青釉四耳罐（95T3③：4）

5. D型Ⅱ式青釉四耳罐（97H68：14）

6. 青釉唾壶（97T15⑥b：18）

图版五三　两晋、南朝第二期酱釉器和青釉器

1. A型Ⅰ式钵（97T42⑥b：8）

2. A型Ⅱ式钵（95T3③：1）

3. B型钵（95T1③：26）

4. A型Ⅰ式盅（97T46⑥b：9）

5. A型Ⅱ式盘（97T18⑥b：5）

6. Ⅰ式碗（97H149：36）

图版五四　两晋、南朝第二期青釉器

1. Ⅱ式碗底的"记作宝"刻文（95T4③：19）

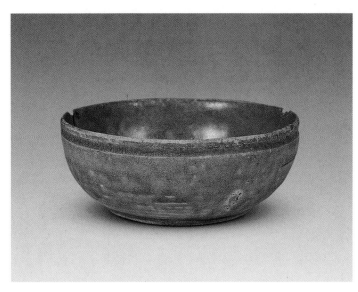

2. Ⅱ式碗（97H31：1）

3. Ⅲ式碗（95T6③：3）

4. Ⅰ式碟（95T6③：5）

5. Aa型器盖（97H95：1）

6. C型器盖（97T15⑥b：2）

图版五五　两晋、南朝第二期青釉碗、碟和器盖

1. 青釉塔形器（97T2⑥b：4）

2. 青釉器座（95T3③：36）

3. 青釉垫饼（97T21⑥b：17）

4. 滑石斗（97T2⑥b：3）

5. 砺石（97H75：3）

图版五六　两晋、南朝第二期青釉器和石器

1. A 型青釉纺轮（97T45⑥b：9）

2. B 型青釉纺轮（97T42⑥b：5）

3. A 型陶蒺藜（97H149：43）

4. 玛瑙珠（97T42⑥b：7）

5. 陶风管（97G3：7）

6. C 型陶权（97T15⑥b：6）

图版五七　两晋、南朝第二期器物

1. A 型 II 式（97T42⑥b：1）

2. B 型 I 式（97T17⑥b：3）

3. B 型 II 式（97H149：2）

图版五八　两晋、南朝第二期青釉三足砚

1. 97Q7（由东向西）

2. 97L1（由南向北）

3. 砖铺地面（由北向南）

图版五九　两晋、南朝第三期遗迹

1. 刻字长方砖（97T16⑥a：5）

2. 筒瓦（97H100：5）

3. B型Ⅰ式莲花纹瓦当（97T1⑥a：3）

4. B型Ⅱ式莲花纹瓦当（97T11⑥a：8）

5. D型Ⅰ式莲花纹瓦当（97T3⑥a：7）

6. E型莲花纹瓦当（97T1⑥a：2）

图版六〇　两晋、南朝第三期长方砖、筒瓦和莲花纹瓦当

1. B 型陶插座（97T3⑥a：4）

2. 陶"仗"字棋子（97H62：1）

3. Ba 型 Ⅱ 式酱釉四耳罐（97H145：1）

4. 酱釉盆（97T23⑥a：2）

5. Ⅰ式酱釉碗（95T1②：9）

6. 酱釉器盖（97H148：1）

图版六一　两晋、南朝第三期陶器和酱釉器

1. 六耳壶（97H145：2）

2. B 型盅（97H12：1）

3. 四耳盅（97H8：4）

4. Ⅰ式碗（97T7⑥a：5）

5. Ⅱ式碗（97H153：1）

6. Ⅲ式碗（97T3⑥a：6）

图版六二　两晋、南朝第三期青釉六耳壶、盅和碗

1. Ⅳ式碗（97T3⑥a：5）

2. Ⅱ式碟（97H178：1）

3. Aa型器盖（97H43：1）

4. B型器盖（97H100：4）

5. 插座（97T23⑥a：1）

6. 烛台（97T2⑥a：2）

图版六三　两晋、南朝第三期青釉器

1. 左：C型陶网坠（95T1②：8）
   右：B型陶网坠（97T12⑥a：1）

2. B型青釉纺轮（97T6⑥a：5）

3. 砺石（97H139：4）

4. A型陶蒺藜（95T3②：3）

1. 全景（由西向东）

2. 沙井（由南向北）

3. 东段局部（由南向北）

图版六五　两晋、南朝第四期 97G1

1. 素面长方砖（97G1：13）

2. 素面长方砖（97G1：9）

3. 菱形纹长方砖（97G1：6）

4. "十"字款长方砖（97G1：3）

5. "泰元十一年"款网格纹长方砖（97F1：2）

6. "建元□年"款长方砖（97G1：4）

图版六六　两晋、南朝第四期长方砖

1. 绳纹、叶脉纹长方砖（97G1：1）

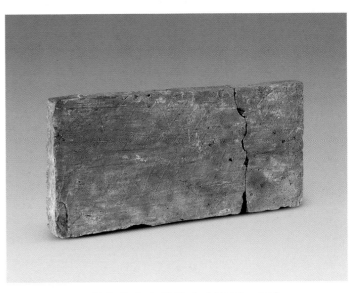

2. 网格纹长方楔形砖（97G1：11）

3. 网格纹、三角纹长方楔形砖（97F1：4）

4. 板瓦（97F1：39）

5. 筒瓦（97F1：37）

6. 筒瓦（97H63：2）

图版六七　两晋、南朝第四期砖和瓦

1. 云纹瓦当（97H55：3）

2. B型Ⅰ式莲花纹瓦当（97G1：12）

3. C型Ⅱ式莲花纹瓦当（97F1：18）

4. C型Ⅲ式莲花纹瓦当（97H30：1）

5. C型Ⅳ式莲花纹瓦当（97F1：33）

6. D型Ⅲ式莲花纹瓦当（97G1：5）

图版六八　两晋、南朝第四期云纹瓦当和莲花纹瓦当

1. 陶釜（97H9：5）

2. Aa型Ⅰ式酱釉四耳罐（97H97：2）

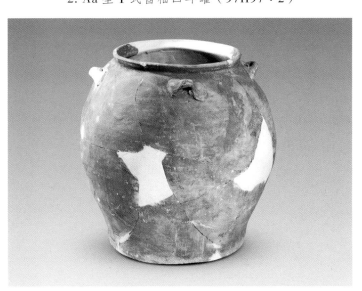

3. Aa型Ⅱ式酱釉四耳罐（97H21：5）

4. Ba型Ⅲ式酱釉四耳罐（97H63：3）

5. 酱釉臼（97H9：4）

图版六九　两晋、南朝第四期陶釜和酱釉四耳罐、臼

1. Ca 型 II 式四耳罐（97F1：30）

2. A 型 III 式钵（97H30：31）

3. 双耳盆（97H164：2）

4. I 式碗（97H13：10）

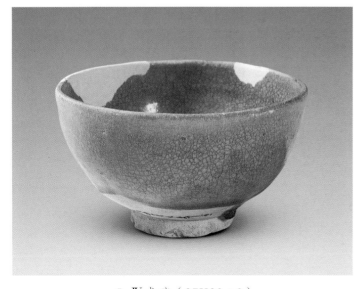

5. IV 式碗（97H30：9）

6. II 式碟（97H30：8）

图版七〇　两晋、南朝第四期青釉器

1. 青釉灯盘（97H30：45）

2. 青釉研杵（97H13：9）

3. 青釉垫饼（97H30：65）

4. 石双耳盆（97H9：6）

5. 左：B 型陶网坠（97H164：1）
   右：A 型陶网坠（97H9：2）

6. 铜环（97F1：29）

图版七一　两晋、南朝第四期器物

1. 台基南侧包边墙和散水（由西向东）

2. 台基南侧包边墙和散水（由东向西）

3. 台基南侧散水局部（由南向北）

图版七二　唐、南汉第一期97F2

1. 如意、火焰形花卉纹长方砖（97T44⑤b：7）

2. A型Ⅱ式滴水瓦（97T33⑤b：12）

3. A型莲花纹瓦当（97F2：1，后连实心筒瓦）

4. D型Ⅰ式莲花纹瓦当（97T26⑤b：2）

5. D型Ⅱ式莲花纹瓦当（97T27⑤b：2）

图版七三　唐、南汉第一期砖、瓦和瓦当

1. D 型 Ⅲ 式（97T26⑤b：3）

2. E 型 Ⅰ 式（97H106：1）

3. E 型 Ⅱ 式（97T33⑤b：8）

4. E 型 Ⅱ 式（97H159：4）

5. E 型 Ⅲ 式（97T27⑤b：3）

图版七四　唐、南汉第一期莲花纹瓦当

1. 鸱吻残件（97T37⑤b：12）

2. 管道（97T40⑤b：1）

3. A型Ⅱ式六耳罐（97H158：6）

4. B型Ⅱ式六耳罐（97H196：4）

5. A型釜（97H158：3）

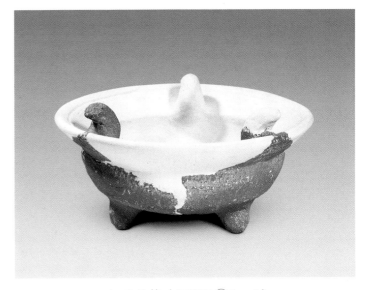

6. 三足炉（97T37⑤b：5）

图版七五　唐、南汉第一期建筑材料和生活陶器

1. 带流罐（97H53：2）

2. 双耳盂（97H93：1）

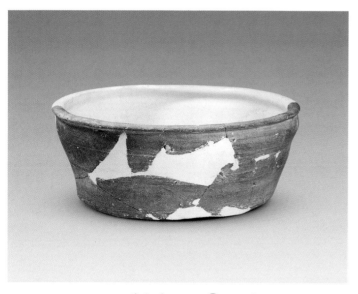

3. A型盆（97T31⑤b：3）

4. B型盆（97H158：13）

5. B型Ⅰ式盘（97H159：1）

6. A型碗（97T26⑤b：6）

图版七六　唐、南汉第一期青釉器

1. C型I式青釉碗（97T37⑤b：1）

2. A型褐彩绘兰草纹青釉碟（97T34⑤b：1）

3. 陶蒺藜（97H196：3）

4. 左：A型II式"开元通宝"铜钱（97T38⑤b：1）
　　右：A型I式"开元通宝"铜钱（97T35⑤b：1）

5. 左：B型"开元通宝"铜钱（97T34⑤b：7）
　　右："乾元重宝"铜钱（97T29⑤b：2）

6. 水晶石料（97T33⑤b：3）

图版七七　唐、南汉第一期器物

1. 97Q2北段（由北向南）

2. 97Q8底部砖砌墙基（由西向东）

3. 97G7北段（由西向东）

4. 筒瓦（97H57①：4）

图版七八　唐、南汉第二期遗迹和筒瓦

1. E型Ⅱ式莲花纹瓦当（97H112：1）

2. Fa型Ⅰ式莲花纹瓦当（97T40⑤a：3）

3. A型Ⅱ式陶六耳罐（97H57①：5）

4. 陶插座（97T45⑤a：3）

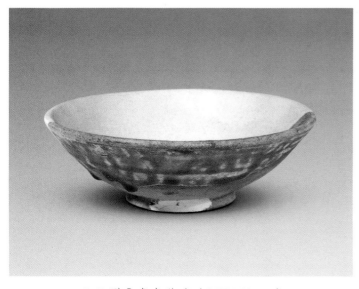

5. B型Ⅰ式青釉碗（97H142：1）

6. 铜构件（97H57①：1）

图版七九　唐、南汉第二期器物

1. 95F1-SD5 石础（由南向北）

2. 97G10 西南段（由南向北）

图版八〇　唐、南汉第三期遗迹

1. 97G10 剖面（由西向东）

2. 97GC 局部（由东向西）

3. 97GC 局部（由北向南）

图版八一　唐、南汉第三期遗迹

1. 池岸叠石（由北向南）

2. 护岸结构（由北向南）

图版八二　唐、南汉第三期97GC

1. 如意纹长方砖（97G10：16）

2. "军一"文字砖（97G10：6）

3. "军九甲"文字砖（97G10：13）

4. "军十甲"文字砖（97G10：5）

5. "军廿甲"文字砖（97G10：4）

6. "军廿一甲"文字砖（97G10：18）

图版八三　唐、南汉第三期砖

1. B型青釉滴水（97F4：9）

2. C型青釉滴水（97T13GC①：23）

3. 筒瓦（97T13GC①：11）

4. 绿釉筒瓦（97T13GC①：28）

5. 黄釉筒瓦（97T5GC①：10）

6. 青釉双凤纹瓦当（97F4：26）

图版八四　唐、南汉第三期滴水、筒瓦和双凤纹瓦当

1. Fa 型 II 式 （97T13GC ① ： 1）

2. Fb 型 III 式 （97F4 ： 8）

3. Ff 型 I 式 （97F4 ： 7）

4. Ff 型 II 式 （97T13GC ① ： 5，后带筒瓦）

5. Ff 型 III 式 （97T13GC ① ： 8）

6. Hb 型 （97T5GC ① ： 2）

图版八五　唐、南汉第三期莲花纹瓦当

1. 龙形鸱吻（97T1GC①：7）

2. 龙形鸱吻残件（97T5GC①：5）

3. 龙形垂兽（97T13GC①：9）

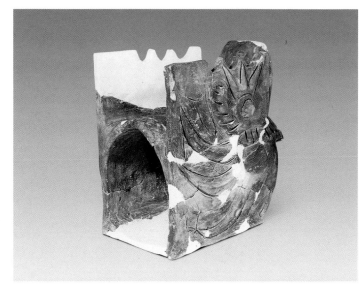

4. 龙形垂兽（97T13GC①：9）

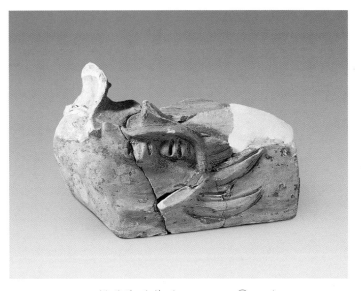

5. 绿釉陶垂兽（97T14GC①：3）

6. 蹲兽（97F4：7）

图版八六　唐、南汉第三期陶鸱吻、垂兽和蹲兽

1. 兽面砖（97H125：3）

2. A 型铁钉（97T13GC ②：19）

3. B 型铁钉（97G5：4）

4. 栏杆石（97G5：5）

图版八七　唐、南汉第三期兽面砖、铁钉和栏杆石

1. C 型 V 式青釉碗（97T1GC①：5）

2. Da 型青釉碗（97T5GC①：12）

3. 青釉插座（97F4：27）

4. 陶球（97G5：2）

5. A 型 "乾亨重宝" 铅钱
（97T13GC②：13）

6. C 型 "乾亨重宝" 铅钱正面
（97T14GC①：1）

7. C 型 "乾亨重宝" 铅钱背面
（97T14GC①：1）

图版八八　唐、南汉第三期器物

1. 石塔模型（97T13GC①：6）

2. 树叶（97T13GC②：25）

3. 树叶（97T13GC②：26）

图版八九　唐、南汉第三期遗物

1. 北包边墙东段
（由东北向西南）

2. 北包边墙内侧结构
（由南向北）

3. 北包边墙砌法（由西向东）

图版九〇　宋代第一期97F9

1. 筒瓦（97T10④c：5）

2. Aa型莲花纹瓦当（97T13④c：43）

3. Ab型Ⅰ式莲花纹瓦当（97T1④d：1）

4. Ab型Ⅱ式莲花纹瓦当（97T13④c：31）

5. Ab型Ⅲ式莲花纹瓦当（97T13④c：55）

6. Ab型Ⅳ式莲花纹瓦当（97T13④c：62）

图版九一　宋代第一期筒瓦和莲花纹瓦当

1. Ad 型 I 式（97T5④d：3）

2. Ba 型 I 式（97T10④d：6）

3. Ca 型 I 式（97T10④d：3）

4. Da 型（97T13④c：4）

5. Db 型 II 式（97T13④c：2）

6. Fa 型（97T13④c：33）

图版九二　宋代第一期莲花纹瓦当

1. 菊花纹瓦当（97T9④c：12）

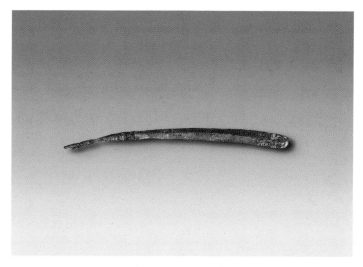

3. A型铁钉（97T9④d：8）

4. B型铁钉（97T9④d：11）

2. 陶望柱柱头（97T13④c：32）

图版九三　宋代第一期瓦当、陶望柱和铁钉

1. A型Ⅰ式罐（97T9④c：54）

2. B型Ⅰ式罐（97T9④c：4）

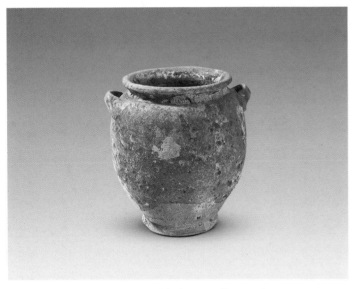

3. A型双耳罐（97T9④c：3）

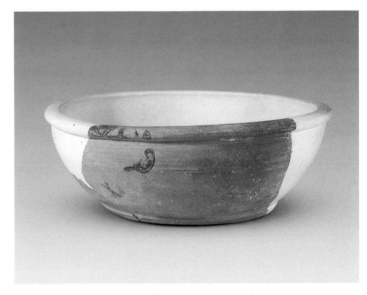

4. A型盆（97H46：9）

5. B型擂钵（97T9④c：21）

6. 军持（97H46：1）

图版九四　宋代第一期青釉器

1. A 型（97H46：6）

2. B 型（97T9④d：28）

3. C 型 II 式（97T9④c：26）

4. G 型（97T9④d：26）

5. C 型 III 式（97T13④c：71）

6. C 型 III 式碗内底（97T13④c：71）

图版九五　宋代第一期青釉碗

1. A型青釉炉（97T10④d：2）

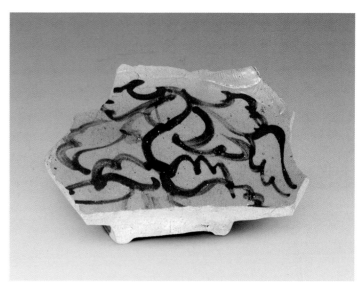

2. 褐彩绘青釉盘（97T9④d：38）

3. 点褐彩梅花纹青白瓷盘（97T13④c：73）

4. 模印"吉"字款青白瓷碗（97T9④c：8）

5. 墨书"公使"花押青白瓷碗（97H26：3）

6. 墨书"郭"字花押青白瓷碗（97T5④d：13）

图版九六　宋代第一期青釉器和青白瓷器

1. A型Ⅱ式青白瓷碟（97T9④d：31）

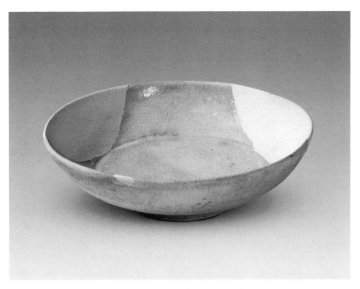

2. C型Ⅱ式青白瓷碟（97T9④d：33）

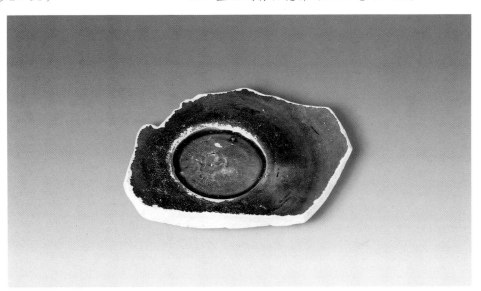

3. 绿釉碗底（97T9④c：65）

4. 97④d层出土的玻璃碎片

图版九七　宋代第一期生活器具

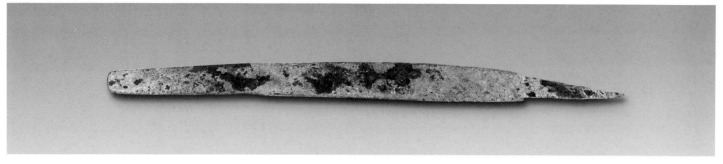

1. 铁刀（97H26：4）

2. "淳化元宝"铜钱（97H26：5）

3. "咸平元宝"铜钱（97H26：11）

4. "祥符元宝"铜钱（97H26：10）

5. A型"皇宋通宝"铜钱（97H26：13）

6. B型"皇宋通宝"铜钱（左97H26：14，右97H26：12）

图版九八　宋代第一期铁刀和铜钱

1. 陶球（97H176：1）

2. 铁环（97H26：31）

3. 褐彩绘花卉纹青釉枕（97H46：3）

4. 石磨（上97T13④c：11，
下97T13④c：19）

图版九九　宋代第一期兵器和其他器物

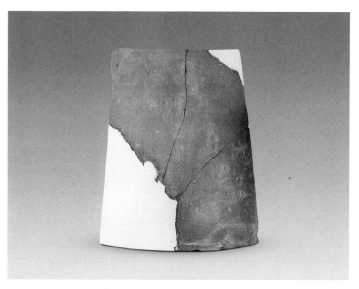

1. 板瓦（97T1④a：7）

2. Aa型莲花纹瓦当（97T5④b：28）

3. Ab型Ⅰ式莲花纹瓦当（97H4：2）

4. Ab型Ⅱ式莲花纹瓦当（97T13④b：8）

5. Ab型Ⅲ式莲花纹瓦当（97T10④b：16）

6. Ae型Ⅰ式莲花纹瓦当（97T10④b：4）

图版一〇〇　宋代第二期板瓦和莲花纹瓦当

1. Ca 型 IV 式莲花纹瓦当（97H4：1）

2. B 型花卉纹瓦当（97T9④a：2）

3. 墓表石（97F3：1）
4. 墓表石（97F3：2）

5. B 型陶灯（97T1④b：14）

6. 陶砚台（97T1④b：8）

图版一〇一　宋代第二期瓦当、墓表石和生活陶器

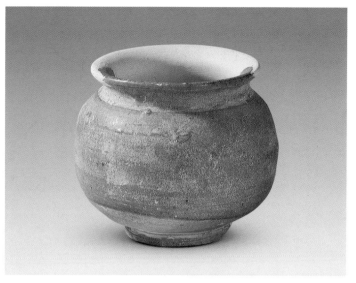

1. A 型 II 式罐（97T13④b：5）

2. B 型 I 式罐（97T5④b：7）

3. C 型罐（97T13④b：17）

4. D 型罐（97T13④b：24）

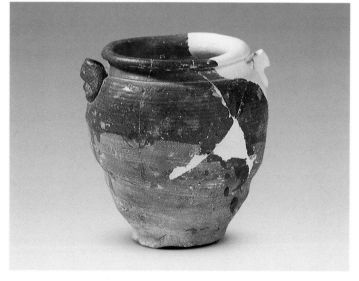

5. A 型双耳罐（97T5④b：19）

6. B 型双耳罐（97T13④b：11）

图版一○二　宋代第二期青釉罐和双耳罐

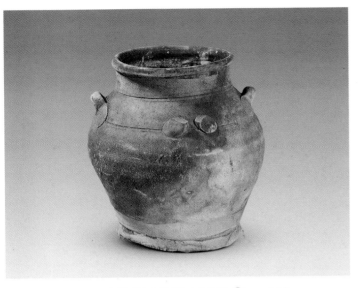

1. Aa 型 II 式四耳罐（97T9④ a：11）

2. Ba 型四耳罐（97T1④ b：2）

3. Bb 型四耳罐（97T13④ b：6）

4. A 型盆（97T13④ b：40）

5. C 型盆（97T13④ b：29）

6. C 型盆内（97T13④ b：29）

图版一〇三　宋代第二期青釉四耳罐和盆

1. B型擂钵（97T5④b：4）

2. C型Ⅱ式碟（97T5④b：2）

3. C型Ⅱ式碟内（97T5④b：2）

4. C型Ⅱ式碗（97T1④b：11）

5. C型Ⅳ式碗（97T1④b：3）

6. C型Ⅳ式碗内（97T1④b：3）

图版一〇四　宋代第二期青釉擂钵、碟和碗

1. C 型 Ⅳ 式碗（97T5 ④ a：28）

2. C 型 Ⅳ 式碗内（97T5 ④ a：28）

3. D 型 Ⅱ 式碗（97T13 ④ b：14）

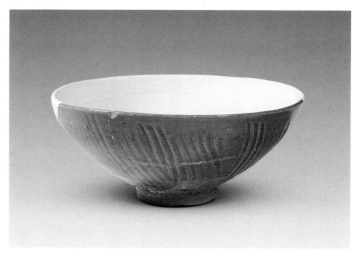

4. D 型 Ⅲ 式碗（97T1 ④ b：6）

5. F 型碗（97T13 ④ b：36）

6. 瓶（97T13 ④ b：33）

图版一〇五　宋代第二期青釉碗和瓶

1. A 型 Ⅱ 式碗（97T13④b：2）

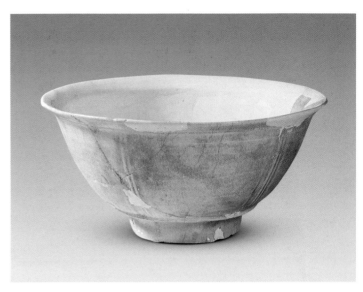

2. C 型碗（97T13④b：23）

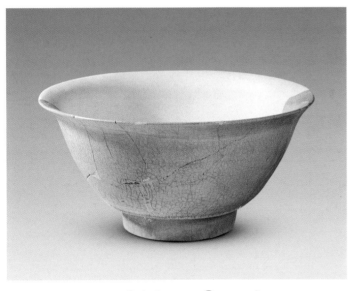

3. C 型碗（97T13④b：22）

4. C 型碗足底墨书"贺皿"花押（97T13④b：22）

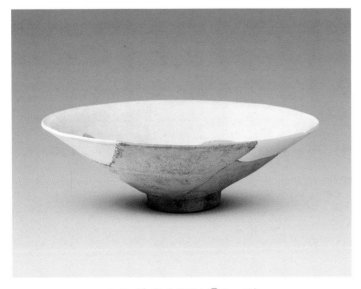

5. D 型碗（97T1④b：5）

6. C 型 Ⅲ 式碟（97T1④b：12）

图版一〇六　宋代第二期青白瓷碗和碟

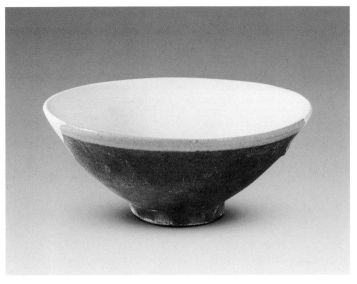

1. C型酱黑釉碗（97T13④b：4）

2. A型紫红釉器盖（97T1④b：7）

3. 绿釉炉（97T9④b：2）

4. 绿釉炉（97T9④b：7）

5. 铜瓢（97T5④b：26）

6. 砺石（97T6④b：1）

1. 柱础石（97H180：8）

2. B型Ⅱ式青釉碗（97T1③：8）

3. B型Ⅱ式青釉碗内鱼纹（97T1③：8）

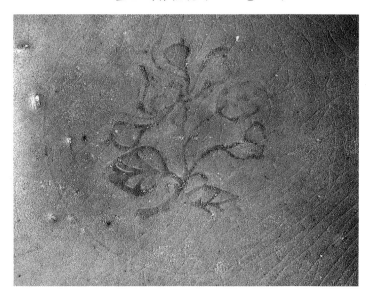

4. C型青釉碗内折枝花卉纹（97H1：12）

5. C型青釉碗（97T1③：6）

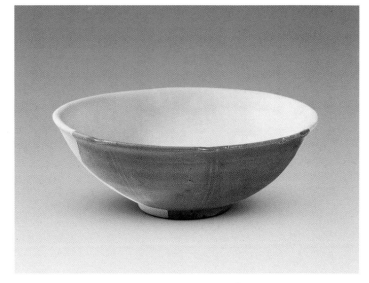

6. D型青釉碗（97T1③：1）

图版一〇八　元代柱础石和青釉碗

1. A 型青釉碟（97H1：5）

2. 青釉盏（97H1：3）

3. Ca 型卵白釉碗（97T5③：5）

4. Ca 型卵白釉碗内纹饰（97T5③：5）

5. Aa 型 I 式卵白釉高足碗（97H33：5）

6. Aa 型 II 式卵白釉高足碗（97H33：6）

图版一〇九　元代青釉器和卵白釉瓷器

1. 卵白釉碟（97H1：8）

2. 酱褐釉杯（97H1：4）

3. 酱黑釉灯盏（97H195 ①：4）

4. 黄釉四耳罐（97H1：13）

5. 石磨（97H180：9）

图版一一〇　元代器物

1. 97F10东墙基局部（由西向东）

2. 97Q1（由东南向西北）

图版———— 明代遗迹

1. 长方砖（97H40①：22）

2. 板瓦（97H40①：2）

3. 筒瓦（97H40①：18）

4. C型莲花纹瓦当（97T3②：17）

5. Ⅰ式花卉纹瓦当（97H119：7）

6. Ⅱ式花卉纹滴水（97H23：1）

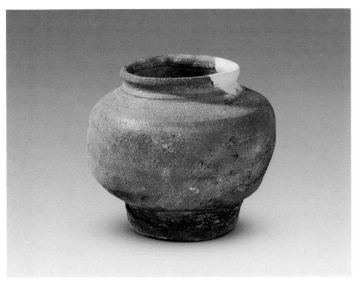

1. B 型陶罐（97H40①：8）

2. 陶盂（97T4②：19）

3. B 型青釉碗（97T4②：87）

4. 戳印"玉"字款青釉碗底（97SJ1：2）

5. B 型青釉杯（97T4②：61）

6. 白瓷盘（97T8②：49）

图版一一三　明代生活器具

1. 双耳罐（97H40①：6）

2. A型四耳罐（97H40①：5）

3. B型四耳罐（97H40②：26）

4. C型四耳罐（97T4②：39）

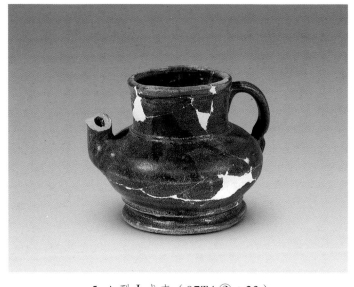

5. A型Ⅰ式壶（97T4②：23）

6. A型盆（97H40②：25）

图版一一四　明代酱黑釉器

1. A 型 IV 式梅鹊纹碗（97T4②：59）

2. C 型 I 式月华纹碗（97T4②：58）

3. 左：C 型 I 式"玉"字款碗（97T4②：148）
右："玉"字款碗底（97T4②：150）

4. C 型 I 式婴戏妇人图案纹碗（97T8②：28）

5. A 型 II 式云龙纹碟（97T4②：42）

6. A 型 II 式云龙纹碟底"大明成化年造"款（97T4②：42）

1. A型Ⅱ式荷塘图案纹碟（97T4②：53）

2. C型Ⅱ式蟠螭龙纹碟（97T4②：37）

3. C型Ⅱ式花鸟纹碟（97T4②：47）

4. C型Ⅱ式菊花纹碟（97T8②：26）

5. C型Ⅱ式折枝花卉纹碟（97T4②：34）

6. 动物纹盏（97T8②：47）

图版一一六　明代青花瓷碟和盏

1. A型Ⅱ式缠枝花卉纹酒盅（97T4②：50）

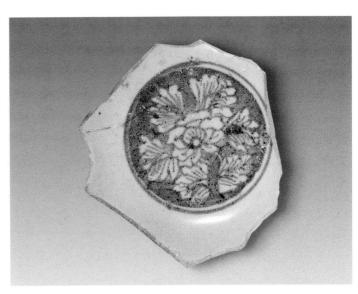

2. 蓝地白花纹碗底（97T4②：119）

3. 蓝地白花纹碗足底"宣德年造"款（97T4②：119）

4. "大明成化年造"款（97T8②：21）

5. 菊花纹碗底（97T8②：22）

6. 菊花纹碗足底"大明成化年制"款（97T8②：22）

1. 高官厚（后）禄（鹿）纹碗底（97T4②：120）

2. "大明嘉靖年制"款（97T4②：120）

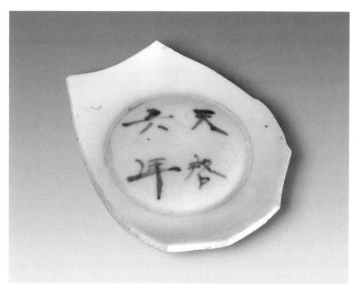

3. "天启六年"纪年款（97T8②：25）

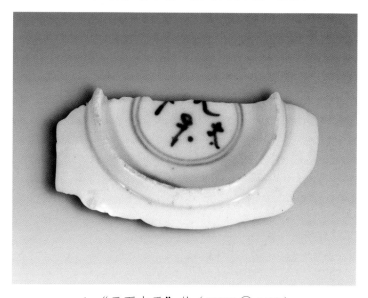

4. "天下太平"款（97T8②：29）

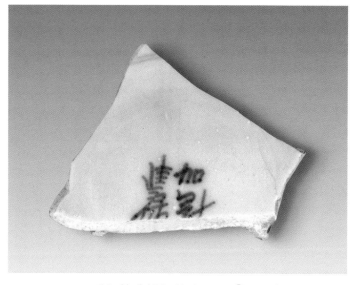

5. "加封进禄"款（97T8②：30）

6. "永保长春"款（97T4②：105）

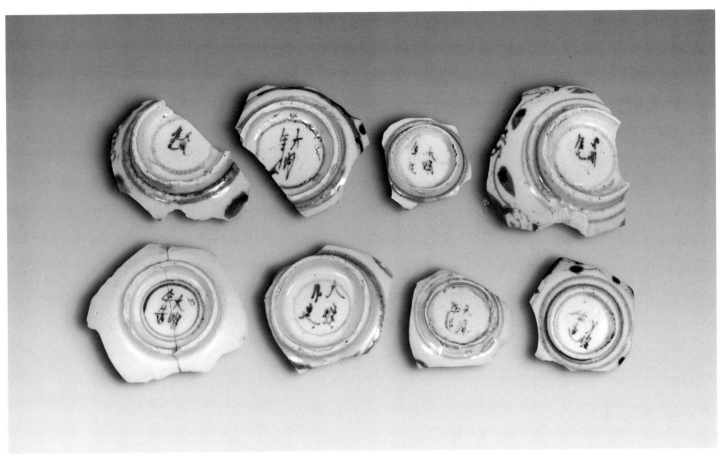

1. "大明年造"款　上：左至右（97T4②：124，97T4②：126，97T4②：128，97T4②：122）

　　下：左至右（97T4②：129，97T4②：127，97T4②：121，97T4②：125）

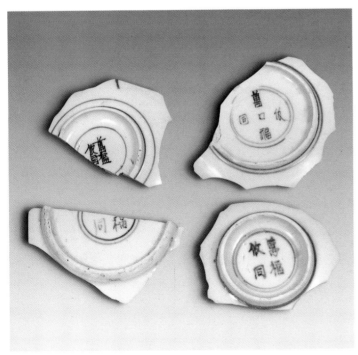

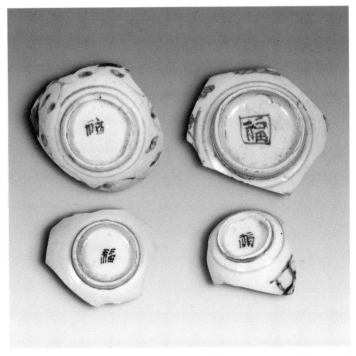

2. "万福攸同"款　上：左至右（97T4②：108，97T4

②：104）下：左至右（97T4②：106，97T4②：103）

3. "福"字款　上：左至右（97T4②：132，97T4②：133）

　　下：左至右（97T4②：130，97T4②：131）

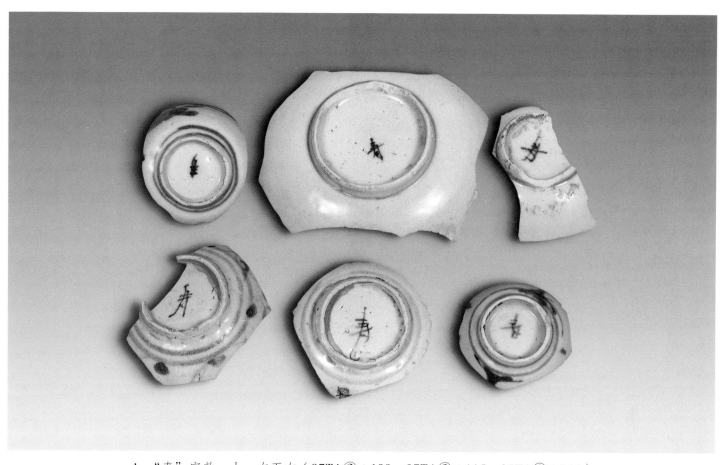

1. "寿"字款　上：左至右（97T4②：109，97T4②：115，97T4②：111）
　　　　　　下：左至右（97T4②：110，97T4②：114，97T4②：113）

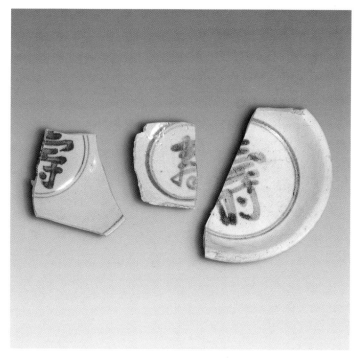

2. "寿"字款　左至右（97T4②：118，97T4②：117，
97T4②：116）

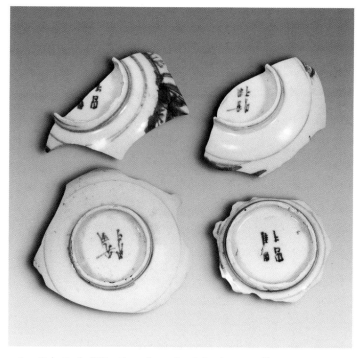

3. "上品佳器"款　上：左至右（97T4②：92，97T4
②：90）　下：左至右（97T4②：93，97T4②：91）

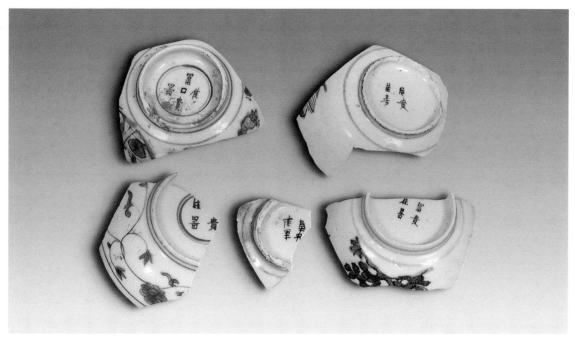

1. "富贵佳器"款　上：左至右（97T4②：94，97T4②：98）
　　　　　　　　　 下：左至右（97T4②：95，97T4②：96，97T4②：97）

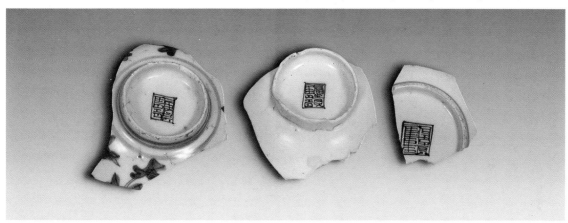

2. "富贵佳器"款　左至右（97T4②：100，97T4②：99，97T4②：101）

3. "玉堂佳器"款（97T4②：102）

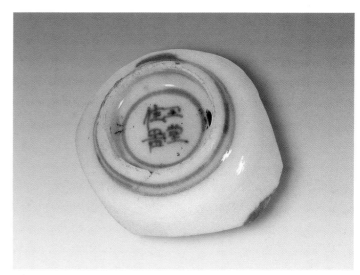

4. "玉堂佳器"款（97H119：17）

图版一二一　明代青花瓷器款识

1. "博古斋"款（97T8②：20）

2. "白玉斋"款（97T8②：19）

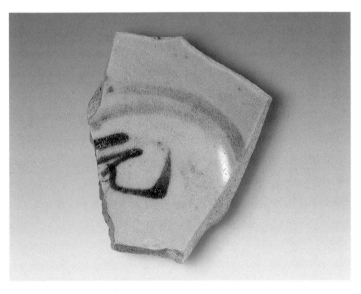

3. "元"字款（97T4②：149）

4. "俉"字款（97T8②：24）

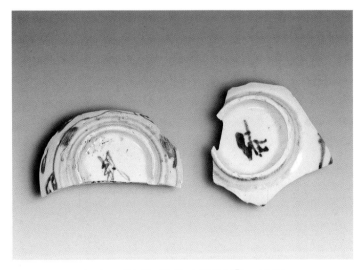

5. 左："韧"字款（97T4②：137）
　右："□"字款（97T4②：136）

6. "梁用"款（97T4②：134）

图版一二二　明代青花瓷器款识

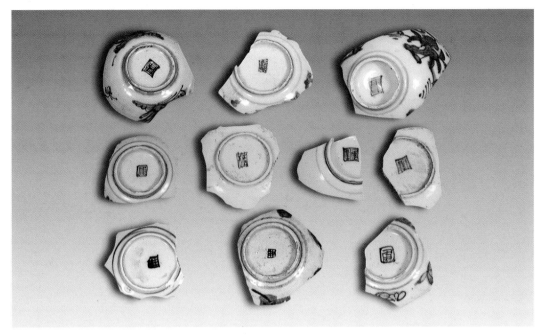

1. 方形款 上：左至右（97T4②：144，97T4②：142，97T4②：138）
　　　　　中：左至右（97T4②：140，97T4②：147，97T4②：146，97T4②：145）
　　　　　下：左至右（97T4②：143，97T4②：141，97T4②：139）

2. 高官厚禄（后鹿）图案 （左97T4②：167，
中97T4②：169，右97T4②：166）

3. 树石栏杆、飞鸟纹（97T4②：172）

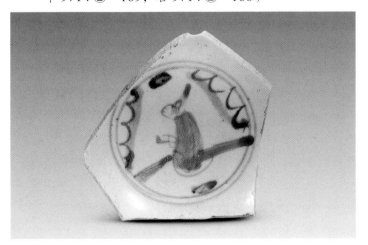

4. 高仕图（97T4②：159）

5. "成化年制"款（97T4②：71）

图版一二三　明代青花瓷器款识和青花瓷片纹饰

1. 卷草纹长方砖（95H3：1）

3. 陶鸱吻（95H3：5）

2. 陶鸱吻（95H3：4）

图版一二四　清代长方砖和陶鸱吻

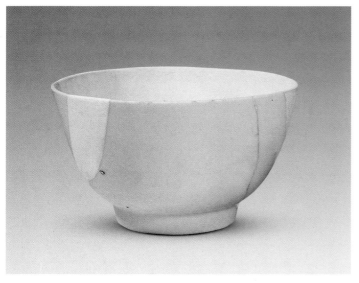

1. A型白瓷碗（97H11：6）

2. A型酱黑釉四耳罐（97H11：1）

3. A型酱红釉灯（97H3：1）

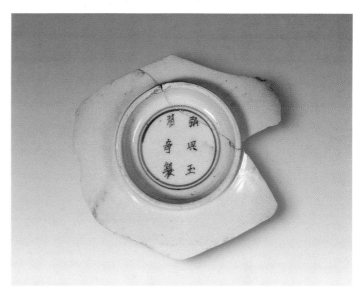

4. "弘兴玉珍奇制"青花款（97H11：11）

5. 青花诗文款（97H52：10）

6. 陶公仔（97H3：9）

7. 玻璃珠（97H3：11）

图版一二五　清代器物

1. "大明成化年制"款（左97H52：9，右97H52：7）

2. 左："大明嘉靖年制"款（97H52：6）　右："大明成化年制"款（97H52：5）

3. "大清康熙年制"款（左97H52：4，右97H52：8）

1. A 型白瓷碗（97H11：6）

2. A 型酱黑釉四耳罐（97H11：1）

3. A 型酱红釉灯（97H3：1）

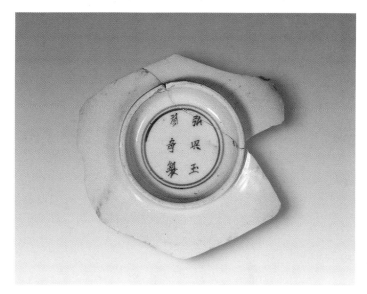

4. "弘兴玉珍奇制"青花款（97H11：11）

5. 青花诗文款（97H52：10）

6. 陶公仔（97H3：9）

7. 玻璃珠（97H3：11）

图版一二五　清代器物

1. "大明成化年制"款（左97H52：9，右97H52：7）

2. 左："大明嘉靖年制"款（97H52：6）　右："大明成化年制"款（97H52：5）

3. "大清康熙年制"款（左97H52：4，右97H52：8）

1. 绳纹砖（97J17③：21）

2. 云纹瓦当（97J17③：16）

3. 陶瓮（97J17②：1）

4. 陶罐（97J17②：3）

5. 陶盆（97J17③：18）

6. 陶釜（97J17③：17）

图版一二七　秦代水井出土的建筑材料和生活陶器

1. 陶盒（97J17③：7）

2. 陶器盖（97J17③：22）

3. 陶器盖（97J17③：23）

4. 上：A型铁矛（97J17③：12）
　下：B型铁矛（97J17③：13）

5. 铁匕首（97J17③：14）

6. A型铜镞（左上97J17③：8，右上97J17③：9，左下
　　97J17③：10） B型铜镞（右下97J17③：11）

7. 铜枝（97J17③：15）

图版一二八　秦代水井出土的器物

1. 97J39（由西向东，井旁放置器物为井内第②层出土）

2. 97J41（由西向东）

图版一二九　汉代第三期水井

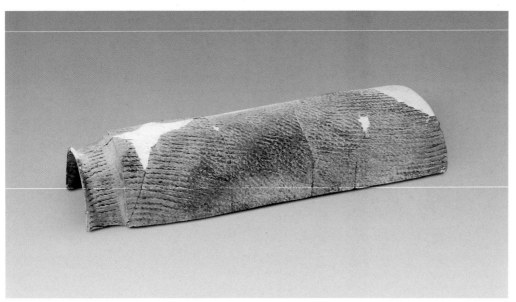

1. II 式（97J41②：3）

2. V 式（97J41②：2）

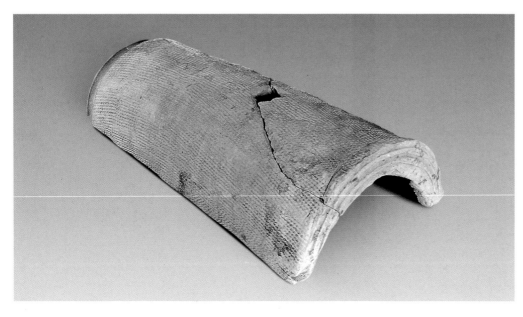

3. V 式（97J39②：19）

图版一三〇　汉代第三期水井出土的筒瓦

1. B 型 II 式瓮（97J39①：4）

2. B 型 II 式瓮（97J39①：9）

3. B 型 II 式瓮（97J39②：42）

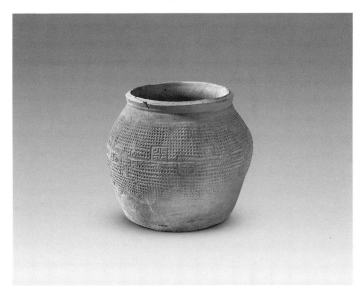

4. A 型 I 式罐（97J39①：1）

5. B 型 II 式罐（97J39②：20）

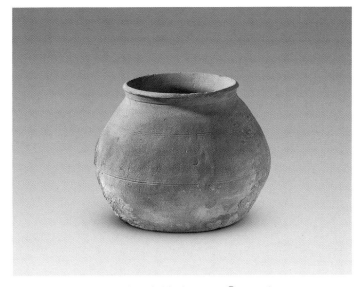

6. B 型 III 式罐（97J39②：10）

图版一三一　汉代第三期水井出土的陶瓮和罐

1. C 型 I 式罐（97J39②：9）

2. C 型 II 式罐（97J39②：43）

3. A 型瓶（97J39②：11）

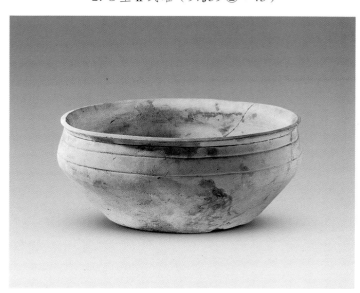

4. C 型盆（97J39①：6）

5. D 型盆（97J39①：5）

6. 穿孔陶球（97J41②：1）

图版一三二　汉代第三期水井出土的陶器

1. 97J63（由北向南）

2. 97J63 井圈结构（由东南向西北）

3. 97J91（由西向东）

图版一三三　汉代第四期水井

1. 97J54（由西南向东北）

2. 97J54（由东向西）

3. 97J85（由西向东，井旁放置器物为井内出土）

图版一三四　汉代第四期水井

1. 绳纹、菱形纹长方砖（97J54②：10）

2. 券砖（97J63④：111）

3. Ⅳ式板瓦里面（97J54②：9）

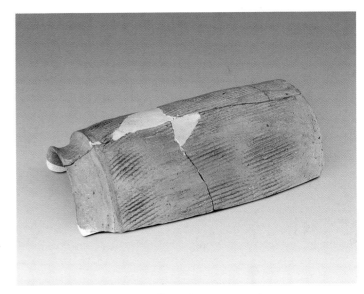

4. Ⅳ式筒瓦（97J85：26）

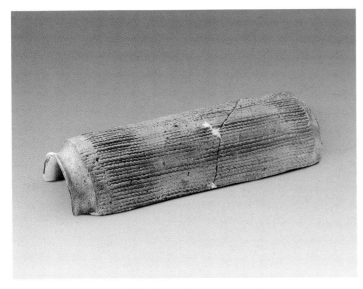

5. Ⅴ式筒瓦（97J85：25）

6. Ⅵ式筒瓦（97J63④：60）

图版一三五　汉代第四期水井出土的砖和瓦

1. A 型 II 式（97J63⑤：98）

2. A 型 II 式（97J87：10）

3. B 型 I 式（97J85：24）

4. B 型 I 式（97J54②：2）

5. B 型 I 式（97J63⑤：101）

6. B 型 II 式（97J63④：65）

图版一三六　汉代第四期水井出土的陶罐

1. D 型罐（97J63⑤：104）

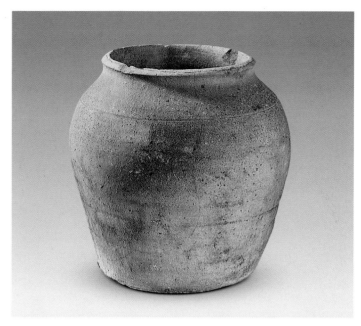

2. E 型罐（97J63④：29）

3. B 型双耳罐（97J63④：64）

4. C 型双耳罐（97J63④：124）

5. D 型 I 式双耳罐（97J63④：31）

6. D 型 II 式双耳罐（97J63④：125）

图版一三七　汉代第四期水井出土的陶罐和双耳罐

1. E型双耳罐（97J63④：63）

2. F型双耳罐（97J63④：41）

3. B型Ⅱ式四耳罐（97J79：5）

4. B型Ⅱ式四耳罐（97J87：2）

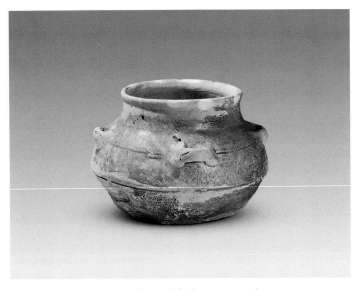

5. C型四耳罐（97J79：2）

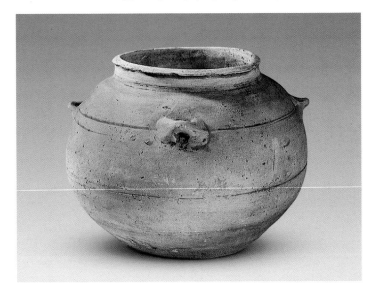

6. D型Ⅰ式四耳罐（97J87：3）

图版一三八　汉代第四期水井出土的陶双耳罐和四耳罐

1. D 型 Ⅱ 式四耳罐（97J63④：9）

2. B 型六耳罐（97J63④：61）

3. C 型六耳罐（97J63④：127）

4. A 型壶（97J85：7）

5. B 型壶（97J79：3）

6. C 型壶（97J63④：34）

图版一三九　汉代第四期水井出土的陶四耳罐、六耳罐和壶

1. B 型瓶（97J85：2）

2. D 型盆（97J54②：3）

3. Bb 型 I 式钵（97J63④：66）

4. A 型碗（97J79：4）

5. B 型 II 式碗（97J63⑤：90）

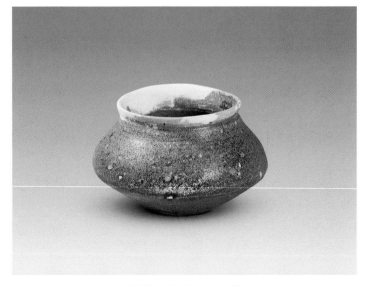

6. A 型 II 式盂（97J54②：5）

图版一四〇　汉代第四期水井出土的陶器

1. B 型陶盂（97J85：16）

2. 陶烛台（97J54②：7）

3. 椰勺（97J63⑤：99）

4. 左：A 型陶网坠（97J63④：8）
右：B 型陶网坠（97J63④：109）

5. A 型陶纺轮（97J63⑤：106）

6. Ab 型陶蒺藜（97J63④：55）

图版一四一　汉代第四期水井出土的生活器具和其他器物

1. 95J15 井壁竹篾圈印痕（由南向北）

2. 95J20（由南向北）

图版一四二　两晋、南朝第一期水井

1. 筒瓦（97J11：3）

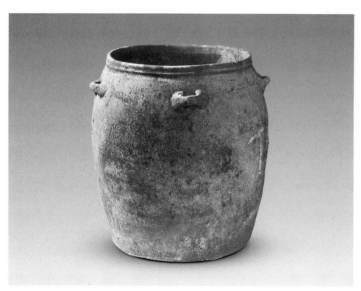

2. Aa 型 I 式酱釉四耳罐（97J38：2）

3. 青釉盆（97J14：1）

4. I 式青釉碗（97J38：1）

5. 陶风管（97J10：1）

图版一四三　两晋、南朝第一期水井出土的器物

1. 95J16（由南向北）

2. 95J73（由东南向西北）

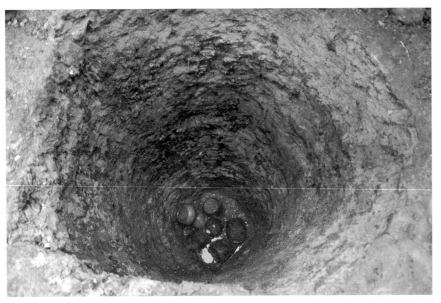

3. 95J17（由南向北）

图版一四四　两晋、南朝第二期水井

1 Ⅱ式四耳瓮（97J84①：26）

2. Aa型Ⅰ式四耳罐（97J84①：8）

3. Ba型Ⅰ式四耳罐（95J17④：6）

4. C型四耳罐（97J30②：4）

5. 甑（97J84①：9）

6. 甑底（97J84①：9）

图版一四五　两晋、南朝第二期水井出土的酱釉四耳瓮、四耳罐和甑

1. 酱釉带流罐（97J84①：14）

2. A 型 I 式青釉四耳罐（95J17④：12）

3. D 型 I 式青釉四耳罐（95J17③：5）

4. 青釉虎子（97J33：18）

5. C 型 I 式青釉钵（97J84①：15）

6. I 式青釉碗（97J33：8）

图版一四六　两晋、南朝第二期水井出土的酱釉器和青釉器

1. II 式青釉碗（97J84①：7）

2. B 型青釉器盖（97J84①：23）

3. C 型青釉器盖（97J84①：22）

4. 铁钩（95J16③：3）

5. 铁镰刀（95J16③：2）

6. C 型铜镞（95J16①：1）

图版一四七　两晋、南朝第二期水井出土的器物

1. 第三期水井 97J34（由南向北）

2. 第四期水井 97J77（由东向西）

图版一四八　两晋、南朝第三、第四期水井

1. 网格纹长方砖（97J70：4）

2. 网格纹长方砖（97J70：5）

3. 网格纹、莲花纹长方砖背面（97J70：1）

4. A型Ⅲ式莲花纹瓦当（97J77：26）

5. 筒瓦（97J36：6）

图版一四九　两晋、南朝第四期水井出土的长方砖、瓦当和筒瓦

1. Aa 型Ⅱ式酱釉四耳罐（97J77：3）

2. Ab 型Ⅱ式酱釉四耳罐（97J77：8）

3. Ba 型Ⅲ式酱釉四耳罐（97J77：4）

4. Ba 型Ⅲ式酱釉四耳罐（97J40：4）

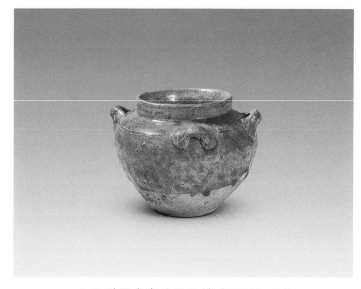

5. B 型Ⅲ式青釉四耳罐（97J40：5）

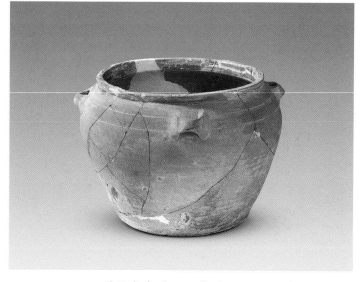

6. Ca 型Ⅱ式青釉四耳罐（97J77：17）

图版一五〇　两晋、南朝第四期水井出土的酱釉四耳罐和青釉四耳罐

1. 六耳罐（97J77：16）

2. A型Ⅱ式盘（97J77：19）

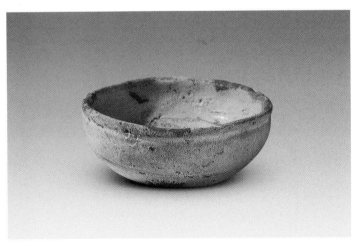

3. Ⅰ式碗（97J77：14）

4. Ⅲ式碗（97J77：13）

图版一五一　两晋、南朝第四期水井出土的青釉六耳罐、盘和碗

1. 95J12（由西向东）

2. 95J7（由西向东）

3. 95J8（由西南向东北）

图版一五二　唐、南汉第一期水井

1. 97J86（由西北向东南）

2. 97J19（由东北向西南）

3. 95J11（由东向西）

图版一五三　唐、南汉第一期水井

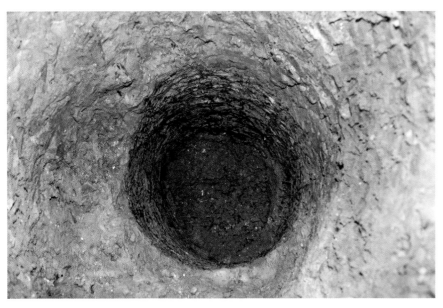

1. 97J26（由西南向东北）

2. 97J62（由西南向东北）

3. 97J62 井圈结构（由西南向东北）

图版一五四　唐、南汉第一期水井

1. 长方砖（97J19：13）

2. 长方楔形砖（97J19：15）

3. 板瓦（97J19：17）

4. 板瓦（97J19：12）

5. 筒瓦（97J19：3）

6. 筒瓦（95J8：4）

图版一五五　唐、南汉第一期水井出土的砖和瓦

1. A 型四耳罐（95J12②：13）

2. B 型四耳罐（97J68：5）

3. A 型五耳罐（97J68：1）

4. A 型 Ⅱ 式六耳罐（97J62②：9）

5. B 型 Ⅲ 式六耳罐（97J26②：5）

6. C 型 Ⅰ 式六耳罐（95J12②：15）

图版一五六　唐、南汉第一期水井出土的陶四耳罐、五耳罐和六耳罐

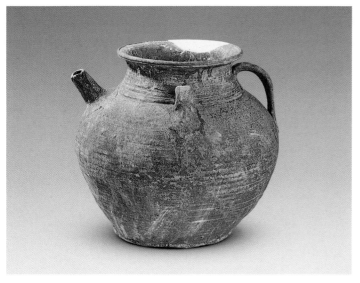

1. Ⅱ式陶执壶（95J12①：12）

2. 陶三足炉（97J68：15）

3. A型酱釉六耳罐（97J62②：7）

4. B型酱釉六耳罐（95J11：16）

5. A型青釉双耳罐（97J62②：1）

6. B型青釉双耳罐（97J68：18）

图版一五七　唐、南汉第一期水井出土的生活器具

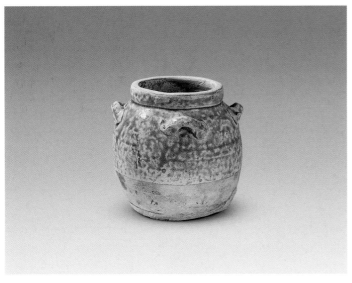

1. I 式四耳罐（95J11：13）

2. I 式四耳罐（97J62②：4）

3. 六耳罐（95J8：1）

4. 六耳罐（97J51：4）

5. A 型盆（95J12①：4）

6. Da 型碗（97J68：7）

图版一五八　唐、南汉第一期水井出土的青釉器

1. Ⅰ式青釉灯盏（95J11：20）

2. 铁刀（95J11：17）

3. 木桶底板（97J68：19）

4. 左：B型陶网坠（97J26②：4）
右：A型陶网坠（95J12①：11）

5. B型青釉纺轮（95J8：8）

6. A型Ⅱ式"开元通宝"
铜钱（95J11：12）

7. 牛角（97J68：21）

图版一五九　唐、南汉第一期水井出土的生活器具和其他器物

1. 第二期水井 97J53（由西向东）

2. 第三期水井 97J58（由南向北）

3. 第三期水井 97J64（由东南向西北）

图版一六〇 唐、南汉第二、第三期水井

1. 长方砖（97J53：11）

4. 板瓦（97J59①：5）

2. 长方砖（97J28：2）

5. 板瓦（97J71：13）

3. 刻划文字长方砖
（97J52：2）

6. Fc 型莲花纹瓦当（97J53：3）

图版一六一 唐、南汉第二期水井出土的长方砖、板瓦和莲花纹瓦当

1. G 型莲花纹瓦当（97J59①：1）

2. 陶鸱吻（97J71：3）

3. 陶垂兽（97J59①：2）

4. 兽面砖（97J52：4）

图版一六二　唐、南汉第二期水井出土的建筑材料

1. C 型 I 式陶六耳罐（97J52：3）

2. C 型 III 式陶六耳罐（97J48：10）

3. 陶盆（97J71：5）

4. 酱釉四耳罐（97J52：5）

5. C 型青釉盆（97J28：1）

6. 青釉四耳盆（97J71：14）

图版一六三　唐、南汉第二期水井出土的生活器具

1. 青釉六耳罐（97J58②：16）

2. 黑釉双耳罐（97J58②：19）

3. B型青釉执壶（97J62②：10）

4. B型青釉执壶（97J58②：18）

5. 骨刷（97J64②：9）

6. A型"乾亨重宝"铅钱（左上97J64②：3，右上97J28：3，左下97J64②：4，右下97J64②：2）

图版一六四　唐、南汉第三期水井出土的器物

1. 97J20（由南向北）

2. 97J55和井内器物出土现场（由西向东）

3. 95J9（由东向西）

4. 95J9上部结构（由南向北）

图版一六五　宋代第一期水井

1. 板瓦（95J9②：21）

2. 陶缸（97J55②：26）

3. 陶器底部的墨书花押（95J9②：15）

4. B型Ⅱ式青釉罐（97J55①：10）

5. D型青釉罐（95J18：3）

6. Ab型青釉四耳罐（97J55①：11）

图版一六六　宋代第一期水井出土的板瓦和生活器具

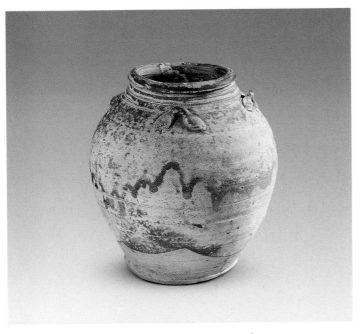

1. Ab 型青釉四耳罐（97J55①：7）

2. Ba 型青釉四耳罐（97J55②：30）

3. B 型青釉炉（97J55②：29）

4. 墨书"仁"字花押青釉碗底（95J9②：32）

5. 酱褐釉罐（95J9②：3）

6. 酱褐釉双耳罐（95J9②：10）

图版一六七　宋代第一期水井出土的青釉器和酱褐釉器

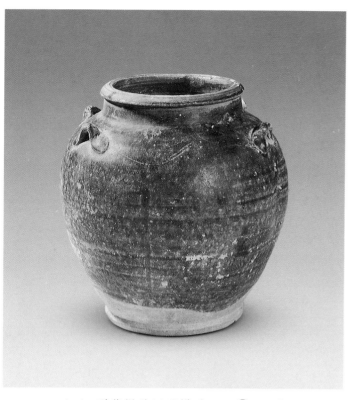

1. Aa型酱褐釉四耳罐（95J9②：25）

2. B型酱褐釉四耳罐（95J9②：2）

3. A型Ⅰ式青白瓷碟（95J9②：23）

4. D型青白瓷碟（95J9②：24）

图版一六八　宋代第一期水井出土的酱褐釉四耳罐和青白瓷碟

1. 97J3（由南向北）

2. 97J18（由东向西）

3. 97J65（由东南向西北）

图版一六九　元代水井

1. 长方砖（97J18②：13）

2. 青釉盏（97J65②：8）

3. B型酱褐釉罐（97J65②：1）

4. 黄釉四耳罐（97J65②：7）

5. 陶权（97J18②：5）

6. "广口"铭款陶罐残片（97J3：3）

7. 铁钩（97J65②：3）

图版一七〇　元代水井出土的器物

1. 95J3（由西向东）

2. 95J10（由南向北）

图版一七一　明代水井

1. 长条砖（97J35：2）

2. 卷草纹长方砖（97J31：10）

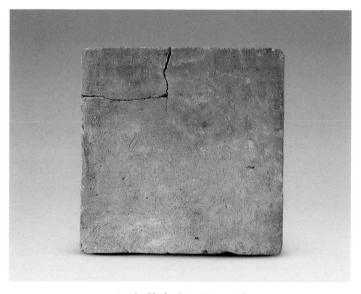

3. 方形砖（97J35：3）

4. 板瓦（95J2：11）

5. 筒瓦（97J35：1）

6. 筒瓦（95J2：10）

图版一七二　明代水井出土的砖和瓦

1. 陶圈（97J15②：27）

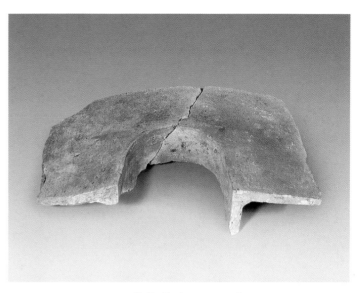

2. 陶构件（95J2：7）

3. 柱础石（95J10：2）

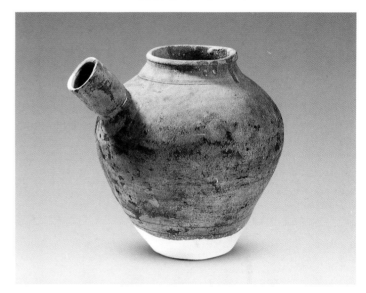

4. 陶带把罐（97J15②：28）

5. 陶擂钵（97J15②：29）

6. B型陶盆（97J81：3）

图版一七三　明代水井出土的建筑材料和生活陶器

1. 青釉罐（95J2：9）

2. B型青釉器盖（97J15②：16）

3. 青釉烛台（97J49：1）

4. 青白瓷碗（97J27：5）

5. C型酱黑釉罐（97J31：14）

6. 酱黑釉双耳罐（97J82：6）

图版一七四　明代水井出土的生活器具

1. A 型三耳罐（97J82：10）

2. B 型三耳罐（97J35：5）

3. A 型四耳罐（97J31：4）

4. B 型四耳罐（97J31：3）

5. C 型四耳罐（97J15①：2）

6. 五耳罐（97J69：4）

图版一七五　明代水井出土的酱黑釉三耳罐、四耳罐和五耳罐

1. A型带把罐（95J13：11）

2. 缸（95J14：5）

3. C型Ⅰ式壶（97J15①：5）

4. 急须（95J14：2）

5. 钵（97J31：8）

6. 碗（97J81：5）

图版一七六　明代水井出土的酱黑釉器

1. A型Ⅰ式"福"字碗（97J27：2）　　　　2. A型Ⅱ式蟠螭龙纹碗（97J15①：10）

3. A型Ⅲ式山水纹碗（95J2：6）　　　　4. A型Ⅲ式山水纹碗内底（95J2：6）

5. A型Ⅲ式山水纹碗足底（95J2：6）　　　6. A型Ⅴ式山水人物纹碗足底（95J2：5）

图版一七七　明代水井出土的青花瓷碗

1. C型I式缠枝莲纹碗（97J15①：9）

2. C型I式海螺纹碗（95J13：6）

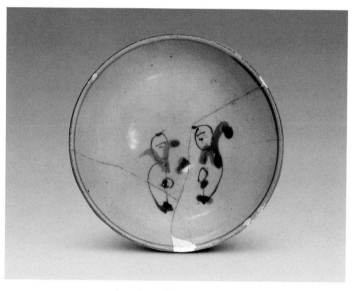

3. C型I式蹴鞠纹碗（95J3：2）

4. C型I式"白玉斋"款碗（95J10：1）

5. C型III式缠枝莲纹碗（97J15②：15）

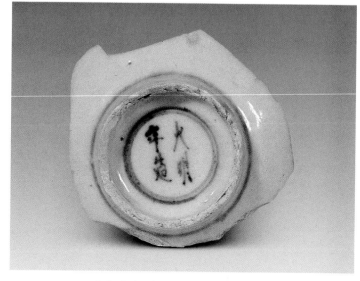

6. "大明年造"款碗底（95J10：3）

图版一七八　明代水井出土的青花瓷碗

1. 陶响鱼（95J14：9）

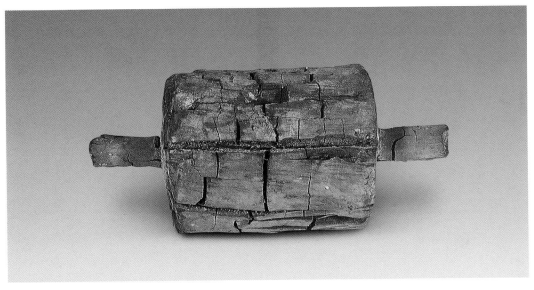

2. 铁抓（95J14：11）

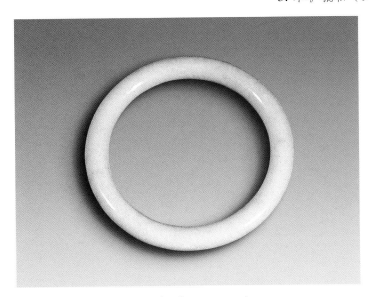

3. 木轳辘轴（97J15②：23）

4. 玉镯（95J10：5）

5. 石砚台（97J31：11）

图版一七九　明代水井出土的其他器物

1. 97J23（由北向南）

2. 97J80（由东向西）

图版一八〇　清代水井

1. 97J4（由南向北）

2. 97J9（由北向南）

图版一八一　清代水井

1. 长条砖（97J8：4）

2. "三城窑务烧造到砖官立"铭款长方砖（97J80：35）

3. 砖构件（97J23：1）

4. 墨书"敬地"文字板瓦（97J4②：29）

5. 陶圈（97J60：5）

6. 筒瓦（97J23：12）

图版一八二　清代水井出土的建筑材料和构件

1. A 型 II 式花卉纹瓦当（97J13①：1）

2. B 型花卉纹瓦当（97J80：33）

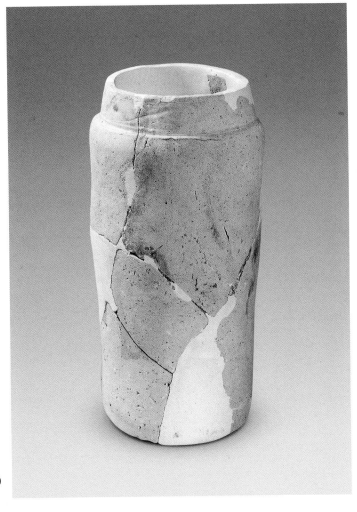

3. 陶管道（97J9：2）

图版一八三　清代水井出土的花卉纹瓦当和陶管道

1. A 型青釉罐（97J4②：12）

2. 青釉小瓶（97J8：15）

3. A 型酱黑釉罐（97J22：3）

4. "大癸"铭款（97J22：3）

5. A 型酱黑釉罐（97J8：2）

图版一八四　清代水井出土的青釉罐、小瓶和酱黑釉罐

1. B 型四耳罐（97J22：6）

2. B 型四耳罐（97J4②：17）

3. A 型壶（97J80：24）

4. B 型壶（97J4②：31）

图版一八五　清代水井出土的酱黑釉四耳罐和壶

1. B 型酱褐釉急须（97J80：13）

2. 酱黄釉盆（97J80：8）

3. 酱褐釉瓶（97J22：7）

4. B 型酱黄釉灯（97J1：1）

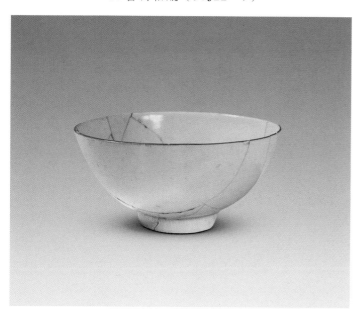

5. A 型白瓷碗（97J60：3）

图版一八六　清代水井出土的酱釉器和白瓷器

1. A 型 I 式缠枝牡丹纹碗
　（97J80：11）

2. A 型 II 式树石牡丹纹碗
　（97J4②：8）

3. A 型 II 式缠枝牡丹纹碗
　（97J8：11）

图版一八七　清代水井出土的青花瓷碗

1. C型青花绶带纹碗
（97J8：1）

2. B型Ⅰ式湖石、落叶诗文盘
（97J60：1）

3. B型落叶、诗文碟
（97J60：2）

图版一八八　清代水井出土的青花瓷碗、盘和碟

1. 豆青青花"大清嘉庆年制"款碟（97J4②：23）

2. 粉彩凤鸟纹杯（97J60：4）

4. 椰勺（97J4②：14）

3. 木水斗（97J4②：13）

图版一八九　清代水井出土的生活器具

1. A 型壶（95J5：7）

2. A 型壶内结构（95J5：7）

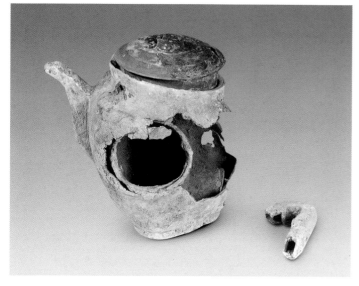

3. B 型壶（95J5：6）

4. 锅（95J5：8）

5. 盒（95J5：9）

6. 器盖（95J5：13）

图版一九〇　清代水井出土的锡器

1. 铁锄（97J7：1）

2. 铁簪（97J80：7）

3. 铁权（95J5：3）

4. A型石权（97J4②：26）

5. 研石（97J4②：22）

6. "乾隆通宝"铜钱（97J4②：28）

图版一九一　清代水井出土的其他器物